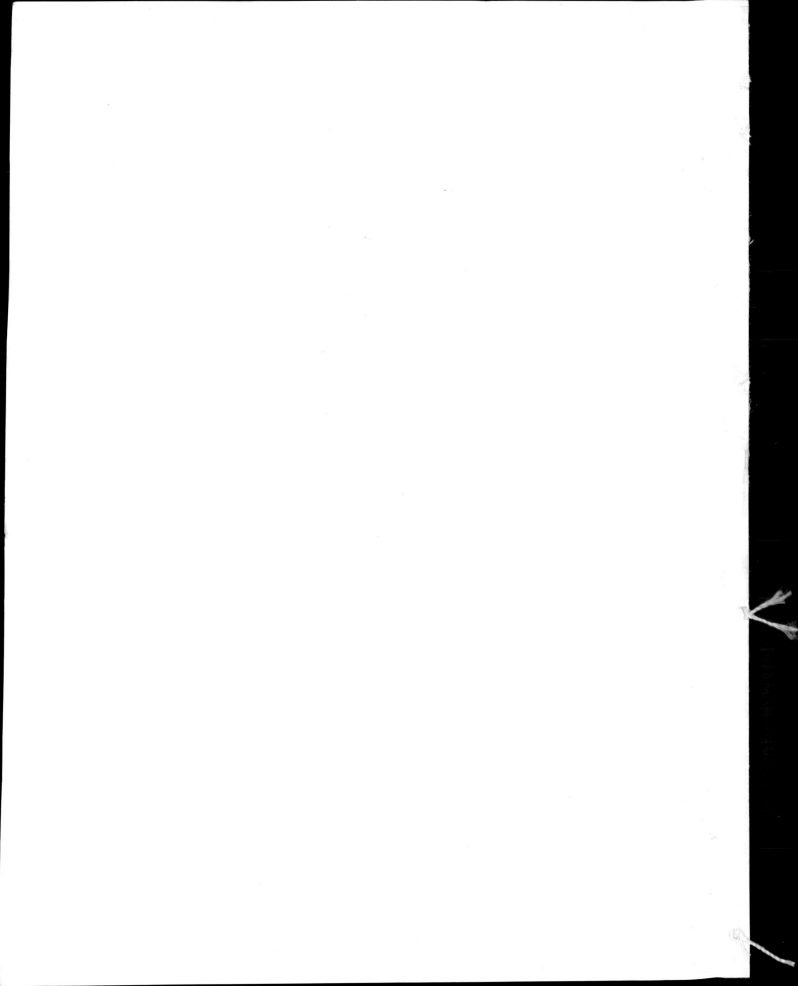

COMPORTAMIENTO ORGANIZACIONAL

Administración de personas y organizaciones

12a. EDICIÓN

Ricky W. Griffin

Texas A&M University

Jean M. Phillips

Pennsylvania State University

Stanley M. Gully

Pennsylvania State University

Traducción

Consuelo García Álvarez

Revisión técnica

Ana Paola Escobedo Navarro

Departamento de Ciencias de la Conducta y Humanidades
Tecnológico de Monterrey
Campus Estado de México
I&D TEC de México S.A. de C.V.

Mireya Escobar Gutiérrez

Departamento de Administración y Emprendimiento
Tecnológico de Monterrey
Campus Querétaro

Ruth Torres Carrasco

División de Estudios de Posgrado e Investigación
Facultad de Contaduría y Administración
Universidad Nacional Autónoma de México

Comportamiento organizacional
Administración de personas y organizaciones
Decimosegunda edición
Ricky W. Griffin, Jean M. Phillips, Stanley M. Gully

Director Editorial para Latinoamérica:
Ricardo H. Rodríguez

Gerente de Adquisiciones para Latinoamérica:
Claudia C. Garay Castro

Gerente de Manufactura para Latinoamérica:
Antonio Mateos Martínez

Gerente Editorial de Contenidos en Español:
Pilar Hernández Santamarina

Gerente de Proyectos Especiales:
Luciana Rabuffetti

Coordinador de Manufactura:
Rafael Pérez González

Editor:
Javier Reyes Martínez

Diseño de portada:
By Color Soluciones Gráficas

Imagen de portada:
© ShutterStock

Composición tipográfica:
By Color Soluciones Gráficas

Traducido del libro
Organizational Behavior, Managing People and Organizations
12th edition
Ricky W. Griffin, Jean M. Phillips, Stanley M. Gully
Publicado en inglés por Cengage Learning ©2017
ISBN: 978-1-305-50139-3

Datos para catalogación bibliográfica:
Griffin, Ricky W., Phillips, Jean M., Gully, Stanley M.
Comportamiento organizacional
Administración de personas y organizaciones
Decimosegunda edición
ISBN: 978-607-526-299-4

Visite nuestro sitio en:
http://latinoamerica.cengage.com

Impreso en México
1 2 3 4 5 6 7 17 16 15 14

Esta obra se terminó de imprimir en septiembre de 2016 en los talleres de Edamsa Impresiones S.A. de C.V.
Av. Hidalgo No. 111, Col. Fracc. San Nicolás Tolentino, Del. Iztapalapa, C.P. 09850, Ciudad de México, México.

CONTENIDO BREVE

CONTENIDO

PARTE 2
CONDUCTAS Y PROCESOS INDIVIDUALES EN LAS ORGANIZACIONES   85

CAPÍTULO 3
Características individuales   86

CAPÍTULO 6
Motivación del comportamiento por medio del trabajo y la compensación
206

PARTE 3
PROCESOS GRUPALES Y SOCIALES EN LAS ORGANIZACIONES

CAPÍTULO 7
Grupos y equipos

CAPÍTULO 8
Toma de decisiones y solución de problemas   298

PARTE 5
PROCESOS Y CARACTERÍSTICAS ORGANIZACIONALES
491

PREFACIO

Bienvenidos a la decimosegunda edición de *Comportamiento organizacional*. ¿O es la tercera, o la primera? De alguna forma, cualquiera de estos números de edición pueden ser correctos. ¿Cómo es esto posible? Vamos a explicarlo.

Ricky Griffin y Greg Moorhead publicaron en 1986 un libro de texto titulado *Comportamiento organizacional*. Su sello distintivo ha sido su contenido completo basado en investigaciones académicas reconocidas, las cuales toman vida por medio de ejemplos y casos de estudio. Desde su primera edición ha sido líder en el mercado. Hace algunos años Greg se retiró de la docencia, después de una carrera sobresaliente, pero continuó trabajando con Ricky en varias ediciones del libro. Sin embargo, decidió dejar también este trabajo y la decimoprimera edición fue la última en la que participó.

Proceso de desarrollo

Nuestro trabajo comenzó con la revisión cuidadosa de dos libros existentes, los desarrollos actuales y nuevos en el campo del comportamiento organización y la retroalimentación proporcionada por los revisores acerca de las fortalezas de cada libro. Después se desarrolló un esquema de dieciséis capítulos. Desde nuestra perspectiva, esta estructura ofrece una cobertura completa y detallada de los temas principales en el campo del comportamiento organización y a la vez ofrece un modelo de trabajo que puede ser cubierto de forma efectiva en un solo semestre.

También desarrollamos un modelo de aprendizaje integrado que muestra la forma en que los temas del libro se relacionan entre sí. Dicho modelo se desarrolla en el capítulo 1 y se revisa al inicio de cada parte. Se le recuerda al lector la forma en que los capítulos previos lo han llevado al análisis presente y hacia dónde se dirige. Por último, pero no menos importante, incluimos todos los elementos que Jean y Stan crearon de forma muy cuidadosa.

Nuestras metas son propiciar que usted tenga más éxito en su vida y desarrollo profesional, al ayudarle a comprenderse a sí mismo, a las organizaciones y el papel del comportamiento organizacional (CO) en el éxito de su carrera. También deseamos alentar su comprensión y capacidad para aplicar el conocimiento sobre el comportamiento individual y grupal en las organizaciones y apreciar la forma en que opera el sistema organizacional. Esto mejorará su comprensión sobre la forma en que se pueden aplicar con flexibilidad los conceptos del CO que son apropiados para problemas y situaciones diferentes. Por último, queremos garantizar una comprensión completa del contexto moderno del CO, que incluye la ética, la diversidad, la ventaja competitiva, la tecnología y el entorno global.

Contenidos

Este libro tiene varios contenidos que fueron diseñados para reforzar los temas y desarrollar sus habilidades de CO.

Desafíos del mundo real Cada capítulo comienza con una sección denominada *Desafío del mundo real* que describe un reto o problema real de una persona u organización que se relaciona con los contenidos del capítulo y busca ayudarle a reconocer los temas importantes del CO en las organizaciones. El capítulo concluye con una descripción de la forma en que la persona u organización afrontó el desafío.

Temas globales La sección *Temas globales* de cada capítulo resalta las implicaciones globales de algunos de los contenidos de cada uno de ellos.

Caso de estudio El *Caso de estudio* de cada capítulo refuerza parte de su material y ofrece la oportunidad de aplicar lo aprendido en una situación organizacional real.

Cómo entenderse a sí mismo La sección *Cómo entenderse a sí mismo* pretende ayudarle a comprender sus propias características y le ofrece la oportunidad de evaluarse en relación con diferentes temas importantes del CO. Esta sección le hará comprender mejor lo que le motiva, cómo percibe el dinero, su estilo de liderazgo, la inteligencia emocional y su conciencia sobre la diversidad, entre otras cosas.

Mejore sus habilidades Cada capítulo contiene una sección denominada *Mejore sus habilidades*, con la cual se busca ayudarle a mejorar su efectividad en diferentes áreas, como el manejo de conductas gerenciales desafiantes, entrevistas, estrés, negociación y evaluación de la cultura y el entorno político de una organización.

Ejercicio en equipo Los capítulos también incluyen un ejercicio grupal que le ayudará a mejorar su comprensión sobre los conceptos básicos del comportamiento organizacional y sus habilidades para trabajar con otras personas.

Casos en video ¿Y ahora qué? Los videos *¿Y ahora qué?*, orientados a la toma de decisiones, le permitirán asumir el rol de gerente. Se incluyen cuatro videos por capítulo, el primero muestra un desafío de negocios y los tres restantes ofrecen respuestas "correctas" e "incorrectas" para el desafío. Al final de cada capítulo se encuentra un breve resumen y las preguntas para análisis que complementan cada video.

Ejercicios en video Los capítulos también incluyen videos independientes acerca de empresas reales para demostrar diferentes desafíos gerenciales. Las preguntas para análisis y los ejercicios se incluyen al final de cada capítulo.

Materiales de apoyo para el docente
(Recursos disponibles en inglés sólo para los docentes que utilicen el libro como texto básico en sus clases)

- Sitio web de apoyo al docente: los docentes pueden encontrar materiales de apoyo para sus cursos, como el manual de recursos del docente, bancos de exámenes, presentaciones en PowerPoint© y una guía DVD.
- DVD en el puesto: los videos "En el puesto" ofrecen conocimientos detrás de cámaras acerca de conceptos gerenciales en el trabajo en empresas pequeñas y grandes. El material de apoyo correspondiente se encuentra en la guía DVD.
- Acceso instantáneo a *Cengage Learning Testing* ofrecido por Cognero©: este es un sistema flexible en línea que le permite importar, editar y manipular contenidos del banco de exámenes o de otras secciones, incluir sus preguntas preferidas, crear en un instante versiones diferentes de exámenes y aplicar exámenes desde su sistema de administración del aprendizaje, en su aula o donde usted desee.

Materiales de apoyo para el estudiante
(Recursos disponibles sólo en inglés y con costo adicional)

- *MindTap©* Management es la solución digital de aprendizaje que ayuda a los docentes a fomentar la participación de los estudiantes para relacionar con sus vidas los conceptos de administración. Los estudiantes vinculan tales conceptos con organizaciones reales por medio de actividades interactivas para reconocer la forma en que los gerentes deben comportarse en situaciones determinadas. Por último, todas las actividades están diseñadas con el propósito de enseñar a los estudiantes a pensar y resolver problemas como líderes gerenciales. Por medio de las actividades, el análisis del curso en tiempo real y un lector accesible, MindTap le ayuda a convertir una visión limitada en una visión de vanguardia, la apatía en participación, y a las personas que memorizan en pensadores de alto nivel.

  La solución de aprendizaje flexible ofrece preguntas personalizadas, textos y recursos en video, con base en el desempeño del estudiante. Esta herramienta, desarrollada para complacer a estudiantes y gerentes, le ayudará a desarrollar a la siguiente generación de directivos.

- La **ruta de aprendizaje** se basa en nuestro modelo de **participar, conectarse, desempeñarse** y **liderar**. Los estudiantes son atraídos a los materiales con las autoevaluaciones. Los exámenes y las tareas les ayudan a vincular los conceptos con el mundo real, y las actividades de mayor nivel requieren que analicen y manejen situaciones complejas.

  - Las **autoevaluaciones** fomentan la participación del estudiante al ayudarle a establecer conexiones personales con el contenido que se presenta en el capítulo.

  - Los **controles de lectura** evalúan la comprensión básica del estudiante del material leído para ayudarle a alentar su participación y favorecer su entendimiento. Los estudiantes pueden comparar sus respuestas con las de sus compañeros de clase, con estudiantes de otras escuelas y con cualquier persona que haya tomado el examen con anterioridad.

  - Las **actividades** de cada capítulo estimulan a los estudiantes pensadores y retadores a pensar de forma crítica y comenzar a pensar como gerentes.

  - Los **conceptos en video** presentan cápsulas para enriquecer la información de los temas que suelen dificultarse a los estudiantes.

  - Las **actividades de casos en video** fomentan la participación del estudiante al presentar desafíos gerenciales cotidianos, ubicar los conceptos en un contexto real y debatir puntos importantes de discusión.

  - Los **ejercicios vivenciales ofrecidos por YouSeeU** incluyen proyectos en equipos y juegos de roles para desafiar a los estudiantes a trabajar en equipos y en un ambiente de colaboración único para resolver problemas gerenciales reales, desarrollar habilidades y experimentar lo que es el trabajo del gerente.

  - Las **actividades derivadas** retan a los estudiantes a evaluar situaciones laborales y decidir las acciones que emprenderían como gerentes. Después, utilizan su conocimiento sobre administración para identificar las ventajas y desventajas de los diferentes enfoques administrativos.

  - Los **centros de estudio flexible ofrecidos por Knewton** se presentan a nivel de unidad y de examen para ayudar al estudiante a dominar el contenido del curso. El material se presenta de forma personalizada en función de las necesidades específicas del estudiante y le ofrece preguntas, retroalimentación, remediación y contenido instruccional según su progreso.

- Las **actividades escritas ofrecidas por Write Experience** ofrecen al estudiante la oportunidad de mejorar sus habilidades de análisis y redacción sin agregar carga de trabajo. Write Experience, que se presentado gracias a un acuerdo exclusivo con Vantage Learning, creador del software que se usa para los ensayos de graduados del GMAT, evalúa la expresión, el estilo, formato y originalidad de las respuestas de los estudiantes en un conjunto selecto de actividades escritas.

AGRADECIMIENTOS

Aunque este libro presenta nuestros tres nombres, muchas otras personas contribuyeron en él. A lo largo del tiempo hemos tenido la fortuna de trabajar con muchos profesionales destacados que nos han ayudado a modelar nuestro pensamiento sobre este complejo campo de estudio y desarrollar formas nuevas y más efectivas de analizarlo. Con el paso de varias ediciones de dos libros diferentes, numerosos revisores nos han ayudado a desarrollar y mejorar nuestros materiales. Sus contribuciones también han sido fundamentales para desarrollar esta edición. Cualquier error u omisión, interpretación o énfasis es responsabilidad de los autores.

La decimosegunda edición nunca hubiera podido completarse sin el apoyo de la Universidad Texas A&M, la Universidad Rutgers y la Universidad estatal de Pennsylvania. También deseamos reconocer al equipo destacado de profesionales de Cengage Learning, quienes nos ayudaron a preparar el libro. Julia Chase ha sido firme en su compromiso con la calidad y nos pidió mejorar la calidad en toda la obra. Scott Person, Carol Moore, Mike Schenk, Jason Fremder, Brian Pierce y Erin Joyner fueron también muy importantes en nuestro trabajo. El papel de Jennifer Ziegler, Rajachitra Suresh, Sarah Shainwald y Diane Garrity fue crucial para la edición del libro y el programa de apoyo. También queremos reconocer las contribuciones que Greg Moorhead hizo durante décadas a este libro; siempre recordaremos su amistad y profesionalismo. Asimismo, agradecemos al equipo del estudio iTV, así como al elenco y colaboradores, quienes nos ayudaron a crear videos atractivos e interesantes para dar vida a los conceptos del libro. Queremos reconocer los esfuerzos de J. Allen Sudeth, Pete Troost, John Keller y Hebert Peck por hacer posibles estos videos.

Por último, deseamos reconocer la importancia de nuestras familias. A Ricky se le recordó en muchas ocasiones durante el trabajo de este libro acerca del papel central de la familia y la fragilidad de la vida. Él hace un reconocimiento especial a Glenda, Dustin, Ashley, Matt y Lura. Para Jean y Stan, Ryan, Tyler, Murphy (el perro) y Mooch (el gato) fueron quienes ofrecieron amor y sonrisas para motivarlos y ayudarlos a mantener las cosas en perspectiva.

ACERCA DE LOS AUTORES

Ricky W. Griffin

Es profesor distinguido y titular de la cátedra Blocker de negocios en la Escuela de negocios Mays de la Universidad de Texas A&M, donde también se ha desempeñado como jefe del departamento de administración, decano ejecutivo asociado y decano interino.

Asimismo, es socio y miembro de la Academia de administración, donde se ha desempeñado como director de programa y de la División de comportamiento organizacional. También colaboró como editor del *Journal of Management*. Su investigación ha sido publicada en *Administrative Science Quarterly*, *Academy of Management Review*, *Academy of Management Journal*, *Journal of Management*, entre otras publicaciones. Ha editado varios libros académicos, el más reciente de ellos *The Dark Side of Organizational Behavior*.

Es autor y coautor de varios libros de texto, la mayoría de los cuales acumulan ya numerosas ediciones, y se han traducido o adaptado para su uso en doce países. Es docente de las materias de administración internacional, comportamiento organizacional, administración de recursos humanos y dirección general en los niveles superior y posgrado, y colaborador en numerosos programas de capacitación ejecutiva. También ha sido conferenciante internacional en Londres, París, Varsovia, Ginebra, Berlín, Johannesburgo, Tokio, Hong Kong y Sídney.

Jean M. Phillips

Es profesora de administración de recursos humanos en la Escuela de trabajo y relaciones laborales de la Universidad Estatal de Pennsylvania. Obtuvo su doctorado en administración de negocios y comportamiento organizacional en la Universidad Estatal de Michigan. Sus áreas de interés se concentran en el liderazgo y la efectividad de los equipos, reclutamiento y contratación, y los procesos que hacen que los empleados y las organizaciones tengan éxito.

Se ubicó entre los principales autores del *Journal of Applied Psychology* y *Personnel Psychology* en la década de 1990, y obtuvo el *Cumming Scholar Award* en 2004 por parte de la División de comportamiento organizacional de la Academia de administración. Ha publicado más de treinta artículos de investigación y nueve libros, entre los que se incluyen *Strategic Staffing* (3ª edición en 2014), *Organizational Behavior* (2ª edición en 2013), *Human Resource Management* (2013), *Managing Now* (2008), y la serie de cinco libros *Staffing Strategically* (2012) para la Sociedad de Administración de Recursos humanos. Fue fundadora y coeditora de las series sobre comportamiento organizacional y administración de recursos humanos para *Business Expert Press*.

Su trabajo aplicado incluye el aprovechamiento de las encuestas de empleados para mejorar la implementación estratégica y el desempeño de la empresa, el desarrollo de habilidades de liderazgo y trabajo en equipo, y la creación y evaluación de programas estratégicos para reclutamiento y contratación. Ha sido docente en las modalidades virtual y presencial en materias sobre administración de recursos humanos y comportamiento organizacional en Estados Unidos, Islandia y Singapur.

Stan M. Gully

Stan M. Gully es profesor de administración de recursos humanos en la Escuela de trabajo y relaciones laborales de la Universidad Estatal de Pennsylvania. Cuenta con los grados de maestría y doctorado en psicología organizacional e industrial por la Universidad Estatal de Michigan y es miembro de la Sociedad de psicología industrial y organizacional.

Es autor, coautor y editor de numerosos libros, capítulos e investigaciones sobre diversos temas como liderazgo, efectividad de los equipos, motivación, capacitación, contratación y reclutamiento. Es coeditor fundador de la colección de comportamiento organizacional y recursos humanos de *Business Expert Press*. Está clasificado entre los 50 académicos más influyentes que han obtenido su grado desde 1991, con base en su impacto dentro y fuera de la academia de administración, además de haber sido galardonado con varios premios por su cátedra, servicios e investigación.

Asimismo, es docente en los niveles ejecutivo, superior y posgrado de varias materias y temas, como efectividad de los equipos, liderazgo, aprendizaje organizacional e innovación, contratación, administración de recursos humanos, capacitación y estadística. Ha impartido cursos con métodos tradicionales de enseñanza e híbridos en Estados Unidos, Islandia, Singapur e Indonesia. Su trabajo aplicado incluye la administración en UPS, diseño de programas de capacitación en liderazgo, implementación de intervenciones de comunicación en los equipos, y de sistemas de retroalimentación de fuentes múltiples.

DEDICATORIA

A la siguiente generación—Griffin, Sutton, y Andrew (RWG)

Para Ryan y Tyler, quienes hacen más completas nuestras vidas (JMP & SMG)

INTRODUCCIÓN AL COMPORTAMIENTO ORGANIZACIONAL

CAPÍTULO 1 Perspectiva general del comportamiento organizacional

CAPÍTULO 2 El entorno dinámico de las organizaciones

Los gerentes se esfuerzan cada día para que sus organizaciones sean tan efectivas y exitosas como sea posible. Para ello se basan en activos, como reservas financieras y utilidades, tecnología, equipos, materias primas, información y los sistemas y procesos operativos. En el centro de todos ellos se encuentran los empleados que trabajan para las organizaciones, cuyos talentos, esfuerzos, habilidades y capacidades hacen la diferencia en la efectividad que presenta cada una de ellas.

En general, los gerentes trabajan para mejorar el desempeño de los empleados enfocándose en su comportamiento, nivel de compromiso, participación, ciudadanía y reducción de conductas disfuncionales. Existen varias características del entorno, individuales, grupales, de equipo, de liderazgo y organizacionales, que pueden facilitar o dificultar el trabajo del gerente, lo cual depende de lo bien que entienda el comportamiento organizacional. Este modelo se desarrollará con más detalle en el capítulo 1 y servirá como guía para estudiar el comportamiento organizacional a lo largo del libro.

¿Cuál es la importancia del entorno?

¿Por qué las personas se comportan de determinada manera?
- Características individuales
- Valores, percepciones y reacciones individuales
- Motivación del comportamiento
- Motivación del comportamiento por medio del trabajo y las recompensas

¿Por qué los grupos y equipos se comportan de determinada manera?
- Grupos y equipos
- Toma de decisiones y solución de problemas
- Comunicación
- Conflicto y negociación

¿Qué hace que los gerentes y las organizaciones sean efectivos?
- Mejora de las conductas asociadas con el desempeño
- Mejora del compromiso y la participación
- Promoción de las conductas de ciudadanía
- Reducción de las conductas disfuncionales

¿Cuál es la importancia del liderazgo?
- Enfoques tradicionales del liderazgo
- Enfoques contemporáneos del liderazgo
- Poder, influencia y política

¿Cómo influyen las características de la organización en su efectividad?
- Estructura y diseño organizacionales
- Cultura organizacional
- Gestión o administración del cambio

¿Cuál es la importancia del entorno?

CAPÍTULO

1

PERSPECTIVA GENERAL DEL COMPORTAMIENTO ORGANIZACIONAL

LOSKUTNIKOV/SHUTTERSTOCK.COM

ESTRUCTURA DEL CAPÍTULO

Desafíos del mundo real: Administración del crecimiento en Google

¿QUÉ ES EL COMPORTAMIENTO ORGANIZACIONAL?
Significado del comportamiento organizacional
Cómo influye el comportamiento organizacional en el éxito personal

Cómo entenderse a sí mismo: Mentalidad global

Caso de estudio: J.M. Smucker Company

CONTEXTO GERENCIAL DEL COMPORTAMIENTO ORGANIZACIONAL
Funciones administrativas básicas y comportamiento organizacional
Habilidades gerenciales clave y comportamiento organizacional
Comportamiento organizacional y administración de recursos humanos

Mejore sus habilidades: Preguntas en las entrevistas de trabajo relacionadas con el CO

CONTEXTO ESTRATÉGICO DEL COMPORTAMIENTO ORGANIZACIONAL
Fuentes de ventaja competitiva
Tipos de estrategias de negocios
Vínculos de la estrategia de negocios con el comportamiento organizacional

PERSPECTIVAS CONTEXTUALES ACERCA DEL COMPORTAMIENTO ORGANIZACIONAL
¿De dónde surge el comportamiento organizacional?
Las organizaciones como sistemas abiertos
Perspectivas situacionales acerca del comportamiento organizacional
Interaccionismo: personas y situaciones

ADMINISTRACIÓN PARA LA EFECTIVIDAD
Mejoramiento de las conductas de desempeño individual y de equipos
Mejoramiento del compromiso y la participación de los empleados
Promoción de conductas de ciudadanía organizacional
Reducción al mínimo de las conductas disfuncionales
Cómo impulsar la implementación estratégica
¿Cómo sabemos lo que sabemos?

Temas globales: Administración entre las culturas

ESTRUCTURA DEL LIBRO

RESUMEN Y APLICACIÓN

Respuestas para el mundo real: Administración del crecimiento en Google

OBJETIVOS DE APRENDIZAJE

Al concluir el estudio de este capítulo, usted podrá:

1 Definir el comportamiento organizacional y describir su efecto en el éxito personal y organizacional.

2 Identificar las funciones administrativas básicas y las habilidades esenciales que abarca el proceso administrativo y su relación con el comportamiento organizacional.

3 Describir el contexto estratégico del comportamiento organizacional y analizar

las relaciones que existen entre la estrategia y el comportamiento organizacional.

4 Identificar y describir las perspectivas contextuales del comportamiento organizacional.

5 Describir el papel del comportamiento organizacional en la administración para la efectividad y analizar el papel de la investigación en el comportamiento organizacional.

6 Resumir el marco de referencia sobre el cual se organiza este libro.

—DESAFÍOS DEL MUNDO REAL—

ADMINISTRACIÓN DEL CRECIMIENTO EN GOOGLE

La empresa responsable del conocido motor de búsqueda Google fue creada en 1998 cuando Larry Page y Sergey Brin fundaron la empresa con la finalidad de colocar la información del mundo al alcance de todas las personas.[1] Desde un inicio, los fundadores se ocuparon de inspirar y retener el talento creativo como factor que construiría o destruiría el éxito de la empresa en el futuro.

Page y Brin notaron que debían monitorear de cerca el crecimiento explosivo de Google y hacer que los empleados se sintieran parte importante del equipo.[2] Deseaban que Google fuera un lugar participativo y se dispusieron a trabajar en el diseño y la cultura de la organización para hacerla atractiva para sus empleados actuales y futuros. Si los fundadores le hubiesen solicitado a usted su opinión en aquella época, ¿qué les habría aconsejado en relación con el papel que tendrían las personas en su éxito futuro y la forma de organizar la empresa para maximizar la innovación, la confianza y la lealtad?

LUCKY BUSINESS/SHUTTERSTOCK.COM

PRESSMASTER/SHUTTERSTOCK.COM

Con frecuencia, el éxito de una organización es determinado por la efectividad de la capacidad de los gerentes para mejorar el desempeño, el compromiso y la participación de sus empleados, así como promover conductas ciudadanas y reducir las disfuncionales.

Sin que importe su tamaño, alcance o ubicación, todas las organizaciones tienen por lo menos una cosa en común: están integradas por personas. Son estas personas quienes toman las decisiones sobre la dirección estratégica de la empresa, adquieren los recursos para crear nuevos productos y los venden. Las personas administran las oficinas de una corporación, sus almacenes y tecnologías de información, y la asean al final de la jornada. No importa cuál sea el nivel de efectividad individual de un gerente, pues todos los éxitos y fracasos de la organización son el resultado de las conductas de muchas personas. En realidad, ningún gerente puede tener éxito sin la ayuda de los demás.

Por lo tanto, cualquier gerente, ya sea responsable de una enorme empresa, como Google, Abercrombie & Fitch, General Electric, Apple, Starbucks o British Airways; de un negocio de nicho, como el equipo de baloncesto Boston Celtics o un centro de salud de la Clínica Mayo; de un restaurante local de Pizza Hut o de la tintorería del vecindario, debe esforzarse por entender a esas personas que trabajan en la organización. Este libro estudia a esas personas, así como a la organización y los directivos que la hacen que funcione. En conjunto, el estudio de las organizaciones y el de las personas que trabajan en ellas constituyen el área del comportamiento organizacional. El punto de partida en la exploración de esta área comienza con un análisis más detallado de su significado e importancia para los empleados, propietarios y gerentes.

QUÉ ES EL COMPORTAMIENTO ORGANIZACIONAL

¿Qué significa, con exactitud, "comportamiento organizacional" y por qué debemos estudiarlo? Las respuestas a estas dos preguntas nos ayudarán a establecer las bases para su análisis y apreciar la razón fundamental acerca de cómo y por qué comprender esta área puede ser valioso para usted en el futuro.

Significado del comportamiento organizacional

comportamiento organizacional

Estudio del comportamiento humano en contextos organizacionales, la interfaz entre el comportamiento humano y la organización, y la organización misma

El *comportamiento organizacional (CO)* es el estudio del comportamiento humano en contextos organizacionales, la interfaz entre el comportamiento humano y la organización, y la organización misma.[3] Aunque podemos enfocarnos por separado en cualquiera de estas tres áreas, hay que recordar que todas son necesarias para comprender de manera integral el comportamiento organizacional. Por ejemplo, podríamos estudiar el comportamiento individual sin considerarlo de forma explícita en la organización, pero como ésta influye y es influida por el individuo, no podríamos comprender la conducta de los individuos sin saber algo acerca de la organización. De manera similar, podríamos estudiar a la organización sin enfocarnos de forma explícita en las personas que la conforman, pero de nuevo sólo estaríamos apreciando una parte del

Los gerentes de empresas como The Home Depot deben entender el comportamiento individual de sus empleados, las características de su organización y la interfaz entre el comportamiento individual y la organización.

rompecabezas y finalmente deberíamos considerar tanto al resto de las piezas como al rompecabezas completo. En esencia, el CO ayuda a explicar y predecir la forma en que las personas y los grupos interpretan los acontecimientos, reaccionan y se comportan en las organizaciones, así como a describir el papel de los sistemas organizacionales, las estructuras y los procesos en la conformación del comportamiento.

La figura 1.1 ilustra esta perspectiva del comportamiento organizacional. Muestra los vínculos entre el comportamiento humano en contextos organizacionales, la interfaz individuo-organización, la organización misma y el entorno que rodea a ambos. Cada individuo ofrece a la organización un conjunto único de características personales, antecedentes y experiencias que adquirió en otras organizaciones. Por lo tanto, cuando los gerentes trabajan con las personas que integran una organización deben considerar la perspectiva única que cada individuo le brinda a su ambiente o entorno laboral. Por ejemplo, suponga que un gerente de The Home Depot revisa algunos datos que muestran que la rotación de personal se ha incrementado lentamente pero de forma consistente. Suponga además que contrata a un consultor para que le ayude a entender mejor este problema. Al inicio, el consultor podría analizar el tipo de personas que la empresa suele contratar para aprender lo máximo posible acerca de la naturaleza de las personas que conforman la fuerza laboral, sus expectativas, metas personales y asuntos similares.

ISTOCKPHOTO.COM/LORIBAHO

Figura 1.1

Naturaleza del comportamiento organizacional

Entorno o ambiente

Comportamiento humano en contextos organizacionales

Interfaz individuo-organización

Organización

Entorno o ambiente

El área del comportamiento organizacional intenta comprender el comportamiento individual en contextos organizacionales, a la organización en sí misma y la interfaz entre el individuo y la organización. Como lo muestra la figura, estas áreas están altamente interrelacionadas. Además, aunque es posible enfocarse en una sola de ellas a la vez, se deben conocer las tres para comprender por completo el comportamiento organizacional.

Sin embargo, los individuos no trabajan aislados. Entran en contacto de diferentes maneras con otras personas y con la organización. Los puntos de contacto incluyen a los gerentes, compañeros, políticas y procedimientos formales de la organización, así como los cambios que implementa la empresa. Además, con el tiempo los individuos cambian como resultado de sus experiencias personales y de su maduración, además de las experiencias de trabajo y su desarrollo en la organización. Del mismo modo, ésta es afectada por la presencia o ausencia de los individuos. Es por ello que los gerentes también deben considerar la interacción entre individuos y organizaciones. Por lo tanto, el consultor en el caso de The Home Depot podría revisar después los procedimientos de orientación e inducción para las nuevas contrataciones para entender la dinámica bajo la cual los individuos ingresan e interaccionan en el contexto de la organización.

Las organizaciones existen desde antes de que una persona se una a ella y su existencia continúa después de que se ha ido. La organización representa la tercera perspectiva del estudio del comportamiento organizacional. En realidad, el consultor que analiza la rotación también debe estudiar la estructura y la cultura de The Home Depot para conocer algunos factores, como el sistema de evaluación del desempeño y compensación de la empresa, los patrones de comunicación y toma de decisiones, y la estructura de la propia organización con la finalidad de obtener información adicional sobre las razones por las cuales las personas eligen permanecer o abandonar la empresa.

Resulta claro que el comportamiento organizacional es un área compleja y emocionante. Existen numerosas variables y conceptos que acompañan las interacciones descritas, que en conjunto dificultan la capacidad de los gerentes para administrar, comprender y apreciar a otros miembros de la organización, pero, a su vez, proporcionan oportunidades importantes y únicas para mejorar la efectividad personal y organizacional.

Cómo influye el comportamiento organizacional en el éxito personal

Usted podría preguntarse acerca de la relevancia del CO en su especialidad o plan de desarrollo. Podría estar pensando: "Yo no conozco a ningún conductista organizacional ¿Por qué es importante este tema?" Las personas que no están familiarizadas con el CO plantean esta pregunta todo el tiempo. La esencia del CO es lograr efectividad en el trabajo. Comprender la forma en que se comportan las personas en las organizaciones y por qué hacen lo que hacen es fundamental para trabajar y dirigir eficazmente a otros. El CO ofrece los conocimientos y herramientas necesarias para ser efectivo en cualquier nivel de la organización. Es un tema importante para toda persona que trabaja o trabajará en una organización, es decir, para la mayoría de las personas. Por otra parte, el CO es en realidad importante para nosotros como personas desde múltiples perspectivas.

Podemos adoptar diferentes roles o identidades en nuestras relaciones con las organizaciones. Por ejemplo, podemos ser consumidores, empleados, proveedores, competidores, propietarios o inversionistas. Como la mayoría de los lectores de este libro son o serán gerentes, adoptaremos una perspectiva gerencial a lo largo del análisis. El estudio del comportamiento organizacional puede aclarar en gran medida los factores que afectan la forma en que administran los gerentes. Por lo tanto, esta disciplina intenta describir el complejo contexto humano de las organizaciones y definir las oportunidades, problemas, retos y cuestiones asociadas con esta área.

Cuando se aplican encuestas a los gerentes después de diez o quince años de su graduación y se les pregunta por los cursos más importantes que tomaron durante su carrera, a menudo el CO es uno de ellos.

Esto no se debe a que mejoraron las cualidades técnicas en sus áreas de especialidad sino a que los hizo empleados y gerentes más efectivos. Como lo dijo un experto en el tema: "Es desconcertante que busquemos el consejo de un experto para un juego de golf, pero no pidamos consejos profesionales sobre cómo relacionarnos mejor con otras personas."[4] Aplicar su conocimiento del CO puede ayudarle a tener éxito con mayor rapidez en cualquier carrera u organización.

CÓMO ENTENDERSE A SÍ MISMO
MENTALIDAD GLOBAL

TUULJUMALA/SHUTTERSTOCK.COM

La mentalidad global refleja la capacidad para influir en personas, grupos y organizaciones de diferentes culturas y contextos. La capacidad de las empresas multinacionales para generar sistemas integrados a nivel global depende de su capacidad para tener empleados, gerentes y ejecutivos que entiendan la realidad de la economía globalizada y se adapten a ella. La capacidad para integrar el talento proveniente de diferentes partes del mundo de forma más rápida y eficaz que otras empresas es una fuente de ventaja competitiva[5] personal y organizacional.

Utilice la siguiente escala para responder las diez preguntas siguientes. Cuando termine, siga las instrucciones para obtener su puntaje y lea un poco más sobre su significado y la forma en que puede mejorar su mentalidad global.

Totalmente en desacuerdo	En desacuerdo	Neutral	De acuerdo	Totalmente de acuerdo
1	2	3	4	5

_____ 1. Cuando tengo interacción con otras personas, las valoro por igual sin que me importe su país de origen.

_____ 2. Me considero una persona abierta tanto a las ideas de otros países y culturas como a las del mío.

_____ 3. Me emociona encontrarme en un nuevo contexto cultural.

_____ 4. Considero al mundo como un gran mercado.

_____ 5. Para mí, es importante entender a las personas de otras culturas como individuos cuando interacciono con ellas.

_____ 6. Considero mi sistema de valores como un híbrido de valores adquiridos de diferentes culturas y no de una sola.

_____ 7. Me genera curiosidad cuando conozco personas de otros países.

_____ 8. Me gusta probar comida de otros países.

_____ 9. En nuestro mundo interconectado, las fronteras nacionales no tienen importancia.

_____ 10. Creo que puedo vivir una vida plena en otra cultura.

Puntuación: Sume el valor de sus respuestas para conocer su puntaje de mentalidad global.

Interpretación: Es posible mejorar nuestra mentalidad global, ya que las experiencias que tenemos influyen sobre ella de forma positiva o negativa.[6] Con base en su puntaje, puede considerar algunas de las actividades de desarrollo que se muestran a continuación o generar algunas propias.

Si su puntaje se encuentra _entre 10 y 20_, usted posee una mentalidad global relativamente baja. Los programas formales de capacitación, educación, cursos de autoestudio, cursos universitarios o seminarios empresariales o de desarrollo gerencial pueden ayudarle a incrementar su mentalidad global.

Si su puntaje se encuentra _entre 21 y 35_, usted posee una mentalidad global moderada. No es una mentalidad localista extremadamente alta, pero tampoco muestra mucha apertura hacia las personas de otras culturas. Además de las actividades de autodesarrollo que se incluyen en el párrafo anterior, usted podría considerar su participación en organizaciones estudiantiles culturalmente diversas y entablar amistad con personas de otras culturas para obtener mayor experiencia y sentirse más cómodo con ellas.

Si su puntaje se encuentra _entre 36 y 50_, usted cuenta con una mentalidad global alta. Esto significa que muestra apertura para conocer personas de diferentes culturas y se siente cómodo con la diversidad cultural. Esto no significa que no tenga áreas de mejora. Puede desarrollar aún más su mentalidad global si participa en organizaciones estudiantiles internacionales, trabaja como voluntario en organizaciones internacionales y entabla amistad con personas de diversas culturas.

Fuente: Adaptado de Gupta, A.K., y Govindarajan, V. (2002). Cultivating a global mindset, en _Academy of Management Executive_, 16(1), 116–126; Kefalas, A. G., y Neuland, E. W. (1997). Global mindsets: an exploratory study. Documento presentado en la Annual Conference of the Academy of International Business, Monterrey, Mexico, 4 al 7 de octubre; Nummela, N., Saarenketo, S., y Puumalainen, K. (2004). Global mindset—a prerequisite for successful internationalization?, en _Canadian Journal of Administrative Sciences_, vol. 21(1), pp. 51–64.

JEROME FAVRE/BLOOMBERG/GETTY IMAGES

La empresa global de servicios financieros HSBC envía a sus gerentes más talentosos a participar en asignaciones internacionales, con el propósito de conformar un grupo de altos directivos y líderes con amplia experiencia en esta área.

A lo largo del libro analizaremos la diversidad e importancia de la flexibilidad cuando apliquemos los conceptos de CO a diferentes personas. La sección del capítulo *Cómo entenderse a sí mismo* le brinda la oportunidad de comprender mejor su mentalidad global, es decir, el conjunto de atributos individuales que le permiten influir en individuos, grupos y organizaciones en sistemas socioculturales e institucionales diversos.[7] La mentalidad global combina la inteligencia cultural con la orientación global de negocios.[8] La mayoría de los presidentes o directores ejecutivos (CEO) de las grandes empresas multinacionales considera que la competitividad de su organización puede fortalecerse a través de un grupo de líderes con mentalidad global.[9]

Las experiencias pueden influir de forma positiva o negativa en la mentalidad global porque es una cualidad aprendida.[10] Cada año HSBC, el gigante de los servicios financieros, envía a nuevos empleados y gerentes a asignaciones a largo plazo en el extranjero con la finalidad de conformar un grupo de directivos internacionales. Los lugares a los que son enviados incluyen a países occidentales, al igual que a Arabia Saudita, Indonesia y México. Los gerentes deben participar en estas misiones internacionales para desarrollarse profesionalmente en HSBC. Estos programas le permiten a la empresa desarrollar de forma continua a gerentes con mentalidad global, capaces de aprender más allá de las fronteras. Otras empresas multinacionales llevan a cabo programas similares que les permiten transferir el *expertise* (conocimiento experto) y el *know-how* (conocimiento especializado) a lo largo de divisiones geográficas, culturales y políticas diferentes.[11]

Cómo influye el comportamiento organizacional en el éxito de la organización

Como sistemas, las organizaciones también se benefician del CO. Imagine la diferencia entre una empresa con empleados altamente motivados y participativos, con metas claras y alineadas con la estrategia de negocios y otra con empleados insatisfechos, con muchos conflictos, un liderazgo débil y falta de dirección. La implementación eficaz de los conceptos y modelos de CO genera empresas efectivas y exitosas, lo que resulta muy importante para las organizaciones. Se pueden crear las condiciones para que éstas sean más efectivas mediante la aplicación adecuada de los conocimientos de CO sobre los individuos y grupos, y el efecto de la estructura organizacional sobre el comportamiento del trabajador.

El CO también ayuda a las empresas a alcanzar un desempeño adecuado. Existe mucha evidencia que muestra que el hincapié en el "lado suave" del negocio influye positivamente en los resultados de mayor impacto. Los gerentes han logrado impulsar medidas de desempeño, como la utilidad de operación, el rendimiento sobre la inversión y los precios de las acciones luego de escuchar a los empleados, reconocer su trabajo, construir entornos de confianza y comportándose de forma ética.[12] Además de influir en la satisfacción laboral y el desempeño financiero, el CO también tiene efecto en el absentismo y la rotación, cuya reducción puede representar millones de dólares en productividad, servicio al cliente y reducción de costos. El *caso de estudio* de este capítulo sobre The J.M. Smucker Company hace hincapié en los principios del CO, entre otros, la ética, la cultura organizacional y los valores.

CASO DE ESTUDIO   J.M. Smucker Company

Desde su fundación en 1897, cuando Jerome Monroe Smucker vendía mantequilla de manzana en la parte posterior de un carro tirado por caballos, la J.M. Smucker Company ha reconocido que actuar con ética es un elemento clave para el éxito. El fabricante de Orrville, Ohio, quiere asegurarse de que sus alimentos característicos con frutas, glaseados, jugos y bebidas mantengan su sello estadounidense y que sus operaciones cotidianas sean guiadas por la honestidad, el respeto, la confianza, la responsabilidad y la equidad.

El proceso para asegurarse de que la empresa cumpla con los estándares éticos más altos comienza con la contratación de personas que cuentan con un sólido sistema de valores. Para lograr este objetivo, Smucker pone a los candidatos en contacto con sus estándares éticos y frecuentemente se refiere a la forma en que los valores se relacionan con el puesto que éstos intentan cubrir. La empresa también lleva a cabo un proceso de revisión rigurosa de referencias. Una vez que se contrata a la persona, se intensifica el enfoque ético. Cada nuevo empleado asiste a un seminario de capacitación de un día de duración que incluye presentaciones por parte de funcionarios de la empresa, videos y sesiones de trabajo sobre conciencia y valentía moral y valores.

Las pláticas van mucho más allá de una revisión superficial sobre lo que significa ser una buena persona. Una de las sesiones se concentra en las tres formas de tomar una decisión cuando se enfrenta un dilema. Una opción es buscar hacer el mayor bien a la mayor cantidad de personas. El segundo enfoque se basa en reglas sobre las que la decisión debe establecer un estándar que los demás deben seguir. La alternativa final es emplear la regla de oro: "tratar a los demás como te gustaría que te trataran a ti".

Las sesiones también exploran la complejidad de la ética. Los empleados deben trabajar en situaciones que rara vez tienen una respuesta obvia sobre lo correcto e incorrecto. Con frecuencia, las decisiones éticas involucran un balance matizado entre lo correcto y lo que no lo es. Por ejemplo, el empleado debe tomar decisiones que implican varias preguntas

en relación con la verdad y la lealtad, el bienestar del individuo contra el bienestar común, y las decisiones de negocios con enfoque a corto plazo contra las de largo plazo. Smucker comunica a sus empleados que quiere que actúen con apego a la verdad sobre la lealtad, el bienestar de la comunidad sobre el bienestar individual, y los intereses a largo plazo sobre los de corto plazo. Todos los empleados participan en un programa sobre ética cada tres a cinco años, y cada año firman una declaración ética de nueve páginas para asegurarse de que en verdad comprenden el nivel de desempeño que Smucker espera de ellos.

La empresa también cree en la sustentabilidad ambiental, lo que incluye el uso de energías renovables, mejoras en el manejo del desperdicio de agua, el uso de materias primas sustentables y la reutilización antes de consumir recursos nuevos. Además, promueve la sustentabilidad social en las comunidades donde opera mediante la promoción de iniciativas y programas que apoyan y mejoran la calidad de vida. La empresa J.M. Smucker ha aparecido consistentemente como uno de los "100 mejores lugares para trabajar" de *Fortune Magazine*, lo que se debe principalmente a la solidez de su cultura.

Preguntas:

1. ¿Por qué la ética es importante para una empresa como J.M. Smucker? ¿De qué manera(s) su enfoque en la ética y los valores mejora su desempeño organizacional?

2. La popularidad de un empleador puede aumentar si aparece en las listas de "los mejores lugares para trabajar", incluso para solicitantes poco calificados. Un volumen alto de solicitantes puede ser costoso y consumir mucho tiempo. ¿Cuáles son los beneficios y desventajas de aparecer en estas listas? ¿Considera que ser reconocido públicamente como un buen empleador por lo general produce beneficios para la empresa? ¿Por qué?

3. ¿Le parecen atractivos los valores y la cultura de J.M. Smucker como para trabajar en esa empresa? ¿Por qué?

Fuente: J.M. Smucker. (2014). J.M. Smucker 2014 Annual Report. Recuperado de http://static1.squarespace.com/static/53650b18e4b08e20f53d167b/t/539ee6cee4b06b36446ac3f1/1402922702613/Smucker%27s+2014+Annual+ Report_embed.pdf; Smucker Gift Will Establish Business Leadership Institute (2012). The University of Akron, 23 de abril. Disponible en línea en: http://www.uakron.edu/im/online-newsroom/news_details.dot?newsId=d24e5be1-b6fc-431b-871c164ada224a69&crumbTitle=Smucker%20gift%20will%20establish%20business%20leadership%20institute; Harrington, A. (2005). Institute for Global Ethics Expands Focus on Business Practices with Center for Corporate Ethics, CSRWire, 27 de enero. Disponible en línea en: http://www.csrwire.com/News/3473.html; Schoeff, M. (2006). Workforce Management, 13 de marzo, p. 19; "Award-Winning Company," smuckers.com. Disponible en línea en: http://www.smuckers.com/family_company/join_our_company/ award_winning_company.aspx; "Sustainability," smuckers.com. Disponible en línea en: http://www.smuckers.com/family_company/ join_our_company/sustainability.aspx.

Una de las ventajas principales del CO es que aísla aspectos importantes del trabajo gerencial y ofrece perspectivas específicas sobre el lado humano de la administración, es decir, estudia a las personas como organizaciones, a las personas como recursos y a las personas como tales. Para subrayar la importancia del comportamiento organizacional para los gerentes, debemos considerar el simple hecho de que, cada año, la mayoría de las empresas que aparecen en la lista de las más admiradas de *Fortune* posee una reputación impecable en cuanto a su valoración y respeto por las personas que trabajan para ellas.[13]

Por otra parte, los equipos de trabajo virtuales se han popularizado ante el incremento del uso de la tecnología y su éxito depende del estilo de liderazgo de los gerentes. El comportamiento organizacional permite entender que los líderes de los equipos virtuales deben estimular la confianza, promover el diálogo abierto y clarificar los lineamientos. En consecuencia, es evidente que comprender el comportamiento organizacional puede jugar un papel vital en el trabajo gerencial. Los gerentes deben comprender a fondo los conceptos, supuestos y premisas del área para utilizar de forma más eficaz este conocimiento. Con la finalidad de proporcionar esta base, a continuación se vinculará de forma más explícita el comportamiento organizacional con la administración y después detallaremos el trabajo del gerente.

CONTEXTO GERENCIAL DEL COMPORTAMIENTO ORGANIZACIONAL

Casi todas las organizaciones tienen gerentes con títulos como director ejecutivo de finanzas, gerente de marketing, director de relaciones públicas, vicepresidente de recursos humanos y gerente de planta. Sin embargo, es probable que ninguna de ellas tenga un puesto llamado "gerente de comportamiento organizacional". La razón de ello es simple: el comportamiento organizacional no es una función de negocios definida o un área de responsabilidad similar a las finanzas o al marketing. En vez de ello, comprender el CO proporciona un conjunto de perspectivas y herramientas que todos los gerentes deben emplear para llevar a cabo de forma más efectiva su trabajo. El contexto gerencial del CO puede ser visto desde la perspectiva de las funciones administrativas básicas, las habilidades gerenciales clave y la administración general de recursos humanos.

Funciones administrativas básicas y comportamiento organizacional

El trabajo gerencial está lleno de situaciones complejas e impredecibles y se enriquece con oportunidades y emociones. Sin embargo, cuando se estudia el trabajo gerencial, la mayoría de los académicos y otros expertos encuentran útil conceptualizar las actividades realizadas por los gerentes en relación con una o más de sus cuatro funciones básicas. Por lo general, estas funciones se conocen como planeación, organización, dirección y control. Aunque es frecuente que ellas se presenten de forma secuencial, la realidad es que la mayor parte del trabajo gerencial implica de forma simultánea a las cuatro funciones.

Las organizaciones también emplean diferentes recursos para alcanzar sus metas y objetivos. Al igual que las funciones administrativas, estos recursos pueden clasificarse en cuatro grupos: recursos humanos, recursos financieros, recursos físicos y recursos de información. La figura 1.2 muestra la forma en que los gerentes combinan estos recursos por medio de las cuatro funciones básicas con el propósito de alcanzar las metas de la organización de forma eficiente y eficaz.

Figura 1.2

Funciones administrativas básicas

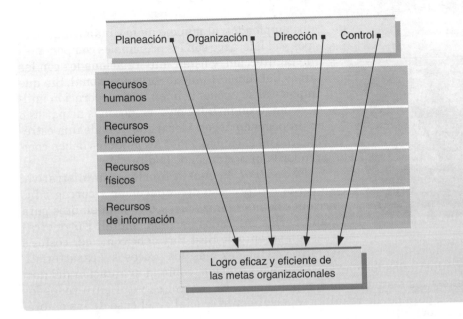

Los gerentes aplican las cuatro funciones básicas de planeación, organización, dirección y control a los recursos humanos, financieros, físicos y de información con el propósito de alcanzar de forma eficiente y eficaz las metas organizacionales.

En otras palabras, la figura presenta la forma en la que los gerentes emplean los recursos para desempeñar las funciones básicas con la finalidad de llevar a la organización a alcanzar sus metas.

La primera función administrativa, la *planeación,* es el proceso para determinar la posición futura deseada de la organización y decidir la mejor forma de alcanzarla. Por ejemplo, el proceso de planeación de Urban Outfitters incluye estudiar y analizar el entorno, decidir sobre las metas adecuadas, delinear las estrategias para alcanzarlas y desarrollar tácticas que ayuden a implementar las estrategias. Los procesos y características del CO prevalecen en cada una de estas actividades. La percepción desempeña un papel importante en la evaluación del entorno y la creación y motivación influyen en la forma en la que los gerentes establecen las metas, estrategias y tácticas de su organización. Las empresas grandes, como Walmart y Starbucks, confían en sus equipos de altos directivos para llevar a cabo la mayoría de las actividades de planeación. En empresas más pequeñas, esta función es responsabilidad del dueño.

La segunda función administrativa es la *organización*, que es el proceso mediante el cual se diseñan los puestos, se los agrupa en unidades administrables y se establecen patrones de autoridad entre puestos y grupos de puestos. Este proceso da como resultado la estructura básica o marco de referencia de la organización. En empresas grandes, como Apple y Toyota, la estructura puede ser increíblemente compleja, con varios niveles jerárquicos y rangos de cientos de actividades y áreas de responsabilidad. Las empresas más pequeñas pueden funcionar con base en una forma de organización relativamente simple y directa. Como ya se mencionó, los procesos y características de la organización son uno de los temas principales del comportamiento organizacional.

La tercera función administrativa es la *dirección*, que se refiere al proceso de motivar a los miembros de la organización para que trabajen juntos a fin de alcanzar las metas de la misma. Un gerente de una tienda de Old Navy es responsable de contratar al personal, capacitarlo, y motivarlo. La motivación de

planeación
Proceso para determinar la posición futura deseada de la organización y los mejores medios para alcanzarla

organización
Proceso mediante el cual se diseñan los puestos, se los agrupa en unidades y se establecen patrones de autoridad entre puestos y unidades

dirección
Proceso de hacer que los miembros de la organización trabajen juntos para alcanzar las metas de la organización

La dirección es una parte importante del trabajo de la mayoría de los gerentes. Por ejemplo, este gerente ofrece información a su equipo con la finalidad de guiarlo hacia un desempeño de mayor nivel.

los empleados, el manejo de la dinámica de grupos y el liderazgo son los principales componentes de la dirección, y están muy relacionados con las áreas del comportamiento organizacional. Sin que importe si se encuentran en una corporación multinacional con instalaciones en docenas de países o en un pequeño negocio local que atiende una estrecha área de la ciudad, todos los gerentes deben comprender la importancia de la dirección.

El *control,* la cuarta función administrativa, se refiere al proceso de supervisar y corregir las acciones de la organización y de sus miembros para mantenerlos enfocados hacia las metas. Entre otras cosas, un gerente de Best Buy debe controlar costos e inventarios. Una vez más, los procesos y características conductuales forman parte de esta función, como la evaluación del desempeño y los sistemas de compensación. El control es vital para todos los negocios, pero puede resultar especialmente crucial en el caso de las empresas pequeñas. Por ejemplo, Target podría soportar la pérdida de cientos de miles de dólares derivada de un control deficiente, pero una pérdida similar resultaría devastadora para una tienda pequeña.

control

Proceso establecido para supervisar y corregir las acciones de la organización y de sus miembros que sirve para mantener la dirección de ésta hacia las metas

Habilidades gerenciales clave y comportamiento organizacional

Otro elemento importante del trabajo gerencial es la destreza de las habilidades necesarias para llevar a cabo las funciones básicas y cumplir con sus roles fundamentales. Por lo general, la mayoría de los gerentes exitosos posee una combinación sólida de habilidades técnicas, interpersonales, conceptuales y diagnósticas.[14]

Las *habilidades técnicas* son necesarias para desempeñar tareas específicas dentro de la organización. Diseñar un nuevo videojuego para Rovio (la empresa que creó a los Angry Birds), desarrollar para Advocare un suplemento para perder peso o escribir un comunicado de prensa para Halliburton sobre las nuevas tecnologías de perforación, son todas tareas que requieren habilidades técnicas. Por ello, tales habilidades se asocian con las operaciones que emplean las organizaciones en sus procesos productivos. Por ejemplo, Ursula Burns, presidenta y CEO de Xerox Corporation,

habilidades técnicas

Habilidades necesarias para desempeñar tareas específicas dentro de la organización

Las habilidades técnicas son necesarias para desempeñar tareas específicas. Este gerente de tienda le enseña a una nueva vendedora a operar el sistema de pago. Él debe poseer las habilidades técnicas que se requieren para realizar esta tarea y enseñarles a los demás.

Ursula Burns, presidenta y CEO de Xerox Corporation, inició su carrera como ingeniera mecánica. Después ascendió a la gerencia y ahora dirige una gran corporación.

inició su carrera en la empresa como becaria de ingeniería mecánica. Otros ejemplos de directivos con habilidades técnicas sólidas incluyen a Rex Tillerson (CEO de ExxonMobil, quien comenzó su carrera como ingeniero de producción) y Andrew Taylor (exCEO de Enterprise Holdings, quien inició su carrera lavando autos en los lotes de Rent-A-Car cuando tenía 16 años). Los presidentes ejecutivos (Chief Executive Officers, CEO) de las Big Four firmas de contabilidad iniciaron sus carreras como contadores.

Los gerentes aplican sus *habilidades interpersonales* para comunicarse, entender y motivar a individuos y grupos. Como habrá notado, emplean una gran parte del tiempo en la interacción con otras personas, por lo que es evidente que deben llevarse bien con los demás. Como ejemplo tenemos el caso de Howard Schultz, CEO de Starbucks, quien es capaz de relacionarse con los empleados demostrándoles respeto y dignidad. Él mantiene su compromiso de ofrecer beneficios médicos sin que importen sus altos costos y ha creado oportunidades para que el personal de Starbucks concluya sus estudios, lo que le ha llevado a ser reconocido por su pasión y liderazgo. Estas cualidades inspiran a los demás miembros de la organización y les motivan a trabajar arduamente para que Starbucks alcance sus metas.

Las *habilidades conceptuales* se refieren a las capacidades de pensamiento abstracto del gerente. Un gerente con habilidades conceptuales sólidas es capaz de visualizar "la imagen completa", es decir, puede identificar las oportunidades donde los demás ven obstáculos o problemas. Como ejemplo, después de que Steve Wozniak y Steve Jobs construyeron una pequeña computadora de diseño propio en su cochera, Wozniak vio un nuevo juguete con el que podría entretenerse, mientras que Jobs fue más allá y convenció a su compañero de fabricar otras computadoras para venderlas. El resultado fue Apple Computer. En los años siguientes, Jobs aplicó sus habilidades conceptuales para identificar el potencial de las tecnologías de los medios digitales, lo que le llevó a lanzar productos como iPod, iPhone, iTunes e iPad, además de su participación en la creación de los estudios de Pixar Animation. Cuando falleció en 2011, Jobs fue reconocido como uno de los directores más innovadores de todos los tiempos.

La mayoría de los gerentes exitosos también posee habilidades diagnósticas dentro de la organización. Las *habilidades diagnósticas* permiten a los gerentes entender las relaciones causa-efecto e identificar las soluciones óptimas de los problemas. Cuando Ed Whitacre fue presidente y CEO de SBC Communications, reconoció que aun cuando la empresa tenía un desempeño adecuado en el mercado de consumo, carecía de posicionamiento de marca en el entorno de negocios. Primero estudió con cuidado la situación y después implementó las acciones necesarias para resolver esta deficiencia de la empresa mediante la compra de AT&T (por 16,000 millones de dólares), con lo cual logró el reconocimiento de marca que requería su empresa. Después de completar la adquisición, la empresa cambió su nombre corporativo de SBC a AT&T, y fue gracias a las habilidades diagnósticas de Whitacre que pudo completarse este proceso.[15] En realidad, debido a la solidez de sus habilidades diagnósticas, Whitacre fue propuesto para dirigir la transformación de General Motors en 2009.

habilidades interpersonales
Capacidad para comunicarse, entender y motivar de forma efectiva a individuos y grupos

habilidades conceptuales
Capacidad para pensar de manera abstracta

habilidades diagnósticas
Capacidad para entender las relaciones entre causa y efecto y de identificar las soluciones óptimas de los problemas

Comportamiento organizacional y administración de recursos humanos

administración de recursos humanos (ARH)

Conjunto de actividades organizacionales dirigidas a atraer, desarrollar y mantener una fuerza laboral efectiva

En párrafos anteriores se mencionó que el CO se relaciona con todas las áreas de la organización. Sin embargo, es especialmente relevante para la administración de recursos humanos. La *administración de recursos humanos (ARH)* es el conjunto de actividades organizacionales dirigidas a atraer, desarrollar y mantener una fuerza laboral efectiva. En particular, los gerentes de RH seleccionan a los nuevos empleados, desarrollan los sistemas de recompensas e incentivos para motivarlos y retenerlos y crean programas de capacitación y desarrollo. ¿Cómo determinan cuáles empleados contratar? ¿Cómo saben cuáles recompensas serán más motivadoras que otras? Las respuestas a estas y otras preguntas surgen del área del CO. Por ejemplo, los rasgos de personalidad (que se presentan en el capítulo 3) se utilizan con frecuencia para tomar decisiones de selección. De igual forma, las teorías de la motivación (que se analizan en los capítulos 5 y 6) ayudan a los gerentes a entender cómo recompensar y retener de forma eficaz a los empleados. La sección *Mejore sus habilidades* de este capítulo presenta algunas preguntas comunes en las entrevistas de trabajo que usted puede preparar para cuando tenga que realizar las suyas. Tanto las preguntas como sus respuestas se relacionan con conceptos de CO.

Por ejemplo, considere un anuncio que realizó Walmart. A principios de 2015, el gigante minorista comenzó a otorgar incrementos salariales a sus 500,000 trabajadores de Estados Unidos. Al mismo tiempo, la empresa informó que cambiaría los métodos que utiliza para contratar y capacitar a sus nuevos empleados.[16] Evidentemente, Walmart no tomó a la ligera la decisión de incrementar sus costos laborales. Las expectativas de la dirección consisten en que los salarios más altos combinados con sus nuevas prácticas de RH permitirán a la empresa mejorar sus procesos de reclutamiento y retención. La importante y costosa decisión que tomaron los directivos parte de las teorías e investigaciones en CO y se implementará en la empresa por medio de la administración de recursos humanos.

MEJORE SUS HABILIDADES
PREGUNTAS DE LA ENTREVISTA
DE TRABAJO RELACIONADAS CON EL CO

1. ¿Cuál de las tareas de un gerente considera que es la más importante?
2. ¿Cuál es la decisión más ética que ha tenido que tomar usted en el trabajo?
3. Comente sobre algún conflicto que haya vivido en el trabajo y cómo lo resolvió.
4. Comente acerca de algún reto en equipo que haya vivido en el trabajo y cómo lo manejó.
5. ¿Qué haría con un empleado que no alcanza sus metas de desempeño?
6. ¿Cómo describiría su estilo de liderazgo?
7. ¿Cómo maneja las fechas límite estresantes que se presentan en el trabajo?
8. ¿Ha tenido que tratar con un jefe difícil? De ser así, ¿cómo manejó la situación? En caso contrario, ¿qué haría en caso de encontrarse en esta situación?
9. ¿Qué tipos de técnicas de solución de problemas y toma de decisiones aplica en su trabajo?
10. ¿Qué tipo de cultura organizacional sería la mejor para usted? Explique su respuesta.

Walmart anunció recientemente sus planes para incrementar las tasas salariales por hora que paga a sus 500,000 empleados en Estados Unidos. La gran empresa minorista espera que el incremento salarial facilite la contratación y retención de empleados.

El ejemplo de Walmart también proporciona una vista previa del contexto estratégico del CO que se analizará en la siguiente sección.

CONTEXTO ESTRATÉGICO DEL COMPORTAMIENTO ORGANIZACIONAL

Las estrategias exitosas de negocios se fundamentan en crear y mantener una *ventaja competitiva* sostenida, que se logra cuando la empresa tiene una ventaja sobre sus rivales para atraer clientes y defenderse de la competencia. La gestión efectiva de las personas es un aspecto clave para crear ventaja competitiva e implementar la estrategia de negocios. En palabras de Jack Welch, exCEO de General Electric: "Sabemos de dónde viene la productividad real e ilimitada. Proviene de equipos de personas facultadas con empowerment desafiantes, emocionantes y recompensadas."[17] A continuación analizaremos de forma más específica la naturaleza de la administración y su relación con el CO.

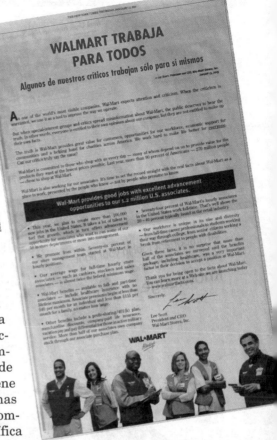

DANIEL ACKER/BLOOMBERG/GETTY IMAGES

ventaja competitiva
Cualquier factor que brinde a la empresa una ventaja sobre sus rivales para atraer clientes y defenderse de la competencia

Fuentes de ventaja competitiva

¿De qué manera una organización obtiene una ventaja competitiva? Michael Treacy y Fred Wiersma han identificado muchas fuentes de ventaja competitiva entre las que se encuentran tener el mejor producto o el más económico, brindar el mejor servicio al cliente, constituir una forma más conveniente de compra, contar con tiempos más cortos de desarrollo y tener una marca reconocida.[18] La administración efectiva es crucial para el éxito de la organización, porque las personas que la conforman son las responsables de crear y mantener su ventaja competitiva.[19]

La sólida base de clientes leales de Costco tiene acceso a una amplia variedad de productos de alta calidad a precios bajos, y sus empleados comprometidos le otorgan una ventaja competitiva sobre tiendas más pequeñas y menos conocidas. Aunque Costco paga a sus empleados un salario considerablemente superior al de su competidor más cercano Sam's Club, obtiene rendimientos financieros sobre costos laborales similares, debido a que tiene mayor productividad y presenta tasas inferiores de rotación.[20] Esto da como resultado una experiencia de mayor calidad para los clientes.

De acuerdo con Michael Porter, para que una empresa pueda obtener una ventaja competitiva debe ser capaz de entregar a sus clientes un valor superior por su dinero (una combinación de calidad, servicio y precio aceptable) a través de un producto mejor por el que valga la pena pagar más o de un buen producto a menor precio, como fuentes de ventaja competitiva.[21] La tabla 1.1 presenta algunas fuentes de ventaja competitiva. Observe que el talento de la organización es la clave para garantizar cada una de ellas.

Tabla 1.1

Las empresas pueden obtener una ventaja competitiva de diferentes fuentes

- *Innovación:* desarrollo de nuevos productos, servicios y mercados, así como la mejora de los ya existentes.
- *Distribución:* dominio de los canales de distribución para bloquear a la competencia.
- *Velocidad:* sobresalir por hacer llegar con rapidez al cliente los productos o servicios.
- *Conveniencia:* ser la opción más sencilla para establecer relaciones comerciales con los clientes.
- *Primero en el mercado:* introducir productos y servicios antes que los competidores.
- *Costo:* ser el proveedor de menor costo.
- *Servicio:* brindar el mejor servicio al cliente antes, durante y después de la venta.
- *Calidad:* ofrecer el producto o servicio de mayor calidad.
- *Marca:* desarrollar la imagen de marca más positiva.

Una de las tareas más importantes de un gerente es implementar la estrategia de negocios de la empresa. A continuación se describirán las estrategias de negocios, así como la forma en que el CO puede reforzarlas y apoyar su implementación.

Tipos de estrategias de negocios

Las empresas pueden generar valor con base en precio, liderazgo tecnológico, servicio al cliente o alguna combinación de estos y otros factores. La estrategia de negocios establece su forma de competir, pero también engloba:

- Las estrategias de las diferentes áreas funcionales de la empresa.
- La forma en que la empresa abordará los cambios en las condiciones de la industria, como desregulaciones, maduración de los productos en el mercado y los cambios en las condiciones demográficas de los clientes.
- La forma en que la empresa abordará las complicaciones y opciones estratégicas que se presenten.

Las estrategias de negocios son parcialmente planificadas y reactivas a las circunstancias cambiantes. Existen muchas alternativas de estrategias a disposición de las organizaciones y es posible que se empleen diferentes tipos de ellas para distintas unidades de negocio o se aplique más de una a la vez. De acuerdo con Michael Porter, las empresas pueden

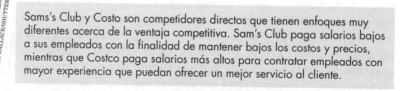

Sams's Club y Costo son competidores directos que tienen enfoques muy diferentes acerca de la ventaja competitiva. Sam's Club paga salarios bajos a sus empleados con la finalidad de mantener bajos los costos y precios, mientras que Costco paga salarios más altos para contratar empleados con mayor experiencia que puedan ofrecer un mejor servicio al cliente.

competir con éxito si se convierten en el productor con menores costos, si fabrican productos únicos valiosos para los clientes, o aplican su *expertise* en pequeños segmentos de mercado para satisfacer sus necesidades específicas de productos o servicios.[22] Estas tres principales estrategias de negocios son:

1. Liderazgo en costos
2. Diferenciación
3. Especialización

Otra opción estratégica implica valorar la opción de hacer crecer el negocio y cómo hacerlo. A continuación analizaremos cada una de estas estrategias y sus implicaciones para el CO.

Estrategia de liderazgo en costos

Las empresas que tienen una *estrategia de liderazgo en costos* se esfuerzan por ser el productor de menor costo en una industria para un nivel determinado de calidad del producto. Estas empresas tienen un desempeño adecuado en el diseño de productos que pueden fabricarse eficientemente, por ejemplo, aquellos que tienen un número mínimo de piezas que se deben ensamblar; también se destacan en la ingeniería de procesos eficientes de manufactura para mantener en un nivel bajo los costos de producción y los precios. Un buen ejemplo de una empresa que aplica esta estrategia es Walmart.

Las organizaciones que intentan mantener bajos los costos y los precios tratan de crear una ventaja competitiva en *excelencia operativa*. Sus empleados deben identificar y seguir los procesos de forma eficiente y comprometerse con la mejora continua. Las empresas de manufactura y de transporte suelen adoptar este enfoque. Estas organizaciones buscan continuamente la manera de modificar sus sistemas operativos para reducir costos y precios al ofrecer un producto atractivo que puede competir con éxito contra los productos de los competidores. Algunos ejemplos de empresas que basan su ventaja competitiva en la excelencia operativa son Dell Computers, Federal Express y Walmart.

La mayoría de las empresas que gozan de excelencia operativa requieren que los gerentes contraten y capaciten a empleados flexibles que sean capaces de enfocarse en objetivos de fabricación a corto plazo, que eviten desperdicios y que se preocupen por minimizar los costos de producción.[23] Estas organizaciones funcionan con márgenes de utilidad estrechos y dependen más del trabajo en equipo que del trabajo individual.

Estrategia de diferenciación

La *estrategia de diferenciación* intenta desarrollar productos o servicios con características únicas valiosas para los clientes. El valor agregado por la singularidad del producto le permite a la empresa asignar un precio superior por él. Las dimensiones en las que las empresas se pueden diferenciar incluyen la imagen (Coca-Cola), la duración del producto (ropa Wrangler), la calidad (Lexus), la seguridad (Volvo) y la conveniencia (Apple Computer). Algunas empresas, como Southwest Airlines, se diferencian de sus competidores mediante una estrategia basada en productos y servicios básicos y austeros de bajo costo. Las empresas pueden trabajar con más de una estrategia a la vez, como es el caso de Southwest Airlines, que se enfoca tanto en el liderazgo en costos como en la diferenciación.

estrategia de liderazgo en costos
Esforzarse por ser el productor de menor costo para un nivel determinado de calidad del producto

excelencia operativa
Maximización de la eficiencia de producción o del proceso de desarrollo de productos para minimizar los costos

estrategia de diferenciación
Desarrollo de productos o servicios con características únicas valiosas para los clientes

OLGA BESNARD/SHUTTERSTOCK.COM

Lexus aplica una estrategia de diferenciación. Promueve sus automóviles como vehículos de calidad superior a la de sus competidores. Esta diferenciación le permite venderlos a precios más altos.

innovación de productos
Desarrollo de nuevos productos o servicios

Las organizaciones que aplican estrategias de diferenciación tratan de desarrollar una ventaja competitiva por medio de la ***innovación de productos***. Esta vía implica que los empleados deben desarrollar constantemente productos y servicios para generar una ventaja en el mercado. Estas empresas crean y mantienen una cultura que estimula a los empleados para que se atrevan a ofrecer ideas novedosas, que serán escuchadas y consideradas aunque sean poco convencionales. Para estas empresas resulta crucial introducir frecuentemente nuevos productos en el mercado para mantener su competitividad. Esta es una estrategia común en empresas farmacéuticas y de tecnología. Algunos buenos ejemplos de organizaciones cuya ventaja competitiva se basa en la innovación de productos son Johnson & Johnson, Nike y 3M.

Los innovadores de productos deben proteger su ambiente emprendedor. Para ello, los gerentes desarrollan y mantienen una cultura de innovación. En vez de seleccionar a los candidatos a un puesto con base en su experiencia, también evalúan su capacidad para trabajar en equipo, su creatividad y mentalidad abierta.[24] Una organización con ventaja competitiva basada en la innovación de productos intenta construir una fuerza laboral clave para la investigación y el desarrollo, con empleados que cuenten con mentalidad emprendedora, enfoque a largo plazo, alta tolerancia a la ambigüedad e interés por aprender y descubrir. Un empleado que requiere un entorno estable y predecible no sería apropiado para ella. Los gerentes en estas empresas también deben facultar mediante el empowerment y motivar al personal.[25]

Estrategia de especialización

estrategia de especialización
Enfoque en un segmento estrecho o nicho de mercado y aplicación de una estrategia de liderazgo en costos o de diferenciación dentro de ese segmento

Las empresas que aplican una ***estrategia de especialización*** se enfocan en un segmento estrecho o nicho de mercado, que puede ser un producto, un uso particular o compradores con necesidades especiales, y trabajan con una estrategia de liderazgo en costos o de diferenciación dentro de ese segmento. Las empresas que aplican con éxito esta estrategia conocen muy bien su segmento de mercado y a menudo cuentan con un alto nivel de lealtad por parte de los clientes. El éxito en la implementación de esta estrategia puede lograrse tanto por medio de la oferta de costos menores que los ofrecidos por los competidores en el mismo nicho, como por la capacidad de ofrecer a los clientes algo que los competidores no ofrecen (por ejemplo, fabricar partes diferentes). Chuck E. Cheese, Dunkin' Donuts y Starbucks son buenos ejemplos de empresas que aplican una estrategia de especialización.

intimar con el cliente
Ofrecer productos o servicios únicos y a la medida para satisfacer las necesidades de los clientes e incrementar su lealtad

Con frecuencia, estas empresas desarrollan una ventaja competitiva basada en ***intimar con el cliente***, con base en la cual intentan desarrollar productos únicos y a la medida para satisfacer sus necesidades e incrementar su lealtad. Este enfoque abarca la división de mercados en segmentos o nichos para después adaptar la oferta de la empresa para satisfacer sus demandas. La lealtad de los clientes requiere combinar conocimiento detallado de sus necesidades y flexibilidad operativa para poder responder con rapidez a prácticamente cualquiera de ellas, desde un producto a la medida hasta el cumplimiento de solicitudes especiales. Las firmas de consultoría, así como las empresas minoristas y bancarias, suelen adoptar este enfoque.

La mayoría de los expertos en calidad en el servicio afirman que el talento es el elemento clave para construir a una empresa orientada hacia el cliente.[26] Se debe contratar a personas de aprendizaje activo con habilidades adecuadas de relaciones públicas y flexibilidad emocional bajo presión para lograr una ventaja competitiva por intimar con el cliente, así como para garantizar que la empresa cumpla con las entregas que promete.[27] La cooperación y la colaboración de los empleados son importantes para desarrollar intimidad con el cliente, por lo que los gerentes deben esforzarse por crear equipos de trabajo eficientes y abrir canales de comunicación efectiva.

Empresas como Starbucks pueden asignar un precio alto a sus productos, porque se enfocan en las relaciones con el cliente. Suponga que Starbucks comenzara a contratar mano de obra más barata, que incluya a personas con habilidades deficientes de comunicación y redujera su inversión en capacitación y satisfacción laboral. Su ventaja competitiva se erosionaría rápidamente y tendría que reducir el precio de su café para conservar a sus clientes, lo que la obligaría a seguir una estrategia de liderazgo en costos en lugar de una de especialización, toda vez que habría fracasado en atraer, motivar y retener al tipo correcto de empleados.

Estrategia de crecimiento

Otra alternativa estratégica consiste en expandir la empresa y hacerla crecer. Con frecuencia, las empresas siguen una *estrategia de crecimiento* en respuesta a las presiones de los inversionistas que pretenden incrementar su utilidad por acción, pero esta expansión del negocio requiere incorporar talento adicional. Por ejemplo, las cadenas orientadas al crecimiento, como Chipotle Mexican Grill, abren con frecuencia nuevas tiendas que requieren gerentes, empleados e incluso nuevo personal de distribución.

El éxito de la estrategia de crecimiento depende de la capacidad de la empresa para encontrar y retener el número y el tipo correcto de empleados para sostener su crecimiento pretendido. El crecimiento es orgánico cuando la empresa se expande desde adentro por medio de la apertura de nuevas fábricas o tiendas. Si este es el caso, necesita invertir en reclutar, seleccionar y capacitar al tipo correcto de personas para expandir sus operaciones. Las empresas también pueden seguir una estrategia de crecimiento con base en fusiones y adquisiciones. Estas han sido formas comunes que les han permitido crecer, expandirse internacionalmente y responder a las desregulaciones industriales. Además, las fusiones y adquisiciones pueden ser una forma adecuada de adquirir la calidad y cantidad de talento que se requiere para implementar la estrategia de negocios.

Cuando se utilizan fusiones y adquisiciones para implementar una estrategia de crecimiento, es importante considerar la necesidad de que exista consistencia entre las culturas, valores y estructuras de las dos organizaciones. La falta de consistencia entre empresas fusionadas o adquiridas puede derivar en un desempeño deficiente y la pérdida de empleados talentosos. Es más frecuente que las fusiones y adquisiciones fracasen por cuestiones culturales que por cuestiones financieras.[28] DaimlerChrysler, HP y Compaq y AOL-Time Warner son algunos ejemplos destacados de fusiones que fracasaron por esta causa.

estrategia de crecimiento
Expansión de la empresa de forma orgánica o mediante adquisiciones

Vínculos de la estrategia de negocios con el comportamiento organizacional

Existen muchos vínculos que conectan la estrategia de negocios con el CO. Por ejemplo, una empresa que tiene una estrategia de liderazgo en costos debe mantener todos sus gastos tan bajos como sea posible. Por lo tanto, la estrategia podría consistir en contratar empleados con salarios bajos y tratar de automatizar la mayor cantidad posible de puestos. Estas acciones se relacionan claramente con la motivación de los empleados y el diseño del trabajo. De igual manera, una empresa con estrategia de diferenciación que quiere hacer hincapié en su excepcional servicio al cliente necesita empleados motivados para ello, líderes que ayuden a desarrollar una cultura de servicio al cliente y una estructura de recompensas vinculada con este valor. Una estrategia de especialización suele requerir empleados con habilidades y capacidades especializadas.

La implementación de la estrategia y el cambio estratégico también requieren grandes cambios a nivel organizacional, dos de los cuales son una nueva cultura organizacional y las nuevas conductas que los empleados deben manifestar. Según la naturaleza del cambio estratégico, algunos empleados podrían carecer de la disposición o incluso de la capacidad para apoyar la nueva estrategia. Orientar los esfuerzos de la gerencia para preparar, motivar e influir en las personas clave para implementar la nueva estrategia podría ayudar a afianzar e influir en la efectividad de la estrategia.

Imagine una empresa que fabrica chips semiconductores en un entorno competitivo que le obliga a competir en costos. La empresa se orienta a la eficiencia operativa para controlar gastos, se enfoca en la contención de costos y su cultura refuerza el seguimiento estricto de las reglas operativas para alcanzar estas metas. Ahora considere qué sucedería si la organización pudiera alcanzar una mejor posición competitiva si se especializara en el diseño de chips para computadora nuevos e innovadores y realizara su producción por outsourcing. El enfoque de la empresa se orientaría ahora hacia la innovación, la solución de problemas y el trabajo en equipo. Los gerentes necesitarían trabajar menos en el seguimiento de normas y más en la dirección, motivación y comunicación. La participación de los empleados en la toma de decisiones también podría aumentar. Intel transitó por este tipo de transformación a principios de la década de 1970, cuando pasó de fabricar chips semiconductores de memoria a fabricar chips programables de microprocesadores.

El análisis previo intenta ayudarle a entender el papel que tiene el CO en la implementación de diferentes estrategias de negocios. Los gerentes efectivos entienden lo que se debe hacer para implementar la estrategia de negocios de la empresa y posteriormente planean, organizan, dirigen y controlan las actividades de los empleados para lograrlo. Es importante observar que los gerentes y directores no logran por sí solos los objetivos organizacionales, sino que realizan el trabajo a través de los demás. La aplicación flexible de los principios de CO le ayudará a realizar de forma más efectiva esta tarea.

PERSPECTIVAS CONTEXTUALES ACERCA DEL COMPORTAMIENTO ORGANIZACIONAL

Existen varias perspectivas contextuales que influyen en nuestra comprensión del comportamiento organizacional, como las perspectivas de sistemas, de contingencia y de interacción. Muchos de los conceptos y teorías que se analizan en los capítulos siguientes reflejan estas perspectivas, que representan puntos de vista básicos que influyen en el pensamiento contemporáneo sobre el comportamiento en las organizaciones. Además, nos permiten ver con mayor claridad la forma en que los gerentes utilizan los procesos conductuales cuando trabajan por la efectividad organizacional. Antes de analizar estas perspectivas, nos desviaremos para explicar la evolución del área del CO.

¿De dónde surge el comportamiento organizacional?

Podemos rastrear hasta tiempos prehistóricos el origen del CO, cuando las personas trataron de entender, motivar y dirigir a otros por primera vez. El filósofo griego Platón mencionó la esencia del liderazgo y Aristóteles analizó la comunicación persuasiva. Podemos encontrar las bases del poder y la política en los escritos de más de 2,300 años de antigüedad de Sun-Tzu, así como en los de Maquiavelo, el filósofo italiano del siglo XVI. Más adelante, el liderazgo carismático fue abordado por el sociólogo alemán Max Weber. Los temas de CO han sido puntos de interés para muchas personas durante largo tiempo. A continuación revisaremos brevemente parte de la historia para entender mejor los orígenes del estudio científico del CO.

Frederick Winslow Taylor fue uno de los pioneros de la administración científica, que sostiene que los gerentes deben estudiar el trabajo, dividirlo en tareas pequeñas, capacitar a los empleados en "la mejor manera" de desempeñar sus puestos y después pagarles en función del número de unidades que producen.

El estudio formal del CO comenzó en 1890, después de que Adam Smith introdujo el concepto de división del trabajo con el movimiento de las relaciones industriales. En la década de 1890, Frank y Lillian Gilbreth, junto con Frederick Winslow Taylor, identificaron los efectos positivos que tienen las instrucciones precisas, la determinación de objetivos y las recompensas sobre la motivación. Sus ideas fueron conocidas como teoría de la *administración científica*, que con frecuencia se considera como el inicio del estudio formal del CO.

La administración científica se basó en la creencia de que la productividad se maximiza cuando las organizaciones son racionalizadas con base en conjuntos precisos de instrucciones basados en estudios de tiempos y movimientos. Los cuatro principios de la administración científica de Taylor son:[29]

1. Remplazar los métodos empíricos con métodos basados en el estudio científico de las tareas con la aplicación de los estudios de tiempos y movimientos.
2. Seleccionar, capacitar y desarrollar científicamente a todos los trabajadores en vez de dejar que se capaciten a sí mismos de forma pasiva.
3. Los gerentes deben proporcionar supervisión e instrucciones detalladas a los empleados para asegurarse de que aplican los métodos científicamente desarrollados.
4. Dividir el trabajo casi de forma equitativa entre trabajadores y gerentes. Éstos deben aplicar los principios de la administración científica para planear el trabajo mientras los trabajadores deben ejecutar las tareas.

administración científica

Disciplina que se basa en la creencia de que la productividad se maximiza cuando las organizaciones son racionalizadas con base en conjuntos precisos de instrucciones basadas en estudios de tiempos y movimientos

A pesar de que la administración científica mejoró la productividad, también aumentó la monotonía del trabajo, ya que no dejó espacio para las preferencias o iniciativas de los trabajadores, además de que no siempre fue aceptada por éstos. En algún momento, las quejas sobre la deshumanización del trabajo llevaron a una investigación por parte del Congreso en Estados Unidos.[30] Después de la Primera Guerra Mundial, la atención se orientó hacia la comprensión del papel de los factores humanos y de la psicología en las organizaciones. Este interés fue generado por el *efecto Hawthorne* en las décadas de 1920 y 1930. El efecto Hawthorne ocurre cuando las personas mejoran algún aspecto de su comportamiento o desempeño simplemente porque están siendo evaluadas. Este efecto fue identificado por primera vez cuando se llevó a cabo una serie de experimentos, que se conocieron como los estudios de Hawthorne, porque tuvieron lugar en la planta de Western Electric en ese suburbio de Chicago. Esta investigación tenía la finalidad de evaluar los efectos de diversos factores en la productividad, como el pago individual en comparación con el pago colectivo, el pago de incentivos, los recesos y los almuerzos.

efecto Hawthorne

Las personas mejoran algún aspecto de su comportamiento o desempeño simplemente porque están siendo evaluadas

Una de las condiciones laborales que se evaluaron en la planta de Hawthorne fue la iluminación. Cuando instalaron luces más brillantes, aumentó la producción, pero cuando usaron luces más tenues, ¡la producción también aumentó! Los investigadores observaron que la productividad casi siempre aumentaba cuando había un cambio de iluminación, cualquiera que fuera éste, y después volvía a sus niveles normales. Aparentemente, los empleados trabajaban más cuando la luz era más tenue, porque sabían que en ese momento eran evaluados. George Elton Mayo, que fundó el movimiento de las relaciones humanas, el cual inició con los estudios de Hawthorne, explicó estos descubrimientos afirmando que los trabajadores se esforzaban más porque recibían interés y empatía por parte de los observadores. Mayo sostuvo que la razón por la cual los trabajadores sienten una motivación más fuerte por asuntos informales es que los individuos tienen una necesidad psicológica profunda de creer que las organizaciones se preocupan por ellos.[31] En esencia, los trabajadores están más motivados cuando creen que la organización para la que laboran es abierta, se preocupa por ellos y está dispuesta a escucharlos.

Los estudios de Hawthorne inspiraron investigaciones adicionales de los efectos de las relaciones sociales, motivación, comunicación y satisfacción laboral sobre la productividad en las fábricas. En lugar de considerar a los trabajadores como partes intercambiables de una organización mecánica, como lo había hecho la administración científica, el *movimiento de las relaciones humanas* consideró a las empresas como sistemas cooperativos y afirmó que las orientaciones, valores y sentimientos de los trabajadores son partes importantes de la dinámica y del desempeño organizacionales. El movimiento de las relaciones humanas hizo hincapié en que las dimensiones humanas del trabajo, entre ellas las relaciones grupales, pueden sustituir las normas organizacionales e incluso los intereses individuales de las personas.

Algunos métodos de investigación poco sofisticados demostraron que algunas de las conclusiones de los investigadores de relaciones humanas eran incorrectos.[32] Por ejemplo, la relación entre la satisfacción y el desempeño laborales es mucho más compleja de lo que los investigadores consideraron inicialmente. Sin embargo, el movimiento marcó el comienzo de una nueva administración, más humana y centrada en los empleados, que reconoce sus necesidades sociales y destaca la importancia de las personas para el éxito organizacional.

Mary Parket Follet, profesora de trabajo social en Harvard y consultora en administración, fue reconocida como la "profeta de la administración" porque sus ideas estaban adelantadas a su tiempo. Follet descubrió una serie de fenómenos, entre ellos ciertos ejercicios de creatividad como la lluvia de ideas, el efecto de "groupthink" en juntas (en donde se toman decisiones equivocadas porque los miembros del grupo tratan de minimizar el conflicto y alcanzar el consenso negándose al análisis crítico y la evaluación de ideas), y lo que después se conoció como "administración por objetivos" y "administración de la calidad total". Follet también abogó por los acuerdos para compartir el poder en las organizaciones. En la década de 1950 los japoneses descubrieron su trabajo y emplearon sus ideas, junto con las de W. Edwards Deming, para revitalizar su base industrial.

W. Edward Deming es conocido como el "gurú de la administración de la calidad". En Japón, durante la posguerra, Deming enseñó conceptos sobre procesos estadísticos de control y calidad a los industriales del país. En su libro clásico publicado en 1986,[33] describe cómo realizar un trabajo satisfactorio, productivo y de calidad. El ciclo de calidad de Deming, planear-hacer-verificar-actuar para la mejora continua, promovió la adopción de catorce principios para hacer que las organizaciones fueran eficientes y capaces de resolver casi cualquier problema. Deming creía que si se eliminaba el miedo del ambiente laboral, los empleados se sentirían orgullosos de su trabajo y aumentaría la producción. También consideró que cuando las cosas salen mal, existe una probabilidad de 94% de que la causa radique en el sistema (elementos dentro del control gerencial, como maquinaria y reglas) en lugar de ser atribuible a los trabajadores.[34] Deming consideraba que era poco inteligente implementar cambios en respuesta a variaciones normales y que para poder comprender las variaciones era necesario contar con la certidumbre matemática de que algunas se presentarán de forma normal dentro de un rango determinado. El movimiento de administración de la calidad total iniciado por Deming nuevamente

---

movimiento de las relaciones humanas
Enfoque que visualiza a las organizaciones como sistemas cooperativos y considera que las orientaciones, valores y sentimientos de los trabajadores son partes importantes de la dinámica y el desempeño organizacionales

Figura 1.3

El enfoque de sistemas en las organizaciones

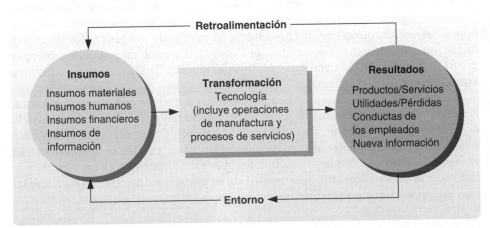

El enfoque de sistemas en las organizaciones nos ofrece un modelo de trabajo útil para entender la forma en que los elementos de la organización interaccionan entre sí y con el entorno. Un conjunto de insumos es trasformado en diferentes resultados y se recibe retroalimentación importante del entorno. Si los gerentes no entienden estas interrelaciones, podrían hacer caso omiso del entorno o pasar por alto relaciones importantes dentro de la organización.

destacó la importancia de las personas, el trabajo en equipo y la comunicación para el éxito de una organización. Usted leerá mucho más sobre la evolución del CO a lo largo de este libro, pero esta breve historia sirve para ubicar la etapa en la que nos encontramos. Ahora llevaremos nuestra atención a otras perspectivas contextuales importantes que nos ayudarán a comprender tanto a las organizaciones como las conductas de las personas que las conforman.

Las organizaciones como sistemas abiertos

La perspectiva o enfoque de sistemas, o teoría de sistemas, fue desarrollada inicialmente en el área de la física, pero después se extendió a otras áreas, como la administración.[35] Un *sistema* es un conjunto de elementos interrelacionados que funciona como un todo. La figura 1.3 presenta un modelo general para visualizar como sistemas a las organizaciones.

sistema
Conjunto de elementos interrelacionados que funciona como un todo

Con base en esta perspectiva, el sistema organizacional recibe del entorno cuatro tipos de insumos: materiales, humanos, financieros y de información (observe que esta afirmación es consistente con la descripción previa de las funciones administrativas). Los gerentes de la empresa combinan y transforman estos insumos y los devuelven al entorno en forma de productos o servicios, conductas de los empleados, utilidades o pérdidas e información adicional. Posteriormente, el sistema recibe retroalimentación del entorno en relación con estos resultados.

Como ejemplo, podemos aplicar la teoría de sistemas a Shell Oil. Los insumos materiales incluyen tuberías, petróleo crudo y maquinaria para refinar el petróleo. Los insumos humanos son los trabajadores de las áreas petrolíferas y los de refinería, personal de oficina y otros empleados de la empresa. Los insumos financieros son el dinero que se recibe por la venta de gas y petróleo, las inversiones de los accionistas, etc. Finalmente, la empresa recibe insumos de información por medio de pronósticos sobre provisiones de petróleo en el futuro, encuestas geológicas sobre sitios potenciales de perforación, proyecciones de ventas y análisis similares.

Los insumos se combinan y transforman mediante la refinación y otros procesos para crear productos, como gasolina y aceite para motor, los cuales se venden al público. Las utilidades de las operaciones regresan al entorno por medio de los impuestos, inversiones y dividendos. Cuando ocurren pérdidas, éstas afectan al entorno pues reducen la utilidad de los accionistas. Además de tener contactos en el trabajo, con clientes y proveedores, los empleados viven en una comunidad en la que participan por medio de diversas actividades ajenas al trabajo y su comportamiento es afectado parcialmente por sus experiencias como empleados de Shell. Finalmente se proporciona información al entorno sobre la empresa y sus operaciones y, a cambio, éste responde a los resultados e influye en los insumos futuros. Por ejemplo, los consumidores pueden comprar más o menos gasolina según la calidad y el precio de los productos de Shell, mientras que los bancos podrían tener mayor o menor disposición a otorgar préstamos a la empresa con base en la información financiera que se publica acerca de ella.

El enfoque de sistemas es valioso para los gerentes por muchas razones. En primer lugar, hace hincapié en la importancia del entorno o ambiente de la organización. En realidad, fracasar en la obtención de los recursos apropiados o malinterpretar la retroalimentación del entorno puede ser desastroso. El enfoque de sistemas también ayuda a los gerentes a conceptualizar el flujo y la interacción de los diferentes elementos de la empresa durante la transformación de los insumos en productos.

Perspectivas situacionales acerca del comportamiento organizacional

enfoque situacional
Punto de vista que sugiere que la mayoría de las organizaciones, situaciones y resultados son influidos por otras variables

Otro enfoque útil para comprender el comportamiento en las organizaciones proviene del *enfoque situacional*. Al inicio de los estudios sobre administración, los gerentes trataron de encontrar respuestas universales para las preguntas organizacionales. Buscaron recetas, "la mejor manera" que podría emplear toda empresa bajo cualquier condición al buscar, por ejemplo, las formas de liderazgo que llevarían a los empleados a sentirse siempre más satisfechos y a trabajar más. Sin embargo, los investigadores notaron que la complejidad del comportamiento humano y los contextos organizacionales hacen que sea imposible llegar a conclusiones universales. Descubrieron que en las organizaciones, la mayoría de las situaciones y resultados son contingentes, es decir, que la relación exacta entre dos variables es situacional (depende de otras variables).[36]

La figura 1.4 compara el enfoque universal con el situacional. El modelo universal, que se muestra en la parte superior de la figura, supone que existe un

Figura 1.4

Alguna vez los gerentes creyeron que podrían identificar "la mejor manera" de resolver problemas o de reaccionar ante las situaciones. El enfoque situacional ofrece una perspectiva más realista, pues sugiere que las formas de abordar los problemas y situaciones son contingentes a los elementos de la situación.

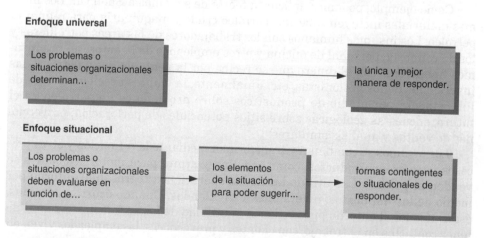

Enfoque universal en comparación con el enfoque situacional

vínculo directo entre las variables causa y efecto. Por ejemplo, sugiere que cada vez que un gerente se encuentra ante un problema o situación determinada (como motivar a los empleados a trabajar más), existe un enfoque universal (como incrementar el salario o el nivel de autonomía) que conducirá a obtener el resultado deseado. Por el contrario, el enfoque situacional supone que hay otras variables que inciden en la relación directa. En otras palabras, la acción o conducta que debe emprender el gerente en una situación determinada depende de los elementos presentes en la situación. El área del comportamiento organizacional ha pasado gradualmente de un enfoque universal en la década de 1950 y principios de la de 1960 a un enfoque situacional. Dicho enfoque ha sido ampliamente documentado en áreas como motivación, diseño de puestos, liderazgo y diseño organizacional, y ha adquirido mayor relevancia a lo largo del área.

Interaccionismo: personas y situaciones

El interaccionismo es otro enfoque o perspectiva útil para comprender mejor el comportamiento en el contexto organizacional. Fue introducido en términos de la psicología interaccionista y supone que el comportamiento de las personas es el resultado de una interacción continua y multidireccional entre las características del individuo y las de la situación. De forma específica, el *interaccionismo* intenta explicar la forma en que las personas seleccionan, interpretan y cambian diferentes situaciones.[37] Observe que se supone que el individuo interacciona continuamente con la situación, y que esta interacción es la que determina su conducta.

interaccionismo
Perspectiva que sugiere que las personas y las situaciones interaccionan continuamente para determinar el comportamiento de las personas

La perspectiva de la interacción considera que las descripciones simples tipo causa-efecto de los fenómenos organizacionales no son suficientes. Por ejemplo, un grupo de investigadores sugiere que los cambios de puestos mejoran las actitudes de los empleados. Otros proponen que las actitudes influyen inicialmente en la forma en que las personas perciben sus trabajos. Es posible que ambas posiciones sean incompletas: las actitudes de los empleados pueden influir en su percepción del trabajo, pero estas percepciones influirán también en sus actitudes futuras. Dado que el interaccionismo es una contribución relativamente reciente, aparece con menor frecuencia que las teorías de sistemas y de la contingencia en los siguientes capítulos. Sin embargo, esta perspectiva promete ofrecer ideas importantes para el desarrollo futuro.

ADMINISTRACIÓN PARA LA EFECTIVIDAD

Ya se mencionó que los gerentes trabajan para alcanzar diferentes metas. Ahora podemos analizar con más detalle la naturaleza de estas metas. En esencia, los gerentes y los líderes intentan dirigir las conductas de las personas para promover la efectividad organizacional. Pueden hacerlo mediante el estímulo de ciertas conductas y actitudes, la promoción de la ciudadanía, la reducción de las conductas disfuncionales y la conducción de la implementación estratégica. Por supuesto, a veces es necesario intercambiar estos factores, pero en general se consideran como componentes cruciales para lograr la efectividad de la organización. En la siguiente sección se analizan con más detalle estos y otros puntos.

Mejoramiento de las conductas de desempeño individual y de equipo

En primer lugar, las conductas de las personas son el resultado de su participación en la organización. Una conducta importante es la productividad. La productividad de una persona es un indicador relativamente estrecho de su eficiencia y se mide en términos de los productos o servicios que genera por unidad de insumo. Por ejemplo, si Bill fabrica 100 unidades de un producto en un día y Sara sólo 90, suponiendo que los productos son de la misma calidad y ellos reciben el mismo salario, Bill es más productivo que Sara.

El desempeño es otra variable importante a nivel de resultados individuales, pero es un concepto más amplio que puede aplicarse a todas las conductas relacionadas con el trabajo. Por ejemplo, aunque Bill es altamente productivo, es posible que se rehúse a trabajar horas extra, se exprese de forma negativa acerca de la organización cada vez que puede, no haga nada que vaya más allá de los límites de su puesto, se reporte con frecuencia enfermo y llegue tarde a menudo. Por otro lado, Sara puede mostrar siempre disposición para trabajar tiempo extra, representa de forma positiva a la organización, realiza cualquier contribución necesaria para la organización y rara vez falta al trabajo. Si consideramos todas las conductas, podemos concluir que Sara tiene un mejor desempeño.

Existe otro conjunto de resultados a nivel de grupos y equipos, algunos de los cuales se presentan de forma paralela a los resultados individuales que ya se analizaron. Por ejemplo, si una empresa trabaja mucho con equipos, la productividad y el desempeño de éstos son variables importantes. Por otra parte, aun cuando todos los miembros de un grupo o equipo tengan actitudes similares hacia sus trabajos, las actitudes son en sí fenómenos individuales, es decir, las personas tienen actitudes, los grupos no. Sin embargo, los grupos o equipos pueden presentar resultados que no observamos a nivel individual. Por ejemplo, como se analizará en el capítulo 7, los grupos establecen normas para regular el comportamiento individual de sus miembros y alcanzan diferentes niveles de cohesión. Además, los gerentes deben evaluar tanto los resultados únicos como los comunes cuando trabajan tanto con individuos como con grupos.

Mejoramiento del compromiso y la participación de los empleados

Las actitudes constituyen otro conjunto de resultados individuales en el que los gerentes pueden influir. Los niveles de satisfacción o insatisfacción laboral, el compromiso organizacional y la participación de los trabajadores desempeñan un papel importante en el comportamiento organizacional. Existe abundante investigación en torno a la satisfacción laboral que muestra que los factores personales, como las necesidades y aspiraciones individuales, determinan esta actitud junto con factores grupales y organizacionales, como las relaciones con compañeros y supervisores, así como las condiciones y políticas laborales y la compensación. Un empleado satisfecho tiende a ausentarse con menor frecuencia, realiza contribuciones positivas y permanece por más tiempo en la empresa. Por el contrario, uno insatisfecho se ausenta con mayor frecuencia, experimenta y manifiesta un nivel de estrés que trastorna a sus compañeros y busca otros empleos. Sin embargo, contrario a lo que piensa la mayoría de los gerentes, los altos niveles de satisfacción laboral no se traducen necesariamente en mejores niveles de desempeño.

Una persona con un nivel alto de compromiso puede considerarse como un miembro verdadero de la organización (por ejemplo, emplea términos personales para referirse a la empresa como "Nosotros fabricamos productos de alta calidad"), presta poca atención a las fuentes de insatisfacción y planea permanecer en la organización por largo tiempo. En contraste, otra con un nivel menor de compromiso organizacional se ve a sí misma de forma ajena (por ejemplo, se refiere a la organización en términos menos personales como "Ellos no les pagan muy bien a sus empleados"), manifiesta mayor insatisfacción sobre lo que sucede en la empresa y no se visualiza en ella a largo plazo.

Promoción de las conductas de ciudadanía organizacional

La *ciudadanía organizacional* es el comportamiento de las personas que contribuyen de forma positiva a la organización.[38] Por ejemplo, considere a un empleado cuyo trabajo es bueno en cantidad y calidad pero se niega a trabajar tiempo extra, no ayuda a capacitar a los nuevos empleados y muestra poca disposición para contribuir con la organización más allá de las tareas de su puesto. Aunque puede tener un desempeño adecuado, no es un buen ciudadano organizacional.

ciudadanía organizacional
Comportamiento de las personas que contribuyen de forma positiva a la organización

Otro empleado con un nivel de desempeño similar trabaja hasta tarde cuando se lo solicita su jefe, destina el tiempo necesario para ayudar a los nuevos empleados a aprender y es percibido como útil y comprometido con el éxito de la organización. Aunque su nivel de desempeño es similar al del primer trabajador, el segundo es visto como mejor ciudadano organizacional.

Los determinantes de las conductas de ciudadanía organizacional comprenden un mosaico complejo de variables individuales, sociales y organizacionales. Por ejemplo, se requiere consistencia entre la personalidad, las actitudes y necesidades de los individuos y las conductas de ciudadanía. De igual manera, el contexto social donde trabaja el individuo o el grupo debe facilitar y promover dichas conductas. Asimismo, la organización, en especial su cultura, debe ser capaz de promover, reconocer y recompensar este tipo de conductas para reforzarlas. Aunque el estudio de la ciudadanía organizacional se encuentra en una etapa temprana, la investigación preliminar sugiere que juega un papel poderoso en la efectividad de la organización.

Reducción al mínimo de las conductas disfuncionales

Algunas conductas laborales son disfuncionales por naturaleza. Las *conductas disfuncionales* son aquellas que deterioran el desempeño organizacional en vez de contribuir a él.[39] Dos conductas individuales importantes son el ausentismo y la rotación. El ausentismo es una medida de asistencia, y aunque ocasionalmente todas las personas faltan al trabajo, algunas lo hacen más que otras. Algunos empleados inventan excusas para ausentarse o se reportan enfermos sólo para tener un tiempo libre, mientras que otras lo hacen sólo cuando es indispensable. Por otro lado, la rotación se produce cuando un empleado sale de la organización. Si esta persona tiene un buen desempeño y la empresa ha invertido cuantiosos recursos en su capacitación, la rotación puede resultar costosa.

conductas disfuncionales
Conductas que desvirtúan en vez de contribuir al desempeño organizacional

Otras formas de comportamiento disfuncional pueden ser aún más costosas para la organización. El robo y el sabotaje afectan directamente los costos financieros de la empresa, mientras que el acoso racial y sexual también tienen costos tanto indirectos (pues deteriora la moral, genera temor y aleja a empleados valiosos) como directos (como la responsabilidad financiera en el caso de una respuesta inapropiada de la organización). Lo mismo ocurre con el comportamiento político, la dirección errónea de otros de forma intencional, el esparcimiento de rumores maliciosos y actividades similares. La falta de civismo y la rudeza pueden generar conflictos y dañar la moral y la cultura de la organización.[40]

Las conductas disfuncionales en la organización incluyen temas como el ausentismo excesivo y la falta de civismo. En algunas ocasiones los empleados actúan de forma violenta y, cuando esto ocurre, el centro de trabajo puede convertirse en una escena de delitos.

Las empresas muestran cada vez mayor preocupación por el *bullying* y la violencia. Los actos violentos por parte de empleados y exempleados descontentos provocan cada año docenas de muertes y heridos.[41] Algunos de los factores que contribuyen a generar la violencia laboral, por no mencionar aquellos que aumentan o disminuyen su incidencia, son difíciles de precisar, pero tienen una importancia obvia para los gerentes.

Cómo impulsar la implementación estratégica

Por último, encontramos otras variables a nivel organizacional que por lo general se relacionan con la implementación estratégica, es decir, la forma en que los gerentes y empleados entienden y emprenden las acciones necesarias para alcanzar las metas estratégicas. Al igual que las anteriores, algunos de estos resultados se presentan en paralelo a nivel individual y grupal y otros son únicos. Por ejemplo, podemos medir y comparar la productividad organizacional y también desarrollar indicadores organizacionales sobre ausentismo y rotación, pero la rentabilidad sólo se evalúa a nivel organizacional.

Las organizaciones también se evalúan en términos de su desempeño financiero mediante el precio de las acciones, el rendimiento sobre la inversión y las tasas de crecimiento, entre otros. De igual forma, se evalúa su capacidad para sobrevivir y satisfacer a los grupos de interés, como inversionistas, organismos gubernamentales, empleados y sindicatos.

Es evidente que los gerentes deben encontrar el balance entre los resultados en los tres niveles de análisis. En muchos casos los resultados pueden parecer contradictorios. Por ejemplo, pagar salarios altos a los trabajadores puede mejorar la satisfacción y reducir la rotación, pero también puede alejar a la empresa de su mejor desempeño en relación con las metas de utilidad neta. De igual manera, aplicar mucha presión puede incrementar el desempeño individual a corto plazo, pero incrementar la rotación y el estrés laborales. Por ello, el gerente debe observar todo el conjunto de resultados para intentar encontrar el balance óptimo. Su capacidad para hacerlo será determinante del éxito de la organización y la implementación exitosa de la estrategia de negocios.

¿Cómo sabemos lo que sabemos?

Otra condición importante para ser un gerente exitoso es comprender la calidad de la información que se utiliza para la toma de decisiones, ya que ¡no toda ella es precisa! Es por eso que es importante entender el proceso que se emplea para establecer nuestro conocimiento del CO y por qué sabemos lo que sabemos. Las personas pueden considerar al CO como una simple colección de ideas de sentido de común porque muchas de sus teorías parecen obvias. Por ejemplo, todos "saben" que se puede alcanzar un mejor desempeño cuando se establecen metas claras y se tiene confianza; que a mayor satisfacción, mayor productividad; que una cohesión mayor en el grupo mejorará el desempeño grupal y que las recompensas valiosas generan más motivación, ¿cierto? Entonces, si todo se trata de sentido común, ¿para qué debemos investigar sobre CO y por qué necesitamos estudiar estas teorías?

La respuesta es que el sentido común no es tan común. Las personas no siempre se ponen de acuerdo. Si diez personas observan la misma interacción de liderazgo, habrá diez perspectivas diferentes de "sentido común" sobre qué es y cómo funciona el liderazgo. Aun si no hay diez puntos de vista diferentes, no se logrará un acuerdo perfecto sobre lo que implica este fenómeno. Tomemos, por ejemplo, dos afirmaciones de sentido común: "La ausencia hace crecer el cariño" y "Cuando el gato no está los ratones hacen fiesta." ¿Cuál de las dos tiene razón? ¿Por qué?

Otra respuesta es que el sentido común no siempre es correcto. Puede que los resultados parezcan tener sentido después de que se ha llevado a cabo la investigación, pero antes de ella no sabemos lo que está sucediendo. Por ejemplo, en este libro aprenderá que todas las afirmaciones de sentido común que hemos realizado en este capítulo son falsas o están condicionadas. Las metas y la confianza no siempre funcionan, la satisfacción no siempre genera mayor productividad, la cohesión no siempre mejora el desempeño de los grupos y recibir recompensas valiosas no siempre motiva a las personas. No se trata sólo de sentido común. Necesitamos de la ciencia y de la investigación porque ambas se basan en evaluaciones cuidadosas y sistemáticas de los supuestos y las conclusiones. Este proceso permite que nuestra comprensión evolucione en relación con la forma en que funcionan las cosas y nos permite aprender bajo qué condiciones las metas, la confianza, la satisfacción, la cohesión y las recompensas tienen un resultado y por qué. Es por eso que es necesario aprender las teorías y no es posible operar bajo los principios del sentido común.

Intuición

Muchas personas consideran que pueden lograr entender bien a las demás observándolas a lo largo de sus vidas. Por ejemplo, cuando usted quiere persuadir o motivar a un amigo o colega para que haga algo, es probable que emplee varias técnicas y trucos que le han funcionado en el pasado, así que, ¿por qué debería estudiar CO?

Aunque es verdad que podemos lograr una buena comprensión de muchas de las normas, expectativas y conductas de los demás cuando vivimos y trabajamos con ellos, existen cosas que no pueden comprenderse correctamente sin un estudio más sistemático. Décadas de investigación han reforzado algunas de los puntos de vista que las personas creen bajo el sentido común y han identificado malentendidos o malas interpretaciones comunes acerca del CO. Por ejemplo, ¿cuándo son efectivos los diferentes enfoques de liderazgo? ¿Cuáles son las ventajas y desventajas de los enfoques de influencia? ¿Cuál será el nivel de meta que motivará más? ¿Qué nivel de importancia tiene la satisfacción laboral para el desempeño? ¿El estrés es siempre malo? Las respuestas a algunas de estas respuestas podrían sorprenderle, pero sin duda le ayudarán a tener más éxito como gerente.

Le invitamos a leer este libro con una mente abierta y a no suponer que sabe todo sobre un tema antes de estudiarlo. Nuestra meta es ayudarle a ser lo más efectivo que pueda en las organizaciones, así como a crear organizaciones exitosas. Permítanos ayudarle, pero debe estar abierto para cuestionar y reemplazar algunas nociones populares pero incorrectas que podría tener acerca del CO.

El método científico

En vez de depender de la experiencia o de la intuición, o simplemente suponer que las ideas son correctas porque tienen sentido, el *método científico* se basa en estudios sistemáticos para identificar y replicar resultados mediante la aplicación de diversos métodos, muestras y contextos. La figura 1.5 presenta el método científico desarrollado por un estudioso poco reconocido del siglo XVII: Sir Francis Bacon.[42]

método científico

Método de generación de conocimiento que se basa en estudios sistemáticos que identifican y replican un resultado empleando diversos métodos, muestras y contextos

Figura 1.5

El método científico es un enfoque útil para aprender más sobre el comportamiento organizacional. Utiliza las teorías para desarrollar hipótesis y después recaba y estudia datos relevantes que puedan ayudar a generar conocimiento nuevo.

El método científico

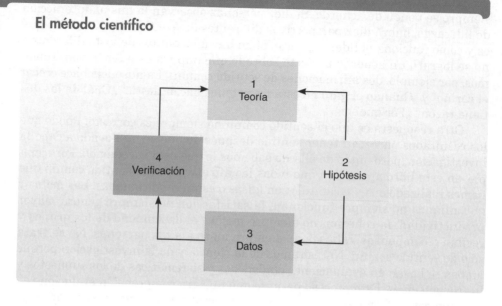

teoría

Colección de afirmaciones verbales y simbólicas que especifican la forma y las razones por las que las variables se relacionan, así como las condiciones bajo las cuales podrían o no hacerlo

hipótesis

Predicciones escritas que especifican las relaciones esperadas entre variables determinadas

variable independiente

Variable que se predice afectará algo más

variable dependiente

Variable que se predice será afectada por algo más

correlación

Refleja el tamaño y la fortaleza de la relación estadística entre dos variables. Tiene un rango que va de −1 a +1

El método científico comienza con la *teoría*, que es una colección de afirmaciones verbales y simbólicas que especifican la forma y las razones por las que las variables se relacionan, así como las condiciones bajo las cuales podrían o no hacerlo.[43] Las teorías proponen una descripción de las relaciones que existen entre ciertas variables, así como cuándo y bajo qué condiciones se presentan. Las teorías no están garantizadas ni se consideran hechos hasta que son probadas. Es importante evaluar sistemáticamente cualquier teoría para verificar que sus predicciones son correctas.

El segundo paso del método científico es el desarrollo de *hipótesis* o predicciones escritas que especifican las relaciones esperadas entre variables determinadas. Un ejemplo de hipótesis (que en realidad es verdadera) sería: "Establecer metas específicas se relaciona positivamente con el número de productos ensamblados". ¿Cómo podemos probar esta hipótesis?

La prueba de hipótesis se lleva a cabo mediante la aplicación de varios métodos de investigación y análisis estadístico. Para nuestros propósitos, supondremos que recabamos información acerca de nuestro predictor, o *variable independiente*, y sobre nuestro criterio, o *variable dependiente*. En este caso hipotético, establecer una meta específica, difícil y alcanzable, es la variable independiente, y el número de productos ensamblados la variable dependiente. Identificamos a un grupo representativo de ensambladores y registramos sus metas y nivel de desempeño en un periodo de una hora. A renglón seguido podemos analizar la *correlación* entre las dos variables de nuestra hipótesis. La correlación, que se abrevia como r, refleja la fortaleza de la relación estadística entre dos variables. Más que contestar una pregunta con un "sí" o un "no", la correlación contesta con "qué tan fuerte es la relación".

El valor de la correlación va de −1 a +1, y puede ser positiva o negativa. Una correlación de 0 significa que no existe relación estadística entre las variables. También podemos visualizar la correlación en una gráfica. Como se puede ver en la figura 1.6, en el contexto de nuestro ejemplo, una correlación de 0 significa que establecer una meta no tiene efecto sobre el número de productos ensamblados, mientras que una correlación de +1 indica que existe una relación positiva perfecta que permite afirmar que entre más alta sea la meta, más productos se ensamblarán. Una correlación de +1.0 es la relación positiva más fuerte que podemos obtener y muestra que podemos predecir con exactitud

Figura 1.6

Interpretación de las correlaciones

El valor de la correlación entre variables tiene un rango de −1 a +1. Si estudiamos las correlaciones podemos aprender más sobre dos variables que están relacionadas. Las correlaciones de −1, +1 y 0 son poco frecuentes. Por fortuna podemos aprender mucho sobre correlaciones que son estadísticamente significativas.

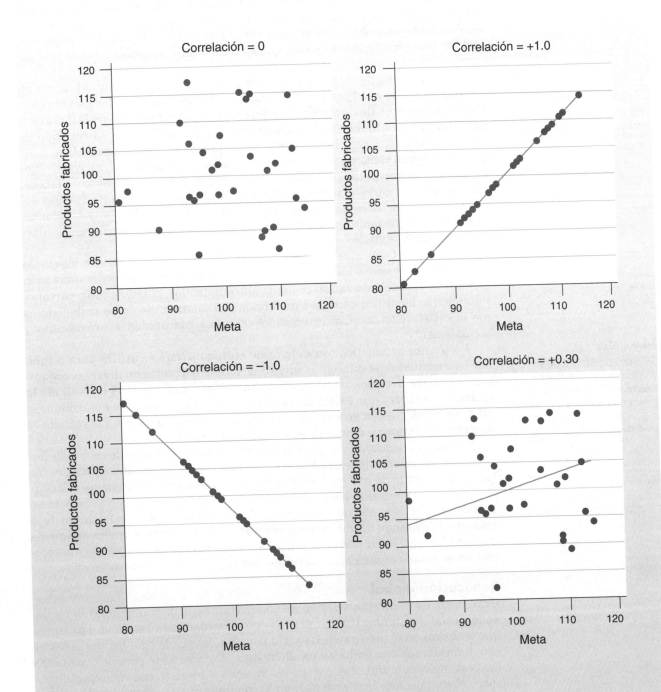

el número de productos que se ensamblarán a partir del nivel de la meta del ensamblador.

Como también se puede observar en la figura 1.6, una correlación de –1.0 es la relación negativa más fuerte que podemos obtener. Esta nos indica que entre más alta sea la meta del ensamblador, menor será su desempeño. Una correlación negativa no es necesariamente mala. En este caso, simplemente significaría que para maximizar el desempeño del ensamblador, el gerente debe establecer metas más *bajas* (tal vez en términos de reducción de la tasa de errores o tiempos de producción). En la realidad, nunca observamos correlaciones perfectas de +1.0 o –1.0 cuando se trata del comportamiento humano, debido a que las personas son demasiado complejas. Sin embargo, visualizar estas relaciones puede ayudarnos a entenderlas. En la figura 1.6 también se incluye una correlación de +0.30, que es más común observar en la investigación de CO.

La evaluación de las relaciones entre las acciones y los resultados organizacionales puede ayudar a que la estrategia se implemente de forma más efectiva y mejore el desempeño. Un buen ejemplo es el comercializador y distribuidor de alimentos Sysco, con sede en Texas. Reducir la rotación de clientes puede mejorar el desempeño de empresas en industrias de bajo margen de utilidad, como en la que opera Sysco. La empresa mantiene costos fijos bajos y aplica encuestas periódicas sobre servicio al cliente y ambiente laboral para evaluar y correlacionar la satisfacción laboral con la satisfacción del cliente. Además, ha comprobado que la lealtad de los clientes y la excelencia operativa son variables afectadas por una fuerza laboral satisfecha, productiva y comprometida.[44]

Contar con tasas altas de retención de personal también reduce los costos de operación. Sysco ha implementado un conjunto riguroso de programas para mejorar la retención y satisfacción de sus empleados, debido a la importante relación que identificó entre la satisfacción y el compromiso de los trabajadores con la satisfacción de otros interesados (clientes, comunidades, proveedores y accionistas).[45]

La técnica estadística conocida como ***metaanálisis*** se utiliza para combinar los resultados de diferentes investigaciones realizadas en diversas organizaciones para diversos puestos. La meta de este metaanálisis es estimar la relación verdadera que existe entre diferentes constructos para determinar si los resultados pueden generalizarse a todas las situaciones o si las relaciones funcionan de manera diferente en situaciones distintas.

metaanálisis
Técnica estadística que se emplea para combinar los resultados de diferentes estudios realizados en diversas organizaciones para diversos puestos

Aunque el metaanálisis nos puede ofrecer perspectivas útiles sobre la fortaleza de las relaciones entre las variables que se incluyen en los estudios, no existe la garantía de que cualquier organización encontrará la misma relación. Esta aparente contradicción se debe a que existen diversos factores situacionales en cada organización que pueden afectar de forma drástica la fortaleza de la relación, incluyendo las diferencias contextuales de los puestos y la definición de éxito laboral. Es importante probar siempre las hipótesis y validar las teorías en su propia organización antes de tomar decisiones con base en ellas.

Replicación global

Gran parte de la investigación sobre comportamiento organizacional se ha llevado a cabo en Estados Unidos, pero lo que es verdad para los estadounidenses que trabajan en el país puede no serlo para los demás, lo cual incluye a los no estadounidenses que trabajan en dicho país. Es incorrecto suponer que todas las personas del mundo comparten los mismos valores, normas y expectativas sobre el trabajo. Las fronteras nacionales no limitan a muchas organizaciones, y es posible que numerosas empresas en Estados Unidos empleen a personas de otras partes del mundo.

TEMAS 🌐 GLOBALES

ADMINISTRACIÓN ENTRE CULTURAS

Una administración efectiva requiere flexibilidad y la certeza de que las expectativas y valores de las personas son diferentes. La fuerza laboral estadounidense es muy diversa, y se espera que lo sea aún más en los próximos años. Entre más cómodo se sienta personalizando sus esfuerzos de motivación y liderazgo a las personas que desea dirigir, será más efectivo como empleado y gerente.

Aunque una remuneración adecuada y un trabajo interesante parecen ser motivadores universales,[46] las personas de distintas culturas tienen diversas tradiciones y están motivadas por estímulos diferentes, además de que se comunican de diferentes maneras.[47] Por ejemplo, algunas culturas se comunican de forma directa mientras que otras son más reservadas. Algunas valoran mucho a la familia mientras que otras hacen hincapié en el valor del trabajo. En palabras de un experto, "para poder entender por qué las personas hacen lo que hacen, debemos entender los constructos culturales por medio de los cuales interpretan el mundo".[48]

Resulta evidente que la motivación de los empleados en una organización multinacional es un reto, en especial si el director adopta una estrategia de motivación "única para todos".

Las diferencias culturales también influyen en la efectividad de las diferentes conductas de liderazgo.[49] Las conductas de liderazgo efectivo son determinadas por el papel que juegan las expectativas, normas y tradiciones en una sociedad determinada. Los gerentes que supervisan empleados de diferentes culturas deben reconocer estas diferencias y adaptar sus conductas y relaciones con base en ellas. Por ejemplo, en sociedades como la estadounidense, la sueca o la alemana, la variación en la distribución del poder entre supervisores y empleados es poco significativa, pero en otros países, como Japón o México, existe una gran diferencia de poder. Si los empleados consideran que una diferencia de poder es legítima y apropiada, podrían sentirse incómodos si el supervisor reduce esta diferencia y se comporta de forma más accesible y amistosa.

En este libro, la sección *Temas globales*, que se presenta en cada capítulo subraya cuestiones globales relacionadas con los conceptos que se analizan. En la sección de este capítulo aprenderá sobre la forma en que la motivación y el liderazgo efectivo varían en diferentes culturas.

ESTRUCTURA DEL LIBRO

La figura 1.7 presenta la estructura sobre la que se organiza el libro. Como puede ver, sugerimos que las organizaciones y las conductas de las personas que las conforman funcionan dentro del mismo contexto. Este y el siguiente capítulo intentan determinar los elementos clave de este contexto. En el centro del modelo se pueden observar otros factores importantes que determinan si los gerentes y las organizaciones son o no efectivos. Estos factores, que se analizaron previamente en el capítulo, incluyen las conductas de desempeño, la mejora del compromiso y la participación, la promoción de conductas de ciudadanía y la reducción de las conductas disfuncionales.

La operación entre el contexto del entorno y los indicadores de efectividad genera cuatro conjuntos de factores. Uno de ellos se relaciona con los individuos e incluye las características y valores individuales, percepciones, reacciones, conceptos y modelos de motivación y el papel del trabajo y las recompensas según estos conceptos y modelos. Los cuatro capítulos de la parte 2 del libro analizan con detalle estos factores.

El segundo conjunto de factores que determina la efectividad se orienta a los grupos y equipos. Algunas consideraciones especiales sobre este conjunto son el papel de los grupos y la forma en que las organizaciones utilizan los

Figura 1.7

Marco de referencia del comportamiento organizacional

Una colección de factores del entorno, individuales, grupales y de equipo, y características organizacionales, afectan el comportamiento organizacional. Si los gerentes entienden estos conceptos y características, podrán promover de mejor manera la efectividad organizacional.

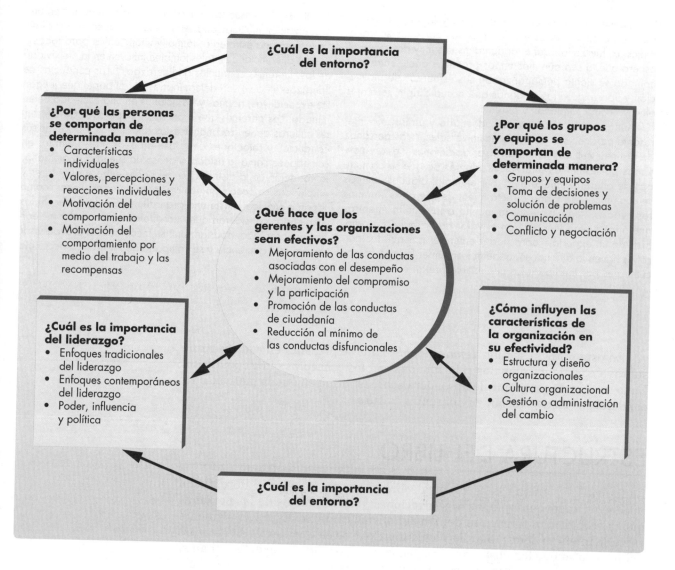

equipos, procesos de toma de decisiones y solución de problemas, comunicación y diversidad. La parte 3 incluye cuatro capítulos que exploran estos factores.

El liderazgo también es de gran importancia para determinar la efectividad organizacional. Los enfoques tradicionales del liderazgo, los enfoques contemporáneos del liderazgo, el poder, la influencia y la política, así como el conflicto y las negociaciones, son aspectos importantes del liderazgo que se estudiarán en la parte 4.

Por último, existen varios factores asociados con la organización en sí misma que influyen en su efectividad. Los elementos centrales más importantes son la estructura, el diseño y la cultura organizacionales, así como la forma en que la organización gestiona el cambio, temas que se estudiarán en la parte 5.

Consideramos que este marco de referencia le servirá como guía para aprender acerca del comportamiento organizacional. Este modelo aparecerá al inicio de cada parte del libro con el fin de recordarle de dónde surge y hacia dónde se dirige el análisis.

RESUMEN Y APLICACIÓN

El comportamiento organizacional (CO) es el estudio del comportamiento humano en contextos organizacionales, la interfaz entre el comportamiento humano y la organización, y la organización misma. El estudio del CO es importante porque las organizaciones influyen de forma notable en nuestras vidas. También se relaciona con la administración en las organizaciones. En realidad, por su naturaleza, la administración requiere de comprender el comportamiento humano con el fin de ayudar a los gerentes a entender las conductas que se presentan en diferentes niveles de la organización, en un mismo nivel y en otras organizaciones, así como su propio comportamiento.

El trabajo del gerente se caracteriza por cuatro funciones administrativas básicas, que son planeación, organización, dirección y control. La planeación es el proceso que se sigue para determinar la posición organizacional que se desea en el futuro y la forma de llegar a ella. La organización es el proceso de diseñar puestos, agruparlos en unidades administrables y establecer patrones de autoridad entre puestos y grupos de puestos. La dirección es el proceso de motivar a los miembros de la organización a trabajar juntos hacia las metas de la organización. El control es el proceso de supervisar y corregir las acciones de la organización y de las personas para mantener su orientación hacia las metas.

¿Por qué algunas personas crecen mucho en las organizaciones a pesar de ser sólo contadores, mercadólogos o investigadores? Con frecuencia, la respuesta es que son personas que saben cómo interaccionar de forma eficaz con otras. Tal interacción es crucial para el avance en las organizaciones y para el desempeño eficaz del trabajo. Entre las habilidades más importantes de los líderes exitosos encontramos la capacidad para entender lo que las personas piensan y sienten, conocer cómo persuadir y motivar a otros, así como la forma de resolver conflictos y obtener la cooperación de las personas.[50] El "don de gente" es lo que hace la diferencia entre el desempeño regular y el exitoso en casi cualquier trabajo.

Este libro puede ayudarle a entenderse mejor, a entender a las organizaciones y el papel del comportamiento organizacional en su éxito personal de carrera y a mejorar sus habilidades de CO. Sin embargo, lo único que podemos hacer es intentar que estas cosas sean posibles, ya que usted necesita hacer que ocurran. Le invitamos a mantener una mentalidad abierta y receptiva a nuevas ideas y a información que contradice los supuestos que tiene en la actualidad acerca de las personas, las organizaciones y la administración. Al estudiar los capítulos y pensar cómo puede aplicar los conceptos en diferentes situaciones, estará dando un gran paso en el desarrollo de su carrera.

RESPUESTAS PARA EL MUNDO REAL
GESTIÓN DEL CRECIMIENTO EN GOOGLE

Entre 1998 y 2015 Google pasó de ser fundada por dos personas a emplear a más de 50,000[51] en más de 40 países.[52] Este rápido crecimiento ha representado grandes retos para la integración de los nuevos empleados mientras se les motiva para que sean innovadores, productivos y leales a la empresa. Para maximizar la innovación, la confianza y la lealtad, los fundadores de Google investigaron a otras organizaciones con antecedentes de orientación hacia las personas, innovación extraordinaria y grandes marcas. La visita que los fundadores hicieron a los ejecutivos del SAS Institute, frecuentemente calificado como la mejor empresa multinacional para trabajar por el Great Place to Work Institute, reforzó sus creencias de que las personas prosperan en las organizaciones y son leales a sus trabajos cuando se sienten verdaderamente apoyadas y valoradas por ellas.[53] Esta certeza les llevó a desarrollar una cultura anclada en la confianza, la inclusión y la transparencia.

En la actualidad Google es reconocida por ofrecer una gran variedad de prestaciones a sus empleados con la finalidad de que sean más efectivos en el trabajo, entre las que se encuentran aperitivos orgánicos, clases de acondicionamiento físico y gimnasios gratuitos, así como la posibilidad de llevar a sus mascotas al trabajo.[54] Google aplica de forma habitual encuestas a sus empleados acerca de sus gerentes y utiliza la información para reconocer públicamente a los mejores y ofrecer coaching intensivo y apoyo a los peores, lo que hace que 75% de éstos mejore dentro de los siguientes tres meses.[55] Google también contrata personas inteligentes y ambiciosas que comparten las metas y la visión de la empresa y mantiene una cultura abierta en la que se sienten cómodas cuando comparten sus opiniones e ideas. Durante las juntas semestrales, los empleados de Google pueden realizar preguntas sobre la empresa directamente a los ejecutivos, entre ellos Page y Brin.[56] Los esfuerzos proactivos de Google para convertirse en un lugar participativo e inspirador para su personal han ayudado a la empresa a tener éxito y obtener un lugar en las listas de los "empleadores más atractivos", incluyendo su nombramiento en 2015 como el Mejor lugar para trabajar por parte de Glassdoor.[57]

PREGUNTAS PARA ANÁLISIS

1. ¿Cuáles considera que son las actividades principales de un gerente? ¿También es importante la forma en que las realiza? ¿Por qué?
2. Algunas personas han sugerido que comprender el comportamiento humano en el trabajo es el requisito más importante para el éxito gerencial. ¿Está de acuerdo con esta afirmación? Explique su respuesta.
3. El capítulo identifica cuatro funciones administrativas básicas. Proporcione un ejemplo de cada una de ellas con base en sus propias experiencias y observaciones.
4. ¿Cómo puede ayudarle el CO a obtener un mejor puesto, una mejor carrera y ser un mejor gerente?
5. Algunas personas consideran que los individuos que trabajan en una organización tienen el derecho humano a la satisfacción laboral y a contar con oportunidades para crecer y desarrollarse. ¿Defendería usted esta postura? ¿Cómo la debatiría?
6. Piense intuitivamente en algo que considere que impulsa la productividad en el trabajo y que no podría probarse si se evaluara de forma sistemática. Ahora aplique el método científico y describa cómo podría probar su teoría.

EJERCICIO PARA ENTENDERSE A SÍ MISMO

Mentalidad global

La sección *Cómo entenderse a sí mismo* de este capítulo le brinda la oportunidad de autoevaluar su mentalidad global, la cual refleja su capacidad para influir en personas, grupos y organizaciones en diferentes culturas y contextos. La capacidad de trabajar de forma efectiva con personas de distintas partes del mundo le ayudará a tener un desempeño adecuado en su trabajo, además de avanzar más rápidamente en su carrea. Después de contestar la autoevaluación, responda las siguientes preguntas:

1. ¿Considera que su calificación refleja fielmente su mentalidad global?
2. ¿Por qué el hecho de tener una mentalidad global puede ayudarle a ser un mejor gerente y líder? ¿Cómo puede ayudarle a tener éxito en su carrera?
3. ¿Qué puede hacer durante el siguiente año para mejorar su mentalidad global? Identifique y analice tres conductas, actividades o acciones específicas que puede hacer para mejorar su mentalidad global.

EJERCICIO EN EQUIPO

Administración de un restaurante exitoso

Formen equipos de tres a cinco integrantes. Supongan que son gerentes de un restaurante local (el equipo puede elegir el nombre). Existen muchos restaurantes en la ciudad, lo que lo hace un negocio competido. Su comida es buena, pero también lo es la de los demás negocios del sector. Usted sabe que brindar un servicio de alta calidad y contar con empleados activos y comprometidos hará la diferencia entre el éxito y el fracaso de su restaurante.

Su equipo gerencial decide que primero abordará la ciudadanía organizacional y el compromiso laboral como impulsores de un servicio de alta calidad. Después de todo, los empleados que no participan y no están dispuestos a desarrollar conductas ciudadanas tenderán a contribuir menos a la cultura que desea establecer para brindar un gran servicio al cliente en una atmósfera amigable. Primero piensen de forma independiente sobre las acciones que puede emprender el restaurante para mejorar la participación y las conductas ciudadanas de sus empleados. Después compartan sus ideas en el equipo y elaboren tres sugerencias útiles para el restaurante. Prepárense para compartir sus propuestas con el resto del grupo.

Posteriormente, su equipo gerencial decide que es importante reducir las conductas disfuncionales en el trabajo para que el restaurante tenga éxito. Conductas como robo, acoso, rumores y ausentismo dañarán las finanzas de la empresa, afectarán la moral de forma negativa y debilitarán la capacidad de su equipo para ofrecer un servicio de calidad al cliente. Primero, piensen de forma independiente sobre lo que se puede hacer en el restaurante para minimizar la incidencia de estas conductas destructivas y después compartan sus ideas en el equipo y elijan tres sugerencias útiles para la empresa. Prepárense para compartir su propuesta con el resto del grupo.

EJERCICIO DE VIDEO

Administración en Camp Bow Wow

La empresa Camp Bow Wow fue fundada en el año 2000 por la emprendedora y amante de los perros Heidi Ganahl. Sus servicios consisten en una especie de combinación entre un día de área y un alojamiento con desayuno para perros. El negocio es una *franquicia*, una forma de propiedad en la que el franquiciador otorga al franquiciado el derecho de utilizar su marca y procesos, así como de vender sus productos o servicios. Sue Ryan abandonó el mundo corporativo en 2004 para adquirir y establecer una franquicia de Camp Bow Wow en Boulder, Colorado. Para evitar la sobrecarga que experimentaba al ser la única directora, Ryan desarrolló las habilidades gerenciales de sus empleados para que pudieran ser promovidos y compartir así las responsabilidades gerenciales del negocio.

Observen en clase el video "Camp Bow Wow" (5:57) y contesten de forma individual las siguientes preguntas. Después de generar sus ideas personales, formen equipos de cuatro a cinco integrantes para comentarlas y analizarlas. Nombren a un vocero para compartir sus respuestas con el resto del grupo.

1. ¿Cómo es el desempeño de Ryan en Camp Bow Wow en los siguientes roles gerenciales: interpersonal, de información y toma de decisiones?
2. ¿Cómo aplican Candace Stathis y Sue Ryan las cuatro habilidades gerenciales básicas: técnicas, interpersonales, conceptuales y de diagnóstico? ¿Cuál de estas habilidades considera que es la más importante para un gerente en Camp Bow Wow? ¿Por qué?
3. ¿Cómo logran Ryan y Stathis un balance entre los resultados de los tres niveles del negocio: individual, grupal y de equipo y organizacional? ¿Cómo clasificaría cada una de ellas la importancia de los tres niveles? ¿Por qué cree que sus clasificaciones serían similares o diferentes?

¿Y ahora qué?

Suponga que usted es el nuevo gerente de Happy Time Toys, una empresa que diseña y fabrica juguetes novedosos. Durante una junta con su jefe y dos compañeros, el jefe les solicita ideas para mejorar la utilización del talento de la empresa y crear una ventaja competitiva. *¿Qué diría o haría?* Observe el video "¿Y ahora qué?" disponible para este capítulo, revise el video del reto y elija la mejor respuesta. Asegúrese de revisar también los resultados de las opciones que no eligió.

Preguntas para análisis

1. ¿Cuáles de los aspectos gerenciales y de comportamiento organizacional que se analizaron en el capítulo se ejemplifican en estos videos? Explique sus respuestas.
2. ¿Cómo podría una estrategia de talento de la empresa socavar su capacidad para generar una ventaja competitiva?
3. ¿De qué otra forma respondería la pregunta acerca de la forma en que Happy Time Toys puede generar una ventaja competitiva a través de su talento?

NOTAS FINALES

[1]Our History in Depth. Google.com. Disponible en línea en: http:// www.google.com/about/company/history/.

[2]Shontell, A. (4 de mayo de 2011). 13 Unusual Ways Sergey Brin and Larry Page Made Google the Company to Beat, en *Business Insider*. Disponible en línea en: http://www.business-insider .com/history-sergey-brin-larry-page-and-google-strate-gy2011-3#and-celebrated-tgif-12.

[3]Para un análisis clásico del significado del comportamiento organizacional lea Cummings, L. (enero de 1978). Toward Organizational Behavior, en *Academy of Management Review*, 90–98. También revise a Nicholson, N., Audia, P., & Pillutla M. (eds.) (2005). *The Blackwell Encyclopedia of Management: Organizational Behavior* (vol. 11). London: Blackwell Publishing.

[4]Lubit, R. (Marzo/abril de 2004). The Tyranny of Toxic Managers: Applying Emotional Intelligence to Deal with Difficult Personalities, en *Ivey Business Journal*. Disponible en línea en: http://iveybusinessjournal.com/publication/the-tyranny-of-toxicmana-gers-an-emotional-intelligence-approach-to-dealingwith-diffi-cult-personalities/

[5]Javidan, M., Steers, R. M., & Hitt, M. A. (2007). *The Global Mindset, Advances in International Management* (vol. 19). Nueva York: Elsevier.

[6]Arora, A., Jaju, A., Kefalas, A. G., & Perenich, T. (2004). An Exploratory Analysis of Global Managerial Mindsets: A Case of U.S. Textile and Apparel Industry, en *Journal of International Management*, 10, pp. 393–411.

[7]Javidan, M., Steers, R. M., & Hitt, M. A. (2007). *The Global Mindset, Advances in International Management* (vol. 19). Nueva York: Elsevier.

[8]Story, J. S. P. & Barbuto, J. E. (2011). Global Mindset: A Construct Clarification and Framework, en *Journal of Leadership & Organizational Studies*, 18(3), pp. 377–384.

[9]Dumaine, B. (Agosto de 1995). Don't Be an Ugly American Manager, en *Fortune*, 225.

[10]Lane, H. W., Maznevski, M., & Dietz, J. (2009). *International Management Behavior: Leading with a Global Mindset* (6a. ed.). Sussex, UK: John Wiley & Sons.

[11]Warren, K. (2009). *Developing Employee Talent to Perform*, eds. J. M. Phillips & S. M. Gully. Nueva York: Business Expert Press.

[12]Pfeffer, J. (2003). *Business and the Spirit: Management Practices That Sustain Values, Handbook of Workplace Spirituality and Organizational Performance*, eds. R. A. Giacolone y C. L. Jurkiewicz (pp. 29–45). Nueva York: M. E. Sharpe Press; Ulrich, D., & Smallwood, N. (2003). *Why the Bottom Line Isn't! How to Build Value through People and Organization*. New Jersey: John Wiley & Sons.

[13]The World's Most Admired Companies (16 de marzo de 2015), en *Fortune*, pp. 135–140.

[14]Katz, R. L. (Septiembre-octubre de 1987). The Skills of an Effective Administrator, en *Harvard Business Review*, pp. 90–102; revise también Hansen, M., Ibarra, H., & Peyer, U. (Enero-febrero de 2010). The Best-Performing CEOs in the World, en *Harvard Business Review*, pp. 104–113.

[15]SBC Chief Says Deal Preserves an "Icon.", en *USA Today* (1 de febrero de 2005), 1B, 2B.

[16]Walmart Says It's Giving 500,000 U.S. Workers Pay Raises, en *Los Angeles Times* (19 de febrero de 2015). 9B.

[17]Jack Welch speech to the Economic Club of New York, Detroit, 16 de mayo de 1994.

[18]Treacy, M., & Wiersema, F. (1997). *The Discipline of Market Leaders*. Nueva York: Perseus Books.

[19]Lado, A. A., Boyd, N. G., & Wright, P. (1992). A Competency-Based Model of Sustainable Competitive Advantage: Toward a Conceptual Integration, en *Journal of Management*, 18, pp. 77–91.

[20]Worrell, D. (2011). Higher Salaries: Costco's Secret Weapon, Allbusiness.com. Disponible en línea en: http://www.allbusiness. com / staffing-hr/16745820-1.html.

[21]Porter, M. E. (1985). *Competitive Advantage*. Nueva York: Free Press.

[22]Porter, M. E. (1985). *Competitive Advantage*. Nueva York: Free Press; Porter, M. E. (1998). *Competitive Strategy: Techniques for Analyzing Industries and Competitors*. Nueva York: Free Press.

[23]Beatty, R. W., & Schneier, C. E. (1997). New HR Roles to Impact Organizational Performance: From "Partners" to "Players.", en *Human Resource Management* 36, pp. 29–37; Deloitte & Touche, LLP. (2002). *Creating Shareholder Value through People: The Human Capital ROI Study*. Nueva York: Author; Treacy, M., & Wiersema, F. (1993). Customer Intimacy and Other Value Disciplines, en *Harvard Business Review*, 71, pp. 84–94.

[24]Beatty, R. W., & Schneier, C. E. (1997). New HR Roles to Impact Organizational Performance: From "Partners" to "Players.", en *Human Resource Management* 36, pp. 29–37; Deloitte & Touche, LLP. (2002). *Creating Shareholder Value through People: The Human Capital ROI Study*. Nueva York: Author; Treacy, M., & Wiersema, F. (1993). Customer Intimacy and Other Value Disciplines, en *Harvard Business Review* 71, pp. 84–94.

[25]Pieterse, A. N., van Knippenberg, D., Schippers, M., & Stam, D. (2010). Transformational and Transactional Leadership and Innovative Behavior: The Moderating Role of Psychological Empowerment, en *Journal of Organizational Behavior*, 31, pp. 609–623.

[26]Groth, M. & Goodwin, R. E. (2011). Customer Service. En *APA Handbook of Industrial and Organizational Psychology: Maintaining, Expanding, and Contracting the Organization*, ed. S. Zedeck (vol. 3, pp. 329–357). Washington, DC: American Psychological Association.

[27]Beatty, R. W., & Schneier, C. E. (1997). New HR Roles to Impact Organizational Performance: From "Partners" to "Players", en *Human Resource Management*, 36, pp. 29–37; Deloitte & Touche, LLP. (2002). *Creating Shareholder Value through People: The Human Capital ROI Study*. Nueva York: Author; Treacy, M., & Wiersema, F. (1993). Customer Intimacy and Other Value Disciplines, en *Harvard Business Review* 71, pp. 84–94.

[28]Weber, Y. & Fried, Y. (2011), Guest Editors' Note: The Role of HR Practices in Managing Culture Clash During the Postmerger Integration Process, en *Human Resource Management* 50, pp. 565–570.

[29]Taylor, F. W. (1911). *The Principles of Scientific Management*. Nueva York: Harper & Brothers.

[30]Spender, J. C., & Kijne, H. (1996). *Scientific Management: Frederick Winslow Taylor's Gift to the World?* Boston: Kluwer.

[31]Mayo, E. (1945). *The Social Problems of an Industrial Civilization*. Boston: Harvard University Press.

[32]Organ, D. W. (Marzo-abril de 2002). Elusive Phenomena, en *Business Horizons*, pp. 1–2.

[33]Deming, W. E. (1986). *Out of the Crisis*. Boston: Massachusetts Institute of Technology.

[34]Deming, W. E. (1986). *Out of the Crisis*. Boston: Massachusetts Institute of Technology, p. 315.

³⁵Kast, F., & Rosenzweig, J. (Diciembre de 1972). General Systems Theory: Applications for Organization and Management, en *Academy of Management Journal*, pp. 447–465.

³⁶Para conocer una introducción y perspectiva clásica, lea Kast, F., & Rozenzweig, J. (eds.). (1973). *Contingency Views of Organization and Management*. Chicago: Science Research Associates.

³⁷Terborg, J. (Octubre de 1981). Interactional Psychology and Research on Human Behavior in Organizations, en *Academy of Management Review*, pp. 569–576; Schneider, B. (1983) Interactional Psychology and Organizational Behavior, en *Research in Organizational Behavior*, eds. L. Cummings & B. Staw (vol. 5, pp. 1–32). Greenwich, CT: JAI Press; Turban, D. B., & Keon, T. L. (1993). Organizational Attractiveness: An Interactionist Perspective, en *Journal of Applied Psychology*, 78(2), pp. 184–193.

³⁸Para conocer resultados recientes de la investigación sobre este comportamiento, lea Podsakoff, P. M., MacKenzie, S. B., Paine, J. B., & Bacharah, D. G. G. (2000) Organizational Citizenship Behaviors: A Critical Review of the Theoretical and Empirical Literature and Suggestions for Future Research, en *Journal of Management*, 26(3), pp. 513–563; vea también Organ, D. W., Podsakoff, P. M., & Podsakoff, N. P. (2010). Expanding the Criterion Domain to Include Organizational Citizenship Behavior: Implications for Employee Selection, en *Handbook of Industrial and Organizational Psychology: Selecting and Developing Members for the Organization*, ed. S. Zedeck (vol. 2, pp. 281–323). Washington, DC: American Psychological Association.

³⁹Griffin, R., & Lopez, Y. (2005) "Bad Behavior" in Organization: A Review and Typology for Future Research, en *Journal of Management*, 31(6), pp. 988–1005.

⁴⁰Para revisar un ejemplo vea Lim, S., Cortina, L. M., & Magley, V. J. (2008). Personal and Workgroup Incivility: Impact on Work and Health Outcomes, en *Journal of Applied Psychology*, 93(1), pp. 95–107.

⁴¹Revise O'Leary-Kelly, A., Griffin, R. W., & Glew, D. J. (1996, January). Organization-Motivated Aggression: A Research Framework, en *Academy of Management Review*, 225–253. También revise Douglas, S. C., Kiewitz, C., Martinko, M.J., Harvey, P., Kim, Y., & Chun, J. U. (2008). Cognitions, Emotions, and Evaluations: An Elaboration Likelihood Model for Workplace Aggression, en *Academy of Management Review*, 33(2), pp. 425–451; y Barclay, L. J., & Aquino, K. (2010). Workplace Aggression and Violence, en *Handbook of Industrial and Organizational Psychology: Maintaining, Expanding, and Contracting the Organization*, ed. S. Zedeck (vol. 3, pp. 615–640). Washington, DC: American Psychological Association.

⁴²Bacon, F., Silverthorne, M., & Jardine, L. (2000). *The New Organon*. Cambridge, UK: Cambridge University Press.

⁴³Campbell, J. P. (1990). The Role of Theory in Industrial and Organizational Psychology, en *Handbook of Industrial and Organizational Psychology*, eds. M. D. Dunnette y L. M. Hough (vol. 1, pp. 39–74). Palo Alto, CA: Consulting Psychologists Press.

⁴⁴Carrig, K., & Wright, P. M. (Enero de 2007). Building Profit through Building People, en *Workforce Management*. Disponible en línea en: http://www.workforce.com/section/09/feature/24/65/90/ index.html.

⁴⁵Carrig, K., & Wright, P. M. (Enero de 2007). Building Profit through Building People, en *Workforce Management*. Disponible en línea en: http://www.workforce.com/section/09/feature/24/65/90/ index.html.

⁴⁶Festing, M., Engle, A. D. Sr., Dowling, P. J. & Sahakiants, I. (2012). Human Resource Management Activities: Pay and Rewards, en *Handbook of Research on Comparative Human Resource Management*, eds. C. Brewster & W. Mayrhofer (pp. 139–163). Northampton, MA: Edward Elgar Publishing.

⁴⁷Forstenlechner, I., & Lettice, F. (2007). Cultural Differences in Motivating Global Knowledge Workers, en *Equal Opportunities International*, 26(8), pp. 823–833.

⁴⁸D'Andrade, R. G., & Strauss, C. (1992). *Human Motives and Cultural Models* (p. 4). Cambridge, UK: Cambridge University Press.

⁴⁹Ayman, R. & Korabik, K. (2010). Leadership: Why Gender and Culture Matter, en *American Psychologist*, 65, pp. 157–170.

⁵⁰Lubit, R. (Marzo/abril, 2004). The Tyranny of Toxic Managers: Applying Emotional Intelligence to Deal with Difficult Personalities, en *Ivey Business Journal*. Disponible en línea en: http://www.iveybusinessjournal.com/view_article.asp?intArticle_ID=475.

⁵¹Número de empleados de tiempo completo en Google de 2007 a 2014. (2015) *Statista*. Disponible en línea en: http://www.statista.com/ statistics/273744/number-of-full-time-google-employees/.

⁵²Google Locations. Google. Disponible en línea en at: https://www. google.com/about/company/facts/locations/.

⁵³Crowley, M. C. (21 de marzo de 2013). Not a happy accident: How Google deliberately designs workplace satisfaction, en *Fast Company*. Disponible en línea en: http://www.fastcompany.com/3007268/where-are-they-now/not-happy-accident-howgoogle-deliberately-designs-workplace-satisfaction.

⁵⁴D'Onfro, J. & Smith, K. (1 de julio de 2014). Google Employees Reveal Their Favorite Perks About Working for the Company, en *Business Insider*. Disponible en línea en: http://www.businessinsider.com/google-employees-favorite-perks-2014-7?op=1.

⁵⁵Google's Secrets of Innovation: Empowering Its Employees. (29 de marzo de 2013), en *Forbes*. Disponible en línea en: http:// www.forbes.com/sites/laurahe/2013/03/29/googles-secrets- of-innovation-empowering-its-employees/.

⁵⁶Our Culture. Google. Disponible en línea en: http://www.google.com/about/company/facts/culture/.

⁵⁷Glassdoor Employees' Choice Award Winners Revealed: Google #1 Best Place to Work in 2015. (9 de diciembre de 2014). Glassdoor.com, Disponible en línea en: http://www.glassdoor.com/blog/glassdoor-employees-choice-award-winners-revealedgoogle-1-place-work-2015/.

EL ENTORNO DINÁMICO DE LAS ORGANIZACIONES

OBJETIVOS DE APRENDIZAJE

Al concluir el estudio de este capítulo, usted podrá:

1 Describir la naturaleza de la diversidad en las organizaciones.

2 Explicar los diferentes tipos de diversidad y las barreras a la inclusión que existen en el ambiente laboral.

3 Analizar el surgimiento de la globalización y las diferencias y similitudes transculturales.

4 Analizar la naturaleza cambiante de la tecnología y su efecto en los negocios.

5 Describir las perspectivas emergentes sobre ética y gobierno corporativo.

6 Analizar los aspectos más relevantes de las nuevas relaciones laborales.

—DESAFÍOS DEL MUNDO REAL—

DIVERSIDAD GLOBAL EN COCA-COLA

El gigante de las bebidas, The Coca-Cola Company, es una empresa global que opera en un mundo multicultural, tanto en el mercado como en el entorno o ambiente laboral. Cuenta con más de 130,000 empleados globales, de los cuales 65,000 laboran en Estados Unidos.[1] La empresa reconoce que su capacidad para sobrevivir en un mundo multicultural es consistente con sus valores y resulta crucial para su desempeño financiero.[2] Por ello, la diversidad forma parte importante de su visión hacia el año 2020.[3] En palabras de Muhtar Kent, su presidente ejecutivo (CEO), "el poder real de la diversidad radica en las sinergias increíbles que se obtienen cuando personas y culturas diferentes se unen por una meta común para ganar y crear valores compartidos. En verdad ocurren cosas extraordinarias."[4]

The Coca-Cola Company entiende que aunque ha sido reconocida como una empresa líder en diversidad, siempre hay algo más que se puede hacer. Suponga que los directores de esta empresa le solicitan a usted su consejo para conformar una fuerza laboral diversa e incluyente que sirva para apalancar el potencial de sus empleados diversos y mejorar el desempeño de la empresa. Después de leer este capítulo, ¿qué les diría?

Cada día cambia el entorno de todas las organizaciones a un ritmo sin precedentes. Las personas trabajan en formas y lugares distintos en relación con el pasado, la fuerza laboral adquiere cada vez mayor diversidad, los desafíos de ética están siempre presentes y la globalización es algo cotidiano. En realidad, en algunas industrias como la electrónica, el entretenimiento y las tecnologías de información, la velocidad y magnitud de los cambios son en verdad asombrosas. Como ejemplo, cada hora se suben a YouTube más de 60 horas de contenidos nuevos. Aunque sólo hemos contado por una década o dos con la tecnología de telefonía inteligente, Facebook y otras redes sociales se han convertido en parte de nuestras vidas.

Incluso las industrias que se caracterizan por operar en entornos estables y predecibles, como el comercio tradicional y la manufactura pesada, enfrentan cambios importantes en su entorno. Tradicionalmente, entender y abordar el entorno de negocios ha sido una tarea de la alta gerencia, pero toda vez que los efectos del entorno cambiante actual permean en todo el sistema, es necesario entenderlo para comprender el comportamiento de las personas en los contextos organizacionales.[5] Este capítulo busca proporcionar un modelo de trabajo para lograr ese entendimiento. Como se ilustra en la figura 2.1, introducimos y analizamos cinco de las fuerzas del entorno claves para el cambio que deben enfrentar las organizaciones en la actualidad: diversidad,

Figura 2.1

En la actualidad, el entorno dinámico de los negocios representa tanto oportunidades como retos para los gerentes. Existen cinco fuerzas importantes del entorno, que son la globalización, la diversidad, la tecnología, la ética y el gobierno corporativo y las nuevas relaciones laborales.

El entorno dinámico de los negocios

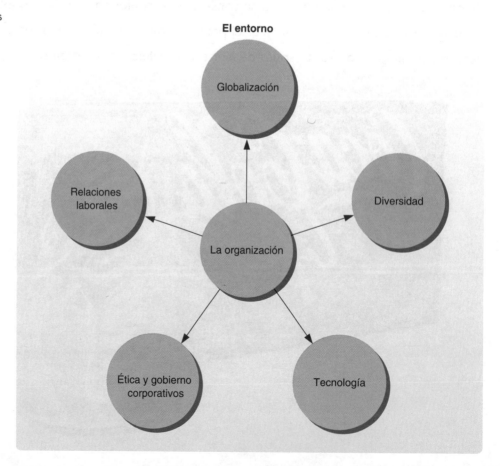

globalización, tecnología, ética y gobierno corporativo y las nuevas relaciones laborales. Analizaremos a profundidad el comportamiento organizacional moderno a partir de la comprensión de estas fuerzas.

DIVERSIDAD Y NEGOCIOS

La **diversidad**, la parte más importante del entorno dinámico de los negocios, se refiere a la variedad de similitudes y diferencias observables o no que existen entre las personas. Algunas diferencias, como género, raza y edad, son las primeras características de diversidad que vienen a nuestra mente, pero la diversidad va más allá de la demografía y comprende combinaciones de características en vez de atributos singulares. Cada persona posee diversas características, y una combinación de ellas genera diversidad. Comenzaremos el análisis con la descripción de algunos de los tipos más relevantes de diversidad para las organizaciones.

diversidad
Variedad de similitudes y diferencias observables y no observables que existen entre las personas

TIPOS DE DIVERSIDAD Y BARRERAS A LA INCLUSIÓN

Tipos de diversidad

¿Alguna vez conoció a alguna persona que pensó que era muy diferente pero después descubrió que en realidad tenían mucho en común? Esta situación refleja dos tipos de diversidad. La **diversidad superficial** se refiere a las diferencias observables entre las personas, como raza, edad, etnicidad, género, capacidades y características físicas. Son características observables y evidentes en las personas desde que las conocemos.

diversidad superficial
Diferencias observables entre las personas, como raza, edad, etnicidad, género, capacidades y características físicas

Por su parte, la **diversidad profunda** se enfoca en las diferencias individuales que no son observables de forma directa, como metas, valores, personalidades, estilos de toma de decisiones, conocimientos, habilidades, capacidades y actitudes. Empleamos más tiempo para identificar estas características "invisibles", pero sus efectos sobre el desempeño de los grupos y organizaciones son mayores que las características superficiales. Incluso las diferencias salariales[6] o las diferencias de jerarquía y poder pueden afectar el desempeño y los procesos de los grupos.[7]

diversidad profunda
Diferencias individuales que no son directamente observables, como metas, valores, personalidades, estilos de toma de decisiones, conocimientos, habilidades, capacidades y actitudes

David Harrison y Katherine Klein, dos destacados investigadores sobre diversidad, han identificado tres tipos de diversidad profunda dentro de los

La diversidad es cada vez más común en las organizaciones. Considere los ejemplos de diversidad que se ilustran en esta junta de negocios. Además, existen muchas formas de diversidad profunda que no son observables.

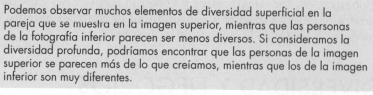

Podemos observar muchos elementos de diversidad superficial en la pareja que se muestra en la imagen superior, mientras que las personas de la fotografía inferior parecen ser menos diversos. Si consideramos la diversidad profunda, podríamos encontrar que las personas de la imagen superior se parecen más de lo que creíamos, mientras que los de la imagen inferior son muy diferentes.

grupos.[8] La *diversidad por separación* se refiere a las diferencias entre posiciones u opiniones que muestran desacuerdo u oposición en los miembros de un grupo, como diferencias entre actitudes o valores en relación con las metas o procesos. La *diversidad por variedad* existe cuando se presentan diferencias significativas en cierto tipos o categorías como experiencia, conocimiento o antecedentes funcionales. Por último, la *diversidad por disparidad* refleja diferencias entre la concentración de activos o recursos sociales valiosos, como jerarquía, compensación, autoridad para tomar decisiones o estatus.

Como ejemplo de estos tres tipos de diversidad, considere a tres equipos, conformados por seis miembros cada uno, responsables de generar ideas para nuevos productos. El Equipo de Separación presenta diversidad entre las actitudes sobre los enfoques que se deben utilizar. La mitad de él prefiere una lluvia de ideas creativa, mientras que el resto prefiere un análisis objetivo basado en el cliente. Los miembros del Equipo Variedad difieren en sus áreas funcionales de *expertise* (conocimiento experto). Uno de ellos es profesional de marketing, otro especialista en materiales y el resto representa a las áreas de producción, seguridad del producto, publicidad y leyes. Por último, los miembros del Equipo Disparidad varían en sus jerarquías dentro de la organización. Uno de los miembros es vicepresidente, dos son gerentes y tres son empleados de baja jerarquía. La diversidad es evidente en cada uno de los equipos; imagine ahora cómo pueden variar los efectos de la diversidad en cada uno de ellos. La tabla 2.1 resume los cinco tipos de diversidad.

Tabla 2.1

Cinco tipos de diversidad

1. *Diversidad superficial:* diferencias observables entre las personas, como género, raza, edad, etnicidad y capacidades físicas.
2. *Diversidad profunda:* diferencias individuales que no son directamente observables, como metas, valores, personalidades, estilos de toma de decisiones, conocimientos y actitudes.
3. *Diversidad por separación:* tipo de diversidad profunda que se presenta cuando existen diferencias en posiciones u opiniones que muestran desacuerdo u oposición entre los miembros de un grupo, en especial en relación con las metas y procesos, como diferencias entre actitudes o valores.
4. *Diversidad por variedad:* tipo de diversidad profunda que existe cuando se presentan diferencias entre tipos o categorías específicas de características como *expertise*, conocimiento o antecedentes funcionales.
5. *Diversidad por disparidad:* tipo de diversidad profunda que consiste en diferencias entre la concentración de activos o recursos sociales valiosos, como jerarquía, compensación, autoridad para tomar decisiones o estatus.

Tendencias sobre diversidad

En una ocasión, Yogi Berra, famoso manager de un equipo de béisbol de Estados Unidos, hizo la siguiente observación: "Es difícil hacer predicciones, en especial acerca del futuro." Sin embargo, algunas tendencias demográficas son lo suficientemente fuertes para sugerir que la importancia de la comprensión y el apalancamiento de la diversidad continuarán en aumento debido a los cambios en la mezcla demográfica de la fuerza laboral. Por ejemplo, la mezcla étnica y cultural de la fuerza laboral estadounidense está inmersa en un proceso predecible de cambio. La Oficina del Censo ha proyectado que en 2020 esta fuerza estará conformada por 62.3% de personas blancas no hispanas, 18.6% de hispanos, 12% de afroestadounidenses y 5.7% de asiáticos. Las siguientes proyecciones a largo plazo ponen de relieve aún más el carácter diverso de Estados Unidos:[9]

diversidad por separación

Diferencias de posiciones u opiniones que muestran desacuerdo u oposición entre los miembros de un grupo, en especial en relación con metas o procesos, como las diferencias entre actitudes o valores

diversidad por variedad

Diferencias en un tipo o categoría específica de características como expertise, conocimiento o antecedentes funcionales

diversidad por disparidad

Diferencias entre la concentración de activos o recursos sociales valiosos, como jerarquía, compensación, autoridad para tomar decisiones o estatus

- La población envejecerá. En el año 2030, una de cada cinco personas tendrá 65 o más años (en la siguiente sección se analizará la diversidad en la edad.)
- En el año 2050, la población total pasará de 282.1 millones que había en el año 2000 a 419.9 millones, lo que representa un crecimiento de 49%. (Este incremento contrasta con la situación de la mayoría de los países europeos, cuya población disminuirá en ese periodo.)
- Se espera que, en el año 2050, la población de blancos no hispanos haya descendido del actual 69.4% a 50.1% del total de la población.
- La proyección de la población de origen hispano (sin distinción de raza) es que pasará de 35.6 millones en 2002 a 102.6 millones en 2050, un incremento de 188%, lo que duplicará la participación hispana en la población del país de 12.6 a 24.4%.
- La población afroestadounidenses pasará de 35.8 millones en el año 2000 a 61.4 millones en 2050, un incremento de 26 millones, o 71%. Este incremento acrecentará la participación de esta porción de la población de 12.7 a 14.6%.
- Se pronostica que la población asiática crecerá 213%, pues pasará de 10.7 millones en el año 2000 a 33.4 millones en 2050, lo que duplicará su participación de 3.8 a 8%.

Se espera que en el año 2039 la mitad de la población en edad laboral esté constituida por personas no blancas, y que esta proporción sea mayor de 55% en 2050, con lo cual superará el actual 34%. Por otro lado, aun cuando la Oficina del Censo alertó desde 1996 que casi la mitad de los puestos directivos está en manos de personas de raza blanca, la diversidad se mantiene alejada de los puestos de mayor nivel. En 2014, sólo 23 de los 500 CEO de empresas de la lista de la revista *Fortune* pertenecían a una minoría, mientras que 87% de los puestos de consejo de administración corporativos eran ocupados por personas de raza blanca.[10]

Numerosos países y regiones padecen escasez de talento en todos los niveles, y se espera que crezcan las brechas. La expectativa para Europa es que este continente tendrá un déficit de 24 millones de trabajadores de entre 15 y 65 años en el año 2040, con la posibilidad de que esta brecha se reduzca 3 millones si aumenta la proporción de mujeres trabajadoras. En Estados Unidos, el retiro de la generación de los *baby boomers* significará una pérdida de empleados experimentados en un corto periodo. En 2016 una quinta parte de la población en edad de trabajar (de 16 años en adelante) tendrá por lo menos 65 años de edad.[11]

Se espera que la escasez de talento aumente de forma global. En el Reino Unido, los sectores de dominio masculino con escasez de trabajadores incluyen ingeniería, tecnologías de información y comercio especializado, pues 70% de

A medida que la fuerza laboral envejece, las diferencias generacionales en el trabajo se hacen cada vez más comunes. Estas diferencias implican nuevos retos y oportunidades para las organizaciones y sus gerentes.

las mujeres con calificaciones en ciencia, ingeniería o tecnología no laboran en estos campos.[12] La búsqueda de la diversidad puede permitir a las empresas atraer y retener el talento escaso y alcanzar otras metas de negocios. Un estudio de la Comisión Europea muestra que 58% de las empresas con programas de diversidad reportan mayores niveles de productividad, mejor motivación laboral y mayor eficiencia. Sesenta y dos por ciento afirma que los programas le han servido para atraer y retener talento directivo.[13] Además, la guerra por el talento es global, lo que hace que en la actualidad el reclutamiento y la retención de una fuerza laboral diversa sea más que nunca un tema de competitividad.

Diferencias generacionales

Como ya se mencionó, uno de los desafíos importantes que enfrentan las organizaciones es la diversidad basada en la edad, cuyas causas se presentan en la figura 2.2. Específicamente, la Oficina de Estadística Laboral de Estados Unidos proyecta un incremento drástico de la cantidad de trabajadores de 65 años y mayores durante la siguiente década, mientras que se espera que disminuya el porcentaje de empleados más jóvenes. Esta situación incrementa la necesidad de contar con planes de sucesión para garantizar la continuidad del liderazgo. El envejecimiento de la fuerza laboral estadounidense y las diferencias entre las características de las generaciones que la comprenden, y que se analizarán a continuación, han obligado a las empresas a poner más atención en la forma en que los trabajadores de diferentes edades pueden trabajar juntos.

Es cada vez más común que los equipos de trabajo sean diversos en cuanto a edad y que los empleados mayores reporten a supervisores más jóvenes. Una encuesta aplicada por la Society for Human Resource Management descubrió que

Figura 2.2

La fuerza laboral de Estados Unidos está envejeciendo. Por ejemplo, en esta figura se muestra que entre 2006 y 2016, el grupo de trabajadores de entre 65 y 74 años crecerá 83.4%. Por el contrario, el número de empleados entre 25 y 54 años de edad sólo aumentará 2.4%.

Cambio porcentual proyectado de la fuerza laboral estadounidense de 2006 a 2016

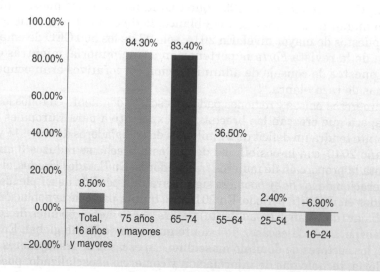

en las empresas con más de 500 empleados, 58% de los profesionales de RH reporta la existencia de conflictos entre los trabajadores jóvenes y mayores, principalmente por sus percepciones sobre la ética laboral y el balance vida y trabajo.[14] En palabras de Ed Reilly, presidente de la American Management Association, los trabajadores más jóvenes "se convertirán en gerentes y deberán interesarse por mantener a los trabajadores mayores al mismo tiempo que éstos se deberán interesar por descubrir cómo trabajar con las generaciones más jóvenes."[15]

La mayoría de los expertos identifica cuatro generaciones en la fuerza laboral actual, con base en su fecha de nacimiento. Estas generaciones son los Seniors o adultos mayores (de 1922 a 1943), los *baby boomers* (de 1943 a 1963), la Generación X (de 1964 a 1980) y la Generación Y, también conocida como los *millennials* (de 1980 a 2000). A medida que cada generación pone de manifiesto sus experiencias, valores y perspectivas únicas, también genera cambios en las políticas y procedimientos laborales. Por ejemplo, muchos de los seniors o adultos mayores trabajan más tiempo que las generaciones anteriores, lo que ha hecho que las empresas rediseñen sus políticas de retiro y les ofrezcan empleos de tiempo parcial a estos expertos. El interés de los *baby boomers* en el bienestar ha obligado a cambiar los programas de acondicionamiento físico y bienestar que ofrecen las organizaciones. Muchos de los miembros de la Generación X intentan mantener un equilibrio en sus vidas, lo que ha incrementado el interés de las empresas por los programas de balance de vida y trabajo. Los integrantes de la Generación Y están provistos de muchas competencias tecnológicas, son la generación más diversa de todas y son considerados como la generación de mayor influencia en el mundo laboral desde los *baby boomers*.

La fuerza laboral estadounidense envejece al mismo tiempo que la Generación Y, la más numerosa desde los *baby boomers*, se une a la filas del trabajo. Estos fenómenos incrementan la importancia que tiene entender el papel de la edad en las organizaciones y cómo manejar sus diferencias. Danielle Robinson, directora de diversidad, talento y diseño organizacionales de la empresa de bebidas premium Diageo, considera que la incorporación de la generación Y a la fuerza laboral "ha incrementado la complejidad de un entorno laboral de por sí complejo."[16]

La edad tiende a relacionarse de forma positiva con el desempeño laboral,[17] aunque no todas las investigaciones demuestran esta relación.[18] La influencia de la edad en los entornos de capacitación ha sido ampliamente estudiada. La edad se asoció de forma negativa con las calificaciones de aprendizaje en un programa abierto sobre habilidades gerenciales.[19] Los participantes de mayor edad mostraron un aprendizaje deficiente, menores niveles de motivación y confianza posteriores a la capacitación que sus compañeros más jóvenes.[20] Estos datos sugieren que la edad tiene una relación negativa con el aprendizaje, lo que puede deberse, en parte, a la motivación, lo que podría explicar por qué la velocidad de procesamiento disminuye a medida que aumenta la edad.[21] Esta velocidad es una condición importante en puestos que requieren niveles altos e intensos de procesamiento de información (por ejemplo, los controladores aéreos). Es relevante observar que esta relación no se aplica a todas las personas y que hay empleados de mayor edad que tienen un nivel adecuado de aprendizaje, así como empleados jóvenes que muestran un desempeño deficiente en la capacitación.

El incremento del nivel de conciencia y conocimiento contrarresta algunos de los efectos negativos del envejecimiento, como la reducción de la velocidad de procesamiento de la información o la motivación para aprender.[22] Es posible que la edad se relacione con la ansiedad y otras variables emocionales, en especial en contextos complejos u orientados a la tecnología. Los participantes de mayor edad también pueden preocuparse por su capacidad para procesar rápidamente información nueva y compleja, y como resultado sufrir una variación de los estereotipos que, algunas veces, experimentan las minorías étnicas. Los trabajadores de mayor edad podrían no participar en actividades de aprendizaje y desarrollo con tanta frecuencia como los jóvenes, porque su confianza en sus habilidades ha disminuido.[23] Las creencias que tenemos sobre la calidad de nuestras habilidades influyen en nuestras decisiones para ejercer y mantener un esfuerzo, en especial cuando afrontamos retos. Los adultos mayores podrían verse beneficiados de los ambientes de autoaprendizaje, que les ofrecen más tiempo. Además, las intervenciones para incrementar la confianza pueden ayudarles a afrontar los efectos negativos de la ansiedad y la pérdida de confianza.

Algunas empresas utilizan *mentoring* inverso para enlazar a las generaciones y transferir las habilidades tecnológicas de los empleados más jóvenes a los de mayor edad. Este enfoque reúne a un empleado mayor con uno joven, pero a diferencia del *mentoring* jerárquico tradicional, se enfoca en transferir las habilidades del joven al mayor.[24]

Jack Welch, exCEO de GE, popularizó el *mentoring* inverso cuando se dio cuenta de que la Web transformaría los negocios y que los empleados más jóvenes y "conectados" poseían mejores competencias en el uso del internet y los negocios electrónicos que los ejecutivos mayores de la alta dirección. Decidió reunir a un joven experto en internet con uno de los 600 ejecutivos de GE a nivel mundial para compartir su *expertise* sobre las nuevas tecnologías. Además de mejorar las capacidades en negocios electrónicos, este programa ascendente de *mentoring* permitió que los gerentes de todos los niveles se sintieran más cómodos y favoreció la transferencia de una gran cantidad de conocimiento tecnológico a lo largo de GE.[25]

Temas de diversidad para gerentes

¿Por qué debemos ocuparnos de la diversidad? Debemos hacerlo porque como empleados mejoraremos nuestra efectividad laboral si incrementamos nuestra capacidad para trabajar con toda clase de personas. Como gerentes, la conciencia sobre la diversidad nos permitirá contratar, retener y hacer participar al mejor talento para maximizar el desempeño de la organización. La diversidad también estimula la creatividad y la innovación.[26] En realidad, se puede elaborar un caso completo de negocios en torno a la diversidad.

Caso de negocios para la diversidad

El desempeño es una de las razones por las que las organizaciones deben promover la diversidad. Investigaciones recientes han demostrado que el desempeño de las empresas mejora cuando los empleados tienen una actitud más positiva hacia ella.[27] La diversidad contribuye a obtener/sostener la ventaja competitiva de la organización cuando permite que los empleados contribuyan con su talento y motivación.

La motivación principal para administrar de forma eficiente la diversidad es el hecho de que hacerlo extrae lo mejor de todos los empleados y les permite contribuir con su máximo esfuerzo al desempeño de la organización en un entorno cada vez más competitivo.

LISTA DE LAS 20 EMPRESAS CON MEJORES PRÁCTICAS DE DIVERSIDAD	
1. Novartis Pharmaceuticals Corporation	11. Wells Fargo
2. Kaiser Permanente	12. Deloitte
3. PricewaterhouseCoopers	13. Marriott International
4. EY	14. Abbott
5. Sodexo	15. Accenture
6. MasterCard	16. Merck & Co.
7. AT&T	17. Cox Communications
8. Prudential Financial	18. KPMG
9. Johnson & Johnson	19. General Mills
10. Procter & Gamble	20. ADP

ADAPTADO DE DIVERSITYINC TOP 50 LIST

Por múltiples razones, las organizaciones deben estimular la diversidad. Una de ellas es que la inclusión y la diversidad mejoran su desempeño. Cada una de las empresas de esta lista ha tenido un desempeño muy bueno en los últimos años.

Algunos expertos sostienen que la diversidad puede ser una fuente de ventaja competitiva para las organizaciones.[28] Por ejemplo, algunos estudios han descubierto que los equipos de trabajo culturalmente diversos toman mejores decisiones a lo largo del tiempo que los equipos homogéneos.[29] Los grupos diversos pueden emplear sus diferentes antecedentes para desarrollar una perspectiva más completa de un problema, así como una lista más amplia de soluciones posibles. Una red social más extensa de empleados diversos también permite a grupos y organizaciones acceder a una variedad mayor de información y experiencias. Además, la diversidad puede ser una fuente de creatividad e innovación para crear una ventaja competitiva.[30] La revisión de décadas de investigación permite asegurar que la diversidad puede mejorar la creatividad y la toma de decisiones en equipo.[31] La investigación de Rosabeth Moss Kanter, reconocida experta en administración, descubrió que las empresas innovadoras emplean de forma intencional equipos heterogéneos para resolver problemas y eliminar el racismo, el sexismo y el clasismo.[32] Además, contar con un número mayor de mujeres en la alta dirección influye en el desempeño de las empresas que trabajan con estrategias innovadoras.[33]

La gestión de la diversidad también es importante por cuestiones legales. Aunque existen muchas leyes en contra de la discriminación, la más importante en Estados Unidos es el Título VII de la Ley de Derechos Civiles de 1964, reformada en 1991. Esta norma prohíbe la discriminación laboral debido a raza, color, religión, sexo o nacionalidad, ya sea que se trate de discriminación intencional o de prácticas que tienen un efecto discriminatorio sobre otros por estos motivos. Otras leyes protegen de forma adicional a otros grupos, como los empleados con discapacidad[34] y mayores de 40 años.[35]

La Ley de Derechos Civiles de 1991 permite aplicar sanciones económicas cuando existe discriminación laboral intencional. Una de las demandas más importantes en relación con la discriminación laboral logró que se aplicara una multa de más de 11.7 millones de dólares a Walmart y Sam's Club.[36] Miles de trabajadoras interpusieron demandas por habérseles negado oportunidades de crecimiento en sus organizaciones, remuneración equitativa, promociones e incrementos salariales por el hecho de ser mujeres.[37] Contratar a las personas más adecuadas para los puestos y las empresas es consistente con el cumplimiento de la ley y la promoción de la diversidad.

Barreras a la inclusión

Dados los beneficios e imperativos legales sobre diversidad, ¿qué les impide a las empresas ser más incluyentes y desarrollar su diversidad? El reporte de la Comisión para la Igualdad de Oportunidades de Empleo de Estados Unidos ha identificado algunas barreras a la diversidad comunes en muchas organizaciones.[38] Estas barreras, que se resumen en la tabla 2.2, surgen de diversas decisiones y factores psicológicos, así como de la falta de conciencia de los empleados. Se puede minimizar el efecto de estas barreras y mejorar la inclusión entendiéndolas y abordándolas de forma proactiva:

1. *El "sesgo de semejanza":* Tendemos a acercarnos de forma consciente o inconsciente a aquellos a quienes percibimos semejantes a nosotros. Este sesgo es parte de la naturaleza humana. Aunque puede generar altos niveles de comodidad en las relaciones laborales, también puede llevarnos a emplear y trabajar con personas similares a nosotros en términos de características protegidas como raza, color, sexo, discapacidad o edad, y a ser renuentes a contratar a personas distintas. El etnocentrismo y las diferencias percibidas en cultura y religión alimentan el "sesgo de semejanza" y restringen la inclusión. Debido a que este sesgo puede influir en el establecimiento de las normas de desempeño, es posible que se perciba

Tabla 2.2

Barreras a la inclusión

El "sesgo de semejanza"	Las personas prefieren relacionarse con aquellas que se les asemejan.
Estereotipos	Creencia sobre individuos o grupos que se basa en la idea de que todos los miembros de un grupo se comportarán de la misma forma o que tendrán la misma característica.
Prejuicios	Intolerancia absoluta hacia otros grupos.
Amenaza percibida de pérdida	Existe cuando un grupo de empleados que percibe una amenaza directa a sus oportunidades profesionales sienten la necesidad de proteger sus propias perspectivas y obstaculizar los esfuerzos de diversidad.
Etnocentrismo	Creencia de que el idioma, país, reglas y normas culturales propias son superiores a las de los demás.
Acceso no equitativo a las redes organizacionales	Es frecuente que se excluya a las mujeres y a las minorías de las redes organizacionales importantes para el desempeño del trabajo, las oportunidades de *mentoring* y las candidaturas potenciales para promociones.

a las personas "diferentes" como menos capaces de desempeñar un puesto que aquellas que se asemejan a nosotros.

2. *Estereotipos:* Un estereotipo es la creencia acerca de un individuo o grupo que se basa en la idea de que todos los miembros del grupo se comportarán de la misma manera. Frases como "todos los hombres son fuertes", "todas las mujeres son cariñosas" y "todas las personas que se ven de cierta forma son peligrosas" son ejemplos de estereotipos. Un científico investigador que cree que las mujeres son científicas deficientes, tenderá a no contratar, solicitar asesoraría u opiniones a mujeres científicas. Los estereotipos pueden reducir las oportunidades de inclusión de las minorías, las mujeres, las personas con discapacidad y los trabajadores mayores o muy jóvenes, y son nocivos porque juzgan a los individuos con base en su pertenencia a un grupo en particular sin considerar su identidad única. Las personas pueden tener estereotipos sobre otras con base en su raza, color, religión, origen, sexo, discapacidad y edad, entre otras características. Los estereotipos suelen ser negativos y erróneos, y perjudican a los individuos a los que se les atribuyen.[39] Es necesario abordarlos en el contexto de la diversidad porque pueden alimentar formas sutiles de racismo, sexismo, prejuicios y malestar. Los gerentes responsables del reclutamiento y la contratación pueden tener estereotipos relacionados con las características que hacen que un empleado sea efectivo o deficiente, lo que afecta las oportunidades de igualdad en el empleo o socava los esfuerzos de diversidad.

3. *Prejuicios:* Aun cuando desde hace más de cuarenta años existen leyes contra la discriminación, es posible que aún exista intolerancia total por parte de empleadores o sus gerentes contra grupos específicos, a pesar de que el Titulo VII ha existido desde hace 40 años.[40] Incluso en ciertas organizaciones comprometidas con la inclusión, puede ser que las creencias y acciones de gerentes y empleados sean inconsistentes con sus valores y políticas. Las organizaciones pueden reducir la incidencia de los prejuicios si evalúan sus conductas de inclusión, rastrean las tasas de promoción de miembros de grupos culturales diversos que trabajen para diferentes supervisores e identifican tendencias discriminatorias potenciales que requieran atención especial.

4. *Amenaza percibida de pérdida:* Cuando las empresas se esfuerzan por promover la inclusión, es posible que los grupos que tradicionalmente han ocupado los puestos dominantes en su campo se molesten o comiencen a experimentar ansiedad. Si perciben que los esfuerzos de la empresa representan una amenaza directa a sus propias oportunidades de carrera, podrían sentir la necesidad de proteger sus perspectivas y obstaculizar el logro de las de sus compañeros.[41] Esta situación puede influir en el nivel de disposición de los empleados para ayudar a otros que pertenecen a una minoría a reclutar a candidatos diversos para un puesto o apoyar las iniciativas de diversidad de la empresa.

5. *Etnocentrismo:* El etnocentrismo refleja la idea de que el lenguaje, país, reglas y normas culturales propias son superiores a las de los demás. Esta condición se relaciona con la inexperiencia e ignorancia sobre otras personas y entornos más que con los prejuicios. Todos entienden mejor a aquellos que provienen de su mismo país, debido a que conocen más sobre sus normas culturales y conductuales. Se puede fomentar un esfuerzo voluntario por valorar y promover la diversidad cultural por medio de experiencias y programas de educación de conciencia transcultural.

6. *Acceso no equitativo a las redes organizacionales:* Todas las organizaciones cuentan con redes formales e informales que influyen en la forma en que se comparte el conocimiento y se accede a los recursos y oportunidades de empleo. Con frecuencia se excluye a las mujeres y a las minorías de las redes informales importantes para el desempeño del trabajo, las oportunidades de *mentoring* y las candidaturas potenciales para promociones.[42] La investigación ha vinculado el dominio masculino de la parte alta de la jerarquía de las empresas con la incidencia de reportes de ejecutivas que encuentran barreras para avanzar en su carrera y que son excluidas de las redes informales.[43]

Administración de la diversidad

Además de generar conciencia sobre las barreras a la inclusión, existen otras formas en las que los gerentes pueden promover la diversidad. El elemento más importante para apalancar de forma eficaz el potencial positivo de la diversidad es el apoyo de la alta dirección y las iniciativas relacionadas con ella. Si los altos directivos no promueven la inclusión ni respetan la diversidad, tampoco lo harán los gerentes ni los empleados de menor jerarquía. Además, se generan ambientes incluyentes cuando todos los empleados mejoran su conciencia y empatía cultural mediante la capacitación en diversidad, el acceso equitativo a mentores y otros empleados influyentes. La creación de políticas y prácticas justas que permitan acceso equitativo a todos los empleados a retroalimentación sobre su desempeño, capacitación y desarrollo y oportunidades de crecimiento es, también, una condición crítica.

La diversidad influye de forma positiva en las empresas cuando apoya a los empleados diversos en puestos de alta jerarquía y ayuda a que todos ellos interaccionen de forma eficaz con personas diferentes. Las iniciativas sobre diversidad tienen más éxito cuando la empresa es capaz de hacer que los empleados piensen en los problemas de diversidad, aun cuando no perciban un efecto negativo directo sobre ellos.[44] El caso de estudio de este capítulo destaca las acciones de Wegmans para administrar de forma efectiva la diversidad.

La capacitación y el *mentoring* también pueden ayudar. El *mentoring recíproco*, que reúne a empleados adultos con un grupo de empleados jóvenes para estimular el aprendizaje sobre grupos diferentes, es una técnica que se utiliza para fomentar la conciencia sobre la diversidad y la inclusión. Algunas organizaciones emplean programas de desarrollo de carrera, *mentoring* y la creación de oportunidades de redes de interacción (networking) para todo el personal

CASO DE ESTUDIO   Diversidad en Wegmans

La tienda de víveres de la Costa Este Wegmans percibe a la diversidad más allá de una obligación legal, moral o una necesidad de la empresa. Para ellos, la diversidad es una oportunidad de hacer negocios[46] y forma parte de su cultura cotidiana, como aquello que les permite ser los mejores para satisfacer las necesidades de todos sus clientes. La empresa intenta atraer y retener una fuerza laboral que incluya trasfondos, experiencias y puntos de vista diferentes que reflejen las comunidades en las que opera.[47]

Wegmans considera que para ser una buena tienda en la cual comprar, primero debe ser una buena tienda donde trabajar. Es por ello que trata de contratar personas que amen la comida, tengan una tendencia natural al servicio y cuenten con habilidades adecuadas para trabajar con las personas. Además, utiliza la diversidad en la contratación para

refrescar sus tiendas con ideas nuevas. Su fuerza laboral incluye a personas con una amplia variedad de trasfondos, desde estudiantes de bachillerato hasta profesionales retirados. Los valores corporativos de Wegmans, como respeto, cuidado, empowerment (atribución de facultades de decisión) y altos estándares, le han llevado a aparecer en reiteradas ocasiones en la lista de las 100 mejores empresas para trabajar de *Fortune*.[48]

Preguntas:

1. ¿De qué forma contribuyen los empleados diversos al desempeño de Wegmans?
2. ¿En cuáles tipos de diversidad considera que debería enfocarse Wegmans? ¿Por qué?
3. ¿Cuáles son las desventajas, si es que existen, de conformar una fuerza laboral diversa?

con la finalidad de promover la diversidad.[45] La capacitación y la educación sobre diversidad tienen que comunicar que los sesgos forman parte de nuestra naturaleza y que no es realista afirmar que una persona "está totalmente libre de ellos" en términos de diversidad. Todas las personas tenemos sesgos, seamos o no conscientes de ellos. La capacitación sobre diversidad debe permitir que los empleados tomen conciencia de sus propios sesgos y aprendan a controlarlos para evitar su manifestación explícita e implícita.

globalización
Internacionalización de las actividades de negocios y el cambio hacia una economía global integrada

GLOBALIZACIÓN Y NEGOCIOS

Otro factor relacionado del entorno que afecta al comportamiento organizacional es la *globalización.* Por supuesto, la globalización y la administración internacional no son fenómenos nuevos. Hace siglos, el ejército romano se vio obligado a desarrollar un sistema administrativo para su vasto imperio.[49] Además, en realidad, muchos exploradores sobresalientes, como Cristóbal Colón o Magallanes, no buscaban nuevos territorios sino rutas de comercio para impulsar el intercambio internacional. De igual forma, los Juegos Olímpicos, la Cruz Roja y otras organizaciones cuentan con raíces internacionales. Desde el punto de vista de los negocios, los efectos extendidos de la globalización son relativamente nuevos, al menos en Estados Unidos.

La globalización es una parte importante del entorno dinámico de los negocios. Algunos restaurantes de comida rápida, como KFC y McDonald's, han establecido sucursales en todo el mundo. Su reto es mantener la identidad y atractivos que les permiten destacarse, a la vez que se adaptan a los gustos de los consumidores y las prácticas laborales en diferentes países.

Tendencias de la globalización

En 2014, el volumen del comercio internacional en dólares fue 50 veces mayor que en 1960. Aun cuando disminuyó 11% en 2009 debido a la recesión global, aumentó la misma cantidad en 2010, con base en la recuperación económica, y ha mantenido desde entonces su trayectoria ascendente. Existen cuatro factores importantes responsables del crecimiento del comercio internacional.

Primero encontramos que los sistemas de comunicación y transporte han mejorado drásticamente en las últimas décadas. Los servicios telefónicos también lo han hecho, las redes de comunicación cubren todo el planeta e interaccionan vía satélite, y las áreas que alguna vez resultaron remotas son accesibles de forma cotidiana. Los servicios telefónicos de algunos países desarrollados se basan casi en su totalidad en la telefonía celular más que en servicios de cableado en tierra. Ciertas tecnologías, como el fax o el correo electrónico, permiten a los gerentes enviar documentos a cualquier parte del mundo en cuestión de segundos, en vez de esperar por días, como ocurría hace apenas unos años. Nuevas aplicaciones, como los mensajes de texto y las conferencias digitales, han facilitado aún más la comunicación global. En pocas palabras, el comercio internacional es más accesible de lo que lo era hace algunos años.

En segundo lugar, las empresas se han expandido internacionalmente para ampliar sus mercados. Las empresas de países pequeños, como Nestlé de Suiza y Heineken de Holanda, hace tiempo reconocieron que sus mercados locales eran demasiado pequeños para crecer, por lo que incursionaron en el ámbito internacional. Por otro lado, sólo en los últimos cincuenta años numerosas empresas estadounidenses han reconocido la ventaja de incursionar en los mercados internacionales. En la actualidad la mayoría de las empresas medianas, e incluso pequeñas, compra o vende de forma rutinaria productos y servicios en otros países.

En tercer lugar, la cantidad de empresas que se mueven hacia los mercados internacionales para controlar y reducir costos laborales es cada vez mayor. Sin embargo, la búsqueda del costo laboral más bajo posible ha hecho surgir algunos cuestionamientos éticos, además de que las estrategias para reducir costos no siempre funcionan según lo planeado. Parcialmente, esta situación se debe a que los procesos son sujetos a críticas por parte de los medios y de los consumidores activistas en relación con los estándares laborales de otros países. A pesar de ello, muchas empresas han logrado beneficiarse de la mano de obra económica disponible en Asia y México.[50] En su búsqueda por menores costos laborales, algunas empresas se han encontrado con empleados altamente capacitados y han construido plantas más eficientes cercanas a los mercados internacionales. Por ejemplo, India ha surgido como una fuerza importante en el sector de alta tecnología, al tiempo que ha crecido la importancia de Turquía e Indonesia. De igual manera, se han construido en Estados Unidos muchas plantas de armadoras automotrices extranjeras. Por último, numerosas organizaciones se han internacionalizado en respuesta a la competencia. Si una de ellas comienza a ganar fuerza en los mercados internacionales, sus

JTB/UNIVERSALIMAGESGROUP/
GETTY IMAGES

Una de las principales razones por las que las empresas incursionan en los mercados internacionales es obtener una ventaja en los costos laborales.
En realidad, hace algunos años muchas empresas mudaron sus instalaciones productivas a México para reducirlos. Después China se convirtió en un imán para las empresas por sus costos laborales bajos, pero como sus salarios comenzaron a aumentar, algunas empresas tratan de detectar otras ubicaciones para fabricar sus productos, como Vietnam.

competidores deben seguirle para evitar rezagarse en ventas y rentabilidad. Las compañías petroleras estadounidenses Exxon Mobil Corporation y Chevron comprendieron que debían incrementar su participación en el mercado internacional para mantener el paso de sus competidores BP y Royal Dutch Shell. Aunque el control de costos laborales es la principal razón para implementar el *offshoring*, numerosas empresas están llevando a cabo por *offshoring* proyectos de innovación para acceder al talento que les falta en su lugar de origen o que se les dificulta obtener debido al incremento de la competencia, más que por cuestiones de arbitraje laboral.

Competencia cultural

Los italianos suelen percibir a los estadounidenses como personas muy trabajadoras, que hablan de negocios mientras comen, y corren mientras beben su café en vez de disfrutar estas actividades con otras personas. ¿Significa esto que los italianos son perezosos y los estadounidenses hiperactivos? No, sólo significa que las personas de diferentes culturas otorgan un significado distinto a algunas actividades. En Italia, país que aprecia las relaciones humanas, la comida, la cena y las pausas para tomar café tienen un propósito social: las personas se reúnen, se relajan y se conocen mejor. En Estados Unidos, país donde el tiempo es dinero, los negocios pueden formar parte de la comida, se pueden cerrar negocios en la cena y firmar contratos mientras se toma un café.[51]

competencia cultural
Capacidad para interaccionar de forma efectiva con personas de culturas diferentes

Uno de los peores errores y de los más fáciles de cometer es asumir que los demás son iguales a nosotros. Las personas de culturas diferentes consideran y hacen las cosas de manera distinta. La ***competencia cultural*** es la capacidad de interaccionar de forma efectiva con personas de culturas distintas. Una persona culturalmente competente comprende y respeta las diferencias culturales. Existen cuatro componentes dentro de esta competencia:[52]

1. *Conciencia de nuestra perspectiva cultural y reacciones ante las personas que son diferentes.* Un guardia de seguridad que sabe que considera a los adolescentes como "buscapleitos" es consciente culturalmente de sus reacciones ante este grupo.
2. *Nuestra actitud ante las diferencias culturales.* Este componente refleja nuestra honesta disposición para entender nuestras creencias y valores sobre las diferencias culturales.
3. *El conocimiento de diferentes perspectivas y prácticas culturales.* La investigación ha demostrado que nuestros valores y creencias sobre la equidad pueden ser incongruentes con nuestras conductas. Numerosas personas que responden pruebas en las que afirman que carecen de prejuicios se comportan de forma tal en contextos transculturales que demuestran que sí los tienen.[53]
4. *Habilidades transculturales.* Este componente subraya la importancia de practicar la competencia cultural, incluyendo la comunicación no verbal, para lograr efectividad entre culturas.

Aunque algunas personas son por naturaleza culturalmente competentes, la mayoría de nosotros debe esforzarse para desarrollar esta habilidad, para lo cual necesitamos evaluar con honestidad nuestros prejuicios y sesgos, trabajar activamente en el desarrollo de habilidades transculturales, aprender de modelos de comportamiento y adoptar actitudes positivas ante temas culturales. La clave del éxito transcultural es la conciencia, es decir, ser conscientes de la forma en que la cultura influye en nuestras interpretaciones de los demás, de nuestro propio comportamiento y de la forma en que nos perciben las personas de otras culturas. Para desarrollar nuestra conciencia cultural debemos entender las razones por las que reaccionamos, hacemos las cosas de cierto

MEJORE SUS HABILIDADES

CÓMO ENTENDER SU CULTURA

Como ha aprendido a lo largo del capítulo, la competencia cultural requiere adquirir conciencia sobre nuestras prácticas y perspectivas culturales. Esta hoja de trabajo le ayudará a analizar algunas características de su cultura. Para cada característica, identifique un ejemplo que represente a la mayoría de las personas de su cultura primaria. Posteriormente, tome un minuto para reflexionar sobre la forma en que podrían diferir otras culturas y cómo estas diferencias podrían llevar a malentendidos.

Característica cultural	Ejemplo de representación de la característica en su cultura primaria	¿Cómo podría diferir la característica y generar malentendidos en otras culturas?
1. Saludos sociales		
2. Actitudes hacia la privacidad		
3. Velocidad apropiada para la toma de decisiones		
4. Apertura a la comunicación		
5. Gestos que muestran que ha entendido lo que se le ha dicho		
6. Aseo personal		
7. Forma de dirigirse a las figuras de autoridad		
8. Espacio personal aceptable		
9. Tiempos de entrega		
10. Ética laboral		

modo y vemos el mundo en la forma en que lo hacemos. La conciencia cultural puede mejorar nuestro desempeño en organizaciones diversas, o en empresas con clientes culturalmente diversos. La sección *Mejore sus habilidades* de este capítulo le ayudará a entender algunas características de su cultura que podrían diferir de las de otras partes del mundo.

Tome el *examen de etiqueta cultural* que aparece en la sección de *Temas globales* de este capítulo para divertirse, y vea cuánto conoce sobre el trabajo y los negocios en otras culturas.

Diferencias y similitudes entre culturas

El tema principal de este libro es el comportamiento humano en contextos organizacionales, por lo que a continuación analizaremos las diferencias y similitudes entre comportamientos de diferentes culturas. Aunque existe poca investigación en esta área, han comenzado a surgir descubrimientos muy interesantes.[54]

Observaciones generales

En un primer nivel es posible realizar varias observaciones generales sobre las similitudes y diferencias que existen entre las culturas. Una de ellas es que las fronteras nacionales y culturales no necesariamente coinciden. Muchas regiones de Suiza son muy parecidas a Italia, otras a Francia y otras a Alemania. De igual forma, podemos encontrar muchas diferencias culturales dentro de Estados Unidos, entre el sureste de California, Texas y la Costa Este.[55]

TEMAS GLOBALES

EXAMEN DE ETIQUETA CULTURAL

La administración y dirección exitosa de los negocios en diferentes culturas requiere, entre otras cosas, saber qué decir, cuándo llegar a las juntas, qué atuendo usar, los regalos que son aceptables y cómo saludar a los demás. Para reconocer y apreciar las expectativas y prácticas de negocios de la otra parte se requiere un esfuerzo continuo. Este examen le proporcionará una idea de su nivel de conciencia sobre las culturas de negocios en otras regiones del mundo. Las respuestas se encuentran en la parte inferior del examen.[57]

_____ 1. ¿Qué cultura considera arrogante el uso de los títulos profesionales?

_____ 2. ¿En qué país no debe emplear tinta roja en sus tarjetas de presentación porque se considera que tiene una connotación negativa?

_____ 3. En esta cultura se asume como un insulto retirarse justo después de concluir una junta, ya que puede interpretarse como falta de interés por conocer a su contraparte.

_____ 4. En este país, cuando a usted le agrada un artículo personal de alguien, esta persona podría insistir en ofrecérselo como obsequio.

_____ 5. En este país tocar su nariz es una señal de que algo debe mantenerse en secreto o es confidencial.

_____ 6. En este país se considera un insulto hacer señas a otra persona con la palma de la mano hacia arriba mientras mueve un dedo.

_____ 7. ¿En qué país las personas se dan la mano cada mañana como si se presentaran por primera vez aun cuando han trabajado juntos por años?

_____ 8. En este país, las negociaciones son caóticas, suelen durar mucho tiempo y varias personas hablan a la vez.

_____ 9. El gesto de mostrar los pulgares hacia arriba se considera una ofensa en este país.

_____ 10. Cuide el volumen de su voz en este país, ya que hablar demasiado alto durante las juntas, en restaurantes o en la calle resulta ofensivo.

_____ 11. En las negociaciones y juntas con las personas de este país es común que se enciendan los ánimos, haya rabietas y alguien abandone la sala. También se considera obsceno ponerse de pie con las manos dentro de los bolsillos.

_____ 12. En esta cultura es muy importante mantener las apariencias, por lo que, con frecuencia, escuchará frases como "no es conveniente" o "lo revisaré" en vez de que le digan que "no".

Respuestas: 1) Irlanda; 2) Madagascar; 3) Colombia; 4) Bahréin; 5) Inglaterra; 6) India (y China); 7) Alemania; 8) España; 9) Arabia Saudita; 10) Francia; 11) Rusia; 12) China

Dado este supuesto básico, una revisión de la literatura sobre administración internacional llegó a cinco conclusiones básicas.[56] La primera de ellas es que el comportamiento en los contextos organizacionales varía entre las culturas, por lo que es posible que los empleados de las empresas de Japón, Estados Unidos y Alemania tengan diferentes actitudes y patrones de comportamiento, los cuales se extienden y penetran en toda la organización.

La segunda conclusión es que la cultura es la principal causa de estas diferencias. La *cultura* es el conjunto de valores compartidos, que a menudo se dan por sentados, que ayudan a los integrantes de un grupo, organización o sociedad a comprender cuáles acciones son aceptables y cuáles no lo son. Aunque muchas de las diferencias conductuales que hemos descrito pueden explicarse con base en la disparidad de la calidad de vida o de las condiciones geográficas, la cultura es en sí el factor principal en otros aspectos.

En tercer lugar, se ha concluido que aun cuando las causas y consecuencias del comportamiento en contextos organizacionales son diversas entre las culturas, las organizaciones y la forma en que se estructuran son cada vez más similares.

cultura

Conjunto de valores compartidos, que a menudo se dan por sentados, que ayudan a los integrantes de un grupo, organización o sociedad a comprender cuáles acciones son aceptables y cuáles no lo son

Es por ello que las prácticas gerenciales generales se parecen cada vez más, pero las personas que trabajan en las organizaciones mantienen sus diferencias.

La cuarta conclusión es que el mismo individuo se comporta de manera diferente en contextos culturales distintos. Un gerente puede adoptar un conjunto de conductas cuando trabaja en una cultura y cambiarlas cuando debe trabajar en otra. Por ejemplo, los ejecutivos japoneses que van a trabajar a Estados Unidos comenzarán a actuar cada vez más como los ejecutivos de este país y menos como japoneses. Este cambio podría generarles problemas cuando regresan a trabajar a Japón.

Por último, la diversidad cultural puede ser una fuente importante de sinergia para mejorar la efectividad organizacional. Cada vez son más las organizaciones que aprecian las virtudes de la diversidad, pero sorprende ver lo poco que saben acerca de cómo administrarla. Las organizaciones que adoptan una estrategia multinacional pueden convertirse en algo más que la suma de sus partes. Las operaciones en una cultura pueden beneficiarse de otras mediante una mejor comprensión de la forma en que se trabaja en el mundo.[58]

Temas culturales específicos

Geert Hofstede, investigador alemán, realizó estudios con trabajadores y gerentes de 60 países y descubrió que existen actitudes y conductas específicas que difieren de forma significativa en función de los valores y creencias que los caracterizan.[59] La tabla 2.3 muestra la forma en que las categorías de Hofstede nos ayudan a resumir las diferencias entre los países.

Las dos dimensiones primarias que encontró Hofstede son el continuo individualismo/colectivismo y la distancia al poder. El *individualismo* existe cuando una persona de una cultura determinada se define a sí misma como individuo en vez de considerarse parte de uno o más grupos u organizaciones. En el contexto laboral, las personas de las culturas más individualistas tienden a preocuparse más por sí mismas como individuos que por sus grupos de trabajo, consideran que sus actividades personales son más importantes que

individualismo
Condición que existe cuando una persona de una cultura se define a sí misma como individuo en vez de como parte de uno o más grupos u organizaciones

Tabla 2.3

Diferencias laborales en 10 países

País	Individualismo/ colectivismo	Distancia al poder	Evasión de la incertidumbre	Masculinidad	Orientación a largo plazo
CANADÁ	A	M	M	M	B
ALEMANIA	M	M	M	M	M
ISRAEL	M	B	M	M	(sin datos)
ITALIA	A	M	M	A	(sin datos)
JAPÓN	M	M	A	A	A
MÉXICO	A	A	A	M	(sin datos)
PAKISTÁN	B	M	M	M	B
SUECIA	A	M	B	B	M
ESTADOS UNIDOS	A	M	M	M	B
VENEZUELA	B	A	M	A	(sin datos)

Nota: Para INDIVIDUALISMO/COLECTIVISMO, A = alta, M = moderada, B = baja. A significa individualismo alto, B significa colectivismo alto y M significa un balance entre individualismo y colectivismo. Estos son sólo 10 de los 60 países estudiados por Hoftsede y otros investigadores.

Referencias: Adaptado de Geert Hofstede y Michael Harris Bond, "The Confucius Connection: From Cultural Roots to Economic Growth", en *Organizational Dynamics*, primavera de 1988, pp. 5–21; Geert Hofstede, "Motivation, Leadership, and Organization: Do American Theories Apply Abroad?", en *Organizational Dynamics*, verano de 1980, pp. 42–63.

colectivismo

Se caracteriza por contar con marcos sociales estrechos en los que las personas tienden a basar sus identidades en los grupos u organizaciones a los que pertenecen

distancia al poder (orientación hacia la autoridad)

Grado al cual las personas aceptan como normal una distribución desigual del poder

evasión de la incertidumbre (preferencia por la estabilidad)

Grado al cual las personas se sienten amenazadas ante situaciones desconocidas y prefieren condiciones claras y sin ambigüedad

masculinidad (asertividad o materialismo)

Grado hasta el cual los valores dominantes en una sociedad destacan la agresividad y la adquisición de dinero y otras posesiones en contraposición con la preocupación por las personas, las relaciones humanas y la calidad de vida en general

valores a largo plazo

Incluyen el enfoque en el futuro, trabajo en proyectos con resultados distantes, persistencia y frugalidad

valores a corto plazo

Valores orientados al pasado y el presente que incluyen el respeto por las tradiciones y obligaciones sociales

las relaciones, y los procesos de contratación y promoción se basan en habilidades y reglas. Por su parte, el *colectivismo* se caracteriza por contar con marcos sociales estrechos en los que las personas tienden a basar sus identidades en los grupos u organizaciones a los que pertenecen. En el contexto laboral, esto implica que los vínculos entre el empleado y el empleador se parecen más a las relaciones familiares; las relaciones personales son más importantes que las tareas individuales y los procesos de contratación y promoción se basan en la pertenencia a los grupos. En los países muy individualistas, como Estados Unidos, es más importante lograr un desempeño superior y sobresalir ante los demás, mientras que en las culturas más colectivistas, como la japonesa, las personas tratan de encajar en los grupos, buscan la armonía y prefieren la estabilidad.

La *distancia al poder*, también conocida como *orientación hacia la autoridad*, es el grado al cual las personas aceptan como normal una distribución desigual del poder. En países como México y Venezuela, las personas prefieren las situaciones en las que la autoridad está claramente entendida y se respetan las líneas jerárquicas. Por su parte, en países como Israel o Dinamarca, la autoridad no es tan respetada y los empleados se sienten cómodos cuando eluden las líneas de autoridad para lograr algo. Los estadounidenses tienden a aplicar un enfoque mixto, es decir que aceptan la autoridad en algunos contextos y en otros no.

Hofstede también identificó otras dimensiones culturales. La *evasión de la incertidumbre*, que también se conoce como *preferencia por la estabilidad*, es el grado al cual las personas se sienten amenazadas en situaciones desconocidas y prefieren los contextos claros y sin ambigüedad. Los japoneses y los mexicanos prefieren la estabilidad sobre la incertidumbre, mientras que ésta es normalmente aceptada en Suecia, Hong Kong y el Reino Unido. La *masculinidad*, que podría llamarse con mayor precisión *asertividad o materialismo*, es el grado al cual los valores dominantes en una sociedad hacen hincapié en la agresividad y la adquisición del dinero y otras posesiones en contraposición con la preocupación por las personas, las relaciones humanas y la calidad de vida en general. Los habitantes de Estados Unidos tienden a presentar un grado moderado tanto de evasión de la incertidumbre como de masculinidad. Las puntuaciones de Japón e Italia son altas en la escala de masculinidad, mientras que las de Suecia tienden a ser bajas.

El modelo de Hofstede se ha ampliado e incluye la orientación a largo plazo contra la orientación a corto plazo. Los *valores a largo plazo* incluyen el enfoque en el futuro, el trabajo en proyectos con resultados distantes, la persistencia y la frugalidad. Los *valores a corto plazo* se orientan más hacia el pasado y el presente e incluyen el respeto por las tradiciones y obligaciones sociales. Japón, Hong Kong y China tienen una orientación alta a largo plazo, mientras que Holanda, Alemania y Estados Unidos presentan un nivel moderado en esta dimensión. Por su parte, Pakistán y África occidental tienden a orientarse al corto plazo.

La investigación de Hofstede representa sólo una de muchas formas de catalogar las diferencias entre países y culturas. Sin embargo, sus descubrimientos son ampliamente aceptados y se utilizan en muchas empresas. También han incitado a otros a investigar sobre el

El colectivismo tiende a ser un valor dominante en muchos países asiáticos. Como resultado, los trabajadores cuentan con un marco social estrecho y se identifican de forma cercana con sus compañeros.

tema. El proyecto GLOBE, una extensión del trabajo de Hofstede que se relaciona específicamente con el tema de liderazgo, se analizará en el capítulo 12. En este punto es importante recordar que las personas que pertenecen a culturas diversas valoran las cosas de forma diferente y que es necesario considerar en el trabajo estas diferencias.

Perspectiva global

Una *perspectiva global* se caracteriza por la disposición a ser abierto y aprender de sistemas y significados alternos de otras personas y culturas, así como la capacidad para no suponer que las personas son iguales en todos los países.[60] Las personas con perspectiva global exploran el mundo con un enfoque amplio y buscan tendencias y oportunidades inesperadas. Además, son más propensas a ver un contexto amplio y aceptar la vida como un equilibrio de fuerzas en conflicto. No se sienten amenazados por las sorpresas o incertidumbres y valoran la diversidad.[61] También son capaces de interaccionar de forma abierta en las culturas con las que no están familiarizadas.[62] Dadas las tendencias globalizadoras y la naturaleza multicultural de la fuerza laboral estadounidense, los gerentes necesitan cada vez más una perspectiva global y un conjunto de habilidades y conocimientos de apoyo para ser más efectivos.[63] Cada día las escuelas de negocios incrementan sus esfuerzos para desarrollar las habilidades gerenciales de los estudiantes para satisfacer esta necesidad.[64] La sección *Cómo entenderse a sí mismo* de este capítulo le brinda la oportunidad de evaluar su propia perspectiva global y entender cómo mejorarla.

> **perspectiva global**
> *Disposición a ser abierto y aprender de sistemas y significados alternos de otras personas y culturas, así como la capacidad para no suponer que las personas son iguales en todos los lugares*

TECNOLOGÍA Y NEGOCIOS

En la actualidad, la tecnología también representa un factor importante del entorno para las empresas. La *tecnología* son los métodos que se utilizan para desarrollar productos, lo cual incluye los bienes físicos y los servicios intangibles. El cambio tecnológico se ha convertido en un impulsor importante de otras formas de cambio organizacional. Por otra parte, también tiene efectos generalizados en las conductas de las personas que integran una organización. Existen tres áreas específicas de la tecnología pertinentes para nuestro análisis: 1) el cambio hacia una economía basada en los servicios, 2) el uso creciente de la tecnología para obtener una ventaja competitiva, y 3) el cambio proliferante de las tecnologías de información.

> **tecnología**
> *Métodos que se emplean para desarrollar productos, lo cual incluye bienes físicos y servicios intangibles*

Manufactura y tecnologías de servicio

La *manufactura* es una forma de negocio que combina y transforma recursos en productos tangibles que vende a terceros. Goodyear Tire and Rubber Company es una empresa de manufactura porque combina caucho con componentes químicos y emplea máquinas mezcladoras y moldeadoras para fabricar neumáticos. Broyhill también es una empresa que se ubica en esta categoría porque compra componentes metálicos, madera y telas que combina para fabricar muebles. Finalmente, Apple Computer es otro ejemplo de empresa de manufactura porque emplea componentes compuestos, electrónicos, metales y plásticos para fabricar smartphones, computadoras y otros productos digitales.

Por un tiempo, la manufactura fue la tecnología dominante en Estados Unidos. En la década de 1970 este sector entró en un proceso de declive debido a la competencia extranjera. Las empresas estadounidenses eran lentas y relajadas mientras que los competidores entraron al mercado con mejores

> **manufactura**
> *Forma de negocio que combina y transforma recursos en productos tangibles que vende a terceros*

CÓMO ENTENDERSE A SÍ MISMO
PERSPECTIVA GLOBAL

Esta autoevaluación le proporciona a usted la oportunidad de entender mejor su perspectiva global. Coloque su respuesta sobre la línea a la izquierda de cada afirmación, con base en la escala que se encuentra más adelante, y siga las instrucciones para determinar su puntuación. Lea al final la interpretación correspondiente.

Totalmente en desacuerdo	En desacuerdo	Ligeramente en desacuerdo	Neutral	Ligeramente de acuerdo	De acuerdo	Totalmente de acuerdo
1	2	3	4	5	6	7

Conceptualización

___ 1. Creo que en la actualidad es necesario desarrollar alianzas estratégicas con organizaciones de todo el mundo.

___ 2. Los proyectos que involucran negocios internacionales deben ser a largo plazo.

___ 3. Creo que el mundo será igual dentro de diez años.

___ 4. En nuestro mundo interconectado, las fronteras nacionales no tienen sentido.

___ 5. En realidad vivimos en una aldea global.

___ 6. En las discusiones, siempre busco obtener una perspectiva más amplia.

___ 7. Creo que la vida es un balance entre fuerzas contradictorias que deben ser valoradas, ponderadas y administradas.

___ 8. Se me facilita replantear los límites y cambiar de conducta y dirección.

___ 9. Me siento cómodo con el cambio, la ambigüedad y las situaciones sorpresivas.

___ 10. Creo que puedo vivir una vida plena en otra cultura.

Contextualización

___ 11. Me gusta probar comida de otros países.

___ 12. Disfruto trabajar en proyectos de la comunidad mundial.

___ 13. Me preocupo sobre todo de las noticias locales.

___ 14. Estoy en mi mejor momento cuando viajo a mundos que no entiendo.

___ 15. Siento curiosidad por conocer a personas de otros países.

___ 16. Disfruto leer libros o ver películas de otros países.

___ 17. Siento empatía por las personas que intentan hablar mi idioma.

___ 18. Es más fácil cambiar el proceso que la estructura cuando ocurre algo inesperado.

___ 19. Los equipos diversos y multiculturales juegan un papel valioso para el logro de mis objetivos.

___ 20. Tengo amigos cercanos que provienen de otras culturas.

Calificación: La suma de su puntaje de las preguntas 1 a 10 es su puntuación en conceptualización: ___. Grafique su puntuación en el siguiente continuo:

$$\longleftrightarrow$$
10 20 30 40 50 60 70

La suma de puntos obtenidos de las preguntas 11 a 20 es su puntuación en contextualización: ___. Grafique su puntuación en el siguiente continuo:

$$\longleftrightarrow$$
10 20 30 40 50 60 70

Interpretación: Cuanto más alta sea su puntuación en conceptualización, mejor será su capacidad para pensar de manera global. Cuanto más alta sea su puntuación de contextualización, mejor será su capacidad para actuar y adaptarse a nivel local. La perspectiva global se caracteriza por altos niveles de conceptualización y contextualización. Una alta perspectiva global implica contar con capacitación en negocios internacionales, vivir y trabajar en un país extranjero.[66] Aunque los gerentes necesitan tanto del pensamiento global como de la actuación local, la mayoría tiende a tener un mejor desempeño si piensa globalmente que si actúa de forma local, debido a la singularidad de las culturas.

Si le interesa mejorar su perspectiva global, reflexione sobre las afirmaciones en las que obtuvo un puntaje bajo e identifique acciones que puede emprender para mejorar en estas áreas. Algunas formas de mejorar su perspectiva global incluyen la participación en organizaciones internacionales y la búsqueda de experiencias multiculturales.

Fuente: Adaptado de Arora, A., Jaju, A., Kefalas, A.G., & Perenich, T. (2004). An Exploratory Analysis of Global Managerial Mindsets: A Case of U.S. Textile and Apparel Industry, en *Journal of International Management*, vol. 10, pp. 393–411. Copyright © 2004 Elsevier Inc. Todos los derechos reservados.

Las organizaciones de servicios crean tiempo o lugares de utilidad para los clientes. Por ejemplo, los restaurantes y bares ofrecen opciones convenientes para comer a las personas que están demasiado ocupadas para cocinar o que simplemente desean salir a almorzar.

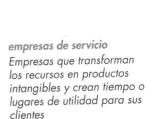

SEAN PAVONE/SHUTTERSTOCK.COM

equipos y niveles más altos de eficiencia. Por ejemplo, las compañías acereras del Lejano Oriente podían producir acero de mayor calidad a precios menores que las estadounidenses Bethlehem Steel y U.S. Steel. Numerosas empresas desaparecieron en la batalla por la supervivencia, pero otras pasaron por un largo y difícil periodo de cambio para eliminar desperdicios y transformarse en entidades responsables y dispuestas a aprender. Redujeron de forma drástica sus plantillas laborales, cerraron las plantas obsoletas o innecesarias y modernizaron el resto. Estos esfuerzos han comenzado a rendir frutos en la última década y la industria manufacturera estadounidense ha recuperado su posición competitiva en diferentes mercados. Mientras los salarios bajos aún atraen la manufactura global hacia Asia, algunos fabricantes comienzan a prosperar en Estados Unidos.

Durante el declive del sector manufacturero, la economía estadounidense se mantuvo gracias a un enorme crecimiento del sector servicios. Una *empresa de servicios* es aquella que transforma los recursos en productos intangibles y crea tiempo o lugares de utilidad para sus clientes. Por ejemplo, Merrill Lynch realiza las transacciones de valores para sus clientes, Uber proporciona transporte en tiempo real para sus pasajeros, y el estilista local de usted corta el cabello. En 1947 el sector servicios representaba menos de la mitad del producto interno bruto (PIB) de Estados Unidos. Sin embargo, en 1975, esta cifra llegó a 65%, y en 2006 ya era de más de 75%. El sector servicios genera casi 90% de todos los nuevos empleos creados en Estados Unidos desde 1990. Además, se espera que el empleo en puestos de servicios crezca 20.9% entre 2012 y 2022.[67]

Los gerentes han comprobado que muchas de las herramientas, técnicas y métodos que se utilizan en una fábrica también son útiles para una empresa de servicios. Por ejemplo, los gerentes de las fábricas de automóviles y de los salones de belleza tienen que decidir cómo diseñar sus instalaciones, identificar la mejor ubicación para ellas, determinar su capacidad óptima, tomar decisiones sobre el almacenaje de inventario y establecer los procedimientos para comprar materias primas y establecer los estándares de productividad y calidad. Sin embargo, las empresas que sólo suministran servicios deben contratar y capacitar a los empleados con base en un conjunto de habilidades diferentes de las que requieren la mayoría de las fábricas. Por ejemplo, los consumidores rara vez entran en contacto con el empleado de Toyota que instala los asientos de su coche, por lo que esa persona puede ser contratada con base en sus habilidades técnicas. Pero Avis debe reclutar a personas que no sólo tengan capacidad técnica para gestionar el alquiler de automóviles, sino que también deben ser capaces de interaccionar de forma efectiva con una amplia variedad de consumidores.

empresas de servicio
Empresas que transforman los recursos en productos intangibles y crean tiempo o lugares de utilidad para sus clientes

Tecnología y competencia

Para algunas empresas, la tecnología es la base de su competencia, en especial aquellas cuyos objetivos incluyen ser los líderes tecnológicos en sus industrias.

Por ejemplo, una empresa puede enfocar sus esfuerzos en convertirse en el productor de menor costo o en contar siempre con los productos tecnológicamente más avanzados en el mercado. Pero debido a la rapidez de los nuevos desarrollos, mantener una posición de liderazgo basada en la tecnología es cada vez más difícil. Otro desafío consiste en satisfacer las demandas constantes para reducir el tiempo de ciclo (el tiempo que tarda una empresa para llevar a cabo alguna actividad o función que se repite desde el principio hasta el final).

También cada día que pasa más empresas reconocen que pueden ser más competitivas si logran disminuir sistemáticamente los tiempos de ciclo, por lo cual muchas de ellas se enfocan en reducir el tiempo en áreas que van desde el desarrollo de productos hasta las entregas y cobros de los pagos de créditos. Hace veinte años, un fabricante de automóviles empleaba cinco años en pasar de la decisión de lanzar un nuevo producto hasta que éste se encontraba disponible en las concesionarias. En la actualidad, la mayoría de las empresas pueden completar el ciclo en menos de dos años. Un proceso más rápido les permite responder con mayor velocidad a los cambios en las condiciones económicas, las preferencias de los consumidores y los nuevos productos de la competencia, mientras que recuperan con mayor rapidez sus costos de desarrollo de productos. Algunas empresas compiten directamente en la velocidad con la que pueden hacer las cosas para los consumidores. Por ejemplo, al inicio de la era de las computadoras personales, conseguir un sistema hecho a la medida requería entre seis y ocho semanas. En la actualidad empresas como Dell pueden enviar lo que quiere exactamente el cliente en cuestión de días.

Tecnologías de información

La mayoría de las personas están muy familiarizadas con los rápidos avances en las tecnologías de información. Los teléfonos celulares y las agendas electrónicas han sido sustituidos por los smartphones, mientras que el uso de los libros electrónicos y cámaras digitales ha mejorado gracias a la invención de las tablets. Estos dispositivos, junto con los sitios de redes sociales de base tecnológica, como Facebook y Twitter, son sólo algunas de las muchas innovaciones recientes que han cambiado la forma en que vivimos.[68] Los avances en este campo han dado lugar a organizaciones más esbeltas, operaciones más flexibles, mayor colaboración entre los empleados, centros de trabajo más flexibles y mejoras en los procesos y sistemas. Por otro lado, también estimulan una comunicación menos personal, han reducido el "tiempo libre" de los gerentes y los empleados, y generan un sentido mayor de urgencia para la toma de decisiones y la comunicación, cambios que no han sido necesariamente siempre beneficiosos. En el capítulo 9 analizaremos con más detalle las tecnologías de información y su relación con el CO.

ÉTICA Y GOBIERNO CORPORATIVO

ética
Creencias personales sobre lo que es y no correcto en una situación determinada

En los últimos años también ha surgido un renovado interés por la *ética* y los temas relacionados. Aunque este tema siempre ha sido importante para las empresas, lo que parece ser en los últimos años una epidemia de infracciones a la ética, ha colocado a este tema en el centro del pensamiento empresarial actual. El gobierno corporativo también ha cobrado mayor importancia como un aspecto especial de la ética en los negocios. La ética también se relaciona con las tecnologías de información. Antes de analizar estos temas, nos enfocaremos en la mejor manera de encuadrar las relaciones éticas en las organizaciones.

Encuadre de los temas de ética

La figura 2.3 ilustra la forma en que se pueden encuadrar diferentes situaciones de ética. La mayoría de los dilemas éticos que enfrentan los gerentes se relacionan con la forma en que las organizaciones tratan a sus empleados, los empleados tratan a sus organizaciones, y cómo empleados y organizaciones tratan a otros agentes económicos.

Forma en que la organización trata a sus empleados

Un área importante de la ética en los negocios es la forma en que las organizaciones tratan a sus empleados. Esta área incluye políticas como la contratación y el despido, salarios y condiciones de trabajo, y el respeto y la privacidad del personal. Por ejemplo, las normas éticas y legales sugieren que las decisiones de contratación y despido deben basarse sólo en la capacidad de una persona para realizar el trabajo. Un gerente que discrimina a los afroestadounidenses en el proceso de contratación exhibe un comportamiento no ético e ilegal. Pero consideremos el caso de un gerente que por lo general no discrimina, pero que contrata a un amigo de la familia cuando otros candidatos podrían estar igual o mejor calificados. Aunque estas decisiones de contratación no son ilegales, son objetables por razones de ética.

Figura 2.3

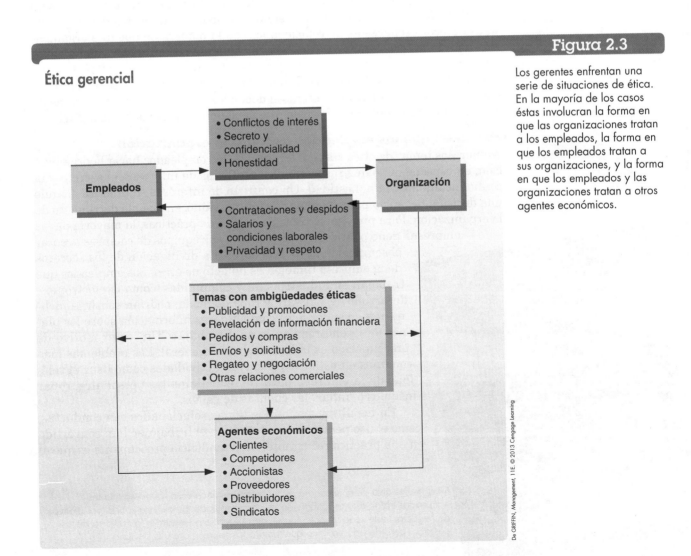

Ética gerencial

Los gerentes enfrentan una serie de situaciones de ética. En la mayoría de los casos éstas involucran la forma en que las organizaciones tratan a los empleados, la forma en que los empleados tratan a sus organizaciones, y la forma en que los empleados y las organizaciones tratan a otros agentes económicos.

De GRIFFIN, *Management*, 11E. © 2013 Cengage Learning

Una perspectiva importante que es necesario considerar durante la formulación de las cuestiones éticas es la forma en que la organización trata a sus empleados. Tome como ejemplo este negocio cerrado. La mayoría de las personas estaría de acuerdo en que los propietarios del negocio no trataron a sus empleados con responsabilidad ética si no les avisaron con anticipación del cierre inminente y el personal se presentó a trabajar y encontró este cartel en la puerta.

Los salarios y las condiciones laborales también son áreas potenciales de controversia a pesar de que se encuentran estrictamente reguladas. Por ejemplo, se considera no ético que un gerente pague a un empleado menos de lo que merece, simplemente porque sabe que éste no puede permitirse el lujo de renunciar o correr el riesgo de perder su trabajo si interpone una queja. Lo mismo ocurre con los beneficios de los empleados, en especial si una organización realiza acciones que afectan los paquetes de compensación y bienestar de todos los empleados o parte de ellos.

Por último, la mayoría de los observadores también están de acuerdo en que una empresa está obligada a proteger la privacidad de sus empleados. Si un gerente divulga que uno de ellos tiene problemas financieros o que sostiene una aventura con otro empleado, esto sería visto como un acto no ético de violación de la privacidad. Del mismo modo, la privacidad del empleado y sus derechos conexos están relacionados con la manera en que una organización aborda los problemas de acoso sexual. Cuando las entidades comienzan a hacer negocios en otros países, los gerentes deben afrontar desafíos de ética derivados de la falta de normas claras sobre el trato que se les debe dar a los empleados en ambos países, así como si deben aplicar las normas y prácticas de recursos humanos del país de origen o se deben adoptar las del país anfitrión.

Forma en que los empleados tratan a la organización

Numerosos temas de ética surgen del trato de los empleados hacia la organización, en especial en lo que respecta a los conflictos de intereses, el secreto y la confidencialidad y la honestidad. Un conflicto de intereses se produce cuando una decisión beneficia potencialmente a un individuo, en posible detrimento de la organización. Para protegerse contra este tipo de prácticas, la mayoría de las empresas tiene políticas que prohíben a sus equipos de compras aceptar obsequios de los proveedores. La divulgación de los secretos de la empresa también es un acto no ético. Los empleados que trabajan en industrias muy competidas, como la electrónica, desarrollo de software y ropa de moda, podrían sentir la inclinación a vender a los competidores información sobre los planes de la empresa en la cual trabajan. Un tercer motivo de preocupación es la honestidad en general. Los problemas más comunes en esta área incluyen actividades como usar el teléfono de la empresa para realizar llamadas personales, robar insumos o "inflar" las cuentas de gastos.

En los últimos años, los temas relacionados con conductas, como el uso personal de internet en el trabajo, se han convertido en una práctica recurrente. Otra tendencia preocupante es que el

Otra perspectiva en el encuadre de los temas de ética es la forma en que los empleados tratan a la organización. Si este empleado toma y usa sobres por motivos de negocios, este sería un acto ético y apropiado. Sin embargo, la mayoría de las personas consideraría no ético que tomara los sobres para uso personal.

número de trabajadores que se reporta enfermo simplemente para obtener tiempo libre va en aumento. Una investigación reveló que el número de empleados que afirmaron haber tomado tiempo libre para atender sus necesidades personales se ha incrementado de manera considerable. En una encuesta reciente de CareerBuilder, se comprobó que 29% de los trabajadores encuestados admitió haberse reportado enfermo cuando en realidad no lo estaba.[69] Otro estudio reveló que dos tercios de los trabajadores que se reportan enfermos en Estados Unidos lo hacen por razones que no se relacionan con su salud. Aunque la mayoría de los empleados son básicamente honestos, las organizaciones deben estar alerta para evitar los problemas que generan estas conductas.

Forma en que los empleados y organizaciones tratan a otros agentes económicos

La ética en los negocios también forma parte de la relación entre la empresa y sus empleados con otros agentes económicos. Como se muestra en la figura 2.3, los principales agentes de interés son los clientes, competidores, accionistas, proveedores, distribuidores y sindicatos. Las interacciones entre la organización y estos agentes que pueden estar sujetas a ambigüedades éticas incluyen la publicidad y promoción, la revelación de información financiera, pedidos y compras, envíos y solicitudes, regateo y negociaciones y otras relaciones de negocios.

Por ejemplo, los consejos estatales de farmacias se encargan de supervisar la seguridad de los medicamentos prescritos en Estados Unidos. En total, cerca de 300 expertos farmacéuticos participan en estos consejos. Recientemente se informó que 72 de ellos eran empleados de las principales cadenas de farmacias y supermercados. Estos acuerdos, aunque son legales, podrían generar conflictos de interés, ya que es probable que los empleadores pudieran influir en el sistema de regulación diseñado para monitorear sus propias prácticas de negocios.[70]

Otra área de preocupación reciente consiste en la información financiera de algunas empresas de comercio electrónico. Debido a las complejidades inherentes para valorar sus activos e ingresos, algunas de ellas han sido muy audaces y han presentado sus posiciones financieras en términos muy positivos. En algunos casos exageraron de manera considerable sus proyecciones de utilidades para atraer más inversiones. Después de que Time-Warner se fusionó con AOL, se descubrió que su nuevo socio en línea había exagerado su valor mediante el uso de diversos métodos contables inapropiados. Algunos de los escándalos contables actuales en las empresas tradicionales han surgido de prácticas igualmente cuestionables.[71] Por ejemplo, Diamond Foods, fabricante de los frutos secos Emerald y palomitas de maíz Pop Secret, tuvo que reformular sus utilidades después de que una auditoría contable revelara la existencia de varias irregularidades en sus informes.[72]

Los hoteles Hilton contrataron a dos altos directivos que trabajaban para hoteles Starwood. Después se descubrió que los ejecutivos se llevaron con ellos ocho cajas con papeles y documentos electrónicos que contenían la planeación detallada para el lanzamiento de una nueva marca de hoteles de lujo. Cuando Hilton anunció sus planes para iniciar la cadena Denizen Hotels, los funcionarios de Starwood comenzaron a sospechar e investigaron. Cuando confirmaron el robo del material confidencial, presentaron una demanda contra Hilton, que tuvo que devolver toda la documentación.[73]

Existen complejidades adicionales que enfrentan muchas empresas en la actualidad, entre las que se encuentran la variación en las prácticas éticas de negocios en diferentes países. En algunos países, los sobornos y pagos secundarios son una parte normal y habitual de la forma de hacer negocios. Sin embargo, las leyes de Estados Unidos prohíben estas prácticas, aun cuando empresas rivales de otros países las ejercen de manera habitual. Por ejemplo, una empresa estadounidense de generación de energía perdió un contrato por 320 millones de dólares en el Medio Oriente porque los funcionarios gubernamentales le exigieron un soborno de 3 millones de dólares. Una empresa japonesa pagó el soborno y ganó el contrato. Otra empresa estadounidense importante que tenía un gran proyecto en India lo canceló porque los funcionarios recién elegidos le exigían sobornos. Finalmente, Walmart ha sido acusado de pagar 24 millones de dólares en sobornos a funcionarios mexicanos para eludir las regulaciones locales y obtener permisos de construcción expeditos para sus nuevas tiendas.[74] Aunque dichos pagos son ilegales bajo la ley estadounidense, otras situaciones son más ambiguas. Por ejemplo, en China los periodistas locales esperan que la tarifa de su taxi sea pagada por la empresa cuando deben cubrir una conferencia de negocios patrocinada. En Indonesia, el tiempo normal que tarda un extranjero en obtener una licencia de conducir es de más de un año, pero puede ser "rápida" por una cantidad extra de 100 dólares. En Rumania, los inspectores de construcción esperan obtener una "propina" por dar su visto bueno,[75] mientras que el gobierno de Bahréin acusó a Alcoa de participar en una conspiración que involucró sobrepagos, fraude y sobornos durante 15 años.[76] Por su parte, Alcoa facturó a sus clientes bahreiníes con "sobrecargos", una práctica común aceptada en algunos países, pero no en el Medio Oriente. Del mismo modo, los regalos que Alcoa ofreció a algunos funcionarios locales fueron vistos como sobornos por parte de otras autoridades.

Temas de ética en el gobierno corporativo

gobierno corporativo
Supervisión de una corporación pública por parte de su consejo de administración

Un área emergente relacionada con los temas de ética es el ***gobierno corporativo***, es decir, la supervisión de una corporación pública por parte de su consejo de administración. Se espera que dicho consejo asegure que el negocio se administra de forma adecuada y que las decisiones tomadas por los altos directivos correspondan a los mejores intereses de los accionistas y otros grupos. Sin embargo, son muchos los casos de escándalos éticos recientes que han surgido debido al deterioro de la estructura del gobierno corporativo. Por ejemplo, en un escándalo ético clásico, el consejo de administración de WorldCom aprobó un préstamo personal al CEO de la empresa, Bernard Ebbers, por 366 millones de dólares, a pesar de contar con poca evidencia de que podría pagarlo. Del mismo modo, el consejo de administración de Tyco aprobó un bono de 20 millones de dólares para uno de sus miembros para ayudar en la compra de una empresa de su propiedad (¡este bono fue adicional al precio de compra!).

Los consejos de administración son cada vez más criticados, incluso cuando no están directamente implicados en actos ilícitos. La mayor queja se refiere a su nivel de independencia. Por ejemplo, Disney enfrentó en el pasado este problema. Varios miembros clave del consejo de administración de la empresa eran directores de empresas con las que Disney tenía relaciones de negocios, y otros eran amigos de los altos directivos desde hacía mucho tiempo. Aunque los miembros del consejo necesitan tener cierta familiaridad con la empresa y su industria para funcionar con eficacia, también deben tener la suficiente independencia para llevar a cabo sus funciones de supervisión.[77]

Temas de ética y tecnología de información

Otro conjunto de problemas que han surgido en los últimos tiempos se relaciona con las tecnologías de información. Entre los cuestionamientos específicos en esta área encontramos los derechos individuales a la privacidad y el posible abuso del empleo de las tecnologías de información por parte de las empresas. En realidad, la privacidad en línea se ha convertido en un tema candente en la búsqueda de la mejor forma de manejar los temas relacionados de ética. La red de publicidad en línea DoubleClick es una de las empresas que se encuentra en el centro del debate. La empresa ha recabado datos sobre los hábitos de millones de usuarios de internet, registra los sitios que visitan y los anuncios en los que se interesan. La empresa insiste en que los perfiles son anónimos y se utilizan para presentarle a cada usuario los anuncios adecuados. Sin embargo, después de que la empresa anunció un plan para registrar nombres y domicilios en su base de datos, se vio obligada a dar marcha atrás debido a la preocupación pública por la invasión de la privacidad en línea.

DoubleClick no es la única empresa que recaba datos personales de las actividades en internet. Las personas que se registran en Yahoo! deben proporcionar, entre otros detalles, su fecha de nacimiento. Amazon, eBay y otros sitios también solicitan información personal. El GPS y otras tecnologías de rastreo permiten a las empresas conocer en cualquier momento la ubicación física de sus suscriptores. Disney utiliza pulseras de banda para los huéspedes que visitan sus parques temáticos. Estas bandas sirven a los visitantes, ya que se requieren para la admisión al parque, compras, acceso a las habitaciones del hotel y ahorro de tiempo de espera en las filas, entre otras actividades. Sin embargo, estas bandas también le permiten a Disney hacer el seguimiento de las ubicaciones de los visitantes y usar software de reconocimiento facial para identificarlos por medio de fotografías. Las encuestas revelan que una vez que las personas conocen estas prácticas, manifiestan su preocupación por la cantidad de información que se recaba, quién tiene acceso a ella y otros temas relacionados con la privacidad.

Una de las formas en las que la gerencia puede abordar estos problemas es mediante la publicación de una política de privacidad en su sitio web, en la que explique exactamente los datos que recaba la empresa y quién tiene acceso a ellos. También debe permitir que las personas decidan si quieren o no que su información sea compartida con otros, e indicar la forma en que pueden evitar que sus datos sean recabados. Disney, IBM y otras empresas apoyan esta posición mediante su negativa de hacer publicidad en sitios web que no cuenten con políticas públicas de privacidad.

Además, las empresas pueden ofrecer a los usuarios de internet la oportunidad de revisar y corregir la información que se ha recabado, en especial en lo que se refiere a los datos médicos y financieros. En el mundo real, los consumidores están legalmente autorizados para inspeccionar sus registros médicos y crediticios. Sin embargo, en el mundo virtual, este tipo de acceso puede ser costoso y engorroso, ya que, a menudo, los datos se propagan a través de varios sistemas de información. A pesar de las dificultades técnicas, los organismos gubernamentales ya trabajan para formular directrices de privacidad en internet, lo cual significa que las empresas también necesitarán lineamientos internos, capacitación y liderazgo para garantizar su cumplimiento.

Responsabilidad social

Uno de los desafíos de negocios más importantes para el CO es la ampliación de la perspectiva de los grupos de interés más allá del valor o el precio de las acciones a corto plazo. En general, este punto de vista recibe el nombre de responsabilidad social.[78] Las definiciones sobre *responsabilidad social* corporativa a menudo incluyen a las empresas que viven y trabajan juntas por el bien común y la valoración de la dignidad humana. Una de sus partes importantes es la forma en que los empleadores tratan a sus empleados. Cuando los temas de responsabilidad social implican la creación de una estrategia "verde" con la intención de proteger el ambiente natural se les llama sustentabilidad corporativa. Las organizaciones están cada vez más interesadas en lograr un equilibrio entre su desempeño financiero y la calidad de vida de sus empleados, así como en mejorar las comunidades donde operan y la sociedad en general. Un experto define la responsabilidad social

responsabilidad social
Empresas que viven y trabajan juntas para el bien común y la valoración de la dignidad humana

La responsabilidad social corporativa ha adquirido mayor importancia en los últimos años. Algunas empresas participan activamente en ella mediante la promoción de actividades físicas, como carreras atléticas y en bicicleta, entre otras.

corporativa de esta manera: "Independientemente del número de personas con las que entra en contacto, cada una de ellas debe ser mejor por haberlo conocido y haber convivido con usted y su empresa."[79]

¿Es en realidad responsabilidad de las empresas ser buenos ciudadanos? Serlo puede ayudarlas a atraer a los mejores talentos, además de que los clientes están cada vez más a favor de las empresas que hacen lo correcto. El comportamiento ético y las prácticas de negocios socialmente responsables han sido analizadas de manera amplia y se aceptan como aspectos importantes de la práctica gerencial. Aunque la mayoría de las personas está de acuerdo con su importancia, algunas todavía creen que los gerentes deben enfocarse sólo en cuidar los intereses de los accionistas. Otras argumentan que las empresas tienen la obligación de resolver los problemas de interés público, debido a que influyen en la sociedad y que la responsabilidad social es una práctica que satisface los intereses propios de las organizaciones. En otras palabras, los partidarios de la responsabilidad social consideran que el comportamiento ético es más rentable y racional que el no ético, además de ser crucial para la efectividad de las empresas.

Para tener efectos duraderos, los esfuerzos de responsabilidad social deben integrarse a la cultura organizacional.[80] La responsabilidad social corporativa tiene su mayor efecto cuando se integra con las prioridades de negocios, es relevante para el logro de los objetivos, incluye las necesidades de los grupos de interés internos y externos, y es consistente con la identidad de marca y los valores culturales de la empresa.[81] El servicio a los accionistas y los grupos de interés, que incluyen a los trabajadores, clientes, la comunidad, e incluso el planeta, no son excluyentes entre sí.

Las iniciativas de sustentabilidad corporativa pueden ser descendentes, es decir, que exista alguien en una posición de autoridad que dicte a los gerentes y los empleados lo que deben hacer. Los esfuerzos de sustentabilidad de las empresas también pueden formar parte de su base jerárquica, esto es, permitir a los empleados identificar proyectos y tomar la iniciativa de organizar sus propias actividades. En realidad, la participación de los empleados en las iniciativas de responsabilidad social no sólo los motiva, sino que también puede generar algunas buenas ideas. Cuando una empresa de impresión estableció como objetivo reducir 20% sus residuos en un periodo de cinco años, su equipo directivo se centró de forma natural en la búsqueda de formas para simplificar sus operaciones de impresión y reducir el desperdicio de papel. Después de una serie de lluvias de ideas, una recepcionista señaló que el número de comidas individuales entregadas todos los días en la oficina creaban una cantidad significativa de desperdicios de envases de alimentos. Al invertir en un pequeño café y alentar a los empleados a servirse un almuerzo estilo buffet, la imprenta redujo el doble de la cantidad de residuos de lo que había logrado mediante la racionalización de sus operaciones de impresión.[82] Google calcula que retira todos los días de la circulación más de 2,000 vehículos por medio de sus estaciones gratuitas de carga eléctrica, su programa del automóvil eléctrico compartido para los empleados y su transporte de personal.[83] Cerca de

50% de los empleados de Walmart se inscribieron en el proyecto de sustentabilidad de la empresa, que los estimula para que lleven una vida más sustentable mediante la educación en torno a formas de conservar recursos y reducir el consumo de energía en sus hogares.[84]

La International Organization for Standardization (ISO) ha generado una serie de normas que ayudan a las empresas a obtener reconocimiento internacional acerca de sus prácticas y productos.[85] Además de las normas relacionadas con el ambiente, como la sustentabilidad y las emisiones de carbono, la ISO publica normas gerenciales que incluyen indicadores de liderazgo, orientación al cliente, participación del personal y mejora continua. Estas normas pueden ayudar a los gerentes a lograr sus objetivos de responsabilidad ambiental y social.

LAS NUEVAS RELACIONES LABORALES

Por último, una de las áreas significativas para el cambio del entorno que es particularmente relevante para las empresas son las nuevas relaciones laborales, que analizaremos desde múltiples perspectivas en la parte 2 de este libro. Dos áreas especialmente importantes son la administración de los trabajadores del conocimiento y el *outsourcing* de los puestos a otras empresas, en especial a otros países. La administración de los trabajadores temporales y eventuales y las fuerzas laborales por niveles son temas cada día más complejos, mientras que la naturaleza de los contratos psicológicos también está en proceso de cambio.

Administración de los trabajadores del conocimiento

Tradicionalmente, los empleados agregan valor a las organizaciones por lo que hacen o por la experiencia que aportan. Sin embargo, durante la actual "era de la información" muchos empleados agregan valor simplemente por lo que saben.[86] Estos empleados son conocidos como **trabajadores del conocimiento**. Uno de los factores determinantes para el éxito futuro de las empresas es la efectividad con la que se los administra.[87] Los trabajadores del conocimiento incluyen a los científicos informáticos y físicos, ingenieros, diseñadores de productos y desarrolladores de videojuegos. Este tipo de personal tiende a trabajar en empresas de alta tecnología y por lo general son expertos en alguna base de conocimiento abstracto. A menudo creen que tienen el derecho de trabajar de forma autónoma y se identifican más con su profesión que con cualquier organización, hasta el punto de definir su desempeño en términos del reconocimiento que obtienen por parte de sus compañeros o pares.[88]

A medida que crece la importancia de los puestos basados en información, también se incrementa la necesidad de contar con trabajadores del conocimiento. Sin embargo, estos empleados requieren capacitación extensa y altamente especializada, y no todos están dispuestos a realizar las inversiones en capital humano necesarias para adentrarse en estos puestos. En realidad, incluso después de que los trabajadores del conocimiento están en el trabajo, su capacitación y actualización constantes resultan fundamentales para que sus habilidades no caigan en la obsolescencia. Se sugiere, por ejemplo, que la "vida media" de la educación técnica en la ingeniería es de unos tres años. Además, la falta de actualización de los conocimientos necesarios no sólo provocará la pérdida de la ventaja competitiva de la organización, sino que también incrementará la probabilidad de que el trabajador del conocimiento emigre a otra empresa más comprometida con la actualización de estas habilidades.[89]

La compensación y las políticas relacionadas con los trabajadores del conocimiento también deben personalizarse de forma especial. Por ejemplo, en

trabajadores del conocimiento
Empleados que agregan valor a la organización por el conocimiento que poseen

El *outsourcing* y el *offshoring* son cada día más comunes y controversiales. Por ejemplo, estos trabajadores de los centros de atención telefónica (*call centers*) de India proporcionan servicios de apoyo para una empresa estadounidense. Sin embargo, algunos críticos afirman que tales prácticas reducen empleos en Estados Unidos.

DAVID PEARSON/ALAMY

muchas organizaciones de alta tecnología, los ingenieros y científicos tienen la opción de desarrollar una carrera técnica paralela a una carrera gerencial. Este enfoque les permite continuar con su trabajo especializado sin asumir responsabilidades gerenciales, pero accediendo a compensaciones equivalentes a las gerenciales. En otras empresas de alta tecnología se hace hincapié en el pago por desempeño, mientras que la participación en las utilidades se realiza con base en proyectos o productos desarrollados por los trabajadores del conocimiento. Además, en la mayoría de las empresas que emplean a estos trabajadores ha surgido una tendencia a reducir el número de niveles organizacionales y la necesidad de aminorar las aprobaciones burocráticas para permitirles reaccionar con mayor rapidez a los desafíos del entorno.[90]

Outsourcing y offshoring

outsourcing

Práctica de contratar a otras empresas para realizar un trabajo que antes desempeñaba la organización. Cuando este trabajo se traslada a otro país, se conoce como offshoring

El ***outsourcing*** es la práctica de contratar a otras empresas para hacer el trabajo que antes realizaba la propia organización. Se trata de una estrategia cada vez más difundida que ayuda a las empresas a enfocarse en sus actividades centrales y evita el desvío hacia tareas secundarias. La barra de aperitivos de un banco comercial puede ser importante para los empleados y algunos clientes, pero su funcionamiento no corresponde a su experiencia ni a su negocio central. Los banqueros deben centrarse en la administración del dinero y los servicios financieros, no en los servicios de alimentos. Es por eso que la mayoría de las instituciones bancarias contratan por *outsourcing* a empresas cuya línea principal de negocios sea de cafeterías para que lleven a cabo estos servicios. El resultado ideal es que los banqueros presten más atención a la banca, los clientes obtengan un mejor servicio de alimentos y se genere una nueva relación proveedor-cliente (empresa de servicios de alimentos/banco). En la actualidad las empresas contratan por *outsourcing* un gran número de actividades, entre ellas la nómina, capacitación de los empleados, mantenimiento de las instalaciones e investigación y desarrollo.

Hasta cierto punto, el *outsourcing* cumple un objetivo de negocios en las áreas que no están relacionadas de forma evidente con las actividades centrales de una organización. Sin embargo, lo que ha atraído mucha más atención en los últimos años es la creciente tendencia hacia el *outsourcing* en el extranjero, con la finalidad de reducir los costos de mano de obra, práctica que se conoce como ***offshoring***. Una estimación reciente sugiere que, en 2005, 3.3 millones de puestos de trabajo administrativo que tenían su sede en Estados Unidos se han trasladado al extranjero; este mismo estudio sugiere que 1 de cada 10 puestos en tecnologías de información que eran desempeñados por trabajadores estadounidenses en la actualidad es ocupado por personas de otras nacionalidades.[91]

offshoring

Outsourcing de empleados en otros países

Como ejemplo, muchas empresas de software han encontrado en India una gran cantidad de programadores talentosos que están dispuestos a trabajar por salarios mucho más bajos que sus homólogos estadounidenses. Del mismo modo, varias empresas que operan grandes centros de atención telefónica se han percatado de que pueden manejar sus operaciones en otras partes del mundo con costos mucho menores, lo cual provoca la pérdida de trabajos locales. Algunas organizaciones han sido objeto de críticas adicionales porque solicitan a los trabajadores locales que perderán sus puestos que capaciten a sus reemplazos de nuevo ingreso en el extranjero. Es evidente que existen numerosos problemas motivacionales y de comportamiento implicados en estas prácticas.

Empleados temporales y eventuales

Otra tendencia que ha influido en las relaciones laborales consiste en la contratación de trabajadores temporales o eventuales. En los últimos años se ha producido un incremento importante del empleo de este tipo de trabajadores. Un *empleado eventual* es una persona que labora para una organización bajo un contrato diferente al de un trabajo de tiempo completo. Entre las categorías de estos trabajadores se encuentran los contratistas independientes, trabajadores de guardia, empleados temporales (por lo general contratados por medio de agencias externas) y empleados arrendados o contratados por tiempo determinado. Otra categoría son los empleados de tiempo parcial. Por ejemplo, Citigroup, el gigante de los servicios financieros, ofrece contratos de medio tiempo a sus agentes de ventas para buscar nuevos clientes. Alrededor de 10% de la fuerza laboral estadounidense trabaja bajo una de estas formas alternas de relación. Por otra parte, casi 80% de los empleadores estadounidenses utilizan alguna forma de acuerdo no tradicional con su personal. La mayoría de ellos considera que este tipo de acuerdos es menos costoso y más flexible que la contratación permanente. Mientras que algunos empleados acceden a estas formas de trabajo porque no pueden encontrar un empleo tradicional, otros lo hacen porque valoran la flexibilidad que éstas les proporcionan.

Sin embargo, la administración de estos trabajadores no siempre es sencilla, especialmente desde una perspectiva conductual. Los gerentes deben evitar caer en el error de esperar demasiado de este tipo de trabajadores. Una organización con una fuerza laboral eventual grande debe tomar algunas decisiones sobre el trato que le dará a estos trabajadores en relación con los empleados permanentes de tiempo completo. ¿Se debe invitar a los trabajadores eventuales a la fiesta de la empresa? ¿Deberán acceder a los mismos beneficios, como servicios de asesoría y cuidado de los hijos? No existen respuestas correctas o incorrectas a estas preguntas. Los gerentes deben entender que deben diseñar una estrategia para la integración lógica de los trabajadores eventuales que deberán implementar de forma consistente a lo largo del tiempo.[92]

empleado eventual
Persona que labora para una organización de forma diferente a un trabajo permanente de tiempo completo

Fuerza laboral por niveles

Otro tema emergente en las nuevas relaciones laborales es la fuerza laboral por niveles. Existe una *fuerza laboral por niveles* cuando un grupo de trabajadores tiene un acuerdo contractual diferente del de otro grupo que desempeña los mismos puestos. Por ejemplo, durante la recesión de 2008-2010, Harley-Davidson negoció un nuevo acuerdo con el sindicato en términos de seguridad y salarios para los trabajadores de su planta de motocicletas en York, Pennsylvania. Este acuerdo era necesario para que la planta conservara su competitividad y se evitara transferir los empleos de York a otras instalaciones. Este acuerdo estableció que el salario más bajo para los trabajadores de producción sería de 24.10 dólares por hora, pero los nuevos empleados contratados para ese mismo puesto en el futuro ganarían 19.28 dólares, mientras que el grupo de empleados "casuales", que se contratan "según sea necesario", tendrían un salario de 16.75 dólares por hora.[93] Del mismo modo, a partir de los contratos negociados con el grupo United Auto Workers durante la recesión, los nuevos empleados de Ford, General Motors y Chrysler ganan un salario inferior por hora y cuentan con menos beneficios que los trabajadores que

fuerza laboral por niveles
Condición que se presenta cuando una parte de la fuerza laboral de una organización tiene un acuerdo contractual diferente al de otro grupo que desempeña los mismos puestos de trabajo

ya estaban en la nómina antes de la firma del acuerdo.[94] Por ejemplo, General Motors paga a sus trabajadores convencionales un mínimo de 28 dólares la hora, pero los nuevos empleados obtienen sólo 14 dólares.

Estos y otros acuerdos pueden plantear nuevos retos en el futuro. Por ejemplo, los nuevos trabajadores pueden llegar a resentirse con los compañeros de mayor antigüedad, ya que éstos obtienen una remuneración mayor por el mismo trabajo. Del mismo modo, a medida que mejore el mercado laboral y los trabajadores accedan a más opciones, las empresas comenzarán a enfrentar una rotación mayor entre los empleados recientes con ingresos inferiores.

Naturaleza cambiante de los contratos psicológicos

contrato psicológico
Conjunto de expectativas que tiene una persona sobre la forma en que contribuirá a una organización y lo que ésta le retribuirá a cambio

Un último elemento del entorno o ambiente de los negocios que afecta y se ve afectado por las relaciones laborales, como las descritas es el *contrato psicológico*. Cada vez que se compra un automóvil o se vende una casa, el comprador y el vendedor firman un contrato que especifica los términos del acuerdo, como quién paga qué cantidad a quién, cuándo se paga, y así sucesivamente. Un contrato psicológico se asemeja en algunos aspectos a un contrato legal estándar, pero es menos formal y definido. En concreto, es un conjunto general de expectativas respecto a la contribución que realizará una persona a una organización y lo que recibirá a cambio.[95] A diferencia de cualquier otro tipo de contrato comercial, un contrato psicológico no está escrito en papel y sus términos no se negocian de forma explícita.

La figura 2.4 ilustra la naturaleza esencial de un contrato psicológico. La persona realiza diversas *contribuciones* a la organización, como esfuerzo, habilidades, capacidades, tiempo y lealtad. Jill Henderson, una gerente de sucursal de Merrill Lynch, aplica su conocimiento de los mercados financieros y las oportunidades de inversión para ayudar a sus clientes a realizar inversiones rentables. Su MBA en finanzas, junto con el trabajo arduo y la motivación, le han permitido convertirse en una de las jóvenes directoras más prometedoras de la empresa. Por supuesto, la organización consideró que tenía estos atributos cuando la contrató, y esperaba que tuviera un buen desempeño.

A cambio de estas contribuciones, la organización le ofrece *retribuciones* al individuo, que pueden ser tangibles, como las compensaciones y oportunidades de carrera, o intangibles, como la seguridad en el empleo y el estatus. Jill Henderson comenzó su carrera en Merrill Lynch con un salario muy competitivo y ha recibido un incremento atractivo cada uno de los seis años que ha colaborado en la empresa. También ha sido promovida dos veces, y espera otra promoción en el futuro próximo, tal vez a una oficina más grande.

Figura 2.4

Los contratos psicológicos regulan las relaciones básicas entre las personas y las organizaciones. Las personas contribuyen con su esfuerzo y lealtad, a cambio de lo cual la organización les retribuye con remuneración y seguridad laboral.

El contrato psicológico

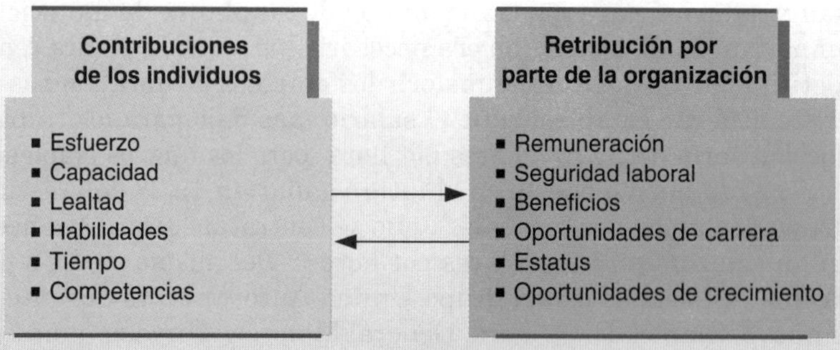

Contribuciones de los individuos	Retribución por parte de la organización
■ Esfuerzo	■ Remuneración
■ Capacidad	■ Seguridad laboral
■ Lealtad	■ Beneficios
■ Habilidades	■ Oportunidades de carrera
■ Tiempo	■ Estatus
■ Competencias	■ Oportunidades de crecimiento

En este caso, Jill Henderson y Merrill Lynch aparentemente perciben que el contrato psicológico es justo y equitativo. Ambas partes están satisfechas con la relación y harán todo lo posible para mantenerla. Es probable que Henderson continúe trabajando arduamente y de forma efectiva y que Merrill Lynch continúe incrementando su salario y le ofrezca más promociones. Sin embargo, es posible que en otras situaciones el acuerdo no funcione de esta manera. Cuando cualquiera de las partes percibe una desigualdad contractual, puede pensar en iniciar un cambio. El empleado puede solicitar un incremento de sueldo o una promoción, esforzarse menos en el futuro o buscar un empleo mejor en otro lugar. La organización también puede iniciar el cambio si ofrece capacitación a sus trabajadores para que mejoren sus habilidades, transferirlos a otro puesto o despedirlos.

Todas las organizaciones enfrentan el reto de la gestión o administración de los contratos psicológicos, ya que tratan de obtener valor por parte de sus empleados y necesitan ofrecer las retribuciones adecuadas para lograrlo. Por ejemplo, los empleados mal remunerados pueden desempeñarse de forma deficiente o abandonar el trabajo por un mejor puesto en otra empresa. Incluso, un empleado podría comenzar a robar recursos de la organización como una forma de equilibrar el contrato psicológico. Por otra parte, sobrecompensar a los empleados que contribuyen poco a la organización representa un costo innecesario.

Las tendencias recientes de *downsizing* y las reducciones de personal han complicado el proceso de gestión de los contratos psicológicos. Durante la recesión de 2008-2010, numerosas organizaciones ofrecieron garantías razonables de permanencia en el trabajo como retribución fundamental para los empleados. Sin embargo, esta garantía es cada vez menos sostenible, por lo que las empresas necesitan ofrecer otras retribuciones.[96] Entre las nuevas formas de retribución se encuentran las oportunidades adicionales de capacitación y mayor flexibilidad de los horarios de trabajo.

La creciente globalización de los negocios también complica la gestión de los contratos psicológicos. Como ejemplo, el conjunto de retribuciones que los empleados consideran valiosas varía de una cultura a otra. Los trabajadores estadounidenses tienden a valorar las recompensas y reconocimientos individuales, mientras que los japoneses aprecian más las recompensas y los reconocimientos grupales. Los trabajadores de México y Alemania valoran el tiempo libre, por lo que pueden preferirlo, mientras que los chinos lo consideran poco relevante. La empresa Lionel Train Company, fabricante de trenes eléctricos de juguete, trasladó sus operaciones a México para aprovechar la mano de obra más barata. Sin embargo, tuvo problemas cuando no pudo contratar a un número suficiente de empleados motivados para mantener los estándares de calidad y terminó por repatriar la fábrica a Estados Unidos, lo que le resultó muy oneroso. Esto significa que los salarios bajos que prevalecen en México (lo que atrajo originalmente a la empresa a trasladarse allí) no fueron una retribución suficiente para motivar el desempeño de alta calidad que esperaba la empresa.

Las empresas internacionales enfrentan un problema similar con la gestión de los contratos psicológicos

PHOTOGRAPHEE.EU/SHUTTERSTOCK.COM

Un contrato psicológico es un acuerdo no escrito sobre las expectativas que surgen del vínculo entre una organización y sus empleados. Por ejemplo, este gerente y el empleado están acordando cómo se administrará un nuevo proyecto. El acuerdo no es escrito, pero ambas partes entienden lo que tienen que hacer y lo que pueden esperar a cambio.

para los gerentes expatriados. En cierto modo, este proceso es más formal que otras relaciones laborales. Como ejemplo, en un proceso de expatriación se estima cuánto durará la asignación de los gerentes en el extranjero, y se realizan varias adaptaciones a su paquete de compensación, entre ellas ajustes por costo de vida, subsidios para educación de los hijos y reembolso de gastos personales de viaje, entre otros. Cuando la asignación termina, el gerente debe reintegrarse a la organización de donde salió. Sin embargo, es posible que durante la expatriación la empresa haya cambiado de muchas maneras, tenga nuevos gerentes, compañeros, procedimientos y prácticas de negocios. Por lo tanto, los gerentes vuelven a una organización diferente de la que dejaron y a un puesto distinto del que esperaban.[97]

RESUMEN Y APLICACIONES

La diversidad va más allá de la demografía y puede reflejar combinaciones de características más que atributos singulares. Cada persona tiene una variedad de características que se pueden considerar diversas. Existen muchos tipos de diversidad, como la diversidad superficial y la profunda. La diversidad puede ser analizada como la característica de un grupo, como "un grupo diverso respecto al género, la raza y la experiencia", o como una característica individual en cuanto a las similitudes o diferencias de una persona con otros miembros del grupo. Tener a un miembro de una minoría simbólica en un grupo afecta la percepción que tienen los demás respecto a esa minoría, lo que incrementa la presión sobre su desempeño, incrementa los estereotipos y crea fronteras entre los miembros de mayorías y minorías dentro del grupo.

La diversidad afecta los resultados individuales y organizacionales mediante procesos que incluyen la integración social, las diferencias de estatus y poder, el conflicto de tareas, conflictos de relaciones, la inclusión y el procesamiento de la información. Algunas barreras a la inclusión incluyen el "sesgo de semejanza", los estereotipos, prejuicios, amenazas percibidas de pérdida de aquellos que se sienten amenazados por las iniciativas de diversidad, el etnocentrismo y el acceso no equitativo a las redes organizacionales. Las empresas promueven la diversidad mediante el compromiso de la alta dirección, la contratación de personal, la capacitación y el *mentoring*.

La cultura de una sociedad refleja su lenguaje, política, religión y valores, y puede variar dentro de un mismo país o entre países vecinos. Dado que la cultura de la sociedad influye en los valores, costumbres, lenguaje y expectativas que tenemos sobre el trabajo, es importante entender sus efectos en nuestra persona, así como sobre las conductas de los demás. Las culturas determinan lo que los empleados consideran deseable en términos de liderazgo y pueden diferir en una variedad de características, lo cual incluye el colectivismo, la distancia al poder, la orientación hacia el futuro y la equidad de género. Usted tendrá un mejor desempeño y ejercerá un liderazgo más efectivo si desarrolla conciencia cultural.

En la actualidad, la globalización juega un papel importante en el entorno o ambiente de muchas empresas. El volumen del comercio internacional ha crecido de forma significativa y continúa en ascenso a un ritmo muy rápido. Existen cuatro razones básicas de este crecimiento: 1) la comunicación y el transporte han avanzado drásticamente en las últimas décadas; 2) las empresas se han expandido a nivel internacional para expandir sus mercados; 3) las empresas se están moviendo en los mercados internacionales para controlar los costos, en especial para reducir los costos de mano de obra; y 4) numerosas organizaciones se han internacionalizado en respuesta a la competencia.

RESPUESTAS PARA EL MUNDO REAL
DIVERSIDAD GLOBAL EN COCA-COLA

La diversidad se toma en serio en todos los niveles de Coca-Cola Company. El presidente, el CEO y otros de los altos directivos participan en organizaciones sin fines de lucro, como grupos sin representación, mientras que los objetivos corporativos están vinculados con indicadores de diversidad individual, como reclutamiento, promoción, participación y retención de empleados diversos y *mentoring* intercultural.[98] La empresa también ofrece diversos programas de capacitación en temas de diversidad que han evolucionado desde formas de minimizar el conflicto hasta el fortalecimiento de la capacidad de la empresa para amplificar, respetar, valorar y apalancar las diferencias de los empleados para influir en los resultados de un negocio sustentable.[99]

La empresa ha creado un movimiento en el que sus líderes globales asumen la responsabilidad de crear un ambiente laboral diverso e incluyente y aprecian sus beneficios. En lugar de centrarse sólo en las cuotas de diversidad, The Coca-Cola Company ha elegido estimular una cultura incluyente por medio de la investigación en psicología social sobre los sesgos inconscientes y las técnicas de administración del cambio.[100] El compromiso de la empresa con la diversidad le ha ayudado a tener éxito en su industria y a desarrollar una fuerte reputación corporativa positiva, convirtiéndose por seis años consecutivos en una de las diez empresas más admiradas de la revista *Fortune*.[101]

Existen numerosas diferencias y similitudes que afectan el comportamiento dentro de las organizaciones.

La tecnología se refiere a los métodos que se utilizan para desarrollar productos, incluyendo tanto los bienes físicos como los servicios intangibles. El cambio tecnológico se ha convertido en el principal impulsor de otras formas de cambio organizacional. También tiene efectos generalizados en las conductas de las personas que integran una organización. Tres áreas tecnológicas específicas pertinentes para el estudio del comportamiento organizacional son: 1) el cambio hacia una economía basada en los servicios; 2) el creciente uso de la tecnología para obtener una ventaja competitiva; y 3) el vertiginoso cambio en las tecnologías de información.

A pesar de que la ética ha sido relevante durante mucho tiempo para las empresas y los gerentes, lo que parece ser una epidemia de conductas inapropiadas en los últimos años han colocado a la ética en el centro del pensamiento empresarial contemporáneo. El gobierno corporativo, un aspecto especial de la ética en los negocios, también ha adquirido mayor importancia. La ética también se relaciona cada vez más con las tecnologías de información. En la actualidad, uno de los temas centrales es la forma en que la rapidez de los cambios en las relaciones de negocios, estructuras organizacionales y sistemas financieros plantea dificultades insuperables para contabilizar la posición financiera de una empresa.

Un último cambio importante que enfrentan las organizaciones son las nuevas relaciones laborales. Los trabajadores del conocimiento agregan valor a un negocio por lo que saben. La efectividad en la administración de estos empleados es un factor importante para que las empresas logren sus objetivos. El *outsourcing* es la práctica de contratar a otras empresas para hacer el trabajo que antes realizaba la organización. Se trata de una estrategia cada vez más difundida, ya que ayuda a las empresas a enfocarse en sus actividades centrales y evita que se desvíen hacia tareas secundarias. Sin embargo, la polémica crece cuando los empleos se trasladan a otros países, lo cual reduce las oportunidades locales de trabajo. Los trabajadores eventuales y temporales y la creación de una fuerza laboral por niveles también plantean desafíos especiales, que se centran en el trato que se les da a los diferentes grupos (como los trabajadores eventuales o de nivel inferior) en comparación con otros (como los empleados permanentes o de nivel jerárquico superior).

PREGUNTAS DE ANÁLISIS

1. ¿Qué tipo de diversidad considera más importante para el desempeño de los equipos: la superficial o la profunda? ¿Por qué?
2. ¿Cómo puede crear la diversidad una ventaja competitiva para una empresa?
3. ¿Cómo respondería a uno de sus subordinados que le dice que piensa que la nueva iniciativa de la empresa sobre diversidad es injusta y compromete las oportunidades que se ha ganado?
4. ¿Qué pueden hacer los líderes para ser efectivos cuando los miembros de su equipo provienen de culturas distintas y tienen expectativas distintas sobre la forma en que el líder debe comportarse?
5. Identifique por lo menos tres formas en las que la globalización afecta a las empresas en su comunidad.
6. ¿Qué papel desempeñan las tecnologías cambiantes en nuestras actividades cotidianas?
7. ¿Considera que las preocupaciones éticas aumentarán o disminuirán su importancia en las empresas? Explique su respuesta.
8. ¿Cuál es su opinión sobre el *outsourcing* internacional en la industria del vestido? ¿Considera que los precios menores justifican el envío de fuentes de trabajo locales a otros países? Explique su respuesta.

EJERCICIO PARA CÓMO ENTENDERSE A SÍ MISMO

Perspectiva global

La sección *Cómo entenderse a sí mismo* de este capítulo le dio la oportunidad de evaluar su perspectiva global, la cual se caracteriza por niveles altos de conceptualización, es decir, la capacidad para pensar de manera global, y de contextualización, esto es, la capacidad para actuar a nivel local y adaptarse al entorno. Aunque pensar de manera global y actuar de forma local son importantes para los gerentes, la mayoría de ellos se desempeña mejor cuando piensan globalmente que cuando actúan localmente, debido a la singularidad de las culturas locales.

Reflexione sobre la naturaleza de algunas de las interacciones que ha tenido con personas de otras culturas. Estas interacciones podrían haber sido durante la clase, en una tienda, o incluso por teléfono con un representante de servicio al cliente. A continuación responda las siguientes preguntas:

1. ¿Considera usted haber sido igualmente capaz de pensar de manera global que de actuar localmente en su interacción con personas de otras culturas?
2. ¿Qué considera que hizo bien y qué podría mejorar en estas interacciones?
3. ¿Qué experiencias multiculturales podría buscar para mejorar su perspectiva global?

EJERCICIO EN EQUIPO

¿Qué significa para usted la cultura?

Este ejercicio se realiza en clase y el profesor desempeñará el papel de secretario. En primer lugar, piense en lo que significa la "cultura social". Durante cinco minutos, piense acerca de su propia cultura. Escriba cómo considera que un diccionario definiría el término, y a continuación anote todas las dimensiones culturales que pueda imaginar para describirlo.

Después de cinco minutos, el profesor le solicitará a los estudiantes que compartan sus ideas y las registren en un pizarrón, rotafolio u otro medio. Trate de identificar categorías en las que se puedan colocar las ideas. Luego respondan en equipo las siguientes preguntas.

Preguntas

1. ¿Cómo puede crear el multiculturalismo una ventaja competitiva para una organización?
2. ¿Cuáles categorías culturales son las más importantes para los equipos que trabajan en las organizaciones?
3. ¿Cuáles son las categorías culturales menos importantes para los equipos que trabajan en las organizaciones?
4. Con base en la lista generada en clase, ¿qué podrían hacer los gerentes para promover un centro de trabajo multicultural?

EJERCICIO EN VIDEO

Toma de decisiones éticas en Black Diamond Equipment

Black Diamond Equipment se especializa en fabricar equipos para escalar y esquiar. Como empresa global, busca empleados que compartan sus actitudes, valores y la pasión por el deporte al aire libre y los valores éticos. Black Diamond también promueve prácticas laborales justas, la sustentabilidad y el bajo impacto ambiental.

Vean en clase el video "Black Diamond Equipment" y después respondan de forma individual las siguientes preguntas. Luego de contar con sus ideas propias, formen equipos de cuatro o cinco integrantes y discutan sus puntos de vista. Asegúrense de que cada equipo nombre un portavoz para compartir sus ideas con el grupo.

1. ¿Cómo integra Black Diamond la responsabilidad social a su cultura?
2. ¿Cómo influyen la naturaleza global de la empresa y sus mercados en la forma en que ella considera la diversidad de sus empleados?
3. ¿Cómo describiría la ética de Black Diamond por la forma en que trata a sus empleados en las fábricas de sus socios comerciales en Vietnam, China y Bangladesh? ¿Considera que es apropiado que empresas como Black Diamond escudriñen de esta forma las fábricas de sus socios? ¿Por qué?

CASO EN VIDEO

¿Y ahora qué?

Suponga que se encuentra, junto con tres compañeros de equipo, redactando un informe sobre el estatus de un proyecto para Happy Time Toys, cuando el mayor de ellos trata de tomar control sobre el trabajo porque considera que usted es demasiado inexperto para hacer una buena tarea. *¿Qué le diría o qué haría?* Observe el video de desafío "¿Y ahora qué?" de este capítulo y elija una respuesta. Asegúrese de ver también los resultados de las dos respuestas que no eligió.

Preguntas para análisis

1. ¿Qué tipo(s) de barreras a la inclusión existen en este grupo?
2. ¿Cómo se puede aprovechar la diversidad como fuente de ventaja competitiva para el grupo?
3. Si usted fuera el CEO de Happy Time Toys, ¿cómo crearía una cultura de inclusión para ayudar a su empresa a tomar conciencia de los beneficios de la diversidad, no sólo en cuanto a edad, sino de todos los tipos de diversidad?

NOTAS FINALES

1. The Coca-Cola Company: No. 33 en Diversity Inc Top 50. 2015. Disponible en línea en: http://www.coca-colacompany.com/our-company/diversity/global-diversity-mission.

2. Global Diversity Mission. The Coca Cola Company. 2015. Disponible en línea en: http://www.coca-colacompany.com/our-company/diversity/global-diversity-mission.

3. 2020 Vision: Roadmap for Winning Together: TCCC & Our Bottling Partners. The Coca-Cola Company. Disponible en línea en: http://assets.coca-colacompany.com/22/b7/ba47681f420fbe7528bc43e3a118/2020_vision.pdf.

4. 2011 U.S. Diversity Stewardship Report. The Coca-Cola Company. 2011. Disponible en línea en: http://assets.coca-colacompany. com/dd/6f/f4e3125c49e4bb504d3a4d-f2a08e/2011-US-Diversity- Report-Final.pdf.

5. Vea Fox, A. (Enero de 2010). At Work in 2020, en *HR Magazine*, 18–23.

6. Bloom, M., & Michel, J. G. (2002). The Relationships Among Organizational Context, Pay Dispersion, and Managerial Turnover, en Academy of Management Journal, núm. 45, pp. 33–42.

7. Linnehan, F., & Konrad, A. M. (1999). Diluting Diversity: Implications for Inter-Group Inequality in Organizations, en *Journal of Management Inquiry*, núm. 8, pp. 399–414.

8. Harrison, D. A., & Klein, K. J. (2007). What's the Difference? Diversity Constructs as Separation, Variety, or Disparity in Organizations, en *Academy of Management Review*, núm. 32, pp. 1199–1228.

9. Toossi, M. (Enero de 2012). Labor Force Projections to 2020: A More Slowly Growing Workforce, en *Monthly Labor Review*, pp. 43–64.

10. Zillman, C. (4 de febrero de 2014). Microsoft's New CEO: One Minority Exec in a Sea of White, en *Fortune*. Disponible en línea en: http://fortune.com/2014/02/04/microsofts-new-ceo-one-minority-exec-in-a-sea-of-white/.

11. Desvaux, G., Devillard-Hoellinger, S., & Meany, M. C (septiembre de 2008). A Business Case for Women, en *The McKinsey Quarterly*. Disponible en línea en: http://www.mckinseyquarterly.com /Organization/Talent/A_business_case_for_women_2192.

12. Vea Wittenberg-Cox, A., & Maitland, A. (2008). *Why Women Mean Business: Understanding the Emergence of Our Next Economic Revolution*. Chichester, Reino Unido: John Wiley & Sons.

13. Desvaux, G., Devillard-Hoellinger, S., & Meaney, M. C. (Septiembre de 2008). A Business Case for Women, en *The McKinsey Quarterly*. Disponible en línea en: http://www.mckinseyquarterly.com / Organization/Talent/A_business_case_for_women_2192.

14. Schramm, J. (junio de 2006). *SHRM Workplace Forecast*. Alexandria, VA: Society for Human Resource Management.

15. Frauenheim, E. (12 de marzo de 2007). Aging Boomers Require Workplace Flexibility, Says American Management Association, en *Workforce Management*, p. 6.

16. Grillo, J. (Mayo/junio de 2009). Gen Y: How Millennials Are Changing the Workplace, en *Diversity Executive*, p. 20.

17. Waldman, D. A., & Avolio, B. J. (1986). A Meta-Analysis of Age Differences in Job Performance, en *Journal of Applied Psychology*, núm. 71, pp. 33–38.

18. McEvoy, G. M., & Cascio, W. F. (1989). Cumulative Evidence of the Relationship Between Employee Age and Job Performance, en *Journal of Applied Psychology*, núm. 74, pp. 11–17.

19. Warr, P., & Bunce, D. (1995). Trainee Characteristics and the Outcomes of Open Learning, en *Personnel Psychology*, núm. 48(2), pp. 347–375.

20. Colquitt, J. A., LePine, J. A., & Noe, R. A. (2000). Toward an Integrative Theory of Training Motivation: A Meta-Analytic Path Analysis of 20 Years of Research, en *Journal of Applied Psychology*, núm. 85(5), pp. 678–707.

21. Hertzog, C. (1989). Influences of Cognitive Slowing on Age Differences in Intelligence, en *Developmental Psychology*, núm. 25, pp. 636–651.

22Gully, S. M., & Chen, G. (2010). Individual Differences, Attribute-Treatment Interactions, and Training Outcomes. In *Learning, Training, and Development in Organizations*, eds. S. W. J. Kozlowski & E. Salas (pp. 3–64). SIOP Organizational Frontiers Series. San Francisco, CA: Jossey-Bass.

23Maurer, T. J. (2001). Career-Relevant Learning and Development, Worker Age, and Beliefs About Self-Efficacy for Development, en *Journal of Management*, núm. 27(2), pp. 123–140; Maurer, T. J., Weiss, E. M., & Barbeite, F. G. (2003). A Model of Involvement in Work-Related Learning and Development Activity: The Effects of Individual, Situational, Motivational, and Age Variables, en *Journal of Applied Psychology*, núm. 88(4), pp. 707–724.

24Chaudhuri, S. & Ghosh, R. (2012). Reverse Mentoring: A Social Exchange Tool for Keeping the Boomers Engaged and Millennials Committed, en *Human Resource Development*, núm. 11, pp. 55–76.

25Breen, B. (Noviembre de 2001). Trickle-Up Leadership, en *Fast Company*, núm. 52, p. 70.

26Yang, Y. & Konrad, A.M. (2010). Diversity and Organizational Innovation: The Role of Employee Involvement, en *Journal of Organizational Behavior*, núm. 32, pp. 1062–1083; Harrison, D. A., & Klein, K. J. (2007). What's the Difference? Diversity Constructs as Separation, Variety, or Disparity in Organizations, en *Academy of Management Review*, núm. 32, pp. 1199–1228.

27McKay, P. F., Avery, D. R., & Morris, M. A. (2008). Mean Racial-Ethnic Differences in Employee Sales Performance: The Moderating Role of Diversity Climate, en *Personnel Psychology*, núm. 61, pp. 349–374.

28Ragins, B. R., & Gonzalez, J. A. (2003). Understanding Diversity in Organizations: Getting a Grip on a Slippery Construct, en *Organizational Behavior: The State of the Science*, ed. J. Greenberg (pp. 125–163). Mahwah, NJ: Lawrence Erlbaum Associates.

29Triandis, H. C., Kurowski, L. L., & Gelfand, M. J. (1993). Workplace Diversity, en *Handbook of Industrial and Organizational Psychology*, eds. H. C. Triandis, M. Dunnette, & L. Hough (4a. ed., pp. 769–827). Palo Alto, CA: Consulting Psychologists Press; McLeod, P. L., Lobel, S., & Cox, T. H. (1996). Ethnic Diversity and Creativity in Small Groups, en *Small Group Research*, núm. 27, pp. 248–264.

30Bassett-Jones, N. (2005). The Paradox of Diversity Management, Creativity and Innovation, en *Creativity and Innovation Management*, núm. 14, pp. 169–175.

31Williams, K. Y. (1998). Demography and Diversity in Organizations: A Review of 100 Years of Research, en *Research in Organizational Behavior*, eds. B. M. Staw y L. L. Cummings (vol. 20, pp. 77–140). Greenwich, CT: JAI Press.

32Kanter, R. M. (1983). *The Change Masters*. Nueva York: Simon & Schuster.

33Deszõ, C. L., & Gaddis Ross, D. (17 de julio de 2008). "Girl Power": Female Participation in Top Management and Firm Quality. Working paper series.

34Para mayor información, visite http://www.ada.gov.

35U.S. Equal Employment Opportunity Commission. The Age Discrimination in Employment Act of 1967. Disponible en línea en: http://www.eeoc.gov/policy/adea.html.

36EEOC. (1° de marzo de 2010). Walmart to Pay More Than $11.7 Million to Settle EEOC Sex Discrimination Suit. U.S. Equal Employment Opportunity Commission. Disponible en línea en: http://www.eeoc.gov/eeoc/newsroom/release/3-1-10.cfm.

37Glater, J. D. (27 de junio de 2004). Attention Wal-Mart Plaintiffs: Hurdles Ahead, en *The New York Times*. Disponible en línea en: http://select.nytimes.com/gst/abstract. html?res=F00B13FD3D5C0C 748EDDAF0894DC404482&n=-Top%2fNews%2fBusiness%2f Companies%2fWal%2dMart%20 Stores%20Inc%2e.

38U.S. Equal Employment Opportunity Commission. (2012). *Best Practices of Private Sector Employers*. Disponible en línea en: http://www.eeoc.gov/eeoc/task_reports/best_practices.cfm.

39Federal Glass Ceiling Commission. (Marzo de 1995). *Good for Business: Making Full Use of the Nation's Human Capital*. Fact-Finding Report of the Federal Glass Ceiling Commission.

40Federal Glass Ceiling Commission. (Marzo de 1995). *Good for Business: Making Full Use of the Nation's Human Capital* (pp. 28–29). Fact-Finding Report of the Federal Glass Ceiling Commission.

41Federal Glass Ceiling Commission. (Marzo de 1995). *Good for Business: Making Full Use of the Nation's Human Capital* (pp. 31–32). Fact-Finding Report of the Federal Glass Ceiling Commission.

42Perrewé, P. L., & Nelson, D. L. (Diciembre de 2004). Gender and Career Success: The Facilitative Role of Political Skill, en *Organizational Dynamics*, 366–378.

43Lyness, K. S., & Thompson, D. E. (2000). Climbing the Corporate Ladder: Do Female and Male Executives Follow the Same Route?, en *Journal of Applied Psychology*, núm. 85, pp. 86–101.

44Spelman, D., Addison-Reid, B., Avery, E., & Crary, M. (2006). Sustaining a Long-Term Diversity Change Initiative: Lessons from a Business University, en *The Diversity Factor*, núm. 14(4), pp. 19–25.

45Diversity at PNC. (2010). Disponible en línea en: https://www. pnc.com/webapp/unsec/Blank.do?siteArea=/PNC/Careers/Why+PNC /Diversity+at+PNC..

46What Makes Working Here Different. Wegmans, 2015. Disponible en línea en: http://www.wegmans.com/webapp/wcs/stores/servlet/CategoryDisplay?storeId=10052&catalogId=10002&identifier=CATEGORY_5673.

47Diversity at Wegmans. Wegmans, 2015. Disponible en línea en: http://www.wegmans.com/webapp/wcs/stores/servlet/ProductDisplay?productId=758917&storeId=10052&langId=-1.

48Owens, Donna. (1 de octubre de 2009). Treating Employees Like Customers, en *HR Magazine*, núm. 54(10). Disponible en línea en: http://www.shrm.org/publications/hrmagazine/editorialcontent/2009/1009/pages/1009owens.aspx.

49Gent, M. J. (enero-febero de 1984). Theory X in Antiquity, or the Bureaucratization of the Roman Army, en *Business Horizons*, pp. 53–54.

50Griffin, R. & Pustay, M. (2012). *International Business* (7a. ed.). Upper Saddle River, NJ: Prentice Hall.

51Quappe, S., & Cantatore, G. (Noviembre de 2007). What Is Cultural Awareness, Anyway? How Do I Build It? Culturosity.com. Disponible en línea en: http://www.culturosity.com/articles/ whatisculturalawareness.htm.

52Adaptado de Martin, M., & Vaughn, B. (primavera de 2007). Cultural Competence: The Nuts and Bolts of Diversity and Inclusion, en *Strategic Diversity & Inclusion Management Magazine*, pp. 31–38.

53Kassof, A. (1958). The Prejudiced Personality: A Cross-Cultural Test. Social Problems, núm. 6, pp. 59–67.

54Chen, Y.-R., Leung, K., & Chen, C. C. (2009). Bringing National Culture to the Table: Making a Difference with Cross-Cultural Differences and Perspectives, en *The Academy of Management Annals*, eds. J. Walsh & A. Brief (vol. 3, pp. 217–250). London: Routledge, Taylor & Francis Group. Vea también Erez, M. (2010). Cross-Cultural and Global Issues In Organizational Psychology, en *Handbook of Industrial and Organizational Psychology*, ed. S. Zedeck. Washington, DC: American Psychological Association.

[55]Ronen, S. & Shenkar, O. (Julio de 1985). Clustering Countries on Attitudinal Dimension: A Review and Synthesis, en *Academy of Management Review*, pp. 435–454.

[56]Adler, N. J., Doktor, R. & Redding, G. (Verano de 1986). From the Atlantic to the Pacific Century, en *Journal of Management*, pp. 295–318.

[57]Basado en Cultural Business Etiquette. U.S. Commercial Service, United States of America Department of Commerce. Disponible en línea en: http://www.buyusa.gov/iowa/etiquette. html.; "United Kingdom," International Business Etiquette and Manners. Disponible en línea en: http://www.cyborlink.com/ besite/united_kingdom.htm.; "India," International Business Etiquette and Manners. Disponible en línea en: http://www.cyborlink.com/ besite/india.htm.; "Germany," International Business Etiquette and Manners. Disponible en línea en: http://www.cyborlink.com/ besite/germany.htm.; "Spain," International Business Etiquette and Manners. Disponible en línea en: http://www.cyborlink.com/ besite/spain.htm.; "Saudia Arabia," International Business Etiquette and Manners. Disponible en línea en: http:// www.cyborlink.com/besite/saudi-arabia.htm.; "France," Interna

[58]Yamaguchi, T. (Febrero de 1988). The Challenge of Internationalization, en *Academy of Management Executive*, pp. 33–36; vea también Tsui, A. (2007). From Homogenization to Pluralism in International Management, en *Academy of Management Journal*, núm. 50(6), pp. 1353–1364.

[59]Hofstede, G. (1980). *Culture's Consequences: International Differences in Work-Related Values*. Beverly Hills, CA: Sage Publications.

[60]Kedia, B. L., & Mukherji, A. (1999). Global Managers: Developing a Mindset for Global Competitiveness, en *Journal of World Business*, núm. 34, pp. 230–251.

[61]Rhinesmith, S. H. (1992). Global Mindsets for Global Managers, en *Training & Development*, núm. 46, pp. 63–69.

[62]Levy, O., Beechler, S., Taylor, S., & Boyacigiller, N. (2007). What We Talk About When We Talk About "Global Mindset": Managerial Cognition in Multinational Corporations, en *Journal of International Business Studies*, núm. 38, pp. 231–258.

[63]Wankel, C. (2007). *21st Century Management: A Reference Handbook* (vol. 1). Nueva York: Sage.

[64]Kedia, B. L. & Englis, P. D. (2011). Transforming Business Education to Produce Global Managers, en *Business Horizons*, núm. 54(4), pp. 325–331.

[65]Vea Fox, A. (Enero de 2010). At Work in 2020, en *HR Magazine*, pp. 18–23.

[66]Arora, A., Jaju, A., Kefalas, A. G., & Perenich, T. (2004). An Exploratory Analysis of Global Managerial Mindsets: A Case of U.S. Textile and Apparel Industry, en *Journal of International Management*, núm. 10, pp. 393–411.

[67]Employment Projections: 2012–2022 Summary, U.S. Bureau of Labor Statistics, 19 de diciembre de 2014.

[68]Quittner, J. (1° de marzo de 2010). The Future of Reading, en *Fortune*, pp. 62–67.

[69]CareerBuilder Releases Annual List of the Most Unusual Excuses for Calling in Sick, According to U.S. Employers, en *CareerBuilder*, 27 de octubre de 2010.

[70]Chains' Ties Run Deep on Pharmacy Boards, en *USA Today*, 31 de diciembre de 2008, 1B, 2B.

[71]Kahn, J. (20 de marzo de 2000). Presto Chango! Sales Are Huge, en *Fortune*, pp.90–96; More Firms Falsify Revenue to Boost Stocks, en *USA Today*, 29 de marzo de 2000, 1B.

[72]Diamond Foods Restating Profits After an Audit, en *Bloomberg Businessweek*, 13 al 19 de febrero de 2012, p. 28.

[73]U.S. Probes Hilton Over Theft Claims, en *Wall Street Journal*, 22 de abril de 2009, B1, B4.

[74]Walmart's Discounted Ethics, en *Time*, 7 de mayo de 2012, p. 19.

[75]How U.S. Concerns Compete in Countries Where Bribes Flourish, en *Wall Street Journal*, 29 de septiembre de 1995, pp. A1, A14; Digh, P. (abril de 1997). Shades of Gray in the Global Marketplace, en *HR Magazine*, pp.90–98.

[76]Alcoa Faces Allegation by Bahrain of Bribery, en *Wall Street Journal*, 28 de febrero de 2009, A2.

[77]How to Fix Corporate Governance, en *Business Week*, 6 de mayo de 2002, pp. 68–78.

[78]Carroll, A. B. & Buchholtz, A. K. (2012). *Business & Society: Ethics, Sustainability, and Stakeholder Management* (8a. ed.). Mason, OH: Cengage Learning.

[79]Sanders, T. (2008). *Saving the World at Work*. Nueva York: Doubleday Business.

[80]Maon, F., Lindgreen, A., & Swaen, V. (2010). Organizational Stages and Cultural Phases: A Critical Review and a Consolidative Model of Corporate Social Responsibility Development, en *International Journal of Management Reviews*, núm. 12, pp. 20–38.

[81]Rupp, D. E., Williams, C. & Aguilera, R. (2011). Increasing Corporate Social Responsibility through Stakeholder Value Internalization (and the Catalyzing Effect of New Governance): An Application of Organizational Justice, SelfDetermination, and Social Influence Theories, en *Managerial Ethics: Managing the Psychology of Morality*, ed. M. Schminke. Nueva York: Routledge/Psychology Press.

[82]McClellan, J. (27 de junio de 2008). Get Your Employees Excited About Sustainability. Society for Human Resource Management. Disponible en línea en: http://www.shrm.org/hrdisciplines/ethics/-articles/pages/employeesandsustainability.aspx.

[83]Wasserman, T. (9 de junio de 2011). Google Offers Employees 30 More Electric Cars to Share, Mashable.com. Disponible en línea en: http://mashable.com/2011/06/09/google-electric-vehicles/.

[84]McClellan, J. (27 de junio de 2008). Get Your Employees Excited About Sustainability. Society for Human Resource Management. Disponible en línea en: http://www.shrm.org/hrdisciplines/ethics/-articles/pages/employeesandsustainability.aspx.

[85]Para mayor información, vea http://www.iso.org/iso/ iso_ catalogue/management_standards/iso_9000_iso_14000/ qmp.htm.

[86]Boisot, M. (1998). *Knowledge Assets*. Oxford, UK: Oxford University Press.

[87]Tushman, M. L., & O'Reilly, C. A. (1996). *Winning Through Innovation*. Cambridge, MA: Harvard Business School Press.

[88]Von Glinow, M. A. (1988). *The New Professionals*. Cambridge, MA: Ballinger.

[89]Lee, T. W., & Maurer, S. D. (1997). The Retention of Knowledge Workers with the Unfolding Model of Voluntary Turnover, en *Human Resource Management Review* núm.7, pp. 247–276.

[90]Milkovich, G. T. (1987). Compensation Systems in High-Technology Companies, en *High Technology Management*, eds. A. Klingartner y C. Anderson. Lexington, MA: Lexington Books.

[91]http://www.hewittassociates.com/OutsourcingStudy_2009_ Results.pdf, 21 de marzo de 2010.

[92]Zeidner, R. (Febrero de 2010). Heady Debate—Rely on Temps or Hire Staff?, en *HR Magazine*, pp.28–33.

[93]Harley Union Makes Concessions, en *Wall Street Journal*, 3 de diciembre de 2009, B3.

[94]Ford to Begin Hiring at New Lower Wages, en *Wall Street Journal*, 26 de enero de 2010, B1.

[95]Rousseau, D. M., & Parks, J. M. (1993). The Contracts of Individuals and Organizations, en *Research in Organizational Behavior*, eds. L. L. Cummings & B. M. Staw (vol. 15, pp. 1–43). Greenwich, CT: JAI Press. Vea también Rousseau, D. M. (2010). The Individual-Organization Relationship: The Psychological Contract, en *Handbook of Industrial and Organizational Psychology*, ed. S. Zedeck. Washington, DC: American Psychological Association.

[96]Rousseau, D. M. (febrero de 1996). Changing the Deal While Keeping the People, en *Academy of Management Executive*, núm. 50–58; vea también Ho, V. (enero de 2005). Social Influence on Evaluations of Psychological Contract Fulfillment, en *Academy of Management Review*, pp. 113–128.

[97]Guzzo, R. A., Noonan, K. A., & Elron, E. (1994). Expatriate Managers and the Psychological Contract, en *Journal of Applied Psychology*, núm. 79(4), pp. 617–626.

[98]The Coca-Cola Company: No. 33 en the Diversity Inc Top 50. 2015. Disponible en línea en: http://www.diversityinc.com/the-coca-cola-company/.

[99]Diversity Education and Training. The Coca-Cola Company, 2015. Disponible en línea en: http://www.coca-colacompany.com/our-company/diversity/diversity-education-training.

[100]Coca-Cola Enterprises—Thais Compoint, en *Profiles in Diversity Journal*, 2015. Disponible en línea en: http://www.diversity-journal. com/14365-coca-cola-enterprises-thais-compoint/.

[101]Coca-Cola No. 10 on Fortune's 2015 List of World's Most Admired Companies, en *Coca-Cola Journey*, 19 de febrero de 2015. Disponible en línea en: http://www.coca-colacompany.com/coca-colaunbottled/coca-cola-no-10-on-fortunes-2015-list-of-worldsmost-admired-companies.

CONDUCTAS Y PROCESOS INDIVIDUALES EN LAS ORGANIZACIONES

Como se analiza en el capítulo 1, los gerentes tratan de mejorar las conductas de desempeño, incrementar el compromiso y la participación, promover conductas ciudadanas y reducir las conductas disfuncionales de los empleados. En el capítulo 2 se explica la forma en que factores diferentes del entorno, como diversidad, globalización, tecnología, ética y las nuevas relaciones de trabajo, influyen en el comportamiento organizacional.

Continuaremos ahora con una de las preguntas fundamentales del comportamiento organizacional: ¿Por qué las personas hacen lo que hacen? En el capítulo 3 se señalan y analizan las características individuales más importantes que influyen en el comportamiento de las personas en las organizaciones. Este análisis continúa en el capítulo 4. En el capítulo 5 se introducen y explican los conceptos y teorías principales de la motivación en el trabajo. Por último, en el capítulo 6 se estudia la forma en que los gerentes pueden aplicar los conceptos y teorías de la motivación en las organizaciones.

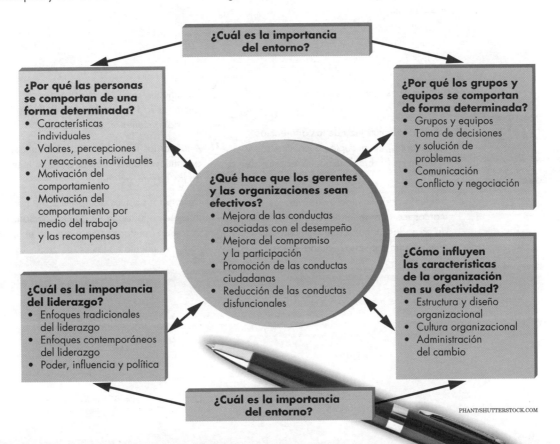

¿Cuál es la importancia del entorno?

¿Por qué las personas se comportan de una forma determinada?
- Características individuales
- Valores, percepciones y reacciones individuales
- Motivación del comportamiento
- Motivación del comportamiento por medio del trabajo y las recompensas

¿Por qué los grupos y equipos se comportan de forma determinada?
- Grupos y equipos
- Toma de decisiones y solución de problemas
- Comunicación
- Conflicto y negociación

¿Qué hace que los gerentes y las organizaciones sean efectivos?
- Mejora de las conductas asociadas con el desempeño
- Mejora del compromiso y la participación
- Promoción de las conductas ciudadanas
- Reducción de las conductas disfuncionales

¿Cuál es la importancia del liderazgo?
- Enfoques tradicionales del liderazgo
- Enfoques contemporáneos del liderazgo
- Poder, influencia y política

¿Cómo influyen las características de la organización en su efectividad?
- Estructura y diseño organizacional
- Cultura organizacional
- Administración del cambio

¿Cuál es la importancia del entorno?

CARACTERÍSTICAS INDIVIDUALES

OBJETIVOS DE APRENDIZAJE

Al concluir el estudio de este capítulo, usted podrá:

1 Explicar la naturaleza de las diferencias individuales, el concepto de adecuación y el papel de las presentaciones realistas del puesto.

2 Definir la personalidad y describir los marcos teóricos generales que la estudian, así como los atributos que influyen en el comportamiento humano en las organizaciones.

3 Identificar y analizar otros rasgos de personalidad importantes que influyen en el comportamiento organizacional.

4 Analizar los tipos diferentes de inteligencia que influyen en el comportamiento humano en las organizaciones.

5 Describir los estilos de aprendizaje que influyen en la forma en que las personas procesan la información y afectan el comportamiento en las organizaciones.

—DESAFÍOS DEL MUNDO REAL—

DIFERENCIAS INDIVIDUALES QUE MARCAN DIFERENCIA EN SOUTHWEST AIRLINES

Contar con un servicio al cliente divertido y amigable es esencial para el éxito de la estrategia de negocios de Southwest Airlines.[1] El vicepresidente de personal de la empresa piensa que la diversión equilibra el estrés del trabajo duro. Como Southwest considera que la diversión es cuestión de actitud, contrata a su personal con base en su personalidad y actitudes. El expresidente ejecutivo Herb Kelleher considera que, con excepción de algunos puestos técnicos, como el de piloto, Southwest puede capacitar a sus nuevos empleados en lo que tienen que hacer, pero no puede cambiar su naturaleza inherente.[2]

La declaración de misión de Southwest Airlines establece que "la creatividad y la innovación se promueven para mejorar la efectividad de la organización".[3] Ésta busca liderazgo y sentido del humor en las personas que contrata para alcanzar su meta de contar con empleados divertidos, creativos e innovadores. También intenta contratar personas empáticas orientadas a los demás, con personalidades extrovertidas que trabajen arduamente y se diviertan al mismo tiempo. La cultura de diversión orientada al aprendizaje de Southwest permite que los empleados sean ellos mismos y se apasionen por sus trabajos.[4]

Southwest solicita su consejo sobre la mejor manera de contratar empleados empáticos, creativos y amantes de la diversión, características que se adaptan a la cultura única de la empresa. Después de leer este capítulo, usted tendrá algunas buenas sugerencias para la organización.

BRIAN CAHN/CORBIS WIRE/CORBIS

Considere al comportamiento humano como un rompecabezas, los cuales constan de varias piezas que se acoplan de manera precisa, y no hay dos exactamente iguales. Cada uno de ellos tiene diferente número de piezas, éstas son de diferentes tamaños y formas y encajan entre sí de maneras diferentes. Lo mismo puede decirse del comportamiento humano y sus determinantes. Cada uno de nosotros es un cuadro completo, como un rompecabezas totalmente armado, pero las piezas que nos definen y la manera en que estas piezas se acomodan son únicas. Cada persona en una organización es diferente de todas los demás. Para tener éxito, los gerentes deben reconocer estas diferencias y tratar de entenderlas.

En este capítulo se exploran algunas de las características clave que distinguen a las personas entre sí en las organizaciones. En primer lugar, introducimos la naturaleza esencial de las diferencias individuales y cómo las personas se "adecuan" como individuos a las organizaciones. A continuación revisaremos algunos modelos de personalidad que incluyen diferentes perfiles de personalidad. Después analizaremos otros rasgos de personalidad específicos y algunos tipos distintos de inteligencia. Cerraremos con un análisis de los diferentes estilos de procesamiento de la información y el aprendizaje.

LAS PERSONAS EN LAS ORGANIZACIONES

Como punto de partida para entender el comportamiento de las personas en las organizaciones, analizaremos la naturaleza básica de la relación entre ellas y el individuo. Primero ampliaremos un poco más el concepto de diferencias individuales y después presentaremos formas diferentes de "adecuación" entre las personas y las organizaciones.

Diferencias individuales

diferencias individuales
Atributos personales que varían de una persona a otra

Como ya se ha señalado, cada individuo es único. Las *diferencias individuales* son atributos personales que varían de una persona a otra. Éstas pueden ser físicas, psicológicas y emocionales. Las diferencias individuales que caracterizan a una persona la hacen única. Como se verá en este capítulo y en el 4, las categorías básicas de las diferencias individuales incluyen la personalidad, la inteligencia, los estilos de aprendizaje, las actitudes, los valores, las emociones, la percepción y el estrés.

¿Las diferencias específicas que caracterizan a una persona son buenas o malas? ¿Mejoran o afectan su desempeño? La respuesta evidente es que depende de las circunstancias. Una persona puede ser negativa, retraída y estar insatisfecha en un contexto laboral, pero ser positiva, sentirse satisfecha y participar activamente en otro. Las condiciones laborales, los compañeros y el liderazgo son sólo algunos de los factores que afectan la forma en que una persona se siente y se desempeña en un trabajo. Así, cada vez que un gerente intenta identificar o evaluar las diferencias individuales entre sus empleados, debe también estar seguro de que toma en cuenta la situación en la que se produce el comportamiento. Además, como se analiza en el capítulo 2, los gerentes también deben ser conscientes de los contratos psicológicos que existen entre la organización y sus empleados. En una situación ideal, comprender las diferencias entre las personas y la creación de contratos psicológicos eficaces puede ayudar a facilitar una buena adecuación entre las personas y la organización.

Concepto de adecuación o ajuste

¿Por qué algunas personas muy talentosas son empleados o compañeros de trabajo desagradables a pesar del talento que tienen en lo que hacen? La respuesta reside en las muchas maneras en que las personas deben adecuarse a las oportunidades laborales para ser compatibles. Ser bueno en nuestro trabajo es importante, pero no suficiente: tenemos que adecuarnos a nuestra organización y grupos de trabajo. Existen diferentes formas de adecuación[5] que se resumen en la tabla 3.1.

La adecuación persona-puesto

La *adecuación persona-puesto* es el ajuste que existe entre las capacidades de una persona y las demandas de un puesto, así como entre los deseos y motivaciones de los individuos y los atributos y recompensas del trabajo.[6] Los talentos de un empleado deben cubrir los requerimientos de un puesto mientras que el trabajo debe satisfacer sus necesidades y motivaciones.[7] Por lo general, la adecuación persona-puesto es el objetivo principal en la contratación porque el desempeño del trabajo es el factor más determinante para el éxito de un empleado. Desde la perspectiva de éste, si el trabajo no satisface sus necesidades financieras, de carrera, de estilo de vida y otras, la relación no es la ideal. Es probable que una persona motivada por comisiones y el pago por mérito no se adecue a un puesto que se basa en el trabajo en equipo y las recompensas grupales. Del mismo modo, es poco probable que una persona que no disfruta trabajar con los demás tenga éxito en un puesto de ventas. Es importante no sólo considerar la adecuación entre los talentos del individuo y

adecuación persona-puesto
Ajuste que existe entre las capacidades de una persona y las demandas de un puesto, así como entre los deseos y motivaciones de los individuos y los atributos y recompensas del trabajo

Tabla 3.1

Dimensiones de adecuación

Tipo de adecuación	Dimensiones de adecuación posibles
Adecuación persona-puesto: ¿La persona cumple con los requerimientos del puesto y el puesto satisface las necesidades de la persona?	Inteligencia Habilidades relacionadas con el puesto Conocimiento del trabajo Experiencia laboral previa Personalidad en relación con el desempeño de las tareas del puesto
Adecuación persona-grupo: ¿La persona encaja en su grupo de trabajo, incluida su relación con su supervisor?	Habilidades de trabajo en equipo Conocimiento y capacidad en relación con otros miembros del equipo Estilo de manejo de conflictos Preferencia por el trabajo en equipo Habilidades de comunicación Personalidad orientada a trabajar bien con los demás
Adecuación persona-organización: ¿Existe consistencia entre los valores, creencias y personalidad del individuo con los valores, normas y cultura de la organización?	Alineación entre la motivación personal y la misión, propósito y cultura de la organización Valores Metas
Adecuación persona-vocación: ¿Existe congruencia entre los intereses, capacidades, personalidad y valores del individuo con su ocupación?	Aptitudes Intereses Valores personales Metas a largo plazo

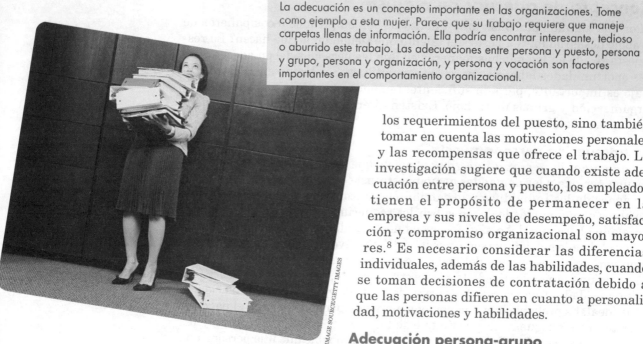

La adecuación es un concepto importante en las organizaciones. Tome como ejemplo a esta mujer. Parece que su trabajo requiere que maneje carpetas llenas de información. Ella podría encontrar interesante, tedioso o aburrido este trabajo. Las adecuaciones entre persona y puesto, persona y grupo, persona y organización, y persona y vocación son factores importantes en el comportamiento organizacional.

IMAGE SOURCE/GETTY IMAGES

los requerimientos del puesto, sino también tomar en cuenta las motivaciones personales y las recompensas que ofrece el trabajo. La investigación sugiere que cuando existe adecuación entre persona y puesto, los empleados tienen el propósito de permanecer en la empresa y sus niveles de desempeño, satisfacción y compromiso organizacional son mayores.[8] Es necesario considerar las diferencias individuales, además de las habilidades, cuando se toman decisiones de contratación debido a que las personas difieren en cuanto a personalidad, motivaciones y habilidades.

Adecuación persona-grupo

adecuación persona-grupo (o persona-equipo)

Grado al que un individuo encaja en los estilos de trabajo, habilidades y metas del supervisor y del grupo

Además de adecuarse al puesto, es importante que el empleado se adecue a su grupo y su supervisor. Existe una buena *adecuación persona-grupo* (o *persona-equipo*) cuando un individuo encaja en las metas, habilidades y estilos de trabajo del grupo. Esta adecuación reconoce que los empleados deben trabajar de forma efectiva con su supervisor, grupo de trabajo y compañeros de equipo para tener éxito. La adecuación persona-grupo mejora la satisfacción laboral, el compromiso organizacional y la retención.[9] El trabajo en equipo, la comunicación y las competencias interpersonales pueden ser tan cruciales para el desempeño del equipo como la capacidad de sus miembros para llevar a cabo las tareas principales. Es por ello que esta adecuación es especialmente importante en los entornos de trabajo orientados a equipos.[10] Un ejecutivo de Men's Wearhouse tuvo que despedir a uno de sus vendedores más exitosos porque se enfocaba sólo en maximizar sus ventas en lugar de trabajar con sus compañeros de equipo. Después de su despido, las ventas de la tienda aumentaron de forma significativa.[11]

Adecuación persona-organización

adecuación persona-organización

Ajuste que existe entre los valores, creencias y personalidad de un individuo y los valores, normas y cultura de la organización

La *adecuación persona-organización* es el ajuste que existe entre los valores, creencias y personalidad de un individuo con los valores, normas y cultura de una organización.[12] La fuerza de esta adecuación influye en el logro de resultados importantes para la organización, como el desempeño laboral, la retención, la satisfacción laboral y el compromiso organizacional.[13] Los valores organizacionales y las normas que son importantes para lograr esta adecuación son la integridad, la justicia, la ética laboral, la competitividad, la cooperación y la compasión por sus compañeros y clientes. La adecuación persona-organización tiene una relación positiva fuerte con la satisfacción laboral, compromiso organizacional y la intención de permanecer en la empresa, y puede influir en las actitudes de los empleados y las conductas ciudadanas más allá de los requisitos de trabajo, como ayudar a los demás o hablar positivamente acerca de la empresa.[14] También tiene un efecto moderado en la antigüedad y la rotación, pero no influye en el cumplimiento de las exigencias de los puestos.[15] A pesar de la superposición que puede existir entre las adecuaciones entre persona y puesto y persona y organización, la

La adecuación persona-grupo es la correspondencia que existe entre un individuo y su grupo o equipo. La mujer aburrida de la izquierda podría no adecuarse al resto de los miembros de su equipo, quienes parecen estar comprometidos y atentos.

investigación sugiere que las personas pueden experimentar diferentes niveles de adecuación con sus puestos y la organización.[16] En esencia, te puede gustar lo que haces, pero no el lugar en donde se hace, o viceversa.

Entonces, ¿cómo se puede maximizar la adecuación entre persona y organización? Un buen comienzo es identificar aquellas calificaciones, competencias y rasgos que se relacionan con la estrategia, valores y procesos de la organización y contratar a las personas con esas características. Por ejemplo, incluso si María está técnicamente bien calificada como investigadora, si ella evita el riesgo, es indecisa y tiende a pensar demasiado sobre una decisión, podría no tener éxito en una empresa innovadora, de ritmo rápido. Zappos.com, la tienda de calzado en línea, atribuye su éxito a su cultura de servicio al cliente, alta energía y autonomía de sus empleados. Debido a que no supervisa los tiempos de llamada de sus representantes de servicio al cliente ni les da guiones para seguir en sus llamadas, resulta crucial que exista una buena adecuación de los empleados con la cultura de Zappos. Una de las formas en que la empresa intenta lograrlo es ofrecer a los nuevos agentes de servicio al cliente un pago por 2,000 dólares si salen de la empresa después del periodo de capacitación inicial si sienten que existe una adecuación deficiente con ella.[17] Como otro ejemplo, The Container Store busca los mejores empleados que "embonen" con su cultura y negocios por medio de una solicitud en línea que incluye preguntas a los candidatos sobre su producto favorito. Otras preguntas exploran sus habilidades de comunicación y otras características. El uso de la página web también le ayuda al candidato a aprender más sobre la empresa y a estar mejor preparado para una entrevista. Este proceso ayuda a persuadir a los candidatos fuertes de que The Container Store es una buena opción para sus intereses y necesidades.

Los empleados deben tener capacidad y disposición para adaptarse a una empresa mediante el aprendizaje, la negociación, la promulgación, y el mantener las conductas adecuadas en el entorno de la empresa.[18] Deben tener mente abierta y contar con suficiente información acerca de las expectativas y normas de la organización y de su propio desempeño para poder adaptarse con éxito a la organización. Además, deben ser capaces y estar dispuestos a aprender nuevas conductas y hábitos (por ejemplo, ansiedad baja, alta autoestima, habilidades adecuadas de administración del tiempo, etc.). Por supuesto, la contratación de un individuo adecuado no significa simplemente contratar a aquellos con quienes nos sentimos más cómodos, ya que esto podría dar lugar a estereotipos disfuncionales y discriminación contra personas que en realidad pueden contribuir mucho al éxito de la empresa.

Adecuación persona-vocación

adecuación persona-vocación
Ajuste que existe entre los intereses, valores, personalidad y capacidades de una persona y su profesión

La *adecuación persona-vocación* es el ajuste que existe entre los intereses, valores, personalidad y capacidades de una persona con su profesión.[19] Nuestra adecuación y satisfacción son mayores cuando nuestra ocupación satisface nuestras necesidades. Por ejemplo, un individuo social que tiene poca meticulosidad y le disgusta trabajar con números tendría una mala adecuación con la vocación de ingeniería. Aunque las personas suelen elegir una profesión mucho antes de incorporarse a una organización, comprender la adecuación persona-vocación puede ser útil para las organizaciones y los gerentes. Las empresas que deseen desarrollar sus propios líderes futuros, o aquellas más pequeñas que necesitan empleados para cumplir con varias funciones, podrían utilizar los intereses vocacionales para determinar si los solicitantes tendrán una buena adecuación a las necesidades futuras de la organización.

Algunas personas alcanzan dos o más profesiones a lo largo de su carrera, ya sea porque tienen diversos intereses o porque se aburren si trabajan mucho tiempo en la misma área. Las organizaciones pueden retener a estas personas si entienden sus preferencias vocacionales y diseñan rutas de carrera para colocarlos en nuevos puestos que sean consistentes con sus intereses y aptitudes vocacionales a lo largo del tiempo. Esto permite que los empleados valiosos, que de otra manera serían propensos a dejar la organización, tengan un tipo de trabajo diferente para seguir vocaciones múltiples dentro de la empresa.

Presentaciones realistas de los puestos

Las empresas pueden elegir cuál será su nivel de objetividad cuando deban comunicar a los candidatos la naturaleza del trabajo y de la organización. Muchas de ellas optan por revelar el mínimo de información potencialmente no deseable para reducir la posibilidad de que el puesto resulte poco atractivo. En esencia, algunas consideran que si revelan el contenido real del puesto a los candidatos, estos no lo aceptarán. Sin embargo, este enfoque de contratación en el que no se ofrece un conocimiento profundo del trabajo puede resultar contraproducente. Personas diferentes prefieren tipos de puestos y organizaciones diferentes. Una vez contratados, conocerán lo que en realidad son el trabajo y la cultura de la organización. Si la adecuación no es buena una vez que las personas comenzaron a trabajar, tenderán a abandonar la organización. Es por ello que cada día las empresas suben más cuestionarios y funciones interactivas a sus sitios web para comunicar su cultura y para que los solicitantes tengan conocimientos sobre lo que implica trabajar en ellas. Estos recursos incrementan la precisión de las expectativas de los nuevos empleados y reducen las violaciones al contrato psicológico.

presentaciones realistas de los puestos (PRP)
Consiste en brindar a los candidatos toda la información positiva y negativa de un puesto

Las *presentaciones realistas de los puestos (PRP)* consisten en entregar a los candidatos a un puesto tanto la información positiva como la potencialmente negativa sobre éste. En lugar de tratar de vender el trabajo y la organización a los candidatos presentándolos en la forma más positiva posible, la empresa se esfuerza por presentar la información más precisa posible mediante una PRP. El objetivo no es disuadir a los candidatos, sino más bien proporcionar información precisa sobre el trabajo y la organización y generar confianza.[20] Entre los métodos que emplean las empresas para proporcionar información realista a los candidatos sobre lo que implica trabajar en ellas se encuentra la contratación de clientes y el uso de referencias.

Una buena señal de que el mensaje de reclutamiento debe ser perfeccionado es que los empleados abandonen la organización porque el trabajo no es lo que esperaban. Cuando se brinda la oportunidad de abandonar el proceso de contratación cuando la persona perciba que el puesto o la organización no son los adecuados, se incrementa la probabilidad de que los solicitantes contratados en última instancia se adecuen bien a ella y sean mejores empleados. El desarrollo de las PRP tiene un costo relativamente bajo y puede ser útil para las organizaciones que tratan de reducir su índice de rotación en puestos donde los empleados salientes afirman que el trabajo no es lo que esperaban cuando aceptaron la oferta de empleo.

PERSONALIDAD Y COMPORTAMIENTO INDIVIDUAL

A continuación nos enfocaremos en el papel y la importancia de la personalidad, en específico en lo que se refiere a sus formas y resultados diversos en el trabajo. La *personalidad* es el conjunto relativamente estable de atributos psicológicos que distinguen a una persona de otra. Desde hace mucho existe un debate entre los psicólogos, expresado a menudo como "la naturaleza contra la crianza", que versa sobre la medida en que los atributos de la personalidad se heredan de los padres (la "naturaleza") o son moldeadas por nuestro entorno (la "crianza"). En realidad, tanto los factores biológicos como los del entorno desempeñan un papel importante para determinar nuestra personalidad.[21] Aunque los detalles de este debate van más allá del alcance de nuestro análisis, los gerentes deben esforzarse por entender los atributos básicos de la personalidad y cómo pueden afectar el comportamiento y adecuación de las personas en la empresa, sin mencionar su percepción y actitudes hacia la organización.

personalidad
Conjunto relativamente estable de atributos psicológicos que distinguen a una persona de otra

El modelo de los "Cinco Grandes"

Los psicólogos han identificado literalmente miles de rasgos y dimensiones de la personalidad que diferencian a una persona de otra. Sin embargo, en los últimos años los investigadores han identificado cinco rasgos fundamentales especialmente relevantes para las organizaciones.[22] Por lo general, estos rasgos se conocen como los *"cinco grandes" rasgos de la personalidad* y se ilustran en la figura 3.1. Como en ella se sugiere, la personalidad de un individuo puede caer en cualquier punto a lo largo de cada uno de estos cinco rasgos.

los "cinco grandes" rasgos de la personalidad
Conjunto de rasgos esenciales especialmente relevantes para las organizaciones

La *afabilidad* se refiere a la capacidad de una persona para entablar buenas relaciones con los demás. Este rasgo hace que algunas personas perdonen con facilidad, sean gentiles, cooperativas, comprensivas y bondadosas en sus relaciones con sus semejantes. La falta de afabilidad hace que otras personas sean irritables, malhumoradas, poco cooperativas y hostiles. Los investigadores aún no han estudiado a fondo los efectos de este rasgo, pero al parecer las personas con alta afabilidad son más aptas para desarrollar buenas relaciones de trabajo con los compañeros, subordinados y gerentes de nivel superior, mientras que las personas menos afables tienden a no tener buenas relaciones en sus trabajos. El mismo patrón se extiende también a las relaciones con los clientes, proveedores y otros componentes clave de la organización.

afabilidad
Capacidad de llevarse bien con los demás

La *meticulosidad* se refiere al grado al que se puede confiar en una persona para hacer las cosas. Por ejemplo, algunas personas son organizadas, orientadas al detalle, responsables, confiables y planean con cuidado las cosas

meticulosidad
Característica de los individuos confiables y organizados

Figura 3.1

El modelo de los "cinco grandes" de la personalidad es muy conocido entre los gerentes e investigadores. Estas cinco dimensiones representan rasgos de personalidad esenciales que son importantes para determinar las conductas de los individuos en las organizaciones. En general, los expertos están de acuerdo en que los rasgos de personalidad cercanos a la extrema izquierda de cada dimensión son más positivos en los entornos organizacionales que los de la extrema derecha.

Los "cinco grandes" rasgos de personalidad

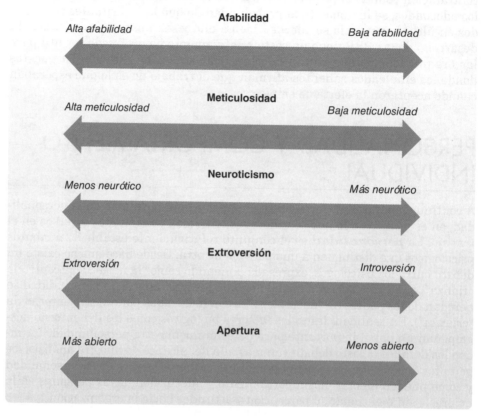

para cumplir con los plazos. Estos individuos pueden caracterizarse por tener un grado alto de meticulosidad. Las personas menos meticulosas pueden ser propensas a no cumplir los plazos, pasar por alto algunas tareas, ser desorganizadas y menos confiables. En general, la investigación sugiere que un nivel alto de meticulosidad es un buen predictor del desempeño de muchos puestos.

La tercera de las cinco grandes dimensiones de la personalidad es el *neuroticismo*. Las personas que son relativamente más neuróticas tienden a experimentar con mayor frecuencia sentimientos de vulnerabilidad y emociones desagradables como ira, ansiedad y depresión que aquellas relativamente menos neuróticas. Estas últimas tienden a ser serenas, calmadas, resilentes y seguras; por su parte, las más neuróticas son más irritables, inseguras, reactivas y presentan cambios de humor extremos. Se puede esperar que las personas con un nivel bajo de neuroticismo manejen mejor el estrés, la presión y la tensión laborales. Su estabilidad también da lugar a la proyección de mayor confiabilidad.

La *extroversión* refleja el nivel de comodidad de una persona en sus las relaciones con sus semejantes. Los extrovertidos son sociables, comunicativos, asertivos y abiertos a establecer nuevas relaciones. Los introvertidos son mucho menos sociables, expresivos, asertivos y mucho más reacios a iniciar nuevas relaciones. La investigación sugiere que los primeros tienden a tener un desempeño general superior al de los introvertidos y son más propensos a sentirse atraídos por puestos basados en las relaciones personales, como ventas y marketing. En este rasgo en particular, el extremo opuesto recibe el nombre de

neuroticismo
Tendencia a experimentar sentimientos de vulnerabilidad y emociones desagradables como ira, ansiedad y depresión

extroversión
Cualidad de sentirse cómodo con las relaciones humanas

La meticulosidad se refiere a la medida en que se puede confiar en una persona para hacer las cosas. Este grupo está reconociendo los esfuerzos y el trabajo de uno de sus compañeros para ayudar a completar a tiempo un proyecto. Es probable que tenga un nivel alto de meticulosidad. Además, dado que parece que le agrada a la mayoría de sus compañeros, es posible que también tenga un nivel alto de afabilidad.

DAVID WOOLLEY/DIGITAL VISION/GETTY IMAGES

introversión. Una persona introvertida se siente menos cómoda en situaciones sociales.

Por último, la *apertura* refleja la rigidez de las creencias y gama de intereses de una persona. Las que muestran altos niveles de apertura están dispuestas a escuchar nuevas ideas y cambiar sus propias ideas, creencias y actitudes en respuesta a la nueva información. También tienden a defender intereses más amplios y a ser curiosos, imaginativos y creativos. Por el contrario, las personas con niveles bajos de apertura tienden a ser menos receptivas a las ideas nuevas y menos dispuestas a cambiar de opinión. Además, tienden a tener intereses cada vez más estrechos y ser menos curiosas y creativas. Se puede esperar que las personas con mayor apertura tengan mejor desempeño debido a su flexibilidad y que sean mejor aceptadas por sus compañeros. La apertura también puede abarcar la disposición de una persona para aceptar el cambio; las personas con altos niveles de apertura pueden ser más receptivas al cambio, mientras que las personas con poca apertura suelen resistirse a él.

El modelo de los cinco grandes continúa atrayendo la atención de investigadores y gerentes. Su valor potencial es que abarca un conjunto integrado de rasgos que parecen ser predictores válidos de ciertas conductas en determinadas situaciones. Por lo tanto, los gerentes capaces de comprenderlo y de evaluar estos rasgos de sus empleados están en una posición adecuada para entender cómo y por qué se comportan como lo hacen. Por otro lado, deben tener cuidado de no sobrestimar su capacidad para evaluar los cinco grandes rasgos de otros. Incluso la evaluación que se lleva a cabo con medidas rigurosas y válidas puede resultar imprecisa. También hay ocasiones en las que se pueden predecir resultados, como la rotación o el desempeño, con el uso de rasgos de personalidad más específicos que los cinco grandes, debido a que influyen de forma más directa en el resultado esperado. Por ejemplo, si usted desea contratar un miembro para un equipo creativo diverso, las diferencias individuales que incluyen la preferencia por el trabajo en equipo y la orientación a grupos diversos (una preferencia para trabajar con grupos que incluyen la diversidad) puede superar a cualquiera de los cinco grandes rasgos como herramienta para predecir el desempeño. Otra de las limitaciones del modelo de los cinco grandes es que se basa principalmente en la investigación realizada en Estados Unidos, por lo que su generalización a otras culturas presenta preguntas aún sin respuesta. Incluso dentro de Estados Unidos existen muchos factores y rasgos diferentes que también son propensos a influir en el comportamiento en las organizaciones.

introversión
Tendencia a sentir incomodidad en relaciones y situaciones sociales

apertura
Capacidad para adoptar nuevas ideas y cambiar ante la nueva información

El modelo de Myers-Briggs

Los planteamientos de Myers-Briggs representan también un modelo conocido para estudiar la personalidad. Numerosas personas lo conocen mediante un cuestionario ampliamente utilizado que se denomina Indicador Myers-Briggs, o MBTI.[23] Más de dos millones de personas en todo el mundo se autoevalúan cada año con este inventario.[24] Este instrumento se basa en la obra del psicólogo Carl Jung acerca de los tipos psicológicos. Jung fue contemporáneo de Sigmund Freud y es el principal exponente de la teoría de la personalidad de la Gestalt. El MBTI fue desarrollado por primera vez por Isabel Briggs Myers (1897-1979) y su madre, Catalina de Cook Briggs, para ayudar a las personas a entenderse a sí mismas y entre sí para encontrar un trabajo acorde con su personalidad. Estas autoras tradujeron los conceptos de Jung a un lenguaje cotidiano. El libro de Isabel Myers, *Gifts Differing*, publicado en 1980, y su filosofía de la celebración de las diferencias individuales, alentaron al movimiento de la diversidad en el entorno laboral. El MBTI utiliza cuatro escalas con polos opuestos para evaluar cuatro conjuntos de preferencias, a saber:[25]

1. *Extroversión (E)/Introversión (I)*: los extrovertidos se energizan por cosas y personas; son pensadores interactivos "sobre la marcha", y su lema es "atención, fuego, apunten". Los introvertidos encuentran energía en las ideas, conceptos y abstracciones, pueden ser sociales pero también necesitan tiempo a solas para recargar sus baterías. Son pensadores reflexivos cuyo lema es "atención, apunten, fuego." ¿Usted prefiere centrarse en el mundo exterior (extroversión) o en su propio mundo interior (introversión)?

2. *Sensación (S)/Intuición (N)*: las personas con alto nivel de sensibilidad se orientan al detalle, buscan y confían en los hechos, mientras que las personas intuitivas tratan de encontrar patrones y relaciones aprendidas entre los hechos. Confían en su intuición y buscan el "panorama completo". ¿Prefiere usted enfocarse en la información que recibe (sensación) o le gusta hacer interpretaciones y añadir significados (intuición)?

3. *Pensamiento (T)/Sentimiento (F)*: los pensadores valoran la equidad y toman decisiones de forma impersonal con base en criterios objetivos y lógicos. Las personas orientadas a los sentimientos valoran la armonía y se enfocan en los valores y las necesidades humanas para tomar decisiones o formular juicios. Cuando usted toma decisiones, ¿busca primero la lógica y la coherencia (pensamiento) o las personas y las circunstancias especiales del caso (sentimiento)?

4. *Juicio (J)/Percepción (P)*: las personas con tendencia al juicio son decididas y tienden a planear las cosas; se centran en la realización de las tareas, toman medidas rápidamente y quieren conocer lo esencial; desarrollan planes y los siguen, y cumplen los plazos. Las personas perceptivas son adaptables, espontáneas y curiosas; inician muchas tareas y a menudo tienen dificultades para completarlas, por lo que tratan de ampliar los plazos. En su relación con el mundo, ¿prefiere tomar decisiones con rapidez (juicio) o permanecer abierto a la información y las opciones nuevas (percepción)?

Las posibles combinaciones de estas preferencias dan lugar a dieciséis tipos de personalidad, que se identifican por las cuatro letras que representan la tendencia en las cuatro escalas. Por ejemplo, ENTJ refleja la extroversión, la intuición, el pensamiento y el juicio. Usted puede completar en línea una breve autoevaluación de Myers-Briggs en http://www.humanmetrics.com/cgi-win/JTypes2.asp

A pesar de que ni el instrumento ni el modelo de Myers-Briggs fueron desarrollados para identificar los perfiles de personalidad y etiquetar a las personas, es frecuente que esto ocurra con los resultados. Esta consecuencia es problemática, ya que puede conducir a la discriminación y a una deficiente orientación profesional. Los empleadores no deberían contratar, despedir o asignar a los empleados por su tipo de personalidad, ya que el MBTI no es confiable aún para identificar el tipo de una sola persona. Cuando se repite la prueba, incluso después de intervalos de tan sólo cinco semanas, hasta 50% de las personas se clasifican en un tipo de personalidad diferente. Hay poco apoyo a la afirmación de que el MBTI puede justificar la discriminación laboral o ser un apoyo confiable en la asesoría de carrera.[26] Jung nunca tuvo la intención de que su obra se aplicara a un inventario de personalidad. En sus propias palabras, "mi esquema de la tipología es sólo una referencia de orientación. Existen factores como la introversión y la extroversión, pero la clasificación de los individuos no significa nada, nada en absoluto. Es sólo una herramienta para que el psicólogo pueda explicar de forma práctica a una mujer la forma en que se comporta su marido o viceversa."[27] No obstante, el MBTI se ha popularizado tanto que es probable que se encuentre con él en algún momento de su carrera.[28] También puede ser una herramienta divertida en la formación de equipos para ilustrar algunas de las formas en que las personas son diferentes, pero no se debe utilizar en la toma de decisiones organizacionales para contratar o promover empleados.

OTROS RASGOS DE PERSONALIDAD IMPORTANTES

Además de estos complejos modelos de personalidad, existen otros rasgos específicos que también pueden influir en el comportamiento organizacional. Entre los más importantes encontramos el locus de control, la autoeficacia, la autoestima, el autoritarismo, el maquiavelismo, la tolerancia al riesgo y la ambigüedad, los rasgos tipo A y tipo B y las tendencias al *bullying*. El papel de la situación también es importante.

Locus de control

El *locus de control* es el grado al cual una persona considera que su comportamiento tiene un efecto real sobre lo que le ocurre.[29] Por ejemplo, algunos individuos creen que si trabajan arduamente van a tener éxito. También pueden creer que quienes fracasan lo hacen porque carecen de capacidad o motivación. Las personas que consideran que los individuos tienen control sobre sus vidas tienen un locus de control interno. Otras piensan que el destino, el azar, la suerte o el comportamiento de los demás determinan lo que les sucede. Por ejemplo, un empleado que no puede obtener una promoción o ascenso puede atribuirlo a la falta de un jefe político o simplemente a la mala suerte, en lugar de pensar en su falta de habilidades o pobre historial de desempeño. Las personas que piensan que las fuerzas fuera de su control dictan lo que les sucede tienen un locus de control externo. La tabla 3.2 resume los efectos del locus de control sobre algunos factores organizacionales importantes. La sección *Cómo entenderse a sí mismo* de este capítulo le brinda la oportunidad de evaluar su locus de control cuando se trata de trabajar.

Autoeficacia

La *autoeficacia* es la confianza en nuestra capacidad para hacer frente, desempeñar y tener éxito en una tarea específica. Es posible tener una alta

locus de control
Grado al cual una persona considera que sus circunstancias son el resultado de sus propias acciones o de factores externos fuera de su control

autoeficacia
Confianza de una persona en sus capacidades para organizar e implementar las acciones necesarias para cumplir una tarea específica

Tabla 3.2

Efectos del locus de control en los resultados organizacionales

Resultado organizacional	Locus de control interno frente a externo
Satisfacción laboral	Por lo general, las personas con locus de control interno están más satisfechas con su puesto, remuneración, jefe y compañeros.
Compromiso	Las personas con locus de control interno se comprometen más y se ausentan menos del trabajo.
Motivación laboral	Las personas con locus de control interno tienen niveles superiores de motivación, compromiso laboral y autoconfianza que las que tienen locus de control externo.
Desempeño laboral	Las personas con locus de control interno se desempeñan mejor que quienes tienen locus de control externo.
Éxito profesional	Las personas con locus de control interno tienden a percibir salarios superiores que las que tienen locus de control externo.
Conflicto y estrés	Las personas con locus de control interno reportan tener menos *burnout*, estrés, conflictos de rol, de trabajo y familia que aquellas con locus de control externo.
Integración social	Las personas con locus de control interno se integran mejor socialmente al trabajo y tienen relaciones más favorables con sus supervisores o jefes.

Fuente: Vea Ng, T.W.H., Sorensen, K.L., & Eby, L.T. (2006). Locus of Control at Work: A Meta-Analysis, en *Journal of Organizational Behavior*, núm. 27, pp. 1057–1087.

autoestima (me gusto a mí mismo en lo general y siento que soy una persona competente), pero baja autoeficacia para ciertas tareas (no soy apto para aprender otros idiomas). La autoeficacia es un factor clave que influye en la motivación y participación en una actividad. También se ha comprobado que reduce el efecto negativo de la baja autonomía laboral en el estrés físico y psicológico.[30]

autoeficacia general
Creencia generalizada de que se puede tener éxito en cualquier reto o tarea que se enfrente

La ***autoeficacia general*** refleja la creencia generalizada de que tendremos éxito en cualquier desafío o tarea que emprendamos.[31] Es importante mantener un sentido positivo de autoeficacia, ya que se relaciona con el establecimiento de metas más altas, la persistencia para afrontar obstáculos y un mejor desempeño. La autoeficacia también se relaciona con el desarrollo de habilidades. Usted puede mejorar su autoeficacia si establece objetivos más desafiantes, reclama apoyo social y persiste ante los desafíos.

Autoestima

autoestima
Sentimientos de valor propio y el agrado o desagrado que sentimos hacia nosotros mismos

La ***autoestima*** se refiere a los sentimientos de valor propio y el agrado o desagrado que sentimos hacia nosotros mismos.[32] Las investigaciones sugieren que la autoestima está fuertemente relacionada con procesos motivacionales como la autoeficacia específica, los objetivos autoimpuestos, el esfuerzo y procesos emocionales como la ansiedad y la regulación de las emociones.[33] Además, está vinculada positivamente con el desempeño laboral[34] y el aprendizaje.[35]

Autoritarismo

autoritarismo
Creencia de que las diferencias de poder y estatus son apropiadas dentro de sistemas sociales jerárquicos, como las organizaciones

Otra importante característica de la personalidad es el ***autoritarismo***, que se refiere al grado al que una persona considera que las diferencias de poder y estatus son adecuadas dentro de sistemas sociales jerárquicos como las

CÓMO ENTENDERSE A SÍ MISMO

LOCUS DE CONTROL EN EL TRABAJO

Utilice la escala que se presenta a continuación y escriba un número del 1 al 7 que refleje su nivel de acuerdo o desacuerdo con las afirmaciones. Cuando termine, siga las instrucciones para calificar e interpretar su resultado.

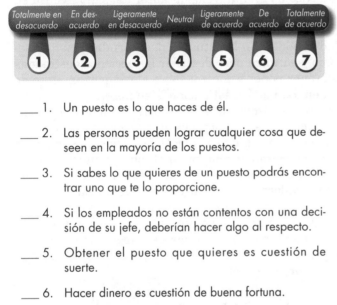

Totalmente en desacuerdo	En desacuerdo	Ligeramente en desacuerdo	Neutral	Ligeramente de acuerdo	De acuerdo	Totalmente de acuerdo
1	2	3	4	5	6	7

___ 1. Un puesto es lo que haces de él.

___ 2. Las personas pueden lograr cualquier cosa que deseen en la mayoría de los puestos.

___ 3. Si sabes lo que quieres de un puesto podrás encontrar uno que te lo proporcione.

___ 4. Si los empleados no están contentos con una decisión de su jefe, deberían hacer algo al respecto.

___ 5. Obtener el puesto que quieres es cuestión de suerte.

___ 6. Hacer dinero es cuestión de buena fortuna.

___ 7. La mayoría de las personas son capaces de desempeñar bien sus puestos si se esfuerzan.

___ 8. Para poder acceder a un muy buen puesto, necesitas tener familiares o amigos en puestos superiores.

___ 9. Las promociones son cuestión de buena fortuna.

___ 10. Es más importante a quién conoces que lo que sabes para llegar a un muy buen puesto.

___ 11. Las promociones se ofrecen a los empleados que desempeñan bien su trabajo.

___ 12. Para hacer mucho dinero necesitas conocer a las personas correctas.

___ 13. Se necesita mucha suerte para sobresalir en la mayoría de los trabajos.

___ 14. Las personas que tienen un buen desempeño suelen recibir una recompensa por ello.

___ 15. La mayoría de los empleados influye más en sus jefes de lo que creen.

___ 16. La principal diferencia entre una persona que gana mucho dinero y otra que gana poco es la suerte.

Puntaje: Primero convierta sus respuestas de las preguntas 1, 2, 3, 4, 7, 11, 14 y 15 restando el número que escribió de 7. (6 = 1; 5 = 2; 4 = 3; 3 = 4; 2 = 5; 1 = 6). Tache el número original y remplácelo con el nuevo valor. Sólo debe utilizar los nuevos valores para el puntaje. Ahora sume los valores de las 16 preguntas para obtener su puntuación de locus de control en el trabajo.

Interpretación: Los puntajes altos reflejan un locus de control más externo. Los gerentes tienden a presentar un locus de control más interno.[36] Si su puntaje no es tan bajo como desearía, revise las preguntas y trate de encontrar las formas en las que podría tener mayor control de las cosas que le ocurren.

Fuente: Copyright Paul E. Spector. Todos los derechos reservados, 1988.

organizaciones.[37] Por ejemplo, una persona que tiene un nivel alto de autoritarismo puede aceptar instrucciones u órdenes de alguien con más autoridad, sólo porque la otra persona es "el jefe". Por el contrario, una persona con nivel bajo de autoritarismo puede seguir las instrucciones de los jefes cuando son razonables, pero tenderá a cuestionarlas, a expresar desacuerdo con la autoridad e incluso a negarse a cumplir las órdenes si son objetables por alguna razón. En las secuelas de los escándalos de Enron y Arthur Anderson que destruyeron a las dos empresas, se presentaron cargos contra algunos contadores que destruyeron algunos documentos importantes antes de que pudieran llegar a manos de las autoridades. La defensa que utilizaron estas personas fue que simplemente cumplían órdenes. Es probable que las personas tengan un grado alto de autoritarismo si participan en este tipo de conductas sabiendo que son incorrectas, pero lo hacen de todos modos sólo por seguir las órdenes.

El autoritarismo es el grado al que una persona considera que las diferencias de poder y estatus dentro de las organizaciones son adecuadas. Esta persona escucha con atención las instrucciones de su jefe y parece decidido a seguirlas. Una persona con nivel bajo de autoritarismo podría no ser tan receptiva a la dirección.

Maquiavelismo

El *maquiavelismo* es otro importante rasgo de la personalidad. El nombre de este concepto proviene de Nicolás Maquiavelo, un autor del siglo XVI. En su libro *El Príncipe*, Maquiavelo explicó la forma en que la nobleza podía obtener y emplear con mayor facilidad el poder. En la actualidad, el término "maquiavelismo" se utiliza para describir las acciones destinadas a obtener poder y control sobre el comportamiento de los demás. Las investigaciones sugieren que el grado de maquiavelismo varía de una persona a otra. Las personas más maquiavélicas tienden a ser racionales y no emocionales, pueden estar dispuestas a mentir para conseguir sus objetivos personales, valoran poco la lealtad y la amistad y disfrutan de manipular el comportamiento de los demás. Las menos maquiavélicas son más emocionales, están menos dispuestas a mentir para tener éxito, valoran la lealtad y la amistad, y sienten poco placer personal al manipular a los demás. Desde todos los ángulos que se analice, Dennis Kozlowski, expresidente ejecutivo procesado de Tyco International, tenía un alto grado de maquiavelismo. Al parecer, llegó a creer que su posición de poder en la empresa le daba el derecho de hacer cualquier cosa que quisiera con los recursos de la organización.[38]

maquiavelismo
Rasgo que hace que una persona actúe para ganar poder y controlar el comportamiento de los demás

Tolerancia al riesgo y la ambigüedad

Otros dos rasgos estrechamente relacionados son la tolerancia al riesgo y la tolerancia a la ambigüedad. La *tolerancia al riesgo* (también llamada *propensión al riesgo*) es el grado al cual una persona acepta los riesgos, está dispuesta a asumirlos y a tomar decisiones inciertas. Un gerente con un nivel alto de tolerancia al riesgo podría experimentar con nuevas ideas, apostar por nuevos productos y conducir a la organización en direcciones nuevas y diferentes. En pocas palabras, podría ser un catalizador de la innovación o, en caso de que sus decisiones riesgosas tengan malos resultados, quizá ponga en peligro el bienestar y la continuidad de la empresa. Un gerente con baja tolerancia al riesgo podría llevar a su organización a un estancamiento y conservadurismo excesivos, o podría ayudarla a sobrellevar con éxito los tiempos turbulentos e impredecibles al mantener la estabilidad y la calma. Por lo tanto, las consecuencias potenciales de la propensión al riesgo de un gerente dependen en gran medida del entorno en el que opera la organización.

tolerancia al riesgo (o propensión al riesgo)
Grado al cual una persona acepta los riesgos y está dispuesta a asumirlos y a tomar decisiones inciertas

La *tolerancia a la ambigüedad* refleja la tendencia a ver las situaciones ambiguas como amenazantes o atractivas.[39] La intolerancia a la ambigüedad refleja la tendencia a percibir o interpretar la información imprecisa, incompleta o fragmentada o información con inconsistencias o contradicciones múltiples como una fuente real o potencial de amenaza o malestar psicológico.[40] La tolerancia a la ambigüedad se relaciona con la creatividad, las actitudes positivas hacia el riesgo y la orientación a la diversidad.[41] Los gerentes con una baja tolerancia a la ambigüedad tienden a ser más directivos con su personal y no lo

tolerancia a la ambigüedad
Tendencia a percibir las situaciones ambiguas como amenazantes o atractivas

Una personalidad tipo B describe de forma abierta a alguien relajado, tolerante y menos competitivo. Esta gerente parece estar tranquila y relajada mientras completa un proyecto. Aunque no podemos estar seguros, es probable que ella tenga una personalidad tipo B.

facultan para que tome decisiones propias en el trabajo. La mejor estrategia de administración consiste en colocar a los individuos con baja tolerancia a la ambigüedad en tareas bien definidas y reguladas.

Rasgos tipo A y tipo B

Dos cardiólogos identificaron un par de perfiles de personalidad diferentes que llamaron tipo A y tipo B. La *personalidad tipo A* es impaciente, competitiva, ambiciosa y tensa. La *personalidad tipo B* es más relajada, tolerante y menos abiertamente competitiva que la del tipo A. Las personas tipo B no están exentas de estrés, pero afrontan menos frenéticamente los desafíos y amenazas externas. A diferencia del tipo A, el tipo B rara vez experimenta un sentido de frustración por perder el tiempo cuando no participa de manera directa en una actividad.[42] Aunque las personas tipo A con frecuencia tienen un mejor desempeño en el trabajo que las de tipo B,[43] son más propensas a padecer estrés y enfermedades coronarias. Aunque la idea de que existe una relación de causa y efecto entre el comportamiento tipo A y las enfermedades coronarias es objeto de controversia, se conocen sin duda algunos efectos del estrés en las personas de ese tipo. Esta característica provoca un aumento de la presión arterial y, si es constante, el corazón y las arterias comienzan a mostrar signos de daño. Se estima que entre 14 y 18% de los ataques cardiacos repentinos se producen inmediatamente después de un estrés emocional y es más probable que ocurran cuando una persona está encolerizada.[44] Sin embargo, como se muestra en la figura 3.2, los perfiles tipo A y B reflejan extremos y la mayoría de las personas simplemente presentan una tendencia hacia un tipo u otro.

personalidad tipo A
Personalidad impaciente, competitiva, ambiciosa y tensa

personalidad tipo B
Personalidad más relajada y sencilla y menos abiertamente competitiva que la del tipo A

Figura 3.2

Son pocas las personas que cuentan con un perfil extremo de personalidad tipo A o tipo B, ya que la mayoría muestra una tendencia hacia alguno de los dos tipos. Esto se ilustra aquí en la intersección de los perfiles.

Tipo A
- Más competitiva
- Más dedicada al trabajo
- Sentido más fuerte de la urgencia del tiempo

Tipo B
- Menos competitiva
- Menos dedicada al trabajo
- Sentido más débil de la urgencia del tiempo

Comprender el tipo de personalidad de sus compañeros de trabajo y sus jefes puede ayudarle a entender y manejar esta fuente potencial de conflictos laborales. Reconocer su tipo de personalidad puede ayudarle a identificar situaciones de trabajo más acordes con su comportamiento. La personalidad tipo A alta necesita mayor estimulación que la del tipo B y es más propensa a sobrecargarse de trabajo. En los gerentes, la personalidad tipo A y locus de control externo se asocian con mayores niveles de estrés, menor satisfacción laboral y deficiente salud física y mental en comparación con aquellos con una personalidad tipo B y locus de control interno. Algunos investigadores han sugerido que las consecuencias negativas para la salud pueden ser mayores que el atractivo superficial de la personalidad tipo A en un puesto gerencial.[45]

La personalidad y el *bullying*

bullying laboral

Maltrato reiterado que ejerce otro empleado mediante abuso verbal, amenazas, humillaciones, intimidación o sabotaje que interfiere con el trabajo de la otra persona

El *bullying laboral* es el maltrato reiterado que ejerce otro empleado mediante abuso verbal, amenazas, humillaciones, intimidación o sabotaje que interfiere con el trabajo de la otra persona.[46] Ciertos medios de comunicación conocidos, como las revistas *Time*, *Management Today* y *Psychology Today*, han publicado historias sobre el efecto creciente del *bullying*. Este comportamiento tiene un costo para los empleadores en forma de niveles mayores de rotación, ausentismo, costos de compensación y tasas más altas de seguros de invalidez, sin considerar el daño a la reputación como un centro o lugar de trabajo atractivo.[47] Cincuenta por ciento de la fuerza laboral estadounidense ha reportado haberlo sufrido en el trabajo (35%) o presenciado su ejecución (15%). Esta conducta es cuatro veces más común que el acoso. Ochenta y uno por ciento de los casos de esta conducta negativa corresponden a supervisores.[48] Cuarenta y cinco por ciento de las víctimas reporta padecimientos de salud relacionados con el estrés, sufre de ansiedad debilitante, ataques de pánico, depresión clínica, e incluso estrés postraumático. Una vez que los empleados se han convertido en víctimas de él, tienen 64% de probabilidades de perder su empleo sin ninguna razón. A pesar de esto, 40% de las víctimas nunca lo reportan y sólo 3% presenta una demanda legal y 4% reporta una queja en los organismos estatales o federales.[49]

¿Quién tiende a convertirse en un *bully*? El *bullying* es un fenómeno complejo y se presenta de diversas formas, pero en todas ellas se observa el abuso de poder y de la autoridad derivada de la necesidad del agresor de controlar a otra persona. El maquiavelismo puede conducir a él. Las personas con niveles altos de maquiavelismo muestran gran resistencia a la influencia social, una orientación a cogniciones (pensamientos racionales) en lugar de las emociones, y una tendencia a generar y controlar estructuras (componentes de dominio). Los maquiavelistas manipulan y explotan a otros para avanzar en sus agendas personales, lo que sienta las bases del *bullying*. Si la personalidad nos ayuda a explicar por qué algunas personas son *bullies*, ¿puede ayudarnos a entender por qué otras son más propensas a ser víctimas de esta nociva conducta? Aunque no existe un perfil claro de personalidad que prediga quién será la víctima, las personas con un nivel alto de introversión e inestabilidad emocional, niveles bajos de afabilidad, meticulosidad y apertura parecen ser más propensas a padecerlo.[50] La sección *Mejore sus habilidades* de este capítulo describe algunas formas en las que un gerente se puede convertir en *bully* (o simplemente en un gerente tóxico) y presenta diversas tácticas de supervivencia (¡que esperamos que usted nunca tenga que aplicar!).

MEJORE SUS HABILIDADES
CONDUCTAS GERENCIALES DESAFIANTES, Y CÓMO RESPONDER A ELLAS

TIPOS DE GERENTES NARCICISTAS

Variedades	Rasgos primarios	Objetivo	Tácticas de supervivencia para los subordinados	Acciones de los superiores
Ostentoso: psicodinámico	Autoimagen externa de grandiosidad; explota y devalúa a los demás; se encoleriza si se amenaza su autoestima; conciencia y capacidad limitadas de empatía; protege desesperadamente su frágil autoestima	Ser admirado	Mostrar admiración, evitar criticarlos, consultar a un mentor o coach ejecutivo	Se requiere una supervisión estrecha de los gerentes para evaluar la forma en que tratan a los demás
Ostentoso: aprendido	Autoimagen externa de grandiosidad; explota por descuido a los demás; es desconsiderado en su trato con los demás porque no recibe retroalimentación negativa por su comportamiento	Ser admirado	Mostrar admiración, evitar criticarlos, consultar a un mentor o coach ejecutivo	No considerarse superior automáticamente sobre los subordinados
Dominante	Microadministra; busca el control absoluto sobre todas las cosas; cuenta con una autoimagen inflada y devalúa las capacidades de los demás; teme al caos.	Controlar a los demás	Evitar las sugerencias directas, permitirles pensar que las ideas nuevas son suyas, evitar criticarlos, mostrar admiración y respeto, no opacarlos, reducir logros y ambiciones propias, documentar el trabajo, establecer una relación con un mentor, buscar otros puestos	Retroalimentación de 360 grados, colocarlos en áreas que no puedan provocar daños serios, considerar despedirlos, no ignorar las señales de problemas
Antisocial	Toma lo que quiere; miente para obtener ventaja y hiere a los que se interponen en su camino; carece de conciencia y capacidad de empatía.	Le emociona romper las reglas y abusar de los demás	Evitar provocarlos, transferirse a otro lugar antes de ser destruido, no ser arrastrado en actividades ilegales o no éticas, buscar alianzas con compañeros y mentores, buscar un coach ejecutivo para afrontar la situación	Considerar la posibilidad de que exista depresión, ansiedad o abuso de alcohol

Fuentes: De Lubit, R. (Marzo/abril de 2004). The Tyranny of Toxic Managers: Applying Emotional Intelligence to Deal with Difficult Personalities, en *Ivey Business Journal*, p. 4.

El papel de la situación

La relación entre la personalidad y el comportamiento cambia según la fuerza de la situación en la que nos encontramos. Podríamos ser extrovertidos por naturaleza, pero suprimir nuestras tendencias y comportarnos de forma más tranquila y reservada en una situación como una conferencia o una junta importante. Cuando las presiones situacionales son más débiles, somos más capaces de ser nosotros mismos y dejar que nuestras personalidades guíen nuestras conductas. Las culturas organizacionales fuertes podrían reducir la influencia de la personalidad en las conductas de los empleados mediante la creación de normas claras sobre el comportamiento en el trabajo. Las culturas organizacionales más débiles podrían permitir una mayor expresión individual de los empleados, lo que puede dar como resultado una mayor variedad de conductas de los trabajadores.

Ahora tiene usted una adecuada comprensión de algunas de las formas en que todos somos diferentes. También es interesante pensar en la frecuencia con que se presentan diferencias entre las formas en las que nos perciben las personas de otras culturas. Una manera de entender la forma en que otros perciben a las personas de un país es solicitar a los extranjeros que las describan. La sección *Temas globales* de este capítulo muestra una parte de una encuesta de *Newsweek* que reporta las características asociadas con mayor y menor frecuencia con los estadounidenses. Esta información le puede dar una idea de cómo un estadounidense puede ser percibido de distintas maneras en diferentes partes del mundo.

TEMAS GLOBALES

¿CÓMO VE EL RESTO DEL MUNDO A LOS ESTADOUNIDENSES?

Características comunes asociadas con los estadounidenses

Francia	Japón	Alemania	Gran Bretaña	Brasil	México
Trabajadores	Nacionalistas	Enérgicos	Amigables	Inteligentes	Trabajadores
Enérgicos	Amigables	Innovadores	Autoindulgentes	Innovadores	Inteligentes
Innovadores	Decididos	Amigables	Enérgicos	Enérgicos	Innovadores
Decididos	Groseros	Sofisticados	Trabajadores	Trabajadores	Decididos
Amigables	Autoindulgentes	Inteligentes	Nacionalistas	Nacionalistas	Codiciosos

Características menos asociadas con los estadounidenses

Francia	Japón	Alemania	Gran Bretaña	Brasil	México
Perezosos	Trabajadores	Perezosos	Perezosos	Perezosos	Perezosos
Groseros	Perezosos	Sexys	Sofisticados	Autoindulgentes	Honestos
Honestos	Honestos	Codiciosos	Sexys	Sexys	Groseros
Sofisticados	Sexys	Groseros	Decididos	Sofisticados	Sexys

Fuente: Adler, N. J. (2008). *International Dimensions of Organizational Behavior.* Mason, OH: Thompson/South-Western, p. 82, tabla 3-1.

INTELIGENCIA

Además de la personalidad y los rasgos de personalidad, la inteligencia nos proporciona otro conjunto importante de diferencias individuales. Existen muchos tipos de inteligencia o habilidades mentales, entre ellas, la capacidad mental general, la capacidad de procesamiento de la información, la capacidad verbal y la inteligencia emocional.

Capacidad mental general

La **capacidad mental general** es la capacidad para adquirir, procesar y aplicar la información de forma rápida y fluida. Implica la capacidad para razonar, recordar, entender y resolver problemas; se asocia con el incremento de la capacidad para adquirir, procesar y sintetizar información y se ha definido simplemente como la capacidad para aprender.[51] La fuerte asociación entre las medidas de la capacidad mental general y el desempeño en diversos ámbitos de trabajo es uno de los descubrimientos más consistentes en el campo del comportamiento organizacional.[52] La investigación refuerza la idea de que la capacidad mental es más importante en los trabajos complejos, cuando los empleados son nuevos y cuando hay cambios que requieren que los individuos aprendan nuevas maneras de realizar su trabajo.[53] Algunas empresas, como Google, prefieren contratar a las personas con base en su capacidad mental general más que en su experiencia.[54]

capacidad mental general
Capacidad para adquirir, procesar y aplicar la información de forma rápida y fluida

La **capacidad de procesamiento de la información** consiste en la manera en que los individuos procesan y organizan la información. Esta capacidad también ayuda a explicar las diferencias entre expertos y novatos en el aprendizaje de tareas y el desempeño, cuando los expertos procesan y organizan la información de manera más eficiente y precisa que los empleados de reciente ingreso.[55] La capacidad mental general y la edad también influyen en la capacidad de procesamiento de la información.[56] Los adultos mayores tienden a acceder a una cantidad más amplia y variada de información que los adultos más jóvenes, a pesar de que son menos capaces de procesar con rapidez la información novedosa.[57]

capacidad de procesamiento de la información
Forma en la que las personas procesan y organizan la información

Las pruebas de capacidad mental suelen aplicarse mediante formatos electrónicos o impresos para evaluar las capacidades mentales generales, como el razonamiento verbal o matemático, la lógica y las capacidades perceptuales. Existe una tendencia hacia los trabajos que requieren innovación, capacitación continua y solución de problemas que no son de rutina, por lo que el valor de estas pruebas puede aumentar debido a que sus puntuaciones pueden predecir la capacidad de una persona para aprender en el trabajo o durante la capacitación,[58] para ser adaptable, resolver problemas y tolerar la rutina. Existen muchos tipos diferentes de pruebas de capacidad mental, como el Test Wonderlic, las matrices progresivas de Raven, es test breve de inteligencia de Kaufman y la escala abreviada de inteligencia de Wechsler. La tabla 3.3 presenta algunos ejemplos de elementos similares a los incorporados en la prueba Wonderlic.

A pesar de que son uno de los métodos de selección más válidos para todos los puestos y de su facilidad de uso, las pruebas de capacidad mental producen diferencias raciales que son de tres a cinco veces mayores que otros predictores válidos del desempeño laboral, como las entrevistas estructuradas.[59] Aunque aún no se comprenden del todo las razones de las diferencias entre los resultados, se cree que algunos factores como la cultura, el acceso diferencial a programas de coaching y de preparación y los niveles de motivación a la prueba podrían ser importantes.[60] También es común que los candidatos sientan desagrado por las pruebas de capacidad mental, porque no les encuentran relación con el trabajo.[61]

Tabla 3.3

Reactivos para evaluar la capacidad mental

Las siguientes preguntas son similares a las que se encuentran en el Test Wonderlic para medir la capacidad mental. Las respuestas se encuentran al final de la tabla.

1. Si las primeras dos afirmaciones son verdaderas, la última sería ¿1) verdadera, 2) falsa o 3) incierta?
    *   La niña juega futbol soccer
    *   Todos los jugadores de futbol soccer usan calzado especial
    *   La niña usa calzado especial

2. Si un bloque de papel se vende en $0.36, ¿cuánto cuestan tres bloques de papel?

3. ¿Cuántos de los cinco pares de datos siguientes son exactamente iguales?

Pullman, K.M.	Puilman, K.M
Jeffrey, C.K.	Jeffrey, C.K.
Schoeft, J.P.	Shoeft, J.P.
Lima, L.R.	Lima, L.R.
Woerner, K.E.	Woerner, K.C.

4. Las palabras PRESENTAR y PRESERVAR:
    1. Tienen significados similares
    2. Tienen significados opuestos
    3. No significan ni lo mismo ni lo opuesto

Respuestas: 1) verdadero; 2) $1.08; 3) 1; (4) 2

Es importante evaluar el efecto de las pruebas de capacidad mental en grupos protegidos antes de aplicarlas a los candidatos a un puesto para evitar los problemas legales de discriminación que podrían surgir por su uso.[62] Por lo general, no se recomienda utilizar de forma aislada las pruebas de capacidad mental, ya que al combinarse con otras pruebas se puede reducir su efecto adverso y mejorar la exactitud de su predicción, además de que es posible emplear con menor efecto adverso otros predictores con resultados comparables.[63] Muchas organizaciones, como la National Football League (NFL), emplean pruebas de capacidad mental.[64]

Inteligencias múltiples

A menudo, las pruebas de inteligencia implican una serie de temas abstractos diseñadas para evaluar la capacidad lingüística, numérica y orientación espacial de las personas. Sin embargo, pensar que la puntuación de una sola prueba refleja la verdadera inteligencia de una persona pasa por alto sus muchas otras capacidades mentales. Una puntuación más baja en el resultado de una prueba de inteligencia específica simplemente significa que tiene menos habilidades en el tipo de inteligencia particular que mide el instrumento, pero no refleja nada acerca de su nivel en cualquier otro tipo de inteligencia.

Los investigadores y estudiosos han comenzado a darse cuenta de que hay más de una forma de ser inteligente.[65] La teoría de las *inteligencias múltiples*

inteligencias múltiples
Marco teórico que sugiere que las personas poseen formas diferentes de inteligencia en grados diversos

de Gardner sugiere que hay una serie de formas distintas de inteligencia que cada individuo posee en mayor o menor grado:[66]

1. Lingüística: palabras y lenguaje
2. Lógico-matemática: lógica y números
3. Musical: música, ritmo y sonido
4. Corporal-kinestésica: movimiento y control del cuerpo
5. Espacial-visual: imágenes y espacio
6. Interpersonal: sentimientos de otras personas
7. Intrapersonal: autoconciencia

Las distintas inteligencias representan no sólo el dominio de contenidos diferentes, sino también las preferencias de aprendizaje. La teoría sugiere que la evaluación de las capacidades debe medir todas las formas de inteligencia, no sólo lingüísticas y lógico-matemáticas, como se hace por lo general (por ejemplo, en los exámenes de admisión a la universidad como ACT, SAT, GMAT y GRE).[67] Con base en esta teoría, el aprendizaje y la enseñanza deben centrarse en las inteligencias particulares de cada persona. Por ejemplo, si usted tiene inteligencias espaciales o lingüísticas fuertes, debe ser estimulado para desarrollarlas.[68] La teoría también hace hincapié en el contexto cultural de las inteligencias múltiples. Por ejemplo, Gardner observó que las necesidades de las distintas culturas les llevan a dar prioridad al uso de tipos diferentes de inteligencia. Por ejemplo, las altas capacidades espaciales de las personas Puluwat, de las Islas Carolinas, les permiten navegar en el mar en sus canoas, mientras que en la sociedad japonesa se requiere de un equilibrio de inteligencias personales.[69]

Conocer las áreas más fuertes de su inteligencia puede guiarle hacia ambientes de trabajo y aprendizaje más adecuados para desarrollar su potencial. Por ejemplo, compare las fortalezas de su inteligencia con los tipos de trabajo que se presentan en la tabla 3.4. Como gerente, es posible desarrollar las mismas habilidades de formas distintas para subordinados diferentes. Por ejemplo, en la capacitación en diversidad, los participantes corporales-kinestésicos podrían participar en juegos de rol, mientras que los espaciales-visuales podrían crear carteles con el contenido que están aprendiendo. El empleo del estilo preferido de aprendizaje lo facilita y lo hace más agradable.

Inteligencia emocional

La *inteligencia emocional* (*IE*) es una competencia interpersonal que incluye la capacidad para percibir, expresar, entender, emplear y manejar las emociones propias y de los demás.[70] Daniel Goleman, experto en el tema, define la inteligencia emocional como "la capacidad para reconocer nuestros sentimientos y los de los demás, para motivarnos a nosotros mismos, y manejar de forma adecuada las emociones en nuestra persona y en nuestras relaciones".[71] El autor describe cinco dimensiones de la IE que incluyen tres competencias personales (autoconciencia, autorregulación y motivación) y dos competencias sociales (empatía y habilidades sociales). Las capacidades emocionales pueden operar en varios niveles para influir en el cambio organizacional.[72] La IE también influye en las reacciones emocionales de los empleados ante la inseguridad laboral y el afrontamiento del estrés.[73] Este tipo de inteligencia abarca el uso de procesos de regulación emocional para controlar la ansiedad y otras reacciones emocionales negativas, así como la generación de reacciones emocionales positivas.[74]

inteligencia emocional (IE)
Competencia interpersonal que incluye la capacidad de percibir, expresar, entender, emplear y manejar las emociones propias y de los demás

Tabla 3.4

Coincidencia de los tipos de inteligencia con las opciones de carrera

Tipo de inteligencia	Carreras relacionadas	Estilo de aprendizaje preferido
Corporal-kinestésica: agilidad física y equilibrio, control del cuerpo, coordinación manos-ojos	Atletas, bomberos, chefs, actores y jardineros	Tocar y sentir, experiencia física
Interpersonal: capacidad para relacionarse con los demás, percibir sus sentimientos e interpretar sus conductas; se relaciona con la inteligencia emocional	Psicólogos, médicos, educadores, vendedores, políticos	Contacto humano, trabajo en equipo
Intrapersonal: conciencia y comprensión de sí mismo y de su relación con el mundo y con los demás; se relaciona con la inteligencia emocional	Se relaciona con casi todas las carreras	Autorreflexión, autodescubrimiento
Lingüística: lenguaje verbal y escrito, explicación e interpretación de ideas e información	Escritores, voceros, abogados, traductores, locutores de televisión y radio	Palabras verbales, escritas y lenguaje
Lógico-matemática: lógica, detección de patrones, capacidad analítica, de solución de problemas y ejecución matemática	Ingenieros, directores, científicos, investigadores, contadores y estadísticos	Lógica y números
Musical: reconocimiento de patrones rítmicos y tonales, capacidad musical, conciencia amplia del uso del sonido	Músicos, DJs, maestros de música, ingenieros acústicos, productores musicales y compositores	Música, sonidos, ritmo
Espacial-visual: creación e interpretación de imágenes visuales; percepción visual y espacial.	Artistas, ingenieros, fotógrafos, inventores y consultores de belleza.	Imágenes, formas, visual

Fuente: Basado en Gardner, H. (1983). *Frames of Mind.* Nueva York: Basic Books; Gardner, H. (1993a). *Multiple Intelligences: The Theory in Practice.* NY: Basic Books; Gardner, H. (1993b). *Creating Minds.* NY: Basic Books; Marks-Tarlow, T. (1995). *Creativity Inside Out: Learning Through Multiple Intelligences.* Reading, MA: Addison-Wesley.

Las emociones negativas, como la ansiedad o la frustración, son distractores que dan como resultado una disminución del aprendizaje y del desempeño.[75] La regulación y el control emocional también pueden ser importantes en el manejo de las emociones positivas distractoras en el trabajo. Las cinco dimensiones que conforman la inteligencia emocional son:

1. Autoconciencia: ser consciente de lo que se siente
2. Automotivación: persistir ante los obstáculos, reveses y fracasos
3. Autogestión: manejo de sus emociones e impulsos
4. Empatía: detectar los sentimientos de los demás
5. Habilidades sociales: manejo efectivo de las emociones de los demás

Las personas difieren en su capacidad para reconocer el significado emocional de las expresiones faciales de los demás, aunque existen siete emociones universales que tienen la misma expresión facial sin que importe la raza, cultura, origen étnico, edad, sexo o religión.[76] Estas emociones son alegría, tristeza, miedo, sorpresa, ira, desprecio y asco. Reconocer y comprender estas emociones es importante para la comunicación, así como para establecer relaciones humanas, construir entornos de confianza, negociar y muchas otras tareas gerenciales. Los comunicadores más efectivos reconocen mejor las emociones que se transmiten por medio de expresiones faciales.[77]

CASO DE ESTUDIO Inteligencia emocional en FedEx

La empresa global de mensajería FedEx se apoya en la filosofía que sostiene que la "las personas son primero" y considera que sus gerentes deben mostrar actitud de servicio con sus asociados para que la empresa pueda ofrecer un servicio de clase mundial. FedEx es una de las empresas más exitosas del mundo y ha recibido numerosos premios por ser una de las más respetadas y admiradas durante más de diez años.[78] A pesar de que la empresa se centra en la velocidad y la logística, fue capaz de reconocer desde el principio que sus empleados son la clave del éxito y que el liderazgo es una cualidad esencial para lograr una administración efectiva.[79] Uno de los valores gerenciales fundamentales de FedEx es el liderazgo servicial, congruente con una cultura orientada al servicio tomada con seriedad.[80]

FedEx reconoce que el liderazgo ha incrementado su nivel de complejidad y desea desarrollar la habilidad de liderazgo de sus gerentes para administrar su fuerza laboral cambiante. La empresa quiere que los líderes tomen decisiones rápidas y precisas, influyan en los demás, los motiven a aportar todo su esfuerzo y que sean capaces de ayudar a construir una cultura donde los empleados muestren un desempeño excepcional de manera sostenida que genere valor para todos sus grupos de interés.[81] Jimmy Daniel, facilitador senior de liderazgo del Instituto de Liderazgo Global de FedEx, afirma que "algunos líderes tienen una capacidad innata para proporcionar lo que se necesita para crear un ambiente laboral satisfactorio y gratificante para los empleados, pero muchos otros aún tienen que desarrollar este conjunto de habilidades."[82] Para medir el desempeño del liderazgo, FedEx aplica una encuesta anual en la que todos los empleados pueden proporcionar retroalimentación sobre sus gerentes. Los temas de la encuesta incluyen la equidad, el respeto, saber escuchar y la confianza. El reconocimiento de que todas estas características están vinculadas con las relaciones y las emociones ha creado interés en la inteligencia emocional como un conjunto de habilidades a

desarrollar para mejorar el liderazgo de los gerentes al estilo FedEx.[83]

FedEx decidió incrementar el enfoque en la inteligencia emocional en su capacitación para el desarrollo del liderazgo con la finalidad de proporcionar una base sólida a los nuevos gerentes sobre la que puedan construir sus carreras gerenciales en la empresa. Por ello, considera que la administración basada en tareas es insuficiente para crear equipos en los que los empleados contribuyan con todo su esfuerzo, por lo que es necesario que los gerentes manejen sus propias conductas y emociones para servir de forma efectiva como modelos, mentores y motivadores a nivel emocional.[84] Para ello desarrolló un curso de cinco días y un proceso de seis meses de coaching con el objetivo de identificar las fortalezas de los gerentes nuevos y ofrecerles formas específicas para mejorar sus competencias en inteligencia emocional.

El programa de capacitación y coaching se enfoca en mostrar a los gerentes cómo manejarse a sí mismos, tomar el control de sus conductas y emociones para que puedan influir en otros como modelos a seguir. La mayoría de los líderes mostró grandes mejoras en cuanto a relaciones, influencia y toma de decisiones como resultado de la mejora de su empatía, educación emocional y capacidad para manejar sus emociones.[85] FedEx se encuentra muy complacido con el éxito del programa de desarrollo de inteligencia emocional y ha capacitado a más de 100 facilitadores para que implementen el programa y operen como coaches de los nuevos líderes a nivel mundial.[86]

Preguntas

1. ¿Considera que es importante que un gerente de FedEx posea un alto nivel de inteligencia emocional? Explique su respuesta

2. ¿Cómo desarrolla FedEx la inteligencia emocional de sus nuevos líderes?

3. ¿Qué más podría hacer FedEx para mejorar la inteligencia emocional de sus gerentes?

Existe evidencia de que los componentes de la IE son habilidades maleables que se pueden desarrollar como, por ejemplo, el reconocimiento de las expresiones faciales.[87] La capacidad para comprender lo que otros piensan y sienten, saber cómo persuadirlos y motivarlos de forma adecuada y saber cómo resolver los conflictos y forjar la cooperación son algunas de las habilidades más importantes que deben poseer los gerentes exitosos. Usted puede obtener una estimación aproximada de su IE si se aplica la autoevaluación de About.com en http://psychology.about.com/library/quiz/bl_eq_quiz.htm

También existe controversia sobre los conceptos de la IE.[88] Algunos autores afirman que su conceptualización teórica es confusa, ya que es muy abierta, carece de especificidad y abarca tanto componentes estáticos como maleables de los rasgos, además de que no queda claro si se trata de una habilidad aprendida o de una capacidad innata. Otros investigadores sostienen que la IE es simplemente un sustituto de la inteligencia general y un rasgo de personalidad bien establecido.[89] Sin embargo, varios estudios apoyan la utilidad de la IE.[90] Se ha comprobado que la inteligencia emocional está relacionada con algunas dimensiones de la personalidad, pero también se distingue de ellas, además de que algunas medidas de IE son buenos predictores de la satisfacción de vida y el desempeño laboral, incluso después de controlar las cinco grandes dimensiones de la personalidad.[91] Aunque todavía existen controversias, parece ser que la IE es diferente de otras capacidades y medidas de rasgos de personalidad. Existe cierta ambigüedad acerca del grado al que la IE debe considerarse como un conjunto maleable y entrenable de competencias o como un conjunto estable de rasgos de personalidad o habilidades emocionales. Sin embargo, la IE se relaciona con el desempeño laboral, la adaptación a las situaciones de estrés y conductas prosociales. El *Caso de estudio* de este capítulo explora cómo incorpora FedEx la inteligencia emocional en su nuevo programa de capacitación de líderes.

ESTILOS DE APRENDIZAJE

estilo de aprendizaje

Diferencias y preferencias individuales para procesar la información cuando resolvemos un problema, aprendemos o participamos en actividades similares

La última diferencia individual que estudiaremos en este capítulo se refiere a los estilos de aprendizaje. Un *estilo de aprendizaje* alude a las diferencias y preferencias individuales para procesar la información cuando resolvemos un problema, aprendemos o participamos en actividades similares.[92] Existen numerosas tipologías, medidas y modelos que capturan estas diferencias y preferencias. La mayoría de ellas se centra en el aprendizaje de los niños, pero hay pruebas de que estas diferencias son importantes, también, en el caso de los adultos.[93] A continuación analizaremos algunos de los métodos más conocidos que existen sobre los estilos de aprendizaje.

Modalidades sensoriales

Uno de los enfoques aborda nuestra preferencia por una *modalidad sensorial*, que es un sistema que interacciona con el entorno o ambiente por medio de uno de los sentidos.[94] Las modalidades sensoriales más importantes son:

- Visual: aprender por medio de la vista
- Auditivo: aprender por medio de la audición
- Táctil: aprender tocando
- Kinestésica: aprender haciendo

De acuerdo con los investigadores, alrededor de 20 a 30% de los estudiantes estadounidenses son auditivos; alrededor de 40% son visuales; y entre el restante 30 o 40% se divide en táctiles/kinestésicos, visuales/táctiles, o alguna otra combinación de los sentidos principales.[95]

Inventario de estilos de aprendizaje

Un segundo enfoque para comprender los estilos de aprendizaje es el Inventario de Estilos de Aprendizaje de Kolb, uno de los enfoques dominantes para clasificar los estilos cognitivos.[96] De acuerdo con David Kolb, los cuatro modos básicos de aprendizaje son la experimentación activa, la observación reflexiva, la experiencia concreta y la conceptualización abstracta. El proceso de aprendizaje resulta de una combinación de las dimensiones activo/pasivo y concreto/abstracto.[97] Con base en este paradigma, Kolb sostiene que hay cuatro estilos básicos de aprendizaje:[98]

1. *Convergentes*: dependen principalmente de la experimentación activa y la conceptualización abstracta para aprender. Las personas con este estilo tienen un desempeño superior en tareas técnicas y problemas, pero inferior en los ambientes de aprendizaje interpersonales.

2. *Divergentes*: dependen principalmente de la experiencia concreta y de la observación reflexiva. Las personas con este estilo tienden a organizar situaciones concretas desde diferentes perspectivas y estructuran sus relaciones como un todo significativo. Su desempeño es superior en la generación de hipótesis e ideas alternas y tienden a ser imaginativos y orientados a las personas y los sentimientos.

3. *Asimiladores*: dependen de la conceptualización abstracta y la observación reflexiva. Estos individuos tienden a preocuparse más por los conceptos e ideas abstractas que por las personas. También tienden a centrarse en la solidez lógica y la precisión de las ideas, en lugar de apoyarse en los valores de las ideas prácticas; tienden a trabajar en unidades de investigación y planeación.

4. *Acomodadores*: se basan principalmente en la experimentación activa y la experiencia concreta y se centran en asumir riesgos, buscar oportunidades y la acción. Los acomodadores tienden a relacionarse con facilidad con otras personas y a especializarse en trabajos orientados a la acción, como comercialización y ventas.

Aunque se ha escrito mucho acerca de los estilos cognitivos, su comprensión plena aún muestra grandes lagunas. Existen numerosas diferencias entre las formas en que se conceptualizan los estilos,[99] y se han presentado numerosas críticas a las medidas de Kolb y a las teorías relacionadas con ellas.[100] Estas medidas están sujetas a diversos problemas estadísticos e inferenciales y muchas muestran una baja confiabilidad.[101] La mayoría de las investigaciones se ha centrado en los niños y existen pocos trabajos orientados a la forma en que los estilos de aprendizaje influyen en el aprendizaje de los adultos. A pesar de estas limitaciones, la evidencia sugiere que los estilos cognitivos y de aprendizaje pueden ser importantes para comprender el comportamiento humano y el desempeño en una variedad de contextos.

Orientaciones de los estilos de aprendizaje

Por último, Annette Towler y Robert Dipboye[102] desarrollaron una medida de la orientación de los estilos de aprendizaje para abordar algunas de las limitaciones del inventario de Kolb e identificar estilos y preferencias clave del aprendizaje. Estos autores demostraron que las orientaciones de los estilos de aprendizaje pueden predecir las preferencias por los métodos de enseñanza y superar a los cinco grandes rasgos de la personalidad. Su enfoque identifica cinco factores clave:

1. El aprendizaje por descubrimiento: inclinación por la exploración durante el aprendizaje. Los descubridores prefieren las evaluaciones subjetivas, las actividades interactivas, los métodos de información y las actividades activo-reflexivas.

2. Aprendizaje por experiencia: atracción por la instrucción activa. El aprendizaje por experiencia se relaciona positivamente con una preferencia por las actividades de participación activa.

3. Aprendizaje por observación: preferencia por estímulos externos, como diagramas y demostraciones que ayudan a facilitar el aprendizaje. El

aprendizaje por observación se relaciona positivamente con la preferencia por los métodos de información y activo-reflexivos.

4. Aprendizaje estructurado: preferencia por las estrategias de procesamiento, como tomar notas, escribir los pasos de las tareas, y así sucesivamente. El aprendizaje estructurado está relacionado con las preferencias por las evaluaciones subjetivas.

5. Aprendizaje en grupo: preferencia para trabajar con los demás mientras se aprende. Se relaciona con las preferencias por el aprendizaje activo e interactivo.

RESUMEN Y APLICACIÓN

Es importante que todos los gerentes entiendan a las personas que integran las organizaciones. Un modelo básico que facilita este entendimiento es el contrato psicológico, que se refiere a las expectativas que tienen las personas con respecto a lo que aportarán y recibirán de una organización. A su vez, éstas se esfuerzan para lograr una adecuación óptima entre persona y puesto, proceso que se complica debido a las diferencias individuales.

Las personalidades son conjuntos relativamente estables de atributos psicológicos y conductuales que distinguen a una persona de otra. Los cinco grandes rasgos de la personalidad son afabilidad, meticulosidad, neuroticismo, extroversión y apertura. Las dimensiones de Myers-Briggs y la inteligencia emocional también ofrecen una visión de la personalidad en las organizaciones. Otros rasgos importantes son el locus de control, la autoeficacia, la autoestima, el autoritarismo, el maquiavelismo, la tolerancia al riesgo y a la ambigüedad, los rasgos tipo A y tipo B y la tendencia al *bullying*. El papel de la situación también es importante. Los estilos de aprendizaje, o las diferencias y preferencias individuales en la forma en que procesamos la información cuando resolvemos problemas, aprendemos o participamos en actividades similares, son también importantes y existen numerosas tipologías, medidas y modelos que los han estudiado. (En el capítulo 5 se analizará el aprendizaje desde la perspectiva del papel que tiene en la motivación en el trabajo.)

Todos somos diferentes. Cada uno de nosotros cuenta con diferentes personalidades, datos demográficos e inteligencias. Usted podrá elegir la herramienta de CO o el estilo gerencial más efectivo mediante la comprensión de las características de sus compañeros de trabajo, gerentes y subordinados. Recuerde que la flexibilidad es la clave para lograr una administración efectiva. En el capítulo 4 continuaremos con nuestro análisis sobre otras diferencias individuales importantes que afectan el comportamiento organizacional. Entre los principales temas que se estudiarán se encuentran las actitudes, los valores, las emociones, la percepción y el estrés.

PREGUNTAS PARA ANÁLISIS

1. ¿Qué es un contrato psicológico? ¿Por qué es importante? ¿Cuáles contratos psicológicos tiene usted en la actualidad?

2. ¿Cuáles son las diferencias individuales que considera más importantes para las organizaciones? Explique su respuesta.

3. ¿Cuál sería su reacción si se le negara un puesto por el resultado de una prueba de personalidad?

4. ¿Qué haría si su jefe o supervisor exhibiera conductas de *bullying*?

5. ¿Cuál de las inteligencias múltiples de Gardner considera que es la más importante desde el punto de vista de los gerentes?

—— RESPUESTAS PARA EL MUNDO REAL ——
DIFERENCIAS INDIVIDUALES QUE MARCAN DIFERENCIA EN SOUTHWEST AIRLINES

Southwest Airlines busca empleados con actitudes positivas y habilidades de liderazgo, que se adapten a la cultura única de diversión de la empresa. La inversión de tiempo y recursos para encontrar el talento adecuado ha reducido la rotación y ha incrementado las tasas de promoción interna y la productividad.[103]

En lugar de evaluar a los candidatos a asistentes de vuelo con un conjunto fijo de habilidades, Southwest evalúa su actitud hacia los demás, su ética laboral y su capacidad para trabajar con efectividad en un equipo.[104] Los candidatos al puesto hacen más que una entrevista de trabajo, pues inician el procedimiento con una audición en el momento en que llenan su solicitud de empleo. Los gerentes anotan todos los detalles buenos y malos de la conversación inicial. Cuando se llama a los candidatos para las entrevistas, estas notas alertan a los agentes de entrada, asistentes de vuelo y otros empleados sobre los aspectos a los que deben prestar atención. Los empleados observan si los candidatos son siempre amables con la tripulación y los pasajeros o si se están quejando y bebiendo cocteles desde las 9 de la mañana. Después envían estas observaciones al Departamento de personal.[105]

Los candidatos a asistentes de vuelo se evalúan incluso cuando piensan que no están siendo evaluados. Durante los discursos de cinco minutos que deben dar al frente de otros cincuenta candidatos, los gerentes observan tanto al aspirante que habla como a la audiencia. Southwest fija su atención en aquellas personas que no son egoístas y alientan con entusiasmo a sus posibles compañeros de trabajo, no a los solicitantes que parecen aburridos o utilizan el tiempo sólo para mejorar su presentación.[106]

Durante las entrevistas, a menudo los prospectos deben responder sobre experiencias recientes en las que hayan empleado su sentido del humor en un ambiente de trabajo y la forma en que lo utilizan para calmar las situaciones difíciles. Southwest también presta atención al humor en las interacciones de las personas durante las entrevistas grupales.[107] Para evaluar el liderazgo, Southwest Airlines utiliza un ejercicio grupal llamado el refugio, en el que los candidatos deben imaginar que son un comité encargado de la reconstrucción de la civilización después de una guerra nuclear. Los grupos cuentan con una lista de quince personas con ocupaciones diferentes, como enfermera, profesor, atleta, bioquímico y cantante de pop, y tienen diez minutos para tomar una decisión unánime acerca de las siete personas que pueden permanecer en el único refugio disponible. Cada candidato se califica en una escala que va de "pasivo" a "activo" a "líder", con base en la forma en que proponen, discuten y debaten sobre la decisión.[108]

Southwest tiene las cifras más altas de productividad en su industria.[109] Sus métodos de contratación no sólo le garantizan que emplea a personas cuyas personalidades se adaptan a la cultura de la empresa, sino que también le ayuda a implementar su estrategia de servicio al cliente.

6. ¿Considera usted que la inteligencia emocional es importante para los gerentes? ¿Cómo evaluaría la inteligencia emocional para decidir a cuál gerente promover?

7. Si usted fuera gerente, ¿qué diferencias individuales consideraría más importantes para contratar un asistente? ¿Por qué?

EJERCICIO PARA CÓMO ENTENDERSE A SÍ MISMO

Locus de control en el trabajo

La sección *Cómo entenderse a sí mismo* de este capítulo le brinda la oportunidad de autoevaluar su locus de control en el trabajo. Las puntuaciones más altas reflejan un locus de control más externo. Los gerentes tienden a tener un locus de control más interno. Después de completar la autoevaluación, responda las siguientes preguntas:

1. ¿Considera que su puntuación refleja con precisión su locus de control en el trabajo? ¿Por qué?

2. ¿Cómo considera que el locus de control en el trabajo puede influir en su efectividad como gerente?

3. ¿Qué locus de control considera ideal en un entorno o ambiente de trabajo y por qué?

4. ¿Qué podría hacer el próximo año para que su locus de control en el trabajo sea consistente con su respuesta a la pregunta número 3?

EJERCICIO EN EQUIPO

Desarrollo con base en fortalezas

Cuando la sequía amenazaba la supervivencia de la cooperativa agrícola Auglaize Provico, de Ohio, su presidente ejecutivo (CEO) Larry Hammond comprendió que tenía que cambiar el modelo de negocio. Vendió los elevadores de granos, redujo 25% el personal y comenzó a trabajar fuera de su negocio central. Incluso redujo su sueldo.

Después implementó un programa de desarrollo con base en fortalezas para apalancar los puntos fuertes y talentos de cada empleado. El enfoque de fortalezas reconoce que todos tenemos talentos diferentes y patrones naturales de pensamiento, sentimiento y comportamiento. El reconocimiento y el desarrollo de esos talentos mediante las habilidades y conocimientos pertinentes generan fortalezas. Las personas que aplican su fuerza verdadera se desempeñan bien. Hammond esperaba impulsar el negocio con el aprovechamiento de los talentos innatos de los empleados.

Antes, la gerencia de Auglaize empleaba un enfoque de desarrollo con base en el "déficit", en el que se invertía mucho tiempo en identificar y corregir las debilidades de los empleados. Esto significa que gran parte del personal administrativo era considerado relativamente negativo. Hammond, que quería cambiar ese enfoque, afirma: "Si usted en realidad lo quiere [ser excelente], tiene que conocerse a sí mismo, saber en qué es bueno y en qué no lo es tanto. La mayoría de nosotros sabemos en qué no somos buenos, porque las personas nos lo dicen, y también tendemos a tratar de solucionarlo." La idea de que los trabajadores deben "corregir sus debilidades" es común, pero puede ser problemática porque los intentos para hacerlo requieren tiempo, atención y energía que se desvía de la maximización de los talentos naturalmente poderosos.

Los empleados disfrutan emplear sus talentos y hacer algo bien en vez de luchar contra sus debilidades para producir un trabajo mediocre.

Todos los empleados de la cooperativa participaron en una evaluación para medir e identificar sus cinco mejores talentos y recibieron por lo menos dos consultorías sobre sus fortalezas individuales. Este proceso le permitió a Auglaize reconstruirse sobre lo que su personal hacía mejor de forma natural. Los empleados mejoraron su participación, productividad y energía y la organización se hizo más exitosa. En palabras de un experto, "uno de los problemas es que las personas valiosas a menudo no saben que lo son, sobre todo en tiempos de cambio. Si los gerentes ofrecen retroalimentación positiva de forma regular a sus trabajadores clave, ellos incrementarán su confianza para afrontar desafíos mayores y reforzarán su compromiso."

Preguntas

1. ¿Considera que es mejor enfocarse en la evaluación y desarrollo de las debilidades o en las fortalezas de los empleados? ¿Por qué?
2. ¿Por qué el desarrollo con base en fortalezas incrementa la participación de los empleados?
3. Si usted fuera gerente, ¿cuáles serían las diferencias en sus interacciones con los empleados si utilizara el desarrollo con base en fortalezas en lugar de un enfoque de deficiencias?

Fuente: Robison, J. (2007). Great Leadership Under Fire, en *Gallup Management Journal*. Disponible en línea en: http://gmj.gallup.com/content/26569/Great-Leadership-Under-Fire.aspx; Local Ag Companies Merge to Form New Cooperative, en *Sidney Daily News*, 20 de febrero de 2008, p. 8; Zelm, A. (2008). Farm Firm Poised for Expansion, en *The Evening Leader*. 10 de marzo, p. A1.

EJERCICIO EN VIDEO

El Grupo Restaurantero Barcelona siempre está tratando de atraer y retener a aquellos empleados que refuercen su cultura orientada al servicio al cliente para ofrecer un servicio de calidad superior. El gerente al que se entrevista en el video ha puesto en marcha un proceso para reclutar y contratar nuevos empleados y despedir a aquellos con bajo desempeño y adecuación. También trata de ofrecer una descripción realista de las expectativas de la empresa a los candidatos para asegurarse de que saben lo que implica aceptar un puesto en la organización.

Como grupo, observen el video "Barcelona" (06:04) y luego respondan de forma individual las siguientes preguntas. Después de establecer sus propias ideas, formen equipos de 4 a 5 personas y comenten sus puntos de vista. Asegúrense de nombrar un portavoz para compartir sus ideas con todo el grupo.

1. ¿De qué forma el grupo restaurantero Barcelona se enfoca en la adecuación? ¿Qué tipos de adecuación trata de optimizar en la contratación?
2. ¿Cómo funciona el envío de los candidatos gerenciales a una "Tienda" de 100 dólares como una presentación realista del puesto? Explique por qué considera que esta medida sería o no eficaz para que los candidatos evalúen su adecuación al Grupo Restaurantero Barcelona.
3. Además de la "Tienda", ¿de qué otra forma Barcelona trata de maximizar la adecuación de los empleados? ¿Qué más sugeriría a la empresa para mejorar la adecuación al puesto y la organización de los nuevos empleados?

CASO EN VIDEO

¿Y ahora qué?

Suponga que espera con dos de sus subordinados una llamada telefónica de un cliente, cuando otro entra en la habitación y se muestra agitado, pues no puede encontrar algo. Los demás empleados se sienten incómodos con esta conducta. *¿Qué diría o haría usted?* Vea el video "*¿Y ahora qué?*", observe el desafío y elija una respuesta. Asegúrese de ver también los resultados de las dos respuestas que no eligió.

Preguntas para análisis

1. ¿Cuáles aspectos del comportamiento organizacional y de la administración estudiados en este capítulo se ilustran en los videos? Explique su respuesta.
2. ¿Qué es más importante para el trabajo: el comportamiento o el desempeño del empleado? ¿Por qué?
3. ¿Qué más haría para manejar eficazmente esta situación si fuera el gerente?

NOTAS FINALES

[1]Pfeffer, J. (1998). *The Human Equation: Building Profits by Putting People First*. Boston, MA: Harvard Business School Press.

[2]Rutherford, L. (2012). How Does Southwest Airlines Screen Candidates for Culture?, en *Workforce.com*, 3 de abril. Disponible en línea en: http://www.workforce.com/article/20120403/DEAR_WORKFORCE/120409976.

[3]The Mission of Southwest Airlines. Disponible en línea en: http://www.southwest.com/about_swa/mission.html.

[4]Maxon, T. (17 de febrero de 2010). Southwest Airlines Ranks No. 2 on List of "Best Companies for Leadership"., en *Dallas News*. Disponible en línea en: http://aviationblog.dallasnews.com/ archives/2010/02/southwest-airlines-ranks-no-2.html.

[5]Towler, A., & Dipboye, R. L. (2003) Development of a Learning Style Orientation Measure, en *Organizational Research Methods*, 6, 216–235. © 2003 by SAGE Publications. Reimpreso con autorización de SAGE Publications.

[6]Mount, M. K., & Barrick, M. R. (1995). The Big Five Personality Dimensions, en *Research in Personnel and Human Resource Management*, núm. 13, pp. 153–200.

[7]Para un análisis más detallado vea Kristof-Brown, A. L., Zimmerman, R. D., & Johnson, E. C. (2005). Consequences of Individuals' Fit at Work: A Meta-Analysis of Person-Job, Person-Organization, Person-Group, and Person-Supervisor Fit, en *Personnel Psychology*, núm. 58, pp. 281–342.

[8]Adaptado de Edwards, J. R. (1991). Person-Job Fit: A Conceptual Integration, Literature Review, and Methodological Critique, en *International Review of Industrial and Organizational Psychology*, eds. C. L. Cooper and I. T. Robertson (vol. 6, pp. 283–357). Nueva York: John Wiley & Sons.

[9]Kristof-Brown, A. L., Zimmerman, R. D., & Johnson, E. C. (2005). Consequences of Individuals' Fit at Work: A Meta-Analysis of Person-Job, Person-Organization, Person-Group,

and Person-Supervisor Fit. Personnel Psychology, núm. 58, pp. 281–342.

[10]Werbel, J. D., & Gilliland, S. W. (1999). Person-Environment Fit in the Selection Process, en *Research in Personnel and Human Resource Management*, ed. G. R. Ferris (Vol. 17, pp. 209–243). Stamford, CT: JAI Press.

[11]Sinton, P. (23 de febrero de 2000). Teamwork the Name of the Game for Ideo, en *San Francisco Chronicle*, B3.

[12]Kristof, A. L. (1996). Person-Organization Fit: An Integrative Review of Its Conceptualizations, Measurement, and Implications. Personnel Psychology, núm. 49, pp. 1–50; Kristof, A. L. (2000). Perceived Applicant Fit: Distinguishing Between Recruiters' Perceptions of Person-Job and Person-Organization Fit, en *Personnel Psychology*, núm. 53, pp. 643–671.

[13] Por ejemplo, Chatman, J. (1989). Improving Interactional Organizational Research: A Model of Person-Organization Fit, en *Academy of Management Review*, núm. 14, pp. 333–349; Chatman, J. (1991). Matching People and Organizations: Selection and Socialization in Public Accounting Firms, en *Administrative Science Quarterly*, núm. 36, pp. 459–484; Vancouver, J. B., & Schmitt. N. W. (1991). An Exploratory Examination of Person-Organization Fit: Organizational Goal Congruence, en *Personnel Psychology*, núm. 44, pp. 333–352.

[14]Kristof-Brown, A. L., Zimmerman, R. D., & Johnson, E. C. (2005). Consequences of Individuals' Fit at Work: A Meta-Analysis of Person-Job, Person-Organization, Person-Group, and Person-Supervisor Fit, en *Personnel Psychology*, núm.58, pp. 281–342.

[15]Kristof-Brown, A. L., Zimmerman, R. D., & Johnson, E. C. (2005). Consequences of Individuals' Fit at Work: A Meta-Analysis of Person-Job, Person-Organization, Person-Group, and Person-Supervisor Fit, en *Personnel Psychology*, p. 58, núm. 281–342.

[16]Sekiguchi, T. & Huber, V. L. (2011). The Use of Person- Organization Fit and Person-Job Fit Information in Making Selection Decisions, en *Organizational Behavior and Human Decision Processes*, 116(2), 203–216; O'Reilly, III, C. A., Chatman, J., & Caldwell, D. V. (1991). People and Organizational Culture: A Profile Comparison Approach to Assessing Person-Organization Fit, en *Academy of Management Journal*, núm. 34, pp. 487–516.

[17]McGregor, J. (23 y 30 de marzo de 2009). Zappos' Secret: It's an Open Book, en *BusinessWeek*, p. 62.

[18]Ashford, S. J., & Taylor, M. S. (1990). Adaptations to Work Transitions: An Integrative Approach, en *Research in Personnel and Human Resources Management*, eds. G. Ferris & K. Rowland (vol. 8, pp. 1–39). Greenwich, CT: JAI Press.

[19]Holland, J. L. (1985). *Making Vocational Choices: A Theory of Vocation Personalities and Work Environments*. Englewood Cliffs, NJ: Prentice-Hall.

[20]Vea Earnest, D. R., Allen, D. G. & Landis, R. S. (2011). Mechanisms Linking Realistic Job Previews with Turnover: A Meta-Analytic Path Analysis, en *Personnel Psychology*, núm. 64(4), pp. 865–897; Phillips, J. M. (1998). Effects of Realistic Job Previews on Multiple Organizational Outcomes: A MetaAnalysis, en *Academy of Management Journal*, núm. 41, pp. 673–690.

[21]Vea McAdams, D. & Olson, B. (2010). Personality Development: Continuity and Change Over the Life Course, en *Annual Review of Psychology*, eds. Fiske, S., Schacter, D., & Sternberg, R. (vol. 61, pp. 517–542). Palo Alto, CA: Annual Reviews.

[22]Barrick, M. R., & Mount, M. K. (1991). The Big Five Personality Dimensions and Job Performance: A Meta-Analysis, en *Personnel Psychology*, núm. 44, pp. 1–26.

[23]El instrumento del MBTI está disponible en Consulting Psychological Press en Palo Alto, California.

[24]MBTI Basics. (2009). The Myers & Briggs Foundation. Disponible en línea en: http://www.myersbriggs.org/my-mbti-personality-type/mbti-basics/.

[25]Basado en Briggs Myers, I. (1995). *Gifts Differing: Understanding Personality Type*. Palo Alto, CA: Davies-Black; Brightman, H. J. (2009). *GMU Master Teacher Program: On Learning Styles*. Disponible en línea en: http://www2.gsu.edu/~dschjb/wwwmbti.html; MBTI Basics. (2009). The Myers & Briggs Foundation. Disponible en línea en: http://www.myersbriggs.org/my-mbti-personality-type/mbti-basics/.

[26]Pittenger, D. J. (otoño de 1993). Measuring the MBTI and Coming Up Short, en *Journal of Career Planning and Placement*. Disponible en línea en: http://www.indiana.edu/~jobtalk/HRMWebsite/ hrm/articles/develop/mbti.pdf.

[27]McGuire, W., & Hull, R. F. C. (eds.). (1977). *C. G. Jung Speaking* (p. 305). Princeton, NJ: Princeton University Press.

[28]Lloyd, J. B. (2012). The Myers-Briggs Type Indicator and Mainstream Psychology: Analysis and Evaluation of an Unresolved Hostility, en *Journal of Beliefs & Values: Studies in Religion & Education*, núm. 33, pp. 23–34; Waters, R. J. (2012). Learning Style Instruments: Reasons Why Research Evidence Might Have a Weak Influence on Practitioner Choice, en *Human Resource Development International*, núm. 15(1), pp. 119–129.

[29]Rotter, J. B. (1966). Generalized Expectancies for Internal vs. External Control of Reinforcement, en *Psychological Monographs* (vol. 80, pp. 1–28). Washington, DC: American Psychological Association; De Brabander, B. & Boone, C. (1990). Sex Differences in Perceived Locus of Control, en *Journal of Social Psychology*, p. 130, pp. 271–276.

[30]Spector, P. E. (1988). Development of the Work Locus of Control Scale, en *Journal of Occupational Psychology*, núm. 61, pp. 335–340.

[31]Nauta, M.M., Liu, C. & Li, C. (2010). A Cross-National Examination of Self-Efficacy as a Moderator of Autonomy/Job Strain Relationships, en *Applied Psychology*, núm. 59(1), pp. 159–179.

[32]Chen, G., Gully, S. M., & Eden, D. (2001). Validation of a New General Self-Efficacy Scale, en *Organizational Research Methods*, núm. 4, pp. 62–83.

[33]Brockner, J. (1988). *Self-Esteem at Work: Research, Theory, and Practice*. Lexington, MA: Lexington Books; Chen, G., Gully, S. M., & Eden, D. (2004). General Self-Efficacy and Self-Esteem: Toward Theoretical and Empirical Distinction Between Correlated Self-Evaluations, en *Journal of Organizational Behavior*, núm. 25, pp. 375–395.

[34]Chen, G., Gully, S. M., & Eden, D. (2004). General Self-Efficacy and Self-Esteem: Toward Theoretical and Empirical Distinction Between Correlated Self-Evaluations, en *Journal of Organizational Behavior*, núm. 25, pp. 375–395.

[35]Judge, T. A., & Bono, J. E. (2001). Relationship of Core Self-Evaluations Traits—Self-Esteem, Generalized Self-Efficacy, Locus of Control, and Emotional Stability—With Job Satisfaction and Job Performance: A Meta-Analysis, en *Journal of Applied Psychology*, núm. 86(1), pp. 80–92.

[36]Chen, G., Gully, S. M., & Eden, D. (2004). General Self-Efficacy and Self-Esteem: Toward Theoretical and Empirical Distinction Between Correlated Self-Evaluations, en *Journal of Organizational Behavior*, núm. 25, pp. 375–395.

[37]Adorno, T. W., Frenkel-Brunswick, E., Levinson, D. J., & Sanford, R. N. (1950). *The Authoritarian Personality*. Nueva York: Harper & Row.

[38]The Rise and Fall of Dennis Kozlowski, en *Business Week*, 23 de diciembre 23 de 2002, pp. 64–77.

[39]Budner, S. (1962). Intolerance of Ambiguity as a Personality Variable, en *Journal of Personality*, núm. 30, pp. 29–50; MacDonald, A. P., Jr. (1970). Revised Scale for Ambiguity Tolerance: Reliability and Validity, en *Psychological Reports*, núm. 26, pp. 791–798.

[40]Furnham, A. (1995). Tolerance of Ambiguity: A Review of the Concept, Its Measurement and Applications, en *Current Psychology*, núm. 14, p. 179.

[41]Vea Kirton, M. J. (2004). *Adaption-Innovation in the Context of Diversity and Change*. Oxford: Oxford University Press; Wilkinson, D. (2006). *The Ambiguity Advantage: What Great Leaders Are Great At*. London: Palgrave Macmillan; Lauriola, M., & Levin, I. P. (2001). Relating Individual Differences in Attitude Toward Ambiguity to Risky Choices, en *Journal of Behavioral Decision Making*, núm. 14, pp. 107–122.

[42]Applebaum, S. H. (1981). *Stress Management for Health Care Professionals*. Rockville, MD: Aspen Publications.

[43]Kunnanatt, J. T. (2003). Type A Behavior Pattern and Managerial Performance: A Study Among Bank Executives in India, en *International Journal of Manpower*, núm. 24, pp. 720–734.

[44]Ferroli, C. (enero/febrero 1996). Anger Could Be a Fatal Fault, en *The Saturday Evening Post*, pp. 18–19.

[45]Kirkcaldy, B. D., Shephard, R. J., & Furnham, A. F. (2002). The Influence of Type A Behaviour and Locus of Control upon Job Satisfaction and Occupational Health, en *Personality and Individual Differences*, núm. 33(8), pp. 1361–1371.

[46]Fitzpatrick, M. E., Cotter, E. W., Bernfeld, S. J., Carter, L. M., Kies, A., & Fouad, N. A. (2011). The Importance of Workplace Bullying to Vocational Psychology: Implications for Research and Practice, en *Journal of Career Development*, núm. 38, pp. 479–499; Workplace Bullying Institute (2010). Results of the 2010 and 2007 WBI U.S. Workplace Bullying Survey. Workplace Bullying Institute. Disponible en línea en: http://www.

workplacebullying.org/ wbiresearch/2010-wbi-national-survey/.; Namie, G. (2007). The Challenge of Workplace Bullying, en *Employment Relations Today*, núm. 34(2), pp. 43–51.

[47]Namie, G. (2008). U.S. Workplace Bullying Survey. Workplace Bullying Institute. Disponible en línea en: www.workplacebullying .org/wbiresearch/wbi-2014-us-survey/

[48]Namie, G., & Namie, R. (otoño de 2000). Workplace Bullying: Silent Epidemic, en *Employee Rights Quarterly*.

[49]Workplace Bullying Institute (2010). Results of the 2010 and 2007 WBI U.S. Workplace Bullying Survey. Workplace Bullying Institute. Disponible en línea en: http://www.workplacebullying .org/wbiresearch/2010-wbi-national-survey/.

[50]Glaso, L., Matthiesen, S. B., Nielsen, M. B., & Einarsen, S. (2007). Do Targets of Workplace Bullying Portray a General Victim Personality Profile?, en *Scandinavian Journal of Psychology*, núm. 48(4), pp. 313–319; Coyne, I., Seigne, E., & Randall, P. (2000). Predicting Workplace Victim Status from Personality, en *European Journal of Work and Organizational Psychology*, núm. 9, pp. 335–349.

[51]Hunter, J. E. (1986). Cognitive Ability, Cognitive Aptitudes, Job Knowledge, and Job Performance, en *Journal of Vocational Behavior*, núm. 29, pp. 340–362.

[52]Hunter, J. E., & Hunter, R. F. (1984). Validity and Utility of Alternative Predictors of Job Performance, en *Psychological Bulletin*, núm. 96, pp. 72–98; Ree, M. J., Carretta, T. R., & Teachout, M. S. (1995). Role of Ability and Prior Knowledge in Complex Training Performance, en *Journal of Applied Psychology*, núm. 80(6), pp. 721–730.

[53]Hunter, J. E. (1986). Cognitive Ability, Cognitive Aptitudes, Job Knowledge, and Job Performance, en *Journal of Vocational Behavior*, núm. 29(3), pp. 340–362; Murphy, K. (1989). Is the Relationship Between Cognitive Ability and Job Performance Stable Over Time?, en *Human Performance*, núm. 2, pp. 183–200; Ree, M. J., & Earles, J. A. (1992). Intelligence Is the Best Predictor of Job Performance, en *Current Directions in Psychological Science*, núm. 1, pp. 86–89.

[54]Conlin, M. (junio de 2006). Champions of Innovation, en *IN*, pp. 18–26.

[55]Chase, W. G., & Simon, H. A. (1973). The Mind's Eye in Chess, en *Visual Information Processing*, ed. W. G. Chase (pp. 215–281). Nueva York: Academic Press; Chi, M. T. H., Glaser, R., & Rees, E. (1982). Expertise in Problem Solving, en *Advances of the Psychology of Human Intelligence*, ed. R. J. Sternberg (vol. 1, pp. 7–75). Hillsdale, NJ: Lawrence Erlbaum Associates.

[56]Ree, M. J., Carretta, T. R., & Teachout, M. S. (1995). Role of Ability and Prior Knowledge in Complex Training Performance, en *Journal of Applied Psychology*, núm. 80(6), pp. 721–730; Schmidt, F. L., & Hunter, J. E. (1981). Employment Testing: Old Theories and New Research Findings, en *American Psychologist*, núm. 36, pp. 1128–1137; Schmidt, F. L., & Hunter, J. E. (1998). The Validity and Utility of Selection Methods in Personnel Psychology: Practical and Theoretical Implications of 85 Years of Research Findings, en *Psychological Bulletin*, núm. 124, pp. 262–274.

[57]Kanfer, R., & Ackerman, P. L. (2004). Aging, Adult Development and Work Motivation, en *Academy of Management Review*, núm. 29, pp. 1–19.

[58]Gully, S. M., Payne, S. C., & Koles, K. L. K. (2002). The Impact of Error Training and Individual Differences on Training Outcomes: An Attribute-Treatment Interaction Perspective, en *Journal of Applied Psychology*, núm. 87, pp. 143–155.

[59]Outtz, J. L. (2002). The Role of Cognitive Ability Tests in Employment Selection, en *Human Performance*, núm. 15, pp. 161–171.

[60]Hough, L., Oswald, F. L., & Ployhart, R. E. (2001). Determinants, Detection and Amelioration of Adverse Impact in Personnel Selection Procedures: Issues, Evidence and Lessons Learnt, en *International Journal of Selection and Assessment*, 9(1/2), pp. 152–194.

[61]Smither, J. W., Reilly, R. R., Millsap, R. E., Pearlman, K., & Stoffey, R. W. (1993). Applicant Reactions to Selection Procedures, en *Personnel Psychology*, núm. 46, pp. 49–76.

[62]Roth, P. L., Bevier, C. A., Bobko, P., Switzer, F. S., & Tyler, P. (2001). Ethnic Group Differences I Cognitive Ability in Employment and Educational Settings: A Meta-Analysis, en *Personnel Psychology*, núm. 54(2), pp. 297–330; Murphy, K. R. (2002). Can Conflicting Perspectives on the Role of g in Personnel Selection Be Resolved? Human Performance, núm.15, pp. 173–186; Murphy, K. R., Cronin, B. E., & Tam, A. P. (2003). Controversy and Consensus Regarding Use of Cognitive Ability Testing in Organizations, en *Journal of Applied Psychology*, núm. 88, pp. 660–671.

[63]Outtz, J. L. (2002). The Role of Cognitive Ability Tests in Employment Selection, en *Human Performance*, núm. 15, pp. 161–171.

[64]Walker, S. (30 de septiembre de 2005). The NFL's Smartest Team, en *Wall Street Journal Online*. Disponible en línea en: http://online.wsj. com/article_email/SB112804210724556355-IRjf4NjlaZ4n56rZ H2JaqWHm4.html.

[65]Para mayor información vea Sternberg, R. J. (1997). *Thinking Styles*. Nueva York: Cambridge University Press; Guilford, J. P. (1967). *The Nature of Human Intelligence*. Nueva York: McGraw-Hill.

[66]Gardner, H. (1983). *Frames of Mind*. Nueva York: Basic Books; Gardner, H. (1993a). *Multiple Intelligences: The Theory in Practice*. Nueva York: Basic Books; Gardner, H. (1993b). Creating Minds. Nueva York: Basic Books; Marks-Tarlow, T. (1995). *Creativity Inside Out: Learning Through Multiple Intelligences*. Reading, MA: Addison-Wesley.

[67]Gardner, H. (1983). *Frames of Mind*. Nueva York: Basic Books; Gardner, H. (1993a). *Multiple Intelligences: The Theory in Practice*. Nueva York: Basic Books; Gardner, H. (1993b). Creating Minds. Nueva York: Basic Books; Marks-Tarlow, T. (1995). *Creativity Inside Out: Learning Through Multiple Intelligences*. Reading, MA: Addison-Wesley.

[68]Gardner, H. (2011). *Frames of Mind: The Theory of Multiple Intelligences*. Philadelphia, PA: Basic Books.

[69]Gardner, H. (1983). *Frames of Mind*. Nueva York: Basic Books; Gardner, H. (1993a). *Multiple Intelligences: The Theory in Practice*. Nueva York: Basic Books.

[70]Mayer, J. D., & Salovey, P. (1993). The Intelligence of Emotional Intelligence, en *Intelligence*, núm. 17, pp. 433–442; Mayer, J. D., & Salovey, P. (1997). What Is Emotional Intelligence?, en *Emotional Development and Emotional Intelligence*, eds. P. Salovey & D. J. Sluyter. Nueva York: Basic Books.

[71]Goleman, D. (1998). *Working with Emotional Intelligence* (p. 317). Nueva York: Bantam Books.

[72]Huy, Q. N. (1999). Emotional Capability, Emotional Intelligence, and Radical Change, en *Academy of Management Review*, núm. 24(2), pp. 325–345.

[73]Jordan, P. J., Ashkanasy, N. M., & Hartel, C. E. J. (2002). Emotional Intelligence as a Moderator of Emotional and Behavioral Reactions to Job Insecurity, en *Academy of Management Review*, núm. 27(3), pp. 361–372.

[74]Kanfer, R., Ackerman, P. L., & Heggestad, E. D. (1996). Motivational Skills and Self-Regulation for Learning: A Trait Perspective, en *Learning and Individual Differences*, núm. 8,

pp. 185–209; Kanfer, R., & Heggestad, E. D. (1997). Motivational Traits and Skills: A Person-Centered Approach to Work Motivation, en *Research in Organizational Behavior*, eds. L. L. Cummings and B. M. Staw (vol. 19, pp. 1–56). Greenwich, CT: JAI Press.

[75]Chen, G., Gully, S. M., Whiteman, J. A., & Kilcullen, B. N. (2000). Examination of Relationships Among Trait-Like Individual Differences, State-Like Individual Differences, and Learning Performance, en *Journal of Applied Psychology*, núm. 85, pp. 835–847; Colquitt, J. A., LePine, J. A., & Noe, R. A. (2000). Toward an Integrative Theory of Training Motivation: A Meta-Analytic Path Analysis of 20 Years of Research, en *Journal of Applied Psychology*, núm. 85(5), pp. 678–707.

[76]Ekman, P., & Friesen, W. V (1969). The Repertoire of Nonverbal Behavior: Categories, Origins, Usage, and Coding, en *Semiotica*, núm. 1, pp. 49–98.

[77]Law, K. S., Wong, C. S., & Song, L. J. (2004). The Construct and Criterion Validity of Emotional Intelligence and Its Potential Utility for Management Studies, en *Journal of Applied Psychology*, núm. 89(3), pp. 483–496.

[78]FedEx Careers. FedEx.com, 2015. Disponible en línea en: http://careers.van.fedex.com/.

[79]Case Study: Emotional Intelligence for People-First Leadership at FedEx Express. 6 Seconds.org, 14 de enero de 2014. Disponible en línea en: http://www.6seconds.org/2014/01/14/casestudy-emotional-intelligence-people-first-leadership-fedexexpress/.

[80]Fields, C. (2013). Don't Hire Without the HR Culture Interview, en *Smart Recruiters Blog*, 6 de noviembre. Disponible en línea en: https://www.smartrecruiters.com/blog/dont-hire-without-the-hr-culture-interview/.

[81]Case Study: Emotional Intelligence for People-First Leadership at FedEx Express. 6 Seconds.org, 14 de enero de 2014. Disponible en línea en: http://www.6seconds.org/2014/01/14/case-study-emotional-intelligence-people-first-leadership-fedex-express/.

[82]Emotional Intelligence Movement Comes of Age: Six Seconds Says Companies that Leverage "EQ" Training Save Money, Gain a Happier, More Productive Workforce, en *BusinessWire*, 23 de abril de 2013. Disponible en línea en: http://www .businesswire.com/news/home/20130423005674/en/ Emotional-Intelligence-Movement-Age-Seconds-CompaniesLeverage#.VQMaYfnF9d0.

[83]Emotional Intelligence Movement Comes of Age: Six Seconds Says Companies that Leverage "EQ" Training Save Money, Gain a Happier, More Productive Workforce, en *BusinessWire*, 23 de abril de 2013. Disponible en línea en: http://www. businesswire.com/news/home/20130423005674/en/EmotionalIntelligence-Movement-Age-Seconds-Companies-Leverage#. VQMaYfnF9d0.

[84]Emotional Intelligence Movement Comes of Age: Six Seconds Says Companies that Leverage "EQ" Training Save Money, Gain a Happier, More Productive Workforce, en *BusinessWire*, 23 de abril de 2013. Disponible en línea en: http://www .businesswire.com/news/home/20130423005674/en/ Emotional-Intelligence-Movement-Age-Seconds-CompaniesLeverage#.VQMaYfnF9d0.

[85]Emotional Intelligence Movement Comes of Age: Six Seconds Says Companies that Leverage "EQ" Training Save Money, Gain a Happier, More Productive Workforce, en *BusinessWire*, 23 de abril de 2013. Disponible en línea en: http://www .businesswire.com/news/home/20130423005674/en/ Emotional-Intelligence-Movement-Age-Seconds-CompaniesLeverage#.VQMaYfnF9d0.

[86]Goleman, D. (2006). *Social Intelligence: The New Science of Human Relationships*. Nueva York: Bantam Books.

[87]Dulewicz, V., & Higgs, M. (2004). Can Emotional Intelligence Be Developed?, en *International Journal of Human Resource Management*, núm. 15(1), pp. 95–111.

[88]Locke, E. A. (2005). Why Emotional Intelligence Is an Invalid Concept, en *Journal of Organizational Behavior*, núm. 26(4), pp. 425–431.

[89]Schulte, M. J., Ree, M. J., & Carretta, T. R. (2004). Emotional Intelligence: Not Much More than g and Personality, en *Personality and Individual Differences*, núm. 37(5), pp. 1059–1068.

[90]O'Boyle, E. H., Humphrey, R. H., Pollack, J. M., Hawver, T. H., & Story, P. A. (2011). The Relation Between Emotional Intelligence and Job Performance: A Meta-Analysis, en *Journal of Organizational Behavior*, núm. 32(5), pp. 788–818; Cote, S., & Miners, C. T. H. (2006). Emotional Intelligence, Cognitive Intelligence, and Job Performance, en *Administrative Science Quarterly*, núm. 51(1), pp. 1–28; Fox, S., & Spector, P. E. (2000). Relations of Emotional Intelligence, Practical Intelligence, General Intelligence, and Trait Affectivity with Interview Outcomes: It's Not All Just "G.", en *Journal of Organizational Behavior*, núm. 21, pp. 203–220; Law, K. S., Wong, C. S., & Song, L. J. (2004). The Construct and Criterion Validity of Emotional Intelligence and Its Potential Utility for Management Studies, en *Journal of Applied Psychology*, núm. 89(3), pp. 483–496; Tett, R. P., & Fox, K. E. (2006). Confirmatory Factor Structure of Trait Emotional Intelligence in Student and Worker Samples, en *Personality and Individual Differences*, núm. 41(6), pp. 1155–1168; Van Rooy, D. L., & Viswesvaran, C. (2004). Emotional Intelligence: A Meta-Analytic Investigation of Predictive Validity and Nomological Net, en *Journal of Vocational Behavior*, núm. 65(1), pp. 71–95; Van Rooy, D. L., Viswesvaran, C., & Pluta, P. (2005). An Evaluation of Construct Validity: What Is This Thing Called Emotional Intelligence?, en *Human Performance*, núm. 18(4), pp. 445–462.

[91]Emotional Intelligence Movement Comes of Age: Six Seconds Says Companies that Leverage "EQ" Training Save Money, Gain a Happier, More Productive Workforce, en *BusinessWire*, 23 de abril de 2013. Disponible en línea en: http://www .businesswire.com/news/home/20130423005674/en/ Emotional-Intelligence-Movement-Age-Seconds-CompaniesLeverage#.VQMaYfnF9d0.

[92]Liu, Y., & Ginther, D. (1999). Cognitive Styles and Distance Education, en *Online Journal of Distance Learning Administration*, 2(3). State University of West Georgia, Distance Education. Disponible en línea en: http://www.westga.edu~distance/ ojdla/fall23/liu23.html/; Robertson, I. T. (1985). Human Information-Processing Strategies and Style, en B*ehavior and Information Technology*, núm. 4(1), pp. 19–29; Sadler-Smith, E. (1997). "Learning Style": Frameworks and Instruments, en *Educational Psychology*, núm. 17(1–2), pp. 51–63; Sternberg, R. J., & Zhang, L. (eds.). (2001). *Perspectives on Thinking, Learning, and Cognitive Styles*. Mahwah, NJ: LEA; Zhang, L., & Sternberg, R. J. (2006). *The Nature of Intellectual Styles*. Mahwah, NJ: LEA.

[93]Sternberg, R. J., & Zhang, L. (eds.). (2001). *Perspectives on Thinking, Learning, and Cognitive Styles*. Mahwah, NJ: LEA.

[94]Bissell, J., White, S., & Zivin, G. (1971). Sensory Modalities in Children's Learning, en *Psychology and Educational Practice*, ed. G. S. Lesser (pp. 130–155). Glenview, IL: Scott, Foresman, & Company.

[95]Dunn, R. S., & Dunn, K. J. (1979). Learning Styles/Teaching Styles: Should They & Can They & Be Matched?, en *Educational Leadership*, núm. 36, pp.238–244.

[96]Tennant, M. (1988). *Psychology and Adult Learning*. London: Routledge.

[97]Kolb, D. A. (1984). *Experiential Learning: Experience as the Source of Learning and Development*. Englewood Cliffs, NJ: Prentice-Hall.

[98]Kolb, D. A. (1984). *Experiential Learning: Experience as the Source of Learning and Development*. Englewood Cliffs, NJ: Prentice-Hall.

99Cassidy, S. (2004). Learning Styles: An Overview of Theories, Models, and Measures, en *Educational Psychology*, núm. 24(4), pp. 419–444.

100Towler, A., & Dipboye, R. L. (2003). Development of a Learning Style Orientation Measure, en *Organizational Research Methods*, núm. 6, pp. 216–235.

101Duff, A., & Duffy, T. (2002). Psychometric Properties of Honey and Mumford's Learning Styles Questionnaire, en *Personality and Individual Differences*, núm. 33, pp. 147–163; Newstead, S. E. (1992). A Study of Two "Quick-and-Easy" Methods of Assessing Individual Differences in Student Learning, en *British Journal of Educational Psychology*, núm. 62(3), pp. 299–312; Wilson, D. K. (1986). An Investigation of the Properties of Kolb's Learning Style Inventory, en *Leadership & Organization Development Journal*, núm. 7(3), pp. 3–15.

102Towler, A., & Dipboye, R. L. (2003). Development of a Learning Style Orientation Measure, en *Organizational Research Methods*, núm. 6, pp. 216–235.

103Rutherford, L. (2012). How Does Southwest Airlines Screen Candidates for Culture?, en Workforce.com, 3 de abril. Disponible en línea en: http://www.workforce.com/article/20120403/DEAR_WORKFORCE/120409976.

104Rutherford, L. (2012). How Does Southwest Airlines Screen Candidates for Culture?, en Workforce.com, 3 de abril.

Disponible en línea en: http://www.workforce.com/article/20120403/ DEAR_WORKFORCE/120409976.

105Kaihla, P. (23 de marzo 2006). Best-Kept Secrets of the World's Best Companies, en *Business 2.0*. Disponible en línea en: http://money.cnn.com/2006/03/23/magazines/business2/ business2_bestkeptsecrets/index.htm.

106Kaihla, P. (23 de marzo de 2006). Best-Kept Secrets of the World's Best Companies, en *Business 2.0*. Disponible en línea en: http://money.cnn.com/2006/03/23/magazines/business2/business2_bestkeptsecrets/index.htm; Freiberg, K., & Freiberg, J. (1996). Nuts! Southwest Airlines' Crazy Recipe for Business and Personal Success. Austin: Bard Press.

107Freiberg, K., & Freiberg, J. (1996). Nuts! Southwest Airlines' Crazy Recipe for Business and Personal Success. Austin: Bard Press.

108Carbonara, P. (Agosto, 1996). Hire for Attitude, Train for Skill, en *Fast Company*, núm. 4, p. 73.

109Lichtenwalner, B. (2011). Southwest Airlines 2011 Results Reflect Benefits of Servant Leadership, Modern Servant Leader. Disponible en línea en: http://modernservantleader.com/ servant-leadership/southwest-airlines-2011-results- reflectbenefits-of-servant-leadership/.

VALORES, PERCEPCIONES Y REACCIONES INDIVIDUALES

ESTRUCTURA DEL CAPÍTULO

Desafíos del mundo real: La actitud es una elección en Pike Place Fish Market

ACTITUDES EN LAS ORGANIZACIONES
  Cómo se forman las actitudes
  Disonancia cognitiva
  Cambio de actitudes
  Actitudes clave relacionadas con el trabajo

VALORES Y EMOCIONES EN LAS ORGANIZACIONES
  Tipos de valores
  Conflictos entre valores
  Formas es que difieren los valores en el mundo
  Papel de las emociones en el comportamiento
  Afecto y estado de ánimo

PERCEPCIÓN EN LAS ORGANIZACIONES
  Procesos perceptuales básicos
  Errores en la percepción

  Percepción y atribución
Cómo entenderse a sí mismo: Afectividad positiva y negativa
  Percepciones de justicia, equidad y confianza
Temas globales: Cómo influye la cultura en las atribuciones
Caso de estudio: ¿Qué hacer cuando tu jefe libera a su niño interior?

ESTRÉS EN LAS ORGANIZACIONES
  Naturaleza del estrés
  Consecuencias del estrés
  Manejo y control del estrés
Mejore sus habilidades: Recomendaciones para manejar el estrés
  Balance de vida y trabajo

RESUMEN Y APLICACIÓN
Respuestas para el mundo real: La actitud es una elección en Pike Place Fish Market

OBJETIVOS DE APRENDIZAJE

Al concluir el estudio de este capítulo, usted podrá:

1 Analizar cómo se forman las actitudes, describir el significado de la disonancia cognitiva e identificar y describir tres actitudes laborales importantes.

2 Describir el papel y la importancia de los valores y las emociones en el comportamiento organizacional.

3 Explicar los procesos perceptuales básicos y la forma en que la percepción influye en la justicia, la equidad y la confianza en las organizaciones.

4 Analizar la naturaleza del estrés, identificar sus causas y consecuencias y describir cómo puede manejarse.

—DESAFÍOS DEL MUNDO REAL—

LA ACTITUD ES UNA ELECCIÓN EN PIKE PLACE FISH MARKET[1]

John Yokoyama no planeaba comprar el Pike Place Fish Market en Seattle. La venta de pescado es un trabajo arduo, las jornadas son largas, los empleados trabajan de 6:30 am a 6:30 pm y su labor puede ser agotadora y aburrida; pero cuando el dueño decidió retirarse del negocio, Yokoyama optó por comprarlo en lugar de perder su empleo.

Como gerente, Yokoyama exigía resultados a sus empleados y les reprochaba fuertemente sus errores. Nunca salía de vacaciones e insistía en manejar directamente todas las actividades del negocio. Copiaba las actitudes negativas del dueño anterior, su ira y su estilo gerencial basado en el miedo. Nadie se divertía, ni siquiera él.

La empresa tenía dificultades, la rotación de empleados era alta y la moral baja. Yokoyama sabía que no lograba obtener lo mejor de sus empleados y reconoció que debía cambiar sus valores y estilo gerencial para salvar a la empresa. Se percató de que si podía hacer que ellos participaran más y mejoraran sus actitudes, el negocio mejoraría. En estas circunstancias, le solicita a usted su consejo para mejorar las actitudes de sus empleados. Después de leer este capítulo, usted deberá tener algunas buenas ideas que ofrecerle.

¿Podría trabajar más arduamente si su jefe se lo solicitara? Si lo quisiéramos, la mayoría de nosotros podríamos dar al menos un esfuerzo adicional. Una forma de incrementar el esfuerzo discrecional y mejorar el desempeño de los empleados es el manejo efectivo de las actitudes, valores y percepciones que influyen en la satisfacción laboral. Los empleados trabajan más y tienden a renunciar menos cuando sus valores personales son consistentes con los que sustenta la organización, están satisfechos con sus trabajos y tienen actitudes positivas hacia la empresa y el entorno laboral.[2]

En el capítulo 3 se incluye una introducción a las diferencias individuales y se estudia la personalidad, la inteligencia y los estilos de aprendizaje. En este continúa nuestro enfoque en el comportamiento individual en las organizaciones. Comenzaremos con un análisis de las actitudes, en el que examinaremos la manera en que se forman, la disonancia cognitiva y tres actitudes laborales clave. Después se estudia la forma en que las emociones y los valores influyen en el comportamiento organizacional. Más adelante analizaremos el papel de la percepción, en especial en relación con la justicia y la confianza. Por último, se incluye una sección sobre las causas, consecuencias y formas de manejo del estrés en las organizaciones.

ACTITUDES EN LAS ORGANIZACIONES

actitudes
Complejo de creencias y sentimientos personales sobre otras personas, ideas o situaciones específicas

Es evidente que las actitudes de las personas afectan su comportamiento en las organizaciones. Las **actitudes** son complejos de creencias y sentimientos acerca de otras personas, ideas o situaciones específicas. Las actitudes son importantes porque son los mecanismos por medio de los cuales expresamos nuestros sentimientos. Si un empleado afirma que se siente subcompensado en una organización, expresa su sentir sobre su remuneración. De igual manera, cuando un gerente dice que le agrada la nueva campaña publicitaria, manifiesta sus sentimientos sobre las actividades de marketing de la organización.

Cómo se forman las actitudes

Las actitudes se componen de diversas fuerzas, entre las que se encuentran nuestra personalidad, valores y experiencias personales. Por ejemplo, si valoramos la honestidad y la integridad, formaremos actitudes favorables hacia un gerente que consideramos honesto y ético. De igual manera, si tenemos experiencias negativas y desagradables con un compañero de trabajo, nos formaremos una actitud desfavorable hacia él. Cualquiera de los "cinco grandes" u

Las actitudes son las creencias y sentimientos que tenemos hacia otras personas, ideas o situaciones. Durante las campañas presidenciales formamos actitudes positivas o negativas hacia los candidatos. Si nuestro candidato preferido es eliminado o abandona la competencia, necesitaremos formar nuevas actitudes hacia los candidatos restantes.

otros de los rasgos de personalidad que estudiamos en el capítulo 3 puede también influir en nuestras actitudes. Comprender la estructura básica de la actitud nos ayuda a conocer cómo se forman las actitudes y cómo podemos cambiarlas.

Por lo general, las actitudes son vistas como disposiciones estables a comportarnos de forma determinada respecto a un objeto. Una persona puede decidir que por muchas razones no le agrada una figura de la política o un restaurante (una disposición). Deberíamos esperar que esta persona expresara opiniones negativas consistentes sobre el candidato o el restaurante y que mantuviera la intención predecible de no votar por él o de no comer en ese lugar. La figura 4.1 ilustra esta perspectiva en la que las actitudes tienen tres componentes: cognición, afecto e intención.

La *cognición* es el conocimiento que una persona considera poseer sobre algo. Usted puede creer que le gusta su clase porque el libro de texto es excelente, el grupo se reúne a una hora que a usted la acomoda, el profesor es sobresaliente y la carga de trabajo es razonable. Este "conocimiento" puede ser verdadero, parcialmente verdadero o totalmente falso. Por ejemplo, usted podría querer votar por un candidato determinado porque cree conocer su postura en torno a diversos temas. En la realidad, el pensamiento del candidato sobre estos temas podría ser igual, parecido o totalmente diferente al suyo, lo cual depende de su honestidad y de la comprensión que usted tenga sobre sus afirmaciones. Las cogniciones se basan en percepciones de verdad y realidad y, como veremos más adelante, son consistentes en grados diferentes.

El *afecto* de una persona se refiere a los sentimientos que tiene hacia algo. De muchas maneras, el afecto se asemeja a la emoción, como en que tenemos poco o ningún control consciente sobre él. Por ejemplo, la mayoría de las personas reacciona a palabras como "amor", "odio", "sexo" o "guerra" de forma que refleja el sentimiento que les confiere. A usted le puede agradar una clase, disgustarle otra y ser indiferente a una tercera. Podría no importarle mucho si la clase que le desagrada es una materia optativa, pero si es el primer curso que toma en su área de especialidad, su reacción afectiva puede generarle un nivel considerable de ansiedad.

La *intención* guía el comportamiento de una persona. Si le agrada un profesor, podría tener la intención de tomar otro curso con él el siguiente semestre. Sin embargo, las intenciones no siempre se traducen en comportamiento. Si el curso del profesor para el siguiente semestre está programado a las 8 de la mañana, podría decidir que otro profesor es igualmente bueno.

cognición
Conocimiento que una persona considera poseer sobre algo

afecto
Sentimientos que tiene una persona hacia algo

intención
Componente de la actitud que guía el comportamiento de una persona

Figura 4.1

Formación de actitudes

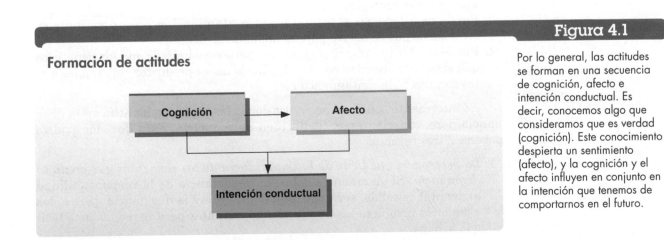

Por lo general, las actitudes se forman en una secuencia de cognición, afecto e intención conductual. Es decir, conocemos algo que consideramos que es verdad (cognición). Este conocimiento despierta un sentimiento (afecto), y la cognición y el afecto influyen en conjunto en la intención que tenemos de comportarnos en el futuro.

El afecto, la cognición y la intención conductual son los componentes principales de una actitud. Por ejemplo, a usted le puede agradar un profesor (afecto), considerar que es un muy buen docente (cognición) y planear tomar clases con él el siguiente semestre (intención conductual). Sin embargo, si la clase está programada a las 8 de la mañana, podría reconsiderarlo si tiene que trabajar o le gusta dormir hasta tarde.

VESNA ANDJIC/GETTY IMAGES

Algunas actitudes y sus intenciones correspondientes son más importantes y significativas que otras. Usted puede pretender hacer una cosa (como tomar una clase determinada), pero después modificar su intención ante una actitud más importante o central (el gusto por dormir hasta tarde).

Disonancia cognitiva

La disonancia cognitiva juega un papel importante en la forma en que las actitudes influyen en nuestro comportamiento. Suponga que usted tiene la fuerte creencia de que todas las empresas deben ser rentables y ambientalmente responsables, pero es nombrado presidente ejecutivo (CEO) de una empresa muy contaminante. Se da cuenta de que reducir las emisiones de carbono de la empresa sería tan costoso que dejaría de ser rentable. ¿Qué haría? La brecha que existe entre su actitud hacia la responsabilidad ambiental y su actitud sobre la rentabilidad de la empresa crea lo que se conoce como disonancia cognitiva. La *disonancia cognitiva* es un conflicto o incompatibilidad entre el comportamiento y la actitud o entre dos actitudes diferentes.[3] Cuando las personas experimentan disonancia, emplean uno de cuatro enfoques posibles para afrontarla. Con base en el escenario del ejemplo anterior, estos enfoques serían los siguientes:

disonancia cognitiva

Conflicto o incompatibilidad entre el comportamiento y la actitud o entre dos actitudes diferentes

1. Puede modificar su comportamiento y reducir las emisiones de carbono de la empresa.
2. Puede reducir la disonancia que experimenta si logra racionalizar que la contaminación no es tan importante en comparación con la meta de dirigir una empresa rentable.
3. Puede modificar su actitud ante la contaminación para disminuir su creencia de que es nociva para el ambiente.
4. Puede buscar información adicional para racionalizar que los beneficios que obtiene la sociedad con la fabricación de los productos superan los costos sociales de la contaminación.

Es interesante señalar que en ocasiones las personas identifican la disonancia pero, conscientemente, deciden no reducirla. Esta decisión podría deberse a tres razones:

1. *La percepción que tiene de la importancia de los elementos que crean la disonancia.* Si su creencia sobre la importancia de la responsabilidad ambiental es sólida, será más difícil que ignore la disonancia, pero si los elementos involucrados no son tan importantes para usted, es más fácil que lo haga.

2. *El grado de influencia que considera tener sobre estos elementos*. Si el consejo de administración de la empresa le ha advertido que no puede invertir en tecnología para reducir la contaminación, es más fácil que racionalice la disonancia y no haga nada. Sin embargo, si toma la decisión solo es probable que aborde la disonancia de forma más activa.

3. *Las recompensas de la disonancia*. Estas recompensas tienden a reducir nuestras reacciones ante ella. Si su bono anual se basa en el desempeño financiero de la empresa y no en sus registros ambientales, tenderá a no hacer nada ante ella.

Cambio de actitudes

Las actitudes no son tan estables como la personalidad y pueden cambiar, por ejemplo, ante nueva información. Un gerente que tiene una actitud negativa hacia un nuevo colega porque no tiene experiencia, después de trabajar con él podría darse cuenta de que en realidad es una persona talentosa y de ahí en adelante mostrar una actitud más positiva. De igual manera, si cambia el objeto de la actitud, la actitud de la persona también lo hará. Suponga que los empleados se sienten subcompensados y, como resultado, tienen actitudes negativas hacia el sistema de remuneración de la empresa. Un incremento significativo de sus percepciones podría hacer que estas actitudes adquieran un tono más positivo.

Las actitudes también cambian cuando el objeto de la actitud se vuelve menos importante o relevante para la persona. Por ejemplo, suponga que un empleado tiene una actitud negativa hacia el seguro médico de su empresa. Cuando su esposa entra a trabajar en otra organización que tiene grandes beneficios de salud, su actitud hacia su seguro puede ser más moderada porque simplemente no tiene que preocuparse más por ello. Por último, como ya se mencionó, las personas pueden cambiar sus actitudes para reducir las disonancias cognitivas.

Las actitudes fuertemente arraigadas y duraderas son resistentes al cambio. Por ejemplo, durante muchos años Frank Lorenzo, un exdirectivo de una aerolínea, desarrolló la reputación de estar en contra de los sindicatos y de reducir sueldos y beneficios, lo que provocó que los empleados de toda la industria sintieran aversión por él y desconfiaran de sus intenciones. Cuando comenzó a dirigir a Eastern Airlines, sus empleados tenían una fuerte actitud de desconfianza y consideraban que no podrían acordar o cooperar con ninguna de sus ideas o programas. Meses después, algunos de ellos incluso se alegraron cuando Eastern cayó en bancarrota, ¡a pesar de que ello les costó su empleo!

La disonancia cognitiva es común entre las personas que fuman. Su cognición "les dice" que fumar no es saludable, pero su comportamiento de "fumar" contradice este conocimiento. Ellos podrían establecer metas para dejar de fumar en el futuro como forma de afrontar esta disonancia.

La satisfacción laboral es el resultado de diversos factores en el lugar de trabajo, entre los que se encuentran el trabajo en sí mismo y la compensación que se recibe por él. Las actitudes que muestran los compañeros, colegas y otras personas de la organización también son importantes. Por ejemplo, si tenemos un compañero que se muestra feliz y emocionado por el trabajo y la organización, contagiará su entusiasmo y contribuirá con nuestra satisfacción laboral.

Actitudes clave relacionadas con el trabajo

Las personas desarrollan actitudes hacia muchas cosas diferentes en las organizaciones. Los empleados tienen actitudes sobre su salario, las posibilidades de obtener una promoción, su jefe, los beneficios, los alimentos de la cafetería y el color de los uniformes del equipo de futbol de la empresa. Es evidente que algunas actitudes son más importantes que otras. La satisfacción laboral, el compromiso organizacional y la participación de los empleados son actitudes especialmente relevantes.

Satisfacción laboral

satisfacción laboral
Condición que refleja nuestras actitudes y sentimientos hacia nuestro trabajo

La satisfacción laboral es uno de los temas que más se estudian en el área del comportamiento organizacional. La *satisfacción laboral* refleja nuestras actitudes y sentimientos hacia el trabajo. Como se ilustra en la figura 4.2, los factores que influyen más en la satisfacción laboral son: el trabajo en sí mismo, las actitudes, los valores y la personalidad. La naturaleza del trabajo ejerce la mayor influencia en la satisfacción laboral. Si a una persona no le agrada el trabajo que realiza, es difícil que se encuentre satisfecho con él. Los desafíos, la autonomía, la variedad y el alcance del trabajo incrementan la satisfacción

Figura 4.2

La satisfacción laboral es una de las actitudes más importantes para las organizaciones. Refleja nuestras actitudes y sentimientos sobre nuestro trabajo. La personalidad, los valores, otras actitudes y el trabajo en sí influyen fuertemente en ella.

Influencias en la satisfacción laboral

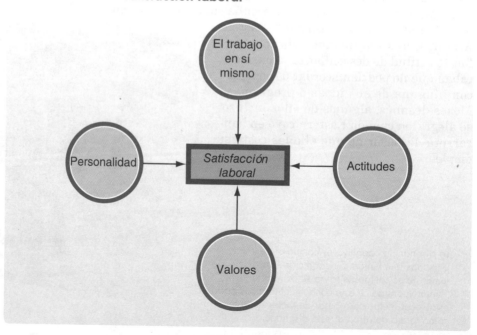

laboral.[4] Como gerente, si usted desea incrementar la satisfacción laboral de sus subordinados deberá enfocarse primero en mejorar la naturaleza del trabajo que realizan.[5] Los compañeros, superiores y subordinados forman parte de la experiencia laboral e influyen también en la satisfacción. Sus actitudes y percepciones pueden ser contagiosas, especialmente en el caso de los nuevos empleados que se encuentran en el proceso de formarse impresiones sobre el trabajo y la empresa. Si los compañeros no se muestran felices y satisfechos con su trabajo, los nuevos empleados tenderán a sentir mayor insatisfacción que si hubieran interaccionado de forma habitual con empleados felices y satisfechos.

Nuestras actitudes y valores en el trabajo también influyen en nuestra satisfacción laboral. Una persona que tiene una actitud negativa hacia el trabajo tenderá a estar menos satisfecha que alguien que tiene una actitud positiva. Los empleados que encuentran un valor intrínseco en el trabajo que realizan sienten que hacen cosas importantes. Si alguien valora los desafíos y la variedad en el trabajo, se encontrará más satisfecho en un puesto con estas características que en puestos monótonos.

Es importante señalar que nuestra satisfacción laboral es estable y se mantiene en el tiempo, aun cuando cambiemos de puesto o de empleador.[6] Algunas personas rara vez se sienten satisfechas en su trabajo mientras que otras tienden a estarlo sin que les importe el trabajo que desempeñen. Diversas investigaciones sugieren que las diferencias en la satisfacción laboral se deben a diferencias genéticas y de personalidad.[7] La autoevaluación,[8] la extroversión y la meticulosidad[9] influyen de forma particular en la satisfacción laboral. Por ello, ésta puede mejorar cuando se emplea a personas extrovertidas y meticulosas que tengan buena adecuación con el puesto y autoevaluaciones altas (autoconcepto general positivo[10]).

¿Los trabajadores satisfechos son más productivos? La respuesta es sí, y esta relación positiva entre satisfacción laboral y desempeño es aún más fuerte en los puestos profesionales complejos.[11] Los empleados satisfechos benefician a la organización porque su satisfacción influye de forma positiva en las actitudes y conductas ciudadanas de los empleados (que se describen en el capítulo 1).[12] Por otra parte, la insatisfacción laboral se relaciona con niveles más altos de ausentismo y rotación, así como con otras conductas de retracción, como retardos, abuso de sustancias, reclamos y decisiones de retiro.[13] Sin embargo, el nivel de satisfacción no es lo único que importa. Cuando disminuye la satisfacción, las intenciones y la rotación real tienden a aumentar.[14] El alto costo potencial de estas conductas y el impacto financiero de la inversión para mejorar la satisfacción laboral hace que valga la pena invertir para mejorar las actitudes de los empleados hacia su trabajo y la empresa.

Compromiso organizacional

El *compromiso organizacional* se refiere al grado al cual un empleado se identifica con la organización y sus metas, y desea permanecer en ella. Existen tres formas en las que nos podemos sentir comprometidos con una empresa o empleador:

compromiso organizacional
Refleja el grado al cual un empleado se identifica con la organización y sus metas, y desea permanecer en ella

1. *Compromiso afectivo:* apego emocional positivo a una organización y una identificación fuerte con sus metas y valores. Los empleados de un hospital infantil pueden comprometerse afectivamente con la organización por la meta que tiene de ofrecer atención médica de alta calidad a los niños. El compromiso afectivo está relacionado con niveles superiores de desempeño y hace que los empleados permanezcan en la organización porque así lo quieren.

2. *Compromiso normativo:* sentimiento de obligación de permanecer en una empresa por razones éticas o morales. Un empleado que ha concluido

una maestría en negocios podría sentir la obligación moral de permanecer en la empresa que pagó su colegiatura, al menos durante el tiempo necesario para pagar su deuda. El compromiso normativo se relaciona con un desempeño superior y hace que los empleados permanezcan en la organización porque sienten que es su deber.

3. *Compromiso continuo:* permanencia en una organización porque se perciben costos económicos (tomar otro empleo significaría perder acciones valiosas) o sociales (amistad con compañeros) altos asociados con salir de ella. El compromiso continuo hace que los empleados permanezcan en la organización porque sienten que tienen que hacerlo.

Estos tres tipos de compromiso organizacional no son mutuamente excluyentes. Es posible comprometerse con una organización de forma afectiva, normativa y continua al mismo tiempo, en niveles diferentes de intensidad. El "perfil de compromiso" que tiene un empleado en un momento dado refleja niveles altos o bajos de los tres tipos de compromiso organizacional.[15] Los perfiles diferentes tienen efectos distintos sobre el comportamiento en el trabajo, como el desempeño, el ausentismo y la posibilidad de que el empleado renuncie.[16]

Participación de los empleados

¿Cómo se sentiría en un trabajo en que le desagradan sus compañeros, su jefe es malvado y carece de los recursos que requiere para trabajar? ¿Se esforzaría totalmente en su trabajo? Si nos sentimos respetados y vemos la importancia que tiene nuestro trabajo para la empresa y para los demás, seremos más entusiastas y participaremos más. La *participación de los empleados* es una "conexión emocional e intelectual acentuada que tiene un empleado con su puesto, organización, gerente o compañeros que hace que aumente su esfuerzo en el trabajo".[17]

Los trabajadores que participan aportan todo su esfuerzo y a veces van más allá del deber, porque les apasionan la empresa y hacer bien su trabajo. Los que no lo hacen se desempeñan por debajo de su capacidad potencial y carecen de las conexiones emocionales y motivacionales con su empleador para ejercer un esfuerzo mayor. En lugar de estar convencidos que deben hacer su trabajo y dar lo mejor de sí, sienten que deben hacer lo mínimo y nada más.

Un estudio reveló que más de 50% de los altos directivos tienen una "alineación y conexión emocional" con su organización menor que la ideal.[18] Este porcentaje resulta particularmente problemático cuando consideramos las consecuencias financieras de una participación baja. Una alta participación de los empleados se relaciona con el desempeño superior de la empresa. Towers Perrin comprobó que las organizaciones con participación alta tienen una tasa de crecimiento de utilidad por acción de 28%, mientras que las de participación sólo llegan a 11%.[19] En una empresa, según el reporte de la Society for Human Resource Management, el fortalecimiento de la participación de los trabajadores representó ahorros por 1.7 millones de dólares en un año.[20] Como gerente, usted debe recordar que los impulsores de la participación de los empleados pueden diferir de los impulsores de atracción y retención, es decir, que lo que atrae a los empleados a una organización, no es lo mismo que los hace participar y los mantiene en la organización.[21] La participación mejora cuando el empleado:

* Tiene roles y metas claras
* Cuenta con los recursos que necesita para hacer un buen trabajo
* Obtiene retroalimentación significativa de su desempeño
* Puede aplicar sus talentos
* Es recompensado cuando realiza un buen trabajo

participación de los empleados
Conexión emocional e intelectual acentuada que un empleado tiene con su puesto, organización, gerente o compañeros, la cual estimula su esfuerzo en el trabajo

Tabla 4.1

Los tres impulsores más importantes de la atracción, retención y participación de grupos diferentes de edad en el mundo

Impulsores más importantes de la atracción de empleados de 18 a 24 años	Impulsores más importantes de la retención de empleados de 18 a 24 años	Impulsores de participación más importantes de empleados de 18 a 24 años
Oportunidades de desarrollo profesional	Grandes oportunidades de desarrollo profesional	La organización desarrolla el liderazgo en todos los niveles
Compensación básica competitiva	Trabajar en un entorno que aliente las nuevas ideas	La organización resuelve con rapidez las preocupaciones de los clientes
Oportunidades de aprendizaje y desarrollo	Satisfacción con las decisiones de negocios de la organización	La alta dirección se interesa de forma sincera en el bienestar de los empleados
Impulsores más importantes de la atracción de empleados de 45 a 54 años	**Impulsores más importantes de la retención de empleados de 45 a 54 años**	**Impulsores de participación más importantes de los empleados de 45 a 54 años**
Compensación básica competitiva	Prestigio de la organización como un gran lugar para trabajar	La alta dirección se interesa de forma sincera en el bienestar de los empleados
Trabajo desafiante	Satisfacción con las decisiones del área de recursos humanos de la organización	Mejora de las habilidades y capacidades personales durante el último año
Conveniencia de la ubicación del trabajo	Comprensión de las trayectorias potenciales de carrera dentro de la organización	Prestigio de la organización en responsabilidad social

Fuente: Con base en la información de las figuras 14, 15 y 16 de *Towers Perrin Global Workforce Study-Global Report* en http://www.towersperrin. com/tp/ getwebcachedoc?webc=HRS/USA/2008/200803/GWS_Global_Report20072008_31208.pdf

- Tienen relaciones positivas con sus compañeros
- Tienen oportunidades de aprender y crecer
- Cuentan con un liderazgo de apoyo

La tabla 4.1 resume los resultados de una encuesta reciente de Towers Perrin sobre diferentes impulsores de la atracción, retención y participación de los empleados por generación en el mundo.

VALORES Y EMOCIONES EN LAS ORGANIZACIONES

Los valores y las emociones también son elementos importantes para el comportamiento individual en las organizaciones. Los *valores* son formas de comportamiento o estados finales deseables de una persona u organización. Los valores pueden ser conscientes o inconscientes.[22] Aunque nuestros valores tienden a estar bien establecidos en la adolescencia, pueden moldearse por acontecimientos de vida importantes, como el nacimiento de un hijo, la participación en una guerra, la muerte de un ser querido, enfermedad o incluso un fracaso empresarial. Los valores en el trabajo influyen en los resultados individuales y organizacionales importantes, como desempeño y retención, y también se consideran resultados importantes en sí mismos.[23]

valores

Formas de comportamiento o estados finales deseables en una persona o grupo

Los valores personales de los líderes de la empresa influyen en la estrategia de negocios de la organización[24] y todos los aspectos del comportamiento organizacional como la contratación, el sistema de compensación, las relaciones gerente-subordinado, la comunicación, los estilos de manejo del conflicto y los enfoques de negociación.[25] También influyen en las elecciones éticas. Cuando no existen reglas claras para manejar un problema ético determinado, tendemos a responder de forma individual a cada situación con base en nuestros valores en ese momento.[26] Nuestros valores personales se combinan con influencias organizacionales, como la cultura para generar decisiones significativamente diferentes de aquellas tomadas sólo con base en nuestros valores personales.[27] Las culturas organizacionales sólidas nos guían ante las opciones ambiguas. Sin embargo, es difícil mantener la normatividad ética cuando los valores personales entran en conflicto con los organizacionales.[28]

Tipos de valores

Los valores pueden ser terminales o instrumentales e intrínsecos o extrínsecos. A continuación analizaremos estas diferencias.

Valores terminales e instrumentales

valores terminales

Valores que reflejan nuestras metas de vida a largo plazo y pueden incluir prosperidad, felicidad, una familia segura y sentido de logro

Un investigador reconocido ha identificado dos tipos de valores: terminales e instrumentales.[29] Los *valores terminales* reflejan nuestras metas de vida a largo plazo y pueden incluir la prosperidad, la felicidad, una familia segura y un sentido de logro. Las personas que valoran a su familia por encima del éxito profesional trabajarán menos horas y pasarán más tiempo con sus hijos que aquellas que priorizan su carrera. Por supuesto, esto no significa que las personas que cuentan con valores familiares fuertes no puedan tener una carrera exitosa. Los valores terminales pueden cambiar con el tiempo con base en nuestras experiencias y logros. Cuando una persona orientada a su carrera vende su negocio o empresa por una suma importante de dinero, puede alcanzar sus metas de prosperidad y entonces su familia podría convertirse en lo más importante.

valores instrumentales

Formas elegidas de comportamiento o medios preferidos para alcanzar nuestros valores terminales

Los *valores instrumentales* son nuestras formas elegidas de comportamiento o medios preferidos para alcanzar nuestros valores terminales. Los valores terminales determinan lo que queremos lograr, mientras que éstos determinan la forma en que lo hacemos. La honestidad, la ambición y la independencia son ejemplos de valores instrumentales que guían nuestro comportamiento para alcanzar las metas terminales. Tendemos a emplear más los valores instrumentales más fuertes. Las personas que valoran la honestidad se comportan de forma ética para alcanzar los valores terminales de prosperidad y sentido de logro que las personas que tienen un valor instrumental bajo de honestidad.

Valores laborales intrínsecos y extrínsecos

valores laborales intrínsecos

Valores relacionados con el trabajo en sí mismo

Los *valores laborales intrínsecos* se relacionan con el trabajo en sí mismo.[30] Por ejemplo, algunos empleados buscan puestos desafiantes con mucha variedad en los que puedan aprender constantemente cosas nuevas, mientras que otros prefieren puestos más sencillos que pueden desempeñar de la misma forma todos los días. La mayoría de las personas necesitan encontrar un valor personal intrínseco en su trabajo para sentirse realmente satisfechas con él.[31] Valorar un trabajo desafiante y el aprendizaje de nuevas habilidades puede ayudarle a avanzar en su carrera. Los *valores laborales extrínsecos* se relacionan con los resultados del trabajo.[32] Los empleados que trabajan para ganar dinero o para tener beneficios de salud satisfacen valores laborales extrínsecos. Algunos ejemplos de estos valores son contar con un alto estatus laboral, el reconocimiento por la calidad del trabajo y la seguridad laboral.

valores laborales extrínsecos

Valores relacionados con los resultados del trabajo

Los valores laborales extrínsecos se relacionan con los resultados del trabajo. Por ejemplo, si una persona trabaja para obtener dinero, estatus y una oficina grande como la de esta imagen, está impulsada por valores laborales extrínsecos.

RACORN/SHUTTERSTOCK.COM

Conflictos entre valores

Los conflictos intrapersonales, interpersonales y entre los valores de la persona y la organización influyen en las actitudes de los empleados, la retención, la satisfacción laboral y el desempeño. Cuando los valores instrumentales y terminales importantes entran en conflicto y no pueden satisfacerse de forma simultánea, experimentamos un conflicto interno que nos genera estrés. En algún punto de su carrera, muchos gerentes experimentan un *conflicto intrapersonal de valores* entre el valor instrumental de la ambición y el valor terminal de la felicidad. Si este último nos impulsa a pasar en familia tiempo de calidad y a practicar un pasatiempo que amamos, pero la ambición personal nos hace trabajar horas extra y buscar promociones, experimentaremos este conflicto. Por lo general, las personas se sienten más felices y menos estresadas cuando sus valores terminales e instrumentales están alineados.

A diferencia de los conflictos intrapersonales de valores, que son internos, los *conflictos interpersonales de valores* ocurren cuando dos personas tienen valores opuestos. Estos conflictos provocan choques de personalidad y otros desacuerdos. Si un compañero valora las recompensas individuales y otro el reconocimiento grupal, los dos podrían tener un desacuerdo sobre cómo se debe manejar un proyecto nuevo. Como gerente, usted debe recordar que la constelación de valores terminales e instrumentales de cada persona es diferente. Estas diferencias se pueden reflejar en estilos de trabajo, preferencias y reacciones diferentes ante anuncios o acontecimientos.

Por último, así como los valores de dos empleados pueden entrar en conflicto, lo pueden hacer los valores individuales con los valores de la organización, lo que crea un *conflicto de valores individuo-organización*. Entre menos conflictos de este tipo existan, habrá mayor satisfacción laboral y compromiso con el trabajo, mejor desempeño y menos estrés.[33]

Formas en que difieren los valores en el mundo

Las diferencias globales entre los valores pueden derivar en conductas gerenciales distintas. Por ejemplo, los latinoamericanos tienen a conceder un alto valor a la lealtad familiar, lo que hace que contraten a familiares competentes cuando es posible.[34] En Estados Unidos, los gerentes tienden a valorar fuertemente el logro individual, lo que genera que hagan hincapié en el desempeño previo y las habilidades de un candidato antes que sus lazos familiares.

conflicto intrapersonal de valores
Conflicto entre el valor instrumental de la ambición y el valor terminal de la felicidad

conflicto interpersonal de valores
Conflicto que ocurre cuando dos personas tienen valores opuestos

conflicto de valores individuo-organización
Conflicto que surge cuando los valores de un empleado entran en conflicto con los de la organización

La cultura influye en los valores. Diversas investigaciones han comprobado que muchos valores pueden condensarse en dos grandes dimensiones que varían entre las culturas: 1) valores tradicionales/racionales-seculares y 2) valores de supervivencia/autoexpresión.[35] Los primeros reflejan el contraste entre las sociedades en las que la religión es muy importante y aquellas en las que no lo es. Las sociedades más tradicionales destacan la importancia de los lazos parentales y el respeto por la autoridad, lo que se refleja en altos niveles de orgullo nacional y un perfil nacionalista. Las sociedades con valores racionales-seculares tienen características opuestas.

Los valores de supervivencia subrayan la seguridad económica y física, mientras que los valores de autoexpresión se orientan hacia el bienestar subjetivo, la autoexpresión y la calidad de vida, priorizando la protección ambiental, la tolerancia a la diversidad y la participación en la toma de decisiones. Las sociedades que tienen altos valores de autoexpresión tienden a mostrar tolerancia y confianza interpersonal y a valorar la libertad y la autoexpresión individual.[36] La figura 4.3 ilustra la forma en que estas dos dimensiones de valores difieren en varios países.

Papel de las emociones en el comportamiento

Las emociones juegan un papel importante en las organizaciones. ¿Se comporta usted de la misma manera cuando está emocionado que cuando está insatisfecho o temeroso? Por supuesto que no. Esta es la razón por la que las emociones son tan importantes en el trabajo. Es fácil imaginar la diferencia entre el desempeño de un vendedor triste con el de uno contento. Los empleados que manejan de forma efectiva sus emociones y estados de ánimo crean una ventaja competitiva para la empresa. ¿Tendrían tanto éxito Starbucks o Nordstrom si tuvieran empleados malhumorados? Es probable que no.

Todos experimentamos emociones en el trabajo. Nuestras conductas no se guían sólo por el pensamiento consciente y racional. En realidad, con frecuencia las emociones juegan un papel más importante en nuestras conductas que nuestro razonamiento consciente. Las *emociones* son reacciones conductuales y psicológicas intensas de corta duración hacia una persona, acontecimiento u objeto en particular que nos preparan para responder ante ellas. Desglosaremos esta definición en sus cuatro componentes principales:

emociones

Reacciones conductuales y psicológicas intensas y a corto plazo ante personas, acontecimientos u objetos particulares que nos preparan para responder ante ellos

1. Las emociones son episodios o acontecimientos de corta duración que duran poco tiempo. La emoción por realizar una venta grande o la ansiedad por cumplir un plazo sólo subsisten poco tiempo.

2. Las emociones están orientadas hacia algo o alguien. Esto diferencia a las emociones de los estados de ánimo, que son estados emocionales breves que no están dirigidos hacia un objeto o sujeto en particular.[37] Los estados de ánimo tienen menor intensidad que las emociones y cambian con rapidez. Se puede identificar con facilidad la causa de una emoción, como, por ejemplo, realizar una gran venta o cumplir un plazo.

3. Las emociones se experimentan. Implican cambios involuntarios en el ritmo cardiaco, la presión arterial, las expresiones faciales, el ánimo y el tono de voz. *Sentimos* las emociones.

4. Las emociones crean un estado de alerta física por medio de reacciones fisiológicas. El ritmo cardiaco acelerado, la adrenalina y los movimientos oculares nos preparan para la acción. Existen emociones que son particularmente intensas como el miedo, la ira y la sorpresa que captan nuestra atención, interrumpen nuestros pensamientos y nos motivan a responder en concordancia con la fuente de la emoción.

Figura 4.3

Formas en que los valores difieren en el mundo

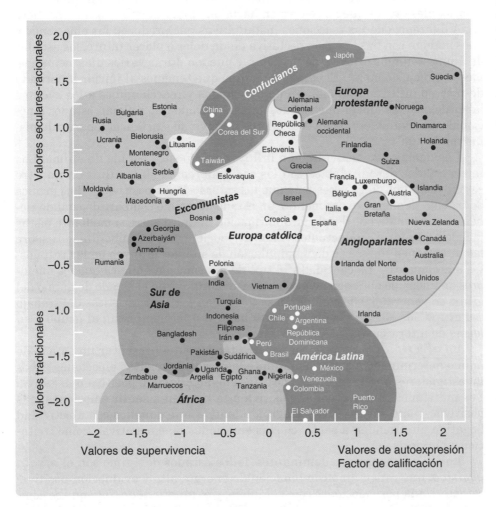

Los valores difieren en el mundo. Una forma de entender tales diferencias es mediante los valores tradicionales/seculares-racionales y los valores de supervivencia/autoexpresión. Esta figura ilustra la forma en que diferentes regiones del mundo reflejan estos conjuntos de valores.

Fuente: Inglehart, R., & Welzel, C. (2005). *Modernization, Cultural Change and Democracy* (p. 64). Nueva York: Cambridge University Press. Basada en the World Values Surveys. Vea http://www.worldvaluessurvey. Org. Copyright © 2005 Ronald Inglehart y Christian Welzel. Reimpreso con autorización de Cambridge University Press.

Mientras que la actitud puede entenderse como un juicio acerca de una cosa, la emoción se siente o se experimenta. Las emociones no duran tanto como las actitudes, pero influyen en la forma en que percibimos el mundo, es decir, nos ayudan a interpretar nuestras experiencias y nos preparan para responder. ¿Por qué es importante entender el papel de las emociones en las organizaciones? Primero, porque son maleables y los empleados y gerentes efectivos saben cómo influir de forma positiva en las emociones propias y de los demás.[38] En segundo lugar, influyen en la creación y el mantenimiento de nuestra motivación para participar o no en conductas determinadas. En tercer lugar, diversas investigaciones han comprobado que las emociones influyen en la rotación, toma de decisiones, liderazgo, conductas de apoyo y de equipo.[39] La calidad de los intercambios emocionales de los subordinados con su líder también afecta el tono afectivo del grupo de trabajo.[40] Los líderes efectivos utilizan las emociones para generar conductas positivas en sus seguidores.

Afecto y estado de ánimo

estados de ánimo

Estados emocionales breves que no se dirigen hacia un objeto o sujeto en particular

Mientras la causa de las emociones tiende a ser evidente, la que provoca los estados de ánimo es más difusa y dispersa. Los *estados de ánimo* son estados emocionales breves que no se dirigen hacia un objeto, sujeto o cosa en particular. A diferencia de las reacciones instantáneas que producen las emociones y que cambian con base en la expectativa de un dolor o placer futuro, los estados de ánimo son más difíciles de manejar, y pueden durar varios días, semanas, meses o incluso años.[41] El estado de ánimo que tenemos al iniciar la jornada de trabajo influye en la manera en que vemos y reaccionamos a los eventos laborales, lo que afecta nuestro desempeño.[42] Dado que reflejan estados emocionales individuales, los investigadores infieren su existencia a partir de pistas conductuales.

Las demás personas también influyen en nuestro estado de ánimo. Las interacciones desagradables con los compañeros pueden influir en nuestro estado de ánimo cinco veces más que las interacciones positivas.[43] Los grupos de trabajo tienden a experimentar un estado de ánimo compartido cuando tienen la oportunidad de desplegar información anímica entre sí mediante pistas faciales, vocales y conductuales.[44] Las atribuciones de los subordinados sobre las intenciones sinceras o de manipulación de su líder influyen en las respuestas emocionales.[45] La cantidad y el tipo de información anímica que los miembros de un grupo obtienen de los demás y que influye en el estado de ánimo del grupo en general puede cambiar si se modifican las características del trabajo del grupo, los elementos del contexto laboral o la membresía al grupo y su forma de interaccionar.

afectividad

Tendencia a experimentar un estado de ánimo determinado o a reaccionar hacia las cosas con ciertas emociones

La *afectividad* representa nuestra tendencia a presentar un estado de ánimo determinado o a reaccionar ante las cosas con ciertas emociones.[46] Los investigadores han identificado dos tipos de afectividad: positiva o negativa. Los individuos con afectividad positiva alta tienden a sentir emociones más positivas, como entusiasmo y alegría, mientras que aquellos con afectividad negativa alta tienden a sentir ciertas emociones más negativas, como irritación o nerviosismo.

afecto positivo

Refleja una combinación de energía alta y evaluación positiva caracterizada por emociones como el júbilo

afecto negativo

Conjunto de sentimientos como malestar, miedo y distrés

Las dos dimensiones dominantes de los estados de ánimo son el *afecto positivo*, que refleja una combinación de energía alta y evaluación positiva, caracterizada por emociones como el júbilo, y el *afecto negativo*, que se compone de sentimientos como malestar, miedo y distrés.[47] La figura 4.4 muestra que los afectos positivos y negativos no son opuestos, sino que son dos dimensiones distintas.[48] Si usted no siente júbilo, no significa que esté molesto, y si no se siente triste no significa que se sienta feliz. El afecto tiende a ser una disposición estable en el tiempo. Algunas personas son más positivas y optimistas que otras.[49] El afecto negativo se relaciona con una reducción de la satisfacción laboral y de la presentación de

TERRENCE VACCARO/© 2007 NBAE/GETTY IMAGES

El afecto y el estado de ánimo juegan papeles importantes en la forma en que nos perciben los demás y en que desempeñamos nuestros puestos. Por ejemplo, estas baristas de Starbucks participan felices en su trabajo. Su estado de ánimo y afecto positivo pueden hacer que sus clientes también se sientan bien.

Figura 4.4

Afectos positivo y negativo

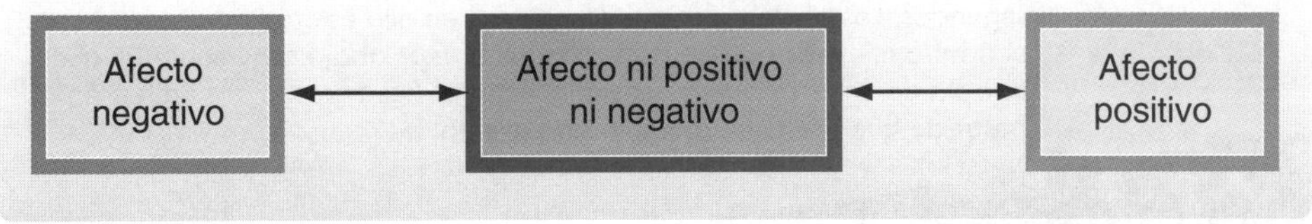

Los afectos varían a lo largo de un continuo de afecto positivo a afecto negativo. Como se ilustra en esta figura, es posible encontrarse en el punto medio y no reflejar afecto positivo ni negativo.

Fuente: Thompson, E. R., Development and Validation of an Internationally Reliable Short-Form of the Positive and Negative Affect Schedule (PANAS), en *Journal of Cross-Cultural Psychology*, núm. 38 (2), pp. 227–242. © 2007 por SAGE Publications. Reimpreso con autorización de SAGE Publications.

conductas de ciudadanía organizacional, así como con mayores prejuicios, conductas de retracción contraproducentes, menor satisfacción laboral y mayor número de accidentes.[50] La afectividad también es importante para los resultados de capacitación.

Los empleados incrementan más su autoeficacia después de la capacitación cuando tienen un afecto más positivo o menos negativo. Esto sugiere que la afectividad es un factor importante que debe considerarse cuando se selecciona a las personas que participarán en los programas de desarrollo.[51]

Las emociones y los estados de ánimo también influyen en el nivel de satisfacción que tenemos con nuestro trabajo y nuestra empresa o empleador. Los afectos más positivos se relacionan con mayor creatividad, apertura a la nueva información y eficiencia en la toma de decisiones.[52] El afecto positivo también incrementa la probabilidad de establecer estrategias de cooperación en las negociaciones, lo cual mejora los resultados.[53] Diversos estudios demuestran que las personas felices tienen éxito en muchas áreas de su vida, como matrimonio, salud, amistad, ingresos y desempeño laboral.[54]

PERCEPCIÓN EN LAS ORGANIZACIONES

Otro elemento importante del comportamiento en el centro o lugar de trabajo es la *percepción,* que es el conjunto de procesos por medio de los cuales una persona distingue e interpreta la información del entorno o ambiente. Si todos percibiéramos las cosas del mismo modo, las cosas serían mucho más simples (¡y menos emocionantes!). En realidad ocurre lo contrario, pues las personas perciben las mismas cosas de formas diferentes.[55] Sin embargo, con frecuencia asumimos que la realidad es objetiva y que todos la percibimos del mismo modo.

Para probar esta idea, podríamos preguntar a los estudiantes de las universidades de Michigan y de la Estatal de Ohio que describan su último partido de futbol. Lo más probable es que escuchemos historias opuestas. Las diferencias surgirían principalmente como consecuencia de la percepción. Los aficionados "vieron" el mismo partido, pero lo interpretaron de formas muy distintas. Los gerentes deben entender los procesos perceptuales básicos, porque la percepción juega un papel importante en muchas de las conductas laborales. Con base en nuestra definición, la percepción se compone de varios procesos distintos. Además, recibimos la información en muchas modalidades, desde palabras habladas hasta imágenes de movimientos o formas. El receptor asimila los diferentes tipos de información que entra por medio de procesos perceptuales para interpretarlos.[56]

percepción

Conjunto de procesos por medio de los cuales una persona distingue e interpreta la información del entorno o ambiente

Un ejemplo frecuente de la percepción se encuentra en las diferentes reacciones de los aficionados de dos equipos deportivos. Por ejemplo, suponga que ellos han asistido a un partido de futbol en el que el resultado se determina con una jugada controversial en los últimos segundos. Los aficionados con los brazos en alto estarán de acuerdo con el árbitro mientras que aquellos con los brazos abajo argumentarán que se trata de un error que les costó la victoria. Sus percepciones diferirán a pesar de que presenciaron el mismo evento.

MARCUS SCHEBER/CAL SPORT MEDIA/NEWSCOM

Procesos perceptuales básicos

Existen dos procesos perceptuales básicos que son importantes para los gerentes: la percepción selectiva y la formación de estereotipos.

Percepción selectiva

La *percepción selectiva* es el proceso de descartar la información que nos incomoda o que contradice nuestras creencias. Por ejemplo, suponga que un gerente siente un afecto especial por un empleado, tiene una actitud muy

percepción selectiva
Proceso que implica descartar la información que nos incomoda o que contradice nuestras creencias

positiva acerca de él y lo considera sobresaliente. Un día, lo observa durmiendo sobre su escritorio. El gerente podría suponer que el empleado trabajó hasta tarde la noche anterior y que sólo está tomando una siesta corta. Por el contrario, suponga que el gerente tiene una actitud muy negativa acerca de él y observa la misma conducta. En este caso, podría suponer que el empleado estuvo de fiesta hasta tarde la noche anterior, lo que reforzaría su actitud negativa.

Formación de estereotipos

formación de estereotipos
Proceso de categorizar o etiquetar a las personas con base en un solo atributo

La *formación de estereotipos* consiste en categorizar o etiquetar a las personas con base en un solo atributo. Algunas formas de estereotipos pueden ser útiles y eficientes. Suponga que un gerente considera que las habilidades de comunicación son importantes para un puesto y que los especialistas en este campo tienden a tener habilidades sobresalientes de comunicación. Como resultado de ello, cada vez que entrevista a un candidato para el puesto prestará más atención a los especialistas en comunicación. En la medida en que las habilidades de comunicación predigan de forma correcta el desempeño del puesto y que la especialización desarrolle de manera efectiva estas habilidades, esta forma de estereotipo podría ser beneficiosa. Los atributos comunes bajo los cuales las personas forman estereotipos imprecisos y dañinos son la raza y el género. Por ejemplo, suponga que un gerente de recursos humanos se forma el estereotipo de que las mujeres sólo pueden desempeñar algunas tareas y que los hombres son mejores para otros puestos. Si este estereotipo afecta las prácticas de contratación del gerente, habrá 1) desaprovechado talento valioso en ambos tipos de trabajo, 2) violado las leyes federales y 3) actuado de manera no ética.

Errores en la percepción

Como es de esperar, existen errores en la forma en la que interpretamos la información que percibimos. La formación de estereotipos y la percepción selectiva suelen ser las causas de estos errores, aunque existen otros factores que también pueden incidir en ellos. Un atajo que utilizamos en la percepción es la categorización que refleja nuestra tendencia a agrupar las cosas en clases (por ejemplo, atleta, energético, sureño, etc.). También tendemos a exagerar las similitudes y diferencias entre los grupos. Esto explica nuestra tendencia de ver a los miembros de los grupos a los que no pertenecemos como más afines de lo que en realidad son. ¿Alguna vez vio a alguien trabajar muy rápido y pensó que era muy apto? De ser así, usted clasificó a esa persona en la categoría de "empleado de alto desempeño".

Después de ubicar a las personas en categorías, la percepción selectiva nos lleva a la interpretación selectiva de lo que vemos con base en nuestros intereses, expectativas, experiencias y actitudes. Después de clasificar a una persona como empleado de alto desempeño (por ejemplo, a una cajera llamada Sue), nos enfocaremos más y recordaremos mejor la información que se relaciona con su buen desempeño y tenderemos a descartar la que muestre que su trabajo es deficiente. Si vemos que Sue comete un error en la máquina registradora, lo atribuiremos a una casualidad o algún problema de la máquina y nos enfocaremos sólo en la velocidad con la que marca el precio de los productos. La percepción selectiva refuerza los estereotipos porque el perceptor se enfoca en la información y las conductas que confirman el estereotipo en lugar de hacerlo en aquellas que lo contradicen. Un supervisor que considera que uno de sus subordinados tiene mucho potencial interpretará lo que observa con un sesgo positivo, mientras que aquel que considera que un empleado tiene capacidades deficientes lo hará de forma negativa y reforzará sus expectativas de un desempeño deficiente. Los gerentes tienen que ser conscientes de este sesgo con la finalidad de evaluar con mayor objetividad y precisión a sus subordinados.

El *efecto del halo* ocurre cuando nos formamos una impresión general sobre algo o alguien con base en una sola de sus características (por lo general, positiva). Como ejemplo, tendemos a asociar la belleza con otras características positivas y con frecuencia asumimos que las personas físicamente atractivas cuentan con personalidades sociales más interesantes y tienen vidas más felices y exitosas que las personas de menor belleza.[57] Lo mismo ocurre cuando usted percibe a Sue como empleada de alto desempeño y por ello considera que también es inteligente, energética o que posee cualquier otra característica que se asocia con el buen desempeño.

El *efecto de contraste* se presenta cuando evaluamos nuestras características o las de los demás mediante comparaciones con otras personas a quienes hemos visto recientemente y que clasificamos como mejores o peores en la misma categoría. Después de ver a Sue, si vemos a otro cajero podríamos evaluar su desempeño como inferior al promedio, porque tenemos una percepción alta sobre el trabajo de Sue. El efecto de contraste es común entre los estudiantes universitarios, quienes conviven con personas muy inteligentes y ambiciosas en comparación con el público en general y suelen compararse con otras personas motivadas y listas, luego de lo cual concluyen que tienen un desempeño promedio cuando en realidad su desempeño es superior. La *proyección* se presenta cuando atribuimos nuestras propias características a otra persona. Si un gerente está entrevistando a un candidato que se parece a él cuando inició su carrera, podría asumir que comparte sus valores, ética laboral y capacidades.

El *sesgo de la primera impresión* también es importante. La investigación ha revelado que no sólo tendemos a evitar a las personas después de tener una reacción negativa,[58] sino que las impresiones negativas son más difíciles de

Las primeras impresiones se forman con rapidez. Considere el ejemplo de este empleado que acaba de ser presentado a sus nuevos compañeros de trabajo. Él se formará rápidamente impresiones de los demás a la vez que los demás se formarán una impresión de él. Como resultado, el sesgo de la primera impresión puede formar impresiones no precisas difíciles de superar.

STUART JENNER/SHUTTERSTOCK.COM

cambiar que las positivas.[59] Las primeras impresiones se forman con rapidez por lo que si descubre que usted está haciendo suposiciones negativas sobre una persona que acaba de conocer, sería una buena idea que comenzara a buscar información positiva antes de asumir una posición sólida. Nuestras percepciones sociales pueden ser deficientes, pues incluso los observadores más hábiles pueden percibir y juzgar erróneamente a los demás. Una vez que nos hemos formado una impresión, es probable que la mantengamos. Por lo general, pensaremos con cuidado las cosas si tenemos la motivación y contamos con los recursos necesarios, pero los sesgos cognitivos pueden aun influir en nuestras percepciones.

Nuestras expectativas e impresiones de los demás pueden convertirse también en *profecías de autocumplimiento*. Cuando clasificamos a una persona como poco confiable, tenderemos a tratarla con desconfianza y sospecha, lo que generará la reacción correspondiente en el otro que confirmará nuestra impresión inicial. Uno de los primeros experimentos sobre el efecto de las profecías de autocumplimiento en el ambiente laboral se llevó a cabo en un programa de capacitación para empleados marginados.[60] Los participantes que fueron etiquetados como trabajadores con "aptitudes altas" (aunque fueron elegidos de forma aleatoria), obtuvieron mejores resultados en los exámenes objetivos, en las evaluaciones de sus compañeros y supervisores y tuvieron tasas de deserción menores que los participantes que no habían recibido dicha etiqueta. Las profecías de autocumplimiento se extienden a toda la organización. Cuando las expectativas son altas tienen un efecto mayor en grupos marginados o aquellos estereotipados como deficientes, así como en personas que se sienten inseguras sobre sus capacidades para afrontar situaciones específicas.[61] Las profecías de autocumplimiento funcionan mejor en las relaciones recientemente establecidas.

Percepción y atribución

¿Alguna vez ha notado que cuando sus compañeros de clase obtienen una buena calificación lo atribuyen a su esfuerzo y capacidad, pero cuando se enteran de que usted tuvo una buena calificación parecen atribuirlo a la suerte o a la generosidad para calificar del profesor? Esta tendencia es un resultado perfectamente normal de las atribuciones. La ***atribución*** se refiere a la forma en que explicamos las causas de nuestras conductas y logros y los de los demás, y entendemos por qué las personas hacen lo que hacen.[62] El desempeño de nuestro trabajo y la supervivencia en la organización dependen de la precisión de nuestras atribuciones sobre nuestras conductas y resultados, así como las de nuestros supervisores, compañeros y clientes.

atribución

Forma en la que explicamos las causas de nuestras conductas y logros y las de los demás, y entendemos por qué las personas hacen lo que hacen

CÓMO ENTENDERSE A SÍ MISMO

AFECTIVIDAD POSITIVA Y NEGATIVA

Totalmente en desacuerdo	En desacuerdo	Neutral	De acuerdo	Totalmente de acuerdo
1	2	3	4	5

Piense en usted y la forma en que se siente. Utilice la escala anterior e indique el grado al que usted se siente:

____1. Molesto

____2. Hostil

____3. Alerta

____4. Avergonzado

____5. Inspirado

____6. Nervioso

____7. Determinado

____8. Cortés

____9. Temeroso

____10. Activo

Puntuación: Sume los puntajes que obtuvo en los reactivos 3, 5, 7, 8 y 10. Esta es su puntuación en afectividad positiva. Ahora sume los puntajes de los reactivos 1, 2, 4, 6 y 9. Esta es su puntuación en afectividad negativa.

Interpretación: Si su *puntaje de afectividad positiva es mayor de 19.7,* usted se encuentra por encima del promedio en comparación con una muestra aplicada a 411 estudiantes universitarios en Estados Unidos. Si su *puntuación de afectividad negativa es mayor de 11.3,* se encuentra por encima del promedio en comparación con la misma muestra. Para reducir esta última, trate de pensar de forma más positiva y de enfocarse en las cosas por las que se siente agradecido. Puede llevar un diario de gratitud para ayudarle a reflexionar de forma positiva sobre las cosas que ocurren en su vida.

Fuente: Thompson, E. R., Development and validation of an internationally reliable short-form of the positive and negative affect schedule (PANAS), en *Journal of Cross-Cultural Psychology,* núm. 38(2), pp. 227–242. © 2007 por SAGE Publications. Reimpreso con autorización de SAGE Publications.

Las atribuciones más fuertes se relacionan al grado en que nuestras propias conductas o resultados dependen de nosotros mismos, de nuestras capacidades y esfuerzos (factores internos) o del entorno, de la suerte, la carencia de recursos u otras personas (factores externos). La figura 4.5 muestra que empleamos tres reglas para evaluar si hacemos una atribución interna o externa de la conducta y los resultados de una persona:[63]

1. *Consistencia:* ¿La persona ha tenido el mismo comportamiento en el pasado? Si su compañero de habitación suele obtener buenas calificaciones en una materia, es más probable que usted atribuya que obtuvo una buena calificación en el último examen por causas internas, como su esfuerzo y capacidad. Si sus calificaciones previas han sido bajas, entonces es más probable que lo atribuya a causas externas como la suerte. La consistencia nos lleva a hacer atribuciones internas.

2. *Diferenciación:* ¿La persona se comporta de la misma manera u obtiene el mismo resultado en diferentes tipos de situaciones? La baja diferenciación se presenta cuando la persona actúa de forma determinada u obtiene con frecuencia ciertos resultados, lo que nos lleva a hacer una atribución interna. Si su compañero de habitación siempre obtiene 100, la diferenciación de su última buena calificación será baja, y usted hará una atribución interna. Si su compañero tiene calificaciones regulares, la diferenciación de su última buena calificación será alta, por lo que usted la atribuirá a causas externas.

Figura 4.5

El proceso de atribución involucra la observación del comportamiento y la atribución de sus causas. Las conductas que observamos son interpretadas en términos de consenso, consistencia y diferenciación. Con base en estas interpretaciones, atribuiremos el comportamiento a causas internas o externas.

El proceso de atribución

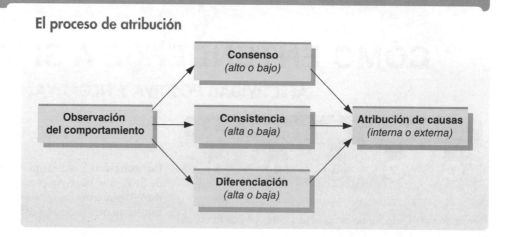

3. *Consenso.* ¿Las demás personas se comportarían igual u obtendrían los mismos resultados en esa situación? Si casi todos los alumnos obtienen 100 de calificación en el curso, el consenso será alto y usted hará una atribución externa de la calificación de su compañero. Si el consenso es bajo y son pocos quienes obtienen una buena calificación, entonces hará una atribución interna para explicar este resultado.

La *autoobstaculización* es un aspecto relacionado con la atribución, que se presenta cuando una persona se autoimpone obstáculos para dificultar su éxito. Algunos ejemplos incluyen abusar de drogas y alcohol, rehusarse a practicar y reducir el esfuerzo. La creación de estos impedimentos reduce la motivación y el desempeño. Estas conductas podrían parecernos absurdas, pero son reales y sirven para proteger el sentido de competencia personal del individuo. Si una persona se autoobstaculiza y obtiene un desempeño deficiente, el obstáculo le proporciona una explicación fácil para su fracaso, mientras que si tiene éxito a pesar de los obstáculos, podrá elogiar su éxito.

En algunas ocasiones los estudiantes emplean atribuciones de colocación de obstáculos cuando, por ejemplo, no estudian para un examen. Ellos podrían sentir que:

- Si estudian mucho y dan todo su esfuerzo pero reprueban, se verán y sentirán incompetentes.

VENTDUSUD/SHUTTERSTOCK.COM

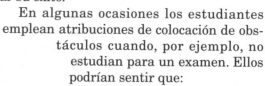

La autoobstaculización se presenta cuando una persona se autoimpone barreras para complicar su éxito. Por ejemplo, este hombre bebe un trago mientras trabaja. El alcohol podría afectar su desempeño y llevarlo a tomar malas decisiones. Aunque no beba demasiado, otras personas que lo observen podrían cuestionar su juicio. En cualquiera de los casos perjudica sus posibilidades de obtener una promoción o ascenso en el trabajo.

- Si estudian mucho y aprueban, el esfuerzo reducirá la importancia de su éxito. (Si fueran inteligentes, no tendrían que esforzarse tanto.)
- Si no estudian y reprueban, podrán explicar con facilidad su fracaso por la falta de esfuerzo. Podrán creer que si se hubieran esforzado, habrían aprobado. Aun cuando reprueben el examen, nadie tendrá evidencia de que son tontos.
- Si no estudian y logran aprobar, la única explicación de su éxito será que cuentan con una capacidad superior.

Este tipo de razonamiento es contraproducente, ya que es evidente que cuando alguien se esfuerza poco tendrá escasas probabilidades de éxito. La autoobstaculización tiende a surgir en la adolescencia entre personas a quienes les preocupa mucho ser consideradas competentes. Esta conducta puede superarse con el enfoque en las atribuciones al esfuerzo y el desarrollo de sentimientos de autoeficiacia.

Como gerente, el conocimiento de que las percepciones o atribuciones de los empleados ante sus propios éxitos y fracasos determinan la cantidad de esfuerzo que ejercerán en el futuro es una herramienta poderosa de motivación. Un empleado podría considerar que se esforzó mucho cuando en realidad no lo hizo, o percibir que una tarea sencilla es difícil. La atribución del éxito a causas internas construye autoeficacia e incrementa la motivación para esforzarse y persistir ante la posibilidad de un fracaso.

Percepciones de justicia, equidad y confianza

La percepción y los procesos perceptuales juegan un papel importante en la forma en que las personas se sienten en relación con la justicia, la equidad y la confianza. Piense en una ocasión en la que sintió que fue tratado de forma injusta en el trabajo o la escuela. ¿Por qué se sintió de ese modo? ¿Qué hizo al respecto? Cuando percibimos situaciones injustas, nos sentimos motivados para hacer algo al respecto. En el contexto organizacional, la percepción de falta de justicia (que también se conoce como inequidad) se puede presentar de diversas formas. Los despidos y reducciones de personal son considerados injustos tanto por los empleados que se van como por los que se quedan. Las decisiones de contratación y promoción son vistas como injustas por aquellos

TEMAS GLOBALES

CÓMO INFLUYE LA CULTURA EN LAS ATRIBUCIONES

En las interacciones interculturales, la interpretación de las conductas adquiere mayor importancia que las conductas en sí.[64] Las culturas occidentales resaltan la libertad y la autonomía de los individuos, por lo que las personas de estas culturas prefieren las explicaciones de disposición, mientras que los miembros de las culturas colectivistas que destacan la membresía y el cumplimiento de las normas de los grupos prefieren las explicaciones situacionales.[65]

En una investigación donde participaron estadounidenses y chinos, se les mostró una imagen de un pez que nadaba enfrente de un grupo de peces. Un número mayor de estadounidenses atribuyó la conducta del pez a causas internas en comparación con los participantes chinos que lo atribuían a causas externas.[66] Esta diferencia en la atribución podría deberse a la forma en que las personas con orientaciones culturales diferentes se perciben a sí mismos en el entorno. Los occidentales tienden a ser más individualistas y se ven a sí mismos como entidades independientes, por lo que tienden a identificar los objetos individuales más que los detalles del contexto.[67]

Para entender el comportamiento de un compañero es necesario comprender su cultura subjetiva. La capacitación sobre las atribuciones nos puede ayudar a entender cuáles son las atribuciones adecuadas para las conductas de compañeros diversos.

que no fueron elegidos. En contextos sindicalizados, tanto los gerentes como los representantes sindicales perciben que su contraparte no es justa. Incluso el cambio organizacional puede ser percibido de este modo por aquellos que tienen que aprender nuevos sistemas o hacer cosas nuevas.

justicia organizacional
Percepción que tienen los empleados sobre acontecimientos, políticas y prácticas organizacionales como justas o injustas

El término *justicia organizacional* se refiere a las percepciones que tienen los empleados sobre eventos, políticas y prácticas organizacionales como justas o injustas.[68] La justicia es una preocupación primaria en las relaciones en las que los subordinados deben confiar en sus superiores.[69] ¿Por qué debemos ocuparnos de la justicia? Debemos hacerlo porque las percepciones de justicia influyen en muchas conductas y actitudes de los empleados, como satisfacción, compromiso, confianza y rotación. Si se percibe falta de justicia, se pueden presentar conductas negativas como robo, sabotaje y otras conductas no éticas.[70] La falta de justicia percibida también incrementa la posibilidad de que los empleados demanden a sus empleadores.[71] La mayoría de los resultados de la percepción de justicia tienen efectos económicos evidentes en las organizaciones.

Como gerente, debe recordar que no es suficiente que *sea* justo, sino que debe ser *percibido* como tal. Las percepciones impulsan respuestas y sus subordinados podrían interpretar y atribuir sus conductas y decisiones de forma diferente a sus intenciones y creencias. La diversidad demográfica de la fuerza laboral estadounidense demanda que los gerentes sean capaces de manejar las diferencias entre los empleados en relación con características como etnicidad, religión o ideología política, todas ellas fuentes potenciales de conflicto y malentendidos.[72] La gestión efectiva de las percepciones de equidad organizacional puede ayudar a los gerentes a prevenir o manejar de forma efectiva los conflictos y malentendidos.

Comprender la justicia también es importante por cuestiones de ética.[73] No hemos carecido de faltas a la ética en los últimos años, desde Enron y Bernie Madoff, hasta los fraudes hipotecarios. La capacitación de todos los empleados, entre ellos los líderes, en los principios de justicia organizacional, ayuda a guiar su comportamiento ante decisiones éticas. Cuando los empleados perciben que existe justicia organizacional general, así como la intención de la empresa de llevar a cabo programas éticos formales, el comportamiento no ético disminuye y el personal muestra mayor disposición a reportar los problemas éticos a sus superiores.[74] Además, las expectativas de justicia generan la perspectiva de que quienes violen las normas éticas serán castigados.[75] El fracaso en el cumplimiento de las expectativas de justicia de los empleados los estimula a que participen en conductas no éticas.[76] La justicia puede abordarse de las tres formas diferentes que se describen a continuación.

Justicia distributiva

justicia distributiva
Justicia percibida del resultado obtenido, lo cual incluye la distribución de recursos, promociones, decisiones de contratación y despido e incrementos

La *justicia distributiva* se refiere a la equidad percibida en el resultado obtenido en términos de la distribución de los recursos, promociones, decisiones de contratación y despido e incrementos.[77] Suponga que usted y su amigo solicitan un empleo en una empresa de su localidad al mismo tiempo. Aunque usted se considera más calificado, quien obtiene el trabajo es su amigo. ¿Sentiría que esto es justo? La creencia que tenga sobre la justicia por no haber obtenido el trabajo refleja su percepción de justicia distributiva. Este tipo de justicia se relaciona sólo con el resultado obtenido y no con la justicia del proceso que generó la decisión.

Justicia procedimental

justicia procedimental
Evalúa la equidad de los procedimientos empleados para obtener un resultado

La justicia del proceso es tan importante como la justicia del resultado. La *justicia procedimental* aborda la justicia en los procedimientos empleados para generar los resultados (por ejemplo, las reglas que se siguieron, si todas las personas tuvieron la misma oportunidad de expresar sus opiniones e influir en el resultado, entre otras).[78] Continuemos con el ejemplo en el que usted y su amigo solicitaron empleo al mismo tiempo y fue él quien lo obtuvo. ¿Qué sucedería si usted descubre que el gerente de contrataciones es primo de su amigo y que por ello fue él quien obtuvo el puesto, aunque usted estuviera más calificado? La flexibilización de las reglas para contratar a un familiar quizá viole sus estándares de lo que constituye un procedimiento de contratación justo. La injusticia procedimental incrementa los resultados negativos, como el desempeño deficiente, y las conductas de retracción, como retardos o reducción del esfuerzo. Sin embargo, cuando se percibe que existe justicia en el proceso, las reacciones negativas son menos frecuentes. ¿Por qué es tan importante la justicia procedimental? Existen dos razones.[79] La primera es que los empleados utilizan sus percepciones sobre los procedimientos de toma de decisiones para predecir su desempeño futuro en la organización. En segundo lugar, los procedimientos justos son una señal de que los empleados son valiosos y aceptados en las organizaciones.

Justicia interaccional

A la *justicia interaccional* le interesa si la cantidad de información sobre la decisión y el proceso fueron adecuados, así como la justicia percibida en el trato personal y las explicaciones recibidas durante el proceso de toma de decisiones. ¿El empleado que no obtuvo un bono de desempeño siente que su supervisor le explicó de forma adecuada las razones? Cuando evaluamos los resultados no deseados, la forma en que nos tratan puede ser tan importante como los resultados que obtenemos. Es difícil que demos nuestro mejor esfuerzo cuando alguien nos trata de forma grosera o nos falta al respeto. Las palabras y acciones engañosas o abusivas son consideradas de baja justicia interaccional.[80]

La justicia interaccional describe dos tipos específicos de trato interpersonal.[81] El primero es la justicia interpersonal, que refleja el grado al que las personas son tratadas con educación, dignidad y respeto por parte de las autoridades o de terceros que participan en la implementación de los procesos o la determinación de los resultados. El segundo tipo es la justicia informacional, que se enfoca en el grado al que los empleados perciben que reciben la información y explicaciones adecuadas sobre las decisiones que afectan su vida laboral.[82] Es importante que exista un alto grado de justicia interactiva en las relaciones entre supervisores y subordinados, ya que un nivel bajo puede propiciar resentimientos hacia el supervisor o la organización.[83] Una persona que es víctima de injusticia interaccional incrementa sus expresiones de hostilidad hacia su superior y la empresa, lo que puede derivar en conductas negativas y la disminución de la efectividad en la comunicación organizacional.[84] Las explicaciones incrementan las percepciones de justicia de los candidatos a un puesto, así como las de la organización contratante, la motivación para someterse a pruebas y el desempeño en pruebas de capacidad cognitiva.[85]

Percepción y confianza

Uno de los resultados más importantes del trato justo consistente es la *confianza*, que es la expectativa de que otra persona no se aprovechará de nosotros sin que importe nuestra capacidad para monitorearla o controlarla.[86] La confianza es crucial en las relaciones a largo plazo y se relaciona de forma positiva con el desempeño laboral.[87] Las relaciones laborales de confianza permiten que los empleados se enfoquen en su trabajo y no desperdicien tiempo y energía "cuidando sus espaldas." Además, es especialmente importante en todas las etapas de desarrollo de las relaciones,[88] y se asocia de forma positiva con el desempeño financiero de la empresa.[89] Una encuesta aplicada a 500 profesionales de negocios comprobó que contar con relaciones de confianza con otros gerentes es uno de los principales factores que los motiva a permanecer en la organización.[90]

justicia interaccional
Cantidad de información sobre si la decisión y el proceso fueron adecuados, así como la justicia percibida del trato y explicaciones interpersonales recibidas durante el proceso de toma de decisiones

confianza
Expectativa de que otra persona no se aprovechará de nosotros sin que importe nuestra capacidad para supervisarla o controlarla

CASO DE ESTUDIO   ¿Qué hacer cuando tu jefe libera a su niño interior?

Suponga que se encuentra en el siguiente escenario:

Usted es uno de los diez vicepresidentes de una pequeña cadena regional de tiendas de ropa y está a cargo de los departamentos de prendas para dama. Una de sus responsabilidades es revisar el desempeño mensual en una junta con los diez gerentes de departamento y el director general de la empresa. Al igual que sus compañeros gerentes, usted prepara una presentación en PowerPoint que muestra los resultados del mes anterior y sus proyecciones para el siguiente. Durante su exposición, sube al podio para liderar la discusión al frente del grupo.

En conjunto, la junta forma parte de una estrategia general para que todos conozcan lo que está sucediendo y qué esperar de la dirección. Por lo general, la única desventaja que tienen las sesiones informativas y productivas es la evidente incapacidad del director general para manejar las malas noticias. Suele ponerse irritable y critica severamente a quienes tienen un desempeño deficiente, por lo que usted y sus compañeros siempre llegan a las juntas con un nudo en el estómago y salen con un malestar gástrico agudo. El director considera que con su actitud estimula una discusión abierta y honesta, pero el resto de los asistentes puede reconocer el *bullying* cuando lo ve.

Por causas del destino, usted se encuentra al frente de la sesión, observando todo de piso a techo, mientras presenta sus números menos que estelares en lo que le parece un tipo de letra de 500 puntos (y en color rojo, por supuesto). Transpira mientras trata de explicar algunos datos desalentadores sobre las ventas cuando de pronto escucha un ruido, una especie de golpeteo contra la pared que se encuentra a sus espaldas. Asustado, voltea y se sorprende al ver que todos miran algo en el piso u observan las nubes por la ventana. Finalmente mira el muro a sus espaldas y descubre una silla doblada en el piso, y cuando observa bien, ve al director de pie, con los brazos cruzados y el ceño fruncido. "La próxima vez que me presente números así, no fallaré", gruñe.

Lo crea o no, esta es una historia real (aunque hemos cambiado algunos detalles, muy pocos, para incrementar su efecto dramático). John McKee, que cuenta esta historia, es un consultor de negocios que quiere subir la escalera gerencial tan rápido como sea posible, y con la menor cantidad de violencia. McKee atestiguó este episodio y admite que, aunque es el "ejemplo más claro que haya visto de un mal comportamiento de un jefe", no se sorprendería de escuchar un caso peor.

La consultora Lynn Taylor, quien se especializa en el desarrollo de equipos gerenciales y de trabajo, llama a los jefes como el de nuestro escenario *Tiranos ejecutivos terribles*, o *TET*. Estas son personas que no pueden controlar sus impulsos cuando se encuentran bajo estrés. Taylor considera que la clasificación es correcta a la luz de la investigación que muestra que los jefes, como el que hemos descrito, en realidad "repiten su mal comportamiento infantil para manejar las presiones difíciles de controlar". En otras palabras, regresan a la clase de comportamiento que les brindaba "resultados egoístas" cuando eran niños. En el lugar de trabajo adulto, explica Taylor, "de vez en cuando descubren que su capacidad de dominar el mundo es limitada, como ocurre con la mayoría de los seres mortales. Esta revelación supera su incapacidad para comunicarse de manera clara en el momento, lo que los enfurece y frustra."

De acuerdo con Taylor, existen 20 "rasgos centrales y paralelos que comparten los TET y los niños pequeños." Los siguientes rasgos pertenecen a la categoría de "conductas malcriadas":

- Fanfarrón
- *Bullying*
- Demandante
- Indiferente
- Impulsivo
- Mentiroso
- Egoísta
- Terco
- Hace rabietas
- Territorial
- Quejumbroso

Taylor asegura que en la "mayoría de las rabietas no arrojan objetos", y que el comportamiento TET, en sus formas menos agresivas, como la inconstancia, volubilidad y necesidad, puede ser manejado de forma proactiva por aquellos empleados a quienes no les preocupa ser tratados como saco de boxeo emocional. Ella recomienda "tener sentido del humor, sentido común, pensamiento racional e imponer límites al mal comportamiento". Añade: "recuerde que usted es como el padre con acceso al tarro de galletas cuando se enfrenta a un TET".

El enfoque de Taylor para entender y manejar a los malos jefes es totalmente metafórico y recomienda que los empleados asediados traduzcan sus consejos

CASO DE ESTUDIO *(Continuación)*

generales en técnicas concretas de afrontamiento. Cuando confronte una necesidad gerencial, un buen "chupón" sería una respuesta como "será la primera mañana cosa en mi lista". Si busca un conjunto de técnicas efectivas, podrá encontrar muchas en internet publicadas por consultores y psicólogos organizacionales. La siguiente es una compilación de Karen Burns, columnista de *U.S. News* y especialista en consejería de carrera para mujeres:

- Ponga todo por escrito. Escriba y feche sus reportes de avance. Cuando reciba instrucciones verbales, resúmalas en un mensaje de correo electrónico de respuesta.

- Sea un empleado estrella. Mantenga un comportamiento positivo y sea más que un buen empleado. Es difícil que alguien lo aceche cuando trabaja y sonríe al mismo tiempo.

- Elija sus momentos. En vez de evitar al jefe, estudie sus patrones. Aléjese cuando se encuentra alterado y agende las interacciones cuando lo note estable.

- Busque la comunidad. Ancle su salud mental en lazos con otros compañeros y gerentes. Busque un mentor en el trabajo y alguien externo con quien hablar.

- Controle lo que desea. Usted no puede controlar el comportamiento irracional de su jefe, pero puede controlar lo que usted desea, por ejemplo, su forma de responder. Pase por alto el tono de voz maniático y responda al contenido de lo que dice. Además, coma bien, haga ejercicio, duerma bien y pase el resto del tiempo en relaciones sanas.

- Conozca sus derechos. Si quiere presentar una queja en el departamento de recursos humanos (o a nivel superior), asegúrese de que ha documentado el problema y sus esfuerzos por resolverlo y sea específico sobre la solución que solicita (una transferencia o un paquete de indemnización, por ejemplo).

- Identifique la salida. Tenga un plan y no se vea forzado a tomar medidas hasta que se encuentre listo.

Preguntas

1. De acuerdo con algunos expertos, el tipo de comportamiento que se ilustra en este caso es más frecuente en el mundo de los negocios que en el resto de la sociedad. Suponiendo que esta afirmación sea verdadera, ¿por qué cree que sea así?

2. ¿Se considera usted perfeccionista? ¿Se frustra con facilidad? ¿Qué tan bueno se considera para manejar a los demás en este momento de su vida?

3. ¿Cómo podrían sus actitudes, valores y percepciones influir en las conductas ejemplificadas en el caso?

4. ¿Cómo entraría el estrés en este escenario?

Fuentes: McKee, J. (8 de febrero de 2007). Worst Boss Ever, en *TechRepublic*. Disponible en http://www.techrepublic.com/blog/careermanagement/worst-boss-ever/; Taylor, L. (27 de agosto de 2009). Why Bad Bosses Act Like Toddlers, en *Psychology Today*. Disponible en https://www.psychologytoday.com/blog/tame-your-terrible-office-tyrant/200908/why-bad-bosses-act-toddlers; Taylor, L. (15 de diciembre de 2009). 10 Ways to Manage Bad Bosses, en *CNN Living*. Disponible en http://www.cnn.com/2009/LIVING/ worklife/12/14/bad.bosses.deal.with.cb/; Burns, K. (4 de noviembre de 2009). How to Survive a Bad Boss, en *U.S. News & World Report*. Disponible en: http://money.usnews.com/money/blogs/outside-voices-careers/2009/11/04/how-to-survive-a-bad-boss.

ESTRÉS EN LAS ORGANIZACIONES

El último elemento del comportamiento individual que analizaremos en este capítulo es el estrés. Muchas personas consideran que el estrés es un problema sencillo, pero en realidad es complejo e incomprendido.[91] Para conocer la forma en que opera el estrés laboral, primero lo definiremos y después describiremos el proceso por el que se desarrolla.

El estrés afecta de forma diferente a las personas. Por ejemplo, este hombre parece estar muy estresado por su trabajo. Sin embargo, ninguno de sus compañeros parece experimentar el mismo nivel de estrés. Existe la posibilidad de que la causa de su estrés no esté relacionada con su trabajo y que provenga de otras fuentes.

DOTSHOCK/SHUTTERSTOCK.COM

Naturaleza del estrés

El estrés se ha definido de muchas maneras, pero la mayoría de las definiciones afirman que es provocado por un estímulo, que puede ser físico o psicológico al que el individuo debe responder de alguna forma.[92] Por lo tanto, el *estrés* se define como la respuesta adaptativa de una persona a un estímulo que supone exigencias físicas o psicológicas excesivas.

Dada la complejidad de esta definición, analizaremos con cuidado sus componentes. Primero encontramos la noción de adaptación. Como ya se explicó, las personas se pueden adaptar de muchas maneras a las circunstancias estresantes. En segundo lugar está el papel del estímulo, al cual se le conoce por lo general

estrés
Respuesta adaptativa que da una persona ante un estímulo que supone exigencias físicas o psicológicas excesivas

como estresor, que es cualquier cosa que produce estrés. En tercer lugar, los estresores pueden ser físicos o psicológicos. Por último, las exigencias que pone el estímulo sobre la persona son excesivas y por eso producen estrés. Es evidente que lo que resulta excesivo para una persona puede no serlo para otra. El punto es que, para que se genere estrés, la persona debe percibir que la exigencia es excesiva.

En los últimos años se ha presentado un importante incremento del estrés que reportan los trabajadores de las aerolíneas, el cual es resultado de una combinación de presiones salariales, reducciones de beneficios, amenazas a las pensiones, destituciones, despidos y mayores cargas de trabajo, problemas que se han agudizado a partir de los ataques del 11 de septiembre de 2001, además de que el incremento del precio de los energéticos incrementa aún más estas presiones. El resultado es que el número de trabajadores de aerolíneas que solicitan servicios de *counseling* (consejería) se ha incrementado, al igual que la rotación y el ausentismo.[93]

El proceso del estrés

Gran parte de lo que hasta hoy conocemos acerca del estrés proviene del trabajo de Hans Selye.[94] Entre sus contribuciones más importantes se encuentra la identificación del síndrome general de adaptación y los conceptos de eustrés y distrés. La figura 4.6 ofrece una representación gráfica del *síndrome de adaptación general (SAG)*. Con base en este modelo, cada uno de nosotros cuenta con un nivel normal de resistencia a los eventos estresantes. Algunos toleran un mayor nivel de estrés y otros menos, pero todos contamos con un umbral a partir del cual el estrés comienza a afectarnos.

síndrome de adaptación general (SAG)
Identifica tres etapas en la respuesta a un estresor: alarma, resistencia y agotamiento

El SAG comienza cuando la persona se encuentra con el estresor. La primera etapa se llama "alarma". En este punto, la persona puede sentir un poco

Figura 4.6

El síndrome de adaptación general

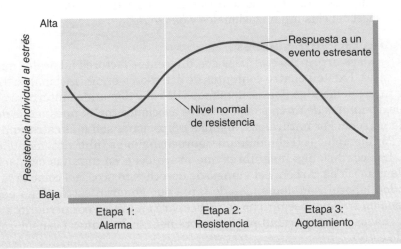

La perspectiva del síndrome de adaptación general (SAG) describe las tres etapas del proceso del estrés. La etapa inicial se llama alarma. Como se ilustra en la figura, en esta etapa la resistencia de la persona se encuentra ligeramente por debajo de su nivel normal. Después surge la resistencia real al estresor, que supera su nivel normal de resistencia. Por último, en la tercera etapa se presenta el agotamiento y la resistencia de la persona disminuye notablemente por debajo de sus niveles normales.

de pánico y cuestionarse cómo afrontar la situación. También podría plantearse una pregunta sobre "huir o pelear": "¿Puedo manejar esta situación o debería tratar de huir?" Como ejemplo, suponga que un gerente debe elaborar de la noche a la mañana un extenso reporte. Su primera reacción podría ser "¿cómo tendré esto listo para mañana?"

Si el estresor es muy extremo, la persona podría no ser capaz de afrontarlo. Sin embargo, en la mayoría de los casos el individuo reúne la fuerza física o emocional necesaria para resistir los efectos negativos del estresor. El gerente que debe elaborar un extenso reporte podría calmarse, llamar a casa para avisar que trabajará hasta tarde, remangarse, pedir la cena y comenzar a trabajar. En la segunda etapa del SAG, la persona resiste los efectos del estresor.

Con frecuencia, el SAG termina en la fase de resistencia. Si el gerente completa el reporte más rápido de lo que esperaba, podría introducirlo en su portafolio, sonreír e irse feliz a casa. Por otro lado, la exposición prolongada a un estresor sin resolver puede hacer surgir la tercera fase del SAG: el agotamiento. En esta etapa la persona se rinde y no puede pelear más contra el estresor. Por ejemplo, el gerente podría quedarse dormido y no concluir su reporte.

Distrés y eustrés

Selye también señaló que no todas las fuentes de estrés son malas. Por ejemplo, tener que decidir lo que hará con el dinero de un bono que recibió puede ser estresante, al igual que obtener una promoción, pronunciar un discurso al obtener un premio, casarse u otros eventos "buenos". Selye identificó este tipo de estrés como *eustrés*. Como se verá más adelante, el eustrés puede generar muchos resultados positivos para el individuo. Por supuesto, también existe el estrés negativo, que se conoce como *distrés*, que es en lo que piensa la mayoría de las personas cuando escuchan la palabra *estrés*. La presión excesiva, las exigencias irracionales de tiempo y las malas noticias se ubican dentro de esta categoría. Como el término lo sugiere, esta forma de estrés tiene consecuencias negativas para el individuo. Continuaremos utilizando el término *estrés* a lo largo del libro por cuestiones de simplicidad. Mientras lee el texto, recuerde que el estrés puede ser bueno o malo, que puede motivarnos y estimularnos o generarnos efectos secundarios peligrosos.

eustrés
Estrés placentero que acompaña los eventos positivos

distrés
Estrés desagradable que acompaña los eventos negativos

Causas comunes del estrés

Existen muchas cosas que nos pueden generar estrés. La figura 4.7 presenta dos grandes categorías: estresores organizacionales y estresores de vida. También contiene tres categorías de consecuencias del estrés: consecuencias individuales, consecuencias organizacionales y *burnout*.

Estresores organizacionales

estresores organizacionales
Factores laborales que provocan estrés

Los *estresores organizacionales* son diferentes factores laborales que provocan estrés. Existen cuatro conjuntos de estresores organizacionales: demandas de tarea, demandas físicas, demandas de rol y demandas interpersonales.

Las *demandas de tarea* son estresores asociados con el puesto que desempeña la persona. Por naturaleza, algunas ocupaciones son más estresantes que otras. Por ejemplo, el trabajo de un neurocirujano es inherentemente estresante. Las condiciones insalubres que prevalecen en algunas ocupaciones, como la minería de carbón y el manejo de desechos tóxicos, así como la falta de seguridad laboral, son demandas de tarea que generan estrés. Una persona que tiene un trabajo inseguro no se preocupará en exceso por perderlo, aunque las amenazas a la seguridad pueden incrementar de manera considerable el nivel de estrés.

Figura 4.7

Las causas y consecuencias del estrés se relacionan de formas complejas. Como se ilustra en esta figura, las causas más comunes de estrés se clasifican como estresores organizacionales o como estresores de vida. De igual forma, las consecuencias comunes del estrés incluyen consecuencias individuales, consecuencias organizacionales y *burnout*.

Causas y consecuencias del estrés

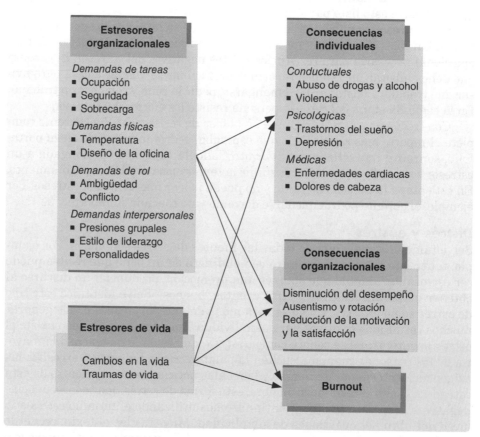

Fuente: Adaptado de James C. Quick y Jonathan D. Quick, *Organizational Stress and Preventive Management* (McGraw-Hill, 1984) pp. 19, 44 y 76. Utilizado con autorización de James C. Quick.

Los estresores organizacionales son factores presentes en el trabajo que pueden provocar estrés. Las demandas de tarea, de rol, físicas e interpersonales son tipos de estresores organizacionales. Por ejemplo, este hombre podría experimentar estrés porque está retrasado en un proyecto, tuvo una discrepancia con su jefe o con un compañero, ha trabajado demasiadas horas de manera continua o trabaja en una oficina calurosa sin aire acondicionado.

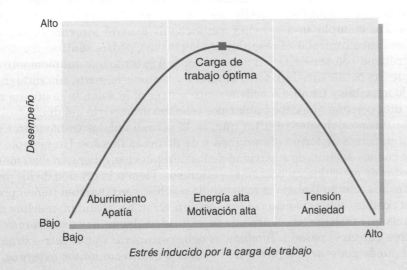

Por lo general, el estrés se incrementa en toda la organización durante los periodos de despidos o inmediatamente después de que se ha fusionado con otra empresa. La sobrecarga es otro estresor de demanda de tarea que se presenta cuando la persona tiene más trabajo del que puede realizar y puede ser cuantitativa (la persona tiene demasiadas tareas o muy poco tiempo para realizarlas) o cualitativa (la persona considera que carece de la capacidad para realizar el trabajo). Cabe resaltar que lo opuesto a la sobrecarga de trabajo es igualmente no deseable. Contar con pocas demandas de tarea genera aburrimiento y apatía, mientras que la sobrecarga genera tensión y ansiedad, como se ilustra en la figura 4.8. Se recomienda un grado moderado de estrés relacionado con la carga de trabajo como nivel óptimo, porque incrementa los niveles de energía y motivación.

Las *demandas físicas* del trabajo se refieren a las exigencias físicas que experimenta el trabajador en función de las características del lugar y las tareas físicas que involucra su trabajo. Uno de los elementos importantes es la temperatura.

Figura 4.8

Sobrecarga de trabajo, estrés y desempeño

Es evidente que demasiado estrés no es deseable, pero los niveles muy bajos de estrés también generan problemas. Por ejemplo, cuando hay muy poco estrés se genera aburrimiento y apatía que acompañan a un bajo desempeño. Aunque demasiado estrés provoca tensión, ansiedad y bajo desempeño, existe un nivel óptimo de estrés para la mayoría de las personas en el que éstas tienen más energía y motivación y mejora su desempeño.

El trabajo en exteriores bajo temperaturas extremas provoca estrés, al igual que una oficina con demasiado calor o demasiado frío. El trabajo extenuante, como levantar paquetes o carga pesada, tiene resultados similares. El diseño de la oficina también puede ser un problema, ya que es posible que dificulte la privacidad o promueva demasiada o muy poca interacción social. Demasiada interacción puede distraer a la persona de su trabajo, mientras que muy poca fomenta el aburrimiento y la soledad. De igual manera, la iluminación insuficiente, superficies de trabajo inadecuadas y deficiencias similares provocan estrés. Los cambios en los turnos provocan alteraciones en las personas porque afectan sus actividades de esparcimiento y su patrón de sueño.

En las organizaciones también son estresantes las *demandas de rol*. Un rol es un conjunto de conductas esperadas asociadas con un puesto en un grupo u organización, y tiene requerimientos formales (relacionados de forma explícita con el trabajo) e informales (sociales e implícitos). Los miembros de los grupos y organizaciones esperan que las personas que desempeñan un rol particular se comporten de forma determinada y transmitan sus expectativas de manera formal e informal. Las personas perciben las expectativas de rol con varios niveles de precisión y después intentan cumplir su rol. Sin embargo, es posible que se generen "errores" en el proceso, lo que genera problemas de estrés, como ambigüedad de roles, conflicto de roles o sobrecarga de rol.

El último grupo de estresores organizacionales consiste en tres *demandas interpersonales:* las presiones del grupo, el liderazgo y el conflicto interpersonal. Las presiones del grupo incluyen la presión por reducir los resultados y cumplir las normas del grupo. Por ejemplo, es común que los grupos establezcan acuerdos informales sobre la productividad de sus miembros. Las personas que producen más o menos que el nivel acordado serán presionadas por el grupo para volver al nivel establecido. Una persona que experimenta una fuerte necesidad de diferir de las expectativas del grupo (por ejemplo, para obtener una promoción o un incremento salarial) experimentará grandes cantidades de estrés, sobre todo si la aceptación del grupo también es importante para él. El liderazgo también puede provocar estrés. Suponga que un empleado necesita mucho apoyo social por parte de su líder, pero éste es rudo y muestra poca preocupación o compasión por él. Es probable que este empleado se sienta estresado. De igual manera, suponga que un empleado desea participar en la toma de decisiones y en diferentes aspectos de la gerencia, pero su jefe es muy autocrático y se rehúsa a consultar a sus subordinados. Lo más probable es que se genere estrés. Las personalidades conflictivas y conductas opuestas también provocan estrés. Un conflicto tiene lugar cuando dos o más personas que tienen personalidades, actitudes y conductas diferentes deben trabajar juntas. Por ejemplo, una persona con locus de control interno, es decir, que siempre desea controlar el resultado de las tareas, podría sentirse frustrada si debe trabajar con personas con locus de control externo que simplemente esperan que las cosas sucedan. Otro empleado a quien le gusta un ambiente de trabajo apacible y tranquilo podría sentir estrés si le asignan la oficina contigua a una persona que debe hablar por teléfono gran parte del día.[95]

Por último, debemos resaltar que, en la actualidad, los trabajadores experimentan estrés de forma simultánea y de diversas fuentes. Un ejemplo claro ocurre con los agentes de seguridad de los aeropuertos, quienes deben manejar toneladas de artículos, en ocasiones peligrosos. Tienen la presión de los pasajeros para realizar su trabajo lo más rápido posible, pero también tienen presentes las posibles consecuencias si cometen un error. En realidad, muchas de las personas que trabajan en el área de la seguridad tienen hoy niveles más altos de estrés que en el pasado. También se debe considerar que el estrés organizacional puede generarse a partir de eventos o acontecimientos externos. Una persona que tiene problemas financieros, un hijo enfermo o afronta la muerte de un familiar, indudablemente experimentará estrés por ello. Es comprensible que un empleado que afronta este tipo de situaciones externas sea afectado aun en el trabajo.

Consecuencias del estrés

El estrés puede tener muchas consecuencias. Como ya se mencionó, si el estrés es más positivo, los resultados serán un nivel más alto de energía, entusiasmo y motivación, pero por lo general nos preocupan más las consecuencias negativas que genera. Si analizamos la figura 4.7, podemos observar que el estrés produce consecuencias individuales, organizacionales y *burnout*. Pero, primero, debemos considerar la forma en que los factores están interrelacionados. Por ejemplo, el abuso del alcohol es una consecuencia individual que también afecta a la organización para la que se trabaja. Si el empleado bebe durante su jornada laboral tendrá un desempeño deficiente y creará peligro para los demás. Si la categoría de las consecuencias le parece arbitraria, observe que están clasificadas con base en su área de mayor influencia.

Consecuencias individuales

Las consecuencias individuales del estrés son aquellas que afectan principalmente al individuo. La organización también puede ser afectada de forma directa o indirecta por ellas, pero es la persona quien paga el precio real.[96] El estrés produce consecuencias conductuales, psicológicas y médicas.

Las *consecuencias conductuales* del estrés son nocivas para las personas que padecen estrés y para los demás. Un ejemplo es fumar. La investigación ha documentado de forma evidente que las personas que fuman lo hacen más cuando sienten estrés. De igual manera, existe evidencia de que el abuso del alcohol y otras drogas está relacionado con los niveles de estrés, aunque esta relación se encuentra menos documentada. Otras posibles consecuencias conductuales son la tendencia a sufrir accidentes, agresión, violencia y trastornos alimenticios. Las *consecuencias psicológicas* se relacionan con la salud mental y el bienestar del individuo. Cuando las personas experimentan demasiado estrés laboral, se pueden deprimir, dormir demasiado o muy poco.[97] El estrés puede generar problemas familiares y sexuales. Las *consecuencias médicas* del estrés afectan la salud física del individuo. Las enfermedades cardiacas, entre otras, están relacionadas con él. Algunos problemas médicos que son consecuencia de niveles muy altos de estrés son los dolores de cabeza y espalda, úlceras, trastornos digestivos e intestinales y las afectaciones en la piel, como el acné y la urticaria.

Consecuencias organizacionales

Es evidente que las consecuencias individuales también afectan a las organizaciones, pero existen otros resultados que tienen un efecto más directo en ellas, como disminución del nivel de desempeño, retracción y cambios negativos en las actitudes.

Una de las consecuencias evidentes de tener niveles demasiado altos de estrés es la disminución del desempeño. En el caso de los trabajadores operativos, esta disminución puede traducirse en un trabajo de calidad deficiente o una baja productividad. En el de los gerentes, puede implicar una toma deficiente de decisiones o alteraciones en las relaciones de trabajo porque las personas se vuelven irritables, lo cual dificulta la convivencia.[98] Las conductas de retracción también son una consecuencia del estrés. Para las organizaciones, las dos formas más comunes de conductas de retracción son el ausentismo y la renuncia. Es posible que las personas que tienen dificultades para afrontar el estrés en su trabajo se reporten enfermas o consideren abandonar la organización. El estrés también puede producir otras formas más sutiles de retracción. Un gerente puede comenzar a no cumplir los plazos o a tomarse más tiempo en sus recesos, mientras que un empleado podría retraerse psicológicamente y dejar de preocuparse por su trabajo y la empresa. Como ya se mencionó, la violencia en el trabajo es otra consecuencia potencial del estrés que también tiene implicaciones evidentes para las empresas, en especial si la agresividad se orienta hacia otros empleados o hacia la organización en general.[99] Otra de las consecuencias organizacionales directas se relaciona con las actitudes. Como ya se explicó, el estrés puede afectar la satisfacción laboral, la moral y el compromiso organizacional, además de la motivación para tener un desempeño adecuado. El resultado es que las personas, entre otras cosas, suelen protestar más por cosas irrelevantes y dedican el menor esfuerzo posible en su trabajo.

El *burnout* es otra consecuencia del estrés que tiene implicaciones tanto para las personas como para las organizaciones. El *burnout* es el sentimiento general de agotamiento que se desarrolla cuando una persona experimenta niveles muy altos de presión y cuenta al mismo tiempo con pocas fuentes de satisfacción.[100] Las personas que tienen muchas aspiraciones y alta motivación para realizar las tareas son los principales candidatos a padecer *burnout* bajo ciertas condiciones. Son particularmente vulnerables cuando las organizaciones suprimen o limitan sus iniciativas, a la vez que les exigen que cumplan las metas establecidas por la empresa.

En esta situación, la persona podría poner demasiado de sí misma en el trabajo, es decir, que trataría de mantener su propia agenda mientras cumple las expectativas de la empresa. Los efectos más probables de esta situación es la presencia de estrés prolongado, fatiga, frustración e impotencia bajo el peso de tales exigencias abrumadoras. La persona agota literalmente sus aspiraciones y motivaciones, como una vela que se consume. Después se presenta la retracción psicológica y una pérdida de la confianza en sí mismo y el resultado final es el *burnout*. En este punto, la persona podría temer ir a su trabajo en las mañanas, trabajar más tiempo y lograr menos cosas y padecer agotamiento físico y mental.[101]

Manejo y control del estrés

Las personas deben ocuparse de manejar y controlar de forma efectiva el estrés, debido a que su presencia se ha generalizado en las organizaciones y tiene efectos potencialmente perjudiciales. Se han diseñado diversas estrategias para manejar el estrés laboral. Algunas son individuales y otras se orientan hacia las organizaciones.[102]

Estrategias individuales para manejar el estrés

Se han propuesto muchas estrategias para ayudar a las personas a manejar el estrés. El ejercicio es un método para hacerlo, por lo que aquellas que se ejercitan con regularidad tienen menos probabilidades de sufrir ataques cardiacos en comparación con las personas inactivas. La investigación sugiere que quienes hacen ejercicio experimentan menores niveles de estrés y tensión, tienen mayor confianza en sí mismos y son más optimistas. Las personas que no lo hacen experimentan más estrés, se deprimen con mayor facilidad y sufren otras consecuencias negativas.

burnout

Sentimiento general de agotamiento que se desarrolla cuando una persona experimenta demasiada presión y pocas fuentes de satisfacción al mismo tiempo

MEJORE SUS HABILIDADES
RECOMENDACIONES PARA MANEJAR EL ESTRÉS

Todos experimentamos estrés algunas veces. Saber cómo manejarlo le ayudará a mantenerse sano y productivo. Dos de las estrategias principales para manejarlo son: 1) generar sentimientos de relajación y tranquilidad para contrarrestar el estado biológico de agotamiento y la sobreestimulación y 2) modificar su enfoque sobre una situación estresante para reducir las emociones negativas. A continuación se presentan algunas recomendaciones para aprovechar cada estrategia.

Genere sentimientos de relajación y tranquilidad

1. Lleve una alimentación sana y evite el exceso de cafeína.
2. Duerma bien el tiempo suficiente y tome una siesta si es necesario.
3. Haga ejercicio.
4. Practique técnicas de relajación, como la meditación. Éstas reducen la tensión muscular y los niveles de adrenalina.
5. Establezca relaciones afectivas. Dar y recibir abrazos, cuidar a un perro o un gato y sostener conversaciones con amigos reducen los sentimientos de estrés.
6. Priorice las cosas que debe hacer. Como dice Scarlett O'Hara en la película *Lo que el viento se llevó*, "No

puedo pensar en ello en este momento; si lo hago, enloqueceré. Ya pensaré en ello mañana."
7. Aprenda a decir "no", "en este momento no" y "en realidad no puedo". Nadie puede hacerlo todo.

Cambie su enfoque de la situación

1. Trate de ver como oportunidades las crisis y los eventos estresantes. El símbolo chino de crisis, *wei ji*, se compone de dos elementos. Uno de ellos simboliza peligro y el otro oportunidad. Encuadrar una crisis como una oportunidad reduce las emociones negativas, incrementa las positivas y reduce el estrés.
2. Replantee el estresor. Moldear la situación de forma menos estresante o amenazante puede reducir el estrés y las emociones negativas. Por ejemplo, en realidad el jefe no trata de dificultar su trabajo, sino que está muy ocupado y debe cumplir con los plazos de entrega.
3. Trate de ver el lado positivo. Que su jefe adelante la fecha límite para terminar un gran proyecto es un desafío, pero también le brinda la oportunidad de demostrar su talento y ¡pronto terminará!

Otro método para manejar el estrés es la relajación. Al inicio de esta sección se indica que el manejo del estrés requiere de adaptación. La relajación adecuada es una forma efectiva para adaptarnos que puede adoptar muchas formas. Una de ellas es tomar vacaciones. Un estudio reveló que las actitudes de las personas hacia diversas características del trabajo mejoran de forma significativa después de las vacaciones.[103] Las personas también pueden relajarse en el trabajo. Se recomienda que los empleados tomen recesos durante el día.[104] Una forma recurrente de hacerlo es sentarse en silencio, con los ojos cerrados por diez minutos en la tarde. (¡Por supuesto, podría ser necesario activar la alarma del despertador!)

También se recomienda administrar el tiempo para manejar el estrés. La idea es que muchas de las presiones cotidianas pueden facilitarse o eliminarse si la persona administra

Las personas utilizan varias técnicas para manejar el estrés. El ejercicio, la relajación y una mejor administración del tiempo se encuentran entre los métodos más comunes. Estos compañeros participan en ejercicios de respiración profunda para controlar su estrés.

mejor su tiempo. Uno de los enfoques más difundidos en la administración del tiempo es elaborar cada mañana una lista con las tareas pendientes y después clasificarlas en tres categorías: actividades críticas que deben realizarse, actividades importantes que deberían realizarse y tareas opcionales o triviales que pueden ser delegadas o pospuestas. Después se deben ejecutar en orden de importancia las tareas. Esta estrategia ayuda a que las personas realicen las cosas más importantes cada día y también estimula la delegación de tareas menos importantes.

Un concepto relacionado con la administración del tiempo es administrar el rol, en donde la persona trabaja de forma activa para evitar la sobrecarga, la ambigüedad y el conflicto. Por ejemplo, si no sabe lo que se espera de usted, no debería sentarse a pensar y preocuparse por ello, sino pedirle a su jefe que se lo clarifique. Otra estrategia para administrar el rol es aprender a decir "no". Aunque decirlo parezca simple, muchas personas se crean conflictos, pues siempre dicen que "sí". Además de su trabajo habitual, aceptan participar en comités, se proponen como voluntarios y aceptan tareas adicionales. Es evidente que en ocasiones no tenemos opción y debemos aceptar responsabilidades adicionales (si nuestro jefe nos pide que trabajemos en un proyecto nuevo, quizá debamos hacerlo), pero en muchos casos una buena opción es decir "no".[105]

Un último método para manejar el estrés es desarrollar y mantener grupos de apoyo. Un grupo de apoyo es un grupo de familiares o amigos con los que se puede pasar tiempo. Por ejemplo, asistir a un juego de baloncesto con un par de amigos puede reducir el estrés que se acumula durante el día. Los familiares y amigos pueden ayudar continuamente a las personas a manejar el estrés. Los grupos de apoyo pueden ser muy útiles durante las crisis. Por ejemplo, suponga que un empleado se acaba de enterar que no obtendrá la promoción o ascenso para la que trabajó durante meses. Le ayudará mucho poder contar con buenos amigos para hablar de ello o gritar si es necesario.

Estrategias organizacionales para manejar el estrés

Las organizaciones están descubriendo cada vez más que deben hacer algo para manejar el estrés de los empleados.[106] Existen dos razonamientos que apuntalan esta perspectiva. El primero es que la organización es al menos parcialmente responsable de la generación del estrés y que, por lo tanto, debe ayudar a reducirlo. El segundo es que los empleados con niveles más bajos de estrés perjudicial funcionarán de forma más efectiva. Los programas institucionales y los colaterales son dos estrategias organizacionales para ayudar a los empleados a manejar el estrés.

Los programas institucionales para manejar el estrés se llevan a cabo por medio de mecanismos organizacionales establecidos. Por ejemplo, el diseño correcto de puestos y horarios de trabajo (que se analizarán en el capítulo 6) puede ayudar a reducirlo. Los cambios de turno provocan problemas para los empleados porque deben ajustar constantemente sus patrones de sueño y relajación. Es por ello que el diseño de puestos y horarios deben formar parte de los esfuerzos organizacionales para reducir el estrés. También, con este fin, se puede utilizar la cultura organizacional. Por ejemplo, en algunas empresas existen reglas rígidas en relación con las vacaciones y el tiempo libre que a la larga generan mucho estrés. Por ello, la empresa debe fomentar una cultura que refuerce una mezcla saludable entre actividades laborales y recreativas. Por último, la supervisión también juega un papel institucional importante en el manejo del estrés. Algunos supervisores pueden ser la fuente principal de sobrecarga. Por ello, si se les ayuda a darse cuenta de que asignan cantidades estresantes de tareas, podrán realizar mejor sus funciones y distribuir cargas de trabajo razonables.

Numerosas organizaciones emplean programas colaterales de forma adicional a sus esfuerzos institucionales para reducir el estrés. Uno de ellos es un programa organizacional que se crea de forma específica para ayudar a los empleados a manejar el estrés. Las organizaciones han adoptado con este propósito, entre otros, programas de manejo de estrés y de promoción de la salud. Cada vez son más las empresas que desarrollan o adoptan este tipo de programas. Por ejemplo, Lockheed Martin ofrece programas de monitoreo para detectar hipertensión mientras que muchas otras empresas tienen programas de acondicionamiento físico. Estos programas atacan de forma indirecta el estrés, pues alientan a los empleados a ejercitarse, lo que reduce el estrés. El lado negativo de estos programas es que cuestan mucho más que los programas "clásicos" porque se debe invertir en instalaciones. Aun así, son cada vez más las empresas que exploran esta alternativa.[107] Como ejemplo, L.L. Bean tiene para sus empleados centros de acondicionamiento físico de última generación y muchas empresas tecnológicas, como Google y Facebook, cuentan con gimnasios y servicios de masaje para su personal.

Por último, las organizaciones tratan de ayudar a los empleados a afrontar el estrés con la ayuda de otro tipo de programas. Un ejemplo son los programas de desarrollo de carrera de General Electric, que se emplean con este propósito. Otras empresas llevan a cabo programas diversos para promover muchas alternativas, como el sentido del humor, masajes o yoga como antídotos para enfrentar este problema.[108] Por supuesto, existe mucha investigación que refuerce las afirmaciones de los defensores de estos programas. Aun así, los gerentes deben actuar para garantizar que cualquier esfuerzo organizacional que ayude a los empleados a manejar el estrés sea al menos razonablemente efectivo.

Una pequeña empresa privada, The Republic of Tea, promueve estilos de vida saludables mediante el consumo de té y ha medido la efectividad de sus esfuerzos por reducir el estrés. La empresa lanzó un extenso programa llamado el Ministerio de la Salud, con el propósito de ayudar a los empleados a llevar vidas más saludables. Como parte del programa, los empleados cuentan con la asesoría de un nutriólogo sobre dieta y peso, obtienen un bono de 500 dólares para adquirir membresías a gimnasios y se les alienta a caminar entre 10 y 15 minutos durante su jornada en el programa de caminata diaria, y además se les proporciona calzado cómodo para que puedan participar. La empresa afirma que estos esfuerzos han incrementado 11% sus niveles de eficiencia en el procesamiento de pedidos y 7% su precisión, además de que ha disminuido el ausentismo.[109]

Balance de vida y trabajo

En diversas partes de este capítulo se ha hecho referencia a la relación entre la vida y el trabajo de la persona. En esta última sección analizaremos brevemente de forma más explícita estas relaciones.

Relaciones básicas de vida y trabajo

Las relaciones de vida y trabajo pueden clasificarse de muchas maneras. Por ejemplo, podemos considerar las dimensiones básicas de la vida personal que se vinculan directamente con el trabajo, que incluyen el trabajo actual (las horas de trabajo, satisfacción laboral, etc.), sus metas de carrera (aspiraciones, trayectoria, etc.), relaciones interpersonales en el trabajo (con supervisores, subordinados, compañeros y otras personas) y seguridad laboral.[110]

Pero también existen dimensiones de la vida que no se relacionan con el trabajo, las cuales incluyen a la esposa, esposo o compañero de vida, dependientes (hijos o padres), intereses personales (pasatiempos, intereses, afiliación religiosa, participación en la comunidad) y redes de amistad. Las *relaciones de vida y trabajo* incluyen cualquier relación que exista entre las dimensiones del trabajo y personal de un individuo. Por ejemplo, una persona que tiene muchos dependientes (una pareja que no trabaja, hijos y padres) podría preferir un salario más alto, menores exigencias de tiempo extra y pocos viajes. Por otra parte, una persona que no tiene dependientes, podría interesarse menos por el salario, tener mayor disposición para trabajar tiempo extra y disfrutar los viajes relacionados con sus actividades laborales. El estrés se presenta cuando existe inconsistencia o incompatibilidad entre las dimensiones laborales y personales. Por ejemplo, si una persona es el único cuidador de un padre anciano, pero en su trabajo tiene que quedarse hasta tarde y viajar mucho, es probable que termine por experimentar estrés.

relaciones de vida y trabajo
Interrelaciones que existen entre las vidas personal y laboral de un individuo

Balance entre los vínculos de vida y trabajo

Lograr un balance satisfactorio entre los vínculos de vida y trabajo no es una tarea sencilla. Las exigencias de ambas partes pueden ser extremas y las personas necesitan prepararse para afrontar disyuntivas. Lo importante es identificarlas con anticipación para que se puedan ponderar cuidadosamente y se tome una decisión más cómoda. Algunas estrategias para hacerlo ya se presentaron. Por ejemplo, una opción atractiva podría ser laborar en una empresa que ofrezca horarios de trabajo flexibles.[111]

Las personas también deben reconocer la importancia de las perspectivas a corto y largo plazos en el balance de sus vidas personal y laboral. Es posible que tengan que responder a un número mayor de demandas laborales que personales durante los primeros años de su vida profesional. A la mitad de su carrera, podrían alcanzar un balance más cómodo y, en sus últimas etapas, priorizar sus dimensiones personales negándose a ser transferidos a otro lugar y solicitar menos tiempo de trabajo.

Las personas deben decidir por sí mismas lo que quieren y están dispuestas a ceder. Por ejemplo, considere el dilema que enfrenta una pareja en la que ambos trabajan y uno de ellos es transferido a otra ciudad. Una alternativa es que la otra persona posponga su carrera por su compañero, al menos de forma temporal. Quien recibe la oferta podría rechazarla, arriesgándose a perder su empleo o a tener un revés en su carrera, o su compañero podría renunciar a su empleo y buscar otro en la nueva ciudad. La pareja también podría decidir vivir separada, que uno se mude y el otro se quede. También podrían darse cuenta de que sus carreras son más importantes que su relación y decidir seguir por separado sus vidas.[112]

RESUMEN Y APLICACIÓN

La percepción, las actitudes, los valores, las emociones y el estrés son factores importantes que influyen en el comportamiento organizacional. Nuestras creencias y sentimientos afectan nuestras actitudes hacia las cosas. Posteriormente, nuestra actitud influye en nuestro comportamiento por medio de las intenciones. Las tres actitudes más importantes en el trabajo son la satisfacción laboral, el compromiso organizacional y la participación de los empleados. La satisfacción laboral refleja nuestras actitudes y sentimientos hacia nuestro trabajo. El compromiso organizacional es el grado al cual un empleado se identifica con la empresa, sus metas y desea permanecer en ella.

La participación de los empleados se refiere a la conexión emocional e intelectual que tiene un empleado con su puesto, organización, gerente o compañeros, que le lleva a esforzarse más en su trabajo.

Las personas pueden tener diferentes tipos de valores. No debe sorprendernos que en ocasiones algunos de ellos sean opuestos. Los valores difieren entre las culturas de distintas partes del mundo. Las emociones, el afecto y el estado de ánimo también son factores que contribuyen al comportamiento. Las emociones son reacciones fisiológicas, conductuales y psicológicas intensas de corta duración hacia un objeto, persona o evento determinado que nos preparan para responder. Por otra parte, el estado de ánimo es un estado emocional que no se dirige a nada en particular. El afecto representa nuestra tendencia a experimentar estados de ánimo determinados o a reaccionar ante las cosas con ciertas emociones.

La percepción es el conjunto de procesos por medio de los cuales una persona distingue e interpreta la información del entorno. Los procesos perceptuales básicos son la percepción selectiva y la formación de estereotipos. El efecto del halo se presenta cuando nos formamos una impresión general de una persona con base en una sola característica, que por lo general es positiva. El efecto de contraste ocurre cuando evaluamos a una persona en comparación con otra con quien hemos interaccionado recientemente y que consideramos como mejor o peor en la misma categoría. También proyectamos nuestras propias características en los demás a quienes percibimos similares en diferentes dimensiones. La percepción se relaciona de manera cercana con la atribución. Las atribuciones internas incluyen la capacidad y el esfuerzo. Las atribuciones externas abarcan la suerte, la carencia de recursos y la interferencia o ayuda de los demás. La justicia distributiva es la percepción de justicia en el resultado obtenido. La justicia procedimental es la justicia de las políticas y los procedimientos que se emplean en la toma de decisiones que determina el resultado. La justicia interpersonal se refiere al trato cordial, digno y respetuoso que se recibe durante el proceso de toma de decisiones. La justicia informacional se enfoca en la calidad de la información y las explicaciones que se reciben durante el proceso de toma de decisiones. La confianza es el resultado de la justicia.

El estrés es la respuesta de una persona ante un estímulo fuerte. Los eventos desafiantes son estresantes cuando están acompañados de emociones negativas. El estrés también puede ser positivo. El estrés funcional es la experiencia de un estrés manejable por un periodo razonable que genera emociones positivas como satisfacción, emoción y alegría. El estrés disfuncional es una sobrecarga de estrés que se presenta en una situación en la que los niveles de estimulación son muy bajos o muy altos por periodos prolongados.

El síndrome de adaptación general define tres procesos básicos. El estrés puede ser generado por demandas de tareas, físicas, de rol o interpersonales. Las consecuencias del estrés pueden ser individuales, organizacionales y el *burnout*. Se pueden hacer muchas cosas para manejar el estrés.

PREGUNTAS PARA ANÁLISIS

1. ¿Qué le diría usted a su jefe si él se encuentra indeciso acerca de cambiar las prácticas de contratación de la empresa para incluir una evaluación de actitudes de los candidatos?

2. ¿Considera que es fácil influir en las actitudes, valores o emociones de los subordinados? ¿Por qué? ¿Cuál de ellos considera que tiene mayor efecto en el comportamiento de los empleados? ¿Por qué?

——— RESPUESTAS PARA EL MUNDO REAL ———
LA ACTITUD ES UNA ELECCIÓN EN PIKE PLACE FISH MARKET

John Yokoyama adquirió el Pike Place Fish Market de Seattle. Al continuar con el estilo gerencial basado en el miedo que había establecido el dueño anterior, el resultado fue una moral baja, mayor rotación y malas actitudes de los empleados. Para revivir su negocio, el nuevo dueño decidió compartir con los empleados su visión de alcanzar fama mundial y los facultó para perseguirla. Les dio permiso de divertirse en el trabajo y tener el mejor desempeño al ser ellos mismos cada día. Yokoyama y sus empleados desarrollaron juntos cuatro principios rectores:

1. *Elija su actitud:* No tenemos control sobre el puesto que desempeñamos, pero sí sobre la forma en que lo hacemos.

2. *Hágales el día:* Participe y deleite a sus clientes y compañeros; no haga lo mínimo y de mala gana.

3. *Esté presente:* En vez de preocuparse por el lugar en el que no está, dé lo mejor en donde está. Cuando hable con sus clientes y compañeros, mírelos a los ojos y présteles toda su atención.

4. *Juegue:* Diviértase todo lo que pueda en lo que haga y cultive un espíritu de innovación y creatividad.

En palabras de uno de los pescaderos, "mis compañeros y yo nos dimos cuenta de que cada día que venimos al mercado traemos una nueva actitud. Podemos venir de malas y tener un día deprimente, o venir con una actitud molesta e irritar a nuestros clientes y compañeros. También podemos venir con una actitud luminosa, alegre y lúdica y tener un gran día. Podemos elegir el tipo de día que queremos tener. Pasamos mucho tiempo hablando sobre esta elección y nos dimos cuenta de que, mientras estemos en el trabajo, podemos tener el mejor día posible."[113]

La meta de Yokoyama de obtener fama mundial se ha cumplido. El mercado es reconocido en todo el mundo por su atmósfera divertida y la actitud positiva de sus empleados. Los pescaderos disfrutan comunicar a los clientes que son importantes sin importar si compran o no alguna mercancía y buscan entretenerlos todo el tiempo. Los empleados cantan, arrojan peces y juegan bromas a los clientes y compañeros.

Lanzar pescados y hacer bromas podría no funcionar en todos los negocios del mismo modo en que lo hizo en el Pike Place Fish Market de Seattle. En la actualidad, el negocio vale 1,000 veces más de lo que Yokoyama pagó por él hace más de treinta y cinco años, gracias al desarrollo de relaciones de trabajo, emociones y actitudes positivas de los empleados y clientes. El mercado ha aparecido en diversos programas de televisión y fue nombrado por la CNN uno de los lugares más divertidos para trabajar en Estados Unidos.

Fuente: Christensen, J. (2003). First Person: Gone Fishin', en *Sales and Marketing Management*, 155(4), 53; Hein, K. (2002). Hooked on Employee Morale, en *Incentive*, 176(8), 56–57; Lundin, S. C., Paul, H., & Christensen, J. (2000). Fish! A remarkable Way to Boost Morale and Improve Results. Nueva York: Hyperion; Yerkes, L. (2007). Fun Works: Creating Places Where People Love to Work. San Francisco: Berrett-Koehler.

3. ¿Cuáles son los componentes de la actitud de una persona? Relacione cada componente con una actitud que usted tenga en la actualidad.

4. ¿Qué tipo de valores influye más en su comportamiento en el trabajo: los terminales o los instrumentales?

5. Piense en una persona con afecto positivo y otra con afecto negativo. ¿Qué tan consistentes son ambas personas en la expresión de sus actitudes y estado de ánimo?

6. ¿Cómo influye la percepción en el comportamiento? ¿Qué estereotipos se ha formado sobre las personas? ¿Son positivos o negativos?

7. Recuerde una situación en la que haya hecho atribuciones y descríbalas empleando el marco de referencia de la figura 4.5

8. ¿Se considera una persona tipo A o tipo B? ¿Por qué? ¿Considera que una persona tipo A podría cambiar para ser más del tipo B? De ser así, ¿cómo podría hacerlo.

9. ¿Cuáles son los principales estresores para un estudiante? ¿Qué consecuencias es más probable que padezca un estudiante con mucho estrés?

10. ¿Está de acuerdo en que necesitamos cierto grado de estrés para tener más energía y motivación?

EJERCICIO PARA CÓMO ENTENDERSE A SÍ MISMO

Afectividad positiva y negativa*

Recuerde que la afectividad representa nuestra tendencia a experimentar un estado de ánimo determinado o a reaccionar ante las cosas con ciertas emociones. Las personas con mayor afectividad positiva tienden a experimentar emociones más positivas, como alegría y entusiasmo, mientras que quienes tienen afectividad negativa tienden a experimentar emociones más negativas, como irritación y nerviosismo.

Complete la autoevaluación de afectividad positiva y negativa de la página 141 y obtenga su puntuación. Su profesor les pedirá que formen parejas de estudiantes que deberán comentar durante dos minutos sobre algún tema de su agrado. Luego, cada participante deberá tratar de adivinar la disposición emocional que tiene su compañero (no es necesario que revele su puntaje si no lo desea).

*Agradecemos al profesor Paul Harvey, de la Universidad de New Hampshire, por sugerir este ejercicio.

EJERCICIO EN EQUIPO

Efecto de las emociones en el desempeño de los equipos

En este ejercicio se le pedirá participar en un juego de roles para representar una emoción como miembro de un equipo. Después de que el profesor divida al grupo en equipos de cuatro integrantes, contarán del uno al cuatro para identificar el papel que desempeñarán con base en la descripción que se ofrece a continuación. Si su equipo tiene más de cuatro integrantes, reinicie el conteo en 1 cuando llegue al quinto participante.

Papel 1: Malhumorado, afecto negativo

Papel 2: Tranquilo

Papel 3: Feliz, afecto positivo

Papel 4: Tranquilo

Durante los siguientes cinco a diez minutos (hasta que su profesor les indique), la tarea del equipo consistirá en analizar eslóganes posibles para el área del comportamiento organizacional e identificar la idea preferida por su equipo. Cuando su profesor lo señale, su papel cambiará de la siguiente manera:

Papel 1: Tranquilo

Papel 2: Feliz, afecto positivo

Papel 3: Tranquilo

Papel 4: Malhumorado, afecto negativo

Durante los siguientes cinco a diez minutos (hasta que su profesor les indique) analizarán las formas en las que un gerente de un restaurante local de McDonald's podría mejorar la participación de los empleados e identificarán las tres ideas preferidas por el equipo. Cuando el profesor dé por terminada la actividad, respondan las siguientes preguntas en equipo y prepárense para compartir sus respuestas con todo el grupo.

Preguntas

1. ¿Considera que su emoción influyó en su desempeño personal y en el de su equipo?
2. ¿Se presentó algún contagio emocional en su equipo? De ser así, ¿la emoción positiva (feliz) o la negativa (malhumorado) fue la que resultó más contagiosa? ¿Por qué considera que fue así?
3. ¿Qué podría hacer un líder para manejar efectivamente las emociones de los equipos? ¿Vale la pena intentarlo?

EJERCICIO EN VIDEO

Preserve de Recycline: la estrategia de sociedad y sus ventajas

La empresa Recycline inició operaciones en 1996 cuando su fundador Eric Hudson diseñó un cepillo dental novedoso a partir de materiales reciclados. En la actualidad, la línea de productos amigables con el ambiente de Recycline, Preserve, incluye una gama de artículos de cuidado personal, vajillas y utensilios de cocina. Los materiales de los artículos de Recycline son reciclables, pero su estrategia es totalmente nueva. Recycline logra tener productos de mayor valor e introducir ideas frescas en la industria, pues ofrece productos que hacen que los consumidores se sientan bien con sus compras.

En 2007, Whole Foods y Recycline lanzaron una línea de artículos de cocina que incluía coladeras, tablas de cortar, tazones y contenedores. De acuerdo con Webb, "realizamos una investigación competitiva, espaciamos los productos y desarrollamos en conjunto el diseño y la estrategia de precios, lo que redujo el riesgo para ambas partes".

Recycline fue capaz de lanzar un producto no probado y venderlo a la tienda más grande y respetada de alimentos naturales a través de sus asociados. A cambio, Whole Foods utilizó sus recursos y experiencia para asegurar que el producto se vendiera bien. "Le dimos una exclusiva de doce meses sobre la línea a Whole Foods y ellos obtuvieron una gran historia que contar", afirma Webb.

En clase, observen el video "Preserve en Recycline: la estrategia de sociedad y sus ventajas". Después formen equipos de 3 a 4 integrantes y respondan las siguientes preguntas:

Preguntas para análisis

1. ¿Qué papel juegan las actitudes, los valores y las emociones en una empresa como Recyline? ¿Qué papel juegan sus actitudes sobre el reciclaje en la forma en que ve a una empresa como Recycline?
2. ¿Cuál es su percepción sobre el presidente ejecutivo (CEO) Eric Hudson? ¿En qué se basa su percepción? ¿Qué percepción de los productos verdes tiene el público general de acuerdo con el director de marketing C. A. Webb? ¿Por qué algunas personas tienen esta percepción y qué podría hacer Recycline para cambiarla?
3. ¿Le gustaría trabajar en Recycline? ¿Por qué?

¿Y ahora qué?

CASO EN VIDEO

Suponga que sostiene una junta con uno de sus subordinados que ha trabajado por un mes en Happy Time Toys y aún no alcanza las metas de la empresa. El empleado intentó desempeñar un buen trabajo durante la sesión de capacitación para sobresalir entre los nuevos empleados, pero los demás se han desempeñado mucho mejor que él. El subordinado le comunica que se siente frustrado por no ser capaz de aprender las tareas de su nuevo puesto. *¿Qué le diría o qué haría?* Vea el video "¿Y ahora qué?" de este capítulo, observe el video de desafío y elija una respuesta. Asegúrese de ver también los resultados de las dos respuestas que no eligió.

Preguntas para análisis

1. ¿Qué actitudes desarrolló el empleado acerca de su desempeño en el puesto? ¿Cómo se formaron estas actitudes?
2. ¿Cuál es el papel de las atribuciones en las respuestas del empleado ante los desafíos de aprender a realizar las tareas de su nuevo puesto? ¿Qué papel juegan las atribuciones en la forma en que podría responder un gerente ante el desempeño de su subordinado?
3. ¿Cómo influyó la justicia en la forma en que respondió el subordinado ante las situaciones que observó en el video?
4. ¿Qué otras soluciones podría ofrecer para resolver la situación? Explique su respuesta con ayuda de los conceptos de este capítulo.

NOTAS FINALES

[1]Powell, D. J. (8 de febrero de 2011). Learning From Fish, en *Counselor*. Disponible en línea en: http://www.counselormagazine. com/component/content/article/44-clinical-supervision/1160learning-from-fish; Chittim, G. (11 de noviembre de 2011). Monkfish Scares Last Tourist at Pike Place Market, en *King5.com*. Disponible en línea en: http://www.king5.com/Nuevas/environment/Fish-Market-Releases-Fan-Favorite-133722773.html; Christensen, J. (2003). First Person: Gone Fishin', en *Sales and Marketing Management*, 155(4), 53; Lundin, S. C., Paul, H., & Christensen, J. (2000), en *Fish! A Remarkable Way to Boost Morale and Improve Results*. Nueva York: Hyperion.

[2]Hom, P. W., & Griffeth, R. W. (1995). *Employee Turnover*. Cincinnati, OH: Southwestern.

[3]Festinger, L. (1957). *A Theory of Cognitive Dissonance*. Stanford, CA: Stanford University Press.

[4]Gagné, M. & Bhave, D. (2011). Autonomy in the Workplace: An Essential Ingredient to Employee Engagement and Well-Being in Every Culture, en *Human Autonomy in CrossCultural Context: Cross-Cultural Advancements in Positive Psychology*. eds. V. I. Chirkov, R. M. Ryan, & K. M. Sheldon, (Vol. 1, pp. 163–187). Nueva York: Springer; Fried, Y., & Ferris, G. R. (1987). The Validity of the Job Characteristics Model: A Review and Metaanalysis, en *Personnel Psychology*, 40(2), pp. 287–322; Parisi, A. G., & Weiner, S. P. (Mayo de 1999). Retention of Employees: Country-Specific Analyses in a Multinational Organization. Poster at the Fourteenth Annual Conference of the Society for Industrial and Organizational Psychology, Atlanta, GA.

[5]Saari, L., & Judge, T. A. (2004). Employee Attitudes and Job Satisfaction, en *Human Resource Management*, 43(4), pp. 395–407.

[6]Staw, B. M., & Ross, J. (1985). Stability in the Midst of Change: A Dispositional Approach to Job Attitudes, en *Journal of Applied Psychology*, 70, pp. 469–480.

[7]Judge, T.A., Ilies, R., & Zhang, Z. (2012). Genetic Influences on Core Self-Evaluations, Job Satisfaction, and Work Stress: A Behavioral Genetics Mediated Model, en *Organizational Behavior and Human Decision Processes*, 117(1), pp. 208–220; House, R. J., Shane, S. A., & Herold, D. M. (1996). Rumors of the Death of Dispositional Research Are Vastly Exaggerated, en *Academy of Management Review*, 21, pp. 203–224.

[8]Judge, T. A., & Bono, J. E. (2001). Relationship of Core Self-Evaluations Traits—Self-Esteem, Generalized Self-Efficacy, Locus of Control, and Emotional Stability—With Job Satisfaction and Job Performance: A Meta-Analysis, en *Journal of Applied Psychology*, 86, pp. 80–92.

[9]Judge, T. A., Heller, D., & Mount, M. K. (2002). Five-Factor Model of Personality and Job Satisfaction: A Meta-Analysis, en *Journal of Applied Psychology*, 87, pp. 530–541.

[10]Judge, T. A., Erez, A., Bono, J. E., & Thoresen, C. J. (2003). The Core Self-Evaluations Scale: Development of a Measure, en *Personnel Psychology*, 56, p. 304.

[11]Judge, T. A., Thoresen, C. J., Bono, J. E., & Patton, G. K. (2001). The Job Satisfaction–Job Performance Relationship: A Qualitative and Quantitative Review, en *Psychological Bulletin*, 127, pp. 376–407.

[12]Organ, D. W. (1988). *Organizational Citizenship Behavior—The Good Soldier Syndrome* (1a. ed.). Lexington, MA/Toronto: D.C. Heath; Smith, C. A., Organ, D. W., & Near, J. P. (1983). Organizational Citizenship Behavior: Its Nature and Antecedents, en *Journal of Applied Psychology*, 68, pp. 653–663; Williams, L. J., & Anderson, S. E. (1991). Job Satisfaction and Organizational Commitment as Predictors of Organizational Citizenship and In-Role Behaviors, en *Journal of Management, 17*, pp. 601–617; LePine, J. A., Erez, A., & Johnson, D. E. (2002). The Nature and Dimensionality of Organizational Citizenship Behavior: A Critical Review and Meta-Analysis. Journal of Applied Psychology, 87, pp. 52–65.

[13]Hulin, C. L., Roznowski, M., & Hachiya, D. (1985). Alternative Opportunities and Withdrawal Decisions: Empirical and Theoretical Discrepancies and an Integration, en *Psychological Bulletin*, 97, pp. 233–250; Kohler, S. S., & Mathieu, J. E. (1993). An Examination of the Relationship Between Affective Reactions, Work Perceptions, Individual Resource Characteristics, and Multiple Absence Criteria, en *Journal of Organizational Behavior, 14*, pp. 515–530.

[14]Chen, G., Ployhart, R. E., Thomas, H. C., Anderson, N., & Bliese, P. D. (2011). The Power of Momentum: A New Model of Dynamic Relationships between Job Satisfaction Change and Turnover Intentions, en *Academy of Management Journal*, 54(1), pp. 159–181.

[15]Meyer, J. P., & Allen, N. J. (1997). *Commitment in the Workplace: Theory, Research, and Application*. Thousand Oaks, CA: Sage.

[16]Meyer, J. P., Stanley, L. J., & Parfyonova, N. M. (2012). Employee Commitment in Context: The Nature and Implication of Commitment Profiles, en *Journal of Vocational Behavior*, 80(1), pp. 1–16; Taylor, S. G., Bedeian, A. G., & Kluemper, D. H. (en proceso de impresión). Linking Workplace Incivility to Citizenship Performance: The Combined Effects of Affective Commitment and Conscientiousness, en *Journal of Organizational Behavior*; Meyer, J., Stanley, D., Herscovich, L., & Topolnytsky, L. (2002). Affective, Continuance, and Normative Commitment to the Organization: A Meta-Analysis of Antecedents, Correlates, and Consequences, en *Journal of Vocational Behavior*, 61, pp. 20–52; Klein, H., Becker, T., & Meyer, J. (2009). *Commitment in Organizations: Accumulated Wisdom and New Directions*. Nueva York: Taylor & Francis.

[17]Gibbons, J. (2006). *Employee Engagement: A Review of Current Research and Its Implications* (p. 5). Nueva York: The Conference Board.

[18]En Gurchiek, K. (23 de abril de 2008). Many Senior Executives Not Engaged with Their Organizations. Society for Human Resource Management. Disponible en línea en: http://www.shrm.org/ publications/hrnews/pages/seniorexecutivesnotengaged.aspx.

[19]Towers Perrin (2008). Closing the Engagement Gap: A Road Map for Driving Superior Business Performance. Towers Perrin Global Workforce Study 2007–2008. Disponible en línea en: https://c.ymcdn.com/sites/www.simnet.org/ resource/group/066D79D1-E2A8-4AB5-B621-60E58640FF7B/ leadership_workshop_2010/towers_perrin_global_workfor.pdf.

[20]Gurchiek, K. (23 de abril de 2008). Many Senior Executives Not Engaged with Their Organizations. Society for Human Resource Management. Disponible en línea en: http://www.shrm .org/publications/hrnews/pages/seniorexecutivesnotengaged .aspx.

[21]Macey, W. H., Schneider, B. Barbera, K., & Young, S. A. (2009). *Employee Engagement: Tools for Analysis, Practice and Competitive Advantage*. Boston: Wiley-Blackwell.

[22]Kluckhohn, F., & Strodtbeck, F. L. (1961). *Variations in Value Orientations*. Evanston, IL: Row, Peterson.

[23]Schleicher, D. J., Hansen, S., Fox, D., & Kevin, E. (2011). Job Attitudes and Work Values. In APA Handbook of Industrial and Organizational Psychology: Maintaining, Expanding, and Contracting the Organization, ed. S. Zedeck (Vol. 3, pp. 137–189). Washington, DC: American Psychological Association.

[24]Boyacigiller, N., Kleinberg, J. M., Phillips, M. E., & Sackman, S. (1996). Conceptualizing Culture, en *Handbook for International Management Research*, eds. B. J. Punnett & O. Shenkar (pp. 157–208). Cambridge: Blackwell; Erez, M., & Earley, C. P. (1993). Culture, Self-Identity, & Work. Nueva York: Oxford University Press; Hampden-Turner, C., & Trompenaars, F. (1993). *The Seven Cultures of Capitalism: Value Systems for Creating Wealth in the United States, Britain, Japan, Germany, France, Sweden and the Netherlands*. Nueva York: Doubleday.

[25]Bartlett, C. A., & Sumantra, G. (1998). *Managing Across Borders: The Transnational Solution* (2a ed.). Boston: Harvard Business School Press; Porter, M. E. (1990). *The Competitive Advantage of Nations*. Nueva York: Free Press; Posner, B. Z., & Munson, J. M. (1979). The Importance of Values in Understanding Organizational Behavior, en *Human Resource Management, 18*, pp. 9–14.

[26]Fritzsche, D. J., & Becker, H. (1982). Business Ethics of Future Marketing Managers, en *Journal of Marketing Education, 4*, pp. 2–7.

[27]Fritzsche, D. J. (1991). A Model of Decision-Making Incorporating Ethical Values, en *Journal of Business Ethics, 10*, pp. 841–852.

[28]Paine, L. S. (1994). Managing for Organizational Integrity, en *Harvard Business Review, 72*(2), pp. 106–117.

[29]Rokeach, M. (1973). *The Nature of Values*. Nueva York: Free Press.

[30]Nord, W. R., Brief, A. P., Atieh, J. M., & Doherty, E. M. (1988). Work Values and the Conduct of Organizational Behavior, en *Research in Organizational Behavior*, eds. B. M. Staw y L. L. Cummings (pp. 1–42). Greenwich, CT: JAI Press.

[31]Malka, A., & Chatman, J. A. (2003). Intrinsic and Extrinsic Work of the Effect of Annual Income on Subjective Well-Being: A Longitudinal Study, en *Society for Personality and Social Psychology, Inc., 29*, pp. 737–746.

[32]Nord, W. R., Brief, A. P., Atieh, J. M., & Doherty, E. M. (1988). Work Values and the Conduct of Organizational Behavior, en *Research in Organizational Behavior*, eds. B. M. Staw y L. L. Cummings (pp. 1–42). Greenwich, CT: JAI Press.

[33]Edwards, J. R. (2004). Complementary and Supplementary Fit: A Theoretical and Empirical Integration, en *Journal of Applied Psychology, 89*, pp. 822–834; Amos, E. A., & Weathington, B. L. (2008). An Analysis of the Relation Between Employee-Organization Value Congruence and Employee Attitudes, en *Journal of Psychology: Interdisciplinary and Applied, 142*(6), pp. 615–632.

[34]Adler, N. J. (2008). *International Dimensions of Organizational Behavior*. Mason, OH: Thompson/South-Western.

[35]Inglehart R., & Welzel, C. (2005). *Modernization, Cultural Change and Democracy*. Nueva York: Cambridge University Press.

[36]Inglehart R., & Welzel, C. (2005). *Modernization, Cultural Change and Democracy*. Nueva York: Cambridge University Press.

[37]Kanfer, R., & Klimoski, R. J. (2002). Affect and Work: Looking Back to the Future, en *Emotions in the Workplace*, eds. R. G. Lord, R. J. Klimoski, & R. Kanfer (pp. 473–490). San Francisco, CA: Jossey-Bass.

[38]Elfenbein, H. A. (2007). Emotion in Organizations: A Review of Theoretical Integration, en *The Academy of Management Annals*, eds. J. P. Walsh & A. P. Brief (Vol. 1, pp. 315–386). Nueva York: Taylor & Francis.

[39]Amabile, T., Barsade, S., Mueller, J., & Staw, B. (2005). Affect and Creativity at Work, en *Administrative Science Quarterly, 50*(3), pp. 367–403.

[40]Tse, H. M., & Dasborough, M. T. (2008). A Study of Exchange and Emotions in Team Member Relationships, en *Group & Organization Management: An International Journal, 33*, pp. 194–215.

[41]Schucman, H., & Thetford, C. (1975). *A Course in Miracles*. Nueva York: Viking Penguin.

[42]Rothbard, N. P. & Wilk, S. L. (2011). Waking Up on the Right or Wrong Side of the Bed: Start-of-Workday Mood, Work Events, Employee Affect, and Performance, en *Academy of Management Journal, 54*(5), pp. 959–980.

[43]Miner, A. G., Glomb, T. M., & Hulin, C. (Junio de 2005). Experience Sampling Mood and Its Correlates at Work: Diary Studies in Work Psychology, en *Journal of Occupational and Organizational Psychology, 78*(2), pp. 171–193.

[44]Bartel, C. A., & Saavedra, R. (2000). The Collective Construction of Work Group Moods, en *Administrative Science Quarterly, 45*, pp. 197–231.

[45]Dasborough, M. T., & Ashkanasy, N. M. (2002). Emotion and Attribution of Intentionality in Leader-Member Relationships, en *The Leadership Quarterly, 13*, pp. 615–634.

[46]Smith, C. A., & Lazarus, R. S. (1993). Appraisal Components, Core Relational Themes, and the Emotions, en *Cognition and Emotion, 7*, pp. 233–269.

[47]Watson, D., & Tellegen, A. (1985). Toward a Consensual Structure of Mood, en *Psychological Bulletin, 98*, pp. 219–235.

[48]Watson, D., & Tellegen, A. (1985). Toward a Consensual Structure of Mood, en *Psychological Bulletin, 98*, pp. 219–235.

[49]Watson, D., Clark, L. A., & Tellegen, A. (1988). Development and Validation of Brief Measures of Positive and Negative Affect: The PANAS Scales, en *Journal of Personality and Social Psychology, 54*, pp. 1063–1070.

[50]Dimotakis, N., Scott, B. A., & Koopman, J. (2011). An Experience Sampling Investigation of Workplace Interactions, Affective States, and Employee Well-Being, en *Journal of Organizational Behavior, 32*(4), pp. 572–588; Kaplan, S., Bradley, J. C., Luchman, J. N., & Haynes, D. (2009). On the Role of Positive and Negative Affectivity in Job Performance: A Meta-Analytic Investigation, en *Journal of Applied Psychology, 94*, pp. 162–176.

[51]Gerhardt, M. W., & Brown, K. G. (2006). Individual Differences in Self-Efficacy Development: The Effects of Goal Orientation and Affectivity, en *Learning and Individual Differences, 16*, pp. 43–59.

[52]Isen, A. M. (2004). An Influence of Positive Affect on Decision Making in Complex Situations: Theoretical Issues with Practical Implications, en *Journal of Consumer Psychology, 11*(2), pp. 75–85.

[53]Forgas, J. P. (1998). On Feeling Good and Getting Your Way: Mood Effects on Negotiator Cognition and Behavior, en *Journal of Personality and Social Psychology, 74*, pp. 565–577; Van Kleef, G. A., De Dreu, C. K. W., & Manstead, A. S. R. (2004). The Interpersonal Effects of Anger and Happiness in Negotiations, en *Journal of Personality and Social Psychology, 86*, pp. 57–76.

[54]Lyubomirsky, S., King, L., & Diener, E. (2005). The Benefits of Frequent Positive Affect: Does Happiness Lead to Success?, en *Psychological Bulletin, 131*(6), pp. 803–855.

[55]One Man's Accident Is Shedding New Light on Human Perception, en *Wall Street Journal*, 30 de septiembre de 1993, A1, A13.

[56]Starbuck, W. H., & Mezias, J. M. (1996). Opening Pandora's Box: Studying the Accuracy of Managers' Perceptions, en *Journal of Organizational Behavior, 17*, pp. 99–117.

[57]Dion, K. K., Berscheid, E., & Walster, E. (1972). What Is Beautiful Is Good, en *Journal of Personality and Social Psychology, 24*, pp. 285–290.

[58]Denrell, J. (2005). Why Most People Disapprove of Me: Experience Sampling in Impression Formation, en *Psychological Review, 112*(4), pp. 951–978.

[59]Kammrath, L. K., Ames, D. R., & Scholer, A. A. (2007). Keeping Up Impressions: Inferential Rules for Impression Change Across the Big Five, en *Journal of Experimental Social Psychology, 43*(3), pp. 450–457.

[60]King, A. S. (1971). Self-Fulfilling Prophecies in Training the Hard-Core: Supervisors' Expectations and the Underprivileged Workers' Performance, en *Social Science Quarterly, 52*, pp. 369–378.

[61]Eden, D. (1990). *Pygmalion in Management*. Lexington, MA: Lexington Books/D.C. Heath.

[62]Weiner, B. (1974). Achievement Motivation and Attribution Theory. Morristown, NJ: General Learning Press; Weiner, B. (1980). Human Motivation. New York: Holt, Rinehart & Winston; Weiner, B. (1986). *An Attributional Theory of Motivation and Emotion*. Nueva York: Springer-Verlag.

[63]Kelley, H. H. (febrero de 1973). The Process of Causal Attribution, en *American Psychologist*, pp. 107–128.

[64]Matsumoto, D. & Juang. L. (2012). *Culture and Psychology* (5a. ed.). Independence, KY: Wadsworth Publishing; Albert, R. A., & Triandis, H. C. (1979). Cross Cultural Training: A Theoretical Framework and Observations, en *Bilingual Multicultural Education and the Professional from Theory to Practice*, eds. H. Trueba & C. Barnett-Mizrahi. Rowley, MA: Newbury House.

[65]Miller, J. G. (1984). Culture and the Development of Everyday Social Explanation, en *Journal of Personality and Social Psychology, 46*, pp. 961–978.

[66]Morris, M. W., & Peng, K. (1994). Culture and Cause: American and Chinese Attributions for Social and Physical Events, en *Journal of Personality and Social Psychology, 67*, pp. 949–971.

[67]Markus, H. R., & Kitayama, S. (1991). Culture and the Self: Implications for Cognition, Emotion, and Motivation, en *Psychological Review, 98*, pp. 224–253.

[68]Greenberg, J. (1987). A Taxonomy of Organizational Justice Theories, en *Academy of Management Review, 12*, pp. 9–22.

[69]Lind, E. A., & Tyler, T. R. (1988). *The Social Psychology of Procedural Justice*. Nueva York: Plenum.

[70]Por ejemplo, Greenberg, J. (1990). Employee Theft as a Response to Underemployment Inequity: The Hidden Costs of Pay Cuts, en *Journal of Applied Psychology, 75*, pp.561–568; Greenberg, J. (1998). The Cognitive Geometry of Employee Theft: Negotiating "The Line" Between Taking and Stealing, en *Dysfunctional Behavior in Organizations*, eds. R. W. Griffin, A. O'Leary-Kelly, & J. M. Collins (vol. 2, pp. 147–193). Stamford, CT: JAI; Greenberg, J. (2002). Who Stole the Money and When? Individual and Situational Determinants of Employee Theft, en *Organizational Behavior and Human Decision Processes, 89*, pp. 985–1003; Colquitt, J., & Greenberg, J. (2003). Organizational Justice: A Fair Assessment of the State of the Literature, en *Organizational Behavior: The State of the Science*, ed. J. Greenberg (2a ed., pp. 165–210). Mahwah, NJ: Lawrence Erlbaum Associates.

[71]Wallace, J. C., Edwards, B. D., Mondore, S., & Finch, D. M. (2008). The Interactive Effects of Litigation Intentions and Procedural Justice Climate on Employee–Employer Litigation, en *Journal of Managerial Issues, 20*, pp. 313–326.

[72]Latham, G. P., & McCauley, C. D. (2005). Leadership in the Private Sector: Yesterday Versus Tomorrow, en *The TwentyFirst Century Manager*, ed. C. Cooper. Oxford, UK: Oxford University Press.

[73]Greenberg, J., & Bies, R. J. (1992). Establishing the Role of Empirical Studies of Organizational Justice in Philosophical Inquiries into Business Ethics, en *Journal of Business Ethics, 11*, pp. 97–108.

[74]Treviño, L. K., & Weaver, G. R. (2001). Organizational Justice and Ethics Program Follow Through: Influences on Employees' Helpful and Harmful Behavior, en *Business Ethics Quarterly, 11*(4), pp. 651–671.

[75]Treviño, L. K., & Weaver, G. R. (1998). Punishment in Organizations: Descriptive and Normative Perspectives, en *Managerial Ethics: Moral Management of People and Processes*, ed. M. Schminke (pp. 99–114). Mahwah, NJ: Lawrence Erlbaum Associates.

[76]Treviño, L. K., Weaver, G. R., Gibson, D., & Toffler, B. (1999). Managing Ethics and Legal Compliance: What Works and What Hurts, en *California Management Review, 41*(2), pp. 131–151.

[77]Deutsch, M. (1975). Equity, Equality, and Need: What Determines Which Value Will Be Used as the Basis for Distributive Justice?, en *Journal of Social Issues, 31*, pp. 137–149.

[78]Leventhal, G. S. (1980). What Should Be Done with Equity Theory? Nueva Approaches to the Study of Fairness in Social Relationships, en *Social Exchange: Advances in Theory and Research*, eds. K. Gergen, M. Greenberg, & R. Willis (pp. 27–55). Nueva York: Plenum; Thibaut, J., & Walker, L. (1975). *Procedural Justice: A Psychological Analysis*. Hillsdale, NJ: Lawrence Erlbaum Associates.

[79]Vea Lind, E. A., & Tyler, T. R. (1988). *The Social Psychology of Procedural Justice*. Nueva York: Plenum.

[80]Bies, R. J. (2001). Interactional (In)justice: The Sacred and the Profane, en *Advances in Organizational Justice*, eds. J. Greenberg & R. Cropanzano (pp. 89–118). Stanford, CA: Stanford University Press.

[81]Colquitt, J. A. (2001). On the Dimensionality of Organizational Justice: A Construct Validation of a Measure, en *Journal of Applied Psychology, 86*, pp. 386–400; Colquitt, J. A., Conlon, D. E., Wesson, M. J., Porter, C. O., & Ng, K. Y. (2001). Justice at the Millennium: A Meta-Analytic Review of 25 Years of Organizational Justice Research, en *Journal of Applied Psychology, 86*(3), pp. 425–445.

[82]Greenberg, J. (1993). The Social Side of Fairness: Interpersonal and Informational Classes of Organizational Justice, en *Justice in the Workplace*, ed. R. Cropanzano (vol. 1, pp. 79–103). Hillsdale, NJ: Lawrence Erlbaum Associates.

[83]Aryee, S., Chen, Z., Sun, L., & Debrah, Y. (Enero de 2007). Antecedents and Outcomes of Abusive Supervision: Test of a TrickleDown Model, en *Journal of Applied Psychology, 92*(1), pp. 191–201.

[84]Baron, R. A., & Neuman, J. H. (1996). Workplace Violence and Workplace Aggression: Evidence on Their Relative Frequency and Potential Causes, en *Aggressive Behavior, 22*, pp. 161–173.

[85]Truxillo, D. M., Bodner, T. E., Bertolino, M., Bauer, T. N., & Yonce, C. A. (2009). Effects of Explanations on Applicant Reactions: A Meta-Analytic Review, en *International Journal of Selection and Assessment, 17*, pp. 346–361.

[86]Mayer, R. C., Davis, J. H., & Schoorman, F. D. (1995). An Integrative Model of Organizational Trust, en *Academy of Management Review, 20*(3), pp. 709–734.

[87]Colquitt, J. A., Scott, B. A., & LePine, J. A. (2007). Trust, Trustworthiness, and Trust Propensity: A Meta-Analytic Test of Their Unique Relationships with Risk Taking and Job Performance, en *Journal of Applied Psychology, 92*, pp. 909–927.

[88]McKnight, D. H., Cummings, L. L., & Chervany, N. L. (1998). Initial Trust Formation in Nueva Organizational Relationships, en *Academy of Management Review, 23*, pp. 473–490.

[89]Davis, J. H., Schoorman, F. D., Mayer, R. C. & Tan, H. H. (2000). The Trusted General Manager and Business Unit Performance: Empirical Evidence of a Competitive Advantage, en *Strategic Management Journal, 21*, pp. 563–576.

[90]Barbian, J. (Junio de 2002). Short Shelf Life, en *Training*, p. 52.

[91]Para una revisión reciente, vea DeFrank, R. S., & Ivancevich, J. M. (1998). Stress on the Job: An Executive Update, en *Academy of Management Executive, 12*(3), pp. 55–65.

[92]Para una revisión, vea Quick, J. C. & Quick, J. D. (1984). *Organizational Stress and Preventive Management*. Nueva York: McGraw-Hill. Vea también Griffin, M. A. & Clarke, S. (2010). Stress and Well-Being at Work, en *Handbook of Industrial and Organizational Psychology*, ed. S. Zedeck (pp. 359–397). Washington, DC: American Psychological Association.

[93]Job Stress Beginning to Take Toll on Some Airline Workers, en *USA Today*, 30 de noviembre de 2004, 1B, 2B.

[94]Selye, H. (1976). *The Stress of Life*. Nueva York: McGraw-Hill.

[95]Frew, D. R., & Bruning, N. S. (Diciembre de 1987). Perceived Organizational Characteristics and Personality Measures as Predictors of Stress/Strain in the Work Place, en *Academy of Management Journal*, pp. 633–646.

[96]Wright, T. (Enero-marzo de 2010). The Role of Psychological Well-Being in Job Performance, Employee Retention, and Cardiovascular Health, en *Organizational Dynamics*, pp. 13–23.

[97]I Can't Sleep, en *Business Week*, 26 de enero de 2004, pp. 66–74.

[98]Hallowell, E. (Enero de 2005). Why Smart People Underperform, en *Harvard Business Review*, pp. 54–62.

[99]Employers on Guard for Violence, en *Wall Street Journal*, 5 de abril de 1995, 3A; Neuman, J. H., & Baron, R. A. (1998). Workplace Violence and Workplace Aggression: Evidence Concerning Specific Forms, Potential Causes, and Preferred Targets, en *Journal of Management, 24*(3), pp. 391–419.

[100]Lee, R. T., & Ashforth, B. E. (1996). A Meta-Analytic Examination of the Correlates of the Three Dimensions of Job Burnout, en *Journal of Applied Psychology, 81*(2), pp. 123–133.

[101]Para una actualización reciente, vea Densten, I. (2001). Rethinking Burnout, en *Journal of Organizational Behavior, 22*, pp. 833–847.

[102]Kelly, J. M. (Febrero de 1997). Get a Grip on Stress, en *HR Magazine*, pp. 51–57.

[103]Lounsbury, J. W., & Hoopes, L. L. (1986). A Vacation from Work: Changes in Work and Nonwork Outcomes, en *Journal of Applied Psychology, 71*, pp. 392–401.

[104]Overloaded Staffers Are Starting to Take More Time Off Work, en *Wall Street Journal*, 23 de septiembre de 1998, B1.

[105]Eight Ways to Help You Reduce the Stress in Your Life, en *Business Week Careers*, noviembre de 1986, p. 78. Vea también Weeks, H. (Julio-agosto, 2001). Taking the Stress out of Stressful Conversations, en *Harvard Business Review*, pp. 112–116.

[106]Para una revisión reciente, vea Macik-Frey, M., Quick, J. C., & Nelson, D. (2007). Advances in Occupational Health: From a Stressful Beginning to a Positive Future, en *Journal of Management, 33*(6), pp. 809–840.

[107]Wolfe, R. A., Ulrich, D. O., & Parker, D. F. (Invierno de 1987). Employee Health Management Programs: Review, Critique, and Research Agenda, en *Journal of Management*, pp. 603–615.

[108]Workplace Hazard Gets Attention, en *USA Today*, 5 de mayo de 1998, 1B, 2B.

[109]Recession Plans: More Benefits, en *Time*, 10 de mayo de 2010, p. Global 8.

[110]Vea Premeaux, S., Adkins, C., & Mossholder, K. (2007). Balancing Work and Family: A Field Study of Multi-Dimensional, Multi-Role, and Work-Family Conflict, en *Journal of Organizational Behavior, 28*, pp. 705–727.

[111]Work and Family, en *Business Week*, 15 de septiembre de 1997, pp. 96–99. Vea también Hammer, L. B., & Zimmerman, K.L. (2010). Quality of Work Life, en *Handbook of Industrial and Organizational Psychology*, ed. S. Zedeck (pp. 399–431). Washington, DC: American Psychological Association.

[112]Aryee, S., Srinivas, E. S., & Tan, H. H. (2005). Rhythms of Life: Antecedents and Outcomes of Work-Family Balances in Employed Parents, en *Journal of Applied Psychology, 90*(1), pp. 132–146.

[113]Lundin, S. C., Paul, H., Christensen, J., & Blanchard, K. (2000). *Fish! A Proven Way to Boost Morale and Improve Results* (p. 38). Nueva York: Hyperion.

CAPÍTULO

5

MOTIVACIÓN DEL COMPORTAMIENTO

ESTRUCTURA DEL CAPÍTULO

Desafíos del mundo real: Motivación del elenco de Disney

NATURALEZA DE LA MOTIVACIÓN
  Importancia de la motivación
  Estructura de la motivación
  Primeras perspectivas acerca de la motivación
  Diferencias individuales y motivación

Temas globales: Motivación de una fuerza laboral global

PERSPECTIVAS SOBRE LA MOTIVACIÓN BASADAS EN LAS NECESIDADES
  Jerarquía de las necesidades
  Teoría ERC
  Teoría de los dos factores
  Modelo de las necesidades adquiridas

Cómo entenderse a sí mismo: ¿Qué le motiva a usted?

PERSPECTIVAS SOBRE LA MOTIVACIÓN BASADAS EN LOS PROCESOS
  Teoría de la equidad en la motivación
  Teoría de las expectativas de la motivación

Mejore sus habilidades: Encuadre de la equidad y la justicia

Caso de estudio: Estimulando el orgullo en Aramark

PERSPECTIVAS SOBRE MOTIVACIÓN BASADAS EN EL APRENDIZAJE
  Cómo ocurre el aprendizaje
  Teoría del reforzamiento y el aprendizaje
  Aprendizaje social
  Modificación conductual

RESUMEN Y APLICACIÓN

Respuestas para el mundo real: Motivación del elenco de Disney

OBJETIVOS DE APRENDIZAJE

Al concluir el estudio de este capítulo, usted podrá:

1 Caracterizar la naturaleza de la motivación, su importancia y perspectivas históricas básicas.

2 Identificar y describir las perspectivas sobre la motivación basada en las necesidades.

3 Identificar y describir las principales perspectivas sobre la motivación basadas en los procesos.

4 Explicar las perspectivas sobre la motivación basadas en el aprendizaje.

—DESAFÍOS DEL MUNDO REAL—
MOTIVACIÓN DEL ELENCO DE DISNEY

The Walt Disney Company inició sus operaciones en 1923 como un pequeño estudio de animación. Desde entonces, la empresa creció durante décadas hasta convertirse en la organización de entretenimiento más grande del mundo. Disney posee y opera once parques temáticos, una línea de cruceros y varios canales de televisión, como ABC, ESPN y Disney Channel. Además, recientemente adquirió otros gigantes, como Pixar Animation Studios, Marvel Comics y Lucasfilm para continuar con la expansión de sus actividades.[1]

Una de las huellas de identidad de Disney es su legendario servicio al cliente, especialmente en sus parques temáticos y cruceros. Los empleados de los parques son conocidos como "miembros del elenco" y se les enseña que su meta más importante es la felicidad de los clientes sin importar el papel que desempeñen; deben sonreír, proyectar una imagen positiva y ser amigables. Disney quiere motivar a su elenco para que ofrezcan cuatro servicios básicos, que son proyectar energía y una imagen positiva, ser cortés y respetuoso con los clientes, asumir su personaje y desempeñar su papel e ir más allá de toda expectativa y solicitar sugerencias.[2] Después de leer este capítulo, usted tendrá algunas buenas ideas acerca de cómo lograr estos objetivos.

El servicio al cliente ejemplar en The Walt Disney Company es una de sus huellas de identidad. Los gerentes de Disney deben motivar a sus empleados, o "miembros del elenco", para que hagan siempre lo necesario para satisfacer a los visitantes y se aseguren de que tengan una gran experiencia, manteniendo altos niveles de servicio al cliente.

Dada la existencia del complejo conjunto de diferencias individuales que se analizaron en el capítulo 3 (cuyo análisis continuará en este capítulo), debe resultar evidente que las personas trabajan por diferentes razones. Algunas buscan obtener dinero, otras desafíos, y poder otras más. Lo que las personas quieren del trabajo y la forma en que piensan que podrán obtenerlo juega un papel fundamental en su motivación. Como se verá en este capítulo, la motivación es vital para todas las organizaciones y con frecuencia la diferencia entre las que son más y menos efectivas radica en la motivación de sus miembros. Es por eso que los gerentes deben comprender la naturaleza de la motivación individual, en especial cuando se aplica en contextos de trabajo. En este capítulo comenzaremos con la descripción de las perspectivas sobre la motivación basadas en las necesidades, y después analizaremos las perspectivas más sofisticadas basadas en los procesos. Por último, describiremos las perspectivas sobre la motivación que se fundamentan en el aprendizaje.[3]

NATURALEZA DE LA MOTIVACIÓN

motivación

Conjunto de fuerzas que hace que las personas se comporten de determinada forma

La *motivación* es el conjunto de fuerzas que hace que las personas se comporten de cierta forma en vez de optar por conductas de otro tipo.[4] Los estudiantes que inician sus proyectos con semanas de anticipación a su entrega para garantizar su calidad, los vendedores que trabajan los sábados y los médicos que realizan llamadas telefónicas para hacer seguimiento a sus pacientes son ejemplos de personas motivadas. Por supuesto, los estudiantes que postergan sus proyectos y pasan el día en la playa, los vendedores que van a casa temprano para no hacer las tediosas visitas de ventas y los médicos que no se comunican con sus pacientes para disponer de más tiempo para jugar golf también son personas motivadas, pero tienen metas diferentes. Desde la perspectiva gerencial, el objetivo es motivar a las personas a comportarse de manera que se acerque al mejor interés de las organizaciones.[5]

Importancia de la motivación

Los gerentes intentan motivar a las personas en las organizaciones para que alcancen un alto desempeño. Este objetivo implica hacer que trabajen arduamente, asistan a trabajar de forma habitual y realicen contribuciones positivas a la misión de la organización. Pero el desempeño laboral depende también de la capacidad y del ambiente o entorno, además de la motivación. Esta relación puede establecerse de la siguiente manera:

$$D = M \times C \times E$$

donde

$$D = \text{desempeño}, M = \text{motivación}$$
$$C = \text{capacidad y } E = \text{entorno}$$

Para alcanzar altos niveles de desempeño, el empleado debe desear hacer el trabajo (motivación), ser capaz de desempeñarlo de forma efectiva (capacidad) y contar con los materiales, recursos, equipo e información para hacerlo (entorno). Cualquier deficiencia en una de estas áreas perjudica el desempeño. El trabajo del gerente consiste en asegurarse de que se cumplan estas tres condiciones.[6]

La motivación es el factor más difícil de manejar en casi todos los contextos. Si un empleado carece de la capacidad para realizar su trabajo, puede ser capacitado para desarrollar las habilidades de su nuevo puesto. Si no puede aprender estas habilidades, podría ser transferido a un puesto más sencillo o ser remplazado por un trabajador más hábil.

Si un empleado carece de los materiales, recursos, equipo y/o información, el gerente puede buscar formas de proporcionárselos. Por ejemplo, si un empleado no puede completar un proyecto sin el pronóstico de ventas de marketing, el gerente puede contactar al área responsable para solicitar la información. Pero cuando la motivación es deficiente, el gerente enfrenta una situación más compleja en la que debe determinar lo que motivará al empleado para que trabaje más.[7] Por supuesto, también es importante entender lo que nos motiva de forma personal.

Estructura de la motivación

Podemos comenzar a entender lo que es la motivación si observamos las conductas orientadas al cumplimiento de las metas y la falta de satisfacción de ciertas necesidades. La figura 5.1 presenta la estructura o marco de referencia fundamental que emplearemos para organizar nuestro análisis. La *necesidad* es el punto de partida y se refiere a cualquier cosa que una persona requiere o desea.[8] El comportamiento motivado comienza cuando una persona tiene una o más necesidades importantes. Aunque las necesidades que han sido satisfechas también pueden motivar el comportamiento (por ejemplo, la necesidad de mantener une estándar de vida que se ha alcanzado), las necesidades no satisfechas suelen generar sentimientos y cambios conductuales más intensos. Por ejemplo, si la persona debe alcanzar el estándar de vida que desea, esta necesidad insatisfecha puede estimular su comportamiento.

necesidad
Cualquier cosa que una persona requiere o desea

Por lo general, la falta de satisfacción de las necesidades suele impulsar la búsqueda de formas para satisfacerlas. Suponga que una persona siente que su puesto y salario son insuficientes porque no reflejan la importancia que tiene su trabajo para la organización y porque desea obtener más ingresos. Esta persona podría considerar tres opciones: solicitar un incremento salarial y una promoción, trabajar más para poder obtener un incremento y una promoción, o buscar un nuevo empleo en el que pueda tener un salario más alto y un puesto de mayor prestigio.

Después se presenta la elección de conductas orientadas a alcanzar las metas. Aunque una persona puede trabajar en más de una opción a la vez (como trabajar más mientras busca otro empleo), la mayor parte del esfuerzo suele enfocarse en una de las opciones. En la fase siguiente, la persona puede ejecutar el comportamiento elegido para satisfacer la necesidad. El empleado

Figura 5.1

Estructura o marco de referencia de la motivación

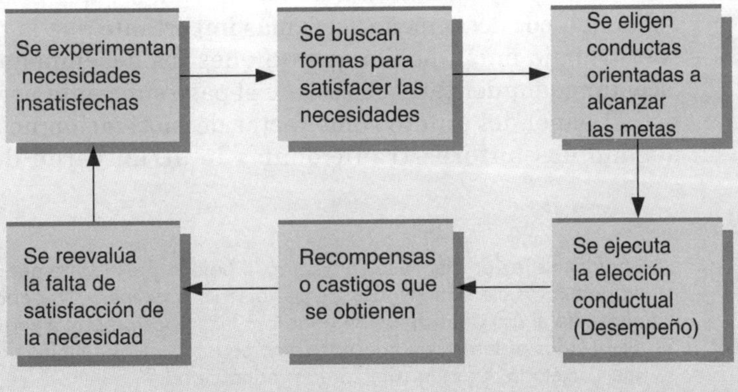

Este marco de referencia ofrece una perspectiva útil para apreciar la forma en que se desarrollan los procesos motivacionales. Cuando una persona experimenta una necesidad insatisfecha, buscará la forma de satisfacerla, lo que desembocará en una elección de conductas orientadas al cumplimiento de las metas. Después de ejecutar el comportamiento elegido, la persona obtendrá recompensas o castigos que afectarán la deficiencia original de la necesidad.

ANDREY_POPOV/SHUTTERSTOCK.COM

La motivación comienza con una deficiencia en la satisfacción de una necesidad. Son pocas las personas que aspiran a ser custodios o sirvientes, pero la necesidad de contar con dinero para satisfacer las necesidades básicas podría motivar a las personas a aceptar este tipo de puestos. Por supuesto, la motivación por obtener más dinero también los motiva a trabajar arduamente y buscar más oportunidades.

podría trabajar más horas, esforzarse más y emprender otros esfuerzos similares. Como resultado de su elección obtendrá recompensas o castigos. El empleado podría percibir su situación como castigo cuando, a pesar de sus esfuerzos, no obtiene reconocimiento ni accede a una promoción o a un incremento salarial. Por el contrario, podría sentirse recompensado si obtiene una promoción y un incremento salarial por su nivel superior de desempeño.

Por último, la persona evalúa el grado al que el resultado que obtuvo afecta la deficiencia de la satisfacción de su necesidad. Suponga que una persona trataba de obtener un incremento salarial de 10% y una promoción a la vicepresidencia. Si obtiene ambas cosas, se sentirá satisfecha, pero si sólo obtiene un incremento de 7% y es promovido a vicepresidente adjunto, deberá decidir si continúa intentándolo, si acepta su nueva situación o si elige alguna otra de las alternativas que consideró. (Es posible que la necesidad se mantenga completamente insatisfecha a pesar de los esfuerzos del empleado.)

Primeras perspectivas acerca de la motivación

Las perspectivas históricas sobre la motivación nos interesan por muchas razones, aunque no siempre son precisas. Éstas son útiles para que los gerentes obtengan información sobre la motivación en el trabajo debido a que proporcionan los antecedentes del pensamiento contemporáneo sobre la motivación y por lo general se basan en la intuición, el sentido común y la apreciación de fortalezas y debilidades.

Enfoque tradicional

administración científica

Enfoque de la motivación que supone que el dinero es lo que motiva a las personas

Uno de los primeros autores en abordar el tema de la motivación fue Frederick Taylor, que desarrolló un método para organizar los puestos al que llamó ***administración científica.*** Uno de los supuestos básicos de su propuesta es que los empleados están motivados económicamente, por lo que trabajarán para obtener tanto dinero como les sea posible.[9] Por lo tanto, defendió los sistemas de pago por incentivos. Además, consideró también que los gerentes sabían más del trabajo que quienes lo ejecutaban y que la ganancia económica es el motivador principal de todas las personas. Otro de los supuestos del enfoque tradicional es que el trabajo es inherentemente desagradable para la mayoría de las personas y que el dinero que obtienen por desempeñarlo es más importante que la naturaleza del trabajo en sí, por lo que quienes los desempeñan pueden aceptar cualquier tarea si reciben el pago suficiente por ello. Aunque el papel del dinero como factor de motivación no puede ser negado, los autores tradicionales le atribuyeron demasiada

LIBRARY OF CONGRESS PRINTS AND PHOTOGRAPHS DIVISION/LC-USF33-012458-M4J

La administración científica se desarrolló bajo la premisa de que los trabajadores están motivados exclusivamente por dinero. Frederick Taylor defendió el uso del sistema de pago por incentivos para motivar a los empleados a desempeñar tareas como pegar ladrillos, empleando "el mejor método" para maximizar la productividad.

importancia al papel de la compensación económica y no tomaron en cuenta otros factores motivacionales.

Enfoque de las relaciones humanas

El enfoque de las relaciones humanas sustituyó a la administración científica en la década de 1930.[10] El *enfoque de las relaciones humanas* supone que los empleados buscan sentirse útiles e importantes y tienen que satisfacer necesidades sociales más relevantes que el dinero. Los defensores del enfoque de las relaciones humanas aconsejan a los gerentes que les den importancia a los empleados y les otorguen un poco de autodirección y autocontrol para desempeñar sus actividades cotidianas. Se espera que el sentimiento de importancia y participación satisfaga las necesidades sociales básicas de los empleados y los motive a mostrar un mejor desempeño. Por ejemplo, un gerente podría permitir que su grupo de trabajo participe para tomar una decisión para mejorar la calidad, a pesar de que él haya determinado gran parte de la decisión. El detalle de permitir la cooperación de los empleados debe mejorar su participación y motivación.

enfoque de las relaciones humanas
Enfoque que sugiere que cuando se alienta el sentido de participación para la toma de decisiones, los empleados tendrán actitudes más positivas y se sentirán motivados a trabajar con mayor esfuerzo

Enfoque de los recursos humanos

El *enfoque de los recursos humanos* lleva un paso más allá los conceptos de las necesidades y la motivación. Mientras que el enfoque de las relaciones humanas consideró que los sentimientos de contribución y participación mejorarían la motivación, la perspectiva de los recursos humanos, que surgió en la década de 1950, supone que las contribuciones que hacen son importantes tanto para los individuos como para las organizaciones, debido a que aquellos desean contribuir y pueden hacer aportaciones genuinas. La tarea gerencial consiste en alentar la participación y crear ambientes laborales que hagan uso extensivo de todos los recursos humanos con los que se cuenta. Esta filosofía rige la mayor parte del pensamiento contemporáneo sobre la motivación en el trabajo. Empresas como Ford, Apple, Texas Instruments y Hewlett-Packard alientan a sus equipos de trabajo para resolver una gran variedad de problemas y hacer contribuciones valiosas para la organización.

enfoque de los recursos humanos
Enfoque que supone que las personas desean contribuir y son capaces de hacer contribuciones genuinas

Diferencias individuales y motivación

Como ya se mencionó, las diferencias individuales juegan un papel clave en la motivación. En palabras simples, diferentes estímulos motivan a personas diferentes. Como exploramos a detalle en los capítulos anteriores, las personas cuentan con capacidades, necesidades, personalidades, valores y autoconceptos diferentes. Este conjunto de diferencias hace que no exista una sola forma de motivar a todos. Por ejemplo, considere la siguiente conversación:

> Nancy: "No puedo creer que hayas renunciado a tu trabajo. Parecía tan interesante y siempre tenías la oportunidad de aprender cosas nuevas. A mí me gustan los trabajos que me retan, y tu nuevo empleo suena tan aburrido que me volvería loca."

> Chris: "Bueno, es un trabajo tedioso, pero la remuneración es mejor que en cualquier otro disponible".

¿Qué parece motivarle a Chris? El dinero. Sin embargo, Nancy valora más el desafío y la variedad de tareas. Este es un ejemplo simple que subraya el hecho de que para poder motivar a los demás, primero debemos entender lo que les motiva y lo que no. La sección *Temas globales* de este capítulo describe la forma en que las diferencias personales también se extienden a las diferencias culturales.

Uno de los errores más comunes cuando se considera la motivación es suponer que lo que nos motiva a nosotros también motivará a los demás. Las personas tienen valores, necesidades, capacidades, culturas, personalidades e intereses laborales diversos. Estas características nos motivan a esforzarnos más en unas cosas que en otras. Las características individuales son factores internos de motivación que forman parte de quienes somos y nos llevan a trabajar con mayor esfuerzo y a empeñarnos más para alcanzar algunas metas en comparación con otras. El punto de partida para contar con empleados motivados consiste en contratar a personas con características individuales que los impulsen a tener un desempeño laboral alto. Un empleo que requiere trabajo de alta calidad no será tan motivante para una persona carente de atención al detalle como para una persona meticulosa y detallista. En su carrera, encontrar un puesto con el potencial de satisfacer sus necesidades, alcanzar sus metas y complementar sus actitudes puede ayudarle a mantener su propia motivación.

Además de las diferencias individuales señaladas, existe un elemento adicional que con frecuencia se relaciona fuertemente con la motivación para desempeñar una tarea específica. Si usted pensara que no es capaz de vender la cantidad suficiente de productos para cumplir su cuota, ¿estaría motivado a esforzarse? Es probable que no, debido a que la motivación de las personas depende en parte de las expectativas que tienen sobre sus propias capacidades. Por el contrario, si usted confía en que podrá cumplir con la cuota de ventas y que recibirá una gran comisión por hacerlo, es probable que esté muy motivado para trabajar con esfuerzo. Recuerde el análisis sobre la autoeficacia como diferencia individual en el capítulo 3. Una forma específica de autoeficacia que se relaciona con la motivación es la *autoeficacia específica de tarea,* que se refiere a las creencias que tiene una persona sobre sus capacidades para hacer lo necesario para cumplir una tarea específica.[11] La autoeficacia específica de tarea, que influye en la persistencia y esfuerzo de una persona ante los desafíos para desempeñar una tarea determinada,[12] cuenta con tres dimensiones:

> *autoeficiacia específica de tarea*
>
> *Creencias que tiene una persona sobre sus capacidades para hacer lo necesario para cumplir una tarea específica*

1. *Magnitud*: creencias sobre el grado de dificultad con el que una tarea puede cumplirse.
2. *Fortaleza*: creencias sobre el nivel de confianza que tiene la persona de que la tarea puede cumplirse.
3. *Generalidad*: creencias sobre el grado en el que se puede cumplir con tareas similares.

Las percepciones sobre la autoeficacia específica de tarea pueden cambiar, por lo que los gerentes efectivos deben mejorar de forma proactiva las percepciones que tienen sus subordinados sobre sus capacidades. Los gerentes pueden incrementar el nivel de autoeficacia específica de tarea por medio del coaching y la inspiración, suponiendo que los empleados cuentan con el potencial para desempeñarse mejor. Cuando un empleado fracasa en una tarea, el gerente puede expresarle su confianza y guiarlo mediante sus experiencias exitosas. Cuando el empleado logra completar la tarea, el gerente puede analizar con él la forma en que sus habilidades y esfuerzo contribuyeron al resultado (en vez de la suerte) para mejorar su autoeficacia específica de tarea.

De igual forma, cuando usted sienta que carece de la capacidad para ejecutar una tarea, puede dar pasos progresivos para eliminar las barreras que obstaculizan su desempeño. Tal vez pueda incrementar su motivación y autoeficacia específica de tarea si busca un coach, practica más u observa la forma en que los demás se desempeñan. Uno de los determinantes más importantes de la motivación es el grado al que usted cree que puede lograr las cosas que intenta hacer.

TEMAS 🌐 GLOBALES

MOTIVACIÓN DE UNA FUERZA LABORAL GLOBAL

Motivar de forma efectiva a empleados en diversas partes del planeta es un desafío importante. Los gerentes deben ser receptivos a las diferencias culturales que existen entre valores y necesidades y entender que lo que es aceptable en una cultura puede ser tabú en otra.

La cultura estadounidense es más individualista y egocéntrica que muchas otras, porque valora el logro individual y sus miembros intentan lograr el reconocimiento y los elogios. Sin embargo, las personas de otras culturas se sentirían avergonzadas si reciben la cantidad de atención que los estadounidenses pretenden. Por ejemplo, en Japón existe el dicho "el clavo que sobresale es al que debe golpearse". Los programas de recompensas y motivación en el Lejano Oriente tienden a ser más paternalistas que los de Estados Unidos. En Indonesia, cuando una empresa tiene un buen año, los bonos no se otorgan con base en el desempeño individual sino en la lealtad de los empleados hacia la organización, medidos por el número de años que han trabajado para la empresa, además del tamaño de su familia.[13]

Algunos principios motivacionales, como el trato respetuoso y equitativo, se aplican en todo el mundo. Por ejemplo, Colgate-Palmolive opera en más de 170 países y obtiene 70% de sus ingresos de más de 7,000 millones de dólares de los mercados del exterior. Como empresa verdaderamente global, Colgate espera que sus gerentes en todo el mundo respeten a sus empleados. Su sistema de evaluación del desempeño considera la forma en que los gerentes muestran y refuerzan el respeto.[14] Los empleados de diferentes culturas pueden valorar de forma diferente la igualdad y el individualismo, pero el trato justo y el respeto resuenan en todo el mundo.

PERSPECTIVAS SOBRE LA MOTIVACIÓN BASADAS EN LAS NECESIDADES

A pesar de que cuentan con detractores, las perspectivas sobre la motivación basadas en las necesidades representan el punto de partida de la mayor parte del pensamiento contemporáneo sobre motivación.[15] El supuesto básico de los modelos y *teorías basadas en las necesidades* es que los seres humanos son motivados principalmente por la falta de satisfacción de una o más necesidades o categorías de necesidades, lo que es consistente con el modelo sobre motivación que se presentó en páginas anteriores. Los autores de estas teorías han intentado identificar y clasificar las necesidades que son importantes para la mayoría de las personas.[16] (Algunos observadores llaman a estos modelos "teorías de contenido" porque abordan el contenido o la esencia de lo que motiva el comportamiento.) Las dos teorías más conocidas de las necesidades son la jerarquía de las necesidades y la teoría ERC.

teorías basadas en las necesidades
Modelos que suponen que las necesidades no satisfechas provocan el comportamiento

Jerarquía de las necesidades

La teoría más conocida sobre la jerarquía de las necesidades fue desarrollada en la década de 1940 por el psicólogo Abraham Maslow,[17] quien fue influido por la escuela de las relaciones humanas y argumento que los seres humanos son animales "carentes" que cuentan con deseos innatos de satisfacer un conjunto determinado de necesidades. Además, creía que estas necesidades estaban ordenadas en una jerarquía con base en su importancia, con las necesidades básicas en la base.

La figura 5.2 muestra la *jerarquía de las necesidades* de Abraham Maslow. Los tres conjuntos de necesidades que se encuentran en la base de la jerarquía se llaman *necesidades de deficiencia*, porque deben satisfacerse para que la persona se sienta cómoda. Los dos conjuntos superiores se llaman *necesidades de crecimiento*, porque se enfocan en el crecimiento y el desarrollo personales.

Las necesidades más básicas en esta jerarquía son las *necesidades fisiológicas*, como alimento, sexo y aire. El siguiente nivel de la jerarquía lo ocupan las

jerarquía de las necesidades
Modelo que supone que las necesidades humanas están ordenadas en una jerarquía según su importancia

Figura 5.2

La jerarquía de las necesidades de Maslow consiste en cinco categorías básicas de necesidades. Esta figura ofrece ejemplos individuales y organizacionales de cada tipo de necesidad. Cada persona tiene diversas necesidades específicas dentro de cada categoría.

Jerarquía de las necesidades

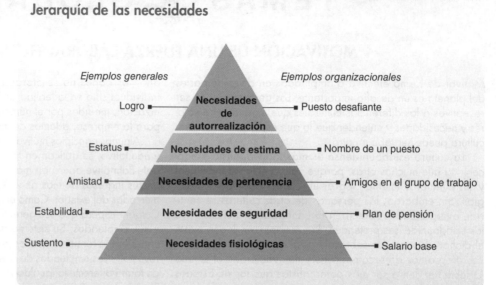

Ejemplos generales

- Logro ━ **Necesidades de autorrealización**
- Estatus ━ **Necesidades de estima**
- Amistad ━ **Necesidades de pertenencia**
- Estabilidad ━ **Necesidades de seguridad**
- Sustento ━ **Necesidades fisiológicas**

Ejemplos organizacionales

- Puesto desafiante
- Nombre de un puesto
- Amigos en el grupo de trabajo
- Plan de pensión
- Salario base

Fuente: Adaptado de Abraham H. Maslow, "A Theory of Human Motivation", en *Psychological Review*, 1943, vol. 50, pp. 374–396.

necesidades de seguridad, que se refieren a aspectos que nos brindan seguridad, como una vivienda adecuada, vestido y estar libres de ansiedad y preocupación. Las *necesidades de pertenencia*, que se ubican en el tercer nivel de la jerarquía, son esencialmente sociales. Algunos ejemplos incluyen la necesidad de amor y afecto, y la necesidad de ser aceptado por los demás. En el cuarto nivel se encuentran las *necesidades de estima*, que se refieren a dos tipos de necesidades: la necesidad de contar con una autoimagen positiva y el respeto por uno mismo, y la necesidad de ser respetado por los demás. En la cima de la jerarquía se encuentran las *necesidades de autorrealización*, que consisten en la realización plena del potencial personal y lograr convertirnos en todo lo que podemos ser.

Maslow creía que era necesario satisfacer un nivel antes de que el siguiente adquiriera relevancia. En este sentido, una vez que las necesidades fisiológicas han sido satisfechas, disminuye su importancia y las necesidades de seguridad surgen como las fuentes principales de motivación. Esta escalada en la jerarquía continúa hasta que las necesidades de autorrealización se convierten en las motivaciones principales. Por ejemplo, suponga que Jennifer Wallace gana todo el dinero que necesita y está muy satisfecha con su nivel de vida. Contar con ingresos adicionales podría tener un efecto mínimo o incluso ningún impacto emocional en su comportamiento. En vez de ello, Jennifer se esforzará por satisfacer otras necesidades, como el deseo de contar con un alto nivel de autoestima.

Sin embargo, cuando un conjunto de necesidades previamente satisfecho cae de nuevo en la insatisfacción, la persona vuelve a ese nivel. Por ejemplo, suponga que Jennifer pierde repentinamente su trabajo. En un principio podría no estar muy preocupada porque cuenta con ahorros y tiene la confianza de que puede encontrar otro empleo, pero en la medida en que su ahorro disminuye ella se motivará cada vez más para buscar una nueva fuente de ingresos. Si su situación financiera empeora, podría reducir sus expectativas en relación con la estima y enfocarse casi de forma exclusiva en encontrar un nuevo empleo que le ofrezca un ingreso seguro.

Es probable que en la mayoría de las empresas las necesidades fisiológicas sean las más fáciles de evaluar y satisfacer. Ofrecer sueldos adecuados, baños limpios, ventilación, condiciones de laborales y temperatura confortables son medidas que pueden tomarse para satisfacer este nivel básico de necesidades. Las necesidades de seguridad en las organizaciones pueden satisfacerse mediante la continuidad laboral (que no haya despidos), un sistema adecuado de manejo de quejas (que brinde protección en caso de arbitrariedades por parte de los supervisores) y un sistema adecuado de seguridad y retiro (que proteja a los empleados de pérdidas financieras en caso de enfermedad y les garantice un ingreso durante su retiro).

La mayoría de las necesidades de pertenencia de los empleados se satisfacen mediante los vínculos familiares y relaciones grupales dentro y fuera de la organización. Las personas establecen relaciones de amistad en el centro o lugar de trabajo que les ofrecen una fuente de interacción social y juegan un papel importante en la satisfacción de sus necesidades sociales. Los gerentes pueden ayudar a satisfacer estas necesidades si alientan la interacción y el sentido de identidad grupal entre los empleados. Al mismo tiempo, deben ser receptivos en torno a los efectos que pueden tener los problemas familiares o la falta de aceptación de los compañeros (como ausentismo o disminución del desempeño). Las necesidades de estima en el trabajo son satisfechas, al menos de forma parcial, por los títulos de un puesto, la elección de oficinas, incrementos salariales por mérito, recompensas y otras formas de reconocimiento. Es evidente que las recompensas tangibles, como las descritas, deben ser distribuidas de forma equitativa y con base en el desempeño para que puedan convertirse en fuentes de motivación a largo plazo.

Es probable que las necesidades de autorrealización sean las más difíciles de entender y satisfacer. Por ejemplo, es difícil evaluar cuántas personas llegan a liberar todo su potencial. En la mayoría de los casos, las personas que tienen éxito en la jerarquía de Maslow se encontrarán en el punto en el que tienen satisfechas sus necesidades de estima y se moverán hacia las necesidades de autorrealización. Trabajar por la autorrealización, en vez de alcanzarla, puede ser la motivación máxima de la mayoría de las personas. En los últimos años se ha presentado una tendencia a observar que las personas abandonan empleos bien remunerados, pero poco gratificantes, para buscar otros más satisfactorios, aunque el pago sea menor, como la docencia o la enfermería. Esta migración podría ser una señal de que nos encontramos ante personas que trabajan por su autorrealización.[18]

La investigación ha demostrado que la jerarquía de las necesidades no se puede generalizar y aplicarse en otros países. Por ejemplo, las necesidades de seguridad pueden ser más motivantes que las de autorrealización en países como Grecia o Japón. De igual manera, las de pertenencia son muy importantes en Suecia, Noruega y Dinamarca. La investigación también ha comprobado que existen diferencias entre la importancia de las necesidades en México, India, Perú, Canadá, Tailandia, Turquía y Puerto Rico.[19]

La jerarquía de las necesidades de Maslow tiene sentido a nivel intuitivo y es una de las más conocidas entre los gerentes, porque fue la primera teoría de la motivación que se popularizó en gran parte del mundo. Sin embargo, la investigación ha revelado que este modelo tiene varias deficiencias, ya que es posible que no siempre se presenten los cinco niveles de necesidades,

De acuerdo con Abraham Maslow, las personas pueden ser motivadas con base en una jerarquía de necesidades, entre las que se encuentra la necesidad social de pertenecer a un grupo y tener amigos. Estos compañeros de trabajo parecen estar satisfaciendo sus necesidades de pertenencia mediante el establecimiento de relaciones cercanas en el trabajo.

que la jerarquía real difiera de la propuesta por Maslow y que las estructuras de las necesidades sean más inestables y variables de lo que sugiere la teoría.[20] Además, algunos gerentes son torpes y superficiales cuando tratan de usar una teoría como ésta. Es por eso que consideraremos como su principal contribución proporcionar un marco de referencia para clasificar las necesidades.

Teoría ERC

La *teoría ERC,* desarrollada por Clayton Alderfer, psicólogo de Yale, es otra de las teorías de la motivación basadas en las necesidades, con importancia histórica,[21] pues redefine muchos de los conceptos de la jerarquía de las necesidades de Maslow, aunque existen muchas diferencias importantes entre los dos modelos. Las letras E, R y C representan tres categorías de necesidades básicas: existencia, relación y crecimiento. Las *necesidades de existencia* son necesarias para la supervivencia humana y corresponden a las necesidades fisiológicas y de seguridad de la jerarquía de Maslow. Las *necesidades de relación* se refieren a la necesidad de establecer relaciones con los demás y son similares a las necesidades de pertenencia y estima. Por último, las *necesidades de crecimiento* son análogas a las necesidades de autoestima y autorrealización de Maslow.

A diferencia del modelo de Maslow, la teoría ERC sugiere que las personas son motivadas por más de un tipo de necesidad a la vez, por ejemplo, las de relación y crecimiento. Una diferencia aún más importante es que esta teoría incluye un componente de progresión a la satisfacción y otro de regresión-frustración. El concepto de progresión hacia la satisfacción señala que cuando una categoría de necesidades se encuentra satisfecha, la persona progresará hacia el siguiente nivel. En este punto, la jerarquía de las necesidades y la teoría ERC están de acuerdo. Sin embargo, la primera supone que el individuo se mantendrá en el siguiente nivel hasta que haya satisfecho esas necesidades, mientras que el componente de regresión-frustración de la teoría ERC sugiere que si la persona se frustra al tratar de satisfacer las necesidades de un nivel superior, tenderá a volver al nivel inferior.[22]

Como ejemplo, suponga que Nick Hernández ha satisfecho sus necesidades básicas en el nivel de relaciones y que intenta satisfacer sus necesidades de crecimiento. Tiene tantos amigos y relaciones sociales que ahora se está enfocando en desarrollar nuevas habilidades para avanzar en su carrera. Suponga que Nick no puede satisfacer sus necesidades debido a una serie de obstáculos organizacionales (como la poca disponibilidad de puestos desafiantes o la existencia del techo de cristal), junto con pocas oportunidades de crecimiento. No importa cuánto se esfuerce, parece estar estancado en su puesto. Con base en la teoría ERC, la frustración de sus necesidades de crecimiento hará que sus necesidades de relación vuelvan a convertirse en sus motivadores dominantes y, como resultado, renovará su interés en hacer amigos y establecer relaciones sociales.

Teoría de los dos factores

Otra teoría de la motivación basada en las necesidades es la *teoría de los dos factores*, también conocida como *teoría de la estructura dual*. Esta teoría es similar a las teorías que acabamos de analizar. Aunque en la actualidad es una teoría poco aceptada por los investigadores, juega un papel importante en el pensamiento gerencial sobre la motivación, y es ampliamente conocida y aceptada en la práctica gerencial.

Desarrollo de la teoría

Frederick Herzberg y sus colaboradores desarrollaron la teoría de los dos factores a finales de la década de 1950 y principios de 1960.[23] Herzberg comenzó por entrevistar a aproximadamente 200 ingenieros y contadores en Pittsburgh, a los cuales les pidió recordar ocasiones en las que se habían sentido muy satisfechos y motivados por su trabajo, y momentos en los que se habían sentido muy insatisfechos y desmotivados. Posteriormente les solicitó que describieran las causas de esos sentimientos positivos y negativos. Los entrevistadores registraron las respuestas y después realizaron un análisis de contenido. (El análisis de contenido consiste en analizar y clasificar las palabras, frases y enunciados con base en sus significados.)

Para sorpresa de Herzberg, el resultado señaló que existían conjuntos de factores totalmente diferentes, asociados con los tipos de sentimientos en el trabajo. Por ejemplo, una persona que señalaba un "salario bajo" como fuente de insatisfacción, no necesariamente consideraba un "salario alto" como fuente de satisfacción o motivación. En lugar de ello, las personas asociaban causas totalmente diferentes a la motivación y la satisfacción, como el reconocimiento y el logro. Estos descubrimientos llevaron a Herzberg a concluir que el pensamiento prevaleciente sobre motivación y satisfacción era incorrecto. La figura 5.3 muestra que, en ese momento, la satisfacción laboral era considerada como un constructo simple que iba de la satisfacción a la insatisfacción. Con base en el razonamiento de Herzberg, si fuera así, el mismo conjunto de factores debería incidir en ambos sentidos dentro del mismo continuo, pero como su investigación había demostrado la existencia de influencias diferenciales que provenían de dos conjuntos distintos de factores, sostuvo que debían existir dos dimensiones distintas, y por ello consideró que la motivación era un fenómeno constituido por dos factores.

La figura 5.3 también ejemplifica el concepto de los dos factores en el que existe una dimensión que va de satisfacción a no satisfacción y otra de insatisfacción a no insatisfacción. Las dos dimensiones se asocian con los dos conjuntos de factores que se identificaron en las entrevistas iniciales. Esta teoría afirma que los empleados pueden estar satisfechos o no satisfechos y, al mismo tiempo, insatisfechos o no insatisfechos.[24]

Además, la figura enumera los factores principales que Herzberg identificó en sus entrevistas. Los *factores motivadores* como logro, reconocimiento y la oportunidad de planear y controlar su trabajo fueron citados como causas de satisfacción y motivación. Si estos factores estaban presentes en el trabajo, aparentemente generaban motivación y satisfacción, pero si no lo estaban, en vez de generar insatisfacción, el sentimiento resultante era de no satisfacción. El otro conjunto de factores son los *factores higiénicos* y surgieron de las preguntas sobre insatisfacción y falta de motivación. Los entrevistados señalaron que el salario, la seguridad laboral, los supervisores y las condiciones de trabajo inadecuadas generaban sentimientos de insatisfacción, pero cuando estos factores son aceptables, no generan satisfacción, sino que hace que las personas se sientan simplemente no insatisfechas.[25]

Herzberg recomendó emplear un proceso de dos fases para poder aplicar la teoría en el trabajo. Primero, el gerente debe tratar de eliminar las situaciones que provocan insatisfacción y que, de acuerdo con Herzberg, representan la dimensión más básica. Por ejemplo, suponga que Susan Kowalski quiere utilizar la teoría de los dos factores para mejorar la motivación de un grupo de siete técnicos a quienes supervisa. Su primera meta debe ser alcanzar un estado de no insatisfacción, enfocándose en los factores higiénicos. Suponga que, por ejemplo, ella descubre que el salario de sus subordinados es ligeramente menor que el del mercado y que algunos de ellos están preocupados por su seguridad laboral. Su respuesta debe ser garantizar un incremento salarial y resolver las inquietudes sobre la seguridad en el trabajo.

factores motivadores
Factores intrínsecos del trabajo, como logro y reconocimiento

factores higiénicos
Factores extrínsecos al trabajo, como remuneración y seguridad laboral

Figura 5.3

La perspectiva tradicional sobre la satisfacción sugiere que la satisfacción y la insatisfacción son extremos opuestos de una misma dimensión. La teoría de los dos factores de Herzberg encontró evidencia de que existe una visión más compleja, en la que los factores motivadores afectan una dimensión que va de satisfacción a no satisfacción y los "factores higiénicos" que representan a otro conjunto de características laborales afectan otra dimensión, que va de insatisfacción a no insatisfacción.

Teoría de los dos factores de la motivación

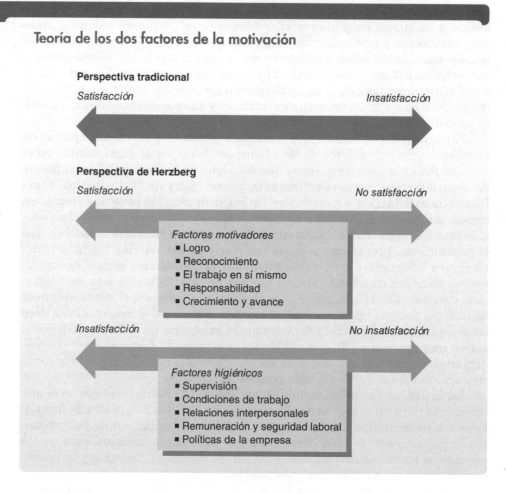

Perspectiva tradicional

Satisfacción   Insatisfacción

Perspectiva de Herzberg

Satisfacción   No satisfacción

Factores motivadores
- Logro
- Reconocimiento
- El trabajo en sí mismo
- Responsabilidad
- Crecimiento y avance

Insatisfacción   No insatisfacción

Factores higiénicos
- Supervisión
- Condiciones de trabajo
- Relaciones interpersonales
- Remuneración y seguridad laboral
- Políticas de la empresa

Con base en esta teoría, una vez que existe un estado de no insatisfacción, es una pérdida de tiempo intentar mejorar la motivación mediante el uso de factores higiénicos.[26] En este punto entran los factores motivadores. De modo que una vez que Susan se asegure de que ha manejado correctamente los factores higiénicos, deberá tratar de incrementar las oportunidades de logro, reconocimiento, responsabilidad, avance y crecimiento de sus subordinados, lo que provocará que se sientan satisfechos y motivados.

A diferencia de otros autores, Herzberg describió de forma explícita la manera en que los gerentes pueden aplicar su teoría. Para organizar las tareas de los empleados, desarrolló y describió una técnica llamada "enriquecimiento del puesto".[27] (En el capítulo 6 se analizará el enriquecimiento del puesto.) Herzberg diseñó esta técnica para manejar los factores motivadores clave. Esta atención poco usual en la aplicación de la teoría explica por qué se popularizó tanto entre los gerentes.

Evaluación de la teoría

La teoría de los dos factores ha sido objeto de un mayor escrutinio científico que el resto de los enfoques del comportamiento organizacional, debido a la rapidez con la que se popularizó.[28] Los resultados de las investigaciones han sido contradictorios. El estudio inicial de Herzberg y sus compañeros apoya los supuestos de la teoría, al igual que algunos estudios posteriores.[29] En general, las investigaciones que han empleado la misma metodología que Herzberg (análisis de contenido de incidentes recordados) tienden a apoyar la teoría. Sin embargo, el método en sí ha sido objeto de críticas y otros estudios que emplean métodos diferentes para medir la satisfacción y la insatisfacción han encontrado frecuentemente resultados diferentes a los de Herzberg.[30] Si la teoría se encuentra "sujeta al método" como parece estarlo, entonces su validez es cuestionable.

Existen otras críticas de este enfoque. Los críticos señalan que una muestra de ingenieros y contadores no representa a toda la población trabajadora y que la teoría no toma en cuenta las diferencias individuales. Investigaciones posteriores han revelado que factores como el salario pueden afectar la satisfacción en una muestra de empleados y la insatisfacción en una muestra diferente, además de que la importancia que se le da a cada factor depende de la edad y del nivel organizacional. La teoría tampoco define las relaciones que existen entre la satisfacción y la motivación.

La investigación también sugiere que el modelo de los dos factores difiere entre las culturas. Aunque se han realizado pocos estudios, los resultados señalan que los trabajadores de Nueva Zelanda y Panamá evalúan de forma distinta que los estadounidenses el efecto de los factores motivadores e higiénicos.[31] No debe sorprender que esta teoría no sea tan apreciada por parte de los investigadores en el área del comportamiento organizacional. En su lugar, la disciplina ha adoptado una conceptualización más compleja y válida de la motivación que se analizará en el capítulo 6. Sin embargo, la teoría de los dos factores tiene un lugar especial en la historia de la investigación sobre la motivación, por su popularidad y los lineamientos para su aplicación.

Modelo de las necesidades adquiridas

A continuación analizaremos una última perspectiva sobre la motivación basada en las necesidades. El *modelo de las necesidades adquiridas* fue desarrollado por David McClelland y se centra en las necesidades de logro, afiliación y poder (que también se conocen como *necesidades manifiestas*).[32] Un elemento clave diferencial que sostiene esta teoría es que tales necesidades son adquiridas o aprendidas en el seno de la cultura, la sociedad y las influencias familiares.

modelo de las necesidades adquiridas
Modelo que se centra en las necesidades de logro, afiliación y poder

Necesidad de logro

La *necesidad de logro* surge del deseo que tiene una persona por alcanzar de forma más efectiva que en el pasado una meta o tarea. Las personas que tienen necesidades altas de logro tienden a establecer metas moderadamente difíciles y a tomar con prudencia decisiones riesgosas. Suponga, por ejemplo, que Mark Cohen es el gerente regional de una tienda nacional y establece la meta de incrementar las ventas de su tienda 1% o 50%. La primera meta sería demasiado fácil y la segunda quizá sea imposible de alcanzar, pero las dos representan una necesidad de logro baja. Pero si se establece una meta moderada de, por ejemplo, 15%, ésta representa un desafío razonable, pero también alcanzable, que refleja con mayor precisión una alta necesidad de logro.

necesidad de logro
Deseo de cumplir con una tarea o meta de forma más efectiva que en el pasado

Las personas que tienen necesidades altas de logro buscan retroalimentación específica e inmediata acerca de su desempeño. Desean saber qué tan bien hacen las cosas en cuanto las concluyen. Por esta razón, suelen trabajar en puestos de ventas, donde obtienen retroalimentación inmediata por parte de sus clientes y reducen el trabajo de áreas como investigación y desarrollo, donde el progreso y la retroalimentación no son tan frecuentes. Si Mark sólo solicita un reporte periódico de desempeño de sus gerentes, podría no tener una necesidad alta de logro, pero si constantemente llama a las tiendas para supervisar los incrementos de ventas, esta actividad indicaría que tiene una necesidad alta de logro.

La preocupación por el trabajo es otra característica de las personas con necesidad alta de logro. Piensan constantemente en él cuando están en el trabajo, en la comida y en casa. Tienen dificultades para dejar de lado el trabajo y se sienten frustrados cuando deben dejar de trabajar en un proyecto parcialmente terminado. Si Mark rara vez piensa acerca de su empresa por la tarde, podría no ser una persona con necesidades altas de logro, pero si lo mantiene de forma constante en su mente, sí lo sería.

Por último, las personas con necesidades altas de logro tienden a suponer que son personalmente responsables por el trabajo. Se ofrecen como voluntarios para realizar actividades adicionales y se les dificulta delegar tareas en los demás. Tienen un sentimiento de logro cuando realizan más trabajos que sus compañeros sin la ayuda de los demás. Suponga que Mark visita una tienda y encuentra que la mercancía está desorganizada, el piso sucio y los vendedores no se muestran motivados para ayudar a los clientes. Si tuviera una necesidad baja de logro, le señalaría los problemas al gerente de la tienda y se iría, pero si su necesidad de logro fuera alta, permanecería un tiempo en la tienda y supervisaría personalmente los cambios que se deben realizar.

Aunque las personas con necesidades altas de logro tienden a tener éxito, es frecuente que no alcancen los puestos de mayor jerarquía. La explicación más común es que, aunque la necesidad de logro les ayuda a avanzar rápidamente en su carrera, los rasgos que se asocian con esta necesidad suelen ser opuestos a los requerimientos de la alta gerencia. Debido a la gran cantidad de trabajo que se espera que realicen, los gerentes y los altos directivos deben ser capaces de delegar tareas en los demás. Además, es raro que se reciba retroalimentación inmediata en estos puestos y es frecuente que deban tomar decisiones de mayor riesgo con las que una persona con necesidad alta de logro no se sentiría cómoda.[33] Las personas con necesidad alta de logro tienen un desempeño adecuado como emprendedores individuales con poco refuerzo social. Algunos ejemplos serían Bill Gates, cofundador de Microsoft; Reed Hastin, fundador y CEO de Netflix; y Marissa Mayer, CEO de Yahoo!

Necesidad de afiliación

necesidad de afiliación
Necesidad de compañía humana

Las personas también sienten *necesidad de afiliación*, es decir, la necesidad de contar con compañía humana.[34] Los investigadores reconocen diferentes formas en las que las personas con un alto nivel de necesidad de afiliación difieren de aquellas que tienen un nivel bajo. Quienes muestran un nivel alto buscan la reafirmación y la aprobación de los demás y se preocupan genuinamente por los sentimientos de otras personas; buscan agradar a otros, en especial con quienes se identifican y desean establecer una relación de amistad.

Como podríamos esperar, estas personas suelen trabajar en puestos que tienen mucho contacto interpersonal, como la docencia y las ventas.

Como ejemplo, suponga que Watanka Jackson está buscando empleo como geóloga o ingeniera petrolera, lo que le llevará a trabajar en lugares remotos por periodos largos con poca interacción con sus compañeros. Sin considerar su formación académica, una posible razón para tener un trabajo así es que tiene una necesidad baja de afiliación. Por el contrario, uno de sus compañeros, William

Algunas personas se sienten motivadas por la necesidad de poder, lo que les lleva a buscar puestos con títulos impresionantes y oficinas lujosas, como la que se muestra en la fotografía. Los títulos y las oficinas son formas de mostrar a los demás qué tanto poder se tiene.

Pfeffer, podría buscar un puesto en las oficinas corporativas de la compañía petrolera. Sus preferencias estarán determinadas, en parte, por su deseo de convivir con otras personas en el trabajo, lo que muestra una mayor necesidad de afiliación. Los resultados de una encuesta reciente de Gallup sugieren que cuando una persona tiene por lo menos un amigo cercano en el trabajo, tiende a ser más participativo y a tener niveles más altos de satisfacción laboral.[35]

Necesidad de poder

La tercera necesidad adquirida es la *necesidad de poder*, que se refiere al deseo de controlar nuestro ambiente o entorno mediante los recursos financieros, humanos, de información y materiales.[36] Las personas difieren mucho en esta dimensión. Algunas de ellas invierten mucho tiempo y energía buscando poder, mientras que otras lo evitan a toda costa. Las personas con una alta necesidad de poder pueden ser gerentes exitosos si cumplen tres condiciones. La primera es que deben buscar el poder en beneficio de la organización y no por interés propio. La segunda es que deben tener una necesidad baja de afiliación, porque la satisfacción de la necesidad de poder puede enajenar a las demás personas en el trabajo. Por último, deben tener un alto nivel de autocontrol para reprimir su necesidad de poder cuando ésta interfiere o amenaza la efectividad organizacional o las relaciones interpersonales.[37] La sección *Cómo entenderse a sí mismo* de este capítulo le brindará información sobre la forma en que usted podría encontrarse motivado por estas necesidades.

necesidad de poder
Deseo de controlar los recursos en nuestro ambiente o entorno

CÓMO ENTENDERSE A SÍ MISMO

¿QUÉ LE MOTIVA A USTED?

En cada uno de los siguientes quince enunciados, encierre en un círculo el número que represente mejor su sentimiento. Considere sus respuestas en el contexto de su empleo actual o anterior.

1.	Trabajo arduamente para mejorar de forma continua mi desempeño.	1	2	3	4	5
2.	Disfruto competir. Me gusta ganar en los deportes y otras actividades.	1	2	3	4	5
3.	Cuando trabajo, platico con mis compañeros sobre temas no relacionados con lo laboral.	1	2	3	4	5
4.	Disfruto los retos difíciles. En el trabajo me gusta participar en las tareas complejas.	1	2	3	4	5
5.	Disfruto ser gerente. Me gusta estar a cargo de las personas.	1	2	3	4	5
6.	Es importante para mí agradar a los demás.	1	2	3	4	5
7.	Cuando trabajo, me gusta conocer mi nivel de desempeño y cómo es mi progreso.	1	2	3	4	5
8.	Dejo que las personas sepan cuando estoy en desacuerdo con ellas. No le temo al desacuerdo.	1	2	3	4	5
9.	Muchos de mis compañeros de trabajo son mis amigos.	1	2	3	4	5
10.	Por lo general, establezco metas realistas y tiendo a alcanzarlas.	1	2	3	4	5
11.	Es importante para mí que los demás estén de acuerdo con mis ideas.	1	2	3	4	5
12.	Disfruto pertenecer a clubes, grupos y otras organizaciones.	1	2	3	4	5
13.	Disfruto la satisfacción de completar un trabajo difícil.	1	2	3	4	5
14.	Uno de mis objetivos importantes es controlar más los acontecimientos que me rodean.	1	2	3	4	5
15.	Prefiero trabajar con otras personas que hacerlo solo.	1	2	3	4	5

(Continúa)

Puntuación: Registre su puntaje en la línea que le corresponde en cada una de las quince afirmaciones. Escriba su respuesta a la primera afirmación en la línea superior izquierda marcada con el número "1", la segunda en la línea superior de en medio marcada con el número "2", y así consecutivamente. Después, sume el total de cada columna para obtener sus puntajes de logro, poder y afiliación.

Logro	Poder	Afiliación
1. ____	2. ____	3. ____
4. ____	5. ____	6. ____
7. ____	8. ____	9. ____
10. ____	11. ____	12. ____
13. ____	14. ____	15. ____
TOTALES: ____	____	____

Utilice los siguientes valores para interpretar sus puntajes totales:

5 = muy bajo; 10 = bajo; 15 = moderado; 20 = alto; 25 = muy alto

Pregunta: ¿Cómo influyen sus motivaciones en la forma en que dirige o dirigirá en el futuro?

Fuente: De *Journal of Vocational Behavior*, 9(2), Steers, R., & Braunstein, D. A Behaviorally Based Measure of Manifest Needs in Work Settings, pp. 251–266.

PERSPECTIVAS SOBRE LA MOTIVACIÓN BASADAS EN LOS PROCESOS

perspectivas basadas en los procesos

Se orientan a la forma en que las personas se comportan para satisfacer sus necesidades

Las *perspectivas basadas en los procesos* estudian la forma en que ocurre la motivación. En lugar de intentar identificar los estímulos motivadores específicos, como la remuneración o el reconocimiento, estas perspectivas se enfocan en las razones por las que las personas eligen una opción conductual para satisfacer sus necesidades (sin considerar las necesidades en sí mismas) y en la forma en la que evalúan su satisfacción después de alcanzar estas metas. Dos de las teorías más importantes sobre motivación basadas en los procesos son la teoría de la equidad y la teoría de las expectativas.

Teoría de la equidad en la motivación

teoría de la equidad

Se enfoca en el deseo de las personas de ser tratadas de forma equitativa y a evitar la inequidad percibida

La *teoría de la equidad* en la motivación se basa en el supuesto de que las personas desean ser tratadas de forma justa en las organizaciones.[38] Este punto de vista define *equidad* como la creencia de que somos tratados con justicia en relación con los demás, mientras que la inequidad implica que creemos que somos tratados de forma injusta en relación con otras personas. La teoría es una de las formulaciones que surgen de los procesos de comparación social. Las comparaciones sociales se presentan cuando evaluamos nuestra situación en términos de la situación de los demás. En este capítulo nos enfocaremos en la teoría de equidad como el enfoque de comparación social más desarrollado y de mayor aplicación a la motivación laboral de las personas.

equidad

Creencia de que se recibe un trato justo en relación con los demás; la inequidad es la creencia de que se recibe un trato injusto en relación con los demás

Cómo se forman las percepciones de equidad

Las personas se forman percepciones sobre la equidad en el trato que reciben en las organizaciones mediante un proceso de cuatro pasos. Primero, evalúan la forma en que son tratados por la empresa. Segundo, se forman una percepción de cómo es tratado "un referente de comparación". Nuestro referente de comparación puede ser parte de nuestro mismo grupo de trabajo, trabajar en otra área de la organización o incluso ser un conjunto de personas distribuidas por toda la empresa.[39] Tercero, comparan sus circunstancias con las de su referente de comparación y utilizan este balance para formarse una impresión de equidad o inequidad. Cuarto, con base en la fortaleza de este sentimiento, la persona podría optar por una de las alternativas que se describirá en la siguiente sección.

La teoría de la equidad describe el proceso de comparación de equidad en términos de una razón entre insumos y resultados. Los insumos son las contribuciones que hace una persona a una organización, como educación, experiencia, esfuerzo y lealtad. Los resultados son lo que la persona recibe a cambio de estas contribuciones, como remuneración, reconocimiento, relaciones sociales, recompensas intrínsecas y cosas similares. En efecto, esta parte del proceso de equidad constituye básicamente una evaluación personal del contrato psicológico. La evaluación de los insumos y resultados propios y los que aportan y reciben los demás se basa en datos objetivos (como el salario) y en percepciones (como el nivel de reconocimiento del referente). La comparación adopta la siguiente forma:

$$\frac{\text{Resultados (propios)}}{\text{Insumos (propios)}} \text{ comparados con } \frac{\text{Resultados (del referente)}}{\text{Insumos (del referente)}}$$

Si los dos lados de esta ecuación psicológica son comparables, la persona sentirá que existe equidad, pero si no hay balance entre ellos, tendrá un sentimiento de inequidad. Debemos resaltar que la percepción de equidad no requiere que los resultados e insumos percibidos sean iguales, sino que lo sean sus razones. Después de comparar, una persona puede considerar que merece más dinero porque trabaja más, por lo que sus resultados son aceptables (un salario más alto) porque son proporcionales a sus insumos superiores (un trabajo más arduo). Sólo se presentará una percepción de inequidad cuando los resultados del referente sean desproporcionados a sus insumos.

Respuestas a la equidad y la inequidad

La figura 5.4 resume los resultados de las comparaciones de equidad. Si la persona siente que es tratada con equidad, por lo general se sentirá motivada para mantener el estatus quo, por lo que continuará brindando el mismo nivel de insumos a la organización, mientras sus resultados no cambien y la razón entre insumos y resultados de su referente tampoco lo hagan. Pero cuando una persona percibe inequidad, real o imaginaria, estará motivada a reducirla. Entre más grande sea la inequidad, mayor será su motivación.

JEANETTE DIETL/SHUTTER STOCK.COM

Las percepciones de equidad o inequidad juegan un papel importante en la motivación individual. Tomemos como ejemplo a estos dos colegas. Si ella siente que su compensación es equitativa en relación con la de él, podría sentirse motivada a mantener el estatus quo y ser una empleada leal y productiva. Pero si él siente que su compensación no es equitativa en relación con la de ella, podría sentirse motivado a solicitar un incremento salarial o buscar otro empleo.

Figura 5.4

Las personas se forman percepciones de equidad cuando comparan su situación con la de un referente. Si perciben que existe equidad, estarán motivadas a mantener su situación actual. Si perciben inequidad, lo estarán para aplicar una o más de las estrategias que se muestran en la figura para reducirla.

Respuestas a las percepciones de equidad e inequidad

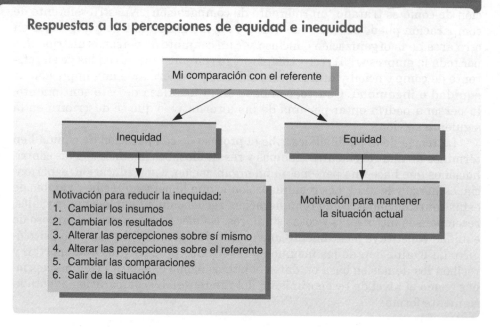

Mi comparación con el referente

Inequidad

Equidad

Motivación para reducir la inequidad:
1. Cambiar los insumos
2. Cambiar los resultados
3. Alterar las percepciones sobre sí mismo
4. Alterar las percepciones sobre el referente
5. Cambiar las comparaciones
6. Salir de la situación

Motivación para mantener la situación actual

Las personas emplean alguno de los seis métodos comunes para reducir la inequidad.[40] El primero consiste en cambiar los insumos, por lo que la persona puede esforzarse más o menos en su trabajo, dependiendo de cómo se presente la inequidad, para alterar de esta forma nuestra razón. Por ejemplo, si consideramos que si no ganamos lo suficiente, podríamos decidir no esforzarnos tanto.

El segundo método consiste en cambiar nuestros resultados. Por ejemplo, podríamos solicitar un incremento salarial, buscar alternativas de crecimiento o desarrollo, o incluso robar para "obtener más" de la organización. También podríamos alterar nuestras percepciones del valor que tienen nuestros resultados actuales, esto es, decidir que nuestro nivel de seguridad laboral es más valioso de lo que habíamos considerado originalmente.

Una tercera respuesta más compleja consiste en alterar las percepciones sobre nuestra persona y nuestro comportamiento. Por ejemplo, después de percibir que existe inequidad, podríamos cambiar nuestra autoevaluación y decidir que en realidad contribuimos menos y recibimos más de lo que consideramos originalmente. Por ejemplo, podríamos decidir que no trabajamos tantas horas como pensábamos y admitir que pasamos parte del tiempo socializando y no contribuyendo con la organización.

El cuarto método consiste en alterar nuestra percepción de los insumos o resultados de nuestro referente. Después de todo, nuestra evaluación sobre éste se basa en percepciones, y éstas son modificables. Por ejemplo, si nos sentimos subcompensados, podríamos decidir que nuestro referente trabaja más horas de las que creíamos, porque va a trabajar los fines de semana o trabaja por las noches en su casa.

Quinto, podemos cambiar nuestro objeto de comparación. Podríamos concluir que nuestro referente es el consentido del jefe, que tiene mucha suerte o que cuenta con habilidades y capacidades especiales y que, por lo tanto, otra persona puede ofrecernos una base más válida para nuestra comparación. En realidad, cambiamos con frecuencia nuestros referentes.

El último recurso que podemos emplear es abandonar la situación. Es decir, que la única alternativa posible para sentirnos mejor es estar en una situación completamente diferente, por lo que solicitaremos nuestra transferencia a otro departamento o buscaremos un nuevo empleo para reducir nuestra percepción de inequidad.

Evaluación e implicaciones

La mayoría de las investigaciones que se han realizado sobre la teoría de la equidad tiene un enfoque muy limitado y aborda sólo la razón entre el pago (por hora o por pieza) y la calidad o cantidad de los resultados del trabajador que dan como consecuencia una situación de subcompensación o sobrecompensación.[41] Los hallazgos apoyan de forma consistente las predicciones de la teoría de equidad, en especial ante los sentimientos de subcompensación. Cuando en un sistema de pago por pieza, un trabajador se siente subcompensado, tenderá a reducir sus insumos, reduciendo la calidad, y a incrementar sus resultados mediante el incremento de las unidades que produce. Con base en la teoría de la equidad, si en un sistema de pago por hora una persona percibe inequidad, tenderá a mejorar su calidad y producción si se siente sobrecompensada y a reducir la calidad y la producción cuando se siente subcompensada. La investigación apoya más las respuestas ante la subcompensación que ante la sobrecompensación, aunque la mayoría de los estudios parece reforzar los supuestos de la teoría. Un nuevo giro en la teoría de la equidad sugiere que algunas personas son más sensibles que otras a la percepción de inequidad, lo que significa que algunas se preocupan mucho por su situación relativa en la organización mientras que otras se enfocan más en su propia situación sin considerar la de los demás.[42]

Las comparaciones sociales son un factor muy importante en el trabajo. Para los gerentes, la implicación principal de la teoría de la equidad se relaciona con las recompensas y los sistemas de compensación de la empresa. Las compensaciones "formales", como salario o asignación del trabajo, son más fáciles de identificar que las "informales", como la satisfacción intrínseca o los sentimientos de logro, y por ello son más importantes en la percepción de equidad que tiene una persona.

La teoría de la equidad ofrece tres mensajes para los gerentes. El primero es que todos los miembros de la organización necesitan entender las condiciones bajo las que se otorgan las compensaciones. Por ejemplo, si en una empresa se recompensa a las personas por la calidad más que por la cantidad de su trabajo, este sistema debe ser claramente comunicado. El segundo mensaje es que las personas tienden a formarse una perspectiva multidimensional sobre su compensación, debido a que perciben y reciben diversas recompensas que son tangibles e intangibles. Por último, las personas basan sus acciones en sus percepciones de la realidad. Si dos de ellas reciben exactamente el mismo salario, pero ambas consideran que trabajan más que la otra, cada una basará su experiencia de equidad en su percepción y no en la realidad. Es por ello que aun cuando un gerente considere que dos empleados reciben una compensación justa, es posible que éstos no estén de acuerdo cuando sus percepciones difieran de las del gerente. La sección *Mejore sus habilidades* de este capítulo le ayudará a entender mejor la complejidad de la equidad y la justicia en el trabajo.

Teoría de las expectativas de la motivación

La *teoría de las expectativas* es un modelo más amplio que la teoría de equidad, a la que también se conoce como **teoría VIE**. Desde su formulación, esta teoría ha incrementado su alcance y complejidad.

Modelo básico de las expectativas

La primera aplicación de este modelo a la motivación en el trabajo se le atribuye a Víctor Vroom.[43] Esta teoría intenta determinar la forma en que las personas eligen entre conductas alternativas. El supuesto básico de la teoría de las expectativas es que la motivación depende de la intensidad con la que

teoría de las expectativas
Teoría que sugiere que las personas se sienten motivadas por la intensidad con la que desean obtener algo y la probabilidad que perciben de que podrán hacerlo

MEJORE SUS HABILIDADES
ENCUADRE DE LA EQUIDAD Y LA JUSTICIA

Este ejercicio le ofrecerá ideas sobre las formas en las que personas diferentes encuadran la equidad y la justicia y en las que usted, como gerente, puede ayudarles a abordar estos modelos.

Suponga que usted es el gerente de un grupo de profesionales en la industria electrónica. Ray Lambert, uno de sus subordinados, le solicita una junta. La empresa ha anunciado la apertura de una vacante como líder de equipo en su grupo y Ray quiere ese puesto. Usted está indeciso sobre cómo proceder. Ray siente que se ha ganado la oportunidad con su historial de trabajo positivo y consistente, pero usted ve las cosas de forma distinta. Desde que lo contrató hace diez años, Ray ha sido un buen elemento sin llegar a ser sobresaliente, por lo que siempre le ha otorgado evaluaciones del desempeño e incrementos salariales por encima del promedio. En la actualidad gana un poco menos que dos de sus compañeros con antigüedad menor que tienen registros superiores de desempeño.

A usted le gustaría proponerle el puesto a Margot Sylvant. Hace seis años que ella trabaja en la empresa y siempre ha sido la empleada con el mejor desempeño en su grupo. Le gustaría reconocer su desempeño y considera que haría un gran trabajo como líder del grupo. Por otro lado, usted no quiere perder a Ray, que es un buen elemento. Antes de reunirse con él y de ofrecerle el puesto a Margot, deberá realizar las siguientes actividades:

1. Enumere los insumos y resultados de Ray y de Margot. Piense más allá de las condiciones que se han descrito en el caso y anote otros elementos que sean pertinentes.
2. Describa la forma en la que Ray y Margot podrían percibir la situación.
3. Elabore un borrador de una conversación con Ray en la que le informa su decisión de contratar a Margot para el nuevo puesto.
4. Escriba qué consejos le daría a Margot para interaccionar con Ray en el futuro.
5. Identifique otras recompensas que podría ofrecerle a Ray para mantenerlo motivado.

---

deseamos obtener algo y la probabilidad que pensamos que tenemos de obtenerlo.

El siguiente ejemplo ilustrará este supuesto. Suponga que un profesional de 24 años recién graduado está buscando su primer empleo como gerente. En su búsqueda encuentra que Apple solicita un nuevo vicepresidente ejecutivo para sus operaciones internacionales. El salario inicial es de 2 millones de dólares. A este estudiante le encantaría este empleo, pero ni siquiera intenta solicitarlo porque reconoce que no tiene oportunidad de obtenerlo. Continúa su búsqueda y encuentra un puesto para retirar goma de mascar debajo de los escritorios en las aulas de clase, con un salario inicial de 9.25 dólares por hora que no requiere experiencia. Una vez más, es probable que ni siquiera intente solicitar este puesto, aun cuando podría obtenerlo, pues no es un puesto que quiera.

Después encuentra una vacante como trainee de gerente en una empresa muy reconocida como un lugar excelente para trabajar. No se requiere experiencia, se necesita contar con título profesional y el salario inicial es de 50 mil dólares. Es probable que él solicite el empleo porque 1) lo quiere y 2) tiene posibilidades reales de obtenerlo. Por supuesto, este es un ejemplo muy sencillo que no considera la complejidad real de la mayoría de las elecciones. Los estudiantes que buscan empleo podrían tener preferencias geográficas, considerar otras alternativas de empleo o cursar una especialidad. En realidad, la mayoría de las decisiones son mucho más complejas.

La figura 5.5 resume el modelo básico de las expectativas. Los componentes de este modelo son el esfuerzo (el resultado de un comportamiento motivado), el desempeño y los resultados. La teoría de las expectativas hace hincapié en los vínculos entre estos elementos, que se describen en términos de expectativas, instrumentalidades y valencias.

Figura 5.5

Teoría de las expectativas de la motivación

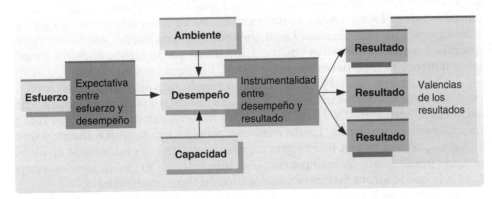

La teoría de las expectativas es el modelo más complejo sobre la motivación de los empleados en las organizaciones. En la figura se muestran sus componentes principales que son la expectativa de la relación entre el esfuerzo y el desempeño, la instrumentalidad entre el desempeño y el resultado, y los resultados asociados con una valencia. Estos componentes interaccionan con el esfuerzo, el entorno y la capacidad para determinar el desempeño individual.

Expectativa entre esfuerzo y desempeño

La *expectativa entre esfuerzo y desempeño* se refiere a la percepción que tiene una persona sobre la probabilidad de que su esfuerzo lo lleve a un nivel exitoso de desempeño. Si creemos que si nos esforzamos mejoraremos nuestro desempeño, la expectativa es muy fuerte y se acercará a una probabilidad de 1.0, que significa plena certeza de que se logrará este resultado. Si creemos que nuestro desempeño será el mismo sin que importe cuánto nos esforcemos, nuestra expectativa es muy baja, cercana a 0, lo que significa que no existe probabilidad de que ocurra esta relación. Normalmente, una persona considera que existe una relación moderada entre su esfuerzo y su desempeño, lo que tiene una expectativa con un valor entre 0 y 1.0. Alex Morgan, estrella de futbol soccer, cree que cuando se esfuerza al máximo tiene más probabilidades de anotar un gol que sus contrincantes e identifica un vínculo evidente entre su esfuerzo y desempeño. (Algunas versiones de esta teoría llaman *expectativa* a este componente.)

expectativa entre esfuerzo y desempeño

Percepción que tiene una persona sobre la probabilidad de que su esfuerzo lo llevará a un nivel exitoso de desempeño

Instrumentalidad entre desempeño y resultado

La *instrumentalidad entre desempeño y resultado* (también conocida como la expectativa entre desempeño y resultado) es la percepción que tiene una persona sobre la probabilidad de que su desempeño lo llevará a obtener resultados determinados. Si esa persona considera que obtendrá un incremento salarial si mejora su desempeño, la instrumentalidad tendrá un valor cercano a 1.0. En el caso opuesto, si una persona considera que los incrementos no dependen del desempeño, el valor de la instrumentalidad será cercano a 0. Por último, si una persona considera que su desempeño guarda cierta relación con una posibilidad de incremento salarial, la instrumentalidad tendrá un valor entre 0 y 1. Como se ilustra en la figura 5.5, en el ambiente laboral son varias las instrumentalidades entre desempeño y resultado que son relevantes, debido a que un mismo desempeño puede generar diversos resultados.

Cada resultado tiene su propia instrumentalidad. Aaron Rodgers, quarterback de los Green Bay Packers, cree que cuando juega de forma agresiva (desempeño) tiene mayores posibilidades de llevar a su equipo a los playoffs. Su juego agresivo puede llevarlo a recibir premios individuales, como el reconocimiento como el jugador más valioso del partido, aunque también podría sufrir más golpes y lanzar más pases interceptados. Estas tres consecuencias anticipadas son los resultados.

instrumentalidad entre desempeño y resultado

Percepción que tiene una persona sobre la probabilidad de que su desempeño lo llevará a obtener resultados determinados

Resultados y valencias

resultado
Cualquier consecuencia que resulte del desempeño de un comportamiento determinado

valencia
Grados de atracción o desagrado que tiene un resultado para una persona

Un *resultado* es cualquier consecuencia que podría generar el desempeño. Se espera que un alto nivel de desempeño produzca resultados, como incrementos salariales, promociones, reconocimiento del jefe, fatiga, estrés o menos tiempo para descansar. La *valencia* de un resultado es su nivel relativo de atracción o desagrado para una persona. Los incrementos salariales, promociones y reconocimientos tienen valencias positivas, mientras que la fatiga, el estrés y contar con menos tiempo para descansar tienen valencias negativas.

La fuerza que tiene la valencia de un resultado varía de una persona a otra. El estrés laboral podría ser un factor muy negativo para una persona y no serlo tanto para otra. De igual manera, un incremento salarial podría tener una valencia positiva muy fuerte para una persona que necesita dinero, y una valencia positiva no tan fuerte para alguien que está más interesado en obtener una promoción, o incluso podría tener una valencia negativa para una persona a la que le afecta de forma desfavorable en términos fiscales.

El modelo básico de la expectativa sugiere que deben cumplirse tres condiciones antes de que se presente un comportamiento motivado. La primera condición es que la expectativa entre esfuerzo y desempeño debe tener un valor superior a cero. Es decir, que el trabajador debe esperar razonablemente que si se esfuerza más, su desempeño mejorará. La segunda condición es que la instrumentalidad entre desempeño y resultado deben también tener un valor superior a cero. En otras palabras, la persona debe creer que su desempeño le llevará a obtener resultados valiosos. La tercera condición es que la suma de todas las valencias de los resultados potenciales relevantes para la persona debe ser positiva. Una o más valencias pueden ser negativas siempre que se compensen con valencias positivas. Por ejemplo, el estrés y la fatiga pueden tener valencias negativas, pero si el salario, la promoción y el reconocimiento tienen valencias muy positivas, la valencia general del conjunto de resultados asociados con el desempeño será positiva.

En términos conceptuales, se supone que las valencias de todos los resultados relevantes y sus patrones correspondientes de expectativas e instrumentalidades interaccionan matemáticamente para determinar el nivel de motivación de una persona. La mayoría de las personas evalúa las probabilidades y preferencias que tiene por consecuencias determinadas, pero rara vez lo hace por medio de cálculos matemáticos.

El modelo de Porter-Lawler

La presentación original de la teoría de las expectativas la colocó como una de las principales corrientes entre los enfoques contemporáneos sobre motivación. Desde entonces, el modelo ha sido perfeccionado y ampliado muchas veces. La mayoría de los cambios se ha centrado en identificar y medir los resultados y expectativas. Una excepción es la variación de la teoría de las expectativas desarrollada por Edward Lawler y Lyman Porter. Estos investigadores utilizaron la teoría de las expectativas para desarrollar una visión novedosa acerca de la relación entre la satisfacción de los empleados y su desempeño.[44] Aunque la sabiduría convencional indica que la satisfacción conduce al desempeño, Porter y Lawler sostienen que esta relación se presenta de forma inversa: cuando las recompensas son adecuadas, los altos niveles de desempeño dan lugar a la satisfacción.

En la figura 5.6 se muestra el modelo de Porter-Lawler. Algunas de sus características difieren de la versión original. Por ejemplo, este modelo incluye capacidades, rasgos y percepciones de rol. Al principio del ciclo motivacional, el esfuerzo se produce en función del valor que tiene la recompensa potencial para el empleado (valencia), y la probabilidad de que exista una relación entre

Figura 5.6

Modelo de Porter-Lawler

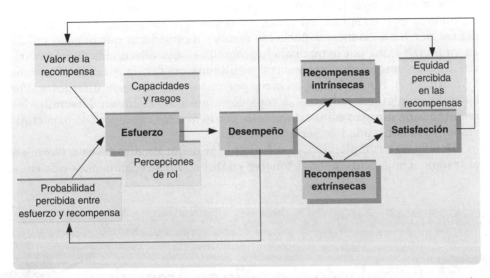

El modelo de expectativas de Porter y Lawler ofrece ideas interesantes sobre las relaciones que existen entre la satisfacción y el desempeño. Como lo ilustra la figura, este modelo predice que la satisfacción es determinada por la equidad percibida en las recompensas intrínsecas y extrínsecas del desempeño. Es decir, que en vez de que la satisfacción conduzca a un nivel de desempeño determinado, que es lo que muchas personas predicen, este modelo argumenta que es el desempeño el que conduce a la satisfacción.

Fuente: Figura de Lyman W. Porter y Edward E. Lawler, *Managerial Attitudes and Performance.* Derechos reservados © 1968. McGraw-Hill, Inc. Utilizado con autorización de Lyman W. Porter.

esfuerzo y recompensa (expectativa). El esfuerzo se combina con las capacidades, rasgos y percepciones de rol para determinar el desempeño real.

El desempeño lleva a dos tipos de recompensas: las intrínsecas son intangibles, como el sentimiento de realización y logro; las extrínsecas son resultados tangibles, como el pago y las promociones. La persona juzga el valor de su desempeño en la organización y utiliza procesos de comparación social (como los de la teoría de la equidad) para formarse una impresión de la equidad de las recompensas que recibió. Si se considera que las recompensas son equitativas, el empleado se sentirá satisfecho. En los ciclos subsecuentes, la satisfacción afectará el valor anticipado de las recompensas, mientras que el desempeño real que resulta del esfuerzo afectará las probabilidades percibidas de la relación entre el esfuerzo y la recompensa.

Evaluación e implicaciones

La teoría de las expectativas ha sido probada por los investigadores en diferentes contextos y con diversos métodos.[45] Como ya se ha señalado, la complejidad de este modelo es tanto una bendición como una maldición.[46] Esta dualidad es evidente en la investigación que se ha llevado a cabo para evaluarla. Numerosos estudios apoyan varias partes de la teoría. Por ejemplo, se ha encontrado que las expectativas, instrumentalidades y valencias se asocian con el esfuerzo y el desempeño en el lugar de trabajo.[47] Las investigaciones también han confirmado la afirmación de la teoría de que el comportamiento no se presentará, a menos de que la persona 1) valore las recompensas esperadas, 2) crea que sus esfuerzos lo llevarán al nivel de desempeño y 3) considere que su desempeño le llevará a obtener las recompensas.[48]

Sin embargo, esta teoría es tan compleja que los investigadores encuentran dificultades para evaluarla. En particular, la medición de algunos de sus elementos puede carecer de validez y los procedimientos para establecer las relaciones entre las variables no son tan científicos como les gustaría a los investigadores. Por otra parte, las personas no suelen ser tan racionales y objetivas cuando eligen sus conductas como lo supone la teoría de las expectativas. Aun así, la lógica combinada del modelo con su consistencia y un modesto apoyo de la investigación sugieren que la teoría tiene mucho que ofrecer.

La investigación también sugiere que es más probable que esta teoría explique la motivación en Estados Unidos que en otros países. Los estadounidenses tienden a orientarse hacia las metas y a considerar que pueden influir en su propio éxito, por lo que bajo las combinaciones adecuadas de expectativas, instrumentalidades, valencias y resultados, pueden mostrar altos niveles de motivación. Sin embargo, en otros países los patrones son diferentes. Por ejemplo, en algunas culturas se considera que Dios es quien determina los resultados de nuestro comportamiento, por lo que los conceptos de expectativas e instrumentalidad no serían aplicables.[49]

Debido a su complejidad, es difícil aplicar de forma directa esta teoría en el trabajo. Un gerente debe reconocer cuáles son las recompensas que cada

---

CASO DE ESTUDIO   # Estimulando el orgullo en Aramark

Aramark es una empresa líder de servicios profesionales, con sede en Filadelfia, que cuenta con aproximadamente 270,000 empleados que atienden a clientes en veintidós países.[50] Aramark intentaba identificar la mejor manera de motivar a los empleados que limpian los aviones de Delta y Soutwest Airlines. En una ocasión, la rotación del personal de salarios bajos, principalmente constituido por migrantes, rebasó 100% en un año. La moral era baja y las billeteras y objetos de valor que los pasajeros olvidaban en los aviones desaparecían.

El gerente de Aramark, Roy Pelaez, consideró que había que romper algunas reglas para motivar a los empleados y cambiar esta situación. "Se supone que los gerentes no deben involucrarse en los problemas personales de los empleados, pero yo tomo la perspectiva opuesta", afirma Pelaez. "Cualquier problema que afecte a un empleado terminará por afectar la cuenta. Cuando uno se ocupa de los empleados, se ocupa también del cliente." Además de los programas tradicionales de reconocimiento como "El empleado del mes", Pelaez contrató a un maestro de inglés para que enseñara el idioma al personal dos veces a la semana, incorporó clases los viernes para ayudar a sus empleados migrantes a obtener la ciudadanía estadounidense y servicios certificados subsidiados por el gobierno para el cuidado de niños con el objetivo de que las madres solteras pudiesen trabajar. Además, creó un laboratorio con tres computadoras usadas para que los empleados pudieran enseñarse entre sí a usar los procesadores de textos y las hojas de cálculo. "Todas estas cosas son importantes, porque hacen que los empleados se sientan realmente conectados con la empresa," afirma Pelaez.

Los empleados que hayan tenido asistencia perfecta durante seis meses, o quienes hayan devuelto una billetera o paquete con efectivo y tarjetas de crédito, obtienen un día libre pagado. Aquellos que aparezcan en "La tripulación del mes" obtienen pases para el cine, tarjetas telefónicas o "bonos para hamburguesas." La rotación ha disminuido 12% anual, lo que resulta increíble en puestos en los que se paga el salario mínimo. Además, los empleados comenzaron a recuperar grandes cantidades de dinero y devolvieron más de 250 billeteras perdidas por los pasajeros con más de 50,000 dólares en efectivo.[51]

En cinco años, los esfuerzos de Pelaez han hecho que el ingreso de Aramark en esta área se incremente de 5 a 14 millones de dólares.[52] Desde 1998, programas como estos han ayudado a que Aramark se posicione como una de las tres empresas más admiradas en su industria, según la lista de "Empresas más admiradas de Estados Unidos" de la revista *Fortune*.[53]

Preguntas

1. ¿Cuáles teorías de la motivación se pueden aplicar a los empleados de Aramark?

2. ¿Qué haría para motivar a los empleados de Aramark si fuera su gerente? Sea honesto sobre su estilo gerencial personal y sus creencias en vez de tratar de parecerse a Roy Pelaez.

3. ¿Cuáles serían algunas de las barreras potenciales para la efectividad de sus propuestas de motivación? ¿Qué podría hacer para afrontarlas?

empleado quiere y qué tan valiosas son para cada quien, medir las expectativas y ajustar las relaciones para crear motivación. Sin embargo, la teoría de las expectativas ofrece lineamientos para la práctica gerencial. Entre los más elementales se encuentran los siguientes:

1. Determine los principales resultados que desea cada empleado.
2. Decida los niveles y tipos de desempeño que se necesitan para alcanzar las metas organizacionales.
3. Asegúrese de que los niveles de desempeño deseados son posibles.
4. Vincule los resultados deseados con el desempeño.
5. Analice la situación para identificar conflictos entre expectativas e instrumentalidades.
6. Asegúrese de que las recompensas sean lo suficientemente atractivas.
7. Asegúrese de que el sistema general es equitativo para todos.[54]

PERSPECTIVAS SOBRE MOTIVACIÓN BASADAS EN EL APRENDIZAJE

El aprendizaje es otro de los componentes clave de la motivación. En el capítulo 3 se analizan los estilos de aprendizaje, y a continuación se estudiará el aprendizaje desde la perspectiva de la motivación. En todas las organizaciones, los empleados aprenden con rapidez cuáles son las conductas que se recompensan y cuáles son ignoradas o castigadas. Es por ello que el aprendizaje juega un papel crucial en el comportamiento motivado. El *aprendizaje* es un cambio relativamente permanente en el comportamiento o el resultado conductual potencial de una experiencia directa o indirecta. Por ejemplo, podemos aprender a usar un software si practicamos y experimentamos con sus funciones y opciones.

aprendizaje
Cambio relativamente permanente en el comportamiento o resultado conductual potencial de una experiencia directa o indirecta

Cómo ocurre el aprendizaje

Perspectiva tradicional: condicionamiento clásico

Uno de los enfoques históricos más influyente sobre el aprendizaje es el condicionamiento clásico, desarrollado por Ivan Pavlov en su famoso experimento con perros.[55] El *condicionamiento clásico* es una forma simple de aprendizaje en el que una respuesta condicionada se vincula con un estímulo incondicionado. En las organizaciones, sólo las conductas simples pueden aprenderse de esta manera. Por ejemplo, suponga que un empleado recibe noticias muy malas de su jefe. Es posible que ese empleado asocie el color del traje que su jefe usó ese día con las malas noticias, y la siguiente vez que el jefe use el traje, el empleado podría experimentar temor y aprensión.

condicionamiento clásico
Forma simple de aprendizaje que vincula una respuesta condicionada con un estímulo incondicionado

Esta forma de aprendizaje es simplista y no es relevante de forma directa para la motivación. Los teóricos del aprendizaje han reconocido que, aunque el condicionamiento clásico ofrece ideas interesantes sobre el proceso de aprendizaje, resulta inadecuado para explicar el aprendizaje en los humanos. Una de las razones es que este modelo se basa en relaciones simples de causa y efecto entre un estímulo y una respuesta, pero no puede explicar las formas más complejas de comportamiento aprendido que presentan los seres humanos. Otra razón es que no toma en cuenta el concepto de la elección, pues supone que el comportamiento es reflejo e involuntario. Por lo tanto, esta perspectiva no puede explicar las situaciones en las que las personas eligen de forma racional y consciente un curso de acción entre varias opciones. Dadas las desventajas del condicionamiento clásico, los teóricos avanzaron a otros enfoques más útiles para explicar los procesos asociados con el aprendizaje complejo.

Perspectiva contemporánea: el aprendizaje como proceso cognitivo

Aunque no se asocia con una sola teoría o modelo, la perspectiva contemporánea del aprendizaje lo considera un proceso cognitivo, es decir, que supone que las personas participan de forma activa y consciente en su aprendizaje.[56]

En primer lugar, la perspectiva cognitiva sugiere que las personas se basan en sus experiencias y utilizan su aprendizaje pasado como base para su comportamiento presente. Estas experiencias representan conocimientos o pensamientos. Por ejemplo, un empleado que debe elegir una asignación de trabajo utilizará sus experiencias previas para decidir cuál debe aceptar. En segundo lugar, las personas toman decisiones acerca de su comportamiento. El empleado reconoce que tiene dos alternativas y elige una. En tercer lugar, las personas reconocen las consecuencias de sus decisiones. Así, cuando el empleado se da cuenta de que la asignación de trabajo es gratificante y satisfactoria, reconocerá que su elección fue la correcta y entenderá las razones. Por último, las personas evalúan esas consecuencias y las suman a su aprendizaje previo, lo que afectará sus decisiones futuras. Si el empleado debe elegir entre las mismas opciones el siguiente año, es probable que esté motivado a elegir la misma. Como ya se señaló, son muchas las perspectivas del aprendizaje que adoptan un enfoque cognitivo. Tal vez la más importante de ellas es la teoría del reforzamiento. Aunque no es una teoría nueva, sólo se ha aplicado en el contexto organizacional durante los últimos años.

Teoría del reforzamiento y el aprendizaje

teoría del reforzamiento
Modelo que se basa en la idea de que el comportamiento depende de sus consecuencias

La teoría del reforzamiento (también conocida como "condicionamiento operante") se asocia con el trabajo de B. F. Skinner.[57] En su forma más simple, la *teoría del reforzamiento* sugiere que el comportamiento depende de sus consecuencias.[58] Cuando el comportamiento tiene consecuencias placenteras, tenderá a repetirse (el empleado estará motivado a repetir el mismo comportamiento), y cuando tiene consecuencias desagradables, será menos probable que se repita (el empleado estará motivado a participar en conductas diferentes). Esta teoría también sugiere que en una situación dada, las personas analizarán diversas conductas posibles. Las opciones conductuales futuras dependen de las consecuencias de las conductas previas. Los pensamientos también juegan un papel importante. En vez de suponer que existe un vínculo mecánico entre un estímulo y una respuesta, como lo hace la perspectiva tradicional del aprendizaje, los teóricos contemporáneos creen que las personas consideran diferentes conductas de forma consciente y eligen sistemáticamente aquella que les proporciona la consecuencia más atractiva.

Suponga que un nuevo empleado quiere aprender la mejor forma de relacionarse con su jefe. Al principio, se comporta de forma amistosa e informal, pero el jefe mantiene su distancia e incluso parece molesto. Como el jefe no respondió de forma positiva, es probable que el empleado no repita esta conducta. Es posible que comience a comportarse más formal y profesional y que su jefe responda de manera más favorable, lo que hará que el empleado mantenga este nuevo conjunto de conductas porque obtuvo consecuencias positivas. Analizaremos con más detalle la forma en la que funcionan estos procesos, pero antes consideraremos un aspecto más del aprendizaje basado en la experiencia de los demás.

Aprendizaje social

En los últimos años los gerentes han reconocido el poder del aprendizaje social. El *aprendizaje social* tiene lugar cuando las personas observan las conductas de los demás, identifican sus consecuencias y como resultado de ello modifican su propio comportamiento (algunos expertos prefieren referirse a este modelo como la *teoría cognitiva social*). Una persona puede aprender a desempeñar un trabajo observando a los demás o viendo videos, o puede aprender a no llegar tarde al ver que el jefe le llama la atención a sus compañeros que lo hacen. La teoría del aprendizaje social sugiere que el comportamiento individual es determinado por el pensamiento de las personas y su entorno social. De forma específica, las personas aprenden conductas y actitudes en respuesta a las expectativas de los demás, al menos de forma parcial.

Existen varias condiciones que deben cumplirse para crear un entorno apropiado para el aprendizaje social. Primero, el comportamiento a observar e imitar debe ser simple. Podemos aprender observando a otros cómo apretar tres o cuatro botones para configurar las especificaciones de una máquina o encender una computadora, pero no podemos aprender secuencias complejas de operaciones o cómo usar un software sin practicar por nuestra cuenta. La segunda condición es que el aprendizaje social requiere que el comportamiento a observar e imitar sea concreto y no intelectual. Podemos aprender observando a los demás, cómo responder ante las conductas diferentes de un gerente o cómo ensamblar las partes de un producto, pero quizá no podamos aprender por observación simple cómo escribir textos complejos, cómo conceptualizar o cómo pensar de forma abstracta. Por último, debemos tener la capacidad física para imitar el comportamiento que observamos. La mayoría de nosotros no podríamos lanzar una bola rápida como Miguel Cabrera o un tiro de revés como Serena Williams, aunque veamos todos los partidos de béisbol y de tenis.

El aprendizaje social influye de diferentes formas en la motivación. Muchas de nuestras conductas cotidianas son aprendidas de los demás. Suponga que una nueva empleada entra a un grupo de trabajo. Ella cuenta con una base de conocimientos previos sobre cómo debe comportarse con base en su educación y experiencias previas. Sin embargo, el grupo le brindará una serie de señales específicas que podrá utilizar para adaptar su comportamiento a la nueva situación. Además, el grupo le indicará la forma en que

WAVEBREAKMEDIA/SHUTTERSTOCK.COM

aprendizaje social
Ocurre cuando las personas observan las conductas de los demás, identifican las consecuencias y, como resultado de ello, modifican su propio comportamiento

El aprendizaje social ocurre cuando las personas observan las conductas de los demás, identifican sus consecuencias y como resultado de ello modifican su propio comportamiento. Esta persona está recibiendo una recompensa o promoción. Sus compañeros podrían sentirse motivados a desempeñar su trabajo del mismo modo.

la organización espera que sus miembros vistan y cómo deben "sentirse" respecto al jefe, entre otras cosas. De esta manera, el empleado aprende a comportarse en una nueva situación en parte en respuesta a lo que sabe previamente y a lo que los demás sugieren y demuestran.

Modificación conductual

La teoría del aprendizaje tiene implicaciones importantes para los gerentes, pero la modificación conductual organizacional tiene aplicaciones más prácticas. La *modificación conductual* es la aplicación de la teoría del reforzamiento para influir en las conductas de las personas en contextos organizacionales.[59] Uno de sus aspectos es el uso de varios tipos de reforzamientos cuando los empleados se comportan de formas deseadas o no deseadas. La figura 5.7 resume estos tipos de reforzamiento, que a continuación analizaremos con más detalle, así como los tiempos diferentes en los que deben aplicarse.

modificación conductual
Aplicación de la teoría del reforzamiento para influir en las conductas de las personas en contextos organizacionales

Tipos de reforzamiento

Existen cuatro tipos de reforzamiento, como se muestra en la figura 5.7. El *reforzamiento positivo* es el uso de recompensas para incrementar la probabilidad de que un comportamiento deseado se repita, como un nivel alto de desempeño. Por ejemplo, cuando el empleado de una fábrica usa un equipo de seguridad incómodo pero necesario, el gerente puede elogiarlo para incrementar la probabilidad de que lo use en el futuro. El reforzamiento positivo se emplea en la tienda Sears de Pennsylvania. Un gerente tenía dificultades para hacer que su personal invitara a los clientes a solicitar una tarjeta de crédito, por lo que les ofreció bonos por cada solicitud de tarjeta de crédito que procesaran. Además, cada 90 días, el empleado que hubiera procesado más solicitudes sería reconocido y recibiría una tarjeta de regalo. Como resultado, la tienda se convirtió en el primer lugar en número de solicitudes de tarjetas de crédito en el estado.

El *reforzamiento negativo* se basa en eliminar una consecuencia desagradable presente o futura para incrementar la probabilidad de que la persona repita un comportamiento. En otras palabras, la evitación o la eliminación de un evento desagradable puede ser motivante. Por ejemplo, suponga que se instala una pieza en un equip de fabricación peligrosa para que el operador escuche un

Figura 5.7

El comportamiento individual puede ser afectado cuando un estímulo se presenta o se elimina después de un comportamiento determinado. Esto también depende de que el estímulo sea positivo o negativo.

Tipos de reforzamiento[60]

		Naturaleza del estímulo	
		Positivo	**Negativo**
Acción	**Presentar el estímulo**	*Reforzamiento positivo;* incrementa el comportamiento	*Castigo;* disminuye el comportamiento
	Eliminar el estímulo	*Extinción;* disminuye el comportamiento	*Reforzamiento negativo;* incrementa el comportamiento

Fuente: Basado en B. Lachman, F. Camm, & S. A. Resetar, Integrated Facility Environmental Management Approaches: Lessons from Industry for Department of Defense Facilities, 2001. Santa Monica, CA: RAND Corporation. http://www.rand.org/pubs/monograph_reports/MR1343/.

fuerte zumbido. Después de que el operador realiza una serie de revisiones, el zumbido se detiene. Como él desea que el zumbido se detenga, estará motivado a presentar conductas de seguridad (realizar las revisiones de seguridad). Si el traslado del empleado de su casa a la empresa es muy largo o desagradable, permitirle trabajar uno o más días a la semana desde casa si su desempeño es bueno podría resultarle atractivo y motivar su buen desempeño.

El *castigo* es la aplicación de consecuencias negativas para reducir la probabilidad de que se presente un comportamiento. Por ejemplo, un gerente podría reducir las horas de trabajo de los empleados con bajo desempeño. Otras formas comunes de castigo incluyen las reprimendas verbales y escritas, actividades disciplinarias formales y limitar la participación en la toma de decisiones. La mayoría de las organizaciones debe establecer normas y políticas para regular el uso de los castigos debido a la variedad de consecuencias que se pueden presentar.

Por último, la *extinción* implica eliminar otro reforzador (positivo o negativo) después de que se presenta el comportamiento que se desea extinguir para reducir la probabilidad de que se repita. Por ejemplo, suponga que un gerente se ríe de un chiste subido de tono que le cuenta un empleado. La risa sirve como reforzador positivo para que el empleado continúe con su costumbre de contar este tipo de chistes. El gerente se da cuenta de que esto podría causarle problemas y quiere que el empleado se detenga, así que comienza a ignorar las bromas. Con el tiempo, la falta de una reacción positiva por parte del gerente reduce la motivación del empleado y extingue el comportamiento.

Para que funcione el reforzamiento, las personas deben asociar la consecuencia con el comportamiento. En otras palabras, deben saber exactamente por qué son recompensadas. Para tener más éxito en el reforzamiento, la recompensa debe otorgarse tan rápido como sea posible después de que se presenta el comportamiento; puede ser casi cualquier cosa y no es necesario que sea cara, pero sí debe ser atractiva para el receptor. Algunas de las más poderosas son simbólicas, cosas poco costosas que significan mucho para las personas que las reciben, como diplomas o certificados.

Las recompensas también influyen en las elecciones éticas. Aunque muchos estudios han demostrado que los incentivos pueden incrementar el comportamiento no ético,[61] los efectos de las recompensas y los castigos sobre el comportamiento ético son complejos. Las recompensas no siempre incrementan la incidencia del comportamiento ético porque su sola presencia desvirtúa el valor intrínseco de éste.[62] Si se ofrece un incentivo económico al comportamiento de ayuda voluntaria, disminuye la motivación para participar.[63] Por otra parte, las sanciones débiles desvirtúan el comportamiento ético con más fuerza que la ausencia de las sanciones, debido a que su presencia hace que las personas tomen decisiones desde un marco de negocios estrecho en vez de un encuadre de toma de decisiones éticas.[64] En lugar de elegir una opción porque es correcta, la decisión se convierte en una evaluación para determinar si el comportamiento no ético "vale la pena" con base en el riesgo del castigo.

El reforzamiento debe ser oportuno

Como ya se mencionó, en términos ideales los reforzadores deben darse inmediatamente después de que se presenta el comportamiento sobre el que se desea influir. Sin embargo, es posible que haya muchas razones por las que no pueda hacerse de esta manera. Es por ello que resulta útil comprender los programas que pueden emplearse para reforzar las conductas deseables. En un programa de *reforzamiento continuo*, el comportamiento deseado se refuerza cada vez que ocurre, mientras que en un programa de *reforzamiento parcial* el reforzamiento se presenta sólo algunas veces. Existen cuatro tipos de programas de reforzamiento:

1. *Programa de razón fija:* El comportamiento deseado se refuerza después de que se presenta un número determinado de veces. Por ejemplo, otorgar bonos económicos por cada diez piezas libres de errores fabricadas por hora.
2. *Programa de intervalo fijo:* El comportamiento deseado se refuerza después de que ha transcurrido un lapso determinado. Por ejemplo, pagar el salario de forma semanal.
3. *Programas de razón variable:* El comportamiento deseado se refuerza después de un número impredecible de conductas. Por ejemplo, un supervisor elogia a un representante de un centro de atención telefónica después de su tercera llamada, después de la séptima y después de la cuarta.
4. *Programas de intervalo variable:* El comportamiento deseado se refuerza después de que ha transcurrido un lapso impredecible. Por ejemplo, cuando no se conoce la fecha en la que el supervisor regional hará una inspección en su centro de trabajo.

Los programas de razón fija producen una tasa alta y consistente de conductas deseadas que se extinguen con rapidez cuando se suspende el reforzamiento. Los programas de intervalo fijo producen un alto nivel de desempeño cerca del final del intervalo, pero un desempeño deficiente después del reforzamiento. Los programas de razón variable generan tasas altas y estables de las conductas deseadas que son difíciles de extinguir. En los programas de intervalo variable, el comportamiento de la persona no influye en la disponibilidad del reforzamiento, por lo que tiene un efecto mínimo en la motivación.

La investigación sugiere que la forma más rápida de hacer que una persona aprenda es por medio del reforzamiento continuo, es decir, se presenta al reforzador cada vez que ocurre el comportamiento deseado. La desventaja de este enfoque es que tan pronto como se suspende la recompensa, la frecuencia del comportamiento deseado disminuye (extinción). El programa más efectivo para mantener un comportamiento es el reforzamiento variable. Este programa requiere que se refuerce el comportamiento después de algunas veces de que se presente, alrededor del promedio en vez de hacerlo en cada ocasión. Debido a que el desempeño puede generar en cualquier momento una recompensa, este enfoque motiva fuertemente el comportamiento. Un buen ejemplo de este programa son las máquinas de los casinos, en las que los jugadores saben que pueden ganar en algún momento, pero no cuándo, así que están motivados a continuar jugando por un periodo largo, aun cuando estén perdiendo o no estén recibiendo por ello un reforzamiento.

En términos de modificación del comportamiento, cualquier conducta puede entenderse en función de sus consecuencias. En otras palabras, como gerente usted recibirá lo que esté recompensando. Si un empleado llega tarde al trabajo constantemente, es porque usted no aplica las consecuencias positivas adecuadas por llegar a tiempo, las consecuencias negativas por llegar tarde no son adecuadas, o ambas cosas. Para motivar el comportamiento correcto, un experto en modificación conductual debería identificar las conductas deseadas y después reforzarlas cuidadosamente. Este proceso consta de cinco pasos:[65]

1. Defina el problema. ¿Qué puede mejorarse?
2. Identifique y defina las conductas específicas que desea modificar.
3. Registre y haga seguimiento de la ocurrencia del comportamiento definido.
4. Analice las consecuencias negativas que existen para el comportamiento no deseado y elija consecuencias positivas para el deseado.
5. Evalúe si el comportamiento ha mejorado y determine cuánto.

En este capítulo se han presentado varias teorías que los gerentes pueden emplear para motivar el desempeño de los empleados. La tabla 5.1 resume la forma en que los conceptos de motivación que se analizaron en el capítulo pueden ser aplicados por los gerentes ante desafíos comunes. Los gerentes pueden coordinar mejor las técnicas y las oportunidades de motivación si entienden *cómo* funciona una perspectiva motivacional y *por qué* lo hace, lo que mejorará sus probabilidades de éxito. En el capítulo 6 exploraremos diferentes formas en las que se pueden emplear el trabajo y las recompensas para motivar el desempeño de los empleados. Estos métodos, técnicas y programas motivacionales surgen de las teorías que se analizaron en este capítulo, pero ofrecen lineamientos más prácticos para los gerentes.

Tabla 5.1

Los conceptos y teorías de la motivación pueden aplicarse en diversos desafíos gerenciales para mejorar la motivación de los empleados

Desafíos gerenciales	Teorías de la motivación					
	Autoeficacia	Teoría de las necesidades de McClelland	Teoría de los dos factores de Herzberg	Teoría de las expectativas	Teoría de la equidad	Reforzamiento
La empresa sigue una estrategia de bajo costo pero debe motivar a sus empleados.	x	x	x	x	x	x
Un empleado siente que no puede cumplir sus metas de desempeño.	x			x		
Un empleado se siente subcompensado en relación con sus compañeros.					x	
Un empleado participa en un comportamiento inadecuado (*bullying*, ridiculiza a los compañeros).						x
Un empleado talentoso no se siente desafiado en su trabajo.		x	x	x		
Algunos empleados encuentran al trabajo aburrido porque es muy repetitivo y se les dificulta mantenerse motivados.		x	x			

RESUMEN Y APLICACIÓN

La motivación es el conjunto de fuerzas que hace que las personas se comporten de una manera determinada. La motivación inicia con una necesidad. Las personas buscan formas para satisfacer sus necesidades y después se comportan de cierta forma para lograrlo. El comportamiento tiene como consecuencia una recompensa o castigo. Un resultado puede satisfacer una necesidad en diferentes grados. La administración científica afirmaba que el dinero es el principal motivador para las personas en el trabajo. El enfoque de las relaciones humanas sugirió que los factores sociales son los motivadores principales. Las diferencias individuales juegan un papel importante en la motivación.

De acuerdo con Abraham Maslow, las necesidades humanas están ordenadas en una jerarquía según su importancia, de fisiológicas a seguridad, pertenencia, estima y finalmente autorrealización. La teoría ERG es una adaptación de la jerarquía de Maslow que incluye un componente de frustración-regresión. Según la teoría de los dos factores de Herzberg, la satisfacción y la insatisfacción no son dos extremos opuestos, sino que son dos dimensiones diferentes. Los factores motivadores influyen en la satisfacción y los factores higiénicos en la insatisfacción. La teoría de Herzberg es reconocida entre los gerentes pero presenta algunas deficiencias. Otras necesidades adquiridas importantes son las necesidades de afiliación, poder y logro.

La teoría de equidad en la motivación sugiere que las personas quieren ser tratadas de forma justa. Su hipótesis es que las personas comparan su razón de insumos y resultados en la organización con la razón de un referente. Si sienten que reciben un trato inequitativo, actuarán para reducir la inequidad. La

—— RESPUESTAS PARA EL MUNDO REAL ——
MOTIVACIÓN DEL ELENCO DE DISNEY

Para motivar a los miembros del elenco para que brinden un excelente servicio al cliente en los parques temáticos de Disney, la empresa comienza por capacitar exhaustivamente a sus nuevos empleados sobre las expectativas de desempeño, cómo vestir y cómo anticipar las necesidades de los visitantes. Los miembros del elenco son recompensados diariamente por los gerentes y sus compañeros mediante elogios verbales y escritos, y otras recompensas no monetarias. Disney también aplica evaluaciones del desempeño para ubicar a los miembros del elenco en el mejor trabajo con base en sus talentos únicos, dado que esta es la manera más fácil de estar motivado y desempeñarse bien en un puesto en el que son buenos.[66]

Disney considera que la clave del uso de las recompensas radica en la frecuencia y oportunidad con la que se administran. Disney trata de evitar los retrasos entre el buen trabajo del empleado y la recompensa o reconocimiento subsecuente. Los miembros del elenco son alentados a dar tarjetas de "Fanático de un Gran Servicio" a sus compañeros cuando consideran que van más allá de su deber para brindar un servicio sobresaliente. Después de recibir una tarjeta, el empleado debe hacer que su gerente la firme para que esté informado sobre este reconocimiento. Disney considera que este tipo de elogios es clave para construir y mantener una fuerza laboral motivada y hacer que los visitantes estén felices.[67]

Disney considera que el propósito debe ser claro y relacionarse con la motivación sin que importe la recompensa que se otorgue. Para mantener a sus empleados motivados y un alto nivel de calidad en el servicio y creación de ideas, la empresa emplea diversas recompensas, desde botellas de salsa tabasco hasta entradas familiares a los cruceros de Disney.[68]

teoría de las expectativas es un modelo más complejo que supone que las personas están motivadas a trabajar por una meta cuando lo desean y consideran que tienen una oportunidad razonable de alcanzarla. La expectativa de la relación entre esfuerzo y desempeño es la creencia de que si nos esforzamos tendremos un nivel determinado de desempeño. La instrumentalidad entre el desempeño y el resultado es la creencia de que nuestro desempeño nos hará acreedores a ciertos resultados. La valencia es la atracción que tienen los resultados potenciales del desempeño para una persona. La versión de la teoría de las expectativas de Porter-Lawler ofrece ideas interesantes sobre la relación entre la satisfacción y el desempeño. Este modelo sugiere que el desempeño lleva a la obtención de diferentes recompensas intrínsecas y extrínsecas que cuando son percibidas como equitativas, dan como resultado la satisfacción.

El aprendizaje también juega un papel importante en la motivación. Existen varios tipos de reforzamiento que se otorgan en diferentes programas para incrementar o reducir el comportamiento motivado. Los procesos de aprendizaje social influyen en las personas. La modificación conductual organizacional es una estrategia que aplica los principios del aprendizaje y el reforzamiento para mejorar la motivación y el desempeño de los empleados. Esta estrategia depende de la efectividad de las medidas del desempeño y de que se otorguen las recompensas después de que un empleado ha hecho un buen trabajo.

PREGUNTAS PARA ANÁLISIS

1. ¿Cuándo su nivel de motivación ha afectado su desempeño? ¿Cuándo lo han hecho sus capacidades y el entorno?
2. Señale ejemplos propios que apoyen y refuten la jerarquía de necesidades de Maslow.
3. ¿Ha sentido que existe inequidad en su trabajo o clase? ¿Cómo le afectó esta situación?
4. ¿Qué es más problemático: percibirse subcompensado o sobrecompensado?
5. ¿Considera que la teoría de las expectativas es demasiado compleja para ser aplicada en las organizaciones? ¿Por qué?
6. ¿Considera que son válidas las relaciones entre el desempeño y la satisfacción propuestas por Porter y Lawler? Proporcione ejemplos que apoyen y refuten el modelo.
7. Piense en situaciones en las que haya experimentado cada uno de los cuatro tipos de reforzamiento.
8. Señale las cinco formas de reforzamiento que recibe con mayor frecuencia (por ejemplo, sueldo o calificaciones). ¿En qué programa recibe cada uno de ellos?

EJERCICIO PARA CÓMO ENTENDERSE A SÍ MISMO
Habilidades gerenciales para motivar

La meta de este ejercicio es entender y desarrollar sus habilidades gerenciales para motivar. Después de que se le asigne un compañero, decidirán quién tendrá el papel de gerente y quién el de subordinado. La tarea del subordinado es elaborar un avión de papel que vuele más lejos que los sus compañeros de clase. Su profesor le asignará un instructivo confidencial que no será revelado al gerente. Después de leer su papel, el subordinado actuará con base en él. Como subordinado, no le dirá al gerente lo que hará, sino que sólo se comportará como un empleado en la situación que se le asignó. El subordinado es responsable de elaborar el avión de papel con la supervisión del gerente.

El trabajo del gerente será identificar el problema de motivación, analizar la situación y tratar de implementar estrategias diferentes para motivar al empleado. Como subordinado, deberá representar el papel del empleado con base en la descripción que se le asignó y responder de forma realista a los intentos del gerente por mejorar su motivación y modificar su comportamiento.

Cuando el profesor se los indique, detendrán el juego de roles. El subordinado mostrará al gerente el papel que se le asignó y conversarán sobre los aciertos y desaciertos del gerente para analizar y mejorar la situación. Proporcione retroalimentación honesta y constructiva para ayudar a su compañero a mejorar sus habilidades gerenciales.

A continuación se cambiarán los roles y el profesor asignará un nuevo papel al subordinado. Se repetirá el proceso hasta la etapa de retroalimentación al gerente para completar el ejercicio.

EJERCICIO EN EQUIPO

Cómo motivar a su personal de ventas

La meta de este ejercicio es practicar la alineación de metas individuales y organizacionales como lo haría un gerente para motivar a los empleados. El grupo se dividirá en equipos de cuatro a cinco integrantes y después se leerá el siguiente guión:

Suponga que usted es el gerente de un equipo de una nueva tienda de ropa llamada Threads. La estrategia de su empresa consiste en ofrecer un servicio al cliente y productos de alta calidad. La tienda no es la más barata de la ciudad, pero espera que sus empleados sean capaces de crear una atmósfera de servicio por la que los clientes estén dispuestos a pagar un poco más.

Como gerente, sabe que el personal de ventas es esencial para el éxito de la tienda y quiere crear un sistema que los motive a construir una ventaja competitiva para el negocio. Como es la primera tienda que se abre, tiene bastante libertad para decidir cómo motivar a su personal. Se han establecido salarios competitivos, pero deberá decidir cómo utilizar 10% de las utilidades de la tienda para motivar al personal de ventas en la forma en que considere más adecuada.

Trabajen como equipo y respondan las siguientes preguntas. Prepárense para compartir sus ideas con el resto del grupo.

Preguntas

1. ¿Cuáles conductas desearía que muestre su personal de ventas?
2. ¿Cuáles metas establecería para el personal de ventas con base en su respuesta de la pregunta anterior?
3. ¿Qué tipo de sistema establecería para recompensar estas conductas?
4. ¿Qué desafíos tendría que afrontar? ¿Cómo podría abordarlos de forma proactiva para evitar que ocurran?

EJERCICIO EN VIDEO

Mike Boyle Strength & Conditioning

Mike Boyle es copropietario y gerente de Mike Boyle Strength & Conditioning, un gimnasio con sede en Woburn, Massachusetts. La visión de Mike para su gimnasio es que debe ser un lugar en el que él y su personal disfruten pasar tiempo y no lo perciban como un "trabajo". En lugar de ello, quiere que todos vean al gimnasio como un lugar al que acuden todos los días para ayudar a los demás.

Mike Boyle Strength & Conditioning emplea a varias personas para desempeñar diferentes roles. Por ejemplo, una puede ser entrenador personal y nutriólogo. Otra puede ser entrenador personal y masajista deportivo. El mismo Mike, junto con su cofundador, trabajan como entrenadores personales además de hacerse cargo de la gerencia del gimnasio.

Mike entiende que el sector del acondicionamiento físico se caracteriza por un alto nivel de rotación. Algunos entrenadores sólo trabajan hasta que consiguen una oportunidad en su carrera, mientras que otros cambian de gimnasio en gimnasio. Por ello, Mike se enfoca en tratar de motivar a su personal para crecer y desarrollarse como profesionales del acondicionamiento físico y que consideren al gimnasio como un lugar para quedarse.

En clase, observen el video "Mike Boyle Strength & Conditioning". Formen equipos de tres a cuatro integrantes y respondan las siguientes preguntas.

Preguntas

1. ¿Puede relacionar la perspectiva de motivación de Mike Boyle con alguna de las teorías que se analizaron en clase? De ser así, ¿con cuál de ellas?
2. ¿Cómo explicaría la teoría de las expectativas la idea que tiene Ana sobre su trabajo en Mike Boyle Strength & Conditioning?
3. Marco habla del orgullo que siente por su trabajo y por el gimnasio. Describa cómo se puede explicar su orgullo desde alguna de las perspectivas de la motivación.
4. ¿Cómo se relacionan las ideas de Bob sobre la capacitación y el aprendizaje con la motivación de los empleados?

¿Y ahora qué?

CASO EN VIDEO

Suponga que su jefe le ha solicitado que trabaje en un grupo con dos compañeros para crear una lluvia de ideas sobre nombres para un nuevo producto. Sus dos compañeros generan tres o cuatro ideas, se detienen y quieren rendirse. Uno de ellos ni siquiera cree que la tarea tenga sentido. El otro afirma que no es bueno en trabajos creativos y que preferiría regresar a trabajar en otra cosa. *¿Qué haría o qué diría?* Vea el video "¿Y ahora qué?" de este capítulo, observe el video de desafío y elija una respuesta. Asegúrese de ver también los resultados de las opciones que no eligió.

Preguntas para análisis

1. ¿Por qué considera que el empleado no haya podido alcanzar un mejor desempeño en un primer momento?
2. ¿Cuáles aspectos de motivación que se analizaron en el capítulo se ejemplifican en estos videos? Explique su respuesta.
3. ¿Cuáles técnicas motivacionales aplicaría para manejar esta situación? Explique su respuesta.

NOTAS FINALES

[5][1]Company Overview, Disney, 2015. Disponible en línea en: http://corporate.disney.go.com/corporate/overview.html.

[6][2]Barrett, S. (7 de abril de 2011). Customer Service Secrets from Disney, en *The Locker Room*. Disponible en línea en: http://ggfablog.wordpress .com/2011/04/07/customer-service-secrets-from-disney/.

[7][3]Vea Pinder, C. (2008). *Work Motivation in Organizational Behavior* (2a ed.). Upper Saddle River, NJ: Prentice Hall. Vea también Lord, R., Diefendorff, J., Schmidt, A., & Hall, R. (2010.) Self-Regulation at Work, en *Annual Review of Psychology*, eds. S. Fiske, D. Schacter, & R. Sternberg (vol. 61, pp. 543–568). Palo Alto, CA: Consulting Psychologists Press; and Diefendorff, J. M. & Chandler M. M. (2010). Motivating Employees, en *Handbook of Industrial and Organizational Psychology*, ed. S. Zedeck. Washington, DC: American Psychological Association.

[8][4]Steers, R. M., Bigley, G. A., & Porter, L. W. (2002). *Motivation and Leadership at Work* (7a. ed.). Nueva York: McGraw-Hill. Vea también Kanfer, R. "Motivational Theory and Industrial and Organizational Psychology", en *Handbook of Industrial and Organizational Psychology*, eds. M. D. Dunnette y L. M. Hough (2a. ed., vol. 1, pp. 75–170). Palo Alto, CA: Consulting Psychologists Press; and Ambrose, M. L. (1999). Old Friends, New Faces: Motivation Research in the 1990s, en *Journal of Management, 25*(2), pp. 110–131.

[9][5]Kidwell, R. E., Jr., & Bennett, N. (julio de 1993). Employee Propensity to Withhold Effort: A Conceptual Model to Intersect Three Avenues of Research, en *Academy of Management Review*, 429–456; vea también Grant, A. (2008). Does Intrinsic Motivation Fuel the Prosocial Fire? Motivational Synergy in Predicting Persistence, Performance, and Productivity, en *Journal of Applied Psychology, 93*(1), pp. 48–58.

[10][6]Pfeiffer, J. (1998). *The Human Equation*. Boston: Harvard Business School Press.

[11][7]Vea Fox, A. (2010, May). Raising Engagement, en *HR Magazine*, pp. 35–40.

[12][8]Deci, E. L., & Ryan, R. M. (2000). The "What" and "Why" of Goal Pursuits: Human Needs and the Self-Determination of Behavior, en *Psychological Inquiry, 11*(4), pp. 227–269.

[13][9]Taylor, F. W. (1911). *Principles of Scientific Management*. Nueva York: Harper & Row.

[14][10]Mayo, E. (1945). *The Social Problems of an Industrial Civilization*. Boston: Harvard University Press; Rothlisberger, F. J., & Dickson, W. J. (1939). *Management and the Worker*. Boston: Harvard University Press.

[15][11]Bandura, A. (1997). *Self-Efficacy: The Exercise of Control* (p. 3). Nueva York: W.H. Freeman.

[16][12]Judge, T. A., Jackson, C. L., Shaw, J. C., Scott, B. A., & Rich, B. L. (2007). Self-Efficacy and Work-Related Performance: The Integral Role of Individual Differences, en *Journal of Applied Psychology, 92*, pp. 107–127.

[17][13]Odell, P. (9 de noviembre de 2005). Motivating Employees on a Global Scale: Author Bob Nelson. PROMO P&I. Disponible en línea en: http://www.chiefmarketer.com/motivating-employees-on-a-global-scale-author-bob-nelson/.

[18][14]Solomon, C. M. (Julio de 1994). Global Operations Demand That HR Rethinks Diversity, en *Personnel Journal, 73*(7), pp. 40–50.

[19][15]Salancik, G. R., & Pfeiffer, J. (Septiembre de 1977). An Examination of Need-Satisfaction Models of Job Attitudes, en *Administrative Science Quarterly*, pp. 427–456.

[20][16]Amabile, T., & Kramer, S. (Enero-febrero de 2010). What Really Motivates Workers, en *Harvard Business Review*, pp. 44–45.

[21][17]Maslow, A. H. (1943). A Theory of Human Motivation, en *Psychological Review, 50*, pp. 370–396; Maslow, A. H. (1954). *Motivation and Personality*. Nueva York: Harper & Row. Maslow's most famous works include Maslow, A. H., Stephens, D. C., & Heil, G. (1998). *Maslow on Management*. Nueva York: John Wiley and Sons; and Maslow. A. H., & Lowry, R. (1999). *Toward a Psychology of Being*. Nueva York: John Wiley and Sons.

[22][18]Vea Professionals Sick of Old Routine Find Healthy Rewards in Nursing, en *USA Today*, 16 de agosto de 2004, 1B, 2B.

[23][19]Vea Adler, N. (2007). *International Dimensions of Organizational Behavior* (5a. ed.). Cincinnati, OH: Southwestern Publishing.

[24][20]Wahba, M. A., & Bridwell, L. G. (Abril de 1976). Maslow Reconsidered: A Review of Research on the Need Hierarchy Theory. Organizational Behavior and Human Performance, pp. 212–240.

[25][21]Alderfer. C. P. (1972). *Existence, Relatedness, and Growth*. Nueva York: Free Press.

[26][22]Alderfer. C. P. (1972). *Existence, Relatedness, and Growth*. Nueva York: Free Press.

[27][23]Herzberg, F., Mausner, B., & Synderman, B. (1959). The Motivation to Work. Nueva York: John Wiley and Sons; Herzberg, F. (Enero-febrero de 1968). One More Time: How Do You Motivate Employees?, en *Harvard Business Review*, pp. 53–62.

[28][24]Herzberg, F., Mausner, B., & Synderman, B. (1959). *The Motivation to Work*. Nueva York: John Wiley and Sons.

[29][25]Herzberg, F., Mausner, B., & Synderman, B. (1959). *The Motivation to Work*. Nueva York: John Wiley and Sons.

[30][26]Herzberg, F., Mausner, B., & Synderman, B. (1959). *The Motivation to Work*. Nueva York: John Wiley and Sons.

[31][27]Griffin, R. W. (1982). *Task Design: An Integrative Approach*. Glenview, IL: Scott, Foresman.

[32][28]Pinder, C. (2008).*Work Motivation in Organizational Behavior* (2a ed.). Upper Saddle River, NJ: Prentice Hall.

[33][29]Herzberg, F. (1966). *Work and the Nature of Man*. Cleveland, OH: World Publishing; Bookman, V. M. (Verano de 1971). The Herzberg Controversy, en *Personnel Psychology*, pp. 155–189; Grigaliunas, B., & Herzberg, F. (Febrero de 1971). Relevance in the Test of Motivation-Hygiene Theory, en *Journal of Applied Psychology*, pp. 73–79.

[34][30]Dunnette, M., Campbell, J., & Hakel, M. (Mayo de 1967). Factors Contributing to Job Satisfaction and Job Dissatisfaction in Six Occupational Groups, en *Organizational Behavior and Human Performance*, pp. 143–174; Hulin, C. L., & Smith, P. (Octubre de 1967). An Empirical Investigation of Two Implications of the Two-Factor Theory of Job Satisfaction, en *Journal of Applied Psychology*, pp. 396–402.

[35][31]Adler, N. (2007). *International Dimensions of Organizational Behavior* (5a. ed.). Cincinnati, OH: Southwestern Publishing.

[36][32]McClelland, D. C. (1961). *The Achieving Society*. Princeton, NJ: Nostrand. Vea también McClelland, D. C. (1988). *Human Motivation*. Cambridge, UK: Cambridge University Press.

[37][33]Stahl, M. J. (Invierno, 1983). Achievement, Power, and Managerial Motivation: Selecting Managerial Talent with the Job Choice Exercise, en *Personnel Psychology*, pp. 775–790.

38[34]Schachter, S. (1959). *The Psychology of Affiliation*. Palo Alto, CA: Stanford University Press.

39[35]Como fue reportado en: Best Friends Good for Business, en *USA Today*, 1 de diciembre de 2004, 1B, 2B.

40[36]McClelland, D. C., & Burnham, D. H. (Marzo-abril 1976). Power Is the Great Motivator, en *Harvard Business Review*, pp. 100–110.

41[37]Pinder, C. (2008). *Work Motivation in Organizational Behavior* (2a. ed.). Upper Saddle River, NJ: Prentice Hall; McClelland, D. C., & Burnham, D. H. (Marzo-abril de 1976). Power Is the Great Motivator, en *Harvard Business Review*, pp. 100–110.

42[38]J. Stacy Adams, J. S. (Noviembre de 1963). Toward an Understanding of Inequity, en *Journal of Abnormal and Social Psychology*, pp. 422– 436. Vea también Mowday, R. T. (1987). Equity Theory Predictions of Behavior in Organizations, en *Motivation and Work Behavior*, eds. R. M. Steers & L. W. Porter *Motivation and Work Behavior* (4a. ed., pp. 89–110). Nueva York: McGraw-Hill.

43[39]Shah, P. P. (1998). Who Are Employees' Social Referents? Using a Network Perspective to Determine Referent Others, en *Academy of Management Journal, 41*(3), pp. 249–268.

44[40]Adams, J. S. (1965). Inequity in Social Exchange en *Advances in Experimental Social Psychology*, ed. L. Berkowitz (vol. 2, pp. 267–299). Nueva York: Academic Press.

45[41]Pinder, C. (2008). *Work Motivation in Organizational Behavior* (2a. ed.). Upper Saddle River, NJ: Prentice Hall.

46[42]Vea Sauler, K., & Bedeian, A. (2000). Equity Sensitivity: Construction of a Measure and Examination of Its Psychometric Properties, en *Journal of Management, 26*(5), pp. 885–910; Bing, M., & Burroughs, S. (2001). The Predictive and Interactive Effects of Equity Sensitivity in Teamwork-Oriented Organizations, en *Journal of Organizational Behavior, 22*, pp. 271–290.

47[43]Vroom, V. (1964). *Work and Motivation*. Nueva York: John Wiley and Sons.

48[44]Porter, L. W., & Lawler, E. E. (1968*) Managerial Attitudes and Performance*. Homewood, IL: Dorsey Press.

49[45]Vea Mitchell, T. R. (1974). Expectancy Models of Job Satisfaction, Occupational Preference, and Effort: A Theoretical, Methodological, and Empirical Appraisal, en *Psychological Bulletin, 81*, pp. 1096–1112; y Campbell, J. P., & Pritchard, R. D. (1976). Motivation Theory in Industrial and Organizational Psychology, en *Handbook of Industrial and Organizational Psychology*, ed. M. D. Dunnette (pp. 63–130). Chicago, IL: Rand McNally, para revisión.

50[46]Pinder, C. (2008). *Work Motivation in Organizational Behavior* (2a. ed.). Upper Saddle River, NJ: Prentice Hall.

51[47]Pinder, C. (2008). *Work Motivation in Organizational Behavior* (2a. ed.). Upper Saddle River, NJ: Prentice Hall.

52[48]Campbell, J. P., & Pritchard, R. D. (1976). Motivation Theory in Industrial and Organizational Psychology, en *Handbook of Industrial and Organizational Psychology*, ed. M. D. Dunnette (pp. 63–130). Chicago, IL: Rand McNally.

53[49]Adler, N. (2007). *International Dimensions of Organizational Behavior* (5a. ed.). Cincinnati, OH: Southwestern Publishing.

54[50]Aramark 2015 Fact Sheet. (2015). Disponible en línea en: http:// www.aramark.com/~/media/Files/aramark-fun-facts. ashx?la=en.

55[51]Byrne, J. A. (Agosto de 2003). How to Lead Now: Getting Extraordinary Performance When You Can't Pay for It, en *Fast Company*, 73, 62.

56[52]Byrne, J. A. (Agosto de 2003). How to Lead Now: Getting Extraordinary Performance When You Can't Pay for It, en *Fast Company*, 73, 62.

57[53]Aramark: Creating Experiences that Engage and Inspire. (2015). Disponible en línea en: http://www.aramark.com/about-us.

58[54]Nadler, D. A., & Lawler, E. E. (1983). Motivation: A Diagnostic Approach, en *Perspectives on Behavior in Organizations*, eds. J. R. Hackman, E. E. Lawler, & L. W. Porter (2a. ed., pp. 67–78). Nueva York: McGraw-Hill; vea también Fisher, A. (22 de marzo de 2004). Turning Clock-Watchers into Stars, en *Fortune*, 60.

59[55]Pavlov, I. P. (1927). *Conditional Reflexes*. Nueva York: Oxford University Press.

60[56]Bandura, A. (2001). Social Cognitive Theory: An Agentic Perspective, en *Annual Review of Psychology*, 52, pp. 1–26.

61[57]Skinner, B. F. (1953). *Science and Human Behavior*. Nueva York: Macmillian; y Skinner, B. F. (1972). *Beyond Freedom and Dignity*. Nueva York: Knopf.

62[58]Luthans, F., & Kreitner, R. (1985). *Organizational Behavior Modification and Beyond*. Glenview, IL: Scott, Foresman.

63[59]Luthans, F., & Kreitner, R. (1975). *Organizational Behavior Modification*. Glenview, IL: Scott Foresman; Luthans, F., & Kreitner, R. (1985). *Organizational Behavior Modification and Beyond*. Glenview, IL: Scott, Foresman.

64[60]Lachman, B., Camm, F., & Resetar, S. A. (2001). Integrated Facility Environmental Management Approaches: Lessons from Industry for Department of Defense Facilities. Santa Monica, CA: RAND Corporation. Disponible en línea en: http://www.rand.org/pubs/monograph_reports/MR1343/.

65[61]Ashkanasy, N. M., Windsor, C. A., & Treviño, L. K. (2006). Bad Apples in Bad Barrels Revisited: Cognitive Moral Development, Just World Beliefs, Rewards, and Ethical Decision Making, en *Business Ethics Quarterly, 16*, pp. 449–474; Treviño, L. K., & Youngblood, S. A. (1990). Bad Apples in Bad Barrels: A Causal Analysis of Ethical Decision Making Behavior, en *Journal of Applied Psychology*, num. 75(4), pp. 447–476.

66[62]Treviño, L. K., & Youngblood, S. A. (1990). Bad Apples in Bad Barrels: A Causal Analysis of Ethical Decision Making Behavior, en *Journal of Applied Psychology*, 75(4), pp. 447–476.

67[63]Frey, B. S., & Oberholzer-Gee, F. (1997). The Cost of Price Incentives: An Empirical Analysis of Motivation Crowding-Out, en *American Economic Review, 87*(4), pp. 746–755.

68[64]Tenbrunsel, A. E., & Messick, D. M. (2004). Ethical Fading: The Role of Self-Deception in Unethical Behavior, en *Social Justice Research, 17*(2), pp. 223–235.

69[65]Lo que se basa en: Connellan, T. (1978). *How to Improve Human Performance: Behaviorism in Business*. Nueva York: Harper & Row; Miller, L. (1978). *Behavior Management: The New Science of Managing People at Work* (p. 253). Nueva York: John Wiley and Sons.

70[66]Kalogridis, G. (2010). Chain of Excellence, en *Leadership Excellence, 27*(8), p. 7.

71[67]James, J. (19 de abril de 2012). Encouraging and Motivating Leaders, Talking Point: The Disney Institute Blog. Disponible en línea en: http://disneyinstitute.com/blog/blog_posting.aspx?bid=52#.T7ENCOvLxNM.

72[68]Ligos, M. (2009). How Mickey Makes Magic, en *Successful Promotions, 42*(5), pp. 44–47.

MOTIVACIÓN DEL COMPORTAMIENTO POR MEDIO DEL TRABAJO Y LA COMPENSACIÓN

ESTRUCTURA DEL CAPÍTULO

OBJETIVOS DE APRENDIZAJE

Al concluir el estudio de este capítulo, usted podrá:

1 Identificar y describir diferentes enfoques sobre el diseño de puestos y relacionar cada uno de ellos con la motivación.

2 Analizar la participación de los empleados, el empowerment, los arreglos de trabajo flexibles e identificar su efecto en la motivación.

3 Describir la teoría del establecimiento de metas para la motivación y analizar perspectivas más amplias para establecer metas.

4 Analizar la administración del desempeño y su papel en la motivación.

5 Describir la forma en que las organizaciones utilizan diferentes tipos de compensación para motivar a los empleados.

—DESAFÍOS DEL MUNDO REAL—

INSTRUMENTACIÓN DE LOS RESULTADOS

Vivien Schweitzer escribió una crítica sobre el concierto de la Orpheus Chamber Orchestra en el *New York Times*, donde señaló que la orquesta ejecutó la Sinfonía No. 2 "con una coordinación sobresaliente"; el "balance entre las cuerdas, vientos y metales estuvo impresionantemente bien proporcionado." ¿Sentenciaba Schweitzer con falsos elogios? ¿No se supone que una *sinfonía*, como "armonía de sonidos", debe ejecutarse con una coordinación sobresaliente y que los elementos de la orquesta deben estar bien balanceados? ¿El trabajo del director de orquesta para alcanzar un desempeño musical consumado superó la coordinación y el balance? En realidad, la orquesta de Nueva York Orpheus no tiene director, y Schweitzer resaltaba el hecho de que el grupo había "intentado valientemente y logrado" un trabajo tan complejo sin el liderazgo artístico de un director que guiara los ensayos y se ubicara frente al podio con una batuta oficial.

Como lo señala el director ejecutivo Graham Parker, "para nosotros, en Orpheus, la manera como hacemos música es lo que hace la diferencia". Orpheus mantiene el principio de que su producto (la música que toca para sus audiencias) tiene alta calidad cuando los músicos se sienten satisfechos con sus puestos. Todos los músicos profesionales de orquesta son habilidosos y cuentan con mucha capacitación, pero no hay duda de que muchos de ellos no son muy felices. Un psicólogo organizacional de Harvard entrevistó a empleados en 13 diferentes categorías de trabajo para determinar sus niveles relativos de satisfacción y motivación laborales, entre las cuales había músicos de orquesta. Por un lado, los músicos se clasificaron en el nivel más alto de motivación, "alimentados por su orgullo y profesionalismo". Pero en cuanto a satisfacción general con el trabajo, se clasificaron en el séptimo puesto, justo por debajo de los custodios de prisión y ligeramente por encima de los vendedores de cerveza y repartidores. En las preguntas sobre satisfacción con las oportunidades de crecimiento, los músicos quedaron en noveno lugar, una vez más por debajo de los custodios y ligeramente por encima de las enfermeras de quirófano y los jugadores de hockey.[1] Suponga que le solicitan que imite el éxito de Orpheus como orquesta líder. Después de leer este capítulo tendrá algunas sugerencias para lograrlo.

HIROYUKI ITO/HULTON ARCHIVE/GETTY IMAGES

En el capítulo 5 se describen diferentes perspectivas acerca de la motivación, pero ninguna de ellas explica en su totalidad este fenómeno, ya que sólo abarcan algunos factores que promueven el comportamiento motivado. A pesar de que exista una teoría que sea aplicable a una situación particular, el gerente debe traducirla en términos prácticos. Aunque él puede utilizar como referencia las teorías o las herramientas, debe entender los procedimientos, sistemas y métodos para mejorar la motivación y el desempeño.

En la figura 6.1 se ejemplifica un modelo básico para relacionar algunas de las teorías con la motivación real y potencial, y los métodos para traducir la motivación en desempeño. El lado izquierdo de la figura muestra que el comportamiento motivado puede ser inducido mediante circunstancias basadas en necesidades o en procesos. Es decir, las personas pueden sentirse motivadas para satisfacer tipos diferentes de necesidades o atender diversos procesos, como las percepciones de inequidad, relaciones de expectativas y reforzamientos contingentes.

Estas necesidades, procesos y conceptos sobre aprendizaje generan la situación que se muestra en el centro de la figura, en donde existe potencial para motivar el comportamiento y mejorar el desempeño. Por ejemplo, suponga que un empleado desea tener más relaciones sociales, es decir, quiere satisfacer sus necesidades de pertenencia, relación o afiliación. Esto significa que existe el potencial para que el empleado desee mejorar su desempeño si piensa que al hacerlo satisfará esas necesidades sociales. De igual forma, si el desempeño adecuado de un empleado ha sido reforzado de forma positiva en el pasado, existe la posibilidad de que la motivación se dirija a mejorar su desempeño.

Los gerentes deben seguir algunos pasos para traducir el potencial de motivación para mejorar el desempeño en motivación real y mejor desempeño. En

---

Figura 6.1

Los gerentes pueden emplear diferentes métodos para mejorar el desempeño de los empleados en las organizaciones. Las perspectivas sobre motivación basadas en necesidades y procesos explican algunos de los factores que intervienen en el potencial del comportamiento motivado dirigido a mejorar el desempeño. Los gerentes pueden emplear medios como el establecimiento de metas, el diseño de puestos, arreglos de trabajo flexibles, administración del desempeño, compensaciones y motivación del comportamiento organizacional para traducir este potencial en un mejor desempeño real.

Mejoramiento del desempeño en las organizaciones

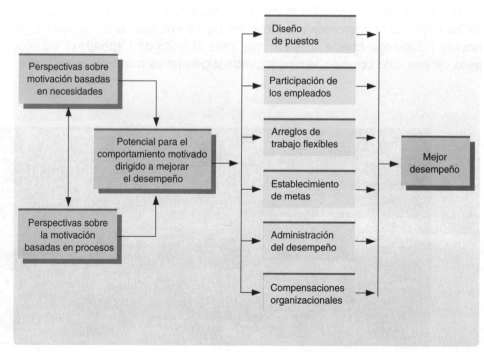

algunos casos, estos pasos pueden vincularse con necesidades o procesos específicos que ha generado el potencial. Por ejemplo, si se ofrecen más oportunidades de interacción social de forma contingente al desempeño mejorado, se pueden aprovechar las necesidades sociales de un empleado. Sin embargo, lo más frecuente es que el gerente deba ir más allá para traducir el desempeño potencial en desempeño real. En el lado derecho de la figura 6.1 se presentan algunos de los métodos más comunes que se utilizan para mejorar el desempeño. En este capítulo se describen estos seis métodos: diseño de puestos, participación de los empleados y empowerment, arreglos de trabajo flexibles, establecimiento de metas, administración del desempeño y compensaciones organizacionales.

DISEÑO DE PUESTOS EN LAS ORGANIZACIONES

El diseño de puestos es un método importante que los gerentes pueden utilizar para mejorar el desempeño de los empleados.[2] Cuando el diseño del trabajo se enfoca a nivel individual, se conoce como *diseño de puestos*, proceso que puede definirse como la forma en que las organizaciones definen y estructuran los puestos. Como se verá más adelante, los puestos bien diseñados pueden tener un efecto positivo en la motivación, el desempeño y la satisfacción laboral de quienes los desempeñan. Por otra parte, cuando los puestos tienen un diseño deficiente pueden afectar la motivación, el desempeño y la satisfacción laboral. El primer modelo conocido sobre la forma en que debe diseñarse el trabajo a nivel individual es la especialización del puesto. Como ejemplo, un trabajador que aplica calcomanías de seguridad a los componentes de los equipos cuando pasan por la línea de ensamblaje está desempeñando un puesto especializado.

diseño de puestos
Forma en que las organizaciones definen y estructuran los puestos

Especialización del puesto

Frederick Taylor, principal defensor de la *especialización del puesto*, argumentó que los puestos deben ser estudiados científicamente para dividirlos en tareas que después deben ser estandarizadas entre todos los trabajadores que las realizan.[3] La visión de Taylor surgió de los escritos históricos sobre la división del trabajo del economista escocés Adam Smith. En la práctica, la especialización del puesto brindó casi todas, por no decir todas, las ventajas que habían sido señaladas por sus defensores. La especialización abrió el camino a las grandes líneas de ensamblaje y es responsable, al menos parcialmente, de las grandes ganancias de la industria estadounidense durante las primeras décadas del siglo XX.

especialización del puesto
Desglose de los puestos en pequeñas tareas estandarizadas para todos los trabajadores que las realizan

En la superficie, la especialización del puesto parece ser una forma racional y eficiente de estructurar un puesto. En realidad, muchos de los puestos de las fábricas son altamente especializados y están diseñados para maximizar la productividad. Sin embargo, en la realidad el desempeño de estos puestos puede generar problemas, debido sobre todo a la monotonía extrema que implican las

MONTY RAKUSEN/GETTY IMAGES

La especialización del puesto implica el estudio cuidadoso de los puestos para dividirlos en tareas que después son estandarizadas en la forma en que los trabajadores deben desempeñarlas. Estos empleados siguen procedimientos estandarizados para desempeñar sus puestos especializados.

tareas altamente especializadas. Considere el trabajo de ensamblar tostadores. Si una persona realiza un ensamblaje completo, podría desempeñarlo de forma deficiente porque el trabajo es complejo y desafiante. Sin embargo, si el puesto se especializa para que el empleado inserte una bobina de calentamiento en el tostador y lo pase para que continúe en la línea de ensamblaje, el proceso será más eficiente, aunque es difícil que le interese o desafíe al trabajador. Un empleado adormecido por el aburrimiento y la monotonía está menos motivado para esforzarse y tenderá a quejarse o a realizar un trabajo de calidad deficiente. Es por ello que es necesario que los gerentes busquen alternativas a la especialización en el diseño de los puestos.

Alternativas básicas a la especialización de los puestos

Los gerentes comenzaron a buscar otras formas para diseñar los puestos para que fueran menos monótonos y responder a los problemas que surgen con la especialización. Al inicio desarrollaron dos enfoques, la rotación y la ampliación de los puestos, los cuales, junto con el enriquecimiento de los puestos, son comunes en la actualidad.

Rotación de puestos

rotación de puestos
Trasladar de forma sistemática a los empleados de un puesto a otro para minimizar la monotonía y el aburrimiento

La *rotación de puestos* es una técnica que implica trasladar de forma sistemática a los trabajadores de un puesto a otro para mantener su motivación e interés. Debido a la especialización, cada tarea se divide en partes más pequeñas. Por ejemplo, ensamblar bolígrafos finos Mont Blanc o Cross requiere cuatro pasos: probar el cartucho de tinta, insertar el cartucho en la caña del bolígrafo, atornillar la tapa a la caña e introducir el bolígrafo en una caja. Un trabajador podría desempeñar el paso uno, otro el paso dos, y así consecutivamente.

Cuando se introduce la rotación de puestos, las tareas se mantienen iguales, pero los empleados que las realizan son rotados de forma sistemática entre las diversas tareas. Por ejemplo, Jones inicia con la tarea 1 (probar el cartucho de tinta). De forma regular (semanal o mensualmente) y sistemática, cambia al puesto de la tarea 2, después al de la tarea 3, a la tarea 4 y vuelve a la tarea 1. González inicia en la tarea 2 (insertar los cartuchos en las cañas), cambia a la tarea 3 antes que Jones, después a la 4 y luego a la 1.

Sin embargo, la rotación de puestos no resuelve por completo el aburrimiento ni la monotonía.[4] Es decir que cuando la rotación hace circular a los empleados a través de las mismas tareas, éstos experimentarán diferentes puestos aburridos y rutinarios en lugar de uno. Aunque un empleado podría comenzar cada cambio con un interés renovado, este efecto tendrá poca duración. La rotación también puede reducir la eficiencia, porque sacrifica la habilidad y experiencia que surgen con la especialización. Al mismo tiempo, esta es una técnica efectiva de capacitación, porque cuando un empleado rota en varios puestos relacionados, desarrolla un conjunto más amplio de habilidades. Por ello, cada vez existe más flexibilidad para transferir a los

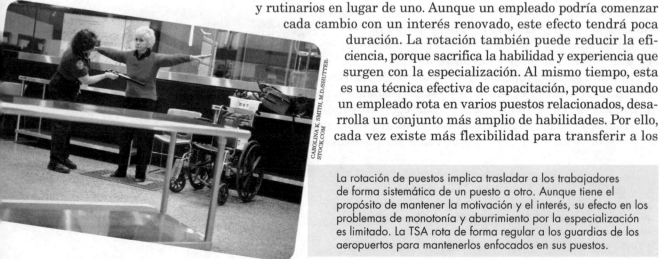

CAROLINA K. SMITH, M.D./SHUTTER-STOCK.COM

La rotación de puestos implica trasladar a los trabajadores de forma sistemática de un puesto a otro. Aunque tiene el propósito de mantener la motivación y el interés, su efecto en los problemas de monotonía y aburrimiento por la especialización es limitado. La TSA rota de forma regular a los guardias de los aeropuertos para mantenerlos enfocados en sus puestos.

empleados a nuevos puestos. Numerosas empresas estadounidenses utilizan la rotación de puestos para capacitación u otros propósitos, aunque son pocas las que la emplean con fines motivacionales. Pilgrim's Pride, una de las empresas procesadoras de pollo más grandes de Estados Unidos, utiliza la rotación de puestos con fines distintos a la motivación. Los empleados de una planta de procesamiento están expuestos a sufrir lesiones traumáticas acumuladas, como el síndrome del túnel carpiano, y sus gerentes consideran que la rotación puede reducir estas lesiones. La TSA también rota cada 20 o 30 minutos a los guardias de seguridad de los aeropuertos en tareas diferentes para prevenir el aburrimiento y mantenerlos enfocados en sus asignaciones.

Ampliación del puesto

La *ampliación del puesto*, o carga horizontal de trabajo, consiste en expandir el puesto de un empleado asignándole tareas que antes desempeñaban otros trabajadores. Por ejemplo, si aplicáramos la ampliación del puesto en una planta de manufactura de bolígrafos Cross, las cuatro tareas que ya describimos se combinarían en dos "más amplias". De este modo, un conjunto de trabajadores sería responsable de probar los cartuchos e insertarlos en las cañas (los pasos 1 y 2) y otro grupo colocaría las tapas y los bolígrafos en las cajas (pasos 3 y 4). La lógica de este cambio es que un número mayor de tareas reduce la monotonía y el aburrimiento.

ampliación del puesto
Implica asignar una cantidad mayor de tareas a un trabajador para que las desempeñe

Una de las primeras empresas en utilizar la ampliación del puesto fue Maytag.[5] Como ejemplo, en la línea de ensamblaje de las bombas de agua de las lavadoras, los trabajos que realizaban secuencialmente seis trabajadores en una banda transportadora se modificaron para que cada empleado ensamblara completa una bomba de agua. Otras empresas que utilizan este método son AT&T, el U.S. Civil Service de Estados Unidos y Colonial Life Insurance Company. Aun con lo anterior, la ampliación del puesto tampoco ha tenido los efectos esperados. Por lo general, cuando la secuencia completa de producción consiste en tareas simples y sencillas, trabajar más no modifica de forma significativa el trabajo en el puesto. Si la tarea de colocar dos tornillos en el componente de una máquina se "amplía" a colocar tres tornillos y conectar dos cables, se mantiene la monotonía del trabajo inicial.

Enriquecimiento del puesto

La rotación de puestos y la ampliación del puesto parecían prometedoras, pero han decepcionado a los gerentes que intentan contrarrestar los efectos enfermizos de la especialización extrema. En parte, estas alternativas han fracasado porque son enfoques muy intuitivos y limitados más que métodos desarrollados con bases teóricas. En consecuencia, se desarrolló un enfoque más complejo que se llama enriquecimiento del puesto. El *enriquecimiento del puesto* se basa en la teoría de los dos factores de la motivación que se estudia en el capítulo 5. Dicha teoría señala que los empleados pueden ser motivados por experiencias positivas asociadas con sus puestos, como los sentimientos de logro, responsabilidad y reconocimiento. Para lograr este objetivo, el enriquecimiento del puesto intenta incrementar la *carga vertical de trabajo* en vez de simplemente incorporar más tareas a un puesto, como en la carga horizontal y, asimismo, concede más control a los empleados sobre estas tareas.[6]

enriquecimiento del puesto
Asignar más tareas a un trabajador, así como ejercer un mayor nivel de control sobre la forma en que puede desempeñarlas

AT&T, Texas Instruments, IBM y General Foods son empresas que han utilizado el enfoque del enriquecimiento de los puestos. Por ejemplo, AT&T lo aplicó en un grupo de ocho empleados responsables de preparar las órdenes de servicio. Los gerentes consideraron que el nivel de rotación en el grupo era muy alto y el desempeño deficiente. Los análisis revelaron que existían varias deficiencias en el puesto. El grupo trabajaba de forma aislada y cualquier representante de servicio podía solicitarles que elaboraran una orden de

El enriquecimiento del puesto implica tanto asignar una mayor cantidad de tareas como mayor control sobre la forma de desempeñarlas. Por ejemplo, este diseñador de ropa puede seleccionar las telas, crear nuevos diseños y adaptarlos a nuevas prendas.

trabajo. Como resultado, los que lo efectuaban tenían poca responsabilidad y contacto con el cliente y recibían escasa retroalimentación sobre su desempeño. El programa de enriquecimiento del puesto se enfocó en crear un equipo de procesos en el que cada miembro trabajara con un representante de servicio y se reestructuraran las tareas. Diez pasos sencillos fueron remplazados por tres pasos complejos. Además, los miembros comenzaron a obtener retroalimentación específica sobre su desempeño, y se modificó el nombre del puesto para otorgarle más estatus y responsabilidad. Como resultado de estos cambios, el número de órdenes entregadas a tiempo se incrementó de 27 a 90%, mejoró la precisión, y la rotación disminuyó de forma significativa.[7] Texas Instruments también utilizó esta técnica para mejorar los puestos de conserjería. La empresa otorgó mayor control a los conserjes sobre sus horarios y les permitió adquirir sus materiales y elegir la secuencia en la que podían realizar las tareas de limpieza. Como resultados directos, disminuyó la rotación, mejoró la limpieza y la empresa reportó un ahorro en costos de más de 100,000 dólares.[8]

También existen muchos programas de enriquecimiento del puesto que han fracasado. Algunas empresas consideran que la técnica no es eficiente en costos y otras que no genera los resultados esperados.[9] Por ejemplo, muchos de dichos programas fueron abandonados en Prudential Insurance porque no beneficiaban ni a los empleados ni a la empresa. Algunas de las críticas son asociadas con las fallas en la teoría de los dos factores de la motivación en la que se basa la técnica. Por este motivo, y por algunos otros problemas, el enriquecimiento del puesto no es de uso tan recurrente como lo fue hace algunos años. Aun así, se pueden rescatar algunos conceptos valiosos. Los esfuerzos de los gerentes y los académicos han permitido desarrollar perspectivas más complejas y sofisticadas, y muchos de estos avances son evidentes en la teoría de las características del puesto que analizaremos a continuación.

Teoría de las características del puesto

teoría de las características del puesto

Teoría que emplea cinco propiedades motivacionales de las tareas y tres estados psicológicos críticos para mejorar los resultados

La *teoría de las características del puesto* se enfoca en las propiedades motivacionales específicas del puesto. En la figura 6.2 se muestra un diagrama de la teoría que fue desarrollada por Hackman y Oldham.[10] En el centro se encuentra la idea de que existen estados psicológicos críticos que determinan el grado al cual las características de los puestos mejoran las respuestas de los empleados a las tareas. Los tres estados psicológicos críticos son:

1. *Significatividad experimentada en el trabajo:* grado al cual una persona experimenta su trabajo como significativo, valioso y útil.
2. *Responsabilidad experimentada por los resultados del trabajo:* grado al que una persona se siente personalmente responsable por los resultados de su trabajo.
3. *Conocimiento de los resultados:* grado al que las personas entienden de forma continua qué tan bien desempeñan su puesto.

Figura 6.2

Teoría de las características del puesto

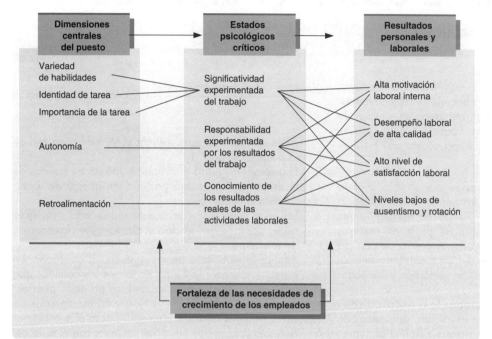

La teoría de las características del puesto es un modelo contemporáneo importante para el diseño de puestos. Los gerentes pueden mejorar tres estados psicológicos críticos mediante el empleo de cinco características centrales de los puestos. A su vez, los estados psicológicos pueden mejorar diversos resultados personales y laborales. Las diferencias individuales también influyen en la forma en que las características de los puestos afectan a las personas.

Cuando los empleados experimentan estos estados en niveles lo suficientemente altos, tenderán a sentirse bien consigo mismos y a responder de forma favorable a sus puestos. Hackman y Oldham sugieren que los tres estados psicológicos críticos son impulsados por las siguientes cinco características o dimensiones centrales de los puestos:

1. *Variedad de habilidades:* grado al que un puesto requiere de diversas actividades que implican diferentes habilidades y talentos.
2. *Identidad de tarea:* grado al que un puesto requiere para completar una pieza de trabajo "completa" e identificable, es decir, el grado al que el trabajo tiene un principio y un fin con un resultado tangible.
3. *Importancia de la tarea:* grado al que el puesto afecta las vidas o el trabajo de otras personas dentro de la organización y en el entorno externo.
4. *Autonomía:* grado al cual el puesto otorga libertad, independencia y discreción para organizar el trabajo y determinar los procedimientos para realizarlo.
5. *Retroalimentación:* grado al que las actividades del puesto proporcionan información clara y directa a la persona sobre la efectividad de su desempeño.

La figura 6.2 muestra que estas cinco características de los puestos influyen en diferentes resultados personales y laborales a través de los estados psicológicos críticos: alta motivación laboral interna (es decir, motivación intrínseca), desempeño laboral de alta calidad, alto nivel de satisfacción laboral y niveles bajos de ausentismo y rotación. La figura también sugiere que las diferencias individuales juegan un papel importante en el diseño de los puestos. Las personas que tienen grandes necesidades de crecimiento y desarrollo serán especialmente motivadas por las cinco características centrales de los

MEJORE SUS HABILIDADES

ENRIQUECIMIENTO DE LOS PUESTOS PARA MOTIVAR A LOS EMPLEADOS

Este ejercicio le ayudará a evaluar los procesos que influyen en el diseño de los puestos para hacerlos más motivantes. Para comenzar, el profesor dividirá al grupo en equipos de tres o cuatro integrantes cada uno. Para evaluar las características de los puestos, utilizarán una escala del 1 ("muy bajo") al 7 ("muy alto").

1. Utilice la escala anterior para asignar un valor a cada una de las dimensiones de los puestos según la teoría de las características del puesto en los siguientes trabajos: asistente administrativo, profesor, mesero, mecánico automotriz, abogado, cocinero de comida rápida, vendedor de tienda departamental, trabajador de la construcción, reportero de periódico y vendedor por teléfono.
2. Los investigadores evalúan las propiedades motivacionales de un puesto estimando su puntuación de potencial motivador (motivating potential score, MPS). La fórmula para estimar el MPS es

$$\frac{(Variedad + Identidad + Importancia)}{3} \times Autonomía \times Retroalimentación$$

Utilice esta fórmula para estimar el MPS de cada uno de los puestos del paso 1.
3. El profesor asignará a su equipo uno de los puestos de la lista. Analicen cómo podrían enriquecer de forma razonable el puesto.
4. Estime el nuevo MPS del puesto rediseñado y revise la nueva posición que tendría el puesto en la clasificación de su equipo.
5. Analice la viabilidad de sus sugerencias de diseño. En especial, observe la forma en la que los cambios que propone podrían requerir cambios en otros puestos, en el sistema de compensación y en los criterios de selección para contratar empleados para el puesto.
6. Analicen brevemente sus observaciones con el resto del grupo.

puestos. Por el contrario, quienes tengan bajas necesidades de crecimiento y desarrollo serán menos propensas a sentirse motivadas por ellas. Numerosas empresas, como 3M, Volvo, AT&T, Xerox, Texas Instruments y Motorola, han implementado cambios exitosos en el diseño de sus puestos empleando esta teoría.[11] La sección *Mejore sus habilidades* de este capítulo le ayudará a desarrollar ideas sobre formas más complejas en las que los puestos pueden rediseñarse.

Se ha investigado mucho sobre este enfoque del diseño de puestos.[12] Por lo general, la investigación apoya la teoría, aunque rara vez se ha encontrado que exista una correlación entre el desempeño y las características de los puestos.[13] Además, se han descubierto algunas deficiencias aparentes en la teoría. Primero, las medidas que se utilizan para evaluarla no siempre son tan válidas y confiables como deberían serlo. Además, el papel que tienen las diferencias individuales no ha sido probado por la investigación. Por último, los lineamientos para su implementación no son específicos, por lo que los gerentes deben adaptarlos a sus propias circunstancias. Aun así, en la actualidad esta teoría es aún una perspectiva conocida para estudiar y modificar los puestos.[14]

PARTICIPACIÓN DE LOS EMPLEADOS Y EMPOWERMENT

La motivación de los empleados también puede mejorar mediante la participación y el empowerment. En cierto sentido, la participación y el empowerment son extensiones del diseño de los puestos porque básicamente modifican la

Con frecuencia se utilizan la participación y la colaboración de los empleados para promover la motivación. Por ejemplo, este ejecutivo consulta a una de sus empleadas sobre la mejor manera de resolver un problema.

forma en la que los empleados desempeñan sus puestos en una organización. La *participación* se presenta cuando los empleados tienen voz para decidir sobre su propio trabajo (en el capítulo 12 se analizará el enfoque del árbol de decisiones de Vroom, un importante modelo que puede ayudar a los gerentes a determinar el nivel óptimo de participación del personal). El *empowerment* es el proceso de permitir que los trabajadores establezcan sus propias metas, tomen decisiones y resuelvan problemas dentro de sus áreas de responsabilidad y autoridad. Es un concepto más amplio que promueve la participación en diversas áreas, entre ellas el trabajo, su contexto y el ambiente de trabajo.[15]

El papel de la participación y el empowerment en la motivación puede expresarse en términos de las perspectivas basadas en necesidades y la teoría de expectativas que se analiza en el capítulo 5. Los empleados que participan en la toma de decisiones pueden sentirse más comprometidos para implementar de forma apropiada las decisiones. Además, tomar una decisión e implementarla con éxito pueden ayudar a satisfacer las necesidades de logro y mejorar la autoestima cuando se observan consecuencias positivas y se recibe un reconocimiento. El simple hecho de solicitarle a un empleado que participe en la toma de decisiones puede mejorar su autoestima. Además, la participación permite clarificar las expectativas (como componente de la teoría de las expectativas que se analiza en el capítulo 5). Así, mediante la participación en la toma de decisiones, los empleados entienden mejor el vínculo que existe entre su desempeño y las recompensas que desean obtener (instrumentalidad).

participación
Implica dar voz a los empleados para tomar decisiones que afectan su trabajo

empowerment
Proceso de permitir a los trabajadores establecer sus propias metas, tomar decisiones y resolver problemas dentro de sus áreas de responsabilidad y autoridad

Áreas de participación del empleado

Por una parte, los empleados pueden participar mediante preguntas y toma de decisiones sobre sus propios puestos. En vez de que los gerentes les digan cómo hacer el trabajo, les pueden permitir que tomen decisiones acerca de cómo hacerlo y, con base en sus propias experiencias con las tareas, pueden mejorar su productividad. En diversas situaciones, podrían también estar calificados para tomar decisiones, entre otras cosas, sobre los materiales y herramientas que deben usarse.

Chaparral Steel, una pequeña fábrica de acero establecida cerca de Dallas, otorga un nivel considerable de autonomía a sus empleados sobre cómo desempeñar su trabajo. Por ejemplo, cuando la empresa necesitó un torno laminador, asignó un presupuesto de un millón de dólares para su adquisición y puso la decisión de compra en manos de los operadores de la maquinaria, quienes a su vez investigaron varias alternativas y estudiaron otros tornos en Japón y Europa y recomendaron adquirir uno que costó menos de la mitad del presupuesto. La empresa también fue pionera en el concepto innovador conocido como "administración a libro abierto", en el que todo empleado de Chaparral puede acceder a cualquier documento, registro o información en cualquier momento y sin importar la razón.

También es útil permitir que el personal tome decisiones sobre temas administrativos, como los horarios de trabajo. Si los puestos son relativamente independientes entre sí, los empleados podrían decidir cuándo cambiar turnos, darse un descanso o tomar recesos, entre otras cosas. Un grupo o equipo de trabajo también podría programar las vacaciones y días de descanso de sus miembros. Además, los empleados participan cada vez más en temas relacionados con la calidad de los productos. Este tipo de participación se ha convertido en una huella del éxito de empresas japonesas e internacionales que muchas organizaciones estadounidenses han seguido como ejemplo.

Enfoques sobre participación y empowerment

En los últimos años numerosas organizaciones han intentado encontrar activamente formas para ampliar la participación y el empowerment de los empleados más allá de las áreas tradicionales. Algunas técnicas simples, como los buzones de sugerencias y juntas de preguntas y respuestas, permiten cierto nivel de participación. El principal motivo para estimular estas prácticas consiste en capitalizar mejor los activos y capacidades inherentes de todos los empleados. Es por ello que los gerentes prefieren el término "empowerment" a "participación" porque implica un nivel más amplio de colaboración.

Uno de los métodos que utilizan las empresas para facultar o empoderar a sus empleados son los equipos de trabajo. Este método surgió de los intentos por utilizar lo que las empresas japonesas llaman "círculos de calidad". Un *círculo de calidad* es un grupo de empleados que se reúne de forma voluntaria y habitual para identificar y proponer soluciones de problemas relacionados con la calidad. Estos grupos evolucionaron rápidamente para convertirse en un conjunto más amplio de grupos conocidos por lo general como "equipos de trabajo". Estos equipos son conjuntos de empleados facultados para planear, organizar, dirigir y controlar su propio trabajo. En lugar de ser un "jefe" tradicional, el supervisor ejerce más el rol de coach. Analizaremos con mayor detalle los equipos de trabajo en el capítulo 7. Otro método para facilitar la participación de los empleados es modificar los procedimientos generales de organización. El patrón básico consiste en eliminar las capas jerárquicas de una empresa para lograr una mayor descentralización. El poder, la responsabilidad y la autoridad son delegados de forma descendente tanto como es posible, por lo que el control del trabajo está directamente en manos de quienes lo desempeñan.

Netflix ha establecido altos estándares de desempeño para sus empleados para competir en transmisión y renta de videos con Redbox, Amazon y Apple. La empresa contrata personas talentosas, les paga bien, las orienta con metas claras y las faculta para hacer lo necesario para lograr sus objetivos.[16] Incluso les permite tomar tantas vacaciones como quieran mientras ello no interfiera con su trabajo.[17] Patagonia también ofrece niveles altos de empowerment a sus empleados, lo que mejora su lealtad.[18]

La tecnología también ayuda a las organizaciones a facultar a los empleados, pues pone a su disposición información oportuna y de calidad para todos los miembros de la organización. Aunque algunos empleados se sienten más motivados cuando son facultados, otros podrían no reaccionar de forma positiva, ya que el incremento de responsabilidad no motiva a todas las personas. Sin embargo, el empowerment puede ser una herramienta gerencial importante para incrementar la motivación de muchos empleados. Algunas formas prácticas de empowerment incluyen:[19]

- Establecer una visión y metas claras
- Promover experiencias de destreza y dominio personal para mejorar la autoeficacia y desarrollar habilidades

- Promover conductas exitosas
- Enviar mensajes positivos y despertar emociones positivas en los empleados
- Vincular a los empleados con los resultados de su trabajo y ofrecerles retroalimentación
- Construir la confianza de los empleados que muestren competencia, honestidad y justicia.

El empowerment sólo mejorará la efectividad organizacional si se cumplen determinadas condiciones, sin importar la técnica específica que se utilice. En primer lugar, la organización debe hacer esfuerzos sinceros para distribuir el poder y la autonomía en los niveles inferiores de su jerarquía. Los esfuerzos simbólicos para promover la participación sólo en algunas áreas tienden a fracasar. En segundo lugar, la organización debe comprometerse a mantener la participación y el empowerment. Los empleados se resentirán si se les otorga poder y después se les reduce o retira. En tercer lugar, los esfuerzos de la organización para facultar a los empleados deben ser sistemáticos y pacientes. Entregar rápidamente demasiado control puede ser un desastre. Por último, la organización debe prepararse para incrementar su compromiso con la capacitación. Los empleados que tienen más libertad en la forma en que trabajan requieren capacitación adicional para ejercer de forma efectiva su libertad. La sección *Temas globales* de este capítulo trata sobre la participación y el empowerment en otros países.

TEMAS GLOBALES

LA PARTICIPACIÓN EN EL MUNDO

Algunas personas piensan que las empresas estadounidenses fueron las primeras en utilizar los equipos de trabajo, pero no es así. Una de las pioneras en este campo fue la fábrica automotriz sueca (en ese momento) Volvo. A mediados de la década de 1970, Volvo diseñó y construyó una planta totalmente diferente en la ciudad de Kalmar, Suecia. En lugar de usar las líneas tradicionales de ensamblaje, donde los empleados se ubican alrededor de una banda transportadora y desempeñan tareas sencillas e individuales en automóviles parcialmente armados que se desplazan en la banda, la fábrica de Kalmar mueve de un equipo a otro las plataformas de automóviles parcialmente ensamblados. Cuando la plataforma entra al área de un equipo, los miembros de éste deben trabajar juntos para completar una larga lista de tareas que le son asignadas. En la mayoría de las ocasiones, los equipos trabajan sin supervisión directa, establecen su propio ritmo de trabajo y toman recesos en sus áreas privadas que cuentan con regaderas y armarios. La lógica detrás del enfoque de Volvo está en que al facultar a los empleados y permitirles participar en la toma de decisiones sobre sus trabajos, ellos se sienten más motivados y fabrican productos de mayor calidad.

Las armadoras japonesas, como Toyota, Nissan o Honda, comenzaron a utilizar los equipos de trabajo mucho antes que sus contrapartes estadounidenses. Las plantas japonesas cuentan con una organización de líneas de ensamblaje parecidas a las tradicionales, donde los empleados trabajan en equipos y no están restringidos a un espacio definido ni a una tarea especializada. En lugar de ello, los miembros de cada equipo se mueven de un área a otra para ayudarse entre sí, trabajar juntos y cubrir a aquellos que necesitan un descanso. Otra de las características del sistema japonés es que cualquier empleado puede detener la línea de producción si detecta un problema. Este enfoque orientado a los equipos basado en empowerment y participación es citado como uno de los factores del dominio global de las armadoras japonesas de automóviles, en especial en lo que concierne a la calidad.

Una de las claves de que estos enfoques hayan funcionado tan bien en Suecia y Japón es la conexión cercana que existe entre el desempeño y la compensación. La mayoría de los sistemas estadounidenses de trabajo se basan en las contribuciones individuales, el desempeño individual y las recompensas individuales. Por el contrario, en Kalmar y Japón, el trabajo se centra en los equipos, al igual que la compensación. Es decir, que la compensación y el reconocimiento se otorgan con base en el desempeño del equipo, como resultado de lo cual los miembros se interesan por trabajar juntos de la forma más productiva posible.

ARREGLOS DE TRABAJO FLEXIBLES

Además del rediseño de los puestos y la participación, muchas empresas están experimentando con diferentes arreglos de trabajo flexibles, los cuales tienen como objetivo mejorar la motivación y el desempeño de los empleados mediante la flexibilización acerca de cómo y cuándo trabajar. Entre los más conocidos se encuentran los horarios variables, los horarios flexibles, los horarios extendidos, los puestos compartidos y el teletrabajo.

Horarios de trabajo variables

Con algunas excepciones, el horario profesional de trabajo tradicional en Estados Unidos es de 8 o 9 en la mañana a 5 de la tarde, cinco días a la semana (por supuesto, los gerentes y otros profesionales trabajan horas adicionales fuera de ese rango). Aunque los horarios de entrada y salida varían, la mayoría de las empresas de otros países también utilizan horarios de trabajo bien definidos. Este tipo de arreglos dificulta que los trabajadores atiendan actividades personales rutinarias, como ir al banco, al médico o al dentista para una revisión, acudir a una junta escolar o llevar el automóvil a servicio, entre otras. Los empleados confinados en este tipo de horarios deben tomar días de licencia o de vacaciones para atender estos asuntos. A nivel psicológico, algunas personas podrían sentirse tan incapaces y restringidas por sus horarios que comienzan a experimentar resentimiento y frustración.

horario de trabajo comprimido
Horario de trabajo en el que los empleados trabajan cuarenta horas a la semana en menos de cinco días

Una alternativa para ayudar a contrarrestar estos problemas es el ***horario de trabajo comprimido.***[21] Un empleado con este horario trabaja cuarenta horas a la semana en menos de cinco días. Por lo general, el horario es de diez horas en cuatro días y un día libre adicional. Otra alternativa es trabajar un poco menos de diez horas al día y completar las cuarenta horas el viernes a mediodía. Entre las empresas que utilizan los horarios comprimidos se encuentran Recreational Equipment (REI), USAA, Edward Jones y Mercedes-Benz EUA.[22] Uno de los problemas que genera este tipo de horarios es que si todas las personas de la organización se ausentan al mismo tiempo, la empresa no contaría con personal disponible para resolver problemas o atender a los clientes en el día libre. Por otra parte, si la empresa alterna los días libres entre los empleados, aquellos que no tienen los días más atractivos (como lunes o viernes), podrían sentirse celosos o resentidos. Otro problema es que cuando los empleados dedican demasiado tiempo al trabajo en un solo día, se cansan y su desempeño es inferior en la parte final de la jornada.

Las empresas han comenzado a utilizar un horario que se llama "nueve-ochenta". De acuerdo con este sistema, el empleado trabaja durante una semana un horario tradicional, y un horario comprimido la siguiente, lo que le permite tener un viernes libre cada dos semanas. Es decir, trabajan ochenta horas (el equivalente a dos semanas de trabajo) en nueve días. Como se alternan los horarios tradicionales y los comprimidos entre la mitad de los empleados, la organización siempre cuenta con personal, a la vez que da acceso a dos días libres adicionales para su personal. Chevron y Marathon Oil son dos ejemplos de empresas que emplean este tipo de horario.

puestos compartidos
Dos o más empleados de medio tiempo comparten el mismo puesto de tiempo completo

Por último, una forma especial de horario comprimido son los puestos compartidos. En las empresas que aplican este sistema de ***puestos compartidos,*** dos empleados de medio tiempo comparten un puesto de tiempo completo. Este acuerdo puede ser atractivo para las personas que desean trabajar medio tiempo o cuando los mercados de trabajo están cerrados. En este sentido, la organización puede complacer las preferencias de un rango más amplio de empleados y se puede beneficiar, pues cuenta con el talento de más personas.

Tal vez una forma sencilla de comprender los puestos compartidos es mediante el trabajo de una recepcionista. Para compartir este puesto, un empleado debe atender la recepción, por ejemplo, de 8 a 12 del día. La oficina podría cerrar de medio día a 1 de la tarde, hora en que el segundo empleado comenzará a atender la recepción hasta las 5 de la tarde. Para una persona que visita con poca frecuencia esta oficina, el hecho de que haya dos personas en el mismo puesto puede no ser relevante. Las responsabilidades del puesto en la mañana y en la tarde no son interdependientes, por lo que es un puesto que puede dividirse con facilidad en dos o incluso más componentes.

Horarios de trabajo extendidos

En algunos casos, las organizaciones emplean otro tipo de horarios llamados *horarios de trabajo extendidos*, en los cuales se trabaja periodos relativamente largos seguidos por periodos relativamente largos de tiempo libre pagado. Este tipo de horarios se utiliza con mayor frecuencia cuando los costos de transición de un empleado a otro son grandes y existen eficiencias asociadas con una fuerza laboral pequeña.

horario de trabajo extendido
Horario de trabajo que requiere de periodos relativamente largos de trabajo seguidos de periodos relativamente largos de tiempo libre pagado

Por ejemplo, KBR es la empresa de defensa que administra las instalaciones militares estadounidenses en países extranjeros, como Irak y Afganistán. Los empleados civiles de KBR se encargan de las tareas de mantenimiento, logística, comunicación, alimentación, lavandería y servicios de correo, entre otras cosas. El horario común que ellos deben cubrir es de 12 horas al día durante los 7 días de la semana. Este horario extendido le permite a la empresa funcionar con una fuerza laboral más pequeña que si utilizaran otro tipo de horarios. Para motivar a los empleados a aceptar y mantener estos horarios, la empresa paga una prima de compensación y les ofrece 16 días de vacaciones pagadas, además de boletos de avión a cualquier destino del mundo cada 120 días de periodo laboral.

Otros escenarios favorables para la aplicación de los horarios extendidos son las plataformas petroleras, los barcos transoceánicos de carga, los investigadores destinados a laboratorios lejanos, como el Polo Sur, y el elenco de las películas que deben filmarse en locaciones remotas. Aunque el número específico de horas y días de trabajo y vacaciones varía, la mayoría de estos escenarios se caracterizan por tener periodos largos de trabajo, seguidos por periodos extendidos de vacaciones y pago de primas. Como ejemplo, quienes trabajan en las plataformas petroleras de ExxonMobil lo hacen todos los días durante cinco semanas y después descansan dos semanas consecutivas.

INGVAR TJOSTHEIMS/SHUTTERSTOCK.COM

Para algunas organizaciones es útil emplear horarios extendidos con periodos relativamente largos de trabajo seguidos de periodos relativamente largos de tiempo libre pagado. Las empresas que operan plataformas petroleras, como la que se ilustra en la imagen, trasladan a los empleados a su trabajo y a la costa por helicóptero. Los empleados pueden trabajar durante diez a doce horas diarias cada día por varias semanas consecutivas y después obtienen largos periodos de vacaciones.

Horarios de trabajo flexibles

horarios de trabajo flexibles (o tiempo flexible)
Sistema que consiste en proporcionar a los empleados control sobre las horas que trabajan cada día

Otra alternativa de arreglo son los *horarios de trabajo flexibles,* también conocidos como *tiempo flexible*. Los horarios comprimidos de trabajo, que acabamos de analizar, otorgan tiempo libre a los empleados durante las horas de trabajo "normales", pero estos aún deben cumplir un horario regular y definir los días que trabajan. Por el contrario, el tiempo flexible ofrece menos injerencia de los empleados en cuestiones tales como los días en que trabajan, pero mayor control sobre el tiempo que trabajan esos días.[23]

En la figura 6.3 se ilustra la forma en que opera el tiempo flexible. El día laboral se divide en dos categorías: *tiempo flexible* y *tiempo central*. Todos los empleados deben estar en sus lugares de trabajo durante el tiempo central, pero pueden elegir sus propios horarios en el tiempo flexible. Uno de ellos podría elegir trabajar desde temprano y terminar a media tarde, otro podría preferir iniciar tarde por la mañana y quedarse tarde, mientras que otro podría llegar temprano, tomar un receso largo durante la hora de la comida y trabajar hasta tarde.

La principal ventaja de este enfoque es que los empleados pueden adaptar su jornada laboral a sus necesidades personales. Si una persona necesita ir al dentista en la tarde, puede trabajar temprano ese día. Si otra se queda a trabajar tarde un día, puede ir a trabajar más tarde al día siguiente. Y si alguien tiene que atender algunos pendientes a medio día, puede tomar un receso más largo. Por otra parte, el tiempo flexible es más difícil de administrar porque las personas no podrían estar seguras de que uno de sus compañeros estará disponible para participar en una junta fuera del tiempo central. Además, los gastos en servicios públicos pueden ser más altos porque la empresa debe mantenerse abierta por periodos largos durante el día.

Algunas organizaciones utilizan un plan en el que los empleados pueden elegir sus horarios, pero deben cumplir con él todos los días, mientras que otras permiten que haya modificaciones todos los días. Algunas organizaciones que han utilizado el método de los horarios flexibles son Sun Microsystems, KPMG, Best Buy, Pricewaterhouse Coopers y varias oficinas gubernamentales de Estados Unidos. Una encuesta reveló que cerca de 43% de los empleados estadounidenses tienen la opción de modificar sus horarios de trabajo, la mayoría de los cuales prefiere iniciar su jornada antes de lo normal para salir más temprano.[24] Otro estudio reciente comprobó que aproximadamente 27

Figura 6.3

Los horarios flexibles son arreglos de trabajo que en la actualidad utilizan algunas organizaciones. Todos los empleados deben estar presentes durante el "tiempo central". En el ejemplo hipotético que se ilustra aquí, el tiempo central es de 9 a 11 de la mañana y de 1 a 3 de la tarde. El resto del tiempo es flexible y los empleados pueden entrar y salir cuando quieran durante este periodo, siempre que el tiempo total trabajado cumpla con las expectativas de la organización.

Horarios de trabajo flexibles

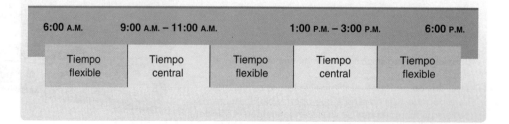

6:00 A.M.	9:00 A.M. – 11:00 A.M.		1:00 P.M. – 3:00 P.M.	6:00 P.M.
Tiempo flexible	Tiempo central	Tiempo flexible	Tiempo central	Tiempo flexible

En la actualidad, muchas empresas ofrecen horarios de trabajo flexibles, así como la libertad para trabajar en ubicaciones alternas. Por ejemplo, esta persona trabaja en su casa. Es evidente que no todos los trabajos pueden ser objeto de estos acuerdos y que en ellos los empleados deben cumplir con todas las responsabilidades de sus puestos.

MONKEY BUSINESS IMAGES/ SHUTTERSTOCK.COM

millones de empleados de tiempo completo tienen algún grado de flexibilidad para decidir cuándo inician y terminan sus jornadas laborales en Estados Unidos.[25]

Lugares de trabajo alternos

Otra innovación reciente en cuanto a arreglos de trabajo es el uso de lugares de trabajo alternos. La versión más común de este enfoque se conoce como *teletrabajo* y consiste en permitir que los empleados pasen parte del día trabajando en otro lugar, por lo general en sus hogares. El uso del correo electrónico, las interfaces de red y otras tecnologías permiten que muchos empleados se mantengan en contacto cercano con su organización y realicen la misma cantidad de trabajo en casa que el que harían en la oficina. El creciente poder y sofisticación de las tecnologías modernas de comunicación, como laptops y smartphones, facilitan cada vez más este acuerdo.[26] (Otros términos que se utilizan para describir este concepto son home office y trabajo a distancia.)

teletrabajo
Arreglo de trabajo en el que los empleados pasan parte de su tiempo laborando en otro lugar

Desde el lado positivo, a muchos empleados les gusta el teletrabajo, porque les brinda mayor flexibilidad. Por ejemplo, si trabajan en casa uno o dos días por semana, tienen la misma flexibilidad para manejar sus actividades personales que en los horarios comprimidos o los flexibles. Algunos empleados consideran que trabajan más desde casa porque tienen menos interrupciones. Las organizaciones se benefician también de este enfoque de muchas maneras: 1) pueden reducir el ausentismo y la rotación porque los empleados necesitan menos tiempo "formal" libre y 2) ahorran en instalaciones, como estacionamientos, porque disminuye la cantidad de personas que trabajan en sus oficinas. También existen beneficios ambientales porque se reduce la cantidad de vehículos en circulación. Por otra parte, aunque a muchos empleados les atrae este enfoque, a otros no. Algunos se sienten aislados y extrañan la interacción social de la oficina. Otros simplemente carecen del autocontrol y la disciplina para alejarse de la mesa de la cocina y sentarse a trabajar en sus escritorios. Los gerentes podrían encontrar algunas dificultades de coordinación para las juntas y otras actividades que requieren contacto personal.

ESTABLECIMIENTO DE METAS Y MOTIVACIÓN

El establecimiento de metas es otro método útil para mejorar el desempeño de los trabajadores.[27] Desde la perspectiva motivacional, una *meta* es un objetivo significativo. Las organizaciones utilizan metas con dos propósitos. Primero, porque proporcionan un marco de referencia para manejar la motivación. Los gerentes y los empleados pueden establecer metas para sí mismos y trabajar posteriormente en ellas. Así, si la meta general de la empresa es incrementar

meta
Un objetivo significativo

sus ventas 10%, el gerente puede emplear metas individuales para ayudar a cumplir la meta organizacional. Segundo, las metas son un mecanismo efectivo de control (el *control* entendido como el seguimiento del desempeño de la organización por parte de la gerencia). Una forma efectiva de supervisar el desempeño de la organización a largo plazo consiste en comparar el desempeño de las personas con sus metas a corto plazo.

La teoría del aprendizaje social describe mejor el papel y la importancia de establecer metas en las organizaciones.[28] Esta perspectiva sugiere que los sentimientos de orgullo o vergüenza por el desempeño dependen del grado al que las personas alcanzan sus metas. Una persona que lo logra se sentirá orgullosa de ello, mientras que una que fracasa se sentirá decepcionada e incluso avergonzada. El nivel de orgullo o decepción depende de la *autoeficacia,* grado al que una persona siente que puede cumplir sus metas, aun si ha fracasado en el pasado.

Teoría del establecimiento de metas

La teoría del aprendizaje social ofrece ideas acerca de la forma y las razones por las que las metas motivan el comportamiento. También ayuda a entender la manera en que las personas diferentes afrontan el fracaso para alcanzar sus metas. Una investigación de Edwin Locke y sus colaboradores establece de forma clara la utilidad de la teoría del establecimiento de las metas en un contexto motivacional.[29] Esta perspectiva supone que el comportamiento es resultado de las metas e intenciones conscientes. Por lo tanto, los gerentes deben ser capaces de influir en el comportamiento cuando establecen metas para las personas en las organizaciones. Dado este supuesto, el desafío consiste en comprender del todo los procesos mediante los cuales las personas establecen metas y trabajan para alcanzarlas. En la versión original de la teoría se identifican dos características que influyen el desempeño: la dificultad de la meta y la especificidad de la meta.

Dificultad de la meta

dificultad de la meta
Grado al que la meta es desafiante y requiere esfuerzo

La *dificultad de la meta* es el grado al que la meta es desafiante y demanda esfuerzo. Cuando las personas trabajan para alcanzar metas, es razonable suponer que trabajarán más para alcanzar metas más difíciles. Sin embargo, la meta no debe ser tan difícil que no pueda alcanzarse. Si un nuevo gerente solicita a los vendedores incrementar las ventas 300%, el grupo podría considerarlo como irrisorio, porque es imposible de alcanzar. Una meta más realista, pero aún difícil, como incrementarlas 20%, sería más razonable.

Existen numerosas investigaciones que apoyan la importancia de la dificultad de la meta.[30] En un estudio, los gerentes de Weyerhaeuser establecieron metas difíciles para conductores de camiones que transportan cargas de madera desde el sitio de corte hasta los almacenes. En un periodo de nueve meses, los conductores incrementaron la

JEANETTE DIETL/SHUTTERSTOCK.COM

El establecimiento de metas puede ser un método útil para motivar a los empleados. Esto es especialmente cierto cuando los empleados participan en el establecimiento de sus metas y son recompensados por alcanzarlas. Esta gerente y su subordinada están revisando sus metas para el siguiente trimestre.

cantidad entregada. Esa cantidad de madera hubiera requerido una inversión de 250,000 dólares en camiones nuevos con la carga promedio anterior.[31] El reforzamiento también mejora la motivación hacia las metas difíciles. Una persona que obtiene una recompensa por alcanzar una meta difícil tenderá a buscar la siguiente meta, más que otra que no recibe recompensa por alcanzar la primera.

Especificidad de la meta

La *especificidad de la meta* consiste en su claridad y precisión. La meta de "incrementar la productividad" no es muy específica, mientras que "incrementar la productividad 3% en los siguientes seis meses" es más específica. Algunas metas que involucran costos, resultados, rentabilidad y crecimiento pueden establecerse con facilidad en términos claros y precisos, mientras que otras, como mejorar la satisfacción laboral y la moral de los empleados, la imagen y la reputación de la empresa, el comportamiento ético y la responsabilidad social, son mucho más difíciles de establecer en términos medibles.

especificidad de la meta
Claridad y precisión de una meta

Al igual que la dificultad, se ha demostrado que la especificidad está relacionada firmemente con el desempeño. El estudio de los conductores de camiones de madera que se describió párrafos antes también analizó la especificidad de las metas. Las cargas iniciales que llevaban los conductores cubrían 60% del peso máximo permitido por cada camión. Los gerentes establecieron una nueva meta de cargar 94% del peso total, meta que alcanzaron los conductores. Esta meta era tanto específica como difícil.

La teoría de Locke atrajo gran interés y el apoyo de la investigación y la gerencia, por lo que Locke, junto con Gary Latham, propusieron un modelo extendido para el proceso de establecimiento de metas. El nuevo modelo, que se ilustra en la figura 6.4, intenta captar con mayor detalle las complejidades del establecimiento de metas en las organizaciones. La teoría expandida supone que el esfuerzo dirigido a las metas está en función de cuatro atributos: la *aceptación de la meta* es el grado al que las personas aceptan una meta como propia. El *compromiso con la meta* es el grado al que un individuo se interesa de forma personal en alcanzarla. El gerente que busca hacer lo que sea por reducir 10% los costos ha establecido un compromiso para lograrlo.

aceptación de la meta
Grado al que una persona acepta una meta como propia

compromiso con la meta
Grado al cual un individuo se interesa de forma personal por alcanzar una meta

Figura 6.4

Teoría del establecimiento de metas de la motivación

La teoría del establecimiento de metas ofrece medios importantes para mejorar la motivación de los empleados. Como se ilustra en la figura, cuando las metas tienen un nivel adecuado de dificultad, especificidad, aceptación y compromiso, contribuyen a los esfuerzos dirigidos hacia su consecución. A su vez, este esfuerzo afecta de forma directa el desempeño.

Fuente: Reimpreso de Latham, G. P., y cols. (Otoño de 1979). The Goal-Setting Theory of Motivation, en *Organizational Dynamics*. Copyright 1979, con autorización de Elsevier.

Los factores que pueden promover la aceptación y el compromiso con las metas son la participación en el proceso para establecerlas, determinar metas desafiantes pero realistas, y creer que al alcanzarlas se obtendrá una recompensa valiosa.[32]

La interacción entre el esfuerzo dirigido hacia las metas, el apoyo de la organización y las capacidades y rasgos de las personas determina el nivel real de desempeño. El apoyo de la organización se refiere a cualquier cosa que la organización haga para mejorar u obstaculizar el desempeño. El apoyo positivo implica proporcionar los recursos necesarios para alcanzar las metas, mientras que el apoyo negativo se refiere a las fallas en la provisión de dichos recursos por consideraciones de costos o reducción de personal. Las capacidades y rasgos individuales son las habilidades y características necesarias para desempeñar un puesto. El empleado recibe una serie de recompensas intrínsecas y extrínsecas como resultado de su desempeño y se siente satisfecho. Observe que las etapas posteriores de este modelo son similares al paradigma de las expectativas de Porter y Lawler que se analiza en el capítulo 5.

Perspectivas más amplias sobre el establecimiento de metas

administración por objetivos (APO)

Proceso colaborativo de establecimiento de metas en el que las metas organizacionales descienden en cascada por toda la organización

Algunas organizaciones abordan el establecimiento de metas desde una perspectiva más amplia, conocida como ***administración por objetivos*** o ***APO***. El enfoque de la APO es un proceso colaborativo de establecimiento de metas en el que las metas organizacionales descienden de forma sistemática por toda la organización. Nuestro análisis describe en lo general el enfoque, pero muchas empresas adaptan la APO a sus propósitos particulares y utilizan diferentes nombres para referirse a ella. (En realidad, la mayoría de las empresas emplea nombres distintos, pero como no ha surgido ningún otro nombre genérico, continuaremos refiriéndonos a este enfoque como APO.)

Un programa exitoso de APO comienza cuando la alta dirección establece las metas generales de la organización. Después, los gerentes y los empleados colaboran para establecer metas complementarias. Primero, las metas generales deben ser comunicadas a todo el personal y después cada gerente se reúne con cada uno de sus subordinados para explicarle las metas de la unidad y entre los dos determinan la forma en que el subordinado contribuirá de forma más efectiva a la consecución de las metas. El gerente opera como consejero y garantiza que las metas que el subordinado plantea son verificables. Por ejemplo, la meta de "reducir los costos 5%" es verificable, pero "dar lo mejor de mí" no lo es. Por último, el gerente y el subordinado aseguran que el empleado cuenta con los recursos necesarios para alcanzar sus metas. El proceso fluye de forma descendente a medida que cada gerente subordinado se reúne con sus subordinados para determinar sus metas. Como se mencionó, las metas iniciales descienden en cascada por toda la organización.

Durante el periodo en el que deben alcanzarse las metas (que por lo general es de un año), el gerente se reúne de forma periódica con sus subordinados para revisar su progreso. Es posible que sea necesario modificar alguna meta ante la existencia de información nueva, o que se requieran recursos adicionales o emprender alguna acción diferente. Al final del periodo determinado, el gerente lleva a cabo una junta de evaluación con cada subordinado para valorar en qué medida se lograron las metas y analizar las causas de ello. Estas juntas también sirven como revisiones anuales del desempeño, para determinar ajustes salariales u otras compensaciones asociadas con la consecución de las metas. Esta junta también puede servir como punto inicial para establecer las metas del siguiente ciclo.

Desafíos para el establecimiento de metas

La teoría del establecimiento de metas ha sido probada en diferentes escenarios. La investigación ha demostrado de forma consistente que la dificultad y la especificidad de la meta están asociadas con el desempeño. Otros elementos de la teoría, como la aceptación y el compromiso, se han estudiado con menos frecuencia. Algunas investigaciones han demostrado la importancia de la aceptación y el compromiso, pero se sabe poco acerca de la forma en que las personas aceptan y se comprometen con sus objetivos. La teoría del establecimiento de metas podría enfocarse demasiado en el corto plazo a expensas de las consideraciones de largo plazo. Sin embargo, a pesar de estas cuestiones, establecer metas es un medio importante con el que los gerentes pueden transformar la motivación en desempeño real.

Desde una perspectiva más amplia, la APO aún es un enfoque muy difundido. Empresas como Alcoa, Tenneco, General Foods y DuPont han aplicado con mucho éxito versiones de APO. La popularidad de la técnica se basa en sus fortalezas. Por un lado, tiene el potencial claro de motivar a los empleados porque implementa de forma sistemática la teoría del establecimiento de metas a lo largo de la organización. También clarifica las bases sobre las que se otorgan las compensaciones y estimula la comunicación. Las evaluaciones del desempeño se simplifican y son más claras desde este enfoque. Además, los gerentes pueden emplear el sistema con propósitos de control.

Sin embargo, aplicar la APO también tiene desventajas, en especial si la empresa toma muchos atajos o socava de forma inadvertida la manera en que el proceso debe desarrollarse. Por ejemplo, algunas veces la alta dirección no participa y las metas son establecidas por la gerencia media, lo que podría no reflejar los objetivos reales de la dirección. Si los empleados lo consideran así, podrían actuar como cínicos e interpretar la falta de participación de la alta dirección como una señal de que las metas no son tan importantes y que su participación es una pérdida de tiempo. La APO también tiene la tendencia de sobrevalorar las metas cuantitativas para mejorar la posibilidad de verificación. Otro riesgo potencial es que el sistema de APO requiere mucho procesamiento de información y elaboración de registros, porque cada meta debe documentarse. Por último, algunos gerentes no permiten que los subordinados participen y simplemente les asignan las metas y les ordenan que las acepten.

En realidad, la APO es un sistema efectivo y útil para administrar el establecimiento de metas y mejorar el desempeño en las organizaciones. La investigación sugiere que puede servir para muchas de las cosas que afirman sus seguidores, pero que debe ser manejada con cuidado. En particular, es necesario que cada empresa adapte la técnica a sus propias circunstancias. La APO puede ser un enfoque efectivo para manejar el sistema de compensación de la empresa si se utiliza de forma correcta. Sin embargo, requiere de interacciones uno a uno entre supervisor y empleado, las cuales en ocasiones se dificultan por el tiempo que demandan y porque es posible que en algunos casos se deba realizar una evaluación crítica de un desempeño inaceptable.

ADMINISTRACIÓN DEL DESEMPEÑO

Como ya se describió, la mayoría de las metas se orientan hacia algún elemento del desempeño. Los gerentes pueden emprender muchas acciones para mejorar la motivación y el desempeño, entre ellas diseñar los puestos, permitir mayor participación y promover el empowerment, considerar arreglos de trabajo alternos y establecer metas. Sin embargo, también pueden fracasar en la implementación de medidas que podían haber mejorado la motivación y el desempeño o, incluso, sin advertirlo, tomar decisiones que los afecten. Es evidente que es muy importante que los gerentes entiendan que el desempeño es algo que se puede y se debe administrar.[33] Por otra parte, la administración efectiva del desempeño es esencial para utilizar de forma eficiente las compensaciones. El núcleo de este proceso es la medición del desempeño de los individuos y los grupos. La *evaluación del desempeño* es el proceso en el que una persona 1) evalúa las conductas laborales de los empleados por medio de la medición y la comparación con las normas establecidas con anterioridad, 2) documenta los resultados y 3) comunica el resultado al empleado.[34] La administración del desempeño se compone de procesos y actividades necesarias para evaluar el desempeño.

evaluación del desempeño
Proceso de valorar y evaluar las conductas laborales de los empleados mediante la medición

Propósitos de la evaluación del desempeño

Las evaluaciones del desempeño sirven para muchos propósitos. La posibilidad de ofrecer retroalimentación valiosa es uno de ellos, pues le indica al empleado en dónde se encuentra ante los ojos de la organización. Los resultados de las evaluaciones se utilizan para decidir y justificar el otorgamiento de compensaciones. Además, esta actividad puede servir como punto de partida para capacitación, desarrollo y mejora. Por último, los datos que proporciona el sistema de evaluación del desempeño pueden emplearse para pronosticar las futuras necesidades de recursos humanos, planear la sucesión gerencial y guiar otras actividades de recursos humanos, como los programas de reclutamiento y de capacitación y desarrollo.

El principal uso de la información de la evaluación es ofrecer retroalimentación sobre el desempeño del trabajo. Esta información puede indicar que un empleado está listo para ser promovido o que requiere capacitación adicional para adquirir experiencia en otra área de la empresa. También puede mostrar que una persona carece de las habilidades para un puesto y que se debería reclutar a alguien más. Como lo ilustra la figura 6.5, otros propósitos de la evaluación del desempeño pueden agruparse en dos grandes categorías: juicio y desarrollo.

Figura 6.5

La medición del desempeño juega muchos papeles en la mayoría de las organizaciones. En esta figura se ilustra que estos papeles pueden servir a los gerentes para evaluar el desempeño pasado de un empleado y ayudar a mejorar su desempeño futuro.

Propósitos de la administración del desempeño

Propósito básico de la administración del desempeño: proporcionar información sobre el desempeño laboral

Juicio del desempeño pasado
- Ofrece una base para otorgar compensaciones
- Proporciona una base para promociones, transferencias y despidos, etcétera
- Identifica a los empleados de alto potencial
- Valida los procedimientos de selección
- Evalúa los programas de capacitación previos

Desarrollo del desempeño futuro
- Promueve la mejora en el trabajo
- Identifica oportunidades de capacitación y desarrollo
- Desarrolla formas de superar los obstáculos y barreras al desempeño
- Establece acuerdos entre supervisor y empleado sobre las expectativas

La evaluación del desempeño con orientación al juicio se enfoca en el desempeño pasado y se ocupa de medir y comparar el desempeño y utilizar la información resultante. Las evaluaciones con orientación al desarrollo apuntan al futuro y utilizan la información de las evaluaciones para mejorar el desempeño. Cuando mejorar el desempeño futuro se convierte en la intención de la evaluación del desempeño, el gerente puede enfocarse en las metas y objetivos de los empleados, en eliminar los problemas y obstáculos que les impiden desempeñarse correctamente, así como en las necesidades de capacitación para el futuro.

Elementos de la administración del desempeño

Las evaluaciones del desempeño son comunes en todos los tipos de organizaciones, pero se llevan a cabo de formas diferentes. Se deben considerar varios aspectos para determinar cómo realizar una evaluación. Los tres elementos más importantes son quién hace la evaluación, con qué frecuencia se lleva a cabo y cómo se mide el desempeño.

El evaluador

En la mayoría de los sistemas de evaluación, el principal evaluador es el supervisor, debido a que se supone que es la persona que se encuentra en la mejor posición para conocer el desempeño cotidiano del trabajador. Además, él es quien tradicionalmente ofrece retroalimentación a los empleados y determina las recompensas y sanciones en función del desempeño. Sin embargo, es frecuente que surjan problemas cuando el supervisor tiene información incompleta o distorsionada sobre el desempeño del empleado. Por ejemplo, el supervisor podría tener poco conocimiento directo del desempeño de un empleado que trabaja solo y fuera de las instalaciones de la empresa, como el caso de un vendedor que visita a los clientes o una persona de mantenimiento que resuelve problemas con los equipos de la planta. Otros problemas similares pueden surgir cuando el supervisor tiene una comprensión limitada del conocimiento técnico que se requiere para el trabajo. En la sección *Cómo entenderse a sí mismo* de este capítulo usted podrá obtener información sobre su estilo de retroalimentación.

Una solución de estos problemas es un sistema de evaluadores múltiples que incorpora las calificaciones de varias personas que conocen el desempeño del empleado. Por ejemplo, una alternativa posible es que el empleado sea su propio evaluador. Aunque en la realidad no lo hagan, son muy capaces de autoevaluarse de forma objetiva. Otro enfoque de evaluación múltiple que se utiliza en las empresas es la *retroalimentación de 360 grados* (también conocida como retroalimentación de fuentes múltiples). Cuando se recurre a este método, los empleados reciben retroalimentación sobre su desempeño de todas las personas que los "rodean" en la organización, como su jefe, colegas y compañeros, y sus propios subordinados. La retroalimentación proviene de fuentes que rodean al empleado o de 360 grados. Esta forma de evaluación del desempeño puede ser muy útil para los gerentes porque les proporciona un rango más amplio de retroalimentación que las evaluaciones tradicionales. Es decir que en vez de enfocarse sólo en el desempeño objetivo como los incrementos de ventas o de productividad, la retroalimentación de 360 grados ofrece información sobre estilos y relaciones personales. Por ejemplo, una persona podría saber que se coloca demasiado cerca de las personas cuando habla con ellas y otra que tiene mal carácter. Este es el tipo de cuestiones que un supervisor podría no ver ni reportar como parte de una evaluación del desempeño. Los subordinados y compañeros están más dispuestos a ofrecer este tipo de retroalimentación que uno directo, en especial si se emplea con propósitos

retroalimentación de 360 grados
Método de evaluación del desempeño en el que los empleados reciben retroalimentación de todas las personas que les rodean en la organización

CÓMO ENTENDERSE A SÍ MISMO
SU ESTILO DE RETROALIMENTACIÓN

Este ejercicio le ayudará a entender la dinámica de la retroalimentación en las evaluaciones del desempeño. El diagnóstico del desempeño es esencial para implementar una administración efectiva. Las evaluaciones del desempeño se relacionan con el diagnóstico y la motivación, y son críticas para el funcionamiento efectivo de las organizaciones. Una de las dificultades que se encuentra en la mayoría de los sistemas de evaluación del desempeño es que el supervisor o gerente se siente incómodo al dar realimentación en una junta personal, como resultado de lo cual el empleado no comprende lo que la evaluación del desempeño significa, para qué está diseñada y cómo puede mejorar. El supervisor o gerente fracasa cuando aborda estas cuestiones porque no hace un diagnóstico correcto de la situación y no comprende la forma en que los subordinados responden ante la retroalimentación o carece de las habilidades necesarias para ofrecer retroalimentación valiosa. A continuación se presenta una serie de conductas de retroalimentación. Lea con cuidado la descripción de cada comportamiento y encierre en un círculo la respuesta que refleje mejor el grado al cual este comportamiento describe lo que usted hace o considera que haría. Las respuestas posibles son las siguientes:

Respuestas posibles

<u>S</u> = Sí, definitivamente me describe
S = Sí, estoy bastante seguro de que me describe
? = No estoy seguro
N = No, estoy bastante seguro de que no me describe
<u>N</u> = No, definitivamente no me describe

1. Cuando me comunico con los demás, trato de buscar retroalimentación de su parte para determinar si me entienden.
   1. <u>S</u>   2. S   3. ?   4. N   5. <u>N</u>
2. Trato de asegurar que mi punto de vista sea aceptado y se actúe en consecuencia siempre que sea posible.
   1. <u>S</u>   2. S   3. ?   4. N   5. <u>N</u>
3. Manejo con facilidad los contraargumentos a mis ideas.
   1. <u>S</u>   2. S   3. ?   4. N   5. <u>N</u>
4. Cuando tengo un problema de comunicación con otra persona, suele ser por su culpa.
   1. <u>S</u>   2. S   3. ?   4. N   5. <u>N</u>
5. Me aseguro de que la otra persona se dé cuenta de que sé de lo que estoy hablando.
   1. <u>S</u>   2. S   3. ?   4. N   5. <u>N</u>
6. Si alguien acude a mí por un problema personal, trato de escucharlo sin juzgarlo.
   1. <u>S</u>   2. S   3. ?   4. N   5. <u>N</u>
7. Cuando escucho que alguien cuestiona o critica mis procedimientos, descubro que busco contraargumentos mentales, pensando mientras la persona habla.
   1. <u>S</u>   2. S   3. ?   4. N   5. <u>N</u>
8. Permito que la otra persona termine su idea antes de intervenir o interrumpirla.
   1. <u>S</u>   2. S   3. ?   4. N   5. <u>N</u>
9. Cuando escucho a los demás, puedo replantear (parafrasear) su punto de vista.
   1. <u>S</u>   2. S   3. ?   4. N   5. <u>N</u>
10. Trato de no prejuzgar el mensaje de la persona que habla.
    1. <u>S</u>   2. S   3. ?   4. N   5. <u>N</u>
11. Prefiero utilizar hechos y datos cuando doy información a otra persona.
    1. <u>S</u>   2. S   3. ?   4. N   5. <u>N</u>
12. Comunicar empatía por los sentimientos de los demás es una señal de debilidad.
    1. <u>S</u>   2. S   3. ?   4. N   5. <u>N</u>
13. Trato de asegurar que los demás conozcan la forma en que observo sus acciones, como buenas, malas, fuertes, débiles, etc.
    1. <u>S</u>   2. S   3. ?   4. N   5. <u>N</u>
14. Debes decirle a las personas lo que tienen que hacer para que lo hagan bien.
    1. <u>S</u>   2. S   3. ?   4. N   5. <u>N</u>
15. Me gusta preguntar a los demás qué opinan para tener mayor aceptación sobre los temas.
    1. <u>S</u>   2. S   3. ?   4. N   5. <u>N</u>
16. Las personas esperan que el jefe les diga lo que tienen que hacer.
    1. <u>S</u>   2. S   3. ?   4. N   5. <u>N</u>
17. Trato de hacer preguntas indirectas para sondear los temas que trato con las personas.
    1. <u>S</u>   2. S   3. ?   4. N   5. <u>N</u>
18. Cuando doy retroalimentación negativa, quiero asegurarme de que el receptor conozca la forma en que percibo la situación.
    1. <u>S</u>   2. S   3. ?   4. N   5. <u>N</u>
19. Trato de escuchar con empatía a los demás. Escucho tanto lo que se dice como lo que creo que el emisor trata de decir.
    1. <u>S</u>   2. S   3. ?   4. N   5. <u>N</u>
20. Cuando le doy retroalimentación a una persona, intento persuadirla de que haga algo al respecto.
    1. <u>S</u>   2. S   3. ?   4. N   5. <u>N</u>

(Continúa)

Puntaje:

1) Registre sus respuestas a los siguientes reactivos como se indica:
2) En el caso de los siguientes reactivos, el sistema de calificación es inverso.

Puntuación del reactivo	Puntuación	Puntuación del reactivo	Puntuación
1. ___	$\underline{S} = 2$	2. ___	$\underline{S} = -2$
3. ___		4. ___	
6. ___	S = 1	5. ___	S = -1
8. ___		7. ___	
9. ___	? = 0	12. ___	? = 0
10. ___		13. ___	
11. ___	N = -1	14. ___	N = 1
15. ___		16. ___	
17. ___	$\underline{N} = -2$	18. ___	$\underline{N} = 2$
19. ___		20. ___	
TOTAL ___		TOTAL ___	

Los reactivos del lado izquierdo evalúan si usted es abierto y colaborativo. Los del lado derecho evalúan si su estilo es cerrado y dominante. Responder "sí" a estos reactivos indica un estilo de retroalimentación menos efectivo y por eso la escala de calificación es inversa ($\underline{S}$=-2 y $\underline{N}$=2). Un puntaje más alto en cada columna es indicador de un estilo más efectivo. La suma de los dos puntajes es su estilo general de retroalimentación. El puntaje general más bajo es -40 y el más alto +40. La mayoría de las personas obtiene un puntaje positivo.

···

de desarrollo y no influye en las recompensas o castigos. Algunas de las empresas que utilizan la retroalimentación de 360 grados para ayudar a los gerentes a mejorar diferentes conductas de desempeño son AT&T, Nestlé, Pitney Bowes y JP Morgan Chase.[35]

Frecuencia de la evaluación

Otra cuestión importante que debemos considerar es la frecuencia con la que se llevan a cabo las evaluaciones. Las organizaciones las realizan de forma habitual, por lo general cada año, sin que importe el nivel de desempeño del empleado, los tipos de tareas que se ejecutan o la necesidad que tengan los empleados por información acerca de su desempeño. Las evaluaciones anuales son convenientes para propósitos administrativos, como el registro y mantenimiento de un nivel de rutina que haga que todos se sientan cómodos. Algunas organizaciones realizan evaluaciones de forma semestral.[36] Se han propuesto diferentes sistemas para monitorear el desempeño de los trabajadores "según sea necesario" como alternativas a los sistemas tradicionales anuales.

Los gerentes en contextos internacionales deben asegurarse de que consideran los fenómenos culturales en sus estrategias de evaluación del desempeño. Por ejemplo, en culturas con un nivel alto de individualismo, como la estadounidense, la evaluación del desempeño a nivel personal es común y aceptada, mientras que en culturas colectivistas, como la japonesa, las evaluaciones deben orientarse a la retroalimentación y desempeño grupal. En los países que confían mucho en el destino, la fatalidad o el control divino, los empleados podrían no ser receptivos a la retroalimentación del desempeño porque consideran que sus acciones son irrelevantes y no están relacionadas con los resultados que obtienen.

Medición del desempeño

La base para una buena administración del desempeño radica en identificar correctamente lo que se medirá y en elegir el método o métodos más adecuados para hacerlo. Definir de forma precisa el desempeño es una tarea crucial, ya

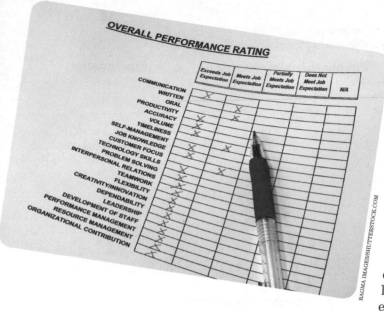

Los elementos clave de la administración del desempeño son la medición y la evaluación del desempeño. Las escalas de calificación del desempeño, como la que se muestra en la imagen, son comunes para evaluar el desempeño en las organizaciones.

que medir bien los aspectos incorrectos no es una administración adecuada del desempeño. Una vez que se han definido las dimensiones clave del desempeño, se puede identificar la mejor forma de evaluarlas. Ofrecer una descripción detallada de los diferentes métodos que existen para evaluar el desempeño está fuera del alcance de este libro, ya que corresponden más a un curso especializado en recursos humanos o en evaluación. Sin embargo, se presentarán algunas observaciones generales acerca de cómo se mide el desempeño.

El método de medición brinda información para que los gerentes tomen decisiones sobre ajustes salariales, promociones, transferencias, capacitación y acciones disciplinarias. Los tribunales y los lineamientos sobre igualdad de oportunidades en el empleo en Estados Unidos han dispuesto que las evaluaciones del desempeño se deben basar en criterios relacionados con el trabajo en lugar de otros factores como amistad, edad, sexo, religión o nacionalidad. Además, las evaluaciones deben ser válidas, confiables y libres de sesgos para que la información sea útil para la toma de decisiones. No se deben emplear escalas que sean demasiado suaves o severas o que agrupen los resultados en la medida central[37], y además deben estar libres de errores perceptuales y temporales.

Algunos de los métodos más conocidos para evaluar el desempeño individual son las escalas gráficas de calificación, las listas de verificación (checklists), ensayos o diarios, las escalas ancladas en el comportamiento y los sistemas de elección forzada. Estos sistemas son fáciles de usar y son conocidos por la mayoría de los gerentes. Sin embargo, estos métodos padecen dos problemas comunes: la tendencia a evaluar a todas las personas en un mismo nivel y la falta de capacidad para discriminar entre los niveles variables de desempeño.

Los métodos comparativos evalúan el desempeño de dos o más empleados comparándolos entre sí en distintas dimensiones del trabajo. Los métodos de comparación más conocidos son la clasificación, la distribución forzada, la comparación por pares y el uso de calificadores múltiples en las comparaciones. Los métodos comparativos son más difíciles de aplicar que los individuales, son desconocidos por muchos gerentes y requieren de procedimientos sofisticados de desarrollo y sistemas analíticos computarizados para extraer información útil.

balanced scorecard o BSC

Técnica de administración del desempeño relativamente estructurada que identifica indicadores del desempeño financiero y no financiero que organiza en un solo modelo

Enfoque del balanced scorecard sobre la administración del desempeño

Un sistema de administración del desempeño relativamente reciente cada vez más conocido es el enfoque del *balanced scorecard* o *BSC*, que es una técnica estructurada de administración del desempeño que identifica indicadores

Figura 6.6

El balanced scorecard

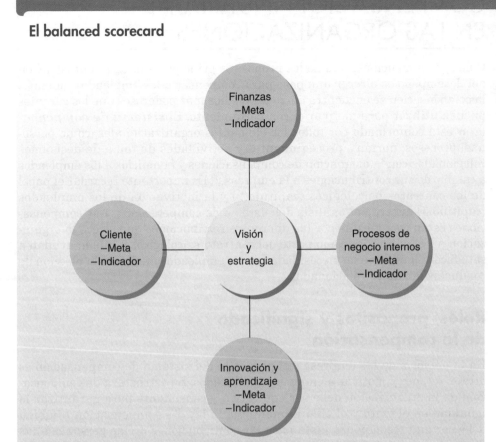

El balanced scorecard es una técnica estructurada de administración del desempeño. En su forma más básica, los gerentes establecen metas e indicadores para evaluar las percepciones de los clientes, el desempeño financiero, los procesos de negocios internos y la innovación y el aprendizaje. Estos conjuntos de metas deben ser consistentes entre sí y con la visión y estrategia general de la organización.

de desempeño financieros y no financieros que organiza en un solo modelo.[38] La figura 6.6 ilustra el BCS básico.

La visión y la estrategia de la organización se encuentran en el centro del BSC. La alta dirección debe establecerlas y comunicarlas con claridad a toda la organización. Después, los gerentes establecen un pequeño número de metas e indicadores objetivos para apoyar los cuatro componentes clave del éxito organizacional. Estos componentes son las percepciones de los clientes, el desempeño financiero, los procesos de negocios internos y la innovación y el aprendizaje. Todos los indicadores de desempeño se derivan de este modelo.

Por ejemplo, suponga que la alta dirección ha determinado que quiere que los clientes perciban a la empresa como su proveedor principal de relojes de moda de alta calidad (como Rolex). Las metas e indicadores para apoyar este componente incluyen mantener 50% de participación de mercado y 98% de satisfacción al cliente en segmentos de mercado determinados. Una parte de la evaluación individual debe enfocarse en el grado al que la persona contribuye a la participación de mercado, la satisfacción del cliente y áreas relacionadas.

No debe sorprendernos que en la actualidad exista mucho software comercial para aplicar el enfoque del balanced scorecard. Numerosas organizaciones reportan utilizar el BSC original, una versión nueva o renovada o un modelo alterno asociado con él. Por otra parte, la mayor parte de la evidencia que se utiliza para apoyar la validez del BSC es de naturaleza anecdótica. Es decir, que su valor como sistema de administración del desempeño no ha sido demostrado de forma empírica y rigurosa.

COMPENSACIÓN INDIVIDUAL EN LAS ORGANIZACIONES

Como ya se mencionó, uno de los propósitos principales de la administración del desempeño es ofrecer una base para compensar a los empleados. Además, la compensación se encuentra entre los medios más poderosos que los gerentes pueden utilizar para motivar el comportamiento. El ***sistema de compensación*** está conformado por todos los elementos organizacionales, como personas, procesos, normas, procedimientos y actividades de toma de decisiones relacionadas con la asignación de compensaciones y beneficios a los empleados a cambio de sus contribuciones a la empresa.[39] Es importante recordar el papel de los contratos psicológicos (capítulo 2) y la motivación de los empleados (capítulo 5) durante el análisis del sistema de compensación. Las compensaciones están compuestas por las diferentes retribuciones que ofrece la organización a los empleados como parte del contrato psicológico. También ayudan a satisfacer algunas de las necesidades de los empleados mediante la elección de conductas laborales relacionadas.

sistema de compensación
Comprende todos los componentes organizacionales, como personas, procesos, normas, procedimientos y actividades de toma de decisiones, relacionadas con la asignación de compensaciones y beneficios a los empleados a cambio de sus contribuciones a la empresa

Roles, propósitos y significado de la compensación

En la mayoría de las empresas, el propósito del sistema de compensación es atraer, retener y motivar a empleados calificados. La estructura de compensación de la organización debe ser equitativa y consistente para garantizar la igualdad en el trato y el cumplimiento de la ley. La compensación también debe ser una recompensa justa para las contribuciones de las personas a las organizaciones, aun cuando en la mayoría de los casos éstas sean difíciles de medir de forma objetiva. Dada esta limitación, los gerentes deben ser tan equitativos y justos como sea posible. Por último, el sistema debe ser competitivo en el mercado laboral externo para que la organización pueda atraer y retener a trabajadores competentes en las áreas adecuadas.[40]

Más allá de estas consideraciones generales, las organizaciones deben desarrollar su filosofía de compensación con base en sus propias condiciones y necesidades, la cual debe traducirse en su sistema de compensación real. Por ejemplo, Walmart tiene la política de no pagar el salario mínimo a ninguno de sus empleados. Aunque pague sólo un poco más que el mínimo, lo que la empresa desea comunicar es que valora las contribuciones de los empleados y, por eso, en lo posible, no paga el mínimo.

La organización tiene que decidir el tipo de conductas o el desempeño que desea fomentar con su sistema de compensación, porque lo que se recompensa tiende a repetirse. Las conductas posibles son el desempeño, la antigüedad, la asistencia, la lealtad, contribuciones a los resultados finales, responsabilidad y cumplimiento. La medición del desempeño evalúa estas conductas, pero la elección de cuáles conductas se deben recompensar depende del sistema de compensación. Un sistema de compensación debe considerar los temas de volatilidad económica, como la inflación, las condiciones del mercado, la tecnología y las actividades sindicales.

También es importante que la organización reconozca que las recompensas tienen muchos significados para los empleados. El ***valor superficial*** de una compensación es el significado o valor objetivo que tiene para el empleado. Un incremento salarial de 5% significa que la persona tiene un poder de compra 5% mayor que antes, mientras que una promoción significa que se tendrán que desarrollar nuevas actividades y asumir nuevas responsabilidades. Los

valor superficial
Significado o valor objetivo de la recompensa

gerentes también deben reconocer que las compensaciones tienen un *valor simbólico*. Si una persona recibe un incremento salarial de 3%, mientras que el de sus compañeros es de 5%, puede interpretar que la organización valora más a los demás empleados. Pero si obtiene un incremento de 3%, mientras que el de sus compañeros es de 1%, ocurrirá lo contrario y se considerará como un empleado más valioso. Las compensaciones informan a las personas cuánto los valora la organización y su importancia relativa con respecto a los demás. Los gerentes deben afinar los significados que pueden adquirir las compensaciones, no sólo a nivel superficial sino también simbólico.

valor simbólico

Significado o valor subjetivo y personal de una recompensa

CASO DE ESTUDIO   La verdad completa

Whole Foods Market (WFM) inició sus operaciones en 1980 con una tienda con 19 empleados en Austin, Texas. En la actualidad cuenta con 370 tiendas y 54,000 empleados en Estados Unidos y Gran Bretaña, y es la cadena de supermercados líder en productos orgánicos y naturales, y la novena cadena más grande de Estados Unidos. En su camino, también ha adquirido la reputación de empresa socialmente responsable y de ser un buen lugar para trabajar. El eslogan de WFM es "Comidas completas, personas completas, planeta completo", y de acuerdo con su director ejecutivo adjunto Walter Rob, el valor rector es "primero los clientes, después los miembros del equipo, en equilibrio con lo que es bueno para el resto de los grupos de interés…". Robb añade: "nuestra misión en términos simples sería, primero, cambiar la forma en que el mundo come, y segundo, crear un lugar de trabajo basado en el amor y el respeto."

WFM apareció en la primera lista de las "100 mejores empresas para trabajar" de la revista *Fortune* en 1998, y desde entonces aparece continuamente. Los observadores reconocen el crecimiento de la empresa (que genera más empleos), los límites salariales (los empleados con mayores ingresos no pueden ganar más de 19 veces el salario promedio de un trabajador de tiempo completo) y sus planes generosos de salud. La estructura del programa de atención a la salud fue propuesta en 2003 y maneja pagos deducibles altos y cuentas de ahorro. Bajo este plan, un empleado (o "miembro del equipo" en lenguaje de WFM) paga un deducible antes de que sus gastos sean cubiertos.

Mientras tanto, la empresa maneja una cuenta especial de salud para cada empleado, quien puede emplear el dinero para cubrir gastos médicos. El plan que tenía WFM antes cubría 100% de los gastos, y cuando algunos empleados se quejaron por el cambio propuesto, la empresa lo sometió a votación. Cerca de 90% de los empleados votó y 77% lo hizo a favor del nuevo plan. En 2006, los empleados votaron por mantener el plan que maneja un deducible de cerca de 1,300 dólares y cuentas de salud con un saldo de alrededor de 1,800 dólares (disponibles para usarlos en el futuro). La empresa paga todas las primas de los empleados elegibles que representan cerca de 89% de su fuerza laboral.

Los planes con deducibles altos ahorran costos para el empleador (entre mayor sea el deducible, el precio de la prima es menor) y, además, lo más importante de acuerdo con su fundador y director ejecutivo adjunto John Mackey, hace que sus empleados sean consumidores responsables. Cuando deben pagar los primeros 1,300 dólares de sus bolsillos (o de sus cuentas de salud), las "personas comienzan a cuestionar lo mucho que cuestan las cosas, o toman un billete y dicen: '¡wow, esto es caro!'. Comienzan a hacerse preguntas. Tal vez no quieran ir a urgencias si se despiertan a media noche con padrastro en la uña y prefieran agendar una cita con anticipación."[41]

Preguntas

1. ¿Qué tan importante serían para usted los beneficios que ofrece Whole Foods si trabajara en esa organización mientras termina sus estudios o mientras encuentra un empleo en su área?
2. ¿Qué elementos negativos identifica en el enfoque de pagos y beneficios de Whole Foods?
3. ¿Por qué cree que no hay más empresas que utilizan el enfoque de atención a la salud propuesto por Whole Foods?

Tipos de compensaciones

La mayoría de las empresas utiliza diferentes tipos de compensaciones. Las más comunes son el pago base (sueldos o salarios), sistemas de incentivos, beneficios, gratificaciones y premios. Éstas se combinan para crear un *paquete de compensación* individual.

paquete de compensación
Agregado total de dinero (sueldos, salarios y comisiones), incentivos, beneficios, gratificaciones y premios que se le ofrecen a un individuo por una organización

Pago o remuneración base

Para la mayoría de las personas la compensación más importante que reciben por su trabajo es el pago o remuneración. Es evidente que el dinero es importante porque sirve para comprar bienes o servicios, pero como hemos observado, también simboliza el valor del empleado. Por muchas razones, la remuneración es muy importante para las organizaciones. Por una parte, un sistema de remuneración efectivamente planeado y administrado puede mejorar la motivación y el desempeño. Por otra, la compensación de los empleados es el mayor costo de hacer negocios y representa alrededor de 50% de los costos de muchas empresas, por lo que un sistema deficiente puede ser un error costoso. Por último, como la remuneración es considerada la principal fuente de insatisfacción laboral, un sistema deficiente puede generar otros problemas, como rotación y baja moral.

Sistemas de incentivos

sistema de incentivos
Planes en los que los empleados pueden obtener una compensación adicional a cambio de tipos determinados de desempeño

Los *sistemas de incentivos* son planes con base en los cuales los empleados pueden obtener compensaciones adicionales a cambio de tipos determinados de desempeño. Algunos ejemplos de programas de incentivos incluyen los siguientes:

1. *Programas de trabajo por pieza o a destajo*, que vinculan los ingresos de los trabajadores con el número de unidades que producen.
2. *Programas de gain-sharing (ganancias compartidas),* que garantizan ingresos adicionales para los empleados o grupos por ideas de reducción de costos.
3. *Sistemas de bonos*, que ofrecen pagos de un fondo especial que se basa en el desempeño financiero de la organización o unidad organizacional.
4. *Compensación a largo plazo*, que ofrece un ingreso adicional a los gerentes con base en el precio de las acciones, utilidad por acción y rendimientos sobre el capital.
5. *Planes de pago por mérito,* que sirven como base para los incrementos salariales con base en el desempeño del empleado.
6. *Planes de participación en las utilidades,* que distribuyen una parte de las utilidades de la empresa entre los empleados con base en una tasa predeterminada.
7. *Planes de opciones de acciones para los empleados,* que reservan acciones de la empresa que los empleados pueden adquirir a un precio menor.

Cuando los planes se orientan hacia los empleados a nivel individual, se puede incrementar la competencia por obtener las compensaciones y la incidencia de conductas destructivas como sabotaje del desempeño de los compañeros, sacrificio de la calidad por cantidad o peleas por los clientes. Por su parte, un plan de incentivos grupal requiere que exista confianza entre los empleados para trabajar juntos. Es evidente que todos sistemas de incentivos tienen ventajas y desventajas.

Las compensaciones a largo plazo para los ejecutivos son especialmente controvertidas, debido a las grandes cantidades de dinero que involucran y las bases bajo las cuales se otorgan. En realidad, la compensación ejecutiva es uno de los temas más discutidos de los últimos años por las empresas estadounidenses. Los reportes de las noticias y la prensa popular parecen disfrutar las historias en las que un ejecutivo ha recibido grandes ganancias inesperadas por parte de su organización. El trabajo del alto directivo, en especial el del presidente ejecutivo o CEO, es agotador y estresante y requiere de talento y décadas de trabajo arduo para alcanzarlo. Es evidente que los directores merecen compensaciones significativas. La pregunta es si algunas empresas sobrecompensan a sus directivos por sus contribuciones.[42]

Son pocas las objeciones que se pueden hacer ante los grandes montos que recibe un CEO cuando una empresa crece con rapidez, y sus utilidades también lo hacen. Sin embargo, las objeciones surgen cuando las organizaciones despiden a los empleados, su desempeño financiero no es tan bueno como se esperaba y el CEO continúa recibiendo grandes cantidades de dinero. Son estas las situaciones que requieren que el consejo de administración de la empresa revise de cerca si sus decisiones sobre la compensación ejecutiva son apropiadas.[43]

Compensación indirecta

Otro componente importante del paquete de compensaciones son la ***compensación indirecta***, que también se conoce como el plan de beneficios. Los ***beneficios*** más comunes que otorgan las empresas son:

1. *Pago por tiempo no laborado,* dentro y fuera del trabajo. El tiempo libre en el trabajo incluye los recesos, almuerzos, descansos para café, y para lavarse y alistarse. El tiempo libre fuera del trabajo incluye las vacaciones, las licencias por enfermedad, días feriados y días de ausencia personal.
2. *Contribuciones a la seguridad social.* El empleador aporta la mitad de las contribuciones que se entregan al sistema establecido por la Ley Federal de Contribuciones para Seguros en Estados Unidos. El empleado aporta la otra mitad.
3. *Compensación por desempleo.* Las personas que han perdido sus empleos o que han sido despedidas de forma temporal reciben un porcentaje de su salario como parte de un programa similar a un seguro.
4. *Beneficios y compensaciones por discapacidad.* Las empresas cuentan con fondos para ayudar a los trabajadores que no pueden continuar con sus tareas debido a alguna enfermedad o accidente laboral.
5. *Programas de seguros de salud y vida.* La mayoría de las empresas ofrece seguros a un precio menor de lo que las personas pagarían si adquirieran el seguro por su cuenta.
6. *Planes de pensiones y retiro.* La mayoría de las empresas ofrecen planes para que los empleados cuenten con ingresos complementarios cuando se retiran.

Las contribuciones para seguridad social y desempleo son establecidas en la ley, pero la cantidad que se otorga como parte de otros beneficios depende de cada empresa. Algunas organizaciones contribuyen más al costo de los beneficios que otras. Mientras que algunas absorben todo el costo, otras sólo pagan un porcentaje de ellos como los seguros médicos y absorben el resto. Además, muchas empresas tecnológicas deben ofrecer beneficios extravagantes para atraer a empleados talentosos. Por

compensación indirecta
Beneficios ofrecidos a los empleados como forma de compensación

beneficios
Recompensas e incentivos que reciben los empleados además de sus sueldos o salarios

TDWAY/SHUTTERSTOCK.COM

Una compensación indirecta común es recibir un pago por tiempo no laborado. El tiempo para tomar vacaciones es una forma de tiempo libre pagado. Como lo muestra la fotografía, en el mundo actual es común que muchas personas revisen sus correos y se comuniquen con sus compañeros mientras están de vacaciones.

ejemplo, Google ofrece alimentos gourmet, masajes y spa para sus empleados. Facebook también promete alimentos gourmet, además de servicios de lavandería, cortes de cabello gratuitos, cuatro semanas de vacaciones pagadas y seguros de vida, médicos y dentales pagados en su totalidad por la empresa. Zynga ofrece servicios de cuidado y peluquería para perros.[44]

Gratificaciones

gratificaciones
Privilegios especiales que se otorgan a un grupo selecto de miembros de la organización conformado por lo general por altos directivos

Las *gratificaciones* son privilegios especiales que se otorgan a un grupo selecto de miembros de la organización conformado por lo general por altos directivos. Durante años, este nivel de directivos de numerosas organizaciones ha recibido privilegios como el uso ilimitado del jet de la empresa, casas rodantes, casas para vacaciones y servicios de comedor ejecutivo. Una de las gratificaciones populares en Japón consiste en el pago de membresías en clubes de golf exclusivos, mientras que en Inglaterra se ofrecen viajes en primera clase. En Estados Unidos, el Internal Revenue Service ha establecido que algunas "gratificaciones" constituyen una forma de ingreso y por lo tanto deben gravarse. Esta decisión ha cambiado la naturaleza de estos beneficios, que aunque no han desaparecido, es probable que lo hagan pronto. En la actualidad, muchas gratificaciones se relacionan con el trabajo. Por ejemplo, algunas muy conocidas son el automóvil y el servicio de chofer (para que el CEO pueda trabajar mientras se traslada). El propósito principal de esta forma de compensación es brindar estatus a quienes las reciben, por lo que podrían incrementar la satisfacción laboral y reducir la rotación.[45]

Reconocimientos

Los empleados reciben reconocimientos por muchas razones, como antigüedad, asistencia perfecta, cero defectos (calidad del trabajo) y sugerencias para reducir los costos. Los programas de reconocimiento pueden ser costosos en tiempo y dinero cuando se ofrecen en efectivo, pero pueden mejorar el desempeño bajo las condiciones correctas. En una fábrica mediana, los hábitos negligentes en el trabajo comenzaron a incrementar los costos por desechos y retrabajo (los costos por los residuos de las partes defectuosas y el retrabajo de volverlas a fabricar con base en las normas). La gerencia instituyó un programa de cero defectos que reconocía a los empleados que hacían un trabajo cercano a la perfección. Durante el primer mes, dos trabajadores tuvieron sólo un defecto en más de dos mil piezas que fabricaron. La división administrativa convocó a una junta en el comedor y reconoció el trabajo de cada empleado con una placa y un listón. El mes siguiente los mismos empleados tuvieron dos defectos, por lo que no se otorgó ningún reconocimiento. El mes posterior, los dos empleados lograron tener cero defectos y nuevamente la alta dirección convocó a una junta y les otorgó placas y listones. En el resto de la planta los defectos disminuyeron de forma considerable a medida que los empleados buscaban el reconocimiento por la calidad de su trabajo. Sin embargo, lo que funcionó en esta planta podría no servir en otras.[46]

Los premios y reconocimientos se utilizan para reforzar el desempeño sobresaliente. Esta gerente obtuvo un reconocimiento por alcanzar el mayor crecimiento de ingresos en la empresa.

Temas relacionados con las recompensas por desempeño

Gran parte de nuestro análisis sobre los sistemas de compensación se basa en cuestiones generales. Sin embargo, como se ilustra en la tabla 6.1, la organización debe considerar otras cuestiones cuando desarrolla su sistema de compensación. Entre otros aspectos debe tener en cuenta su capacidad para pagar a los trabajadores de cierto nivel, las condiciones de los mercados económico y laboral, y el efecto del sistema de compensación en el desempeño financiero de la organización. Además, debe considerar la relación entre el desempeño y la compensación, así como la flexibilidad del sistema, la participación de los empleados, la secrecía del pago y la compensación de expatriados.

Vínculos entre desempeño y compensación

Para que los gerentes puedan aprovechar el valor simbólico del pago, los empleados deben percibir que la compensación está vinculada con su desempeño. Por ejemplo, si todos los empleados de reciente ingreso cobran lo mismo y reciben un incremento salarial cada seis meses o un año, no existe una relación entre el desempeño y la compensación, por lo que la organización está comunicando que todos los empleados que ingresan valen lo mismo y que los incrementos salariales dependen exclusivamente del tiempo que dichas personas hayan trabajado en la empresa. Esta condición se mantiene sin que importe si el desempeño del empleado es bueno, promedio o mediocre. El único requisito es trabajar lo suficiente para evitar el despido.

En el otro extremo, una organización podría intentar vincular toda la compensación con el desempeño, de modo que todos los empleados que inician tendrán un salario diferente determinado por su experiencia, escolaridad, habilidades y otros factores relacionados con el puesto. Después de ingresar a la organización, la persona recibe compensaciones con base en su desempeño.

Tabla 6.1

Consideraciones para desarrollar sistemas de compensación

Consideración	Ejemplos importantes
SECRECÍA DEL PAGO O REMUNERACIÓN	• Abierto, cerrado, parcial • Vínculo con la evaluación del desempeño • Percepciones equitativas
PARTICIPACIÓN DE LOS EMPLEADOS	• Por parte del departamento de recursos humanos • En comités de empleados/gerencia
SISTEMA FLEXIBLE	• Beneficios tipo cafetería • Bonos anuales o mensuales • Salario contra beneficios
CAPACIDAD DE PAGO	• Desempeño financiero de la organización • Ingresos futuros esperados
FACTORES DE LOS MERCADOS ECONÓMICO Y LABORAL	• Tasa de inflación
EFECTO EN EL DESEMPEÑO ORGANIZACIONAL	• Normas de pago de la industria • Tasa de desempleo
COMPENSACIÓN DE EXPATRIADOS	• Incremento de los costos • Efecto en el desempeño • Diferenciales en el costo de vida • Manejo de temas de equidad

Un empleado podría comenzar ganando 15 dólares la hora, porque tiene diez años de experiencia y un registro de buen desempeño de su empleador anterior, mientras que otro que podría comenzar ganando 10.50 dólares sólo tiene cuatro años de experiencia y su registro de desempeño es adecuado, pero no sobresaliente. Suponiendo que el primer empleado se desempeña conforme a lo esperado, podría obtener incrementos salariales, bonos y reconocimientos a lo largo del año mientras que el otro podría acceder a uno o dos incrementos salariales pequeños y nada más. Es evidente que las organizaciones deben garantizar que las diferencias salariales se basen exclusivamente en el desempeño (y que incluyan la antigüedad) y no en factores relacionados con el género, etnia u otros factores de discriminación.

En realidad, la mayoría de las organizaciones intenta desarrollar estrategias intermedias de compensación. Como es muy difícil diferenciar a todos los empleados, las empresas emplean una compensación general por nivel para todos los trabajadores. Por ejemplo, podrían pagar la misma tasa a todos los empleados que comienzan a trabajar en un puesto sin que importe su experiencia y ofrecer incentivos y retribuciones razonables a quienes muestren altos niveles de desempeño, pero sin ignorar a los empleados promedio. El factor clave para los gerentes es recordar que para que la compensación esperada motive el desempeño es necesario que los empleados identifiquen un vínculo claro y directo entre sus conductas y la obtención de la compensación.[47]

Sistemas de compensación flexible

Los sistemas de compensación flexible, o de tipo cafetería, son una variante reciente y difundida del sistema tradicional. Un *sistema de compensación flexible* permite que los empleados elijan la combinación de beneficios que satisface mejor sus necesidades dentro de un rango de opciones. Por ejemplo, un empleado joven que inicia su carrera podría preferir una cobertura de salud con pocos deducibles; uno con pocos años de experiencia podría preferir tener acceso a guarderías; un empleado con mayor seguridad financiera, a la mitad de su carrera, podría preferir tiempo libre pagado, mientras que un trabajador de mayor edad podría concentrarse en su plan de retiro.

Algunas organizaciones aplican un enfoque flexible del pago o remuneración. Por ejemplo, algunas veces los empleados tienen la opción de recibir el importe de su incremento salarial anual en un solo pago, en vez de dividirlo en incrementos mensuales. Recientemente, General Electric implementó un sistema de este tipo para sus gerentes. La compañía de seguros UNUM Corporation permite que sus empleados retiren la tercera parte de su compensación anual en enero, lo que les facilita manejar gastos, como la compra de un automóvil nuevo, una vivienda o cubrir los costos de la educación de sus hijos. El costo administrativo de ofrecer este nivel de flexibilidad es mayor, pero los empleados valoran la flexibilidad y desarrollan apego y lealtad a la empresa cuando ofrece este tipo de paquetes de compensación.

Sistemas participativos de remuneración

La participación de los empleados en el proceso salarial también ha aumentado con base en la tendencia actual de permitirles participar más en la toma de decisiones. Un sistema participativo de pago puede permitirle al empleado colaborar en el diseño del sistema y/o en su administración. El sistema puede ser diseñado por el personal del departamento de recursos humanos, un comité de gerentes, un consultor externo, los empleados o una combinación de estas fuentes. Por lo general, las organizaciones que han utilizado una combinación entre empleados y gerentes para diseñar el sistema de compensación han tenido éxito en su diseño e implementación, ya que los gerentes saben cómo aplicarlo y los empleados creen en él. La colaboración de los empleados en la

sistema de compensación flexible

Permite que los empleados elijan la combinación de beneficios que satisface mejor sus necesidades

administración del sistema de remuneración es una extensión natural de su participación en el diseño. Algunos ejemplos de empresas que permiten que los empleados participen en la administración del sistema de remuneración son Romac Industries, donde los empleados votan por el pago de otros trabajadores; Graphic Controls, donde el pago de cada gerente es determinado por un grupo de compañeros y Friedman-Jacobs Company, en donde los empleados establecen sus sueldos con base en sus percepciones de desempeño.[48]

Secrecía del pago o remuneración

Cuando una empresa tiene una política de información abierta sobre salarios, los importes exactos que se pagan son de conocimiento público. Por ejemplo, los gobiernos estatales publican la nómina de los salarios de sus empleados. Una política de secrecía total significa que los empleados no tienen acceso a la información del salario de sus compañeros, incrementos salariales promedio o porcentuales, o rangos de sueldos. Recientemente, la Oficina de Relaciones Laborales de Estados Unidos estableció una norma en la que se considera que una regla que prohíba "a los empleados conversar sobre sus salarios" constituye una interferencia, restricción y coerción de los derechos laborales protegidos bajo la Ley de Relaciones Laborales del país. Son pocas las organizaciones que tienen sistemas completamente públicos o secretos, y la mayoría de ellas maneja un sistema intermedio.

Compensación de expatriados

La compensación de expatriados es otro de los aspectos importantes del sistema de compensación.[49] Por ejemplo, suponga que un gerente vive y trabaja en Houston y gana 450,000 dólares al año que le permiten vivir en un tipo de casa, conducir ciertos automóviles, tener acceso a servicios médicos y mantener un estilo de vida determinado. Suponga que se le pide que acepte una transferencia a Tokio, Génova, Moscú o Londres, ciudades que tienen un costo de vida considerablemente mayor que el de Houston. El mismo salario no será suficiente para mantener su estilo de vida en esas ciudades. Es por ello que la empresa debe rediseñar el paquete de compensación para que el gerente pueda mantener un estilo de vida comparable al que tenía.

Ahora consideremos un escenario diferente en el que se solicita al gerente aceptar una transferencia a un país en desarrollo. El costo de vida en ese país podría ser menor que los estándares estadounidenses, pero también podría haber servicios médicos y escolares de menor calidad, pocas alternativas de vivienda, un clima severo, riesgos personales mayores o características similares poco atractivas. Es probable que la empresa deba pagar una compensación adicional para contrarrestar el deterioro de la calidad de vida del gerente. El diseño de la compensación de expatriados es un proceso complejo.

En la figura 6.7 se ilustra el enfoque de compensación de expatriados que utiliza una gran corporación multinacional. En el lado izquierdo de la figura se encuentra la forma en que el empleado estadounidense utiliza su salario actual; parte lo destina al pago de impuestos, otra parte lo ahorra y el resto lo dedica al consumo. Cuando se solicita a la persona trasladarse al extranjero, el gerente de recursos humanos debe trabajar con el empleado para desarrollar una hoja de balance equiparable al nuevo paquete de compensación. Como se muestra en el lado derecho de la figura, este paquete estará compuesto por seis elementos básicos. Primero, el gerente recibirá un ingreso que cubra el importe que corresponde a los pagos de impuestos y de seguridad social en Estados Unidos. La empresa también cubrirá los impuestos que el empleado deba pagar en el extranjero, así como otras contribuciones que se deriven de su transferencia.

Las organizaciones que manejan asignaciones internacionales deben ajustar sus niveles de compensación para resolver las diferencias entre los costos de vida y otros factores similares. Amoco emplea el sistema que se muestra en esta figura. El salario base local del empleado se divide en las tres categorías que se muestran del lado izquierdo. Después se realizan ajustes agregando compensaciones a las categorías de la derecha hasta que se obtiene un paquete de compensación adecuado y equiparable.

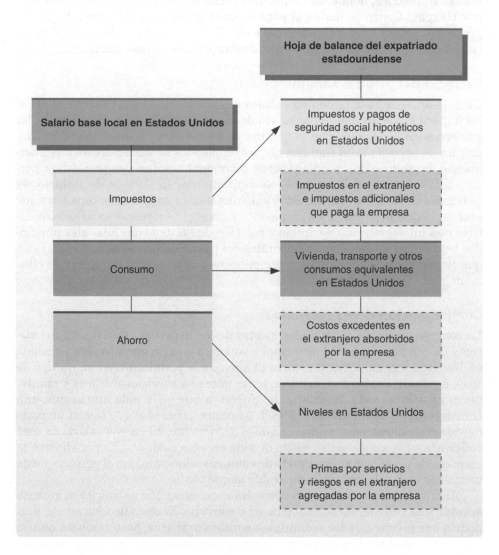

Hoja de balance de la compensación del expatriado

Después, la empresa debe pagar un importe adecuado para que el empleado pueda mantener los niveles de consumo que tenía en Estados Unidos. Si el costo de vida es mayor que el local, la empresa deberá cubrir los costos adicionales. El empleado también debe recibir un ingreso comparable al ahorro que puede realizar en su país. Por último, si estará expuesto a riesgos por su asignación, se debe pagar una prima por servicios y riesgos. Los paquetes de compensación de los expatriados son muy caros para la organización y deben ser cuidadosamente desarrollados y administrados.[50]

En la tabla 5.1 del capítulo 5 se presenta la forma en que las diferentes teorías de la motivación que se analizan en el capítulo pueden aplicarse para afrontar desafíos gerenciales representativos. En la tabla 6.2 se muestran las diferentes herramientas y técnicas motivacionales que analizamos en el presente capítulo aplicadas a los mismos desafíos. Recuerde que cada situación es única y que no existe garantía de éxito. Aun así, estas sugerencias ofrecen un punto de partida para que los gerentes sepan cuándo deben emplear los métodos de motivación para afrontar los desafíos que se presentan en su trabajo.

Tabla 6.2

Diferentes desafíos gerenciales relacionados con la motivación de los empleados que pueden abordarse con métodos relacionados con el trabajo y la compensación

Desafíos gerenciales	Métodos y técnicas de motivación					
	Diseño de puestos	Participación y empowerment	Trabajo flexible	Establecimiento de metas	Administración del desempeño	Compensación
La empresa sigue una estrategia de bajo costo, pero debe motivar a sus empleados.	x	x	x		x	x
Un empleado siente que no puede cumplir sus metas de desempeño.		x		x	x	x
Un empleado se siente subcompensado en relación con sus compañeros.			x	x	x	x
Un empleado participa en una conducta inadecuada (*bullying*, ridiculiza a los compañeros).		x		x	x	x
Un empleado talentoso no se siente desafiado en su trabajo.	x	x	x		x	x
Algunos empleados encuentran al trabajo aburrido, porque es muy repetitivo y se les dificulta mantenerse motivados.		x	x		x	x

RESUMEN Y APLICACIÓN

Los gerentes tratan de mejorar el desempeño de los empleados mediante el aprovechamiento del potencial del comportamiento motivado para mejorar el rendimiento. Los métodos que se utilizan con mayor frecuencia para traducir la motivación en mejor desempeño son el diseño de puestos, la participación y el empowerment, los arreglos de trabajo alternos, la administración del desempeño, el establecimiento de metas y la compensación.

La esencia del diseño de puestos radica en la forma en la que las organizaciones definen y estructuran los puestos. Históricamente, surgió una tendencia general hacia puestos cada vez más especializados, pero a últimas fechas el movimiento se ha alejado de la especialización extrema. Las dos primeras alternativas a la especialización fueron la rotación y la ampliación de los puestos. Los enfoques de enriquecimiento del puesto atrajeron mayor interés hacia el diseño de los puestos. La teoría de las características de los puestos surgió a partir de los primeros trabajos sobre enriquecimiento de éstos. Una premisa básica de esta teoría es que los puestos se pueden describir en términos de un conjunto específico de características motivacionales. Otra es que los gerentes deben trabajar para mejorar la presencia de esas características en los puestos, pero también deben tomar en cuenta las diferencias individuales.

La participación de los empleados mediante la administración colaborativa y el empowerment puede ayudar a mejorar la motivación de los empleados en muchos entornos de negocios. Las nuevas prácticas de administración, como el uso de diversos tipos de equipos de trabajo o los métodos más descentralizados y esbeltos de organización, intentan capacitar a los empleados de toda la empresa. Las organizaciones que desean facultar a sus empleados deben comprender diversos problemas que pueden surgir con la promoción de la participación. En la actualidad, los arreglos de trabajo flexibles se utilizan por lo general para mejorar el desempeño laboral motivado. Entre los acuerdos alternos más conocidos se encuentran las semanas laborales comprimidas, los horarios flexibles, los horarios extendidos, los puestos compartidos y el teletrabajo.

La teoría de motivación del establecimiento de metas sugiere que un nivel adecuado de dificultad, especificidad, aceptación y el compromiso con las metas se traducirá en mejores niveles de desempeño motivado. La administración por objetivos (APO) extiende el establecimiento de metas a toda la organización, desde la parte superior de la jerarquía hasta los niveles inferiores de la misma.

La evaluación del desempeño es el proceso por el cual las conductas se miden y comparan con las normas establecidas, se registran los resultados y se comunican a los empleados. Sus objetivos son evaluar el desempeño para proveer información para usos organizacionales como compensación, planeación de personal y capacitación y desarrollo. Tres temas principales de la evaluación del desempeño son quién la realiza, con qué frecuencia se lleva a cabo y cómo se mide el desempeño.

El propósito del sistema de compensación es atraer, retener y motivar a los empleados calificados y mantener una estructura de pago equitativa internamente y competitiva externamente. La compensación tiene un valor superficial y uno simbólico; puede otorgarse en efectivo o en forma de compensación indirecta o beneficios, gratificaciones, premios e incentivos. Cuando se diseña o analiza un sistema de compensación, se deben considerar factores como el efecto en la motivación, el costo y la forma en que el sistema es consistente con las principales políticas de la organización.

La administración de un sistema efectivo requiere que el desempeño se vincule con la compensación. La administración de la compensación implica abordar temas como los sistemas de compensación flexibles, la participación de los empleados en el sistema de remuneración, la secrecía y la compensación de expatriados.

— RESPUESTAS PARA EL MUNDO REAL —
INSTRUMENTACIÓN DE LOS RESULTADOS

La Orpheus Chamber Orchestra fue concebida como una forma de eliminar la desconexión que existe entre la motivación y la satisfacción en las orquestas. El primero de sus principios, llamado "el proceso Orpheus", implica "poner el poder en las manos de las personas que realizan el trabajo". En la mayoría de las orquestas, el director toma decisiones más o menos autocráticas sobre qué y cómo se interpretará. Las opiniones de los músicos no se toman en cuenta ni son bienvenidas, y si realizan observaciones cuando no se les solicitan puede ser tajantemente rechazadas y considerarse como motivo de despido. De acuerdo

(Continúa)

con Parker, en Orpheus "tenemos una estructura complemente diferente para ensayar": un equipo central de intérpretes seleccionados de cada sección de instrumentos planea y dirige los ensayos de una pieza musical.

De acuerdo con Harvey Seifter, consultor especializado en relaciones entre negocios y arte, el proceso Orpheus se basa en cinco elementos para poner en práctica este principio:

1. *Elegir a los líderes:* para cada pieza de música que la orquesta decide ejecutar, los miembros seleccionan un equipo de liderazgo compuesto por cinco a siete músicos. Este "equipo central" dirige los ensayos y sirve como conductor de los esfuerzos de los integrantes. También es responsable de asegurar que el desempeño final refleje "una visión unificada."

2. *Formular estrategias:* antes de los ensayos, el equipo central decide cómo se interpretará la melodía. Su objetivo final es garantizar "un enfoque interpretativo general de la música", y trabaja para lograr este objetivo probando distintos enfoques musicales durante los ensayos con toda la orquesta.

3. *Desarrollar el producto:* una vez que se ha elegido el enfoque interpretativo, los ensayos están dirigidos a perfeccionarlo. En este punto, los intérpretes presentan sugerencias y críticas a la ejecución de sus compañeros. Es una etapa de gran colaboración en el proceso, y su éxito depende del respeto mutuo. "Todos somos especialistas, ese es el inicio de la discusión", afirma la violinista Martha Caplin. "Cuando hablo con ... otro músico del grupo, lo hago de igual a igual. Es absolutamente crucial que tengamos esa actitud". Cuando surgen desacuerdos, todos trabajan hacia el consenso, y si este no puede ser alcanzado, el problema se soluciona con una votación. La violinista Eriko Sato también hace hincapié en que el proceso de colaboración funciona mejor cuando los miembros centran sus contribuciones en los resultados

de la más alta calidad posible. En sus palabras: "fundamentalmente, no creo que la opinión de todos deba ser tomada en cuenta en todo momento. Hay ciertos lugares y tiempos para decir las cosas en el momento adecuado. Todos saben lo que está mal y todos pueden sentirlo, pero, ¿tiene usted una solución? ¿Sabe cómo resolver el problema?"

4. *Perfeccionar el producto:* antes de cada concierto, un par de integrantes toman asiento en la sala para escuchar la interpretación desde la perspectiva de la audiencia y reportan su experiencia y hacen sugerencias para los ajustes finales.

5. *La entrega del producto:* el desempeño final es el resultado del proceso Orpheus, pero no es el último paso. Cuando el concierto ha terminado, los integrantes se reúnen para compartir sus impresiones sobre el desempeño y realizar sugerencias para perfeccionar aún más la ejecución.

"Si le preguntas a cualquier músico de la orquesta por qué les gusta tocar con Orpheus", dice Parker, "es porque se sienten facultados. No hay nadie que les diga lo que tienen que hacer. Entran en la sala de ensayo y tienen la oportunidad de influir y moldear la música, hacer música con toda su experiencia y todo su entrenamiento". Por ejemplo, el contrabajista Don Palma tomó un año sabático después de un año con Orpheus para incorporarse a la Filarmónica de Los Angeles. "Simplemente lo odié", dice. "No me gustó que me dijeran todo el tiempo qué hacer, ser tratado como si no tuviera ningún valor aparte de ser un buen soldado y simplemente sentarme allí y obedecer. Me sentí impotente para influir en las cosas… Me sentí frustrado, y no había nada que pudiera hacer… para ayudar a hacer las cosas mejor". Por el contrario, dice Palma, "Orpheus me mantiene comprometido. Tengo un cierto nivel de participación en la dirección que tomará la música. Creo que es por eso que muchos de nosotros nos hemos mantenido involucrados tanto tiempo."

PREGUNTAS PARA ANÁLISIS

1. ¿Cuáles son las principales similitudes y diferencias entre el enriquecimiento de puestos y el enfoque propuesto por la teoría de las características de los puestos?
2. ¿Cuáles son las consecuencias motivacionales de una mayor participación de los empleados desde las perspectivas de la teoría de las expectativas y la teoría de la equidad?
3. ¿Qué problemas motivacionales podrían surgir del intento de una organización por formar equipos de trabajo?
4. ¿Qué tipo de horario de trabajo flexible preferiría? ¿Cómo cree que consideraría el teletrabajo?
5. Desarrolle un modelo que su profesor pueda utilizar para establecer metas en una clase como ésta.
6. ¿Por qué se debe medir y evaluar todo el tiempo el desempeño de los empleados en vez de simplemente dejarlos hacer su trabajo?
7. ¿De qué maneras se evalúa su desempeño escolar? ¿Cómo se mide el desempeño de su profesor? ¿Cuáles son las limitaciones de estos métodos?
8. ¿Es posible que no se pueda evaluar el desempeño en algunos puestos? ¿Por qué?
9. ¿Qué "compensaciones" recibe usted a cambio del tiempo y esfuerzo que invierte en esta clase?

EJERCICIO PARA CÓMO ENTENDERSE A SÍ MISMO

Cómo tomar decisiones difíciles

A continuación se enumeran las calificaciones del desempeño de ocho gerentes que trabajan para usted, y deberá recomendar incrementos salariales para los que acaban de completar su primer año en la empresa y que deben obtener su primer incremento anual. Tome en cuenta que su decisión sentará un precedente y que debe mantener bajos los costos salariales, aunque no existen restricciones formales de la empresa en relación con el tipo de incrementos que puede ofrecer. Indique el tamaño de los incrementos que le otorgaría a cada gerente anotando un porcentaje junto a cada nombre.

Variaciones: el profesor podría modificar la situación de diferentes maneras. Una de ellas es suponer que todos los gerentes ingresaron a la empresa con el mismo salario, por ejemplo, $30,000, lo que da un total de gastos salariales de $240,000. Si la alta dirección le ha permitido usar un fondo de 10% de los gastos salariales actuales para cubrir los incrementos, entonces usted dispone de $24,000. En esta variante, los estudiantes pueden manejar cantidades reales de dinero en lugar de incrementos porcentuales. Otra variante interesante consiste en suponer que todos los gerentes ingresaron con salarios diferentes que promedian los $30,000. (El profesor puede crear muchas posibilidades interesantes para la forma en que estos salarios pueden variar.) Usted deberá emplear toda la información adicional proporcionada por el profesor para sugerir los incrementos de los diferentes gerentes.

___% Abraham McGowan. Usted considera que él no tiene un desempeño adecuado. Ha comprobado su punto de vista con sus compañeros, quienes no lo consideran un gerente efectivo. Sin embargo, usted identifica que Abraham tiene uno de los grupos de trabajo más difíciles de administrar, debido a que sus subordinados tienen bajos niveles de calificación y el trabajo es sucio y difícil. Si lo pierde, no está seguro de que podría encontrar un reemplazo.

___% Benjy Berger. Vive solo y parece vivir la vida de un soltero despreocupado. En general, usted considera que su desempeño no está a la altura y que algunas de sus "torpezas" son bien conocidas por sus compañeros de trabajo.

___% Clyde Clod. Usted considera a Clyde uno de sus mejores subordinados. Sin embargo, es evidente que otras personas no lo consideran un gerente efectivo. Clyde se casó con una mujer rica y, por lo que usted sabe, él no necesita dinero adicional.

___% David Doodle. Por su relación personal con este gerente, usted sabe que necesita más dinero debido a ciertos problemas personales. En lo que a usted se refiere, también es uno de sus mejores subordinados, pero por alguna razón, su entusiasmo no es compartido por sus compañeros, quienes hacen bromas sobre su desempeño.

___% Ellie Ellesberg. Ella ha tenido mucho éxito hasta ahora en las tareas que ha realizado. Usted está particularmente impresionado por su desempeño, porque tiene un trabajo difícil. Ellie necesita el dinero más que muchas de las otras personas y usted está seguro de que sus compañeros la respetan por su buen desempeño.

___% Fred Foster. Él ha resultado ser una sorpresa muy agradable para usted. Ha realizado un trabajo excelente, y en general todos reconocen que es uno de los mejores empleados de la empresa. Este prestigio le sorprende porque Fred se comporta de manera frívola y no parece interesarle mucho el dinero o una promoción.

___% Greta Goslow. Su opinión es que Greta no acaba de desempeñar bien sus tareas pero, sorprendentemente, su trabajo es muy bien visto por sus compañeros. Usted también sabe que ella necesita con urgencia un incremento porque enviudó hace poco y le resulta extremadamente difícil mantener su hogar y su joven familia de cuatro personas.

___% Harry Hummer. Usted conoce personalmente a Harry y parece que siempre derrocha su dinero. Su trabajo es bastante fácil y su punto de vista es que no lo desempeña muy bien. Por lo tanto, usted se sorprende al saber que el resto de los gerentes lo consideran el mejor integrante del grupo.

Después de asignar los incrementos para las ocho personas, usted tendrá la oportunidad de analizar sus propuestas en equipos o con todo el grupo.

Preguntas de seguimiento

1. ¿Considera que existe una diferencia clara entre los gerentes de mejor y de peor desempeño? ¿Por qué?
2. ¿Encontró diferencias entre los tipos de información disponible para tomar las decisiones sobre los incrementos? ¿Cómo utilizó las diferentes fuentes de información?
3. ¿De qué manera los incrementos asignados reflejan las diferentes perspectivas de la motivación?

Fuente: Lawler, E. E., III. (1975). Motivation Through Compensation, adaptado por D. T. Hall, en *Instructor's Manual for Experiences in Management and Organizational Behavior*. Nueva York: John Wiley & Sons.

EJERCICIO EN EQUIPO

Moda frente a contenido

Albert P. Fixx, fundador y CEO de una pequeña empresa que fabrica autopartes, siempre ha estado comprometido con la mejora continua de las prácticas gerenciales mediante la aplicación de técnicas modernas de administración. El señor Fixx pasó el último fin de semana en un seminario sobre efectividad gerencial dirigido por un consultor respetado a nivel nacional. El orador principal y las sesiones de grupo se centraron de lleno en el uso de la participación de los empleados como medio para mejorar su compromiso y la productividad en toda la empresa.

El señor Fixx estaba tan inspirado por su experiencia del fin de semana que fue a su oficina el domingo por la noche para escribir y enviar por correo electrónico un mensaje que todos los gerentes encontrarían en sus bandejas de entrada muy temprano el lunes por la mañana. Después de analizar su fin de semana iluminador, escribió:

> Estoy convencido de que la administración participativa es la clave para mejorar la productividad en esta empresa. Puesto que no pudieron asistir al mismo seminario que yo, les adjunto copias de los materiales que se entregaron a los participantes. En ellos se explica todo lo que necesitan saber sobre la administración participativa, y espero que comiencen a implementar esta semana dichos principios. A partir de hoy, esta empresa y yo estamos comprometidos con la administración participativa. Aquellos de ustedes que no se comprometan de la misma manera en sus departamentos encontrarán muchas dificultades para permanecer en una empresa con visión de futuro como A.Q. Fixx.

Su profesor dividirá al grupo en equipos de cuatro a siete personas. Cada integrante simulará ser un gerente de A.Q. Fixx, y el equipo de "gerentes" analizará cada uno de los siguientes temas. Esté preparado para discutir las ideas del equipo en cada tema, incluso si no se llega a un consenso.

Preguntas

1. ¿Cuáles son las probabilidades de que el correo electrónico del Sr. Fixx estimule de forma efectiva la administración participativa en la empresa? ¿Las probabilidades son mayores o menores que 50/50?
2. ¿Cómo ha respondido cada gerente al mensaje que llegó por el correo electrónico? ¿Su respuesta es consistente con la de la mayoría de los miembros del equipo, o tiene usted una postura diferente, aunque sea sólo ligeramente? Si ha adoptado una postura diferente, ¿cree que vale la pena tratar de convencer al equipo de entrar en razón sobre su manera de pensar? ¿Por qué?
3. ¿Cuál es la opinión del equipo sobre el enfoque del señor Fixx ante la aplicación de la administración participativa en la empresa? Si no considera que su enfoque sea la mejor forma de implementar prácticas de participación —o el correo electrónico como el mejor medio para introducir el tema—, analice algunas formas en las que podría mejorar su enfoque.

EJERCICIO EN VIDEO

El vuelo 001

Brad John y John Sencion trabajaron en diferentes áreas de la industria de la moda de Nueva York hasta finales de la década de 1990. Ambos viajaron con frecuencia por motivos de trabajo entre Estados Unidos, Europa y Japón. No importa cuántas veces comenzaran un viaje, siempre pasaban días y horas corriendo por toda la ciudad recabando elementos esenciales de última hora. En el momento en que llegaban al aeropuerto, estaban sudorosos, estresados y se sentían miserables, lejos del glamour en el que pensaban cuando ingresaron a la industria de la moda.

En 1998, durante un vuelo de Nueva York a París, los cansados viajeros tuvieron la idea de lanzar una tienda de viajes de una sola parada dirigida a los trotamundos de moda de vanguardia como ellos. La llamaron Vuelo 001 y comenzaron a vender guías, cosméticos, bolsas para portátiles, maletas, aparatos electrónicos, cubiertas de pasaporte y otros productos de consumo. Vuelo 001 es ahora uno de los negocios más interesantes en la industria. Además de la venta de mercancía útil para el viajero, el minorista, con sede en Nueva York, ofrece una experiencia única de compra: las tiendas de Vuelo 001 tienen forma de fuselajes de avión con accesorios y decoración retro tipo aeropuerto. En los próximos años, los fundadores esperan estar en cada ciudad importante de Estados Unidos, Europa y Asia.

A medida que la empresa se embarca en un nuevo plan de cinco años, el objetivo de abrir 30 nuevas tiendas en Estados Unidos y el extranjero comienza a entrar en zona de turbulencia. John Brad está decidido a hacer de Vuelo 001 una autoridad internacional en viajes, pero sus ambiciosos planes requieren cambios en la planeación de personal, marketing y finanzas. Con todo lo dicho sobre la expansión y las nuevas líneas de productos, es cada vez más importante que Vuelo 001 no se distraiga de lo que la hace especial: su ubicación, diseño y línea de productos impecables.

Preguntas

1. ¿Puede describir la motivación de Brad en términos de la teoría de la motivación del establecimiento de metas?
2. ¿Cómo percibe Emily su trabajo desde el punto de vista de la motivación de los empleados de Vuelo 001? ¿Qué le motiva a ella?
3. ¿Cuáles son las funciones de la administración del desempeño y la compensación individual en una empresa de nueva creación como Vuelo 001?

¿Y ahora qué?

CASO EN VIDEO

Suponga que un compañero de trabajo se queja con usted porque se siente molesto después de enterarse de que otro empleado gana más que él, aunque tiene un año más de antigüedad en la empresa. *¿Qué diría o haría?* Vea el video "¿Y ahora qué?" de este capítulo, así como el video de desafío, y elija una respuesta. Asegúrese de ver también los resultados de las dos respuestas que no eligió.

Preguntas para análisis

1. ¿Qué papel desempeña la compensación en esta situación? ¿De qué manera los valores superficiales y simbólicos de la compensación influyen en lo que sucede?
2. En el capítulo 5 se estudia la teoría de la equidad. ¿De qué manera los conceptos de esta teoría se aplican en esta situación? Explique su respuesta.
3. ¿Qué podría haber hecho el gerente para manejar mejor la situación? ¿Por qué sería una mejor solución?

NOTAS FINALES

[1] Schweitzer, V. (7 de mayo de 2007). Players with No Conductor and, Increasingly, with No Fear, en *The New York Times*; Tommasini, A. (18 de octubre de 2008). The Pluses and Minuses of Lacking a Conductor, en *The New York Times*; Higgs, J. (28 de octubre de 2008). Orpheus Chamber Orchestra Embodies Democratic Principles, en *Axiom News*; Gordon, A. (25 de abril de 2009). Self-Governing Orpheus Chamber Orchestra Has Broader Lessons to Offer, Says Banking and Civic Leader John Whitehead, en *New York Sun*; Seifter, H. (verano de 2001). The Conductorless Orchestra, en *Leader to Leader Journal*, p. 21; Hackman, J. R. (2002). *Leading Teams: Setting the Stage for Great Performances*. Cambridge, MA: Harvard Business School Press.

[2] Griffin, R. W., & McMahan, G. C. (1994). Motivation Through Job Design, en *Organizational Behavior: State of the Science*, ed. J. Greenberg (pp. 23–44). Nueva York: Lawrence Erlbaum Associates; vea también Grant, A. M., Fried, Y. & Juillerat, T. (2010). Work Matters: Job Design in Classic and Contemporary Perspectives, en *Handbook of Industrial and Organizational Psychology*, ed. S. Zedeck (pp. 417–453). Washington, DC: American Psychological Association.

[3] Taylor, F. W. (1911). *The Principles of Scientific Management*. Nueva York: Harper & Row.

[4] Griffin, R. W. (1982) *Task Design: An Integrative Approach*. Glenview, IL: Scott, Foresman.

[5] Conant, H. & Kilbridge, M. (1965). An Interdisciplinary Analysis of Job Enlargement: Technology, Cost, Behavioral Implications, en *Industrial and Labor Relations Review, 18*(7), pp. 377–396.

[6] Herzberg, F. (Enero-febrero 1968). One More Time: How Do You Motivate Employees?, en *Harvard Business Review*, pp. 53–62; Frederick Herzberg, F. (Septiembre-octubre, 1974). The Wise Old Turk, en *Harvard Business Review*, pp. 70–80.

[7] Ford, R. N. (Enero-febrero, 1973). Job Enrichment Lessons from AT&T, en *Harvard Business Review*, pp. 96–106.

[8] Weed, E. D. (1971). Job Enrichment "Cleans Up" at Texas Instruments, en *New Perspectives in Job Enrichment*, ed. J. R. Maher. Nueva York: Van Nostrand.

[9] Griffin, R. W. (1982) *Task Design: An Integrative Approach*. Glenview, IL: Scott, Foresman; Griffin, R. W., & McMahan, G. C. (1994). Motivation Through Job Design, en *Organizational Behavior: State of the Science*, ed. J. Greenberg (pp. 23–44). Nueva York: Lawrence Erlbaum Associates.

[10] Hackman, J. R., & Oldham, G. (1976). Motivation Through the Design of Work: Test of a Theory, en *Organizational Behavior and Human Performance, 16*, pp. 250–279. Vea también Michael A. Campion, M. A., & Thayer, P. W. (Invierno, 1987). Job Design: Approaches, Outcomes, and Trade-Offs, en *Organizational Dynamics*, pp. 66–78.

[11] Griffin, R. W. (1982) *Task Design: An Integrative Approach*. Glenview, IL: Scott, Foresman.

[12] Griffin, R. W. (1982) *Task Design: An Integrative Approach*. Glenview, IL: Scott, Foresman. Vea también Roberts, K. H., & Glick, W. (1981). The Job Characteristics Approach to Task Design: A Critical Review, en *Journal of Applied Psychology, 66*, pp. 193–217; y Griffin, R. W. (1987). Toward an Integrated Theory of Task Design, en *Research in Organizational Behavior*, eds. L. L. Cummings & B. M. Staw (vol. 9, pp. 79–120). Greenwich, CT: JAI Press.

[13] Ricky W. Griffin, R. W., Welsh, N. A., & Moorhead, G. (Octubre de 1981). Perceived Task Characteristics and Employee Performance: A Literature Review, en *Academy of Management Review*, pp. 655–664.

[14] Vea Butler, T., & Waldroop, J. (Septiembre-octubre, 1999). Job Sculpting, en *Harvard Business Review*, pp. 144–152; vea también la edición especial del *Journal of Organizational Behavior* (*31*, pp. 2–3, febrero de 2010) totalmente dedicada al diseño de puestos.

[15] Glew, D. J., O'Leary-Kelly, A. M., Griffin, R. W., & Van Fleet, D. D. (1995). Participation in Organizations: A Preview of the Issues and Proposed Framework for Future Analysis, en *Journal of Management, 21*(3), pp. 395–421; para una actualización reciente, vea Forrester, R. (2002). Empowerment: Rejuvenating a Potent Idea, en *Academy of Management Executive, 14*(1), pp. 67–78.

[16] Whitney, K. (2008). Netflix Creates its Own Script for Talent Management, Talent Management, 1 de julio. Disponible en línea en: http://talentmgt.com/articles/view/netflix_creates_its _own_ script_for_talent_management/1; Conlin, M. (24 de septiembre de 2007). Netflix: Flex to the Max, en *BusinessWeek*, pp. 73–74.

[17] Workplacedemocracy. (18 de enero de 2010). Netflix Takes a Vacation from Its Vacation Policy, en *Workplacedemocracy.com*. http://workplacedemocracy.com/2010/01/18/netflix-takes-avacation-from-its-vacation-policy/.

[18] Henneman, T. (7 de noviembre de 2011). Patagonia Fills Payroll With People Who Are Passionate, Workforce. Disponible en línea en: http://www.workforce.com/article/20111104/NEWS02/111109975.

[19] Whetton, D. A., & Cameron, K. S. (2002). *Developing Management Skills* (pp. 426–427). Upper Saddle River, NJ: Prentice-Hall.

[20] George, E., & Ng, C. K. (2010). Nonstandard Workers: Work Arrangements and Outcomes, en *Handbook of Industrial and Organizational Psychology*, ed. S. Zedeck (pp. 573–596). Washington, DC: American Psychological Association.

[21] Cohen A. R., & Gadon, H. (1978). *Alternative Work Schedules: Integrating Individual and Organizational Needs*. Reading, MA: Addison-Wesley; vea también Kossek, E. E., & Michel, J.S (2010). Flexible Work Schedules, en *Handbook of Industrial and Organizational Psychology*, ed. S. Zedeck (pp. 535–572). Washington, DC: American Psychological Association.

[22]100 Best Companies to Work For 2012. www.fortune.com.

[23]Vea Rau, B., & and Hyland, M. (2002). Role Conflict and Flexible Work Arrangements: The Effects on Applicant Attraction, en *Personnel Psychology, 55*(1), pp. 111–136.

[24]Working 9-to-5 No Longer, en *USA Today*, 6 de diciembre de 2004, 1B, 2B.

[25]5 Flextime-Friendly Companies. Careerbuilder.com, 18 de diciembre de 2009. Disponible en línea en: www.careerbuilder.com/Article/CB-632- Job-Search-Strategies-5-Flextime-Friendly-Companies.

[26]Para un análisis reciente, vea Raghuram, S., Garud, R., Wiesenfeld, B., & Gupta, V. (2001). Factors Contributing to Virtual Work Adjustment, en *Journal of Management, 27*, pp. 383–406.

[27]Katzenbach, J. R., & Santamaria, J. A. (Mayo-junio de 1999). Firing Up the Front Line, en *Harvard Business Review*, pp. 107–117.

[28]Bandura, A. (1977). *Social Learning Theory*. Englewood Cliffs, NJ: Prentice Hall.

[29]Vea Locke, E. A. (1968). Toward a Theory of Task Performance and Incentives, en *Organizational Behavior and Human Performance, 3*, pp. 157–189.

[30]Latham, G. P., & Yukl, G. (1975). A Review of Research on the Application of Goal Setting in Organizations, en *Academy of Management Journal, 18*, pp. 824–846.

[31]Latham, G. P., & Baldes, J. J. (1975). The Practical Significance of Locke's Theory of Goal Setting, en *Journal of Applied Psychology*, num. 60, pp. 187–191.

[32]Latham, G. P. (2001). The Importance of Understanding and Changing Employee Outcome Expectancies for Gaining Commitment to an Organizational Goal, en *Personnel Psychology, 54*, pp. 707–720.

[33]Vea Zacharatos, A., Barling, J., & Iverson, R. (Enero de 2005). High-Performance Work Systems and Occupational Safety, en *Journal of Applied Psychology, 90*(1), pp. 77–94.

[34]Bernardin, H. J., & Beatty, R. W. (1984). *Performance Appraisal: Assessing Human Behavior at Work*. Boston: Kent); vea también Wildman, J. L., Bedwell, W. L., Salas, E., & Smith-Jentsch, K. A. (2010) Performance Measurement at Work: A Multilevel Perspective, en *Handbook of Industrial and Organizational Psychology*, ed. S. Zedeck (pp. 303–341). Washington, DC: American Psychological Association.

[35]Brett, J., & Atwater, L. (2001). 360° Feedback: Accuracy, Reactions, and Perceptions of Usefulness, en *Journal of Applied Psychology, 86*(5), pp. 930–942; Beehr, T., Ivanitskaya, L., Hansen, C., Erofeev, D., & Gudanowski, D. (2001). Evaluation of 360-Degree Feedback Ratings: Relationships with Each Other and with Performance and Selection Predictors, en *Journal of Organizational Behavior, 22*, pp. 775–788.

[36]Druskat, V. U., & Wolff, S. B. (1999). Effects and Timing of Developmental Peer Appraisals in Self-Managing Work Groups, en *Journal of Applied Psychology, 84*(1), pp. 58–74.

[37]Sammer, J. (Enero de 2008). Calibrating Consistency, en *HR Magazine*, pp. 73–78.

[38]Vea Kaplan, R., & Norton, D. (1996). *The Balanced Scorecard: Translating Strategy Into Action*. Cambridge, MA: Harvard Business Review Press; y Kaplan, R., & Norton, D. (2006). *Alignment: Using the Balanced Scorecard to Create Corporate Synergies*. Cambridge, MA: Harvard Business Review Press.

[39]Vea Lawler, E. E. (1981). *Pay and Organization Development*. Reading, MA: Addison-Wesley, 1981); vea también Martocchio, J. J. (2010). Strategic Reward and Compensation Plans, en *Handbook of Industrial and Organizational Psychology*, ed. S. Zedeck (pp. 343–372). Washington, DC: American Psychological Association.

[40]Boyd, B, & Salamin, A. (2001). Strategic Reward Systems: A Contingency Model of Pay System Design, en *Strategic Management Journal, 22*, pp. 777–792.

[41]References: Stossel, J., y cols. (14 de septiembre de 2007). Health Savings Accounts: Putting Patients in Control, en *ABC News*. Disponible en línea en: http://abcnews.go.com; Mackey, J. (11 de agosto de 2009). The Whole Foods Alternative to ObamaCare, en *Wall Street Journal*. Disponible en línea en: http://online.wsj.com; Dugan, J. (20 de agosto de 2009). Whole Foods' Crummy Insurance: What John Mackey Means by "Choice.", en *Consumer Watchdog*. Disponible en línea en: www.consumerwatchdog.org; Emily Friedman, E. (14 de agosto de 2009). Health Care Stirs Up Whole Foods CEO John Mackey, Customers Boycott Organic Grocery Store, en *ABC News*. Disponible en línea en: http://abcnews.go.com; Paumgarten, N. (4 de enero de 2010). Food Fighter, en *The New Yorker*. Disponible en línea en: www.newyorker.com; Whole Foods CEO John Mackey Stepping Down as Chairman, en *Huffington Post*, 25 de diciembre de 2009. Disponible en línea en: www.huffingtonpost.com.

[42]Rappaport, A. (Marzo-abril, 1999). New Thinking on How to Link Executive Pay with Performance, en *Harvard Business Review*, pp. 91–99; vea también Devers, C., Cannella, A., Jr., Reilly, G., & Yoder, M. (2007). Executive Compensation: A Multidisciplinary Review of Recent Developments, en *Journal of Management, 33*(6), pp. 1016–1072.

[43]Bates, S. (mayo, 2002). Piecing Together Executive Compensation, en *HR Magazine*, pp. 60–69.

[44]Welcome to Silicon Valley: Perksville, USA, en *USA Today*, 5 de julio de 2012, 1A.

[45]Painless Perks, en *Forbes*, 6 de septiembre de 1999, p. 138; vea también Does Rank Have Too Much Privilege?, en *Wall Street Journal*, 26 de febrero 2002, B1, B4.

[46]Garvey, C. (Agosto de 2004). Meaningful Tokens of Appreciation, en *HR Magazine*, pp. 101–106.

[47]Deckop, J. R., Mangel, R., & Cirka, C. C. (1999). Getting More Than You Pay For: Organizational Citizenship Behavior and Pay-for-Performance Plans, en *Academy of Management Journal, 42*(4), pp. 420–428.

[48]Garvey, C. (Mayo de 2002). Steering Teams with the Right Pay, en *HR Magazine*, pp. 70–80.

[49]Poe, A. (Abril de 2002). Selection Savvy, en *HR Magazine*, pp. 77–80.

[50]Griffin, R. W., & Pustay, M. W. (2005). *International Business—A Managerial Perspective* (8a. ed.). Upper Saddle River, NJ: Pearson, 2015.

PROCESOS GRUPALES Y SOCIALES EN LAS ORGANIZACIONES

CAPÍTULO 7   Grupos y equipos

CAPÍTULO 8   Toma de decisiones y solución de problemas

CAPÍTULO 9   Comunicación

CAPÍTULO 10   Negociación y manejo de conflictos

Como recordará del capítulo 1, los gerentes tratan de mejorar el comportamiento en el trabajo por medio del compromiso y la participación, la promoción de conductas ciudadanas y la reducción de las conductas disfuncionales. En el capítulo 2 se explican diferentes factores del entorno que deben considerarse. En la parte 2 se plantea una interesante pregunta: "¿Por qué las personas se comportan de determinada manera?", a la que respondimos mediante el análisis de las características individuales, valores, percepciones y reacciones, conceptos y teorías de motivación y la forma que en que podemos utilizar el trabajo y las compensaciones para mejorar la motivación.

En la parte 3 se plantea una pregunta diferente: "¿Por qué los grupos y equipos se comportan de determinada forma?" Al igual que en el caso de las personas, debemos analizar diferentes perspectivas para entender mejor las conductas de los grupos y equipos y mejorar la efectividad organizacional. El capítulo 7 comenzará con el análisis de los grupos y equipos como componentes esenciales de las organizaciones y determinantes cruciales para el éxito de cualquier empresa. Después, en el capítulo 8, se describirán los procesos de toma de decisiones y de solución de problemas. Aunque la toma de decisiones puede ser una actividad individual, es frecuente que se presente en equipos o contextos grupales que afectan a los demás. La comunicación se analizará en el capítulo 9 y, por último, en el capítulo 10 se estudian la negociación y el manejo de conflictos como un conjunto de conceptos asociados con los grupos y equipos. Al concluir la parte 3 usted deberá comprender mejor las razones por las cuales equipos y grupos se comportan de determinada forma.

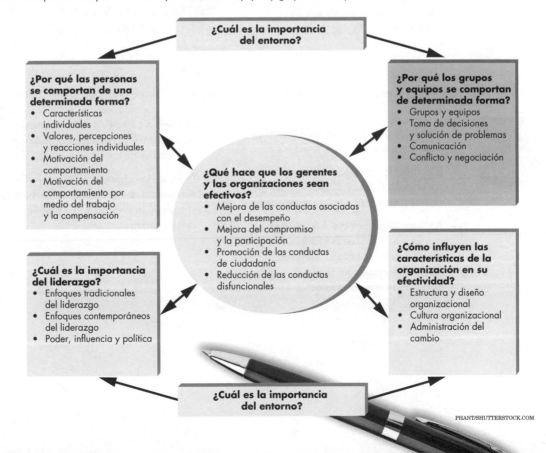

¿Cuál es la importancia del entorno?

¿Por qué las personas se comportan de una determinada forma?
- Características individuales
- Valores, percepciones y reacciones individuales
- Motivación del comportamiento
- Motivación del comportamiento por medio del trabajo y la compensación

¿Por qué los grupos y equipos se comportan de determinada forma?
- Grupos y equipos
- Toma de decisiones y solución de problemas
- Comunicación
- Conflicto y negociación

¿Qué hace que los gerentes y las organizaciones sean efectivos?
- Mejora de las conductas asociadas con el desempeño
- Mejora del compromiso y la participación
- Promoción de las conductas de ciudadanía
- Reducción de las conductas disfuncionales

¿Cuál es la importancia del liderazgo?
- Enfoques tradicionales del liderazgo
- Enfoques contemporáneos del liderazgo
- Poder, influencia y política

¿Cómo influyen las características de la organización en su efectividad?
- Estructura y diseño organizacional
- Cultura organizacional
- Administración del cambio

¿Cuál es la importancia del entorno?

GRUPOS Y EQUIPOS

LOSKUTNIKOV/SHUTTERSTOCK.COM

OBJETIVOS DE APRENDIZAJE

Al concluir el estudio de este capítulo, usted podrá:

1 Definir los grupos y equipos e identificar y describir sus tipos.

2 Identificar los cinco factores centrales del desempeño grupal y su relación con los grupos y equipos en las organizaciones.

3 Analizar las etapas del desarrollo de los grupos y equipos, otros factores asociados con el desempeño grupal y el proceso de implementación en el contexto de la creación de equipos nuevos.

4 Identificar los principales beneficios y costos asociados con los equipos, la forma en que los gerentes pueden promover su desempeño efectivo y las competencias más importantes de los equipos.

5 Describir las oportunidades y desafíos emergentes relacionados con los equipos virtuales y la diversidad y los equipos multiculturales.

—DESAFÍOS DEL MUNDO REAL—

TRABAJO EN EQUIPO EN STARBUCKS

Starbucks, el gigante del café, considera que el trabajo en equipo es crucial para la correcta implementación de su estrategia y su éxito como organización.[1] Sus valores centrales refuerzan esta creencia e incluyen el trabajo en equipo, la diversidad y la igualdad en la participación. Los empleados son llamados por su nombre de pila y se conocen como "socios" en lugar de utilizar títulos jerárquicos. El trabajo en equipo se considera tan importante para el éxito de la empresa que los nuevos empleados pasan varios días aprendiendo la mejor forma de ser parte del equipo de Starbucks. Los empleados trabajan juntos en la atención al público, con lo cual eliminan la distancia entre diferentes niveles jerárquicos.[2]

Cuando Starbucks comenzó a planear su expansión en Corea del Sur, observó que la cultura de aquel país valora las relaciones jerárquicas y la distancia al poder, elementos que eran incompatibles con los valores de igualdad y trabajo en equipo de la empresa. Starbucks tenía que decidir si quería modificar su estructura organizacional en Corea del Sur para adaptarse mejor a la cultura nacional del país, o conservarla para para mantener sus valores centrales.[3]

Suponga que Starbucks le pide a usted su opinión acerca de cómo debe manejar su expansión en Corea del Sur. Después de leer este capítulo, usted tendrá algunas buenas ideas.

En el capítulo 1 se pudo comprobar la capacidad de penetración del comportamiento humano en las organizaciones y la importancia de las interacciones entre las personas como elementos cruciales para alcanzar resultados importantes. En realidad, una gran parte del trabajo gerencial involucra la interacción con otras personas, tanto de forma directa como indirecta, dentro y fuera de la organización. Además, gran parte del trabajo en las organizaciones se lleva a cabo en grupos y equipos de personas que trabajan juntas. Este capítulo es el primero de cuatro que abordan principalmente los procesos interpersonales en las organizaciones. En las páginas iniciales de esta parte vuelve a presentarse el modelo de organización del libro que se desarrolló en el capítulo 1. Este enfoque le permitirá comprender mejor en qué parte del análisis estamos y lo que queda por delante. Comenzamos este capítulo con el análisis de los grupos y equipos en las organizaciones. Los próximos tres capítulos de esta parte se enfocan en toma de decisiones y solución de problemas (capítulo 8), comunicación interpersonal (capítulo 9) y conflicto y negociación (capítulo 10).

TIPOS DE GRUPOS Y EQUIPOS

Existen cientos de definiciones del concepto de *grupo*. Los grupos se han definido en términos de percepción, motivación, organización, interdependencias, interacciones y otros muchos elementos. Un ***grupo*** se define simplemente como dos o más personas que interaccionan entre sí de manera que cada una de ellas influye y es influida por la otra.[4] Dos personas que están cerca físicamente una de otra no son un grupo, a menos que interaccionen y tengan cierta influencia entre sí. Los compañeros de trabajo pueden trabajar lado a lado en tareas relacionada, pero si no interaccionan, no son un grupo.

Debemos señalar también que los grupos y los equipos no son necesariamente lo mismo. Todos los equipos son grupos, pero no todos los grupos son equipos. Los ***equipos*** se definen como un agregado interdependiente de por lo menos dos personas que comparten una meta común y la responsabilidad por el equipo y sus resultados.[5] Una parte clave de esta definición es que los integrantes del equipo son interdependientes con respecto a la información, recursos y habilidades. A medida que las tareas se tornan más complejas, se requiere de mayor coordinación entre los integrantes del equipo. Las funciones de sus integrantes incrementan su grado de interdependencia, lo que incrementa la necesidad de trabajar juntos, tener comunicación recíproca y contar con retroalimentación, a la vez que las exigencias de comunicación y colaboración también aumentan de forma considerable.[6] Por lo anterior, todos los equipos son grupos, pero los grupos no son necesariamente equipos. En aras de la conveniencia general, en este análisis vamos a utilizar los términos "grupos" y "equipos" de manera distinta.

grupo
Dos o más personas que interaccionan entre sí, de manera que cada una de ellas influye y es influida por la otra

equipo
Agregado interdependiente de por lo menos dos personas que comparten una meta común y la responsabilidad por el equipo y sus resultados

MONKEY BUSINESS IMAGES/SHUTTERSTOCK.COM

Los grupos son frecuentes en la mayoría de las organizaciones. Diversas clases de grupos y equipos de trabajo como este realizan muchos tipos de funciones y desempeñan una serie de roles diferentes.

Grupos de trabajo

Los **grupos de trabajo** son grupos formales establecidos por la organización para realizar su trabajo, los cuales incluyen los grupos de mando (o funcionales) y los grupos de afinidad (así como a equipos). Un **grupo de mando** es relativamente permanente y se caracteriza por contar con relaciones funcionales de dependencia, como tener un gerente de grupo e integrantes que le reportan. Por lo general, estos grupos forman parte del organigrama. Los **grupos de afinidad** son conjuntos relativamente permanentes de empleados del mismo nivel organizacional que se reúnen con regularidad para compartir información, aprovechar las oportunidades que surgen y resolver problemas.[7]

En las empresas, la mayoría de los empleados trabaja en grupos de mando establecidos en un organigrama oficial. El tamaño, la forma y la organización de dichos grupos de una empresa pueden variar de forma considerable. Por lo general, estos grupos incluyen los departamentos de garantía de calidad, servicio al cliente, contabilidad de costos y recursos humanos. Otros tipos de grupos de mando son los equipos de trabajo organizados con base en el estilo gerencial japonés, en donde se asigna un equipo de trabajadores para cada una de las subsecciones de los procesos de fabricación y ensamblaje, pero son los integrantes del equipo quienes deciden quién llevará a cabo cada tarea.

Los grupos de afinidad son un tipo especial de grupo formal porque, aunque establecidos por la organización, no son en realidad parte de su estructura oficial. No podemos considerarlos como grupos de mando porque no son parte de la jerarquía de la empresa, ni como grupos de tareas porque subsisten más tiempo que cualquier actividad. En pocas palabras, son grupos de empleados que comparten funciones, responsabilidades, deberes e intereses y que representan porciones horizontales de la jerarquía de la organización. Dado que los integrantes comparten características importantes como funciones, deberes y niveles, se dice que son afines entre sí. Los integrantes de los grupos de afinidad suelen tener puestos y obligaciones muy similares, pero forman parte de diferentes divisiones o departamentos de la organización.

Los grupos de afinidad se reúnen con regularidad y sus integrantes tienen roles definidos, como secretario, cronista, facilitador y organizador de las juntas. Todos ellos acatan reglas simples, como comunicarse de forma abierta y honesta, escuchar de manera activa, respetar la confidencialidad, cumplir los tiempos acordados, estar preparados y mantenerse concentrados, ser responsables por sus resultados y mostrar solidaridad entre sí y con el grupo. Los mayores beneficios de los grupos de afinidad se encuentran en que facilitan una mejor comunicación entre los diversos departamentos y divisiones en toda la organización, debido a que cruzan los límites que existen en su estructura. Por ejemplo, la empresa Eli Lilly reconoce formalmente la existencia de ocho grupos de afinidad dentro de su organización. Uno de ellos se centra en la cultura de China. Sus integrantes, que son empleados que trabajan en ese y otros países, se reúnen con regularidad para ayudar a superar las diferencias

grupo de trabajo
Grupo formal establecido por la organización para realizar su trabajo

grupo de mando
Grupo formal relativamente permanente que tiene relaciones funcionales de dependencia establecidas en el organigrama de la empresa

grupos de afinidad
Conjunto de empleados del mismo nivel organizacional que se reúnen regularmente para compartir información, aprovechar las oportunidades que surgen y resolver problemas

MONKEY BUSINESS IMAGES/SHUTTERSTOCK.COM

En ocasiones, los empleados forman grupos para discutir o trabajar sobre intereses comunes. Por ejemplo, estos compañeros de trabajo formaron un club de lectura que se reúne periódicamente durante la hora del almuerzo para analizar un libro que todos ellos están leyendo.

culturales. Otro grupo en Eli Lilly se llama Red de Mujeres y se centra en temas de género. Los empleados de algunas empresas forman clubes de lectura y se reúnen frecuentemente para hablar sobre libros de interés común.

Equipos

Las organizaciones también utilizan una amplia variedad de tipos de equipos. Los más comunes se resumen en la tabla 7.1. Existen muchos tipos de equipos. Cada uno de ellos está conformado por diferentes integrantes y es responsable de desempeñar diferentes tipos de tareas. Los integrantes de los *equipos funcionales* provienen del mismo departamento o área funcional. Un equipo de empleados de marketing y uno de finanzas son ejemplos de equipos funcionales.

Los *equipos interfuncionales* están conformados por integrantes de diferentes departamentos o áreas funcionales y son uno de los tipos más comunes de equipos de trabajo. Un ejemplo es un equipo de alta dirección con integrantes que representan a las diversas funciones o unidades de la organización. Algunas organizaciones están articuladas de manera que su trabajo principal se realiza mediante equipos interfuncionales. Por ejemplo, IDEO, una empresa de innovación y diseño de productos, considera que el trabajo en equipo interdisciplinario estimula la innovación y la creatividad.[8] Los equipos comparten ideas y las mejoran desarrollando las habilidades de sus integrantes y ofreciendo más oportunidades para la solución de problemas. Empresas como Steelcase, IDEO, Hammel, Greeny Abrahamson y la Clínica Mayo utilizan equipos interfuncionales compuestos por empleados con diferentes conocimientos para mejorar la creatividad y el desempeño del equipo.[9]

Los equipos interfuncionales poseen diversas fortalezas. Además de hacer las cosas más rápido, sobre todo en relación con el servicio al cliente y el desarrollo de nuevos productos, también pueden incrementar la creatividad y mejorar la capacidad de una empresa para resolver problemas complejos, pues combinan diferentes conjuntos de habilidades, percepciones y experiencias. También estimulan el conocimiento de los empleados acerca de otras áreas de la organización, debido a que sus integrantes provienen de áreas funcionales diferentes. La misma

equipos funcionales
Equipo cuyos integrantes provienen del mismo departamento o área funcional

equipos interfuncionales
Equipo cuyos integrantes provienen de departamentos o áreas funcionales diferentes

Tabla 7.1

Tipos de equipo

Equipos funcionales	Sus integrantes provienen del mismo departamento o área funcional
Equipos interfuncionales	Sus integrantes provienen de diferentes departamentos o áreas funcionales
Equipos de solución de problemas	Son equipos creados para resolver problemas y realizar mejoras
Equipos autodirigidos	Establecen sus propias metas y las persiguen de formas que el mismo equipo determina
Equipos de emprendimiento	Equipos que operan de forma semiautónoma para crear y desarrollar nuevos productos, procesos o negocios
Equipos virtuales	Equipos geográfica y/u organizacionalmente dispersos cuyos integrantes se comunican entre ellos por medio de telecomunicaciones o tecnologías de información
Equipos globales	Equipos presenciales o virtuales cuyos integrantes son originarios de diferentes países

diversidad puede ser tanto una fortaleza como una debilidad si no se administra de modo adecuado y los conflictos no se manejan de forma efectiva.

Los **equipos de solución de problemas** son equipos conformados para resolver problemas y realizar mejoras en el trabajo. Su principal fortaleza radica en que sus integrantes son quienes conocen mejor el trabajo, porque son ellos los que en realidad lo desempeñan. Cuando los empleados son responsables de resolver un problema, aplican su *expertise*. Por ejemplo, Colgate y JM Huber, un proveedor de materia prima, formaron un equipo multidisciplinario para identificar formas de reducir los costos que pudo ahorrar cientos de miles de dólares.[10] Los círculos de calidad pueden existir por periodos largos mientras que los equipos de sugerencias son de corta duración y se reúnen para tratar temas específicos. Los equipos de solución de problemas también pueden incrementar el compromiso de los empleados con las decisiones, porque participan en ellas. Las organizaciones recurren con mayor frecuencia a equipos externos para resolver problemas importantes. Cuando Netflix, la cadena de alquiler en línea, patrocinó un concurso para mejorar la precisión de su sistema de recomendación de películas, se formaron más de 40,000 equipos de 186 países para competir por el premio de un millón de dólares.[11]

Los **equipos autodirigidos** establecen sus metas y deciden cómo trabajar para alcanzarlas. Sus integrantes son responsables de desempeñar tareas normalmente reservadas a los líderes o jefes de equipo, entre ellas la programación del trabajo y las vacaciones, la adquisición de materiales y la evaluación de su desempeño. En 3M, los equipos de trabajo autodirigidos han realizado mejoras en los bienes, servicios y procesos, y han incrementado su productividad y capacidad de respuesta al cliente y reducido los costos operativos y los tiempos de ciclo. Estos equipos pueden mejorar el compromiso, la calidad y la eficiencia. Contar con integrantes con habilidades interfuncionales también ayuda a incrementar la flexibilidad del equipo durante la escasez de personal. Sin embargo, son difíciles de implementar, ya que requieren habilidades específicas de autoadministración y de trabajo en común que muchos empleados no poseen.

Los **equipos de emprendimiento** son aquellos que operan de forma semiautónoma para crear y desarrollar nuevos productos (equipos de desarrollo de productos), procesos (equipos de diseño de procesos), o negocios (equipos de emprendimiento o de iniciativas de negocio).[12] La autonomía de un equipo de la estructura formal del resto de la organización puede incrementar su capacidad para innovar y acelerar su tiempo de ciclo.

Los **equipos virtuales** son grupos de compañeros de trabajo que se encuentran dispersos geográfica u organizacionalmente, y se comunican por medio de internet y otras tecnologías de información.[13] Algunos integrantes de un equipo virtual podrían nunca verse frente a frente. Numerosas organizaciones utilizan este tipo de equipo para lograr diversos objetivos. Por ejemplo, Pricewater-houseCoopers, una de las firmas de contabilidad

equipos de solución de problemas
Equipos establecidos para resolver problemas y realizar mejoras al trabajo

equipos autodirigidos
Equipos que establecen sus propias metas y deciden la forma de alcanzarlas

equipos de emprendimiento
Equipos que operan de forma semiautónoma para crear y desarrollar nuevos productos (equipos de desarrollo de productos), procesos (equipos de diseño de procesos) o negocios (equipos de emprendimiento o de iniciativas de negocio)

equipos virtuales
Equipos compuestos por empleados que se encuentran geográfica u organizacionalmente dispersos y se comunican por medio de internet u otras tecnologías de información

ANDREY_POPOV/SHUTTERSTOCK.COM

Los equipos virtuales son cada vez más comunes en las organizaciones. Las nuevas formas de tecnología, junto con las presiones para reducir los gastos de viaje, facilitan que los compañeros que están geográficamente dispersos puedan interaccionar de formas similares a las que son frente a frente. Por supuesto, también pueden tener una conexión personal reducida con sus colegas cuando se reúnen para trabajar esta manera.

más grandes del mundo, con más de 130,000 empleados en 148 países, utiliza equipos virtuales para "reunir" a los empleados de todo el mundo durante una o dos semanas para preparar el trabajo para un cliente en particular. Whirlpool Corporation utilizó un equipo virtual conformado por expertos de Estados Unidos, Brasil e Italia durante un proyecto de dos años para desarrollar un refrigerador libre de clorofluorocarbonos.[14] Usted aprenderá más acerca de los equipos virtuales más adelante en el capítulo.

equipos globales

Equipos cuyos integrantes son de diferentes países

Los *equipos globales* están conformados por integrantes de diferentes países y pueden ser virtuales o reunirse frente a frente. Procter & Gamble, un fabricante multinacional estadounidense de productos para la familia y el cuidado del hogar utiliza equipos globales, pues ello permite que los empleados de las oficinas corporativas de Cincinnati colaboren con los empleados y proveedores de todo el mundo. Bosch und Siemens Hausgeräte GmbH (BSH) es una empresa global alemana que opera 31 plantas de producción y 43 instalaciones en Estados Unidos y 15 países de Europa, Asia y América Latina. La empresa vende electrodomésticos bajo marcas como Bosch y Siemens, y ha conformado equipos globales de empleados de España, China y países de América Latina para desarrollar tecnologías y conceptos para nuevos productos.

Grupos informales

grupo informal

Grupos establecidos por sus integrantes

grupo de amistad

Grupo relativamente permanente e informal cuyas ventajas y beneficios provienen de las relaciones sociales entre sus integrantes

grupos de interés

Grupos relativamente temporales e informales que se organizan en torno a una actividad o interés común de sus integrantes

Mientras que los equipos y los grupos formales son establecidos por una organización, los *grupos informales* están formados por sus integrantes y consisten en grupos de amistad relativamente permanentes y grupos de interés, que pueden tener una duración menor. Los *grupos de amistad* surgen de las relaciones cordiales entre los integrantes y el gozo de estar juntos. Los *grupos de interés* están organizados en torno a una actividad o interés común, aunque pueden presentarse relaciones de amistad entre sus integrantes.

Las redes de mujeres trabajadoras que se han desarrollado durante las últimas décadas son buenos ejemplos de grupos de interés. Muchos de estos grupos comenzaron como reuniones sociales informales de mujeres que querían reunirse con otras que trabajaban en organizaciones dominadas por los hombres, pero pronto se convirtieron en grupos de interés cuyos beneficios se extendieron más allá de sus fines sociales iniciales. Las redes se transformaron en sistemas de información para el asesoramiento, el empleo y la capacitación gerencial. Algunas de ellas fueron establecidas como asociaciones formales y permanentes, mientras que otras permanecieron como grupos informales con base en las relaciones sociales más que en cualquier interés específico, y algunas más desaparecieron. Estos grupos pueden ser en parte responsables del gran incremento del porcentaje de mujeres en puestos gerenciales y directivos.

FACTORES DEL DESEMPEÑO GRUPAL

El desempeño de un grupo depende de varios factores (además de las razones para formarlo y las etapas de su desarrollo, que se analizarán más adelante). Con frecuencia, en un grupo de alto desempeño se desarrolla una sinergia que permite que su desempeño colectivo sea superior a la suma de las contribuciones individuales de sus integrantes. Existen otros factores que pueden también contribuir a su mejor desempeño.[15] Los cinco factores básicos que impulsan el desempeño de los grupos son la composición, el tamaño, las normas, la cohesión y el liderazgo informal. Si usted es parte de un grupo o equipo que no funciona de manera efectiva, la sección *Mejore sus habilidades* de este capítulo podría servirle como herramienta útil de diagnóstico.

MEJORE SUS HABILIDADES

DIAGNÓSTICO DE PROBLEMAS DE EQUIPO

A continuación se presenta una lista con algunas preguntas que se pueden formular para diagnosticar los problemas en los equipos.

1. Una dirección clara
   - ¿Los integrantes pueden articular el propósito para el que existe el equipo?
2. Un verdadero equipo de trabajo
   - ¿El equipo tiene responsabilidad colectiva con respecto a todos sus clientes y productos principales?
   - ¿El equipo toma decisiones colectivas sobre las estrategias de trabajo (en lugar de que lo hagan los individuos)?
   - ¿Los integrantes del equipo están dispuestos y son capaces de ayudar a los demás?
   - ¿El equipo recibe retroalimentación acerca de su desempeño?
3. Compensación del equipo
   - ¿Más de 80% de las compensaciones disponibles se otorgan a los equipos más que a los individuos?
4. Recursos materiales básicos
   - ¿El equipo tiene su propio espacio de reunión?
   - ¿El equipo puede conseguir con facilidad los materiales básicos que necesita para hacer su trabajo?

5. Autoridad para administrar el trabajo
   - ¿Los integrantes del equipo tienen autoridad para tomar decisiones sobre los siguientes puntos sin antes recibir una autorización especial?
   - ¿Cómo responder a las necesidades del cliente?
   - ¿Qué acciones emprender y cuándo hacerlo?
   - ¿Pueden cambiar sus estrategias de trabajo cuando lo estimen conveniente?
6. Objetivos del equipo
   - ¿Los integrantes del equipo pueden articular metas específicas y compartidas para el equipo?
7. Patrones de mejora
   - ¿Se alienta a los integrantes del equipo para que identifiquen y resuelvan problemas?
   - ¿Pueden discutir abiertamente las diferencias sobre lo que cada integrante debe aportar al equipo?
   - ¿Se alienta la experimentación de nuevas formas de operar?
   - ¿El equipo busca activamente aprender de otros equipos?

Fuente: Wageman, R. (Verano de 1997). Critical Success Factors for Creating Superb Self-Managing Teams, en *Organizational Dynamics, 26* (1), p. 59.

Composición del grupo

Con mucha frecuencia, la *composición del grupo*, factor que desempeña un papel importante en su productividad,[16] se describe en términos de la homogeneidad o heterogeneidad de sus integrantes. Un grupo es homogéneo si sus integrantes son similares en una o varias características importantes cruciales para el trabajo que realizan de manera conjunta, como la edad, la experiencia laboral, la educación, la especialidad técnica y los antecedentes culturales. En los grupos heterogéneos, los integrantes difieren en una o más de estas características. A menudo las organizaciones crean grupos de mando homogéneos cuando designan como integrantes a empleados con especialidades técnicas similares. A pesar de que las personas que trabajan en este tipo de grupos pueden diferir en algunos aspectos, como la edad o la experiencia laboral, son homogéneos en términos de una variable crucial para el desempeño del trabajo, como lo es la especialidad técnica.[17]

Existe una cantidad considerable de investigaciones que ha explorado la relación entre la composición del grupo y su productividad. La heterogeneidad del colectivo en términos de edad y antigüedad ha demostrado estar relacionada con la rotación, de manera que los grupos con integrantes de diferentes edades y experiencias tienden a experimentar cambios frecuentes de sus integrantes.[18] Es probable que un grupo homogéneo sea más productivo cuando la tarea que realiza es simple, la cooperación sea necesaria, las tareas de grupo sean secuenciales, o se requiera de una acción rápida, mientras que un grupo heterogéneo lo será cuando la tarea sea compleja, se requiera de un esfuerzo colectivo (es decir, que cada integrante realice una tarea diferente y la suma de estos esfuerzos constituya el resultado del grupo), se necesite creatividad, y la velocidad sea

composición del grupo
Grado de similitud o diferencia que existe entre los integrantes de un grupo relativo a factores importantes para su trabajo

menos importante que las deliberaciones exhaustivas. Por ejemplo, un grupo al que se le solicitará generar ideas para la comercialización de un nuevo producto debe ser heterogéneo para desarrollar tantas ideas distintas como sea posible.

El vínculo entre la composición del grupo y el tipo de tarea se explica con base en las interacciones típicas de los grupos homogéneos y heterogéneos. Un grupo homogéneo tiende a presentar menos conflictos, menos diferencias de opinión, más interacciones y una comunicación más afable; por lo tanto, cuando una tarea requiere de cooperación y velocidad, es más deseable un grupo homogéneo. Sin embargo, si la tarea requiere creatividad y un análisis complejo de la información para llegar a la mejor solución posible, un grupo heterogéneo puede ser más adecuado, ya que puede generar una gama más amplia de puntos de vista. Es posible que se presente un número mayor de discusiones y conflictos, pero éstos pueden mejorar la toma de decisiones del grupo.

La composición del grupo se ha convertido en un tema especialmente importante debido a que, culturalmente, las organizaciones son cada vez más diversas.[19] Las culturas difieren en la importancia que le conceden a la pertenencia al grupo y en cómo perciben la autoridad, la incertidumbre y otros factores importantes. La atención se centra en cómo administrar a los grupos formados por personas de diferentes culturas.[20] En general, un gerente a cargo de un grupo culturalmente diverso puede esperar que sucedan varias cosas. En primer lugar, es probable que los integrantes desconfíen unos de otros, los estereotipos representen obstáculos y es casi seguro que surjan problemas de comunicación. Por lo tanto, los gerentes deben reconocer que estos grupos rara vez operan sin dificultades, al menos al principio. Es por ello que los gerentes pueden tener que dedicar más tiempo a ayudar a un grupo culturalmente diverso a transitar por los momentos difíciles a medida que madura, además de que el grupo tardará más tiempo del esperado en llevar a cabo la tarea asignada.

Tamaño del grupo

Un grupo puede tener sólo dos integrantes o tantos como puedan interaccionar e influir uno en el otro. El tamaño del grupo es el número de personas que lo constituye y puede tener un efecto importante en el desempeño. Un grupo con muchos integrantes tiene más recursos disponibles y puede completar un gran número de tareas relativamente independientes. En el caso de los grupos creados para generar ideas, aquellos con más integrantes tenderán a producir más ideas, aunque la tasa de incremento del número de éstas disminuirá rápidamente a medida que crezca el grupo.[21] Rebasado cierto punto, la mayor complejidad de las interacciones y la comunicación dificultará que un grupo grande pueda lograr acuerdos.

Las interacciones y la comunicación son mucho más propensas a formalizarse en grupos más grandes. Los grupos grandes tienden a establecer agendas para las juntas y seguir un protocolo o procedimiento parlamentario para controlar una discusión. Como resultado, se invierte tiempo en tareas administrativas de organización y estructuración de interacciones y comunicaciones

> El tamaño de un grupo puede afectar la capacidad de sus integrantes para interaccionar entre sí. Por ejemplo, es probable que este grupo sea demasiado grande para funcionar de forma efectiva como una entidad única. Con toda seguridad sus integrantes formarán subgrupos, como parece indicar la fotografía.

que de otro modo podría invertirse en las tareas del trabajo del grupo. Además, el tamaño grande puede inhibir la participación de algunas personas e incrementar el ausentismo; algunas personas podrían dejar de hacer una contribución significativa e incluso dejar de asistir a las juntas si sus intentos reiterados por contribuir o participar se ven frustrados por la gran cantidad de personas que intentan hacer lo mismo. Por otra parte, los grupos grandes presentan más oportunidades para la atracción interpersonal, dando lugar a más interacciones sociales y a menos interacciones de tarea. La *holgazanería social* es la tendencia de algunos integrantes de los grupos a esforzarse menos cuando participan en un grupo de lo que lo harían si trabajaran solos. Con frecuencia, este problema surge porque algunos integrantes suponen que otros cubrirán su falta de trabajo. Qué tan problemática resulta esta tendencia depende de la naturaleza de la tarea, las características de las personas involucradas y la habilidad de liderazgo del grupo para tomar conciencia del problema potencial y hacer algo para solucionarlo.

holgazanería social
Tendencia que muestran algunas personas a esforzarse menos cuando participan en un grupo de lo que lo harían si trabajaran solas

El tamaño óptimo de un grupo es determinado por la capacidad de sus integrantes para interaccionar e influir entre sí de manera efectiva. La necesidad de interacción depende de la madurez del grupo, las tareas, la madurez de cada integrante y la habilidad del líder o gerente para manejar la comunicación, los conflictos potenciales, y las actividades que implican las tareas. En algunas situaciones el tamaño óptimo del grupo será de tres o cuatro, mientras que otros pueden funcionar sin problemas con quince o más integrantes.

Normas de los grupos

Una *norma* es un estándar contra el cual se evalúa si un comportamiento es o no adecuado, por lo que determinan el comportamiento esperado en una situación específica. Por lo general, las normas se establecen durante la segunda etapa de desarrollo del grupo (comunicación y toma de decisiones) y se mantienen hasta la etapa de madurez. Las normas permiten que las personas se comporten de una manera congruente y aceptable dentro del grupo, debido a que ello proporciona una base para predecir las conductas de los demás. Sin ellas las actividades de un grupo serían caóticas.

norma
Estándar contra el que se evalúa si un comportamiento es o no adecuado

Las normas surgen de la combinación de las características de personalidad de los integrantes, la situación, la tarea y las tradiciones históricas del grupo.[22] Éstas pueden ser positivas o negativas para los resultados individuales y organizacionales, porque los integrantes del grupo tienden a seguirlas, incluso cuando las consecuencias son negativas. La falta de cumplimiento de las normas puede dar lugar a intentos de corregir la conducta desviada, abuso verbal, amenazas físicas, el ostracismo, o incluso la expulsión del grupo. Sin embargo, las normas se deben hacer cumplir sólo en el caso de escenarios y situaciones que son importantes para los integrantes del grupo. Por ejemplo, si la norma en la oficina señala que los empleados deben usar traje formal para transmitir una imagen profesional a los clientes y uno de sus integrantes usa jeans y una sudadera, éste viola la norma del grupo y se lo harán saber con rapidez. Pero si la norma indica que la

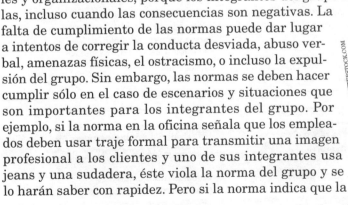

Las normas de los grupos reflejan los estándares de comportamiento que sus integrantes establecen para sí mismos. Por ejemplo, es probable que este grupo tenga normas sobre la vestimenta apropiada, debido a que los integrantes lucen de manera muy similar.

vestimenta no es importante porque existe poco contacto con los clientes en la oficina, el hecho de que una persona use jeans podría pasar inadvertido.

Las normas cumplen cuatro propósitos en las organizaciones. En primer lugar, ayudan al grupo a sobrevivir. Los grupos tienden a rechazar el comportamiento que se desvía de las normas, porque no ayuda al logro de sus metas ni contribuye a su supervivencia en caso de que se vea amenazada. Con base en ello, un grupo exitoso que no está amenazado puede ser más tolerante con este tipo de comportamiento. En segundo lugar, simplifica y hace más previsibles las conductas esperadas de sus integrantes. Como éstos están familiarizados con las normas, no tienen que analizar y responder a cada conducta. Los integrantes pueden anticipar las acciones de los demás sobre la base de las normas del grupo, lo que por lo general conduce a un incremento de la productividad y al logro de metas. En tercer lugar, las normas le ayudan al grupo a evitar situaciones embarazosas. Con frecuencia, los integrantes no quieren dañar la autoimagen de sus compañeros, por lo que es probable que eviten ciertos temas que podrían herir las susceptibilidades de alguno de ellos. Por último, las normas expresan los valores centrales del grupo y lo identifican ante los demás. Ciertas prendas de vestir, gestos o conductas en situaciones particulares pueden ser una forma de manifestación de sus integrantes que pueden revelar a los demás la naturaleza del grupo.[23]

Cohesión del grupo

cohesión del grupo
Grado al cual el grupo está comprometido para mantenerse unido

La *cohesión del grupo* es el grado al cual un grupo se ha comprometido para mantenerse unido; es el resultado de fuerzas que actúan sobre los integrantes para permanecer en el grupo. Las fuerzas que crean cohesión son el interés, la

---

Figura 7.1

Los factores que incrementan o reducen la cohesión y las consecuencias de que se presente en niveles altos o bajos sugieren que, aunque es preferible contar con un grupo de alta cohesión, en algunas situaciones este tipo de grupos puede tener resultados negativos para la organización.

Factores que influyen en la cohesión del grupo y consecuencias de la cohesión

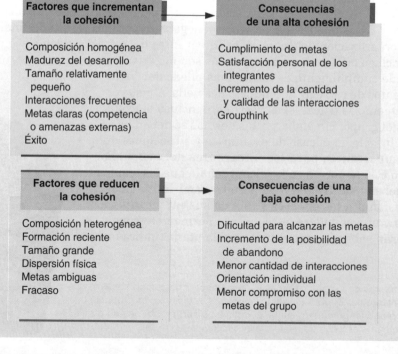

Factores que incrementan la cohesión

Composición homogénea
Madurez del desarrollo
Tamaño relativamente pequeño
Interacciones frecuentes
Metas claras (competencia o amenazas externas)
Éxito

Consecuencias de una alta cohesión

Cumplimiento de metas
Satisfacción personal de los integrantes
Incremento de la cantidad y calidad de las interacciones
Groupthink

Factores que reducen la cohesión

Composición heterogénea
Formación reciente
Tamaño grande
Dispersión física
Metas ambiguas
Fracaso

Consecuencias de una baja cohesión

Dificultad para alcanzar las metas
Incremento de la posibilidad de abandono
Menor cantidad de interacciones
Orientación individual
Menor compromiso con las metas del grupo

resistencia a dejar el grupo y la motivación para mantener la pertenencia al mismo.[24] Como se muestra en la figura 7.1, la cohesión del grupo se relaciona con muchos aspectos de la dinámica del grupo, como su madurez, homogeneidad, tamaño manejable y la frecuencia de las interacciones.

La figura también muestra que la cohesión del grupo puede incrementarse ante la competencia o la presencia de una amenaza externa. Cualquiera de estos factores puede centrar la atención de los integrantes en una meta claramente definida e incrementar su voluntad para trabajar juntos. Por último, la consecución exitosa de los objetivos a menudo incrementa la cohesión de un grupo, porque sus integrantes se sienten orgullosos de ser asociados con un grupo ganador y por ello ser considerados competentes y exitosos. Esta puede ser una de las razones detrás de la expresión conocida "el éxito genera éxito". Un grupo que tiene éxito puede llegar a tener mayor cohesión y, por lo tanto, quizás aún más éxito. Por supuesto, otros factores pueden interponerse en el camino del éxito continuo, como las diferencias personales, egos y el aliciente de buscar el éxito individual en otras actividades.

La investigación sobre los factores de desempeño se ha centrado en la relación entre la cohesión y la productividad del grupo.[25] Éstos, cuando son altamente cohesivos, parecen ser más efectivos en la consecución de sus objetivos, en especial en el caso de los grupos de investigación y desarrollo en las empresas estadounidenses.[26] Sin embargo, los grupos altamente cohesivos no serán necesariamente más productivos que los grupos con baja cohesión desde el punto de vista organizacional. Como se muestra en la figura 7.2, cuando las metas grupales son compatibles con los objetivos de la organización, un grupo cohesivo tenderá a ser más productivo que el que no lo es. En otras palabras, si un grupo altamente cohesivo tiene el objetivo de contribuir al desarrollo de la empresa, es muy probable que sea productivo en términos organizacionales. Si tal grupo decide trabajar sobre un objetivo que tiene poco que ver con el negocio, es probable que trabaje para lograrlo, incluso a expensas de cualquier meta organizacional que pudiera requerir su esfuerzo.

La cohesión también puede ser un factor importante en el desarrollo de ciertos problemas para la toma de decisiones en algunos grupos. Un ejemplo es el **_groupthink_**, el cual se produce cuando la preocupación principal de un grupo es acordar una decisión unánime en vez del análisis crítico de las

groupthink
Condición que ocurre cuando la principal preocupación del grupo es tomar una decisión unánime en lugar de realizar un análisis crítico de las alternativas

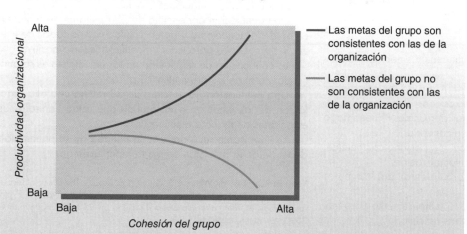

Figura 7.2

Metas, productividad y cohesión del grupo

— Las metas del grupo son consistentes con las de la organización

— Las metas del grupo no son consistentes con las de la organización

Productividad organizacional · Alta · Baja
Cohesión del grupo · Baja · Alta

Esa figura muestra que la mejor combinación se logra cuando el grupo es cohesivo y sus metas son consistentes con los objetivos de la organización. El menor desempeño potencial se presenta cuando el grupo tiene alta cohesión, pero sus metas no son consistentes con las de la organización.

alternativas.[27] (El *groupthink* se analiza en el capítulo 8.) Estos problemas, junto con la evidencia que existe respecto a la cohesión del grupo y la productividad, hacen que un gerente deba ponderar con cuidado las ventajas y desventajas de estimular un alto nivel de cohesión en los grupos.

Por último, existen nuevas evidencias de que la inteligencia emocional de los integrantes del grupo puede promover la cohesión. En este contexto, dicha inteligencia se refiere a la competencia interpersonal que incluye la capacidad de percibir y expresar emociones, comprenderlas y utilizarlas, y manejar las emociones propias y de los demás.[28] Los grupos con climas de inteligencia

CÓMO ENTENDERSE A SÍ MISMO

¿ES USTED EMOCIONALMENTE INTELIGENTE?

La inteligencia emocional puede ayudarle a tener un grupo o ser un integrante más efectivo de equipo, además de incrementar su efectividad en muchas otras áreas. Las siguientes dieciséis preguntas le ayudarán a evaluarse en cuatro aspectos de la inteligencia emocional. Responda de forma honesta cada una con la siguiente escala. Escriba un número del 1 al 7 que corresponda en el espacio que se encuentra a la izquierda de cada número.

Totalmente en desacuerdo	En desacuerdo	Ligeramente en desacuerdo	Neutral	Ligeramente de acuerdo	De acuerdo	Totalmente de acuerdo
①	②	③	④	⑤	⑥	⑦

____ 1. La mayoría de las veces sé por qué tengo ciertos sentimientos.

____ 2. Tengo una adecuada comprensión de mis emociones.

____ 3. En realidad entiendo lo que siento.

____ 4. Siempre sé si estoy o no feliz.

____ 5. Siempre puedo distinguir las emociones de mis amigos a partir de su comportamiento.

____ 6. Soy un buen observador de las emociones de los demás.

____ 7. Soy sensible a los sentimientos y emociones de los demás.

____ 8. Tengo una buena comprensión de las emociones de las personas que me rodean.

____ 9. Siempre establezco metas personales y luego hago mi mejor esfuerzo para alcanzarlas.

___ 10. Siempre me digo que soy una persona competente.

___ 11. Soy una persona con automotivación.

___ 12. Siempre me motivo para intentar dar mi mejor esfuerzo.

___ 13. Soy capaz de controlar mi temperamento para manejar de forma racional las dificultades.

___ 14. Soy bastante capaz para controlar mis emociones.

___ 15. Siempre puedo calmarme rápidamente cuando estoy muy enojado.

___ 16. Tengo buen control de mis emociones.

Puntuación e interpretación: La puntuación máxima de cada uno de los cuatro aspectos de la inteligencia emocional tiene un máximo de 28 puntos. La exactitud y la utilidad de su calificación dependen de la precisión de sus autopercepciones.

Su calificación de la evaluación de emociones personales es su puntuación total de las afirmaciones 1 a 4: ___

Una puntuación por encima de 23 refleja que usted tiene una evaluación alta de emociones personales y significa que tiene una adecuada comprensión de sus emociones.

Su calificación de la evaluación de las emociones de los demás es su puntuación total de las afirmaciones 5 a 8: ___

Una puntuación por encima de 22 refleja una alta comprensión de las emociones de los demás y significa que usted es sensible a lo que otros sienten.

Su calificación del uso de las emociones es su puntuación total de las afirmaciones 9 a 12: ___

Una puntuación por encima de 22 refleja un nivel alto en el uso de las emociones y significa que usted es capaz de utilizar sus emociones para tener un comportamiento positivo.

La calificación de regulación de las emociones es su puntuación total de las preguntas 13 a 16: ___

Una puntuación por encima de 23 refleja una alta regulación de las emociones y significa que usted controla sus emociones de manera efectiva.

Es importante recordar que la utilidad de su puntuación depende de la precisión de sus autopercepciones.

Fuente: Reimpreso de Wong, C.S. & Law, K.S. (2002). The Effects of Leader and Follower Emotional Intelligence on Performance and A ttitude: An Exploratory Study, en *The Leadership Quarterly, 13*(3), pp. 243–274. Copyright © 2002, con autorización de Elsevier.

emocional menos definidos experimentan una gran cantidad de conflictos de relación y tareas de gran intensidad.[29] La Fuerza Aérea de Estados Unidos y L'Oreal utilizan la capacitación en inteligencia emocional para mejorar el desempeño de sus equipos. La sección *Cómo entenderse a sí mismo* de este capítulo le ayudará a evaluar y entender sus habilidades de inteligencia emocional.

Liderazgo informal

El último factor del desempeño de los grupos es el liderazgo informal. La mayoría de los equipos y grupos funcionales tienen un líder formal, es decir, un líder designado por la organización o elegido por los integrantes del grupo, el cual no debería ser designado por los integrantes del grupo, debido a la posible formación de grupos de amistad y de interés. Aunque algunos grupos eligen un líder (por ejemplo, un equipo de fútbol puede elegir a su capitán) muchos no lo hacen. Por otra parte, incluso cuando se designa un líder formal, el grupo o equipo puede también buscar liderazgo en otras personas. Un *líder informal* es una persona que participa en actividades de liderazgo, pero que no cuenta con el reconocimiento formal por hacerlo. El líder formal o el informal de cualquier grupo o equipo puede ser la misma persona, o pueden ser personas diferentes. Por ejemplo, la mayoría de los grupos y equipos requieren personas para desempeñar ciertas tareas como para desempeñar roles socioemocionales. Es probable que un líder informal sea una persona capaz de llevar a cabo con eficacia ambas funciones. Cuando un líder formal puede cumplir una función, pero no la otra, surge un líder informal para complementar su rol. Si el líder formal no puede ejercer ninguna de sus funciones, pueden surgir uno o varios líderes informales para desempeñarlas.

> **líder informal**
> *Persona que participa en actividades de liderazgo, pero que no cuenta con el reconocimiento formal del grupo o de la organización*

¿Es deseable que exista el liderazgo informal? En muchos casos, los líderes informales tienen mucha influencia porque poseen poder referente o poder experto, y pueden ser un gran activo cuando se trabaja en favor de los mejores intereses de la organización. Algunos deportistas sobresalientes, como Peyton Manning, LeBron James y Abby Wambach, son excelentes ejemplos de líderes informales. Sin embargo, cuando los líderes informales trabajan en contra de los objetivos de la organización pueden provocar graves dificultades, debido a que es posible que devalúen las normas de desempeño, instiguen paros o huelgas, o perturben de alguna otra manera la adecuada marcha de la empresa.

CREACIÓN DE NUEVOS GRUPOS Y EQUIPOS

Es frecuente que los gerentes tengan la oportunidad de crear nuevos grupos y equipos. Si tenemos en cuenta el importante rol que pueden desempeñar los grupos y equipos para estimular la efectividad de la organización, es importante que este proceso sea abordado de manera lógica y racional. En general, si se está creando un nuevo grupo o equipo, los gerentes

Cuando se forman nuevos grupos o nuevos integrantes se unen a uno existente, éste pasa por varias etapas de desarrollo. Por ejemplo, este grupo da la bienvenida a un nuevo integrante y todos tendrán que invertir tiempo para conocerse entre sí y definir sus expectativas mutuas mientras comienzan a trabajar.

deben estar al tanto de las etapas por las que pasan, entender cómo deben considerarse los diferentes factores de desempeño y conocer el proceso formal sugerido por los expertos para implementar los equipos.

Etapas del desarrollo de grupos y equipos

Los grupos no son estáticos, y cuando se crea un nuevo grupo o equipo, por lo general surgen algunos "dolores de crecimiento" antes de ser completamente funcional. La investigación tradicional en pequeños grupos (a diferencia de los equipos) se ha centrado en un proceso de desarrollo de cuatro etapas: 1) la aceptación mutua, 2) la comunicación y la toma de decisiones, 3) la motivación y la productividad y 4) el control y la organización.[30] La figura 7.3 muestra estas etapas y las actividades que las caracterizan. Las etapas se analizarán de forma separada y diferenciada, aunque es difícil determinar exactamente cuándo un grupo pasa de una a otra, pues las actividades que se desarrollan en las diversas fases tienden a superponerse.

Aceptación mutua

etapa de aceptación mutua
Etapa que se caracteriza porque los integrantes comparten información personal y se conocen entre sí

En la ***etapa de aceptación mutua*** del desarrollo (también conocida como etapa de *formación*), se integran los grupos y sus integrantes se conocen entre sí mediante el intercambio de información personal. A menudo ponen a prueba sus opiniones mediante el análisis de temas poco relacionados con el grupo, como el

---

Figura 7.3

Etapas del desarrollo de los grupos

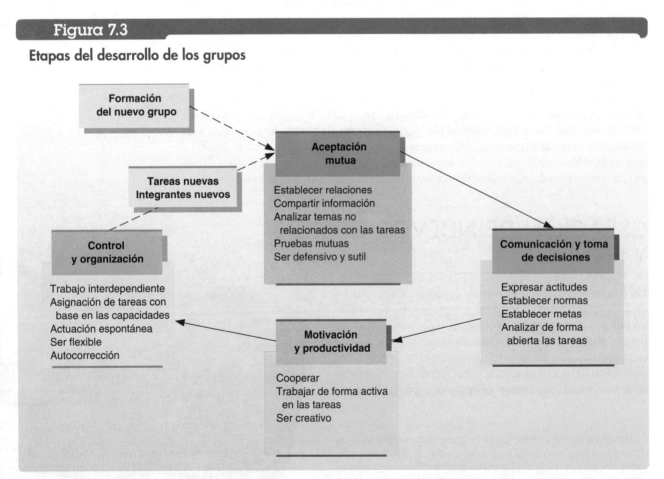

Esta figura muestra las etapas de evolución de un grupo recién formado a un grupo maduro. Observe que cuando se incorporan nuevos integrantes a un grupo existente o cuando se asigna una nueva tarea, el grupo debe repetir las etapas.

clima, deportes o eventos recientes dentro de la organización. También pueden analizarse algunos aspectos de la tarea del grupo, como sus objetivos formales, pero este análisis no será muy productivo porque los integrantes no se conocen y no saben cómo evaluar los comentarios de los demás. Esta etapa puede ser breve si los integrantes ya se conocen, pero no es probable que se omita por completo, ya que se trata de un grupo con un propósito nuevo. También es posible que existan algunos integrantes que no se conozcan o se conozcan poco.

A medida que las personas se conocen, la conversación puede orientarse a temas más sensibles, como las políticas de la organización o decisiones polémicas recientes. En esta etapa, los integrantes pueden tener discusiones leves y pelear un poco a medida que exploran sus puntos de vista sobre temas diversos y aprenden acerca de las reacciones, conocimientos y experiencias de los demás. A partir de estas conversaciones, llegan a comprender la similitud de sus creencias y valores y la medida en la que pueden confiar unos en otros. Pueden discutir sus expectativas sobre las actividades del grupo en términos de su experiencia y participación en otros grupos.[31] Con el tiempo, la conversación se dirige a la actividad del grupo y, cuando se formaliza, el grupo avanza a la siguiente etapa de desarrollo: la comunicación y la toma de decisiones.

Comunicación y toma de decisiones

Una vez que los integrantes del grupo han comenzado a aceptarse entre sí, el grupo progresa hacia la *etapa de comunicación y toma de decisiones* (también llamada etapa de *tormenta*). En esta fase, los integrantes exponen de manera más abierta sus sentimientos y opiniones, lo que puede incrementar el conflicto; pueden mostrar mayor tolerancia a puntos de vista opuestos y explorar diferentes ideas para llegar a una solución o decisión razonable. Por lo general, las normas de comportamiento comienzan a desarrollarse durante esta etapa a partir de la membresía. Los participantes discuten y finalmente llegan a un acuerdo acerca de las metas comunes. Después se asignan los roles y tareas que deben desempeñarse para lograr los objetivos.

etapa de comunicación y toma de decisiones
Etapa en la que los integrantes analizan de forma más abierta sus sentimientos y acuerdan las metas grupales y roles individuales que deben desempeñar en el grupo

Motivación y productividad

En la etapa siguiente, de *motivación y productividad*, (también llamada etapa de *normalización*), el enfoque se desplaza lejos de las preocupaciones y puntos de vista personales hacia las actividades que beneficiarán al grupo. Los integrantes desempeñan sus tareas asignadas, cooperan y se ayudan entre sí para lograr sus objetivos. La motivación es muy alta y las tareas pueden desempeñarse de forma creativa. En esta etapa, el grupo cumple con su trabajo y avanza hacia la fase final de desarrollo.

etapa de motivación y productividad
Etapa en la que los integrantes colaboran, se ayudan entre sí y trabajan para completar las tareas

Control y organización

En la etapa final de *control y organización* (también llamada etapa de *desempeño*), el grupo trabaja de manera efectiva para alcanzar sus metas. Las tareas se asignan de común acuerdo y conforme a las capacidades. En un grupo maduro, las actividades son relativamente espontáneas y flexibles en lugar de estar sujetas a restricciones estructurales rígidas. Los grupos maduros evalúan sus actividades y resultados potenciales y emprenden acciones correctivas cuando es necesario. Las características de flexibilidad, espontaneidad y autocorrección son muy importantes para que el grupo mantenga su nivel de productividad durante un periodo prolongado.

etapa de control y organización
Fase en la que el grupo alcanza la madurez; los integrantes trabajan juntos y son flexibles, adaptables y poseen mecanismos de autocorrección

Sin embargo, no todos los grupos pasan por las cuatro etapas. Algunos de ellos se disuelven antes de llegar a la etapa final, y otros no pueden completar una etapa antes de pasar a la siguiente. Por ejemplo, en lugar de dedicar el tiempo necesario para llegar a conocerse entre sí y generar confianza, un grupo podría acortar la primera etapa de desarrollo debido a la presión de su líder, el cumplimiento de plazos, o una amenaza externa (por ejemplo, el jefe).[32] Si los integrantes son obligados a desempeñar las actividades típicas de una fase posterior, mientras que una etapa anterior está incompleta, es probable que se sientan frustrados y que el grupo no se desarrolle por completo y sea menos productivo.[33] La productividad del grupo depende del desarrollo exitoso de cada etapa. Por lo general, un grupo que evoluciona a lo largo de las cuatro etapas de desarrollo se convierte en un grupo maduro[34] en el que sus integrantes son interdependientes, coordinados, cooperativos, competentes y motivados en su trabajo, con capacidad de autocorrección y comunicación activa con los demás.[35] Este proceso no toma mucho tiempo cuando el grupo se esfuerza y presta atención a los procesos.

Por último, a medida que se modifican las condiciones de trabajo y las relaciones, ya sea por cambios de integrantes o cuando una tarea se ha completado e inicia una nueva, los grupos pueden tener que volver a experimentar una o más de las etapas de desarrollo para mantener la cohesión y la productividad de un grupo bien desarrollado. Por ejemplo, en una ocasión, los Forty-Niners de San Francisco regresaron a trabajar después de un periodo incómodo y aprensivo, debido a una huelga de la NFL. El coach llevó a cabo rigurosas prácticas, pero también dio tiempo a sus jugadores para que se reunieran y expresaran sus sentimientos. Poco a poco, la unidad del equipo se restableció y los jugadores comenzaron a bromear y a socializar de nuevo mientras se preparaban para el resto de la temporada.[36] Su nuevo desarrollo como grupo maduro dio lugar a dos victorias subsecuentes en el Super Bowl.

Aunque estas etapas no están separadas ni son distintas en todos los grupos, muchos de ellos realizan transiciones bastante predecibles en sus actividades cerca de la mitad del periodo disponible para completar una tarea.[37] Un grupo puede comenzar a abordar un problema con un enfoque propio y distintivo y mantenerlo hasta la mitad del tiempo asignado. La transición del punto medio suele ir acompañada de una explosión de actividad concentrada, la revaluación de los supuestos, el abandono de los viejos patrones, la adopción de nuevos enfoques y un progreso importante. Después de este punto medio, los nuevos patrones de actividad deben mantenerse hasta casi el final del periodo. Cerca de la fecha límite se puede presentar otra transición en la que los grupos entran en una fase de afinación, con una explosión final de actividades para concluir el trabajo.

Cómo entender los factores que determinan el desempeño de los equipos

Las personas que trabajan juntas en equipos tienen el potencial de producir más resultados o de mayor calidad de lo que lo habrían hecho si sus esfuerzos individuales se combinaran más tarde. La *ganancia del proceso* se refiere a las mejoras en el desempeño que se generan porque las personas trabajan juntas en vez de hacerlo de forma independiente. Este es el objetivo del trabajo en equipo, ya que las personas que trabajan juntas hacen más y lo hacen mejor de lo que sería posible si trabajaran solas.

Desafortunadamente, muchos equipos no logran alcanzar una ganancia del proceso y en lugar de ello experimentan lo contrario, es decir, una *pérdida del proceso*. Ésta tiene lugar cuando las personas que trabajan en un grupo o equipo tienen un desempeño menor del que tendrían si trabajaran de forma individual. La pérdida de proceso puede reducirse si se clarifican los roles y asignaciones de tareas y no se tolera a los oportunistas, los cuales no contribuyen porque dependen del trabajo de otros. Cuando se le presta atención a la forma en que un equipo desempeña su trabajo podemos identificar y solucionar muchos de los factores que contribuyen a la pérdida del proceso. Se puede mejorar la probabilidad de alcanzar ganancias del proceso si conocemos los

ganancia del proceso
Mejoras en el desempeño que ocurren debido a que las personas trabajan juntas en vez de hacerlo de forma independiente

pérdida del proceso
Deterioro del desempeño que ocurre cuando un equipo tiene un desempeño menor del que tendrían sus integrantes si trabajaran de forma individual

diferentes factores de desempeño del equipo. Algunos de éstos están estrechamente relacionados con los factores de desempeño de los grupos ya descritos, mientras que otros se extienden hacia un horizonte más lejano.

Una técnica útil para promover las ganancias del proceso es desarrollar y promover la *eficacia del equipo*, que es la creencia compartida de que un equipo puede organizar y ejecutar las conductas necesarias para alcanzar sus metas.[38] Esta condición está fuertemente relacionada con el desempeño, sobre todo cuando la interdependencia es alta.[39] La eficacia del equipo puede mejorar si se apoya y capacita a sus integrantes, se asegura que por lo menos algunos de ellos tengan una autoeficacia personal fuerte y se confía y alienta al equipo.

Como ya se indicó, los integrantes de un equipo altamente cohesivo están motivados para permanecer en el equipo, a contribuir tanto como sea posible y a cumplir con las normas. El desempeño del equipo se arriesga cuando sus integrantes no están fuertemente comprometidos con él o con sus objetivos y no contribuyen con su capacidad máxima porque carecen de cohesión.[40] Por lo tanto, los gerentes de nuevos grupos y equipos deben esforzarse para promoverla.

Los gerentes también deben tratar de estimular la confianza entre los integrantes del equipo. La *confianza* es la seguridad que tenemos de que otras personas cumplirán sus compromisos, en especial cuando su comportamiento es difícil de observar y controlar.[41] La confianza del equipo se construye mediante experiencias positivas reiteradas, el compromiso con las metas compartidas y la comprensión de las necesidades, motivos e ideas de sus integrantes. Fomentar la confianza en un equipo es una tarea gerencial importante porque su carencia socava cualquiera de sus actividades. Los equipos pueden aprovechar la diversidad y crear una ganancia del proceso con retroalimentación frecuente a las tareas y el contacto interpersonal.[42]

Los gerentes también deben tratar de evitar la holgazanería social, que es una de las causas principales de las pérdidas del proceso. La investigación ha documentado la práctica de la holgazanería social,[43] en particular en tareas triviales o moderadamente importantes. Este fenómeno es menos recurrente en tareas muy importantes[44] y en equipos pequeños,[45] y con frecuencia se debe a que los integrantes del equipo sienten que sus contribuciones individuales no serán evaluadas o porque esperan que los demás desempeñarán sus tareas, por lo que optan por no hacerlas ellos.[46]

Un comportamiento contrario ocurre cuando las personas trabajan más y están más motivadas ante la presencia de sus compañeros que cuando trabajan solas. La *facilitación social* ocurre cuando las personas están motivadas para quedar bien con los demás y desean mantener una autoimagen positiva. También puede presentarse cuando las personas trabajan de forma individual en presencia de terceros. En ocasiones los empleados incrementan su esfuerzo cuando trabajan en un grupo, simplemente porque otros están presentes[47] o debido a que les preocupa ser evaluados.[48]

Se puede fomentar la facilitación social y reducir la holgazanería si se mantiene el tamaño reducido del equipo, se aclara lo que el equipo espera de cada integrante y se logra que las contribuciones individuales al equipo sean identificables.[49] Por ejemplo, si a una persona se le asigna la responsabilidad de garantizar que las minutas de las juntas sean compartidas con el equipo dentro de los dos días posteriores a la celebración de las mismas, la probabilidad de que la minuta se elabore y distribuya se incrementará. También se puede incrementar la motivación si se permite que los integrantes del equipo decidan las tareas de las que serán responsables cada uno de ellos.

Además, los gerentes deben establecer con claridad los *roles*, pues éstos definen las conductas y tareas que cada integrante debe desempeñar con base en la posición que ocupa. Uno de los resultados principales del proceso de

eficacia del equipo
Creencia compartida de que el equipo puede organizar y ejecutar las conductas necesarias para alcanzar sus metas

confianza
Seguridad de que las demás personas cumplirán su compromiso, en especial cuando el comportamiento de los demás es difícil de monitorear u observar

facilitación social
Fenómeno que se presenta cuando las personas se encuentran motivadas a verse bien ante los demás y a mantener una autoimagen positiva

roles
Definen las conductas y tareas que cada integrante debe desempeñar con base en la posición que ocupa

desarrollo del grupo y el equipo se presenta cuando se establecen de forma adecuada las funciones de cada integrante. Cuando una persona comprende lo que sus compañeros de equipo esperan que haga, y a su vez sabe lo que puede esperar de ellos, el desempeño es más cordial y los conflictos se reducen. Contar con roles y expectativas claras reduce las pérdidas del proceso.

También es importante establecer normas positivas que nos ayuden a garantizar un desempeño adecuado y faciliten la comprensión de las expectativas de los integrantes del equipo. Un ejemplo de norma positiva es que los integrantes deben llegar a tiempo y preparados a las juntas para participar plenamente. Sus integrantes cumplen con las normas 1) para evitar castigos y recibir recompensas, 2) para imitar a sus compañeros que les agradan y admiran y 3) porque han internalizado la norma y consideran que es la forma adecuada de comportarse.[50]

Siempre que sea posible, los gerentes deben diseñar metas de trabajo compartidas y proporcionar retroalimentación. Los equipos de alto desempeño tienen metas claras y desafiantes con las que todos sus integrantes están comprometidos, y con base en ellas crean submetas y parámetros para autoevaluarse. La retroalimentación es útil para ayudar a que los equipos ajusten su comportamiento y progresen hacia sus metas cuando su desempeño se rezaga.[51] Como aparece en la sección de respuestas del mundo real de este capítulo, durante su incursión en Corea del Sur, Starbucks estableció metas compartidas en sus equipos para tareas que normalmente realizaban las mujeres, a fin de alentar a sus empleados varones para llevarlas también a cabo.[52]

La compensación también motiva conductas efectivas de trabajo en equipo. Cuando las recompensas se vinculan con el desempeño del grupo, sus integrantes se motivan para perseguir las metas de éste en lugar de sus objetivos personales.[53] Los equipos requieren que las empresas cambien la perspectiva de sus programas de compensación de un enfoque individual hacia uno grupal. Las recompensas individuales restantes deben reconocer a las personas que son integrantes efectivos del equipo, que comparten libremente sus experiencias, ayudan cuando es necesario y desafían a sus equipos para mejorar. Un sistema de "estrellas" que compensa sólo el desempeño individual socava la efectividad del equipo.

Algunas recompensas individuales pueden ser adecuadas para aquellos que realizan contribuciones individuales particularmente cruciales para el equipo, pero la mayoría de ellas debe otorgarse a nivel de equipo. Los gerentes deben recordar la importancia que tiene la incorporación de los nuevos integrantes a los equipos. La rotación de los integrantes pone en riesgo su efectividad, debido a que se debe socializar con los nuevos miembros para que se integren de manera proactiva.[54] El rol de los líderes es muy importante para estimular la socialización y la integración del recién llegado. La incorporación de un nuevo integrante consiste en motivar a todos los miembros del equipo para promover el compromiso con las metas compartidas, los afectos positivos y conformar los procesos. La socialización crea vínculos afectivos que conectan a los integrantes con el equipo y su misión, y ayuda a generar confianza y un sentido de comunidad. Si los integrantes actuales no emplean el tiempo suficiente para incorporar a los nuevos integrantes en la estructura, éstos no podrán contribuir con todo su potencial y es probable que se comprometan menos con el equipo, además de que se reducirá la cohesión del grupo.

Proceso de implementación

Implementar equipos en la organización no es una tarea sencilla; requiere mucho trabajo, capacitación y paciencia. En realidad, pasar de una organización con una estructura tradicional a una basada en equipos es un cambio profundo que requiere la adaptación cultural de toda la organización. Por lo general, el diseño de organización jerárquica proporciona control y claridad a la dirección. Sin embargo, numerosas organizaciones tienen que reaccionar con rapidez en un entorno dinámico. Los procedimientos para que los equipos funcionen, impuestos de forma artificial mediante los procesos existentes, son una receta para el desastre. En esta sección se presentan varios elementos esenciales para lograr un cambio organizacional hacia una estructura de equipos, proceso que se ilustra en la figura 7.4.

Fase 1: Puesta en marcha

En la fase 1 se debe seleccionar y preparar a los integrantes para que trabajen en equipo, de manera que tengan la mejor oportunidad de éxito. Gran parte de la capacitación inicial es informativa o de creación de "conciencia". En esta etapa se envía el mensaje de que la alta dirección está comprometida firmemente con los equipos y que éstos no son experimentales. El comité directivo comienza la capacitación en la parte superior y ésta se transmite de forma descendente a los integrantes de los equipos.

La capacitación incluye las razones para cambiar a una organización basada en equipos, la forma en que se seleccionaron los equipos, cómo

---

Figura 7.4

Fases de la implementación de equipos

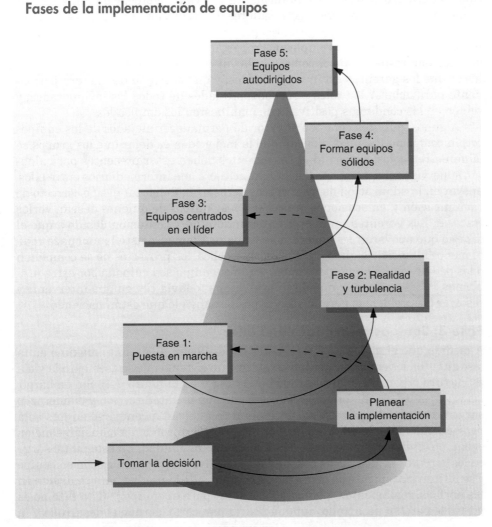

Implementar el enfoque de equipos en una organización es un proceso arduo y largo. Después de que se ha tomado la decisión de trabajar con ellos, un comité directivo desarrolla los planes para su diseño, los cuales incluyen la planeación de todo el proceso. La meta es que los equipos se autodirijan. El tiempo que requiere cada etapa depende de la organización.

funcionan, sus roles y responsabilidades, la compensación y la seguridad en el empleo. En general, la capacitación cubre las habilidades técnicas necesarias para trabajar en equipo, las habilidades gerenciales que se requieren para que el equipo funcione dentro de la organización y las habilidades interpersonales precisas para trabajar con los integrantes del equipo y de toda la empresa. En ocasiones las habilidades interpersonales son esenciales. Tal vez la tarea más importante consiste en fijar la idea de que los equipos no son "no administrados", sino que son "manejados de manera diferente". La diferencia es que los nuevos equipos se autodirigen. También se deben identificar los límites del equipo y ajustar el plan preliminar para adaptarse a las condiciones que éste presenta. Los empleados suelen sentir durante los primeros meses que las cosas están cambiando mucho, por lo que su entusiasmo es alto y su expectación bastante positiva. El desempeño de los equipos se incrementa en esta fase debido a este entusiasmo inicial por el cambio.

Fase 2: Realidad y turbulencia

Después de alrededor de seis a nueve meses, los integrantes del equipo y los gerentes comienzan a sentirse frustrados y confundidos respecto a las ambigüedades que surgen en la nueva situación. En el caso de los empleados, las tareas desconocidas, una responsabilidad mayor y la preocupación por la seguridad laboral reemplazan a las oportunidades que ofrecía el nuevo enfoque. Toda la capacitación y preparación, aunque son importantes, nunca serán suficientes para prepararse para la tormenta y el contragolpe. Cummins Engine Company llevó a cabo numerosos "talleres de predicción" en un esfuerzo para preparar a los empleados y gerentes para las dificultades que se avecinaban, pero todo fue en vano; sus empleados reportaron los mismos problemas que los de otras empresas. El mejor consejo es llevar a cabo muy bien la fase 1, y luego hacer que los gerentes estén muy visibles, y que trabajen de manera permanente para aclarar los roles y responsabilidades de todos los involucrados, y refuercen las conductas positivas que manifiesten los empleados.

Algunos gerentes cometen el error de permanecer alejados de los equipos recién conformados, pues piensan que la mejor idea es dejar que los grupos se administren solos. En realidad, los gerentes deben estar presentes para alentar, supervisar el desempeño del equipo, actuar como intermediarios entre ellos, apoyar en la adquisición de los recursos necesarios, fomentar el tipo correcto de comunicación y, en ocasiones, proteger a los equipos de quienes desean verlos fracasar. Los gerentes también sienten inquietud y confusión debido a que el cambio que apoyaron les genera más trabajo. Además, existe la amenaza real, al menos al inicio, de que el trabajo no se realice, los proyectos no se completen o los pedidos no se envíen a tiempo, y que el equipo sea culpado por estos problemas.[55] Los gerentes también informan que todavía tienen que intervenir y resolver los problemas porque los equipos no saben lo que están haciendo.

Fase 3: Equipos centrados en el líder

A medida que el malestar y las frustraciones llegan a su punto máximo en la fase anterior, los equipos intentan establecer un sistema que se asemeje a la vieja estructura organizacional centrada en el líder (vea la figura 7.4). Sin embargo, los integrantes están aprendiendo acerca de que la autodirección y el liderazgo surgen dentro del equipo, y por lo general comienzan a centrarse en una sola persona. Además, a medida en que los integrantes aprenden a manejarse mejor, el equipo comienza a pensar en sí mismo como una unidad. En este punto surge en los gerentes la idea de las posibilidades positivas de la organización en equipo y se retiran lentamente de la operación cotidiana de la unidad para centrarse en las normas, reglamentos, sistemas y recursos para el equipo.[56] Esta fase no es un revés para su desarrollo, aunque podría parecerlo, porque el desarrollo y la dependencia de un líder interno es un movimiento de alejamiento de la vieja jerarquía y las líneas tradicionales de autoridad.

Los comités de diseño y dirección deben asegurar que ocurran dos fenómenos durante esta fase. En primer lugar, tienen que motivar el surgimiento de líderes internos fuertes. Los nuevos líderes pueden ser nombrados por la empresa o designados por los integrantes del equipo. En ocasiones, la alta dirección prefiere el control adicional que obtiene si es ella la que designa a los líderes, suponiendo que la producción continuará durante la transición del equipo. Por otro lado, si los líderes designados por la empresa son los exgerentes, los integrantes del equipo podrían considerar que en realidad nada ha cambiado. Los líderes designados pueden ser un problema si no están orientados hacia las metas del equipo y no cuentan con la capacitación adecuada.

Por lo general, cuando el líder del equipo designado no es efectivo, el equipo reconocerá el problema y realizará los ajustes necesarios para ponerse nuevamente en marcha. Otra posibilidad al alcance de la dirección del equipo es establecer un sistema de rotación para que la posición de líder cambie cada trimestre, mes, semana, o incluso por días. Un sistema de rotación estimula el crecimiento profesional de todos los integrantes del equipo y refuerza la solidez de su autodirección.

La segunda cuestión importante en esta fase consiste en ayudar a cada equipo a desarrollar su propio sentido de identidad. Visitar a los equipos maduros para observarlos en acción puede ser un buen paso para los que recién están formándose. Reconocer a los equipos e individuos que tienen un desempeño adecuado es siempre una acción poderosa, en especial cuando los equipos eligen a quienes reciben el reconocimiento. La capacitación continua en herramientas y técnicas para la solución de problemas es imprescindible. Los gerentes deben promover la mayor cantidad de oportunidades de solución de problemas como sea posible para el nivel del equipo. Por último, a medida que se desarrolla la identidad del equipo, es útil que éstos participen en actividades sociales portando camisetas con nombres, logotipos y otros elementos que muestren su identidad. Todos estos elementos son señales seguras de que el equipo está entrando en la fase 4.

Fase 4: Equipos consolidados

En la cuarta fase de la implementación de los equipos, éstos se consolidan hasta el punto en el que su enfoque interno puede perjudicar a otros equipos y a la organización en su conjunto. Estos equipos, que suelen estar muy seguros de su capacidad para hacer cualquier cosa, resuelven problemas, administran sus horarios y recursos y manejan los conflictos internos. Sin embargo, la comunicación con equipos externos comienza a disminuir, el equipo encubre a los integrantes de bajo desempeño y se generan rivalidades entre los equipos, lo que genera una competencia desleal.

Para evitar los peligros de la lealtad intensa y el aislamiento inherente a la fase 4, los gerentes deben asegurarse de que los equipos llevan a cabo las mismas actividades que les permitieron prosperar hasta este momento. En primer lugar, los equipos necesitan mantener abiertos los canales de comunicación con sus similares a través de consejos de representantes que se reúnen con regularidad para discutir lo que funciona y no funciona. Cuando los equipos se comunican y cooperan con otros deben ser recompensados. En la planta de Digital Equipment, en Connecticut, los representantes de los equipos se reúnen cada semana para compartir sus éxitos y fracasos para que todos puedan evitar problemas y mejorar las maneras en que operan sus equipos.[57] En segundo lugar, la gerencia tiene que ofrecer retroalimentación por medio de terminales de cómputo con información actualizada sobre el desempeño, o por medio de juntas habituales de retroalimentación. En las plantas de TRW se introdujo la evaluación del desempeño por compañeros en esta etapa del proceso de implementación. Se encontró que, en la fase 4, los equipos estaban listos para asumir esta tarea gerencial, pero necesitaban capacitación para realizar las evaluaciones y comunicar los resultados. En tercer lugar, los equipos deben seguir el plan previamente elaborado para transferir la autoridad y responsabilidad, y asegurarse de que todos sus integrantes lo siguen, a la vez que se les proporciona la capacitación necesaria en las habilidades que se requieren para realizar el trabajo asignado. Hacia el final de la fase 4, el equipo debe estar listo para asumir la responsabilidad de autodirigirse.

Fase 5: Equipos autodirigidos

La fase 5 es el resultado final de meses o años de planeación e implementación. Los equipos maduros logran o superan sus objetivos de desempeño. Sus integrantes asumen la responsabilidad de los roles de liderazgo relacionados con el equipo. Los gerentes y supervisores se retiran de las operaciones cotidianas, y planean y les ofrecen asesoría. Quizá lo más importante es que los equipos maduros son flexibles para asumir nuevas ideas para mejorar, realizan los cambios necesarios en integrantes, funciones y tareas, y hacen lo que sea necesario para lograr los objetivos estratégicos de la organización. A pesar de que los equipos son maduros y funcionan bastante bien, es necesario satisfacer varios requisitos para mantenerlo en su camino. En primer lugar, las personas y los equipos deben continuar su capacitación en habilidades de trabajo en equipo e interpersonales. En segundo lugar, los sistemas de apoyo deben mejorar constantemente para facilitar el desarrollo y la productividad del equipo. En tercer lugar, los equipos siempre tienen que mejorar sus relaciones con clientes y proveedores internos de la organización. Las sociedades entre los equipos de la organización pueden ayudarles a continuar respondiendo a las necesidades de los clientes externos.

ADMINISTRACIÓN DE LOS EQUIPOS

La administración continua de los equipos requiere contar con conocimientos adicionales. Éstos incluyen entender los costos y beneficios de los equipos, la promoción del desempeño efectivo y la identificación y el desarrollo de las competencias de trabajo en equipo.

Cómo entender los costos y beneficios de los equipos

Dada la creciente popularidad de los equipos en todo el mundo, es posible que algunas organizaciones hayan comenzado a implementarlos, simplemente porque todo el mundo lo está haciendo, lo cual es evidentemente una razón equivocada. La razón de una empresa para crear equipos debe ser que éstos tienen sentido para ella. El mejor motivo para comenzar a implementar equipos en cualquier organización es obtener los beneficios positivos que pueden resultar de un entorno basado en ellos, como mejor desempeño, beneficios para los empleados, reducción de costos y mejoras organizacionales. La tabla 7.2 muestra cuatro categorías de beneficios y algunos ejemplos. El *Caso de estudio* de IDEO es otro ejemplo.

Mejor desempeño

El mejor desempeño puede presentarse de diversas formas, como mejora de la productividad, mayor calidad y servicio al cliente, etc. Trabajar en equipo permite que los empleados no desperdicien esfuerzos, reduzcan los errores y reaccionen mejor ante los clientes, lo que incrementa el resultado por cada unidad de insumo del empleado. Estas mejoras provienen de combinar los esfuerzos

Tabla 7.2

Beneficios de los equipos en las organizaciones

Tipo de beneficio	Beneficio específico	Ejemplos organizacionales
MEJOR DESEMPEÑO	Incremento de la productividad	Ampex: Las entregas a tiempo a los clientes se incrementaron 98%.
	Mejor calidad	K Shoes: Los rechazos por millón de piezas fabricadas se redujeron de 5,000 a 250.
	Mejor servicio al cliente	Eastman: La productividad se incrementó 70%.
BENEFICIOS PARA LOS EMPLEADOS	Calidad de vida en el trabajo Menor estrés	Milwaukee Mutual: Los programas de asistencia social a los empleados disminuyeron a un nivel 40% inferior al promedio de la industria.
REDUCCIÓN DE COSTOS	Menor rotación y ausentismo	Kodak: La rotación se redujo 50%.
	Menor cantidad de lesiones	Texas Instruments: Los costos se redujeron más de 50%. Westinghouse: Los costos disminuyeron 60%.
MEJORAS DE LA ORGANIZACIÓN	Incremento en innovación y flexibilidad	IDS Mutual Fund Operations: Mejoró la flexibilidad para manejar las fluctuaciones en las actividades de mercado. Hewlett-Packard: Sistema innovador de procesamiento de pedidos.

Fuente: Ejemplos tomados de Katzenbach, J. y Eisenhardt, K. (2013). *HBR's 10 Must Reads on Teams*. Boston: Harvard Business School Press; Gustasfon, P. y Liff, S. (2014). A Team of Leaders: Empowering Every Member to Take Ownership en *Develop Initiative, and Take Ownership*. Nueva York: AMACOM; McChrysal, S., & Collins, T. (2015). Nueva York: John Wiley and Sons.

individuales en formas nuevas y de la búsqueda continua por progresar en beneficio del equipo.[58] Por ejemplo, una planta de General Electric en Carolina del Norte experimentó un incremento de 20% de su productividad después de implementar equipos de trabajo.[59] K Shoes reportó un incremento de 19% de su productividad y reducciones significativas de los rechazos en el proceso de fabricación después de que comenzó a utilizar equipos.

Reducción de costos

Las organizaciones basadas en equipo muestran importantes reducciones en costos a medida que los equipos facultados con atribuciones de decisión (empowerment) reducen el desperdicio, tienen menos errores, presentan un menor número de demandas de indemnización laboral y un nivel más bajo de ausentismo y rotación. Los integrantes de los equipos sienten que influyen en los resultados, desean realizar contribuciones porque son valorados, se comprometen con su equipo y no quieren decepcionarlo. Wilson Sporting Goods reportó ahorros por 10 millones de dólares anuales durante cinco años, gracias a sus equipos. Por su parte, Colgate-Palmolive informó que retuvo a más de 90% de sus técnicos después de cinco años, con una rotación extremadamente baja, luego de cambiar a un enfoque basado en equipos.

Otros beneficios para la organización

El incremento de la innovación, la creatividad y la flexibilidad son otros beneficios que experimentan las organizaciones cuando transitan de una cultura directiva jerárquica a una cultura basada en equipos.[60] El uso de equipos puede eliminar niveles burocráticos redundantes y adelgazar la jerarquía en las grandes organizaciones. Los empleados se sienten cercanos, están en contacto con la alta dirección y son más propensos a contribuir de forma significativa, porque piensan que sus esfuerzos son importantes. Además, el ambiente

CASO DE ESTUDIO   Trabajo en equipo en IDEO

IDEO es una empresa global de diseño que ha obtenido varios reconocimientos.[61] Cada año forma equipos de psicólogos, ingenieros mecánicos, biólogos y diseñadores industriales que trabajan juntos en proyectos que van desde mouse para computadoras de Apple hasta desfibriladores cardiacos o tubos de pasta dental para Neat Squeeze.

La filosofía corporativa de IDEO es que el trabajo en equipo mejora la innovación y la creatividad. Se utilizan lluvias de ideas en equipo para generar a la vez una gran cantidad de nuevas ideas. Los equipos de proyecto comparten y mejoran las ideas mediante el aprovechamiento de las habilidades de los integrantes y la resolución conjunta de problemas. La empresa considera que la diversidad de los equipos interdisciplinarios mejora la calidad y acelera la innovación.[62]

Independientemente del proyecto, los equipos de IDEO utilizan el mismo proceso. Primero, identifican productos y experiencias similares y observan a las personas que los utilizan. A continuación visualizan, evalúan, perfeccionan e implementan soluciones innovadoras extraídas de sus investigaciones y observaciones para resolver los problemas de los clientes. Los integrantes de los equipos de IDEO carecen de títulos formales o de estatus y se respetan de la misma forma.[63]

Preguntas

1. ¿Cómo influye el trabajo en equipo en la innovación de IDEO?
2. ¿Cómo influye la diversidad en la efectividad del trabajo en equipo en IDEO?
3. ¿Qué características pretendería para dotar de personal a un equipo de proyecto en IDEO?

de equipo desafía de forma constante a los grupos para innovar y resolver de manera creativa los problemas. Si la "misma vieja manera" no funciona, los equipos facultados pueden desecharla y desarrollar una nueva forma de hacer las cosas. Debido al incremento de la competencia global, las organizaciones deben adaptarse constantemente para mantenerse al ritmo de los cambios. Los equipos proporcionan la flexibilidad necesaria para reaccionar con rapidez. Uno de los primeros equipos de Motorola desafió una vieja política de la alta dirección respecto a las inspecciones de proveedores en un esfuerzo para reducir los tiempos de ciclo y mejorar la entrega de componentes principales.[64] Después de varios intentos, la dirección le permitió al equipo implementar un sistema nuevo y obtuvo los beneficios esperados.

Beneficios para los empleados

Los empleados tienden a beneficiarse en un ambiente de equipo tanto como las organizaciones. Se ha puesto mucha atención a las diferencias que existen entre la generación del *baby boom* y los "postboomers" en relación con sus actitudes laborales, la importancia que le otorgan al trabajo y lo que desean de él. En general, los más jóvenes tienden a estar menos satisfechos con el trabajo y la organización, muestran menos respeto por la autoridad y la supervisión, y tienden a querer más que un cheque de pago cada semana. Los equipos pueden proporcionar el sentido de autocontrol, dignidad humana, identificación con el trabajo, y el sentido de autoestima y autorrealización que los trabajadores parecen buscar en la actualidad. En lugar de depender de un sistema tradicional jerárquico basado en la dirección, los equipos otorgan libertad a sus empleados para crecer y ganar respeto y dignidad mediante la autoadministración, tomar decisiones acerca de su trabajo, y hacer en realidad una diferencia en el mundo que los rodea.[65] Como resultado, los empleados tienen una mejor vida laboral, padecen menos estrés y utilizan con menor frecuencia los programas de asistencia.

Costos de los equipos

Los costos de los equipos suelen expresarse en términos de la dificultad para cambiar a una organización basada en ellos. Los gerentes han expresado su frustración y confusión acerca de sus nuevos roles como coaches y facilitadores, en especial si desarrollaban sus habilidades gerenciales en un entorno de administración con filosofía jerárquica tradicional. Algunos gerentes sienten que están trabajando para abandonar sus puestos, debido a que delegan cada vez más sus actividades directivas en los equipos.[66]

Los empleados también pueden sentirse como perdedores durante el cambio a una cultura de equipo. Algunos grupos tradicionales, como el personal de soporte técnico, pueden sentir que sus puestos están en peligro, ya que los equipos hacen cada vez más actividades técnicas que antes eran realizadas por ellos. Es posible que, en estas situaciones, se deban desarrollar nuevas funciones y escalas salariales para el personal técnico. A menudo este personal es asignado a un equipo o a un pequeño grupo de equipos para que se conviertan en integrantes con participación plena en las actividades del equipo.

Otro costo asociado con los equipos es la lentitud de su proceso de desarrollo. Como ya se explicó, se requiere mucho tiempo para que los equipos transiten por su ciclo completo de desarrollo y adquieran la madurez, la eficiencia y la efectividad deseables. La productividad puede disminuir antes de que se presenten los efectos positivos del nuevo sistema de equipos. Si la alta dirección se impacienta con el lento progreso, los equipos pueden ser disueltos, y la organización volver a su forma jerárquica original con pérdidas significativas para ella, los empleados y los directivos.

Es probable que el costo más peligroso sea el abandono prematuro del cambio hacia una organización basada en equipos. Cuando la alta dirección se siente impaciente con el devenir del proceso de cambio y lo termina de forma anticipada, sin permitir que los equipos se desarrollen de forma plena y se presenten los beneficios, se pierde todo el arduo trabajo de los empleados, mandos intermedios y supervisores. Como resultado, la confianza del personal en la dirección general y en los responsables de la toma de decisiones en particular puede deteriorarse por un largo periodo.[67] Las pérdidas en productividad y eficiencia serán muy difíciles de recuperar, por lo que la dirección debe estar totalmente comprometida antes de iniciar un cambio hacia una organización basada en equipos.

Promoción del desempeño efectivo

En este capítulo se han descrito los diversos beneficios de los equipos y el proceso para cambiar a una organización basada en ellos. Los equipos pueden utilizarse en organizaciones pequeñas y grandes, en talleres y oficinas, y en países de todo el mundo. Sin embargo, deben ser iniciados por razones de negocios basadas en el desempeño y se deben utilizar las estrategias adecuadas de planeación e implementación. En esta sección se analizarán tres temas esenciales que no pueden pasarse por alto cuando se cambia hacia una organización basada en equipos.

Apoyo de la alta dirección

La cuestión para determinar por dónde comenzar a implementar los equipos en realidad no representa ningún problema. El cambio comienza en la parte superior de la jerarquía, pues ello garantiza una implementación exitosa. La alta dirección tiene que desempeñar tres roles importantes. Primero, debe tomar la decisión de cambiar hacia una organización basada en equipos por motivos relacionados con el desempeño de negocios. No se puede emprender un cambio cultural grande porque está de moda, porque el jefe asistió a un seminario sobre equipos, o porque se requiere una solución rápida. Segundo, la alta dirección debe comunicar las razones del cambio al resto de la organización. En tercer lugar, debe apoyar el esfuerzo de cambio durante los periodos difíciles. Como ya se explicó, por lo general el desempeño disminuye en las primeras fases de la implementación. El apoyo de la alta dirección puede manifestarse como aliento verbal, pero también se necesitan sistemas organizacionales de apoyo a los equipos. Algunos ejemplos son los sistemas más eficientes de inventarios y programación, así como mejores sistemas de contratación y selección, información y compensación adecuada.

Cómo entender los marcos de tiempo

Con frecuencia, cuando las organizaciones implementan equipos, esperan obtener demasiados resultados en poco tiempo. En realidad, muchas veces las cosas empeoran antes de mejorar.[68] La figura 7.5 muestra la forma en que el desempeño del equipo disminuye poco después de la implementación y luego vuelve a sus niveles originales y posteriormente los supera. En la dirección de Investors Diversified Services, una firma de servicios financieros en Minneapolis, Minnesota (y ahora una parte de American Express), la planeación prevista para la puesta en marcha de un equipo era de tres o cuatro meses, pero en realidad tardó ocho meses y medio.[69] A menudo pasa un año o más antes de que el desempeño vuelva al menos al nivel que tenía antes de la implementación de los equipos. Si éstos se implementan sin una planeación adecuada, es posible que su desempeño nunca vuelva a los niveles anteriores. El largo tiempo de espera para mejorar el desempeño puede ser desalentador para los gerentes que reaccionaron deslumbrados por la moda que significaban los equipos y esperan resultados inmediatos.

Las fases de implementación que se describen en las secciones anteriores corresponden a los puntos clave en la curva de desempeño del equipo. En la puesta en marcha, el desempeño se encuentra en sus niveles normales, aunque a veces la anticipación y el entusiasmo por los equipos causan un ligero incremento. En la fase 2, en medio de la realidad y la turbulencia, los equipos a menudo se confunden y se frustran con la insuficiente capacitación y la falta

---

Figura 7.5

La curva de desempeño del equipo muestra que éste tiende a disminuir al inicio cuando se integra al grupo y sus integrantes experimentan confusión, frustración y turbulencia. Sin embargo, el desempeño se incrementa pronto y alcanza niveles sin precedentes cuando el equipo adquiere madurez y se convierte en un equipo autodirigido.

Desempeño e implementación de los equipos

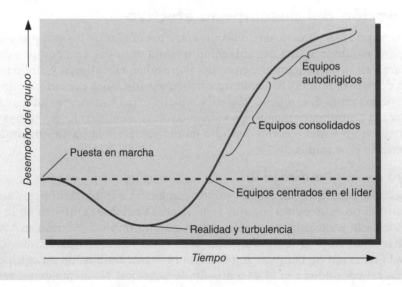

Fuente: De Katzenbach, J. R. y Smith, D. K. (1993). *The Wisdom of Teams: Creating the High Performance Organization* (p. 84). Boston, MA: Harvard Business School Press.

Las organizaciones que utilizan equipos deben modificar su sistema de compensación. Por ejemplo, esta organización reconoce y recompensa el alto desempeño de sus equipos de trabajo. En el pasado, la empresa se enfocaba más en el desempeño individual.

ALEX BRYLOVSHUTTERSTOCK.COM

de liderazgo de la alta dirección, hasta el punto en que el desempeño real puede disminuir. En la fase 3, los equipos centrados en el líder se sienten más cómodos con la idea de lo que son y se reenfocan en el trabajo que les corresponde. Han reestablecido el liderazgo, aunque sea con un líder interno en lugar de un gerente o supervisor externos. Por lo tanto, su desempeño vuelve al menos a sus niveles anteriores. En la fase 4, los equipos comienzan a experimentar el potencial real del trabajo en equipo y son productivos por encima de sus niveles anteriores. Por último, en la fase 5, los equipos autodirigidos son maduros, flexibles y por lo general presentan niveles de desempeño sin precedentes.

Las organizaciones que cambian hacia una estructura de equipos tienen que reconocer el tiempo y esfuerzo que supone implementar este cambio, ya que las esperanzas de obtener resultados positivos inmediatos pueden conducir a la decepción. Los incrementos más rápidos de desempeño ocurren entre la fase centrada en el líder y la centrada en el equipo cuando los equipos han conseguido superar las etapas difíciles de bajo desempeño, se han capacitado y están listos para utilizar su independencia y libertad para tomar decisiones sobre su trabajo. Sus integrantes están profundamente comprometidos con sus compañeros y con el éxito del equipo. En la fase 5, la dirección debe asegurarse de que los equipos se enfoquen en los objetivos estratégicos de la organización.

Cambio en la compensación organizacional

La forma en que se compensa a los empleados es vital para el éxito a largo plazo de una organización. Los sistemas tradicionales de recompensas y compensación adecuados para motivar a los individuos simplemente no son apropiados para una organización basada en equipos. En los entornos convencionales, los empleados suelen ser compensados sobre la base de su desempeño individual, su antigüedad o clasificación de trabajo. Sin embargo, en un ambiente basado en equipos, los integrantes deben ser compensados por el dominio de una serie de habilidades necesarias para lograr los objetivos, y las recompensas deben vincularse con el desempeño del equipo. Este tipo de sistemas de remuneración tiende a promover la flexibilidad que los equipos necesitan para ser sensibles a los cambios en los factores del entorno. Existen tres tipos de sistemas de compensación que son comunes en un ambiente de equipo: sistemas de pago basados en las habilidades, distribución de beneficios y planes de bonos de equipo.

1. *Pago basado en las habilidades*: los sistemas de pago basados en las habilidades requieren que los integrantes del equipo desarrollen un conjunto de habilidades básicas necesarias para su equipo, además de habilidades especiales adicionales, las cuales dependen de la trayectoria profesional y las necesidades de su equipo. Algunos programas requieren que todos los integrantes adquieran una serie de conocimientos básicos antes de que alguno de ellos reciba un pago adicional. Por lo general, los empleados pueden incrementar su base de compensación un monto fijo, por ejemplo de $0.50 por hora por cada habilidad adicional adquirida, hasta algún máximo establecido. Algunas empresas que utilizan sistemas de pago basados en habilidades son Eastman Chemical Company, Colgate-Palmolive y Pfizer.

2. *Sistemas de ganancias compartidas (o gainsharing)*: por lo general, los sistemas de *gainsharing* compensan a todos los integrantes del equipo con base en el desempeño de la organización, división o planta. Un sistema de este tipo requiere un desempeño de referencia que debe ser superado por los integrantes del equipo para recibir una parte de las ganancias o beneficios sobre la métrica establecida. Westinghouse otorga bonos iguales en una sola emisión para todos los empleados de su planta, con base en mejoras en la productividad, los costos y la calidad. La reacción de los empleados suele ser positiva, porque cuando trabajan para ayudar a la empresa, comparten las ganancias que ayudan a generar. Por otro lado, cuando las condiciones económicas u otros factores fuera de su control hacen que sea imposible mejorar la línea de la utilidad neta preestablecida, los empleados pueden sentirse decepcionados, e incluso desilusionados con el proceso.

3. *Planes de bonos de equipo*: los planes de bonos de equipo son similares a los planes de distribución de ganancias o beneficios, excepto que la unidad de desempeño y pago es el equipo en lugar de una planta, una división o toda la organización. Cada equipo debe tener metas específicas de desempeño o indicadores de referencia que él mismo considere realistas para que el plan sea efectivo. Milwaukee Insurance Company, Colgate-Palmolive y Harris Corporation son ejemplos de empresas que utilizan este tipo de bonos.

Los cambios en el sistema de compensación de la organización pueden ser traumáticos y amenazantes para la mayoría de los empleados. Sin embargo, cuando dicho sistema se vincula a la forma en que el trabajo se organiza y ejecuta, se obtienen beneficios muy positivos. Los tres tipos de sistemas de compensación basados en equipos pueden aplicarse de forma independiente por razones de simplicidad, o de manera combinada para tratar de abordar diferentes tipos de problemas en la organización.

Competencias de trabajo en equipo

Uno de los fundamentos de un equipo efectivo es la naturaleza de las personas elegidas para conformarlo. Es esencial que el equipo cuente con integrantes que tengan las habilidades interpersonales y competencias necesarias para contribuir al desempeño de la tarea y que también sean capaces de trabajar bien en contextos de equipo. Algunas de las capacidades para trabajar en equipo son:[70]

1. Capacidad para resolver conflictos.
   - Capacidad para reconocer y estimular el conflicto deseable y desalentar los conflictos no deseables en el equipo.
   - Capacidad para reconocer el tipo y la fuente del conflicto que enfrenta el equipo e implementar una estrategia adecuada de resolución.
   - Capacidad para emplear una estrategia de negociación integradora (ganar-ganar), en lugar de las estrategias tradicionales distributivas (ganar-perder).

2. Capacidad para colaborar en la solución de problemas.
   - Capacidad para identificar situaciones problemáticas que requieren soluciones participativas, y utilizar el grado y el tipo adecuado de participación.
   - Capacidad para reconocer los obstáculos para implementar soluciones colaborativas de problemas e implementar acciones correctivas adecuadas.

3. Capacidad para la comunicación.
   - Capacidad para comunicarse abiertamente y brindar apoyo.
   - Capacidad para escuchar de manera objetiva y utilizar de forma adecuada las técnicas de escucha activa.

- Capacidad para maximizar la congruencia entre los mensajes verbales y no verbales y de reconocer e interpretar los mensajes no verbales de los demás.
- Capacidad para participar y reconocer la importancia de los rituales de interacción y conversaciones pequeñas.

4. Capacidad para la autoadministración y el establecimiento de metas.
   - Capacidad para ayudar a establecer metas para el equipo que sean específicas, desafiantes y aceptadas.
   - Capacidad para proporcionar retroalimentación constructiva.

5. Capacidades para planear y coordinar tareas.
   - Capacidad para coordinar y sincronizar las actividades, la información y las tareas entre los integrantes del equipo.
   - Capacidad para ayudar a establecer las asignaciones de tareas y roles para cada integrante del equipo y asegurar un equilibrio adecuado en la carga de trabajo.

Las competencias de trabajo en equipo también implican comprender el comportamiento ético en los equipos. Entre más frecuente e intensa sea la interacción con nuestros compañeros, más fuerte será su influencia en nuestro comportamiento.[71] El comportamiento ético de otras personas influye en nuestro propio comportamiento ético.[72] Este enunciado es particularmente cierto en el caso de los gerentes, lo que pone de relieve la importancia de establecer de forma consistente un buen ejemplo como gerente.[73] Cuatro cuestiones de ética son especialmente importantes en los equipos:

1. ¿Cómo distribuir con justicia el trabajo en los equipos?
2. ¿Cómo actúan los equipos para asignar la culpa y adjudicar el crédito?
3. ¿Cómo garantizan los equipos la participación, resolución de conflictos y toma de decisiones?
4. ¿De qué manera los equipos evitan el engaño y la corrupción?

Un **contrato de equipo** es un acuerdo escrito entre quienes lo integran, el cual establece las reglas básicas acerca de los procesos, roles y responsabilidades del equipo. Sus integrantes deben comunicarse y negociar con la finalidad de identificar la calidad del trabajo que todos desean lograr, cómo se tomarán las decisiones, el nivel de participación y la responsabilidad individual para que todos se sienten cómodos. Los contratos de equipo ayudan a impedir el oportunismo y reducir las posibilidades de que se presenten conflictos por la distribución desigual de los recursos. Además, estos acuerdos pueden promover un comportamiento ético y mejorar el desempeño del equipo y la satisfacción de sus integrantes mediante la mejora de la responsabilidad personal y la creación de reglas y expectativas claras.

contrato del equipo
Acuerdo escrito que establece las reglas básicas que deben observar los procesos, roles y responsabilidades de los integrantes de un equipo

OPORTUNIDADES Y DESAFÍOS EMERGENTES PARA LOS EQUIPOS

A medida que los equipos se difunden cada vez más en las organizaciones, deben abordarse dos conjuntos adicionales de oportunidades y desafíos: los equipos virtuales y la diversidad y los equipos multiculturales.

Equipos virtuales

La administración de los equipos virtuales puede ser difícil[74] debido a que sus integrantes se encuentran separados tanto en espacio geográfico como en tiempo, lo que incrementa los desafíos de trabajar conjuntamente de manera efectiva. En estos entornos, los integrantes del equipo a menudo están aislados y tienen dificultades para sentirse conectados con sus compañeros.[75] Es bastante difícil dirigir equipos que interaccionan directamente y cuyos integrantes comparten un idioma y una cultura en común, pero estos desafíos se multiplican cuando los equipos "se hacen virtuales" y la comunicación se produce a través de la tecnología con la participación de integrantes con culturas y experiencias de vida muy diferentes.[76]

Los equipos virtuales permiten a las organizaciones contar con las personas más calificadas para un trabajo concreto, independientemente de su ubicación, responder más rápido a la competencia, y proporcionar mayor flexibilidad a las personas que trabajan desde su casa o en otro lugar. En ciertos casos, algunos integrantes del equipo pueden ser agentes libres o socios aliados, esto es, no ser empleados de la organización. En otros, los integrantes podrían ni siquiera verse frente a frente. Numerosos equipos virtuales operan dentro de una organización determinada, pero también cruzan las fronteras organizacionales cada vez con más frecuencia.[77] Hewlett-Packard, Motorola y Banco de Boston son empresas que utilizan equipos virtuales para implementar sus estrategias.[78]

Habilidades de liderazgo en los equipos virtuales

El liderazgo efectivo de equipos cuyos integrantes están unidos por la tecnología, y a menudo no se ven entre sí, requiere habilidades y conductas únicas en comparación con la administración de equipos situados en el mismo lugar.[79] Trabajar desde diferentes ubicaciones presenta desafíos para la comunicación, colaboración e incorporación de los integrantes con el resto del equipo y con la organización en general. Cuando los integrantes se ven rara vez o interaccionan con otros empleados, puede ser difícil que se sientan parte del equipo y de la comunidad organizacional.

Uno de los desarrollos importantes que el líder de un equipo virtual puede lograr es establecer un clima de comunicación que se caracterice por la apertura, la confianza, el apoyo, el respeto mutuo y la asunción de riesgos. Esto ayuda al equipo a establecer relaciones de trabajo positivas, compartir información abiertamente, reducir la formación de subgrupos internos y evitar la mala interpretación de los mensajes.[80]

Un experto identificó cinco categorías de habilidades de liderazgo importantes para los equipos virtuales y la administración a distancia:[81]

1. *Comunicación efectiva y combinación de la tecnología adecuada a la situación*: las herramientas de colaboración en línea ayudan a los equipos virtuales a administrar archivos, juntas y asignaciones de tareas.

2. *Construir una comunidad entre los integrantes del equipo sobre la base de la confianza mutua, el respeto, la afiliación y la equidad*: los líderes efectivos tratan con respeto y justicia a los integrantes del equipo y solicitan y valoran sus contribuciones.

3. *Establecer de forma clara y motivante una visión compartida, el propósito del equipo, sus objetivos y expectativas*: los mensajes sutiles, como recordar a alguien en voz baja que no debe atacar las ideas durante una sesión de lluvia de ideas, son herramientas poderosas para conformar las normas de un equipo virtual.

4. *Liderar con el ejemplo y enfocarse en resultados medibles*: los líderes virtuales efectivos establecen objetivos y hacen asignaciones claras de tareas y posteriormente otorgan a los integrantes del equipo la responsabilidad sobre ellas.

5. *Coordinación y colaboración a través de los límites organizacionales*: los líderes de los equipos virtuales deben trabajar de forma efectiva con

personas de múltiples organizaciones, con los agentes libres y los socios aliados que no son empleados de su organización.

Conductas del líder

La falta de contacto frente a frente del líder con los integrantes del equipo virtual le dificulta supervisar su desempeño y aplicar soluciones a los problemas laborales. También se le complica realizar las funciones típicas de mentoring, coaching y desarrollo. El desafío para los líderes de los equipos virtuales consiste en que estas tareas deben llevarse a cabo mediante el empowerment del equipo sin que el líder esté presente.[82]

Por ejemplo, los integrantes de los equipos virtuales suelen ser seleccionados por sus competencias, *expertise* y experiencias previas en esos tipos de equipos. Se espera que posean conocimientos, habilidades, capacidades y otros atributos técnicos que les permitan contribuir a incrementar la efectividad del equipo y operar de forma efectiva en un entorno virtual. Por lo tanto, la necesidad de que los líderes de estos equipos supervisen o desarrollen a sus integrantes podría no ser tan importante. Además, los líderes de los equipos virtuales pueden distribuir algunos aspectos de estas funciones entre los integrantes del equipo, lo cual favorece su autodirección.[83]

Los líderes de los equipos virtuales deben proporcionar una dirección clara al equipo[84] junto con metas individuales específicas. Cuando la dirección y las metas son claras, los integrantes del equipo pueden supervisar y evaluar su propio desempeño.[85] Aunque esto es relevante en todos los equipos, los líderes de los equipos virtuales deben ser más proactivos y estructurados y desarrollar procesos que se conviertan en la forma de comportamiento natural del equipo.

Una forma en la que los líderes de equipos virtuales pueden lograrlo es mediante el desarrollo de rutinas y procedimientos adecuados al inicio del ciclo de vida del equipo.[86] Las rutinas crean patrones consistentes de comportamiento que se reproducen, incluso, en ausencia del líder. Los líderes pueden definir las rutinas deseadas (por ejemplo, procedimientos operativos estándar), capacitar a los integrantes y proporcionar incentivos motivacionales suficientes para garantizar su cumplimiento. También pueden establecer normas y directrices para especificar el comportamiento adecuado de los integrantes del equipo. Por ejemplo, la comunicación por computadora tiende a generar un comportamiento individual más desinhibido, con el uso de expresiones fuertes o irritantes.[87] Por lo tanto, los líderes deben diseñar procedimientos operativos normativos que especifiquen cuándo es o no adecuada la comunicación virtual. Dado que, por lo general, los integrantes de los equipos virtuales conocen poco el entorno general, también es importante que los líderes monitoreen el entorno e informen sobre cualquier cambio importante.[88]

Groupware y sistemas de apoyo para la toma de decisiones en grupo

Las tecnologías de información síncronas y asíncronas apoyan a los integrantes de los equipos virtuales.[89] Algunas tecnologías síncronas, como videoconferencias, mensajería instantánea, juntas electrónicas e incluso las conferencias telefónicas, permiten la comunicación y la interacción en tiempo real. Por su parte, las tecnologías asíncronas, como el correo electrónico, los wikis y algunas juntas electrónicas, retrasan la comunicación de los mensajes. Numerosos equipos virtuales dependen de los dos tipos de tecnología y usan el que mejor se adapte al mensaje que se desea comunicar y a la tarea que se debe ejecutar. Bausch & Lomb descubrió que cuando se utilizan herramientas colaborativas basadas en la red se puede incrementar la sinergia, pues se reduce el número de juntas y se incrementa el tiempo disponible para trabajar.[90]

Numerosas juntas de equipo son mal conducidas, consumen demasiado tiempo y logran pocos objetivos. El uso del software de manejo de juntas, las pizarras electrónicas y los editores de documentos colaborativos facilitan estas juntas y permiten que los integrantes del equipo aporten ideas, accedan de forma anónima a los planteamientos de otras personas y comenten y voten por ellos. La comunicación por computadora mejora el desempeño del equipo virtual debido a que ayuda a sus integrantes a comunicarse de forma más efectiva.

Emplear la tecnología adecuada es fundamental para que funcionen los equipos virtuales. El fabricante de muebles de oficina Steelcase se basa en equipos virtuales interfuncionales, interoficinas e incluso intercompañías para sus operaciones cotidianas.[91] La empresa utiliza software para apoyar a sus equipos virtuales y permitir que trabajen juntos como si estuvieran en el mismo lugar, lo cual reduce los gastos de viaje e incrementa su productividad y eficiencia. El software de colaboración conecta a los equipos virtuales con integrantes ubicados en distintos lugares del mundo y los ayuda a estructurar los procesos de las juntas. Los equipos pueden compartir archivos, administrar y coordinar los procesos de negocio mediante el marcador de documentos y presentaciones de Power-Point dentro de espacios de trabajo seguros, sincronizados en todas las computadoras de los integrantes del equipo, quienes se comunican mediante la mensajería instantánea, el chat o voz por medio de las herramientas de juntas virtuales. Un asistente facilita el proceso para convocar una junta e invitar a los participantes, quienes pueden añadir temas a la agenda, crear elementos de acción, adjuntar archivos y registrar minutas.[92]

Diversidad y equipos multiculturales

La diversidad puede ayudar u obstaculizar la efectividad del equipo. La diversidad puede ser una fuente de creatividad e innovación para generar una ventaja competitiva[93] y mejorar la toma de decisiones.[94] Las empresas innovadoras utilizan intencionadamente equipos heterogéneos para resolver problemas.[95] La sección *Temas globales* se centra en cómo incrementar la efectividad de los equipos multiculturales.

A pesar de su potencial para mejorar el desempeño de los equipos, puede ser una espada de doble filo,[96] ya que puede generar malentendidos y conflictos que conducen al ausentismo, la pérdida de competitividad y niveles bajos de calidad, moral[97] y cohesión de grupo.[98] Los grupos diversos son menos capaces de satisfacer las necesidades de sus integrantes y tienden a padecer más conflictos y menos integración y comunicación que los grupos homogéneos.[99]

La *diversidad informativa*, o la diversidad del conocimiento y la experiencia, tiene un efecto positivo en el desempeño del equipo. Puede mejorar la creatividad y la solución de problemas, debido a que el conocimiento singular de sus integrantes incrementa los recursos de conocimiento del equipo y puede mejorar sus opciones. Por el contrario, la *diversidad demográfica* suele tener un efecto negativo en el desempeño, ya que en la medida en que un equipo incrementa su diversidad

MONKEY BUSINESS IMAGES/
SHUTTERSTOCK.COM

Los grupos y equipos han incrementado su nivel de diversidad en la medida en que las organizaciones también lo hacen. Por ejemplo, este grupo muestra varias formas de diversidad. La diversidad en grupos y equipos puede promover la creatividad y la innovación. Desafortunadamente, también puede ser una fuente de conflicto.

TEMAS GLOBALES

CÓMO INCREMENTAR LA EFECTIVIDAD DE LOS EQUIPOS MULTICULTURALES

¿Qué se debe hacer para incrementar la efectividad de los equipos multiculturales? La mejor solución parece ser otorgar concesiones menores en el proceso y aprender a respetar el punto de vista de los demás en la toma de decisiones. Por ejemplo, los gerentes estadounidenses han aprendido a alejar de las juntas de equipo a los jefes impacientes y a ofrecerles actualizaciones frecuentes. Una lección comparable para gerentes de otras culturas sería comunicar de forma explícita lo que se necesita, por ejemplo, "debemos ver el contexto general antes de hablar de los detalles".[102]

Se han identificado cuatro estrategias para manejar los desafíos de los equipos multiculturales:

1. *Adaptación*: considerar el problema como una diferencia cultural y no como una cuestión de personalidad. Este enfoque funciona cuando los integrantes de los equipos están dispuestos y son capaces de identificar y reconocer sus diferencias culturales y asumir la responsabilidad para manejarlas.
2. *Intervención estructural*: cambiar la forma del equipo. Se puede estructurar el trabajo y la interacción social para que todos participen en el equipo.
3. *Participación gerencial*: establecer con anticipación las normas o contar con un gerente de nivel superior. Este enfoque funciona mejor en las primeras etapas del ciclo de vida del equipo. En una ocasión, un gerente estableció una norma de respeto al informar que ninguno de los integrantes había sido elegido con base en su dominio del idioma inglés, sino por sus capacidades técnicas que los hacían los mejores para el

trabajo. De esta forma se pudieron superar las barreras de los diferentes acentos.[103]
4. *Salida*: eliminar a un integrante del equipo cuando las demás alternativas han fracasado. Si las emociones se exaltaron y se presentan muchos roces, podría ser casi imposible hacer que el equipo trabaje de nuevo de forma efectiva.[104]

En palabras de un experto:

El aspecto fundamental es ser un modelo de respeto que contagie a los demás. Apoyar a los integrantes del equipo para comprender que los problemas se deben a las diferencias culturales y no a la personalidad ayuda mucho. Si usted puede ayudar al equipo a que acepte que el comportamiento que es tan frustrante y molesto se debe a la cultura, entonces las personas sentirán curiosidad por conocer cómo hacen las cosas en esa cultura, y cuando se desata la curiosidad, se inspira el aprendizaje. Una última sugerencia: no se debe intervenir con demasiada rapidez. Si siempre pueden traer un problema a su puerta para que usted lo resuelva, nunca podrían aprender a resolverlo por sí mismos.[105]

Los gerentes y los integrantes de los equipos multiculturales deben encontrar la manera de emplear sus fortalezas y minimizar las dificultades de coordinación que generan los problemas de comunicación, las diferencias entre los idiomas, los estilos diferentes de trabajo y los malentendidos.[106]

en términos demográficos, los conflictos aumentan y se reduce su desempeño.[100] El incremento de la diversidad demográfica puede dificultar el uso de la diversidad informativa, porque sus integrantes no son capaces de trabajar con personas diferentes. Cuando esto sucede, los equipos geográficamente diversos pierden su potencial para trabajar de forma efectiva.[101]

Para aprovechar los beneficios potenciales de la diversidad, las empresas deben tomar medidas para incorporar a sus equipos personal con pluralidad informativa que se sienta cómodo con la diversidad y el trabajo en equipo. La administración efectiva de la diversidad en los equipos tiene que ver tanto con las actitudes de los integrantes del equipo hacia ella como con la propia diversidad del equipo. Los equipos multiculturales pueden presentar dilemas frustrantes para los gerentes. Las diferencias culturales pueden crear obstáculos importantes para desarrollar un trabajo efectivo de equipo, pero pueden ser difíciles de identificar hasta que se ha hecho un daño significativo.[107] Es fácil suponer que los desafíos de los equipos multiculturales se deben sólo a los diferentes estilos de comunicación, pero las actitudes hacia la jerarquía y la autoridad y las normas opuestas para la toma de decisiones también pueden crear barreras para el éxito.[108] A continuación analizaremos más estos tres factores.

Comunicación directa frente a indirecta

En las culturas occidentales la comunicación suele ser directa y explícita, y un oyente no tiene que saber mucho sobre el contexto o el orador para interpretarlo. En muchas otras culturas, el significado está incrustado en la forma en que se presenta el mensaje. Por ejemplo, las personas en Occidente obtienen información sobre las preferencias y prioridades de los demás mediante preguntas directas como "¿usted prefiere la opción A o la B?" En las culturas con comunicación indirecta, las personas tienen que inferir las preferencias y prioridades a partir de los cambios, o la falta de ellos, en las contrapropuestas de la otra parte. En los entornos transculturales, una persona no occidental puede entender con facilidad las comunicaciones directas de los occidentales, pero éstos a menudo tienen dificultades para entender las comunicaciones indirectas de los no occidentales.[109] Los desafíos a la comunicación crean barreras para el trabajo efectivo en equipo, porque reducen el intercambio de información, crean conflictos interpersonales, o ambos. Debido a que los patrones de comunicación aceptados difieren en todas las culturas, es una buena idea familiarizarse con aquellos de las culturas con las que se tendrá contacto.

Diferentes actitudes hacia la jerarquía y la autoridad

Los equipos tienen un diseño estructural bastante plano. Sin embargo, los integrantes del equipo que provienen de culturas en las que las personas reciben un trato diferente según su estatus en una organización se sienten incómodos con estos diseños. Cuando se dirigen a los integrantes de mayor estatus, su comportamiento será visto como adecuado por los integrantes del equipo de las culturas jerárquicas, pero podría dañar su credibilidad si la mayor parte del equipo proviene de culturas igualitarias. Por ejemplo, en equipos multiculturales, los ingenieros provenientes de India suelen sentirse incómodos si tienen que discutir con el líder del equipo o con personas de mayor edad.[110] Esta actitud reduce la capacidad del equipo para asegurar las contribuciones de todos.

Normas contradictorias para la toma de decisiones

Las culturas difieren sustancialmente cuando se trata de la rapidez con la que se deben tomar decisiones y la cantidad de análisis que se requiere para hacerlo. En comparación con los directores de otros países, los estadounidenses prefieren tomar decisiones de forma rápida y con poco análisis. Un gerente brasileño hizo estos comentarios acerca de una negociación en una empresa estadounidense: "En el primer día estuvimos de acuerdo en tres puntos, y en el segundo día queríamos comenzar con el punto cuatro. Pero los coreanos querían volver y discutir de nuevo los puntos del uno al tres. Mi jefe casi tuvo un infarto."[111]

RESUMEN Y APLICACIÓN

Un grupo consiste en dos o más personas que interaccionan entre sí, de manera que cada una de ellas influye y es influida por la otra. Los equipos son un agregado interdependiente de por lo menos dos personas que comparten un objetivo y la responsabilidad por sus resultados y los del equipo. Los grupos y equipos no son necesariamente lo mismo. Todos los equipos son grupos, pero no todos los grupos son equipos. Los tipos de grupos más comunes en las organizaciones son los grupos de trabajo, los equipos y los grupos informales.

El desempeño de cualquier grupo se ve afectado por varios factores distintos de las razones de su formación y las etapas de su desarrollo. Los cinco factores básicos del desempeño de un grupo son la composición, el tamaño, las normas, la cohesión y el liderazgo informal. La composición del grupo se describe más a menudo en términos de la homogeneidad o heterogeneidad de sus integrantes. El tamaño del grupo también puede tener un efecto importante en el desempeño. Una norma es un estándar con la cual se juzga la adecuación de un comportamiento, y determina el comportamiento esperado en una situación específica. La cohesión del grupo es el grado al que un grupo se ha comprometido a mantenerse unido; es el resultado de fuerzas que actúan sobre los integrantes para permanecer en el grupo. El último factor de desempeño grupal es el liderazgo informal: la aparición de un individuo que se involucra en actividades de liderazgo, pero cuyo derecho a hacerlo no ha sido formalmente reconocido.

Cuando se forma un nuevo grupo o equipo, por lo general transita por varias etapas de desarrollo. La investigación tradicional en pequeños grupos (a diferencia de los equipos) se ha centrado en un proceso de desarrollo de cuatro etapas: 1) la aceptación mutua, 2) la comunicación y la toma de decisiones, 3) la motivación y la productividad y 4) el control y la organización. En términos del trabajo en equipo, otros factores que contribuyen a su desempeño son las ganancias o pérdidas del proceso, la eficacia del equipo, la confianza, la facilitación social y las funciones. El proceso de implementación de los equipos debe abordarse con cuidado, como sería el caso de cualquier cambio importante en la organización.

Los gerentes deben comprender con claridad los posibles costos y beneficios de la implementación de los equipos. También deben saber lo que tienen que hacer para promover el desempeño efectivo del equipo, lo cual incluye el apoyo de la dirección, la comprensión de los marcos de tiempo y la planeación ante la probable necesidad de modificar la compensación. También es importante trabajar para desarrollar las competencias de trabajo en equipo.

Los equipos virtuales y multiculturales son áreas emergentes importantes del trabajo en equipo que en la actualidad son relevantes para la mayoría de las organizaciones. Los gerentes deben tratar de comprender cómo utilizar estos dos tipos de equipos de forma efectiva.

RESPUESTAS PARA EL MUNDO REAL

TRABAJO EN EQUIPO EN STARBUCKS

La expansión de Starbucks en Corea del Sur planteó un importante desafío. ¿La empresa debía cambiar su cultura de trabajo en equipo e igualdad para adaptarse mejor a la cultura jerárquica natural de Corea del Sur que valora la distancia entre los empleados, o debía permanecer igual y reforzar sus propios valores en aquel país?

Starbucks decidió permanecer fiel a su cultura y valores, esto es, siendo sensible a las necesidades y expectativas culturales de sus empleados surcoreanos. Los gerentes de Starbucks dieron a todos los empleados de Corea del Sur un nombre en inglés para que lo usaran en el trabajo, debido a que se sentían incómodos cuando tenían que utilizar sus nombres de pila en lugar de los títulos jerárquicos tradicionales. Esta medida permitió que se sintieran más cómodos, pues usaban sus nombres y al mismo tiempo preservaban los valores de equidad de Starbucks.[112]

Otro problema para el trabajo en equipo surgió porque los hombres de ese país no realizan "tareas domésticas", como lavar platos o limpiar retretes, trabajos que todos deben hacer en las tiendas de Starbucks. Para ayudar a sus empleados varones a superar la barrera psicológica de la limpieza, Starbucks aprovechó la afinidad cultural de Corea del Sur por imitar las conductas de los líderes. El director internacional de la sede de Starbucks realizó personalmente todas las actividades de limpieza, e incluso colgó una fotografía suya mientras limpiaba el inodoro. Esto ayudó a superar el obstáculo cultural para el trabajo en equipo, debido a que los empleados de nivel inferior imitan el comportamiento de sus líderes principales.[113]

PREGUNTAS PARA ANÁLISIS

1. Identifique los diferentes grupos a los que pertenece y clasifíquelos con base en los tipos que se analizan en este capítulo.
2. Piense en un equipo efectivo al que haya pertenecido. ¿Qué lo hacía efectivo? Piense en un equipo de bajo desempeño al que haya pertenecido. ¿Por qué este grupo tuvo tal desempeño?
3. ¿Algunos de los grupos a los que pertenece son demasiado grandes o pequeños para realizar su trabajo? De ser así, ¿qué podría hacer el líder o los integrantes para reducir el problema?
4. Señale dos normas de dos grupos a los que pertenezca. ¿Cómo se aplican estas normas?
5. Analice la siguiente declaración: "La cohesión es la sensación cálida y positiva que tenemos al trabajar en grupos y es algo que todos los líderes deben esforzarse por desarrollar en los grupos que dirigen."
6. ¿Cuáles son las cuatro razones por las que algunas personas afirman que las organizaciones deben cambiar a una estructura basada en equipos "simplemente porque tiene sentido"?
7. ¿Considera que un contrato de equipo mejoraría su efectividad? Explique su respuesta.
8. ¿Qué es más importante para el desempeño de un grupo: la diversidad informativa o la diversidad demográfica? ¿Por qué? ¿Los equipos multiculturales incrementan este tipo de diversidad? De ser así, ¿cómo lo hacen?

EJERCICIO PARA CÓMO ENTENDERSE A SÍ MISMO

¿Qué tan bien se integra como miembro de un equipo?

Piense en un grupo o equipo al que haya pertenecido. Conteste las siguientes preguntas sobre la naturaleza de su participación seleccionando la opción más adecuada. No hay respuestas correctas o incorrectas. Es posible que tenga que ser "hipotético" en algunas preguntas o que tenga usar respuestas "combinadas" que reflejen su experiencia en un contexto grupal o de equipo.

1. Ofrezco información y opiniones
   a. Con mucha frecuencia
   b. Con frecuencia
   c. A veces
   d. En raras ocasiones
   e. Nunca
2. Puedo resumir lo que pasa con el grupo
   a. Con mucha frecuencia
   b. Con frecuencia
   c. A veces
   d. En raras ocasiones
   e. Nunca
3. Cuando existe un problema, trato de identificar lo que sucede
   a. Con mucha frecuencia
   b. Con frecuencia
   c. A veces
   d. En raras ocasiones
   e. Nunca

4. Yo comienzo el trabajo del grupo
   a. Con mucha frecuencia
   b. Con frecuencia
   c. A veces
   d. En raras ocasiones
   e. Nunca

5. Sugiero direcciones que el grupo puede tomar
   a. Con mucha frecuencia
   b. Con frecuencia
   c. A veces
   d. En raras ocasiones
   e. Nunca

6. Escucho activamente
   a. Con mucha frecuencia
   b. Con frecuencia
   c. A veces
   d. En raras ocasiones
   e. Nunca

7. Proporciono retroalimentación positiva a otros integrantes del grupo
   a. Con mucha frecuencia
   b. Con frecuencia
   c. A veces
   d. En raras ocasiones
   e. Nunca

8. Me comprometo
   a. Con mucha frecuencia
   b. Con frecuencia
   c. A veces
   d. En raras ocasiones
   e. Nunca

9. Ayudo a aliviar la tensión
   a. Con mucha frecuencia
   b. Con frecuencia
   c. A veces
   d. En raras ocasiones
   e. Nunca

10. Me expr eso
    a. Con mucha frecuencia
    b. Con frecuencia
    c. A veces
    d. En raras ocasiones
    e. Nunca

11. Ayudo a asegurar los acuerdos sobre el lugar y horario de las juntas
    a. Con mucha frecuencia
    b. Con frecuencia
    c. A veces
    d. En raras ocasiones
    e. Nunca

12. Trato de observar lo que sucede en el grupo
    a. Con mucha frecuencia
    b. Con frecuencia
    c. A veces
    d. En raras ocasiones
    e. Nunca

13. Trato de ayudar a resolver problemas
    a. Con mucha frecuencia
    b. Con frecuencia
    c. A veces
    d. En raras ocasiones
    e. Nunca
14. Asumo la responsabilidad de garantizar que las tareas se lleven a cabo
    a. Con mucha frecuencia
    b. Con frecuencia
    c. A veces
    d. En raras ocasiones
    e. Nunca
15. Disfruto que el grupo lo pase bien
    a. Con mucha frecuencia
    b. Con frecuencia
    c. A veces
    d. En raras ocasiones
    e. Nunca

Forma de calificación: Utilice la siguiente tabla para asignar los puntos que corresponden a los valores de cada pregunta. Por ejemplo, una respuesta de "b" en la pregunta 5 vale 1 punto, mientras que una "b" en la pregunta 6 vale 3 puntos. Para obtener su puntuación total, sume todos los números en la columna "Puntuación".

Pregunta	a	b	c	d	e	Puntuación
1	1	2	3	2	1	
2	1	2	3	2	1	
3	1	2	3	2	1	
4	2	2	3	1	0	
5	0	1	3	1	0	
6	3	3	2	1	0	
7	3	3	2	1	0	
8	2	3	3	1	0	
9	1	2	3	1	0	
10	0	0	3	2	1	
11	2	3	3	1	0	
12	3	3	2	1	0	
13	2	3	3	1	0	
14	2	2	3	1	0	
15	1	1	2	1	1	
TOTAL						

41-45 = Integrante muy efectivo del equipo
35-40 = Integrante efectivo del equipo
Menos de 35 = Persona que quizá necesita trabajar en sus habilidades de trabajo en equipo

Fuente: Adaptado de University of South Australia, "Test Your Effectiveness as a Team Member." 'Working in Teams' Seminario en línea. Handout: "Teamwork Skills Questionnaire.*"*

EJERCICIO EN EQUIPO

1. Escriba las letras del alfabeto en una columna vertical en el lado izquierdo de una hoja de papel: A-Z.
2. El profesor seleccionará al azar una frase de cualquier documento escrito y leerá en voz alta las primeras veintiséis letras en esa frase. Escriba estas letras en una columna vertical inmediatamente a la derecha de la columna del alfabeto. Cada estudiante debe tener un conjunto idéntico de veintiséis combinaciones de dos letras.
3. De forma individual, piense en una persona famosa cuyas iniciales correspondan a cada par de letras y escriba su nombre junto a las letras, por ejemplo, MT para "Mark Twain". Tendrá diez minutos para completar esta tarea. Sólo se permite un nombre por conjunto de letras. Se otorgará un punto por cada nombre legítimo, por lo que la puntuación máxima es de veintiséis puntos.
4. Una vez transcurrido el tiempo, intercambiará su hoja de papel con otro compañero del grupo y calificarán sus trabajos. Las disputas sobre la legitimidad de los nombres serán resueltas por el profesor. Mantenga su puntuación para su uso posterior en el ejercicio.

Su profesor dividirá al grupo en equipos de cinco a diez integrantes. Todos los equipos deberán tener aproximadamente el mismo número de integrantes. Cada equipo seguirá el procedimiento indicado en la parte 1. Una vez más, deberán escribir las letras del alfabeto en el lado izquierdo de la hoja, esta vez en orden inverso: Z-A. Su profesor dictará un nuevo conjunto de letras que deberá incluir en la segunda columna. El límite de tiempo y procedimiento de puntuación son los mismos; la única diferencia es que los equipos generarán los nombres.

Cada equipo identificará al integrante al que se le ocurrió la mayoría de los nombres. El profesor colocará a estos "mejores" estudiantes en un equipo. A continuación, todos los equipos repetirán la segunda parte del ejercicio, pero esta vez las letras de la lectura estarán en la primera columna y las letras del alfabeto en la segunda.

Cada equipo calculará la puntuación promedio individual de sus integrantes en la parte 1 y la comparará por separado con la puntuación del equipo en las partes 2 y 3. El profesor escribirá en el pizarrón las puntuaciones promedio individuales y de equipo de cada parte del ejercicio.

Preguntas de seguimiento

1. ¿Existen diferencias entre las puntuaciones promedio individuales y de equipo? ¿Cuáles son las razones de estas diferencias, si es que existen?
2. A pesar de que las puntuaciones de equipo en este ejercicio suelen ser superiores a los promedios individuales promedio, ¿en qué condiciones podrían superar los promedios individuales a los que obtuvo un equipo?

Fuente: Adaptado de Jones, J. J. y Pfeiffer, J. W. (eds.). *The Handbook for Group Facilitators* (pp. 19–20). Copyright © 1979 Pfeiffer.

EJERCICIO EN VIDEO

Trabajo en equipo en Evo

Durante años Evo ha apoyado a equipos deportivos, pero fue hace poco que la empresa de comercio electrónico con sede en Seattle puso en marcha un equipo formal. Al igual que muchas organizaciones, la tienda en línea de equipo para snowboard, esquí, patinaje y esquí acuático utilizaba libremente metáforas de equipo para describir cualquier cosa que implicara grupos aleatorios de empleados. Pero Evo obtuvo una experiencia sobre equipos de trabajo reales cuando la empresa formó uno con sus empleados creativos de servicios.

El nuevo equipo estaba conformado por un fotógrafo, un diseñador y un redactor, y era responsable de la producción de anuncios de la empresa en revistas, promociones y desarrollo de contenidos de su sitio web. Aunque por lo general los roles individuales no eran intercambiables, el fotógrafo Tre Dauenhauer podía incursionar en el diseño, el diseñador gráfico Pubs One podía escribir algunas líneas de texto y el redactor Sunny Fenton podía, a veces, tomar algunas fotos. La mayoría de los proyectos del equipo requería una combinación de fotografías atractivas, palabras inteligentes y un diseño convincente, además de un propósito común con el que los compañeros se comprometieran.

Cuando el equipo de servicios creativos se puso en marcha, sus integrantes se mudaron a su propio espacio, lejos de las caóticas áreas de trabajo de Evo. Estar juntos todos los días permitió que se conocieran mejor y pasaran con mayor rapidez por la etapa de "formación". Pero aun trabajando en áreas cercanas, Dauenhauer, One y Fenton necesitaban ayuda para pasar por la conflictiva etapa de tormenta en el desarrollo de su equipo. Antes de unirse a éste, trabajaban de forma individual y no estaban acostumbrados a compartir el poder o la toma de decisiones como equipo. Para ayudar a que los integrantes aprendieran a trabajar juntos, Nathan Decker, director de comercio electrónico, se convirtió en el líder del equipo. Como negociador experto, Decker trató de asegurarse de que su talentoso equipo se mantuviera alejado de la disfuncionalidad y entregara resultados. Cada vez que el equipo terminaba un proyecto, Decker reunía a sus integrantes para una autopsia, como método para revisar lo aprendido y encontrar maneras diferentes de hacer las cosas. Es aquí donde los integrantes del equipo identificaban nuevas rutinas y rituales futuros para incorporar en su proceso de mejora.

Los integrantes del equipo de servicios creativos aprendieron a comunicarse de una manera que nunca antes había sido posible gracias al liderazgo y hábil negociación de conflictos de Decker. Tener un líder hábil para facilitar los procesos de trabajo ayudó a lograr la cohesión del equipo y a ofrecer un resultado colectivo superior a la suma de sus partes.

Preguntas

1. ¿Qué dilema organizacional obstaculizaba la producción creativa de Evo y cómo se resolvió el problema mediante el empleo del equipo?
2. ¿Cómo podría Nathan Decker dirigir de forma efectiva al equipo en la etapa de "normalización"?
3. ¿Puede usted relacionar los factores de desempeño del equipo con su composición, tamaño, normas, cohesión y liderazgo informal a Evo?

CASO EN VIDEO

¿Y ahora qué?

Suponga que participa en una reunión de grupo con dos compañeros de trabajo y su jefe para analizar una situación en la que un cliente solicita un descuento de 30% sobre un pedido, porque le será entregado con una semana de retraso. El equipo no puede ponerse de acuerdo sobre otorgar el descuento para mantener satisfecho al cliente o no otorgarlo para ganar más dinero en la venta, por lo que tiene problemas para tomar una decisión. *¿Qué haría o qué* *diría?* Vea el "¿Y ahora qué?" de este capítulo, revise el video de desafío y elija una respuesta. Asegúrese de ver también los resultados de las dos respuestas que no eligió.

Preguntas para análisis

1. ¿Cuáles factores de desempeño del equipo tienen mayor influencia en el proceso de toma de decisiones?
2. ¿Cuáles competencias de trabajo en equipo fueron las más importantes para lograr una solución y por qué?
3. ¿Qué podría haber hecho como gerente para manejar mejor la situación? Utilice los conceptos de grupo o equipo del capítulo.

NOTAS FINALES

[1]Strauss, S. (20 de mayo de 2002). How to Be a Great Place to Work, en *USA Today*.

[2]Jargon, J. (5 de agosto de 2009). Latest Starbucks Buzzword: "Lean" Japanese Techniques, en *The Wall Street Journal*. Disponible en línea en:http://online.wsj.com/article/SB124933474023402611.html.

[3]Chen, X. & Tsui, A. S. (2006). An Organizational Perspective on Multi-Level Cultural Integration: Human Resource Management Practices in Cross-Cultural Contexts, en *Multi-Level Issues in Social Systems: Research in Multi-Level Issues*, eds. F. J. Yammarino & F. Dansereau (vol. 5, pp. 81–96.). Bingley, Reino Unido: Emerald Group Publishing.

[4]Shaw, M. E. (1991). Group Dynamics: The Psychology of Small Group Behavior (3a. ed., p. 11). Nueva York: McGraw-Hill. Vea también Cannon-Bowers, J. A., & Bowers, C. (2010). Team Development and Functioning, en *Handbook of Industrial and Organizational Psychology*, ed. S. Zedeck (pp. 597–650). Washington, DC: American Psychological Association.

[5]Sundstrom, E., DeMeuse, K. P., & Futrell, D. (1990). Work Teams: Applications and Effectiveness, en *American Psychologist*, *45*(2), pp. 120–133; Thompson, L. L. (2004). Making the Team: A Guide for Managers (2a. ed.). Upper Saddle River, NJ: Pearson Education.

[6]Hollingshead, A. B., McGrath, J. E., & O'Connor, K. M. (1993). Group Task Performance and Communication Technology: A Longitudinal Study of Computer-Mediated Versus Face-to-Face Work Groups, en *Small Group Research*, *24*(3), pp. 307–333; Hollingshead, A. B.,& McGrath, J. E. (1995). Computer-Assisted Groups: A Critical Review of the Empirical Research, en *Team Effectiveness and Decision Making in Organizations,* eds. R. Guzzo y E. Salas (pp. 46–78). San Francisco, CA: Jossey-Bass; Thompson, L. L. (2004). Making the Team: A Guide for Managers (2a. ed.). Upper Saddle River, NJ: Pearson Education.

[7]Sparks, W. L., Monetta, D. J., & Simmons, L. M., Jr. (1999). Affinity Groups: Developing Complex Adaptive Organizations. Washington, D.C.: The PAM Institute, documento de trabajo.

[8]Piersall, B. (2013). How Does IDEO Organize its Teams? What Creative Process do they Follow?, en *Quora*. Disponible en línea en:http://www.quora.com/How-does-IDEO-organize-itsteams-What-creative-process-do-they-follow.

[9]Salter, C. (2006). A Prescription for Innovation, en *Fast Company*, abril. Disponible en línea en: http://www.fastcompany.com/56032/prescription-innovation.

[10]Global Procurement Mission and Goals. Colgate. Disponible en línea en: http://www.colgate.com/app/Colgate/US/Corp/Contact Us/GMLS/MissionAndGoals.cvsp.

[11]Lohr, S. (27 de julio de 2009). Netflix Competitors Learn the Power of Teamwork, en *The New York Times*. Disponible en línea en: http://www.nytimes.com/2009/07/28/technology/ internet/28netflix.html?_r=2; Dybwad, B. (2009). Netflix Million Dollar Prize Ends in Photo Finish, en *Mashable*. Disponible en línea en: http://mashable.com/2009/09/21/netflix-prize-winners/.

[12]Olson, P. (Enero-febrero de 1990). Choices for Innovation Minded Corporations, en *Journal of Business Strategy*, pp. 86–90.

[13]Townsend, A. M., DeMarie, S. M., & Hendrickson, A. R. (1998). Virtual Teams: Technology and the Workplace of the Future, en *Academy of Management Executive*, *12*(3), pp. 17–29, 17.

[14]Geber, B. (1995). Virtual Teams, en *Training*, *32*(4), pp. 36–42.

[15]Davis, J. H. (1964). Group Performance (pp. 92–96), en *Reading*, MA: Addison-Wesley.

[16]Shaw, M. E. (1991). Group Dynamics: The Psychology of Small Group Behavior (3a. ed.). Nueva York: McGraw-Hill; vea también Horwitz, S. K. y Horwitz, I. B. (2007). The Effects of Team Diversity on Team Outcomes: A Meta-Analytic Review of Team Demography, en *Journal of Management*, *33*(6), pp. 987–1015.

[17]Jackson, S. E. y Joshi, A. (2010). Work Team Diversity, en *Handbook of Industrial and Organizational Psychology*, ed. S. Zedeck (pp. 651–686). Washington, DC: American Psychological Association.

[18]O'Reilly, C. A., III, Caldwell, D. F. y Barnett, W. P. (Marzo de 1999). Work Group Demography, Social Integration, and Turnover, en *Administrative Science Quarterly*, *34*, pp. 21–37.

[19]Vea Webber, S. S., & Donahue, L. (2001). Impact of Highly and Less Job-Related Diversity on Work Group Cohesion and Performance: A Meta-Analysis, en *Journal of Management*, 27, pp. 141–162.

[20]Adler, N. (2002). *International Dimensions of Organizational Behavior* (4a. ed., cap. 5). Cincinnati, OH: Thomson Learning.

[21]Shaw, M. E. (1991). *Group Dynamics: The Psychology of Small Group Behavior* (3a. ed., pp. 173–177). Nueva York: McGraw-Hill.

[22]See Chatman, J. y Flynn, F. (2001). The Influence of Demographic Heterogeneity on the Emergence and Consequences of Cooperative Norms in Work Teams, en *Academy of Management Journal*, *44*(5), pp. 956–974.

[23]Feldman, D. C. (Enero de 1994). The Development and Enforcement of Group Norms, en *Academy of Management Review*, pp. 47–53.

[24]Piper, W. E., Marrache, M., Lacroix, R., Richardson, A. M. y Jones, B. D. (Febrero de 1993). Cohesion as a Basic Bond in Groups, en *Human Relations*, pp. 93–109.

[25]Beal, D., Cohen, R., Burke, M. y McLendon, C. (2003). Cohesion and Performance in Groups: A Meta-Analytic Clarification of Construct Relations, en *Journal of Applied Psychology, 88*(6), pp. 989–1004.

[26]Keller, R. T., (diciembre de 1996). Predictors of the Performance of Project Groups in R & D Organizations, en *Academy of Management Journal*, pp. 715–726.

[27]Janis, I. L. (1992). *Groupthink* (2a. ed., p. 9). Boston: Houghton Mifflin.

[28]Mayer, J. D. y Salovey, P. (1993). The Intelligence of Emotional Intelligence, en *Intelligence, 17*, pp. 433–442; Mayer, J. D., y Salovey, P. (1997). What Is Emotional Intelligence?, en *Emotional Development and Emotional Intelligence*, eds. P. Salovey y D. J. Sluyter. Nueva York: Basic Books.

[29]Ayoki, O. B., Callan, V. J. y Hartel, C. E. J. (2008). The Influence of Team Emotional Intelligence Climate on Conflict and Team Members' Reactions to Conflict, en *Small Group Research, 39*(2), pp. 121–149.

[30]Bass, B. M., & Ryterband, E. C. (1979). Organizational Psychology (2a. ed., pp. 252–254). Boston: Allyn & Bacon. Vea también Lester, S., Meglino, B. y Korsgaard, M. A. (Enero de 2002). The Antecedents and Consequences of Group Potency: A Longitudinal Investigation of Newly Formed Work Groups, en *Academy of Management Journal, 45*(2), pp. 352–369.

[31]Long, S. (Abril de 1994). Early Integration in Groups: A Group to Join and a Group to Create, en *Human Relations*, pp. 311–332.

[32]Para un ejemplo, vea Waller, M., Conte, J., Gibson, C. y Carpenter, M. (2001). The Effect of Individual Perceptions of Deadlines on Team Performance, en *Academy of Management Review, 26*(4), pp. 596–600.

[33]Obert, S. L. (enero de 1993). Developmental Patterns of Organizational Task Groups: A Preliminary Study, en *Human Relations*, pp. 37–52.

[34]Bass, B. M. y Ryterband, E. C. (1979). *Organizational Psychology* (2a. ed., pp. 252–254). Boston: Allyn & Bacon.

[35]Bass, B. M. (Septiembre de 1954). The Leaderless Group Discussion, en *Psychological Bulletin*, pp. 465–492.

[36]Lieber, J. (2 de noviembre de 1997). Time to Heal the Wounds, en *Sports Illustrated*, pp. 96–91.

[37]Gersick, C. J. G. (1999). Marking Time: Predictable Transitions in Task Groups, en *Academy of Management Journal, 32*, pp. 274–309.

[38]Bandura, A. (1997). Collective Efficacy, en *Self-Efficacy: The Exercise of Control*, ed. A. Bandura (pp. 477–525). Nueva York: W. H. Freeman.

[39]Gully, S. M., Joshi, A., Incalcaterra, K. A. y Beaubien, J. M. (2002). A Meta-Analysis of Team-Efficacy, Potency, and Performance: Interdependence and Level of Analysis as Moderators of Observed Relationships, en *Journal of Applied Psychology, 87*(5), pp. 819–832; Jung, D. I. y Sosik, J. (2003). Group Potency and Collective Efficacy: Examining Their Predictive Validity, Level of Analysis, and Effects of Performance Feedback on Future Group Performance, en *Group and Organization Management, 28*(3), pp. 366–391.

[40]Gully, S. M., Devine, D. J. y Whitney, D. J. (2012). A MetaAnalysis of Cohesion and Performance: Effects of Levels of Analysis and Task Interdependence, en *Small Group Research, 43*(6), pp. 702-725

[41]Thompson, L. L. (2004). Making the Team: A Guide for Managers (2a. ed., p. 93). Upper Saddle River, NJ: Pearson Education.

[42]Watson, W. E., Johnson, L., Kumar, K. y Critelli, J. (1998). Process Gain and Process Loss: Comparing Interpersonal Processes and Performance of Culturally Diverse and NonDiverse Teams Across Time, en *International Journal of Intercultural Relations, 22*, pp. 409–430.

[43]Horowitz, I. A. y Bordens, K. S. (1995). *Social Psychology*. Mountain View, CA: Mayfield.

[44]Karau, S. J., & Williams, K. D. (1993). Social Loafing: A Meta-Analytic Review and Theoretical Integration, en *Journal of Personality and Social Psychology, 65*, pp. 681–706.

[45]Kerr, N. L. (1989). Illusions of Efficacy: The Effects of Group Size on Perceived Efficacy in Social Dilemmas, en *Journal of Experimental Social Psychology, 25*, pp. 287–313.

[46]Williams, K. D., Harkins, S. G. y Latané, B. (1981). Identifiability as a Deterrent to Social Loafing: Two Cheering Experiments, en *Journal of Personality and Social Psychology, 40*, pp. 303–311.

[47]Zajonc, R. (1965). Social Facilitation, en *Science, 149*, pp. 269–274.

[48]Cottrell, N. B. (1972). Social Facilitation, en *Experimental Social Psychology*, ed. C. G. McClintock. Nueva York: Holt, Rinehart & Winston.

[49]Williams, K., Harkins, S. y Latané, B. (1981). Identifiability as a Deterrent to Social Loafing: Two Cheering Experiments, en *Journal of Personality and Social Psychology, 40*, pp. 303–311; Latané, B. (1986). Responsibility and Effort in Organizations, en *Designing Effective Work Groups*, ed. P. S. Goodman. San Francisco, CA: Jossey-Bass.

[50]Hackman, J. R. (1992). Group Influences on Individuals in Organizations, en *Handbook of Industrial and Organizational Psychology*, eds. M. D. Dunnette & L. M. Hough (2a. ed., vol. 3). Palo Alto, CA: Consulting Psychologists Press.

[51]Katzenbach, J. R. y Smith, D. K. (1994). The Wisdom of Teams: Creating the High-Performance Organization. Nueva York: Harper Business.

[52]Chen, X. y Tsui, A. S. (2006). An Organizational Perspective on Multi-Level Cultural Integration: Human Resource Management Practices in Cross-Cultural Contexts, en *Multi-Level Issues in Social Systems: Research in Multi-Level Issues*, eds. F. J. Yammarino y F. Dansereau (vol. 5, pp. 81–96.). Bingley, Reino Unido: Emerald Group Publishing.

[53]Parker, G., McAdams, J. y Zielinski, D. (2000). *Rewarding Teams: Lessons from the Trenches*. San Francisco, CA: Jossey-Bass.

[54]Levine, J. M., & Moreland, R. L. (1989). Newcomers and Oldtimers in Small Groups, en *Psychology of Group Influence*, ed. P. Paulus (2a. ed., pp. 143–186). Hillsdale, NJ: Lawrence Erlbaum Associates; Levine, J. M. y Moreland, R. L. (eds.). (2006). *Small Groups*. Philadelphia: Psychology Press.

[55]Manz, C. C., & Sims, H. P. (1995). *Business Without Bosses: How Self-Managing Teams Are Building High-Performing Companies* (pp. 27–28). Nueva York: John Wiley and Sons.

[56]Manz, C. C., & Sims, H. P. (1995). *Business Without Bosses: How Self-Managing Teams Are Building High-Performing Companies* (pp. 29–31). Nueva York: John Wiley and Sons.

[57]Manz, C. C., & Sims, H. P. (1995). *Business Without Bosses: How Self-Managing Teams Are Building High-Performing Companies* (p. 130). Nueva York: John Wiley and Sons.

[58]Rico, R., Sanchez-Manzanares, M., Gil, F. & Gibson, C. (2008). Team Implicit Knowledge Coordination Processes: A Team Knowledge-Based Approach, en *Academy of Management Review, 33*(1), pp. 63–184.

[59]Orsburn, J. D., Moran, L., Musselwhite, E. y Zenger, J. H. (1990). *Self Directed Work Teams: The New American Challenge* (p. 15). Nueva York: McGraw-Hill.

[60]Ancona, D., Bresman, H. y Kaeufer, K. (Primavera de 2002). The Competitive Advantage of X-Teams, en *Sloan Management Review*, pp. 33–42.

[61]About IDEO, 2012. Disponible en línea en:http://www.ideo.com/about/.

[62]Innovative Product Design Team, *Invention at Play*, 2012. Disponible en línea en: http://inventionatplay.org/inventors_ide.html.

[63]Dawson, I. (28 de mayo de 2012). Teamwork and Innovation the IDEO Way, *Dare Dreamer Magazine*. Disponible en línea en: http://daredreamermag.com/2012/05/28/teamwork-and-innovation-the-ideo-way/.

[64]Katzenbach, J. R. y Smith, D. K. (1994). *The Wisdom of Teams: Creating the High-Performance Organization* (pp. 184–189). Nueva York: Harper Business.

[65]Manz, C. C. y Sims, H. P. (1995). *Business Without Bosses: How Self-Managing Teams Are Building High-Performing Companies* (pp. 10–11). Nueva York: John Wiley and Sons.

[66]Manz, C. C. y Sims, H. P. (1995). *Business Without Bosses: How Self-Managing Teams Are Building High-Performing Companies* (pp. 74–76). Nueva York: John Wiley and Sons.

[67]Colquitt, J., Noe, R. y Jackson, C. (2002). Justice in Teams: Antecedents and Consequences of Procedural Justice Climate, en *Personnel Psychology*, 55, pp. 83–95.

[68]Manz, C. C. y Sims, H. P. (1995). *Business Without Bosses: How Self-Managing Teams Are Building High-Performing Companies* (p. 200). Nueva York: John Wiley and Sons; vea también Horwitz, S. K., & Horwitz, I. B. (2007). The Effects of Team Diversity on Team Outcomes: A Meta-Analytic Review of Team Demography, en *Journal of Management*, 33(6), pp. 987–1015.

[69]Manz, C. C., & Sims, H. P. (1995) *Business Without Bosses: How Self-Managing Teams Are Building High-Performing Companies* (p. 200). Nueva York: John Wiley and Sons.

[70]De Stevens, M. J., & Campion, M. A. (1994). The Knowledge, Skill, and Ability Requirements for Teamwork: Implications for Human Resource Management, en *Journal of Management*, 20, p. 505.

[71]Zey-Ferrell, M. y Ferrell, O. C. (1982). Role-Set Configuration and Opportunity as Predictors of Unethical Behavior in Organizations, en *Human Relations*, 35(7), pp. 587–604.

[72]Treviño, L. K., Weaver, G. R. y Reynolds, S. J. (2006). Behavioral Ethics in Organizations: A Review, en *Journal of Management*, 32, pp. 951–990.

[73]Treviño, L. K., Weaver, G. R. y Reynolds, S. J. (2006). Behavioral Ethics in Organizations: A Review, en *Journal of Management*, 32, pp. 951–990.

[74]Berry, G.R. (2011). Enhancing Effectiveness on Virtual Teams: Understanding Why Traditional Team Skills are Insufficient, en *Journal of Business Communication*, 48(2), pp. 186–206.

[75]Bhappu, A. D., Griffith, T. L. y Northcraft, G. B. (1997). Media Effects and Communication Bias in Diverse Groups, en *Organizational Behavior and Human Decision Processes*, 70, pp. 199–205.

[76]Gibson, C., y Cohen, S. (2003). *Virtual Teams That Work: Creating Conditions for Virtual Team Effectiveness*. San Francisco, CA: Jossey-Bass.

[77]Cascio, W. F. (2000). Managing a Virtual Workplace, en *Academy of Management Executives*, 14(3), pp. 81–90.

[78]Lipnack, J. y Stamps, J. (1997). *Virtual Teams: Reaching Across Space, Time, and Organizations with Technology*. Nueva York: John Wiley and Sons.

[79]Bell, B. S. y Kozlowski, S. W. J. (2002). A Typology of Virtual Teams: Implications for Effective Leadership, en *Group and Organization Management*, 27(1), pp. 14–49.

[80]Gibson, C. B. y Gibbs, J. L. (2006). Unpacking the Concept of Virtuality: The Effects of Geographic Dispersion, Electronic Dependence, Dynamic Structure, and National Diversity on Team Innovation, en *Administrative Science Quarterly*, 51, pp. 451–495.

[81]Thompsen, J. A. (Septiembre de 2000). Leading Virtual Teams, en *Quality Digest*. Disponible en línea en: http://www.qualitydigest. com/sept00/html/teams.html.

[82]Bell, B. S. y Kozlowski, S. W. J. (2002). A Typology of Virtual Teams: Implications for Effective Leadership, en *Group and Organization Management*, 27(1), pp. 14–49.

[83]Manz, C. y Sims, H. P. (1987). Leading Workers to Lead Themselves: The External Leadership of Self-Managing Work Teams, en *Administrative Science Quarterly*, 32, pp. 106–128.

[84]Hackman, J. R. y Walton, R. E. (1986). Leading Groups in Organizations, en *Designing Effective Work Groups*, eds. Paul S. Goodman & Associates. San Francisco, CA: Jossey-Bass.

[85]Kozlowski, S. W. J. (1998). Training and Developing Adaptive Teams: Theory, Principles, and Research, en *Decision Making Under Stress: Implications for Training and Simulation*, eds. J. A. Cannon-Bowers & E. Salas (pp. 115–153). Washington, DC: American Psychological Association; Smith, E. M., Ford, J. K. y Kozlowski, S. W. J. (1997). Building Adaptive Expertise: Implications for Training Design, en *Training for a Rapidly Changing Workplace: Applications of Psychological Research*, ed. M. A. Quinones & A. Ehrenstein (pp. 89–118). Washington, DC: American Psychological Association.

[86]Gersick, C. J. G. y Hackman, J. R. (1990). Habitual Routines in Task-Performing Teams, en *Organizational Behavior and Human Decision Processes*, 47, pp. 65–97.

[87]Siegel, J., Dubrovsky, V., Kiesler, S. y McGuire, T. W. (1986). Group Processes in Computer-Mediated Communication, en *Organizational Behavior and Human Decision Processes*, 37, pp. 157–187; Strauss, S. G. y McGrath, J. E. (1994). Does the Medium Matter? The Interaction of Task Type and Technology on Group Performance and Member Reactions, en *Journal of Applied Psychology*, 79, pp. 87–97; Thompson, L. L. (2004). *Making the Team: A Guide for Managers* (2a. ed.) Upper Saddle River, NJ: Pearson Education.

[88]Bell, B. S. y Kozlowski, S. W. J. (2002). A Typology of Virtual Teams: Implications for Effective Leadership, en *Group and Organization Management*, 27(1), pp. 14–49.

[89]Duarte, D. L. y Snyder, N. T. (1999). *Mastering Virtual Teams*. San Francisco, CA: Jossey-Bass.

[90]Rosencrance, L. (Enero de 2005). Meet Me in Cyberspace, en *Computerworld*. Disponible en línea en: http://www.computerworld. com.au/article/1636/meet_me_cyberspace/?relcomp=1.

[91]Purdum, T. (4 de mayo de 2005). Teaming, Take 2, en *IndustryWeek*. Disponible en línea en: http://www.industryweek.com/articles/ teaming_take_2_10179.aspx.

[92]Rosencrance, L. (3 de enero de 2005). Meet Me in Cyberspace, en *Computerworld*. Disponible en línea en: http://www.computerworld. com.au/article/1636/meet_me_cyberspace/?relcomp=1.

[93]Bassett-Jones, N. y Lloyd, G. (2005). The Paradox of Diversity Management, en *Journal of Creativity and Innovation Management*, 14, pp. 169–175.

[94]Williams, K. Y. (1998). Demography and Diversity in Organizations: A Review of 100 Years of Research, en *Research in Organizational Behavior*, eds. B. M. Staw & L. L. Cummings (vol. 20, pp. 77–140). Greenwich, CT: JAI Press.

[95]Kanter, R. M. (1983). *The Change Masters*. Nueva York: Simon and Schuster.

[96]Millikin, F. J. y Martins, L. L. (1996). Searching for Common Threads: Understanding the Multiple Effects of Diversity in Organizational Groups, en *Academy of Management Review, 21*, pp. 402–433.

[97]Bassett-Jones, N. y Lloyd, G. (2005). The Paradox of Diversity Management, en *Journal of Creativity and Innovation Management, 14*, pp. 169–175.

[98]Jackson, S. E., Stone, V. K. y Alvarez, E. B. (1992). Socialization Amidst Diversity: The Impact of Demographics on Work Team Old-Timers and Newcomers, en *Research in Organizational Behavior*, L. L. Cummings y B. M. Staw (Vol. 15, pp. 45–109). Greenwich, CT: JAI.

[99]Williams, K. Y. y O'Reilly III, C. A. (1998). Demography and Diversity in Organizations: A Review of 40 Years of Research, en *Research in Organizational Behavior, 20*, pp. 77–140.

[100]Jehn, K., Northcraft, G. y Neale, M. (1999). Why Differences Make a Difference: A Field Study of Diversity, Conflict, and Performance in Workgroups, en *Administrative Science Quarterly, 44*(4), pp. 741–763.

[101]Bhappu, A. D., Zellmer-Bruhn, M. y Anand, V. (2001). The Effects of Demographic Diversity and Virtual Work Environments on Knowledge Processing in Teams, en *Advances in Interdisciplinary Studies of Work Teams, 8*, pp. 149–165.

[102]Melymuka, K. (20 de noviembre de 2006). Managing Multicultural Teams, en *Computerworld*. Disponible en línea en: http://www.computerworld.com/s/article/271169/Managing_Multicultural_Teams.

[103]Brett, J., Behfar, K. y Kern, M. C. (Noviembre de 2006). Managing Multicultural Teams, en *Harvard Business Review*, pp. 84–91.

[104]Brett, J., Behfar, K. y Kern, M. C. (Noviembre de 2006). Managing Multicultural Teams, en *Harvard Business Review*, pp. 84–91.

[105]Melymuka, K. (20 de noviembre de 2006). Managing Multicultural Teams, en *Computerworld*. Disponible en línea en: http://www.computerworld.com/s/article/271169/Managing_Multicultural_Teams.

[106]Melymuka, K. (20 de noviembre de 2006). Managing Multicultural Teams, en *Computerworld*. Disponible en línea en: http://www.computerworld.com/s/article/271169/Managing_Multicultural_Teams.

[107]Brett, J., Behfar, K. y Kern, M. C. (Noviembre de 2006). Managing Multicultural Teams, en *Harvard Business Review*, pp. 84–91.

[108]Behfar, K., Kern, M. y Brett, J. (2006). *Managing Challenges in Multicultural Teams: Research on Managing Groups and Teams* (vol. 9, pp. 233–262). Nueva York: Elsevier.

[109]Brett, J., Behfar, K. y Kern, M. C. (Noviembre de 2006). Managing Multicultural Teams, en *Harvard Business Review*, pp. 84–91.

[110]Melymuka, K. (20 de noviembre de 2006). Managing Multicultural Teams, en *Computerworld*. Disponible en línea en: http://www.computerworld.com/s/article/271169/Managing_Multicultural_Teams.

[111]Behfar, K., Kern, M. y Brett, J. (2006). *Managing Challenges in Multicultural Teams: Research on Managing Groups and Teams* (vol. 9, pp. 233–262). Nueva York: Elsevier.

[112]Chen, X. y Tsui, A. S. (2006). An Organizational Perspective on Multi-Level Cultural Integration: Human Resource Management Practices in Cross-Cultural Contexts, en *MultiLevel Issues in Social Systems: Research in Multi-Level Issues*, eds. F. J. Yammarino & F. Dansereau (Vol. 5, pp. 81–96.). Bingley, Reino Unido: Emerald Group Publishing.

[113]Chen, X. y Tsui, A. S. (2006). An Organizational Perspective on Multi-Level Cultural Integration: Human Resource Management Practices in Cross-Cultural Contexts, en *Multi-Level Issues in Social Systems: Research in MultiLevel Issues*, eds. F. J. Yammarino & F. Dansereau (Vol. 5, pp. 81–96.). Bingley, Reino Unido: Emerald Group Publishing.

LOSKUTNIKOV/SHUTTERSTOCK.COM

TOMA DE DECISIONES Y SOLUCIÓN DE PROBLEMAS

OBJETIVOS DE APRENDIZAJE

Al concluir el estudio de este capítulo, usted podrá:

1 Explicar la naturaleza de la toma de decisiones y distinguirla de la solución de problemas.

2 Analizar el enfoque racional de la toma de decisiones.

3 Identificar y analizar los principales aspectos conductuales asociados con la toma de decisiones.

4 Analizar la toma de decisiones en grupo dentro de las organizaciones.

5 Analizar la naturaleza de la creatividad y su relación con la toma de decisiones y la solución de problemas.

—DESAFÍOS DEL MUNDO REAL—

UN DESAFÍO DE ÉTICA

El presidente ejecutivo (CEO) de una empresa de reparación de motores para avión, con ingresos de 20 millones de dólares, acaba de recibir un mensaje preocupante en el que una aerolínea le informa que ocho aviones reparados por su empresa estaban en tierra debido a que las turbinas no funcionaban. La aerolínea afirma que las refacciones instaladas por su empresa son la causa del problema. Al cabo de dos horas, recibe nuevas llamadas y se suma un total de once aviones en tierra a causa de los problemas que la aerolínea relaciona con las refacciones de su empresa. Aunque el tema no ha llegado aún a la prensa, la Federal Aviation Administration (FAA) ha sido notificada del problema. El CEO teme que si sus acreedores se enteran de la acusación, los préstamos podrían estar en riesgo. Esto no sólo sería malo para la empresa, sino que pondría en peligro su propia participación financiera en ella. Según piensa el CEO, debido a que la FAA ha iniciado una investigación, lo único que puede hacer es mantener la tranquilidad hasta que se revelen más detalles.

Desafortunadamente, la empresa también se encuentra en medio de su auditoría anual. Como parte del proceso, el CEO tiene que firmar una carta en la que declara que los auditores han sido informados de toda circunstancia pendiente que pudiera tener un efecto negativo en sus finanzas. La divulgación de la investigación de la FAA podría significar la debacle financiera de la organización. Con base en las declaraciones del CEO, "En mi sector hay un código de ética muy estricto sobre el uso de drogas o alcohol por parte de los empleados, pero no hay nada que indique cómo hacer frente a información de esta naturaleza."[1]

Suponga que el CEO le solicita tomar una decisión sobre lo que se debe hacer. ¿Debe informar de la situación y poner en riesgo los puestos de trabajo de cientos de empleados y su propia participación financiera en la empresa? ¿O debe permanecer en silencio hasta que pueda obtener más información? Después de leer este capítulo, usted podrá ofrecerle orientación adecuada.

Todos los días los gerentes toman decisiones fáciles y difíciles. Sin importar cuál sea el nivel de complejidad de las decisiones que tomen, es casi seguro que algunas personas los criticarán y otras los elogiarán. En realidad, en el áspero y tambaleante mundo de los negocios, son pocas las decisiones simples o fáciles de tomar. Algunos gerentes las toman con base en el objetivo de incrementar los beneficios a largo plazo para la empresa, mientras que otros se enfocan en el aquí y ahora. Algunas decisiones se relacionan con los empleados, otras con los inversionistas y otras con el dinero, pero todas requieren una cuidadosa reflexión y consideración.

En este capítulo se analizarán diferentes perspectivas sobre la toma de decisiones. Comenzaremos por estudiar su naturaleza y diferencias con la solución de problemas. Después se describirán diversos enfoques para comprender este proceso, y posteriormente identificar y analizar los aspectos conductuales relacionados y describir los elementos principales de la toma de decisiones en grupo. Por último, analizaremos la creatividad como ingrediente clave en numerosas decisiones efectivas.

NATURALEZA DE LA TOMA DE DECISIONES

toma de decisiones
Proceso que consiste en elegir entre varias alternativas

La ***toma de decisiones*** consiste en elegir una alternativa entre varias. Considere la situación de un gerente que busca un terreno para establecer una nueva fábrica. Como resultado de su búsqueda identifica un conjunto de ubicaciones potenciales, las evalúa con base en una serie de criterios relevantes (como el precio, el acceso al transporte, la mano de obra local, las tasas de impuestos a la propiedad, entre otras). Esta evaluación le permite descartar algunas ubicaciones, pero todavía hay varios lugares que cumplen con los requerimientos de la empresa. En este punto, el gerente debe tomar una decisión y seleccionar una ubicación.

solución de problemas
Encontrar respuestas a una pregunta

Por otra parte, la ***solución de problemas*** consiste en encontrar una respuesta a una pregunta. Suponga que el gerente identifica una ubicación ideal para la fábrica e inicia el proceso de compra. Sin embargo, descubre que existe ambigüedad acerca de quién es el dueño del predio. La solución más adecuada sería contratar los servicios de un abogado de bienes raíces para arreglar la situación. Lo más probable es que el abogado pueda llegar al fondo de la cuestión para que pueda continuar el proceso de compra. En este caso no hay una decisión que tomar, ya que no existe una respuesta correcta sobre quién es dueño del terreno.

Es importante resaltar que, en algunas situaciones, la toma de decisiones y la solución de problemas comienzan de la misma forma, pero conducen por caminos diferentes. Para ilustrar esto, revisemos de nuevo el ejemplo de la selección del terreno para la fábrica. Si después de evaluar cada una de las ubicaciones principales sólo hay una alternativa viable, no existe en realidad ninguna decisión que tomar; lo que parecía ser una decisión, termina convirtiéndose en un problema. Del mismo modo, cuando surge el tema de la propiedad del terreno, el abogado de bienes raíces podría informarle al gerente que identificar al propietario legal puede llevar años y una gran cantidad de dinero. A partir de esta información, el gerente tiene que tomar una decisión: continuar con la compra del terreno o retirar su oferta y buscar otra alternativa. La mayor parte del contenido de este capítulo se relaciona con la toma de decisiones, pero también señalaremos algunas implicaciones relevantes para la solución de problemas.

La figura 8.1 muestra los elementos básicos de la toma de decisiones. Las acciones de quien toma una decisión son guiadas por una meta. Cada una de

Figura 8.1

Elementos de la toma de decisiones

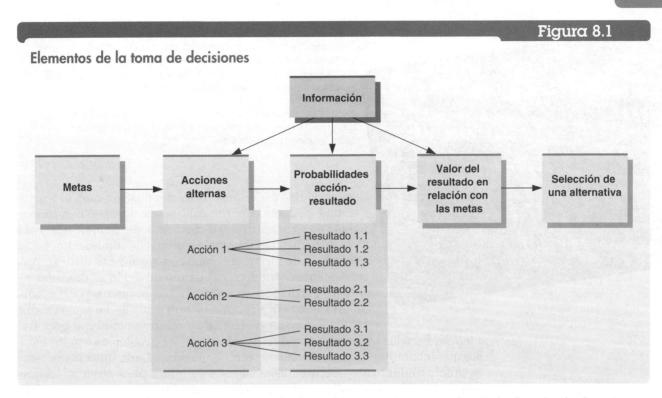

La persona que toma una decisión tiene una meta, evalúa los posibles cursos de acción en función de ella y elige la alternativa que debe implementarse.

las alternativas de cursos de acción se relaciona con diversos resultados. Se debe contar con información sobre las alternativas, la probabilidad de que ocurra cada resultado, y el valor de cada resultado respecto a la meta. La persona que toma la decisión elige la mejor alternativa después de evaluar la información disponible.

Las decisiones que se toman en las organizaciones pueden ser clasificadas con base en la frecuencia y las condiciones de la información. En un contexto de toma de decisiones, la frecuencia es la recurrencia de una situación determinada, mientras que las condiciones de información describen la cantidad de información disponible acerca de la probabilidad de los diversos resultados.

decisión programada
Decisión que ocurre con la frecuencia suficiente para establecer una regla

regla de decisión
Enunciado que indica a la persona que toma la decisión cuál es la alternativa que debe elegir con base en las características de la situación

Tipos de decisiones

La frecuencia de repetición determina si una decisión es programada o no programada. Una *decisión programada* se repite con la suficiente frecuencia para desarrollar reglas de decisión. Una *regla de decisión* le indica a la persona que debe tomarla cuál de las alternativas debe elegir una vez que se ha determinado la información sobre la situación. Se debe utilizar la regla de decisión adecuada siempre que se encuentre la misma situación. Por lo

MR DOOMITS/SHUTTERSTOCK.COM

Los desarrolladores consideraron este terreno como la posible ubicación de una plaza comercial. Después del análisis, investigación demográfica y geográfica, y la aplicación de encuestas, el desarrollador eligió este lugar para construir la plaza.

A menudo, las aerolíneas utilizan las reglas de decisión programadas para tomar decisiones sobre diversos factores, como las cancelaciones y demoras de vuelos. Por ejemplo, si un avión destinado a un vuelo determinado tiene un problema mecánico cuya reparación requerirá varios días y la línea aérea no cuenta con otras aeronaves disponibles, la regla de decisión puede indicar que el vuelo debe ser cancelado. Sin embargo, si los protocolos sugieren que el avión puede ser reparado en unas horas, es probable que el vuelo simplemente se demore.

general, las decisiones programadas son muy estructuradas; es decir, cuentan con metas claras y bien conocidas, el procedimiento de toma de decisiones está establecido y las fuentes y canales de información están definidas de forma precisa.[2] Las aerolíneas utilizan procedimientos establecidos cuando un avión se descompone y no se puede usar en un vuelo. Los pasajeros podrían considerar que esta situación es una decisión no programada, debido a que la experimentan relativamente con poca frecuencia. Pero las empresas de aviación saben que los problemas con los equipos que inhabilitan a un avión surgen con regularidad. Cada línea aérea tiene su propio conjunto de procedimientos claros y definidos para afrontar los problemas técnicos. Un vuelo puede demorarse, cancelarse o usar un avión diferente, lo cual depende de la naturaleza del problema y otras circunstancias (por ejemplo, el número de pasajeros o el siguiente vuelo programado para el mismo destino, entre otras cosas).

Cuando un problema o decisión es inédita, la persona que la debe tomar no puede depender de reglas previamente establecidas. Este tipo de decisión se llama *decisión no programada*, y requiere la solución de un problema. La solución de problemas es una forma especial de toma de decisiones en la que el tema es singular y requiere el desarrollo y la evaluación de alternativas sin la ayuda de una regla.[3] Las decisiones no programadas no son estructuradas, ya que la información es ambigua, no existe un procedimiento claro para tomar la decisión y a menudo las metas son vagas. Por ejemplo, en 2015 las instalaciones de producción del conocido fabricante de helados Blue Bell fueron infectadas con listeria, una bacteria potencialmente peligrosa. Este era el primer problema grave de salud con el que la empresa se había encontrado y los gerentes tuvieron que enfrentar la ambigüedad para decidir la mejor respuesta. Un elemento clave de las decisiones no programadas es que requieren buen juicio por parte de los líderes y los responsables de tomar la decisión.[4]

La tabla 8.1 resume las características de las decisiones programadas y no programadas. Las primeras son más comunes en los niveles básicos de la organización, mientras que la responsabilidad principal de la alta dirección es tomar decisiones difíciles, no programadas, que determinan la efectividad a largo plazo de la organización. Por definición,

decisión no programada
Decisión para la que no se cuenta con una regla de decisión previamente establecida, debido a que no ocurre con frecuencia

Es necesario tomar una decisión no programada cuando se presenta una situación inusual o compleja que requiere juicio y solución de problemas. Cuando en 2015 las heladerías Blue Bell descubrieron bacterias en una de sus plantas, sus gerentes cerraron todas las instalaciones mientras trabajaban para erradicarlas. Todo el proceso tomó meses y le costó a la empresa millones de dólares.

Tabla 8.1

Características de las decisiones programadas y no programadas

Características	Decisiones programadas	Decisiones no programadas
Tipo de decisión	Bien estructurada	Estructura deficiente
Frecuencia	Repetitiva y rutinaria	Nuevas e inusuales
Metas	Clara, específica	Imprecisas
Información	Disponible y oportuna	Canales confusos, no disponible
Consecuencias	Menores	Importantes
Nivel organizacional	Niveles bajos	Niveles superiores
Tiempo de solución	Corto plazo	Plazo relativamente largo
Fundamentos de la solución	Reglas de decisión, procedimientos establecidos	Juicio y creatividad

las decisiones estratégicas que son responsabilidad de la alta dirección son poco estructuradas, no rutinarias y tienen consecuencias de largo alcance.[5] Las decisiones programadas se toman con base en las normas y procedimientos probados con anterioridad. Por su parte, las no programadas por lo general requieren que la persona que toma la decisión ejerza su buen juicio y creatividad. En otras palabras, todos los problemas requieren una decisión, pero no toda decisión implica la solución de un problema.

Condiciones para la toma de decisiones

Las decisiones se toman para lograr los resultados deseados, pero varía la información disponible. La gama de información disponible se puede considerar como un continuo cuyos extremos representan la certeza absoluta cuando se conocen los resultados de todas las alternativas, y la incertidumbre completa cuando no se conocen todos los resultados alternos. Los puntos entre los dos extremos crean riesgos en los que se cuenta con alguna información acerca de los posibles resultados y se puede estimar la probabilidad de su ocurrencia.

Las diferentes condiciones de información presentan distintos desafíos para las personas que toman la decisión.[6] Por ejemplo, suponga que el gerente de marketing de PlayStation trata de determinar si debe lanzar una promoción costosa para posicionar un nuevo videojuego (vea la figura 8.2). Para simplificar, suponga que sólo hay dos alternativas: promover el juego o no promoverlo. Bajo **condiciones de certeza**, el gerente conoce

condiciones de certidumbre
Condiciones en las que el gerente conoce los resultados de cada alternativa de una acción determinada y cuenta con información suficiente para estimar las probabilidades de que se produzcan diferentes resultados

Las condiciones para tomar una decisión van de la certeza al riesgo y del riesgo a la incertidumbre. Por ejemplo, si una empresa tiene previsto lanzar un nuevo videojuego para PlayStation, los gerentes tendrán que evaluar los factores asociados con el riesgo y la incertidumbre durante la elaboración de su presupuesto de marketing.

CHARNSITR/SHUTTERSTOCK.COM

Figura 8.2

Resultados alternos bajo diferentes condiciones para tomar decisiones

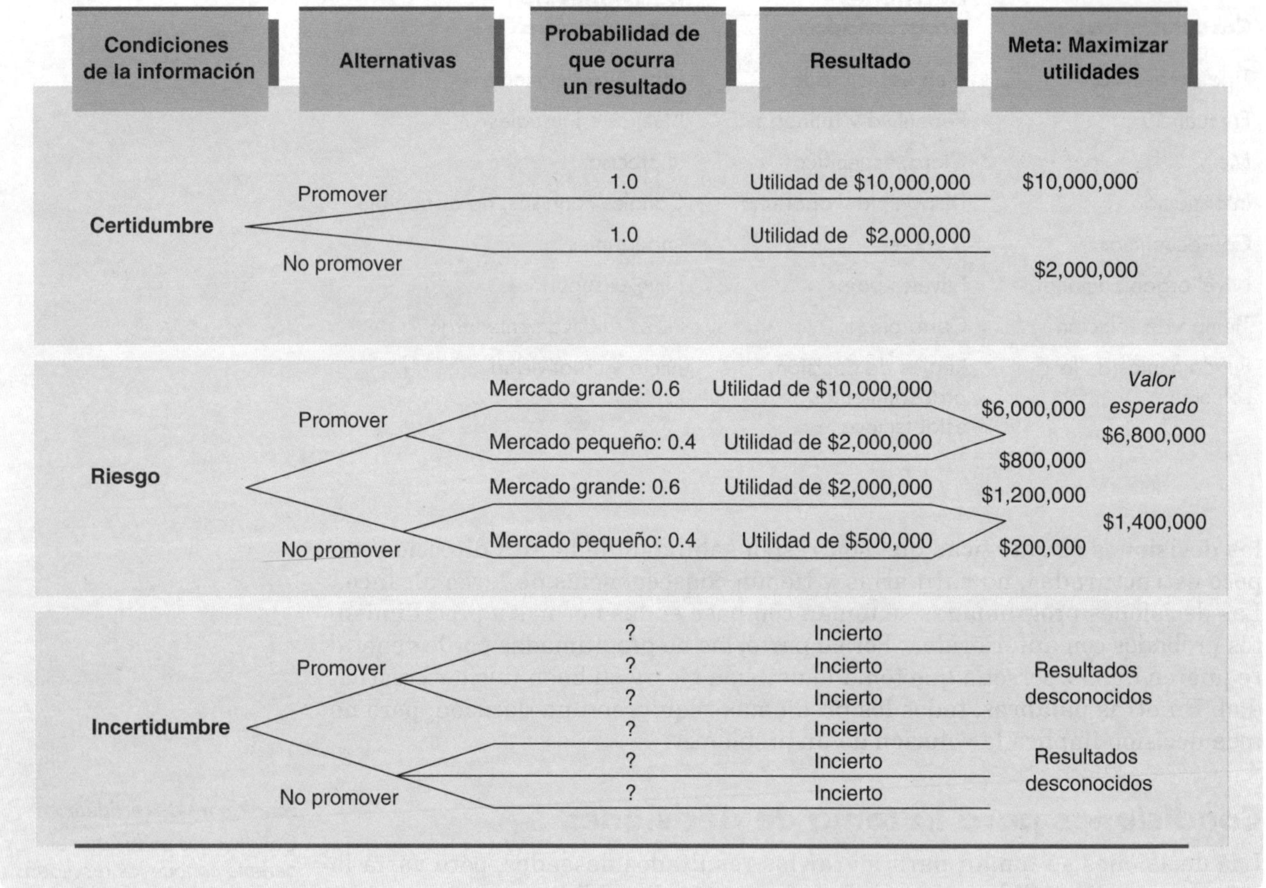

Condiciones de la información	Alternativas	Probabilidad de que ocurra un resultado	Resultado	Meta: Maximizar utilidades
Certidumbre	Promover	1.0	Utilidad de $10,000,000	$10,000,000
	No promover	1.0	Utilidad de $2,000,000	$2,000,000
Riesgo	Promover	Mercado grande: 0.6	Utilidad de $10,000,000	$6,000,000
		Mercado pequeño: 0.4	Utilidad de $2,000,000	$800,000 — Valor esperado $6,800,000
	No promover	Mercado grande: 0.6	Utilidad de $2,000,000	$1,200,000
		Mercado pequeño: 0.4	Utilidad de $500,000	$200,000 — $1,400,000
Incertidumbre	Promover	?	Incierto	
		?	Incierto	Resultados desconocidos
		?	Incierto	
	No promover	?	Incierto	
		?	Incierto	Resultados desconocidos
		?	Incierto	

Las tres condiciones para la toma de decisiones sobre certidumbre, riesgo e incertidumbre corresponden a la decisión de promover en el mercado un nuevo videojuego.

los resultados de cada alternativa. Si el nuevo juego tiene mucha promoción, la empresa obtendrá una utilidad por 10 millones de dólares. Si no realiza la promoción, sólo obtendrá una utilidad de $2 millones. Aquí la decisión es simple: promover el juego. (*Nota*: estas cifras fueron creadas para los fines de este ejemplo y no representan las utilidades reales de ninguna empresa.)

condición de riesgo

Situación en la que la persona que toma la decisión no conoce con exactitud el resultado de las acciones determinadas, pero cuenta con información suficiente para estimar las probabilidades de que se presenten diferentes resultados

Bajo una *condición de riesgo*, la persona que toma la decisión no puede conocer con exactitud cuál será el resultado de una acción determinada, pero cuenta con información suficiente para estimar las probabilidades de los distintos resultados. Por lo tanto, en nuestro ejemplo, el gerente de marketing puede estimar la probabilidad de cada resultado en una situación de riesgo con la información recabada por el departamento de investigación de mercados. En este caso, las alternativas se definen por el tamaño del mercado. En el caso de un mercado grande de videojuegos la probabilidad es de 0.6 y en el de un mercado pequeño es 0.4. El gerente puede calcular el valor esperado de la promoción y los beneficios esperados asociados con cada alternativa con base en estas probabilidades. Para encontrar el valor esperado de una alternativa, debe multiplicar el valor de cada resultado por la probabilidad de su ocurrencia. La suma de los cálculos de todos los posibles resultados representa el valor esperado de esa alternativa. En este caso, el valor esperado de la alternativa 1 —promover el nuevo juego— es el siguiente:

$$0.6 \times \$10{,}000{,}000 = \$6{,}000{,}000$$

$$\pm 0.4 \times \$2{,}000{,}000 = \$800{,}000$$

$$\text{Valor esperado de la alternativa 1} = \$6{,}800{,}000$$

El valor esperado de la alternativa 2 —no promover el nuevo juego— es $1,400,000 (vea la figura 8.2). El gerente de marketing debe elegir la primera alternativa, debido a que su valor esperado es mayor. Sin embargo, tiene que reconocer que, aunque las cifras son convincentes, se basan en información incompleta y son sólo estimaciones de probabilidad.

Cuando la persona que toma la decisión carece de suficiente información para estimar la probabilidad de los resultados (o tal vez incluso para identificar los resultados) enfrenta una *condición de incertidumbre*. En el ejemplo de PlayStation, este supuesto podría presentarse en el caso de que las ventas de videojuegos hubieran colapsado recientemente y no estuviera claro si esta situación es temporal o permanente, y no se cuenta con información disponible para aclararla. En tales circunstancias, quien toma la decisión puede esperar a tener más información para reducir la incertidumbre o depender de su juicio, experiencia e intuición para tomarla. También es importante recordar que la toma de decisiones no siempre es tan fácil de clasificar en términos de certidumbre, riesgo e incertidumbre.

Existen diferentes enfoques sobre la toma de decisiones que ofrecen conocimientos sobre el proceso que aplican los gerentes para llegar a una decisión. El enfoque racional es atractivo debido a su lógica y economía. Sin embargo, estas mismas cualidades lo ponen en duda debido a que el proceso no es totalmente racional. Por su parte, el enfoque conductual intenta dar cuenta de los límites de la racionalidad en la toma de decisiones. Como se verá, cuando toman decisiones, muchos gerentes combinan la racionalidad con los procesos conductuales. En las secciones siguientes se analizarán con más detalle estos enfoques.

condición de incertidumbre
Situación en la que la persona que toma la decisión carece de información suficiente para estimar la probabilidad de los resultados posibles

ENFOQUE RACIONAL PARA LA TOMA DE DECISIONES

El *enfoque racional para la toma de decisiones* supone que los gerentes siguen un proceso sistemático gradual, además de que la organización toma decisiones lógicas y hace lo que conviene en términos económicos, y es administrada por personas que cuentan con información completa y toman decisiones de forma objetiva.[7]

enfoque racional para la toma de decisiones
Proceso sistemático y gradual para tomar decisiones

Pasos para la toma de decisiones racionales

En la figura 8.3 se señalan los pasos del proceso de toma de decisiones, que comienza por establecer una meta para luego recorrer de forma lógica el proceso hasta que se seleccione, implemente y controle la mejor decisión.

Establecimiento de una meta situacional

El proceso racional para la toma de decisiones comienza estableciendo una meta situacional, es decir, una meta para una situación específica. Por ejemplo, la meta de un departamento de marketing puede ser obtener una

Figura 8.3

Enfoque racional para la toma de decisiones

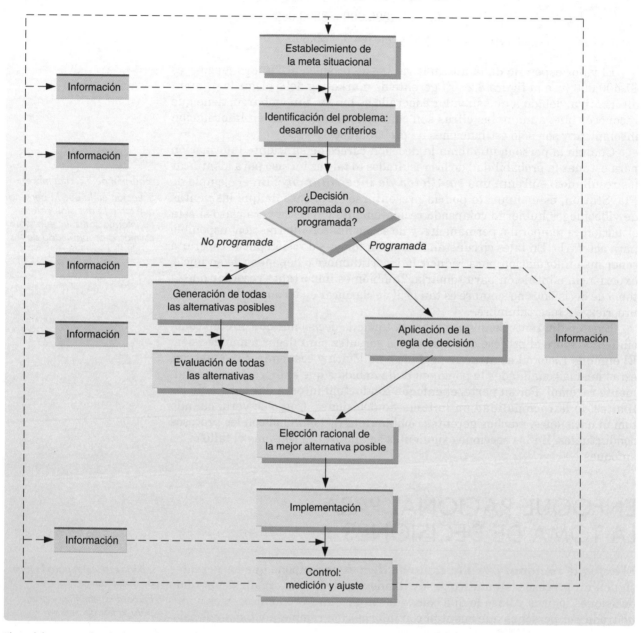

El modelo racional aplica un enfoque sistemático y gradual que va de la meta a la implementación, la medición y el control.

participación de mercado específica para fin de año. (Algunos modelos de toma de decisiones no comienzan con una meta. Sin embargo, la incluimos debido a que es el estándar que se utiliza para determinar si existe una decisión que debe tomarse.)

Identificación del problema

El propósito de la identificación del problema es recabar la información relacionada con el objetivo. Si existe una discrepancia entre la meta y la situación real, es posible que se deban tomar algunas medidas. En el ejemplo de marketing, el grupo puede recabar datos sobre la participación de mercado actual de la empresa y luego compararla con la participación deseada. Una diferencia entre las dos representa un problema que requiere una decisión. Es muy importante contar en este paso con información confiable, ya que si ésta no es precisa puede conducir a una decisión innecesaria o a no tomar ninguna decisión cuando se requiere.

Determinación del tipo de decisión

A continuación, la persona que toma la decisión debe determinar si el problema requiere una decisión programada o no programada. En el primer caso, se debe consultar la regla de decisión adecuada y el proceso avanza a la elección entre las alternativas. Una decisión programada de marketing puede requerirse si el análisis revela que los competidores gastan más en publicidad impresa que la empresa. Como la compra de espacios y la creación de publicidad impresa son funciones específicas del grupo de marketing, el problema requiere sólo una decisión programada.

Aunque puede parecer simple diagnosticar una situación como programada, aplicar una regla de decisión y llegar a una solución pueden producir errores. La elección de la regla de decisión equivocada o suponer que el problema exige una decisión programada cuando no es así puede conducir a malas decisiones. La misma precaución se debe tener cuando se requiere implementar una decisión no programada. Si la situación se diagnostica erróneamente, la decisión desperdicia tiempo y recursos en busca de una nueva solución a un viejo problema, lo que es lo mismo que "reinventar la rueda".

Generación de alternativas

El siguiente paso en una decisión no programada es generar alternativas. El proceso racional supone que quien la toma generará todas las posibles soluciones del problema. Sin embargo, este supuesto no es realista, ya que incluso los problemas simples de negocios pueden tener decenas de posibles soluciones. Las personas dependen de su educación, experiencia y conocimiento de la situación para generar alternativas para tomar la decisión. Además, pueden buscar información de otras fuentes como compañeros, subordinados y supervisores. Pueden analizar los síntomas del problema en busca de pistas o confiar en la intuición o el juicio para desarrollar alternativas de solución.[8] Si el departamento de marketing de nuestro ejemplo determina que se requiere una decisión no programada, tendrá que generar alternativas para incrementar la participación de mercado.

Evaluación de las alternativas

La evaluación implica valorar todas las alternativas posibles en términos de criterios de decisión predeterminados. El último criterio de decisión es "¿Esta alternativa nos acerca a la meta?" El responsable de tomar la decisión debe examinar cada alternativa en busca de evidencia que determine si puede reducir la discrepancia entre el estado deseado y la situación real. Por lo general, el proceso de evaluación incluye 1) la descripción de los resultados previstos (beneficios) de cada alternativa, 2) la evaluación de los costos esperados de cada alternativa y 3) la estimación de la incertidumbre y los riesgos asociados con cada una de ellas.[9] En la mayoría de los casos, las personas no cuentan con información exacta respecto a los resultados de todas las alternativas. Como se ilustra en la figura 8.2, en un extremo se encuentran los resultados conocidos con certeza y en el otro los que son totalmente inciertos y no se cuenta con información alguna. Pero el riesgo es la situación más común.

Elección de una alternativa

Elegir una alternativa suele ser el paso más importante del proceso de toma de decisiones. Este paso consiste en seleccionar la alternativa con el mayor beneficio posible, con base en las ganancias, costos, riesgos e incertidumbres de todas ellas. En el ejemplo de la promoción de PlayStation, la persona responsable de la decisión evaluó las dos alternativas mediante el cálculo de sus valores esperados. Con base en el enfoque racional, el gerente debe elegir la alternativa con el mayor valor esperado.

Sin embargo, pueden surgir dificultades al momento de elegir una alternativa, incluso bajo el enfoque racional. En primer lugar, cuando dos o más de ellas ofrecen los mismos beneficios, la persona debe obtener más información o utilizar algún otro criterio para tomar la decisión. En segundo lugar, cuando la meta no puede alcanzarse con una sola alternativa, se pueden combinar dos o tres para lograrla. Por último, si ninguna alternativa o combinación de ellas puede resolver el problema, el responsable de tomar la decisión debe obtener más información, generar más alternativas o modificar las metas.[10]

planes de contingencia
Acciones alternativas que deben emprenderse cuando el curso de acción principal se trastorna de forma inesperada o se ejecuta de forma inadecuada

Una parte importante de la fase de elección es considerar *planes de contingencia*, que son acciones alternas que se deben emprender cuando el principal curso de acción se trastorna de forma inesperada o se implementa de forma no adecuada.[11] La planeación de las contingencias es parte de la transición entre la elección y la implementación de la alternativa elegida. Para desarrollar planes de contingencia se deben plantear preguntas como "¿qué sucede si ocurre algo imprevisto durante la implementación de esta alternativa?", "¿esta alternativa podría arruinar a la empresa si la economía entra en una recesión?", o "¿cómo podemos modificar este plan si la economía de pronto se recupera y comienza a crecer?"

Implementación del plan

La implementación pone la decisión en acción. Se basa en (y en realidad refuerza) el compromiso y la motivación de quienes participaron en el proceso de toma de decisiones. Para tener éxito, la implementación requiere el uso adecuado de los recursos y habilidades gerenciales. Por ejemplo, tras la decisión de promover el nuevo juego de PlayStation, el gerente de marketing debe implementarla y asignar el proyecto a un grupo o fuerza de tarea. El éxito de éstos dependerá de su dinámica, liderazgo, estructura de compensación y sistema de comunicación. A veces, el responsable de tomar la decisión comienza a dudar sobre la pertinencia de la que eligió. Esta duda se conoce como *disonancia posterior a la decisión* y es una forma de disonancia cognitiva (tema que se analiza en el capítulo 4).[12] Para reducir la tensión que crea la disonancia, la persona puede tratar de racionalizar más la decisión mediante la búsqueda de información adicional.

disonancia posterior a la decisión
Dudas que surgen en torno a la opción elegida

Control: medición y ajuste

En la etapa final del proceso racional de toma de decisiones se miden los resultados que generó la decisión que se tomó y se comparan con la meta deseada. Si se mantiene la discrepancia, se puede reiniciar el proceso de toma de decisiones, lo que implica establecer una nueva meta (o reiterar la ya existente). La persona insatisfecha con la decisión anterior puede modificar el proceso subsecuente de toma de decisiones para evitar otro error. Se pueden efectuar cambios en cualquier parte del proceso, como lo ilustran las flechas que conducen de la etapa de control a los demás pasos en la figura 8.3. Por lo tanto, se puede decir que la toma de decisiones es un proceso organizacional dinámico, continuo y autocorregible.

Suponga que un departamento de marketing implementa una nueva campaña de publicidad impresa. Después de ello, monitorea de forma constante los datos de investigación de mercados y compara su nuevo nivel de participación con el deseado. Si la publicidad tiene el efecto deseado, no se introducirán cambios en la campaña de promoción, pero si los datos indican que no se ha modificado la participación de mercado, es posible que se tenga que implementar un plan de contingencias y decisiones adicionales.

Fortalezas y debilidades del enfoque racional

El enfoque racional tiene varias fortalezas. Obliga a la persona que toma la decisión a considerarla de manera lógica y secuencial, y analizar con detalle las alternativas para hacer una elección con base en la información en lugar de la emoción o la presión social. Sin embargo, los supuestos rígidos de este enfoque son poco realistas.[13] Por lo general, la cantidad de información disponible está limitada por el tiempo o las restricciones de costos, y la mayoría de los gerentes tiene capacidad limitada para procesar información sobre las alternativas. Además, no todas ellas se prestan a ser cuantificadas, lo cual dificulta su comparación. Por último, es poco probable que una persona conozca todos los posibles resultados de cada alternativa debido a que no se puede predecir el futuro.

Toma de decisiones con base en evidencias

Aunque las perspectivas racionales de toma de decisiones han existido por décadas, algunos expertos (más notablemente Jeffrey Pfeffer y Robert Sutton) han insistido en la creación de un nuevo enfoque racional,[14] al que se conoce como *administración por evidencias* (*Evidence-based management, EBM*). Este enfoque se define como el compromiso para identificar y utilizar la mejor teoría e información disponibles para tomar decisiones. Sus defensores recomiendan utilizar cinco "principios" básicos:

administración por evidencias
Compromiso de identificar y utilizar la mejor teoría e información disponibles para tomar una decisión

1. Afrontar los hechos y construir una cultura en la que se aliente a las personas a decir la verdad, aunque sea desagradable.
2. Comprometerse con la toma de decisiones "con base en hechos", lo cual significa un compromiso por conseguir la mejor evidencia y utilizarla para guiar las acciones.
3. Tratar a su organización como un prototipo no terminado y estimular la experimentación y el aprendizaje práctico.
4. Identificar los riesgos e inconvenientes de las recomendaciones de las personas (incluso el mejor medicamento tiene efectos secundarios).
5. No basar las decisiones en creencias no probadas, pero muy arraigadas, en lo que se ha hecho en el pasado, o en un "benchmarking" acrítico de lo que hacen los ganadores.

Los defensores de la EBM son particularmente persuasivos cuando utilizan este enfoque para cuestionar los resultados de las decisiones que se basan en "creencias no probadas, pero muy arraigadas" o en el "benchmarking acrítico". Por ejemplo, tomemos la decisión popular de pagar un salario mayor a los empleados de alto desempeño en comparación con los de bajo desempeño. La investigación de Pfeffer y Sutton demuestra que las políticas de pago por desempeño dan buenos resultados cuando los empleados trabajan de manera solitaria o de forma independiente, pero cuando la toma de decisiones organizacionales se refiere al trabajo colaborativo, la cuestión es totalmente diferente. En estas circunstancias, cuanto mayor es la distancia entre los ejecutivos de mayor y menor pago, el desempeño financiero de la empresa es más débil. ¿Por qué? De acuerdo con Pfeffer y Sutton, las grandes disparidades a menudo debilitan la confianza entre los miembros del equipo y la conectividad social que contribuye a la toma de decisiones colectivas sólidas.

Consideremos otra decisión cada vez más frecuente para evaluar y compensar el talento. La práctica de la "clasificación forzada", que utilizó por primera vez el legendario Jack Welch en General Electric, divide a los empleados en tres grupos en función de su desempeño: 20% superior, 70% promedio y 10% inferior; este último grupo debe ser despedido de la empresa. Pfeffer y Sutton encontraron que, de acuerdo con muchos gerentes de recursos humanos, la clasificación forzada deteriora la moral y la colaboración y reduce la productividad. También concluyeron que cuando se despide automáticamente a ese 10% de trabajadores de menor desempeño se interrumpe de forma innecesaria el trabajo en equipo que de otra manera sería efectivo. De esta manera descubrieron que 73% de los errores cometidos por los pilotos de aviones comerciales se producen en el primer día que se reconfiguran los equipos de trabajo.[15]

ENFOQUE CONDUCTUAL PARA LA TOMA DE DECISIONES

Mientras el enfoque racional supone que los gerentes operan de manera lógica y racional, el enfoque conductual reconoce el papel y la importancia de la conducta humana en el proceso de toma de decisiones. Herbert A. Simon fue uno de los primeros expertos en reconocer que las decisiones no siempre se toman con base en la racionalidad y la lógica.[16] Posteriormente, Simon fue galardonado con el Premio Nobel de Economía. En lugar de prescribir cómo se deben tomar decisiones, su perspectiva, conocida como *modelo administrativo*, describe cómo se toman las decisiones en la realidad. (Tenga en cuenta que Simon no proponía que los gerentes utilizaran un modelo administrativo, sino que intentaba describir la forma en que éstos toman las decisiones.) La sección *Cómo entenderse a sí mismo* de este capítulo le brindará algunas ideas sobre la forma en que la emoción puede afectar la forma en que tomamos decisiones.

El modelo administrativo

Un supuesto fundamental del modelo administrativo es que las personas que toman decisiones operan con base en una racionalidad limitada, no en la racionalidad perfecta del enfoque racional. La *racionalidad limitada* es la idea de que aun cuando las personas buscan la mejor solución de un problema, las demandas de procesamiento de toda la información, la generación de todas las soluciones posibles y la elección de la mejor alternativa están más allá de sus capacidades. Por lo tanto, aceptan soluciones menos ideales con base en un proceso que no es ni exhaustivo ni completamente racional.

Por ejemplo, un estudio reveló que, por lo general, cuando los grupos se encuentran bajo presión de tiempo eliminan todas las alternativas, con excepción de las dos más favorables, que son las que procesan con detalle.[17] Por lo tanto, las personas que operan con racionalidad limitada restringen los insumos para el proceso de toma de decisiones y basan sus decisiones en juicios y sesgos personales, así como en la lógica.[18]

El modelo administrativo se caracteriza por 1) el uso de procedimientos y reglas generales, 2) suboptimización y 3) la elección de soluciones de satisfacción mínima o *satisficing*. La incertidumbre inicial implícita en la toma de decisiones puede reducirse mediante la utilización de procedimientos y reglas generales. Por ejemplo, si incrementar la publicidad impresa ha mejorado en el pasado la participación de mercado, esta relación puede utilizarse como una regla general para tomar decisiones. Si la participación de mercado de los meses anteriores disminuye debajo de un cierto nivel, la empresa podría incrementar 25% sus gastos de publicidad y de impresión durante el siguiente mes.

---

modelo administrativo para la toma de decisiones

Modelo que sostiene que los gerentes emplean una racionalidad limitada, reglas generales, suboptimización de recursos y la selección de los resultados satisfactorios mínimos (satisficing) para tomar decisiones

racionalidad limitada

Enfoque que afirma que las personas que toman decisiones no pueden manejar la información sobre todos los aspectos y alternativas pertenecientes a un problema, por lo que tienen que elegir un subconjunto significativo de datos para abordarlo

CÓMO ENTENDERSE A SÍ MISMO

TOMA DE DECISIONES CON BASE EN LAS EMOCIONES

Utilizando la siguiente escala, escriba un número del 1 al 6 que refleje su nivel de acuerdo o desacuerdo con las siguientes afirmaciones. Cuando haya terminado, siga las instrucciones de calificación que se presentan en la parte inferior para interpretar su resultado.

___ 1. Escucho mis sentimientos para tomar decisiones importantes.

___ 2. Baso mis objetivos de vida en la inspiración, en lugar de la lógica.

___ 3. Planeo mi vida con base en lo que siento.

___ 4. Planeo mi vida de forma lógica.

___ 5. Creo que las emociones le dan sentido a la vida.

___ 6. Creo que las decisiones importantes deben basarse en el razonamiento lógico.

___ 7. Escucho a mi cerebro en lugar de a mi corazón.

___ 8. Tomo decisiones con base en hechos y no en sentimientos.

Puntuación: Para las preguntas 4, 6, 7, y 8, cambie su puntuación de la siguiente manera: 1 = 6; 2 = 5; 3 = 4; 4 = 3; 5 = 2; 6 = 1. Suprima su respuesta anterior de manera que se pueda ver claramente el número de reemplazo. Ahora sume sus respuestas de las ocho afirmaciones.

Interpretación: Si su puntaje es 36 o superior, usted tiende a depender en gran medida de sus sentimientos cuando debe tomar decisiones, lo cual podría significar que intenta decidir demasiado rápido. Usted puede tratar de reconocer el papel que las emociones tienden a jugar en sus decisiones, y conscientemente tomar más tiempo para identificar y analizar los hechos antes de decidir.

Si obtuvo entre 24 y 35 puntos, usted tiende a buscar el equilibrio entre la lógica y la emoción cuando toma decisiones. A pesar de que la intuición puede ser útil ante decisiones complejas, trate de enfocarse en los hechos y no en las emociones.

Si su puntaje es de 23 o menos puntos, usted tiende a utilizar la lógica sobre las emociones para tomar decisiones. Esto puede conducir a decisiones efectivas, aunque también puede aletargar la toma de decisiones.

Fuente: International Personality Item Pool: A Scientific Collaboratory for the Development of Advanced Measures of Personality Traits and Other Individual Differences. Disponible en línea en: http://ipip.ori.org

---

La *suboptimización* consiste en aceptar conscientemente un resultado inferior al mejor resultado posible. No es factible tomar la decisión ideal en una situación del mundo real, dadas las limitaciones de las organizaciones. Con frecuencia, la persona responsable de tomar la decisión debe suboptimizar los recursos para evitar los efectos negativos no deseados en otros departamentos, líneas de productos, o decisiones.[19] Por ejemplo, un fabricante de automóviles puede reducir drásticamente los costos e incrementar la eficiencia si programa la producción de un modelo a la vez. Por lo tanto, la decisión óptima del grupo de producción consiste en programar un solo modelo. Sin embargo, el grupo de marketing, que trata de optimizar los objetivos de ventas ofreciendo una amplia variedad de modelos, puede tratar de imponer el programa de producción contrario: tirajes cortos de modelos totalmente diferentes. Los grupos intermedios, como diseño y programación, podrían suboptimizar los beneficios de los grupos de producción y marketing mediante la planeación de tirajes grandes de modelos ligeramente diferentes. Esta es la práctica de los grandes fabricantes de automóviles, como General Motors y Ford, que fabrican varios estilos de carrocería para diferentes modelos en la misma línea de producción.

La última característica del enfoque conductual es el *satisficing*, que consiste en analizar las alternativas sólo hasta que se encuentre una solución que cumpla con los requisitos mínimos para después suspender la búsqueda de la

suboptimización

Aceptar conscientemente un resultado inferior al mejor resultado posible para evitar los efectos negativos no deseados sobre otros aspectos de la organización

satisficing

Analizar las alternativas sólo hasta que se encuentre una solución que cumpla con los requisitos mínimos

mejor opción.[20] Por lo general, la búsqueda de alternativas es un proceso secuencial guiado por procedimientos y reglas generales con base en experiencias anteriores con problemas similares. La búsqueda concluye cuando se encuentra la primera opción mínimamente aceptable. La elección resultante puede reducir la discrepancia entre el estado deseado y el real, pero es probable que no sea la solución óptima. A medida que se repite el proceso, las mejoras incrementales reducen lentamente la discrepancia entre los estados reales y los deseados.

Otras fuerzas conductuales que influyen en la toma de decisiones

Además de los elementos de comportamiento que conforman el modelo administrativo, los gerentes también deben ser conscientes de la existencia de otras fuerzas conductuales que pueden afectar la toma de decisiones. Éstas incluyen las fuerzas políticas, la intuición, la escalada del compromiso, la propensión al riesgo y la ética. La teoría de prospectos también es relevante.

Fuerzas políticas en la toma de decisiones

Las fuerzas políticas pueden jugar un papel importante en la forma en que se toman las decisiones. El comportamiento político se analizará en el capítulo 13, pero uno de sus elementos importantes, las coaliciones, son especialmente relevantes para la toma de decisiones. Una *coalición* es una alianza informal de individuos o grupos conformada para lograr un objetivo común. Con frecuencia, esta meta es una alternativa preferida de decisión. Por ejemplo, a menudo se forman coaliciones de accionistas para forzar al consejo de administración de una empresa a tomar una decisión determinada. En realidad, muchas de las recientes luchas de poder entre la dirección y los accionistas disidentes en Dell Computer se han basado en coaliciones en las que cada parte trata de ganar ventaja sobre la otra.[21] El efecto de las coaliciones puede ser positivo o negativo. Pueden ayudar a los gerentes astutos a encaminar a la organización hacia la efectividad y la rentabilidad, o pueden estrangular estrategias y decisiones bien concebidas. Cuando los gerentes deciden utilizar este tipo de alianzas deben evaluar si actúan en favor de los mejores intereses de la organización e identificar la forma de limitar sus efectos disfuncionales.[22]

coalición
Alianza informal entre individuos o grupos que se forma para alcanzar una meta común

Intuición

La *intuición* es una creencia innata sobre un tema sin consideración consciente. A veces los gerentes deciden hacer algo porque "sienten que es lo correcto", o bien tienen una corazonada. Este sentimiento suele no ser arbitrario, y más bien se basa en años de experiencia y práctica en la toma de decisiones en situaciones similares. Un sentido interno puede ayudar a los gerentes a tomar de vez en cuando una decisión, sin pasar por una secuencia racional regulada de fases. El libro más vendido de Malcolm Gladwell titulado *Blink: Por qué sabemos la verdad en dos segundos* presenta argumentos sólidos sobre la forma en que se utiliza la intuición para obtener mejores resultados de los esperados. Por otro lado, algunos expertos cuestionan este punto de vista y sugieren que la comprensión y la experiencia subyacentes hacen que la intuición encubra los verdaderos procesos que se utilizan para tomar con rapidez una decisión.[23]

intuición
Creencia innata sobre un tema sin consideración consciente

En una ocasión los Yankees de Nueva York contactaron a los tres principales fabricantes de calzado deportivo —Nike, Reebok y Adidas— y les informaron que querían establecer un acuerdo de patrocinio. Mientras Nike y Reebok evaluaban de forma cuidadosa y racional todas las posibilidades, los directivos de Adidas notaron que una sociedad con los Yankees era conveniente y respondieron con rapidez a la propuesta para cerrar el contrato, mientras que sus competidores todavía analizaban los detalles.[24] Por supuesto, todos los gerentes, sobre todo los más inexpertos, deben tener cuidado de no confiar demasiado en la intuición. Si la racionalidad y la lógica son violadas continuamente por lo que "parece correcto", lo más probable es que, algún día, ocurra un desastre.

Escalada del compromiso

Otro proceso importante de comportamiento que influye en la toma de decisiones es la *escalada del compromiso* con un curso de acción elegido (a veces llamada la *falacia del costo hundido*). En este caso las personas toman decisiones y luego se comprometen tanto que se apegan a ellas o incrementan la inversión en recursos, incluso cuando parecen ser incorrectas.[25] A veces las personas justifican el incremento o mantenimiento de las inversiones de tiempo, dinero o, en el caso de los militares, vidas humanas, debido a la inversión previa en una decisión, aun cuando la evidencia sugiere que ésta debe ser modificada o revertida. Por ejemplo, cuando las personas compran acciones de una empresa, en ocasiones se niegan a venderlas o incluso compran más después de repetidas caídas de precios. Eligen un curso de acción, en este caso comprar las acciones a la espera de obtener ganancias, y luego se apegan a ella, a pesar de que enfrentan pérdidas crecientes.

Durante años Pan American World Airways dominó los cielos y utilizó sus utilidades para diversificarse en el sector de bienes raíces y otros negocios. Sin embargo, cuando inició la desregulación, comenzó a tener problemas y a perder su participación de mercado frente a otras aerolíneas. Cuando los gerentes de Pan Am se percataron de la ineficacia que afectaba las operaciones de la empresa, la decisión "racional" hubiera sido, como señalan los expertos, vender las restantes operaciones de las aerolíneas y concentrarse en sus negocios más rentables. Sin embargo, debido a que continuaban viendo a la empresa como una aerolínea, comenzaron a vender lentamente sus activos rentables para mantener sus operaciones aéreas. Con el tiempo, la empresa se quedó con sólo una línea aérea ineficaz e ineficiente, y luego tuvo que vender sus rutas más rentables, antes de ser adquirida por Delta. Si sus directivos hubieran tomado decisiones más racionales años antes, es probable que la empresa hubiese conservado su rentabilidad hasta hoy, aunque no participara en la industria aérea.[26]

Todo ello nos indica que las personas transitan por una línea muy fina cuando toman decisiones. Por un lado, deben protegerse para no apegarse demasiado tiempo a una decisión incorrecta, ya que si lo hacen pueden deteriorar el desempeño financiero de la organización. Por otra parte, los gerentes no deben dar marcha atrás con demasiada rapidez a una decisión porque parece incorrecta, como lo hizo Adidas hace algún tiempo. Esta empresa dominaba el mercado del calzado deportivo y decidió incursionar en el mercado del calzado deportivo profesional, donde también tuvo buenos resultados. Sin embargo, sus gerentes interpretaron de forma errónea que una disminución de las ventas representaba el fin de la expansión del producto. Consideraron que su decisión había sido incorrecta y ordenaron recortes drásticos. El mercado despegó nuevamente y Nike tomó la delantera, situación de la que Adidas nunca se ha podido recuperar. Por fortuna, un nuevo equipo directivo cambió la forma en que la empresa toma las decisiones y, como ya se explicó, la marca recuperó su fuerza en los mercados de ropa y calzado deportivos.

Propensión al riesgo y toma de decisiones

El elemento conductual de *propensión al riesgo* es el grado al que la persona que toma la decisión está dispuesta a especular en el proceso. Algunos gerentes son cautelosos acerca de cada decisión que toman, tratan de adherirse al

escalada del compromiso
Situación que ocurre cuando la persona que toma una decisión se apega a ella, aun cuando parezca incorrecta

propensión al riesgo
Grado al que la persona que toma una decisión está dispuesta a especular

modelo racional y son extremadamente conservadores en lo que hacen. Estos ejecutivos tratan de evitar errores y rara vez toman decisiones que generen grandes pérdidas. Otros gerentes son extremadamente audaces en la toma de decisiones y están dispuestos a asumir riesgos,[27] dependen de la intuición, toman decisiones con rapidez y a menudo arriesgan grandes inversiones una vez que las han tomado. Al igual que en los juegos de azar, estos gerentes tienden a lograr grandes éxitos con sus decisiones y a incurrir en pérdidas mayores que los conservadores.[28] La cultura organizacional es un ingrediente principal en la promoción de los diferentes niveles de propensión al riesgo.

Ética y toma de decisiones

ética

Creencias de una persona sobre lo que es un comportamiento correcto o uno incorrecto

La *ética* está conformada por el conjunto de creencias de una persona sobre lo que constituye un comportamiento correcto o uno incorrecto. El comportamiento ético se ajusta a las normas sociales generalmente aceptadas, mientras que el comportamiento no ético no lo hace. Algunas decisiones pueden tener poco o nada que ver con la ética personal, pero muchas otras son influidas por la ética del gerente. Por ejemplo, las decisiones relacionadas con cuestiones tan dispares como la contratación o el despido de los empleados, el trato a clientes y proveedores, la determinación de salarios, la asignación de tareas y el mantenimiento de la cuenta de gastos están sujetos a las influencias éticas. Los gerentes pueden tomar decisiones personales fatales simplemente porque prefieren pasar por alto la diferencia entre el bien y el mal.

En general, los dilemas éticos gerenciales se centran en la utilidad personal directa, indirecta o en las preferencias personales. Por ejemplo, considere a un alto directivo que estima una decisión acerca de una posible compra. Su paquete de opciones de acciones (*stock options*) puede brindarle un enorme beneficio personal si la decisión se orienta por un camino, a pesar de que los accionistas pueden beneficiarse más con otra decisión. Un beneficio personal indirecto puede resultar cuando una decisión no aporta directamente valor personal al gerente, pero sí beneficia su desarrollo profesional. El gerente podría tomar una decisión sobre la reubicación de las oficinas de la empresa a una zona más cercana a su residencia.

Los gerentes deben considerar de forma cuidadosa y deliberada el contexto ético de cada una de sus decisiones. El objetivo evidente es que tomen las mejores decisiones para la empresa, incluso en contra de sus propios intereses, lo que requiere honestidad e integridad personales. Puede ser útil que los gerentes analicen los dilemas éticos con sus colegas, pues estos pueden brindarles una visión objetiva de la situación que les impida tomar de forma involuntaria una decisión no ética. La sección *Temas globales* se centra en las influencias culturales y nacionales sobre la conciencia ética.

Teoría prospectiva y toma de decisiones

teoría prospectiva

Modelo que sostiene que cuando una persona toma una decisión bajo condiciones de riesgo, estará más motivada a evitar pérdidas que a buscar ganancias

Por último, la *teoría prospectiva* también ofrece una perspectiva útil sobre la forma en que las personas toman decisiones.[29] En esencia, esta perspectiva se centra en las decisiones bajo condiciones de riesgo y sostiene que el valor potencial de las ganancias o pérdidas influye más en la decisión que su resultado final. Además, la teoría sostiene que, en igualdad de condiciones, las personas están más motivadas para evitar pérdidas que para buscar ganancias. Dicho de otra manera, suelen estar más motivadas por la amenaza de perder algo que tienen que por ganar algo que no tienen.

Un estudio investigó esta hipótesis en una muestra de profesores de escuelas públicas de Chicago. Se informó a un grupo de profesores que podrían recibir un bono de hasta 8,000 dólares al final del año escolar si sus estudiantes obtenían calificaciones determinadas en los exámenes. A otro grupo se le dio por adelantado un bono de 4,000 dólares al comienzo del año escolar y se les

TEMAS GLOBALES

INFLUENCIAS CULTURALES Y DE NACIONALIDAD SOBRE LA CONCIENCIA ÉTICA

Si no somos capaces de reconocer las cuestiones éticas en una situación, es poco probable que las consideremos en las decisiones posteriores. La investigación ha revelado que la cultura y la nacionalidad influyen en el reconocimiento de los problemas éticos. Un estudio reveló que los representantes de ventas taiwaneses son más propensos a identificar los problemas éticos asociados con sus empresas o con los competidores, mientras que sus colegas estadounidenses tienden a percibir las cuestiones éticas del comportamiento de sus compañeros.[30]

Un segundo estudio comparó la conciencia ética de los australianos y los estadounidenses, quienes se consideran "primos culturales" por la similitud de sus culturas. A pesar de las semejanzas, los estadounidenses identificaban mejor los problemas éticos en escenarios de retención de información y engaño por parte de un valuador que los australianos.[31]

Un tercer estudio preguntó a los gerentes de todo el mundo qué decidirían en la siguiente situación:[32]

Usted va en un automóvil conducido por un amigo cercano quien arrolla a un peatón. Sabe que el conductor iba por lo menos a 56 kilómetros por hora en una zona de la ciudad donde la velocidad máxima permitida es de 32 kilómetros por hora. No hay testigos. Su abogado dice que si declaran bajo juramento que él sólo conducía a 32 kilómetros por hora, podría salvarlo de graves consecuencias.

1. ¿Qué derecho tiene su amigo de esperar que lo proteja?
   a. Definitivamente mi amigo tiene todo el derecho de esperar que yo testifique que circulaba a menos de 32 kilómetros por hora.
   b. Mi amigo tiene el derecho de esperar que testifique que circulaba a menos de 32 kilómetros por hora.
   c. Mi amigo no tiene derecho a esperar que testifique que circulaba a menos de 32 kilómetros por hora.

2. ¿Qué haría en vista de las obligaciones que tiene bajo juramento como amigo y como testigo?
   a. Daría testimonio de que mi amigo circulaba a 32 kilómetros por hora.
   b. No daría testimonio de que mi amigo circulaba a 32 kilómetros por hora.

Las respuestas de los gerentes a esta situación fueron muy diferentes. Más de 90% de los gerentes en Canadá (96%), Estados Unidos (95%), Suiza (94%) y Suecia (93%) afirmaron que debido a que las reglas sociales se hicieron para todos, su amigo no tendría derecho a esperar que mintiese y, por lo tanto, no testificarían que conducía a 32 kilómetros por hora. En contraste, menos de la mitad de los gerentes de Corea del Sur (26%), Venezuela (34%), Rusia (42%) y China (48%) se negaría a apoyar a su amigo.

informó que si sus estudiantes no obtenían ciertas calificaciones en los exámenes deberían devolver parte o la totalidad del bono. Sin embargo, si sus estudiantes lograban los objetivos podrían mantener el bono y ganar otro por una cantidad similar al finalizar el año. Los estudiantes del segundo grupo de profesores obtuvieron mejores resultados. Los investigadores dedujeron que los profesores que tenían algo que perder (parte o todo el bono adelantado de 4,000 dólares) estaban más motivados para mejorar los resultados de los estudiantes que aquellos que no tenían nada que perder.[33]

Enfoque integrador para la toma de decisiones

Debido a las exigencias poco realistas del enfoque racional y la orientación limitada y a corto plazo del enfoque conductual, ninguno de los dos resulta completamente satisfactorio. Sin embargo, se pueden combinar las características valiosas de ambos modelos en un enfoque práctico para tomar decisiones, como el que se muestra en la figura 8.4. Los pasos de este proceso son los mismos que los del enfoque racional, pero se agregan las condiciones del enfoque conductual para proporcionar un proceso más realista. Por ejemplo, este enfoque integrador sugiere que en lugar de generar todas las alternativas, la persona debe tratar de ir más allá de las reglas generales y las limitaciones del *satisficing* para generar tantas alternativas como el tiempo, dinero y otros aspectos prácticos de la situación lo permitan. En esta síntesis, el enfoque

Figura 8.4

Enfoque práctico para la toma de decisiones con lineamientos conductuales

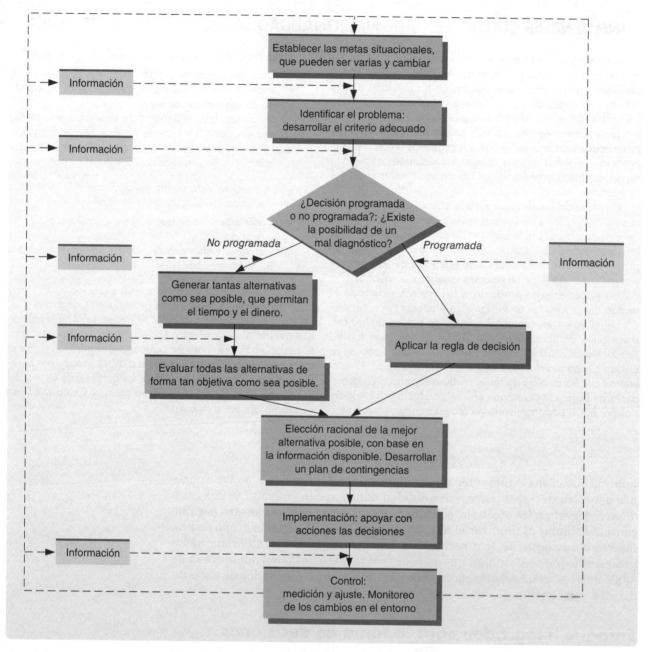

El modelo práctico aplica algunas de las condiciones en las que se basa la aproximación conductual al enfoque racional para la toma de decisiones. Aunque es similar al modelo racional, el enfoque práctico reconoce limitaciones personales en cada punto (o paso) del proceso.

racional presenta un marco analítico para la toma de decisiones, mientras que el enfoque conductual proporciona una influencia moderada.

En la práctica, las personas utilizan algún híbrido de los enfoques racionales, conductuales o integradores para tomar decisiones difíciles en la administración cotidiana de las organizaciones. Algunas utilizan un proceso metódico para recabar la mayor información posible, desarrollar y evaluar las alternativas, y solicitan la asesoría de personas expertas antes de tomar una decisión. Otras pasan de una alternativa a otra, toman decisiones aparentemente precipitadas y gritan órdenes a los subordinados. Como se puede apreciar, el segundo grupo no utiliza mucha información ni un enfoque racional para la toma de decisiones. Sin embargo, la investigación reciente ha demostrado que los gerentes que toman decisiones con rapidez quizás utilizan una cantidad igual o mayor de información, y generan y evalúan tantas alternativas como aquellos que toman decisiones de forma detenida y metódica.[34]

TOMA DE DECISIONES EN GRUPO EN LAS ORGANIZACIONES

Como se menciona en el capítulo 7, los integrantes de las organizaciones trabajan en diversos grupos formales e informales, permanentes y temporales, y en diversos tipos de equipos. La mayoría de estos grupos toman decisiones que afectan el bienestar de la organización y las personas que lo conforman. Por lo tanto, debemos considerar las decisiones grupales. Los elementos principales que analizaremos son la polarización del grupo, el *groupthink* y los métodos de solución de problemas en grupo.

Polarización del grupo

Las actitudes y opiniones de los miembros respecto a un problema o una solución pueden cambiar durante su discusión. Algunos estudios han demostrado que el cambio es un movimiento bastante consistente hacia una solución más riesgosa, llamada "modificación riesgosa".[35] Otros estudios y análisis han revelado que los cambios inducidos por el grupo no siempre se encaminan hacia un riesgo mayor, ya que el grupo también puede transitar hacia una perspectiva más conservadora.[36] Por lo general, la *polarización del grupo* se produce cuando el promedio de las actitudes internas adquiere características más extremas después de su discusión.[37]

Varias características de la discusión del grupo contribuyen a la polarización. Cuando las personas descubren que algunos compañeros comparten sus opiniones, pueden sentir más confianza y radicalizar su postura. Los argumentos convincentes también pueden fomentar la polarización. Si los miembros que apoyan firmemente una posición determinada son capaces de expresarse de manera convincente en el debate, los partidarios menos ávidos pueden llegar a convencerse de que es una opción correcta. Además, los miembros pueden creer que no son individualmente responsables de la decisión o de sus resultados porque se toma en grupo. Esta dilución de la responsabilidad puede permitirles aceptar o apoyar una decisión más radical de la que tomarían de forma individual.

polarización del grupo
Tendencia a que las actitudes promedio del grupo se agudicen después de la discusión de una situación

AUREMAR/SHUTTERSTOCK.COM

Muchas de las decisiones en las organizaciones se toman en grupos. Aunque la toma de decisiones en grupo tiene varias ventajas, también implica ciertos riesgos, entre ellos la polarización del grupo. Por ejemplo, estos compañeros participan en una decisión y deben tratar de asegurar que no sea demasiado riesgosa o conservadora como resultado de la excesiva polarización.

La polarización puede afectar profundamente la toma de decisiones en grupo. Si se sabe que sus miembros tienden a inclinarse hacia una decisión en particular antes de la discusión, se puede esperar que su posición posterior a la decisión será aún más extrema. Comprender este fenómeno puede ser útil para alguien que intenta influir en su decisión.

El *groupthink*

groupthink

Modo de pensar que se produce cuando los miembros de un grupo están profundamente involucrados en un grupo interno cohesivo cuyo deseo por la unanimidad reduce su motivación para evaluar los cursos alternos de acción

Como se analiza en el capítulo 7, cuando los grupos y equipos muestran altos niveles de cohesión suelen tener mucho éxito en sus metas, a pesar de que a veces tienen graves dificultades. Un problema que se puede presentar es el *groupthink*. De acuerdo con Irving L. Janis, el ***groupthink*** es "un modo de pensar que desarrollan las personas cuando se involucran profundamente en un grupo interno cohesivo cuyos esfuerzos por la unanimidad anulan su motivación para evaluar de manera realista los cursos alternos de acción".[38] Cuando se produce el *groupthink*, de forma inadvertida el grupo convierte a la unanimidad en su objetivo en lugar de buscar una mejor decisión. Los miembros del grupo suelen percibir que presentar objeciones no es adecuado. Este fenómeno puede presentarse en muchos casos de decisiones organizacionales. La tendencia actual hacia el uso creciente de los equipos puede incrementar los casos de *groupthink*, debido a la inclinación de los equipos autodirigidos hacia este tipo de pensamiento.[39]

Síntomas del *groupthink*

Las tres primeras condiciones que favorecen el desarrollo del *groupthink* son la cohesión, la promoción de la solución preferida por el líder y el aislamiento del grupo de las opiniones de los expertos. La idea original de los síntomas del *groupthink* se ha mejorado a partir del análisis de la catástrofe asociada con la explosión del transbordador espacial *Challenger* en 1986, para incluir los efectos del incremento de la presión del tiempo y el rol del líder para no estimular el pensamiento crítico en el desarrollo de los síntomas de *groupthink*.[40] La figura 8.5 resume el proceso revisado de *groupthink*.

Un grupo en el que se afianza el *groupthink* presenta ocho síntomas bien definidos:

1. Una ilusión de invulnerabilidad, compartida por la mayoría o todos los miembros, que crea un exceso de optimismo y los alienta a asumir riesgos extremos.
2. Existen esfuerzos colectivos para racionalizar o descartar las advertencias que podrían conducir a los miembros a reconsiderar supuestos antes de comprometerse con las decisiones políticas del pasado.
3. Una creencia incuestionable en la moralidad inherente del grupo, que lleva a sus miembros a pasar por alto las consecuencias éticas y morales de sus decisiones.
4. Visiones estereotipadas de líderes "enemigos" como demasiado malvados para justificar los intentos genuinos de negociar, o como demasiado débiles o estúpidos para contrarrestar cualquier intento riesgoso de desafiar sus propósitos.
5. La presión directa sobre los miembros que expresan argumentos sólidos en contra de cualquiera de los estereotipos, ilusiones o compromisos del grupo, que dejan en claro que dicho desacuerdo es contrario a lo que se espera de los miembros leales.
6. La autocensura de las desviaciones del aparente consenso del grupo, lo que refleja la inclinación de cada miembro a minimizar la importancia de sus dudas y contraargumentos.

Figura 8.5

El proceso del *groupthink*

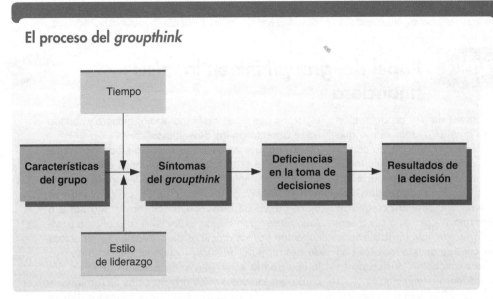

El *groupthink* puede presentarse en un grupo altamente cohesivo, con un líder directivo bajo presión de tiempo. Las decisiones que se toman pueden ser deficientes, con probabilidades bajas de que el resultado tenga éxito.

Fuente: Moorhead, G., Ference, R., & Neck, C. P. (1991). Group Decision Fiascoes Continue: Space Shuttle *Challenger* and a Revised Groupthink Framework, en *Human Relations*, *44*, pp. 539–550.

7. Una ilusión compartida de unanimidad, que resulta en parte de la auto-censura de las desviaciones e incrementa el falso supuesto de que silencio significa consentimiento.[41]

8. La aparición de "guardamentes" autodesignados, que son miembros que protegen al grupo de la información adversa que podría romper su compla-cencia compartida acerca de la efectividad y moralidad de sus decisiones.[42]

Janis sostiene que los miembros del grupo que participaron en el encubri-miento del Watergate durante la administración y la campaña de reelección del presidente estadounidense Richard Nixon, el propio Nixon, HR Haldeman, John Ehrlichman y John Dean, pueden haber sido víctimas de *groupthink*. La evidencia de la mayor parte de los síntomas puede encontrarse en las trans-cripciones sin editar de las deliberaciones del caso.[43] Este fenómeno ayuda a explicar por qué las empresas y los gobiernos a veces continúan aplicando estrategias y políticas que fallan de forma evidente. Nuestro *Caso de estudio* proporciona otro ejemplo contemporáneo de *groupthink*.

Deficiencias en la toma de decisiones y calidad de la decisión

Cuando el *groupthink* domina las deliberaciones del grupo, se incrementa la probabilidad de que se tomen decisiones deficientes. Es menos probable que el grupo analice una gama amplia de alternativas, por lo que se centrará sólo en algunas opciones (a menudo una o dos). Cuando se analiza la alternativa pre-ferida, el grupo puede no ser capaz de estudiar sus inconvenientes y riesgos no evidentes; podría no volver a analizar las alternativas que antes habían sido rechazadas para encontrar beneficios que no son evidentes o algún medio para reducir los costos aparentes, incluso cuando reciben información nueva. El grupo podría rechazar la opinión de los expertos cuando ésta contradice sus puntos de vista y considerar sólo la información que apoya su solución prefe-rida. La decisión de lanzar el transbordador espacial *Challenger* en enero de 1986 pudo haber sido el resultado del *groupthink*, debido a que el grupo pasó por alto la información negativa debido a la creciente presión de tiempo y el estilo de decisión de sus líderes. (Por desgracia, este mismo patrón se produjo de nuevo antes del lanzamiento fallido del transbordador *Columbia* en 2003.)

CASO DE ESTUDIO ## Papel del *groupthink* en la crisis financiera

Cuando los miembros y líderes de una organización se dejan capturar por sus creencias, sólo ven lo que quieren ver. Cuando esta falencia se combina con la ambición y la codicia, se desarrolla un circuito de retroalimentación que impide interpretar correctamente la información y distorsiona la realidad. Los miembros del grupo pueden racionalizar o ignorar las señales de advertencia que se oponen a sus creencias y desarrollan ilusiones de invulnerabilidad. Numerosos historiadores consideran que los aspectos de estos procesos son la explicación básica de la expansión excesiva del crédito que alimentó la crisis de las hipotecas de riesgo en 2007 y la posterior crisis financiera.

En los años previos a la crisis, se hizo caso omiso de advertencias claras que indicaban la inminencia de graves problemas. El respetado presidente de la Reserva Federal de Estados Unidos, Alan Greenspan, fue un firme defensor del libre mercado y respaldó una intervención mínima. También fue conocido por ser poco receptivo ante ideas que desafiaran a las suyas. Como recuerda William White, economista y jefe del Banco de Pagos Internacionales, "Greenspan siempre exigió respeto".[44] ¿Y quién podría cuestionar a Greenspan? Era una superestrella económica y todo iba bien. Como afirmó White posteriormente, "cuando estás dentro de la burbuja, todo el mundo se siente bien y nadie quiere creer que puede estallar".[45]

White fue el único banquero central del mundo dispuesto a desafiar o criticar a Greenspan y sus ideas. Predijo la cercanía de la crisis financiera años antes de que ocurriera y presentó un documento a los bancos centrales que contradecía todas las ideas de Greenspan. A pesar de las críticas persistentes de White y su equipo sobre la bursatilización de las hipotecas, las explicaciones de los peligros de los préstamos de alto riesgo y presentación de pruebas acerca de la falta de credibilidad de las agencias calificadoras, fueron pocas las personas que lo escucharon en el mundo de alta secrecía de la banca central. En palabras de White, "de alguna manera, todo el mundo esperaba que no se iría hacia abajo, siempre y cuando no se observaran las desventajas".[46]

Los banqueros centrales conocían todos los ingredientes de la crisis financiera dos años antes de que ésta estallara. Incluso, la Mortgage Insurance Companies of America, una asociación de proveedores hipotecarios de Estados Unidos, envió una carta a Alan Greenspan donde expresaba su profunda preocupación por las prácticas de préstamos de hipotecas de riesgo, pero además, incluía la sospecha de que la Fed podría estar utilizando datos incorrectos. Sin embargo, los datos y las advertencias fueron ignoradas porque la economía iba bien y todos los días se colocaban miles de millones de dólares en bonos en Wall Street. Nadie estaba ansioso por terminar la fiesta. Cuando Ben Bernanke reemplazó a Greenspan a principios de 2006, también pasó por alto las advertencias. Incluso cuando inició la crisis financiera, Bernanke minimizó el riesgo de los problemas, lo que provocó que se propagaran aún más. Ahora sabemos que los problemas y las preocupaciones señaladas por White y otros sacudieron los cimientos de la economía mundial.

Para reducir las posibilidades de que el *groupthink* socave nuevamente al sector financiero, algunos expertos han sugerido que se debe incrementar la diversidad en la alta dirección y entre quienes desarrollan productos que ponen en riesgo al sistema financiero. Las personas similares (en edad, raza, educación, género, etc.) tienden a pensar de la misma manera, y es posible que aquellas con antecedentes diferentes estén más dispuestas a cuestionar las ideas y a contrarrestar los efectos del *groupthink*.

Preguntas

1. ¿Cómo se ejemplifican los elementos del *groupthink* en la crisis financiera?
2. ¿Qué se podría hacer para reducir los efectos del *groupthink* en el futuro?
3. ¿Considera que el incremento de la diversidad en las posiciones de liderazgo de las empresas financieras reduciría el *groupthink*? ¿Por qué?

Por último, el grupo podría no considerar los posibles contratiempos o contramedidas de los competidores y no elaborar planes de contingencia. Cabe señalar que Janis sostiene que estos defectos también pueden deberse a otros problemas comunes, como la fatiga, los prejuicios, la información imprecisa, la sobrecarga de información y la ignorancia.[47]

Las explosiones que destruyeron los transbordadores espaciales *Challenger* (en 1986) y *Columbia* (en 2003) mataron a ambas tripulaciones. El estudio detallado de las decisiones sobre cada misión del transbordador sugiere que el *groupthink* quizá jugó un papel importante en ambos desastres.

EVERETT HISTORICAL/SHUTTERSTOCK.COM

Los defectos en la toma de decisiones no siempre conducen a derrotas o malos resultados. Incluso cuando los procesos de toma de decisiones son erróneos, un bando puede ganar una batalla a causa de las malas decisiones tomadas por los líderes de la otra parte. Sin embargo, las decisiones que son producto de procesos defectuosos tienen menos probabilidades de éxito. A pesar de que los argumentos a favor de la existencia de *groupthink* son convincentes, esta hipótesis no ha sido evaluada de forma empírica y rigurosa. La investigación apoya partes del modelo, pero deja algunas preguntas sin responder.[48]

Prevención del *groupthink*

Se han presentado varias sugerencias para ayudar a los gerentes a reducir la probabilidad del *groupthink* en la toma de decisiones en grupo. Como se resume en la tabla 8.2, estas prescripciones se dividen en cuatro categorías, dependiendo de que las apliquen el líder, la organización, el individuo o el proceso. Todas están diseñadas para facilitar la evaluación crítica de las alternativas y desalentar la búsqueda de la unanimidad como finalidad.

Tabla 8.2

Prescripciones para prevenir el *groupthink*

A. Prescripciones para el líder
   1. Asignar a todas las personas el papel de evaluador crítico.
   2. Ser imparcial; no declarar sus preferencias.
   3. Asignar el papel de abogado del diablo a por lo menos un miembro del grupo.
   4. Utilizar a los expertos externos para desafiar al grupo.
   5. Mantenerse abierto a puntos de vista contrarios.
B. Prescripciones para la organización
   1. Poner en marcha varios grupos independientes para estudiar el mismo tema.
   2. Capacitar a los gerentes y líderes de grupo en técnicas de prevención de *groupthink*.
C. Prescripciones individuales
   1. Ser un pensador crítico.
   2. Discutir las deliberaciones del grupo con una persona ajena de confianza; informar al grupo.
D. Prescripciones para el proceso
   1. Dividir el grupo en subgrupos para discutir periódicamente los temas.
   2. Asignar tiempo para estudiar los factores externos.
   3. Mantener juntas de revisión para replantear los problemas antes de hacer un compromiso.

Participación

Un tema importante en la toma de decisiones en grupo es el grado al que los empleados deben participar en el proceso. Las primeras teorías de la administración, como la escuela de la administración científica, abogaron por una clara separación entre las funciones de los gerentes y los trabajadores.

La dirección debía tomar las decisiones y los empleados implementarlas.[49] Otros enfoques han instado a que se permita que los empleados participen en las decisiones para incrementar su ego, motivación y satisfacción.[50] Numerosas investigaciones han demostrado que mientras los empleados que buscan la responsabilidad y el desafío en el trabajo pueden encontrar que la participación en el proceso de toma de decisiones es motivante y enriquecedora, otros pueden considerarla una pérdida de tiempo y una imposición gerencial.[51]

Qué tan adecuado es que participen los empleados depende de la situación. En las tareas que requieren una estimación, predicción o juicio exacto, que por lo general se conocen como "tareas de juicio", en la mayoría de los casos los grupos son superiores a los individuos simplemente porque un número mayor de personas contribuye al proceso de toma de decisiones. Sin embargo, un individuo puede ser capaz de elaborar un mejor juicio que un grupo.

En las tareas de solución de problemas, por lo general los grupos producen más y mejores soluciones que los individuos, pero dedican mucho más tiempo a desarrollar y tomar las decisiones. Un individuo o grupo muy pequeño puede ser capaz de lograr algunas cosas mucho más rápido que un grupo u organización grande y difícil de manejar. Además, la toma de decisiones individuales evita los problemas de la toma de decisiones en grupo, como el *groupthink* o la polarización. Si el problema que se debe resolver es bastante sencillo, puede ser más apropiado contar con un individuo capaz concentrado en su solución. Por otra parte, es más apropiado resolver los problemas complejos mediante los grupos. Con frecuencia, este tipo de problemas se pueden dividir en partes que se asignan a personas o pequeños grupos que proponen sus resultados al resto del grupo para analizarlos y tomar decisiones.

Una ventaja adicional de la toma de decisiones en grupo es que a menudo genera mayor interés en la tarea. El creciente interés puede incrementar el tiempo y el esfuerzo que se invierten en la tarea, conducir a más ideas y a una búsqueda más exhaustiva de soluciones, así como a evaluar mejor las alternativas produciendo una decisión de mayor calidad.

El enfoque del árbol de decisiones de Vroom del liderazgo (que se analiza en el capítulo 12) es una forma conocida para determinar el grado apropiado de participación de los subordinados.[52] El modelo incluye diferentes estilos de decisión que varían de "decidir" (el líder toma la decisión) a "delegar" (el grupo toma la decisión y cada miembro tiene el mismo peso en ella). La elección de estilo se basa en siete consideraciones que se refieren a las características de la situación y los subordinados.

La participación en la toma de decisiones también se relaciona con la estructura organizacional. Por ejemplo, la descentralización implica delegar la autoridad para tomar decisiones en toda la jerarquía de la organización. Cuanto más descentralizada es la organización, mayor es la tendencia de sus empleados a participar en la toma de decisiones. La participación para tomar decisiones sigue siendo un aspecto importante para los gerentes y estudiosos de la organización, ya sea que se vea como referente del liderazgo, estructura organizacional o motivación.[53]

Solución de problemas en grupo

Un grupo puede tener dificultades en su interacción típica en cualquiera de los pasos del proceso de toma de decisiones. Un problema común que surge en la etapa de generación de alternativas consiste en concluir de forma arbitraria la búsqueda antes de que se hayan identificado todas las alternativas posibles. Existen varios tipos de interacciones de grupo que pueden tener este efecto. Si los miembros expresan inmediatamente sus reacciones a las alternativas que se proponen, los posibles contribuyentes pueden comenzar a censurar sus ideas para evitar las críticas embarazosas de sus compañeros. Los miembros del grupo con menor confianza se sienten intimidados por aquellos con mayor experiencia, estatus o poder, y pueden censurar sus ideas por temor a la vergüenza o el castigo. Además, el líder puede limitar la generación de ideas mediante la aplicación de los requisitos relativos a tiempo, conveniencia, costo, viabilidad y similares. Para mejorar la generación de alternativas, los gerentes pueden emplear cualquiera de las tres técnicas para estimular las capacidades de solución de problemas del grupo: lluvia de ideas, técnica de grupo nominal, o técnica Delphi.

Lluvia de ideas

La *lluvia de ideas*, que se utiliza con mayor frecuencia en la fase de generación de ideas para tomar decisiones, tiene como objetivo resolver problemas nuevos para la organización que podrían tener importantes consecuencias. Cuando se utiliza este sistema, el grupo se reúne específicamente para generar alternativas. Los miembros presentan ideas que aclaran con breves explicaciones. Cada idea se registra a la vista de todos los miembros, por lo general en un rotafolio. Para evitar la autocensura, no se permiten intentos de evaluar las ideas. Se alienta a los miembros del grupo a ofrecer todas aquellas que se les ocurran, incluso las que parezcan demasiado riesgosas o imposibles de implementar. (En realidad, la ausencia de tales ideas es evidencia de que los miembros del grupo se autocensuran.) Después de que las ideas se han registrado y distribuido entre los miembros para su revisión, se evalúan las alternativas en una sesión posterior.

La intención de este recurso es producir ideas y soluciones totalmente nuevas mediante la estimulación de la creatividad de los miembros del grupo y potencializar las contribuciones de los demás. Esta técnica no genera una solución para el problema, un esquema de evaluación o una decisión. En vez de ello, debe producir una lista de alternativas más innovadora y completa que la que podría desarrollar el grupo en su interacción típica.

lluvia de ideas
Técnica que se emplea en la etapa de generación de ideas para tomar decisiones que ayuda a desarrollar una gran cantidad de cursos alternos de acción

Técnica del grupo nominal

La *técnica del grupo nominal* es otro medio para mejorar la toma de decisiones en grupo. Mientras que la lluvia de ideas se utiliza principalmente para generar alternativas, ésta se puede utilizar en otras fases de la toma de decisiones, como la identificación del problema y los criterios apropiados para evaluar las alternativas. Para utilizar esta técnica, un grupo de personas se reúne para abordar un problema, el cual se describe en el grupo, y cada individuo escribe una lista de ideas; no se permite la discusión entre los miembros. Tras el periodo de generación de ideas, que dura entre cinco y diez minutos, los miembros se turnan para presentar sus contribuciones de forma individual ante el grupo.

técnica del grupo nominal
Técnica en la que los miembros del grupo participan en un ciclo de generación, discusión y votación hasta que toman una decisión

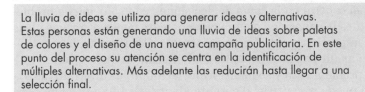

WAVEBREAKMEDIA/SHUTTERSTOCK.COM

La lluvia de ideas se utiliza para generar ideas y alternativas. Estas personas están generando una lluvia de ideas sobre paletas de colores y el diseño de una nueva campaña publicitaria. En este punto del proceso su atención se centra en la identificación de múltiples alternativas. Más adelante las reducirán hasta llegar a una selección final.

Las ideas se registran en un rotafolio, y se anima a los miembros a añadir ideas a la lista basándose en las contribuciones de los demás. Tras la presentación de todas las ideas, los miembros pueden analizarlas y continuar elaborándolas o pasar a la siguiente fase. Esta parte del proceso también puede llevarse a cabo sin una reunión frente a frente, por correo, teléfono o computadora. Sin embargo, una junta ayuda a que los miembros desarrollen un sentimiento de grupo y les coloca presión interpersonal para que realicen su mejor esfuerzo en desarrollar sus listas.

Después de la discusión, los miembros votan en privado, clasifican las ideas o informan sobre sus preferencias de alguna otra manera acordada. La notificación es privada, pues ello reduce cualquier sentimiento de intimidación. Después de la votación, el grupo puede comentar los resultados y seguir generando y discutiendo las ideas. El ciclo de generación, discusión y votación puede continuar hasta que se alcance una decisión adecuada. La técnica de grupo nominal tiene dos ventajas principales: ayuda a superar los efectos negativos de las diferencias de poder y estatus entre los miembros del grupo, y puede utilizarse para explorar problemas, generar alternativas o evaluarlas. Su principal desventaja radica en su naturaleza estructurada, lo que puede limitar la creatividad.

Técnica Delphi

técnica Delphi
Método para recabar juicios de expertos de forma sistemática con la finalidad de elaborar pronósticos

La *técnica Delphi*, desarrollada originalmente por la Rand Corporation como un método para recabar sistemáticamente los juicios de expertos para elaborar pronósticos, está diseñada para los grupos que no interaccionan frente a frente. Por ejemplo, el gerente de desarrollo de productos de un gran fabricante de juguetes podría aplicar la técnica Delphi para sondear la opinión de los expertos de la industria con la finalidad de pronosticar la evolución del dinámico mercado de los juguetes.

El gerente que solicita la información al grupo es la figura central del proceso. Después de que se recluta a los participantes, el gerente elabora un cuestionario relativamente sencillo que contiene preguntas directas relacionadas con el tema, las tendencias en la zona, los nuevos desarrollos tecnológicos y otros factores en los que el gerente está interesado. El gerente resume las respuestas e informa a los expertos por medio de otro cuestionario. Este ciclo puede repetirse tantas veces como sea necesario para generar la información que necesita el gerente. La técnica Delphi es útil cuando los expertos están dispersos físicamente, se desea el anonimato, o se sabe que los participantes tienden a presentar problemas para comunicarse entre sí debido a las diferencias extremas de opinión. Este método también evita los problemas de intimidación que pueden existir en los grupos de toma de decisiones. Por otro lado, la técnica elimina los resultados a menudo fructíferos de la interacción directa entre los miembros del grupo.

CREATIVIDAD, SOLUCIÓN DE PROBLEMAS Y TOMA DE DECISIONES

creatividad
Capacidad personal para generar nuevas ideas o concebir perspectivas nuevas sobre ideas existentes

La creatividad es una importante variable entre las diferencias individuales que existen en todo el mundo. Sin embargo, en lugar de analizarla con otros conceptos a nivel individual en los capítulos 3 y 4, se describe a continuación, ya que juega un papel central en la toma de decisiones y la solución de problemas. La *creatividad* es la capacidad de una persona para generar nuevas ideas o concebir nuevas perspectivas sobre las ya existentes. Por lo tanto, la creatividad puede desempeñar un papel importante en la forma en que se define una situación o decisión problemática y se identifican y evalúan las alternativas. La creatividad también puede permitirle al gerente identificar una nueva manera

MEJORE SUS HABILIDADES
DECISIONES CREATIVAS MEDIANTE LA ADOPCIÓN DE IDEAS

Las decisiones creativas son novedosas y útiles, y la adopción de ideas de otras áreas es a menudo una base para el proceso creativo de toma de decisiones.[54] La idea de la imprenta de tipos móviles de Johannes Gutenberg se inspiró en la tecnología de las prensas de tornillo de vinos del Valle de Rin en Francia. Fue allí en 1440 que Gutenberg creó su imprenta, en la que la tinta rodó sobre las superficies elevadas de las letras de moldes fijados a mano en una base de madera que luego se presionaba contra una hoja de papel.[55] Él combinó su conocimiento de orfebrería, muebles y prensas para desarrollar una solución innovadora. Más recientemente Steve Jobs, de Apple, reconoció que el Kindle, de Amazon, fue una inspiración para el iPad.

En lugar de estar fuera del alcance de la mayoría de las personas, la toma de decisiones creativas puede seguir un proceso deliberado en la búsqueda de una idea existente que resuelve un problema relacionado en alguna otra área. Todavía es difícil porque las ideas adoptadas sólo proporcionan la materia prima. El conocido autor David Kord Murray ofrece seis sencillos pasos que se pueden practicar para mejorar la creatividad:[56]

1. Definición: definir el problema que se intenta resolver. La forma en que defina el problema determinará cómo resolverlo. Los errores suelen ser consecuencia de definir los problemas de forma demasiado estricta o demasiado amplia.

2. Adopciones: tomar ideas de otros que han enfrentado un problema similar. Una táctica es comenzar con sus competidores, a continuación, otras industrias, y luego fuera de la empresa, en la naturaleza, las ciencias o el entretenimiento para ver cómo se resuelven problemas similares.

3. Combinar: combinar las ideas adoptadas. Esta es la esencia de la creatividad, como ocurrió en el caso de la imprenta de Gutenberg.

4. Incubación: dar tiempo a la mente inconsciente para trabajar y escuchar las ideas que genera. Este ejercicio puede implicar irse a dormir o dejarla un tiempo de lado. A veces, no pensar en absoluto es el pensamiento más efectivo.

5. Juicio: identificar las fortalezas y debilidades de la decisión.

6. Mejora: ajustar la decisión para tener más ventajas que desventajas. Mejore sus decisiones mediante ensayo y error y realice los ajustes adecuados.

Fuente: Murray, D. K. (2009). Borrowing Brilliance: The Six Steps to Business Innovation by Building on the Ideas of Others. Nueva York: Gotham; Murray, D.K. (2009). What are the Six Steps? Disponible en línea en: http://www.borrowingbrilliance.com/sixsteps.html; Harry Ransom Center (2009). Adapting Technology. Harry Ransom Center at the University of Texas at Austin. Disponible en línea en: http://www.hrc.utexas.edu/educator/modules/gutenberg/invention/adapting/; Lienhard, J.H. (1988). No. 753: Johann Gutenberg. Disponible en línea en: http://www.uh.edu/engines/epi753.htm.

---

de ver las cosas.[57] La sección *Mejore sus habilidades* le ayudará a entender mejor las conexiones que existen entre la creatividad y la toma de decisiones.

¿Qué hace que una persona sea creativa? ¿Cómo funciona el proceso creativo? Aunque los psicólogos aún no han descubierto respuestas cabales a estas preguntas, el análisis de algunos patrones generales puede ayudar a entender las fuentes de la creatividad individual dentro de las organizaciones y los procesos mediante los cuales surge esta facultad.[58]

La persona creativa

Numerosos investigadores han centrado sus esfuerzos en intentar describir los atributos comunes de las personas creativas. En general, estos atributos se dividen en tres categorías: las experiencias de vida, los rasgos personales y las capacidades cognitivas.

Experiencias de vida y creatividad

Los investigadores han observado que muchas personas creativas fueron criadas en entornos en los que se nutre la creatividad. Mozart nació en una familia de músicos y comenzó a componer y tocar música a los seis años. Pierre y Marie Curie, grandes científicos, criaron a su hija Irene, quien ganó el Premio Nobel de Química. La creatividad de Thomas Edison fue alentada por su

EVERETT HISTORICAL/SHUTTERSTOCK.COM

En ocasiones, la creatividad se asocia con un entorno de crianza en el que se la fomenta junto con la curiosidad. La creatividad de Thomas Edison fue alentada por su madre, debido a lo cual se convirtió en uno de los más grandes inventores de la historia.

madre. Sin embargo, muchas personas con experiencias de vida muy diferentes a las de ellos también han sido creativas. El abolicionista y escritor afroestadounidense Frederick Douglass fue llevado como esclavo a Tuckahoe, Maryland, y tuvo muy pocas oportunidades de educarse formalmente. No obstante, su poderosa oratoria y pensamiento creativo le ayudaron a elaborar la Proclamación de Emancipación, que prohibió la esclavitud en Estados Unidos.

Rasgos personales y creatividad

Existen rasgos personales que también han sido vinculados con la creatividad en las personas. Los rasgos compartidos por la mayoría de los individuos creativos son la apertura, la atracción por la complejidad, niveles altos de energía, independencia, autonomía, fuerte autoconfianza, y una creencia sólida de que ellos son en realidad creativos. Las personas que poseen estos rasgos son más propensas a ser creativos que quienes no los poseen.

Capacidad cognitiva y creatividad

La capacidad cognitiva es el poder que tiene una persona para pensar de forma inteligente y analizar de manera efectiva situaciones y datos. La inteligencia puede ser una condición previa de la creatividad individual. Aunque la mayoría de las personas creativas son muy inteligentes, no todas las personas inteligentes son necesariamente creativas. La creatividad también está vinculada con la capacidad de pensar de forma divergente y convergente. El pensamiento divergente es una habilidad que permite a las personas ver las diferencias entre las situaciones, fenómenos o acontecimientos, mientras que el pensamiento convergente permite identificar las similitudes que existen entre ellas. En general, las personas creativas son muy hábiles tanto en pensamiento divergente como convergente.

El proceso creativo

Aunque a menudo las personas creativas informan que las ideas vienen a ellos "en un instante", la actividad creativa individual en realidad tiende a progresar a lo largo de una serie de etapas. La figura 8.6 resume las principales etapas del proceso creativo. No toda la actividad creativa tiene que seguir estas cuatro etapas, pero gran parte de ella lo hace.

Preparación

preparación
Por lo general, es la primera etapa del proceso creativo, lo que incluye la educación y la capacitación formales

Por lo general, el proceso creativo inicia con un periodo de ***preparación***. La educación y la capacitación formales son normalmente las formas más eficientes de familiarizarse con una gran cantidad de investigaciones y conocimiento. Casi siempre, para contribuir de forma creativa a la administración o a los servicios empresariales, las personas deben recibir capacitación y educación formal en el área de los negocios. Esta es una de las razones por las que existe una gran demanda de programas de educación universitarios y a nivel maestría de esta disciplina. La educación formal en esta área puede ser una forma efectiva para que una persona "acelere" y comience a hacer con rapidez contribuciones creativas.

Las experiencias que tienen los gerentes en el trabajo después de que ha concluido su capacitación formal también pueden contribuir al proceso creativo. En realidad, en un sentido amplio, la educación y la capacitación de personas creativas nunca termina. Continúa siempre y cuando se mantengan el interés en el mundo y la curiosidad acerca de cómo funciona el universo. Una de estas personas es Bruce Roth, quien obtuvo un doctorado en química y después trabajó muchos años en la industria farmacéutica mientras aprendía más y más sobre los compuestos químicos, y cómo éstos funcionan en los seres humanos.

Incubación

La segunda fase del proceso creativo es la *incubación*, un periodo de concentración consciente menos intensa, durante el cual el conocimiento y las ideas adquiridas durante la preparación maduran y se desarrollan. Un aspecto curioso de la incubación es que a menudo se beneficia de pausas en el pensamiento racional concentrado. Algunas personas creativas se basan en alguna actividad física, como correr o nadar, para dar un "descanso" a su pensamiento. Otras pueden leer o escuchar música, o incluso dormir para tener la pausa necesaria. Finalmente, Bruce Roth se unió a Warner-Lambert, una nueva compañía farmacéutica en la cual comenzó a desarrollar medicamentos para reducir el colesterol. En su tiempo libre, Roth leía novelas de misterio y practicaba senderismo de montaña. Más tarde descubrió que estos eran los momentos en los que pensaba mejor.

Iluminación

Por lo general, después de la preparación y la incubación se produce una iluminación, que es un gran avance espontáneo en el que la persona creativa logra una nueva comprensión de algún problema o situación. La *iluminación* representa la unión de todos los pensamientos e ideas dispersos que fueron madurando durante la incubación. Puede ocurrir de repente o desarrollarse con lentitud al paso del tiempo, ser activada por algún acontecimiento, como una nueva experiencia o un encuentro con nuevos datos que obliga a la persona a pensar en temas y problemas viejos de formas nuevas, o puede ser un acontecimiento completamente interno en el que los patrones de pensamiento finalmente se fusionan para generar nuevos conocimientos. Un día, mientras Bruce Roth revisaba ciertos datos de algunos estudios que habían comprobado que un nuevo medicamento en fase de desarrollo no era más efectivo que otros que ya estaban disponibles, observó algunas relaciones estadísticas que no habían sido consideradas previamente. Entonces supo que tenía un gran avance en sus manos.

Verificación

Una vez que ha ocurrido la iluminación, la *verificación* determina su validez o veracidad. En el caso de muchas ideas creativas, la verificación incluye experimentos científicos para determinar si, en realidad, la iluminación conduce a

Figura 8.6

El proceso creativo

Por lo general, el proceso creativo sigue los cuatro pasos que se ilustran en esta figura. Por supuesto, existen algunas excepciones en las que el proceso es diferente. Sin embargo, en la mayoría de los casos estas fases captan la esencia del proceso creativo.

incubación
Etapa de concentración consciente menos intensa en la que la persona creativa permite que el conocimiento y las ideas adquiridas maduren y se desarrollen

iluminación
Etapa del proceso creativo en la que las ideas y los pensamientos dispersos que maduraron durante la incubación se combinan para producir un avance

verificación
Etapa final del proceso creativo en la que se determina la validez o veracidad de la iluminación

los resultados esperados. La verificación puede incluir también el desarrollo de un prototipo del producto o servicio. Un prototipo es un producto (o un número muy pequeño de ellos) construido sólo para verificar si las ideas detrás de él en realidad funcionan. Los prototipos de productos rara vez se venden al público, pero son muy valiosos para comprobar la precisión de los conocimientos desarrollados en el transcurso del proceso creativo. Una vez que se desarrolla el nuevo producto o servicio, la verificación en el mercado es la prueba definitiva de la idea creativa que le subyace. Bruce Roth y sus colegas se pusieron a trabajar para probar el nuevo compuesto que, finalmente, ganó la aprobación de la FDA. El fármaco, llamado Lipitor, se ha convertido en el medicamento más vendido en la historia farmacéutica, y Pfizer, la empresa que compró Warner-Lambert mediante una adquisición hostil, gana más de 10,000 millones de dólares al año con este medicamento.[59]

Cómo mejorar la creatividad en las organizaciones

Los gerentes que deseen mejorar y promover la creatividad en sus organizaciones pueden hacerlo de diversas formas.[60] Un método importante para mejorarla es incorporarla a la cultura de la organización, a menudo mediante metas explícitas. Las empresas que en realidad desean hacer hincapié en la creatividad, como 3M y Rubbermaid, establecen metas en las que un porcentaje de sus ingresos futuros deben provenir de productos nuevos. Esta disposición comunica con claridad que la creatividad y la innovación son valoradas.

Otro factor importante para mejorar la creatividad es la compensación de los éxitos creativos, pero también es necesario no castigar los fracasos en esta área. Muchas de las ideas que parecen valiosas en el papel no logran dar resultados en la realidad. Si la primera persona que tiene una idea que fracasa es despedida o castigada, los demás miembros de la organización serán más cautos en su propio trabajo y, como resultado, surgirán menos ideas creativas.

RESUMEN Y APLICACIÓN

La toma de decisiones es el proceso de elegir una alternativa entre varias opciones. La solución de problemas consiste en encontrar la respuesta a una pregunta. Los elementos básicos de la toma de decisiones incluyen la elección de un objetivo, considerar los cursos de acción alternos, la evaluación de los posibles resultados en relación con la meta y la elección de una alternativa con base en una evaluación de los resultados. Se debe contar con información disponible acerca de las alternativas, los resultados y los valores.

Las decisiones programadas son recurrentes, están bien estructuradas y se toman con base en reglas establecidas. Las decisiones no programadas implican situaciones no rutinarias, mal estructuradas con fuentes de información poco claras y no pueden tomarse según las reglas existentes. La toma de decisiones también puede clasificarse con base en las condiciones existentes. Las clasificaciones de certeza, riesgo e incertidumbre reflejan la cantidad de información disponible sobre los resultados de las alternativas.

El enfoque racional aborda la toma de decisiones como un proceso totalmente racional en el cual se establecen metas, se identifica un problema, se generan y evalúan alternativas, se hace una elección, y se implementa y ejerce el control. La toma de decisiones basada en evidencias es una reformulación reciente de la necesidad de la racionalidad para tomar decisiones.

El modelo conductual se caracteriza por el uso de procedimientos y reglas generales, suboptimización y *satisficing*. Existen otros procesos conductuales que también influyen en la toma de decisiones en las organizaciones, como las

——— **RESPUESTAS PARA EL MUNDO REAL** ———
UN DESAFÍO DE ÉTICA

¿El CEO de la empresa de reparación de motores de aviación debe dar a conocer el reclamo pendiente de que algunas refacciones de su empresa son la causa posible de que once aviones se encuentren en tierra y arriesgar los puestos de trabajo de cientos de empleados y su propia participación en la empresa? ¿O debe permanecer en silencio hasta que obtenga más información? La elección correcta no siempre es clara; este tipo de decisiones es el más común entre las decisiones difíciles que los gerentes tienen que tomar.

En este caso, el CEO consideró que los acreedores podrían cancelar los préstamos a la empresa y que los inversionistas podrían perder su dinero si se daba a conocer la investigación de la FAA. También le preocupaba el efecto que esta información podría tener en los empleados si tuviera que despedirlos. Sin embargo, nunca consideró si tenía alguna responsabilidad para con los pasajeros para que pudieran tomar sus propias decisiones acerca de su seguridad. Años más tarde, reconoció que la seguridad de los pasajeros nunca pasó por su mente cuando tomó la decisión.

El CEO decidió no divulgar la información y firmó los papeles de la auditoría. Pasado un tiempo, la FAA llegó a la conclusión de que era imposible identificar quién era responsable de las fallas de los motores. La empresa nunca fue acusada públicamente de ser un posible factor de la inmovilización de los aviones en tierra.

actividades políticas de coalición, la intuición de la gerencia y la escalada del compromiso con un curso de acción elegido. La propensión al riesgo es también un factor conductual importante para la toma de decisiones. Asimismo, la ética también afecta la forma en que los gerentes toman decisiones. La teoría de prospectos sugiere que las personas están más motivadas por evitar pérdidas que por obtener beneficios. Los puntos de vista racionales y conductuales pueden combinarse en un modelo integrador.

La creatividad es la capacidad para generar nuevas ideas. Numerosos antecedentes y factores individuales pueden influir en el nivel de creatividad de una persona. En general, el proceso creativo implica cuatro fases: preparación, incubación, iluminación y verificación. Los gerentes pueden mejorar o reducir la creatividad en sus organizaciones con la ayuda de diversos medios.

PREGUNTAS PARA ANÁLISIS

1. Algunos autores afirman que las decisiones las toman personas y no organizaciones, por lo que el estudio de las decisiones "organizacionales" es inútil. ¿Está de acuerdo con este argumento? ¿Por qué?
2. ¿Qué información utilizó usted para tomar la decisión de ingresar a la escuela que asiste en la actualidad?
3. Cada vez que suena la alarma por la mañana, usted debe tomar una decisión: levantarse e ir a la escuela o el trabajo, o quedarse en la cama y dormir más tiempo. ¿Es esta una decisión programada o no programada? ¿Por qué?
4. Describa por lo menos tres puntos del proceso de toma de decisiones en el que la información juega un papel importante.
5. ¿Cómo difiere el papel de la información en el modelo racional de toma de decisiones de su papel en el modelo de comportamiento?
6. ¿Por qué es necesario analizar diferentes modelos de toma de decisiones?

7. ¿Alguna vez utilizó el *satisficing* al tomar una decisión? ¿Alguna vez utilizó la suboptimización?

8. Describa una situación en la que usted haya experimentado una escalada del compromiso con un curso de acción poco efectivo. ¿Qué hizo al respecto? ¿Le gustaría haber manejado las cosas de manera diferente? ¿Por qué?

9. ¿Cuál es su nivel de comodidad o incomodidad cuando debe tomar decisiones riesgosas?

10. ¿Se considera usted una persona creativa o poco creativa? Recuerde alguna situación en la que haya realizado un descubrimiento empleando las cuatro fases del proceso creativo.

EJERCICIO PARA CÓMO ENTENDERSE A SÍ MISMO

Tomar una decisión racional*

Seleccione una decisión personal que usted tenga que tomar o que deberá tomar pronto. Puede ser elegir una especialidad, comprar un automóvil, alquilar un departamento, elegir un empleo, o alguna otra cosa. Ahora aplique el proceso racional de toma de decisiones mediante la identificación de criterios y metas, ponderación de criterios, generación, clasificación y evaluación de alternativas, y tome la decisión.

A continuación compare el resultado de esta decisión con el que habría alcanzado siguiendo un proceso más intuitivo o emocional. ¿Son diferentes los resultados? ¿Qué proceso considera que le ha llevado a la mejor decisión? ¿Por qué?

* Agradecemos a la profesora Carolyn M. Youssef, de la Universidad de Bellevue, por este ejercicio.

EJERCICIO EN EQUIPO

Superhéroes*

Cada estudiante deberá escoger a su superhéroe favorito. Suponga ahora que un gran terremoto acaba de golpear una isla poblada. ¿Cómo podría su superhéroe ayudar a la isla? Tome cinco minutos para escribir sus ideas.

Ahora formen equipos de cinco a seis integrantes. Compartan los superhéroes elegidos y las ideas que generaron con base en las habilidades especiales de sus superhéroes (por ejemplo, Batman podría usar sus aparatos y herramientas para liberar a las personas atrapadas bajo los escombros). Después, el equipo debe identificar las verdaderas soluciones posibles en función de las ideas generadas para los superhéroes (por ejemplo, el gancho de Batman podría ser adaptado para mover escombros grandes durante los rescates).

* Agradecemos al profesor Jim Gort, de la Universidad de Davenport, por sugerir este ejercicio.

EJERCICIO EN VIDEO

Ciudad de Greensburg, Kansas

Es casi imposible felicitar o culpar a una sola persona por la decisión de Greensburg de reconstruir el pequeño pueblo de Kansas como una comunidad verde modelo después de que un tornado destruyera 95% de sus edificios. Muchos habitantes de Greensburg afirmarían que quien quiera que haya tomado la decisión, acertó. Otros residentes opinarían lo contrario.

El exalcalde Lonnie McCollum expresó interés en explorar las posibilidades de que los edificios municipales de Greensburg funcionaran con energía solar y eólica antes de que un tornado categoría 5 golpeara la ciudad en mayo de 2004. Después de la tormenta, vio la tragedia como una oportunidad para reinventar la ciudad moribunda y colocarla de nuevo en el mapa. Pero McCollum no era el único que debía tomar la decisión; él era el líder de una pequeña comunidad que enfrentaba un sinfín de incertidumbres. En última instancia, el ayuntamiento de Greensburg tendría que votar sobre este asunto.

Después de varias rondas de juntas comunitarias en la que los residentes participaron en un debate riguroso, el ayuntamiento de Greensburg votó a favor de la reconstrucción de la ciudad utilizando métodos y materiales ecológicos. Cuando los miembros del consejo votaron sobre los detalles de la implementación, se decidió construir todos los edificios municipales con base en el estándar platino de Liderazgo en Energía y Diseño Ambiental (LEED), que es el referente más alto aceptado a nivel nacional para el diseño, construcción y operación de edificios ecológicos de alto desempeño.

Los residentes estaban divididos en torno a la decisión, y las juntas que se realizaron en la ciudad generaron rencor y politiquería. Finalmente, el alcalde McCollum renunció, los administradores de la ciudad intervinieron y muchos residentes abandonaron el proyecto. Pero el plan de recuperación continuó y en la actualidad el esfuerzo de colaboración entre los grupos empresariales y organizaciones sin fines de lucro está colocando de nuevo a Greensburg en el mapa.

No hay manera de convencer a todos los residentes de Greensburg de que ser verde haya sido una buena decisión. Tal vez todo lo que el ayuntamiento podía esperar era contar con el apoyo de la mayoría de los residentes. ¿Cuáles eran las alternativas en su mente? La ciudad agonizaba, pero Greensburg está en proceso de reconstrucción gracias a generosos patrocinios corporativos y subvenciones del gobierno. La ciudad también protagoniza un programa de televisión en Planet Green, que se llama *Greensburg*.

Preguntas para análisis

1. Cite razones a favor y en contra de la reconstrucción de Greensburg como una "ciudad verde". ¿Cuáles razones resultan más convincentes y por qué?
2. ¿Considera que el proceso de toma de decisiones de Greensburg fue efectivo? Explique.
3. ¿Qué impidió que la ciudad de Greensburg tomara decisiones puramente racionales?

¿Y ahora qué?

CASO EN VIDEO

Suponga que forma parte de un grupo, con otros tres compañeros de trabajo, que intenta tomar una decisión para determinar si se debe interrumpir el financiamiento de un producto de bajo desempeño. El grupo ha trabajado durante tres años en la línea del producto, pero es evidente que ha fracasado. Cuando usted comienza a cuestionar la dirección que está tomando el proceso de decisión, es señalado como un miembro desleal y se le pide apoyar al equipo y darle más tiempo al producto. Uno de sus compañeros exige una votación final sobre la decisión del grupo, que parece será la continuación del financiamiento de un producto pésimo claramente condenado al fracaso. *¿Usted qué diría o haría?* Vea el video "¿Y ahora qué?" de este capítulo, revise el video de desafío y elija una respuesta. Asegúrese de ver también los resultados de las dos respuestas que no eligió.

Preguntas para análisis

1. ¿Es esta una decisión programada o no programada? ¿En qué se fundamenta su respuesta?
2. ¿Cómo se ejemplifican el *groupthink* y los estereotipos en estos videos? Explique su respuesta.
3. ¿Funcionaría un enfoque racional de toma de decisiones? ¿Por qué?
4. ¿Qué más podría hacer como gerente para manejar esta situación?

NOTAS FINALES

[1]Seglin, J. L. (Abril de 2005). How to Make Tough Ethical Calls, en *Harvard Management Update*, p. 3.

[2]Simon, H. (1960). *The New Science of Management Decision* (p. 1). Nueva York: Harper & Row.

[3]Vea Bromiley, P. y Rau, D. (2010). Strategic Decision Making, en *Handbook of Industrial and Organizational Psychology*, ed. S. Zedeck (pp. 161–182). Washington, DC: American Psychological Association.

[4]Tichy, N. y Bennis, W. (2007). *Judgment—How Winning Leaders Make Great Calls*. Nueva York: Penguin Group.

[5]Rajagopalan, N., Rasheed, A. M. A. y Datta, D. K. (Verano de 1993) Strategic Decision Processes: Critical Review and Future Directions, en *Journal of Management*, 19(2), pp. 349–384.

[6]Para un análisis sobre toma de decisiones bajo condiciones de certidumbre, riesgo e incertidumbre, vea Huber, G. P. (1980). *Managerial Decision Making* (pp. 90–115). Glenview, IL: Scott, Foresman.

[7]Vea Garvin, D. y Roberto, M. (Septiembre de 2001). What You Don't Know About Making Decisions, en *Harvard Business Review*, pp. 108–115.

[8]"90s Style Brainstorming, en *Forbes ASAP*, 25 de octubre de 1993, pp. 44–61.

[9]Mintzberg, H., Raisinghani, D. y Thoret, A. (Junio de 1976). The Structure of "Unstructured" Decision Processes, en *Administrative Science Quarterly*, pp. 246–275; Zeleny, M. (1991). Descriptive Decision Making and Its Application, en *Applications of Management Science*, 1, pp. 327–388.

[10]Para más información sobre procesos de elección, vea Harrison, E. F. (1999). *The Managerial Decision-Making Process* (5a. ed., pp. 55–60). Boston: Houghton Mifflin.

[11]Ginsberg, A. y Ventrakaman, N. (Julio de 1985). Contingency Perspectives of Organizational Strategy: A Critical Review of the Empirical Research, en *Academy of Management Review*, pp. 412–434; Hambrick, D. C. y Lei, D. (Diciembre de 1985). Toward an Empirical Prioritization of Contingency Variables for Business Strategy, en *Academy of Management Journal*, pp. 763–788.

[12]Festinger, L. (1957). *A Theory of Cognitive Dissonance*. Palo Alto, CA: Stanford University Press.

[13]Para más información sobre el enfoque racional para la toma de decisiones, vea Harrison, E. F. (1999). *The Managerial Decision-Making Process* (5a ed., pp. 74–100). Boston: Houghton Mifflin.

[14]Pfeffer, J. y Sutton, R. I. (2006). *Hard Facts, Dangerous Half-Truths, and Total Nonsense: Profiting from Evidence-Based Management*. Cambridge, MA: Harvard Business School Press.

[15]Pfeffer, J. y Sutton, R. I. (2006). *Hard Facts, Dangerous Half-Truths, and Total Nonsense: Profiting from Evidence-Based Management*. Cambridge, MA: Harvard Business School Press.

[16]Simon, H. A. (1945). *Administrative Behavior: A Study of Decision-Making Processes in Administrative Organizations*. Nueva York: Free Press. Simon's ideas have been refined and updated in Simon, H. A. (1976). *Administrative Behavior: A Study of Decision-Making Processes in Administrative Organizations* (3a. ed.). Nueva York: Free Press; y Simon, H. A. (Febrero de 1987). Making Management Decisions: The Role of Intuition and Emotion, en *Academy of Management Executive*, pp. 57–63.

[17]Parks, C. D. y Cowlin, R. (1995). Group Discussion as Affected by Number of Alternatives and by a Time Limit, en *Organizational Behavior and Human Decision Processes*, 62(3), pp. 267–275.

[18]Para más información sobre el concepto de racionalidad limitada, vea March, J. G. y Simon, H. A. (1958). *Organizations*. Nueva York: John Wiley and Sons.

[19]Simon, H. A. (1976). *Administrative Behavior: A Study of Decision-Making Processes in Administrative Organizations* (3a. ed.). Nueva York: Free Press.

[20]Cyert, R. M. y March, J. G. (1963). *A Behavioral Theory of the Firm* (p. 113). Englewood Cliffs, NJ: Prentice Hall; Simon, H. A. (1976). *Administrative Behavior: A Study of Decision Making Processes in Administrative Organizations* (3a. ed.). Nueva York: Free Press.

[21]Hoover's *Handbook of American Business* 2012(pp. 845– 847). Austin, TX: Hoover's Business Press.

[22]Elsbach, K. D. y Elofson, G. (2000). How the Packaging of Decision Explanations Affects Perceptions of Trustworthiness, en *Academy of Management Journal*, 43(1), pp. 80–89.

[23]Tichy, N. y Bennis, W. (2007). *Judgment—How Winning Leaders Make Great Calls*. Nueva York: Penguin Group.

[24]Wallace, C. P. (18 de agosto de 1997). Adidas—Back in the Game", en *Fortune*, pp. 176–182.

[25]Staw, B. M., & Ross, J. (Febrero de 1988). Good Money after Bad", en *Psychology Today*, pp. 30–33; y Bobocel, D. R. y Meyer, J. (1994). Escalating Commitment to a Failing Course of Action: Separating the Roles of Choice and Justification, en *Journal of Applied Psychology*, 79, pp. 360–363.

[26]Keil, M. y Montealegre, R. (Primavera de 2000). Cutting Your Losses: Extricating Your Organization When a Big Project Goes Awry, en *Sloan Management Review*, pp. 55–64.

[27]McNamara, G. y Bromiley, P. Risk and Return in Organizational Decision Making, en *Academy of Management Journal*, 42(3), pp. 330–339.

[28]Para un ejemplo, vea O'Reilly, B. (7 de junio de 1999). What it Takes to Start a Startup, en *Fortune*, pp. 135–140.

[29]Kahneman, D. y Tversky, A. (1979). Prospect Theory: An Analysis of Decision under Risk, en *Econometrica*, 47, pp. 263–291.

[30]Blodgett, J. G., Lu, L. C., Rose, G. M. y Vitell, S. J. (2001). Ethical Sensitivity to Stakeholder Interests: A Cross-Cultural

Comparison, en *Academy of Marketing Science Journal*, *29*(2), pp. 190–202.

[31]Singhapakdi, A., Karande, K., Rao, C. P. y Vitell, S. J. (2001). How Important Are Ethics and Social Responsibility? A Multinational Study of Marketing Professionals, en *European Journal of Marketing*, *35*(1–2), pp. 133–152.

[32]Trompenaars, F. y Hampden-Turner, C. (1998). *Riding the Waves of Culture: Understanding Cultural Diversity in Business* (2a. ed.). Nueva York: McGraw-Hill.

[33]Como se encuentra descrito en Weissmann, J. (24 de julio de 2012). A Very Mean (but Maybe Brilliant) Way to Pay Teachers, en *The Atlantic Monthly*, pp. 44–46.

[34]Eisenhardt, K. M. (Septiembre de 1989). Making Fast Strategic Decisions in High-Velocity Environments, en *Academy of Management Journal*, pp. 543–576.

[35]Wallach, M. A., Kogan, N. y Bem, D. J. (Agosto de 1962). Group Influence on Individual Risk Taking, en *Journal of Abnormal and Social Psychology*, pp. 75–86; Stoner, J. A. F. (Octubre de 1968). Risky and Cautious Shifts in Group Decisions: The Influence of Widely Held Values, en *Journal of Experimental Social Psychology*, pp. 442–459.

[36]Cartwright, D. (Diciembre de 1971). Risk Taking by Individuals and Groups: An Assessment of Research Employing Choice Dilemmas, en *Journal of Personality and Social Psychology*, pp. 361–378.

[37]Moscovici, S. y Zavalloni, M. (Junio de 1969). The Group as a Polarizer of Attitudes, en *Journal of Personality and Social Psychology*, pp. 125–135.

[38]Janis, I. L. (1982). *Groupthink* (2a. ed., p. 9). Boston: Houghton Mifflin.

[39]Moorhead, G., Neck, C. P. y West, M. (Febrero-marzo de 1998). The Tendency Toward Defective Decision Making Within Self-Managing Teams: Relevance of Groupthink for the 21st Century, en *Organizational Behavior and Human Decision Processes*, pp. 327–351.

[40]Moorhead, G., Ference, R. y Neck, C. P. (1991). Group Decision Fiascoes Continue: Space Shuttle Challenger and a Revised Groupthink Framework, en *Human Relations*, *44*, pp. 539–550.

[41]Cross, R. y Brodt, S. (Invierno de 2001). How Assumptions of Consensus Undermine Decision Making, en *Sloan Management Review*, pp. 86–95.

[42]Janis, I. L. (1972). *Victims of Groupthink* (pp. 197–198). Boston: Houghton Mifflin.

[43]Janis, I. L. (1982). *Groupthink* (2a. ed., p. 9). Boston: Houghton Mifflin.

[44]Balzli, B. y Schiessl, M. (8 de julio de 2009). Global Banking Economist Warned of Coming Crisis, en *Spiegel Online*. Disponible en línea: http://www.spiegel.de/international/ business/0,1518,druck-635051,00.html.

[45]Balzli, B. y Schiessl, M. (8 de julio de 2009). Global Banking Economist Warned of Coming Crisis, en *Spiegel Online*. Disponible en línea en: http://www.spiegel.de/international/ business/0,1518,druck-635051,00.html.

[46]Balzli, B. y Schiessl, M. (8 de julio de 2009). Global Banking Economist Warned of Coming Crisis, en *Spiegel Online*. Disponible en línea: http://www.spiegel.de/international/ business/0,1518,druck-635051,00.html.

[47]Janis, I. L. (1982). *Groupthink* (2a. ed., pp. 193–197). Boston: Houghton Mifflin; Moorhead, G. (Diciembre de 1982). Groupthink: Hypothesis in Need of Testing, en *Group & Organization Studies*, pp. 429–444.

[48]Moorhead, G. y Montanari, J. R. (Mayo de 1986). Empirical Analysis of the Groupthink Phenomenon, en *Human Relations*, pp. 399–410; Montanari, J. R. y Moorhead, G. (Primavera de 1989). Development of the Groupthink Assessment Inventory, en *Educational and Psychological Measurement*, pp. 209–219.

[49]Taylor, F. W. (1911). *The Principles of Scientific Management*. Nueva York: Harper & Row.

[50]Argyris, C. (1957). *Personality and Organization*. Nueva York: Harper & Row; Likert, R. (1961). *New Patterns of Management*. Nueva York: McGraw-Hill, 1961.

[51]Coch, L. y French, J. R. P. (1948). Overcoming Resistance to Change, en *Human Relations*, *1*, pp. 512–532; Morse, N. C. y Reimer, E. (Enero de 1956). The Experimental Change of a Major Organizational Variable, en *Journal of Abnormal and Social Psychology*, pp. 120–129.

[52]Vroom, V. (Primavera de 2000). Leadership and the Decision Making Process, en *Organizational Dynamics*, pp. 82–94.

[53]Para un ejemplo reciente, vea De Dreu, C. K. W. y West, M. (2001). Minority Dissent and Team Innovation: The Importance of Participation in Decision Making, en *Journal of Applied Psychology*, *86*(6), pp. 1191–1201.

[54]Akande, A. (1991). How Managers Express Their Creativity, en *International Journal of Manpower*, *12*, pp. 17–19.

[55]Bellis, M. (2009). Johannes Gutenberg and the Printing Press. About.com. Disponible en línea: http://inventors.about. com/od/gstartinventors/a/Gutenberg.htm

[56]Muray, D. K. (2009). *Borrowing Brilliance: The Six Steps to Business Innovation by Building on the Ideas of Others*. Nueva York: Gotham.

[57]Jing Zhou, J. y Shalley, C. E. (2010). Deepening our Understanding of Creativity in the Workplace: A Review of Different Approaches to Creativity Research, en *Handbook of Industrial and Organizational Psychology*, ed. S. Zedeck (pp. 275–302). Washington, DC: American Psychological Association.

[58]Woodman, R. W., Sawyer, J. E. y Griffin, R. W. (Abril de 1993). Toward a Theory of Organizational Creativity, en *Academy of Management Review*, pp. 293–321; vea también Henessey, B. y Amabile, T. (2010). Creativity, en *Annual Review of Psychology*, eds. S. Fiske, D. Schacter y R. Sternberg (vol. 61, pp. 569–598). Palo Alto, CA: Annual Reviews.

[59]Simons, J. (20 de enero de 2003). The $10 Billion Pill, en *Fortune*, pp. 58–68.

[60]Shalley, C. E., Gilson, L. L., & Blum, T. C. (2000). Matching Creativity Requirements and the Work Environment: Effects on Satisfaction and Intentions to Leave, en *Academy of Management Journal*, *43*(2), pp. 215–223; vea también Tabak, F. (1997). Employee Creative Performance: What Makes it Happen?, en *The Academy of Management Executive*, *11*(1), pp. 119–122.

LOSKUTNIKOV/SHUTTERSTOCK.COM

COMUNICACIÓN

ESTRUCTURA DEL CAPÍTULO

OBJETIVOS DE APRENDIZAJE

Al concluir el estudio de este capítulo, usted podrá:

1 Describir el proceso de comunicación, explicar las diferencias entre la comunicación unidireccional y la bidireccional e identificar las barreras a la comunicación efectiva.

2 Identificar y analizar las principales habilidades de comunicación de los gerentes.

3 Analizar los medios de comunicación y describir la riqueza de medios.

4 Describir diferentes formas de comunicación organizacional.

—DESAFÍOS DEL MUNDO REAL—

COMUNICANDO LOS VALORES EN NOKIA[1]

Nokia Corporation, con sede en Espoo, Finlandia, es una empresa líder mundial en el sector de la infraestructura de telecomunicaciones a gran escala, el desarrollo y la concesión de licencias de tecnología de telefonía móvil y servicios de mapas en línea. La corporación, que adoptó el nombre del río que corre por el sur de Finlandia, emplea a más de 60,000 personas en todo el mundo. Vendió más de mil millones de teléfonos móviles antes de vender esta división a Microsoft, con el objetivo de concentrarse en el desarrollo y licenciamiento de tecnología.[2] La sólida cultura de Nokia se basa en la innovación y la colaboración, y la empresa depende de sus valores para mantener a sus empleados concentrados y con energía.

Durante mucho tiempo Nokia ha sostenido poderosos y claros valores que refresca regularmente por medio de diversas comunicaciones e iniciativas. Sin embargo, recientemente la empresa notó que sus valores ya no se encuentran en primer plano en las mentes de los empleados. Parece que todo lo que se puede decir acerca de los valores de Nokia ya se ha dicho. Ahora, el personal no habla tanto de ellos, pues parecen ser menos atractivos y estar pasados de moda.

Nokia sabe que tiene que hacer algo con sus empleados para modernizar y revitalizar sus valores. La empresa solicita su opinión a los empleados sobre cómo establecer y comunicar de forma efectiva sus valores centrales. Después de leer este capítulo, usted debe tener algunas buenas ideas sobre la forma en que Nokia podría renovar y refrescar los valores entre sus empleados.

Imagine lo que sería una empresa sin comunicación. Los gerentes no podrían administrar, los empleados no podrían colaborar y las decisiones nunca se tomarían. La comunicación, una forma de interacción social, es el adhesivo que mantiene unidas a las organizaciones; no es un eufemismo decir que sin la comunicación las organizaciones no podrían sobrevivir. Todas ellas implementan sus estrategias, objetivos y resultados por medio de la comunicación. Las personas que toman las decisiones en las organizaciones deben comunicarse para planear y desarrollar estrategias. La toma de decisiones requiere comunicar la información. Los gerentes comunican las estrategias y decisiones a los empleados, quienes se organizan entre sí para implementarlas. Los gerentes también se comunican con los clientes y proveedores, y utilizan la comunicación para adquirir información sobre el mercado y los competidores. Además, se relaciona con un mayor nivel de compromiso de los empleados, lo que incrementa la rentabilidad para los accionistas y el valor de mercado.[3]

Los gerentes deben poseer habilidades adecuadas de comunicación para ser líderes efectivos, en especial durante los tiempos difíciles. En palabras de Jack Welch, exCEO de GE, en estos tiempos "usted tiene que comunicarse como nunca lo había hecho. Las personas deben sentir la emoción del mañana en lugar de la pena del hoy. Este objetivo sólo se puede lograr si se habla honestamente acerca de ambos."[4] Cuando la compañía siderúrgica estadounidense Nucor fue golpeada por la recesión mundial, los gerentes utilizaron la comunicación para mantener la moral alta. El CEO duplicó su tiempo en las plantas, y el gerente general de una de ellas envió notas semanales a sus 750 empleados acerca de la actualización del volumen de órdenes de producción.[5] La comunicación también es fundamental para incrementar la motivación.[6]

En este capítulo se analiza el proceso de comunicación, algunos de los elementos básicos de la comunicación interpersonal, los métodos de comunicación y la forma en que las tecnologías de información (TI) e internet influyen en la comunicación organizacional. También se describen algunas habilidades específicas de comunicación, las barreras a la comunicación efectiva y algunas alternativas para superarlas. Este capítulo debe brindarle una comprensión adecuada del proceso de comunicación para ayudarle a convertirse en un comunicador más efectivo.

comunicación
Transferencia de información de una persona a otra para crear un sentimiento y comprensión compartidos

codificación
Conversión de un pensamiento, idea o hecho en un mensaje compuesto de símbolos, imágenes o palabras

EL PROCESO DE COMUNICACIÓN

La **comunicación** es el proceso de transferir información de una persona a otra para crear un sentimiento y comprensión compartidos. La palabra comunicación proviene de la palabra latina *communicare*, que significa compartir o hacer común.[7] La comunicación no significa estar de acuerdo, sino que la información debe ser transmitida y recibida como se pretende. La figura 9.1 ilustra el proceso de comunicación. Las seis partes de este modelo son:

1. La **codificación** se produce cuando el emisor del mensaje convierte un pensamiento, idea o hecho en un mensaje compuesto de símbolos, imágenes o palabras.

La comunicación es el proceso por el cual se transmite información de una persona a otra para crear un sentimiento y comprensión compartidos. Estos dos compañeros mantienen una conversación sobre un tema laboral importante. Ambos participan en el proceso y parecen comunicarse de forma efectiva.

Figura 9.1

El proceso de comunicación

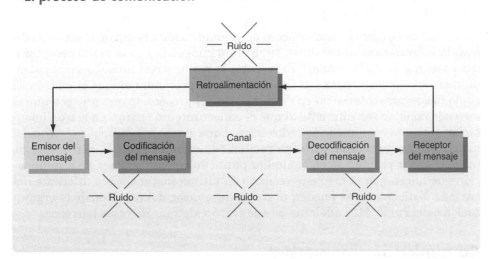

El proceso de comunicación está compuesto por varios pasos. Comienza con la codificación de un mensaje que se transmite a través de un canal, el cual después es decodificado por el receptor. La retroalimentación ayuda a mejorar la efectividad del proceso, mientras que el ruido puede distorsionarlo o bloquearlo.

2. El *mensaje* es la información codificada que se envía. Por ejemplo, un gerente quiere comunicar a Zack, su nuevo empleado, que está haciendo un buen trabajo. El gerente codifica ese pensamiento en palabras que expresan que el desempeño de Zack ha mejorado constantemente y que alcanza 90% de su objetivo. Estas palabras son el mensaje. El gerente también podría elaborar una gráfica para mostrar el patrón de desempeño de Zack y una línea que represente su objetivo.

3. El *canal* es el medio que se utiliza para enviar el mensaje al receptor, el cual puede incluir la voz, un escrito, gráficas, videos, intranets, internet, televisión y lenguaje corporal.

4. Cuando el receptor ve, lee o escucha el mensaje, lo decodifica. La *decodificación* implica interpretar y traducir el mensaje en algo comprensible para el receptor. Se espera que la información decodificada sea la misma que el emisor intentó comunicar, pero este no es siempre el caso.

5. Mediante la *retroalimentación* se verifica el éxito de la comunicación. El receptor envía un mensaje nuevo de regreso al emisor original, quien evalúa si aquél entendió su mensaje como él pretendía. Repetir o parafrasear el mensaje original, solicitar una aclaración y preguntar si su conclusión es correcta son formas de retroalimentación.

6. El *ruido* es algo que bloquea, distorsiona o modifica en cualquier forma el mensaje que el emisor pretende comunicar. Por ejemplo, el ruido puede ser algo físico en el ambiente, como el sonido de una campana o personas que hablan, o

mensaje
Información codificada

canal
Medio empleado para enviar el mensaje

decodificación
Traducción del mensaje en información comprensible por el receptor

retroalimentación
Verificación del éxito de la comunicación

ruido
Cualquier elemento que bloquee, distorsione o modifique de alguna manera el mensaje que el transmisor intenta comunicar

MONKEY BUSINESS IMAGES/SHUTTERSTOCK.COM

El ruido puede bloquear o distorsionar los mensajes. Por ejemplo, esta persona envía mensajes de texto durante una junta de negocios. Hay una buena probabilidad de que no entienda completamente lo que otros dicen porque está prestando más atención a sus textos que a lo que se dice en la junta.

puede ocurrir debido a que el emisor o el receptor están distraídos o no se han concentrado en el mensaje enviado o recibido. Los estereotipos, prejuicios y el estado psicológico o de ánimo pueden ser factores de ruido que distorsionan el mensaje.

En otras palabras, en el proceso de comunicación el emisor traduce (codifica) la información en palabras, símbolos o imágenes y la envía al receptor a través de algún medio (canal). El receptor la recibe y retraduce (decodifica) en un mensaje que se espera sea igual que el que pretendía enviar el emisor. El ruido puede presentarse en cualquier parte del proceso, lo que provoca que el mensaje recibido sea diferente al que el emisor intentó enviar. La retroalimentación crea una comunicación bidireccional que ayuda a comprobar el éxito del mensaje y asegurar que éste fue recibido de manera precisa. Sin embargo, pueden surgir problemas en cualquier punto durante el proceso de comunicación que hacen que el mensaje recibido en última instancia sea diferente del enviado. Estas barreras pueden provenir del emisor, del receptor, de la organización o del ruido. Más adelante se analizarán algunas de estas barreras.

Comunicación no verbal

comunicación no verbal
Comunicaciones no orales ni escritas que tienen un significado para los demás

La forma en que nos comunicamos, es decir, nuestras conductas no verbales y tono de voz, es más importante para el significado de un mensaje que lo que dicen las palabras. La *comunicación no verbal* no es hablada ni escrita. Algunas de las comunicaciones más sólidas y significativas son de naturaleza no verbal, como una alarma de incendio, una sonrisa, un icono gestual, un semáforo en rojo, o una mirada de irritación de alguien.

Lenguaje corporal

lenguaje corporal
Movimientos del cuerpo, como gestos o expresiones, que brindan información a otras personas

El *lenguaje corporal* es un movimiento del cuerpo, como un gesto o expresión, que transmite información a otras personas. Por ejemplo, durante una entrevista de evaluación del desempeño, un empleado que tamborilea con los dedos sobre la mesa y se agita en la silla comunica ansiedad, sin decir una palabra. Diversas investigaciones han comprobado que en un intercambio común de comunicación frente a frente, 7% del mensaje se transmite mediante palabras, 38% por el tono de voz y 55% por las expresiones faciales y corporales.[8] Para que la comunicación sea efectiva y significativa, las tres partes del mensaje deben ser congruentes. Si alguna de ellas no lo es, los mensajes que se envían son contradictorios.[9]

El control consciente del lenguaje corporal y la capacidad para interpretar este tipo de lenguaje en otras personas son habilidades gerenciales importantes. Puede reforzar un mensaje previsto mediante el control de las señales no verbales y el tono de voz. Por ejemplo, en Estados Unidos mover los ojos y desviar la mirada cuando se habla hace que las personas desconfíen del mensaje (esto no ocurre en todas las culturas). Si usted desea que las personas lo vean como un líder, debe adoptar una postura con la espalda recta, hacer contacto visual y sonreír; estas son señales de energía y confianza en

STEFANOLUNARDI/SHUTTERSTOCK.COM

La comunicación no verbal juega un papel importante para comprender un mensaje. Por ejemplo, esta persona parece estar sorprendida o molesta por algo. Él podría decirles a sus amigos o compañeros que está bien, pero su comunicación no verbal sugiere lo contrario.

los proyectos. A menudo, caminar con los hombros caídos y la vista hacia abajo, hablar en un tono plano y agitarse comunican que la persona es indecisa, negativa o inexperta.[10]

Entonación verbal

La *entonación verbal* es el énfasis que se da a las palabras y frases orales. Por ejemplo, las palabras simples como "¿puedo hablar con usted?" pueden interpretarse de manera muy diferente si se dicen en un tono alegre y optimista o en un tono fuerte e irritado.

Considere la declaración que aparece en la tabla 9.1: "Aída obtuvo una promoción". Enfatizar diferentes palabras cambia por completo el significado de la declaración. Cada vez que se comunique, recuerde que "no es lo que usted dice lo que importa, sino cómo lo dice". Cuando el lenguaje corporal es incompatible con el mensaje oral, los receptores son más propensos a interpretar el lenguaje corporal como el "verdadero significado".[11]

entonación verbal
Énfasis que se da a las palabras y frases que se emiten

Comunicación unidireccional y bidireccional

Cuando se establece una *comunicación unidireccional*, la información fluye en una sola dirección o sentido. El emisor transmite un mensaje sin esperar recibir ninguna retroalimentación del receptor. Por ejemplo, si un gerente le dice a un empleado que le ayude a un cliente y éste lo hace sin decir una palabra, o si un gerente le dice a un empleado que está haciendo un buen trabajo y luego se va antes de escuchar la respuesta, se ha producido una comunicación unidireccional.

Cuando el receptor proporciona retroalimentación al emisor, ambos participan en una *comunicación bidireccional*. Si un gerente le dice a un empleado que participe en una conferencia telefónica y el empleado dice "voy a estar allí", se trata de una comunicación bidireccional. La retroalimentación mejora la efectividad del proceso de comunicación y ayuda a garantizar que el mensaje emitido sea recibido. ¿Alguna vez envió un mensaje importante por correo electrónico y luego esperó y se preguntó si el receptor lo había recibido y entendido? Si es así, usted aprecia el valor de la comunicación bidireccional y de la retroalimentación.

Interdependencia de tareas

Las necesidades de comunicación se incrementan cuando una persona o unidad depende de otra para obtener recursos o información para realizar su trabajo. Existen tres tipos de interdependencia, que se ilustran en la figura 9.2. La *interdependencia agrupada* se presenta cuando los empleados trabajan de

---

Tabla 9.1

Cambios en el significado dependiendo del énfasis

El énfasis que le damos a las diferentes palabras puede modificar el significado de un mensaje.

Aída obtuvo una promoción	Fue Aída quien obtuvo la promoción, no Jenna.
Aída **obtuvo** una promoción	Aída obtuvo la promoción, y no fue un asunto político.
Aída obtuvo **una** promoción	Aída obtuvo una promoción, no dos, y es posible que no fuera la única promoción disponible.
Aída obtuvo una **promoción**	Aída obtuvo una promoción, no necesariamente un incremento de su sueldo o de los días de vacaciones.

Figura 9.2

Las necesidades de comunicación se incrementan debido a la interdependencia de tareas. Como lo ilustra la figura, las tres formas principales de interdependencia son agrupada, secuencial y recíproca. Entre mayor sea el nivel de interdependencia, mayor será la necesidad de contar con una comunicación efectiva.

Tipos de interdependencia de tareas

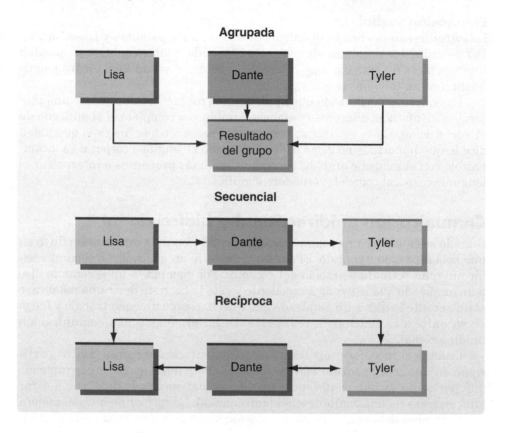

forma independiente y sus resultados se combinan en un producto grupal. Un ejemplo de la interdependencia agrupada es un centro de atención telefónica (*call center*) en el que los representantes de servicio al cliente actúan con relativa independencia en el manejo de llamadas. Debido a que ellos trabajan de forma independiente, la interdependencia agrupada tiene una baja exigencia de comunicación.

La *interdependencia secuencial*, al igual que una línea de ensamblaje, requiere que las tareas se desempeñen en un orden determinado. Esto incrementa la necesidad de comunicación en la medida en la que los individuos o grupos dependen de otros para obtener los recursos que necesitan para completar sus propias tareas. Por ejemplo, en la figura 9.2, Lisa, Dante y Tyler necesitan comunicarse con el fin de coordinar su trabajo.

La *interdependencia recíproca* requiere de adaptación mutua y comunicación constante para realizar las tareas, como sucede en el caso de un equipo interfuncional de investigación y desarrollo o de planeación de eventos, por lo que es el tipo que genera el mayor potencial de conflicto. Como se muestra en la figura 9.2, esta es la forma más interdependiente de trabajar y tiene las más altas necesidades de comunicación.

Barreras a la comunicación efectiva

Existen diversas barreras potenciales que obstaculizan la comunicación efectiva. La tabla 9.2 resume algunas de las más comunes que pueden interferir con la comunicación precisa de un mensaje.

Barreras a la comunicación

Barrera	Descripción
Percepción selectiva	Vemos y escuchamos de forma selectiva con base en nuestras creencias y expectativas.
Percepción errónea	El receptor no siempre decodifica el mensaje en la forma en la que pretende el emisor.
Filtrado	La información se retiene, ignora o distorsiona de forma intencional para influir en el mensaje que se recibe al final.
Sobrecarga de información	Es posible que exista tanta información que no se le pueda procesar por completo.
Barreras organizacionales	La cultura y la estructura jerárquica de una organización pueden limitar la forma en que se envían los mensajes e influir en quién se puede comunicar con quién.
Barreras culturales	Las diferentes culturas nacionales tienen formas distintas de expresar las cosas.
Ruido	Cualquier cosa que bloquee, distorsione o modifique el mensaje que el emisor intenta comunicar puede crear una barrera.

Percepción selectiva

Las personas suelen ignorar las cosas que no quieren oír y sólo oyen aquello que es consistente con sus creencias. La percepción selectiva se produce cuando interpretamos de forma selectiva lo que percibimos con base en nuestros intereses, expectativas, experiencias y actitudes en lugar de percibir las cosas como son en realidad. A veces las personas ignoran la información contradictoria y se centran sólo en la información que confirma sus creencias. La percepción selectiva hace que recibamos únicamente la parte del mensaje que es consistente con nuestras expectativas, necesidades, motivaciones, intereses y otras características personales.

Por ejemplo, la experiencia funcional de los directivos puede influir en la forma en que perciben y resuelven problemas complejos.[12] Dos gerentes que tienen la misma información acerca de un problema pueden evaluarlo de manera diferente. Por ejemplo, un gerente de finanzas será más propenso a ver el problema desde el punto de vista de los datos financieros, mientras que un gerente de producción lo verá desde una perspectiva más relacionada con las operaciones de producción. Cada gerente percibe de forma selectiva la información que es consistente con su experiencia y expectativas, y no presta tanta atención a otro tipo de información.

MARCIN BALCERZAK/SHUTTERSTOCK.COM

La percepción selectiva puede ocurrir cuando las personas interpretan los mensajes de manera diferente, debido a su función o área de responsabilidad. Tomemos como ejemplo a estos dos hombres. El gerente de la izquierda podría tratar de comprender la información que está recibiendo en su dispositivo digital, mientras que el supervisor de la derecha podría hacerlo con base en su experiencia práctica y el conocimiento de cómo funciona el almacén.

Percepción errónea

La *percepción errónea* se produce cuando el receptor no decodifica el mensaje en la forma que pretende el emisor. Un error de percepción se puede producir porque el lenguaje corporal del emisor es incompatible con sus palabras y el receptor interpreta incorrectamente el lenguaje corporal como el verdadero mensaje. También puede deberse a que el receptor percibe de forma selectiva las partes favorables de mensaje del emisor, lo que distorsiona su significado. Las habilidades deficientes de escucha también pueden dar lugar a la percepción errónea.

Filtrado

El *filtrado* se produce cuando las personas reciben una cantidad menor al total de la información, debido a que ésta se retiene, ignora o distorsiona. Puede ocurrir cuando un emisor manipula la información para que sea más probable que el receptor la perciba de manera favorable. Por ejemplo, un gerente podría decirle a su jefe que todo va bien en su unidad y no mencionar los desafíos que él o ella enfrentan para tratar de quedar bien antes de una evaluación del desempeño.

Sobrecarga de información

La filtración también puede ocurrir cuando un receptor acumula demasiada información. Cuando ésta es superior a nuestra capacidad para procesarla, experimentamos una *sobrecarga de información*. Cuando enfrentamos un exceso de información, tenemos que utilizar algún tipo de estrategia de filtrado para reducirla a una cantidad manejable. Por ejemplo, un ejecutivo que comienza el día con 500 mensajes de correo electrónico en su bandeja de entrada debe aplicar algún tipo de filtro para decidir qué leer y qué borrar o guardar para leer más tarde, con base en el remitente del correo o la urgencia que manifiesta el emisor. Un sistema efectivo de filtrado es esencial para los gerentes porque les ayuda a reducir el nivel de ruido implícito en el proceso de comunicación, amplifica la información pertinente, precisa, y reduce al mínimo los datos irrelevantes.

Algunas empresas utilizan la tecnología para reducir el filtrado de los mensajes a medida que circulan dentro de la empresa. Por ejemplo, Medco Health Solutions construyó un centro de difusión interna para transmitir video con sonido a todos los equipos de escritorio de sus empleados en el país, con la finalidad de administrar mejor sus comunicaciones internas y promover la libre circulación de la información, para atender mejor a sus clientes. Este centro sube presentaciones grabadas a la intranet de la empresa y aloja entrevistas y paneles de discusión con los directivos de la misma. Los empleados pueden hacer preguntas a las personas en el estudio, las cuales pueden responder en tiempo real. Este sistema evita que los trabajadores de nivel jerárquico inferior deban recorrer la estructura organizacional para obtener información acerca de los problemas de la empresa. Medco también utiliza herramientas de votación en su intranet y en el estudio de transmisión para aplicar encuestas a sus empleados sobre temas importantes para ellos y la organización.

El centro de difusión permite a los gerentes de Medco consultar de forma directa las fuentes para obtener la información que no ha sido filtrada, a la vez que se transmite a lo largo y ancho de la jerarquía. Además, los niveles inferiores de la organización obtienen una solución más rápida de sus problemas

La sobrecarga de información es cada día más común, en parte debido al crecimiento de la comunicación digital. Por ejemplo, la bandeja de entrada del correo electrónico de este director muestra 110 mensajes no leídos, más otros 95 que fueron directamente al correo no deseado.

porque se eliminaron la filtración ineficiente y la "administración ascendente" que padecía la empresa cuando utilizaba los canales tradicionales de comunicación lineal. Un beneficio adicional de adoptar la tecnología ha sido una mayor visibilidad mutua entre los niveles extremos de la organización, lo que ayuda a asegurar que todos compartan los mismos objetivos y prioridades.[13]

Barreras organizacionales

Las barreras organizacionales que obstaculizan la comunicación provienen de la estructura jerárquica y de la cultura organizacional. La existencia de numerosos niveles jerárquicos o especializaciones departamentales pueden dificultar la comunicación entre los distintos niveles y departamentos. Por lo general, los niveles jerárquicos concentran diferentes tipos de información, lo que puede interferir con la calidad de la comunicación. Por ejemplo, los altos directivos suelen concentrar la información relacionada con la estrategia de negocios y temas más generales, mientras que los empleados de nivel jerárquico inferior se enfocan en los problemas del cliente, producción y plazos de entrega.

Algunas culturas organizacionales estimulan la comunicación abierta, mientras que otras promueven un intercambio limitado de información. Los espacios de la empresa pueden reforzar la cultura de comunicación de una organización. Por ejemplo, cuando la empresa de música Muzak se trasladó desde Seattle a Fort Mill, Carolina del Sur, sus líderes querían implantar vías de comunicación más abiertas. Con este objetivo en mente se diseñó un nuevo espacio de trabajo totalmente abierto, sin paredes en los cubículos. Los entornos abiertos favorecen la formulación de preguntas y sugerencias, lo que facilita la comunicación y permite que el CEO coseche ideas de personas a las que nunca antes se les había solicitado participar.[14]

Todos los elementos de las oficinas de la empresa de animación Pixar estimulan la colaboración. Cuando se diseñaba el espacio, Steve Jobs, fundador de la empresa, incluyó sólo un conjunto de baños en todo el edificio para forzar la interacción entre los empleados. Los juegos, sofás y una variedad de áreas de reunión ayudan al personal a moverse, comunicarse y colaborar entre sí.[15]

Barreras culturales

Las palabras y los gestos pueden tener distintos significados en diferentes culturas. Por ejemplo, en muchas partes del mundo el pulgar hacia arriba significa "bien", pero en Nigeria, Afganistán, Irán y algunas partes de Italia y Grecia es una obscenidad y tiene el mismo significado que el dedo medio en Estados Unidos.

En algunas culturas, las personas dicen lo que piensan y piensan lo que dicen, lo que deja poco espacio para la interpretación subjetiva. Estas *culturas de bajo contexto* se basan en las palabras para transmitir el significado.[16] Las personas que habitan en *culturas de alto contexto* dependen de las señales no verbales o situacionales, o elementos distintos a las palabras para transmitir el significado. Por ejemplo, la tendencia japonesa a decir "le preguntaré a mi jefe" o "eso podría ser difícil" cuando quieren decir "la respuesta es no", refleja su cultura de alto contexto. A veces, lo que *no* se dice tiene un gran significado, como el silencio después de preguntarle a alguien lo que piensa de su idea.

La comunicación en las culturas de alto contexto, como las asiáticas o árabes, requiere más confianza y una mayor comprensión de ellas. En estas culturas, los gerentes tienden a hacer sugerencias en lugar de dar instrucciones directas. En las culturas de bajo contexto, como Alemania, Suiza o América del Norte, la comunicación tiende a ser más directa y explícita.

Una encuesta informal entre gerentes de quince países identificó la falta de entendimiento cultural como el mayor desafío en la comunicación con las personas del mundo. Otros desafíos (en orden) fueron: "ser detallista y muy

culturas de bajo contexto
Culturas que dependen de las palabras para transmitir significados

culturas de alto contexto
Culturas en donde se utilizan claves situacionales y no verbales para transmitir significados

cuidadoso con las interpretaciones", "investigación cuidadosa de la audiencia", "mantener una comunicación simple", "respeto a todos", "el uso de la tecnología como un activo", y "saber cuáles son las similitudes y las diferencias".[17] La sección *Temas globales* de este capítulo describe algunos problemas culturales adicionales que afectan la comunicación.

Ruido

Como ya se señaló, el ruido es cualquier cosa que bloquee, distorsione o modifique de algún modo la información que el emisor pretende comunicar. Puede aparecer en cualquier parte del proceso de comunicación e interferir con la transmisión y recepción exitosa de un mensaje. A continuación se analizarán algunas de las fuentes más comunes de ruido.

Las interrupciones, el sonido de los motores o de la maquinaria, el oscurecimiento de la pantalla de la computadora, una fuente de letra pequeña o el dolor de cabeza del receptor son barreras físicas que generan ruido.

TEMAS GLOBALES

DIFERENCIAS CULTURALES EN LA COMUNICACIÓN

La comunicación verbal y escrita varía en el mundo porque forma parte de la cultura.[18] El proceso de comunicación de negocios internacionales se filtra a través de una serie de variables, como el lenguaje, el entorno, la tecnología, la organización social, la historia social, las creencias sobre la autoridad y diferentes formas de comunicación no verbal.[19] A menudo surgen problemas en la comunicación empresarial intercultural cuando quienes participan en ella no pueden entender las prácticas de comunicación, las tradiciones y el pensamiento de otra cultura.

Por lo general, las personas perciben su propio comportamiento como lógico y tienden a generalizar sus valores y prácticas culturales a todo el mundo. Por ejemplo, si su cultura valora la puntualidad, es probable que usted suponga que todas las personas que conoce también deben hacerlo; sin embargo, en muchas culturas hispanas la impuntualidad es culturalmente aceptable. Debido a que cada cultura tiene su propio conjunto de valores, algunos de los cuales difieren mucho entre sí, los conceptos acerca de lo correcto e incorrecto, e incluso del bien y el mal, son a menudo confusos. Con frecuencia, en los negocios internacionales surgen preguntas con respecto a lo que es apropiado en relación con los valores de cada cultura, lo que es recomendable en cuanto a su visión del mundo y lo que es correcto según sus estándares.[20]

La administración de las diferencias culturales es particularmente importante en equipos multiculturales, debido al potencial de que estas diferencias reduzcan el intercambio de información y/o generen conflictos interpersonales. Por ejemplo, las normas occidentales de comunicación directa a menudo chocan con las normas asiáticas de comunicación indirecta. En la descripción de los problemas que enfrentó con su equipo, una gerente de Estados Unidos a cargo de

un proyecto de fusión estadounidense y japonés sostiene que "en Japón quieren hablar y discutir. Luego tomamos un descanso y ellos hablan con otras personas de la organización para asegurarse de que existe armonía en el resto de la empresa. Una de las lecciones más difíciles para mí fue cuando pensé que decían que sí, pero en realidad sólo querían decir 'te estoy escuchando'".[21]

Cuando la gerente descubrió que existían fallas en el sistema que interrumpirían considerablemente las operaciones de la empresa, envió un mensaje por correo electrónico a su jefe en Estados Unidos y a sus compañeros japoneses de equipo, quienes se sintieron avergonzados porque la gerente había violado sus normas. Es probable que hubiesen respondido mejor si ella hubiera señalado los problemas de forma más indirecta, tal vez preguntándoles qué sucedería si una determinada parte del sistema no funcionaba correctamente, a pesar de que sabía lo que estaba mal. Debido a que la respuesta japonesa normal ante la confrontación directa es el aislamiento del violador de la norma, la gerente estadounidense fue aislada social y físicamente. Ella explica: "Literalmente, pusieron mi oficina en un almacén, donde había mesas apiladas de piso a techo y yo era allí la única persona. Me aislaron totalmente, lo cual era una fuerte señal de que yo no era parte de su círculo de confianza y que se comunicarían conmigo sólo cuando fuera necesario".[22]

Los gerentes efectivos entienden que la percepción de un mensaje determinado puede cambiar según el punto de vista de quienes se comunican. Las relaciones de negocios son mejores cuando los empleados están capacitados para detectar las zonas susceptibles de generar dificultades en la comunicación y los conflictos interculturales que pueden surgir porque los negocios no se llevan a cabo de la misma forma en una cultura que en otra.[23]

La jerga o lenguaje técnico pueden generar ambigüedad cuando el receptor no está capacitado para entenderlo. Los contratos y otros documentos legales, códigos y reglamentos fiscales, y las instrucciones tecnológicas pueden desalentar a muchas personas.

La *pérdida de la transmisión* se produce cuando la conexión a internet se pierde, las líneas telefónicas están llenas de estática, o se interrumpe el enlace durante una videoconferencia. La competencia con otras fuentes de comunicación, como cuando los empleados revisan sus smartphones o susurran entre sí durante una junta, también puede crear ruido.

La *ambigüedad* es otra fuente de ruido en la comunicación. La *ambigüedad del significado* se produce cuando el receptor no está seguro de lo que quiso decir el emisor (¿"tenemos que hacer esto" es hoy mismo o el año próximo?). La *ambigüedad de la intención* significa que el receptor no está seguro de las consecuencias del mensaje (¿Qué se supone que debo hacer cuando dice "hacer esto"?). Entre más claro sea un mensaje, menor será la probabilidad de que la ambigüedad nuble su significado.

La *jerga* o lenguaje técnico también pueden crear ambigüedad cuando el receptor no la entiende. Considere el ejemplo de un CEO cuyo uso de la jerga impidió que su audiencia entendiera exactamente lo que hacía su empresa. Describió a su empresa como "un importante desarrollador de soluciones de propiedad intelectual de semiconductores inteligentes que aceleran drásticamente los diseños SOC complejos para minimizar el riesgo". Después de un poco de capacitación, pudo comunicar de forma más clara la misma información en el siguiente mensaje: "Nuestra tecnología hace que los teléfonos celulares sean más pequeños, potentes y duren más tiempo con una sola carga".[24]

La *semántica* es otra barrera que introduce ruido en las comunicaciones. Las palabras significan cosas diferentes para distintas personas. *Pronto* podría significar de inmediato para una persona, y unos días o semanas para otra. Solicitar retroalimentación ayuda al emisor a asegurarse de que el significado deseado es el mismo que el que fue recibido en última instancia.

Algunas empresas usan la tecnología para minimizar los efectos de las barreras contra la comunicación efectiva. Por ejemplo, existen tres oficinas de DreamWorks Animation que a menudo necesitan comunicarse, pero los medios de comunicación tradicionales no son efectivos para comunicar mensajes sobre animación, además de que agregan ruido que los distorsiona.[25] La empresa creó una sala de videoconferencias que se asemeja a una sala de juntas para manejar esta situación. Los participantes que están físicamente presentes se sientan en un lado de la mesa opuesto al de sus colegas remotos que aparecen en tres monitores gigantes de pantalla plana. Una cuarta pantalla les permite a los participantes compartir documentos, dibujos y secuencias animadas. El sistema de audio permite que las personas conversen como lo harían en una junta "real", en lugar de esperar por un altavoz para finalizar.

HABILIDADES DE COMUNICACIÓN

La comunicación efectiva es una habilidad gerencial importante y crucial para ejercer un liderazgo efectivo. Existen muchas barreras que obstaculizan la comunicación adecuada que están fuera de nuestro control, pero que pueden superarse si mejoramos nuestras habilidades de comunicación.

Habilidades de escucha

escucha activa
Participar activamente en el proceso de escuchar lo que dicen los demás y aclarar el significado del mensaje

Escuchar no es lo mismo que oír. Oír implica una actitud pasiva, mientras que escuchar es una búsqueda activa de significado. La *escucha activa* desempeña un papel importante en la comunicación y es especialmente relevante para el liderazgo efectivo. En pocas palabras, implica participar activamente en el proceso de escuchar lo que otros dicen y clarificar el significado de los mensajes cuando son confusos. Ambas partes deben participar en la escucha activa hasta que quede claro que cada uno entiende el mensaje final.

Escuchar de forma activa requiere concentración. Cuando alguien hable con usted, trate de identificar cualquier palabra ambigua y discrepancia entre las palabras y las señales no verbales. Compare rápidamente los mensajes verbales con los no verbales para detectar si son contradictorios y asegurarse de que en realidad entiende el mensaje enviado. Después de ello refleje el mensaje de vuelta al emisor, repitiéndolo en sus propias palabras. La persona con la que está hablando debe confirmar su comprensión o, si hay un malentendido, debe reelaborar su mensaje. Esta mecánica permite que ambas partes trabajen en la comprensión mutua hasta que están seguras de que se entienden entre sí.

La escucha activa requiere que el receptor se desconecte del ruido y se concentre en el mensaje. Esta actitud es más compleja de lo que parece; puede ser tan difícil abstenerse de interrumpir a un orador como lo es evitar que su mente se distraiga mientras se escucha a otra persona. Algunas formas de ser un escuchante activo incluyen hacer preguntas abiertas y brindar retroalimentación para comprobar que usted entiende el mensaje. Hacer contacto visual, asentir de vez en cuando y mostrar conductas no verbales adecuadas también son muestras para el emisor de que usted lo escucha.[26]

Los expertos ofrecen las siguientes sugerencias generales para ser un buen escuchante:

- Prestar mucha atención a las inferencias individuales, hechos y juicios y realizar conexiones útiles y lógicas entre lo que ha escuchado en múltiples ocasiones.
- Brindar al orador evidencias no verbales claras de que lo escucha con atención, como inclinarse levemente hacia él, mantener el contacto visual y no mostrarse inquieto.
- Brindar al orador evidencias verbales claras de que usted escucha con atención, como proporcionar retroalimentación constructiva, parafrasear y hacer preguntas para aclarar y refinar la información.
- Mostrar respeto por el orador, lo cual implica no interrumpir y emplear un tono amable e incluyente en lugar de un tono excluyente, hostil o condescendiente.
- Hacer el seguimiento de las señales de comunicación inusuales o inconsistentes por parte del orador, como cambios de tono, de vocabulario y de lenguaje corporal para determinar el verdadero mensaje que intenta enviar.
  - Use lo que dice o infiere el orador para determinar sus motivos, intereses y expectativas.
  - Reconozca de forma honesta, clara, oportuna, respetuosa y relevante lo que ha dicho el orador.

La sección *Cómo entenderse a sí mismo* de este capítulo le ayudará a comprender mejor sus habilidades de escucha.

Las habilidades de escucha juegan un papel vital en la comunicación efectiva. Todas estas personas parecen estar concentradas y prestar mucha atención mientras escuchan una presentación de negocios. Como resultado, es probable que comprendan totalmente la presentación.

Habilidades para escribir

Con frecuencia, los gerentes tienen que comunicarse de forma escrita a través de diversos medios que abarcan desde memorandos y cartas comerciales hasta mensajes de correo electrónico.[27] Escribir de manera efectiva en los negocios no se limita a la gramática y la puntuación, sino que el estilo y el tono también deben ser apropiados para la audiencia.[28] La redacción de negocios debe ser profesional, directa y a menudo persuasiva. Revise siempre sus comunicaciones de negocios, incluso si son bastante cortas y asegúrese de que la ortografía y la gramática sean correctas. Los expertos sugieren los siguientes lineamientos para escribir de manera efectiva en los negocios:[29]

- Escribir para expresar, no para impresionar. Llegar al punto y utilizar un lenguaje común en lugar de jerga o verborrea difícil. Por ejemplo, Mark Twain prometió que nunca escribiría la palabra metrópolis cuando se podía utilizar el término ciudad para expresar lo mismo.[30] También es necesario incluir transiciones entre las ideas.
- Sustentar sus afirmaciones. Reforzar sus puntos con estadísticas, ejemplos, citas de autoridades y anécdotas. Utilice notas al pie de cualquier idea, frase, enunciado o término que no sea de su autoría.
- Escribir para su audiencia. Asegúrese de que su lenguaje, la longitud y la evidencia sean adecuadas para ella.
- Editar y revisar. Corregir los errores gramaticales y ortográficos y mantener la concentración.
- Emplear un formato que facilite la lectura. Elaborar documentos atractivos y fáciles de leer.
- Utilizar apoyos gráficos y fotografías, cuando sea apropiado, para destacar y expresar ideas.
- Escribir con energía y convicción. Evitar la voz pasiva.[31]

Redactar comunicaciones electrónicas efectivas puede ser un reto. Las reglas para sostener conversaciones telefónicas no son adecuadas para el correo electrónico, pues ésta no es una conversación interactiva. Tampoco lo son las reglas de la correspondencia escrita, que es más formal y no instantánea. Como el correo electrónico se encuentra entre una llamada telefónica y una carta, etiquetarlo puede ser difícil. La tabla 9.3 ofrece algunas sugerencias para utilizar de manera efectiva el correo electrónico en el trabajo.

La capacitación en el uso de todas las formas de comunicación electrónica, como el correo electrónico, la mensajería instantánea, los blogs y los wikis, puede ayudar a los gerentes y empleados a reducir los malentendidos y mejorar la eficiencia de la comunicación. Por ejemplo, la Asociación de Hospitales de Nueva Jersey, de Princeton, Nueva Jersey, capacita a todos los nuevos empleados en las normas que deben emplear cuando usan el correo electrónico para que aprendan sus fundamentos y sepan cómo comunicarse de forma rápida pero cortés, lo que no se debe poner por escrito y la importancia de la revisión de los textos antes de enviarlos.

Habilidades de presentación

¿Alguna vez se ha puesto nervioso cuando está a punto de hacer una presentación? Es perfectamente normal sentirse de esta manera antes de hablar frente a un grupo, incluso si tiene mucha experiencia. Por fortuna, sentirse un poco nervioso tiende a mejorar con la práctica; tomar cursos de oratoria en público es una forma de practicar. Los gerentes deben poseer habilidades efectivas para presentar propuestas a los supervisores y comunicarse con otros directivos y

CÓMO ENTENDERSE A SÍ MISMO

AUTOEVALUACIÓN DE SU CAPACIDAD DE ESCUCHA

Complete dos veces este cuestionario de quince reactivos. La primera vez, piense en su comportamiento en las últimas reuniones o eventos sociales. Marque "sí" o "no" al lado de cada pregunta y ¡sea honesto! La segunda vez, marque un "+" al lado de su respuesta si usted está satisfecho con ella, o un "-" si le hubiera gustado responderla de otra manera.

	Sí	No	Más o menos
1. Con frecuencia intento escuchar varias conversaciones al mismo tiempo.			
2. Me gusta que la gente me informe sólo los hechos y me permita hacer mis propias interpretaciones.			
3. A veces finjo prestar atención a las personas.			
4. Me considero un buen evaluador de la comunicación no verbal.			
5. Por lo general, sé lo que otra persona dirá antes de que lo diga.			
6. Normalmente concluyo las conversaciones que no me interesan desviando mi atención del orador.			
7. Con frecuencia asiento con la cabeza, fruño el ceño o hago algo para que el orador sepa lo que siento acerca de lo que dice.			
8. Suelo responder de inmediato cuando alguien ha terminado de hablar.			
9. Evalúo lo que se dice mientras lo están diciendo.			
10. Por lo general formulo una respuesta mientras la otra persona todavía habla.			
11. Con frecuencia, el estilo del orador me impide escuchar el contenido del mensaje.			
12. Por lo general solicito a las personas que aclaren lo que han dicho en lugar de adivinar el significado.			
13. Hago un esfuerzo concertado para comprender el punto de vista de otras personas.			
14. Con frecuencia escucho lo que espero oír en lugar de lo que se dice.			
15. La mayoría de las personas siente que he entendido su punto de vista cuando no estamos de acuerdo.			

Puntuación: Para determinar su puntuación basada en la teoría de la escucha, califique sus respuestas usando la clave de respuestas que aparece con el texto invertido en la parte inferior de este ejercicio, sumando el número de respuestas incorrectas, multiplicando el resultado por 7 y restando ese total de 105.

Interpretación: Si marcó con frecuencia el signo "-" después de una respuesta incorrecta, se puede decir que tiene algunas buenas ideas sobre cómo se podría mejorar su capacidad de escucha.

Si obtuvo entre 91 y 105, ¡usted tiene buenos hábitos de escucha! Esta habilidad le servirá mucho como gerente.

Si obtuvo entre 77 y 90, tiene áreas para mejorar su capacidad de escucha. Consulte las conductas en el cuestionario y practique cada día algunas de ellas.

Si su puntuación es menor de 76, significa que su escucha es deficiente y debe trabajar arduamente para mejorar esta habilidad. Consulte las conductas en el cuestionario y practique cada día algunas de ellas.

Fuente: *Reproducido con permiso del editor* Supervisory Management© 1989 American Management Association, Nueva York, Nueva York. www.amanet.org

Respuestas: (1) No (2) No (3) No (4) Sí (5) No (6) No (7) No (8) No (9) No (10) No (11) No (12) Sí (13) Sí (14) No (15) Sí.

Tabla 9.3

Recomendaciones para usar de forma adecuada el correo electrónico

1. Maneje la información personal frente a frente o por teléfono.
2. Evite las direcciones de correo electrónico no profesionales para enviar comunicaciones de negocios; si es necesario, tenga dos cuentas de correo electrónico. Esta precaución le evitará la vergüenza de tener que decirle a un nuevo jefe que su dirección es partyon@isp.com.
3. Asegúrese de que ha respondido todas las partes de un mensaje de correo electrónico para garantizar una respuesta.
4. Responda de forma rápida los mensajes de correo electrónico, de preferencia al final del mismo día. Si no puede hacerlo, envíe una respuesta a la persona para hacerle saber que ha recibido su mensaje y que no puede atender su pregunta en ese momento, pero que pronto le responderá.
5. Lea sus mensajes de correo electrónico una o dos veces antes de enviarlos para comprobar su claridad y legibilidad.
6. Escriba títulos para el asunto de forma concisa e informativa. Por ejemplo, "Nos reuniremos el miércoles a las 9 pm" envía un mensaje sin que el destinatario deba siquiera abrir el correo.
7. No critique a los demás por correo electrónico, pues esta actitud puede considerarse una falta de respeto y hacer que se sientan menospreciados. Si los demás reenvían su mensaje con rapidez, podría lamentar haberlo enviado.
8. No utilice la bandeja de entrada como un folder genérico. Después de leer un correo entrante, responda de inmediato, elimínelo o muévalo a una carpeta específica para cada proyecto.
9. Acuerden las siglas que se utilizarán en la empresa para los títulos de los asuntos, como "AR" para la acción requerida o "IFM" para el informe financiero mensual. Así se ahorra tiempo y se evita la confusión.
10. Envíe mensajes grupales sólo cuando es útil para todos los destinatarios. Utilice con moderación la función "responder a todos" y "cc".
11. Utilice la función "fuera de la oficina" y los mensajes de correo de voz para que las personas sepan que no podrá responder con rapidez.
12. Antes de enviar un archivo adjunto en un formato específico, asegúrese de que el destinatario puede abrirlo.
13. Evite el envío de archivos adjuntos y gráficos pesados (especialmente para las personas que viajan) a menos que sea necesario, ya que son lentos para descargarse. En vez de ello, publique los adjuntos de gran tamaño en un wiki o portal.
14. Consolide sus mensajes en un solo mensaje organizado en lugar de enviar uno para cada idea.

El uso efectivo del correo electrónico requiere práctica. Estas sugerencias son formas útiles para mejorar la calidad y el profesionalismo del uso de dicha herramienta.

Fuente: Hyatt, M. (2007). Email Etiquette 101, en MichaelHyatt.com. Disponible en línea en: http://michaelhyatt.com/ e-mailetiquette-101.html. Stanley, B. (2008). 5 Rules of Email en Etiquette, 10 de febrero. Smartphonemag.com. http://www.smartphonemag.com/cms/blogs/27/5_rules_of_email_etiquette Andrea C. Poe, "Don't Touch that 'Send' Button! – e-mail messaging skills," en *HR Magazine*, julio de 2001, *46* (7) pp. 74–80.

grupos de subordinados a la vez. A continuación se mencionan algunas sugerencias para rehacer presentaciones efectivas:[32]

* Hable fuerte y claro.
* Alcance de forma rápida un entorno dispuesto. Desde los primeros momentos, muestre a los miembros de la audiencia que se siente cómodo con ellos.

AIR IMAGES/SHUTTERSTOCK.COM

Las presentaciones son métodos comunes para intercambiar información en las organizaciones. Los presentadores calificados, como esta mujer, pueden informar e instruir a los demás y al mismo tiempo mantenerlos interesados en lo que presenta, mientras que otros presentadores pueden ser mucho menos efectivos. Por fortuna existen técnicas que pueden aplicar las personas para mejorar sus habilidades de presentación.

- Canalice su energía nerviosa en una entrega entusiasta; utilice gestos para expresar sus ideas.
- Desplácese con facilidad y de forma natural sin medir los pasos; mire a su audiencia.
- Reduzca al mínimo el uso de notas y utilícelas de forma discreta. Las notas funcionan mejor como "disparadores de pensamiento".
- Resalte las ideas clave. Utilice el volumen de la voz, apoyos visuales, pausas y "encabezados" (decirle a la audiencia que un punto es particularmente importante).
- Busque en el público señales de comprensión o falta de entendimiento. Las cabezas inclinadas y el ceño fruncido pueden indicar que es necesario aclarar o revisar algún punto.
- Termine con una detonación. Sus palabras finales deben ser memorables.

Habilidades para el manejo de juntas

Como los gerentes dirigen a grupos y equipos, otra manera en que pueden comunicarse es por medio de juntas. Además de las pérdidas de tiempo y dinero, a menudo las juntas mal dirigidas son una fuente de frustración. Un estudio internacional reveló que el bienestar de los empleados está relacionado con el uso eficiente del tiempo en las juntas, no con la cantidad de tiempo ni con el número de juntas a las que asisten. La efectividad de las juntas puede mejorar cuando las personas se preparan para ellas, se usa una agenda, se es puntual (se inicia y termina a tiempo), los propósitos son claros y hay participación generalizada.[33]

MEJORE SUS HABILIDADES

CÓMO MEJORAR SUS HABILIDADES PARA LAS ENTREVISTAS

Cuando lleve a cabo entrevistas de trabajo, las habilidades adecuadas de comunicación le ayudarán a evaluar mejor a los candidatos y permitirán que el entrevistado tenga el mayor desempeño posible. Estas son algunas recomendaciones para ayudarle a realizar una entrevista de trabajo efectiva.

Hacer:

- Realizar los arreglos necesarios si el candidato tiene una discapacidad.
- Dedicar los primeros dos minutos a establecer una buena relación y tomar el control de la entrevista.
- Usar un lenguaje corporal abierto y mostrar una postura recta, relajada y confiada; mantener un buen contacto visual de manera que se vea amable y comprometido.
- Tratar de que el candidato se sienta relajado y darle la oportunidad de hacer preguntas.
- Mostrar sinceridad en su tono de voz; hablar a un ritmo adecuado.
- Recordar que, además de evaluar a los candidatos, usted también les está vendiendo una oportunidad y debe tratar de incrementar su interés en la posición.

- Expresar interés en los candidatos y sus experiencias; escuchar con atención y asentir de vez en cuando con la cabeza.
- Realizar preguntas específicas relevantes para el trabajo.

Evitar:

- Dar un apretón de manos débil o aplastante.
- Sentarse en una mesa a menos que sea necesario, pues la formalidad puede hacer que algunos candidatos se sientan nerviosos.
- Colocarse demasiado cerca; debe respetar el espacio personal del candidato.
- Decir "háblame de ti".
- Realizar otras tareas durante la entrevista. Usted debe enfocarse en el candidato.

Fuentes: Adaptado de Burges-Lumsden, A. (5 de abril de 2005). Body language for successful HR, en *PersonnelToday.com*. Disponible en línea en: http://www.personneltoday.com/hr/body-language-for-successful-hr/; New York State Department of Civil Service (2012). How to Conduct a Job Interview, marzo. http://www.cs.ny.gov/pio/interviewguide/conductinterview.cfm. Office of Disability Employment Policy (2010). Accommodating Persons with Disabilities. United States Department of Labor. http://www.zurichna.com/zna/services/searchresults. htm?k=workers%20 compensation%20interviewing

Conducir juntas requiere habilidades para organizar, fomentar la participación de los asistentes y manejar los conflictos. A continuación se presentan algunas sugerencias para realizar juntas efectivas:[34]

- En primer lugar, debe existir una razón que amerite reunirse; de lo contrario, la junta no debe realizarse.
- Tener una agenda que indique claramente el propósito de la junta y los pasos clave para alcanzarlo al concluir la misma.
- Asegurarse de que los participantes reciban con anticipación la agenda, sepan lo que se espera de ellos y cómo deben prepararse.
- Estar plenamente preparado para la junta y llevar cualquier otra información pertinente que podría requerirse.
- Determinar una programación del tiempo al inicio de la junta y cumplir con ella.
- Solicitar a los participantes que vengan preparados para discutir los temas de la agenda.
- Hacer que los participantes se concentren en los temas del programa y manejar con rapidez cualquier problema interpersonal para que la junta mantenga su productividad.
- Hacer el seguimiento de las asignaciones externas de los participantes.

La sección *Mejore sus habilidades* de este capítulo le ayudará a utilizar el lenguaje corporal correcto al realizar la importante tarea gerencial de llevar a cabo una entrevista de trabajo.

MEDIOS DE COMUNICACIÓN

Los gerentes pueden elegir entre diversos medios de comunicación. Algunos de los más conocidos son internet, el software de colaboración, la intranet y la comunicación oral. La riqueza de los medios de comunicación es un factor importante para cada una de estas formas.

Internet

Internet ha cambiado de forma significativa la forma en que muchos gerentes se comunican.[35] En lugar de filtrar la información que ingresa a una organización, ahora los gerentes son responsables de alinear la información con las metas de negocios y de actuar como facilitadores mediante la incorporación de las personas adecuadas para resolver los problemas como una comunidad colaborativa. Las personas que usan internet pueden seleccionar sólo la información que desean por medio de la extracción informativa[36] que consiste en recibir únicamente la información que se solicita.

Este enfoque contrasta con la técnica de difusión informativa de empuje, en la que las personas reciben información sin solicitarla, en caso de que la necesiten. El sitio profesional del minorista internacional Target ofrece información y videos sobre la empresa, marca y beneficios, y oportunidades de carrera. Como el sitio es autodirigido y ofrece pequeñas cantidades de información de cada área, los empleados son facultados mediante empowerment para que aprendan sobre la cultura, procedimientos y políticas de la empresa.[37]

Aunque la tecnología nunca debe reemplazar en su totalidad la interacción frente a frente entre directivos y subordinados, puede ayudar al proceso, pues brinda más opciones de comunicación. Por ejemplo, el correo electrónico permite priorizar las comunicaciones entrantes y a mantenerse al día cuando se encuentran fuera del trabajo. En muchas organizaciones, el correo electrónico ha pasado de ser un canal de comunicación informal a ser el principal medio formal de correspondencia de negocios.[38]

Algunas empresas han hecho un mal uso de correo electrónico para comunicar información importante o sensible. Por ejemplo, en una ocasión Radio Shack anunció sus planes para recortar unos 400 puestos de trabajo notificando a los empleados afectados por correo electrónico en lugar de hacerlo en persona. Esta actitud fue considerada inhumana por parte de los empleados.

El *correo de voz* es similar al correo electrónico, pero en vez de ser escrito, digitaliza un mensaje hablado que se envía a una persona para ser recuperado y escuchado más tarde. Al igual que los mensajes por correo electrónico, los mensajes de voz pueden guardarse o reenviarse a terceros. En la mayoría de los sistemas actuales se los puede convertir en mensajes de correo electrónico.

La *mensajería instantánea* permite a los usuarios ver quiénes están conectados y conversar con ellos en tiempo real en lugar de enviar un mensaje de correo electrónico y esperar una respuesta. Esta aplicación permite que los empleados se comuniquen de inmediato entre sí para obtener información o hacer preguntas. En Medco Health Solutions, la mensajería instantánea se encuentra disponible en toda la empresa y se utiliza constantemente para ofrecer un servicio de alta calidad. Los gerentes se mantienen conectados inalámbricamente por medio de sus computadoras personales e incluso se espera que respondan a los mensajes instantáneos relacionados con los clientes durante las juntas, debido a que una de las prioridades de la empresa es la satisfacción de las necesidades de éstos. Aunque este permiso puede crear algunas distracciones, los gerentes se han convertido en expertos multitareas y manejan de forma simultánea diferentes canales de comunicación abiertos.[39]

Los gerentes también pueden usar diversas herramientas de software para reunirse en formato no presencial. La videoconferencia permite a los directivos comunicarse de manera efectiva con empleados y clientes. Las teleconferencias pueden ser una modalidad muy efectiva de comunicación porque permiten que los participantes vean y escuchen a los demás.

El *teletrabajo* es una actividad que se lleva a cabo en un lugar distinto a una oficina central o centro de producción con sistemas electrónicos que permiten la comunicación entre los compañeros de trabajo y supervisores.[40] Existen cuatro tipos principales de teletrabajo:[41]

1. El teletrabajo en el hogar es un sistema que permite que algunas personas trabajen en casa de forma regular durante algún periodo, pero no necesariamente todos los días.
2. Las oficinas satélite son aquellas que se ubican en áreas más convenientes para los empleados y/o clientes, lejos de lo que normalmente sería la oficina principal.
3. Los centros de trabajo compartidos ofrecen un espacio de oficina para los empleados de más de una empresa con la finalidad de ahorrar desplazamientos a lugares centrales.
4. El trabajo móvil se refiere al trabajo que realizan los empleados que viajan y usan la tecnología para comunicarse con la oficina cuando es necesario desde lugares como las oficinas del cliente, aeropuertos, automóviles y hoteles.

El teletrabajo permite a las organizaciones reducir el tamaño de las oficinas que usan, ya sean de su propiedad o rentadas, y disminuye la necesidad de los empleados de trasladarse al trabajo. IBM ahorra más de 100 millones de dólares al año en costos de inmuebles debido a que sus empleados que teletrabajan no necesitan oficinas.[42] Las empresas pueden establecer un espacio de *hospedaje* para aquellos empleados que no tienen una oficina asignada y necesitan trabajar en sus instalaciones. En este espacio pueden acceder a un cubículo para configurar su computadora portátil, iniciar sesión y conectarse de inmediato a la intranet. De este modo pueden trabajar de forma efectiva en las oficinas de la empresa cuando lo necesiten.

El software colaborativo permite que los miembros de los equipos compartan información y trabajen juntos en los proyectos. Las personas pueden conectarse fácilmente en tiempo real con sus compañeros a través de diversos dispositivos tecnológicos.

Software de colaboración

El software, como Microsoft SharePoint, permite que los miembros de los equipos y grupos de trabajo compartan información para mejorar su comunicación, eficiencia y desempeño. El software de colaboración, también llamado groupware, mejora las capacidades de cooperación de los miembros de grupos o equipos a través de un sitio electrónico de reunión. En esencia, integra el trabajo que realizan varios usuarios de forma simultánea para un mismo proyecto en diferentes computadoras ubicadas en cualquier parte del mundo.

Los sistemas colaborativos de escritura permiten que los miembros del grupo trabajen de forma simultánea en documentos escritos a través de una red de computadoras interconectadas. Los miembros del equipo se ocupan de diferentes secciones de un documento, y cada uno de ellos tiene acceso al documento general y puede modificar su sección para que sea compatible con el resto de la información. Un sistema de programación de grupos permite que sus miembros incorporen sus horarios en una base de datos compartida, lo cual hace que sea más fácil y rápido identificar los mejores tiempos para programar las juntas.

Los sistemas de automatización del flujo de trabajo utilizan la tecnología para facilitar y acelerar los procesos de trabajo. Estos sistemas emiten documentos e información y asignan tareas a las personas en los lugares adecuados con base en procedimientos establecidos. Por ejemplo, suponga que una enfermera solicita un medicamento para un paciente de un hospital. Un sistema de automatización de flujo de trabajo remite la solicitud al médico y, a continuación, envía la receta a la farmacia. Si ésta no tiene el medicamento, el sistema puede notificar a la enfermera que la receta no puede surtirse. Si el medicamento se envía, el sistema lo inscribe en el registro médico y actualiza el inventario de la farmacia. El sistema también puede actualizar inmediatamente la historia clínica del paciente.

Los sistemas de soporte a las decisiones son interactivos, basados en computadoras que ayudan a los equipos de toma de decisiones a encontrar soluciones a problemas no estructurados que requieren juicio, evaluación y conocimiento.[43] Los miembros del equipo pueden reunirse en la misma sala o en lugares separados e interaccionar por medio de sus computadoras. Las herramientas de software que incluyen cuestionarios electrónicos, organizadores de ideas, herramientas de lluvia de ideas y de votación para ponderar y priorizar las soluciones recomendadas ayudan al grupo a tomar decisiones y completar proyectos. Un sistema de soporte a las decisiones puede reducir la probabilidad de que un participante domine la discusión y ayuda a los grupos a evitar muchas de las barreras que afrontan los grupos presenciales.

Intranets

Una intranet es un tipo de centro de intercambio de información centralizado. En su forma más simple, es una página web almacenada en una computadora conectada a otros equipos de la empresa mediante una red interna. Los empleados acceden al sitio de la intranet con un software estándar de navegación web como Netscape o Microsoft Explorer. Una intranet puede conectarse a internet de forma libre, por lo que los proveedores y clientes pueden visitarla si conocen las contraseñas elegidas por la empresa. En tales casos, se puede instalar un software de firewall para que actúe como barrera entre los sistemas internos y los visitantes no autorizados.

Las intranets son una buena alternativa cuando los empleados de una empresa requieren la misma información de la empresa, debido a que centralizan los datos en un sitio de fácil acceso. Las intranets brindan a los empleados un acceso controlado a la información almacenada en la red de la empresa, lo que puede reducir la necesidad de contar con versiones impresas de documentos, como manuales y formatos comerciales. No son útiles cuando muchos empleados no usan o carecen de acceso a las computadoras, o si nadie tiene el *expertise* necesario para configurar y administrar la intranet.

Los portales, que son similares a las intranets pero tienden a enfocarse más en proyectos, se parecen mucho a los sitios de internet como Yahoo.com y AOL.com. Los usuarios interaccionan con ellos mediante un navegador estándar, como Internet Explorer o Netscape, pero en lugar de contener vínculos a noticias o el clima, los enlaces conducen a sitios en la intranet de la empresa.

Los portales ponen a disposición de los gerentes reportes del estado real y claves visuales, como semáforos en color rojo, amarillo o verde, así como tableros digitales de datos. Los gerentes pueden utilizar un navegador para acceder en cualquier momento a resúmenes de alto nivel del estado del proyecto. Algunos portales también proporcionan indicadores y comparaciones visuales de los proyectos dentro de un programa.[44]

Los gerentes de proyectos pueden usar los portales para administrar los horarios y resolver cualquier problema que surja. Debido a que centralizan una variedad de información, los portales les permiten hacer seguimiento de los progresos e identificar oportunamente los problemas. También pueden utilizarlos para difundir rápidamente la información (documentos, procesos, avisos, etc.) entre todos los miembros de su equipo, dondequiera que se encuentren, y solicitar de forma controlada la opinión y la retroalimentación.[45]

Los portales permiten a los miembros de los equipos compartir fácilmente noticias e ideas, lo cual mejora la colaboración y la eficiencia de la implementación del proyecto. Los gerentes pueden delegar responsabilidades en los integrantes del equipo y aun así mantener el control del proyecto.[46] Los portales suelen ser personalizables y permiten que los empleados accedan sólo a la información que requieren.

Los portales se pueden integrar a otras aplicaciones. Por ejemplo, un botón puede permitirle el acceso al programa de producción del día anterior; otro permite a los empleados que revisen su saldo de su cuenta para el retiro; y un tercero ofrece información sobre la forma en que sus compañeros resolvieron los problemas de los clientes importantes. También permiten que todos los empleados compartan bases de datos, documentos, calendarios y listas de contactos. Además, posibilitan colaborar con facilidad con compañeros de trabajo en lugares remotos e incluso realizar estudios de opinión instantáneos con los empleados. Mediante la consolidación de la información y la conexión de los empleados entre sí, ayudan a las empresas a funcionar como una unidad, en lugar de hacerlo como entidades individuales.[47]

Sperry Marine, una unidad de Northrop Grumman, el gigante mundial de la industria aeroespacial y de defensa, puso en marcha un portal de administración de proyectos para crear "salas de guerra" virtuales con la finalidad de colaborar en las solicitudes de propuestas y los proyectos resultantes. El portal también ofrece una ubicación centralizada y visible para el almacenamiento coordinado de documentos, información, seguimiento de programas e información del estado del proyecto. En palabras de uno de los gerentes, "antes de usar el portal, las personas tenían que enviar una y otra vez mensajes de correo electrónico o efectuar llamadas para estar informadas. La versión incorrecta de un documento podía pasar a los integrantes del equipo, y si alguien faltaba a las juntas, perdía la información. Ahora todos tienen acceso a la información general desde las páginas locales del portal, puede revisar el tablero de anuncios actualizado, verificar los documentos de entrada y salida, acceder a información sobre procesos y riesgos, y revisar en vivo programaciones y reportes de gran importancia".[48] Estas características facilitan la comunicación y aseguran que todos estén en la misma página.

Hasta hace poco, sólo las grandes empresas usaban los portales debido a su muy alto costo, además de que su complejidad requiere un equipo de especialistas en informática para configurarlos y administrarlos. Sin embargo, las intranets se han popularizado, debido a que los proveedores de software, como IBM, Microsoft y Oracle, Plumtree y SAP, han desarrollado paquetes de soluciones de portales que pueden adaptarse a casi todos los tamaños de empresas y satisfacen casi todas sus necesidades.[49] Además de ofrecer espacios donde los clientes pueden interaccionar con los sitios de la empresa y los empleados para facilitar el trabajo, las empresas están usando portales especializados para satisfacer objetivos específicos. Por ejemplo, la firma de corretaje de seguros Keenan & Associates, de Torrance, California, ha creado un portal que impulsa a los empleados a comer bien y hacer más ejercicio con la finalidad de controlar las primas de salud. El servicio KeenanFit ofrece acondicionamiento físico, nutrición y planes de automejora para los empleados y sus familias. El portal también les permite a los empleados completar autoevaluaciones para monitorear riesgos específicos de salud.[50]

Las transmisiones por internet, o *webcasts*, son segmentos de video en vivo o grabados que se transmiten a través de una intranet de una empresa y se pueden archivar para que los empleados las vean más tarde. Además, pueden ayudar a los altos directivos a comunicarse con un número mayor de empleados y transmitir mensajes de manera más eficaz porque se puede utilizar la entonación y el lenguaje corporal mediante la combinación de voz y video.

Los wikis son sitios web, que pueden ser buscados y archivados, en donde las personas comentan y editan el trabajo de otros en tiempo real. *Wikipedia*, una enciclopedia editada por los usuarios (Wikipedia.org), es uno de los wikis en línea más conocidos. Los wikis son muy adecuados para redactar de manera colaborativa, debido a que permiten a los usuarios añadir y editar contenidos de forma rápida y fácil. En esencia son un sistema simplificado de creación de páginas web combinado con una herramienta que registra y cataloga todas las revisiones. Esto permite que las entradas puedan regresar a un estado anterior en cualquier momento. El sistema puede incluir herramientas diseñadas para proporcionar a los usuarios una manera fácil de supervisar el estado del wiki en constante cambio. También es común que exista un espacio para discutir y resolver cualquier problema o desacuerdo sobre el contenido. Los wikis son económicos y fáciles de usar. Los tiempos de terminación de un proyecto se pueden reducir de forma considerable, pues la información se encuentra disponible en tiempo real en un lugar de fácil acceso. A diferencia de un portal o intranet, los wikis no tienen una estructura inherente. Tienen algunos elementos comunes, como una lista generada automáticamente de las páginas que cambiaron en fechas recientes y un índice de todas las páginas que contiene.[51] Los accesos pueden ser restringidos a un grupo limitado de personas e incluso requerir contraseñas. Disney, Kodak y Motorola han encontrado usos para los wikis en sus empresas.[52]

Las tecnologías de información e internet permiten a las organizaciones comunicarse más fácilmente con personas que están fuera de ella. Cuando Intuit quería contactar a más profesionales de los impuestos, creó un wiki gratuito llamado TaxAlmanac.org, donde miles de profesores, autores y abogados fiscales contribuyeron con miles de artículos como recursos para la ley de impuestos.[53]

Los blogs son crónicas de pensamientos e intereses personales. Algunos de ellos funcionan como diarios en línea. Por lo general, un blog combina texto, imágenes y enlaces a otros blogs, páginas web y otros medios relacionados con su tema. En algunos casos, el CEO puede crear un blog para comunicarse de forma más directa con los empleados y otros grupos de interés.

El banco de inversión Dresdner Kleinwort Wasserstein usa blogs y wikis para facilitar la colaboración entre sus empleados. Dado que sus 1,500 empleados crean, comentan y revisan sus proyectos en tiempo real, los tiempos de juntas se han reducido a la mitad y la productividad se ha incrementado.[54] Cuando Zappos, el minorista de calzado en línea, tuvo que reducir 8% el personal, Tony Hsieh, su CEO, utilizó su popular blog para tranquilizar a los empleados y delinear las medidas que tomaría la empresa a fin de evitar mayores recortes.[55] Bill Marriott, CEO de Hotelier Marriott International, utiliza videoclips para complementar su blog "Marriott en movimiento".[56]

Contar con un mejor software y un mayor ancho de banda de red permite que las presentaciones de video sean mucho más fáciles y efectivas para mantener la comunicación con los empleados. Incluso las empresas más pequeñas pueden usar herramientas gratuitas o de bajo costo en línea, como la creación de una zona privada en YouTube para los videos corporativos.[57] El blog de Southwest Airlines, *Nuts About Southwest*, proporciona a los nuevos empleados la oportunidad de comunicarse entre sí y recibir información importante de la empresa. Los enlaces a medios sociales interactivos alientan a los empleados a interaccionar, formar sus propios grupos de interés y establecer relaciones que les permitan participar de forma más personal en la empresa. Las fuentes RSS permiten que los empleados conozcan al instante cuando se ha publicado nueva información en el sitio. Este desarrollo puede ayudar a mantener el flujo de comunicación en situaciones de emergencia o avisar cuando se convocan o cancelan juntas importantes.[58]

Comunicación oral

A pesar de la rapidez y la conveniencia de los canales tecnológicos, muchos de ellos promueven la comunicación unidireccional y disminuyen las oportunidades de retroalimentación. Si se utilizan incorrectamente, incrementan las posibilidades de que se presenten errores en la comunicación, debido a que el receptor tiene menos oportunidad de hacer preguntas o de obtener una aclaración. También puede reducir la calidad de las decisiones porque dificulta que los empleados hagan sugerencias o compartan sus preocupaciones.

Sin duda, la tecnología ha cambiado la forma en que se comunican muchos directivos, pero siempre existirá la necesidad de que los gerentes se comuniquen de forma verbal. Un experto recomienda a las personas que utilicen la comunicación electrónica para transmitir y confirmar información sencilla y tener conversaciones reales sobre cualquier tema que pueda ser sensible.[59]

Durante su reestructuración, Avon Products participó en un gran esfuerzo de comunicación para facilitar los cambios. El CEO, el director general y otros ejecutivos se dirigieron a 150 altos directivos de la empresa para explicar las razones de la reestructuración. Posteriormente, los ejecutivos de la empresa transmitieron la misma historia a los 1,000 gerentes de cada región en todo el mundo. Querían reflejar los valores de Avon y que los empleados escucharan las buenas y malas noticias directamente de ellos y de sus propios gerentes en lugar de informarse mediante mensajes de correos electrónico o boletines de comunicación. La honestidad, el respeto y la transparencia generaron mucha confianza entre los empleados, que respondieron positivamente a la solicitud de apoyo de los líderes.[60]

La comunicación personal es importante para construir credibilidad y confianza. Un representante de DreamWorks sostiene que, a pesar de la tecnología, el tiempo de interacción personal es crucial, en especial al inicio de un proyecto.

"Cuando conoces a otras personas, existe una reacción química instintiva e involuntaria, donde decides lo que piensas y si confiarás en ellas."[61] Los gerentes deben compartir y dar respuesta de manera oportuna a la información, escuchar activamente otros puntos de vista, comunicarse de manera clara y concreta, y utilizar diversos canales de comunicación para ser percibidos como comunicadores competentes.[62]

Riqueza de medios

Los medios de comunicación se pueden clasificar en función de su *riqueza*, esto es, la capacidad para transmitir señales no verbales y rasgos de personalidad, proporcionar retroalimentación rápida y apoyar el uso de lenguaje natural.[63] La riqueza de un medio depende de cuatro cuestiones:

1. La interactividad, o la disponibilidad de retroalimentación. La retroalimentación inmediata permite a los emisores ajustar sus mensajes. Los medios más ricos proporcionan retroalimentación más rápida.
2. La capacidad para transmitir señales múltiples, como la presencia física, inflexión de la voz, señales no verbales e imágenes. Los medios más ricos permiten la comunicación de múltiples señales.
3. Diversos lenguajes para transmitir un amplio conjunto de conceptos e ideas. Por ejemplo, las ideas sobre una nueva campaña de publicidad no pueden expresarse de igual manera en una carta que en una conversación frente a frente. Los medios ricos permiten una mayor variedad de lenguajes.
4. El enfoque personal del medio, o el grado al que se permite la expresión de las emociones y otras señales sociales. Los medios más ricos permiten un enfoque más personal.

Entre más se presenten estos atributos, mayor riqueza tendrá el medio; por el contrario, mientras menos se presenten, el medio será más plano. La interacción frente a frente es el medio más rico porque tiene la capacidad de retroalimentación inmediata, transmite señales múltiples y utiliza el lenguaje natural.

Cuando los gerentes se comunican, deben elegir los medios que se ajusten mejor a la riqueza de la información que requiere la tarea o la comunicación. Mientras más ambigua e incierta sea una tarea, mayor riqueza deberá tener el medio de comunicación que la sustenta. Por ejemplo, los mensajes de texto por

---

Tabla 9.4

Riqueza de los medios para diferentes comunicaciones gerenciales

Medio	Riqueza	Disponibilidad de retroalimentación	Número de señales	Variedad del lenguaje	Enfoque personal
Interacción frente a frente	Alta	Alta	Alto	Alta	Alto
Videoconferencias	Alta	Alta	Alto	Alta	Alto
Teléfono	Moderada	Moderada	Moderado	Moderada	Alto
Mensajería instantánea[64]	Moderada	Alta	Bajo	Baja	Moderado
Correo electrónico	Moderada	Moderada	Bajo	Baja	Moderado
Correspondencia personal escrita	Baja	Baja	Bajo	Baja	Bajo
Correspondencia formal escrita	Baja	Baja	Bajo	Baja	Bajo

Los medios varían en cuanto a su riqueza. Los gerentes deben tratar de hacer que la riqueza del medio coincida con su mensaje para mejorar la efectividad de la comunicación.

computadora son adecuados para generar ideas, pero no para negociar conflictos. La videoconferencia es una buena opción para tomar decisiones, pero no es lo suficientemente rica para negociar. La tabla 9.4 describe cómo se comparan diferentes medios en términos de su riqueza.

A veces vale la pena el costo adicional que genera la comunicación frente a frente, debido al nivel de riqueza de la comunicación que ofrece, así como el respeto y la sinceridad que transmite. Después de que Luxottica Group adquirió a

CASO DE ESTUDIO Comunicación de la ética en Cisco

El proveedor de tecnología Cisco Systems valora mucho la ética y la responsabilidad social corporativa. Cisco es una de las tres empresas que en los últimos diez años han aparecido en cada una de las listas de "100 Mejores Ciudadanos Corporativos" de la revista de ética de negocios *Corporate Responsibility Officer*. Así que no fue una sorpresa que los líderes de la empresa se preocuparan cuando una encuesta reveló que sus empleados consideraban que la capacitación en ética y cumplimiento normativo eran aburridas y tediosas. Cisco se notó que había estado introduciendo por las gargantas de los empleados la ética y la información referente al cumplimiento. Debido a que muchos de ellos son ingenieros expertos en tecnología que se sienten más cómodos cuando deben resolver las cosas por sí mismos, era evidente que el viejo modelo de capacitación con presentaciones de PowerPoint no funcionaba como lo esperaban los directivos.

Es por ello que Cisco decidió renovar su programa de ética y cumplimiento para sus 65,000 empleados en todo el mundo, con la finalidad de hacer que la capacitación fuera interesante, atractiva y divertida. La empresa desarrolló "Ethics Idol", una historieta paródica basada en el *reality show* de televisión *American Idol*, para involucrar a su personal en la toma de decisiones éticas. Por medio de la intranet de la empresa, los empleados pueden ver en dibujos animados a cuatro "concursantes", cada uno de los cuales canta la historia de una situación ética compleja diferente. Los tres jueces emiten sus decisiones como se hace en *American Idol*.

Los temas de las canciones incluyen regulaciones del comercio internacional y problemas en la cadena de mando, pues informan sobre malversaciones o acoso. Las parodias son deliberadamente vagas para que los empleados piensen en realidad acerca de las implicaciones éticas. Después de ver las decisiones de los tres jueces, los empleados deben votar sobre cuál de ellos dio la respuesta más adecuada a cada

situación y pueden comparar su voto con el de las demás integrantes de toda la empresa. Al final de cada episodio aparece la Oficina de Ética de Cisco para dar la respuesta correcta en función de la ética oficial de la empresa y las normas de cumplimiento.

Gracias a su capacidad para cambiar con facilidad el idioma en el que se emite, *Ethics Idol* se extenderá a los empleados de Cisco a nivel mundial. Este programa no sólo consiguió que el personal aprendiera más sobre ética y cumplimiento, sino que también impulsó a la empresa a reescribir su Código de Conducta en un lenguaje más sencillo y claro. Este nuevo código se introdujo poco después de que Ethics Idol se pusiera en marcha, y en un periodo de diez semanas 99.6% de los empleados certificó que había recibido y leído el nuevo documento. Una encuesta reveló que 94% de los empleados estaba de acuerdo en que el nuevo código era fácil de leer, y 95% en que era fácil de comprender. Ehics Idol ha sido un éxito entre los empleados amantes de la tecnología en Cisco. Como dice un experto, "no se le puede enseñar moral a las personas, pero se les puede instruir sobre cómo hacer frente a los problemas de ética que se les presentan con la esperanza de que tomen una buena decisión".[65] Este objetivo es justo lo que *Ethics Idol* ha logrado: hacer divertido el aprendizaje y adoptar el medio de comunicación adecuado para su audiencia.

Preguntas:

1. ¿Cuáles son las ventajas de Ethics Idol como medio de comunicación para capacitar en ética en comparación con la capacitación presencial con presentaciones de PowerPoint?
2. ¿Disfrutaría de este tipo de programa de capacitación? ¿Por qué?
3. ¿De qué otras formas se podría comunicar de manera atractiva la información sobre ética y responsabilidad social corporativa?

Fuentes: Basado en O'Brien, M. (16 de mayo de 2009). 'Idol'-izing Ethics. http://www.hreonline.com/HRE/view/story.jhtml?id=209480118; Singer, A. (Noviembre/diciembre de 2008). Cisco Transmits Ethics to a 'Wired' Workforce, en *Ethikos*. http://www.singerpubs.com/ ethikos/html/cisco.html.

su rival Cole National, sus funcionarios de recursos humanos realizaron muchos viajes de una semana de duración desde su sede de América del Norte, en Mason, Ohio, a la oficina central de Cole, en Twinsburg, en el mismo estado. Las visitas fueron parte de un esfuerzo más amplio para evitar un choque de culturas que socavara desde el principio la fusión. Robin Wilson, director de tecnología de recursos humanos y análisis en Luxottica, y alrededor de una docena de funcionarios de recursos humanos hicieron el viaje para asegurarse de que aproximadamente 600 exempleados de Cole en Twinsburg entendieran que eran importantes y que podían obtener respuesta a sus preguntas. Luxottica también estableció un centro de atención telefónica exclusivo para atender las preguntas de los exempleados de Cole. "Todo se diseñó para asegurar la demostración de una cultura de inclusión", dice Wilson.[66]

La sección *Caso de estudio* de este capítulo describe cómo Cisco logró con éxito hacer coincidir el medio de comunicación con la necesidad de riqueza de información para capacitar a sus empleados en ética y responsabilidad social.

COMUNICACIÓN ORGANIZACIONAL

La *comunicación organizacional* es el intercambio de información entre dos o más individuos o grupos en una organización que crea una base común de comprensión y sentimientos. La comunicación organizacional puede moverse en diversas direcciones, y ser de naturaleza formal o informal. La figura 9.3 ilustra las vías de comunicación descendente, ascendente, horizontal y diagonal en las organizaciones.

comunicación organizacional
Intercambio de información entre dos o más miembros de un grupo u organización que crea una base común de comprensión y sentimientos

Comunicación descendente

La *comunicación descendente* se produce cuando los empleados de un nivel superior se comunican con el personal ubicado en los niveles inferiores de la organización, por ejemplo, de gerente a empleado de línea. Por lo general, esta vía de comunicación consiste en mensajes sobre cómo hacer un trabajo, los objetivos de desempeño, las políticas de la empresa y cómo se desempeña la misma.

En la actualidad, la tecnología proporciona en tiempo real retroalimentación a los ejecutivos acerca de los empleados y el desempeño de la empresa, pero comunicar las decisiones de los ejecutivos a los empleados a menudo

---

Figura 9.3

Rutas de la comunicación en las organizaciones

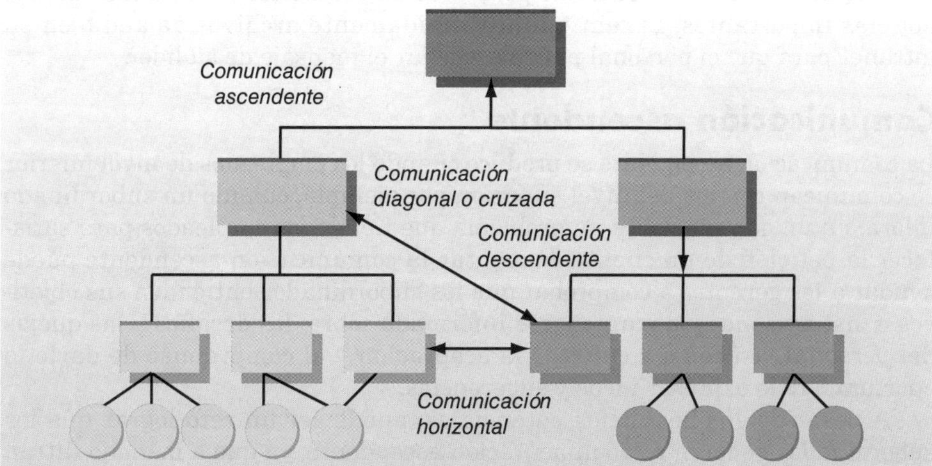

La comunicación organizacional puede seguir varias rutas. Como se ilustra en esta figura, estas vías son descendentes, ascendentes, horizontales o diagonales.

Los altos directivos pueden aprender mucho sobre lo que sucede en su empresa mediante visitas a las instalaciones y charlas con los empleados. Por ejemplo, este ejecutivo está de visita en uno de los centros de distribución de su empresa para conocer mejor lo que sucede allí.

requiere más tiempo. La base para una comunicación efectiva radica en establecer procedimientos y crear una cultura que permita el flujo libre de información.[67] En palabras de un alto directivo de Tata Consultancy Services en Mumbai, India, dice: "Desde comunicar las políticas y las iniciativas clave de la organización hasta establecer una conexión directa entre el CEO, los altos directivos y los empleados, la tecnología puede ayudar a eliminar las barreras geográficas y jerárquicas".[68]

La administración por paseo o *management by wandering around* es una técnica presencial de administración que implica que los gerentes salgan de sus oficinas y dediquen tiempo para hablar de manera informal con los empleados de toda la organización.[69] Participar activamente en las operaciones cotidianas de la empresa ofrece a los gerentes una idea de lo que sucede en realidad en ella. Por ejemplo, en los primeros seis meses después de que Gary Kusin fuera nombrado CEO de Kinko, acudió a cada uno de los 24 mercados de la empresa en Estados Unidos, visitó más de 200 tiendas y se reunió con más de 2,500 miembros de equipos para conocer lo que se necesitaba hacer para que la empresa continuara su evolución.[70]

Las tecnologías de información e internet han proporcionado más opciones a los gerentes para comunicarse de forma descendente. Estos medios incluyen el correo electrónico, la mensajería instantánea, las intranets, los portales, los wikis, los blogs y las transmisiones por internet, además de las comunicaciones verbal y escrita tradicionales. Lucent emplea diversas tecnologías para comunicarse con sus empleados de todo el mundo y recaba retroalimentación para identificar lo que funciona y lo que no. Por medio de este mecanismo, Lucent ha aprendido a usar las emisiones por satélite, mensajes de correo electrónico y publicaciones en internet para compartir información con los empleados. Un directivo de Lucent afirma que "la comunicación global se vuelve casi instantánea cuando se ha publicado en el sitio web. Podemos enviar un comunicado interno de prensa y asegurarnos de que los empleados reciben información precisa tan pronto como es posible".[71] Cuando existen noticias importantes, Lucent publica rápidamente archivos de audio en su intranet para que el personal pueda escuchar el mensaje de su líder.

Comunicación ascendente

La comunicación ascendente se produce cuando los empleados de nivel inferior se comunican con los del nivel superior, por ejemplo, cuando un subordinado informa a un gerente sobre un problema que tienen los empleados para satisfacer la petición de un cliente. Fomentar la comunicación ascendente puede ayudar a los gerentes a comprobar que los subordinados entienden sus objetivos e instrucciones y a mantenerse informado sobre los desafíos y las quejas del personal, así como a cultivar la aceptación y el compromiso de darle la oportunidad de expresar ideas y sugerencias.[72]

A pesar de sus beneficios potenciales, puede ser un reto lograr que los subordinados generen retroalimentación ascendente, ya que a menudo filtran las malas noticias, por temor a que su jefe, en realidad, no quiera escucharlas.

Mostrar disposición, ser accesible y crear una cultura de confianza y apertura puede ayudar a que los subordinados se sientan más cómodos cuando tengan que brindar este tipo de retroalimentación. Por su parte, los gerentes deben evitar reacciones exageradas, colocarse a la defensiva o censurar a los empleados, pero deben respetar la confidencialidad cuando un subordinado comparte con ellos información potencialmente controversial o negativa. Algunos medios, como los estudios de actitud, una política de puertas abiertas y juntas presenciales regulares con los subordinados, también pueden estimular la comunicación ascendente. Una de las mejores maneras de hacer que los subordinados se sientan cómodos con el intercambio de información puede ser escucharlos empáticamente en sus interacciones informales cotidianas dentro y fuera del trabajo.[73] Esto puede generar la confianza necesaria para que los subordinados compartan sus ideas y comuniquen de forma honesta la información negativa.

Ciertas herramientas tecnológicas, como los wikis, pueden mejorar la comunicación ascendente en las organizaciones. Mediante la creación de un espacio de trabajo de código abierto, todos los empleados pueden ser parte del proceso de intercambio de ideas y solución de problemas. Por ejemplo, cuando el gerente de un banco de inversión requirió un análisis acerca de cómo duplicar las utilidades en un negocio determinado, puso el problema en un wiki donde los empleados pudieron hacer comentarios, intercambiar ideas y editar en tiempo real. En dos días, el gerente tuvo el análisis que de otro modo habría tardado semanas en obtener.[74]

Comunicación horizontal

La comunicación horizontal se produce cuando alguien en una organización se comunica con otras personas del mismo nivel jerárquico. A menudo, los gerentes dependen unos de otros para realizar el trabajo y la comunicación es necesaria para coordinar los recursos y el flujo de trabajo. A pesar de que la comunicación horizontal se produce entre compañeros, al igual que todas las comunicaciones de la organización, lo mejor es ser profesional y evitar las palabras de confrontación y el lenguaje corporal negativo.

Los gerentes pueden facilitar la comunicación horizontal o entre departamentos mediante el nombramiento de personal de enlace o la creación de comités interdepartamentales o grupos de trabajo para facilitar la comunicación y la coordinación y resolver problemas comunes. La tecnología también puede ayudar. Kraft Foods ha puesto a disposición de sus empleados muchas herramientas para que se comuniquen entre sí. KraftCast es un podcast trimestral que ofrece una entrevista con un ejecutivo o representante de la empresa. En *Ask the KET* (abreviatura para Kraft Executive Team, es decir, equipo ejecutivo de Kraft), los empleados hacen preguntas acerca de cualquier cosa, desde los cambios en una receta hasta la forma en que la crisis financiera afecta a Kraft. Los videos en línea, blogs, wikis y foros de discusión pueden colocarse al alcance de todos los trabajadores, o de un grupo de trabajo determinado. Incluso, un tablero de anuncios en línea permite que los empleados se feliciten o agradezcan a sus compañeros de trabajo por su ayuda.[75]

Comunicación diagonal o cruzada

La comunicación diagonal o cruzada se presenta cuando los empleados se comunican a través de los departamentos *y* niveles. Por ejemplo, si Owen, quien es subordinado de Ryan, contacta a un compañero de Ryan en un departamento diferente, estamos frente a una comunicación diagonal o cruzada. Este tipo de comunicación es común en los equipos de proyectos interdisciplinarios integrados por personas de distintos niveles que provienen de diferentes departamentos.

La comunicación diagonal permite que los empleados de diferentes áreas de una organización contribuyan a crear un nuevo producto o solucionar un problema. También ayuda a vincular a los grupos y difundir información en torno a la empresa. Casi todos los gerentes exitosos utilizan estas redes informales para supervisar la comunicación de los empleados y comunicarse con rapidez con ellos.[76] Una práctica común en General Motors son las "juntas en porciones diagonales" en las que los altos directivos tratan de obtener retroalimentación del personal administrativo de todos los niveles de la empresa.[77]

La comunicación diagonal también puede ser adecuada en función de la situación y las personas involucradas. Los subordinados que participan en este tipo de comunicación pueden pasar por alto a su supervisor directo, que podría sentirse "fuera de lugar" y castigar a los subordinados que no respetaron la cadena de mando.

Las tecnologías de información e internet pueden facilitar la comunicación horizontal y diagonal a través de la intranet, portales y wikis de la empresa. La tecnología favorece que se establezca la comunicación entre empleados que de otro modo no podrían interaccionar mediante la creación de un centro donde pueden enviar preguntas y ayudar a resolver problemas. Para las organizaciones con múltiples ubicaciones, las tecnologías de información e internet pueden crear redes que favorezcan que los empleados de todo el mundo trabajen juntos y compartan sus conocimientos.[78]

Comunicación formal e informal

Las comunicaciones formales son comunicaciones oficiales reguladas por la organización. Pueden ser ascendentes, descendentes, horizontales o diagonales. Los canales de comunicación formales suelen incluir algún tipo de comunicación escrita que proporciona un registro permanente del intercambio. Además, este tipo de comunicación suele interpretarse con precisión.

La comunicación informal, que es toda aquella que no es oficial, incluye rumores y respuestas a las preguntas de otros empleados acerca de cómo hacer algo. Las cadenas de rumores son un ejemplo de un canal de comunicación informal, que puede promover la propagación de chismes o rumores, que pueden ser destructivos e interferir con el funcionamiento de la empresa, sobre todo si no son verdaderos.[79] No se debe evitar este canal, pero es necesario evaluar la credibilidad de la fuente antes de creer lo que se escucha.[80] Si un rumor no tiene sentido o es incompatible con otra información que usted conoce o ha escuchado, es necesario buscar más información antes de reaccionar.

Como gerente, conocer los rumores que circulan por la oficina puede ayudarle a mantenerse informado acerca de lo que pasa por la mente de los empleados y evitar que estos rumores se salgan de control. Lo mejor es evitar que comiencen los rumores mediante el establecimiento de canales de comunicación claros, la construcción de confianza con sus empleados y el manejo de hechos e información adecuados. Si un rumor comienza a extenderse, se debe neutralizar por medio de la comunicación constante y honesta con el personal sobre el tema. Por lo general, guardar silencio es visto como la confirmación de un rumor.[81]

ARENA CREATIVE/SHUTTERSTOCK.COM

La comunicación informal juega un papel muy importante en la mayoría de las organizaciones. Por ejemplo, estas dos compañeras de trabajo han ido a comer y ahora vuelven a sus oficinas. Pueden estar comentando sobre su jefe, un compañero o una decisión importante de negocios. También pueden estar hablando sobre el clima o alguna actividad social. El poder de la comunicación informal no debe pasarse por alto, ya sea que se presente dentro o fuera de la organización.

Redes sociales

Una *red social* es un conjunto de relaciones que se establece entre personas conectadas por medio de la amistad, la familia, el trabajo u otros vínculos. Las personas forman redes sociales en las organizaciones para intercambiar información con otros empleados, o incluso con personas externas a la empresa. Estas redes informales pueden ser útiles porque ponen a los empleados en contacto con personas que pueden ayudarles a resolver problemas y realizar su trabajo. A menudo se recomienda que los nuevos empleados traten de aprovechar las redes sociales existentes para aprender a desempeñar con éxito su trabajo.[82]

redes sociales
Conjunto de relaciones entre personas que están conectadas por medio de lazos familiares, de amistad o trabajo

Nuestras redes sociales consisten en vínculos tanto formales como informales. Los vínculos están conformados por las relaciones con los compañeros de trabajo, jefes, y otros que conocemos relacionados con las funciones que desempeñamos. Los empleados tienen vínculos formales con sus jefes y subordinados. Los vínculos informales son las relaciones basadas en la amistad y la elección. Si un empleado del área contable y otro de producción crean un vínculo entre ellos porque quieren discutir temas de trabajo o desarrollar una amistad, y no porque tienen que hacerlo, han conformado un vínculo informal.

Las redes sociales de algunas personas tienen muchos vínculos que son importantes para la red de la organización. El empleado al que todos acuden con una pregunta, o que parece saber todo sobre los demás, es fundamental para la red social de la empresa.

El patrón de relaciones establecido en una empresa influye en sus modelos de comunicación y el flujo de la información. Si ciertos empleados tienden a conectarse con muchos otros, la comunicación es más abierta y la información fluye más libremente. Si los empleados tienden a conectarse con muy pocos compañeros, o si sólo interaccionan con sus gerentes, la red es más cerrada y la información tiende a fluir sólo hacia una persona central.

Los contactos personales son esenciales por igual para el éxito de los vendedores y los gerentes. Los sitios de redes sociales en internet ponen en línea estas relaciones personales. Cientos de empresas de todo el mundo, entre ellas Saturn y Smart Car, usan las redes sociales internas para impulsar la productividad y estimular la colaboración. El servicio de Company Groups de LinkedIn reúne digitalmente a todos los empleados de una empresa en un solo foro privado donde pueden hablar, compartir ideas y formular preguntas relacionadas con la organización. Más de 1,000 empresas han solicitado este servicio.[83] Facebook también cuenta con un servicio que permite que las personas que comparten direcciones de correo electrónico de la empresa se unan al mismo grupo.

Sin embargo, las redes sociales también tienen una desventaja potencial. Cuando los empleados y los clientes están satisfechos, estas redes pueden fomentar la lealtad, pero si no es así, los empleados y clientes se comunicarán y amplificarán todas las quejas a través de ellas. Tanto los empleados como los gerentes deben tener cuidado con lo que publican en las redes sociales de internet, como Facebook, LinkedIn e Instagram. Esta información estará disponible para que otros la vean durante varios años y numerosos directores de recursos humanos entran a Facebook y otros sitios para obtener más información sobre los candidatos a un puesto.[84] Usted puede aprovechar esta herramienta si publica información que refuerce y explique sus calificaciones y logros, en lugar de fotos y otra información que lo pueda enmarcar en una perspectiva negativa.[85]

RESUMEN Y APLICACIÓN

El proceso de comunicación comienza cuando un emisor traduce (codifica) la información en palabras, símbolos o dibujos y lo transmite al receptor a través de algún medio (canal). El receptor recibe el mensaje y lo retraduce (decodifica) en un mensaje que se espera que sea el mismo que pretende el emisor. El ruido puede presentarse en cualquier momento del proceso y hace que el mensaje recibido difiere del pretendido por el emisor. La retroalimentación crea una comunicación bidireccional que ayuda a comprobar el éxito de la comunicación y asegura que el mensaje recibido sea el que se envió. La comunicación no verbal y la interdependencia de trabajo también afectan el proceso de comunicación, al igual que las posibles barreras a la comunicación efectiva.

Por lo general, los gerentes exitosos tienen habilidades sólidas de comunicación. En realidad, existen diversas habilidades de comunicación que son importantes. Las habilidades de escucha efectiva son especialmente relevantes. Las de escritura, presentación y manejo de juntas también son importantes para lograr una comunicación efectiva.

Los gerentes y los empleados emplean diversos medios de comunicación como internet, software de colaboración e intranets, así como diversas formas de comunicación oral. Los gerentes deben adaptar el medio de comunicación al mensaje, utilizar el lenguaje corporal y las señales no verbales adecuadas, y asegurarse de que los subordinados entiendan el significado de los mensajes que envían. También es una buena idea conocer la forma en que los empleados prefieren comunicarse y recabar sus opiniones acerca de cómo funcionan los diferentes canales de comunicación. La comunicación organizacional puede moverse en diversas direcciones y ser de naturaleza formal o informal. Las vías de comunicación pueden ser descendentes, ascendentes, horizontales o diagonales. Las redes sociales ayudan a establecer patrones de comunicación en las organizaciones.

——— RESPUESTAS PARA EL MUNDO REAL ———
COMUNICANDO LOS VALORES EN NOKIA

Los empleados habían dejado de referirse como energizantes a los valores de Nokia. Debido a la importancia que tienen los valores en su sólida cultura de innovación y trabajo en equipo, Nokia quería revitalizar a los empleados en torno a sus valores centrales. La empresa comprendió que el núcleo de la comunicación consistía en colocar un mensaje en la mente de los receptores, y la mejor manera de lograrlo era por medio de su participación.

Con la finalidad de involucrar a los empleados para que identifiquen y vivan los valores de la empresa, Nokia comenzó por realizar una serie de talleres mundiales de dos días denominados cafés de valor. Durante seis meses, 2,500 empleados de todos los niveles de la organización debatieron en torno a los valores que necesitaba Nokia para lograr sus objetivos estratégicos y cuál era la mejor manera de comunicarlos. La empresa envió a Helsinki representantes de los cafés de valor para realizar un café de valor global con la finalidad de sintetizar la información recabada e identificar cuáles eran los valores que Nokia debía asimilar. Posteriormente, este grupo presentó los valores al consejo de administración, al que le encantó el resultado. Los nuevos valores fueron los siguientes:

1. *Tu participación*: "Tu" se refiere a todo el ecosistema de grupos de interés, como clientes, proveedores, socios, empleados, comunidades, etc., en lugar de sólo el cliente.

(Continúa)

2. *Alcanzar juntos:* Este valor hace hincapié en el hecho de que el trabajo en equipo y la colaboración son esenciales para el éxito de Nokia.

3. *Pasión por la innovación*: El éxito de Nokia depende de la innovación, que se promueve y espera en toda la empresa.

4. *Muy humana*: Nokia se centra en la creación de tecnología con una interfaz muy humana amigable con el cliente; este valor también se refleja en el trato a las personas en el interior de la organización.

Uno de los representantes del café de valor presentó los nuevos valores durante una reunión de alrededor de 250 de los altos directivos de Nokia, quienes los ovacionaron. Después, la empresa llevó a cabo durante 48 horas una sesión de intercambio en línea, donde publicó los nuevos valores y estrategias en internet e invitó a que los empleados los analizaran, hablaran y debatieran en torno a ellos. Más de 15,000 empleados participaron, entre ellos todos los principales directivos de Nokia, quienes mostraron su interés y respondieron preguntas.

Para incrementar la participación de todos sus empleados, Nokia llevó a cabo un concurso de fotografía en el que se les alentó a usar sus teléfonos celulares para tomar fotografías sobre cosas que reflejaran los valores de la empresa. Posteriormente los empleados votaron por las mejores imágenes que fueron premiadas. Un experto externo que no tenía conocimiento de los valores recibió un subconjunto de las imágenes para analizar e identificar lo que reflejaban. El experto identificó en las fotografías los cuatro valores. El concurso fue muy popular entre los empleados y

Nokia recibió muchas fotografías sobresalientes que podrá usar más adelante en sus comunicaciones para reforzar aún más sus valores. El concurso de fotografía fue tan bien recibido que la empresa llevó a cabo un concurso similar de video, que también fue energizante y divertido para los empleados.

Nokia entiende que sus empleados son los propietarios de los valores. Mediante su participación en la definición y la captura de los valores de la empresa, el personal se involucró y comprometió activamente. En el proceso de tomar fotos y grabar videos, los empleados aplicaron sus valores. La popularidad de los concursos aseguró que casi todos los empleados desarrollaran una idea de lo que significan los valores para ellos. Este enfoque permitió que la comunicación de los nuevos valores fuera personal y minuciosa, pues estimuló la participación de los empleados en lugar de simplemente decirles cuáles serían los nuevos valores.

Después de su iniciativa sobre valores, Nokia observó una tendencia positiva en su siguiente encuesta entre los empleados en relación con ellos. El entusiasmo de los empleados por los valores de Nokia y sus expectativas de que la empresa se rija por ellos se incrementaron de forma considerable. Siempre que la empresa toma decisiones organizacionales, los directivos reciben retroalimentación de los empleados acerca de la forma en que estas decisiones se ajustan a los valores de la empresa. Nuevamente, los empleados están hablando de forma activa y con entusiasmo sobre los valores de la organización.

Fuente: Esta sección se basa en una entrevista telefónica con Hallstein Moerk, Vicepresidente Senior y Director de Recursos Humanos, Nokia Corporation, 26 de junio de 2009.

PREGUNTAS PARA ANÁLISIS

1. ¿Cuáles son sus métodos preferidos para recibir información? ¿Su respuesta depende del tipo de información que le envían?

2. ¿Qué implicaciones tiene la diversidad organizacional en los medios de comunicación que la empresa debe utilizar?

3. ¿Cuáles son algunas de las fuentes más comunes de ruido que existen cuando otros tratan de hablar con usted? ¿Qué puede hacer para reducir sus efectos?
4. Piense en algún momento en que alguien lo haya persuadido de hacer algo. ¿Por qué la otra persona pudo modificar su actitud o comportamiento?
5. ¿Cuáles medios de comunicación usaría para comunicar malas noticias a su jefe?
6. Si estuviera a punto de ser despedido, ¿cómo quisiera ser informado de esta noticia? ¿Por qué? ¿Cuál sería la forma en que menos preferiría recibirla? ¿Por qué?
7. ¿Qué tipo de comunicación es más importante para las organizaciones, la descendente o la ascendente?
8. ¿Qué tipo de comunicación es más importante para las organizaciones, la formal o la informal?
9. ¿Qué función tienen las cadenas de rumores en las organizaciones, si es que tienen alguna?

EJERCICIO PARA DESARROLLAR SUS HABILIDADES

Concisión escrita

Lea la siguiente queja de un cliente. Escriba un párrafo en el que describa cuáles serían los objetivos del representante de la empresa que debe responder esta queja. Posteriormente, asuma el papel del representante y redacte una carta de negocios para darle respuesta. Proporcione una solución, una razón para no cumplir con la solicitud del quejoso, o lo que considere oportuno. Debe utilizar un estilo de negocios claro, conciso y dar un formato profesional a su carta.

Emil Tarique
101 Main Street
Chicago, IL 60610

17 de octubre de 2016

Computer Kingdom
División de Quejas
2594 Business Drive
Tallahassee, FL 32301

Estimado señor o señora:
Re: Cuenta # 29375403

El 15 de abril adquirí una computadora portátil de marca propia en su tienda ubicada en la avenida Michigan. Desafortunadamente, el equipo no ha dado buenos resultados, debido a problemas con el hardware. Estoy decepcionado porque necesito la máquina para hacer mi trabajo y he tenido que llevarla a reparar dos veces en el poco tiempo que la he poseído. Esto me ha costado tiempo y ha mermado mi productividad. No confío en la máquina y estoy preocupado por perder más datos a pesar de que supuestamente ha sido reparada.

Para resolver el problema, le agradecería que cambiara este equipo por uno nuevo en buen estado de funcionamiento. Se adjunta una copia de mi recibo de compra, así como los recibos de las dos reparaciones.

Espero su respuesta y una solución a mi problema. Esperaré hasta el 30 de diciembre, antes de buscar la ayuda de una agencia de protección del consumidor o del Better Business Bureau. Por favor, comuníquese conmigo en la dirección mencionada o por correo electrónico a: myfakemail.gmail.com.

Atentamente,

Emil
Adjunto(S)

EJERCICIO EN EQUIPO

Escucha activa*

Forme equipos de por lo menos cuatro personas. Cada uno de ellos debe seleccionar uno de los siguientes escenarios de trabajo:

___ 1. Un empleado solicita un incremento de sueldo.
___ 2. Un supervisor explica una nueva política de vacaciones a un empleado.
___ 3. Un nuevo empleado le pregunta a un compañero de trabajo sobre la cultura de la empresa.
___ 4. Dos nuevos empleados que generan posibles soluciones de un problema.

Después de seleccionar un escenario, cada equipo tendrá veinte minutos para preparar dos obras de teatro de tres minutos. La primera, realizada por los integrantes de los equipos uno y dos, debe mostrar la interacción sin técnicas de escucha activa. La segunda obra, realizada por los integrantes de los equipos tres y cuatro, debe duplicar la conversación mientras se emplea de forma evidente alguna técnica de escucha activa.

* Agradecemos al profesor Jim Gort, de la Universidad de Davenport, por sugerir este ejercicio.

EJERCICIO EN VIDEO

Intermountain Healthcare

En la actualidad la industria de la salud cambia rápidamente. Parece que existen dos conjuntos diferentes y opuestos de presiones que afectan la comunicación de este sector. Por un lado, la privacidad y confidencialidad de los pacientes son una gran preocupación. Al mismo tiempo, en muchos casos, el acceso más amplio a la información del paciente podría mejorar la calidad de la asistencia sanitaria.

Intermountain Healthcare es un sistema de salud sin fines de lucro que proporciona servicios médicos y hospitalarios en Utah y Idaho. La empresa utiliza los datos clínicos para mejorar los resultados del paciente. La comunicación es muy importante porque necesita almacenar una gran cantidad de información de sus 22 hospitales en Utah, su hospital en Idaho y más de 300 clínicas. La importancia de la comunicación se enfatiza en la forma en que trabaja Intermountain, especialmente en un campo donde la información puede ser una cuestión de vida o muerte.

Vea en clase el video de Intermountain Healthcare. A continuación utilice el formato que le indique su profesor para responder las siguientes preguntas.

Preguntas para análisis

1. ¿Qué características de la información son las más importantes para Intermountain Healthcare?
2. ¿Cómo se destaca la forma de comunicación horizontal en Intermountain Healthcare?
3. ¿De qué manera es importante la comunicación digital en Intermountain?

CASO EN VIDEO

¿Y ahora qué?

Suponga que tiene un plazo reducido que lo obliga a concentrarse en redactar un informe durante el resto del día con la finalidad de concluirlo a tiempo. Un subordinado con cara de preocupación entra en su oficina y de manera poco efectiva intenta comunicar un mensaje apresurado. *¿Qué haría o diría?* Vea el video "¿Y ahora qué?" de este capítulo, revise el video de desafío y elija una respuesta. Asegúrese de ver también los resultados de las dos respuestas que no eligió.

Preguntas para análisis

1. ¿Cuáles barreras a la comunicación se ilustran en estos videos?
2. ¿Cómo ejemplifican estas situaciones la importancia de la escucha activa y de la comunicación verbal y no verbal?
3. ¿Qué otros aspectos de la comunicación que se analizaron en este capítulo se ejemplifican en estos videos? Explique su respuesta.

NOTAS FINALES

[1]Esta sección de desafíos al mundo real está basada en una entrevista telefónica con Hallstein Moerk, Vicepresidente Senior y Director de Recursos Humanos de Nokia Corporation, 26 de junio de 2009.

[2]The Nokia Story, 2012. Disponible en línea en: http://company.nokia.com/en/about-us]

[3]Wyatt, W. (2010). 2009/2010 Communication ROI Study Report: Capitalizing on Effective Communication. Watson Wyatt. Disponible en línea en: http:// www.towerswatson.com/en-US/Insights/IC-Types/ Survey-Research-Results/2009/12/20092010-CommunicationROI-Study-Report-Capitalizing-on-Effective-Communication

[4]Welch, J. (28 de junio de 2009). Nota del 2009 SHRM 61st Annual Conference and Exposition, Seattle, WA.

[5]Byrnes, N. (6 de abril de 2009). A Steely Resolve, en *BusinessWeek*, p. 54.

[6]Welch, M. (2011). The Evolution of the Employee Engagement Concept: Communication Implications, *Corporate Communications: An International Journal*, 16(4), pp. 328–346; Mayfield, J. R., Mayfield, M. R. y Kopf, J. (1998). The Effects of Leader Motivating Language on Subordinate Performance and Satisfaction, en *Human Resource Management*, 37, pp. 235–249.

[7]Bell, A. y Smith, D. (1999). *Management Communication* (p. 19). Nueva York: John Wiley and Sons.

[8]Mehrabian, A. (1968). Communication Without Words, en *Psychology Today*, 2(9), pp. 52–55.

[9]Mehrabian, A. (1971). *Silent Messages*. Belmont, CA: Wadsworth; vea también Mehrabian, A. (1981). *Silent Messages: Implicit Communication of Emotions and Attitudes* (2a. ed.). Belmont, CA: Wadsworth; Mehrabian, A. (1972). *Nonverbal Communication*. Chicago, IL: Aldine-Atherton.

[10]Warfield, A. (Abril de 2001). Do You Speak Body Language?, en *Training and Development*, p. 60.

[11]Warfield, A. (Abril de 2001). Do You Speak Body Language?, en *Training and Development*, p. 60.

[12]Dearborn, D. C. y Simon, H. A. (1958). Selective Perception: A Note on the Departmental. Identification of Executives, en *Sociometry*, 21, pp. 140–144; Beyer, J. M., Chattopadhyay, P., George, E., Glick, W. H., Ogilvie, D. T. y Pugliese, D. (1997).

The Selective Perception of Managers Revisited, en *Academy of Management Journal*, 40(3), pp. 716–737.

[13]Dessler, G. y Phillips, J. M. (2008). *Managing Now!* Nueva York: Houghton-Mifflin.

[14]Lawrence, P. (2005). Designing Where We Work, en *Fast Company*. Disponible en línea: http://www.fastcompany. com/918951/designing-where-we-work

[15]Herrington, A. (2011). PIXAR is Inspiration for Modea's New Headquarters, en *Modea*, 19 de septiembre. Disponible en línea en: http://www.modea.com/blog/pixar-is-inspiration-for-modeas-new headquarters.

[16]Hall, E. T. (1976). *Beyond Culture*. Nueva York: Doubleday.

[17]Geddie, T. (Abril-mayo de 1998). Moving Communication Across Cultures, en *Communication World*, *16*(5), pp. 37–41.

[18]Martin, J. S. y Chaney, L. H. (2006). *Global Business Etiquette: A Guide to International Communication and Customs*. Nueva York: Praeger.

[19]Cross-Cultural/International Communication (2009), en *Small Business Encyclopedia*. Disponible en línea en: http://www.answers.com/topic/ cross-cultural-international-communication.

[20]Cross-Cultural/International Communication. (2009), en *Small Business Encyclopedia*. Disponible en línea en: http://www.answers.com/topic/ cross-cultural-international-communication.

[21]Brett, J., Behfar, K. y Kern, M. C. (Noviembre de 2006). Managing Multicultural Teams, en *Harvard Business Review*, p. 86.

[22]Brett, J., Behfar, K. y Kern, M. C. (Noviembre de 2006). Managing Multicultural Teams, en *Harvard Business Review*, p. 87.

[23]Brett, J., Behfar, K. y Kern, M. C. (Noviembre de 2006). Managing Multicultural Teams, en *Harvard Business Review*, pp. 84–91.

[24]Gallo, C. (1 de diciembre de 2005). Lose the Jargon or Lose the Audience, en *BusinessWeek Online*. Disponible en línea en: http://www.businessweek.com/stories/2005-11-30/lose-the-jargon-or-lose-the-audience.

[25]Kirsner, S. (Enero de 2006). DreamWorks Animation Couldn't Find a Videoconferencing System That Made CEO Jeffrey Katzenberg Happy—So It Built Its Own, en *Fast Company*, p. 90.

[26]Petress, K. C. (1999). Listening: A Vital Skill, en *Journal of Instructional Psychology*, *26*(4), pp. 261–262.

[27]Dwyer, J. (2011). *The Business Communication Handbook* (8a. ed.), Nueva York: Pearson.

[28]Tyler, K. (Marzo de 2003). Toning Up Communications: Business Writing Courses Can Help Employees and Managers Learn to Clearly Express Organizational Messages, en *HR Magazine*, pp. 87–89.

[29]Adapted from Bell, A. H. y Smith, D. M. (1999). *Management Communication* (p. 14). Nueva York: John Wiley and Sons.

[30]Twainquotes.com. Disponible en línea en: http://www.twainquotes.com/Word.html.

[31]Stockard, O. (2011). *The Write Approach: Techniques for Effective Business Writing*. Bingley, Reino Unido: Emerald Group.

[32]Adaptado de Bell, A. H. y Smith, D. M. (1999). *Management Communication* (p. 14). Nueva York: John Wiley and Sons.

[33]Rogelberg, S. G., Leach, D. L., Warr, P. B. y Burnfield, J. L. (2006). "Not Another Meeting!" Are Meeting Time Demands Related to Employee Well-Being?, en *Journal of Applied Psychology*, *91*, pp. 86–96.

[34]Walters, J. (Enero de 2003). Was That a Good Meeting, or a Bad One?, en *Inc.com*. Disponible en línea: http://www.inc.com/ articles/2003/01/25007.html.

[35]Bloom, N., Garicano, L., Sadun, R. y Van Reenen, J. (Mayo de 2009). *The Distinct Effects of Information Technology and Communication Technology on Firm Organization*, papel de trabajo NBER núm. 14975.

[36]Gonzalez, J. S. (1998). *The 21st-Century INTRANET*. Upper Saddle River, NJ: Prentice-Hall.

[37]Impastato, J. (Enero de 2009). Integrate Web 2.0 into the On-Boarding Experience, en *Talent Management*, pp. 18–20.

[38]*USA Today*. (2 de marzo de 2007). RadioShack Lays Off Employees Via E-Mail. Disponible en línea en: http://usatoday30. usatoday.com/tech/news/2006-08-30-radioshack-emaillayoffs_x.htm

[39]Dessler, G. y Phillips, J. M. (2008). *Managing Now!* Nueva York: Houghton-Mifflin.

[40]Martin, B. H. y MacDonnell, R. (2012). Is Telework Effective for Organizations? A Meta-Analysis of Empirical Research on Perceptions of Telework and Organizational Outcomes, en *Management Research Review*, p. 35(7).

[41]Kurland, N. B., & Bailey, D. E. (1999). Telework: The Advantages and Challenges of Working Here, There, Anywhere, and Anytime, en *Organizational Dynamics*, *28*(2), pp. 53–67.

[42]Stark, B. (27 de agosto de 2007). The Future of the Workplace: No Office, Headquarters in Cyberspace, en *ABC World News with Dianne Sawyer*. Disponible en línea en: http://abcnews.go.com/WN/story?id=3521725&page=1.

[43]Laudon, K. & Laudon, J. (2006). *Management Information Systems: Managing the Digital Firm* (9a. ed., p. 436). Upper Saddle River, NJ: Prentice-Hall.

[44]Nielsen Norman Group (2011). Usability of Intranet Portals, Fremont, CA: Nielsen Norman Group.

[45]Nielsen Norman Group (2011). Usability of Intranet Portals, Fremont, CA: Nielsen Norman Group.

[46]Nielsen Norman Group (2011). Usability of Intranet Portals, Fremont, CA: Nielsen Norman Group.

[47]Howard, N. (2009). Information Please!, en *Inc.com*. Disponible en línea en: http://www.inc.com/partners/businessinsights/ content/-Intranet.html.

[48]Nielsen Norman Group (2011). Usability of Intranet Portals, Fremont, CA: Nielsen Norman Group.

[49]Howard, N. (2009). Information Please!, en *Inc.com*. Disponible en línea en: http://www.inc.com/partners/businessinsights/content/Intranet.htm. Puede encontrar un ejemplo en: http://en.wikipedia.org/wiki/Wikipedia:Community_Portal.

[50]Workforce Management. (19 al 25 de marzo de 2006). Get Fit, en *Workforce Week: Management*, *7*(12). Disponible en línea en: www. workforce.com.

[51]Wiki. (2012). Wikipedia. Disponible en línea en: http:// en.wikipedia.org/wiki/Wiki.

[52]Goodnoe, E. (8 de Agosto de 2005). How to Use Wikis for Business, en *InternetWeek*. Disponible en línea en: http://www.informationweek.com/news/global-cio/showArticle. jhtml?articleID=167600331& pgno=1.

[53]Pacesetters: Collaboration. (21 de noviembre de 2005), en *Business Week*, p. 92.

[54]Pacesetters: Collaboration. (21 de noviembre de 2005), en *BusinessWeek*, p. 92.

[55]Robb, D. (Febrero de 2009). From the Top, en *HR Magazine*, pp. 61–63.

[56]Robb, D. (Febrero de 2009). From the Top, en *HR Magazine*, pp. 61–63.

[57]Robb, D. (Febrero de 2009). From the Top, en *HR Magazine*, pp. 61–63.

[58]Impastato, J. (Enero de 2009). Integrate Web 2.0 into the On-Boarding Experience, en *Talent Management*, pp. 18–20.

[59]Wellner, A. S. (Septiembre de 2005). Lost in Translation, en *Inc.*, p. 37.

[60]Entrevista telefónica con Lucien Alziari, Vicepresidente Senior de Recursos Humanos en Avon, Jean Phillips, 8 de junio de 2009.

[61]Kirsner, S. (Enero de 2006). DreamWorks Animation Couldn't Find a Videoconferencing System That Made CEO Jeffrey Katzenberg Happy—So It Built Its Own, en *Fast Company*, 90.

[62]Madlock, P. E. (2008). The Link Between Leadership Style, Communicator Competence, and Employee Satisfaction, en *Journal of Business Communication*, *45*, pp. 61–79.

[63]Daft, R. L. y Lengel, R. H. (1986). Organizational Information Requirements, Media Richness and Structural Design, en *Management Science*, *32*(5), pp. 554–571; Daft, R. L., y Lengel, R. H. (1984). Information Richness: A New Approach to Managerial Behavior and Organization Design, en *Research in Organizational Behavior*, eds. B. M. Staw y L. L. Cummings (vol. 6, pp. 191–233). Greenwich, CT: JAI Press.

[64]Treviño, L, K., Lengel, R. H., Bodensteiner, W., Gerloff, E. y Muir, N. (1990). The Richness Imperative and Cognitive Style: The Role of Individual Differences in Media Choice Behavior, en *Management Communication Quarterly*, *4*, pp. 176–197.

[65]Kincaid, C. (6 de abril de 2009). Corporate Ethics Training: The Right Stuff, en *Training*, *46*, pp. 34–36.

[66]Frauenheim, E. (26 de marzo de 2007). Luxottica Group: Optimas Award Winner for Managing Change, en *Workforce Management*, p. 29.

[67]Nazari, J. A., Herremans, I. M., Isaac, R. G., Manassian, A. y Kline, J. B. (2011). Organizational Culture, Climate, and IC: An Interaction Analysis, en *Journal of Intellectual Capital*, *12*(2), pp. 224–249.

[68]Robb, D. (Febrero de 2009). From the Top, en *HR Magazine*, p. 61.

[69]Peters, T. J. y Waterman, R. H., Jr. (1982). In Search of Excellence. Nueva York: Harper & Row; Bell, C. R. (2000). Managing by Wandering Around, en *Journal for Quality and Participation*, *23*, pp. 42–44.

[70]Overholt, A. (Mayo de 2002). New Leaders, New Agenda, en *Fast Company*, p. 52.

[71]Dessler, G. y Phillips, J. M. (2008). *Managing Now!* (p. 447). Nueva York: Houghton-Mifflin.

[72]Dessler, G. (1993). *Winning Commitment: How to Build and Keep a Competitive Workforce*. Nueva York: McGraw-Hill.

[73]Plenty, E. y Machaner, W. (1977). Stimulating Upward Communication, en *Readings in Organizational Behavior*, eds. J. Gray y F. Starke (pp. 229–240). Columbus, OH: Charles Merrill.

[74]Conlin, M. (28 de noviembre de 2005). E-Mail Is So Five Minutes Ago, en *BusinessWeek*, p. 111.

[75]Robb, D. (Febrero de 2009). From the Top, en *HR Magazine*, pp. 61–63.

[76]Wilson, D. O. (1992). Diagonal Communication Links Within Organizations, en *Journal of Business Communication*, *29*(2), pp. 129–143.

[77]Welch, D. (5 de octubre de 2009). GM: His Way or the Highway, en *BusinessWeek*, pp. 62–63.

[78]O'Brien, M. (16 de mayo de 2009). "Idol"-izing Ethics. Disponible en línea en: http://www.hreonline.com/HRE/view/story.jhtml?id=209480118

[79]Michelson, G. y Mouly, S. (2000). Rumour and Gossip in Organizations: A Conceptual Study, en *Management Decision*, *38*(5), pp. 339–346.

[80]Burke, L. y Wise, J. (2003). The Effective Care, Handling, and Pruning of the Office Grapevine, en *Business Horizons*, *46*(3), pp. 71–76.

[81]Difonzo, N., Bordia, P. y Rosnow, R. (1994). Reigning in Rumors, en *Organizational Dynamics*, *23*(1), pp. 47–62.

[82]Abrams, L. C., Cross, R., Lesser, E. y Levin, D. Z. (17 de noviembre de 2003). Nurturing Interpersonal Trust in Knowledge-Sharing Networks, en *Academy of Management Executive*, *17*(4), pp. 64–77.

[83]Swartz, J. (8 de octubre de 2008). Social Networking Sites Help Companies Boost Productivity. Disponible en línea en: http://usatoday30.usatoday.com/tech/products/2008-10-07-social-networkwork_N.htm

[84]Roberts, C. (14 de julio de 2009). Hey Kids, Facebook Is Forever, en *NYDailyNews.com*. Disponible en línea en: http://www.nydailynews. com/news/money/hey-kids-facebook-article-1.404500

[85]Schepp, D. (2012). 1 in 3 Employers Reject Applicants Based on Facebook Posts, en *AOL Jobs*, 19 de abril. Disponible en línea en: http:// jobs.aol.com/articles/2012/04/18/one-in-three-employers-reject applicants-based-on-facebook-posts/.

CAPÍTULO

10

NEGOCIACIÓN Y MANEJO DE CONFLICTOS

ESTRUCTURA DEL CAPÍTULO

Desafíos del mundo real: Resolución de disputas en Marks & Spencer

NATURALEZA DEL CONFLICTO
- Causas comunes de los conflictos
- Escalada del conflicto
- Desescalada del conflicto
- Papel de las emociones en los conflictos

ESTRATEGIAS PARA MANEJAR LOS CONFLICTOS INTERPERSONALES

Cómo entenderse a sí mismo: Su estilo preferido para manejar conflictos

Temas globales: Diferencias en el manejo de conflictos entre las culturas

EL PROCESO DEL CONFLICTO
- Habilidades para el manejo de conflictos
- Cómo crear el conflicto constructivo

EL PROCESO DE NEGOCIACIÓN
- Habilidades de negociación
- Temas culturales en las negociaciones

Mejore sus habilidades: Cómo mejorar sus habilidades de negociación
- Resolución alterna de controversias

Caso de estudio: Ombudsman al rescate

RESUMEN Y APLICACIÓN

Respuestas para el mundo real: Resolución de las disputas en Marks & Spencer

OBJETIVOS DE APRENDIZAJE

Al concluir el estudio de este capítulo, usted podrá:

1 Explicar la naturaleza del conflicto, analizar el proceso de escalada del conflicto y describir cómo éste puede desescalar.

2 Identificar y analizar las cinco estrategias para manejar conflictos interpersonales.

3 Explicar algunas de las mejores y peores conductas para solucionar los conflictos y analizar cómo se puede generar un conflicto constructivo.

4 Explicar las diferencias entre la negociación distributiva y la integrativa e identificar los tres tipos de resoluciones alternas de las controversias.

—DESAFÍOS DEL MUNDO REAL—

RESOLUCIÓN DE LAS DISPUTAS EN MARKS & SPENCER[1]

La cadena global de supermercados, ropa y productos para el hogar Marks & Spencer emplea a 82,000 personas en todo el mundo y cuenta con más de 700 tiendas sólo en el Reino Unido. La empresa entiende que los conflictos y las controversias en el centro de trabajo son inevitables y desea manejarlos de manera responsable y ética. También sabe que el tiempo que los gerentes invierten en las disputas y las relaciones dañadas entre compañeros pueden distraer a los empleados de concentrarse en sus puestos y realizar su mejor esfuerzo.

Marks & Spencer quiere brindar a sus empleados la oportunidad de encontrar soluciones constructivas, justas y de común acuerdo en un ambiente seguro que les permita, después de un conflicto, salir adelante de manera positiva y con confianza. Suponga que el equipo directivo de la empresa se acerca a usted para solicitarle sugerencias. ¿Qué consejo le daría? Después de leer este capítulo, usted debe tener algunas buenas ideas.

El conflicto es el resultado inevitable de las interdependencias que existen entre las personas, grupos de trabajo y organizaciones.[2] Si consideramos que todas las organizaciones son sistemas interdependientes, no hay empresas sin conflicto.[3] En realidad, los gerentes de nivel medio pasan aproximadamente 25% de su tiempo manejando conflictos.[4] La capacidad que usted tenga para manejarlos de forma efectiva influirá tanto en su éxito individual como en el de su organización.

Aunque muchas personas sienten que el conflicto es inherentemente destructivo, la realidad es que un poco de conflicto es beneficioso y conveniente. Sin duda, puede tener consecuencias negativas a corto plazo, como cuando un gerente y el personal tienen un conflicto en relación con las necesidades del cliente o cuando dos empleados no están de acuerdo acerca de cómo realizar una actividad. El conflicto puede socavar la calidad de la decisión cuando una o ambas partes se retraen y se niegan a cooperar.[5] También puede conducir a la salida de empleados valiosos, como ocurrió en la firma de moda Gianni Versace cuando el CEO, Giancarlo Di Risio, renunció después de un conflicto con Donatella Versace por el control creativo de la organización.[6]

Sin embargo, a largo plazo el conflicto también puede conducir a resultados positivos, como mejores decisiones, empleados más motivados y clientes más satisfechos. Cuando se maneja de forma correcta, el conflicto puede mejorar la solución de problemas y la innovación, incrementar la participación y el compromiso de los empleados y aclarar las metas y los procesos de trabajo. La forma en que se maneja un conflicto es el mayor determinante para que sus resultados sean positivos o negativos. Por ejemplo, en comparación con una situación en donde no se presenta, el conflicto puede mejorar la calidad de las decisiones cuando se maneja por medio de la solución colaborativa de problemas. Por lo general, el cambio constructivo es el resultado de un conflicto bien manejado.

La negociación forma parte del trabajo de todo gerente y es una habilidad importante para solucionar y manejar conflictos, así como para muchas otras actividades gerenciales. Después de leer este capítulo, usted debe tener una buena comprensión de lo que es el conflicto, su papel en las organizaciones y cómo debe manejarse. También aprenderá cómo ser un negociador más efectivo.

NATURALEZA DEL CONFLICTO

conflicto
Desacuerdo en el que dos o más partes perciben una amenaza a sus intereses, necesidades o temas de importancia

El *conflicto* es un desacuerdo que surge cuando dos o más partes perciben una amenaza a sus intereses, necesidades o temas de importancia, y que puede ser constructivo o destructivo.[7] Un experto en solución de grandes conflictos sostiene que su resultado positivo o negativo depende de la respuesta de las partes involucradas, más que del conflicto en sí.[8] Es por ello que para alcanzar los beneficios potenciales de un conflicto es necesario concentrarse en el proceso de su manejo y no sólo en los resultados deseados por las partes. La razón por la que son tan pocas las empresas familiares que llegan a la tercera generación se relaciona con un manejo deficiente de los conflictos. Una encuesta que se aplicó a 1,000 propietarios de empresas familiares reveló que el potencial de conflicto se incrementa de forma significativa a medida que éstas envejecen.[9]

conflicto disfuncional
Conflicto destructivo que se enfoca en las emociones y diferencias de las dos partes

Las conductas que hacen escalar los conflictos hasta que parecen tomar vida propia generan *conflictos disfuncionales*. Este tipo de conflicto se concentra en las emociones y las diferencias entre las dos partes y pueden degenerar hasta el punto que los involucrados en él se olvidan de los temas de fondo y se concentran en desquitarse, tomar represalias, o incluso dañar a la otra persona.

Estos conflictos, además de influir negativamente sobre los empleados, grupos de trabajo y el desempeño de la empresa, conducen a la depresión de los

El conflicto es un desacuerdo que surge cuando dos o más partes perciben una amenaza a sus intereses, necesidades o temas de importancia. Estos dos compañeros tienen una fuerte discusión y, por lo tanto, experimentan un conflicto. Éste, a su vez, puede ser disfuncional o constructivo.

empleados, el ausentismo, la rotación, el *burnout* y estados emocionales negativos.[10] Se caracteriza por sentimientos de desprecio y por lo menos una de las partes se retrae de la comunicación.[11] Nadie está satisfecho con el resultado de un conflicto disfuncional, no se alcanzan los beneficios potenciales y los sentimientos negativos al final se transfieren al siguiente conflicto, lo que crea una espiral negativa. Como resultado, el conflicto disfuncional a menudo se separa del tema inicial y continúa incluso después de que la disputa original pierde relevancia o se olvida.

Sin embargo, el conflicto también puede ser positivo. Por ejemplo, ¿alguna vez se sintió mejor después de poner fin a un desacuerdo? Ello indica que puede ser saludable cuando se maneja de forma efectiva. El conflicto interpersonal puede mejorar el aprendizaje, la flexibilidad y la creatividad.[12] Las conductas adaptables y sensibles a la situación, la persona y el tema crean *conflictos constructivos*, también llamados *conflictos funcionales*, los cuales equilibran los intereses de ambas partes para maximizar los beneficios mutuos y alcanzar metas comunes. Contienen elementos de creatividad, adaptación y el deseo de descubrir un resultado mutuamente aceptable y pueden conducir a identificar nuevas alternativas e ideas.[13] El conflicto constructivo es una fuerza natural, inevitable y creativa que puede beneficiar a las organizaciones y a sus empleados.[14]

conflicto constructivo
Conflicto adaptativo y positivo (también conocido como conflicto funcional)

Causas comunes de los conflictos

¿Qué origina los conflictos? La respuesta corta es que pueden ser provocados por cualquier cosa que conduce a un desacuerdo. A continuación analizaremos nueve de las fuentes de conflicto más comunes en las organizaciones, las cuales se resumen en la tabla 10.1.

Discrepancias en torno a las metas de las tareas

Un *conflicto de tareas* es un desacuerdo en torno a las tareas o las metas. Una cantidad moderada de conflicto de tareas es beneficioso en las primeras etapas de un proyecto, debido a que incrementa la innovación y genera más alternativas para tomar decisiones. Sin embargo, es más probable que sea perjudicial a medida que transcurre el tiempo y las actividades incrementan su nivel de complejidad.[15] El conflicto de tareas puede ser muy productivo si se maneja correctamente. Por ejemplo, los empleados de marketing ofrecen diversos productos para maximizar las ventas, mientras que los empleados de producción se enfocan en la eficiencia y el costo, y prefieren largas corridas de producción económica de un número limitado de productos. La solución de este conflicto de tareas ocurre al equilibrar la necesidad de la organización de ser eficiente en costos con su meta de maximizar las ventas. Este tipo de conflicto también se produce cuando los empleados no están de acuerdo acerca de cuál diseño de empaque es mejor o si la calidad o la cantidad son más importantes.

A menudo, los sistemas de compensación crean diferentes metas de trabajo en una organización. Por ejemplo, si los empleados de marketing son compensados con base en el número de unidades que vende la empresa, mientras que la compensación del personal de producción depende del costo promedio por unidad, el conflicto entre ellos es comprensible. Lograr que los empleados de marketing y de producción se responsabilicen de forma conjunta de las ventas y los costos les ofrece metas comunes y reduce el conflicto entre ellos. Contar con empleados, grupos de trabajo y departamentos concentrados en un

conflicto de tareas
Desacuerdo acerca de actividades o metas

Tabla 10.1

Existen diferentes fuentes de conflicto en las organizaciones

Fuentes de conflicto

Discrepancias sobre las metas de las tareas	desacuerdos acerca de lo que se debe lograr
Discrepancias sobre las metas de los procesos	desacuerdos sobre la forma de realizar las tareas o alcanzar las metas
Diferencias interpersonales	diferencias en motivaciones, aspiraciones o personalidad
Limitaciones de recursos	incompatibilidad de necesidades o competencia por las limitaciones de recursos percibidas o reales
Cambio	con frecuencia la incertidumbre del cambio crea conflictos y modifica la importancia relativa de los diferentes grupos organizacionales
Discrepancias en valores	incompatibilidades reales o percibidas entre las creencias acerca de lo que es bueno o malo, correcto o incorrecto y justo o injusto
Comunicación deficiente	ocurre cuando las personas carecen de la información necesaria, tienen información incorrecta, interpretan la información de forma diferente o no están de acuerdo acerca de cuáles son los datos relevantes
Interdependencia de tareas	cuando una persona o unidad depende de otra para obtener recursos o información, el potencial de conflicto se incrementa
Estructura organizacional	el conflicto (bien sea horizontal o vertical) puede provenir de las características estructurales o procedimentales de la organización

enemigo común, como un competidor o incluso una economía desafiante, también pueden unir a los trabajadores en su búsqueda de metas comunes y reducir los efectos negativos del conflicto.

Discrepancias sobre las metas de los procesos

conflicto de procesos

Conflicto acerca de la forma en que se debe realizar una actividad, quién debe ser el responsable y la forma en que se deben delegar las cosas

¿Alguna vez ha querido realizar una actividad de una manera, pero otra persona prefirió una estrategia distinta? Incluso cuando estamos de acuerdo acerca de lo que tratamos de lograr, podemos estar en desacuerdo acerca de cómo podemos hacerlo. Los *conflictos de proceso* reflejan un desacuerdo sobre la forma en que se debe realizar una actividad, quién debe ser responsable de qué, o cómo deben delegarse ciertas funciones.[16] La ambigüedad de roles incrementa los conflictos de proceso. Si un gerente no asigna con claridad las actividades de trabajo a los empleados, éstos pueden experimentar conflictos de proceso cuando se disputan entre sí las actividades más deseables y evitan aquellas menos atractivas.

Diferencias interpersonales

conflicto de relaciones

Conflicto que se deriva de la incompatibilidad o las diferencias entre individuos o grupos

¿Alguna vez ha tenido problemas para trabajar con alguien porque simplemente no le gustaba esa persona? Los conflictos pueden provenir de diferencias interpersonales en la motivación, aspiraciones o personalidad. Las diferencias interpersonales son una causa común del *conflicto de relaciones*, que surge de la incompatibilidad o las diferencias que existen entre los individuos o los grupos. Este tipo de conflicto también puede ser provocado por la personalidad, particularmente por los rasgos dogmáticos y la motivación por el poder.

El conflicto de tareas es un desacuerdo sobre la tarea o metas que se pretende lograr. Pongamos como ejemplo este anaquel de jugo de naranja. El departamento de marketing prefiere una amplia variedad de fórmulas, tamaños y envases con la finalidad de brindar a los clientes mayores posibilidades de elección. Por el contrario, el área de producción puede preferir un menor número de fórmulas, tamaños y envases con el objetivo de mantener bajos los costos.

NILOO/SHUTTERSTOCK.COM

Con frecuencia, los problemas en las relaciones alimentan los conflictos y conducen a una innecesaria espiral de escalada de conflicto disfuncional.

Los conflictos de relaciones rara vez son beneficiosos. En realidad, se les reconoce constantemente como una fuente primaria de estrés para los empleados de todas las edades, culturas y ocupaciones. Veinticinco por ciento de los empleados que ocupan una amplia gama de puestos identifican a los problemas interpersonales como el estresor más irritante en el trabajo.[17] En otro estudio, las interacciones sociales negativas en el trabajo representan 75% de todas las situaciones laborales que los empleados describieron como perjudiciales.[18]

El conflicto de relaciones es alimentado principalmente por las emociones (por lo general ira y frustración) y por las percepciones acerca de la personalidad, el carácter o motivos de la otra parte. Algunos conflictos se deben a que las personas ignoran sus propios sentimientos y emociones o los de los terceros. Otros se producen cuando los sentimientos y las emociones difieren en relación con un tema en particular. Dado que este conflicto es personalizado, tiende a ser más extremo. En una empresa privada con ingresos por 12 millones de dólares, la relación entre el director general y el director de operaciones se deterioró hasta el punto de que se evitaban en el pasillo, rara vez hablaban, y se comunicaban principalmente a través de otras personas.[19]

Como este tipo de conflicto no se refiere a temas concretos, ninguna de las partes se encuentra en realidad interesada en resolver el problema y pueden incluso tratar de crear nuevos problemas. Si el conflicto de relaciones no se puede convertir en un conflicto de tareas, casi siempre empeorará, debido a que cada persona considera a la otra como poco fiable y problemática y se enfada cada día más. A veces es necesario mover a uno o más integrantes de un equipo a otro con la finalidad de separar a los empleados que se encuentran inmersos en un conflicto de relaciones.

Los equipos efectivos de proyectos tienden a mostrar niveles bajos pero crecientes de conflicto de proceso, niveles moderados de conflicto de tareas en la mitad de su cometido y bajos niveles de conflicto de relaciones que aumentan hacia el final del proyecto.[20] La creación de una cultura de respeto y el apoyo a la manifestación segura y equilibrada de perspectivas y emociones puede ayudar a suprimir el conflicto de relaciones. Intel capacita a todos los nuevos miembros del personal para manejarlos de manera constructiva. Los empleados aprenden a tratar a los demás de forma positiva, utilizar hechos en lugar de opiniones para persuadir a otros y a concentrarse en el problema en lugar de hacerlo en las personas involucradas.[21]

Limitaciones de recursos

La disponibilidad y la asignación de recursos escasos es una fuente importante de conflictos en las organizaciones. Las necesidades incompatibles y la competencia por las limitaciones reales o percibidas de los recursos pueden crear conflictos de interés.[22] Los **conflictos de interés** ocurren cuando alguien cree que para satisfacer sus necesidades es necesario sacrificar las necesidades e intereses de la otra persona. Esta actitud es particularmente problemática cuando la división de los recursos (como el dinero o el tiempo) es un juego de suma cero en el que la ganancia de una parte depende de la pérdida de la otra. Los conflictos de intereses pueden ocurrir en:

conflictos de interés
Conflicto que surge debido a la incompatibilidad de necesidades o competencia por las limitaciones de recursos reales o percibidas

- *Temas de fondo*, como tiempo, dinero y recursos físicos.
- *Temas de procedimiento* relacionados con el modo en que se maneja el conflicto.
- *Temas psicológicos*, en los que se incluyen las percepciones de equidad, confianza o interés en participar.

Los conflictos de intereses se resuelven mejor cuando se abordan conjuntamente los intereses de ambas partes. Por ejemplo, si un recurso escaso se puede ampliar mediante un mayor presupuesto o con la adición de más espacio para oficinas, la solución del conflicto puede satisfacer a ambas partes. A menudo, la solución de los conflictos de intereses incrementa la creatividad y la innovación y estimula el desempeño.[23]

Cambio

El cambio también provoca conflictos. En realidad, se dice que no es posible realizar un cambio sin crearlos.[24] Uno de los principales impulsores de los conflictos es la incertidumbre. Los cambios organizacionales, como la reorganización, reducción de personal y las modificaciones en las estrategias de negocios, incrementan la incertidumbre y las oportunidades para que se planteen pugnas por los recursos. Los cambios externos también pueden desencadenarlos si los reglamentos o modificaciones de las condiciones del mercado cambian la importancia relativa de los diferentes grupos que coexisten dentro de las organizaciones. Por ejemplo, si un nuevo y poderoso competidor entra en el mercado de una empresa, los recursos que antes correspondían a los departamentos de investigación y desarrollo o recursos humanos pueden ser canalizados hacia los de marketing y publicidad. Es probable que una gran demanda presentada contra la empresa incremente el estatus relativo y los recursos otorgados al departamento legal.

El cambio de enfoque de Apple Computer de la computadora Apple II a la PC Macintosh ilustra el conflicto que puede acompañar el cambio. Cuando el cofundador de Apple, Steve Jobs, presentó el nuevo equipo en el auditorio de la empresa, los empleados de la División Mac observaban desde los asientos de primera fila, mientras que los de Apple II lo hacían a través de la televisión del circuito cerrado en otra habitación. Este tratamiento diferencial comunicaba con claridad la opinión de Jobs de que la Mac era el futuro de la empresa y la Apple II era mucho menos importante. Este trato generó conflictos internos importantes que provocaron que renunciara Steve Wozniak, inventor de la Apple II y cofundador de Apple, lo que provocó que la moral de los empleados de su equipo se desplomara.[25]

Discrepancias en torno a los valores

Las personas tienen diferentes valores y visiones del mundo. Estas diferencias son la fuente de los *conflictos de valores* que se derivan de las incompatibilidades percibidas o reales entre las creencias sobre lo que es bueno o malo, correcto o incorrecto y justo o injusto. Estos conflictos pueden surgir cuando las personas o los grupos tienen una comprensión diferente del mundo o poseen valores distintos. Por ejemplo, si algunos empleados sienten que la organización debe concentrarse en la maximización de beneficios, mientras que otros consideran que debe tratar de hacer el mayor bien al mayor número de personas, los dos grupos se verán confrontados con un conflicto de valores.

Lo que contraviene los valores de una persona difiere a través de las culturas nacionales. Existen diferentes acontecimientos que pueden desencadenar conflictos en diversos contextos culturales, debido a que sus preocupaciones principales son distintas. Por ejemplo, las violaciones de los derechos desencadenan mayor ira en Estados Unidos, mientras que los coreanos se enfurecen con las

conflicto de valores

Conflicto que surge a partir de la incompatibilidad real o percibida entre los sistemas de creencias

NORGAL/SHUTTERSTOCK.COM

Cuando Steve Jobs, cofundador de Apple, se dirigió a los empleados para informarles acerca de la nueva dirección que seguiría la empresa en el desarrollo informático, los que trabajaban en la Apple II (que aparece en la imagen) vieron el discurso a distancia, mientras que los que laboraban en la nueva Mac tenían asientos en primera fila. Este tratamiento dispar condujo a un conflicto que fue crucial para que renunciara Steve Wozniak, el otro cofundador de Apple.

violaciones de los deberes y la dignidad.[26] Los estadounidenses perciben los conflictos como una violación de los derechos individuales en la que se debe ganar, mientras que los japoneses consideran los mismos conflictos como violaciones de los deberes y obligaciones que se relacionan con el compromiso.[27]

Comunicación deficiente

Recuerde que la incertidumbre es uno de los principales impulsores del conflicto. La falta de comunicación incrementa la incertidumbre, y por lo tanto puede incrementar el potencial de que éstos se produzcan. El *conflicto de información* se presenta cuando las personas carecen de información importante o reciben información errónea, la interpretan de manera diferente, o no están de acuerdo sobre cuál es relevante.

Si un gerente informa sólo a algunos subordinados acerca de los cambios de estrategia o futuros cambios en la programación, se incrementa la posibilidad de conflicto entre los empleados que tienen acceso a esta importante información y los que carecen de ella. Debido a que el correo restringe la riqueza de la comunicación e incrementa las posibilidades de que existan malentendidos, es más probable que los conflictos escalen cuando las personas se comunican por medio del correo electrónico que cuando lo hacen frente a frente o vía telefónica.[28]

conflicto de información
Conflicto que ocurre cuando las personas carecen de la información necesaria o reciben información errónea, la interpretan de forma diferente o no están de acuerdo sobre cuál es relevante

Interdependencia de tareas

La posibilidad de que exista un conflicto se incrementa cuando una persona o unidad depende de otra para obtener recursos e información. Suponga que usted debe realizar una tarea escolar con un compañero. Si la asignación se divide por la mitad y cada uno de ustedes completa de forma independiente su parte, hay menos posibilidades de que ocurra un conflicto que cuando su capacidad para realizar un buen trabajo depende de la calidad con que haya sido elaborada la parte del otro estudiante.

Estructura organizacional

El *conflicto estructural* es el resultado de las características estructurales o procedimentales de la organización. Este conflicto puede ser horizontal o vertical. Es horizontal cuando el choque se produce entre grupos del mismo nivel organizacional, como entre los empleados de autoridad staff y el personal de línea, o entre departamentos, como producción y marketing. Un ejemplo clásico es el conflicto entre marketing y producción que tiene lugar entre la visión de marketing de ventas a largo plazo y las metas a corto plazo del área de producción sobre la eficiencia en costos. Dado que las realidades de los empleados de cada departamento están alineadas con su identificación con estas dimensiones, el conflicto es una respuesta perfectamente justificada para "esas personas del otro departamento".[29]

conflicto estructural
Conflicto que resulta de las características estructurales o procedimentales de la organización

Los conflictos *verticales* se producen a través de diferentes niveles jerárquicos de la organización, como los conflictos por cuestiones salariales o de control. Las relaciones entre empleados sindicalizados y empleadores son un ejemplo clásico de conflicto vertical.

Como el conflicto estructural se debe al diseño de la organización, a menudo con sólo ajustarlo se reduce o elimina. Hacer coincidir el diseño estructural de un departamento con las necesidades de su entorno mejora su efectividad. Las intervenciones estructurales deben abordar las fuentes de los conflictos de esa unidad y centrarse en lograr un nivel moderado de conflicto constructivo de tareas y minimizar los conflictos de relaciones.

Escalada del conflicto

Como ya se señaló, desafortunadamente el conflicto tiende a escalar. La escalada o escalamiento del conflicto ocurre cuando una de las partes involucradas (un

Tabla 10.2

Modelo de escalada del conflicto de nueve etapas de Glasl

Friedrich Glasl desarrolló un modelo de nueve etapas que ilustra la forma en que escala un conflicto.

Etapa	Principales temas del conflicto	Conductas	Impulso para pasar al siguiente nivel
1. Endurecimiento	Temas relacionados con los objetivos	Discusión	Tácticas de argumentación
2. Debate	Temas relacionados con los objetivos Superioridad/inferioridad	Confrontación verbal Argumentación Presión emocional Debates	Acción sin consulta
3. Acción sobre las palabras	Temas relacionados con los objetivos Autoimagen Demostrar la destreza personal	Una parte se siente frustrada y actúa sin consultar a su oponente Obstruir las metas del oponente y forzarlo a ceder Reducción de la comunicación verbal e incremento de la comunicación no verbal	Ataques encubiertos dirigidos hacia la identidad del oponente
4. Imágenes y coaliciones	Desviar el enfoque en los temas hacia la personalización del conflicto Mentalidad "ganar o perder" Cuidado de la reputación personal	Formación de coaliciones Ataques a la identidad central del oponente Explotación de las brechas en las normas	Pérdida de la dignidad
5. Pérdida de la dignidad	Valores fundamentales Restauración de la dignidad personal Exponer a los oponentes Desconfiar de los oponentes	Atacar en público la dignidad del oponente Restaurar el prestigio personal	Amenazas estratégicas Ultimátums
6. Estrategias de amenazas	Controlar a los oponentes	Extender el conflicto Presentar amenazas y ultimátums que restringen las alternativas futuras	Ejecutar los ultimátums o las amenazas
7. Golpes destructivos limitados	Perjudicar más al oponente que a uno mismo	Intentos limitados por derribar al oponente No considerar al oponente como persona	Esfuerzos por destrozar al oponente atacando su núcleo
8. Fragmentación del enemigo	Ganar ya no es posible Sobrevivir, durar más tiempo que el oponente Malicia	Las acciones buscan destrozar al oponente Aniquilar al oponente al destruir su base de poder No existe comunicación real	Abandonar la autopreservación Guerra total
9. Juntos hacia el precipicio	Aniquilación a cualquier costo, lo cual incluye la destrucción personal	Guerra considerable con violencia ilimitada Aceptar la destrucción propia si también destruye al oponente	

Fuente: Glasl, F. (1982) The Process of Conflict Escalation and Roles of Third Parties (1982), en *Conflict management and industrial relations*, eds. G. B. J. Bomers y R. B. Peterson (pp. 119–140) The Hague: Kluwer Nijhoff Publishing; Glasl, F. (1992). *Konfliktmanagement. Ein Handbuch für Führungskräfte und Berater* (2a. ed.). Stuttgart: Bern; Glasl, F. y Kopp, P. (1999). *Confronting Conflict: A First-Aid Kit for Handling Conflict.* Binghamton, NY: Hawthorn Press.

individuo, grupo pequeño, departamento u organización) utiliza una táctica audaz inicial o comienza a usar tácticas más agresivas que su contraparte.[30] Cuando los enfoques constructivos para la solución de conflictos no tienen éxito y se desmoronan, el conflicto crece. Entre más lo haga, más difícil será revertirlo y más probable será que se convierta en un elemento disfuncional. El modelo de escalada o escalamiento del conflicto de nueve etapas de Friedrich Glasl se resume en la tabla 10.2.[31]

En la primera etapa de escalamiento del conflicto, *endurecimiento*, la opinión de las partes se torna rígida y los dos oponentes adoptan el curso de colisión. Se reconoce que existe un desacuerdo y se considera que puede resolverse mediante la discusión. En la segunda etapa, *debate*, la opinión de las partes se polariza y surgen las emociones. Cada parte comienza a pensar en términos absolutos y adopta una postura de superioridad en la que considera que el rival es inferior. Por lo general, los conflictos constructivos se resuelven en la segunda etapa. En la tercera etapa, *acción sobre las palabras*, se aprecia una disminución de la empatía hacia el oponente, surge la idea de que "ya no sirve hablar" y el conflicto adquiere cada vez mayor poder destructivo. En la cuarta etapa, *imágenes y coaliciones*, los rumores negativos se extienden y se forman estereotipos, mientras que cada parte se prepara para una pelea y lleva a cabo una búsqueda de partidarios. La quinta etapa, *pérdida de la dignidad*, marca el inicio de la agresión abierta y directa destinada a dañar la imagen pública del rival. En la sexta etapa, *estrategias de amenazas*, se incrementan las amenazas y contraamenazas. A medida que se hacen ultimátums, se acelera la escalada del conflicto. En la séptima etapa, *golpes destructivos limitados*, el oponente ya no es visto como una persona. Se considera aceptable que existan daños personales leves como consecuencia de los intentos limitados para derrotar al oponente. En la octava etapa, *fragmentación del enemigo*, la meta se convierte en la destrucción y la disolución del sistema, objetivo que se persigue agresivamente. En la novena y última etapa, *juntos hacia el precipicio*, se observa el descenso a la confrontación total sin retorno. Se considera y se acepta el exterminio del oponente al precio del autoexterminio.[32]

Las etapas posteriores de este modelo de escalada del conflicto podrían parecer extremas, pero desafortunadamente, la agresión y la violencia son conductas que se presentan en el trabajo. La tabla 10.3 resume algunos de los factores asociados con un mayor riesgo de violencia en el trabajo como resultado de un conflicto. Es evidente que se debe tener especial cuidado con los posibles conflictos en estas situaciones y manejarlos con rapidez cuando se produzcan. Se puede desescalar el conflicto si se estimulan sentimientos de empatía y simpatía y se mantiene a ambas partes concentradas en metas comunes. A menudo, la equidad y la apariencia de imparcialidad reducen el riesgo de violencia en el trabajo cuando aparecen los conflictos.[33]

Desescalada del conflicto

Aun cuando los conflictos no escalen con rapidez, si no se resuelven reducen la energía de los empleados y merman su desempeño. Es evidente que es más

Tabla 10.3

Factores de riesgo de violencia entre compañeros

- Supervisión de otros
- Trabajar en entornos de alto estrés
- Conflictos de personalidad
- Centros de trabajo con escasez de personal
- Recesiones económicas

Existen diferentes factores que incrementan el riesgo de violencia entre los compañeros de trabajo en las organizaciones.

Con frecuencia, el conflicto se puede desescalar por medio de la discusión y la comunicación abiertas. Por ejemplo, estos dos compañeros han resuelto una disputa y se dan la mano para simbolizar que están de acuerdo.

fácil manejar la escalada del conflicto cuando se inicia, pero es difícil detectarlo en sus primeras etapas, debido a que las partes tienen poca motivación para invertir su tiempo y energía en prevenir una escalada mayor porque el conflicto es mínimo.

Si usted está involucrado en un conflicto, una de las mejores maneras de prevenir una escalada mayor es reaccionar de manera equivalente a la otra parte, es decir, no hacerlo de forma exagerada. A veces una reacción menor puede lograr que se reduzca el conflicto. Se puede evitar quedar atrapados en el proceso de escalada si se es consciente de la dinámica y se ajustan los límites de comportamiento personal al inicio del conflicto.

Como gerente, usted puede reducir la escalada del conflicto por medio de procesos de modelado de desescalada y mediante la determinación y aplicación de límites a la escalada del conflicto (por ejemplo, la prohibición de amenazas o violencia). Los gerentes también pueden facilitar la resolución de conflictos. Usted puede determinar hasta qué punto ha progresado una disputa y cuál es la mejor manera de responder con base en el modelo de escalada del conflicto de nueve etapas de Glasl. También es importante hacer el seguimiento de las soluciones implementadas para garantizar que no vuelven a surgir los conflictos. Después de que Ina Drew, directora de inversiones de JPMorgan Chase, contrajo la enfermedad de Lyme, tuvo que retirarse de su trabajo por algún tiempo, lo que permitió que resurgieran tensiones y conflictos de relaciones entre sus subordinados. En parte, estos problemas estuvieron relacionados con la pérdida comercial de JPMorgan Chase de más de 3,000 millones de dólares en 2012.[34] La tabla 10.4 resume algunas acciones que se deben emprender y otras que se deben evitar para lograr que se reduzca el conflicto.

Después de resolver un conflicto, es importante reestablecer un sentido de justicia y confianza entre las partes. El fortalecimiento de las metas y las identidades compartidas puede ayudar a reducir la posibilidad de conflictos futuros. También es importante recordar que no siempre se tiene que intervenir en un conflicto, sobre todo si éste no afecta el desempeño del trabajo. Dejar que

Tabla 10.4		
Se pueden emprender algunas acciones para desescalar el conflicto. Existen otras que deben evitarse.	**Desescalada del conflicto**	
	Hacer	**Evitar**
	Escuchar de manera empática	Comunicar hostilidad de forma verbal o por medio del lenguaje corporal
	Concentrar su atención en la otra persona	Rechazar desde el principio todas las solicitudes
	Utilizar tácticas de demora para dar tiempo a que las emociones se difuminen	Retar, amenazar o desafiar
	Controlar el lenguaje corporal, relajarse, no cruzar las piernas ni los brazos y hacer contacto visual	Levantar la voz
	Recordar a ambas partes que se puede encontrar una solución ganar-ganar	Culpar a alguna de las partes o decir algo que dañe la dignidad de una de ellas
	Mantenerse concentrado en los temas, no en las emociones	Minimizar la situación o el conflicto

Las emociones juegan un papel muy importante en los conflictos. Por ejemplo, algunas de ellas pueden incrementar nuestra tendencia a ser combativos y argumentativos. De igual forma, una vez que ha surgido el conflicto pueden presentarse emociones persistentes que dificulten su resolución.

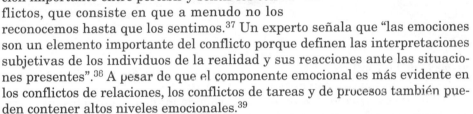

los empleados aprendan a resolver sus diferencias y conflictos por sí mismos por medio de la capacitación y la experiencia reducirá su dependencia para lograrlo.

Papel de las emociones en los conflictos

Cuando somos parte de un conflicto a menudo sentimos una carga emocional.[35] En realidad, no somos conscientes de que estamos involucrados en él hasta que reconocemos nuestras emociones sobre el tema.[36] Existe una distinción importante entre percibir y sentir los conflictos, que consiste en que a menudo no los reconocemos hasta que los sentimos.[37] Un experto señala que "las emociones son un elemento importante del conflicto porque definen las interpretaciones subjetivas de los individuos de la realidad y sus reacciones ante las situaciones presentes".[38] A pesar de que el componente emocional es más evidente en los conflictos de relaciones, los conflictos de tareas y de procesos también pueden contener altos niveles emocionales.[39]

Numerosas personas dejan que sus sentimientos y emociones influyan en la forma en que manejan un conflicto. Controlar sus emociones y mantener la concentración en los temas puede ayudar a prevenir una escalada. La valoración y el reconocimiento de las emociones de la otra parte también pueden ayudar a manejar el conflicto de forma más efectiva.

ESTRATEGIAS PARA MANEJAR LOS CONFLICTOS INTERPERSONALES

Una vez que entendemos las fuentes del conflicto en el que participamos, es necesario identificar la mejor estrategia para hacerle frente. Existen cinco estrategias para manejar los conflictos que difieren en su preocupación por los demás y la preocupación por los intereses personales.[40] La figura 10.1 ilustra cómo estos cinco estilos de manejo de conflictos interpersonales se comparan en estas dos dimensiones.

El estilo *colaborativo* refleja una alta preocupación por sus propios intereses y por los de la otra parte. Este estilo de manejo de conflictos hace hincapié en la solución de problemas y persigue un resultado que proporciona a ambas partes lo que quieren. Decir: "veamos si podemos encontrar una solución que responda a las necesidades de los dos" refleja un estilo colaborativo de manejo de conflictos. Este enfoque ayuda a construir compromisos con los resultados, aunque la comunicación necesaria para llegar a una solución puede tomar mucho tiempo y energía. A pesar de que existe el riesgo de que una de las partes pueda aprovecharse de la confianza y la apertura de la otra, la colaboración es por lo general considerada como el mejor enfoque para el manejo de la

colaborativo
Estilo de manejo de conflictos que refleja la intención de dar a cada parte lo que desea

Figura 10.1

Existen cinco estilos de manejo de conflictos interpersonales que difieren en términos de su preocupación por los demás y su interés personal.

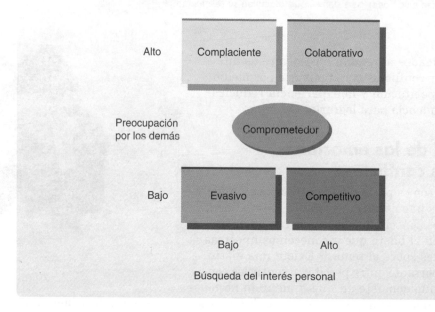

Estilos de manejo de conflictos interpersonales[41]

comprometedor

Estilo de manejo de conflictos en el que cada parte sacrifica algo para poner fin a la disputa

competitivo

Buscar satisfacer el interés personal a expensas de la otra parte

complaciente

Estilo colaborativo de manejo de conflictos

mayoría de los conflictos. El objetivo de la colaboración es satisfacer las necesidades de ambas partes con la meta "yo gano / tú ganas."

El estilo **comprometedor** es una forma de manejar conflictos en el que cada parte sacrifica algo para ponerle fin. Este estilo intermedio refleja una preocupación moderada por los intereses propios y los de la otra parte. Decir "tal vez podamos acordar un punto medio" o "estoy dispuesto a reconsiderar mi posición inicial" refleja un estilo comprometedor. Este estilo se utiliza con frecuencia para lograr soluciones temporales, evitar las luchas destructivas de poder o cuando un conflicto debe ser resuelto rápidamente. La meta del estilo comprometedor es "yo gano y pierdo algo / tú ganas y pierdes algo".

El estilo **competitivo** es resultado de una alta preocupación por los intereses personales y una baja preocupación por la otra parte. Por lo general, este enfoque se utiliza para establecer un precedente o cuando el tema del conflicto es importante. Sin embargo, debido a que una parte trata de dominar a la otra, es posible que el conflicto escale y el perdedor tome represalias. Una persona que utiliza amenazas o ultimátums para manejar conflictos se basa en el estilo competitivo. Decir "si no acepta esta oferta no hay trato" refleja este estilo y su meta es "yo gano / tú pierdes."

El estilo **complaciente** es un estilo cooperativo que refleja una baja preocupación por sus propios intereses y una alta preocupación por los de la otra parte. Por lo general, este estilo de manejo de conflictos se utiliza

Existen diferentes tipos de estrategias para manejar conflictos interpersonales. El estilo comprometedor se utiliza cuando las partes se ponen de acuerdo en algunas cuestiones pero no en todas. En ciertos casos, como los conflictos entre las empresas y los sindicatos, los compromisos se asientan legalmente en un contrato.

cuando el tema es más importante para la otra parte que para el que lo pone en práctica.

Este estilo también es adecuado cuando reconoce que usted está equivocado. Decir "voy a hacer lo que sea mejor para usted" refleja un estilo complaciente, cuya meta es "yo pierdo / tú ganas".

El estilo *evasivo* es una forma pasiva de manejo de conflictos que consiste en hacer caso omiso del conflicto o negar su existencia. Este estilo refleja una baja preocupación por sus propios intereses y por los de la otra parte. Si se aplica esta estrategia para manejar conflictos triviales no se genera ningún daño, pero puede ser muy perjudicial si se emplea en temas importantes. El estilo evasivo también se utiliza cuando se necesita más información o cuando abordar el conflicto tiene el potencial de crear más problemas (tal vez la otra parte es conocida por su agresividad). El principal inconveniente de un estilo evasivo es que la decisión puede no ser óptima para quien lo utiliza y sus intereses. La meta de este estilo es "no hay ganadores / ni perdedores". Dado que el conflicto es a menudo incómodo, los miembros de los grupos de trabajo recurren con frecuencia a formas pasivas para manejarlos, como la evasión.[42] La sección *Cómo entenderse a sí mismo* de este capítulo le brinda la oportunidad de evaluar su estilo principal para manejar los conflictos.

evasivo
Consiste en ignorar el conflicto o negar que existe

En general, cada estilo de manejo de conflictos interpersonales es apropiado y ético en algunas situaciones, siempre y cuando se utilice para alcanzar las metas adecuadas para la organización.[43] Recuerde que debido a que las personas difieren en sus estilos de manejo de conflictos, es conveniente adaptar su propio estilo a las circunstancias específicas en que éstos se desarrollan. Lo más importante es manejarlos de manera proactiva. La investigación ha comprobado que el conflicto conduce al estrés y al agotamiento emocional.[44] Los valores culturales también pueden influir en los estilos de manejo de conflictos, como aprenderá en la sección *Temas globales* de este capítulo.

CÓMO ENTENDERSE A SÍ MISMO
SU ESTILO PREFERIDO PARA MANEJAR CONFLICTOS

Las personas tienden a utilizar un subconjunto de estilos de manejo de conflictos en función de su comodidad y estilo personal. La comprensión de su estilo para manejar conflictos puede ayudarle a reflexionar sobre cómo podría utilizar mejor otros estilos cuando son más adecuados.

Para conocer su estilo, ordene los cinco estilos de manejo de conflictos con base en la frecuencia con que tiende a utilizar cada uno:

_____ Competitivo
_____ Colaborativo
_____ Comprometedor
_____ Evasivo
_____ Complaciente

Aquellos con los números menores reflejan sus estilos principales de manejo de conflictos. ¿Considera que el resultado refleja de forma correcta su estilo? ¿Cuándo podría ser más adecuado este estilo y cuándo podría no serlo? ¿Qué puede hacer para mejorar sus habilidades y sentirse más cómodo empleando alguno de los otros estilos?

Si desea completar una autoevaluación para analizar su estilo de manejo de conflictos, vaya a: http://academic.engr.arizona.edu/vjohnson/Conflict ManagementQuestionnaire / ConflictManagement Questionnaire.asp.

Fuente: Adaptado de Tang, T. L. P. (1992). The Meaning of Money Revisited, en *Journal of Organizational Behavior, 13*, pp. 197–202; Roberts, J. A. y Sepulveda, C. J. (Julio de 1999). Demographics and Money Attitudes: A Test of Yamauchi and Templer's (1982) Money Attitude Scale in Mexico, en *Personality and Individual Differences, 27*, pp. 19–35; Yamauchi, K. y Templer, D. (1982). The Development of a Money Attitudes Scale, en *Journal of Personality Assessment, 46*, pp. 522–528.

TEMAS GLOBALES

DIFERENCIAS EN EL MANEJO DE CONFLICTOS ENTRE LAS CULTURAS

Las personas de distintas culturas adoptan diferentes estrategias de solución de conflictos que reflejan sus valores culturales.[45] Por ejemplo, en comparación con los gerentes de Estados Unidos, los de Asia evitan discutir de forma explícita los conflictos. Los directivos estadounidenses tienden a preferir un estilo competitivo dominante y asertivo para ver quién puede convencer al otro de que su solución para el conflicto es la más conveniente.[46] Los gerentes chinos favorecen el compromiso y la evasión, mientras que los ejecutivos británicos prefieren la colaboración y la competencia.[47] En Medio Oriente, los ejecutivos árabes utilizan estilos más integradores y evasivos para manejar los conflictos interpersonales.[48]

Como otro ejemplo, un subordinado proveniente de una cultura de la India se mostrará reacio a brindarle retroalimentación para proteger la dignidad de ambos. En cambio, le dirá lo que piensa que usted desea escuchar, en especial cuando hay otras personas en las cercanías. Debido a que los indios sólo comunican los aspectos positivos cuando brindan retroalimentación constructiva, debe escuchar con cuidado lo que *no* dicen.[49] El deseo de mantener su imagen pública está relacionada con un mayor uso de un estilo evasivo integrador y comprometedor para manejar los conflictos.[50]

Los miembros de las culturas colectivas también perciben y manejan los conflictos de manera diferente a los de las culturas individualistas.[51] El colectivismo hace hincapié en la armonía del grupo y en la interdependencia, mientras que el individualismo se concentra en los derechos individuales y la independencia. La cultura china es colectivista, mientras que la estadounidense es individualista. Las sociedades colectivistas tienden a evitar conflictos abiertos, es decir, que cualquier disputa que surja debe resolverse en los círculos internos antes de que sea lo suficientemente grave como para justificar la participación pública.[52]

EL PROCESO DEL CONFLICTO

La figura 10.2 reúne los puntos anteriores y resume el proceso que sigue un conflicto. Después de que el conflicto potencial se desencadena, éste es percibido por ambas partes. El verdadero desacuerdo puede diferir del desacuerdo que perciben las partes y con frecuencia la pugna es acompañada por malentendidos que la exageran. Si ninguna de las partes experimenta emociones como reacción al conflicto potencial, éste no escalará. Por ejemplo, si Ryan no está de acuerdo con su jefe acerca de cómo hacer algo, pero no le importa hacerlo de la forma en que éste le ordena, ninguna de las partes experimenta una emoción sobre el desacuerdo y el conflicto termina. Por otro lado, si Ryan está convencido de que su forma de trabajo es mejor o que la propuesta de su jefe no funcionará, pueden surgir emociones contrapuestas. En este caso, el conflicto comenzará a escalar y ambas partes empezarán a implementar una o más estrategias de manejo de conflictos que darán por concluida la disputa de manera constructiva o harán que ésta escale hasta el punto de llegar a ser destructiva.

Habilidades para el manejo de conflictos

Por fortuna, la mayoría de los gerentes pueden desarrollar las habilidades necesarias para manejar de manera efectiva los conflictos. Los profesionales en capacitación para la solución de conflictos sugieren cuatro áreas de desarrollo para adquirir estas habilidades:[53]

1. Escuchar (lo cual incluye el contacto visual, reformular y resumir lo que cada parte dice y mostrar que usted entiende el punto de vista de cada una)
2. Cuestionar

Figura 10.2

Proceso del conflicto

El proceso de conflicto incluye varios elementos que definen la dirección y magnitud de éste. Los desacuerdos, las emociones y la escalada juegan papeles importantes y sugieren las estrategias óptimas para manejarlos.

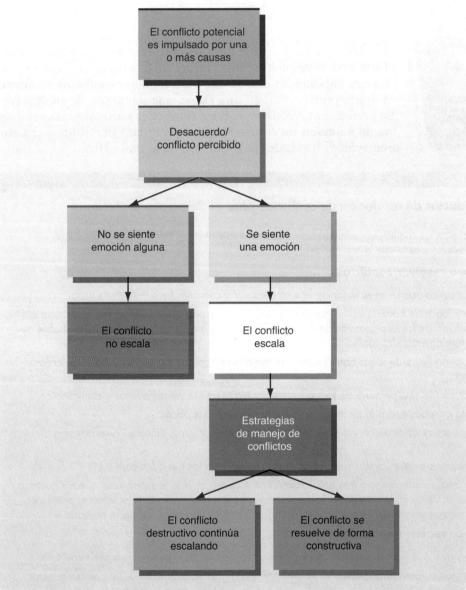

3. Comunicación no verbal
4. Mediación

Si usted trata de mediar en un conflicto, formule preguntas abiertas en vez de inductivas y utilice las señales no verbales para demostrar que intenta ayudar de forma sincera. Identifique las señales no verbales para obtener información adicional. Las habilidades de mediación incluyen una mente abierta libre de prejuicios, permanecer en calma, demostrar empatía y sensibilidad, sostener una posición neutral, respetar la confidencialidad y mostrar flexibilidad y resiliencia.[54] Trate de identificar y comunicar una meta de orden superior que ambas partes compartan y que no pueda ser alcanzada sin la cooperación mutua.

La capacidad de escuchar es una habilidad importante para manejar conflictos. Este hombre le explica a una compañera lo que le molesta, a la vez que ésta presta mucha atención a lo que le dicen. Sus habilidades para escuchar le ayudarán a evitar enojarse demasiado y facilitarán el desarrollo de una mejor relación de trabajo.

La capacidad de una persona para resolver con éxito un conflicto está relacionada con su efectividad como líder.[55] Los gerentes con habilidades deficientes para manejar conflictos alcanzan el límite promocional en una etapa más temprana de su desarrollo profesional.[56] Existen sólidas relaciones entre algunas conductas de solución de conflictos y su potencial percibido para ser promovido,[57] las cuales se presentan en la tabla 10.5.

Tabla 10.5

Las mejores y peores conductas de resolución de conflictos para el desarrollo profesional

La forma en que los gerentes manejan los conflictos puede tener un impacto significativo en su desarrollo profesional. Existen enfoques que son más efectivos y otros que lo son menos.

Las mejores conductas para resolver conflictos

- *Adoptar perspectivas*: tratar de colocarse en el lugar de la otra persona y comprender su punto de vista.
- *Centrarse en los intereses en lugar de hacerlo en las posiciones*: los intereses podrían incluir un mejor servicio al cliente o incrementar la claridad de las expectativas de trabajo. Centrándose en el resultado, es más probable que se logre abordar la causa fundamental del conflicto.
- *Crear soluciones*: organizar una lluvia de ideas con la otra persona o grupo, hacer preguntas y tratar de crear soluciones para el problema.
- *Expresar emociones*: hablar con la otra persona de forma honesta y expresar sus pensamientos y sentimientos.
- *Acercarse*: aproximarse a la otra parte, dar el primer paso y tratar de hacer las paces.
- *Documentar*: documentar las áreas de acuerdo y desacuerdo para asegurar un entendimiento común y una comunicación clara.
- *Suavizar*: minimizar las diferencias entre las dos partes haciendo hincapié en los intereses comunes.
- *Solicitar a las partes implicadas en un conflicto que identifiquen tres o cuatro acciones específicas que les gustaría que emprendiera la otra parte*: un ejemplo de esto sería decir: "me gustaría que me enviara el informe antes del mediodía del miércoles, para que yo pueda cumplir con mi fecha límite el viernes a las 10 de la mañana."

Las peores conductas para resolver conflictos

- *Evitar el conflicto*: evadir o pasar por alto el conflicto con la esperanza de que va a pasar, rara vez tiene éxito.
- *Ganar a cualquier costo*: argumentar vigorosamente su propia opinión, negarse a considerar un cambio y tratar de ganar sin considerar los costos interpersonales son enfoques que no contribuyen a la resolución rápida de los conflictos.
- *Desplegar su ira*: expresar ira, subir la voz y emplear palabras severas de enojo, hará que la otra persona se coloque a la defensiva y aletargará o evitará que se solucione el conflicto.
- *Degradar a la otra parte*: reírse de la otra persona, ridiculizar sus ideas y usar un lenguaje sarcástico son una falta de respeto que no conduce a la resolución del conflicto.
- *Tomar represalias*: la obstrucción de la otra persona, tomar represalias contra ella y buscar la venganza son conductas poco profesionales e irrespetuosas que no promueven la resolución de los conflictos.
- *Reunirse por separado con las personas en conflicto*: las partes pueden llegar a comprometerse más con sus puntos de vista que con la solución del conflicto si se habla en privado con cada una de ellas, debido a que su único objetivo es convencerle de los méritos de su propio caso.

Fuentes: Delahoussaye, M. (Junio de 2002). Don't Get Mad, Get Promoted, en *Training*, 39, p. 20; Heathfield, S. M. (2009). Workplace Conflict Resolution: People Management Tips, en *About.com*. Disponible en línea en: http://humanresources.about.com/od/managementtips/a/conflict_solue.htm; Susskind, L. y Cruikshank, J. (1987). *Breaking the Impasse: Consensual Approaches to Resolving Public Disputes*. Nueva York, NY: Basic Books.

En algunas ocasiones los gerentes necesitan crear conflictos constructivos con la finalidad de estimular el pensamiento y desarrollar nuevas ideas. Por ejemplo, en esta sesión de lluvia de ideas, los miembros del equipo han identificado una serie de alternativas que están clasificando para su posterior discusión.

Cómo crear el conflicto constructivo

Como lo señaló el pionero en administración Warren Bennis, "los líderes no evitan, reprimen ni niegan los conflictos, sino que los ven como una oportunidad".[58] Usted ha aprendido que el conflicto puede llevar a mejores decisiones, relaciones y otros resultados positivos. Sin embargo, a la mayoría de las personas no les gusta el conflicto. A pesar de su eficacia para estimular ideas y soluciones creativas y efectivas, se considera que evitar los conflictos y suprimir las opiniones discrepantes es más fácil, menos estresante y riesgoso para el desarrollo profesional. A menudo no estamos seguros de estar en lo correcto y también podemos temer al ridículo o al rechazo.[59] Sin embargo, con el tiempo las organizaciones que evitan los conflictos experimentarán dificultades para competir con éxito en el entorno global. Entonces, ¿qué pueden hacer los gerentes para incrementar los resultados positivos del conflicto?

La exitosa empresa de diseño IDEO imprimió las tres reglas de intercambio de ideas sobre la pared. Estas reglas son: 1) concentrarse en la cantidad de ideas; 2) no criticar las ideas de otros, y 3) elaborar y construir sobre las ideas de los demás.[60] Emerson Electric hace del conflicto un elemento fundamental de su proceso de planeación estratégica, lo cual ha creado una atmósfera de debate vigoroso.[61] Hewlett Packard otorga una medalla al desafío a quien continúe trabajando en ideas opuestas a la perspectiva de la dirección.[62] General Electric utiliza grupos de trabajo para permitir que sus empleados expresen opiniones contrarias.[63] La cadena hotelera Marriott incluso tiene una política que establece que si los gerentes no pueden explicar las razones por las que le solicitan a un empleado que haga algo, éste no tiene que hacerlo.[64]

Con frecuencia, las organizaciones castigan a los evasores del conflicto con la finalidad de crear de forma exitosa conflictos constructivos. Recompensar a los empleados que participan en conflictos constructivos puede ayudar a reducir los temores de burla o rechazo del resto del personal. Un simple "gracias" por expresar una opinión discrepante puede hacer ver a los empleados que es correcto expresarse. La contratación de personas que se sientan cómodas con el conflicto constructivo y que tiendan a aplicar estrategias efectivas para el manejo del conflicto también puede promover el conflicto constructivo y mejorar el desempeño de la organización.

Asignar a uno o más empleados el papel de abogado del diablo puede ayudar a generar conflictos constructivos, pues ello crea un entorno más seguro para la introducción de diferentes perspectivas. El método dialéctico que utilizan varios grupos para discutir temas por separado y luego se reúnen para sintetizar los diferentes puntos de vista en un marco común puede ayudar a reducir los conflictos y asegurar que se incorporen múltiples perspectivas en las decisiones.

EL PROCESO DE NEGOCIACIÓN

En algún momento todos tenemos que negociar. Por ejemplo, discutir dónde nos encontraremos con un amigo para la cena, regatear el precio de un automóvil nuevo o tratar de convencer a su jefe de que usted merece un incremento de sueldo son todas negociaciones.[65] A menudo experimentamos conflictos con otras personas con las que tenemos que negociar para llegar a una solución. Las habilidades de negociación no sólo resultan cruciales para los gerentes, sino que también mejoran la efectividad de todos los empleados.

Habilidades de negociación

La *negociación* es un proceso en el que dos o más partes presentan ofertas, contraofertas y hacen concesiones con el fin de llegar a un acuerdo. La mayoría de los gerentes participan en muchas negociaciones como parte de su trabajo. Las ofertas de trabajo y los contratos con clientes y proveedores tienen que ser negociados, los recursos tienen que ser asegurados y compartidos con otros departamentos, y se deben establecer acuerdos entre jefes y subordinados.

Existen dos tipos de negociación: la distributiva y la integrativa. La *negociación distributiva* produce condiciones de suma cero, donde cualquier ganancia para una de las partes se ve compensada por la pérdida equivalente de la otra.[66] En esencia, la negociación distributiva prorratea los recursos entre las partes involucradas. Esta negociación genera competencia y confrontación, debido a que estructura el conflicto en términos de ganancias y pérdidas. Por ejemplo, cada unidad monetaria que un gerente recibe del presupuesto total de la empresa es una unidad monetaria que no llega a otro gerente. Jerry Yang, exCEO de Yahoo, fue ampliamente criticado por sus fallidas negociaciones con Microsoft en 2008. El comportamiento de Yang durante las negociaciones fue señal de que malinterpretó su perspectiva negociadora en la búsqueda de una estrategia de negociación distributiva. El analista de alta tecnología Rob Enderle explica que Yang "seguía diciendo que debíamos conseguir más dinero y más dinero, sin darse cuenta de lo precaria que era su posición".[67] Yang fue finalmente despedido por el consejo de administración de Yahoo!

La *negociación integrativa* es una negociación ganar-ganar en la que el acuerdo no implica pérdidas para ninguna de las partes.[68] En general, este tipo de negociación es mejor que la anterior porque cuando termina ninguna de las partes siente que ha perdido. La negociación integrativa ayuda a construir buenas relaciones a largo plazo y reduce al mínimo los rencores entre las partes. Este resultado es particularmente beneficioso cuando tienen que trabajar juntos de manera permanente una vez que las negociaciones hayan concluido.

Un ejemplo clásico de negociación integrativa implica una disputa sobre una naranja. Dos personas desean una naranja completa, por lo que el moderador le da a cada una de ellas una mitad. Sin embargo, si se consideraran los intereses de las partes, se podría llegar a otro resultado en el que ambas partes ganaran. Una de las personas quería la pulpa de la naranja, pero la otra sólo quería la cáscara para hornear galletas. Si el mediador hubiera entendido sus intereses, ambas partes podrían haber obtenido lo que querían en lugar de sólo la mitad.[69]

Los cuatro principios fundamentales de la negociación integrativa son:[70]

1. *Separar a las personas del problema*. Se deben separar las relaciones (o "problemas personales" como las emociones, las percepciones erróneas y los problemas de comunicación) de los temas de fondo y abordarlas de forma independiente.

2. *Enfocarse en los intereses, no en las posiciones*. Negociar acerca de las cosas que las personas quieren y necesitan en realidad, y no de lo que dicen querer o necesitar.

3. *Inventar opciones para beneficio mutuo*. Buscar nuevas soluciones del problema que ofrecerán ganancias a ambas partes, en lugar de luchar por las

posiciones tradicionales que asumen que para que un bando pueda ganar, el otro tiene que perder.

4. *Insistir en criterios objetivos de equidad*. Los criterios objetivos de equidad externos para lograr un acuerdo negociado son ideales si es que existen (como los términos del contrato entre otra empresa y su sindicato).

Scott Crum, vicepresidente senior y director de recursos humanos de ITT, se centra en la negociación integrativa en la que dos partes satisfacen sus intereses sin renunciar a algo. Para ello, Crum estimula la confianza por medio de sus tácticas y estilo de negociación. Primero solicita a las partes que pongan en claro sus intereses, no sus demandas. La identificación de los resultados deseados no sólo mejora la comprensión de las necesidades de cada parte, sino que también genera confianza. Crum siente que el respeto genera confianza, lo que conduce a la apertura necesaria para alcanzar una solución duradera de ganar-ganar.[71]

También es útil investigar y entender a la persona con quien se negocia. Cuanto mejor conozca sus antecedentes, intereses y estilo de negociación, usted será más efectivo. Trate de comenzar con un intercambio positivo, crear un ambiente abierto y de confianza y hacer hincapié en las situaciones de ganancia mutua. Asegúrese de prepararse bien, escuchar de forma activa y pensar en sus alternativas. Entre más opciones sienta que tiene, se encontrará en una mejor posición para negociar.[72]

He aquí algunas sugerencias para ser un negociador efectivo:[73]

- No considere el acuerdo como una proposición absoluta de una u otra parte. La negociación es cuestión de acuerdos.
- Asegúrese de que cada parte conoce los intereses de la otra y su percepción acerca de los temas.
- Identifique lo que puede y no puede ceder. Si usted negocia un contrato de trabajo, identifique las cosas más importantes para usted (por ejemplo, más vacaciones, un bono por contratación) y aquellas cosas que son menos importantes (por ejemplo, un título elegante de su puesto). Actúe como si todo fuera importante y ceda terreno con disgusto en las cosas que le importan menos. La otra parte tomará estas concesiones como una victoria y podría ceder en las cosas que usted valora más.
- Trate de identificar y utilizar fuentes de apalancamiento. El apalancamiento consiste en todo lo que puede ayudar o dificultar una postura en una negociación. Por ejemplo, un vendedor que tiene que vender se encuentra en desventaja, y usted podría hacer una oferta más firme si su contraparte tiene que moverse con rapidez. La competencia entre ofertas también puede incrementar el apalancamiento de una parte sobre la otra.
- Muestre a su contraparte que comprende su posición. Ayude a la otra persona a verle como un aliado que puede reflejar sus emociones. Si la otra persona parece frustrada, deje que sepa que usted reconoce su sentimiento. La otra persona puede responder con un "¡claro que estoy frustrado!" y tener un acuerdo sobre algo. Empatizar con la otra parte ayuda a preservar un ambiente cordial y productivo.
- Reprima sus emociones. Las negociaciones pueden llegar a ser tensas y agitar las emociones. Recordar constantemente su objetivo puede ayudarle a mantener un nivel adecuado de desprendimiento y a seguir viendo con claridad el trato. Manténgase enfocado de forma racional sobre el tema que se negocia y tome un descanso si las emociones comienzan a estallar. Además, tenga cuidado de no mostrar demasiado deseo por algo, o se reducirá su poder de negociación. Si la otra parte se da cuenta de que usted desea algo con pasión, su poder de negociación se debilitará.

- Conozca su "MAAN". El acrónimo MAAN significa la "mejor alternativa de un acuerdo negociado". Es lo que podría haber hecho si no hubiera tenido que negociar, o lo que hará si no se puede llegar a un acuerdo con la otra parte. El propósito de las negociaciones es ver si usted puede satisfacer mejor sus intereses mediante la negociación de un acuerdo con la otra parte, con respecto a su mejor alternativa. Si la MAAN no se compara con el acuerdo negociado, los negociadores pueden pactar condiciones peores que la ausencia de un acuerdo.[74] Si las negociaciones se estancan, hacer que su contraparte sepa que usted está preparado para continuar con su plan B también puede ayudar para reiniciar el proceso. La sección *Mejore sus habilidades* de este capítulo le ofrece algunas recomendaciones para mejorar sus habilidades de negociación.

Temas culturales en las negociaciones

Las diferentes culturas nacionales prefieren distintos estilos de negociación. Por ejemplo, los rusos tienden a ignorar los plazos y a percibir las concesiones como signo de debilidad.[75] Algunas culturas, como la francesa, se sienten más cómodas con los conflictos que otras. A pesar de que también valoran el tacto o la diplomacia, los franceses pueden ser muy directos y cuestionar y probar de forma recurrente los argumentos de su contraparte.[76] En Arabia Saudita, cuidar la dignidad es esencial. Provocarle vergüenza a la otra parte puede ser desastroso para una negociación. Mantener relaciones cordiales también es crucial para los saudíes.[77] En una cultura colectivista, como la india, imponer las preferencias individuales puede resultar menos efectivo que mostrar un sentido de pertenencia al grupo, cumplir sus normas y mantener la armonía entre sus miembros.[78] Los iraquíes prestan más atención a cómo se dice algo que a lo que en realidad se dice. Los mensajes que se expresan de forma tranquila y sin emociones tienen menos peso y credibilidad que los que se comunican con emoción.[79] Los negociadores expertos de otras culturas pueden aprovechar el conocido deseo de los estadounidenses de agradar a los demás y condicionar la amistad al resultado final de la negociación.[80]

Cuando las personas consideran que han sido tratadas de forma irrespetuosa como resultado de las diferentes normas culturales, todo el proyecto puede estallar. En una negociación entre coreanos y estadounidenses, estos últimos tenían dificultades para obtener información de sus contrapartes y casi arrojaron por la borda el acuerdo cuando decidieron quejarse directamente con los altos directivos coreanos, quienes se sintieron ofendidos porque su cultura valora estrictamente la jerarquía y sus subordinados eran quienes debían informarles del problema, no los miembros de otro equipo. Por su parte, los miembros del equipo coreano se sintieron mortificados porque los estadounidenses involucraron a sus jefes antes de que ellos mismos pudieran informarles. La crisis se resolvió sólo cuando los altos directivos estadounidenses viajaron a Corea para ofrecer sus respetos a sus homólogos coreanos.[81]

ZELJKODAN/SHUTTERSTOCK.COM

Las diferencias culturales pueden jugar un papel muy importante en las negociaciones. Por ejemplo, las personas de Estados Unidos, Europa, Asia y Medio Oriente tienen estilos diferentes de negociación. Conocer estas diferencias puede ser útil para evitar problemas y malentendidos.

MEJORE SUS HABILIDADES

CÓMO MEJORAR SUS HABILIDADES DE NEGOCIACIÓN

Hacer:

Prepararse bien

Emplear el silencio a su favor

Ofrecer un saludo cálido y generar un ambiente de confianza

Entender su posición e identificar lo que puede y no puede ceder

Mantener una postura de confianza, inclinarse hacia adelante y sonreír

Mantener un contacto visual adecuado

Hacer preguntas abiertas de buena calidad

Hablar de forma clara y mesurada

Mostrar empatía

Demostrar energía controlada

Evitar:

Mantener de forma constante el contacto visual

Pasar por alto a los miembros del grupo

Celebrar la victoria en presencia de la otra parte

Frialdad o dureza en la voz

Lenguaje corporal cerrado (brazo cruzados, cabeza hacia abajo, evitar el contacto visual)

Es evidente que las negociaciones interculturales exigen prestar atención a temas adicionales al que se negocia. La cultura influye en la idoneidad de las diferentes tácticas de negociación, el interés que se pone en el desarrollo de las relaciones, la forma de responder a los plazos e incluso el lugar en que se celebra la negociación. La preparación es particularmente importante cuando se participa en negociaciones interculturales.

Resolución alterna de controversias

En ocasiones, dos partes no pueden llegar a una solución aceptable por medio de negociaciones directas entre sí. En tales casos, pueden involucrar a un tercero para superar el punto muerto y evitar un juicio. Este proceso se conoce como *resolución alterna de controversias*, del cual existen tres tipos:

1. *Conciliación*: un tercero construye una relación positiva entre las partes, mejora su comunicación y facilita la discusión. La conciliación facilita la discusión y dirige a las partes hacia una solución satisfactoria y puede emitir una opinión vinculante si ambas partes lo acordaron con anterioridad.
2. *Mediación*: un tercero imparcial (el mediador) facilita una discusión con base en la persuasión y la lógica, sugiere alternativas y establece las prioridades de cada lado. El mediador sugiere una solución que no tiene que ser aceptada.
3. *Arbitraje*: se involucra a un tercero que, por lo general, tiene autoridad para imponer una solución a las partes.

Con frecuencia, la conciliación es el primer paso en el proceso alterno de resolución de controversias o disputas. Su meta es conseguir que las partes se comuniquen mejor y resuelvan por su cuenta el problema, aunque se puede

resolución alterna de controversias

Involucrar a un tercero en la negociación para superar un punto muerto entre las partes

conciliación

Un tercero construye una relación positiva entre las partes y los dirige hacia una solución satisfactoria

mediación

Un tercero imparcial (el mediador) facilita una discusión con base en la persuasión y la lógica, sugiere alternativas y establece las prioridades de cada parte

arbitraje

Se involucra a un tercero que, por lo general, tiene autoridad para imponer una solución a las partes

La mediación es una forma común de resolución alterna de controversias. Este mediador (en el centro) ayuda a dos personas a resolver sus diferencias. Los mediadores efectivos requieren capacitación y habilidades para poder desempeñar correctamente su función.

sugerir una resolución que las partes pueden aceptar o rechazar. El arbitraje y la mediación también persiguen el ideal de un resultado justo.

La mediación es un proceso voluntario y no vinculante, mientras que los resultados del arbitraje son legalmente vinculantes. Si el conflicto no ha crecido demasiado y ambas partes están motivadas a resolverlo mediante la negociación, la mediación puede ser muy efectiva. Para ser efectivo, el mediador debe ser percibido como neutral.

El arbitraje puede ser voluntario si las partes están de acuerdo o requerido por un contrato o por ley. Las partes involucradas pueden establecer reglas para el árbitro, como restringirlo a una de las ofertas finales de los negociadores o darle libertad para emitir los juicios que desee. A diferencia de la mediación, el arbitraje siempre concluye en una solución, pero tiene mayor potencial de dejar insatisfecha por lo menos a una de las partes, lo que puede provocar que el conflicto resurja más adelante.

ombudsman

Persona que investiga las quejas y sugiere acuerdos justos entre las partes agraviadas

Un *ombudsman* es una persona que investiga las quejas y sugiere acuerdos justos entre las partes agraviadas. Las universidades suelen tener un ombudsman para resolver conflictos entre los estudiantes y la institución, al igual que algunas empresas grandes donde median en los conflictos con los consumidores. El ombudsman ayuda a resolver las disputas mientras éstas son relativamente pequeñas. La sección *Caso de estudio* de este capítulo ejemplifica cómo puede ayudar un ombudsman a las empresas a resolver diversos tipos de conflictos internos.

CASO DE ESTUDIO   Ombudsman al rescate

Un número cada vez mayor de pequeñas y medianas empresas han comenzado a reclutar ombudsmen para manejar conflictos internos. Alan Siggia, cofundador de Sigmet, una empresa de diseño de procesadores de datos de Massachusetts que forma parte de Vaisala Group,[82] y su cofundador, Richard Passarelli, hicieron todo lo posible para manejar las disputas de los empleados, pero terminaron abrumados. Incluso los pequeños desacuerdos entre los compañeros de trabajo terminaban en un ajuste de cuentas. En palabras de Siggia, "las luchas que se produjeron entre los empleados estaban más allá de lo que una persona bien intencionada, pero no capacitada como yo, podía manejar".[83]

Para terminar con los conflictos internos, los socios contrataron a un ombudmsan para que pasara unas horas a la semana en Sigmet. El ombudmsan preguntaba cómo iban las cosas y aconsejaba a los empleados molestos, éstos escuchaban sus problemas e indagaban más, lo que ayudaba a idear soluciones. Por ejemplo, un empleado harto de las opiniones no solicitudas de un compañero era guiado a través de una conversación hipotética para solicitarle a éste que detuviera esa conducta. Las sesiones eran confidenciales para fomentar la honestidad, a menos que existiera un riesgo inminente de daño a la empresa o a una persona.

Los empleados que desearan más privacidad podían concertar una reunión externa. El ombudsman también le ayudó a la empresa a identificar las políticas organizacionales que creaban conflictos. Por ejemplo, las descripciones de puestos ambiguas alimentaban una guerra por el territorio, por lo que los propietarios elaboraron descripciones claras y reactivaron las evaluaciones del desempeño.

En la actualidad Sigmet disfruta de una mejor comunicación, menos estrés y experimenta menos conflictos. Contar con una persona neutral que ayude a resolverlos ha hecho una gran diferencia; la alta dirección ha ganado 30% más de tiempo y los empleados trabajan juntos de manera más eficiente. La moral de la oficina también ha mejorado de forma considerable.[84]

Preguntas

1. ¿De qué forma el ombudsman logró reducir los conflictos en Sigmet?
2. ¿Se sentiría cómodo si un ombudsman tratara de resolver un conflicto con un compañero de trabajo? ¿Por qué?
3. ¿Qué podrían hacer las empresas para maximizar la efectividad de un ombudsman?

RESUMEN Y APLICACIÓN

El conflicto es una parte natural de la vida organizacional. Puede conducir a resultados positivos y mejorar la calidad de las decisiones, pero también puede tener resultados negativos si no se maneja de forma adecuada. Las emociones hacen que un desacuerdo se convierta en un conflicto. Se pueden utilizar varias estrategias de manejo de conflictos para ayudar a prevenir que éstos escalen.

La efectividad organizacional se ve reforzada mediante el diagnóstico y manejo adecuados del conflicto.[85] Para lograr estos objetivos, los gerentes deben ser conscientes y entender las ventajas y desventajas de las cinco estrategias de manejo de conflictos interpersonales. Estas estrategias son los estilos colaborativo, comprometido, competitivo, complaciente y evasivo.

Algunas de las mejores conductas para resolver los conflictos son la adopción de perspectivas, la creación de soluciones, expresar emociones, acercarse y documentar las áreas de acuerdo y desacuerdo. Algunos de las peores conductas del manejo de conflictos son la evasión, ganar a cualquier costo, mostrar ira, degradar a la otra parte y tomar represalias. Los gerentes también deben entender cuándo y cómo crear conflictos constructivos.

La negociación es una de las mejores maneras de disipar el conflicto potencial. Las prácticas integrativas de negociación que tratan de satisfacer las necesidades de ambas partes son generalmente mejores para lograr soluciones a largo plazo que mantengan una relación sana entre las partes. La resolución alterna se puede utilizar cuando las partes negociadoras no pueden acordar por sí mismas una solución. Los tres tipos de resolución alterna de conflictos son la conciliación, la mediación y el arbitraje.

——— RESPUESTAS PARA EL MUNDO REAL ———
RESOLUCIÓN DE LAS DISPUTAS EN MARKS & SPENCER[86]

Marks & Spencer, el minorista con sede en el Reino Unido, quería establecer un proceso para que sus empleados pudieran identificar soluciones constructivas, justas y acordadas en un entorno seguro. También deseaba que los empleados pudieran salir adelante de manera positiva y confiada después de un conflicto. Para lograr estos objetivos, la empresa decidió capacitar a un equipo de mediadores acreditados para proporcionar apoyo a los empleados en la resolución de conflictos e insertar la mediación y la resolución informales de controversias en la cultura de la organización. El compromiso del CEO de la empresa, Sir Stuart Rose, con el proceso de mediación, era esencial para que éste se adoptara como herramienta principal de resolución de controversias en toda la empresa.

El proceso de mediación comienza con una conversación por separado con el mediador acerca de la disputa. Posteriormente, las partes se reúnen con el mediador una segunda vez para hablar acerca de lo que dirán y cómo responderán durante la reunión. El mediador se concentra en ofrecer coaching a cada parte para alcanzar un resultado exitoso y desescalar las emociones fuertes. Después de un receso para el almuerzo, las partes se reúnen para discutir y resolver el conflicto.

La mediación permite que los problemas en el trabajo se aborden lo antes posible para evitar su crecimiento y ayuda a que la resolución de controversias sea menos hostil. Debido a que se reúne a las personas involucradas en una disputa para explorar lo que salió mal y qué impacto tuvo, las relaciones entre los empleados pueden incluso fortalecerse como resultado del proceso de mediación. Por medio de la capacitación de mediadores calificados capaces de promover y ofrecer la mediación como alternativa a los procesos tradicionales de quejas formales, se logró desarrollar una cultura más sana de resolución de conflictos en Marks & Spencer.

PREGUNTAS PARA ANÁLISIS

1. ¿Alguna vez ha experimentado un conflicto constructivo? ¿Qué sucedió? ¿Cómo se resolvió el desacuerdo?
2. ¿Alguna vez ha experimentado un conflicto disfuncional? ¿Qué sucedió? ¿Por qué el conflicto no se resolvió antes?

3. ¿Cómo pueden promover los gerentes los conflictos constructivos?
4. ¿Cuál considera que es la causa de conflicto más desafiante para un gerente? ¿Por qué?
5. Piense en un conflicto actual que lo enfrente con un compañero de trabajo, amigo o miembro de la familia. ¿En cuál de las etapas de conflicto de Glasl se encuentra? ¿Qué puede hacer para evitar que el conflicto escale al siguiente nivel?
6. Si dos de sus subordinados tuvieran un conflicto de relaciones, ¿qué podría hacer para manejarlo? ¿Por qué?
7. Si dos de sus subordinados tuvieran un conflicto de tareas, ¿qué haría usted para manejarlo? ¿Por qué?
8. ¿Qué puede hacer para minimizar la posibilidad de obtener resultados negativos en las negociaciones interculturales?
9. ¿Qué tendría que suceder para que usted aceptara plenamente y cooperara con el acuerdo recomendado por un mediador?

EJERCICIO PARA DESARROLLAR SUS HABILIDADES

Conflicto sindical

Utilice su navegador favorito para acceder al enlace http://www.lasvegassun.com/news/2008/jun/28/toxic-feud-seius-top-ends-resignations/ para conocer lo que sucedió cuando el conflicto entre los dos máximos dirigentes de un sindicato se salió de control. Luego responda las siguientes preguntas.

Preguntas

1. ¿Qué tipo de conflicto(s) existía entre los dos líderes? Explique su respuesta.
2. ¿Qué hicieron los dos líderes sindicales para resolver su conflicto?
3. En retrospectiva, ¿qué podrían haber hecho para resolver el conflicto antes de que escalara tan lejos?

EJERCICIO EN EQUIPO

¡Gane tanto como pueda!

Instrucciones: Durante diez rondas sucesivas, cada equipo seleccionará una "X" o "Y" y presentará su elección al profesor en un pequeño trozo de papel con el nombre del equipo. El "pago" para cada ronda se determina con base en los patrones de elección hechas por los otros equipos, como se describe a continuación:

Patrones de elección	Pago
4 Xs	Pierde $1 cada quien
3 Xs	Gana $1 cada quien
1 Y	Pierde $3
2 Xs	Gana $2 cada quien

2 Ys	Pierde $2 cada quien
1 X	Gana $3
3 Ys	Pierde $1 cada quien
4 Ys	Gana $1 cada quien

Actividad: En cada ronda, los compañeros de equipo se reunirán y tomarán una decisión conjunta. Antes de las rondas 5, 8 y 10, los equipos tendrán la oportunidad de conversar entre sí durante tres minutos antes de consultar con sus compañeros de equipo durante un minuto y tomar una decisión. Tenga en cuenta que existen tres rondas de bonos, donde se multiplica el pago.

Ronda	Tiempo permitido	Conversar con otros equipos	Su elección	$ ganado	$ perdido	Saldo	¿Bono?
1	2 min	No					No
2	1	No					No
3	1	No					No
4	1	No					No
5	3 + 1	Sí					**Bono 3X**
6	1	No					No
7	1	No					No
8	3 + 1	Yes					**Bono 5X**
9	1	No					No
10	3 + 1	Sí					**Bono 10X**

EJERCICIO EN VIDEO

Maine Media Workshops: Cómo conformar una fuerza laboral contingente

Maine Media Workshops ha visto pasar por sus puertas a algunos de los cineastas, fotógrafos y escritores más talentosos. El programa inició como un campamento de verano para los artistas que deseaban perfeccionar sus habilidades. Con los años, los talleres han permitido a los estudiantes trabajar con algunos de los pesos pesados de Hollywood, como Vilmos Zsigmond (*The Black Dhalia*), Alan Myerson (*Boston Public*) y Gene Wilder (*Willy Wonka & the Chocolate Factory*).

La selección de personal es una actividad difícil en Maine Media Workshops. De enero a noviembre, la organización contrata a instructores para impartir clases de una semana para aproximadamente 500 cursos. Con excepción de algunos trabajadores de tiempo completo, la organización cuenta con instructores temporales cada semana. En el tiempo que emplea cada nuevo instructor en conseguir su manual del empleado y completar los formatos W2, la mayoría de ellos ha concluido sus cursos y se retiran de la empresa. Los requerimientos de los puestos en Maine Media Workshops son únicos. Los instructores actúan como mentores y coaches que cenan con los estudiantes, participan en eventos sociales, enseñan y analizan asignaciones y carreras. "Lo que hace de alguien un buen maestro es que sea lo suficientemente generoso y abierto para compartir su vida, experiencia, carrera y conocimiento 24/7 con los estudiantes", dice Elizabeth Greenburg, directora de educación.

Mantener los cursos con personal requiere un reclutamiento constante y no hay tiempo para la capacitación. Como resultado, el departamento de Recursos Humanos busca personas que, como Elizabeth Greenburg, fueron estudiantes alguna vez. De esta manera, el nuevo empleado entiende lo que necesita para desempeñarse según el estándar de Maine Media Workshops. Sorprendentemente, la compensación no es un problema. A pesar de que Maine Media Workshops paga un salario justo, la remuneración real no viene en un cheque. "Nadie viene aquí por el dinero", dice Mimi Edmunds, gerente del programa de cine. "Vienen aquí porque lo aman."

Preguntas para análisis

1. ¿Cuál es el principal problema que enfrentan los directores de educación en la contratación de instructores en Maine Media Workshops?
2. ¿Cuáles fuentes de conflicto obstaculizan la contratación en Maine Media Workshops?
3. ¿Qué podría hacer Maine Media Workshops para resolver sus conflictos continuos de contratación de personal?

Caso en video

CASO EN VIDEO

Suponga que forma parte de un equipo con dos compañeros de trabajo que experimentan un conflicto negativo de tareas en su intento por concluir el diseño de un nuevo juguete antes de una fecha límite inminente. Uno de ellos se concentra en fabricar un juguete de alta calidad y el otro lo hace en la meta contraria, que consiste en fabricar el juguete con el menor costo. Uno de ellos se está frustrando y siente que el equipo debería estar haciendo un mejor progreso. Su compañero le pregunta si hay algo que el equipo pueda hacer para ser más efectivo. *¿Qué diría o haría?* Vea el video "¿Y ahora qué?" de este capítulo, revise el video de desafío y elija una respuesta. Asegúrese de ver también los resultados de las dos respuestas que no eligió.

Preguntas para análisis

1. ¿Qué tipos de conflictos experimenta el equipo del video de desafío?
2. ¿Qué aspectos del proceso de negociación resolverían mejor el conflicto y por qué funcionarían?
3. ¿Qué conductas de solución de conflictos utilizaría como gerente para afrontar esta situación? Explique su respuesta.

NOTAS FINALES

[1]Papakostis, P. (24 de enero de 2012). Marks & Spencer Case Study, The TCM Group. http://thetcmgroup.com/marks- spencer/; Sir Stuart Rose Supports the Benefits of Mediation in the Workplace (9 de octubre de 2009). Globis Mediation Group. http://www.globis.co.uk /news/2009/10/09/sir-stuartrose- supports-the-benefits-of-mediation-in-the-workplace/; Company Overview, Marks & Spencer, 2012. Disponible en línea en: http://corporate.marksandspencer.com/aboutus/ company_overview.

[2]Rahim, A. (2000). Managing Conflict in Organizations (3a. ed.). Westport, CT: Quorum Books.

[3]Pfeffer, J. (1997). Managing with Power: Politics and Influence in Organizations. Boston: Harvard Business Press.

[4]Thomas, K. W. y Schmidt, W. H. (1976). A Survey of Managerial Interests with Respect to Conflict, en Academy of Management Journal, 19, pp. 315–318.

[5]De Dreu, C. K. W. y Gelfand, M. J. (2008). Conflict in the Workplace: Sources, Dynamics, and Functions Across Multiple Levels of Analysis, en The Psychology of Conflict and Conflict Management in Organizations, eds. C. K. W. De Dreu y M. J. Gelfand (pp. 3–54). Nueva York: Lawrence Erlbaum Associates.

[6]Forden, S. G. (2009). Versace Said Likely to Fire CEO Today After Conflict, en Bloomberg. Disponible en línea en: http://www.bloomberg.com/apps/news?pid=newsarchive&sid=awNvtXtoyJ9w.

[7]Pruitt, D. G. y Kim, S. H. (2004). Social Conflict: Escalation, Stalemate, and Settlement (3a. ed.). Nueva York: McGraw-Hill.

[8]Deutsch, M. (1973). Conflicts: Productive and Destructive, en Conflict Resolution Through Communication, ed. F. E. Jandt. Nueva York: Harper & Row.

[9]Fenn, D. (Julio de 1995). Benchmark: Sources of Conflict in Family Businesses, en Inc. Disponible en línea en: http://www.inc.com/ magazine/19950701/2343.html; Massachusetts Mutual Life Insurance Co. (1994). Entrevista telefónica, Springfield, MA.

[10]Dormann, C. y Zapf, D. (1999). Social Support, Social Stressors at Work, and Depressive Symptoms: Testing for Main and Moderating Effects with Structural Equations in a Three-Wave Longitudinal Study, en Journal of Applied Psychology, 84, pp. 874–884; Spector, P. E., Dwyer, D. J. y Jex, S. M. (1988). Relation of Job Stressors to Affective, Health, and Performance Outcomes: A Comparison of Multiple Data Sources, en Journal of Applied Psychology, 73, pp. 11–19.

[11]Wilmot, W. W. y Hocker, J. L. (1998). Interpersonal Conflict (5a. ed.). Boston: McGraw-Hill.

[12]Schulz-Hardt, S., Mojzisch, A. y Vogelgesang, F. (2007). Dissent as a Facilitator: Individual-and Group-Level Effects on Creativity and Performance, en The Psychology of Conflict and Conflict Management in Organizations, eds. C. K. W. De Dreu y M. Gelfand (pp. 149–177). Hillsdale, NJ: Lawrence Erlbaum Associates.

[13]Pondy, L. R. (1992). Reflections on Organizational Conflict, en Journal of Organizational Behavior, 13, pp. 257–262.

[14]Pondy, L. R. (1992). Reflections on Organizational Conflict, en Journal of Organizational Behavior, 13, pp. 257–262.

[15]De Dreu, C. K. W. y Weingart, L. R. (2003). Task Versus Relationship Conflict: Team Performance, and Team Member Satisfaction: A Meta-Analysis, en Journal of Applied Psychology, 88, pp. 741–749.

[16]Jehn, K. A. (1997). A Qualitative Analysis of Conflict Types and Dimensions in Organizational Groups, en Administrative Science Quarterly, 42, pp. 530–557.

[17]Smith, C. S. y Sulsky, L. (1995). An Investigation of Job-Related Coping Strategies Across Multiple Stressors and Samples, en Job Stress Interventions, eds. L. R. Murphy, J. J. Hurrell, S. L. Aauter y G. P. Keita (pp. 109–123). Washington, DC: American Psychological Association.

[18]Schwartz, J. E. y Stone, A. A. (1993). Coping with Daily Work Problems: Contributions of Problem Content, Appraisals, and Person Factors, en Work and Stress, 7, pp. 47–62.

[19]Frank, W. S. (24 de junio de 2005). How to Resolve Conflict Between Two Warring Executives, en Denver Business Journal. Disponible en línea en: http://denver.bizjournals.com/denver/stories/2005/06/27 /smallb3.html.

[20]Jehn, K. A. y Mannix, E. A. (2001). The Dynamic Nature of Conflict: A Longitudinal Study of Intergroup Conflict and Group Performance, en Academy of Management Journal, 44, pp. 238–251.

[21]Sutton, R. I. (2007). The No Asshole Rule: Building a Civilized Workplace and Surviving One That Isn't. Nueva York: Grand Central Publishing.

[22]De Dreu, C. K. W. y Gelfand, M .J. (2008). Conflict in the Workplace: Sources, Dynamics, and Functions Across Multiple Levels of Analysis, en The Psychology of Conflict and Conflict Management in Organizations, eds. C. K. W. De Dreu y M. J. Gelfand (pp. 3–54). Nueva York: Lawrence Erlbaum Associates.

[23]Van de Vliert, E. y De Dreu, C. (1994). Optimizing Performance by Conflict Stimulation, en International Journal of Conflict Management, 5, pp. 211–222.

[24]Coser, L. (1956). The Functions of Social Conflict. Glencoe, IL: Free Press.

[25]Wise, D. C. y Lewis, G. C. (11 de marzo de 1985). A Split That's Sapping Morale at Apple, en Business Week, pp. 106–107; Nee, S. (29 de julio de 1985). Sculley Confirms Rift with Jobs, en Electronic News, p. 22.

[26]Shteynberg, G., Gelfand, M. J. y Kim, H. G. (Abril de 2005). The Cultural Psychology of Revenge. Ponencia presentada en la conferencia anual de la Society for Industrial and Organizational Psychology, Los Angeles, CA.

[27]Gelfand, M. J., Nishii, L. H., Holcombe, K., Dyer, N., Ohbuchi, K. y Fukumo, M. (2001). Cultural Influences on Cognitive Representations of Conflict: Interpretations of Conflict Episodes in the U.S. and Japan, en Journal of Applied Psychology, 86, pp. 1059–1074.

[28]Friedman, R. A. y Curall, S. C. (2003). Conflict Escalation: Dispute Exacerbating Elements of E-Mail Communication, en Human Relations, 56, pp. 1325–1347.

[29]Banner, D. K. y Gagné, E. T. (1994). Designing Effective Organizations: Traditional & Transformational Views (p. 402). Nueva York: Sage.

[30]Pruitt, D. G. (2007). Conflict Escalation in Organizations, en The Psychology of Conflict and Conflict Management in Organizations, eds. C. K. W. De Dreu y M. J. Gelfand (pp. 245–265). Hillsdale, NJ: Lawrence Erlbaum Associates.

[31]Glasl, F. (1982). The Process of Conflict Escalation and Roles of Third Parties (1982), en Conflict Management and Industrial Relations, eds. G. B. J. Bomers y R. B. Peterson (pp. 119–140). The Hague: Kluwer Nijhoff; Glasl, F. (1992). Konfliktmanagement, en Ein Handbuch für Führungskräfte und Berater (2a. ed.). Stuttgart: Bern; Glasl, F. y Kopp, P. (1999). Confronting Conflict: A First-Aid Kit for Handling Conflict. Binghampton, NY: Hawthorn Press.

[32]Glasl, F. y Kopp, P. (1999). Confronting Conflict: A First-Aid Kit for Handling Conflict. Binghampton, NY: Hawthorn Press.

[33]Neuman, J. H. y Baron, R. A. (1998). Workplace Violence and Workplace Aggression: Evidence Concerning Specific Forms, Potential Causes, and Preferred Targets, en *Journal of Management*, *24*, pp. 391–419; Jawahar, I. M. (2002). A Model of Organizational Justice and Workplace Aggression, en *Journal of Management*, *6*, pp. 811–834; Kriesberg, L. (1998). De-Escalating Conflicts, en *Constructive Conflicts* (pp. 181–222). Lanham, MD: Rowman y Littlefield.

[34]Silver-Greenberg, J. y Schwartz, N. D. (19 de mayo de 2012). Discord at Key JPMorgan Unit is Faulted in Loss, en *The New York Times*. Disponible en línea en: http://www.cnbc.com/id/47489227.

[35]Bodtker, A. M. y Jameson, J. K. (2001). Emotion in Conflict Formation and Its Transformation: Application to Organizational Conflict Management, en *International Journal of Conflict Management*, *12*(3), pp. 259–275.

[36]Nair, N. (2008). Towards Understanding the Role of Emotions in Conflict: A Review and Future Directions, en *International Journal of Conflict Management*, *19*, pp. 359–381.

[37]Pondy, L. R. (1967). Organizational Conflict: Concepts and Models, en *Administrative Science Quarterly*, *12*, pp. 296–320.

[38]Jehn, K. A. (1997). A Qualitative Analysis of Conflict Types and Dimensions in Organizational Groups, en *Administrative Science Quarterly*, *42*, 532.

[39]Jehn, K. A. (1997). A Qualitative Analysis of Conflict Types and Dimensions in Organizational Groups, en *Administrative Science Quarterly*, 42, pp. 530–557.

[40]Rahim, M. y Bonoma, T. (1979). Managing Organizational Conflict: A Model for Diagnosis and Intervention, en *Psychological Reports*, *44*, pp. 1323–1344; Blake, R. R. y Mouton, J. S. (1964). *The Managerial Grid*. Houston, TX: Gulf Publishing.

[41]Based on Rahim, M. A. y Blum, A. A. (Eds.) (1994). *Global Perspectives on Organizational Conflict* (p. 5). Westport, CT: Praeger.

[42]Ayoko, O. B., Hartel, C. E. J. y Cullen, V. J. (2002). Resolving the Puzzle of Productive and Destructive Conflict in Culturally Heterogeneous Work Groups: A Communication Accommodation Approach, en *International Journal of Conflict Management*, *13*, pp. 165–195.

[43]Rahim, M. A., Garrett, J. E. y Buntzman, G. F. (1992). Ethics of Managing Interpersonal Conflict in Organizations, en *Journal of Business Ethics*, *11*, pp. 423–432.

[44]Jaramillo, F., Mulki, J. P. y Boles, J. S. (2011). Workplace Stressors, Job Attitude, and Job Behaviors: Is Interpersonal Conflict the Missing Link?, en *Journal of Personal Selling and Sales Management*, *31*(3), pp. 339–356; Ilies, R., Johnson, M. D., Judge, T. A. y Keeney, J. (2011). A Within-Individual Study of Interpersonal Conflict as a Work Stressor: Dispositional and Situational Moderators, en *Journal of Organizational Behavior*, *21*(1), pp. 44–64.

[45]Kirkbride, P. S., Tang, F. Y. y Westwood, R. I. (1991). Chinese Conflict Preferences and Negotiating Behaviour: Cultural and Psychological Influences, en *Organization Studies*, *12*, pp. 365–386.

[46]Morris, M. W., Williams, K. Y., Leung, K., Larrick, R., Mendoza, M. T., Bhatnagar, D., Li, J., Kondo, M., Luo, J. y Hu, J. (1998). Conflict Management Style: Accounting for Cross-National Differences, en *Journal of International Business Studies*, *29*, pp. 729–747; Tse, D. K., Francis, J. y Walls, J. (1994). Cultural Differences in Conducting Intra- and Intercultural Negotiation: A Sino-Canadian Comparison, en *Journal of International Business Studies*, *3*, pp. 537–555.

[47]Tang, S. F. Y. y Kirkbride, P. S. (1986). Developing Conflict Management Skills in Hong Kong: An Analysis of Some Cross-Cultural Implications, en *Management Learning*, *17*, pp. 287–301.

[48]Elsayed-Ekhouly, S. y Buda, R. (1996). Organizational Conflict: A Comparative Analysis of Conflict Styles Across Cultures, en *International Journal of Conflict Management*, *1*, pp. 71–81.

[49]Katz, L. (2007). *Negotiating International Business—The Negotiator's Reference Guide to 50 Countries Around the World*. Dallas, TX: Booksurge.

[50]Ting-Toomey, S., Gao, G., Trubisky, P., Yang, Z., Kim, H. S., Lin, S. L. y Nishida, T. (1991). Culture, Face Maintenance, and Styles of Handling Interpersonal Conflict: A Study in Five Cultures, en *International Journal of Conflict Management*, *2*, pp. 275–296.

[51]Ting-Toomey, S. (1988). Intercultural Conflicts: A Face-Negotiation Theory, en *Theories in Intercultural Communication*, eds. Y. Kim y W. Gudykunst (pp. 213–235). Newbury Park, CA: Sage.

[52]Ting-Toomey, S. (1988). Intercultural Conflicts: A Face- Negotiation Theory, en *Theories in Intercultural Communication*, eds. Y. Kim y W. Gudykunst (pp. 213–235). Newbury Park, CA: Sage; Tse, D. K., Francis, J. y Walls, J. (1994). Cultural Differences in Conducting Intra- and Intercultural Negotiation: A Sino-Canadian Comparison, en *Journal of International Business Studies*, *3*, pp. 537–555.

[53]Ramsey, R. D. (Agosto de 1996). Conflict Resolution Skills for Supervisors, en *Supervision*, *57*(8), pp. 9–12.

[54]Ramsey, R. D. (Agosto de 1996). Conflict Resolution Skills for Supervisors, en *Supervision*, *57*(8), pp. 9–12.

[55]In Delahoussaye, M. (Junio de 2002). Don't Get Mad, Get Promoted, en *Training*, *39*(6), p. 20.

[56]Delahoussaye, M. (Junio de 2002). Don't Get Mad, Get Promoted, en *Training*, *39*, p. 20; Heathfield, S. M. (2009). Workplace Conflict Resolution: People Management Tips, en *About.com*. Disponible en línea en: http://humanresources.about.com/od/managementtips /a/conflict_solue.htm.

[57]Delahoussaye, M. (Junio de 2002). Don't Get Mad, Get Promoted, en *Training*, *39*(6), p. 20; Heathfield, S. M. (2009). Workplace Conflict Resolution: People Management Tips, en *About. com*. Disponible en línea en: http://humanresources.about.com/od/managementtips /a/conflict_solue.htm; Susskind, L. y Cruikshank, J. (1987). *Breaking the Impasse: Consensual Approaches to Resolving Public Disputes*. Nueva York: Basic Books.

[58]Bennis, W. (1989). *Why Leaders Can't Lead: The Unconscious Conspiracy Continues* (p. 153). San Francisco: Jossey-Bass.

[59]Nemeth, C. J., Endicott, J. y Wachtler, J. (1977). Increasing the Size of the Minority: Some Gains and Some Losses, en *European Journal of Social Psychology*, *1*, pp. 11–23.

[60]Paulus, P. B. y Nijstad, B. A. (2003). *Group Creativity: Innovation Through Collaboration*. Nueva York: Oxford University Press.

[61]Lagace, M. (6 de junio de 2005). Don't Listen to "Yes", en *Harvard Business School Working Knowledge*. Disponible en línea en: http:// hbswk.hbs.edu/item/4833.html.

[62]Sommerfield, F. (Mayo de 1990). Paying the Troops to Buck the System, en *Business Month*, pp. 77–79.

[63]Cabana, S. y Fiero, J. (1995). Motorola, Strategic Planning and the Search Conference, en *Journal for Quality and Participation*, *18*, pp. 22–31.

[64]Cabana, S. y Fiero, J. (1995). Motorola, Strategic Planning and the Search Conference, en *Journal for Quality and Participation*, *18*, pp. 22–31.

[65]Fisher, R. y Ury, W. L. (1991). *Getting to Yes: Negotiating Agreement Without Giving In*. Nueva York: Penguin.

[66]Korda, P. (2011). *In The Five Golden Rules of Negotiation, eds. J. M. Phillips y S. M. Gully*. Nueva York: Business Expert Press.

[67]Arnoldy, B. (19 de noviembre de 2008). Why Yahoo!'s Jerry Yang Stepped Down. Disponible en línea en: http://www.csmonitor.com/ Money/2008/1119/p02s01-usec.html.

[68]Fisher, R., Ury, W. y Patton, B. (1991). *Getting to Yes: Negotiating Agreement Without Giving In* (2a. ed.). Nueva York: Houghton Mifflin.

[69]De Dreu, C. K. W. (Junio de 2005). A PACT Against Conflict Escalation in Negotiation and Dispute Resolution, en *Current Directions in Psychological Science, 14*, p. 149.

[70]Based on Fisher, R., Ury, W. y Patton, B. (1991). *Getting to Yes: Negotiating Agreement Without Giving In* (2a. ed.). Nueva York: Houghton Mifflin.

[71]Esta viñeta se basa en una entrevista telefónica con Scott Crum, vicepresidente senior y director de Recursos Humanos de ITT, 8 de junio de 2009.

[72]Walker, R. (Agosto de 2003). Take It or Leave It: The Only Guide to Negotiating You Will Ever Need, en *Inc.*, p. 75.

[73]Watkins, M. (2002). *Breakthrough Business Negotiation: A Toolbox for Managers*. Nueva York: Jossey-Bass; Kaplan, M. (Mayo de 2005). How to Negotiate Anything, en *Money, 34*(5), pp. 116–119; Stansell, K. (1 de octubre de 2000). Practice the Art of Effective Negotiation, en *Inc.* Disponible en línea en: http://www.inc.com/articles/ 2000/10/20856.html.

[74]Fisher, R., Ury, W. y Patton, B. (1991). *Getting to Yes: Negotiating Agreement Without Giving In* (2a. ed.). Nueva York: Houghton Mifflin.

[75]Glenn, E. S., Witmeyer, D. y Stevenson, K. A. (1977). Cultural Styles of Persuasion, en *Journal of Intercultural Relations*, pp. 52–66.

[76]Katz, L. (2007). *Negotiating International Business—The Negotiator's Reference Guide to 50 Countries Around the World*. Dallas, TX: Booksurge.

[77]Katz, L. (2007). Negotiating International Business—The Negotiator's Reference Guide to 50 Countries Around the World. Dallas, TX: Booksurge.

[78]Katz, L. (2007). *Negotiating International Business—The Negotiator's Reference Guide to 50 Countries Around the World*. Dallas, TX: Booksurge.

[79]Triandis, H. C. (1994). *Culture and Social Behavior*. Nueva York: McGraw-Hill.

[80]Harris, P. R. y Moran, R. T. (1999). *Managing Cultural Differences* (5a. ed.). Houston: Gulf Publishing.

[81]Brett, J., Behfar, K. y Kern, M. C. (Noviembre de 2006). Managing Multicultural Teams, en *Harvard Business Review*, pp. 84–91.

[82]Sigmet. (2009). Sigmet Product Line. Disponible en línea en: http:// www.vaisala.com/weather/products/sigmet.html.

[83]Gill, J. (1 de noviembre de 2005). Squelching Office Conflicts, en *Inc*. Disponible en línea en: http://www.inc.com/magazine/20051101/ handson-managing.html.

[84]Lynch, D. B. (2 de diciembre de 2005). Say No to Office Conflict, en *PR Web*. Disponible en línea en: http://www.prweb.com/ releases/2005/12/prweb317075.htm.

[85]Rahim, M. A. (2002). Toward a Theory of Managing Organizational Conflict, en *International Journal of Conflict Management, 13*, pp. 206–235.

[86]Papakostis, P. (24 de enero de 2012). Marks & Spencer Case Study, The TCM Group. http://www.thetcmgroup.com/ news/327-http-www-thetcmgroup-com-news/?p_view=all; Sir Stuart Rose Supports the Benefits of Mediation in the Workplace (9 de octubre de 2009),en *Globis Mediation Group*. http://www. globis.co.uk /news/2009/10/09/sir-stuart-rose-supports-thebenefits-of—mediation-in-the-workplace/; Company Overview, Marks & Spencer, 2012. Disponible en línea en: http://corporate. marksandspencer.com/aboutus/company_overview.

LIDERAZGO Y PROCESOS DE INFLUENCIA EN LAS ORGANIZACIONES

CAPÍTULO 11 Enfoques tradicionales del liderazgo

CAPÍTULO 12 Enfoques contemporáneos del liderazgo en las organizaciones

CAPÍTULO 13 Poder, influencia y política

Recuerde que la pregunta principal de este libro es qué hace que los gerentes y las organizaciones sean efectivas y cómo el desempeño, el compromiso, la participación, las conductas ciudadanas y las disfuncionales influyen en su efectividad. En la parte 3 se analiza el efecto de diversas formas de comportamiento social en estos temas. En el capítulo 7 se habla de grupos y equipos. En el capítulo 8 la atención se centra en la toma de decisiones y la solución de problemas. La comunicación se estudia en el capítulo 9 y, por último, en el capítulo 10 se analiza la negociación y el manejo de los conflictos en las organizaciones.

En la parte 4 se plantea una pregunta diferente pero relacionada: ¿por qué es importante el liderazgo? En el capítulo 11 se analizan los enfoques tradicionales del liderazgo, mientras que los enfoques modernos del mismo se estudian con detalle en el capítulo 12. La parte 4 concluye con el análisis del poder, la influencia y la política en las organizaciones en el capítulo 13. Al finalizar esta parte del libro usted comprenderá la forma en que el liderazgo influye en el desempeño, el compromiso, las conductas ciudadanas y las disfuncionales.

¿Cuál es la importancia del ambiente o entorno?

¿Por qué las personas se comportan de una forma determinada?
- Características individuales
- Valores, percepciones y reacciones individuales
- Motivación del comportamiento
- Motivación del comportamiento por medio del trabajo y las recompensas

¿Por qué los grupos y equipos se comportan de determinada manera?
- Grupos y equipos
- Toma de decisiones y solución de problemas
- Comunicación
- Conflicto y negociación

¿Qué hace que los gerentes y las organizaciones sean efectivos?
- Mejora de las conductas asociadas con el desempeño
- Mejora del compromiso y la participación
- Promoción de las conductas ciudadanas
- Reducción de las conductas disfuncionales

¿Cuál es la importancia del liderazgo?
- Enfoques tradicionales del liderazgo
- Enfoques modernos del liderazgo
- Poder, influencia y políticas

¿Cómo influyen las características de la organización en su efectividad?
- Estructura y diseño organizacionales
- Cultura organizacional
- Administración del cambio

¿Cuál es la importancia del entorno?

11

ENFOQUES TRADICIONALES DEL LIDERAZGO

LOSKUTNIKOV/SHUTTERSTOCK.COM

ESTRUCTURA DEL CAPÍTULO

Desafíos del mundo real: El *pinball* del liderazgo

NATURALEZA DEL LIDERAZGO
    Significado del liderazgo
    Liderazgo frente a administración

PRIMEROS ENFOQUES DEL LIDERAZGO

Mejore sus habilidades: ¿Está usted listo para ser líder?
    Enfoques de los rasgos del liderazgo
    Enfoques conductuales del liderazgo

Caso de estudio: Subir a bordo de la diversidad

SURGIMIENTO DE LOS MODELOS DE LIDERAZGO SITUACIONAL

TEORÍA CMP DEL LIDERAZGO
    Motivación por las tareas frente a las relaciones

Cómo entenderse a sí mismo: Escala del compañero menos preferido
    Carácter favorable de la situación
    Evaluación e implicaciones

TEORÍA DEL LIDERAZGO DE TRAYECTORIA-META
    Supuestos básicos

Temas globales: El rol de los líderes en diferentes culturas
    Evaluación e implicaciones

ENFOQUE DEL ÁRBOL DE DECISIONES DE VROOM SOBRE EL LIDERAZGO
    Supuestos básicos
    Evaluación e implicaciones

RESUMEN Y APLICACIÓN

Respuestas para el mundo real: El *pinball* del liderazgo

OBJETIVOS DE APRENDIZAJE

Al concluir el estudio de este capítulo, usted podrá:

1 Identificar la naturaleza del liderazgo.

2 Explorar los primeros enfoques del liderazgo.

3 Analizar el surgimiento de las teorías situacionales y los modelos de liderazgo que incluyen las teorías CMP y de trayectoria-meta.

4 Describir el enfoque del árbol de decisiones de Vroom sobre el liderazgo.

—DESAFÍOS DEL MUNDO REAL—

EL *PINBALL* DEL LIDERAZGO[1]

En palabras de John McCain, senador y excandidato a la presidencia de Estados Unidos, "[el liderazgo] es un juego de *pinball* donde usted es la pelota". Por fortuna, algunos de los veteranos líderes de las empresas estadounidenses tienen algunos consejos para aquellos que quieren dar pasos cada vez más peligrosos. En primer lugar, si usted considera que tiene una sobrecarga laboral, que trabaja demasiado tiempo o que su horario es demasiado demandante, lo más probable es que tenga razón. La mayoría de las personas, como los ejecutivos, tienen demasiado trabajo. En algunas industrias, la sobrecarga es muy alta. Por ejemplo, las aerolíneas estadounidenses dan servicio a 100 millones de pasajeros más que hace tan sólo cinco años, pero cuentan con 70,000 trabajadores menos. "Yo solía administrar mi tiempo", bromea el ejecutivo de una aerolínea, "ahora administro mi energía". En realidad, muchos altos directivos reconocen que la energía es un factor clave en su capacidad para completar las tareas en horarios difíciles. La mayoría de los altos directivos corporativos trabaja entre 80 y 100 horas a la semana, y muchos de ellos han descubierto que las prácticas para recargar energías y refrescarse les permiten mantener el ritmo.

Carlos Ghosn, presidente y CEO de Renault y Nissan, considera que es necesario que su rutina de trabajo semanal incluya respiros regulares. "No llevo mi trabajo a casa. Juego con mis cuatro hijos y paso tiempo con mi familia los fines de semana. Tengo buenas ideas como resultado de haberme fortalecido después de descansar." Marissa Mayer, presidente y CEO de Yahoo, admite que "puede sobrevivir con cuatro o seis horas de sueño", pero también toma una semana de vacaciones tres veces al año. El consultor global de recursos humanos Robert Freedman dedica dos minutos cada mañana a hacer garabatos en las servilletas. Esto no sólo le da la oportunidad de meditar, ya que también piensa publicar sus garabatos y meditaciones en un libro de gran formato.

Suponga que alguien que usted conoce aceptara un puesto directivo en una organización grande y le pide su opinión para manejar el incremento de su carga de trabajo. Después de leer este capítulo, usted contará con información útil para compartir.

La mística del liderazgo lo convierte en uno de los atributos personales de la vida organizacional más debatidos, estudiados y buscados. Los gerentes hablan de las características que requiere un líder para ser efectivo y la importancia del liderazgo para el éxito organizacional, mientras que los científicos organizacionales lo han estudiado durante décadas, así como a una gran cantidad de fenómenos relacionados ampliamente con él. Sin embargo, paradójicamente, aunque el liderazgo se encuentra entre los conceptos más estudiados en toda el área de la administración, quedan muchas preguntas sin responder. Entonces, ¿por qué debemos continuar con el estudio del liderazgo? La primera razón es que el liderazgo tiene una gran importancia práctica para las organizaciones. La segunda es que a pesar de que quedan muchos misterios por resolver, los investigadores han aislado y verificado algunas variables clave que influyen en la efectividad del liderazgo.[2]

Este capítulo, que es el primero de dos dedicados a este tema, introduce los modelos tradicionales básicos que por lo general se utilizan para entender este fenómeno. Comienza con un análisis del significado del liderazgo, que incluye su definición y su diferenciación de la administración. Después explora las perspectivas históricas del liderazgo, centrándose en los enfoques de rasgos y conductuales. Luego estudia las tres teorías contemporáneas de liderazgo en las que se basa la mayoría de las investigaciones sobre el tema: la teoría CMP desarrollada por Fiedler, la teoría de la trayectoria-meta y el enfoque del árbol de decisiones de Vroom sobre el liderazgo. En el siguiente capítulo se analizan varias perspectivas contemporáneas emergentes sobre el liderazgo.

NATURALEZA DEL LIDERAZGO

liderazgo (como proceso)
Proceso que comprende el uso de influencia no coercitiva

liderazgo (como atributo personal)
Conjunto de características atribuidas a una persona que es percibida como exitosa en el uso de la influencia

influencia
Habilidad para afectar las percepciones, creencias, motivaciones y conductas de los demás

Como la palabra "liderazgo" se emplea con frecuencia en las conversaciones cotidianas, se puede suponer que tiene un significado comúnmente aceptado, pero en realidad ocurre lo contrario. Al igual que muchos otros términos de comportamiento organizacional, como "personalidad" y "motivación", "liderazgo" se emplea de diversas formas. Es por esta razón que primero debemos aclarar el significado con el que se utiliza en este libro.

Significado del liderazgo

El liderazgo puede definirse como proceso y atributo personal.[3] Como proceso, el *liderazgo* se refiere al uso de la influencia no coercitiva para dirigir y coordinar las actividades de los integrantes de un grupo para alcanzar una meta. Como atributo personal, el *liderazgo* consiste en un conjunto de características atribuidas a aquellas personas que utilizan esta influencia de forma exitosa.[4] La *influencia* es un elemento común de ambas perspectivas y se refiere a la habilidad de afectar las percepciones, creencias, actitudes, motivación y conductas de los demás. Desde el punto de vista de la organización, el liderazgo es crucial porque ejerce una influencia poderosa sobre el comportamiento individual y grupal.[5] Además, puede interferir con las metas organizacionales debido a

El liderazgo es tanto un proceso como un atributo personal. Este ejecutivo trata de influir en la forma en la que su audiencia se siente en relación con una nueva estrategia de negocios de la organización. Por lo tanto, intenta utilizar el liderazgo como proceso. Más adelante se le podrá atribuir el liderazgo como atributo personal si logra obtener el apoyo de sus colegas o compañeros.

RAWPIXEL/SHUTTERSTOCK.COM

que los grupos dirigen sus esfuerzos para alcanzar metas que por lo general son las deseadas por los líderes.

El liderazgo no consiste en el uso de la fuerza o la coerción. Un gerente que depende sólo de su autoridad formal y de la fuerza para dirigir el comportamiento de sus subordinados no ejerce el liderazgo. Como se analizará con detalle en la siguiente sección, los gerentes y supervisores pueden ser o no líderes. Es importante observar que, por una parte, un líder puede poseer muchas de las características que se le atribuyen en realidad y, por otra, existe la posibilidad de que simplemente las personas perciban que las tiene.

Liderazgo frente a administración

A partir de estas definiciones, debe quedar claro que el liderazgo se relaciona con la administración, pero no es lo mismo. Una persona puede ser un gerente, un líder, ambos o ninguno.[6] La tabla 11.1 resume algunas de las diferencias básicas que existen entre los dos. En el lado izquierdo se encuentran cuatro elementos que diferencian el liderazgo de la administración. Las dos columnas muestran la forma en que cada elemento es diferente desde la perspectiva de la administración y del liderazgo. Por ejemplo, cuando los gerentes implementan los planes, deben concentrarse en supervisar los resultados, compararlos

Tabla 11.1

Distinciones de Kotter entre administración y liderazgo

Actividad	Administración	Liderazgo
CREACIÓN DE UNA AGENDA	Planeación y elaboración de presupuestos. Establecer pasos y cronogramas detallados para alcanzar los resultados necesarios y asignar los recursos que se requieren para lograrlo.	Establecer una dirección. Desarrollar una visión del futuro, con frecuencia distante, y las estrategias para producir los cambios necesarios para alcanzar esa visión.
DESARROLLO DE UNA RED HUMANA PARA CUMPLIR CON LA AGENDA	Organización y contratación. Establecer una estructura para cumplir los requerimientos de los planes y contratar a las personas necesarias para esa estructura, delegar responsabilidad y autoridad para ejecutar el plan, dotar de políticas y procedimientos para ayudar a guiar a las personas y crear métodos o sistemas para supervisar la implementación.	Alinear a las personas. Comunicar la dirección por medio de palabras y acciones a todo el personal que pueda cooperar para influir en la creación de equipos y alianzas que entiendan y acepten la validez de la visión y las estrategias.
IMPLEMENTACIÓN DE LOS PLANES	Control y solución de problemas. Contrastar los resultados con el plan en algunos detalles, identificar las desviaciones y planear y organizar para resolver estos problemas.	Motivar e inspirar. Energizar a las personas para superar las principales barreras políticas, burocráticas y de recursos para el cambio mediante la satisfacción de sus necesidades humanas básicas.
RESULTADOS	Generar un nivel de orden y predicción y tener el potencial de producir de forma consistente los resultados importantes esperados por los grupos de interés (por ejemplo, ser puntual para los clientes o apegarse al presupuesto para los accionistas)	Producir cambios, con frecuencia considerables, y tener el potencial de generar modificaciones muy útiles como productos deseados por los clientes o enfoques nuevos sobre las relaciones laborales que incrementan la competitividad de la empresa.

Fuente: De *A Force for Change: How Leadership Differs from Management*, de John P. Kotter.

con las metas y corregir las desviaciones, mientras que los líderes deben energizar a las personas para ayudarles a superar los obstáculos burocráticos y alcanzar las metas.

Para subrayar más estas diferencias, considere las distintas funciones que pueden tipificar a los gerentes y líderes en un hospital. El jefe de personal de un hospital grande es gerente en virtud de la posición que ocupa. Al mismo tiempo, es posible que otras personas no lo respeten ni confíen en él y dependa sólo de la autoridad conferida por su puesto para cumplir sus funciones. Por otra parte, en la sala de urgencias una enfermera es capaz de manejar de forma efectiva una situación caótica y dirigir a otras personas para atender el problema de un paciente determinado, aun cuando no posee la autoridad formal para hacerlo. Es posible que sus compañeros de la sala de urgencias respondan porque confían en su juicio y sus habilidades para tomar decisiones. A su vez, el jefe de pediatría, responsable de supervisar a veinte médicos, enfermeras y asistentes, puede también tener el respeto, la seguridad y la confianza del personal, que acepta sus observaciones, sigue sus instrucciones sin cuestionarlas y con frecuencia hace más de lo necesario para cumplir la misión de la unidad.

Por lo tanto, ser gerente no garantiza que la persona sea también líder, y cualquier gerente puede o no serlo. De igual forma, una posición de liderazgo puede ser formal, cuando el jefe de un grupo tiene cualidades de líder, o informal, cuando surge un líder en el grupo por el consenso de sus miembros. El jefe de personal descrito en el ejemplo anterior es gerente, pero no un líder verdadero, mientras que la enfermera de la sala de urgencias es líder pero no gerente, y el jefe de pediatría parece ser ambas cosas.

Las organizaciones necesitan tanto de la administración como del liderazgo para ser efectivas. Por ejemplo, este último es necesario para generar y dirigir el cambio y ayudar a la organización a superar los momentos difíciles.[7] La administración es necesaria para alcanzar la coordinación y los resultados sistemáticos que se requieren para manejar las actividades administrativas en tiempos estables y predecibles. Junto con el liderazgo, puede ayudar a alcanzar un cambio planeado ordenado, mientras que el liderazgo combinado con la administración puede mantener a la organización alineada de forma adecuada con su entorno. La sección *Mejore sus habilidades* de este capítulo le brindará información sobre su preparación para asumir un rol de liderazgo.

Además, los gerentes y los líderes desempeñan un papel muy importante para establecer el clima de la moral organizacional y determinar el papel de la ética en la cultura.[8] Existe una delgada línea sobre la cual el ejecutivo debe caminar para mantener el balance ético personal al desempeñar otras funciones de liderazgo. Por ejemplo, consideremos a un CEO que sabe que su empresa deberá despedir a miles de trabajadores en los próximos meses. Por un lado, si se divulga la información con demasiada anticipación es posible que se devalúe el precio de las acciones de la empresa y que los empleados busquen otros trabajos; y por el otro, si se retrasa la información hasta el último minuto puede significar periodos más largos de desempleo para quienes perderán sus empleos.

PRIMEROS ENFOQUES DEL LIDERAZGO

Aunque los líderes y el liderazgo han tenido gran influencia en el curso de muchos acontecimientos de la humanidad, su estudio científico se inició hace sólo un siglo. Los primeros estudios se enfocaron en los rasgos o características personales de los líderes.[9] Las investigaciones posteriores cambiaron este enfoque para analizar sus conductas reales.

MEJORE SUS HABILIDADES

¿ESTÁ USTED LISTO PARA SER LÍDER?

Este ejercicio está diseñado para ayudarle a evaluar su nivel de preparación para ser líder y su estilo principal de liderazgo. Los 10 afirmaciones que se muestran en la tabla reflejan algunas preferencias por la naturaleza del trabajo.

Identifique el grado al que usted está o no de acuerdo con cada afirmación y encierre en un círculo el número que corresponda en la columna.

Afirmaciones sobre preferencias	Completamente de acuerdo		Completamente en desacuerdo
1. Me gusta sobresalir de la multitud.	1 2	3	4 5
2. Me siento orgulloso y satisfecho cuando influyo en los demás para que hagan las cosas a mi manera.	1 2	3	4 5
3. Prefiero formar parte de un grupo que alcanzar los resultados por mi cuenta.	1 2	3	4 5
4. Tengo antecedentes como jefe o capitán de clubes o deportes de equipo.	1 2	3	4 5
5. Trato de ser la persona que más influya en las tareas del grupo en la escuela o el trabajo.	1 2	3	4 5
6. Lo que más me preocupa cuando trabajo en grupos es mantener relaciones cordiales.	1 2	3	4 5
7. Lo que más deseo cuando trabajo en grupos es alcanzar las metas de la tarea.	1 2	3	4 5
8. Cuando formo parte de un grupo, siempre muestro consideración por los sentimientos y necesidades de los demás.	1 2	3	4 5
9. Siempre estructuro las tareas y actividades para ayudar a que se realice el trabajo en los grupos en los que participo.	1 2	3	4 5
10. Cuando formo parte de un grupo algunas veces apoyo las necesidades de los demás y otras presiono para cumplir con las tareas.	1 2	3	4 5

Forma de calificación: Siga las instrucciones de la tabla para ingresar los números que encerró en círculos:

Puntuación de preparación para ser líder	Sume los números que encerró en círculos en los enunciados 1 a 5: ___
Puntuación de estilo de liderazgo	
Puntuación de preferencia por la tarea	Sume los números que encerró en círculos en los enunciados 7 a 9: ___
Puntuación de preferencia por las relaciones	Sume los números que encerró en círculos en los enunciados 6 y 8: ___ Diferencia entre las puntuaciones de tareas y de relaciones: ____ Coloque una marca en la puntuación más alta: Tarea ___ Relaciones ___
Puntuación de adaptabilidad	Su puntuación en el enunciado 10____

Cómo interpretar sus resultados

Preparación para ser líder: Si su puntuación total en los enunciados 1 a 5 es de 20 o más puntos, es probable que disfrute el rol de líder. Si su calificación es 10 o menos puntos, es probable que se interese más por sus logros personales, al menos en este momento de su vida. Si su puntuación se encuentra en un punto medio, su potencial de liderazgo es aun flexible y puede dirigirse a cualquiera de los dos extremos en función de las circunstancias.

Estilo de liderazgo: Las respuestas a los enunciados 6 a 10 reflejan su estilo de liderazgo que puede ser orientado hacia las tareas, las relaciones o flexible. Su estilo principal de liderazgo está determinado por el puntaje más alto en las dimensiones de tarea y de relaciones. La diferencia entre los puntajes de las dos dimensiones indica el grado de fortaleza de su preferencia.

Adaptabilidad del estilo de liderazgo: Un puntaje de 4 o 5 en el enunciado 10 sugiere que usted tiende a adaptarse a las circunstancias que se le presentan.

Fuente: Adaptado de Hunsaker, P. L. (2005). *Management: A Skills Approach* (2a. ed., pp. 419–20). Upper Saddle River, NJ: Pearson Education.

Enfoques de los rasgos del liderazgo

enfoque de los rasgos (del liderazgo)

Enfoque que trata de identificar los rasgos de carácter estables y duraderos que distinguen a los líderes efectivos de los que no lo son

Lincoln, Napoleón, Juana de Arco, Hitler y Gandhi son nombres que la mayoría de nosotros conocemos bien. Los primeros investigadores consideraron que estos líderes poseían un conjunto único de cualidades o rasgos que los distinguían de sus semejantes. Además, asumieron que estos rasgos eran relativamente estables y duraderos. Los investigadores utilizaron este *enfoque de los rasgos* con la finalidad de identificar los atributos propios del liderazgo y desarrollar y utilizar métodos para medirlos y seleccionar a los líderes.

Durante las primeras décadas del siglo XX se llevaron a cabo cientos de investigaciones para lograr estos objetivos. Los primeros autores consideraron que los rasgos más importantes del liderazgo eran inteligencia, dominio, confianza en sí mismo, energía, actividad y conocimiento relevante de las tareas. Los resultados de los estudios subsecuentes generaron una lista larga de rasgos adicionales. Desafortunadamente, la lista alcanzó tales dimensiones que pronto perdió su valor práctico. Además, los resultados de muchos estudios eran inconsistentes.

Por ejemplo, uno de los primeros supuestos era que los líderes efectivos como Lincoln tendían a ser más altos que los no efectivos. Sin embargo, los críticos señalaron con prontitud que algunos líderes efectivos, como Hitler y Napoleón, no eran altos. Incluso, ciertos autores trataron de relacionar el liderazgo con rasgos asociados con la forma del cuerpo, el signo zodiacal o los patrones de escritura. Este enfoque también presentó problemas teóricos importantes porque no pudo especificar ni probar la conexión de esos rasgos con el liderazgo. Por estas y otras razones, hace varias décadas se abandonó el enfoque de los rasgos.

Sin embargo, en años recientes este punto de vista capturó de nuevo el interés de los investigadores, quienes han intentado reintroducir un conjunto limitado de rasgos a la literatura sobre el liderazgo, entre los que se incluye la inteligencia emocional, el impulso, la motivación, la honestidad y la integridad, la confianza en sí mismo, la capacidad cognitiva, el conocimiento del negocio y el carisma (que se estudia en el capítulo 12).[10] Algunas personas consideran que existen factores biológicos que afectan el liderazgo. Aunque es demasiado pronto para saber si estos rasgos tienen validez desde la perspectiva del liderazgo, parece ser que una valoración seria y científica de los rasgos adecuados puede mejorar nuestra comprensión del fenómeno del liderazgo.

Desafortunadamente, los rasgos también pueden hacer que algunas personas no tengan oportunidades de participar en actividades de liderazgo. Sin que importen las razones, como los prejuicios, estereotipos y otros factores, las mujeres, los afroestadounidenses y los hispanos tienen una representación baja en los equipos de alta dirección y los consejos de administración de las empresas más grandes de Estados Unidos. En la sección *Caso de estudio* se analizan con mayor detalle estos aspectos.

Enfoques conductuales del liderazgo

A finales de la década de 1940, la mayoría de los investigadores comenzó a alejarse del enfoque de rasgos para considerar al liderazgo con un proceso o actividad observable.

El enfoque de los rasgos del liderazgo concentra su atención en los rasgos estables e identificables que distinguen a los líderes efectivos de los que no lo son. Gandhi fue considerado un líder sobresaliente debido a su integridad y humildad.

SALIM OCTOBER/SHUTTERSTOCK.COM

CASO DE ESTUDIO   Subir a bordo de la diversidad

Carl Brooks, CEO del Executive Leadership Council, una red de ejecutivos afroestadounidenses, afirma que "se ha probado una y otra vez que las empresas cuyos consejos de administración reflejan diversidad étnica y de género tienden a tener mejores rendimientos sobre las ventas y el capital". De acuerdo con Marc H. Morial, CEO de la National Urban League, organismo que promueve el empowerment económico para los afroestadounidenses, la presencia de las minorías en los consejos de administración es necesaria para proteger los intereses de los consumidores y otros grupos de interés de esas minorías: "Se necesita contar con las voces y perspectivas de los afroestadounidenses en los consejos de administración para garantizar que las decisiones de negocios que afectan a la población negra sean responsables y sensibles a las necesidades de nuestras comunidades."

En palabras de Morial, "desafortunadamente, los afroestadounidenses todavía representan una fracción minúscula del liderazgo en los consejos de administración de Estados Unidos". Morial señala, según un estudio reciente del Executive Leadership Council, el número de personas negras en los consejos de administración de las empresas que aparecen en *Fortune 500* se ha reducido en los últimos años: "Aun cuando la población negra constituye 13% de la población total, la representación en los consejos de administración se encuentra alrededor de un mediocre 7%."

Esta tendencia también fue confirmada por el reporte reciente del Grupo de Trabajo Hispano del Senado de Estados Unidos acerca de la representación de las mujeres y otras minorías en los consejos de administración y equipos directivos de las empresas de *Fortune 500* (CEO y sus dependientes directos). A continuación se presentan algunos de los hallazgos de este estudio:

- Las mujeres representan 18% de los integrantes de los consejos de administración y un poco menos de 20% de los equipos directivos (casi uno de cada cinco). Estos indicadores están muy alejados de la proporción de 50% de mujeres de la población total.
- Las minorías representan 14.5% de los directores, cerca de uno de cada siete, y un porcentaje menor de los equipos directivos. Esto es menos de 35% que representan en la población general.
- Aunque los afroestadounidenses tienen la representación más alta en los consejos de administración entre las minorías, de 8.8%, su participación sólo equivale a 69% de su proporción en la población del país. Su representación en los equipos directivos alcanza apenas un poco significativo 4.2%.
- Los hispanos tienen el menor nivel de representación entre las minorías, pues aunque representan 15% de la población estadounidense, sólo ocupan 3.3% de los puestos en los consejos de administración y 3% en los equipos directivos.

Robert Menendez, director del grupo de trabajo y uno de los únicos tres miembros hispanos del senado de Estados Unidos, afirma que este reporte confirma con claridad lo que se ha sospechado por mucho tiempo: que las corporaciones estadounidenses necesitan mejorar para que sus salas de juntas en Wall Street reflejen la realidad que se vive en las calles. Se necesita cambiar la dinámica y hacer que las estructuras corporativas estadounidenses sean lugares comunes para las minorías. No se trata sólo de hacer lo correcto, sino que también es una buena decisión de negocios que beneficia tanto a las empresas como a las comunidades en las que invierten.

Fuentes: African Americans Lost Ground on *Fortune 500* Boards. UrbanMecca, 21 de julio de 2009. Disponible en línea en: http://urbanmecca.net/ news/2009/07/21/african-americans-lost-ground-on-fortune-500-boards/; Morial, M. H. (14 de abril de 2011). National Urban League Trains African Americans for Corporate Boards, en *BlackVoiceNews*. Disponible en línea en: http://www.blackvoicenews.com/commentary/ more-commentary/46010-national-urban-league-trains-african-americans-for-corporate-boards.html; Results of Menendez's Major Fortune 500 Diversity Survey: Representation of Women and Minorities on Corporate Boards Still Lags Far Behind National Population. Sitio web del Senador Robert Menendez (comunicado de prensa), 4 de agosto de 2010. Disponible en línea en: http://www.menendez.senate.gov/ news-and-events/press/results-of-menendezs-major-fortune-500-diversity-survey-representation-of-women-and-minorities-on-corporateboards-still-lags-far-behind-national-population.

---

enfoque conductual (del liderazgo)
Enfoque que intenta identificar las conductas que distinguen a los líderes efectivos de los que no lo son

La meta del *enfoque conductual* era determinar cuáles son las conductas asociadas con el liderazgo efectivo.[11] Los investigadores suponían que las conductas de los líderes efectivos eran diferentes a las de los líderes menos efectivos y que las primeras se mantenían en cualquier situación. El enfoque

El comportamiento de un líder centrado en las tareas se asocia con la dirección y el monitoreo del desempeño de sus subordinados. Este gerente se presenta como un líder centrado en las tareas, porque explica un procedimiento de trabajo a uno de sus subordinados.

conductual del liderazgo incluye los estudios de Michigan, de Ohio State y el grid del liderazgo.

Los estudios de Michigan

Los *estudios sobre liderazgo de Michigan* formaron parte de un programa de investigación de la Universidad de Michigan.[12] La meta de este trabajo era determinar el patrón de conductas de liderazgo que conduce al desempeño efectivo de los grupos. A partir de entrevistas realizadas a supervisores y subordinados de grupos de alta y baja productividad en varias organizaciones, los investigadores recabaron y analizaron descripciones del comportamiento de supervisión para determinar las diferencias entre los supervisores efectivos y los que no lo eran. Se logró identificar dos formas básicas de comportamiento de liderazgo: centrado en el puesto y en los empleados, como se presenta en la parte superior de la figura 11.1.

El líder que tiene un *comportamiento centrado en el puesto* presta mucha atención al trabajo de sus subordinados, explica los procedimientos laborales y se interesa sobre todo en el desempeño. La principal preocupación del líder es la ejecución eficiente de las tareas. El líder que muestra un *comportamiento centrado en los empleados* trata de conformar equipos de trabajo efectivos con metas altas de desempeño. La preocupación principal del líder es alcanzar un alto nivel de desempeño con enfoque en los aspectos humanos del grupo. Se consideró que estos estilos de comportamiento de liderazgo se encuentran en los extremos opuestos de una sola dimensión, por lo que, de acuerdo con los investigadores, un líder puede presentar ambos estilos de comportamiento, pero no al mismo tiempo. Además, sugirieron que era más

estudios sobre liderazgo de Michigan
Estudios que definían el liderazgo centrado en el puesto y en los empleados como extremos opuestos de una dimensión del liderazgo

comportamiento del líder centrado en el puesto
Consiste en prestar mucha atención al trabajo de los subordinados, explicar los procedimientos laborales y demostrar un gran interés por el desempeño

comportamiento del líder centrado en los empleados
Consiste en tratar de conformar equipos de trabajo efectivos con metas altas de desempeño

Figura 11.1

Dos de los primeros enfoques conductuales del liderazgo fueron los estudios de Michigan y de Ohio State. Los resultados de los primeros sugieren la existencia de dos tipos básicos de comportamiento de liderazgo, centrado en el puesto y en los empleados, que se ubican en los extremos opuestos de un mismo continuo. Por su parte, los estudios de Ohio encontraron dos clases de comportamiento de liderazgo, "consideración" e "inicio de estructuras", que con base en la investigación, son dos dimensiones independientes.

Primeros enfoques conductuales del liderazgo

probable que el comportamiento del líder centrado en los empleados condujera a un desempeño más efectivo de los grupos que el centrado en el puesto.

Los estudios de Ohio State

A finales de la década de 1940 y principios de 1950 se llevaron a cabo los *estudios de Ohio State*, casi al mismo tiempo que los de Michigan.[13] Durante su programa de investigación, los científicos conductuales de Ohio State University desarrollaron un cuestionario que aplicaron en contextos militares e industriales con el objetivo de evaluar las percepciones de los subordinados acerca del comportamiento de sus líderes. Estos estudios identificaron diferentes formas de comportamiento de liderazgo y se enfocaron en los dos tipos más comunes: la consideración y el inicio de estructuras.

Cuando el líder se preocupa por los sentimientos de sus subordinados y respeta sus ideas, muestra un *comportamiento de consideración*. La relación entre los líderes y los subordinados se caracteriza por la confianza mutua, el respeto y la comunicación bidireccional. Por otra parte, cuando el líder emplea el *comportamiento de estructuras de inicio*, define con claridad sus propias funciones y las que corresponden a los subordinados para que éstos sepan claramente qué se espera de ellos. El líder también establece canales de comunicación y determina los métodos más adecuados para realizar las tareas del grupo.

A diferencia del comportamiento de liderazgo centrado en los empleados y en el puesto, los comportamientos de consideración y de estructuras de inicio no forman parte del mismo continuo. Por el contrario, se consideran dimensiones independientes del repertorio conductual del líder, como aparece en la parte inferior de la figura 11.1. Como resultado, un líder puede mostrar un alto comportamiento de estructuras de inicio y baja consideración, de estructuras de inicio bajo y alta consideración, o también puede presentar de forma simultánea niveles altos o bajos de cada comportamiento. Por ejemplo, puede definir con claridad las funciones y expectativas de sus subordinados, pero mostrar poca preocupación por sus sentimientos. Por el contrario, puede preocuparse por los sentimientos de sus subordinados, pero no definir con claridad sus funciones y expectativas. Sin embargo, es posible que un líder muestre al mismo tiempo preocupación por las expectativas de desempeño y el bienestar de los empleados.

Los investigadores de Ohio State también estudiaron la estabilidad del comportamiento de los líderes en el tiempo. Descubrieron que el patrón de liderazgo de una persona parece cambiar poco si la situación permanece constante.[14] Otro tema que analizaron fue el de las combinaciones de las conductas de liderazgo relacionadas con la efectividad. Al principio, plantearon que los líderes con altos niveles de ambas conductas serían más efectivos. Sin embargo, los resultados de un estudio en International Harvester (ahora Navistar Corporation) demostraron que los empleados de supervisores con un comportamiento de inicio de estructuras alto tenían un alto desempeño, pero también expresaban menores niveles de

estudios de liderazgo de Ohio State

Estudios que definen las conductas de consideración y de inicio de estructuras como dimensiones independientes del liderazgo

comportamiento de consideración

Consiste en preocuparse por los sentimientos de los subordinados y respetar sus ideas

comportamiento de estructuras de inicio

Consiste en definir con claridad las funciones del líder y de los subordinados para que estos sepan lo que se espera de ellos

Los líderes presentan un comportamiento de consideración cuando se preocupan de forma genuina por los sentimientos y el bienestar de sus subordinados. Este líder demuestra este tipo de conducta al acercarse a una compañera que acaba de recibir malas noticias.

satisfacción. Por el contrario, los empleados de supervisores con un alto grado de consideración tenían niveles inferiores de desempeño, pero también se ausentaban menos.[15] Investigaciones posteriores comprobaron que estas conclusiones estaban equivocadas, debido a que no se habían considerado todas las variables importantes. No obstante, los estudios de Ohio State representan otro punto clave en la investigación sobre el liderazgo.[16]

El grid del liderazgo

Otro enfoque conductual es el grid del liderazgo (que en su planteamiento original se llamó grid gerencial).[17] Esta herramienta heurística ofrece medios para evaluar los estilos de liderazgo y capacitar a los gerentes para que se acerquen al estilo de comportamiento ideal. La figura 11.2 muestra la versión más reciente que se ha elaborado de ella. El eje horizontal representa la preocupación por la producción (similar al comportamiento centrado en el puesto y de inicio de estructuras), mientras que el eje vertical representa la preocupación por las personas (similar al comportamiento centrado en los empleados y de consideración). Observe los cinco extremos del comportamiento de

---

Figura 11.2

El grid del liderazgo es un método para evaluar los estilos de liderazgo. El objetivo general de una empresa que lo utiliza es capacitar a los gerentes por medio de técnicas de desarrollo organizacional para que se preocupen de forma simultánea por las personas y por la producción (estilo 9,9 en el grid).

Grid del liderazgo

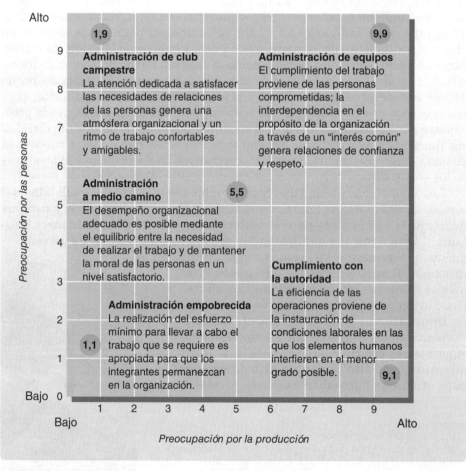

Fuente: Blake, R. R. y McCanse, A. A. The Leadership Grid Figure, en *Leadership Dilemmas, Grid Solutions*, (p. 29). Houston: Gulf Publishing Company. (Antes, *El grid gerencial*, de Robert R. Blake y Jane S. Mouton.) Copyright © 1997 por Grid International, Inc. Reimpreso con autorización de Grid International, Inc.

liderazgo: el gerente 1,1 (administración empobrecida) muestra una preocupación mínima tanto por la producción como por las personas; el gerente 9,1 (cumplimiento con la autoridad) se preocupa mucho por la producción, pero muestra poco interés por las personas; el gerente 1,9 (administración de club campestre) tiene las preocupaciones opuestas al gerente 9,1; el gerente 5,5 (administración de medio camino) mantiene una preocupación adecuada por las personas y la producción; por su parte, el gerente 9,9 (administración de equipos) muestra niveles máximos de preocupación por las personas y la producción.

Con base en este enfoque, el estilo de liderazgo ideal es el 9,9. Los autores de este modelo crearon un programa de capacitación y desarrollo de varias etapas con la finalidad de apoyar a los gerentes a alcanzar este estilo de comportamiento. A. G. Edwards, Westinghouse, la Federal Aviation Administration, Equicor y otras empresas han utilizado este modelo, y las evidencias anecdóticas parecen confirmar su efectividad en algunos contextos. Sin embargo, existen pocas evidencias científicas publicadas acerca de su verdadera efectividad y el grado al que se puede aplicar a todos los gerentes y contextos. En realidad, como se analiza a continuación, es probable que estas evidencias no existan.

SURGIMIENTO DE LOS MODELOS DE LIDERAZGO SITUACIONAL

Las teorías conductuales de liderazgo juegan un papel importante en el desarrollo de enfoques más realistas y complejos acerca de su objeto de estudio. En particular, nos instan a tener una mayor concentración en lo que hace el líder (enfoque conductual) en lugar de ocuparnos por sus características (enfoque de los rasgos). Desafortunadamente, también trata de ofrecer una prescripción genérica universal acerca de lo que constituye el liderazgo efectivo. Sin embargo, cuando se manejan sistemas sociales complejos conformados por individuos también complejos, no existen fórmulas infalibles para el éxito y son pocas las relaciones, en caso de que existan, que son predecibles de forma consistente.

Los teóricos conductuales trataron de identificar relaciones consistentes entre el comportamiento de los líderes y las respuestas de los empleados, con la esperanza de encontrar una prescripción confiable para construir un liderazgo efectivo, pero como era de esperar, con frecuencia fracasaron. Es por ello que fue necesario desarrollar otros enfoques para entender el liderazgo. El catalizador de estos nuevos enfoques fue la comprensión de que, aunque las dimensiones interpersonales y de tarea pueden ser útiles para describir el comportamiento de los líderes, no sirven para predecirlo ni prescribirlo. El siguiente paso en la evolución de las teorías del liderazgo fue la creación de los modelos situacionales.

Estos modelos suponen que el comportamiento apropiado de un líder varía de una situación a otra. La meta del modelo consiste en identificar los factores situacionales clave y establecer la forma en que interaccionan para determinar el comportamiento apropiado del líder. Antes de estudiar las principales teorías situacionales, se analizará un modelo previo que sentó las bases para su surgimiento. Robert Tannenbaum y Warren H. Schmidt escribieron un artículo crucial acerca del proceso de toma de decisiones, en el que propusieron un continuo del comportamiento del líder. Este modelo es muy parecido al que vio la luz a partir de los estudios de Michigan.[18] Además del comportamiento centrado sólo en el puesto (o "centrado en el jefe", como lo denominaron) y el comportamiento centrado en el empleado ("centrado en los subordinados"), se identificaron varias conductas intermedias que un gerente puede considerar, las cuales se muestran en el continuo de liderazgo de la figura 11.3.

Este continuo de comportamiento va desde un extremo en el que el gerente toma solo una decisión, al otro en donde los empleados toman la decisión con la dirección mínima del líder. Las características del gerente, los subordinados y la situación influyen en cada punto del continuo. Las características del gerente incluyen su sistema de valores, la confianza que tiene en sus subordinados, sus inclinaciones personales y sentimientos de seguridad. Las de los subordinados incluyen sus necesidades de independencia, su disposición para asumir responsabilidades, la tolerancia a la ambigüedad, el interés en los problemas, la comprensión de las metas, conocimientos, experiencia y expectativas. Las características situacionales que afectan la toma de decisiones incluyen el tipo de organización, la eficacia del grupo, el problema mismo y las presiones de tiempo.

Este enfoque del liderazgo reconoció por primera vez que las conductas del líder representan un continuo en lugar de extremos discretos, y que las características y elementos de una situación determinada inciden sobre el éxito o no de todos los estilos de liderazgo. Aunque los creadores de este modelo resaltaron la importancia de los factores situacionales, su perspectiva fue sólo especulativa, pues dejó la responsabilidad de desarrollar teorías más amplias e integrales a otros estudiosos. En las siguientes secciones se describen tres de los modelos situacionales más importantes y aceptados: la teoría CMP, la teoría de trayectoria-meta y el enfoque del árbol de decisiones de Vroom.

Figura 11.3

El continuo del liderazgo de Tannenbaum y Schmidt

El continuo del liderazgo de Tannenbaum y Schmidt fue un precursor importante de los enfoques situacionales contemporáneos sobre esta cuestión. Este continuo identifica siete niveles de liderazgo, que van desde el líder centrado en el jefe hasta el centrado en los subordinados.

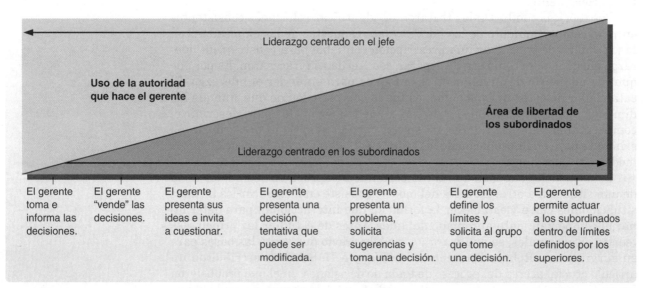

Fuente: Basado en una figura de "How to Choose a Leadership Pattern", de Robert Tannenbaum y Warren Schmidt (mayo–junio de 1973).

TEORÍA CMP DEL LIDERAZGO

Fred Fiedler desarrolló la ***teoría CMP del liderazgo***. Este modelo intenta explicar y conciliar la personalidad del líder con la complejidad de la situación. (El nombre original de esta perspectiva fue "teoría contingente del liderazgo". Sin embargo, como este término llegó a tener connotaciones genéricas, se decidió emplear un nombre nuevo para evitar la confusión. "CMP" significa "compañero de trabajo menos preferido", un concepto que se explicará más adelante en esta sección.) La teoría CMP sostiene que la efectividad de un líder depende de la situación, y por lo tanto algunos de ellos pueden ser efectivos en una situación u organización y no serlo en otras. La teoría también explica por qué pueden presentarse estos resultados e identifica la correspondencia entre el líder y la situación para obtener resultados efectivos.

teoría CMP del liderazgo

Modelo que sugiere que la efectividad del líder depende de la situación

Motivación por las tareas frente a las relaciones

Fiedler y sus colaboradores sostienen que la efectividad del liderazgo depende de la correspondencia entre la personalidad del líder y la situación. Además, idearon varios términos especiales para describir los rasgos básicos de personalidad de un líder en relación con el liderazgo: "motivación por la tarea" frente a "motivación por las relaciones". También conceptualizó el contexto de la situación en términos de su favorabilidad para el líder, que va desde muy favorable a muy desfavorable.

En algunos aspectos, las ideas de motivación por la tarea y las relaciones se asemejan a los conceptos básicos que identificaron los enfoques conductuales. La primera se asemeja mucho al comportamiento centrado en el trabajo y la iniciación de estructuras, mientras que la motivación por las relaciones es similar al comportamiento del líder centrado en los empleados y de consideración. Una de las diferencias principales es que Fiedler consideró que la motivación por las tareas o las relaciones siempre está vinculada con la personalidad de cualquier líder.

El grado de motivación por la tarea o las relaciones se mide por medio de la escala del ***compañero de trabajo menos preferido (CMP)***. Las instrucciones de esta escala piden a los participantes (es decir, los líderes) que piensen en todas las personas con las que han trabajado y que seleccionen a su compañero de trabajo menos preferido. Los evaluados deben describir a esta persona y marcar una serie de dieciséis escalas ancladas en cada extremo por una cualidad o atributo positivo o negativo.[19] Usted puede evaluar su puntuación CMP con la escala que aparece en la sección del capítulo *Cómo entenderse a sí mismo*.

compañero de trabajo menos preferido (CMP)

Escala que supone medir la motivación del líder

Fiedler supuso que las descripciones de la escala CMP dicen más sobre el líder que sobre el compañero de trabajo menos preferido. Por ejemplo, consideró que todos los compañeros de trabajo menos preferidos eran "desagradables" y que las diferencias entre las descripciones reflejan los rasgos de personalidad de los líderes que responden a la escala. También afirmó que los líderes con un CMP alto están más preocupados por las relaciones interpersonales, mientras que quienes tienen un puntaje bajo se orientan más hacia los problemas relevantes de la tarea. Como era de esperar, la controversia ha rodeado siempre la escala del CMP. Los investigadores han ofrecido varias interpretaciones a su puntuación y argumentan que puede ser un índice de comportamiento, personalidad o algún otro factor desconocido. En realidad, el indicador CMP y su interpretación han sido durante mucho tiempo parte de los aspectos más debatidos de esta teoría.

CÓMO ENTENDERSE A SÍ MISMO

ESCALA DEL COMPAÑERO DE TRABAJO MENOS PREFERIDO

Piense en la persona con la que trabaja peor. Puede ser un compañero en su empleo actual o alguien a quien conoció en el pasado. No es necesario que sea la persona que le desagrade más, sino que sólo debe ser alguien con quien se le ha dificultado más la ejecución de un trabajo.

El siguiente cuestionario le solicita describir cómo considera que es esa persona. Lea las palabras en los extremos antes de marcar con una "x" un recuadro. Recuerde que no existen respuestas correctas o incorrectas. Trabaje con rapidez, y recuerde que, por lo general, su primera respuesta es la más precisa. No omita ningún reactivo y sólo marque una respuesta para cada uno. Cuando termine, sume los números que aparecen debajo de la línea que seleccionó. Las instrucciones de calificación se encuentran en la parte inferior de la tabla.

Agradable	8	7	6	5	4	3	2	1	Desagradable
Amigable	8	7	6	5	4	3	2	1	Poco amigable
Desestima a los demás	1	2	3	4	5	6	7	8	Acepta a los demás
Útil	8	7	6	5	4	3	2	1	Frustrada
Poco entusiasta	1	2	3	4	5	6	7	8	Entusiasta
Tensa	1	2	3	4	5	6	7	8	Relajada
Distante	1	2	3	4	5	6	7	8	Cerrada
Fría	1	2	3	4	5	6	7	8	Cálida
Cooperativa	8	7	6	5	4	3	2	1	Poco cooperativa
Apoya	8	7	6	5	4	3	2	1	Interesante
Aburrida	1	2	3	4	5	6	7	8	Armoniosa
Buscapleitos	1	2	3	4	5	6	7	8	Titubeante
Segura de sí misma	8	7	6	5	4	3	2	1	Ineficiente
Eficiente	8	7	6	5	4	3	2	1	Ineficiente
Melancólica	1	2	3	4	5	6	7	8	Alegre
Abierta	8	7	6	5	4	3	2	1	Reservada

Puntuación e interpretación: Los puntajes mayores de 78 se consideran CMP altos y sugieren una orientación hacia las personas, mientras que los puntajes menores de 29 son CMP bajos y se relacionan con la orientación a las tareas.

Fuente: Fiedler, F. E. (1967). *A Theory of Leadership Effectiveness* (p. 41). Nueva York: McGraw-Hill

La teoría CMP del liderazgo sugiere que el comportamiento efectivo del líder depende de los elementos de la situación. Uno de ellos es la estructura de la tarea que afecta el grado hasta el que los trabajadores necesitan a su líder. Es posible que los empleados no necesiten un líder orientado a las tareas en puestos muy estructurados como el que se ilustra en esta fotografía.

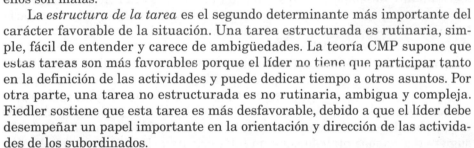

Carácter favorable de la situación

Fiedler también identificó tres factores que determinan el carácter favorable de la situación. En orden de importancia (de mayor a menor), estos factores son las relaciones entre el líder y los miembros, la estructura de la tarea y el poder de la posición del líder.

Las *relaciones entre el líder y los miembros* se refieren a la relación personal que existe entre él y los subordinados. Este factor se basa en la medida en la que los subordinados confían en él y lo respetan, y viceversa. Un grado alto de confianza y respeto mutuos señala que existen buenas relaciones entre ellos, mientras que un grado bajo indica que las relaciones entre ellos son malas.

La *estructura de la tarea* es el segundo determinante más importante del carácter favorable de la situación. Una tarea estructurada es rutinaria, simple, fácil de entender y carece de ambigüedades. La teoría CMP supone que estas tareas son más favorables porque el líder no tiene que participar tanto en la definición de las actividades y puede dedicar tiempo a otros asuntos. Por otra parte, una tarea no estructurada es no rutinaria, ambigua y compleja. Fiedler sostiene que esta tarea es más desfavorable, debido a que el líder debe desempeñar un papel importante en la orientación y dirección de las actividades de los subordinados.

Por último, el *poder de la posición del líder* refleja la autoridad inherente a su función de liderazgo. Si el líder tiene un poder considerable para asignar el trabajo, recompensar y castigar a los empleados y recomendarlos para una promoción, su poder de posición es alto y favorable. Por el contrario, cuando el líder debe obtener la aprobación de otros para asignar el trabajo, no controla las recompensas y castigos y no puede sugerir las promociones, su poder de posición es bajo y desfavorable; es decir, que muchas decisiones están fuera de su control.

Motivación del líder y carácter favorable de la situación

Fiedler y sus colaboradores llevaron a cabo numerosos estudios para analizar la relación entre la motivación del líder, el carácter favorable de la situación y el desempeño del grupo. La tabla 11.2 resume los resultados de estos estudios.

Para comenzar a interpretar los resultados, primero se examinan las dimensiones del carácter favorable de la situación que se muestran en la tabla. Las diversas combinaciones de estas tres dimensiones dan lugar a ocho situaciones diferentes, que se despliegan en las tres primeras líneas de la tabla. Estas situaciones, a su vez, definen un continuo que va de situaciones muy favorables a muy desfavorables desde el punto de vista del líder. El carácter favorable de la situación aparece en la cuarta línea de la tabla. Por ejemplo, las buenas relaciones, una tarea estructurada y un poder de posición alto o bajo conducen a una situación muy favorable para el líder. Pero las malas

Tabla 11.2

La teoría CMP del liderazgo

Relaciones líder-miembro	Adecuada				Deficiente			
Estructura de la tarea	**Estructurada**		**No estructurada**		**Estructurada**		**No estructurada**	
Poder de posición	**Alta**	**Baja**	**Alta**	**Baja**	**Alta**	**Baja**	**Alta**	**Baja**
CARÁCTER FAVORABLE DE LA SITUACIÓN	Muy favorable ↓		Moderadamente favorable ↓				Muy desfavorable ↓	
COMPORTAMIENTO RECOMENDADO PARA EL LÍDER	Comportamiento orientado hacia las tareas		Comportamiento orientado hacia las personas				Comportamiento orientado hacia las tareas	

relaciones, una tarea no estructurada y un poder de posición alto o bajo crean condiciones muy desfavorables para el líder.

La tabla también identifica el enfoque de liderazgo que se supone que logra un alto desempeño grupal en cada una de las ocho situaciones. Estos vínculos se muestran en la parte inferior de la tabla. Un líder orientado hacia la tarea es adecuado para situaciones muy favorables y muy desfavorables. Por ejemplo, la teoría CMP predice que un líder orientado hacia la tarea será efectivo cuando las relaciones entre él y los miembros son deficientes, la tarea no es estructurada y el poder de posición es bajo. También predice que un líder orientado hacia la tarea será efectivo cuando las relaciones entre ambas partes son buenas, la tarea está estructurada y el poder de posición es alto. Por último, en el caso de situaciones de carácter favorable intermedio, la teoría sugiere que es más probable que un líder orientado hacia las personas logre un alto desempeño grupal.

Correspondencia entre el líder y la situación

¿Qué ocurre si un líder orientado hacia las personas enfrenta una situación muy favorable o muy desfavorable, o si un líder orientado hacia las tareas enfrenta una situación de carácter favorable intermedio? Fiedler considera que estas combinaciones de líder-situación no "se ajustan". Recuerde que uno de los supuestos básicos de esta teoría es que el comportamiento de liderazgo es un rasgo de personalidad. Por lo tanto, cuando el líder no corresponde a la situación, no puede adaptarse con facilidad a ella ni ser efectivo. Fiedler sostiene que cuando el estilo de un líder y la situación no coinciden, el único curso de acción disponible es cambiar la situación mediante la "ingeniería de trabajo".[20]

Por ejemplo, Fiedler sugiere que si un líder orientado hacia las personas termina en una situación muy desfavorable, el gerente debe tratar de mejorar las cosas pasando más tiempo con sus subordinados para mejorar las relaciones con ellos y establecer normas y procedimientos para estructurar más las tareas. Fiedler y sus colaboradores también desarrollaron un programa de capacitación para supervisores para que éstos aprendieran cómo evaluar el carácter favorable de la situación y cómo cambiarla cuando fuera necesario con la finalidad de lograr una mejor correspondencia.[21] Weyerhaeuser y Boeing son algunas de las empresas que han aplicado el programa de capacitación de Fiedler.

Evaluación e implicaciones

La validez de la teoría CMP de Fiedler ha sido objeto de acalorados debates, debido a la inconsistencia de los resultados de las investigaciones. Algunas de sus desventajas evidentes son que la escala CMP carece de validez, la investigación no siempre la respalda la teoría y los supuestos de Fiedler acerca de la rigidez del comportamiento del líder son poco realistas.[22] Sin embargo, el enfoque representa una importante contribución porque reincorporó el estudio de la situación y consideró de forma explícita el contexto organizacional y su papel en el liderazgo efectivo.

TEORÍA DEL LIDERAZGO DE TRAYECTORIA-META

Otro importante enfoque de contingencia del liderazgo es la teoría de trayectoria-meta, desarrollada por Martin Evans y Robert House. Esta teoría se centra en la situación y el comportamiento del líder más que en sus rasgos fijos.[23] En contraste con la teoría CMP, la teoría de trayectoria-meta sugiere que los líderes pueden adaptarse con facilidad a distintas situaciones.

Supuestos básicos

La teoría de trayectoria-meta tiene sus raíces en la teoría de las expectativas de la motivación que se describe en el capítulo 5. Recuerde que esta teoría afirma que se pueden predecir las actitudes y conductas de una persona a partir del grado al que ésta cree que el desempeño de su trabajo dará lugar a diversos resultados (esperanza) y en qué medida los valora (valencias). La *teoría del liderazgo de trayectoria-meta* sostiene que el líder es capaz de motivar a los subordinados en la medida en que sus conductas influyen en sus expectativas. En otras palabras, el líder influye en el desempeño de los subordinados mediante la aclaración de las conductas (trayectorias) que conducen a las recompensas deseadas (metas). Lo ideal es que obtener una recompensa en una organización dependa del desempeño efectivo. La teoría también sugiere que un líder puede comportarse de distintas maneras en diferentes situaciones. Por último, aunque no está vinculada de forma directa con esta teoría, la sección de *Temas globales* de este capítulo ilustra la forma en que las expectativas de los subordinados sobre sus líderes varían en diferentes culturas.

teoría del liderazgo de trayectoria-meta

Modelo que sugiere que los líderes efectivos aclaran las trayectorias (conductas) que conducirán a las recompensas deseadas (metas)

Comportamiento del líder

La figura 11.4 muestra los cuatro tipos de comportamiento del líder de la teoría de trayectoria-meta: directivo, de apoyo, participativo y orientado al logro. En el liderazgo directivo, el líder comunica a los subordinados lo que se espera de ellos, y los orienta para llevar a cabo las tareas, programa el trabajo que se debe hacer y

La teoría del liderazgo de trayectoria-meta sugiere que el comportamiento efectivo del líder aclara las trayectorias, o conductas, que conducirán a los subordinados hacia las recompensas deseadas (metas). Este gerente explica a su subordinado lo que tiene que hacer para obtener una promoción y un incremento salarial.

BALDYRGAN/SHUTTERSTOCK.COM

TEMAS GLOBALES

EL ROL DE LOS LÍDERES EN DIFERENTES CULTURAS

En una importante investigación* se preguntó a los trabajadores de diferentes países si estaban de acuerdo con esta simple declaración:

"Es importante que un gerente disponga de respuestas precisas a la mayoría de las preguntas que los subordinados plantean acerca de su trabajo."

A continuación se muestra el porcentaje de trabajadores de seis países que estuvieron muy de acuerdo con esta afirmación. Es evidente que se espera que los líderes de Italia y Japón conozcan todas las respuestas a las preguntas de sus subordinados, mientras que los de Suecia y Estados Unidos se sienten más cómodos con la idea de aceptar que no conocen la respuesta a alguna pregunta o que tienen que comprobar la información antes de responder.

*International Studies of Management and Organization, 13, pp. 1–2 (Primavera-verano 1983).

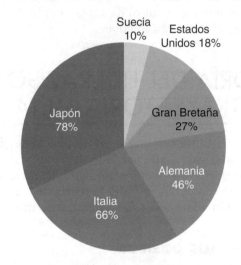

establece normas definitivas de desempeño para los subordinados. Un líder que apoya es amable y se preocupa por el bienestar, las necesidades y el estatus de los empleados. Cuando se basa en el estilo participativo, el líder consulta los problemas con los subordinados y toma en cuenta sus sugerencias

Figura 11.4

La teoría de liderazgo de trayectoria-meta especifica cuatro tipos de comportamiento de liderazgo: directivo, de apoyo, participativo y orientado a los logros. Se recomienda a los líderes que varíen sus conductas en respuesta a los factores situacionales, como las características personales de los subordinados y del entorno.

Teoría del liderazgo de trayectoria-meta

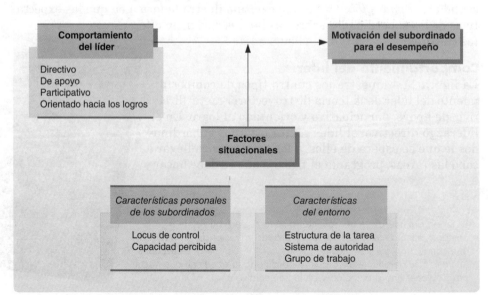

antes de tomar una decisión. Por último, el líder orientado hacia los logros establece metas desafiantes, espera que los subordinados se desempeñen al nivel más alto y confía en que se esforzarán y alcanzarán las metas. A diferencia de la teoría CMP, esta supone que los líderes pueden modificar su comportamiento y desplegar cualquiera o todos los estilos de liderazgo. La teoría también predice que la combinación adecuada de los estilos de liderazgo depende de factores situacionales.

Factores situacionales

La teoría de trayectoria-meta sostiene que existen dos tipos de factores situacionales que influyen en la forma en que el comportamiento del líder se relaciona con la satisfacción del subordinado: las características personales de los subordinados y las características del entorno (vea la figura 11.4).

El locus de control y la capacidad percibida son dos características personales importantes de los subordinados. El locus de control, que se estudia en el capítulo 3, se refiere al grado al que las personas creen que lo que les ocurre es resultado de su propio comportamiento o de causas externas. Las investigaciones indican que las personas que atribuyen los resultados a su propio comportamiento tenderán a estar más satisfechas con un líder participativo (ya que sienten que sus esfuerzos pueden hacer una diferencia), mientras que quienes atribuyen los resultados a causas externas responderán de manera más favorable a un líder directivo (ya que creen que sus acciones tienen pocas consecuencias). La capacidad percibida se refiere a la forma en que las personas perciben su propia capacidad con respecto a la tarea. Los empleados que consideran que tienen una capacidad relativamente alta son menos propensos a sentir una necesidad de liderazgo directivo (ya que creen que saben cómo hacer el trabajo), mientras que quienes perciben que tienen una capacidad baja prefieren este tipo de liderazgo debido a que consideran que es necesario contar con alguien que les muestre cómo hacerlo.

Algunas características importantes del entorno son la estructura de tareas, el sistema de autoridad formal y el grupo principal de trabajo. La teoría de trayectoria-meta propone que el comportamiento del líder motivará a los subordinados si les ayuda a afrontar la incertidumbre del entorno creada por esas características. Sin embargo, en algunos casos ciertas formas de liderazgo son redundantes y reducen la satisfacción del subordinado. Por ejemplo, cuando la estructura de la tarea es alta, el liderazgo directivo es menos necesario, y por lo tanto menos efectivo. Del mismo modo, si el grupo de trabajo ofrece una gran cantidad de apoyo social a sus miembros, un líder de apoyo no será atractivo. Por lo tanto, se supone que el grado al que el comportamiento del líder coincide con las que manifiestan las personas y el entorno de la situación influye en la motivación de los subordinados para el desempeño.

Evaluación e implicaciones

La teoría de trayectoria-meta fue diseñada con la finalidad de proporcionar un marco general de referencia para comprender la forma en que el comportamiento del líder y los factores situacionales influyen en las actitudes y conductas de los subordinados. La intención de los teóricos de este enfoque no fue ofrecer respuestas definitivas, sino estimular la investigación sobre las principales propuestas de su teoría. Los investigadores esperan que el estudio continuo genere una teoría formal de liderazgo más desarrollada. Los estudios posteriores apoyan las principales predicciones de la teoría, pero aún no se valida el modelo completo. Por otra parte, muchas de estas predicciones son demasiado generales y no han sido probadas ni perfeccionadas.

ENFOQUE DEL ÁRBOL DE DECISIONES DE VROOM SOBRE EL LIDERAZGO

enfoque del árbol de decisiones de Vroom (sobre el liderazgo)
Modelo que trata de determinar el nivel de participación que debe permitirse a los subordinados para tomar decisiones

El tercer enfoque contemporáneo importante sobre el liderazgo es el *enfoque del árbol de decisiones de Vroom*. La primera versión de este modelo fue propuesta por Victor Vroom y Philip Yetton, y después fue revisado y ampliado por Vroom y Arthur Jago.[24] En fechas más recientes, Vroom desarrolló un nuevo perfeccionamiento del modelo original.[25] Al igual que la teoría de trayectoria-meta, este enfoque trata de prescribir un estilo de liderazgo adecuado para una situación determinada. También supone que un líder puede mostrar estilos diferentes de liderazgo. Además, se ocupa de un solo aspecto del comportamiento del líder: la participación de los subordinados en la toma de decisiones.

Supuestos básicos

El enfoque del árbol de decisiones de Vroom supone que el grado al que debe estimularse la participación de los subordinados en la toma de decisiones depende de las características de la situación. En otras palabras, no existe un proceso de toma de decisiones que sea el mejor para todas las situaciones. Después de evaluar diversos atributos del problema (características del problema o decisión), el líder determina un estilo adecuado de toma de decisiones que especifica la cantidad de participación de los subordinados.

La formulación actual de Vroom sugiere que los gerentes deben utilizar uno de dos árboles de decisión.[26] Para ello, primero tienen que evaluar la situación en términos de varios factores. Esta evaluación consiste en determinar si un factor determinado es "alto" o "bajo" con respecto a la decisión que se debe tomar. Por ejemplo, el primer factor es la relevancia de la decisión. Si ésta es muy importante y puede tener un efecto considerable en la organización (por ejemplo, elegir la ubicación de una nueva planta), su relevancia es alta. Pero si la decisión es rutinaria y sus consecuencias no son muy importantes (por ejemplo, la selección de un logotipo para los uniformes del equipo de futbol de la empresa), su relevancia es baja. Esta evaluación guía al gerente a lo largo de las rutas del árbol de decisión hasta el curso de acción recomendado. Uno de los árboles de decisión se debe usar cuando el gerente está interesado sobre todo en tomar la decisión más rápida posible; el otro se debe usar cuando el tiempo es menos crítico y el gerente desea ayudar a los subordinados a mejorar y desarrollar sus propias habilidades de toma de decisiones.

Los dos árboles de decisión se ilustran en las figuras 11.5 y 11.6. Los atributos del problema (factores situacionales) están dispuestos en la parte superior del árbol. Para utilizar el modelo, la persona que toma la decisión comienza en el lado izquierdo del diagrama y evalúa el primer atributo del problema (la relevancia de la decisión). La respuesta determina la ruta de acceso al segundo nodo del árbol para evaluar el siguiente atributo (importancia del compromiso). Este proceso continúa hasta que se alcanza un nodo terminal. De esta manera, el gerente identifica un estilo de toma de decisiones efectivo para cada situación.

Los diversos estilos de decisiones que aparecen en los extremos de las ramas de los árboles representan los diferentes niveles de

RIDO/SHUTTERSTOCK.COM

El enfoque del árbol de decisiones de Vroom sobre el liderazgo ayuda a los líderes a determinar el nivel óptimo de participación de los subordinados en las decisiones. Este líder explica una decisión a sus subordinados para solicitar sus sugerencias.

Figura 11.5

Árbol de decisiones de Vroom basado en el tiempo

Esta matriz se recomienda para situaciones en las que el tiempo es muy importante para tomar una decisión. La matriz opera como un embudo. Comienza del lado izquierdo con un problema de decisión específico en mente. Los encabezados de las columnas corresponden a los factores situacionales que pueden o no estar presentes en ese problema. Continúa cuando se selecciona Alto o Bajo (A o B) para cada factor situacional relevante y avanza en el embudo, con el juicio de aquellos factores situacionales que deben evaluarse hasta llegar al proceso recomendado.

PRESENTACIÓN DEL PROBLEMA	Relevancia de la decisión	Importancia del compromiso	*Expertise* del líder	Probabilidad del compromiso	Apoyo del grupo	*Expertise* del grupo	Competencia del equipo	
	A	A	A	A	–	–	–	Decidir
	A	A	A	B	A	A	A	Delegar
	A	A	A	B	A	A	B	Consultar (grupo)
	A	A	A	B	A	B	–	Consultar (grupo)
	A	A	A	B	B	–	–	Consultar (grupo)
	A	A	B	A	A	A	A	Facilitar
	A	A	B	A	A	A	B	Consultar (de forma individual)
	A	A	B	A	A	B	–	Consultar (de forma individual)
	A	A	B	A	B	–	–	Consultar (de forma individual)
	A	A	B	B	A	A	A	Facilitar
	A	A	B	B	A	A	B	Consultar (grupo)
	A	A	B	B	A	B	–	Consultar (grupo)
	A	A	B	B	B	–	–	Consultar (grupo)
	A	B	A	–	–	–	–	Decidir
	A	B	B	–	A	A	A	Facilitar
	A	B	B	–	A	A	B	Consultar (de forma individual)
	A	B	B	–	A	B	–	Consultar (de forma individual)
	A	B	B	–	B	–	–	Consultar (de forma individual)
	B	A	–	A	–	–	–	Decidir
	B	A	–	B	–	–	A	Delegar
	B	A	–	B	–	–	B	Facilitar
	B	B	–	–	–	–	–	Decidir

Fuente: Victor H. Vroom's Time-Driven, *A Model from A Model of Leadership Style*. Derechos reservados, 1998.

Figura 11.6

Esta matriz debe emplearse cuando el líder tiene más interés en desarrollar a los empleados que en tomar con rapidez una decisión. Al igual que el árbol basado en el tiempo que se muestra en la figura 11.5, el líder debe evaluar hasta siete factores situacionales, que lo conducen al proceso recomendado para tomar la decisión.

Árbol de decisiones de Vroom basado en el desarrollo

DECLARACIÓN DEL PROBLEMA	Relevancia de la decisión	Importancia del compromiso	Expertise del líder	Probabilidad del compromiso	Apoyo del grupo	Expertise del grupo	Competencia de equipo	
A	A	A	–	A	A	A	A	Decidir
							B	Facilitar
						B	–	Consultar (grupo)
					B	–	–	Consultar (grupo)
				B	A	A	A	Delegar
							B	Facilitar
						B	–	
					B	–	–	Consultar (grupo)
		B	–	–	A	A	A	Delegar
							B	Facilitar
						B	–	
					B	–	–	Consultar (grupo)
B		A	–	A	–	–	–	Decidir
				B	–	–	–	Delegar
		B	–	–	–	–	–	Decidir

Fuente: Victor H. Vroom's Time-Driven, *A Model from A Model of Leadership Style.* Derechos reservados, 1998.

participación de los subordinados que el gerente debe adoptar en una situación determinada. Los cinco estilos se definen de la siguiente manera:

- *Decidir*: el gerente toma la decisión solo y luego la anuncia o "vende" al grupo.
- *Delegar*: el gerente permite que el grupo defina la naturaleza exacta y los parámetros del problema para desarrollar una solución.
- *Consultar (individual)*: el gerente presenta de forma individual el problema a los miembros del grupo, obtiene sus sugerencias y luego toma la decisión.
- *Consultar (grupo)*: el gerente presenta el problema a los miembros del grupo en una junta, obtiene sus sugerencias y luego toma la decisión.
- *Facilitar*: el gerente presenta el problema al grupo en una junta, lo define y limita, y luego facilita la discusión de los integrantes del grupo para que se tome una decisión.

El enfoque del árbol de decisiones de Vroom representa una perspectiva muy centrada, pero también compleja, del liderazgo. Para compensar esta dificultad, Vroom desarrolló un software de sistema experto para ayudar a los gerentes a evaluar con exactitud y rapidez una situación y luego tomar una decisión adecuada en relación con la participación de los empleados. Numerosas empresas, como Halliburton, Litton Industries y Borland International, han capacitado a sus gerentes para utilizar las diversas versiones de este modelo.

Evaluación e implicaciones

Dado que el enfoque actual de Vroom es relativamente nuevo, no ha se ha probado científicamente. Sin embargo, el modelo original y su perfeccionamiento posterior han llamado mucho la atención y en general son respaldados por la investigación.[27] Por ejemplo, existe cierto apoyo para la idea de que las personas que toman decisiones consistentes con las predicciones del modelo son más efectivas que aquellas que toman decisiones incompatibles con éstas. Por lo tanto, el modelo parece ser una herramienta que los gerentes pueden aplicar con cierta confianza para decidir el grado al que los subordinados deben participar en el proceso de toma de decisiones.

RESUMEN Y APLICACIÓN

El liderazgo es un proceso y un atributo personal. El liderazgo como proceso es el uso de la influencia no coercitiva para dirigir y coordinar las actividades de los miembros de un grupo para alcanzar sus metas. Como atributo personal, el liderazgo es el conjunto de características que se atribuyen a quienes se considera que utilizan con éxito esta influencia. El liderazgo y la administración están relacionados, pero son fenómenos distintos.

Las primeras investigaciones sobre el liderazgo trataron de identificar los rasgos y las conductas más importantes de los líderes. Los estudios de Michigan y de Ohio State detectaron dos tipos de comportamiento del líder, uno centrado en los factores de trabajo y el otro en las personas. Los estudios de Michigan consideraron estas conductas como extremos de un solo continuo, mientras que los estudios de Ohio State sugirieron que eran dimensiones independientes. El grid del liderazgo perfeccionó aún más estos conceptos.

Las nuevas teorías situacionales de liderazgo intentan identificar los estilos de liderazgo más adecuados para una situación. El continuo de liderazgo propuesto por primera vez por Tannenbaum y Schmidt fue el catalizador de estas teorías.

La teoría CMP de Fiedler afirma que la efectividad del liderazgo depende de la correspondencia entre el estilo del líder (visto como un rasgo) y el carácter favorable de la situación, que a su vez está determinado por la estructura de la tarea, las relaciones entre el líder y los miembros, y el poder de posición del líder. Se supone que el comportamiento del líder refleja un rasgo de personalidad estable, por lo cual no se lo puede modificar con facilidad.

La teoría de trayectoria-meta se centra en el comportamiento adecuado del líder en situaciones distintas. Esta teoría propone que los estilos de liderazgo directivo, de apoyo, participativo u orientado hacia los logros pueden ser apropiados con base en las características personales de los subordinados y el entorno. A diferencia de la teoría CMP, supone que los líderes pueden modificar su comportamiento para adaptarse mejor a la situación.

El enfoque del árbol de decisiones de Vroom sugiere una serie de estilos de toma de decisiones que son adecuados en función de las características de la situación. Este enfoque se centra en decidir el grado de participación de los subordinados en el proceso de toma de decisiones. Los gerentes evalúan los atributos de la situación y siguen una serie de rutas a través de un árbol de decisiones que les indican la forma en que deben tomar una decisión determinada.

— RESPUESTAS PARA EL MUNDO REAL —
EL *PINBALL* DEL LIDERAZGO

Muchos líderes informan que juegan tenis, corren maratones, practican yoga o hacen ejercicio de forma habitual para recuperarse del exceso de trabajo. Hank Greenberg, presidente y CEO de la firma de servicios financieros C.V. Starr, juega tenis la mayor parte del año y esquía durante el invierno. "Soy un adicto al ejercicio", dice, "porque me relaja". Max Levchin, cofundador de PayPal, prefiere "recorrer entre 128 y 145 kilómetros en una bicicleta de carreras… los sábados por la mañana". Sumner Redstone, de 92 años de edad y presidente de la empresa matriz de CBS, Viacom, MTV y Paramount Pictures, se levanta a las 5 am y se ejercita en una bicicleta estática y una banda de correr antes de que abran los mercados. (Redstone también recomienda "consumir mucho pescado y antioxidantes.") Por último, Strauss Zelnick, CEO y presidente de Take-Two Interactive Software, toma muy *en serio* el ejercicio:

> Trato de agendar el ejercicio como una junta y nunca cancelarlo… En general busco tomar una clase en el gimnasio una vez por semana, entreno durante una hora con un instructor una o dos veces por semana; practico ciclismo durante una hora con un grupo de amigos de una a tres veces por semana y levanto pesas con un amigo o compañero dos o tres veces por semana.

Los líderes efectivos también toman el control del flujo de información para manejarlo, sin reducirlo hasta que sea lo más cercano a un goteo.

Por ejemplo, Mayer, al igual que la mayoría de los ejecutivos, no puede sobrevivir sin múltiples fuentes de información: "Siempre llevo conmigo mi computadora portátil", y "adoro mi teléfono celular". Howard Schultz, presidente y CEO de Starbucks, recibe un correo de voz cada mañana que resume los resultados de las ventas del día anterior y lee tres periódicos cada día. Mayer ve las noticias todo el día y Bill Gross, gerente de portafolios de valores, mantiene un ojo en seis monitores que muestran datos de inversión en tiempo real.

Por otra parte, Gross se para de cabeza para tomar un descanso de la comunicación. Cuando está de nuevo de pie, trata de encontrar tiempo para concentrarse. "La eliminación del ruido", dice, "es crucial. Yo sólo contesto el teléfono tres o cuatro veces al día… No quiero estar conectado sino desconectado". Ghosn, cuya agenda semanal incluye viajes intercontinentales, emplea asistentes bilingües para revisar y traducir la información; un asistente para la información de Europa (donde se localiza Renault), uno para la de Japón (donde se encuentra Nissan) y otro para la de Estados Unidos (donde se encuentra con frecuencia cuando no tiene que estar en Europa o Japón). Vera Wang, diseñadora de ropa, también emplea a un asistente para filtrar la información. "El caudal de llamadas es tan grande que si me dedicara a responderlas no podría hacer nada más… Si tuviera que mantener al día mi correo electrónico, tendría aún más obligaciones y terminaría en [un hospital mental] con una bata blanca."

Como era de esperar, Bill Gates, fundador de Microsoft, integra la función de su asistente en un sistema de organización de información de alta tecnología:

> Sobre mi escritorio tengo tres pantallas sincronizadas para formar un solo escritorio de trabajo. Puedo arrastrar los elementos de una pantalla a la siguiente. Una vez que una persona tiene acceso a esta gran área de visualización, nunca retrocederá, debido a que tiene un impacto directo en su productividad.
>
> La pantalla de la izquierda tiene mi lista de mensajes de correo electrónico. En la pantalla central se despliega el mensaje específico que voy a leer y responder, y el navegador se encuentra en la pantalla de la derecha. Esta configuración me permite observar y leer los mensajes nuevos mientras trabajo en algo y recuperar enlaces relacionados con el correo para revisarlos mientras se encuentra frente a mí.
>
> En Microsoft, el correo electrónico es el medio elegido… Recibo cerca de 100 mensajes al día. Aplicamos un filtro para mantenerlo en ese nivel. El mensaje de correo electrónico que proviene de cualquier persona de Microsoft, Intel, HP y todas las empresas asociadas, y cualquier persona que conozco, me llega de forma directa. Y siempre reviso los reportes de mi asistente de cualquier otro correo electrónico, de las empresas que no están en mi lista de permisos o personas que no conozco…

(Continúa)

Estamos en el punto en el que el desafío no consiste en comunicarse de forma efectiva por medio del correo electrónico, sino en garantizar que usted invierte su tiempo en el correo electrónico más importante. Yo uso herramientas como "reglas de in-box" y carpetas para marcar y agrupar los mensajes en función de su contenido e importancia.

PREGUNTAS PARA ANÁLISIS

1. ¿Cómo definiría usted el término "liderazgo"? Compare su definición con la que se ofrece en este capítulo.
2. Cite ejemplos de gerentes que no son líderes y de líderes que no son gerentes. ¿Qué los hace ser una cosa y no la otra? Además, mencione algunos ejemplos de líderes formales e informales.
3. ¿Qué rasgos considera que caracterizan a los líderes exitosos? ¿Considera que la teoría de los rasgos tiene validez?
4. La evidencia reciente sugiere que los gerentes exitosos (definidos por su rango organizacional y sueldo) pueden tener algunos de los mismos rasgos atribuidos inicialmente a los líderes efectivos (por ejemplo, un aspecto atractivo y estatura relativa). ¿Cómo se podría explicar este hallazgo?
5. ¿Qué otras formas de comportamiento del líder puede identificar, además de las citadas en el capítulo?
6. Critique la teoría CMP de Fiedler. ¿Hay otros elementos de la situación que sean importantes? ¿Cree usted que la afirmación de Fiedler acerca de la falta de flexibilidad del comportamiento de un líder tiene sentido? ¿Por qué?
7. ¿Está o no de acuerdo con la afirmación de Fiedler de que la motivación del liderazgo es básicamente un rasgo de personalidad? ¿Por qué?
8. Compare las teorías del liderazgo CMP y de trayectoria-meta. ¿Cuáles son las fortalezas y debilidades de cada una?
9. De las tres teorías principales del liderazgo (la teoría CMP, la teoría de trayectoria-meta y el enfoque del árbol de decisiones de Vroom), ¿cuál es la más completa? ¿Cuál es la más limitada? ¿Cuál tiene mayor valor práctico?
10. ¿Qué tan realista cree usted que sea el intento de los gerentes por emplear el enfoque del árbol de decisiones de Vroom según lo prescrito? Explique su respuesta.

EJERCICIO PARA DESARROLLAR SUS HABILIDADES

¿Cuál es su potencial de liderazgo?

Distribuya 5 puntos en cada uno de los pares de afirmaciones que aparecen a continuación, con base en qué tanto se identifica con cada una. Si la primera afirmación lo define totalmente y la segunda no se relaciona con usted, asigne 5 puntos a la primera y 0 a la segunda. Si ocurre lo contrario, asigne 0 y 5. Si la afirmación lo describe en lo general, entonces la distribución puede ser de 4 y 1, o 1 y 4. Si ambas afirmaciones lo describen, la distribución debe ser de 3 y 2, o 2 y 3. Recuerde que la puntuación combinada de cada par debe sumar 5. No hay respuestas correctas o incorrectas. Sea honesto al responder las preguntas, para que pueda comprender mejor su comportamiento en relación con el liderazgo.

Las posibles distribuciones de puntuación para cada par de afirmaciones son las siguientes:

0–5 o 5–0   Una de las afirmaciones lo describe completamente, pero la otra es totalmente opuesta.

1–4 o 4–1   Una de las afirmaciones lo describe en general, pero la otra no.

3–2 o 2–3   Ambas afirmaciones lo describen, aunque una lo hace mejor que la otra.

1. ____ Me interesa y estoy dispuesto a hacerme cargo de un grupo.

   ____ Prefiero que otra persona se haga cargo del grupo.

2. ____ Cuando no me encuentro a cargo, estoy dispuesto a proporcionar información al líder para mejorar el desempeño.

   ____ Cuando no estoy a cargo, hago las cosas como lo indica el líder, en lugar de ofrecer mis sugerencias.

3. ____ Estoy interesado y dispuesto a conseguir que las personas escuchen y apliquen mis sugerencias.

   ____ No me interesa influir en otras personas.

4. ____ Cuando estoy a cargo, quiero compartir las responsabilidades administrativas con los integrantes del grupo.

   ____ Cuando estoy a cargo, quiero desempeñar las funciones administrativas del grupo.

5. ____ Quiero tener metas claras y desarrollar e implementar planes para alcanzarlas.

   ____ Me gusta tener objetivos generales y tomar las cosas como vienen.

6. ____ Me gusta cambiar la forma en que realizo mi trabajo para aprender y hacer cosas nuevas.

   ____ Me gusta la estabilidad y hacer mi trabajo de la misma manera. No me gusta aprender ni hacer cosas nuevas.

7. ____ Me gusta trabajar con las personas y ayudarles a tener éxito. ____ No me gusta trabajar con las personas ni ayudarles a tener éxito.

Puntuación: Para estimar su puntaje de potencial de liderazgo, sume los puntajes (0 a 5) para las primeras afirmaciones de cada par y no tome en cuenta la segunda afirmación. Su puntaje total debe sumar entre 0 y 35. Coloque su puntaje en el siguiente continuo:

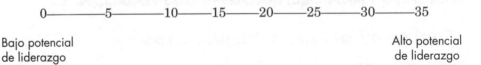

0————5————10———15———20———25———30———35

Bajo potencial
de liderazgo

Alto potencial
de liderazgo

Interpretación: Por lo general, entre más alto es su puntaje, su potencial de liderazgo efectivo es mayor. La clave del liderazgo es persistir en el trabajo arduo y no sólo su potencial, por lo que usted puede desarrollar su habilidad de liderazgo si aplica a sus vidas personal y profesional los principios y teorías que aprendió en este libro. Puede comenzar por revisar las afirmaciones de liderazgo efectivo en las que obtuvo un puntaje bajo y practicar estas conductas.

Fuente: Adaptado de Lussier, R. N. y Achua, C. F. (2001). *Leadership: Theory, Application and Skill Development.* Cincinnati, OH: South-Western College Publishing. © 2001 Cengage Learning.

EJERCICIO EN EQUIPO

Gerentes y líderes

Este ejercicio le ofrece la oportunidad de comparar sus supuestos y puntos de vista sobre los gerentes y líderes con sus compañeros de clase.

Su actividad:

1. Elabore una lista de 10 características de los gerentes exitosos y otra con 10 características diferentes de los líderes exitosos.
2. En equipos compartan sus listas con otros compañeros y analicen lo siguiente:
   A) ¿Cuáles características de los gerentes, si las hay, se repiten en las listas de diferentes estudiantes?
   B) ¿Cuáles características de los líderes, si las hay, aparecen en las listas de diferentes estudiantes?
   C) ¿Cuáles características, si las hay, aparecen tanto en las listas de los gerentes como en las de líderes?
3. En equipo, elaboren una sola lista de 10 características de los gerentes y 10 para los líderes.
4. Compartan las listas de los equipos con todo el grupo y vean si pueden acordar una lista final para líderes y gerentes. ¿Qué tienen en común las dos listas? ¿Existen características que aparezcan en ambas listas?

EJERCICIO EN VIDEO

La ciudad de Greensburg en Kansas: liderazgo

Después de trabajar en Oklahoma City como director de parques, Steve Hewitt quería administrar toda una ciudad. Una comunidad pequeña parecía ser el lugar perfecto para obtener experiencia en liderazgo antes de abordar una ciudad más grande, por lo que Hewitt aceptó el cargo de administrador de la ciudad en su natal, Greensburg, Kansas (población: 1,500). Pero el 4 de mayo de 2007, mientras observaba el cielo oscuro desde los restos destrozados de su cocina, Hewitt notó que había obtenido más de lo que había solicitado: un tornado había golpeado la ciudad.

La mañana siguiente de que el potente tornado categoría EF-5 azotara la zona, todos sabían que Greensburg había desaparecido, tal vez para siempre. Sin embargo, en una conferencia de prensa posterior, el alcalde Lonnie McCollum anunció que la ciudad se reconstruiría como una comunidad modelo verde y convenció a la ciudad de que necesitaba un administrador de tiempo completo para implementar los cambios. Hewitt era el hombre para el trabajo.

Steve Hewitt era intenso y rápido para hablar, el complemento perfecto del comportamiento humilde y mesurado de McCollum. Daniel Wallach, CEO de Greensburg GreenTown, describe al joven líder como "el tipo de persona que desea realizar el último tiro en un partido de baloncesto". En realidad, Hewitt tenía la ambición y confianza necesarias para poner de nuevo en pie a la comunidad. El alcalde McCollum ofreció una visión de la reconstrucción de Greensburg, a la que Hewitt se sumó para hacerla realidad.

Hewitt se puso a trabajar rápidamente en un plan de reconstrucción. Tomó un curso intensivo de tácticas de influencia interpersonal, incrementó su personal de veinte a treinta y cinco personas y estableció departamentos de tiempo completo para los bomberos, planeación y desarrollo de la comunidad.

Además, pasó horas cada semana en la realización de entrevistas con los medios de comunicación para mantener a Greensburg en el radar de todos. La atención de la prensa mantuvo a Greensburg en el mapa a pesar de que estaba en ruinas.

Los trabajadores califican como sobresaliente el trabajo de Hewitt para manejar la crisis. "Ha sido muy abierto en todo lo relacionado con la información", dijo Kim Alderfer, coordinador de recuperación. "Es muy bueno para delegar. Te da autoridad para hacer tu trabajo. Él no tiene tiempo para microadministrar."

Al igual que la mayoría de los líderes efectivos, Hewitt no tuvo miedo de causar molestias cuando fue necesario. Cuando algunos residentes se opusieron a los estrictos códigos de construcción de ambiente, Hewitt encontró el valor y el liderazgo moral para decir: "No. Usted lo construirá bien y lo hará según el código." Al preguntarle acerca de cómo manejó el conflicto en medio de una crisis, Hewitt respondió: "Soy lo suficientemente tonto para pasar por alto lo que las personas dicen y lo suficientemente joven para contar con la energía para resolverlo."

Preguntas para análisis

1. ¿Cómo clasificaría el liderazgo de Hewitt en el grid del liderazgo que se analiza en el capítulo? Explique su respuesta.
2. ¿Cuáles son las deficiencias o defectos que identifica en el liderazgo de Hewitt?
3. ¿Fue adecuado el estilo de liderazgo de Hewitt para la situación de Greensburg? Explique su respuesta utilizando los conceptos de la teoría CMP de Fiedler.

CASO EN VIDEO

¿Y ahora qué?

Suponga que recibe una evaluación de desempeño de su jefe acerca de sus habilidades de liderazgo que es menos favorable de lo que esperaba. *¿Qué diría o haría?* Vea el video "¿Y ahora qué?" de este capítulo, revise el video de desafío y elija una respuesta. Asegúrese de ver también los resultados de las dos respuestas que no eligió.

Preguntas para análisis

1. ¿Considera que Alex es un gerente efectivo? ¿Es un líder efectivo? Explique.
2. ¿Amy muestra un liderazgo efectivo en el video de desafío? ¿De qué manera su liderazgo es o no efectivo?
3. Además de elegir la solución que considera mejor, ¿qué haría si fuera Amy o Alex para demostrar un liderazgo más efectivo para manejar esta situación?

NOTAS FINALES

[1]Colvin, G. (6 de febrero de 2006). Catch a Rising Star, en *Fortune* p. 10, 2015. Disponible en: http://archive.fortune.com/magazines/ fortune/fortune_archive/2006/02/06/toc.html; Kneale, K. (17 de abril de 2009). Stress Management for the CEO. Disponible en línea en: http://www.forbes.com/2009/04/16/ceo-network-managementleadership-stress.html; Berfield, S. (24 de julio de 2009). The Real Effects of Workplace Anxiety, en *Business Week*. Disponible en línea en: http://www.bloomberg.com/bw/stories/2009-07-24/the-realeffects-of-workplace-anxietybusinessweek-business-newsstock-market-and-financial-advice, en *Business Week*; Useem, J. (15 de marzo de 2006). Making Your Work Work for You. Disponible en línea en:http://archive.fortune.com/magazines/fortune/fortune_ archive/2006/03/20/8371789/index.htm.

[2]Stogdill, R. M. (1974). *Handbook of Leadership*. Nueva York: Free Press. Vea también Bass, B. y Bass, R. (2008). *Handbook of Leadership: Theory, Research, and Application* (4a. ed.). Riverside, NJ: Free Press; Tichy, N. y Bennis, W. (2007). *Judgment: How Winning Leaders Make Great Calls*. Nueva York: Portfolio Press; vea también Vinchur, A. J. y Koppes, L. L. (2010) A Historical Survey of Research and Practice in Industrial and Organizational Psychology, en *Handbook of Industrial and Organizational Psychology*, ed. S. Zedeck (pp. 3–36). Washington, DC: American Psychological Association.

[3]Yukl, G. y Van Fleet, D. D. (1992). Theory and Research on Leadership in Organizations, en *Handbook of Industrial and Organizational Psychology*, eds. M. D. Dunnette y L. M. Hough (vol. 3, pp. 148–197). Palo Alto, CA: Consulting Psychologists Press. Vea también Avolio, B. J., Walumbwa, F. O. y Weber, T. J. (2009). Leadership: Current Theories, Research, and Future Decisions, en *Annual Review of Psychology 2009*, eds. S. T. Fiske, D. L. Schacter y R. J. Sternberg (pp. 421–450). Palo Alto, CA: Annual Reviews.

[4]Jago, A. G. (Marzo de 1982). Leadership: Perspectives in Theory and Research, en *Management Science*, pp. 315–336. Vea también Barling, J., Christie, A. y Hoption, C. Leadership, en *Handbook of Industrial and Organizational Psychology*, ed. S. Zedeck (pp. 183–240). Washington, DC: American Psychological Association.

[5]Sorcher, M. y Brant, J. (Febrero de 2002). Are You Picking the Right Leaders?, en *Harvard Business Review*, pp. 78–85.

[6]Kotter, J. P. (Mayo-junio de 1990). What Leaders Really Do, en *Harvard Business Review*, pp. 103–111. Vea también Zaleznik, A. (Marzo-abril de 1992). Managers and Leaders: Are They Different?, en *Harvard Business Review*, pp. 126–135; y Kotter, J. (Diciembre, 2001). What Leaders Really Do, en *Harvard Business Review*, pp. 85–94.

[7]Heifetz, R. y Linsky, M. (Junio de 2002). A Survival Guide for Leaders, en *Harvard Business Review*, pp. 65–74.

[8]Reichheld, F. (Julio-agosto de 2001). Lead for Loyalty, en *Harvard Business Review*, pp. 76–83.

[9]Van Fleet, D. D. y Yukl, G. A. (1986). A Century of Leadership Research, en *Papers Dedicated to the Development of Modern Management,* eds. D. A. Wren y J. A. Pearce II (pp. 12–23). Chicago: Academy of Management.

[10]Kirkpatrick, S. A. y Locke, E. A. (Mayo de 1991). Leadership: Do Traits Matter?, en *Academy of Management Executive*, pp. 48–60; vea también Sternberg, R. J. (1997). Managerial Intelligence: Why IQ Isn't Enough, en *Journal of Management*, *23(3)*, pp. 475–493.

[11]Podsakoff, P. M., MacKenzie, S. B., Ahearne, M. y Bommer, W. H. (1995). Searching for a Needle in a Haystack: Trying to Identify the Illusive Moderators of Leadership Behaviors, en *Journal of Management*, *21(3)*, pp. 422–470.

[12]Likert, R. (1961). *New Patterns of Management*. Nueva York: McGraw-Hill.

[13]Fleishman, E. A., Harris, E. F. y Burtt, H. E. (1955). *Leadership and Supervision in Industry*. Columbus: Bureau of Educational Research, Ohio State University.

[14]Fleishman, E. A. (1973). Twenty Years of Consideration and Structure, en *Current Developments in the Study of Leadership*, eds. E. A. Fleishman y J. G. Hunt (pp. 1–40). Carbondale, IL: Southern Illinois University Press.

[15]Fleishman, E. A., Harris, E. F. y Burtt, H. E. (1955). *Leadership and Supervision in Industry*. Columbus: Bureau of Educational Research, Ohio State University.

[16]Para una actualización reciente, vea Judge, T., Piccolo, R. e Ilies, R. (2004). The Forgotten Ones? The Validity of Consideration and Initiating Structure in Leadership Research, en *Journal of Applied Psychology*, *89(1)*, pp. 36–51.

[17]Blake, R. R. y Mouton, J. S. (1964). *The Managerial Grid*. Houston, TX: Gulf Publishing; Blake, R. R. y Mouton, J. S. (1981). *The Versatile Manager: A Grid Profile Homewood*, IL: Dow Jones-Irwin.

[18]Tannenbaum, R. y Schmidt, W. H. (Marzo-abril de 1958). How to Choose a Leadership Pattern, en *Harvard Business Review*, pp. 95–101.

[19]Fiedler, F. F. (1967). *A Theory of Leadership Effectiveness*. Nueva York: McGraw-Hill. Reimpreso con autorización del autor.

[20]Fiedler, F. F. (Septiembre-octubre de 1965). Engineering the Job to Fit the Manager, en *Harvard Business Review*, pp. 115–122.

[21]Fiedler, F. F., Chemers, M. M. y Mahar, L. (1976). *Improving Leadership Effectiveness: The Leader Match Concept*. Nueva York: John Wiley and Sons.

[22]Schriesheim, C. A., Tepper, B. J. y Tetrault, L. A. (1994). Least Preferred Co-Worker Score, Situational Control, and Leadership Effectiveness: A Meta-Analysis of Contingency Model Performance Predictions, en *Journal of Applied Psychology*, *79(1)*, pp. 561–573.

[23]Evans, M. G. (Mayo de 1970). The Effects of Supervisory Behavior on the Path-Goal Relationship, en *Organizational Behavior and Human Performance*, pp. 277–298; House, R. J. (Septiembre de 1971). A Path-Goal Theory of Leadership Effectiveness, en *Administrative Science Quarterly*, pp. 321–339; House, R. J. y Mitchell, T. R. (Otoño de 1974). Path-Goal Theory of Leadership, en *Journal of Contemporary Business*, pp. 81–98.

[24]Vroom, V. H. y Yetton, P. H. (1973). *Leadership and Decision Making*. Pittsburgh, PA: University of Pittsburgh Press; Vroom, V. H. y Jago, A. G. (1988). *The New Leadership*. Englewood Cliffs, NJ: Prentice Hall.

[25]Vroom, V. H. (Primavera de 2000). Leadership and the Decision Making Process, en *Organizational Dynamics*, *28(4)*, pp. 82–94.

[26]Vroom, V. H. y Jago, A. G. (1988). *The New Leadership*. Englewood Cliffs, NJ: Prentice Hall.

[27]Heilman, M. E., Hornstein, H. A., Cage, J. H. y Herschlag, J. K. (Febrero de 1984). Reaction to Prescribed Leader Behavior as a Function of Role Perspective: The Case of the Vroom-Yetton Model, en *Journal of Applied Psychology*, pp. 50–60; Field, R. H. G. (Febrero de 1982). A Test of the Vroom-Yetton Normative Model of Leadership, en *Journal of Applied Psychology*, *67(5)*, pp. 523–532.

LOSKUTNIKOV/SHUTTERSTOCK.COM

ENFOQUES CONTEMPORÁNEOS DEL LIDERAZGO EN LAS ORGANIZACIONES

ESTRUCTURA DEL CAPÍTULO

Desafíos del mundo real: Liderazgo ético en Costco

TEORÍAS SITUACIONALES CONTEMPORÁNEAS
- Modelo de intercambio líder-miembro
- Modelo de Hersey y Blanchard
- Adaptaciones y revisiones de otras teorías

LIDERAZGO DESDE EL PUNTO DE VISTA DE LOS SEGUIDORES
- Liderazgo transformacional
- Liderazgo carismático

Caso de estudio: Cómo liderar la transformación del cuerpo de policía

Cómo entenderse a sí mismo: ¿Qué tan carismático es usted?
- Atribución y liderazgo

Temas globales: Impacto de la cultura sobre las percepciones de los atributos del líder

ALTERNATIVAS AL LIDERAZGO
- Sustitutos del liderazgo
- Neutralizadores del liderazgo

NATURALEZA CAMBIANTE DEL LIDERAZGO
- Los líderes como coaches
- Género y liderazgo
- Liderazgo transcultural o entre culturas
- Liderazgo internacional y el proyecto GLOBE

TEMAS EMERGENTES RELACIONADOS CON EL LIDERAZGO
- Liderazgo estratégico
- Liderazgo ético

Mejore sus habilidades: Recomendaciones de etiqueta web para gerentes
- Liderazgo virtual

RESUMEN Y APLICACIÓN

Respuestas para el mundo real: Liderazgo ético en Costco

OBJETIVOS DE APRENDIZAJE

Al concluir el estudio de este capítulo, usted podrá:

1 Identificar y describir las teorías situacionales contemporáneas del liderazgo.

2 Analizar el liderazgo desde el punto de vista de los seguidores.

3 Identificar y describir las alternativas al liderazgo.

4 Describir los temas emergentes y la naturaleza cambiante del liderazgo.

—DESAFÍOS DEL MUNDO REAL—

LIDERAZGO ÉTICO EN COSTCO[1]

El minorista Costco tiene ventas superiores a los 50,000 millones de dólares en más de 500 puntos de venta en varios países y emplea a más de 120,000 trabajadores. La empresa compite al ofrecer a los clientes la mejor calidad al mejor precio. El margen máximo en Costco es de 15%, lo que significa que los clientes no pagan más de 15% de lo que la organización pagó por un artículo. Jim Sinegal, cofundador y exCEO de Costco, cree en el trato respetuoso a los empleados. También sabe que actuar con ética y mantener la vista en el propósito de la organización es crucial para la dirección de ésta en el futuro.

En el núcleo de la filosofía de liderazgo de Sinegal se encuentra la idea de que las grandes empresas se pueden hacer y sostener con el respaldo de un conjunto de valores fundamentales. Costco continúa su crecimiento y es cada vez más multinacional, a la vez que Sinegal, que aún conserva un rol en Costco, desea mantener el papel central de la ética en la empresa. Sin embargo, los analistas de Wall Street lo han criticado desde hace tiempo porque paga altos salarios y mantiene a los empleados por demasiado tiempo, lo que incrementa los costos salariales y de beneficios.

Sinegal considera que los empleados son la columna vertebral del éxito de Costco y piensa que son más productivos cuando están contentos. Atribuye el éxito de la empresa a un esfuerzo de equipo y no al trabajo individual. Suponga que Sinegal le pide consejo sobre cómo liderar de forma efectiva a Costco en el futuro. Después de leer este capítulo, usted deberá contar con algunas buenas ideas.

Las tres principales teorías situacionales del liderazgo que se estudian en el capítulo 11 modificaron la forma de pensar de todos acerca de este fenómeno. Las personas ya no se sienten obligadas a buscar la mejor manera de dirigir ni pretenden encontrar prescripciones o relaciones universales de liderazgo. En su lugar, los investigadores y los gerentes activos dirigen su atención hacia los nuevos enfoques del liderazgo. Éstos, junto con otros temas emergentes de liderazgo, son el tema de este capítulo. En primer lugar, se describen dos teorías situacionales relativamente nuevas, así como adaptaciones recientes de las teorías anteriores. A continuación se analiza el liderazgo desde el punto de vista de los seguidores y después se estudia el pensamiento actual sobre las alternativas posibles al liderazgo tradicional. Posteriormente se describe la naturaleza cambiante del liderazgo y el capítulo concluye con el análisis de varios temas emergentes en el liderazgo.

TEORÍAS SITUACIONALES CONTEMPORÁNEAS

modelo de intercambio líder-miembro (ILM) (del liderazgo)
Modelo que hace hincapié en la importancia de las relaciones variables entre los supervisores y cada uno de sus subordinados

grupo interno
Grupo que con frecuencia recibe asignaciones especiales que requieren un grado mayor de responsabilidad y autonomía; también puede recibir privilegios especiales, como mayor libertad en los horarios de trabajo

grupo externo
Grupo que con frecuencia recibe menos tiempo y atención del supervisor y al que es probable que se le asignen las tareas más triviales que el grupo debe realizar y que se lo excluya "del círculo rojo" cuando se comparte la información

La teoría CMP, la teoría de trayectoria-meta y el árbol de decisiones de Vroom cambiaron la dirección del estudio del liderazgo. No debe sorprendernos que se desarrollen otras teorías situacionales y que se adapten y modifiquen los modelos originales.

Modelo de intercambio líder-miembro

El *modelo de intercambio líder-miembro (ILM)* del liderazgo, concebido por George Graen y Fred Danserau, hace hincapié en la importancia de las relaciones variables entre los supervisores y cada uno de sus subordinados.[2] Cada pareja superior-subordinado se conoce como "díada vertical". El modelo se diferencia de los enfoques anteriores en que se centra en las relaciones diferenciadas que, con frecuencia, los líderes establecen con distintos subordinados. La figura 12.1 muestra los conceptos básicos de la teoría de intercambio líder-miembro.

El modelo sugiere que los supervisores establecen una relación especial con un número reducido de subordinados de confianza que se conoce como *grupo interno*. Con frecuencia, este grupo acepta cumplir funciones especiales que requieren un nivel mayor de responsabilidad y autonomía; también es probable que reciba privilegios especiales, como mayor libertad en los horarios de trabajo. Asimismo, suele suceder que los miembros del grupo interno tienen acceso antes que los demás a información delicada y se enteran de los acontecimientos próximos. También pueden recibir más recompensas y un apoyo más sólido por parte del líder.

Los subordinados que no forman parte de este grupo se conocen como *grupo externo* y reciben una

Uno de los supuestos básicos del modelo de intercambio líder-miembro (ILM) es que los supervisores tienden a desarrollar relaciones individuales con cada uno de sus subordinados. Esta supervisora explica con más detalle algunas cosas a uno de sus subordinados mientras que el resto del grupo los observa. Es probable que él pertenezca al grupo interno que obtiene atención especial por parte de la líder.

Figura 12.1

Modelo de intercambio líder-miembro (ILM)

El modelo ILM sugiere que los líderes establecen relaciones independientes con cada uno de sus subordinados. Como lo muestra la figura, un factor clave en la naturaleza de esta relación es si el subordinado pertenece o no al grupo interno del líder.

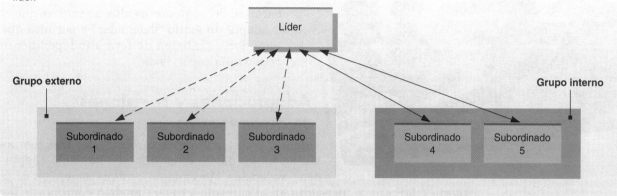

cantidad menor de tiempo y atención del supervisor. Es posible que a los miembros de este grupo se les asignen las tareas más triviales que el grupo debe realizar y que se les excluya "del círculo rojo" cuando se comparte información. También pueden recibir menos recompensas y apoyo general débil por parte del líder.

Observe en la figura que el líder tiene una relación diádica, o de uno a uno, con cada uno de los cinco subordinados. Al comienzo de su interacción con un subordinado determinado, el supervisor inicia una relación de grupo interno o externo. No está claro cómo un líder selecciona los miembros del grupo interno, pero es probable que la decisión se base en la compatibilidad personal y la competencia de los subordinados. La investigación ha confirmado la existencia de los grupos internos y externos. Además, ha encontrado que, por lo general, los miembros del grupo interno tienden a mostrar un nivel superior de desempeño y satisfacción que los del grupo externo.[3]

Modelo de Hersey y Blanchard

Otro enfoque situacional reciente muy difundido entre los gerentes es el modelo de Hersey y Blanchard. Al igual que el grid del liderazgo que se estudió en el capítulo anterior, este modelo fue desarrollado como una herramienta de consulta. El *modelo de Hersey y Blanchard* se basa en la idea de que el comportamiento apropiado del líder depende de la "preparación" de los seguidores.[4] En este caso, la preparación se refiere al grado de motivación, competencia, experiencia e interés en aceptar la responsabilidad por parte de los subordinados. La figura 12.2 muestra el modelo básico.

La figura sugiere que a medida que mejora la preparación de los seguidores, el estilo básico del líder debe cambiar. Por ejemplo, cuando la preparación es baja, el líder debe emplear un estilo de "narrar", proporcionar dirección y definir las funciones. Cuando el nivel de preparación es de bajo a moderado, el líder debe utilizar un estilo de "vender" y ofrecer orientación y definir las funciones junto con explicaciones e información. En el caso de una preparación de moderada a alta, el líder debe utilizar un estilo de "participar" y permitir que los seguidores colaboren en la toma de decisiones. Por último, cuando la

modelo de Hersey y Blanchard
Modelo que se basa en el supuesto de que el comportamiento apropiado del líder depende de la "preparación" de sus seguidores (por ejemplo, el nivel de motivación, competencia, experiencia e interés en aceptar responsabilidades por parte de los subordinados)

El modelo de liderazgo de Hersey y Blanchard sostiene que el comportamiento apropiado del líder depende de la "preparación" de sus seguidores. Este líder explica algunas cuestiones de manera casual e informal, lo que sugiere que el grado de "preparación" del grupo es alto.

preparación del seguidor es alta, se sugiere que el líder adopte un estilo "delegador" y permita que los seguidores trabajen de forma independiente con poca o nula supervisión.

Adaptaciones y revisiones de otras teorías

Además de estos modelos recientes, las tres teorías situacionales dominantes también han sido adaptadas y revisadas. Por ejemplo, aunque la versión de la teoría CMP que se presenta en el capítulo 11 es el modelo dominante, los investigadores han hecho varios intentos por mejorar su validez. Fiedler añadió el concepto de estrés como un elemento importante del carácter favorable de la situación y argumenta que la inteligencia y la experiencia del líder juegan un papel importante para afrontar los niveles de estrés que caracterizan a cualquier situación.[5]

En los últimos años, la teoría de trayectoria-meta también ha sido objeto de adaptaciones importantes. Su formulación original incluía sólo dos formas

---

Figura 12.2

La teoría de Hersey y Blanchard sostiene que el comportamiento del líder deben variar según el nivel de preparación de los seguidores. La figura muestra la naturaleza de estas variaciones. La línea curva sugiere que el comportamiento de relación del líder debe comenzar en un nivel bajo, incrementarse de forma gradual y volver a disminuir a medida que aumenta la preparación de los seguidores. Por su parte, el comportamiento de tarea del líder, que se ilustra con la línea recta, debe comenzar en un nivel alto cuando los seguidores carecen de preparación y reducirse continuamente conforme aumenta su nivel de preparación.

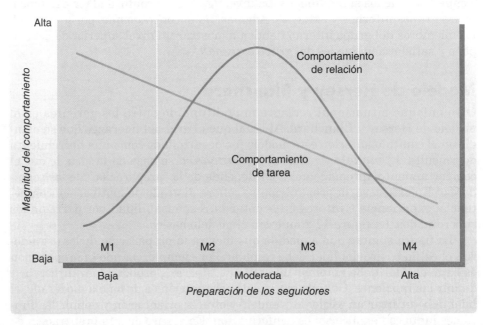

Teoría de liderazgo de Hersey y Blanchard

Fuente: El modelo de liderazgo situacional (Situational Leadership®) es una marca registrada del Center for Leadership Studies, Escondido, CA. Extracto de Hersey, P. y Blanchard, K. H. (1977). *Management of Organizational Behavior: Utilizing Human Resources* (3a. ed., p. 165). Englewood Cliffs, NJ: Prentice-Hall.

de comportamiento de liderazgo. Una tercera se añadió más tarde y, de forma más reciente, la teoría evolucionó para incluir las cuatro formas de comportamiento del líder que se estudian en el capítulo 11. Si bien se ha realizado relativamente poca investigación sobre esta teoría en los últimos años, su lógica intuitiva y el apoyo general de los estudiosos incrementan las probabilidades de que resurja como un tema popular para la investigación.

Por último, el enfoque del árbol de decisiones de Vroom también continúa en evolución. La versión que se presenta en el capítulo 11 corresponde a la tercera versión publicada. Vroom y sus colaboradores continúan con el desarrollo de programas de capacitación y evaluación para que los gerentes comprendan mejor sus estilos "naturales" de toma de decisiones. Además, existen versiones de software de los distintos modelos que ahora pueden ayudar a los gerentes a determinar con rapidez el nivel óptimo de participación en cualquier situación.

LIDERAZGO DESDE EL PUNTO DE VISTA DE LOS SEGUIDORES

Otra perspectiva que han adoptado algunos expertos en liderazgo se centra en la forma en que los líderes son considerados desde el punto de vista de los seguidores. Es decir, ¿de qué forma y en qué medida es importante que los seguidores y otros observadores atribuyan el liderazgo a los demás? Los tres enfoques principales sobre el liderazgo desde el punto de vista de los seguidores son el liderazgo transformacional, el liderazgo carismático y las atribuciones del liderazgo.

Liderazgo transformacional

El liderazgo transformacional se orienta hacia la distinción básica que existe entre liderar el cambio o la estabilidad.[6] Con base en este punto de vista, la mayor parte de lo que hace el líder sucede en el curso de las transacciones laborales normales y rutinarias, como asignar el trabajo, evaluar el desempeño y tomar decisiones, entre otras. Sin embargo, en algunas ocasiones el líder debe iniciar y administrar cambios importantes, como una fusión, la creación de un grupo de trabajo o la definición de la cultura organizacional. El primer conjunto de actividades se relaciona con el liderazgo transaccional y el segundo con el liderazgo transformacional.[7]

Recuerde la distinción entre administración y liderazgo que se plantea en el capítulo 11. El *liderazgo transaccional* es, en esencia, lo mismo que la administración, debido a que se refiere a las actividades rutinarias y reguladas. El *liderazgo transformacional* se aproxima más a la noción general de liderazgo, e incluye el conjunto de habilidades que le permiten a un líder reconocer la necesidad de un cambio, crear una visión para guiarlo e implementarlo de manera efectiva. Sólo un líder con gran influencia puede esperar ejercer con éxito estas funciones. Algunos expertos consideran que el cambio es una función organizacional tan crucial que incluso las empresas de éxito tienen que cambiar con regularidad para evitar la complacencia y el estancamiento, por lo que el liderazgo para el cambio también es importante.[8]

Otra característica distintiva del liderazgo efectivo es la capacidad para identificar cuál es el enfoque que se debe implementar. Tras la muerte de Steve Jobs, legendario cofundador de Apple, Tim Cook, ejecutivo de la empresa, fue promovido al puesto de CEO.

liderazgo transaccional
Liderazgo que se orienta hacia las actividades rutinarias reglamentadas

liderazgo transformacional
Conjunto de habilidades que le permiten a un líder reconocer la necesidad de cambiar, crear una visión para guiar el cambio y ejecutarlo de forma efectiva

Cuando Marissa Mayer salió de Google para ser nombrada CEO de Yahoo!, fue recibida como una líder transformacional que podría devolver a la empresa sus días anteriores de gloria. Hasta ahora los resultados han sido diversos, pero ella emprendió cambios importantes y logró restaurar la rentabilidad de la empresa.

En ese momento, Apple registraba utilidades enormes y era la empresa más valiosa del mundo, con una línea fuerte y sólida de productos nuevos y tecnologías en desarrollo. Por lo tanto, Cook vio poca necesidad de implementar cambios drásticos. Aunque ha cambiado algunas cosas, como el pago de dividendos a los accionistas por primera vez en años, Apple es en esencia la misma empresa que fue durante la era de Jobs. Por el contrario, cuando Marissa Mayer salió de Google para dirigir Yahoo!, se encontró con la necesidad evidente de efectuar cambios importantes. Aunque Yahoo! había sido tan exitosa como otras empresas tecnológicas, como Google, Microsoft, Apple y Facebook, se había rezagado de estos y otros gigantes de la tecnología y se dirigía hacia la irrelevancia. En consecuencia, comenzó a implementar una serie de importantes iniciativas estratégicas para revitalizar a la empresa.

Es posible que los líderes deban pasar del liderazgo transformacional al transaccional o viceversa. Por ejemplo, cuando Alan Mulally asumió el rol de líder en Ford Motor, la empresa se encontraba en una situación desesperada: sus instalaciones de producción eran obsoletas, sus costos demasiado altos y su línea de productos era anticuada y tenían reputación de baja calidad. Con el liderazgo transformacional, Mulally logró renovar por completo la empresa y revitalizar todos los aspectos importantes para transformarla en el más sano de los tres grandes fabricantes estadounidenses de automóviles. En realidad, mientras que General Motors y Chrysler necesitaron fondos federales de rescate durante la última recesión, Ford pudo mantener las operaciones por su cuenta sin el apoyo del gobierno y se volvió muy rentable rápidamente. Después de que se completó la transformación, Mulally logró una transición a un papel transaccional y dirigió a la empresa hacia la obtención de más ingresos, mayor participación de mercado y utilidades superiores.[9] La sección *Caso de estudio* analiza otro ejemplo de liderazgo transformacional.

Liderazgo carismático

Los enfoques de liderazgo carismático, al igual que las teorías de los rasgos que se estudian en el capítulo 11, suponen que el carisma es una característica individual del líder. El **carisma** es una forma de atracción interpersonal que inspira el apoyo y la aceptación. La sección *Entenderse a sí mismo* le puede brindar información sobre su nivel de carisma.

El **liderazgo carismático** es un tipo de influencia que se basa en el carisma personal del líder. Es más probable que una persona con carisma pueda influir en los demás que otra que no lo tiene, si todo lo demás permanece igual. Por ejemplo, un supervisor muy carismático tendrá más éxito para influir en el comportamiento de sus subordinados que uno que carece de carisma. Por lo tanto, la influencia es un elemento fundamental de este enfoque.[10]

carisma
Forma de atracción interpersonal que inspira apoyo y aceptación

liderazgo carismático
Tipo de influencia que se basa en el carisma personal del líder

CASO DE ESTUDIO   Cómo liderar la transformación del cuerpo de policía

Cuando Melvin Wearing fue nombrado jefe de policía de New Haven, Connecticut, cargo con el que había soñado durante 28 años, encontró un desafío enorme. Su predecesor había socavado la credibilidad del departamento, la moral era terrible y, con frecuencia, la comunicación entre el jefe y los oficiales se establecía por medio de las quejas del sindicato.

Wearing había sido con anterioridad ayudante del jefe y los demás oficiales lo respetaban y consideraban "compasivo", "humanista" y "una fuente de inspiración y orgullo". En su primera jornada de trabajo, Wearing estuvo en cada una de las cuatro alineaciones del día (el pase de lista de los oficiales que inician cada turno), vestido con su uniforme de gala para la ocasión. Así quería mostrar su orgullo por el trabajo policial y su apoyo a los oficiales, a quienes comunicó con claridad que no quería que ni siquiera *pensaran* en perder el tiempo. Esta advertencia no era sólo una cuestión de restaurar la credibilidad de la unidad; como primer jefe afroestadounidense del departamento, sabía que iba a estar bajo escrutinio especial. Rápidamente actualizó la tecnología y el equipo de oficina del departamento e instaló aire acondicionado y computadoras portátiles en los cruceros.

Wearing también mejoró los estándares de la academia de entrenamiento e incrementó la diversidad del departamento. En 2002, las mujeres y las minorías conformaban 51% del personal jurado de New Haven, en comparación con 24% en 1990. En 1997, New Haven registró 13,950 delitos graves; en 2001, la ciudad reportó sólo 9,322. Incluso, el departamento se hizo acreedor a cuatro premios nacionales e internacionales por su vigilancia de la comunidad. El jefe Wearing entiende que debe continuar con su impacto: "Para mí el verdadero desafío es mantener esta situación durante un largo periodo."[11]

Preguntas

1. Explique la forma en que Wearing puede presentar un estilo de liderazgo transformacional en su papel de jefe de policía.
2. Describa el entorno que enfrentó el jefe Wearing en términos de las relaciones líder-miembro, la estructura de la tarea y el poder de la posición. Utilice el modelo de Fiedler para determinar el estilo de liderazgo más adecuado, dada la situación que acaba de describir. ¿Este estilo coincide con el del jefe Wearing?
3. Si usted fuera el jefe Wearing, ¿cómo utilizaría la información que ha aprendido en este capítulo para mejorar la diversidad del cuerpo de policía?

Al principio, Robert House propuso una teoría del liderazgo carismático basada en los resultados de las investigaciones en diversas disciplinas de las ciencias sociales.[12] Su teoría sostiene que es probable que los líderes carismáticos tengan mucha autoconfianza, se sientan seguros de sus creencias e ideales y tengan una fuerte necesidad de influir en las personas. También tienden a comunicar altas expectativas sobre el desempeño de los seguidores y a manifestarles su confianza. Herb Kelleher, el legendario CEO de Southwest Airlines (ahora retirado), es un excelente ejemplo de un líder carismático. Kelleher mezcló con astucia una combinación única de habilidades ejecutivas, honestidad y alegría. Estas cualidades atrajeron a un grupo de seguidores a Southwest, quienes estaban dispuestos a seguir su ejemplo sin cuestionarlo y dedicarse a implementar con pasión incesante sus decisiones y políticas.[13] Otras personas que son o han sido consideradas líderes carismáticos son Mary Kay Ash, Steve Jobs, Martin Luther King Jr., el Papa Juan Pablo II, Condoleezza Rice y Ted Turner. Desafortunadamente, el carisma también da poder a los líderes en otras direcciones. Por ejemplo, Adolf Hitler poseía sólidas cualidades carismáticas atractivas para algunos seguidores, al igual que Osama bin Laden.

La figura 12.3 representa los tres elementos de liderazgo carismático en las organizaciones que la mayoría de los expertos reconocen en la actualidad.[14] En primer lugar, los líderes carismáticos son capaces de prever las tendencias

CÓMO ENTENDERSE A SÍ MISMO

¿QUÉ TAN CARISMÁTICO ES USTED?

Los líderes carismáticos parecen ser capaces de influir con facilidad en otras personas. Articulan una visión, se preocupan por los demás, tienen altas expectativas y crean equipos y organizaciones de alto desempeño. Esta autoevaluación le permitirá conocer su potencial carismático.

Instrucciones: Las siguientes afirmaciones se refieren a características que usted puede poseer. Por favor, lea con cuidado cada una y decida el grado al que se identifica con ellos. Escriba el número de la escala que corresponda.

Escala de calificación

5 En gran medida
4 En medida considerable
3 En forma moderada
2 En forma ligera
1 En poca o ninguna medida

___ 1. Mis amigos dicen que debería ser actor.

___ 2. Estoy seguro de mi situación laboral y social.

___ 3. Amo estar en el escenario.

___ 4. Cuando escucho música, comienzo a llevar el ritmo.

___ 5. Con frecuencia soy el centro de atención en los eventos sociales.

___ 6. Por lo general, visto para impresionar y crear una impresión favorable en los demás.

___ 7. Cuando hablo con un amigo cercano, mantengo contacto y lo abrazo.

___ 8. Soy una persona abierta, curiosa e interesada en muchas cosas.

___ 9. Mis amigos me cuentan sus problemas y solicitan mi consejo.

___ 10. Por lo general soy asertivo.

___ 11. Tiendo a ser auténtico y sociable.

___ 12. Mis amigos esperan que asuma el liderazgo en la mayoría de las situaciones.

___ 13. Trato de entender el punto de vista y el comportamiento de los demás en vez de criticarlos.

___ 14. Intento no hablar en una forma que hiera a los demás.

___ 15. Puedo interaccionar con facilidad con personas de todas edades y géneros.

___ 16. Poseo un buen sentido del humor.

___ 17. Me reconocen por mis respuestas rápidas y divertidas.

___ 18. Sonrío mucho y con facilidad.

Interpretación: Para calcular su puntaje sume los números que asignó a cada enunciado. Si su puntaje total se encuentra entre 72 y 90 puntos, usted posee un nivel relativamente alto de carisma. Si su puntaje total se encuentra entre 18 y 36 puntos, usted tiene poco carisma. Si su puntaje total se encuentra entre 37 y 71 puntos, usted tiene un nivel moderado de carisma.

y probables patrones futuros, establecer expectativas altas para sí mismos y los demás y modelar conductas consistentes con la satisfacción de dichas expectativas. Después, los líderes carismáticos son capaces de energizar a otros mediante la demostración de la emoción personal, la autoconfianza y los patrones consistentes de éxito. Finalmente, habilitan a los demás mediante el apoyo, la empatía y la expresión de confianza en ellos.[15]

En la actualidad, las ideas del liderazgo carismático son muy difundidas entre los gerentes, así como el tema de numerosos libros y artículos.[16] Desafortunadamente, pocos estudios han intentado probar de forma específica su significado e impacto. Las persistentes preocupaciones

El liderazgo carismático es una forma de atracción interpersonal que inspira apoyo y aceptación. El doctor Martin Luther King Jr. fue considerado un líder carismático en la lucha por los derechos civiles.

Figura 12.3

El líder carismático

El líder carismático

Visualizar	Energizar	Habilitar
Articula una visión convincente	Demuestra emoción personal	Manifiesta apoyo personal
Establece altas expectativas	Expresa confianza personal	Es empático
Construye conductas consistentes	Busca, encuentra y utiliza el éxito	Manifiesta confianza en las personas

Los líderes carismáticos se caracterizan por tres atributos fundamentales, que son conductas que conducen a visualizar, energizar y habilitar. Además, pueden ser una fuerza poderosa en cualquier contexto organizacional.

Fuente: Nadler, D. A. y Tushman, M. L. (Invierno de 1990). Beyond the Charismatic Leader: Leadership and Organizational Change, en *California Management Review*, pp. 70–97.

éticas sobre el liderazgo carismático también inquietan a algunas personas. Éstas se derivan del hecho de que algunos líderes carismáticos inspiran tal fe ciega en sus seguidores de que puedan participar en conductas inapropiadas, no éticas o incluso ilegales simplemente porque el líder les dio instrucciones para hacerlo. Es probable que esta tendencia haya desempeñado un papel importante en la desaparición de Enron y Arthur Andersen cuando las personas siguieron las órdenes de sus jefes carismáticos para ocultar información, destruir documentos y despistar a los investigadores. También es un desafío reemplazar a una persona carismática en una posición de liderazgo. Por ejemplo, los sucesores inmediatos de los coaches de futbol americano carismáticos y exitosos, como Vince Lombardi (Empacadores de Green Bay), Urban Meyer (Universidad de Florida) y Tom Osborne (Universidad de Nebraska), fracasaron cuando intentaron ponerse a la altura del legado de sus predecesores y posteriormente fueron despedidos.

Atribución y liderazgo

En el capítulo 4 se estudia la teoría de la atribución, que señala que las personas tienden a observar el comportamiento y luego atribuirle causas (y por lo tanto significado). Existen implicaciones evidentes para la teoría de la atribución y el liderazgo, en especial cuando éste se aborda desde el punto de vista de los seguidores. Básicamente, la *perspectiva de la atribución* sostiene que cuando se observan conductas en un contexto asociado con el liderazgo, es probable que otros atribuyan diferentes niveles de capacidad o poder de liderazgo a la persona que las manifiesta.

Por ejemplo, suponga que observa a una persona que se comporta con confianza y decisión; también nota que los demás le prestan mucha atención a lo que dice y hace y que parecen ceder o consultarle sobre varias cuestiones. Luego, podemos concluir que esta persona es un líder por su comportamiento y las conductas de los demás. Por el contrario, en un escenario diferente con una persona poco confiada y decidida, donde otros parecen relativamente indiferentes a lo que dice y no le consultan las cosas, es más probable suponer que esta persona no es en realidad un líder.

perspectiva de la atribución sobre el liderazgo

Teoría que sostiene que cuando se observan conductas en un contexto asociado con el liderazgo, es probable que otros atribuyan diferentes niveles de poder o capacidad de liderazgo a la persona que las demuestra

Las atribuciones que hacemos afectan tanto nuestro comportamiento como la capacidad real de una persona para comportarse como líder. Por ejemplo, suponga que después de observar el primer grupo descrito, decide ser un integrante de él; debido a que atribuyó cualidades de liderazgo a una persona determinada, es probable que imite las conductas de los demás y trate a esta persona como su líder. Además, el hecho de que nosotros y otros lo hagamos refuerza la confianza de esta persona para continuar con su liderazgo.

Para ampliar la perspectiva, suponga que un grupo de desconocidos se encuentra atrapado en un ascensor. Uno de ellos da un paso al frente y se hace cargo; se muestra confiado, tiene un efecto tranquilizador, calmante sobre los otros y dice que sabe cómo pedir ayuda y qué hacer hasta que ésta llegue. Con toda probabilidad, las demás personas atrapadas en el ascensor reconocerán su liderazgo, responderán positivamente a su comportamiento y más tarde le darán crédito por ayudarles en esta experiencia desagradable. Por otro lado, si en el mismo escenario una persona intenta hacerse cargo, pero es evidente que carece de confianza y no sabe qué hacer, los demás se darán cuenta, prestarán poca atención a lo que dice y tal vez busquen a otro líder.

La perspectiva de la atribución sobre el liderazgo es especialmente evidente durante las campañas presidenciales. Los candidatos y sus representantes se esfuerzan para asegurarse de que siempre sean vistos de la forma más favorable posible, con confianza, empatía, conocimiento de lo que se debe hacer, serenidad y buen arreglo personal, entre otras cosas. Las crisis son un escenario en el que los seguidores prestan especial atención al comportamiento de un líder, sobre todo si perciben que sus propios intereses están directamente en juego. La sección *Temas globales* presenta interpretaciones universales y culturales sobre diferentes atributos del liderazgo.

TEMAS GLOBALES

IMPACTO DE LA CULTURA SOBRE LAS PERCEPCIONES DE LOS ATRIBUTOS DEL LÍDER

Atributos universales positivos del líder	Atributos universales negativos del líder	Atributos del líder que dependen de la cultura
Leal	Irritable	Astuto
Confiable	Dictatorial	Sensible
Orientado hacia la excelencia	Poco cooperativo	Evasivo
Honesto	Desorientado	Audaz
Motivador	Egocéntrico	Regulador

Fuente: Basado en House, R. J., Hanges, P. J., Javidan, M., Dorfman, P. W. y Gupta, V. (2004). *Culture, Leadership, and Organizations: The GLOBE Study of 62 Societies*. Londres: Sage Publications; Avolio, B. J. y Dodge, G. E. (2000). E-Leadership: Implications for theory, research, and practice, en *Leadership Quarterly, 11(4)*, pp. 615–668.

Los sustitutos del liderazgo facilitan el desempeño sin que importe si el líder se encuentra o no presente. Por ejemplo, cuando esta ambulancia llegue a la sala de urgencias del hospital, los médicos y el personal técnico de emergencia sabrán qué deben hacer sin que se les diga nada. Su capacitación y profesionalismo sirven como sustitutos del liderazgo.

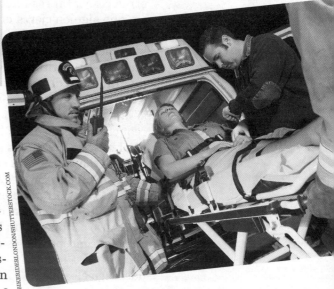

ALTERNATIVAS AL LIDERAZGO

Otra perspectiva que ha recibido mucha atención en los últimos años se centra en las alternativas al liderazgo. En algunos casos, pueden existir circunstancias que hacen que el liderazgo sea innecesario o irrelevante. Los factores que contribuyen a estas circunstancias se conocen como sustitutos del liderazgo. En otros casos, pueden existir factores que neutralizan o niegan la influencia de un líder, incluso cuando esa persona trata de ejercer el liderazgo.

Sustitutos del liderazgo

Los **sustitutos del liderazgo** son características de las personas, organizaciones y tareas que tienden a pesar más que la capacidad del líder para influir en la satisfacción y el desempeño de los subordinados.[17] En otras palabras, si ciertos factores están presentes, el empleado puede realizar su trabajo de forma competente sin la dirección de un líder. A diferencia de las teorías tradicionales, que suponen que el liderazgo jerárquico de una forma u otra siempre es importante, el enfoque de los sustitutos del liderazgo supone que las conductas del líder pueden ser irrelevantes en algunas situaciones. La tabla 12.1 identifica algunos sustitutos básicos del liderazgo.

Por ejemplo, considere lo que sucede cuando una ambulancia con una víctima herida de gravedad llega a la puerta de la sala de urgencias de un hospital. ¿Los empleados de dicha sala esperan a que alguien tome el control y les dé instrucciones sobre lo que deben hacer? La respuesta evidente es que no, ya que son profesionales altamente capacitados que saben cómo responder, a

sustitutos del liderazgo
Características de las personas, organizaciones y tareas que tienden a pesar más que la capacidad del líder para influir en la satisfacción y el desempeño de los subordinados

Tabla 12.1

Sustitutos y neutralizadores del liderazgo

Individuo	Grupo
Profesionalismo personal	Normas del grupo
Motivación	Cohesión del grupo
Experiencia y capacitación	
Indiferencia por las recompensas	

Puesto	Organización
Estructurado/automatizado	Procedimientos y reglas estrictas
Altamente controlado	Metas y objetivos explícitos
Intrínsecamente satisfactorio	Sistema rígido de recompensas
Retroalimentación integrada	

quién acudir, con quién comunicarse, cómo trabajar juntos como equipo, entre otras cosas. En resumen, son totalmente capaces de llevar a cabo su trabajo sin que alguien ejerza el rol de líder.

La capacidad individual, la experiencia, la capacitación, el conocimiento, la motivación y la orientación profesional son algunas de las características que pueden ser sustitutos del liderazgo. Del mismo modo, una tarea rutinaria, con un grado alto de estructura, retroalimentación frecuente y satisfacción intrínseca, pueden permitir que la presencia del líder no sea necesaria. Por lo tanto, si la tarea brinda suficiente satisfacción intrínseca al subordinado, puede no requerir el apoyo de un líder.

Los planes y metas explícitos, las normas y procedimientos, los grupos de trabajo cohesivos, una estructura rígida de recompensas y la distancia física entre el supervisor y el subordinado son características organizacionales que pueden sustituir al liderazgo. Por ejemplo, si las metas de trabajo son explícitas y existen muchas reglas y procedimientos para ejecutar las tareas, no es necesario contar con un líder que dé instrucciones. La investigación ofrece sustento al concepto de los sustitutos del liderazgo, pero se requiere más investigación para identificar otros sustitutos potenciales y su impacto sobre el liderazgo efectivo.[18]

Neutralizadores del liderazgo

neutralizadores del liderazgo
Factores que impiden que los intentos del líder por participar en distintas conductas de liderazgo sean poco efectivos

En otras situaciones, incluso si un líder está presente y trata de participar en diversas conductas de liderazgo, es probable que su comportamiento sea ineficaz y neutralizado por diversos factores, que se conocen como *neutralizadores del liderazgo*. Como ejemplo, suponga que un líder nuevo y sin experiencia es asignado a un grupo de trabajo muy cohesivo, compuesto por empleados muy experimentados que cuentan con normas de desempeño bien establecidas. Las normas y la cohesión del grupo pueden ser tan fuertes que no hay nada que el nuevo líder pueda hacer para cambiar las cosas. Por supuesto, este patrón también puede funcionar de varias maneras. Las normas pueden dictar un desempeño aceptable pero no alto, y el líder no puede hacer nada para alterar esta realidad debido al alto nivel de cohesión del grupo. O es probable que las normas exijan un desempeño tan alto que incluso un líder torpe e ineficaz no pueda causar ningún daño. En ambos casos, el proceso es el mismo, y la capacidad del líder para cambiar la situación es neutralizada por los elementos que determinan esa situación.

Además de los factores de grupo, los elementos del trabajo también pueden limitar la capacidad de un líder para "marcar la diferencia". Por ejemplo, considere a los empleados que trabajan en una línea de ensamblaje móvil. Los empleados sólo pueden trabajar al ritmo de la línea, por lo que el desempeño está limitado por la velocidad de ésta. Por otra parte, si la calidad del desempeño también está acotada (por ejemplo, por las tareas simples o procedimientos estrictos de control de calidad), el líder puede no ser capaz de influir en las conductas individuales de trabajo.

Por último, existen factores organizacionales que también pueden neutralizar al menos algunas formas de comportamiento del líder. Suponga que un nuevo líder está acostumbrado a utilizar los incrementos de sueldo por mérito como una forma de motivar al personal, pero en su nuevo trabajo, los incrementos salariales dependen de los contratos sindicales y se basan principalmente en la antigüedad y el costo de vida. O suponga que un empleado se encuentra en el nivel salarial máximo. En cualquiera de los dos casos, el enfoque del líder para motivar a las personas ha sido neutralizado y deberá buscar nuevos enfoques.

NATURALEZA CAMBIANTE DEL LIDERAZGO

Aunque existen diversas alternativas al liderazgo, muchos escenarios requieren todavía de algún nivel de liderazgo, aunque su naturaleza continúa en evolución.[19] Entre los cambios más recientes en el liderazgo que los gerentes deben reconocer, se encuentran el rol de los líderes como coaches y los patrones de género y transculturales del comportamiento del líder.

Los líderes como coaches

En el capítulo 7 se indica que en la actualidad numerosas organizaciones utilizan equipos, mientras que otras tratan de ser menos jerárquicas, es decir que intentan eliminar la mentalidad anticuada de mando y control inherente a las organizaciones burocráticas para motivar y capacitar a las personas para trabajar de forma independiente. En cada caso, el rol de los líderes también cambia. En una época se esperaba que los líderes se hicieran cargo de controlar las situaciones de trabajo, dirigir, supervisar a las personas, monitorear el desempeño, tomar decisiones y estructurar las actividades, pero en la actualidad es necesario cambiar la forma en que administran a las personas. Tal vez la mejor descripción de este nuevo rol es que el líder debe convertirse en un coach en lugar de un capataz o supervisor.[20]

Considere la metáfora desde el punto de vista del coach de un equipo deportivo. El coach participa en la selección de los jugadores para el equipo y decide la dirección general que se debe adoptar (por ejemplo, darle más importancia a la ofensiva o a la defensiva). También ayuda a desarrollar el talento de los jugadores y les enseña la forma de ejecutar las jugadas específicas. Pero a la hora del juego, el coach se queda en el banquillo y depende de los jugadores ejecutar las jugadas y realizar el trabajo. Y aunque se le puede dar un poco de crédito por la victoria, el coach no anotará ninguno de los tantos.

Del mismo modo, desde el punto de vista de un líder organizacional, la perspectiva del *coaching* sugiere que él debe ayudar a seleccionar a los integrantes del equipo y a los nuevos empleados, proporcionar una dirección general, ayudar a capacitar y desarrollar al equipo y las habilidades de sus miembros, así como a conseguir la información y otros recursos que se requieren. Es probable que el líder también deba ayudar a resolver conflictos entre los miembros del equipo y mediar en otras controversias. Los coaches de diferentes equipos deben desempeñar un papel importante en la vinculación de las actividades y funciones de sus respectivos equipos. Pero además de estas actividades, el líder mantiene un perfil bajo y permite que el equipo trabaje con poca o ninguna supervisión directa.

Por supuesto, los gerentes habituados al enfoque tradicional pueden tener problemas para cambiar a un papel de coach, pero otros parecen hacer la transición con poca o ninguna dificultad. Empresas como Texas Instruments, Halliburton y Yum!

BIKERIDERLONDON/SHUTTERSTOCK.COM

Con mayor frecuencia, los líderes deben servir como coaches en lugar de operar como supervisores. Los gerentes deben facilitar el trabajo de sus subordinados en vez de supervisar y controlar su desempeño, como este coach de futbol que da instrucciones a sus jugadores.

mentor

Rol que consiste en ayudar a una persona con menos experiencia a aprender la forma de prepararse mejor para tener éxito profesional

Brands han desarrollado programas muy exitosos de capacitación para ayudar a sus gerentes a aprender a ser mejores coaches. Como tales, algunos líderes también han destacado al asumir más responsabilidades como **mentores**, función que consiste en ayudar a una persona con menos experiencia a aprender la forma de prepararse mejor para tener éxito profesional. Texas Instruments ha mantenido durante años un programa muy exitoso de *mentoring*.

Género y liderazgo

Otro factor que modifica de forma evidente la naturaleza del liderazgo es el creciente número de mujeres que ascienden a los niveles más altos de las organizaciones. Como la mayoría de las teorías de liderazgo y los estudios de investigación se han enfocado en líderes masculinos, es importante desarrollar una mejor comprensión acerca del liderazgo femenino. Por ejemplo, ¿difiere el liderazgo entre hombres y mujeres? Algunas investigaciones sugieren que existen diferencias fundamentales entre los liderazgos ejercidos por los diferentes géneros.[21]

Por ejemplo, en contraste con los estereotipos originales, las mujeres líderes no son necesariamente más propensas a cuidar o apoyar a los demás. Del mismo modo, los hombres no son sistemáticamente más severos, controladores o centrados en la tarea que las mujeres. La única diferencia que parece surgir en algunos casos es que éstas tienden a ser un poco más democráticas en la toma de decisiones, mientras que los hombres tienden a ser más autocráticos.[22]

Existen dos posibles razones que explican este patrón. Una posibilidad es que las mujeres posean habilidades interpersonales más sólidas y por ello sean más capaces de involucrar a otros de manera efectiva en la toma de decisiones. Por otro lado, es posible que los hombres posean habilidades interpersonales más débiles y por lo tanto tiendan confiar en su propio juicio. La otra posible explicación es que las mujeres encuentran un nivel más alto de resistencia estereotipada en los puestos de alto rango que ocupan. Si este es el caso, es posible que trabajen activamente para involucrar a otros en la toma de decisiones con el fin de ayudar a minimizar cualquier hostilidad o conflicto. Sin embargo, aún queda mucho trabajo por hacer para comprender mejor la dinámica de género y liderazgo. Es evidente que las líderes femeninas exitosas de alto perfil, como Hillary Clinton (exsecretaria de Estado), Marissa Mayer (CEO de Yahoo!), Indra Nooyi (CEO de PepsiCo) y Sheryl Sandberg (COO de Facebook), demuestran la efectividad con la que pueden desempeñarse como líderes verdaderamente excepcionales.

Liderazgo transcultural o entre culturas

Otra perspectiva cambiante sobre el liderazgo se relaciona con temas transculturales. En este contexto, la cultura se utiliza como un concepto amplio

JUSTIN SULLIVAN/GETTY IMAGES

A medida que más mujeres asumen puestos de alto perfil de liderazgo, los expertos se preguntan si su liderazgo difiere del de los hombres. Si bien se han identificado algunas diferencias significativas, el planteamiento de esta pregunta continúa. Por supuesto, no se trata de determinar si un género lidera "mejor" que el otro, sino simplemente de identificar si existen diferencias. Sheryl Sandberg, directora ejecutiva de operaciones de Facebook, ha demostrado altos niveles de efectividad en su liderazgo.

para abarcar tanto las diferencias internacionales como las diferencias de diversidad dentro de una misma cultura. En la siguiente sección se analizan las diferencias internacionales, por lo que se estudiará primero la diversidad cultural dentro de cada país. En realidad, la extensión de los temas de diversidad y las interacciones sociales al liderazgo transcultural debe ser evidente debido a su análisis previo.

Por ejemplo, los factores transculturales juegan un papel cada vez mayor en las organizaciones a medida que su fuerza laboral se diversifica cada vez más. La mayor parte de las investigaciones sobre liderazgo se han llevado a cabo en muestras o casos que involucran a líderes varones de raza blanca. Pero a medida que los afroestadounidenses, asiático-estadounidenses, hispanos y miembros de otros grupos étnicos alcanzan más puestos de liderazgo, puede ser necesario volver a evaluar en qué medida las teorías y modelos actuales de liderazgo son aplicables a un conjunto de líderes cada vez más diverso.

La religión también es un tema potencialmente importante en el liderazgo. Por ejemplo, es posible que un líder judío o cristiano que dirige a un grupo de musulmanes deba afrontar diversas cuestiones complejas que, por supuesto, también existirían si los roles se invirtieran. Existen aspectos transculturales incluso cuando los líderes y seguidores cuentan con indicadores menos visibles de diversidad. Un gerente que ha hecho toda su carrera en Texas o Alabama quizás enfrentará algunos problemas de adaptación si es promovido a un puesto en Nueva York o San Francisco.

Liderazgo internacional y el proyecto GLOBE

Los temas transculturales también son evidentes en contextos internacionales. Por ejemplo, es probable que cuando una empresa japonesa envía a un ejecutivo para dirigir la operación de la empresa en Estados Unidos, deba adaptarse a las diferencias culturales que existen entre los dos países y considere ajustar su estilo de liderazgo. Por lo general, Japón se caracteriza por el colectivismo, mientras que Estados Unidos se orienta más hacia el individualismo. En consecuencia, es necesario que el ejecutivo japonés reconozca la importancia de las contribuciones y recompensas individuales y las diferencias en los roles individuales y de grupo que existen entre las empresas japonesas y las estadounidenses. Es evidente que se presentarán los mismos problemas cuando un líder estadounidense tenga que trabajar en Asia.

Para aprender más sobre el liderazgo internacional, un equipo global de investigadores trabaja en una serie de estudios bajo el título general de Proyecto GLOBE (Proyecto de Investigación de Comportamiento Organizacional y Liderazgo Global). Este proyecto fue iniciado por Robert House, quien aún dirige la investigación.[23] GLOBE ha identificado seis conductas del líder que pueden ser observadas y evaluadas a través de diversas culturas, las cuales son:

- *Liderazgo carismático / basado en valores*: capacidad para inspirar, motivar y promover un alto desempeño; implica ser visionario, sacrificado, confiable, decidido y orientado hacia el desempeño.
- *Liderazgo orientado hacia los equipos*: destaca el *team building* (formación de equipos) y la creación de un sentido de propósito común; incluye ser colaborativo, diplomático y competente en términos administrativos.
- *Liderazgo participativo*: grado al que los líderes involucran a otros en la toma de decisiones, son participativos y no autocráticos.
- *Liderazgo orientado hacia la integridad personal*: ser solidario, atento, compasivo y generoso; mostrar modestia y sensibilidad.
- *Liderazgo autónomo*: se refiere a ser independiente e individualista, autónomo y auténtico.

El liderazgo internacional es cada vez más importante. Este gerente saudí ha sido promovido como líder de un nuevo equipo. Tanto él como los integrantes del grupo deben tomar en cuenta las diferencias culturales que existen entre sí y con su nuevo líder.

MICHAELJUNG/GETTY IMAGES

- *Liderazgo de autoprotección*: incluye conductas que tratan de garantizar la seguridad y protección del líder y del grupo; incluye estar centrado en sí mismo, conciencia de estatus, inducir el conflicto y resguardar la dignidad.

Estas conductas han sido y son estudiadas en 62 sociedades globales, que en su mayoría son países independientes, con excepción de las sociedades diferentes que coexisten en un país (como la blanca y negra en Sudáfrica), que se estudian por separado. Con base en los resultados preliminares, las 62 sociedades originales fueron condensadas en 10 clústeres culturales que agrupan a las sociedades con resultados similares entre sí. Por ejemplo, el clúster Europa Nórdica incluye a Finlandia, Suecia, Dinamarca y Noruega, y el grupo de Asia meridional está integrado por India, Indonesia, Malasia, Tailandia e Irán.

En general, los resultados de GLOBE sugieren que dentro de cualquier clúster cultural los seguidores reaccionan de forma similar a las diferentes conductas del líder. Por ejemplo, los empleados en los países nórdicos de Europa por lo general quieren que sus líderes sean inspiradores y les permitan participar en la toma de decisiones y se preocupan menos por el estatus y otros atributos egocéntricos similares. Por lo tanto, el liderazgo carismático/basado en valores y el liderazgo participativo son más importantes, mientras que el liderazgo orientado hacia la integridad personal y el liderazgo de autoprotección lo son menos. Por su parte, en el sur de Asia la mayoría de los empleados quiere que sus líderes sean colaborativos, sensibles a las necesidades de los demás y que se preocupen por el estatus y el resguardo de la dignidad. En consecuencia, el liderazgo de autoprotección y carismático/basado en valores son los más importantes en estos países, mientras que los liderazgos autónomo y participativo son menos relevantes.[24] Como ya se señaló, esta investigación está todavía en curso, por lo que es prematuro hacer generalizaciones sólidas en este punto.

TEMAS EMERGENTES RELACIONADOS CON EL LIDERAZGO

Por último, también existen tres temas emergentes relacionados con el liderazgo que requieren análisis. Éstos son la dirección estratégica, el liderazgo ético y el liderazgo virtual.

Liderazgo estratégico

liderazgo estratégico
Capacidad para entender la complejidad de la organización y su entorno y liderar el cambio organizacional para alcanzar y mantener un nivel superior de alineación entre ambos

El liderazgo estratégico es un nuevo concepto que relaciona de forma explícita al liderazgo con el rol de la alta dirección.[25] El *liderazgo estratégico* se define como la capacidad para comprender la complejidad de la organización y su entorno y liderar el cambio en la organización con la finalidad de alcanzar y mantener una alineación superior entre ambos. En cierto modo el liderazgo estratégico puede ser visto como una extensión del papel del liderazgo transformacional que ya analizamos. Sin embargo, este enfoque reciente reconoce e incorpora de manera más explícita la importancia de la estrategia y la toma de decisiones estratégicas. Es decir, que aunque el liderazgo transformacional y el estratégico comparten el concepto de cambio, el liderazgo transformacional hace hincapié de forma tácita en la capacidad para dirigir el cambio como su eje central. Por el contrario, el liderazgo estratégico asigna un peso mayor a la capacidad del líder para pensar y funcionar de manera estratégica.

Para ser efectivo en este rol, un gerente debe poseer un conocimiento profundo y completo de la organización, su historia, cultura, fortalezas y debilidades. Además, el líder debe tener un conocimiento firme del entorno de la organización, el cual debe abarcar las condiciones y circunstancias actuales, así como las tendencias y temas significativos por venir. El líder estratégico también debe reconocer la forma en que la empresa está alineada con su entorno y en qué puntos se relaciona con mayor y menor efectividad con él. Por último, al considerar las tendencias y temas del entorno, tiene que trabajar para mejorar no sólo la alineación actual, sino también la futura.

Marissa Mayer (CEO de Yahoo!), A. G. Lafley (CEO retirado de Procter & Gamble) y Howard Schultz (CEO de Starbucks) han sido reconocidos como poderosos líderes estratégicos. Por ejemplo, en una reflexión acerca del cambio radical que condujo en Procter & Gamble, Lafley comentó: "He llevado a cabo varios cambios simbólicos, muchos de ellos físicos que permiten que las personas entiendan que estamos en el negocio de la dirección del cambio". Por otra parte, Raymond Gilmartin (exCEO de Merck), Scott Livengood (exCEO de Krispy Kreme) y Jürgen Schrempp (exCEO de DaimlerChrysler) han sido señalados por su falta de liderazgo estratégico (¡observe la reiterada aparición del prefijo "ex"!).

Liderazgo ético

La mayoría de las personas supone que los altos directivos son personas éticas. Sin embargo, los recientes escándalos corporativos en empresas como Lehman Brothers, Toyota, BP y Goldman Sachs sacudieron la fe en la alta dirección. Por lo tanto, tal vez ahora más que nunca se exige mantener altos estándares de comportamiento ético como requisito previo para el liderazgo efectivo. De manera más específica, se requiere que los altos directivos basen su propio comportamiento en estándares éticos prominentes, muestren un comportamiento ético infalible y hagan que todos los miembros de sus organizaciones se adhieran a los mismos estándares. El *liderazgo ético* es el proceso de liderar con base en principios consistentes de comportamiento ético.

liderazgo ético
Proceso de liderazgo que se basa en principios consistentes de comportamiento ético

Las conductas de los altos directivos son objeto de escrutinio y los responsables de contratar nuevos líderes para una empresa deben evaluar los antecedentes de los candidatos con mayor detalle que antes. Es probable que las presiones emergentes sobre los modelos más sólidos de gobierno corporativo incrementen aún más el compromiso de seleccionar sólo a aquellas personas con estándares éticos superiores para puestos de liderazgo en las empresas y los responsabilicen más que en el pasado por las acciones que emprendan y sus consecuencias.[26]

MEJORE SUS HABILIDADES
RECOMENDACIONES DE ETIQUETA WEB PARA GERENTES

En la actualidad, el liderazgo virtual es cada vez más frecuente, pero los líderes deben cumplir con ciertas reglas de comunicación, incluso cuando usan los medios electrónicos disponibles. A continuación se presentan algunos consejos:

- Nunca debe usar el correo electrónico para despedir a los empleados o darles malas noticias. Emplear dicho medio es la peor manera de comunicar malas noticias, debido a que carece de lenguaje corporal, expresión facial y entonación. Una junta en persona es una mejor opción.
- No debe recurrir al correo electrónico para analizar el desempeño de un empleado con otros gerentes. Mantenga estas conversaciones de forma privada.
- Tenga cuidado cuando escriba mensajes de correo electrónico. Al igual que los reportes escritos de desempeño y otros documentos, los mensajes de correo electrónico pueden utilizarse en la corte en los procesos judiciales. Este no es un medio seguro y en ocasiones algunos lectores reciben información confidencial de forma involuntaria.
- No dependa del correo electrónico al grado de eliminar el contacto personal. Incluso en la era de las tecnologías de información, las habilidades de relación son el corazón del éxito del negocio a largo plazo. Complemente los mensajes por correo electrónico con juntas periódicas frente a frente con el personal, clientes y proveedores, incluso si deben llevarse a cabo por medio de videoconferencias.
- No utilice el correo electrónico cuando exista la posibilidad de que el mensaje sea malentendido. Utilice una llamada telefónica o una junta frente a frente cuando el mensaje sea complejo, técnico o existe riesgo de que sea mal interpretado.

Fuente: Flynn, N. (2001). The E-policy Handbook: Designing and Implementing Effective E-mail, Internet, and Software Policies.

Liderazgo virtual

liderazgo virtual
Liderazgo que se ejerce por medio de tecnologías a distancia

Por último, el *liderazgo virtual* también surge como un tema importante para las organizaciones. En épocas anteriores, los líderes y sus empleados trabajaban juntos en la misma ubicación física y participaban en interacciones personales (es decir, frente a frente) de forma regular. Sin embargo, en el mundo actual, los líderes y sus empleados pueden trabajar en lugares alejados. Estos acuerdos incluyen a las personas que trabajan desde una oficina en casa uno o dos días a la semana y aquellas que viven y trabajan lejos de la sede de la empresa y se ven en persona con muy poca frecuencia. Por lo tanto, el liderazgo virtual es aquel que se ejerce por medio de diversas formas de tecnologías a distancia.

¿Cómo pueden los gerentes ejercer su liderazgo cuando no tienen contacto personal regular con sus seguidores? ¿Y cómo les ayudan en el *mentoring* y su desarrollo? La comunicación entre los líderes y sus subordinados se mantiene, pero se lleva a cabo por teléfono, mensajes de texto y correo electrónico. Por lo tanto, una de las posibles consecuencias es que en estas condiciones los líderes tengan que trabajar más para establecer y mantener relaciones con sus empleados que trasciendan las palabras en la pantalla de una computadora. Aunque no es posible comunicar mensajes no verbales en línea, como sonrisas y apretones de manos, los gerentes pueden añadir algunas palabras personales en un correo electrónico (cuando sea apropiado) para transmitir aprecio, reforzamiento o retroalimentación constructiva. Sobre esta base, los gerentes también deben aprovechar cada oportunidad de interacción personal para avanzar más de lo que podrían haberlo hecho en otras circunstancias a fin de desarrollar una relación sólida.

Más allá de estas simples recetas, no existe ninguna teoría o investigación que oriente a los gerentes que trabajan en un mundo virtual. Por lo tanto, mientras las comunicaciones electrónicas se utilicen en el centro de trabajo, los investigadores y gerentes deben trabajar juntos para ayudar a plantear los temas y preguntas apropiados respecto al liderazgo virtual y después colaborar para ayudar a abordarlos y brindar respuestas.[27]

RESUMEN Y APLICACIÓN

El modelo de intercambio líder-miembro (ILM) del liderazgo subraya la importancia de las relaciones variables entre los supervisores y cada uno de sus subordinados. Cada pareja superior-subordinado se conoce como "díada vertical". El modelo de Hersey y Blanchard sostiene que la conducta adecuada del líder depende del nivel de motivación, competencia, experiencia e interés en aceptar la responsabilidad del subordinado. Además de estos modelos recientes, también se han revisado y perfeccionado las tres teorías situacionales dominantes.

Existen tres enfoques principales del liderazgo desde el punto de vista de los seguidores. El liderazgo transformacional se centra en la distinción básica entre liderar el cambio o la estabilidad. Las perspectivas basadas en el liderazgo carismático suponen que el carisma es una característica individual del líder; es una forma de atracción interpersonal que inspira el apoyo y la aceptación. La perspectiva de atribución sostiene que cuando las conductas son observadas en un contexto asociado con el liderazgo, otros pueden atribuir diferentes niveles de capacidad o poder a la persona que las demuestra

RESPUESTAS PARA EL MUNDO REAL

LIDERAZGO ÉTICO EN COSTCO

Jim Sinegal, fundador y exCEO de Costco, aún participa en la administración de la empresa y con frecuencia ofrece consultoría a otras organizaciones. En respuesta a las críticas de los analistas de Wall Street que señalan que Costco paga demasiado a su personal y lo retiene demasiado tiempo, Sinegal afirma que retener buenos empleados es estratégico para el éxito y crecimiento a largo plazo de la empresa. Respalda su afirmación con un nivel de ventas por empleado notablemente superior al de sus competidores, como Sam's Club.

Para mantener contentos y productivos a sus empleados, Sinegal trata de no distanciarse de ellos. Les ha solicitado que se refieran a él como "Jim, el CEO" y usa una etiqueta con su nombre que dice simplemente "Jim". Cuando recorre las tiendas, puede ser confundido con facilidad con un empleado del almacén. Desde el principio quiso crear una empresa en la que todos se llamaran por su nombre de pila.

La cultura de la organización fluyó de forma descendente desde Sinegal, que ha mantenido una

(Continúa)

política de puertas abiertas en las oficinas corporativas de Costco. En realidad, es más que una política sin puertas, ya que removió una pared de su oficina cuando Costco se trasladó a un edificio nuevo.

Costco mejora continuamente su gama de productos, gracias a que sus empleados se mantienen alerta en los almacenes y comunican la información más reciente a la oficina central. Goza de una tasa de rotación extremadamente baja, menor de 6%, entre los empleados con una antigüedad menor de un año y tiene una de las mermas (desapariciones inexplicadas de la mercancía) más bajas de la industria, de una décima parte de 1%.

Sinegal cree que los líderes deben modelar lo que se espera del personal. Cuando fue a una tienda Costco y se tomó el tiempo para recoger una basura del suelo, los empleados supieron de inmediato que era importante e hicieron lo mismo. A él le gustaba visitar tantas tiendas como fuera posible cada año y a los empleados les agradaba pensar que podía aparecer frente a cualquiera de ellos en cualquier momento. Cuando Sinegal entraba en una de sus tiendas, era tratado como una celebridad. Él dice: "Los empleados saben que los quiero saludar porque me agradan… Ningún gerente o trabajador de cualquier empresa se siente bien cuando su jefe no está lo suficientemente interesado en visitarlos".[28]

Sinegal también recibió un paquete de compensación muy inferior al que reciben la mayoría de los CEO, con un sueldo y bonos combinados por menos de 600,000 dólares en su último año (además de las opciones sobre acciones, pero aun así su nivel de compensación total es bajo en comparación con sus colegas). "Me di cuenta de que si yo hacía un trabajo de alrededor de doce veces más que la persona común que trabaja en la tienda, ese era un salario justo", afirma.[29] Un experto en gobierno corporativo se sorprendió al descubrir que el contrato de trabajo de Sinegal era de una página. En sus palabras, "de las 2,000 empresas que tenemos en nuestra base de datos, él tiene el contrato de trabajo más conciso de un CEO y el único que especifica que puede ser despedido por causa justificada. Si no hace su trabajo, estará fuera de la empresa".[30]

Sinegal continúa con el monitoreo y el seguimiento del código de ética a medida que Costco sigue con su crecimiento. "Nuestro código de ética dice que tenemos que acatar la ley, cuidar a nuestros clientes y personal. Y si hacemos esas cosas, recompensaremos a los accionistas".[31]

Otra perspectiva sobre este tema que ha recibido considerable atención en los últimos años son las alternativas al liderazgo. En algunos casos, pueden existir circunstancias que permiten que el liderazgo sea innecesario o irrelevante. Los factores que contribuyen a estas circunstancias se conocen como sustitutos del liderazgo. En otros casos, pueden existir factores que neutralizan o invalidan la influencia del líder, incluso cuando esa persona trata de ejercer el liderazgo.

La naturaleza del liderazgo sigue su evolución. Entre los cambios recientes que los gerentes deben reconocer se encuentra el papel creciente de los líderes como coaches. El caso más frecuente de esta mutación se presenta cuando una empresa utiliza equipos autodirigidos. Las diferencias en el comportamiento del líder con base en su género son también cada vez más importantes, en especial cuando se considera el incremento del número de mujeres que ascienden en la escala organizacional. Los patrones transculturales de liderazgo entre y dentro de las fronteras nacionales también es una cuestión cada vez más importante. El proyecto GLOBE ofrece nueva información acerca del liderazgo internacional.

Por último, existen tres temas emergentes en el liderazgo. El liderazgo estratégico es un concepto nuevo que lo relaciona de forma explícita con el papel de la alta dirección. Además, los líderes de todas las organizaciones deben aplicar altos estándares de ética para regular su propio comportamiento, mostrar un comportamiento ético infalible y hacer que los demás miembros de sus organizaciones se adhieran a los mismos estándares. Es necesario estudiar más la importancia del liderazgo virtual.

PREGUNTAS PARA ANÁLISIS

1. Compare los modelos de liderazgo del intercambio líder-miembro y de Hersey y Blanchard.
2. ¿Es o ha sido miembro de un grupo interno o externo? De ser así, ¿cómo se diferencian sus experiencias?
3. ¿Cuál de las tres teorías situacionales tradicionales que se estudian en el capítulo 12 se parece más al modelo de intercambio líder-miembro? ¿Y al modelo de Hersey y Blanchard?
4. Identifique a una persona que pueda servir como ejemplo de líder transformacional. ¿Qué tan exitosa ha sido esta persona?
5. Mencione el nombre de tres personas a quienes considera como las más carismáticas en la actualidad. ¿Cómo funcionarían como líderes?
6. En su opinión, ¿es posible que alguien con poco o ningún carisma adquiera un carácter carismático? De ser así, ¿cómo? Si no es así, ¿por qué?
7. ¿Alguna vez ha hecho atribuciones directas de liderazgo acerca de alguien con base en el contexto en el que las observó?
8. ¿Cuáles son algunos de los sustitutos y neutralizadores de liderazgo que pueden existir en su clase?
9. ¿Considera que el liderazgo de los hombres y las mujeres difiere entre sí? Si es así, ¿cuáles son algunos de los factores que podrían explicar las diferencias?
10. ¿De qué manera difiere el liderazgo estratégico del "no estratégico"?
11. Algunas personas afirman que los gerentes y los líderes exitosos enfrentan situaciones en las que no son del todo sinceros y aun así tienen éxito. Por ejemplo, es probable que un político que personalmente cree que un incremento de impuestos es inevitable sienta que si revela plenamente esta creencia perderá numerosos votos. ¿Está de acuerdo o en desacuerdo con la idea de que en ocasiones las personas pueden no ser del todo sinceras y aun así tener éxito?

EJERCICIO PARA DESARROLLAR SUS HABILIDADES

Comprensión de los sustitutos y neutralizadores del liderazgo

1. Identifique cuatro puestos de trabajo, dos que parezcan simples (tal vez un custodio o un cocinero de comida rápida) y dos que parezcan mucho más complejos (por ejemplo, un piloto de aerolínea o ingeniero de software).
2. Para cada puesto, identifique tantos sustitutos potenciales de liderazgo y neutralizadores como sea posible.

3. A continuación responda las siguientes preguntas:

- ¿En qué medida sus propias experiencias afectan la manera en que ha realizado este ejercicio?
- ¿Existen puestos para los que no haya sustitutos del liderazgo? Mencione algunos ejemplos.
- ¿Deben los gerentes buscar activamente sustitutos del liderazgo? ¿Por qué?

EJERCICIO EN EQUIPO

¿Quiénes son los líderes?

Este ejercicio le ofrece la oportunidad de comparar sus conceptos con los de otras personas de su grupo acerca de quiénes son los líderes.

Su actividad

1. Elabore una lista de diez líderes muy efectivos, es decir, personas a las que casi todos podrían reconocer como líderes.
2. En pequeños grupos compartan y analicen sus listas.
   A) ¿Aparecieron los mismos líderes en la lista de más de un estudiante?
   B) ¿Qué tienen en común estas personas, en términos de escolaridad, industria, tipo de puestos de trabajo que ocupan, antecedentes familiares, etcétera?
3. Cada equipo debe acordar una lista de diez líderes que compartirá con todo el grupo. ¿Qué tienen en común los líderes de las diferentes listas, si es que lo tienen? Si alguno de los líderes mencionados parece ser radicalmente diferente de los demás, analicen lo que distingue a esta persona y, sin embargo, le hace ser reconocido como líder.

Trate de repetir el ejercicio con las posibilidades acotadas; por ejemplo, con mujeres, nativos americanos, minorías, gerentes/ejecutivos, políticos, líderes religiosos, internacionales o de una industria en particular. ¿Qué información adicional se aprende de esto?

EJERCICIO EN VIDEO

Numi Organic Tea: Danielle Oviedo

Cuando Danielle Oviedo se presentó en su primer día como gerente del centro de distribución de Numi Organic Tea en Oakland, California, sus nuevos subordinados directos no estaban contentos con el cambio. Amaban a su predecesor, quien era más un amigo que un jefe para ellos. Sin embargo, Brian Durkee, director de operaciones de Numi, buscaba a alguien con habilidades específicas y experiencia cuando contrató a Danielle, y la popularidad no estaba en su lista. Durkee la contrató debido a su éxito y efectividad como gerente en sus trabajos anteriores. Ella también tenía experiencia como líder de equipos grandes en departamentos similares.

Antes de la llegada de Danielle, los plazos de entrega para los pedidos de los clientes de Numi no eran competitivos. Aunque los clientes leales al servicio de comidas de Numi estaban contentos con sus productos, algunos consideraron la posibilidad de llevar su negocio a otra parte, porque las entregas eran impredecibles. A su llegada a Numi, Danielle identificó el problema: los empleados realizaban tareas de forma aislada con poca atención a cualquier otra cosa.

Para resolver el problema, Danielle capacitó a los empleados del centro de distribución en cada tarea y proceso crucial y les explicó la forma en que todas las piezas encajaban entre sí. Además, su personal podría realizar otras tareas con base en los plazos que se debían cumplir. Es importante destacar que Danielle ayudó a su equipo a entender sus puestos a nivel conceptual para que pudieran comprender la forma en que su trabajo estaba vinculado de forma directa con las metas superiores de Numi. Bajo la efectividad renovada conducida por la planeación y organización de Danielle, el equipo redujo 75% los plazos de entrega de los pedidos internacionales.

Cindy Graffort, gerente de servicio al cliente de Numi, se muestra encantada por los logros de Danielle y afirma que ninguno de estos cambios hubiera sido posible antes de su llegada. De acuerdo con Cindy, los cambios drásticos fueron el resultado directo de la capacidad de Danielle para llegar a soluciones innovadoras a los problemas que aquejaban al centro de distribución.

Cuando se le preguntó por algún detalle específico del éxito de la gestión de Danielle, Cindy puso de relieve sus habilidades humanas sobresalientes. A diferencia de los gerentes de la vieja escuela que se ocultan en sus oficinas y dirigen a sus empleados a distancia, Danielle trabaja en la planta con sus compañeros de equipo, para apoyarlos y garantizar que entiendan el proceso.

Preguntas para análisis

1. ¿Cómo describiría el enfoque de liderazgo de Danielle Oviedo?
2. ¿Qué predeciría acerca de su éxito futuro como líder? ¿Por qué?
3. ¿De qué manera, en su caso, ella participa como coach?

¿Y ahora qué?

CASO EN VIDEO

Suponga que su jefe delega algunas partes de un proyecto en usted y otro integrante del equipo. Su compañero ha trabajado por más tiempo con el jefe, quien confía plenamente en él, por lo que usted recibe las partes menos desafiantes del proyecto. *¿Qué diría o qué haría?* ¿Cómo puede mejorar su relación con su jefe para tener asignaciones más desafiantes y obtener una promoción? Vea el video "¿Y ahora qué?" de este capítulo, revise el video de desafío y elija una respuesta. Asegúrese de revisar también los resultados de las respuestas que no eligió.

Preguntas para análisis

1. En términos de la teoría ILM, ¿qué tipo de relación se presenta en el video de desafío?
2. En el video de desafío, ¿cómo percibe Amy a Alex con base en el modelo de Hersey y Blanchard?
3. ¿Cuáles otros aspectos del liderazgo que se estudian en este capítulo se ilustran en estos videos? Explique su respuesta.
4. Si esto le ocurriera a usted, ¿qué haría para mejorar su relación con su jefe para tener actividades más desafiantes y obtener una promoción?

NOTAS FINALES

[1]Career Opportunities for You, en Costco.com. 2015. Disponible en línea en: http://www.costco.com/jobs.html; Machan, D. (27 de marzo de 2008). CEO Interview: Costco's James Sinegal, en SmartMoney. https://nonbreakingnews.files.wordpress.com/2008/10/ ceo-interview_-costcos-james-sinegal.pdf; Chu, J., & Rockwood, K. (13 de octubre de 2008). CEO Interview: Costco's Jim Sinegal, en Fast Company. Disponible en línea en: http://www.fast company.com/ magazine/130/thinking-outside-the-big-box. html?page=0%2C2; Goldberg, A. B. y Ritter, B. (2 de agosto de 2006). Costco CEO Finds Pro-Worker Means Profitability, en ABC News 20/20. Disponible en línea en: http://abcnews.go.com/2020/ Business/story?id=1362779; Wadhwa, V. (17 de agosto de 2009). Why Be an Ethical Company? They're Stronger and Last Longer, en BusinessWeek. Disponible en línea en: http://www.businessweek. com/stories/2009-08-17/whybe-an-ethical-company-theyrestronger-and-last-longerbusinessweek-business-news-stockmarket-and-financial-advice.

[2]Graen, G. y Cashman, J. F. (1975). A Role-Making Model of Leadership in Formal Organizations: A Developmental Approach, en Leadership Frontiers, eds. J. G. Hunt y L. L. Larson (pp. 143–165). Kent, OH: Kent State University Press; Dansereau, F., Graen, G. y Haga, W. J. (1975). A Vertical Dyad Linkage Approach to Leadership Within Formal Organizations: A Longitudinal Investigation of the Role-Making Process, en Organizational Behavior and Human Performance, 15, pp. 46–78; vea también Barling, J., Christie, A. y Hoption, C. (2010). Leadership, en Handbook of Industrial and Organizational Psychology, ed. S. Zedeck (pp. 183–240). Washington, DC: American Psychological Association.

[3]Gerstner, C. R. y Day, D. V. (1997). Meta-Analytic Review of Leader-Member Exchange Theory: Correlates and Construct Issues, en Journal of Applied Psychology, 82(6), pp. 827–844; Maslyn, J. y Uhl-Bien, M. (2001). Leader-Member Exchange and Its Dimensions: Effects of Self-Effort and Others' Effort on Relationship Quality, en Journal of Applied Psychology, 86(4), pp. 697–708.

[4]Hersey, P. y Blanchard, K. H. (1977). Management of Organizational Behavior: Utilizing Human Resources (3a. ed.). Englewood Cliffs, NJ: Prentice Hall.

[5]Fiedler, F. y Garcia, J. (1987). New Approaches to Effective Leadership: Cognitive Resources and Organizational Performance. Nueva York: John Wiley and Sons.

[6]Burns, J. M. (1978). Leadership. Nueva York: Harper & Row; Kuhnert, K. W., & Lewis, P. (Octubre de 1987). Transactional and Transformational Leadership: A Constructive/ Developmental Analysis, en Academy of Management Review, pp. 648–657; vea también Turner, N., Barling, J., Epitropaki, O., Butcher, V. y Milner, C. (2002). Transformational Leadership and Moral Reasoning, en Journal of Applied Psychology, 87(2), pp. 304–311.

[7]Yammarino, F. J. y Dubinsky, A. J. (1994). Transformational Leadership Theory: Using Levels of Analysis to Determine Boundary Conditions, en Personnel Psychology, 47, pp. 787–800. Vea también Pieterse, A. N., van Knippenberg, D., Schippers, M. y Stam, D. (Mayo de 2010). Transformational and Transactional Leadership and Innovative Behavior: The Role of Psychological Empowerment, en Journal of Organizational Behavior, pp. 609–623.

[8]Goodwin, V., Wofford, J. C. y Whittington, J. L. (2001). A Theoretical and Empirical Extension to the Transformational Leadership Construct, en Journal of Organizational Behavior, 22, pp. 759–774; vea también Colbert, A., Kristof-Brown, A., Bradley, B. y Barrick, M. (2008). CEO Transformational Leadership: The Role of Goal Congruence in Top Management Teams, en Academy of Management Journal, 51(1), pp. 81–96.

[9]Hoover's Handbook of American Business 2015 (pp. 340–341). Austin, TX: Hoover's Business Press.

[10]Pastor, J.-C., Meindl, J. y Mayo, M. (2002). A Network Effects Model of Charisma Attributions, en Academy of Management Journal, 45(2), pp. 410–420.

[11]Tischler, L. (Septiembre de 2002). Sudden Impact, en Fast Company, 62, p. 106.

[12]House, R. J. (1977). A 1976 Theory of Charismatic Leadership, en Leadership: The Cutting Edge, eds. J. G. Hunt y L. L. Larson (pp. 189–207). Carbondale, IL: Southern Illinois University Press; vea también Conger, J. A. y Kanungo, R. N. (Octubre de 1987). Toward a Behavioral Theory of Charismatic Leadership in Organizational Settings, en Academy of Management Review, pp. 637–647.

[13]Play Hard, Fly Right, en Time, Bonus Section: Inside Business, junio de 2002, Y15–Y22.

[14]Nadler, D. A. y Tushman, M. L. (Invierno de 1990). Beyond the Charismatic Leader: Leadership and Organizational Change, en California Management Review, pp. 77–97.

[15]Waldman, D. A. y Yammarino, F. J. (1999). CEO Charismatic Leadership: Levels-of-Management and Levels-of-Analysis Effects, en Academy of Management Review, 24(2), pp. 266–285.

[16]Howell, J. y Shamir, B. (Enero de 2005). The Role of Followers in the Charismatic Leadership Process: Relationships and Their Consequences, en Academy of Management Review, pp. 96–112.

[17]Kerr, S. y Jermier, J. M. (1978). Substitutes for Leadership: Their Meaning and Measurement, en Organizational Behavior and Human Performance, 22, pp. 375–403. Vea también Manz, C. C. y Sims, H. P., Jr. (Marzo de 1987). Leading Workers to Lead Themselves: The External Leadership of Self-Managing Work Teams, en Administrative Science Quarterly, pp. 106–129.

[18]Howell, J. P., Bowen, D. E., Dorfman, P. W., Kerr, S. y Podsakoff, P. M. (Verano de 1990). Substitutes for Leadership: Effective Alternatives to Ineffective Leadership, en Organizational Dynamics, pp. 20–38; vea también Podsakoff, P. M., Mackenzie, S. B. y Bommer, W. H. (1996). Transformational Leader Behaviors and Substitutes for Leadership as Determinants of Employee Satisfaction, Commitment, Trust, and Organizational Citizenship Behaviors, en Journal of Management, 22(2), pp. 259–298.

[19]Erickson, T. (Mayo de 2010). The Leaders We Need Now, en Harvard Business Review, pp. 62–67.

[20]Hackman, J. R. y Wageman, R. (Abril de 2005). A Theory of Team Coaching, en Academy of Management Review, pp. 269–287; vea también Peterson, D. B. (2010). Executive Coaching: A Critical Review and Recommendations for Advancing the Practice, en Handbook of Industrial and Organizational Psychology, ed. S. Zedeck (pp. 527–566). Washington, DC: American Psychological Association.

[21]Kent, R. L. y Moss, S. E. (1994). Effects of Sex and Gender Role on Leader Emergence, en Academy of Management Journal, 37(5), pp. 1335–1346.

[22]Eagly, A. H., Makhijani, M. G. y Klonsky, R. G. (1992). Gender and the Evaluation of Leaders: A Meta-Analysis, en Psychological Bulletin, 111, pp. 3–22.

[23]House, R. J., et al. (Eds.) (2004). Culture, Leadership, and Organizations: The GLOBE Study of 62 Societies. Londres: Sage Publications.

[24]Para más detalles, vea Chhokar, J. S., Brodbek, F. C. y House, R. J. (eds.), (2008). Culture and Leadership Across the World.

Hillsdale, NJ: Lawrence Erlbaum Associates; y Gupta, V., Hanges, P. J. y Dorfman, P. (2002). Cultural Clusters: Methodology and Findings, en *Journal of World Business*, 37, pp. 11–15; vea también Leung, K. y Peterson, M. F. (2010). Managing a Globally Distributed Workforce: Social and Interpersonal Issues, en *Handbook of Industrial and Organizational Psychology*, ed. S. Zedeck (pp. 771–805). Washington, DC: American Psychological Association.

[25]Montgomery, C. (Enero de 2008). Putting Leadership Back Into Strategy, en *Harvard Business Review*, pp. 54–61.

[26]Dirks, K. y Ferrin, D. (2002). Trust in Leadership, en *Journal of Applied Psychology*, *87(4)*, pp. 611–628; vea también Meyer, C. y Kirby, J. (Abril de 2010). Leadership in the Age of Transparency, en *Harvard Business Review*, pp. 38–46.

[27]Cordery, J., Soo, C., Kirkman, B., Rosen, B. y Mathieu, J. (Julio-septiembre de 2009). Leading Parallel Global Virtual Teams, en *Organizational Dynamics*, pp. 204–216.

[28]Goldberg, A. B. y Ritter, B. (2 de agosto de 2006). Costco CEO Finds Pro-Worker Means Profitability, en *ABC News 20/20*. Disponible en línea en: http://abcnews.go.com/2020/Business/story?id=1362779.

[29]Goldberg, A. B. y Ritter, B. (2 de agosto de 2006). Costco CEO Finds Pro-Worker Means Profitability, en *ABC News 20/20*. Disponible en línea en: http://abcnews.go.com/2020/Business/story?id=1362779.

[30]Goldberg, A. B. y Ritter, B. (2 de agosto de 2006). Costco CEO Finds Pro-Worker Means Profitability, en *ABC News 20/20*. Disponible en línea en: http://abcnews.go.com/2020/Business/story?id=1362779.

[31]Goldberg, A. B. y Ritter, B. (2 de agosto de 2006). Costco CEO Finds Pro-Worker Means Profitability, en *ABC News 20/20*. Disponible en línea en: http://abcnews.go.com/2020/Business/story?id=1362779.

CAPÍTULO

13

PODER, INFLUENCIA Y POLÍTICA

ESTRUCTURA DEL CAPÍTULO

OBJETIVOS DE APRENDIZAJE

Al concluir el estudio de este capítulo, usted podrá:

1 Identificar y describir diferentes tipos de poder personal y de posición.

2 Analizar la forma en que las personas y los grupos obtienen y utilizan el poder.

3 Estudiar la influencia y sus tácticas más y menos efectivas.

4 Describir algunos de los factores que influyen en el comportamiento político en las organizaciones y el papel del manejo de la impresión en el poder y la influencia.

—DESAFÍOS DEL MUNDO REAL—

INFLUENCIA PARA ACEPTAR EL CAMBIO EN CHURCH & DWIGHT[1]

The Church & Dwight Company es una empresa que fabrica productos de consumo muy importantes con marcas como Arm & Hammer, Trojan y OxiClean. Después de una revisión corporativa de sus negocios, sus directivos se dieron cuenta de que no podían crecer más si no lanzaban nuevos productos. La empresa diseñó un nuevo plan estratégico centrado en el impulso del crecimiento orgánico consistente para estimular la creación y comercialización efectiva de nuevos productos.

Un punto clave para implementar la nueva estrategia consistió en dividir el departamento de marketing en dos organizaciones paralelas, una enfocada en los nuevos productos y otra en el marketing básico de las marcas que ya fabricaba la empresa.

Aunque los directivos de Church & Dwight sabían que esta era la estrategia correcta, existía un obstáculo importante: la mayoría de los empleados de marketing consideraban que la parte más emocionante de su trabajo era el desarrollo de nuevos productos. Los profesionales de esta área disfrutaban cuando realizaban estudios de mercado, pasaban tiempo con los consumidores y trabajaban con ideas de nuevos productos. Con base en la estructura propuesta, los empleados de marketing básico tendrían que renunciar a esta actividad y asumir la responsabilidad de lo que muchos consideraban la ejecución táctica más trivial de marketing básico. Los directivos de Church & Dwight sabían que el desempeño de la empresa estaba impulsado por su talento de marketing, por lo que debían mantener su compromiso.

Los directivos de la organización le piden a usted su consejo acerca de cuál es la mejor forma de influir en su talento clave de marketing para apoyar la nueva estrategia y asumir sus nuevas responsabilidades. Después de leer este capítulo, usted deberá tener algunas buenas ideas.

JASON KEMPIN/GETTY IMAGES

Con frecuencia, la palabra *poder* evoca diversos pensamientos positivos y negativos. Cuando se utilizan con efectividad, el poder y la influencia son esenciales para el desempeño de los gerentes, pero cuando se emplean de forma inadecuada pueden generar un comportamiento no ético y resultar perjudicial para los empleados y las organizaciones. El uso eficaz del poder y la influencia es una habilidad cuya aplicación deficiente puede descarrilar con rapidez el desarrollo profesional de cualquier gerente. Con frecuencia, el conflicto en las organizaciones se relaciona con el poder, la influencia y la forma en que el poder se manifiesta en la organización y en los grupos de trabajo. Comprender qué son y cómo utilizar de forma eficaz el poder y la influencia mejorará su éxito en cualquier organización.

La política se relaciona de forma estrecha con el poder y la influencia. Además de afectar su éxito como gerente, es importante entenderla debido a sus efectos negativos en el desempeño de la empresa.[2] En este capítulo se estudia la naturaleza del poder, la influencia y la política. Después de su estudio, usted debe tener una idea clara de cómo utilizarlos de manera eficaz en su trabajo como gerente y en su desarrollo profesional.

EL PODER EN LAS ORGANIZACIONES

poder
Potencial que tiene una persona o grupo para influir en el comportamiento de otra persona o grupo

El *poder* es el potencial de una persona o de un grupo para influir en otra persona o grupo con la finalidad de que hagan algo que de otro modo no harían.[3] El poder reside en los individuos y en los grupos. Las personas tienden a responder de manera diferente cuando obtienen poder. Aunque algunas lo utilizan de forma altruista, otras lo hacen para satisfacer motivos más egoístas.[4]

necesidad de poder
Deseo de influir y controlar a los demás, o de ser responsable de otros

Al principio, David McClelland, un académico reconocido, supuso que el liderazgo efectivo se basaba en la necesidad de logro, pero más adelante descubrió que el verdadero impulso del desempeño de un líder radicaba en su *necesidad de poder*;[5] esto es, el deseo de controlar e influir en los demás o ser responsable de otros (recuerde que esta necesidad se presentó y estudió en el capítulo 5). También comprobó que las necesidades de poder de una persona pueden dirigirse de forma positiva cuando el líder es capaz de posponer la gratificación inmediata y no actuar de modo impulsivo, lo que denominó más tarde *patrón del motivo del liderazgo*, que se compone por una alta necesidad de poder (con un alto nivel de control de los impulsos) y una baja necesidad de afiliación.[6] Este modelo, que se basa en la necesidad de poder, por lo general se asocia con un desempeño gerencial sobresaliente.[7]

patrón del motivo del liderazgo
Alta necesidad de poder (con un alto grado de control de impulsos) y baja necesidad de afiliación

La mayoría de los expertos están de acuerdo en que existen siete tipos de poder, que se resumen en la tabla 13.1. Los poderes legítimo, de recompensa y coercitivo provienen del puesto que la persona ocupa en una organización. Los niveles organizacionales superiores confieren un grado más alto de estos poderes. Los poderes experto, de información, de referencia y de persuasión son tipos de poderes personales cuyo nivel depende de las características singulares de cada persona. A continuación se analizan con más detalle las fuentes de poder personal y de posición, y se ofrecen sugerencias para manejarlos de forma eficaz.

Poder de posición

poder de posición
Poder que se basa en las tácticas de influencia que confiere un puesto en la organización

En parte, el poder que tienen los gerentes se debe a la autoridad organizacional. Los gerentes suelen tener autoridad formal debido a su puesto, lo que les otorga un derecho legítimo de solicitar a los empleados que realicen tareas que son parte de la descripción de sus puestos. La autoridad organizacional otorga al gerente el *poder de posición*, que se basa en el puesto que una persona

Tabla 13.1

Tipos de poder

Legítimo	Poder que se tiene por ocupar un puesto de autoridad
De recompensa	Poder de controlar las recompensas
Coercitivo	Poder de controlar los castigos
Experto	Poder de control que confiere el conocimiento, las habilidades o el *expertise*
De información	Poder de controlar la información
De referencia	Poder de control que confiere respeto, admiración e identificación con el líder por parte de los subordinados
De persuasión	Poder que se tiene debido a que se posee la capacidad para utilizar la lógica y los hechos para persuadir a otros

ocupa en una empresa. Por ejemplo, el presidente de una organización, el decano de una escuela o el gerente de un equipo deportivo tienen ciertas formas de control que provienen de su puesto. A continuación se analizan los tres tipos de poder de posición: el poder del puesto, el poder de controlar las recompensas y el poder de controlar los castigos.

Poder legítimo

El *poder legítimo* es una forma de poder de posición que se basa en que una persona ocupa un puesto gerencial, más que en lo que es o hace como persona.[8] Este poder proviene de la autoridad formal que la empresa le otorga al gerente para contratar nuevos empleados, asignar el trabajo, supervisar el desempeño y hacer cumplir las normas de la organización. Los subordinados cumplen porque creen que el puesto le otorga el derecho al gerente de hacerles ciertas peticiones. Por ejemplo, las enfermeras se presentan a los turnos que les son asignados por un supervisor, incluso si no son aquellos que prefieren. Los empleados aceptan un horario de trabajo, debido a que el gerente de programación tiene el poder legítimo para asignar los turnos.

Para utilizar de forma eficaz el poder legítimo, es importante seguir los canales adecuados de comunicación y ser sensibles a las preocupaciones de los subordinados. Las solicitudes deben hacerse con cortesía, pero con convicción, y se debe comunicar con claridad que se posee la autoridad para hacerlas.

Poder de recompensa

El *poder de recompensa* es un poder de posición que implica utilizar recompensas tangibles (por ejemplo, incrementos salariales o asignaciones de

poder legítimo
Tipo de poder de posición que posee una persona por ocupar un puesto gerencial, más que por lo que es o hace como individuo

poder de recompensa
Tipo de poder de posición que implica utilizar recompensas para influir y motivar a los demás

El poder legítimo es una forma de poder de posición que se basa en que una persona ocupa un puesto gerencial más que en lo que es o hace como persona. Por ejemplo, en este organigrama el gerente de marketing tiene poder legítimo sobre el equipo de ventas y el gerente de contabilidad sobre el equipo de esta área. A su vez, el gerente general tiene poder legítimo sobre el gerente de marketing y el gerente de contabilidad y, por extensión, sobre el equipo de ventas y de contabilidad.

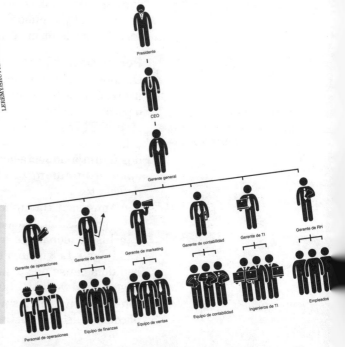

LEREMY/SHUTTERSTOCK.COM

El poder de recompensa implica el uso de recompensas para influir y motivar a los seguidores. Este gerente utiliza su poder de recompensa para otorgar un reconocimiento a una subordinada que mostró un desempeño adecuado.

trabajo preferentes) e intangibles (como los elogios) para influir y motivar a los seguidores.[9] Los estudiantes cumplen las indicaciones y plazos señalados por el profesor porque desean obtener una buena calificación. Las recompensas son una de las herramientas más poderosas que utilizan los gerentes para motivar un alto nivel de desempeño. La sección *Respuestas para el mundo real* de este capítulo describe cómo Church & Dwight utilizó el poder de recompensa para influir sobre su talento de marketing para que éste aceptara los cambios que se introdujeron en sus responsabilidades laborales.

Debido a que las recompensas son motivadores fuertes, es importante monitorear los impactos positivos y negativos que tienen sobre el comportamiento de los empleados. Por ejemplo, el gerente de una estética quería motivar a sus estilistas para que vendieran más productos de belleza, por lo que ofreció un premio mensual al empleado que comercializara la mayor cantidad de productos. Debido a que los clientes de un estilista siempre compraban más productos, los empleados restantes sintieron que no había manera de ganar el premio y en lugar de tratar de vender más dejaron de intentarlo y las ventas y los ingresos totales disminuyeron. Por ello, es evidente que cuando se utilizan de forma incorrecta las recompensas, se reduce la motivación de aquellos empleados que no esperan recibirlas. Para utilizar con eficacia el poder de recompensa es necesario hacer solicitudes razonables, ofrecer recompensas atractivas (que pueden ser diferentes para cada empleado) y garantizar que sean vistas de forma ética y no se consideren sobornos.

Poder coercitivo

poder coercitivo
Tipo de poder de posición que se basa en el temor o el deseo de evitar castigos

Cuando un gerente tiene capacidad para castigar a los subordinados y puede utilizar su poder de posición para "coaccionarlos" para que cumplan por temor o porque desean evitar un castigo, posee lo que se conoce como ***poder coercitivo***.[10] El castigo puede ser cualquier consecuencia no deseada o negativa como la reducción de la jornada de trabajo, la asignación de turnos no deseados o una amonestación oral o escrita. Su profesor aplica este tipo de poder cuando lo amenaza con restarle puntos a su tarea por una redacción deficiente.

Amenazar con aplicar un castigo puede tener efectos secundarios negativos sobre los empleados, como estrés, resentimiento, baja moral, represalias[11] e incluso puede llegar a costarle el puesto al gerente. William J. Fife, exCEOde Giddings y Lewis, una empresa que fabrica equipos de manufactura, fue despedido a causa de su abuso del poder coercitivo. Fife utilizó castigos de forma destructiva debido a que criticaba, atacaba verbalmente y avergonzaba a los altos directivos en las juntas. Después de investigar las quejas de los gerentes, el consejo de administración le solicitó su renuncia.[12]

El poder coercitivo se basa en el temor o el deseo de evitar castigos. Se puede observar en los gerentes que gritan o amenazan a sus subordinados. Este alto directivo utiliza el poder coercitivo para criticar a uno de sus subordinados, lo que afecta a todos los presentes en la junta.

A pesar de que puede producir cambios conductuales, la coerción sólo debe emplearse cuando sea absolutamente necesario, por ejemplo, cuando un empleado lleva a cabo conductas inseguras. El resentimiento y las represalias pueden reducirse si se les informa a los subordinados sobre las reglas y castigos por violaciones de las normas, lo que representa una advertencia suficiente antes de la sanción y les da la oportunidad de mejorar, así como de utilizar el castigo sólo cuando se está seguro de que se incurrió en incumplimiento. Para emplear con mayor eficacia el poder coercitivo, también es importante aplicar con prontitud el castigo adecuado y consistente, evitar la hostilidad, y dar en privado las advertencias y notificaciones de castigo.

Poder personal

El poder del puesto no garantiza que los empleados cooperen plenamente con usted. Por ejemplo, los empleados de un supervisor impopular pueden hacer lo mínimo posible para satisfacer las exigencias de sus puestos. La habilidad de un gerente para influir en los demás para que den su máximo esfuerzo depende de su poder o capacidad para influir en el comportamiento o las actitudes de otras personas. La influencia le otorga al gerente un *poder personal*, que se basa en sus características individuales y lo acompaña sin que importe dónde trabaje.

A continuación se estudian los cuatro tipos de poder personal que se basan en las características singulares de una persona y que son independientes del puesto formal que ocupa en una organización: el poder basado en el conocimiento experto o *expertise*, el poder de controlar la información, el poder basado en el respeto de los demás y el poder conferido por la capacidad de persuadir.

poder personal
Poder que se basa en las características personales y acompaña a una persona sin importar el puesto que ocupa ni la organización

poder experto
Poder personal que se basa en el conocimiento y el expertise

Poder experto

El *poder experto* se basa en el *expertise* de una persona en alguna área.[13] Por ejemplo, cuando Warren Buffet, apodado el "Sabio de Omaha", habla sobre economía, muchos escuchan con atención lo que tiene que decir. Las personas responden al poder experto porque confían en los conocimientos, habilidades o *expertise* de

El poder experto se basa en el *expertise* de la persona. Este gerente le muestra a un compañero la forma en que debe desempeñar una tarea. Su conocimiento sobre la tarea le otorga poder experto. Una vez que su compañero aprenda a realizar la tarea, disminuye el poder experto del primer gerente.

la persona. Por ejemplo, algunos gerentes de ventas pueden tener un conocimiento especializado en determinados segmentos de mercado o clientes, lo que les confiere poder experto sobre sus colegas y empleados.

Dado que el conocimiento de un individuo es la base del poder experto, se trata de un poder personal y puede existir en cualquier nivel organizacional. Para mejorar su propio poder experto, trate de identificar los conocimientos técnicos que son importantes en su empresa. Luego mejore su *expertise* en estas áreas mediante la capacitación formal o el aprendizaje en el puesto. Conviértase en un experto en la industria, productos, servicios y sistemas de su empresa. Para conservar su credibilidad y mejorar la percepción de los demás sobre su poder experto, diga la verdad, actúe con confianza y manténgase actualizado en su disciplina o área.

Poder de información

poder de información
Poder que surge de controlar la información

El control sobre la información otorga el *poder de información*. Además de los expertos con conocimientos especializados, algunas personas tienen o son capaces de controlar el acceso a información importante. Estos *guardianes* pueden ejercer poder sobre los demás, pues proporcionan o retienen información que otros necesitan. Por ejemplo, los gerentes con redes personales amplias pueden acceder a información que pocos conocen. Una vez que la comparte, el poder se pierde, por lo que estos gerentes deben remplazar continuamente su oferta de información difícil de conseguir.

Poder de referencia

poder de referencia
Tipo de poder personal que se basa en el carisma de un gerente o el nivel de atracción que los demás sienten por él

El *poder de referencia* es otro tipo de poder personal que se basa en el carisma de un gerente o su atractivo para los demás. Los subordinados ven al gerente como un modelo a seguir y se comportan como él lo hace y desea porque buscan su aprobación, además de que cumplen sus peticiones con respeto, admiración y gusto.[14] El comportamiento ético coherente puede mejorar su reputación y, por lo tanto, su poder de referencia.

El poder de referencia no se limita a los líderes de alta visibilidad. Todos los gerentes pueden utilizar con eficacia este tipo de poder si muestran respeto por sus subordinados, modelan conductas consistentes con la cultura organizacional y son modelos efectivos. Cuando "recorren el camino" y "hablan de la charla" de forma consistente, los gerentes pueden utilizar su poder de referencia para promover las actitudes y conductas que esperan de sus subordinados. Por ejemplo, aun cuando la riqueza de Sam Walton, fundador de Walmart, fue valuada en más de 25,000 millones de dólares, todavía conducía su camioneta para ir a trabajar. Su modelo de frugalidad impregnó a la empresa y promovió las conductas y valores que ayudaron a construir la rentabilidad consistente de la organización.[15]

Poder de persuasión

poder de persuasión
Poder que se debe a la capacidad de utilizar la lógica y los hechos para persuadir a otros

El *poder de persuasión* radica en la capacidad para usar la lógica y los hechos para persuadir a otros de adoptar ideas o puntos de vista. Este poder puede mejorarse por medio de una buena capacidad para escuchar y de apelar a los objetivos y motivaciones de los demás.

USO DEL PODER

Es importante ajustar el uso del poder a la situación y la persona sobre la que se trata de influir. Debido a que los efectos del poder experto y de referencia se basan en la *motivación interna* del empleado y en el cumplimiento voluntario, son siempre adecuados, aunque no siempre eficaces. En el caso de que no motiven el comportamiento del empleado, puede ser conveniente recurrir al poder legítimo o de recompensa. Es posible que usted carezca de algunos tipos de poder, por lo que debe evaluar cuáles posee y elegir estratégicamente aquel que debe ejercer en una situación determinada.

Los poderes legítimo, de recompensa y coercitivo se basan en la *motivación externa* y la obediencia obligatoria. Con frecuencia, los gerentes emplean el poder legítimo y de recompensa como métodos de influencia, pero el poder coercitivo rara vez es apropiado y debe reservarse sólo para las situaciones más extremas. Los líderes efectivos tienden a confiar más en su poder experto y de referencia que en los poderes legítimos, de recompensa o coercitivo.[16] Utilizar el poder legítimo, el de recompensa o el coercitivo para influir en los demás implica el uso de autoridad y no se relaciona con el liderazgo. El liderazgo es más efectivo en la medida en que las conductas de los seguidores con respecto a las metas del líder son voluntarias y no coaccionadas.

Por medio de sus palabras y acciones puede utilizar su poder para motivar a los subordinados y despertar motivos adecuados en ellos. Por ejemplo, cuando se requiere un comportamiento competitivo en un seguidor es posible despertar su necesidad de poder, mientras que cuando se desea inspirar un esfuerzo excepcional para alcanzar metas difíciles es posible suscitar su necesidad de logro.[17]

Adquisición y uso del poder

Entonces, ¿cómo puede usted incrementar su poder en la organización? ¿Cómo puede conseguir un buen incremento salarial o una promoción? ¿Cómo puede evitar abusar de su poder? Esta sección le ayudará a responder estas preguntas y le dará algunas ideas sobre cómo puede adquirir y utilizar mejor el poder en su desarrollo profesional.

Adquisición del poder

Es importante reconocer que una persona posee diferentes niveles de cada tipo de poder y debe comprender cuándo es adecuado utilizar cada uno de ellos. Su poder es mayor si las cuestiones que controla son importantes, singulares y no pueden ser sustituidas.[18] Si usted tiene *expertise* importante para su empresa, que muchas otras personas en su campo no tienen y que no puede ser sustituido, posee más poder que cuando éste puede sustituirse con facilidad y no agrega mucho valor a su grupo de trabajo u organización. La tabla 13.2 le brinda la oportunidad de entender la cantidad de poder que tiene en su propia organización.

Puede incrementar su poder por medio del desarrollo de su *expertise* y un desempeño adecuado. Además de los conocimientos técnicos, convertirse en un experto en su propia empresa puede darle categoría de empleado valioso y poderoso. Conozca la historia, la estrategia y la información del sitio web de su empresa; aprenda la forma en que cada departamento contribuye con los demás y con la empresa en su conjunto; identifique las tendencias nuevas que influirán en su industria o en la economía general; persuada a la dirección para que le permita presentar estos temas importantes a las personas clave de otros departamentos; asegúrese de que su trabajo es relevante para los problemas organizacionales importantes, y que usted y su trabajo son visibles para las personas que controlan los incrementos y las promociones; además, establezca contactos dentro y fuera de su organización para desarrollar relaciones positivas con las personas que pueden ser útiles para su desarrollo profesional.[19]

Tabla 13.2

¿Es usted poderoso?

Como aprendió en este capítulo, el poder es mayor en aquellas personas que controlan los recursos escasos que son importantes para los demás. Este instrumento mide la importancia y peculiaridad de sus contribuciones para sus supervisores y compañeros. Utilice la siguiente escala para responder las preguntas siguientes:

Totalmente en desacuerdo	En desacuerdo	Neutral	De acuerdo	Totalmente de acuerdo
1	2	3	4	5

_____ 1. No creo que mi departamento o área funcione bien si mi trabajo no se desempeña de forma adecuada.

_____ 2. Si abandonara la empresa, mi gerente tendría muchas dificultades para encontrar un reemplazo con mis habilidades y capacidades.

_____ 3. Considero que muchas personas de mi departamento o área dependen de que yo realice un buen trabajo.

_____ 4. Mi gerente sabe que realizo cosas en mi trabajo que muchas otras personas no podrían hacer.

_____ 5. Mi gerente depende mucho de mí.

_____ 6. Mi gerente sabe que cuento con habilidades y capacidades laborales muy singulares.

Puntuación: Para calcular su poder percibido en la organización, sume las respuestas de las seis preguntas. El total debe sumar entre 6 y 30 puntos. Anote su puntaje en el siguiente continuo:

5———10———15———20———25———30

Poder percibido bajo   Poder percibido alto

Interpretación: Entre más alto sea su poder percibido, mayor éxito tendrán sus intentos por influir en los demás. Puede utilizar su poder experto, de referencia y de información para incrementar el éxito de sus esfuerzos por influir en otros. Si tiene un nivel bajo y desea incrementarlo, trate de identificar las formas en que puede desarrollar sus habilidades y el _expertise_ útil para su equipo de trabajo y del que carecen sus compañeros. También puede intentar desarrollar sus habilidades de escucha y persuasión.

Fuente: Boss, R. W. (2000). Hospital Professionals' Use of Upward Influence Tactics, en _Journal of Managerial Issues 7_, pp. 92–108.

Abuso de poder

El poder en un sentido absoluto no es ni bueno ni malo; lo que importa es cómo se utiliza. Un punto importante que se debe considerar sobre el poder es el potencial de su abuso. El *abuso de poder* implica utilizar cualquier tipo de poder para degradar, explotar o aprovecharse de otra persona, o influir en alguien para que haga algo que lamentará después. La falta de respeto a la dignidad y la interferencia con el desempeño del trabajo o las recompensas que merece una persona son ejemplos de abuso de poder.[20] Es fácil pensar en historias donde las personas han abusado de su poder. Además del daño financiero, sus resultados pueden incluir la reducción del nivel de satisfacción del personal y de las conductas de ayuda,[21] y el incremento de la desviación de las normas por parte de los empleados[22] y la rotación de éstos.

Es importante recordar que tener poder no significa que se deba utilizar. Tener la potestad de despedir a un subordinado que no sigue las reglas formales de trabajo no significa que usted tiene que despedirlo. Tener poder tampoco garantiza que su uso será eficaz para influir en el comportamiento deseado.

abuso del poder

Utilizar cualquier tipo de poder para degradar, explotar o aprovecharse de otros, o influir en alguien para que haga algo que lamentará después

Si usted tiene poder para castigar a un subordinado porque no acepta trabajar un turno determinado, éste siempre podrá rechazar el turno y renunciar. Cuanto mayor es la importancia que los demás asignan a los recursos o los resultados que usted controla, mayor es el poder que tiene en esa relación. Si usted no tiene algo que otra persona quiera, no tiene ningún poder sobre ella.

La *autoridad sin control* puede conducir al abuso de poder. Los gerentes no deben tener vía libre para hacer lo que quieran y su poder debe coincidir con sus responsabilidades. Por ejemplo, un gerente responsable del desempeño de los subordinados debe poseer algún tipo de poder de recompensa, como la asignación de remuneraciones o el pago por mérito. Pero, por lo general, el poder otorgado a un gerente no debe exceder al que se requiere para realizar su trabajo. Es importante revisar de forma periódica las conductas y el desempeño de los gerentes y hacerlos responsables de sus acciones. Incluso en Estados Unidos los CEO reportan al consejo de administración, y cierta legislación, como la Ley Sarbanes-Oxley de 2002, limita sin control su autoridad.

Quizá los tipos más conocidos de abuso de poder son la intimidación, la supervisión abusiva y el acoso sexual (que implica avances no deseados, solicitudes, comunicación o contacto con la amenaza de castigo por no acceder a ciertas exigencias). Cuando los gerentes no saben cómo persuadir o influir mediante tácticas más efectivas, pueden recurrir al uso del temor, las amenazas y la intimidación, porque es la única forma en que saben hacerlo.[23]

Mark Cuban, propietario del equipo de baloncesto Mavericks de Dallas de la NBA, es un buen ejemplo de la forma en que el poder es insuficiente por sí solo para obtener los resultados deseados. Cuban tiene poder de posición como dueño de cinco empresas y muchas personas lo admiran por su poder de referencia. Posee poder coercitivo, que utiliza cuando despide al entrenador de los Mavericks, y es considerado un experto en el negocio. Está bien conectado con otras personas influyentes y tiene un alto poder de información. No obstante, el comportamiento de Cuban le ha hecho perder respeto, así como una gran cantidad de dinero. Ha irrumpido en los vestuarios para insultar a los jugadores cuando su equipo pierde y ha reprendido a los árbitros. A pesar de que le gustaría tener más equipos profesionales de deportes, afirma que sabe que otras ligas rechazan sus ofertas debido a su comportamiento inadecuado en la NBA.[24]

Empowerment

El grado en el que se comparte el poder y los empleados tienen autoridad para tomar e implementar algunas decisiones se conoce como *empowerment*.[25] Este mecanismo puede formar parte de la cultura y estar presente en toda la organización, o ser algo promovido de forma individual por los gerentes. Facultar mediante el *empowerment* a los empleados para mejorar la calidad, reducir costos e incrementar su eficiencia laboral es cada vez más común en la medida en que las tecnologías de cómputo brindan a las organizaciones acceso a la retroalimentación que necesitan para autoadministrarse. Si los empleados capacitados tienen información importante, precisa y oportuna, pueden manejar situaciones y oportunidades puntuales sin la intervención de un gerente, lo que incrementa la flexibilidad y la capacidad de respuesta de las organizaciones.

En esencia, el *empowerment* requiere dos cosas: 1) que los gerentes permitan a sus subordinados tener más poder y control sobre su trabajo, y 2) que les brinden la capacitación, los recursos y el coaching necesarios para desarrollar las habilidades y la confianza para actuar con poder. No es suficiente decirle al

empowerment
Compartir el poder con los empleados y otorgarles la autoridad para tomar e implementar algunas decisiones

personal que tiene poder. Los empleados deben tener las habilidades para hacer lo que han sido facultados para hacer y creer que pueden hacerlo con éxito. Los autores vieron esta condición durante una consultoría a una planta de manufactura. Los equipos de empleados recién facultados tenían autoridad para gastar hasta 500 dólares para mejorar los procesos de sus equipos sin tener que consultar con un gerente. En un primer momento, ninguno de los equipos estaba dispuesto a gastar porque temían que iban a tomar una mala decisión. No fue sino hasta que los equipos participaron en un programa práctico de capacitación en desarrollo de habilidades para la toma de decisiones, comunicación y solución de problemas que sintieron la confianza para ejercer el poder que les había sido otorgado.

Debido a que la buena reputación de su comportamiento ético reduce la preocupación de parte de su supervisor de que usted presente un comportamiento inadecuado, también puede incrementar la disposición para asignarle más responsabilidad y autonomía. Contar con una reputación de comportamiento ético incrementa su influencia, debido a que no se le percibe como alguien que trata de avanzar en una agenda personal.[26]

Ser un líder ético es una fuente de poder, debido a que elimina las agendas ocultas y genera confianza. La ética también incrementa nuestra resistencia a los intentos de los demás para influir en nosotros, ya que nos mantiene enfocados, lo que les resta poder sobre nuestra persona.[27]

La tecnología puede dar el poder a los empleados para resolver problemas por sí mismos. Por ejemplo, Pat utiliza un tablero digital de instrumentos para comprobar su desempeño y sabe que para recibir su bono trimestral debe lograr de forma sistemática los objetivos de volumen de llamadas. El código de colores de la pantalla muestra que está por debajo del objetivo. Sabe que ha llegado a tiempo a su trabajo y que es productiva. ¿Por qué su desempeño se encuentra por debajo de su objetivo? Ella observa que su volumen de llamadas ha sido bajo durante el último mes, siempre justo después del almuerzo, lo que revela la raíz del problema. Su turno vespertino comienza exactamente en el momento en que termina su hora de almuerzo, y aunque se apresura, regresa de su receso diez minutos después de la hora de inicio programada cada tarde. Pat solicita un cambio de horario que le brinde diez minutos más para llegar desde la cafetería hasta su estación de trabajo.[28] El tablero digital de instrumentos ayudó a facultar a Pat para resolver su problema de desempeño sin la necesidad de la ayuda de un supervisor, más allá de la aprobación del cambio de horario.

Forma en que las subunidades obtienen poder

Ahora dirigiremos la atención lejos del poder individual, para concentrarla en la forma en que las subunidades adquieren poder para influir en las decisiones de la organización. El poder de un grupo de trabajo, departamento o subunidad se deriva del control de los recursos o de su poder estratégico.[29] Entre más deseables e importantes sean los recursos controlados por un grupo (por ejemplo, el presupuesto o el espacio), mayor es su *poder de recursos*. Los grupos que ocupan un papel central en la toma de decisiones ejercen mayor *poder estratégico*, pues influyen en las decisiones de más alto nivel. Las subunidades clave que inciden sobre el desempeño de otras tienen mayor poder. A continuación se analizará una serie de condiciones que incrementan el poder de una subunidad.

Escasez de recursos
Cuando los recursos son escasos, las diferencias de poder entre las subunidades son susceptibles de ampliarse. El poder es mayor en las subunidades que

controlan los recursos escasos que son cruciales para toda la organización. Cuando existen muchos recursos disponibles, se reducen las diferencias de poder entre las subunidades.

Centralidad

Las actividades de una subunidad son importantes en la medida en que influyen en el trabajo de muchas otras subunidades (por ejemplo, el poder de la aprobación del presupuesto), cuando su efecto es más inmediato (por ejemplo, una disminución del desempeño en esa unidad afectará con mayor rapidez a la organización) y cuando la subunidad tiene un impacto crítico sobre un producto o servicio clave de la empresa. Esta es una de las razones por las que los departamentos de producción y marketing suelen tener mayor poder que los departamentos de recursos humanos.

Posibilidad de sustitución

El poder de una subunidad se reduce en la medida en que otros dentro o fuera de la organización pueden llevar a cabo las responsabilidades que le corresponden a ella. El mercado laboral tiene una gran influencia en la posibilidad de sustitución, debido a que cuando escasean las habilidades de una subunidad en dicho mercado, el poder de esa subunidad se incrementa. Si el trabajo de una subunidad puede ser contratado por outsourcing, disminuirá su poder, debido a que la amenaza del outsourcing contrarresta sus esfuerzos de influencia.

Incertidumbre

Las organizaciones no disfrutan las sorpresas o la incertidumbre. La planeación precisa, el financiamiento, el presupuesto y la contratación de personal dependen de forma razonable de un futuro previsible. Las subunidades más capaces de hacer frente a la incertidumbre o de guiar a la organización a través de un periodo de incremento de la incertidumbre tienden a tener mayor poder.

INFLUENCIA EN LAS ORGANIZACIONES

Las personas influyentes tienen poder, pero no todas las personas poderosas tienen influencia. Por ejemplo, los empleados suelen ser más sensibles a la influencia social de sus compañeros que al control y los incentivos de la gerencia.[30] En gran parte, el liderazgo es un proceso de influencia que implica el uso de diversos poderes o estilos interpersonales para afectar las conductas y actitudes de otros, pero el nivel de éxito que tendrá un líder cuando utiliza el poder depende de que la otra persona permita ser influida. La magnitud de autoridad o poder formales de un gerente no es tan importante como el grado de influencia que tiene sobre sus subordinados. Si carece del respeto de éstos a causa de un comportamiento no ético o existe la percepción de que no está calificado, no podrá motivar de forma eficaz a sus subordinados para esforzarse y trabajar hacia las metas de la empresa.

Tácticas de influencia

Las personas aplican su poder para influir en el comportamiento de los demás por medio de las *tácticas de influencia*. Éstas incrementan la probabilidad de que otros respondan de forma favorable a sus peticiones. ¿Qué podría ser diferente para usted en el trabajo si tuviera una capacidad mayor para influir en sus jefes y compañeros? ¿Qué podría ser diferente en la escuela si estuviera en mejores condiciones para influir en sus compañeros de clase y profesores?

tácticas de influencia

Forma en que las personas traducen su poder para afectar el comportamiento de otros

Las tácticas de influencia pueden desarrollarse con la práctica y deben coincidir con la situación y la persona sobre la que se desea influir.[31] Sin embargo, las respuestas de los demás ante los intentos de influencia no siempre son positivas. La tabla 13.3 resume algunas tácticas de influencia con sus posibles respuestas.

Tabla 13.3

Tácticas de influencia y respuestas a ellas

Tácticas de influencia

Tácticas de alianza o coalición	Solicitar ayuda de otros para persuadir a alguien de que haga algo. Se refiere al apoyo de los demás para convencer a una persona que acepte una propuesta o cambie su actitud hacia un tema.
Consulta	Solicitar el consejo de una persona para resolver un problema o establecer metas en conjunto para incrementar el compromiso del seguidor con la decisión del líder; mostrarse dispuesto a modificar las metas o soluciones con base en las preocupaciones y sugerencias del otro para mantener su compromiso.
Intercambio	Ofrecer algo de valor en el presente o el futuro a cambio de cooperación. Como su costo es alto, por lo general se emplea cuando han fracasado otras tácticas.
Adulación	Halagar o elogiar a una persona para que mejore su humor e incremente la posibilidad de que desee ayudar (por ejemplo, elogiar la vestimenta del gerente antes de solicitar un financiamiento para un nuevo proyecto), o utilizar el sentido del humor.[32] Tiene mayor credibilidad cuando se utiliza como táctica inicial que cuando se emplea después de que otros intentos han fracasado.
Apoyo en la inspiración	Referirse a las aspiraciones, valores e ideales de otra persona para obtener su compromiso o incrementar su confianza en que pueden realizar algo como forma de motivación. Por ejemplo, Wayne Hale, director del equipo directivo de lanzamientos espaciales de la NASA para el vuelo de regreso de la misión *Discovery*, afirmó: "En esencia, la pregunta continúa, ¿contamos con las cualidades que hicieron que nuestros antecesores tuvieran éxito? ¿Tenemos el juicio para colocar todos los factores en la balanza? ¿Poseemos el carácter para afrontar eventos grandes? La historia nos observa".[33]
Tácticas de legitimidad	Mejorar la autoridad formal de una persona para hacer una solicitud determinada por medio de reglas, precedentes o documentos oficiales. Debe utilizarse cuando se espera que surjan dudas sobre la legitimidad de la solicitud.
Apoyos personales	Solicitar a alguien que haga algo "por amistad" o pedir favores personales.
Presión	Uso de la coerción, seguimiento o recordatorios constantes para tener influencia. Existe el riesgo de generar resentimientos como efecto secundario no deseado.
Persuasión racional (o razonamiento)	Utilizar la lógica y los hechos para persuadir a los demás.

Respuestas a los intentos de influencia

Compromiso	Apoyar o participar de forma activa como resultado del intento de influencia.
Cumplimiento	Cumplir con lo que el influyente requiere sin comprometerse.
Resistencia pasiva	Rechazar el intento de influencia sin interponerse en lo que intenta la persona hacer.
Resistencia activa	Rechazar el intento de influencia y tratar de forma activa de detener a la persona de hacer lo que intenta, o tratar de cambiar sus actitudes.

Fuente: Yukl, G. A. *Leadership in Organizations*. (7a. ed., p. 172, tabla 6.8). Upper Saddle River, NJ: Pearson Education. © 2010.

La persuasión racional, el apoyo en la inspiración y la consulta son las tácticas de influencia más efectivas, mientras que la presión es la menos efectiva.[34] Se puede incrementar la efectividad con el uso simultáneo de más de una táctica de influencia, siempre que sean compatibles.[35] Por ejemplo, las técnicas de adulación pueden incrementar la efectividad del atractivo personal. La persuasión racional se puede combinar con cualquiera de las otras tácticas. Por el contrario, la presión debilita los sentimientos de amistad que son la base del apoyo personal y las técnicas de adulación.

Las tácticas de influencia son más efectivas cuando son compatibles con el poder de influencia en relación con la persona objetivo y con la relación interpersonal entre las dos personas. A menudo, cuando el individuo influyente y el objetivo tienen confianza mutua y objetivos compartidos, la persuasión racional, la consulta y la colaboración son recursos muy efectivos. Un grado moderado de amistad suele ser necesario para trabajar con el apoyo personal y es probable que la asertividad no sea efectiva con un superior.

Los esfuerzos por influir en otros suelen fracasar en el primer intento y requieren el uso experto de una secuencia de tácticas. Con frecuencia, los intentos iniciales por influir en los subordinados o compañeros comienzan con una simple petición o con una forma débil de persuasión racional, porque estas técnicas son fáciles de implementar y tienen un costo personal relativamente bajo (como una amistad debilitada). La resistencia anticipada se puede reducir con una forma más fuerte de persuasión racional y tácticas más suaves que incluyen consultas, apoyo personal, apoyo en la inspiración y la colaboración. La resistencia continua se contrarresta con tácticas más severas o el abandono del esfuerzo si la solicitud no amerita los riesgos de escalada.[36] La sección *Caso de estudio* de este capítulo ilustra el uso de diferentes tácticas de influencia entre los empleados que tratan de incidir en la decisión de un líder.

CASO DE ESTUDIO — Cómo influir en las decisiones

Suponga que usted es el gerente responsable de elegir un proyecto nuevo. Su presupuesto es limitado, por lo que sólo puede admitir un proyecto y debe tomar una decisión mañana por la mañana. Su personal acaba de terminar de presentar sus ideas y tiene dificultades para decidir. Cada proyecto tiene su mérito y se considera que todos tienen las mismas posibilidades de éxito. A medida que la junta llega a su fin, cada uno de los miembros del equipo utiliza sus últimos recursos para ganar su apoyo.

José: "Usted es un gran líder y siempre ha tomado buenas decisiones para el equipo. ¡Estoy seguro de que en esta ocasión también elegirá la mejor opción!"

Kira: "Siempre ha dicho que debemos apuntar alto. Creo que mi idea ayudará a nuestra empresa a alcanzar nuevos mercados y nos llevará a un nivel superior."

John: "Creo que mi idea tiene la mayor probabilidad de generar un buen retorno de la inversión con el menor riesgo. Mi investigación de mercados es sólida y creo que mi idea es nuestra mejor opción."

Sandy: "Hablé con los compañeros de marketing y me dijeron que mi idea era muy buena. Creo que en realidad apoyan este proyecto y esperamos que lo elija."

Preguntas:

1. ¿Qué tácticas de influencia utilizó cada empleado?
2. ¿Cuál táctica de influencia considera que lo convencería de elegir la propuesta de esa persona? ¿Por qué?
3. ¿Cuál es la táctica de influencia que considera menos efectiva para convencerlo de elegir la propuesta de esa persona? ¿Por qué?

El rol de la cultura nacional en la efectividad de la influencia

Su capacidad para influir de forma eficaz en otros se ve reforzada por una inteligencia cultural alta o por su capacidad para desenvolverse efectivamente en ambientes culturales diversos. La comprensión de las diferentes culturas, valores y perspectivas mejora la sensibilidad acerca de lo que es importante para los demás y la forma de influir en ellos de la mejor manera.

Las tácticas de influencia también son más efectivas cuando son consistentes con los valores sociales de las culturas nacionales y organizacionales. Por ejemplo, es probable que la consulta sea una táctica de influencia más efectiva en un país con una fuerte tradición democrática que en otro en el que la obediencia a los líderes es un valor cultural fuertemente arraigado.[37] La sección *Temas globales* de este capítulo describe la importancia de comprender la conveniencia de utilizar diferentes tácticas de influencia en diferentes culturas nacionales.

Habilidades de persuasión

Con frecuencia, influir en los demás requiere persuadirlos de que crean o hagan algo. La persuasión es una forma efectiva de liderazgo, debido a que logra que las personas hagan las cosas de una manera diferente porque quieren y no porque se les ha ordenado. El gerente que desea más recursos, el supervisor que intenta retener a un empleado clave y el presidente de la empresa que desea vender su idea al consejo de administración deben ser persuasivos. En razón de que la mayoría de las personas es reticente a modificar sus hábitos, los gerentes deben aplicar sus habilidades de persuasión cada vez que necesiten generar un cambio.[38]

TEMAS GLOBALES

LA EFECTIVIDAD DE DIFERENTES TÁCTICAS DEPENDE DE LA CULTURA NACIONAL

A pesar de que la persuasión racional y la consulta son tácticas efectivas de influencia en muchos países,[39] la cultura nacional puede afectar la idoneidad de algunas de ellas.[40] Por ejemplo, considere a Hong Kong y los gerentes taiwaneses. Los ejecutivos de ambas culturas consideran que el intercambio y la persuasión racional son las tácticas más efectivas de influencia. Sin embargo, los gerentes taiwaneses tienden a recurrir a la inspiración y a la adulación más que los gerentes de Hong Kong, quienes consideran que la presión es una táctica más efectiva.[41] Los gerentes occidentales sostienen que las tácticas directas orientadas a las tareas son más efectivas, que no es lo que creen los gerentes chinos, quienes prefieren aquellas que involucran las relaciones personales, la evitación o un acercamiento más informal.[42] La comprensión de estas diferencias es importante para los empleados que trabajan como expatriados, así como para cualquier persona que trabaje en un entorno multicultural.

Es importante que la técnica de influencia sea adecuada para el contexto y la persona sobre la que se trata de influir, bien sea de forma ascendente o descendente. Un estudio reveló que los gerentes de los países anfitriones que demuestran tácticas de influencia ascendentes culturalmente apropiadas a la cultura nacional de la empresa matriz tendrán mayores oportunidades de ser promovidos que aquellos que no lo hacen. Es más probable que el intercambio de beneficios y las alianzas se asocien con posibilidades de promoción en las empresas alemanas que en las ecuatorianas,[43] y que la asertividad ascendente influya más en las empresas estadounidenses que en las ecuatorianas.[44] Es necesario ser consciente de las fuentes de poder y del grado de receptividad de la otra persona hacia las diferentes tácticas de influencia para mejorar su efectividad como gerente.

La persuasión requiere prepararse de manera minuciosa y cuidadosa, formular argumentos convincentes, presentar evidencia creíble y lograr la combinación emocional correcta con la audiencia. Es mucho más que una habilidad de ventas. En palabras de un experto, "muchos empresarios no entienden la persuasión y otros más la subutilizan".

Estas son algunas recomendaciones para ser más persuasivo:[45]

- *Fortalecer la credibilidad* con base en sus habilidades y relaciones. Utilizar una buena postura corporal, el tono de voz adecuado y demostrar sentido de confianza incrementan las posibilidades de que otros lo vean como una persona confiable.[46]
- *No comenzar con una venta dura*. Este enfoque le da a sus oponentes el potencial para resistir y luchar contra su argumento.[47]
- *Búsqueda de un área común y disposición para hacer concesiones*. Cada público es diferente y es importante no presentarse como si ya hubiera tomado una decisión. Es necesario comunicarse con palabras que el público relaciona y entiende con facilidad e incorporar los valores y creencias comunes.[48]
- *Desarrollar posiciones atractivas* con base en un número reducido de argumentos convincentes, en lugar de abrumar a las personas con hechos e información.
- *Conectarse de forma emocional con las personas* en lugar de confiar sólo en los argumentos lógicos.
- *Crear un circuito de retroalimentación continua* con la audiencia. Incorporar la perspectiva del público en sus propios argumentos.[49]
- *Ser paciente*, pues es poco frecuente persuadir a las personas al primer intento.[50]

Influencia ascendente

Además de utilizar la influencia para guiar el comportamiento de los subordinados, la ***influencia ascendente*** también se puede utilizar para influir en los superiores. Cuando Jack Welch fue CEO de General Electric, se dio cuenta de que la Web era una herramienta que transformaría el mundo de los negocios. Reconoció que los empleados más jóvenes y "conectados" de GE tenían mejores habilidades y conocimientos acerca de internet y comercio electrónico que los directivos principales y de más alto rango de GE, por lo que decidió reunir a empleados expertos en internet con 600 directivos de la empresa que operaban en todo el mundo para que compartieran sus conocimientos acerca de la nueva tecnología. Además de desarrollar las capacidades de comercio electrónico de sus gerentes, este programa de "*mentoring inverso*" logró que los gerentes de todos los niveles se sintieran más cómodos con la influencia ascendente en la empresa.[51]

Este tipo de influencia es importante y contribuye de forma significativa a incrementar la efectividad individual en las organizaciones.[52] Existen seis tácticas básicas de influencia ascendente:[53]

influencia ascendente
Influir en los superiores

MONKEY BUSINESS IMAGES/SHUTTERSTOCK.COM

Existen varias formas en las que se puede utilizar la influencia ascendente en una organización. Por ejemplo, considere a este joven director, que demuestra a su jefe algunas de sus nuevas capacidades para utilizar un software. Su voluntad y habilidad, combinadas con su agrado sincero por hacerlo, influyen en la forma en que su jefe lo percibe.

1. *Adulación*: utilizar los halagos y actuar de forma educada, amable o humilde o para poner de buen humor al supervisor.
2. *Intercambio*: ofrecer favores o recompensas a cambio del cumplimiento de una petición.
3. *Racionalidad*: utilizar la lógica, la planeación, la razón y el compromiso.
4. *Asertividad*: utilizar la agresividad, la persistencia y los enfrentamientos verbales o dar órdenes.
5. *Formación de alianzas*: buscar el apoyo de otros miembros de la organización para mostrar un frente unido.
6. *Apoyo de los superiores*: recurrir de manera formal o informal a los superiores de la organización para solicitar su intervención.

Por lo general, la fuente o fuentes de poder determinan las tácticas de influencia ascendente que se deben utilizar. Por ejemplo, es probable que un empleado con poder de referencia prefiera la adulación mientras que otro con poder experto se incline por la racionalidad. También es importante ajustar la táctica de influencia para que se adapte al jefe en quien se trata de influir.[54] La autoevaluación que se presenta en la sección *Cómo entenderse a sí mismo* de este capítulo le brinda la oportunidad de aprender más acerca de las tácticas de influencia ascendente que más se utilizan.

Las seis tácticas de influencia ascendente pueden implementarse de forma aislada o combinada en un ***estilo de influencia ascendente***. Las personas tienden a contar con un estilo de influencia ascendente principal que utilizan cuando tratan de influir en sus gerentes. Los cuatro estilos de influencia ascendente son:[55]

estilos de influencia ascendente
Combinaciones de tácticas de influencia ascendente que tienden a ser empleadas en conjunto

1. *Escopeta*: Este estilo es el más influyente y hace hincapié en la asertividad y la negociación. Los gerentes que adoptan este enfoque tienden a tener menos antigüedad en la empresa y grandes necesidades de obtener beneficios personales y "vender" sus ideas acerca de cómo debe realizarse el trabajo.[56] Estos gerentes tratan de obtener lo que quieren mediante el uso de diversas tácticas.[57] Este estilo se asocia con los niveles más altos de tensión de trabajo y estrés personal.[58]
2. *Táctico*: Este estilo utiliza una cantidad media de influencia y se centra en la razón. Los gerentes tácticos son propensos a dirigir subunidades organizacionales implicadas en el trabajo no rutinario que les confieren poder básico de habilidades y conocimientos. Tienden a influir de forma considerable en los presupuestos, política y personal, y se basan en la razón y la lógica para lograr el cumplimiento de las actividades. Este estilo se asocia con los menores niveles de tensión laboral y estrés personal[59] y con resultados individuales más favorables que el estilo escopeta.
3. *Espectador*: Este estilo utiliza poca influencia con los superiores. Los gerentes espectadores tienden a dirigir unidades organizacionales que realizan trabajos rutinarios, y por lo general tienen poco poder de organización (es decir, poco control sobre los presupuestos, política o temas de personal). Por lo general, ejercen un nivel bajo de influencia, debido a que son pocos los objetivos personales u organizacionales que requieren que cumplan los demás.[60] Entre 30 y 40% de los gerentes están clasificados como espectadores.[61]
4. *Adulador*: Principalmente, este estilo utiliza una estrategia de amabilidad, pero en cierta medida también emplea otras estrategias de influencia. El nombre de este estilo refleja el modo dominante que utilizan los gerentes para ejercer influencia.[62] La investigación ha comprobado que los altos directivos que utilizan conductas amables hacia su CEO, como la adulación, la expresión de opiniones comunes y la realización de favores, son más propensos a recibir ofertas ejecutivas en empresas donde el CEO es un integrante o conoce a los miembros del consejo de administración.[63]

CÓMO ENTENDERSE A SÍ MISMO

ESCALA DE INFLUENCIA ASCENDENTE

Las personas emplean varias tácticas cuando tratan de influir en sus jefes. Utilice la escala siguiente para registrar la frecuencia con la que aplica cada una de las siguientes conductas para influir en sus superiores. Sea honesto, no hay respuestas correctas o incorrectas.

Totalmente en desacuerdo	En desacuerdo	Ligeramente en desacuerdo	Neutral	Ligeramente de acuerdo	De acuerdo	Totalmente de acuerdo
1	2	3	4	5	6	7

___ 1. Actúo con humildad cuando hago una solicitud.

___ 2. Hago que mi jefe se sienta bien conmigo antes de hacer una solicitud.

___ 3. Actúo de forma amigable antes de hacer una solicitud.

___ 4. Le recuerdo a mi jefe acerca de los favores que le he hecho en el pasado.

___ 5. Ofrezco un intercambio (por ejemplo, si usted hace esto por mí, yo haré algo por usted).

___ 6. Ofrezco hacer un sacrificio personal (por ejemplo, trabajar hasta tarde) si me concede lo que solicito.

___ 7. Utilizo la lógica para convencerle.

___ 8. Explico las razones de mi solicitud.

___ 9. Doy información que apoya mi punto de vista.

___ 10. Confronto a mi jefe.

___ 11. Expreso mi ira de forma verbal.

___ 12. Fuerzo las cosas. Trato de hacer cosas como exigir, establecer fechas límite y mostrar una emocionalidad fuerte.

___ 13. Obtengo el apoyo de mis compañeros para respaldar mi solicitud.

___ 14. Obtengo el apoyo de mis subordinados para respaldar mi solicitud.

___ 15. Movilizo a otras personas de la organización para que me ayuden a influir en mi jefe.

___ 16. Obtengo el apoyo informal de la alta dirección.

___ 17. Hago una solicitud formal a la alta dirección para que respalde mi solicitud.

___ 18. Confío en la cadena de mando, acudo a las personas de alta jerarquía de la organización que tienen poder sobre mi jefe.

Puntuación:

Adulación: Sume los puntos de los enunciados 1 a 3:___

Intercambio: Sume los puntos de los enunciados 4 a 6:___

Racionalidad: Sume los puntos de los enunciados 7 a 9:___

Asertividad: Sume los puntos de los enunciados 10 a 12:___

Alianzas: Sume los puntos de los enunciados 13 a 15: ___

Apoyo de los superiores: Sume los puntos de los enunciados 16 a 18: ___

Interpretación: Clasifique las tácticas de influencia ascendente del puntaje más alto al más bajo. Las tácticas con mayor puntaje son las que usted prefiere utilizar. ¿Está de acuerdo con esta clasificación? ¿Cuáles otras tácticas considera que debería utilizar con mayor frecuencia en el futuro? ¿Por qué?

Fuentes: Tabla 4 (adaptada) de Kipnis, D., Schmidt, S. M. y Wilkinson, I. (1980). Intraorganizational influence tactics: Explorations in getting one's way, en *Journal of Applied Psychology, 65(4)*, pp. 440–452. Extractos de (reactivos de la escala adaptados), de Schriesheim, C. A. y Hinkin, T. R. (1990). Influence tactics used by subordinates: A theoretical and empirical analysis and refinement of the Kipnis, Schmidt, and Wilkinson subscales, en *Journal of Applied Psychology, 75(3)*, pp. 246–257.

POLÍTICA ORGANIZACIONAL

En las organizaciones, las personas se distinguen por su capacidad para influir en los demás y en los procesos de trabajo. En consecuencia, difieren en lo que pueden hacer para proteger y promover sus propios intereses. La *política organizacional* se refiere a los intentos de influencia social dirigidos a personas que pueden proporcionar recompensas que le ayudarán a promover o proteger sus intereses personales.[64] En algún momento todos necesitan influir en

política organizacional
Esfuerzos de influencia social dirigidos a las personas que pueden ofrecer recompensas que le ayudarán a promover o proteger sus intereses personales

La política organizacional consiste en los esfuerzos de influencia social dirigidos a personas que pueden ofrecer recompensas que le ayudarán a promover o proteger sus intereses personales. Estas personas comparten información confidencial en un esfuerzo por influir en sus compañeros durante una junta. Por lo tanto, participan en la política organizacional.

otros para que sigan sus ideas o cursos de acción preferidos, lo que requiere aplicar diversas políticas. Influir de forma efectiva en los demás por medio de la persuasión, generación de apoyo e inspiración de confianza son el núcleo de la política efectiva.

La política es un hecho de vida en las organizaciones. En Estados Unidos, casi todos los empleados pueden describir algún incidente político en el que han participado de forma directa o indirecta.[65] Los empleados que han sido afectados por la política tienden a percibirla como una influencia negativa en las organizaciones, mientras que aquellos cuyos intereses se han beneficiado por medios políticos tienden a considerarla una herramienta útil.[66] La administración efectiva requiere del reconocimiento y la comprensión de las percepciones que tienen los empleados acerca de la política, debido a que actúan con base en éstas.[67]

La política organizacional es el resultado de la interacción entre los empleados individuales y la cultura organizacional.[68] Algunas culturas permiten e incluso promueven ciertos tipos de conductas políticas. Es más probable que este tipo de conductas se presenten en ambientes laborales ambiguos e inciertos.[69] Algunas organizaciones pretenden eliminar de forma proactiva el comportamiento político. Por ejemplo, los nuevos empleados de la empresa de software Success Factors acuerdan por escrito catorce "reglas de participación". La regla 14 comienza de la siguiente manera: "Voy a ser un buen compañero de trabajo, no seré territorial ni idiota". Uno de los principios rectores de la empresa es que "nuestra organización estará conformada sólo por personas que disfruten y se apasionen por lo que hacemos. Tendremos el máximo respeto por la persona en un ambiente colaborativo, igualitario y meritocrático; sin seguidores ciegos, política, mentalidad localista, aislamientos ni juegos, ¡simplemente se trata de ser bueno!" No se espera que los empleados sean perfectos, pero sí que se disculpen cuando pierden la calma o menosprecian a sus colegas, bien sea que se den o no cuenta.[70]

Eugene McKenna identificó las siguientes tácticas políticas comunes en las organizaciones:[71]

1. *Control de la información*: restringir la información a ciertas personas.
2. *Control de las líneas de comunicación*: asignar guardianes para restringir el acceso a la información.
3. *Uso de expertos externos*: los consultores externos pueden parecer neutrales, pero son pagados y dirigidos por la administración para "cumplir sus órdenes".
4. *Control de la agenda*: garantizar que sólo se analicen ciertos temas.
5. *Uso de juegos*: filtrar información, conseguir amigos sólo para obtener retroalimentación, entre otros.
6. *Creación de imagen*: contar con "defensores" para proyectar una imagen deseable.
7. *Construcción de alianzas*: hacerse amigo de personas poderosas o iniciar pequeños subgrupos para promover objetivos específicos.

8. *Control de los parámetros de decisión*: tratar de influir en las decisiones antes de que sean tomadas.
9. *Eliminación de rivales políticos*: esto puede incluso significar hacer que promuevan a los adversarios para sacarlos del camino.

Cuando la política es constructiva y no destructiva, es casi imperceptible. Es probable que los empleados perciban que el ambiente laboral es altamente político cuando se utiliza para satisfacer objetivos personales. Entre más perciban los empleados que un ambiente laboral es político, mayor será su ansiedad en el trabajo y sus intenciones de renunciar, y se reducirá el nivel de satisfacción laboral y con su supervisor, así como su compromiso organizacional.[72] Las percepciones individuales acerca de la naturaleza política del ambiente laboral influyen en la productividad de los empleados[73] y en la forma que asume en la realidad el entorno político. Es más probable que los empleados que perciben que otros obtienen una ventaja cuando actúan políticamente participen más en este tipo de conductas.[74] Por lo tanto, la cultura organizacional se ve afectada por el nivel percibido de actividad política y la forma en que los empleados reaccionan ante estas percepciones.[75]

La habilidad política consiste en tener influencia interpersonal y astucia social, lo que implica mostrar respeto por las formas de pensar de los demás. Desarrollar una sólida red de relaciones y ser percibido por otros como sincero son reflejos de un alto nivel de esta habilidad,[76] que se relaciona de forma positiva con el desempeño laboral.[77] La autoevaluación que se presenta en la tabla 13.4 le brinda la oportunidad de entender mejor su habilidad política.

Causas del comportamiento político

El conflicto se encuentra en el núcleo de la política organizacional.[78] Debido a que el comportamiento político es egoísta, puede amenazar los intereses personales de los demás, y cuando una amenaza percibida es seguida por la venganza, surge un conflicto.[79] La incertidumbre incrementa el comportamiento político. Cuando los empleados carecen de reglas y políticas específicas para trabajar, tienden a desarrollar sus propias reglas de comportamiento aceptable que a menudo sirven a sus intereses personales. Las decisiones que se toman en condiciones de incertidumbre son particularmente susceptibles de influencia política.[80]

La escasez de recursos valiosos (por ejemplo, transferencias, incrementos, espacio de oficina, presupuestos) también promueve el comportamiento político. Competir por una posición para recibir un recurso valioso y escaso es un tipo clásico de comportamiento político.[81] Esta es la razón por la que las organizaciones con recursos limitados tienden a tener entornos más políticos. Entender por qué los recursos son limitados puede ayudar a predecir el blanco de las actividades políticas, así como su probable intensidad. Cualquier persona que controla los recursos críticos que no pueden distribuirse en otros lugares es un objetivo probable de tácticas de influencia política.[82]

Algunas personas desean evitar conflictos y por ello no se resisten a los intentos de influencia de los demás. Aunque esta conducta puede parecer apolítica, en realidad es una forma de comportamiento político. Se sostiene que se puede distinguir entre el comportamiento político y el apolítico con base en las intenciones.[83] Es decir, si una conducta se presenta de forma específica para satisfacer los intereses personales (como puede ser la prevención de conflictos), entonces la persona se comporta de forma política.[84] Debido a que los empleados que "no buscan causar problemas" no son vistos como una amenaza para los oponentes, pueden ser recibidos en el "grupo interno" y obtener recompensas valiosas simplemente por no interferir con la agenda de una persona o un grupo político. La falta de acción, o seguir la corriente para salir adelante,

Tabla 13.4

Inventario de habilidades políticas

Este instrumento de autoevaluación le brinda la oportunidad de comprender mejor sus habilidades políticas. Sea honesto cuando responda los enunciados con la siguiente escala:

Totalmente en desacuerdo	En desacuerdo	Ligeramente en desacuerdo	Neutral	Ligeramente de acuerdo	De acuerdo	Totalmente de acuerdo
①	②	③	④	⑤	⑥	⑦

___ 1. Dedico mucho tiempo y esfuerzo para establecer relaciones con otras personas.

___ 2. Soy capaz de hacer que la mayoría de las personas se sienta cómoda y a gusto a mi alrededor.

___ 3. Soy capaz de comunicarme con facilidad y efectividad con los demás.

___ 4. Es fácil para mí desarrollar buenas relaciones con la mayoría de las personas.

___ 5. Entiendo muy bien a las personas.

___ 6. Soy bueno para construir relaciones con personas influyentes en el trabajo.

___ 7. Soy particularmente bueno para detectar las motivaciones y agendas ocultas de los demás.

___ 8. Cuando me comunico con los demás, trato de ser genuino en lo que digo y hago.

___ 9. He desarrollado una amplia red de colegas y asociados en el trabajo a quienes puedo acudir en busca de ayuda para hacer las cosas cuando en realidad las necesito.

___ 10. Conozco a muchas personas importantes y estoy bien relacionado en el trabajo.

___ 11. Invierto mucho tiempo en el trabajo para establecer relaciones con los demás.

___ 12. Soy bueno para agradar a los demás.

___ 13. Es importante que las personas crean que soy sincero en lo que digo y hago.

___ 14. Intento mostrar un verdadero interés por los demás.

___ 15. Soy bueno para emplear mis relaciones y conexiones en el trabajo para hacer que las cosas sucedan.

___ 16. Tengo una buena intuición y soy experto para presentarme ante los demás.

___ 17. Siempre aparento saber de forma instintiva lo que debo decir o hacer para influir en los demás.

___ 18. Presto mucha atención a las expresiones faciales de las personas.

Puntuación: Sume sus respuestas de los 18 enunciados, cuyo resultado será su puntaje general de habilidades políticas. Los puntajes *superiores a 72* se consideran altos y los *inferiores a 36*, bajos. Para calcular su puntaje para las cuatro dimensiones de habilidad política, sume las respuestas de los siguientes subconjuntos de enunciados:

Astucia social	Influencia interpersonal	Capacidad para crear redes de interacción	Sinceridad aparente
5 ___	2 ___	1 ___	8 ___
7 ___	3 ___	6 ___	13 ___
16 ___	4 ___	9 ___	14 ___
17 ___	12 ___	10 ___	
18 ___		11 ___	
		15 ___	

Puntaje total: ___/126

Puntaje por subconjunto:

Astucia social:___/35   Influencia interpersonal: ___/28

Capacidad para crear redes de interacción: ___/42   Sinceridad aparente: ___/21

Interpretación: Entre mayor sea su puntaje, más sólida es su habilidad política en esa área.

Fuente: Ferris, G. R., Davidson, S. L., Perrewé, P. L. (2005). *Political Skill at Work: Impact on Work Effectiveness* (p. 23). Mountain View, CA: Davies-Black.

puede ser un enfoque razonable y rentable para satisfacer los intereses personales cuando se trabaja en un entorno político.[85]

En ocasiones, la política organizacional refuerza y perpetúa el comportamiento político.[86] En particular, las políticas de compensación pueden recompensar de forma inadvertida a las personas que participan en conductas de influencia y penalizar a aquellas que no lo hacen. Las recompensas individuales inducen a mostrar una conducta personal, que puede ser de naturaleza política y orientarse a proteger el interés propio. Es probable que cuando este tipo de comportamiento es recompensado o reforzado se repitan las tácticas empleadas para asegurar la recompensa, lo que conduce a las culturas a fomentar y remunerar el comportamiento político. Cuando se recompensa este tipo de comportamiento, se favorece que aquellos que no han actuado políticamente en el pasado lo hagan en el futuro. Las personas que perciben que no reciben una recompensa equitativa con respecto a quienes actúan políticamente pueden comenzar a participar en conductas políticas para incrementar su propia remuneración.[87] La sección *Mejore sus habilidades* de este capítulo le permite agudizar su capacidad para evaluar el grado al que la política es un factor importante en su organización.

Administración de la política organizacional

Siglos atrás, Platón descubrió la importancia del manejo político cuando reflexionó: "Aquellos que son demasiado inteligentes para participar en la

MEJORE SUS HABILIDADES
RECONOCIMIENTO DE LA POLÍTICA

El comportamiento político puede dividirse en tres categorías: comportamiento político general, que incluye las conductas de quienes actúan de forma egocéntrica para alcanzar los resultados que desean; seguir la corriente para salir adelante, que consiste en la falta de acción por parte de una persona (por ejemplo, quedarse callado) para asegurar resultados valiosos y las políticas de remuneración y promoción, que involucran el comportamiento político organizacional dentro de los lineamientos que establece.[88] La clasificación de los siguientes enunciados le ayudará a evaluar el entorno político que prevalece en su organización.

Totalmente en desacuerdo	En desacuerdo	Ligeramente en desacuerdo	Neutral	Ligeramente de acuerdo	De acuerdo	Totalmente de acuerdo
1	2	3	4	5	6	7

___1. Las personas de esta organización tratan de ganar terreno personal a costa de pasar por encima de otros.

___2. Siempre ha existido un grupo de influencia en este departamento con el que nadie se mete.

___3. La mejor alternativa en esta organización es estar de acuerdo con las personas poderosas.

___4. Es mejor no actuar contra esta organización.

___5. En algunas ocasiones es más fácil quedarse callado que luchar contra el sistema.

___6. En ocasiones es mejor decir lo que otras personas quieren escuchar en vez de decir la verdad.

___7. Es más seguro pensar lo que se te dice que pienses que tomar una decisión propia.

___8. Ninguno de los incrementos que he obtenido se apega a los lineamientos sobre incrementos salariales.

___9. Los lineamientos son irrelevantes cuando se trata de promociones e incrementos salariales.

___10. Las promociones no son muy valoradas aquí, porque se determinan de forma política.

Puntuación: Sume los números que asignó a los 10 enunciados. Su total debe sumar entre 10 y 70. Anote su puntaje en el siguiente continuo:

10——20——30——40——50——60——70
No política   Extremadamente política

Fuente: Adaptado de: Kacmar, K. M. y Ferris, G. R. (1991), Perceptions of Organizational Politics Scale (POPS): Development and Construct Validation, en *Educational and Psychological Measurement, 51*, pp. 193–205; Kacmar, K. M. y Carlson, D. S. (1997), Further Validation of the Perceptions of Politics Scale (POPS): A Multiple Sample Investigation, en *Journal of Management, 23*, pp. 627–658.

política son castigados al ser gobernados por quienes son más tontos". Un experto contemporáneo recomienda: "Incluso si usted es una persona que no toma parte activa en la política [laboral], si conoce la forma en que se realiza el juego tiene una buena oportunidad de sobrevivir a la depredación de las personas que participan en la guerra de oficinas como estilo de vida".[89] Una encuesta que se aplicó a 150 ejecutivos de empresas grandes de Estados Unidos reveló que éstos desperdician 19% de su tiempo, por lo menos un día por semana, en el manejo de la política en la empresa.[90] Los ejecutivos encuestados dijeron que habían gastado la mayor parte de ese tiempo en conflictos internos, disputas de rivalidad y otras situaciones volátiles en el trabajo. Como la política es un fenómeno generalizado y la habilidad política reduce el estrés laboral,[91] vale la pena desarrollar sus habilidades en esta área.

Las reglas y procedimientos formales pueden reducir la aparición del comportamiento político, debido a que éste se ve reforzado por factores organizacionales, como la centralización y la ambigüedad de metas y funciones,[92] la complejidad[93] y la escasez de recursos.[94] Aclarar las expectativas en el trabajo, abrir el proceso de comunicación, confrontar a los empleados que actúan de manera ineficiente, no ética o irresponsable, y servir como un buen modelo pueden reducir el comportamiento político.[95]

Mantener en un nivel razonable el número de empleados asignados a cada gerente es otra forma de reducirlo. En los grupos de trabajo grandes, la cantidad de atención que un supervisor puede dedicar a cada empleado disminuye, lo que incrementa la ambigüedad y la incertidumbre, y promueve un ambiente más político.[96]

La administración de la política trata de la administración del poder. En palabras de un experto, "Ser un buen político en la oficina significa saber cómo convertir las agendas individuales en metas comunes".[97] Si usted entiende las motivaciones y aspiraciones de sus subordinados, puede ayudarles a alcanzar lo que desean sin tener que recurrir a la política o al uso inadecuado del poder. La construcción de la confianza y la apertura para permitir que los empleados expresen de forma libre sus sentimientos, miedos y opiniones sin temor a represalias disminuye la necesidad del comportamiento político.[98]

Para reducir el comportamiento político y promover la creatividad en la fábrica de innovación de IDEO, los directivos de la empresa crearon un entorno amigable con las ideas que minimiza la cantidad de posturas corporativas asociadas con tratar de adivinar cuál es la respuesta que el jefe espera. Como resultado, los empleados de IDEO tienden a decir lo que piensan, sin importar que su "jefe" esté presente en la misma sala.[99]

MANEJO DE LA IMPRESIÓN

manejo de la impresión
Proceso que consiste en proyectar una imagen personal determinada o actitud destinada a controlar las impresiones que otros se forman acerca de nosotros

Cuando una persona es percibida de forma positiva por los demás, tiene más poder e influencia, lo que puede ayudarle a tener éxito en entornos políticos. El *manejo de la impresión* es el proceso de proyectar una imagen personal determinada o la actitud de controlar las impresiones que otros se forman acerca de nosotros.[100] Esto no significa que la imagen que se presenta sea la correcta, aunque tergiversarla puede ser contraproducente si otros se enteran de que es falsa.

El manejo de la impresión no es inherentemente malo,[101] pues la mayoría de las personas participa de forma regular en alguna forma de engaño interpersonal. La investigación ha comprobado que 61.5% de las conversaciones naturales entre las personas implican alguna forma de engaño,[102] y que las personas dicen, en promedio, dieciséis mentiras blancas en un periodo de dos semanas.[103]

El manejo de la impresión es el proceso de proyectar una imagen personal determinada o la actitud de controlar la impresión que otros se forman sobre nosotros. Este hombre revisa su apariencia antes de entrar a una junta importante. No hay nada malo en desear crear una "buena impresión", siempre que ésta sea auténtica.

Las personas que tienen un nivel más alto del rasgo de personalidad de automonitoreo, que refleja una alta preocupación por la percepción de los demás y el ajuste del comportamiento para adaptarse a la situación,[104] son más propensas a presentar conductas de manejo de la impresión.[105] Las personas con alto *automonitoreo* leen de manera correcta la situación y ajustan su comportamiento para mantener la imagen deseada. Por el contrario, las personas con un nivel bajo de este rasgo tienden a presentar imágenes personales consistentes, sin que importe la situación.

Con frecuencia, las personas que participan en el manejo de la impresión tienen mucho cuidado de ser percibidas de forma positiva.[106] A menudo, los solicitantes de empleo utilizan con resultados positivos técnicas de manejo de la impresión durante las entrevistas.[107] En particular, las técnicas de manejo de la impresión relacionadas con la autopromoción[108] y la adulación[109] suelen funcionar bien en las entrevistas de trabajo. Sin embargo, es posible que la autopromoción no tenga el mismo resultado en el trabajo, debido a que el supervisor tiene una mejor oportunidad de observar lo que la persona realmente puede hacer. En realidad, la autopromoción se relaciona con menores resultados en las evaluaciones de desempeño.[110]

Como gerente, poder detectar el manejo de la impresión y el engaño de los demás es evidentemente útil. Es conveniente centrarse en el lenguaje corporal debido a que las señales no verbales son los mejores indicadores de engaño.[111] La tabla 13.5 presenta algunos consejos para detectar el manejo de la impresión y el engaño por parte de otros.

automonitoreo
Consiste en tener un nivel alto de preocupación por las percepciones de los demás y ajustar nuestro comportamiento para adaptarse a la situación

Tabla 13.5

Detección de las conductas de manejo de la impresión

Aunque puede requerir mucha experiencia y práctica para hacer una interpretación correcta, con frecuencia las personas que manejan la impresión manifiestan las siguientes señales involuntarias a partir de las emociones y del esfuerzo cognitivo que les implica manejar su presentación personal:

1. *Tono de voz alto:* hablar un tono más alto en comparación con alguien que dice la verdad.[112]
2. *Errores en el habla:* intercalar las palabras con uh, ah o um.[113]
3. *Pausas cuando hablan:* presentar periodos de silencio más amplios cuando se participa en una conversación.[114]
4. *Enunciados negativos:* emplear expresiones como no, no se puede, no se hará.[115]
5. *Desviación de la mirada:* apartar la mirada en vez de ver directamente a la persona con quien se habla.[116]
6. *Mayor dilatación de la pupila:* las pupilas se dilatan como si tuvieran poca luz.[117]
7. *Parpadeo:* parpadear con más frecuencia.[118]
8. *Manipulación táctil:* tocar o manipular objetos con las manos.[119]
9. *Piernas inquietas:* mover las piernas o golpear el piso con los pies, o girar o columpiarse cuando está sentado.[120]
10. *Menor gesticulación con las manos:* "hablar" menos con las manos y mantenerlas relativamente quietas.[121]

RESUMEN Y APLICACIÓN

El poder, la influencia y la política son herramientas esenciales para el éxito empresarial cuando se utilizan de forma correcta. Si se emplean de forma errónea, pueden minar la confianza, dar lugar a un comportamiento no ético y crear una organización tóxica. Comprender estas herramientas y cómo utilizarlas de manera eficaz le ayudará a tener más éxito como gerente.

El poder de posición (legítimo, de recompensa y coercitivo) se deriva del puesto que ocupa una persona en una organización. El poder personal (experto, de información, de referencia y de persuasión) proviene de las características singulares de las personas sin que importe su puesto en la empresa. Dado que el liderazgo es más efectivo en la medida en que las conductas de los seguidores hacia las metas del líder son voluntarias y no coaccionadas, los líderes efectivos tienden a confiar en el poder experto y de referencia más que en los poderes legítimos, de recompensa o coercitivo.

La participación otorga a los subordinados influencia en la toma de decisiones; el *empowerment* les brinda la capacidad y la autoridad necesarias para tomar ellos mismos la decisión. Las subunidades de la organización son más

— RESPUESTAS PARA EL MUNDO REAL —

CÓMO INFLUIR PARA ACEPTAR EL CAMBIO EN CHURCH & DWIGHT

Church & Dwight sabía que era probable que su talento de marketing se resistiera al cambio que implicaba conformar dos organizaciones paralelas de marketing, una centrada en las marcas actuales y otra en el desarrollo de nuevos productos. Para mantener el compromiso del personal del área, la empresa aseguró que el equipo actual de marca todavía participaría en el desarrollo de nuevos productos, aunque el otro equipo sería el responsable de manejar este proceso. La empresa también aplicó la persuasión racional y mostró al equipo actual de marca que la nueva disposición le brindaría recursos valiosos para lograr más con sus propias marcas. El equipo comprendió la lógica de contar con recursos dedicados a la innovación y al crecimiento subsiguiente.

Como era de esperar, hubo cierta resistencia al principio, cuando la empresa movió a algunas de las personas de marketing y las trasladó a sus nuevas funciones. Para mantener la emoción por el trabajo, la gerencia utilizó el apoyo inspirador para enlazar la nueva estructura y la estrategia con el éxito de la empresa. Los líderes de Church & Dwight también aplicaron tácticas de legitimización para dejar en claro que

el cambio iba a suceder y debía ocurrir con rapidez. También se utilizó el poder de recompensa y todos los incentivos fueron alineados en torno a las metas y a la nueva estructura. Este intercambio de recompensas con base en la cooperación reflejó también la táctica de influencia de intercambio.

Steve Cugine, vicepresidente ejecutivo de innovación global de nuevos productos de la empresa, afirma que los resultados del cambio "han sido notables". En un periodo de tres años, la tasa de crecimiento natural de desarrollo de nuevos productos se duplicó a casi 6%. La efectividad del marketing de las marcas actuales también se incrementó, lo que ayudó a la empresa a lograr un crecimiento consistente de cerca de 10% de su división de consumo doméstico en Estados Unidos. El cambio ha tenido tanto éxito que Church & Dwight ha decidido expandir la nueva estructura al resto de sus ubicaciones en el mundo.

Fuente: Esta sección de respuestas para el mundo real se basa en una entrevista telefónica con Steve Cugine, vicepresidente ejecutivo de innovación global de nuevos productos de Church & Dwight Co., que se realizó el 2 de octubre de 2009.

poderosas cuando controlan recursos escasos importantes, son fundamentales para la organización, no pueden ser sustituidas y ayudan a la organización a manejar con éxito la incertidumbre.

La persuasión racional, el apoyo en la inspiración y la consulta son las tácticas más efectivas de influencia; la presión es la menos efectiva. Las seis tácticas básicas de influencia ascendente son la adulación, el intercambio, la racionalidad, la asertividad, la formación de alianzas y el apoyo de los superiores.

La incertidumbre, la escasez de recursos valiosos y la política organizacional pueden influir en el comportamiento político. El manejo de la impresión consiste en la comunicación de una imagen o actitud deseada para influir en la percepción que los demás se forman de nosotros. Ser percibido de forma positiva por los demás se relaciona con un grado mayor de poder e influencia. También puede ayudar a los empleados a tener éxito en entornos políticos.

PREGUNTAS PARA ANÁLISIS

1. ¿Qué poder(es) tiene su profesor?
2. ¿Cuáles tácticas de influencia utiliza su profesor para motivarlo a aprender?
3. Describa algún evento en la última semana en el que alguien haya influido en usted para hacer algo que de otro modo no hubiera hecho. ¿Cuál(es) táctica(s) de influencia utilizó esa persona?
4. ¿Considera que la ética es un factor importante para permitirle a una persona influir en usted? ¿Por qué?
5. ¿Cómo puede utilizar de forma ética el poder, la influencia y la política para conseguir un ascenso o promoción?
6. ¿Alguna vez ha tratado de influir en su jefe para hacer algo? ¿Qué tácticas de influencia ascendente utilizó? ¿Tuvo éxito? ¿Por qué?
7. ¿Es mala la política en el trabajo? ¿Por qué?
8. ¿Cómo utiliza el manejo de la impresión en su trabajo?

EJERCICIO PARA DESARROLLAR SUS HABILIDADES

Cómo influir en una decisión ética

Lea el siguiente escenario y realice la actividad que se presenta a continuación:

Poco después de iniciar un nuevo trabajo, recibe un informe preocupante de un nuevo proveedor de planes de retiro o jubilación de la empresa. Varios números de seguridad social no coinciden con los nombres de los empleados, lo que sugiere que pueden ser extranjeros ilegales no elegibles para trabajar en Estados Unidos. Inicia una investigación, pero su jefe le ordena con rapidez detenerse y le explica que la empresa no puede permitirse el lujo de despedir a esos empleados, incluso si son ilegales, ya que la dejaría con personal insuficiente. Al expresar su preocupación por esta violación deliberada de las leyes federales de migración, los altos directivos de la empresa se muestran despreocupados. Ellos suponen que el Servicio de Inmigración y Naturalización tiene asuntos más importantes que atender y que, en el caso de ser sancionados, la multa sería un gasto de negocios aceptable, ya que la empresa obtiene cuantiosas utilidades con la mano de obra barata.

Tarea: Utilice lo que ha aprendido en este capítulo y describa lo que puede hacer para modificar la política de la empresa sobre el empleo de trabajadores ilegales. ¿Qué tan efectivo cree que sería? ¿Por qué?

EJERCICIO EN EQUIPO
Cómo influir en su profesor

Formen equipos de cuatro a seis integrantes y seleccionen un vocero para cada uno. Utilicen lo que han aprendido en este capítulo para diseñar una estrategia para influir en su profesor para que modifique los criterios de evaluación de este curso (aunque es probable que sea demasiado tarde en el semestre para que los cambios se hagan realidad). Identifique las tácticas de influencia que utilizarán, así como las fuentes de poder que aprovecharán. Presenten sus ideas a todo el grupo y al profesor, y después lleven a cabo una votación para identificar al equipo más persuasivo.

EJERCICIO EN VIDEO
Numi Organic Tea: Cadena de valor, TI y comercio electrónico

Numi es la fábrica de té que prefieren los restaurantes, cadenas de hoteles, colegios y líneas de cruceros de alto nivel. Como pionera del marketing ecológico, la empresa de bebidas orgánicas se orienta a la sustentabilidad, el comercio justo y una huella de carbono pequeña. A diferencia de la mayoría de las empresas, Numi tiene una base de negocio de tres capas: "personas, planeta y beneficios", que requiere que los gerentes evalúen el desempeño con una serie de criterios, entre ellos qué tan "verdes" son las operaciones de la cadena de suministro.

Sin embargo, mantener un negocio ecológico no es fácil. Numerosas empresas internacionales no comparten las perspectivas de Numi sobre la responsabilidad social, el manejo de residuos y los derechos de los trabajadores. Algunas ni siquiera hablan el mismo lenguaje ético. Mientras que algunos desacuerdos son aceptables, otros requieren un cálculo político astuto y la presión para ser resueltos.

Por fortuna para Numi, en la actualidad el aspecto técnico de la administración de sus socios estretegicos de negocios es más fácil, debido a las nuevas tecnologías de información. Ya sea que la tarea implique el inventario, el empaque o el transporte, el sistema de planeación de los recursos de la empresa de alta tecnología de Numi (*enterprise resource planning*, ERP) permite una coordinación efectiva con sus socios estratégicos en todo el mundo. El ERP es un sistema de información que procesa una gran cantidad de datos de la organización y proporciona información en tiempo real acerca de las operaciones específicas de toda la empresa. Dado que los miembros de la cadena de suministro, en su mayoría productores, molinos y fábricas de Numi, están vinculados con un mismo sistema de información, la empresa puede supervisar sus operaciones globales desde su sede en Oakland, California. "Administramos nuestros inventarios en numerosos países mediante el mismo software", dice Brian Durkee, director de operaciones. "Todo lo que hacemos ahora es simplemente entrar en el sistema y pulsar un botón para decir que queremos fabricar un producto en particular y el sistema obtiene por nosotros los lotes y materiales y asigna el inventario."

A pesar de las diferencias culturales y éticas entre Numi y algunos de sus socios en el extranjero, los gerentes están comprometidos con el logro de una visión común por medio de diversas tácticas, tanto políticas como tecnológicas. La búsqueda que hace la empresa de una cadena de suministro ética y sustentable reduce el desperdicio de energía y los recursos naturales. Como resultado, los productos de té orgánico de Numi no sólo tienen un gran sabor, sino que también son buenos para el planeta.

Preguntas para análisis

1. Describa la relación de poder entre Numi y sus socios de la cadena de suministro.
2. En el video, ¿cuáles son los problemas con los proveedores en China que requieren que los gerentes de Numi utilicen tácticas de influencia y persuasión?
3. ¿De qué manera Numi hace que los proveedores cumplan sus políticas?

¿Y ahora qué?

CASO EN VIDEO

Suponga que su jefe trata, sin éxito, de influir en uno de sus compañeros para que organice nuevamente este año el día de campo de la empresa. Su jefe le pide que trate de influir en su compañero para que acepte planear el evento. *¿Qué diría o haría usted?* Vea el video "¿Y ahora qué?" de este capítulo, revise el video de desafío y elija una respuesta. Asegúrese de ver también los resultados de las dos respuestas que no eligió.

Preguntas para análisis

1. ¿Cuáles tácticas de influencia considera que fueron más efectivas y por qué cree que funcionaron?
2. Si utilizara el poder para tratar de conseguir que el subordinado acepte la asignación, ¿qué forma de poder funcionaría mejor y por qué? ¿Cuál no sería efectiva y por qué?
3. ¿Detectó algún tipo de política organizacional? De ser así, ¿de qué tipo?
4. ¿Qué más podría hacer para persuadir a su compañero de organizar el día de campo por medio del uso del poder y la influencia?

NOTAS FINALES

[1] Esta sección se basa en una entrevista telefónica con Steve Cugine, vicepresidente ejecutivo de innovación global de nuevos productos en Church & Dwight Co. que se realizó el 2 de octubre de 2009.

[2] Eisenhardt, K. y Bourgeois, L. J. (1988). Politics of Strategic Decision Making in High Velocity Environments: Toward a Mid-Range Theory, en *Academy of Management Journal, 31,* pp. 737–770.

[3] Cartwright, D. y Zander, A. (1968). *Group Dynamics.* Nueva York: Harper & Row; Richmond, V. P., McCroskey, J. C., Davis, L. M. y Koontz, K. A. (1980). Management Communication Style and Employee Satisfaction: A Preliminaary Investigation, en *Communication Quarterly, 28,* pp. 37–46.

[4] Para un análisis más detallado sobre poder e influencia, vea Schriesheim, C. y Neider, L. (2006). *Power and Influence in Organizations: New Empirical and Theoretical Perspectives* (vol. 5). Greenwich, CT: Information Age Publishing.

[5] McClelland, D. C. (1975). *Power: The Inner Experience.* Nueva York: Irvington.

[6] McClelland, D. C. y Boyatzis, R. E. (1982). Leadership Motive Pattern and Long Term Success in Management, en *Journal of Applied Psychology, 6,* pp. 737–743.

[7] McClelland, D. C. (1975). *Power: The Inner Experience.* Nueva York: Irvington.

[8] French, J. R. P., Jr. y Raven, B. H. (1968). The Bases of Social Power, en *Studies of Social Power,* ed. D. Cartwright. Ann Arbor, MI: Institute for Social Research.

[9] French, J. R. P., Jr. y Raven, B.H. (1968). The Bases of Social Power, en *Studies of Social Power,* ed. D. Cartwright. Ann Arbor, MI: Institute for Social Research.

[10] French, J. R. P., Jr. y Raven, B. H. (1968). The Bases of Social Power, en *Studies of Social Power,* ed. D. Cartwright. Ann Arbor, MI: Institute for Social Research.

[11] Inness, M., Barling, J. y Turner, N. (2005). Understanding Supervisor-Targeted Aggression: A Within-Person, Between-Jobs Design, en *Journal of Applied Psychology, 90*(4), pp. 731–739; Zellars, K. L., Tepper, B. J. y Duffy, M. K. (2002). Abusive Supervision and Subordinates' Organizational Citizenship Behavior, en *Journal of Applied Psychology, 87,* pp. 1368–1376; Williams, S. (1998). A Meta-Analysis of the Relationship Between Organizational Punishment and Employee Performance/Satisfaction, en *Research and Practice in Human Resource Management, 6,* pp. 51–64.

[12] Rose, R. L. (22 de junio de 1993). After Turning Around Giddings and Lewis, Fife Is Turned Out Himself, en *The Wall Street Journal,* A1.

[13] French, J. R. P., Jr. y Raven, B. H. (1968). The Bases of Social Power, en *Studies of Social Power,* ed. D. Cartwright. Ann Arbor, MI: Institute for Social Research.

[14]French, J. R. P., Jr. y Raven, B. H. (1968). The Bases of Social Power, en *Studies of Social Power*, ed. D. Cartwright. Ann Arbor, MI: Institute for Social Research.

[15]Tracy, B. (21 de noviembre de 2005). Seven Keys to Growing Your Business, en *Entrepreneur.com*. Disponible en línea en: http://www. entrepreneur.com/article/81128.

[16]Yukl, G. (1998). *Leadership in Organizations* (4a. ed.). Englewood Cliffs, NJ: Prentice Hall.

[17]House, R. J. (1977). A 1976 Theory of Charismatic Leadership, en *Leadership: The Cutting Edge*, eds. J. G. Hunt & L. L. Larson (pp. 189–207). Carbondale, IL: Southern Illinois University Press; Shamir, B., House, R. J. y Arthur, M. B. (1993). The Motivational Effects of Charismatic Leadership: A Self-Concept Based Theory, en *Organization Science*, 4, pp. 577–594.

[18]Emerson, R. M. (1962). Power-Dependence Relations, en *American Sociological Review*, 27, pp. 31–41.

[19]McIntosh, P. y Luecke, R. A. (2011). *Increase Your Influence at Work*. Nueva York: American Management Association.

[20]Vredenburgh, D. y Brender, Y. (1998). The Hierarchical Abuse of Power in Work Organizations, en *Journal of Business Ethics*, 17, pp. 1337–1347.

[21]Zellars, K. L., Tepper, B. J. y Duffy, M. K. (2002). Abusive Supervision and Subordinates' Organizational Citizenship Behavior, en *Journal of Applied Psychology*, 87, pp. 1368–1376.

[22]Tepper, B. J., Henle, C. A., Lambert, L. S., Giacalone, R. A. y Duffy, M. K. (2008). Abusive Supervision and Subordinates' Organization Deviance, en *Journal of Applied Psychology*, 93, pp. 721–732.

[23]Furnham, A. (2005). *The Psychology of Behaviour at Work: The Individual in the Organization*. Nueva York: Psychology Press.

[24]Lussier, R. N. y Achua, C. F. (2009). *Leadership: Theory, Application, & Skill Development* (4a. ed.). Mason, OH: South-Western.

[25]Conger, J. A. (1989). Leadership: The Art of Empowering Others, en *Academy of Management Executive*, 3, pp. 17–24; Conger, J. A. y Kanungo, R. N. (1988). The Empowerment Process: Integrating Theory and Practice, en *Academy of Management Review*, 13, pp. 471–482.

[26]Deluca, J. M. (1999). *Political Savvy: Systematic Approaches to Leadership Behind the Scenes*. Berwyn, PA: EBG.

[27]Deluca, J. M. (1999). *Political Savvy: Systematic Approaches to Leadership Behind the Scenes*. Berwyn, PA: Evergreen Business Group.

[28]Basado en An Analytical Approach to Workforce Management, en *CRM Today*. Disponible en línea en: http://www.crm2day.com/content/t6_librarynews_1.php?id=EplVpulFAusyoHEmpq.

[29]Greenberg, J. y Baron, R. A. (2003). *Behavior in Organizations* (8a. ed.). Upper Saddle River, NJ: Prentice Hall.

[30]Henslin, J. M. (2008). *Sociology: A Down to Earth Approach* (9a. ed.). Upper Saddle River, NJ: Pearson.

[31]Lewis-Duarte, M. y Bligh, M.C. (2012). Agents of "Influence": Exploring the Usage, Timing, and Outcomes of Executive Coaching Tactics, en *Leadership & Organization Development Journal*, 33(3), pp. 255–281.

[32]Cooper, C. (2005). Just Joking Around? Employee Humor Expression as an Ingratiatory Behavior, en *Academy of Management Review*, 30, pp. 765–776.

[33]Hale, W. (3 de abril de 2005). *NASA Internal Memo from Wayne Hale: What I Learned at ISOS*. Disponible en línea en: http://www. spaceref.com/news/viewsr.html?pid=16028.

[34]Yukl, G. (2002). *Leadership in Organizations* (5a. ed., pp. 141–174). Upper Saddle River, NJ: Prentice Hall; Higgins, C. A., Judge, T. A. y Ferris, G. R. (2003). Influence Tactics and Work Outcomes: A Meta-Analysis, en *Journal of Organizational Behavior*, 24, pp. 89–136.

[35]Falbe, C. M. y Yukl, G. (1992). Consequences for Managers of Using Single Influence Tactics and Combinations of Tactics, en *Academy of Management Journal*, 35, pp. 638–653.

[36]Conger, J. A. y Riggio, R. E. (2006). *The Practice of Leadership: Developing the Next Generation of Leaders*. Nueva York: Jossey-Bass.

[37]Conger, J. A. y Riggio, R. E. (2006). *The Practice of Leadership: Developing the Next Generation of Leaders*. San Francisco: Jossey-Bass.

[38]Garvin, D. A. y Roberto, M. A. (Febrero de 2005). Change Through Persuasion, en *Harvard Business Review*, pp. 134–112.

[39]Kennedy, J. C., Fu, P. P. y Yukl, G. (2003). Influence Tactics Across Twelve Cultures, en *Advances in Global Leadership*, 3, pp. 127–147.

[40]Duyar, I., Aydin, I. y Pehlivan, Z. (2009). Analyzing Principal Influence Tactics from a Cross-Cultural Perspective: Do Preferred Influence Tactics and Targeted Goals Differ by National Culture?, en *International Perspectives on Education and Society*, 11, pp. 191–220.

[41]Fu, P. P., Peng, T. K., Kennedy, J. C. y Yukl, G. (Febrero de 2004). A Comparison of Chinese Managers in Hong Kong, Taiwan, and Mainland China, en *Organizational Dynamics*, pp. 32–46.

[42]Yukl, G. A., Fu, P. P. y McDonald, R. (2003). Cross-Cultural Differences in Perceived Effectiveness of Influence Tactics for Initiating or Resisting Change, en *Applied Psychology: An International Review*, 52, pp. 68–82.

[43]Herrmann, P. y Werbel, J. D. (2007). Promotability of Host-Country Nationals: A Cross-Sectional Study, en *British Journal of Management*, 18, pp. 281–293.

[44]Herrmann, P. y Werbel, J. D. (2007). Promotability of Host-Country Nationals: A Cross-Sectional Study, en *British Journal of Management*, 18, pp. 281–293.

[45]Conger, J. A. (Mayo-junio de 1998). The Necessary Art of Persuasion, en *Harvard Business Review*, pp. 85–95.

[46]Conger, J. (1998). *Winning 'Em Over: A New Model for Management in the Age of Persuasion*. Nueva York: Simon & Schuster.

[47]Conger, J. A. (Mayo-junio de 1998). The Necessary Art of Persuasion, en *Harvard Business Review*, pp. 85–95.

[48]Conger, J. (1998). *Winning 'Em Over: A New Model for Management in the Age of Persuasion*. Nueva York: Simon & Schuster.

[49]Conger, J. (1998). *Winning 'Em Over: A New Model for Management in the Age of Persuasion*. Nueva York: Simon & Schuster.

[50]Conger, J. A. (Mayo-junio de 1998). The Necessary Art of Persuasion, en *Harvard Business Review*, pp. 85–95.

[51]Breen, B. (Noviembre de 2001). Trickle-Up Leadership, en *Fast Company*, 52, p. 70.

[52]Pelz, D. (1952). Influence: A Key to Effective Leadership in the First Line Supervisor, en *Personnel*, 29, pp. 3–11; Kanter, R. M. (1977). *Men and Women of the Corporation*. Nueva York: Basic Books.

[53]Kipnis, D., Schmidt, S. M. y Wilkinson, I. (1980). Intra-Organizational Influence Tactics: Explorations of Getting One's Way, en *Journal of Applied Psychology*, 65, pp. 440–452.

[54]Botero, I. C., Foste, E. A. y Pace, K. M. (en prensa). Exploring Differences and Similarities in Predictors and Use of Upward Influence Strategies in Two Countries, en *Journal of Cross-Cultural Psychology*, 43(4).

[55]Kipnis, D. y Schmidt, S. M. (1988). Upward-Influence Styles: Relationship with Performance, Evaluations, Salary, and Stress, en *Administrative Science Quarterly*, 33, pp. 528–542.

[56]Schriesheim, C. A. y Hinkin, T. R. (1990). Influence Tactics Used by Subordinates: A Theoretical and Empirical Analysis and Refinement of the Kipnis, Schmidt, and Wilkinson Subscales, en *Journal of Applied Psychology*, 75, pp. 246–257.

[57]Kipnis, D. y Schmidt, S. (1983). An Influence Perspective on Bargaining, en *Negotiating in Organizations*, eds. M. Bazerman & R. Lewicki (pp. 303–319). Beverly Hills, CA: Sage Publications.

[58]Kipnis, D. y Schmidt, S. M. (1988). Upward-Influence Styles: Relationship with Performance, Evaluations, Salary, and Stress, en *Administrative Science Quarterly*, 33, pp. 528–542.

[59]Kipnis, D. y Schmidt, S. (1983). An Influence Perspective on Bargaining, en *Negotiating in Organizations*, eds. M. Bazerman & R. Lewicki (pp. 303–319). Beverly Hills, CA: Sage Publications

[60]Kipnis, D. y Schmidt, S. (1983). An Influence Perspective on Bargaining, en *Negotiating in Organizations*, eds. M. Bazerman & R. Lewicki (pp. 303–319). Beverly Hills, CA: Sage Publications.

[61]Kipnis, D. y Schmidt, .S. M. (1988). Upward-Influence Styles: Relationship with Performance, Evaluations, Salary, and Stress, en *Administrative Science Quarterly*, 33, pp. 528–542.

[62]Kipnis, D. y Schmidt, S. M. (1988). Upward-Influence Styles: Relationship with Performance, Evaluations, Salary, and Stress, en *Administrative Science Quarterly*, 33, pp. 528–542.

[63]Westphal, J. D. y Stern, I. (2006). The Other Pathway to the Boardroom: Interpersonal Influence Behavior as a Substitute for Elite Credentials and Majority Status in Obtaining Board Appointments, en *Administrative Science Quarterly*, 51, pp. 1–28.

[64]Cropanzano, R. S., Kacmar, K. M. y Bozeman, D. P. (1995). Organizational Politics, Justice, and Support: Their Differences and Similarities, en *Organizational Politics, Justice and Support: Managing Social Climate at Work*, eds. R. S. Cropanzano y K. M. Kacmar (pp. 1–18). Westport, CT: Quorum Books.

[65]Kacmar, K. M. y Carlson, D. S. (1997). Further Validation of the Perceptions of Politics Scale (POPS): A Multiple Sample Investigation, en *Journal of Management*, 23, pp. 627–658.

[66]Ferris, G. R. y Kacmar, K. M. (1992). Perceptions of Organizational Politics, en *Journal of Management*, 18, pp. 93–116.

[67]Lewin, K. (1936). *Principles of Topological Psychology*. Nueva York: McGraw-Hill; Porter, L. W. (1976). Organizations as Political Animals. Presidential address, Division of Industrial Organizational Psychology, 84th Annual Meeting of the American Psychological Association, Washington, DC.

[68]Para un análisis más detallado sobre política organizacional, vea Vredenburgh, D. J. y Maurer, J. G. (1984). A Process Framework of Organizational Politics, en *Human Relations*, 37, pp. 47–65.

[69]Ferris, G. R., Fedor, D. B., Chachere, J. G. y Pondy, L. R. (1989). Myths and Politics in Organizational Contexts, en *Group & Organization Studies*, 14, pp. 83–133; Fandt, P. M. y Ferris, G. R. (1990). The Management of Information and Impressions: When Employees Behave Opportunistically, en *Organizational Behavior and Human Decision Processes*, 45, pp. 140–158.

[70]Sutton, R. (Mayo de 2007). Building the Civilized Workplace, en *The McKinsey Quarterly*, (2), pp. 30–39.

[71]McKenna, E. F. (2000). *Business Psychology and Organisational Behavior: A Student's Handbook*. Hove, Reino Unido: Psychology Press.

[72]Chang, C. S., Rosen, C. C. y Levy, P. E. (2009). The Relationship Between Perceptions of Organizational Politics and Employee Attitudes, Strain, and Behavior: A Meta-Analytic Examination, en *Academy of Management Journal*, 52, pp. 779–801; Anderson, T. P. (1994). Creating Measures of Dysfunctional Office and Organizational Politics: The DOOP and Short Form DOOP Scales, en *Psychology*, 31, pp. 24–34; Croponzano, R. S., Howes, J. C., Grandey, A. A. y Toth, P. (1997). The Relationship of Organizational Politics and Support to Work Behaviors, Attitudes, and Stress, en *Journal of Organizational Behavior*, 18, pp. 159–181.

[73]Ferris, G. R. y Kacmar, M. K. (1992). Perceptions of Organizational Politics, en *Journal of Management*, 18, pp. 93–116.

[74]Ferris, G. R., Fedor, D., Chachere, J. G. y Pondy, L. (1989). Myths and Politics in Organizational Contexts, en *Group & Organizational Studies*, 14, pp. 88–133.

[75]Kacmar, K. M. y Carlson, D. S. (1997). Further Validation of the Perceptions of Politics Scale (POPS): A Multiple Sample Investigation, en *Journal of Management*, 23, pp. 627–658.

[76]Ferris, G. R., Treadway, D. C., Perrewé, P. L., Brouer, R. L., Douglas, C. y Lux, S. (2007). Political Skill in Organizations, en *Journal of Management*, 33, pp. 290–320.

[77]Kapoutsis, I., Papalexandris, A., Nikolopoulos, A., Hochwarter, W.A. y Ferris, G.R. (2011). Politics Perceptions as Moderator of the Political Skill-Job Performance Relationship: A Two-Study, Cross-National, Constructive Replication, en *Journal of Vocational Behavior*, 78(1), pp. 123–135.

[78]Drory, A. y Romm, T. (1990). The Definition of Organizational Politics: A Review, en *Human Relations*, 43, pp. 1133–1154.

[79]Porter, L. W., Allen, R. W. y Angle, H. L. (1981). The Politics of Upward Influence in Organizations (pp. 139–149), en *Research in Organizational Behavior*, eds. L. L. Cummings y B. M. Staw (vol. 3). Greenwich, CT: JAI Press.

[80]Drory, A. y Romm, T. (1990). The Definition of Organizational Politics: A Review, en *Human Relations*, 43, pp. 1133–1154.

[81]Farrell, D. y Peterson, J. C. (1982). Patterns of Political Behavior in Organizations, en *Academy of Management Review*, 45, pp. 403–412; Kumar, P. y Ghadially, R. (1989). Organizational Politics and Its Effect on Members of Organizations, en *Human Relations*, 10, pp. 305–314.

[82]Frost, P. J. (1987). Power, Politics, and Influence, en *Handbook of Organizational Communication*, eds. F. Jablin, L. Putnam, K. Roberts y L. Porter. Beverly Hills, CA: Sage Publications.

[83]Drory, A. y Romm, T. (1990). The Definition of Organizational Politics: A Review, en *Human Relations*, 43, pp. 1133–1154.

[84]Frost, P. J. (1987). Power, Politics, and Influence, en *Handbook of Organizational Communication*, eds. F. Jablin, L. Putnam, K. Roberts y L. Porter. Beverly Hills, CA: Sage Publications.

[85]Kacmar, K. M. y Ferris, G. R. (1991). Perceptions of Organizational Politics Scale (POPS): Development and Construct Validation, en *Educational and Psychological Measurement*, 51, pp. 193–205. Resumido en Kacmar, K. M. y Carlson, D. S. (1997). Further Validation of the Perceptions of Politics Scale (POPS): A Multiple Sample Investigation, en *Journal of Management*, 23, pp. 627–658.

[86]Ferris, G. R., Fedor, D., Chachere, J. G. y Pondy, L. (1989). Myths and Politics in Organizational Contexts, en *Group & Organizational Studies*, 14, pp. 88–133; Ferris, G. R. y King, T. R. (1991). Politics in Human Resource Decisions: A Walk on the Dark Side, en *Organizational Dynamics*, 20, pp. 59–71; Kacmar, K. M. y Ferris, G. R. (1993). Politics at Work: Sharpening the Focus of Political Behavior in Organizations, en *Business Horizons*, 36, pp. 70–74.

[87]Ferris, G. R., Russ, G. S. y Fandt, P. M. (1989). Politics in Organizations, en *Impression Management in the Organization*, eds. R. A. Giacalone y P. Rosenfeld (pp. 143–170). Hillsdale, NJ: Lawrence Erlbaum Associates; Kacmar, K. M. y Ferris, G. R. (1993). Politics at Work: Sharpening the Focus of Political Behavior in Organizations, en *Business Horizons*, 36, pp. 70–74.

[88]Kacmar, K. M. y Carlson, D. S. (1997). Further Validation of the Perceptions of Politics Scale (POPS): A Multiple Sample Investigation, en *Journal of Management*, 23, pp. 627–658.

[89]En Martinez, M. N. (2009). Politics Come with the Office. *Graduating Engineer*. Disponible en línea en: http://www.graduating engineer.com/articles/20010928/Politics-Come-With-the-Office.

[90]En Martinez, M. N. (2009). Politics Come with the Office. *Graduating Engineer*. Disponible en línea en: http://www.graduating engineer.com/articles/20010928/Politics-Come-With-the-Office.

[91]Jam, F. A., Khan, T. I., Zaidi, B. H. y Muzaffar, S. M. (2011). Political Skills Moderates the Relationship between Perception of Organizational Politics and Job Outcomes, en *Journal of Educational and Social Research*, *1(4)*, pp. 57–70.

[92]Eisenhardt, K. M. y Bourgeois, L. J. (1988). Politics of Strategic Decision Making in High Velocity Environments: Toward a Midrange Theory, en *Academy of Management Journal*, *31*, pp. 737–770.

[93]Greenberg, J. y Baron, R. A. (2003). *Behavior in Organizations* (8a. ed.). Englewood Cliffs, NJ: Prentice Hall.

[94]Mintzberg. H. (1979). Organizational Power and Goals: A Skeletal Theory, en *Strategic Management: A New View of Business Policy and Planning*, eds. D. Schendel y C. Hofer (pp. 143–171). Boston: Little, Brown.

[95]Greenberg, J. y Baron, R. A. (2003). *Behavior in Organizations* (8a. ed.). Englewood Cliffs, NJ: Prentice Hall.

[96]Ferris, G. R. y Kacmar, M. K. (1992). Perceptions of Organizational Politics, en *Journal of Management*, *18*, pp. 93–116.

[97]En Martinez, M. N. (2009). Politics Come with the Office. *Graduating Engineer*. Disponible en línea en: http://www.graduating-engineer.com/articles/20010928/Politics-Come-With-the-Office.

[98]Cohen, A. y Bradford, D. L. (2005). Influence Without Authority (2a. ed.). Nueva York: John Wiley and Sons.

[99]Wiscombe, J. (Enero de 2007). IDEO: The Innovation Factory. Workforce Management Online. Disponible en línea en: http://www. workforce.com/section/09/feature/24/73/71/index.html.

[100]Schlenker, B. R. (2003). Self-Presentation, en *Handbook of Self and Identity*, eds. M. R. Leary y J. P. Tangney (pp. 492–518). Nueva York: Guilford.

[101]Bolino, M. C., Kacmar, K. M., Turnley, W. H. y Gilstrap, J. B. (2008). A Multi-Level Review of Impression Management Motives and Behaviors, en *Journal of Management*, *34*, pp. 1080–1109.

[102]Turner, R. E., Edgley, C. y Olmstead, G. (1975). Information Control in Conversations: Honesty Is Not Always the Best Policy, en *Kansas Journal of Sociology*, *11*, pp. 69–89.

[103]Camden, C., Motley, M. T. y Wilson, A. (1984). White Lies in Interpersonal Communication: A Taxonomy and Preliminary Investigation of Social Motivations, en *Western Journal of Speech Communication*, *48*, pp. 309–325.

[104]Snyder, M. (1974). Self-Monitoring of Expressive Behaviour, en *Journal of Personality and Social Psychology*, *30*, pp. 526–537.

[105]Turnley, W. H. y Bolino, M. C. (2001). Achieving Desired Images While Avoiding Undesired Images: Exploring the Role of Self-Monitoring in Impression Management, en *Journal of Applied Psychology*, *86*, pp. 351–360.

[106]Stevens, C. K. y Kristof, A. L. (1995). Making the Right Impression: A Field Study of Applicant Impression Management During Job Interviews, en *Journal of Applied Psychology*, *80*, pp. 587–606.

[107]Higgins, C. A. y Judge, T. A. (2004). The Effect of Applicant Influence Tactics on Recruiter Perceptions of Fit and Hiring Recommendations: A Field Study, en *Journal of Applied Psychology*, *89*, pp. 622–632.

[108]Stevens, C. K. y Kristof, A. L. (1995). Making the Right Impression: A Field Study of Applicant Impression Management During Job Interviews, en *Journal of Applied Psychology*, *80*, pp. 587–606.

[109]Higgins, C. A., Judge, T. A. y Ferris, G. R. (2003). Influence Tactics and Work Outcomes: A Meta-Analysis, en *Journal of Organizational Behavior*, *24*, pp. 89–136.

[110]Higgins, C. A., Judge, T. A. y Ferris, G. R. (2003). Influence Tactics and Work Outcomes: A Meta-Analysis, en *Journal of Organizational Behavior*, *24*, pp. 89–136.

[111]Forrest, J. A. y Feldman, R. S. (2000). Detecting Deception and Judge's Involvement: Lower Task Involvement Leads to Better Lie Detection, en *Personality and Social Psychology Bulletin*, *26*, pp. 118–125.

[112]Streeter, L. A., Krauss, R. M., Geller, V., Olson, C. y Apple, W. (1977). Pitch Changes During Attempted Deception, en *Journal of Personality and Social Psychology*, *35*, pp. 345–350.

[113]Cody, M. J., Marston, P. J. y Foster, M. (1984). Deception: Paralinguistic and Verbal Leakage, en *Communication Yearbook*, eds. R. N. Bostrom y B. H. Westley (pp. 464–490). Beverly Hills, CA: Sage Publications; deTurck, M. A. y Miller, G. R. (1985). Deception and Arousal: Isolating the Behavioral Correlates of Deception, en *Human Communication Research*, *12*, pp. 181–201.

[114]Cody, M. J., Marston, P. J. y Foster, M. (1984). Deception: Paralinguistic and Verbal Leakage, en *Communication Yearbook*, eds. R. N. Bostrom y B. H. Westley (pp. 464–490). Beverly Hills, CA: Sage Publications.

[115]Mehrabian, A. (1967). Orientation Behaviors and Nonverbal Attitude Communication, en *Journal of Communication*, *17*, pp. 324–332; Wiener, M. y Mehrabian, A. (1968). *Language Within Language: Immediacy, a Channel in Verbal Communication*. Englewood Cliffs, NJ: Prentice Hall.

[116]Hocking, J. E., Bauchner, J. E., Kaminski, E. P. y Miller, G. R. (1979). Detecting Deceptive Communication from Verbal, Visual and Paralinguistic Cues, en *Human Communication Research*, *6*, pp. 33–46.

[117]O'Hair, H. D., Cody, M. J. y McLaughlin, M. L. (1981). Prepared Lies, Spontaneous Lies, Machiavellianism, and Nonverbal Communication, en *Human Communication Research*, *7*, pp. 325–339.

[118]Ekman, P., Friesen, W. V., O'Sullivan, M. y Scherer, K. R. (1980). Relative Importance of Face, Body, and Speech in Judgments of Personality and Affect, en *Journal of Personality and Social Psychology*, *38*, pp. 270–277; Riggio, R. E. y Friedman, H. S. (1983). Individual Differences and Cues to Deception, en *Journal of Personality and Social Psychology*, *45*, pp. 899–915.

[119]Ekman, P. y Friesen, W. V. (1972). Hand Movements, en *Journal of Communication*, *22*, pp. 353–374; McClintock, C. C. y Hunt, R. G. (1975). Nonverbal Indicators of Affect and Deception in an Interview Setting, en *Journal of Applied Social Psychology*, *5*, pp. 54–67.

[120]Buller, D. B. y Aune, R. K. (1987). Nonverbal Cues to Deception Among Intimates, Friends and Strangers, en *Journal of Nonverbal Behavior*, *11*, pp. 269–290.

[121]Ekman, P. y Friesen, W. V. (1974). Detecting Deception from the Body or Face, en *Journal of Personality and Social Psychology*, *29*, pp. 288–298.

PROCESOS Y CARACTERÍSTICAS ORGANIZACIONALES

En la parte 4 se continuó con el aprendizaje acerca de la forma en que los gerentes pueden mejorar las conductas de desempeño, el compromiso organizacional y la participación de los empleados para construir la competitividad y efectividad organizacionales. Se estudió de manera particular la importancia del liderazgo. En el capítulo 11 se presentan los enfoques tradicionales del liderazgo, mientras que en el capítulo 12 se estudian enfoques más modernos de este concepto. Los temas relacionados con el poder, la influencia y la política organizacionales se describen en el capítulo 13.

Esta parte final se centra en la forma general en que las características de la organización influyen en la efectividad gerencial u organizacional. En el capítulo 14 se aborda la estructura y el diseño organizacionales. En el capítulo 15 se estudia la cultura organizacional y, por último, en el capítulo 16 se presenta un análisis de la administración del cambio. Este es un tema lógico para concluir, debido a que puede analizarse desde cualquiera de las áreas que se estudiaron en las partes anteriores: el comportamiento individual, el comportamiento de grupos y equipos, el liderazgo y el cambio organizacional.

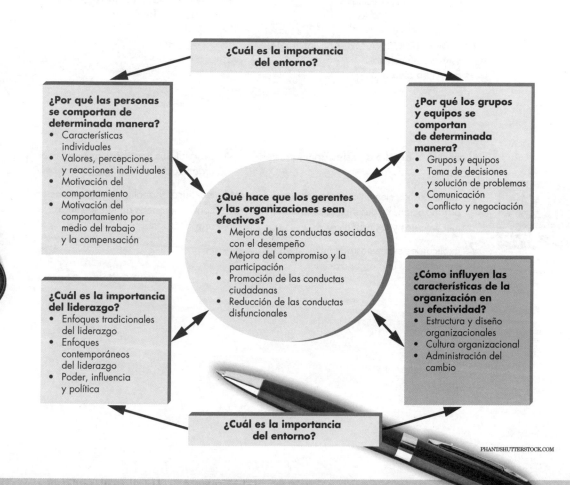

CAPÍTULO 14

ESTRUCTURA Y DISEÑO ORGANIZACIONALES

ESTRUCTURA DEL CAPÍTULO

OBJETIVOS DE APRENDIZAJE

Al concluir el estudio de este capítulo, usted podrá:

1 Identificar los elementos de la estructura organizacional y describir las estructuras mecanicistas y las orgánicas.

2 Explicar los elementos que influyen en la estructura de una organización.

3 Describir los tipos básicos de estructura organizacional.

4 Identificar y analizar cuatro temas contemporáneos de la estructura organizacional.

—DESAFÍOS DEL MUNDO REAL—

LA CONSTRUCCIÓN DE TREEHOUSE[1]

Ryan Carson y Alan Johnson fundaron Treehouse en 2011 como una plataforma educativa interactiva en línea. La empresa diseña cursos sobre desarrollo y programación web y negocios. En palabras de un periodista, Treehouse es "una escuela de comercio en línea cuya misión es hacer que sus estudiantes consigan un empleo" sin tener que dedicar años a obtener un título profesional en universidades costosas.

Con un capital inicial de 12.6 millones de dólares, Treehouse se convirtió en menos de tres años en la escuela de ciencias computacionales más grande del mundo. Sin embargo, no pasó mucho tiempo para que Carson y Johnson comenzaran a escuchar muestras de descontento. Carson recuerda: "En 2013 habíamos crecido hasta contar con 60 empleados, 7 gerentes y 4 directores. A medida que más personas se integraban al equipo, comenzamos a observar algo desconcertante: comenzaron a surgir los rumores, la política y las quejas." Cuando pusieron atención en lo que sucedía, los fundadores descubrieron que algunos empleados de base se sentían ignorados. Este contratiempo los perturbó porque consideraban que era muy importante que el personal participara en la toma de decisiones.

"Si sentían que carecían de poder desde la base, tal vez teníamos demasiados gerentes", afirma Carson. Siete gerentes no constituyen un ejército, pero representaban una suma superior a 10% de la fuerza laboral. Finalmente, la conversación llegó a un punto lógico: "¿Qué tal si eliminamos a los gerentes y facultamos al personal mediante el *empowerment* para que elijan su trabajo cada día? Al principio nos reímos, pero después lo tomamos con seriedad. Habíamos contratado a personas talentosas y motivadas. ¿En realidad *necesitábamos* gerentes?"

Carson y Johnson solicitan su consejo. Después de leer este capítulo, usted debe tener algunas buenas ideas que compartirles.

En esta sección la atención se centra en el diseño y el cambio organizacionales y la administración de la carrera profesional de usted. Una vez que una organización decide la forma en que desea que se comporten sus miembros, cuáles son las actitudes que desea estimular y qué es lo que quiere que logren sus integrantes, puede diseñar una estructura adecuada para obtener una ventaja competitiva que le permita implementar de la mejor manera posible su estrategia de negocios.[2]

La estructura de una organización afecta el desempeño de ésta, debido a que influye en su operación.[3] Si no es la adecuada, puede bloquear la comunicación y aletargar los procesos de trabajo. Por su parte, las estructuras efectivas mejoran la eficiencia laboral de la organización, motivan a los empleados en lugar de frustrarlos y facilitan la relacion de trabajo entre las unidades de la empresa. La estructura organizacional también influye en la operación y la forma en la que se espera que los empleados se comuniquen y comporten.

Las estructuras organizacionales efectivas mejoran la eficiencia y facilitan las relaciones de trabajo positivas. Cuando no lo son, bloquean la comunicación y la cooperación, y drenan la motivación de los empleados. La estructura organizacional se relaciona con la satisfacción, el compromiso[4] y la rotación del personal.[5]

En este capítulo se analizan en primer lugar la estructura organizacional y el organigrama. Después de estudiar los factores que influyen en ella, se identifican diferentes tipos de estructura y los contextos en los que son más adecuadas. También se estudian las organizaciones virtuales y las formas de integración de los empleados en la estructura organizacional para mejorar la colaboración y la transferencia de conocimiento. Cuando concluya el estudio de este capítulo, usted debe tener una buena comprensión de la forma en que las empresas utilizan el diseño para apoyar la estrategia de negocios y fomentar las conductas deseadas en los empleados.

diseño organizacional
Proceso que consiste en seleccionar y administrar los elementos de la estructura y la cultura de la organización para que ésta alcance sus metas

estructura organizacional
Sistema formal de actividades, poder y relaciones jerárquicas

ESTRUCTURA ORGANIZACIONAL

El *diseño organizacional* es el proceso de seleccionar y administrar los elementos de la estructura y la cultura de la organización para permitirle alcanzar sus metas. El diseño y el rediseño de la organización para responder a los cambios internos y externos es una función administrativa clave.

Uno de los resultados más importantes del diseño de la organización es la *estructura organizacional,* o el sistema formal de actividades, poder y relaciones jerárquicas. Ella es el núcleo que coordina, controla y motiva a los empleados a cooperar para alcanzar las metas de la empresa. Cuando esta estructura se alinea con las necesidades organizacionales, se incrementa la eficiencia y disminuyen los conflictos.

Las estructuras organizacionales influyen en el comportamiento de los empleados, pues les permiten o restringen la comunicación, el trabajo en equipo y la cooperación, así como las

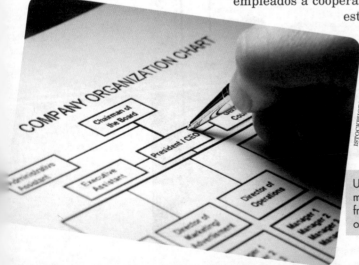

Un organigrama es un diagrama que muestra la cadena de mando y las relaciones jerárquicas de una empresa. Con frecuencia, cuando las empresas crecen generan diferentes organigramas para cada división o área funcional importante.

relaciones entre grupos. Imagine la diferencia que existe entre trabajar en una organización conformada por equipos de trabajo independientes que cuentan con autoridad para tomar sus decisiones en comparación con una organización centralizada y burocrática en la que las decisiones son responsabilidad exclusiva del CEO. Su nivel de autonomía, influencia y trabajo difiere mucho en cada empresa. La efectividad de cada tipo de estructura depende de la naturaleza de la organización y su entorno, pero cada una genera patrones de comunicación y niveles de responsabilidad individuales muy diferentes.

Suponga que inicia un negocio de venta de chocolates caseros. Comienza usted solo y el negocio crece con rapidez. Obtiene algunos contratos importantes y descubre que el trabajo es demasiado para hacerlo solo, por lo que decide contratar personal para preparar, comercializar, vender y distribuir el dulce. Los empleados se presentan a trabajar el primer día. Pues bien: ¿qué debe hacer después? Usted los organiza de forma que realicen el trabajo en la forma que necesita y desea que se haga. Puede incluso elaborar un *organigrama* como el que se muestra en la figura 14.1 para ilustrar la cadena de mando y las relaciones jerárquicas de la empresa. Los niveles superiores del organigrama supervisan y son responsables de las actividades y el desempeño de los niveles inferiores.

organigrama
Diagrama de la cadena de mando y las relaciones jerárquicas de una empresa

Es un error común suponer que la ubicación de un individuo en el organigrama refleja la importancia que tiene él y su desempeño para la empresa. Por lo general, lo más importante son las contribuciones de las personas que se encuentran en todos los niveles de la organización. Piense en el vendedor de una tienda minorista como The Gap. Es posible que su puesto se encuentre en la parte baja del organigrama, pero imagine qué sucedería con el desempeño de la tienda si sus vendedores no contaran con la capacitación adecuada, tuvieran poca motivación y fueran administrados de forma deficiente. El personal de ventas tiene una gran influencia en el desempeño de The Gap sin que importe que sus puestos se ubiquen en la parte baja de su jerarquía. Como dice un vicepresidente de FedEx, la empresa global de mensajería, para referirse a los conductores: "si yo no vengo a trabajar, todo está bien, pero si ellos no vienen a trabajar ... somos muy desafortunados".[6]

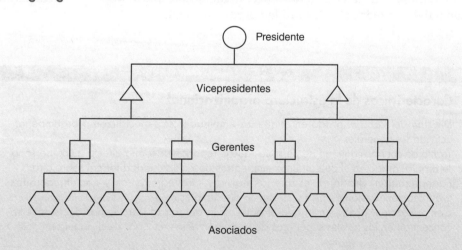

Figura 14.1

Organigrama con un tramo de control estrecho

Presidente
Vicepresidentes
Gerentes
Asociados

Un organigrama ilustra la cadena de mando y las relaciones jerárquicas de una empresa. Si el tramo de control es estrecho, como el que se muestra en esta figura, la organización tiende a tener más niveles, es decir, que es relativamente "alta".

Esta pequeña firma de arquitectura tiene un alto nivel de especialización, debido a que cada empleado realiza una serie de tareas definidas. El que aparece al frente de la imagen es el jefe de arquitectos, el que está al fondo a la derecha maneja la contabilidad, y la mujer de la extrema izquierda está a cargo del marketing.

MONKEY BUSINESS IMAGES/
DREAMSTIME.COM

Características de la estructura organizacional

Las estructuras organizacionales reflejan la división del trabajo, el tramo de control, la jerarquía, la formalización y la centralización de una empresa. Las estructuras diferentes tienen distintos niveles de cada una de estas características, que se resumen en la tabla 14.1.

División del trabajo

división del trabajo

Grado en el que los empleados se especializan o desempeñan diversas tareas generales

Además de ilustrar la cadena de mando, el organigrama muestra la *división del trabajo*, que refleja el grado en el que los empleados se especializan o desempeñan diversas tareas generales. Las empresas con un alto nivel de especialización tienen una mayor proporción de "especialistas" que centran su atención en un conjunto de tareas bien definidas (por ejemplo, investigación de mercados, asignación de precios o contabilidad). Los niveles inferiores de la organización tienden a ser más especializados que los superiores. La división del trabajo se refleja en la cantidad de títulos de puestos que presenta una organización[7] o el grado en el que existen roles especializados en cada área funcional.[8]

Dividir un trabajo en puestos especializados incrementa la eficiencia laboral.[9] Los empleados especializados pueden aprender sus puestos con más rapidez y menos capacitación y desperdician poco tiempo al cambiar de tareas porque éstas se encuentran enfocadas. La división del trabajo también facilita la evaluación de los candidatos a un puesto porque establece de forma específica el talento que se requiere para desempeñarlo. Dado que los especialistas son expertos, suelen contar con mayor autonomía y autoridad para tomar decisiones, lo que incrementa la capacidad de la empresa para responder con rapidez a los cambios que tienen lugar en el entorno.

Como desventaja, los empleados tienden a aislarse si la división del trabajo es alta, lo que dificulta que las diferentes divisiones de la empresa comprendan las prioridades y necesidades de las demás e incrementa el potencial de conflicto. Un nivel alto de especialización por parte de los empleados de cada división reduce la flexibilidad organizacional.

Tabla 14.1

Características de la estructura organizacional

División del trabajo: grado en el que los empleados se especializan o desempeñan actividades generales

Tramo de control: cantidad de personas que le reportan de forma directa a una persona

Jerarquía: grado en el que algunos empleados poseen autoridad formal sobre otros

Formalización: grado en el que las normas, procedimientos y comunicaciones organizaciones están escritas y se siguen de forma estricta

Centralización: grado en el que el poder y la autoridad para tomar decisiones se concentran en los niveles superiores de la organización en lugar de distribuirse

El tramo de control se refiere a la cantidad de personas que le reportan de forma directa a un gerente. Por ejemplo, éste dirige el trabajo de tres personas. Por supuesto, es probable que haya otras personas que le reporten también. Existen diferentes factores que influyen en que un tramo sea amplio o estrecho.

Las organizaciones pueden reducir sus costos si contratan una proporción mayor de empleados generales, debido a que éstos son más baratos. Sin embargo, como no son expertos, requieren más tiempo para tomar decisiones y responder a los cambios que suceden en el entorno, porque deben realizar investigaciones adicionales.

Tramo de control

El *tramo de control* es la cantidad de personas que le reportan directamente a una persona (algunos expertos lo llaman *tramo gerencial o de administración*). La figura 14.2 ilustra una estructura organizacional plana con un tramo de control más amplio que el de la figura 14.1. En la figura 14.2 el supervisor de nivel inferior está a cargo de siete empleados, en comparación con tres en la estructura alta de la figura 14.1. Los tramos de control más estrechos son más costosos, pero permiten una supervisión más estricta, mayor *coaching* y son necesarios en tareas nuevas y complejas. Por su parte, los tramos de control amplios proporcionan mayor autonomía y responsabilidad de autoadministración a los empleados y son mejores para el trabajo rutinario de producción.

No existe consenso en el tramo de control ideal, aunque por lo general se considera que tener más de nueve subordinados directos es demasiado para lograr una administración efectiva. La tecnología permite que existan tramos de control más amplios (como las líneas de producción o la tecnología de información para administrar los centros de atención telefónica o *call centers*) cuando sustituye la supervisión estrecha, los empleados requieren menor dirección y control o los puestos que se deben supervisar son similares.

Jerarquía

Cuando una organización crea una *jerarquía,* delinea las relaciones de subordinación, pues otorga autoridad a unos empleados sobre otros. La

tramo de control
Cantidad de personas que le reportan de forma directa a una persona

jerarquía
Grado en el que algunos empleados cuentan con autoridad formal sobre otros

---

Figura 14.2

Organigrama con tramo de control amplio

Cuando una organización utiliza un tramo de control relativamente amplio, como se ilustra aquí, su estructura tiene una cantidad menor de niveles y tiende a ser "plana".

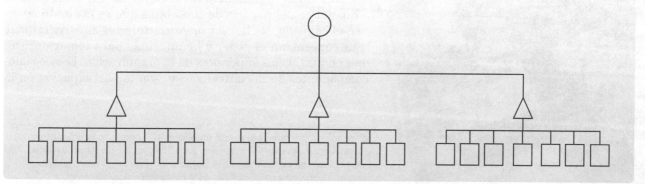

Fuente: Phillips/Gulley 465

jerarquía establece qué tan "alto" o "plano" es un organigrama. Por ejemplo, en la figura 14.1 se muestran cuatro niveles jerárquicos, mientras que en la 14.2 se ilustra a una empresa más plana con tres niveles. Entre más niveles tenga una organización, su jerarquía es mayor.

Aunque la jerarquía puede facilitar la coordinación de los diferentes departamentos, las organizaciones no deben tener más niveles jerárquicos de los necesarios. Carecer de los niveles suficientes también puede acarrear problemas. Si las actividades requieren coordinación y control, los niveles de gerencia media pueden facilitar los procesos de trabajo. Es posible que la jerarquía otorgue demasiado poder a un grupo reducido de personas en la parte alta de la organización, lo que incrementa el riesgo de comportamiento no ético. Debido a que la jerarquía crea una cadena de mando clara, también puede restringir la interacción y la comunicación entre los empleados.

Para tener mejores oportunidades de competir en un mercado global de cambios rápidos, las organizaciones se reestructuran con mayor frecuencia para reducir su jerarquía y mejorar su velocidad y eficiencia. Recientemente, Revlon redujo su nivel de jerarquización, así como su estructura organizacional, para mejorar su desempeño. Este cambio mejoró su efectividad y eliminó varios niveles directivos.[10]

La jerarquía disminuye si se agrupa a los empleados en equipos autodirigidos que incorporan algunas de las funciones que deben desempeñar los niveles superiores. En estos casos, los gerentes también son importantes. Aunque Hewlett-Packard es considerada una organización de alta participación con una jerarquía mínima, cuenta con ocho niveles organizacionales que coordinan sus decenas de miles de empleados.[11]

Formalización

La formalización refleja el grado en el que las normas, procedimientos y comunicaciones organizacionales son establecidos de manera explícita.[12] En las empresas con un alto nivel de formalización, existe poca flexibilidad para tomar decisiones y tanto los procedimientos como las recompensas son regulados por normas explícitas. Sin embargo, la formalización no es necesaria para alcanzar un alto nivel de desempeño. Google y Zappos, el minorista de venta de calzado por internet, son reconocidos por contar con una formalización baja. La formalización mejora la claridad de los puestos y funciones, y por lo tanto incrementa el compromiso.[13] Si no existe claridad en las funciones, se produce insatisfacción, ansiedad y un desempeño deficiente.[14] Si los empleados perciben que las compensaciones organizacionales son otorgadas con base en normas y procedimientos formales, incrementan su confianza en que son remunerados de forma adecuada.

organizaciones centralizadas
Organizaciones que concentran el poder y la autoridad para tomar decisiones en la parte alta de su jerarquía

MONKEY BUSINESS IMAGES/SHUTTERSTOCK.COM

Centralización

Cuando las organizaciones recién inician, como el caso hipotético del negocio de chocolates que se presentó antes en el capítulo, suelen ser *organizaciones centralizadas* que concentran el poder y la autoridad para tomar decisiones en los niveles superiores de la organización. Los dos subcomponentes de la centralización son la participación en la

La formalización refleja el grado en el que las normas, procedimientos y comunicaciones organizacionales son establecidas de forma explícita. Esta oficina parece tener un nivel bajo de formalización en el que las personas trabajan con pocas reglas y procedimientos, tienen poca estructura y es probable que se comuniquen simplemente conversando.

toma de decisiones y la jerarquía de la autoridad.[15] Cuando inició su negocio de chocolates, usted tomó todas las decisiones y realizó diversas actividades. La centralización genera líneas claras de comunicación y responsabilidad y la implementación de las decisiones tiende a ser directa. Este enfoque genera mejores resultados en entornos estables de baja complejidad.

Contrario a las organizaciones centralizadas que concentran la autoridad en los niveles superiores, las *organizaciones descentralizadas*, de suyo más planas, otorgan mayor autoridad y autonomía para tomar decisiones a los niveles inferiores.[16] Estas organizaciones tienden a tener estructuras más planas que las centralizadas porque la autonomía de los empleados reduce la necesidad de contar con la gerencia media. Las estructuras planas promueven la innovación, incrementan la velocidad de la toma de decisiones y ahorran dinero, pues cuentan con un número menor de niveles gerenciales. La descentralización es mejor cuando la organización desempeña tareas no rutinarias en entornos complejos, porque faculta mediante el *empowerment* a los empleados más cercanos al entorno a tomar e implementar con rapidez las decisiones.

Se logran beneficios para las organizaciones y sus empleados cuando éstos cuentan con información adecuada y pueden tomar decisiones que son relevantes para su trabajo.[17] La participación de los empleados (rasgo propio de la descentralización) es una herramienta gerencial importante para que la organización alcance mayor efectividad y se desarrollen actitudes positivas en sus integrantes.[18] La descentralización incrementa el compromiso de los empleados, pues les proporciona una mayor participación e identificación con la misión y los valores organizacionales.[19]

Las organizaciones no tienen por qué ser completamente centralizadas o descentralizadas. Es mejor pensar en la centralización como un continuo en el que las diferentes funciones de la empresa tienen distintos niveles de centralización. Cuando Lou Gerstner dirigió la transformación de IBM en la década de 1990, dijo: "Descentralicemos la toma de decisiones donde sea posible, pero... debemos encontrar un balance entre la toma de decisiones descentralizada y la estrategia central y el enfoque común en el cliente".[20]

La centralización de la autoridad puede hacer que los gerentes se sientan como los responsables únicos de completar las tareas y otras responsabilidades. En realidad, la creencia de que una persona debe hacerlo todo por sí misma está destinada al fracaso. En palabras de Andrew Carnegie, "ninguna persona hará un gran negocio si quiere hacerlo todo y llevarse todo el crédito". Delegar tareas en otras personas no sólo lo libera para enfocarse en otros temas más importantes, sino que también desarrolla las habilidades de los demás, incrementa la confianza y puede conducir a un producto de mejor calidad. La sección *Mejore sus habilidades* de este capítulo le ofrece algunas sugerencias para realizar una delegación efectiva.

Estructuras mecanicistas y orgánicas

Las estructuras organizacionales pueden considerarse como más mecánicas y técnicas, o más biológicas y orgánicas. Las *organizaciones mecanicistas* son burocracias rígidas y tradicionales con poder centralizado y comunicaciones jerárquicas. Las descripciones de puestos son uniformes y las normas y regulaciones formales guían la toma de decisiones. Las organizaciones más mecanicistas pueden reducir costos y son más adecuadas en entornos estables, pero por lo general tardan mucho tiempo en responder para aprovechar las nuevas oportunidades.

En contraste, las *organizaciones orgánicas* son flexibles y descentralizadas, con líneas difusas de autoridad, poder descentralizado, canales abiertos de comunicación y un enfoque en la adaptabilidad para ayudar a los empleados a alcanzar las metas.[21] Las organizaciones orgánicas se benefician de

organizaciones descentralizadas
Organizaciones en las que la autoridad para tomar las decisiones importantes se encuentra distribuida

organizaciones mecanicistas
Burocracias rígidas y tradicionales con centralización del poder y comunicaciones jerárquicas

organizaciones orgánicas
Estructuras descentralizadas y flexibles con líneas de autoridad difusas, poder descentralizado, canales abiertos de comunicación y un enfoque en la adaptabilidad para ayudar a que los empleados alcancen las metas

MEJORE SUS HABILIDADES

HABILIDADES DE DELEGACIÓN

En todas las estructuras organizaciones, en algunas ocasiones es importante renunciar al control y delegar tareas y responsabilidades en otras personas. Si usted trabaja más horas que sus compañeros o enfrenta dificultades para cumplir sus principales responsabilidades, podría ser útil identificar cuánto trabajo delega. A menudo es difícil que los gerentes renuncien al control sobre las tareas, pero hacerlo es esencial para un desempeño gerencial adecuado. A continuación se presentan algunas sugerencias para delegar de manera efectiva:

1. *Delegue sólo cuando es apropiado*: Es poco probable que los empleados tengan éxito cuando deben desempeñar una tarea si carecen de las habilidades, capacidades o la información para completarla. Si esta tarea es crucial para el éxito a largo plazo (por ejemplo, la contratación), debe permanecer involucrado. Usted es aún responsable del resultado final.

2. *Ofrezca explicaciones y expectativas detalladas*: Explique su solicitud a los empleados y resalte su importancia. Sea claro sobre las expectativas del resultado final.

3. *Delegue la autoridad para completar la tarea*: Si desea que una persona realice un trabajo, debe otorgarle la autoridad para hacerlo. No microadministre.

4. *Proporcione las herramientas y la información necesarias*: Los empleados fracasarán si no cuentan con la información y los recursos necesarios.

5. *Trate de crear situaciones de ganar-ganar*: Delegue de forma que los empleados se beneficien de la tarea. Por ejemplo, asigne una tarea a una persona que puede desarrollar nuevas habilidades mientras la realiza.

6. *Respete la carga de trabajo de los empleados*: Usted no es la única persona ocupada, por lo que debe asegurarse de que la carga de trabajo del empleado le permite asumir el trabajo extra.

la conciencia y la velocidad de sus respuestas al mercado, los cambios competitivos, un mejor servicio al cliente y toma de decisiones más rápida. Las formas orgánicas, como los equipos y otras estructuras más planas, se asocian con un nivel más alto de satisfacción laboral,[22] compromiso afectivo[23] y aprendizaje.[24]

Durante muchos años, la estructura extremadamente orgánica de Nordstrom se reflejaba en el manual del empleado que se muestra en la figura 14.3

Figura 14.3

Manual del empleado de Nordstrom[25]

Nordstrom ha sido pionera en el negocio minorista. Durante años, sus nuevos empleados recibieron un "manual" que consistía en una tarjeta gris simple con máximo 75 palabras.

Bienvenido a Nordstrom

Nos alegra tenerlo en la empresa. Nuestra meta principal es ofrecer un excelente servicio al cliente.

Establezca metas personales y profesionales altas. Confiamos en su capacidad para alcanzarlas.

**Reglas de Nordstrom: Regla núm. 1: Use su buen juicio en todas las situaciones.
No habrá reglas adicionales.**

Por favor, siéntase libre de plantear en todo momento cualquier pregunta a su supervisor,

al gerente de la tienda o al director de su división.

Fuente: Spector, R. (2000). *Lessons from the Nordstrom Way: How Companies Are Emulating the #1 Customer Service Company*. Nueva York: John Wiley.

Durante años, los nuevos empleados recibieron una sencilla tarjeta gris con máximo 75 palabras. Aunque en la actualidad los empleados reciben más materiales que resumen las reglas y normas específicas, la baja formalización que impera en Nordstrom y su enfoque en el servicio al cliente continúan.

Observe que las estructuras mecanicistas y orgánicas representan los extremos de un continuo y no una dicotomía.[26] Ninguna organización es perfectamente orgánica o mecanicista. Por lo general, las empresas despliegan algunas características de ambos extremos del continuo, como se ilustra en la figura 14.4. La sección *Entenderse a sí mismo* de este capítulo le ofrece la oportunidad de identificar su preferencia por trabajar en una organización con una estructura más mecanicista o más orgánica.

Figura 14.4

Continuo mecanicista/orgánico[27]

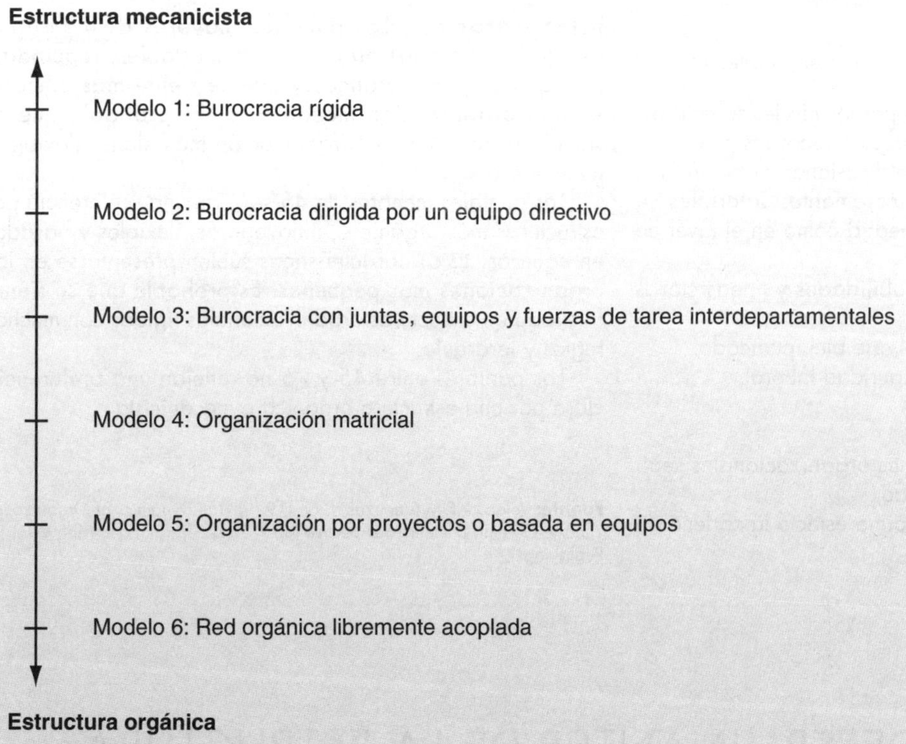

Estructura mecanicista

Modelo 1: Burocracia rígida

Modelo 2: Burocracia dirigida por un equipo directivo

Modelo 3: Burocracia con juntas, equipos y fuerzas de tarea interdepartamentales

Modelo 4: Organización matricial

Modelo 5: Organización por proyectos o basada en equipos

Modelo 6: Red orgánica libremente acoplada

Estructura orgánica

Aunque es útil describir las formas orgánicas y mecanicistas de estructura organizacional, en realidad las empresas se ubican en algún punto entre los dos extremos. Como se ilustra aquí, se pueden considerar las características mecanicistas y orgánicas como parte de un continuo.

CÓMO ENTENDERSE A SÍ MISMO
¿QUÉ TIPO DE ESTRUCTURA ORGANIZACIONAL PREFIERE?

Las personas difieren en su preferencia por un tipo de estructura organizacional. Esta autoevaluación le permitirá conocer su estructura preferida. Clasifique los 15 enunciados con la siguiente escala y después siga las instrucciones de calificación.

Totalmente en desacuerdo	En desacuerdo	Ligeramente en desacuerdo	Neutral	Ligeramente de acuerdo	De acuerdo	Totalmente de acuerdo
1	2	3	4	5	6	7

Prefiero trabajar en una organización en la que:

___ 1. Las metas sean definidas por los niveles superiores.
___ 2. Existan descripciones claras de todos los puestos.
___ 3. La alta dirección tome las decisiones importantes.
___ 4. Las promociones y los incrementos salariales se basen tanto en la antigüedad como en el nivel de desempeño.
___ 5. Se establezcan responsabilidades y líneas claras de autoridad.
___ 6. Mi desarrollo profesional esté bien planeado.
___ 7. Tenga un alto nivel de seguridad laboral.
___ 8. Me pueda especializar.
___ 9. Mi jefe esté disponible.
___ 10. Las normas y regulaciones organizacionales sean especificadas con claridad.
___ 11. La información siga de forma estricta la cadena de mando.
___ 12. Exista una cantidad mínima de tareas nuevas que deba aprender.
___ 13. Los grupos de trabajo tengan baja rotación.
___ 14. Las personas acepten la autoridad del puesto del líder.
___ 15. Sea parte de un grupo cuyos miembros tengan habilidades y capacitación similares a la mías.

Puntuación: Sume sus respuestas de los 15 enunciados. Recuerde que esta evaluación intenta mejorar su comprensión acerca de sus preferencias laborales y no evalúa a su persona.

Interpretación: Los puntajes mayores de 75 sugieren que prefiere las organizaciones estables, reguladas, jerárquicas y burocráticas y que se siente más cómodo en una organización mecanicista. Es probable que se sienta frustrado en una organización más plana, flexible o innovadora.

Los puntajes menores de 45 señalan una preferencia por estructuras más orgánicas, innovadoras, flexibles y basadas en equipos. Estas características suelen presentarse en las organizaciones más pequeñas. Es probable que se sienta frustrado en estructuras organizacionales rígidas con muchas reglas y jerarquía.

Los puntajes entre 45 y 75 no reflejan una preferencia clara por una estructura orgánica o mecanicista.

Fuente: Veiga, J. F. y Yanouzas, J. N. (1979). *The Dynamics of Organization Theory: Gaining a Macro Perspective* (pp. 158–160). St. Paul, MN: West Publishing.

DETERMINANTES DE LA ESTRUCTURA ORGANIZACIONAL

La estructura más adecuada para una organización depende de numerosos factores, como se resume en la tabla 14.2. A continuación se analiza con mayor detalle cada uno de ellos.

Estrategia de negocios

Uno de los factores más importantes que influye en la adecuación de diferentes estructuras organizacionales es la estrategia de negocios.[28] Los diseños simples son adecuados para estrategias simples, mientras que los más complejos son necesarios para las estrategias con procesos e interacciones más

CAPÍTULO 14 | Estructura y diseño organizacionales   503

Tabla 14.2

¿Cuáles factores influyen en la estructura organizacional?

Factor de influencia	Ejemplo
Estrategia de negocios	Ser un productor de bajo costo requiere de una estructura más rígida y jerárquica que implementar una estrategia de innovación.
Entorno o ambiente externo	Un entorno que cambia con rapidez requiere una estructura más flexible que un entorno más estable.
Naturaleza del talento organizacional	Si los trabajadores cuentan con habilidades profesionales (por ejemplo, abogados o científicos) y deben trabajar juntos, una estructura plana basada en equipos es más adecuada que una alta y burocrática.
Tamaño de la organización	Las organizaciones más grandes tienden a tener mayor especialización, jerarquía y reglas que las empresas más pequeñas.
Expectativas sobre el comportamiento de los empleados	Si se espera que los empleados sigan reglas y procedimientos explícitos, es más conveniente contar con una estructura jerárquica y centralizada.
Tecnología de producción de la organización	Si la empresa utiliza unidades de producción y fabrica productos a la medida, es más adecuado manejar una estructura plana con un tramo de control corto.
Cambio organizacional	Las estructuras organizacionales se modifican con los cambios del entorno y de las estrategias

complejas. Adecuar la estructura organizacional a la estrategia de negocios conduce a un mejor desempeño.[29] Por ejemplo, una estrategia de innovación es más compatible con bajos niveles de formalización y centralización y una alta especialización. Una estrategia de bajo costo puede implementarse mejor en una estructura con niveles moderados de formalización, centralización y especialización.

Entorno o ambiente externo

Otro factor importante es el entorno en el que opera la empresa. Los cambios rápidos del entorno requieren estructuras más flexibles para hacerles frente. Por lo general, esto significa que la autoridad tiene que ser descentralizada de alguna manera para procesar la información relevante y adaptarse al entorno o ambiente cambiante.

Las empresas que enfrentan un entorno altamente diferenciado suelen establecer diversas unidades de negocio para atender mejor cada segmento de mercado. Por ejemplo, debido a que las preferencias de los consumidores por los automóviles difieren en todo el mundo, con frecuencia algunos fabricantes, como Honda, crean diferentes unidades de negocio para atender a cada segmento del mercado. En ocasiones, las organizaciones también pueden imponer elementos estructurales a sus proveedores. Walmart y General Motors imponen los sistemas de contabilidad y control de costos a sus proveedores.

Talento organizacional

Un tercer factor que influye en la estructura organizacional es la naturaleza del talento de la organización. Por ejemplo, una estructura flexible es más adecuada si los trabajadores están altamente calificados y cuentan con normas profesionales que guían su comportamiento y decisiones (por ejemplo, médicos o abogados), necesitan trabajar en estructuras planas o basadas en equipos para realizar con mayor efectividad el trabajo. A menudo las firmas de publicidad y marketing se organizan en equipos.

Tamaño de la organización

El tamaño de una organización también influye en su estructura.[30] Las organizaciones más pequeñas tienden a ser menos burocráticas que las más grandes, que suelen presentar más especialización, departamentalización, jerarquía y reglas. Estas últimas también se benefician de costos menores debido a las economías de escala. Cuanto más grande es una organización y sus subunidades, su jerarquía es más alta, la centralización es mayor, sus operaciones son más burocráticas y existen más posibilidades de que surjan conflictos entre gerentes y empleados.[31]

Es imposible identificar un tamaño óptimo de organización. Numerosas empresas tienden a comenzar con una forma más orgánica, pero después de que emplean a unas 1,000 personas, por lo general adoptan muchas características mecánicas para administrar sus necesidades crecientes de coordinación y comunicación. A medida que las organizaciones crecen, se burocratizan y son percibidas como menos agradables y es más difícil identificarse con ellas, lo que reduce el compromiso de los empleados.[32] No obstante, incluso algunas empresas grandes, como Google, logran mantener elementos estructurales más orgánicos.

Para aprovechar la flexibilidad, adaptabilidad y velocidad de la toma de decisiones de las organizaciones más pequeñas y las economías de escala de las más grandes, muchas empresas, como Johnson y Johnson, cuyo lema es "entorno de empresa pequeña, impacto de empresa grande", crean unidades reducidas dentro de la organización.

BIKERIDERLONDON/SHUTTERSTOCK.COM

Expectativas conductuales

Un cuarto factor importante que influye en la estructura organizacional son las expectativas de la forma en que los empleados deben comportarse y las actitudes que se quieren estimular o reprimir. En parte, esta decisión se basa en los valores de la empresa. Una estructura descentralizada y plana es adecuada cuando los empleados son alentados a tomar decisiones y colaborar, mientras que si deben seguir reglas y procedimientos explícitos,

El tamaño de una organización influye en su estructura. Por ello, una organización pequeña tiende a ser menos burocrática que una más grande. Por ejemplo, es probable que esta firma de diseño conformada por dos personas tenga una estructura poco formal. Sólo cuando la firma crezca y participen más diseñadores se establecerá una estructura formal.

Una empresa utiliza la producción unitaria cuando fabrica lotes pequeños o productos singulares a la medida. Por ejemplo, esta tienda de ropa sobre medida tiene una estructura plana con pocas normas y procedimientos.

una estructura más jerárquica y centralizada es más adecuada. Los laboratorios farmacéuticos y las plantas de energía exigen que los empleados sigan procedimientos y reglas explícitos, por lo que tienden a ser jerárquicas y muy centralizadas.

Tecnología de producción

Un quinto factor que influye en la estructura organizacional es la tecnología de la organización, esto es, su sistema principal de producción. Cuando una empresa trabaja con *producción unitaria*, fabrica lotes pequeños o productos singulares a la medida. Los talentos de los empleados son más importantes que las máquinas que se usan y es difícil especificar con anticipación reglas y procedimientos. En este caso, una estructura plana con un tramo de control bajo es la más adecuada. Las agencias de publicidad y las firmas de consultoría suelen utilizar la producción unitaria.

Cuando una empresa utiliza la *producción en masa*, fabrica volúmenes grandes de productos idénticos, por lo general con maquinaria y líneas de ensamblaje. En este caso, una estructura alta, burocrática y con un tramo de control amplio puede ser adecuada. Hershey y Sam Adams Brewery son ejemplos de empresas que emplean la producción en masa.

Cuando una empresa utiliza una *producción continua*, las máquinas fabrican de forma constante el producto y los empleados supervisan la maquinaria y los cambios en los planes. En la parte inferior de la organización, la producción continua exige una estructura mecanicista con niveles bajos de supervisión, porque las máquinas hacen la mayor parte del trabajo. La estructura de una empresa que emplea este tipo de producción debe ser alta y esbelta, o incluso una pirámide invertida. Dow Chemical Company y Exxon Mobil utilizan la producción continua.

producción unitaria
Producción de lotes pequeños o productos singulares a la medida

producción en masa
Fabricación de volúmenes grandes de productos idénticos

producción continua
Las máquinas fabrican de forma constante un producto

Cambio organizacional

Las organizaciones deben modificar sus estructuras cuando cambian sus estrategias y se adaptan a los entornos cambiantes. Recientemente, Samsung adoptó una estructura más centralizada y creó un nuevo puesto de director ejecutivo de operaciones para

Una estructura divisional es un conjunto de funciones que se organizan en torno a un área geográfica, producto, servicio o mercado. Pepsico utiliza este tipo de estructura. Una de sus divisiones principales se encarga de bebidas como Pepsi, y otra de las botanas como Fritos y las papas fritas Lay's.

acelerar la toma de decisiones y mejorar la eficiencia.[33] El CEO de Avaya asignó a un director ejecutivo de reestructuración para liderar el proceso y apoyar su nueva estrategia de negocios.[34]

TIPOS DE ESTRUCTURA ORGANIZACIONAL

En las organizaciones nuevas o jóvenes, el empresario o grupo fundador toma las decisiones y la mayor parte de la comunicación es personal, debido a que la empresa es pequeña. Este tipo de estructura organizacional inicial, llamada *preburocrática*, es altamente centralizada y sus tareas no son estandarizadas. Además, es el más adecuado para realizar tareas simples y mediante ellas el fundador puede controlar las decisiones y el crecimiento de la empresa.

Las características y valores personales del fundador impulsan muchas de las características preestructurales de una empresa, que se mantienen cuando crece.[35] En realidad, en igualdad de condiciones, la personalidad del fundador determina la estrategia y la estructura organizacionales.[36] Los valores y creencias de Bill Gore influyeron en la estructura de WL Gore, la empresa de materiales de alta tecnología de 2,400 millones de dólares que fabrica la tela Gore-Tex.[37]

Por lo general, cuando las empresas pequeñas crecen, adoptan una mayor estandarización y estructuras más altas, y desarrollan una *estructura burocrática* con una mayor estandarización. En este tipo de estructura existe una división formal del trabajo, jerarquía y estandarización de los procedimientos laborales, y las conductas de los empleados deben apegarse a reglas escritas.[38] La importancia que se da a los empleados en la parte superior de la estructura se refleja en la toma de decisiones centralizada y una cadena de mando estricta. Las burocracias son adecuadas para organizaciones grandes cuando las asignaciones laborales son bien entendidas y es posible especificar la mejor manera de realizarlas.

A medida que crecen, las organizaciones deben decidir cómo distribuir a los empleados en subunidades. Por lo general, esta tarea significa agruparlos de manera que relacionen las tareas que realizan. A continuación se presentan seis bases comunes para agrupar a los empleados:

1. *Conocimiento y habilidades de los empleados*: los empleados se agrupan con base en lo que saben; por ejemplo, las compañías farmacéuticas tienen departamentos como oncología y genética.
2. *Función de negocios*: los empleados se agrupan por función de negocios; por ejemplo, muchas organizaciones tienen departamentos de recursos humanos, marketing e investigación y desarrollo.
3. *Proceso de trabajo*: los empleados se agrupan con base en las actividades que realizan; por ejemplo, un minorista puede tener diferentes tiendas y departamentos en línea que reflejan dos procesos distintos de venta.
4. *Productos*: los empleados se agrupan en función de los productos o servicios en los que trabajan; por ejemplo, Colgate-Palmolive tiene dos divisiones de negocios, una para productos bucales, personales y para el hogar, y otra para la nutrición de mascotas.
5. *Cliente*: los empleados se agrupan con base en el tipo de clientes que atienden. Por ejemplo, Dell Computer tiene diferentes departamentos de apoyo a hogares, empresas pequeñas y medianas, sector público y grandes clientes empresariales.

estructura preburocrática
Organizaciones pequeñas con baja estandarización, centralización total y comunicación general personal

estructura burocrática
Estructura organizacional con división formal del trabajo, jerarquía y estandarización de procedimientos laborales

6. *Ubicación*: los empleados se agrupan según las zonas geográficas que atienden. Por ejemplo, muchos minoristas como Lowe's Home Improvement, dividen a los empleados por regiones.

A continuación se analizan algunas de las estructuras que se derivan de estos diferentes arreglos.

Estructura funcional

Una *estructura funcional* agrupa en departamentos a las personas con las mismas habilidades, o que utilizan herramientas o procesos de trabajo similares. Por ejemplo, un departamento de marketing está compuesto exclusivamente por profesionales de esta área. Cuando Cisco Systems cambió de una estructura descentralizada a una funcional, redujo la duplicación, estandarizó sus productos y diseños de procesos y redujo costos.[39]

Las estructuras funcionales tienden a funcionar bien en el caso de las organizaciones que operan en entornos estables que venden una cantidad reducida de productos o servicios, debido al incremento de sus economías de escala. Las trayectorias profesionales dentro de cada función son claras y el empleado desarrolla a profundidad sus habilidades, pero centradas en una función particular. Las posibles desventajas de una estructura funcional incluyen la mala coordinación y comunicación a través de las funciones y la falta de claridad sobre la responsabilidad por un producto o servicio. También existe un riesgo mayor de conflicto si los empleados desarrollan una perspectiva estrecha relevante de su función y no de la organización en su conjunto.

estructura funcional
Estructura organizacional que agrupa en departamentos a las personas con las mismas habilidades o que emplean herramientas o procesos de trabajo similares

Estructura divisional

Una *división* es un conjunto de funciones organizadas en torno a un área geográfica específica (estructura geográfica), producto o servicio (estructura por producto), o a un mercado (estructura por mercado). Las estructuras divisionales son comunes entre las organizaciones con numerosos productos o servicios, áreas geográficas y clientes.

Es posible que empresas globales asignen diferentes divisiones para que se hagan cargo de diferentes regiones geográficas. Asimismo, si productos similares se venden en diferentes regiones geográficas, la empresa puede mantener a nivel local la mayor parte del trabajo funcional y establecer divisiones en diferentes regiones para comercializarlos. La sección *Temas globales* de este capítulo describe algunas de las estructuras organizacionales que utilizan las organizaciones multinacionales.

Las estructuras divisionales mejoran la coordinación entre las distintas funciones y cuentan con la flexibilidad necesaria para responder a los cambios del entorno, ya que la experiencia de los empleados se centra en

división
Conjunto de funciones organizadas en torno a un área geográfica, producto, servicio o mercado determinado

Una organización matricial se crea cuando se combina una estructura funcional con una de equipos de proyecto o producto. Con frecuencia, Ford Motor Company utiliza este tipo de estructura para diseñar y fabricar automóviles, como la nueva versión del Mustang.

BALDYRGAN/SHUTTERSTOCK.COM

TEMAS 🌐 GLOBALES

ESTRUCTURAS ORGANIZACIONALES MULTINACIONALES

Las organizaciones multinacionales afrontan desafíos adicionales cuando intentan crear una estructura efectiva que apoye su estrategia de negocios. Existen cuatro estructuras organizacionales básicas que apoyan los negocios globales:

1. *Estructura global de división por producto* (por ejemplo, Mc Donald's): Todas las actividades funcionales son controladas por un grupo de producción instalado en las oficinas corporativas, los gerentes locales suelen no ofrecer insumos para las decisiones de los productos y participan sólo en los temas legales, financieros y administrativos locales. Esta estructura es adecuada cuando los beneficios de la integración global son grandes y las diferencias locales pequeñas.

2. *Estructura global de división por área* (por ejemplo, Frito Lay): Los gerentes de los países y regiones tienen autonomía para adaptar las estrategias a las situaciones locales. Esta estructura es adecuada cuando

las diferencias locales son grandes y los beneficios de la integración global pequeños.

3. *Estructura global de división transnacional* (por ejemplo, Kraft Foods[40]): Una relación matricial, equilibrada entre los gerentes locales y las oficinas corporativas con un flujo bidireccional de ideas, recursos y empleados entre ambos extremos. Esta estructura funciona mejor cuando se requiere integración global y sensibilidad local.

4. *Estructura de oficinas corporativas regionales* (por ejemplo, Coca Cola y Sony): Se establecen oficinas corporativas regionales en grandes áreas geográficas (como Norteamérica, Asia, América Latina y Europa) que trabajan de forma colaborativa con las divisiones de productos para establecer lineamientos y metas operativas más claras para las unidades locales que las que brinda una estructura global de división transnacional matricial. Esta estructura es más adecuada cuando se requiere un balance entre la integración global y la capacidad de respuesta local.

---

productos, clientes y/o regiones geográficas específicas. Estas estructuras también pueden ayudar a que la organización aumente o reduzca su tamaño, según sea necesario, mediante la adición o eliminación de divisiones. Las posibles desventajas de una estructura divisional son que pueden surgir rivalidades y conflictos entre las divisiones, se reducen las economías de escala porque los recursos y capacidades se duplican en todas las divisiones y los empleados pueden llegar a centrarse en las metas de su división en lugar de las organizacionales.

Estructura matricial

estructura matricial

Los empleados reportan tanto a un equipo de proyecto o producto como a un gerente funcional

¿Puede imaginar tener dos jefes al mismo tiempo? Cuando los empleados le reportan a un equipo de proyecto o producto y a un gerente funcional, existe una *estructura matricial*.[41] Los empleados representan su función en su equipo de trabajo, lo que permite que éstos alberguen todas las habilidades y conocimientos necesarios para desempeñarse de forma efectiva y tomar buenas decisiones. Los gerentes coordinan las diferentes contribuciones funcionales al proyecto y son responsables del desempeño del equipo. La figura 14.5 muestra el organigrama de una estructura matricial.

Las estructuras matriciales generan relaciones jerárquicas complejas, debido a que un empleado tiene dos jefes: el jefe de proyecto o producto y su gerente funcional. Ajustarse a una relación jerárquica dual puede ser un desafío, pero si la comunicación es abierta y se comparten las expectativas y metas, los problemas pueden minimizarse. Los costos tienden a ser mayores debido a la superposición de los gerentes de programas a los gerentes funcionales y pueden surgir luchas de poder como resultado del sistema de dirección dual.

Figura 14.5

Organigrama de estructura matricial

Una estructura matricial se crea mediante la combinación de una estructura funcional con una basada en equipos de proyecto o producto. Por lo general, en esta estructura las personas le reportan a más de un jefe a la vez, un supervisor funcional y el líder del equipo.

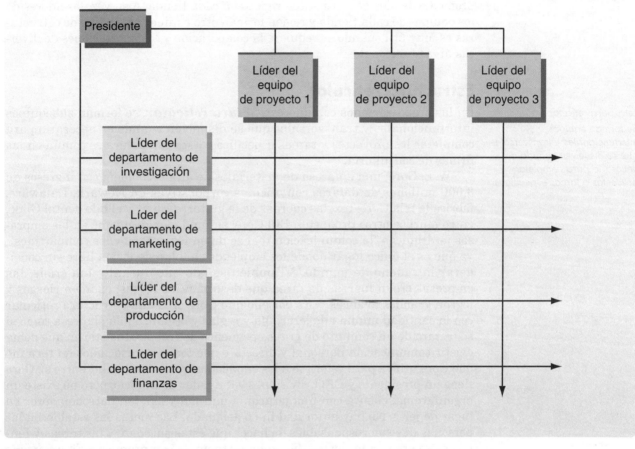

Fuente: Phillips/Gulley, 474

Las organizaciones matriciales son adecuadas para proporcionar un servicio de calidad al cliente, pues son muy flexibles y pueden responder con rapidez a los cambios, porque las unidades de trabajo poseen toda la experiencia funcional necesaria para tomar decisiones. Funcionan mejor en actividades complejas que se realizan en entornos inciertos y lo hacen bien cuando una afiliación es permanente (por lo general, la funcional) y la otra es temporal. Por ejemplo, asignar durante tres meses a un especialista de producción de su empresa de chocolates a un proyecto para el Día de San Valentín y luego durante cuatro meses a un proyecto para Six Flags.

La estructura matricial es más efectiva cuando los administradores o gerentes de proyectos cooperan y comparten los recursos financieros y humanos de la organización.[42] El *expertise* distribuido, la mejor comunicación y la rapidez de las decisiones habilitadas por la estructura matricial reducen el proteccionismo de los empleados hacia sus funciones, lo que permite que colaboren más y el proceso de toma de decisiones sea más efectivo.

Estructura basada en equipos

Las organizaciones con una *estructura basada en equipos* crean equipos horizontales o verticales que pueden definir la totalidad o parte de la organización. A diferencia de la estructura matricial, en ésta los miembros de diferentes funciones se asignan de forma permanente a un equipo de proyecto o producto y no reportan a un segundo gerente funcional. Whole Foods Market, la tienda de alimentos naturales más importante en Estados Unidos, tiene un promedio de diez equipos autodirigidos en cada tienda. A su vez, los líderes de los equipos de cada tienda y región forman otro equipo.[43] Este tipo de estructuras es muy útil cuando se requiere la colaboración y las aportaciones de diversas áreas funcionales.

Estructura reticular

En las organizaciones con una *estructura reticular*, se forman subequipos interfuncionales y transversales que se disuelven cuando es necesario para completar los proyectos y tareas específicas. Esta estructura es común en las firmas de consultoría.

W. L. Gore, una empresa de materiales de alta tecnología con ingresos de 3,000 millones de dólares con oficinas corporativas en Newark, Delaware, fabrica la tela Gore-Tex, las cuerdas de la guitarra Elixir y el hilo dental Glide, entre muchos otros productos. Bill Gore, su fundador, decía que en las empresas jerárquicas "la comunicación real se da en los automóviles compartidos", ya que es el único lugar donde los empleados hablan de forma libre sin considerar la cadena de mando.[44] También señaló que durante una crisis, las empresas crean fuerzas de tarea que desechan las reglas, asumen riesgos y logran grandes avances.[45] Es por ello que Gore creó una estructura reticular con la cantidad mínima de jerarquía y reglas y organizó a la empresa como si se tratara de un conjunto de grupos pequeños de trabajo. Insistió en que debía existir comunicación personal y directa y que todos los asociados (el término que Gore utiliza para referirse a los empleados) pudieran hablar entre sí. Gore tiene un presidente y CEO, divisiones y unidades de negocio, pero no existe un organigrama; cuenta con una jerarquía mínima y existen patrocinadores en lugar de jefes. No hay autoridad fija o asignada. Las metas las establecen las personas que son responsables de hacer que éstas sucedan, y las tareas y funciones se organizan por medio de un sistema de compromisos. Este enfoque permite a los empleados crear roles para aprovechar sus talentos e intereses en vez de ser asignados a puestos de trabajo formales. La estructura reticular de la empresa procesadora de tomate Morning Star es descrita en el *Caso de estudio* de este capítulo.

Organización en red

Una *organización en red* es un conjunto de unidades autónomas o empresas que actúan como una sola organización más grande y utilizan mecanismos sociales para coordinarse y ejercer el control. Puesto que las organizaciones en red contratan en el exterior cualquier función que se pueda hacer mejor o de forma más económica (por ejemplo, marketing y nóminas), los gerentes invierten mucho tiempo para coordinar y controlar la red de contratistas y las alianzas estratégicas.

El minorista de ropa H & M cuenta con un equipo de 100 diseñadores locales que trabajan con los compradores para desarrollar su ropa y luego contrata por outsourcing a una red de 700 proveedores.[49] Esta maniobra permite que la empresa mantenga bajos sus costos y sea más flexible que muchos de sus competidores.

CASO DE ESTUDIO   La estructura reticular de Morning Star

Morning Star, una empresa que procesa de manera muy exitosa tomates de California, con ingresos de 700 millones de dólares, fue fundada sobre una filosofía de autoadministración. La empresa visualiza a "una organización de profesionales autodirigidos que inician la comunicación y coordinación de sus actividades con sus compañeros, clientes, proveedores y participantes de la industria sin requerir la dirección de otros".[46] La libertad es el núcleo de la filosofía de administración de la empresa, la cual se considera importante para la coordinación efectiva. La empresa considera que la libertad permite que los empleados se dediquen a lo que en realidad les gusta en lugar de tener que hacer lo que se les dice, lo que incrementa el entusiasmo y el desempeño. La evaluación detallada de los solicitantes para verificar su adecuación a la filosofía de la empresa y la capacitación de los empleados nuevos en la autoadministración ayuda a que se adapten a la autonomía y la responsabilidad de trabajar sin un jefe formal.

La estructura reticular de la empresa exige un alto nivel de autoadministración. Cada año todos los empleados escriben una declaración de misión personal que identifica la forma en la que contribuirán al objetivo general de Morning Star: "fabricar productos de tomate y brindar servicios que satisfagan las expectativas de calidad y servicio de nuestros clientes". Cada empleado también negocia una Carta de comprensión entre compañeros con los asociados a los que influye más con su trabajo. La carta crea un plan operativo para cada uno de ellos, que detalla los parámetros de desempeño pertinentes de un total de hasta treinta actividades. Los empleados también son personalmente responsables de obtener la capacitación, los recursos y la cooperación necesarios para cumplir sus funciones.[47]

Como en toda organización, surgen conflictos entre los empleados que deben establecer acuerdos. Si uno de ellos considera que alguien no ha cumplido sus compromisos establecidos en la carta, los dos se reúnen para discutir el tema. Si no pueden resolver el problema, se elige a un mediador interno de confianza para que escuche los distintos puntos de vista. Si la parte perdedora se opone a la solución propuesta, se integra un panel de seis colegas que respalda la recomendación del mediador o propone una alternativa de solución. Si eso no se acepta, el director general reúne a los empleados y toma una decisión vinculante. Las disputas entre los empleados rara vez llegan al director general, lo que refleja su compromiso con la autoadministración.[48]

Preguntas

1. ¿Cuáles son las diferencias entre trabajar en Morning Star o en una empresa tradicional burocrática? ¿Cuáles serían los aspectos más positivos y negativos de la experiencia?
2. ¿Considera que la estructura reticular es la mejor alternativa para Morning Star? ¿Puede identificar otra estructura que podría ser más adecuada para la cultura de *empowerment* y autoadministración de la empresa?
3. ¿Dónde considera que este tipo de estructura reticular no sería efectiva? ¿Qué haría que este tipo de estructura fuera inadecuada o difícil de implementar?

Las organizaciones en red son más adecuadas para ejercer las funciones que no requieren intercambios frecuentes, no sufren incertidumbre de suministro y no requieren producción a la medida. En este caso, los costos de fabricación y control de las transacciones no impiden que la organización contrate especialistas para realizar el trabajo. Con frecuencia, estas empresas especializadas ofrecen un producto de mayor calidad a menor costo debido al volumen que tienen que fabricar.

Dado que una organización en red no cuenta con un sistema de supervisión directa o normas y procedimientos estandarizados, debe coordinar y controlar de alguna otra manera a los participantes. Alguna de las formas en que se hace es por medio de pagos conjuntos y acceso restringido:

- *Pagos conjuntos*: Dado que las redes se organizan en torno a productos o proyectos específicos, los pagos se acuerdan con base en el producto final, de modo que si el producto no tiene éxito, ninguna empresa obtiene un beneficio. Este arreglo motiva a todos a realizar el mayor esfuerzo posible.

- *Acceso restringido*: Debido a que restringen sus intercambios a pocos socios a largo plazo, las organizaciones en red son más dependientes entre sí. Como resultado de que incrementan sus posibilidades para realizar negocios en el futuro, las relaciones a largo plazo reducen el incentivo de que una organización se aproveche de otra porque puede ser separada de la red y perder la oportunidad de tener trabajo en el futuro.

TEMAS CONTEMPORÁNEOS EN ESTRUCTURA ORGANIZACIONAL

En esta última sección se estudian cuatro temas nuevos que se relacionan con la estructura organizacional. Se trata de las organizaciones virtuales, los mecanismos de integración de los empleados, las comunidades de práctica y los efectos de la reestructuración sobre el desempeño.

Organizaciones virtuales

organización virtual
Organización que contrata de forma externa casi todas sus funciones, con excepción del nombre de la empresa y la administración de la coordinación entre los contratistas

Una ***organización virtual*** es aquella que contrata de forma externa casi todas sus funciones, excepto el nombre de la empresa y la administración de la coordinación entre los contratistas. Es probable que una organización virtual no cuente con una oficina permanente. Estas organizaciones utilizan equipos virtuales vinculados por la tecnología, aunque los empleados pueden reunirse de forma presencial.

Las organizaciones virtuales tienden a ser muy complejas. La pérdida de control sobre las funciones externas genera muchos problemas, entre ellos la comunicación, la ambigüedad sobre los miembros y el desarrollo profesional de éstos y las habilidades para la administración a distancia. No obstante, la reducción de costos y el incremento de la flexibilidad generan una ventaja competitiva para muchas de ellas.

Sigma es una firma alemana de consultoría y capacitación en la que los consultores y capacitadores independientes, con base en las necesidades, crean equipos grandes o pequeños para trabajar en los proyectos. Los socios de Sigma trabajan desde sus oficinas en casa, algunos de tiempo completo y otros de forma temporal cuando se requieren sus competencias en un proyecto. Los gerentes de proyecto encuentran socios nuevos por medio de recomendaciones de los socios actuales. Un sistema de tecnología de información denominado SïgSys facilita la comunicación.[50]

Integración de los empleados

contacto directo
Los gerentes de las diferentes unidades trabajan juntos de manera informal para coordinar o identificar y resolver problemas comunes

función de enlace
El gerente o un integrante del equipo se responsabiliza de la comunicación y coordinación con otros grupos

Segmentar a los empleados dentro de divisiones, áreas funcionales o grupos requiere de mecanismos adicionales de integración para facilitar la coordinación y la comunicación entre los empleados y los grupos. Estos mecanismos pueden ser tan simples como conseguir que los gerentes de diferentes unidades se comuniquen y trabajen juntos para coordinar o identificar y resolver problemas comunes. Si se hace de manera informal, esto se llama ***contacto directo***.

Asimismo, un gerente o integrante del equipo puede desempeñar una ***función de enlace*** y hacerse formalmente responsable de la comunicación y la coordinación con otros grupos. Cuando es preciso abordar un proyecto o problema específico, las organizaciones suelen crear comisiones temporales llamadas *fuerzas de tarea*. Si las necesidades de integración son permanentes y más complejas, se forma un *equipo interfuncional*. Estos equipos son grupos de trabajo permanentes creados para abordar problemas específicos o necesidades recurrentes.

fuerza de tarea
Comité temporal formado para abordar un proyecto o problema específico

Comunidades de práctica

Las comunidades de práctica también pueden ayudar a integrar a los empleados y crear la estructura informal que casi todas las empresas necesitan, de forma independiente a su estructura formal. Las *comunidades de práctica* son grupos de personas que se reúnen para compartir intereses y *expertise* en una empresa. Los ejemplos incluyen a los consultores que se especializan en el diseño de los sistemas de capacitación o los ingenieros ambientales que comparten sus conocimientos y puntos de vista con otros colegas. Estas comunidades suelen o no reunirse de forma habitual o incluso personal y pueden integrarse en una o varias empresas. Las personas que participan en ellas comparten de forma abierta y creativa sus conocimientos y experiencias para generar soluciones y enfoques nuevos para abordar los problemas.[51] De esta manera, la intranet de la empresa puede cultivar un sentido de comunidad y de lealtad entre los empleados.

equipo interfuncional
Fuerza de tarea permanente creada para abordar problemas específicos o necesidades recurrentes

comunidades de práctica
Grupos de personas que se reúnen de manera informal para compartir intereses y expertise en una empresa

La mayoría de las empresas tiene comunidades de práctica que con frecuencia se extienden más allá de sus fronteras. Los técnicos de campo comparten experiencias y se ayudan entre sí para resolver problemas, a la vez que los investigadores que desarrollan nuevos productos tienen contacto con expertos con conocimientos especializados en todo el mundo. A pesar de que estas comunidades rara vez aparecen en los organigramas y suelen no ser reconocidas de manera oficial por los altos directivos, las empresas reconocen sus beneficios, las promueven y habilitan.[52]

Chevron Corporation tiene más de 100 comunidades de "excelencia operativa", una de las cuales ahorró cerca de 30 millones de dólares en daños debido a que compartió con rapidez información sobre los riesgos potenciales de una técnica de perforación para extraer gas que había causado problemas en un área. Caterpillar ha establecido más de 2,700 comunidades que cuentan con más de 37,000 miembros registrados: empleados, distribuidores, clientes y proveedores. Las mejoras de calidad y productividad resultantes entre distribuidores y proveedores ha septuplicado su inversión.[53]

Los gerentes no pueden crear comunidades de práctica efectivas, sino que sólo pueden establecer las condiciones necesarias para ello. Es poco probable que un estilo gerencial de "mando y control" estimule comunidades exitosas de práctica. Los gerentes exitosos cultivan las comunidades de práctica cuando identifican y reúnen a las personas adecuadas, fomentan la confianza y proporcionan una infraestructura apropiada.[54] Dictar metas y aplicar medidas de desempeño individual pueden desintegrar las comunidades de práctica, e invertir dinero de manera indiscriminada en ellas (o en el software de colaboración) sin contar con un conjunto claro de prioridades puede ser igualmente infructuoso.[55]

Una forma relativamente simple de mejorar la interconexión entre los miembros de la comunidad es desarrollar una base de datos que identifique las áreas de conocimiento de cada integrante para ayudarles a identificar con rapidez a los expertos indicados. Incluir algunos datos personales en la base de datos puede ser útil, por ejemplo, para romper el hielo, saber que comparte un pasatiempo o alma mater con la persona con la que se contactará.[56] El corazón de una comunidad de práctica es la red de relaciones entre sus miembros. Cada mensaje de correo electrónico, publicación en un wiki y llamadas telefónicas fortalecen las relaciones entre los miembros y favorecen la construcción de la comunidad.

Como gerente, ¿cómo puede crear las condiciones para que florezcan las comunidades de práctica? Éstos son los consejos de algunos expertos:[57]

1. *Comenzar con un área clara de necesidad de la empresa*: Construir comunidades que ayuden a la empresa a trabajar de manera más efectiva. Por ejemplo, la red de innovación del trabajo de Hewlett Packard es un medio para concentrar los esfuerzos para desarrollar un enfoque creativo para enfrentar un problema actual.[58]

2. *Comenzar con algo pequeño*: Evalúe las ideas y pruebe varios formatos para ver qué agrada más a los empleados y qué funciona mejor. Por ejemplo, cualquier oficina de Hewlett Packard puede crear una red si se anuncia como el anfitrión de una serie de presentaciones, conferencias y seminarios sobre un tema que se pretende entender. Se transmite una invitación al resto de la empresa, y si el "mercado" responde entonces el tema adquiere vida propia en una comunidad de práctica.[59]

3. *Reclutar la participación gerencial*: Si los empleados de nivel jerárquico inferior observan que sus jefes participan de forma activa en la comunidad, serán más propensos a participar.

4. *Utilizar una tecnología que apoye las necesidades de la comunidad, que sus miembros sean capaces de usar y se sientan cómodos con ella*: Es probable que se requiera algún tipo de capacitación para usar los wikis, portales y otras tecnologías. Algunas empresas, como Ford Motor Company y Delta Airlines, incluso han proporcionado, a un precio muy bajo, computadoras personales y conexiones a internet para los empleados.

5. *Respetar y aprovechar las iniciativas informales de los empleados*: Los empleados pueden contar con un tipo de comunidad de práctica para su trabajo. Determine lo que existe y funciona, y construya sobre ello. Los empleados estarán familiarizados con los procesos y prácticas de la comunidad y se mostrarán más dispuestos a utilizarlas.

6. *Celebrar las contribuciones y construir sobre los éxitos pequeños*: La construcción de una comunidad de práctica requiere tiempo y exige que los empleados se comporten de maneras nuevas. Destaque en la intranet o en los boletines de la empresa la forma en que la comunidad ha resuelto los problemas de negocios y reconozca a los empleados que han contribuido de forma significativa.

Una razón por la que muchas empresas invierten en comunidades de práctica es su capacidad para transferir conocimientos entre las personas. Las organizaciones como IBM, HP y Unisys incluso prefieren llamarlas "redes de conocimiento". En la economía del conocimiento, las organizaciones necesitan que sus empleados se conviertan en "trabajadores del conocimiento" que se basen en su *expertise* para responder a un mercado que cambia con rapidez. Los empleados deben ser capaces de participar en un flujo de conocimiento que consiste no sólo en fuentes escritas y de información en línea, sino también en el intercambio activo de ideas con otros que tienen habilidades y experiencias relacionadas.[60] Este enfoque también ayuda a transferir conocimientos de los empleados de mayor a los de menor rango, lo que garantiza que el conocimiento clave no se pierda cuando algunos empleados se van o se retiran.

Efectos de la reestructuración en el desempeño

Con frecuencia, la salida de un CEO conduce a una reestructuración.[61] Las organizaciones recurren a este mecanismo como una forma de mejorar su desempeño.[62] Aunque puede resolver algunos problemas, no es una panacea[63] y puede derivar en consecuencias no deseadas.[64]

El proceso de reestructuración es estresante y puede mermar la motivación de los empleados si los cambios no se comunican de manera adecuada. Con frecuencia, los empleados de mejor desempeño abandonan la empresa si el cambio es caótico o si su futuro es ambiguo. Cuando la nueva estructura requiere un número menor de empleados, los supervivientes del *downsizing* resultante pueden experimentar estrés, reducir su compromiso e incrementar las intenciones de rotación.[65]

Los esfuerzos de reestructuración deben centrarse en el posicionamiento de la organización en el futuro.[66] También deben abordar la causa real de cualquiera que sea el cambio que la organización desea implementar.[67] Por ejemplo, si un problema de desempeño se debe a la escasa motivación de los empleados por parte de supervisores deficientes, es probable que la reorganización de la estructura no resuelve este problema central. Las reestructuraciones deben llevarse a cabo con la menor frecuencia que sea posible para generar estabilidad, mejorar el desempeño y minimizar el estrés y la confusión de los empleados.

RESUMEN Y APLICACIÓN

El diseño organizacional es el proceso de seleccionar y administrar todos los aspectos de la estructura y la cultura de la organización para que ésta logre sus objetivos. La estructura organizacional es el sistema formal de trabajo, poder y relaciones jerárquicas en una organización. Los organigramas son diagramas de la cadena de mando y las relaciones de subordinación de una empresa.

La división del trabajo es el grado al que los empleados se especializan o trabajan en actividades generales. El tramo de control es la cantidad de personas que dependen directamente de una persona, como un gerente. La jerarquía es el grado en el que algunos empleados tienen autoridad formal sobre otros. La centralización es el grado en el que el poder y la autoridad para la toma de decisiones se concentran en los niveles superiores de la organización en lugar de distribuirse. La delegación libera al gerente de algunas cuestiones para que pueda centrarse en tareas más importantes, desarrolla las habilidades de los demás, incrementa la confianza y puede dar lugar a un producto de mayor calidad.

La estructura de una organización depende de su estrategia de negocios, entorno o ambiente externo, talento, tamaño, las expectativas de cómo deben comportarse los empleados, la tecnología de producción y el cambio organizacional. Las estructuras preburocráticas son más comunes en las organizaciones nuevas y pequeñas, que se caracterizan por una baja estandarización, centralización total y comunicación personal. Las estructuras burocráticas tienen un mayor nivel de división formal del trabajo, jerarquía y estandarización de los procedimientos laborales.

Las organizaciones en red son más adecuadas para realizar las funciones que no requieren intercambios frecuentes, no sufren incertidumbres de suministro ni requieren producción a la medida. En este caso, los costos de fabricación y control de las transacciones no impiden que la organización contrate especialistas externos para realizar el trabajo. Las organizaciones mecanicistas son burocracias rígidas y tradicionales con un poder centralizado y comunicaciones jerárquicas. Las estructuras orgánicas son flexibles, descentralizadas, sin líneas claras de autoridad, con poder descentralizado, canales de comunicación abiertos y enfocadas en la capacidad de adaptación para ayudar a los empleados a alcanzar las metas.

— RESPUESTAS PARA EL MUNDO REAL —
LA CONSTRUCCIÓN DE TREEHOUSE

Como ya se explicó, los propietarios de Treehouse trataban de determinar si necesitaban o no tener gerentes. Después de llegar a un punto de partida sensato en sus reflexiones sobre la gerencia, Carson y Johnson dieron el siguiente paso sensato: elaboraron un "manifiesto" sobre cómo funcionaría la empresa sin gerentes, lo publicaron en un foro interno e invitaron a todos a "discutir" el tema. "La empresa estuvo durante dos días en punto muerto", informa Carson, y los empleados generaron 447 comentarios. Cuando la propuesta fue sometida a votación, 90% de los empleados de Treehouse respaldó la idea de construir un centro de trabajo sin jefes.

Así, a mediados de 2013, dice Carson, "eliminamos a todos los gerentes… Cambiamos la forma en que operaba la empresa y todos los empleados obtuvieron el control total de su tiempo para decidir su trabajo cada día. A partir de entonces, nadie le indica a otra persona lo que debe hacer, ni siquiera el CEO. "¿Cuál fue el resultado?" Carson admite que, al principio, "era un caos total", pero tanto Carson como Johnson se dieron cuenta con rapidez de que gran parte del trabajo de un gerente implica *comunicación* y que los subordinados requieren gerentes porque necesitan *información*.

En resumen, incluso si ha enfrentado el problema de sobreadministrar, dirigir una organización es básicamente un tema de *coordinación*. "El caos", sostiene Carson, vino del hecho de que… los empleados en puestos no directivos no están acostumbrados al nivel de comunicación necesario para coordinarse con otros equipos y proyectos, por lo que a menudo no existe suficiente comunicación ni coordinación proactiva. No tenemos gerentes para la coordinación entre los proyectos, por lo que las personas deben invertir tiempo para comunicar lo que sucede en sus proyectos y cómo esta actividad afecta a los demás.

Por lo tanto, una de las primeras medidas correctivas adoptadas por los dos (ex) altos directivos fue construir una nueva herramienta de información interna llamada Canopy, una especie de cuenta de correo electrónico de código abierto que da acceso a todos los empleados para contribuir a las comunicaciones de toda la empresa. No es una sorpresa que la información compartida también sea crucial para el proceso de trabajar sin jefes. Los proyectos son propuestos por los empleados, que usan Canopy para hacer circular la información necesaria para otros compañeros interesados. Si una propuesta atrae el interés suficiente, el procedimiento continúa con la designación de un gerente para el proyecto. "Todavía existen los gerentes en Treehouse", explica Carson, "simplemente no hay títulos. La única forma en que se puede ser un líder es dirigir y que las personas quieran seguirlo".

Por supuesto, el sistema tiene sus inconvenientes. Por un lado, dice Carson, "no puedo lograr que las personas hagan las cosas… Incluso, algunas me dicen

(Continúa)

que no tienen tiempo o no están interesadas en mis ideas. Es terrible, pero es parte de dirigir a una empresa sin gerentes.". No hace falta decir que Carson también se siente frustrado por el hecho de que "no puedo hacer que las cosas sucedan con rapidez. Muchas veces sólo quiero decir 'haz esto ahora', pero no puedo porque va contra las reglas". Más importante aún es que, con frecuencia, se pierde mucho tiempo mientras los proyectos despegan. Con base en las reglas de Treehouse, "hay que proponer un proyecto, explicarlo a fondo y convencer a las personas para que participen, con lo cual el proceso puede requerir semanas o meses", dice Carson.

Sin embargo, tal vez el mayor problema se avecine. "Tenemos 70 empleados ahora y, para una empresa de nuestro tamaño, este modelo funciona, pero es probable que comiencen a aparecer síntomas de problemas graves cuando lleguemos a 150 personas. Pero, una vez más, lo resolveremos", afirma Carson.

Las comunidades de práctica son grupos de personas que se reúnen de manera informal por compartir *expertise* e intereses en una empresa. Ayudan a las organizaciones a compartir conocimientos internos, así como a través de las fronteras organizacionales.

PREGUNTAS PARA ANÁLISIS

1. ¿Cómo cree que su desarrollo profesional puede ser diferente en una organización jerárquica y en una plana?

2. ¿Por qué considera que las empresas prefieren estructuras orgánicas más planas? ¿Considera que este enfoque es adecuado?

3. ¿Cuáles son las áreas de una organización (por ejemplo, cuáles funciones) que se deberían centralizar? ¿Cuáles son las mejores para descentralizar?

4. ¿Qué le impide delegar más? ¿Cómo se pueden superar estos obstáculos?

5. ¿Qué estructura organizacional propondría para una empresa de venta de aplicaciones para iPhone? ¿Por qué?

6. ¿Qué estructura organizacional propondría si necesita que los empleados colaboren y se minimice el conflicto? ¿Por qué? ¿Cuáles estructuras evitaría? ¿Por qué?

7. ¿Qué tipo de persona se adecuaría a la estructura extremadamente orgánica e informal de Nordstrom? ¿Por qué?

8. ¿Qué haría durante una reestructuración corporativa para asegurar que sus mejores empleados no abandonen la empresa?

EJERCICIO PARA DESARROLLAR SUS HABILIDADES

¿Delego de forma efectiva?

Como aprendió a lo largo de este capítulo, delegar es una habilidad gerencial importante en cualquier estructura organizacional. Este ejercicio le brinda la oportunidad de evaluar sus hábitos para delegar.

___ 1.   Delegaría más, pero los trabajos que delego nunca se realizan como quiero.

___ 2.   Siento que no tengo el tiempo necesario para delegar de forma adecuada.

___ 3.   Superviso con cuidado el trabajo de mis subordinados, sin que sepan que lo hago, con la finalidad de corregir sus errores; si es necesario, antes de que provoquen demasiados problemas.

___ 4.   Delego todo el trabajo y le brindo al subordinado la oportunidad de completarlo sin mi participación. Luego reviso el resultado final.

___ 5.   Me molesto cuando doy instrucciones claras y el trabajo no se realiza bien.

___ 6.   Siento que el personal carece del compromiso que yo tengo. Así que cualquier trabajo que delegue no se hará tan bien como yo lo haría.

___ 7.   Delegaría más, pero siento que puedo hacer la tarea mejor que la persona en quien la podría delegar.

___ 8.   Delegaría más, pero si la persona en quien delego la tarea realiza un trabajo incompetente, voy a ser criticado severamente.

___ 9.   Si tuviera que delegar las tareas, mi trabajo no sería tan divertido.

___ 10. Cuando delego un trabajo, con frecuencia encuentro que el resultado es tan malo que termino haciéndolo de nuevo.

___ 11. En realidad, no creo que la delegación ahorre tiempo.

___ 12. Delego las tareas de forma clara y concisa y explico con precisión la forma en que deben llevarse a cabo.

___ 13. No puedo delegar tanto como me gustaría porque mis subordinados carecen de la experiencia necesaria.

___ 14. Siento que pierdo el control cuando delego.

___ 15. Me gustaría delegar más, pero soy bastante perfeccionista.

___ 16. Trabajo más horas de lo que debería.

___ 17. Puedo asignar a los subordinados las tareas de rutina, pero siento que debo conservar las tareas no rutinarias.

___ 18. Mi jefe espera que cuide de cerca todos los detalles de mi trabajo.

Puntuación: Sume sus respuestas de los 18 enunciados para calcular la puntuación de sus hábitos de delegación.

Interpretación: Si su puntuación es mayor de 72, es posible que no esté aprovechando el talento de su personal y deba tratar de delegar más.

Si su puntuación se encuentra entre 36 y 71, es probable que sus hábitos de delegación puedan mejorar.

Si su puntuación es menor de 35, es probable que usted delegue de forma efectiva.

Revise los enunciados a los que se respondió con 4 o 5. Esto le dará algunas ideas sobre los obstáculos y excusas que le impiden delegar más.

Para mejorar sus habilidades de delegación, suponga que debe viajar a una isla donde no podrá contactar a nadie durante una semana. Identifique lo que debe hacer la siguiente semana, y piense en la forma en que lo delegaría para lograr que se cumpla. Comience a delegar algunas tareas y responsabilidades y ¡vea si no se sorprende con los resultados!

Fuente: Management review, de T. J. Krein. Copyright 1982 por la American Management Association.

EJERCICIO EN EQUIPO

Matriz o no matriz, esa es la pregunta

Situación

Platinum Resorts es una cadena de hoteles de lujo todo incluido, con complejos en Playa del Carmen, México; Negril, Jamaica; Freeport, Bahamas, y Key West, Florida. Algunos clientes vuelven al mismo lugar cada año y otros disfrutan probando diferentes instalaciones del grupo. Sin embargo, informes recientes indican que las ventas han disminuido y que las quejas de los clientes han aumentado. Los gerentes de la cadena señalan que la gerencia media de cada hotel (recepción, servicio de alimentos, limpieza y mantenimiento) no respeta las normas de la empresa. En la actualidad, ésta cuenta con una estructura divisional, con un vicepresidente para cada uno de los cuatro hoteles.

Decisión

Frustrado por el mal servicio y las bajas ventas, Platinum Resorts ha contratado los servicios de un consultor. Después de visitar cada uno de los centros turísticos y hablar con los empleados y clientes, el experto recomienda que la empresa pase de su estructura divisional a una matricial. Explica que esta estructura la utilizan muchas organizaciones innovadoras, como la NASA, para lograr el control funcional y el divisional. Aunque algunos gerentes piensan que ésta es una gran idea, otros están preocupados debido a que su autoridad y control pueden ser socavados por esta nueva estructura organizacional. Platinum Resorts sabe que algo tiene que cambiar, pero no está seguro de que sea la solución correcta.

Actividad en equipo

Forme un equipo de cuatro integrantes y asigne a cada uno de ellos una de las siguientes funciones:

* Presidente de Platinum Resorts
* Gerente de ventas del complejo de Playa del Carmen, México
* Ama de llaves en el complejo Key West, Florida
* Huésped en el complejo de Negril, Jamaica

Actividades del ejercicio

1. Sin consultar a otros miembros del equipo, y desde la perspectiva del papel asignado, ¿considera que Platinum Resorts debería adoptar una estructura matricial?
2. Reúna a su equipo para que cada integrante presente las ventajas y desventajas potenciales de estructurarse como organización matricial.
3. En equipo, elaboren un organigrama para la empresa según su estructura divisional actual y la estructura matricial propuesta.
4. Elabore una lista de alternativas para la conversión en una estructura matricial.

5. Tome en cuenta todos los puntos de vista y responda, ¿cuál es la mejor decisión para Platimum Resorts?

EJERCICIO EN VIDEO

Estructura organizacional de Honest Tea

Honest Tea (Estados Unidos) es una empresa con sede en Bethesda, Maryland, que produce té orgánico embotellado. Fue fundada en 1998 por Seth Goldman y Barry Nalebuff. Es una subsidiaria propiedad de Coca-Cola Company, que invirtió 40% en 2008 y adquirió el resto de la empresa en 2011. Honest Tea es reconocida por sus productos orgánicos y comercio justo, y es una de las empresas privadas de crecimiento más rápido.

Honest Tea comenzó con un grupo pequeño de empleados y cinco productos, tres de los cuales continúan en el mercado. A medida que crecía fue necesario contar con trabajadores especializados en diferentes tareas que operaran como una sola unidad. En la actualidad la empresa cuenta con más de 35 variedades de paquetes de té y otras bebidas.

Honest Tea abastece a un grupo de clientes que prefieren las bebidas orgánicas o bajas en calorías. La ventaja es que puede contar con especialistas calificados para atender a su base exclusiva de clientes. La empresa ingresó como retador en esta categoría de clientes. Todo el proceso de suministro de material, producción, comercialización y ventas es diferente para cada grupo de clientes.

Honest Tea considera que debe adaptarse continuamente a las nuevas circunstancias y entornos. Al principio sólo manejaba té orgánico o bajo en calorías, pero ahora se ha expandido a otras bebidas. Generar bebidas nuevas e innovadoras es algo que Honest Tea sigue haciendo. Además, cuenta con una cultura laboral muy transparente que le ha ayudado a evitar algunos de los problemas que enfrentan las organizaciones típicas en crecimiento. Honest Tea considera que el crecimiento es continuo y que la empresa nunca debe considerar que ha terminado de lograr lo que se propone.

Preguntas para análisis

1. Describa el papel de la división del trabajo y la jerarquía en Honest Tea.
2. ¿De qué manera la estrategia de negocios y el tamaño de la organización han influido en Honest Tea? ¿Cómo podrían cambiar en el futuro?
3. ¿La estructura de Honest Tea es más orgánica o mecanicista? ¿Cómo puede identificarlo?

CASO EN VIDEO

¿Y ahora qué?

Suponga que participa en un grupo con su jefe y otro compañero de trabajo en el que se analiza la forma en que el juguete nuevo de un competidor los venció en el mercado. El jefe le pregunta al grupo qué podría hacer la empresa para evitar que ocurra de nuevo algo similar. *¿Qué diría o haría?* Vea el video "¿Y ahora qué?" de este capítulo, revise el video de desafío y elija una respuesta. Asegúrese de ver también los resultados de las dos respuestas que no eligió.

Preguntas

1. ¿Cuáles estructuras organizacionales se ilustran en los videos y cómo influyen en la implementación estratégica? Explique.
2. ¿Cómo ilustran los videos la influencia del entorno o ambiente externo en el diseño de la organización?
3. Con base en el contenido de este capítulo, ¿qué otras ideas tiene para ayudar a Happy Time Toys a desarrollar y fabricar juguetes nuevos y responder con mayor rapidez al entorno?

NOTAS FINALES

[1] Rogoway, M. (Diciembre de 2013). Portland Startup Treehouse Eliminates the Boss, Tells Workers to Manage Themselves, en *Oregon Live*. Disponible en línea en: http://www.oregonlive.com/siliconforest/index.ssf/2013/12/portland_startup_treehouse_eli.html; Carson, R. (17 de septiembre de 2013). No Managers: Why We Removed Managers at Treehouse, en *The Naive Optimist*. Disponible en línea en: http://ryancarson.com/post/61562761297/nomanagers-why-we-removed-bosses-at-treehouse; Treehouse Receives $7 Million in Series B Financing Led by Kaplan Ventures, en *Treehouse Island Inc.* Comunicado de prensa, 9 de abril de 2013; Bryant, A. (5 de junio de 2014) Ryan Carson of Treehouse, on When Titles Get in the Way, en *NYTimes.com*. Disponible en línea en: http://www.nytimes.com/2014/06/06/business/ryan-carsonof-treehouse-on-killing all-the-titles.html?_r=0; Spencer, M. (9 de octubre de 2014). Five Things I Learned from One of Portland's Most Bustling Startups, en *Portland (Oregon) Business Journal*. Disponible en línea en: http://www.bizjournals.com/portland/blog/2014/10/5-things-i-learned-from-one-of-portlands- most.html; Carson, R. (17 de enero de 2014). The Negative Side of #NoManager Companies, en *The Naive Optimist*. Disponible en línea en: http://ryancarson.com/post/73639971628/the-negative-side-of-nomanager-companies.

[2] Ketchen, D. J., Jr., Combs, J. G., Russell C. R., Shook, C., Dean, M. A., Runge, J., Lohrke, F. T., Naumann, S. E., Haptonstahl, D. E., Baker, R., Beckstein, B. A., Handler, C., Honig, H. y Lamoureux, S. (1997). Organizational Configurations and Performance: A Meta-Analysis, en *Academy of Management Journal, 40*, pp. 223–240.

[3] Covin, J. G. y Slevin, D. P. (1989). Strategic Management of Small Firms in Hostile and Benign Environments, en *Strategic Management Journal, 10*, pp. 75–87; Jennings, D. F. y Seaman, S. L. (1990). Aggressiveness of Response to New Business Opportunities Following Deregulation: An Empirical Study of Established Financial Firms, en *Journal of Business Venturing, 5*, pp. 177–189.

[4] Morris, J. H. y Steers, R. M. (1980). Structural Influences on Organizational Commitment, en *Journal of Vocational Behavior, 17*, pp. 50–57.

[5] Pugh, D. S., Hickson, D. J., Hinings, C. R. y Turner, C. (1968). Dimensions of Organizational Structure, en *Administrative Science Quarterly, 13*, pp. 65–105.

[6] Katz, J. (2010). The Soul of Memphis, en *Smithsonian*, p. 71.

[7] Blau, P. M. y Schoenherr, R. A. (1971). *The Structure of Organizations*. Nueva York: Basic Books.

[8] Pugh, D. S., Hickson, D. J., Hinings, C. R. y Turner, C. (1969). Dimensions of Organizational Structure, en *Administrative Science Quarterly, 13*, pp. 65–105.

[9] Campion, M. A. (1989). Ability Requirement Implications of Job Design: An Interdisciplinary Perspective, en *Personnel Psychology, 42*, pp. 1–24.

[10] Revlon Implements Worldwide Organizational Restructuring. (1 de junio de 2009), en *GCImagazine.com*. Disponible en línea en: http://www.gcimagazine.com/business/marketers/announcements/ 46625697.html.

[11] Lashinsky, A., Burker, D. y Kaufman, S. (17 de abril de 2006). The Hurd Way, en *Fortune*, p. 92.

[12] Pugh, D. S., Hickson, D. J., Hinings, C. R. y Turner, C. (1969). Dimensions of Organizational Structure, en *Administrative Science Quarterly, 13*, pp. 65–105.

[13] Morris, J. H. y Steers, R. M. (1980). Structural Influences on Organizational Commitment, en *Journal of Vocational Behavior, 17*, pp. 50–57.

[14] Hartenian, L. S, Hadaway, F. J. y Badovick, G. J. (1994). Antecedents and Consequences of Role Perceptions: A Path Analytic Approach, en *Journal of Applied Business Research, 10*, pp. 40–52.

[15] Hage, J. y Aiken, M. (1969). Routine Technology, Social Structure, and Organizational Goals, en *Administrative Science Quarterly, 14*, pp. 366–376.

[16] Pugh, D. S., Hickson, D. J., Hinings, C. R. y Turner, C. (1968). Dimensions of Organizational Structure, en *Administrative Science Quarterly, 13*, pp. 65–105.

[17] Glew, D. J., O Leary-Kelly, A. M., Griffin, R. W. y Van Fleet, D. D. (1995). Participation in Organizations: A Preview of the Issues and Proposed Framework for Future Analysis, en *Journal of Management, 21*, pp. 395–421.

[18] Shadur, M. A., Kienzle, R. y Rodwel, J. J. (1999). The Relationship Between Organizational Climate and Employee Perceptions of Involvement, en *Group & Organization Management, 24*, pp. 479–503.

[19] Meyer, J. y Allen, N. (1991). A Three-Component Conceptualization of Organizational Commitment, en *Human Resource Management Review, 1*, pp. 69–89; Herscovitch, L. y Meyer, J. P. (2002). Commitment to Organizational Change: Extension of a Three Component Model, en *Journal of Applied Psychology, 87*, pp. 474–487.

[20] Gerstner, L. V., Jr., (2002). *Who Says Elephants Can't Dance? Inside IBM's Historic Turnaround* (p. 22). Nueva York: Harper Business.

[21] Burns, T. y Stalker, G. M. (1961). *The Management of Innovation*. Londres: Tavistock; Lawrence, P. R. y Lorsch, J. W. (1967). *Organization and Environment*. Homewood, IL: Irwin.

[22]Rahman, M. y Zanzi, A. (1995). A Comparison of Organizational Structure, Job Stress, and Satisfaction in Audit and Management Advisory Services (MAS) in CPA Firms, en *Journal of Managerial Issues*, 7, pp. 290–305.

[23]Meyer, J. P. y Allen, N. J. (1997). *Commitment in the Work Place: Theory Research and Application.* Londres: Sage Publications.

[24]Covin, J. G. y Slevin, D. P. (1989). Strategic Management of Small Firms in Hostile and Benign Environments, en *Strategic Management Journal*, 10, pp. 75–87.

[25]Spector, R. (2000). *Lessons from the Nordstrom Way: How Companies Are Emulating the #1 Customer Service Company.* Nueva York: John Wiley.

[26]Burns, T. y Stalker, G. M. (1961). *The Management of Innovation.* Londres: Tavistock; Lawrence, P. R. y Lorsch, J. W. (1967). *Organization and Environment.* Homewood, IL: Irwin.

[27]Basado en Burns, T. y Stalker, G. M. (1961). *The Management of Innovation.* Londres: Tavistock; Lawrence, P. R. y Lorsch, J. W. (1967). *Organization and environment.* Homewood, IL: Irwin.

[28]Chenhall, R.H., Kallunki, J.P. y Silvola, H. (2011). Exploring the Relationships Between Strategy, Innovation and Management Control Systems: The Roles of Social Networking, Organic Innovative Culture and Formal Controls, en *Journal of Management Accounting Research*, 23(1), pp. 99–128.

[29]Olson, E. M., Slater, S. F. y Hult, G. T. (2005). The Importance of Structure and Process to Strategy Implementation, en *Business Horizons*, 48, pp. 47–54.

[30]Gooding, R. Z. y Wagner, III, J. A. (Diciembre de 1985). A Meta-Analytic Review of the Relationship Between Size and Performance: The Productivity and Efficiency of Organizations and Their Subunits, en *Administrative Science Quarterly*, pp. 462–481; Bluedorn, A. C. (Verano de 1993). Pilgrim's Progress: Trends and Convergence in Research on Organizational Size and Environments, en *Journal of Management*, pp. 163–192.

[31]Harrison, F. L. y Lock, D. (2004). *Advanced Project Management: A Structured Approach* (4a. ed.). Burlington, VT: Gower.

[32]Mathieu, J. E. y Zajac, D. M. (1990). A Review and Meta-Analysis of the Antecedents, Correlates, and Consequences of Organizational Commitment, en *Psychological Bulletin*, 108, pp. 171–194.

[33]Samsung (2010). *About Samsung Electronics.* Disponible en línea en: http://www.samsung.com/us/aboutsamsung/sustainability/ sustainabilityreports/download/2009/2009%20About%20 Samsung%20Electronics.pdf.

[34]Greene, T. (26 de marzo de 2009). Avaya's New CEO Sets Three Top Goals for Company, en *Network World*. Disponible en línea en: http://www.techpub.com/voip/avayas-new-ceo-sets-three-top-goals- for-company/.

[35]Hambrick, D. y Mason, P. (1984). Upper Echelons: The Organization as a Reflection of Its Top Managers, en *Academy of Management Review*, pp. 193–206; Lewin, A. Y. y Stephens, C. U. (1994). CEO Attitudes as Determinants of Organization Design: An Integrated Model, en *Organization Studies*, 15, pp. 183–212.

[36]Miller, D. y Droge, C. (1986). Psychological and Traditional Determinants of Structure, en *Administrative Science Quarterly*, 31, pp. 539–560.

[37]Deutschman, A. (Diciembre de 2004). The Fabric of Creativity, en *Fast Company*, 89, p. 54.

[38]Gerth, H. H. y Mills, C. W. (1958). *From Max Weber: Essays in Sociology.* Nueva York: Oxford University Press; Walton, E. (2005). The Persistence of Bureaucracy: A Meta-Analysis of Weber's Model of Bureaucratic Control, en *Organization Studies*, 26, pp. 569–600.

[39]Galbraith, J. (Agosto de 2009). How Do You Manage in a Downturn?, en *Talent Management Magazine*, pp. 44–46.

[40]Kraft Foods Announces New Global Organizational Structure. (1 de agosto de 2004). *The Moodie Report.* Disponible en línea en: http://www.moodiereport.com/document.php?c_id=1178&doc_id=2628.

[41]Kolodny, H. F. (1979). Evolution to a Matrix Organization, en *Academy of Management Review*, 4, pp. 543–544.

[42]Davidovitch, L., Parush, A. y Shtub, A. (2010). Simulator-Based Team Training to Share Resources in a Matrix Structure Organization, en *IEEE Transactions on Engineering Management*, 57(2), pp. 288–300.

[43]Fishman, C. (30 de abril de 1996). Whole Foods Is All Teams, en *Fast Company*. Disponible en línea en: http://www.fastcompany. com/magazine/ 02/team1.html?page=0%2C0.

[44]Deutschman, A. (Diciembre de 2004). The Fabric of Creativity, en *Fast Company*, 89, p. 54.

[45]Deutschman, A. (Diciembre de 2004). The Fabric of Creativity, en *Fast Company*, 89, p. 54.

[46]The Morning Star Company (2012), en *Self-Management*. Disponible en línea en: http://www.morningstarco.com/index. cgi?Page= Self-Management.

[47]Flegal, S. (18 de enero de 2012). 1 Company Thrives With No Managers, en *The Telegraph*. Disponible en línea en: http://www. nashuatelegraph.com/business/946895-192/1-companythrives with-no-managers.html.

[48]Hamel, G. (2011). First, Let's Fire All the Managers, en *Harvard Business Review*, 89(12), pp. 48–59.

[49]Capell, K. (3 de septiembre de 2008). H&M Defies Retail Gloom, en *BusinessWeek*. Disponible en línea en: http://www.businessweek. com/ globalbiz/content/sep2008/gb2008093_150758.htm.

[50]Jacobsen, K. (Otoño de 2004). A Study of Virtual Organizations (p. 36). *Norwegian University of Science and Technology Department of Computer and Information Science.* Disponible en línea en: http://www.idi.ntnu.no/grupper/su/fordypningsprosjekt-2004 /Jacobsen2004.pdf.

[51]Wenger, E. C. y Snyder, W. M. (Enero-febrero de 2000). Communities of Practice: The Organizational Frontier, en *Harvard Business Review*, pp. 139–145.

[52]Laseter, T. y Cross, R. (31 de enero de 2007). The Craft of Connection, en *Strategy + Business*. Disponible en línea en: http:// www.strategy- business.com/article/06302?gko=ee374.

[53]Laseter, T. y Cross, R. (31 de enero de 2007). The Craft of Connection, en *Strategy + Business*. Disponible en línea en: http:// www.strategy-business.com/article/06302?gko=ee374.

[54]Wenger, E. C. y Snyder, W. M. (Enero-febrero de 2000). Communities of Practice: The Organizational Frontier, en *Harvard Business Review*, pp. 139–145.

[55]Laseter, T. y Cross, R. (31 de enero de 2007). The Craft of Connection, en *Strategy + Business*. Disponible en línea en: http:// www.strategy-business.com/article/06302?gko=ee374.

[56]Laseter, T. y Cross, R. (31 de enero de 2007). The Craft of Connection, en *Strategy + Business*. Disponible en línea en: http:// www.strategy-business.com/article/06302?gko=ee374.

[57]Basado en Stuckey, B. y Smith, J. D. (2004). Building Sustainable Communities of Practice, en *Knowledge Networks: Innovation Through Communities of Practice*, eds. P. M. Hildreth y C. Kimple (pp. 150–164). Hershey, PA: Idea Group; Vestal, W.

C. y Lopez, K. (2004). Best Practices: Developing Communities That Provide Business Value. Building Sustainable Communities of Practice, en *Knowledge Networks: Innovation Through Communities of Practice*, eds. P. M. Hildreth y C. Kimple (pp. 142–149). Hershey, PA: Idea Group; Ambrozek, J. y Ambrozek, L. B. (Diciembre de 2002). Building Business Value Through Communities of Practice, en *Workforce Online*; Weigner, E. (2002). *Cultivating Communities of Practice*. Boston: Harvard Business School Press.

[58]Stewart, T. A. (1997). Intellectual Capital: *The New Wealth of Organizations*. Nueva York: Doubleday.

[59]Stewart, T. A. (1997). Intellectual Capital: *The New Wealth of Organizations*. Nueva York: Doubleday.

[60]Gongla, P. y Rizzuto, C. (2001). Evolving Communities of Practice: IBM Global Services Experience, en *IBM Systems Journal*, *40(4)*, p. 842–862.

[61]Perry, T. y Shivdasani, A. (2005). Do Boards Affect Performance? Evidence from Corporate Restructuring, en *Journal of Business*, *78(4)*, pp. 1403–1432.

[62]Denis, D. J. y Kruse, T. A. (2000). Managerial Discipline and Corporate Restructuring Following Performance Declines, en *Journal of Financial Economics*, *55*, pp. 391–424.

[63]Fraser, C. H. y Strickland, W. L. (Febrero de 2006). When Organization Isn't Enough, en *McKinsey Quarterly*, p.1.

[64]Bowman, E. H. y Singh, H. (1993). Corporate Restructuring: Reconfiguring the Firm, en *Strategic Management Journal*, *14*, pp. 5–14.

[65]Probst, T. M. (2003). Exploring Employee Outcomes of Organizational Restructuring, en *Group & Organization Management*, *28*, pp. 416–439.

[66]Marshall, R. y Yorks, L. (1994). Planning for a Restructured, Revitalized Organization, en *MIT Sloan Management Review*, *35(4)*, pp. 81–91.

[67]Carter, L., Ulrich, D. y Goldsmith, M. (2005). *Best Practices in Leadership Development and Organization Change: How the Best Companies Ensure Meaningful Change and Sustainable Leadership*. San Francisco, CA: John Wiley and Sons.

CAPÍTULO

15

CULTURA ORGANIZACIONAL

ESTRUCTURA DEL CAPÍTULO

OBJETIVOS DE APRENDIZAJE

Al concluir el estudio de este capítulo, usted podrá:

1 Describir el significado, la importancia y los orígenes de la cultura organizacional.

2 Estudiar las culturas de conflicto y de inclusión.

3 Identificar y analizar la forma en que la tecnología y la innovación afectan la cultura organizacional.

4 Describir la forma en que las organizaciones efectivas administran su cultura.

—DESAFÍOS DEL MUNDO REAL—

CAMBIO CULTURAL EN AVAYA

Avaya es una empresa global de comunicaciones que se separó de Lucent. Siete años más tarde fue adquirida por dos grupos de inversionistas privados. Esta transición aceleró la estrategia de Avaya para convertirse en un colaborador de negocios y proveedor de comunicaciones unificadas, como conferencias web en lugar de sólo telefonía de voz. El cambio destacó la necesidad de contar con una nueva cultura para apoyar mejor su nueva estrategia de negocios.[1]

La cultura burocrática de Avaya reflejaba la fuerte influencia de AT&T y Lucent.[2] La empresa reconoció que esta cultura no apoyaría su estrategia de negocios, por lo que decidió cambiarla para alentar la creatividad y la colaboración. ¿Qué consejo le daría a Avaya para transformar la cultura organizacional? Después de leer este capítulo, tendrá algunas buenas ideas.

La cultura de la organización es crucial para el desempeño de la misma. No sólo influye en las decisiones y conductas de los empleados, sino que también explica lo que ocurre en la organización. Así como la estructura organizacional puede ser vista como su esqueleto, la cultura puede entenderse como su personalidad, debido a que influye en la forma en que se comportan los empleados. Comprender y administrar la cultura organizacional es una función gerencial importante que puede mejorar el desempeño de usted y el de su empresa. Después de leer este capítulo, tendrá una mejor comprensión de lo que es la cultura y cómo puede administrarse.

SIGNIFICADO Y DETERMINANTES DE LA CULTURA ORGANIZACIONAL

cultura organizacional
Sistema de valores, normas y supuestos que guían las actitudes y conductas de los miembros de una organización

¿Qué significa que una organización tenga cierto tipo de cultura? La *cultura organizacional* es un sistema de valores, normas y supuestos compartidos que guían las actitudes y conductas[3] de los miembros de una organización que influye en la forma en que perciben y reaccionan a su entorno o ambiente. Por lo general, los integrantes de la organización dan por sentados estos supuestos y los transmiten a los miembros nuevos por medio de la socialización del grupo.

La cultura de una organización se refleja en la forma en que el trabajo se lleva a cabo y los empleados interaccionan entre sí. Se requiere mucho tiempo para que la cultura evolucione y cambie. La confianza es la base de la cultura y se gana a partir de la repetición de las interacciones en el tiempo. Cuando una cultura positiva se consolida lo suficiente, las interacciones de los empleados se vuelven más eficientes, mejoran las relaciones y los trabajadores colaboran para alcanzar objetivos comunes. Cuando la cultura es compatible con la estrategia de negocios, la empresa puede alcanzar un alto nivel de desempeño. Los temas comunes en la cultura organizacional incluyen la ética, la innovación, la colaboración y la formalidad o informalidad.[4] Por supuesto, aunque es muy importante crear y mantener la cultura adecuada, hacerlo no es una tarea necesariamente sencilla.

artefactos
Manifestaciones físicas de la cultura, como oficinas abiertas, premios, ceremonias y listas formales de valores

Las culturas se componen de prácticas formales e informales, artefactos, valores y normas defendidos y supuestos. Los *artefactos* son las manifestaciones físicas de la cultura, como los mitos y las historias que se cuentan acerca de la organización o de sus fundadores, los premios, ceremonias y rituales, decoraciones, asignaciones de espacio de oficinas, códigos de vestimenta, formas de interacción y valores organizacionales publicados, entre otros.

Cuando Lou Gerstner quiso reforzar sus esfuerzos por transformar la cultura en IBM derogó su famoso código de vestimenta de camisa blanca y corbata.[5] La siderúrgica Nucor Corporation registra el nombre de cada uno de sus empleados en la portada de su informe anual como un gesto simbólico para construir y reforzar su cultura de equipo.[6]

BLAZ KURE/SHUTTERSTOCK.COM

La cultura está conformada por los valores, normas y supuestos compartidos que guían las conductas de los miembros de una organización. Los artefactos son las manifestaciones físicas de la cultura. Por ejemplo, esta oficina cuenta con muchos artefactos que sugieren que existe una cultura de apertura, informalidad y apreciación por el ambiente.

Los *valores y normas defendidos* son declarados de forma explícita por la organización. Por ejemplo, una organización puede declarar que el comportamiento ético es un valor y una norma importante y fijar carteles en la oficina que indiquen que el comportamiento ético es un principio rector de la empresa como un artefacto de ese componente cultural. Nokia comunica los valores que defiende por medio de videos, su intranet y la comunicación de su estrategia de negocios.[7]

Los *valores y normas declarados* son aquellos que los empleados manifiestan con base en sus observaciones sobre lo que sucede en la organización. Si los altos directivos adoptan un comportamiento ilegal o inmoral, éstos serán los valores y normas declarados de la empresa sin que importe lo que declare de manera formal. Si la empresa declara que la ética es importante, la diferencia entre el valor declarado y el proclamado crea un vacío que puede afectar de forma negativa las actitudes de los empleados y el desempeño de la empresa.[8] La administración del desempeño, la retroalimentación y los sistemas de compensación ayudan a alinear los valores y normas defendidos y proclamados.

Los *supuestos* son los valores de la organización que se dan por sentados y que con el tiempo se convierten en el núcleo de su cultura.[9] Estos supuestos básicos son altamente resistentes al cambio y guían el comportamiento organizacional. Por ejemplo, los empleados de la empresa de ropa deportiva Patagonia se sorprenderían de ver participar a sus gerentes en conductas ambientalmente irresponsables, ya que la empresa es reconocida por su compromiso social y conciencia ambiental.[10] La figura 15.1 ilustra los cuatro niveles de la cultura.[11]

Las prácticas formales que influyen en la cultura incluyen las estrategias de compensación, como la participación en las utilidades, beneficios, programas de capacitación y desarrollo, así como el uso de teleconferencias para permitir que algunos empleados trabajen desde su hogar. Las prácticas informales incluyen la "administración de puertas abiertas" para promover la comunicación ascendente y el intercambio de ideas, la ayuda mutua y el almuerzo en común de empleados de diferentes rangos para que compartan ideas.

valores y normas defendidos
Valores y normas principales declarados de forma explícita por la organización

valores y normas declarados
Valores y normas que los empleados presentan con base en las observaciones que hacen sobre lo que sucede en la organización

supuestos
Valores organizacionales que se dan por sentados con el tiempo y se convierten en el núcleo de la cultura organizacional

Figura 15.1

Cuatro niveles de cultura

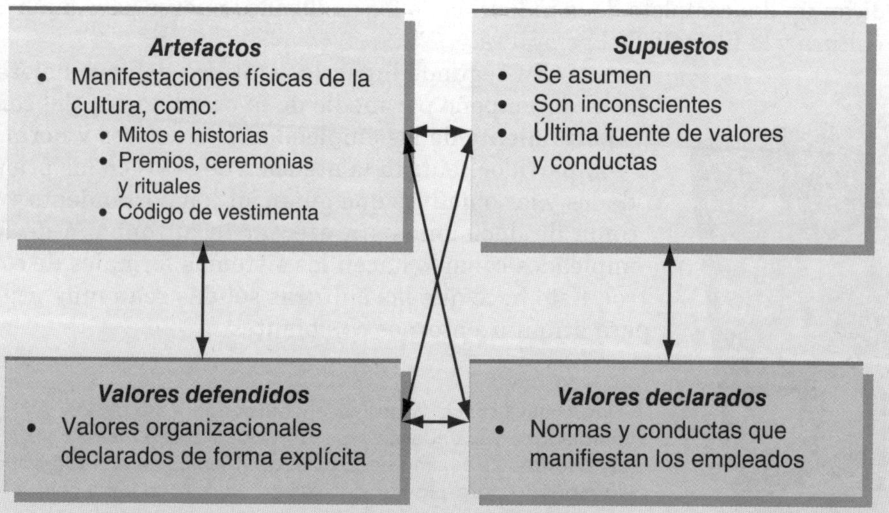

Artefactos
- Manifestaciones físicas de la cultura, como:
  - Mitos e historias
  - Premios, ceremonias y rituales
  - Código de vestimenta

Supuestos
- Se asumen
- Son inconscientes
- Última fuente de valores y conductas

Valores defendidos
- Valores organizacionales declarados de forma explícita

Valores declarados
- Normas y conductas que manifiestan los empleados

La cultura organizacional tiene cuatro niveles: artefactos, supuestos, valores defendidos y valores proclamados

¿La cultura es importante?

¿La cultura es importante? Un experto considera que "la cultura de la organización es la clave de su excelencia... y la función del liderazgo es crear y administrar la cultura".[12] La investigación ha demostrado que la administración activa de la cultura permite que la organización y sus empleados logren sus objetivos estratégicos a largo plazo. En particular, la cultura organizacional incrementa el desempeño cuando 1) tiene una relevancia estratégica, 2) es sólida y 3) hace hincapié en la innovación y el cambio para adaptarse a un entorno cambiante.[13] Los efectos de la cultura en la efectividad de una empresa son aún más fuertes cuando los empleados tienen actitudes positivas.[14] La cultura de una empresa debe reforzar su estrategia de negocios y puede brindarle una ventaja competitiva. Si la estrategia de negocios y la cultura corporativa avanzan en direcciones distintas, la cultura vencerá, no importa qué tan buena sea la estrategia.[15]

La cultura es una fuente de ventaja competitiva. La creación de una cultura que estimule a los empleados a compartir y ayudar a otros puede tener resultados positivos en el desempeño. La tecnología puede hacer posible la cultura de compartir. Por ejemplo, Xerox dio acceso a sus 25,000 ingenieros de servicio de campo a un sistema de intercambio de conocimientos que pueden consultar durante las visitas de ventas. El sistema ha ahorrado casi 10% en piezas y mano de obra, por un valor de entre 15 y 20 millones de dólares por año. Dan Holtshouse, director de iniciativas de conocimiento, está orgulloso de "las 50,000 sugerencias con soluciones que han sido ingresadas en la base de conocimientos de forma voluntaria, a cambio del reconocimiento por sus contribuciones. Lo que hemos aprendido es la importancia de crear un ambiente laboral con una cultura e incentivos que propicien el intercambio y apoyen ese entorno con procesos de trabajo mejorados y tecnología fuerte".[16]

Las culturas organizacionales pueden ser sólidas o débiles. Las sólidas aclaran cuál es el comportamiento adecuado, son ampliamente compartidas e internamente consistentes. Pueden mejorar el desempeño organizacional de dos maneras. En primer lugar, mejoran el desempeño debido a la energización de los empleados, apelan a sus ideales y valores máximos y los reúnen en torno a un conjunto de metas significativas y unificadas. Estas culturas estimulan el compromiso y el esfuerzo, debido a que son participativas.[17] Bill Emerson, CEO de Quicken Loans, sostiene que "las empresas grandes generan una cultura en la que todos creen que están juntos y pueden lograr cualquier cosa". Para fortalecer la cultura de la empresa, tanto él como Dan Gilbert, presidente y fundador, dedican un día completo de la inducción de los empleados nuevos para analizar la cultura y la filosofía de la empresa.[18]

En segundo lugar, las culturas sólidas mejoran el desempeño por medio de la coordinación del comportamiento de los empleados. Los valores y normas compartidos centran la atención de éstos en las prioridades y los objetivos que guían su comportamiento y la toma de decisiones sin afectar la autonomía de los empleados como lo hacen los sistemas formales de control. Esto hace que las culturas sólidas sean muy útiles para afrontar entornos cambiantes.[19]

WAVEBREAKMEDIA/SHUTTERSTOCK.COM

Una cultura sólida coordina el comportamiento de los empleados y los energiza para trabajar sobre metas unificadas. Estos empleados trabajan juntos un sábado por la mañana para plantar árboles en un parque local como parte de una campaña de servicio a la comunidad.

Sin embargo, las culturas sólidas no son siempre mejores que las débiles y también se debe considerar si son positivas o negativas. Una cultura positiva sólida promueve el compromiso del personal con el sistema de valores de la empresa y ayuda a alinear sus valores. Un ejemplo de conducta de los empleados en una cultura con estas características sería la reacción siguiente de ellos ante la llegada del gerente de la planta: "Estamos orgullosos de tener a nuestro gerente en el piso de producción para observar nuestro comportamiento ético, de alto desempeño y calidad. Trabajamos de esta manera sin que importe si el gerente está o no presente". En una cultura negativa sólida, en la que los empleados comparten normas y valores que no son consistentes con lo que la organización quiere o valora, las reacciones de los empleados a la visita del gerente de la planta serían: "¡Aviso! El gerente de la planta se acerca al piso de producción. ¡Aparenten estar ocupados!"

Las culturas sólidas son difíciles de cambiar debido a que crean valores y conductas estables y consistentes. Una cultura sólida puede dificultar la capacidad de una empresa para evolucionar y adaptarse a la competencia o a una nueva estrategia de negocios. Una empresa con una cultura más débil (pero no *demasiado* débil) se adapta con mayor rapidez a circunstancias diferentes. La cultura es como el adhesivo que une las cosas en una organización, por lo que, si es demasiado débil, no puede guiar de forma eficaz a los empleados. Diversas investigaciones han revelado que el desempeño financiero a largo plazo es superior en las organizaciones con una cultura adaptativa receptiva al cambio y la innovación.[20]

Cuando una cultura es sólida, alienta a los empleados a participar en conductas que refuerzan los valores y la cultura de la organización, ya sean buenas o malas. Se sabe que las culturas éticas sólidas influyen en el comportamiento del personal y en la fortaleza del compromiso ético por medio de sistemas y estructuras organizacionales formales e informales.[21] Un entorno o ambiente ético general que incluye el liderazgo, la comunicación, los sistemas de recompensa y un código de conducta ético formal reduce la incidencia de conductas no éticas.[22]

¿Qué fue lo que arruinó a Enron? La conducta no ética y la contabilidad engañosa son las respuestas fáciles. Pero detrás de muchos de sus problemas se encuentra una cultura que alentaba, por encima de todo, la obtención de resultados visibles y el desempeño individual. Un enfoque en el crecimiento continuo de las utilidades y la iniciativa individual, combinado con la ausencia de controles corporativos y contrapesos habituales, llevaron a la cultura a reforzar los atajos no éticos.[23] Durante la crisis hipotecaria, el comportamiento empresarial no ético y desenfrenado llevó a Robert Mueller, director del FBI, a hacer un llamado a una "cultura de integridad" para luchar contra el fraude hipotecario y otros delitos administrativos.[24]

Un buen ejemplo de la forma en que la cultura influye en las conductas de los empleados de una empresa es la manera en que Acadian Ambulance Service, de Nueva Orleans, respondió después del huracán Katrina en el otoño de 2005. Todos los empleados, desde médicos a mecánicos, algunos de los cuales habían perdido sus hogares, comenzaron con rapidez a cocinar, entregar suministros y mantener en funcionamiento los generadores de energía. Para el fin de semana se había evacuado a más de 5,000 pacientes y cerca de 11,000 miembros del personal del hospital y sus familias. El doctor Ross Judice, director médico de la entidad, afirmó que "la cultura de Acadian ha sido siempre 'Hacer el trabajo'... Las cosas suceden porque contamos con buenas personas que tienen deseos, liderazgo y motivación para hacer cosas buenas. Vimos una necesidad y la abordamos, y esta situación se repitió una y otra vez".[25]

La cultura es importante para las organizaciones porque influye en las conductas discrecionales de los empleados, que se presentan en las situaciones en las que las reglas y expectativas no están claras o cuando no hay supervisión directa. Esta visión es crucial porque las organizaciones no pueden crear procedimientos o políticas que cubran todas las situaciones posibles. Una de las fuentes más importantes de motivación de los empleados es la cultura de la organización.

Entender la cultura corporativa puede crear en usted una ventaja competitiva personal, pues reduce las posibilidades de ofender a sus superiores o cometer una torpeza social. Enunciar sus ideas de forma consistente con los valores reales de la empresa y con la forma en que la alta dirección percibe el mundo también incrementa su influencia.

¿Cómo pueden los líderes crear y mantener una cultura?

En parte, la cultura de una organización depende de su industria. Diferentes sectores industriales desarrollan distintas culturas. Por ejemplo, las plantas de energía nuclear tienen una cultura muy diferente a la de las empresas de internet o de biotecnología. La cultura organizacional también depende de la cultura nacional en la que se desarrolla. Las empresas rusas, chinas y estadounidenses tienden a variar en función de las culturas nacionales en las que están inmersas. Los fundadores de las organizaciones y los líderes también influyen en sus culturas.

La capacitación de los directivos los prepara para establecer la estrategia de negocios y garantizar que las capacidades de la empresa sean coherentes con ella. La configuración de la cultura de una organización es muy difícil de aprender en el aula y requiere de la participación personal. Los líderes deben definir una cultura que apoye la estrategia de negocios y comportarse de forma consistente para demostrarla y explicarla a los empleados para que puedan entender por qué es importante, y así hacerles responsables de mantenerla. Crear y mantener la cultura organizacional es una tarea ardua. Sin embargo, el éxito de organizaciones como Nordstrom, Southwest Airlines y Nike no se debe a que permitieron que sus culturas se desarrollaran de forma accidental, sino todo lo contrario.

Al principio, el fundador de una empresa y su equipo directivo dan forma a la cultura de la nueva organización, que a su vez se ve reforzada por su filosofía, valores, visión y metas. Estas opciones culturales influyen en la estructura de la organización, su sistema de compensación, los lineamientos de relaciones con los clientes, las políticas de recursos humanos y el comportamiento individual y la motivación, elementos que también refuerzan la cultura.

Cuando Peter Swinburn, nuevo CEO del gigante de las bebidas Molson Coors, tomó las riendas después de que una serie de diez adquisiciones y *joint ventures* (empresas conjuntas) habían creado una mezcolanza de fuerzas laborales, estableció como su mayor prioridad forjar una cultura corporativa cohesiva.[26] En palabras de Swinburn, "si pasas cinco años en el desarrollo de una marca, ¿por qué no puedes invertir cinco años en el desarrollo de una cultura?"[27] Entonces, ¿cómo pueden los líderes crear, mantener o cambiar la cultura de una organización? La tabla 15.1 señala algunas tácticas recomendadas por varios expertos.[28]

DAVID RYDER/BLOOMBERG/GETTY IMAGES

Los directivos de Southwest Airlines han trabajado de forma consistente para construir y mantener una cultura centrada en la diversión y el trabajo en equipo. Estos empleados de mantenimiento trabajan en varias partes del avión. La cultura sólida de la organización les ayuda a realizar su trabajo con rapidez y efectividad.

Tabla 15.1

Forma en que los líderes influyen en la cultura organizacional

- Desarrollan un sentido claro de misión y valores acerca de lo que la empresa debe ser y lo comunican a los empleados mediante atención, mediciones y control.

- Seleccionan a los empleados que pueden compartir, expresar y reforzar los valores con el fin de ayudar a construir la cultura deseada. IKEA, el minorista de muebles, contrata a los empleados en función de sus actitudes, valores y adecuación a la cultura de la empresa, tanto como por sus calificaciones. La siderúrgica Nucor Corporation protege su cultura, pues la compatibilidad cultural es un tema clave en la adquisición de otras empresas. Nucor presta especial atención a la forma en que los gerentes de planta y los empleados[29] interaccionan en las empresas que está interesada en adquirir.

- Utilizan acciones y conductas concretas y rutinas diarias que demuestran y ejemplifican los valores y las creencias apropiadas. Por ejemplo, Walmart recuerda de forma constante a sus empleados la cultura de control de costos de la empresa. Para reforzar su sentido de ahorro, uno de sus vicepresidentes, responsable de miles de millones de dólares de valores de negocios, atiende a sus visitantes en sillas de jardín disparejas que se usaron como exhibición durante una venta.[30]

- Modelan de forma consistente las conductas que refuerzan la cultura. Lee Scott, CEO de Walmart, y Tom Schoewe, director de finanzas, ganan millones de dólares al año, pero durante sus viajes de negocios comparten de forma habitual la habitación de un hotel modesto. "Compartir la habitación es una parte muy simbólica de lo que hacemos", dice Scott. "Es también un ecualizador. Si les pido a los gerentes de distrito que compartan una habitación, pero yo no estoy dispuesto a hacerlo con Schoewe, entonces, ¿qué estoy diciendo? ¿Existen dos estándares diferentes? El cliente es lo más importante para todos, pero para mí emplearé un estándar diferente".[31] Los líderes establecen la cultura y los empleados aprenden de ellos cuáles conductas y actitudes son apropiadas.

- Son consistentes en los procedimientos y criterios de administración de recursos humanos. Comunican sus prioridades en la forma de recompensar a los empleados. La vinculación de los incrementos y promociones a conductas específicas comunica las prioridades de los líderes. Cuando Lou Gerstner asumió la presidencia de IBM, reforzó su enfoque en el desempeño con base en los nuevos sistemas de evaluación y compensación.

- Cultivan tradiciones y rituales que expresan, definen y refuerzan la cultura. Los premios y ceremonias de reconocimiento, la presencia del CEO durante la inducción de los empleados nuevos y narrar historias de los éxitos recientes de la empresa pueden definir y reforzar la cultura de una empresa.

Randstad, proveedor de servicios de empleo y contratación de personal, quería que su programa de capacitación para los nuevos empleados incluyera información sobre la cultura de la organización. Lo que comenzó como un curso local de una semana para el personal de nuevo ingreso ha crecido hasta convertirse en un programa de dieciséis semanas que combina el e-learning o aprendizaje electrónico, capacitación en el aula y en el puesto, y mentoring. Durante su primera semana en Randstad, los empleados nuevos reciben una llamada virtual en la que los ejecutivos les dan la bienvenida a la empresa. Luego, toman un curso en e-learning sobre la cultura y la historia de la organización y reciben capacitación en el aula sobre la cultura y los valores de la empresa por parte de sus gerentes de distrito. Randstad considera que la capacitación ayuda a que el negocio funcione mejor y otorga a los empleados un incentivo para desarrollar una carrera y no sólo un puesto.[32]

Los cambios en la estrategia, la tecnología y la estructura organizacionales obligan a modificar las actitudes, conductas, valores y habilidades de los empleados.

Este proceso puede requerir cambios en la cultura organizacional para reforzar las nuevas conductas y valores. Para evaluar las dimensiones importantes de su cultura, empresas como Coca-Cola realizan encuestas y organizan *focus groups* (grupos de enfoque) para evaluar de forma periódica la percepción de los empleados acerca del apoyo de la empresa a la diversidad.[33]

La cultura organizacional tiene muchas capas. Las externas, como las percepciones de las estrategias de marketing y servicio al cliente, pueden cambiar con bastante rapidez. Por su parte, las capas interiores, como los valores e ideologías fundamentales, cambian con mayor lentitud.

Las organizaciones también pueden tener diferentes culturas en diferentes áreas. Las diversas unidades de negocio o subgrupos de las organizaciones pueden desarrollar culturas singulares que apoyen sus necesidades empresariales únicas. En realidad, este apoyo puede implicar que los miembros de los subgrupos participen de forma simultánea en varias culturas organizacionales diferentes.

CULTURAS DE CONFLICTO Y DE INCLUSIÓN

cultura de conflicto
Normas compartidas para manejar el conflicto

normas activas para manejar los conflictos
Resolución abierta de conflictos

normas pasivas para manejar los conflictos
Evitar abordar un conflicto

normas acordadas para manejar los conflictos
Resolución cooperativa de conflictos

normas discrepantes para manejar los conflictos
Resolución competitiva de conflictos

Para comprender mejor la cultura organizacional, se analizarán dos tipos específicos de culturas: las culturas de conflicto y las culturas de inclusión.

Culturas de conflicto

Las culturas de conflicto son un ejemplo de un tipo específico de cultura. Las empresas desarrollan *culturas de conflicto* o lineamientos compartidos para manejar las discrepancias, que reflejan diferentes combinaciones de normas para manejar los conflictos, activas frente a pasivas y acordadas o discrepantes.[34] Las *normas activas para manejar los conflictos* los resuelven de forma abierta, mientras que las *normas pasivas para manejar los conflictos* tienden a evitar abordarlos. Las *normas acordadas para manejar los conflictos* los resuelven de manera cooperativa, a la vez que las *normas discrepantes para manejar los conflictos* lo hacen de forma competitiva. Este abanico da lugar a los cuatro tipos de culturas de conflicto: dominante, de colaboración, de evitación y pasivo-agresiva, que se muestran en la figura 15.2.[35]

Figura 15.2

Existen cuatro tipos de culturas de conflicto, que se basan en normas activas o pasivas y acordadas o discrepantes.

Culturas para manejar el conflicto

	Discrepantes	Acordadas
Activas	Dominante	Colaborativa
Pasivas	Pasivo-agresiva	Evasora

Fuente: Gelfand, M.J., Leslie, L.M. y Keller, K.M. (2008). On the etiology of conflict cultures, en *Research in Organizational Behavior, 28*, pp. 137–166.

Culturas de conflicto dominantes

Las culturas de conflicto dominantes son activas y discrepantes, aceptan enfrentamientos abiertos, así como discusiones y amenazas fuertes.[36] Digital Equipment Corporation tiene una cultura de conflicto dominante que un exempleado describe de la siguiente manera:

"Los empleados de Digital parecían pelear mucho entre sí. Con frecuencia había enfrentamientos a gritos, y llegué a la conclusión de que no se soportaban. Después, los empleados de mayor antigüedad me dijeron que estaba bien no estar de acuerdo con alguien, porque al final la verdad es la que prevalece… Luego de uno de estos intercambios, en el que casi llego a los golpes con uno de mis compañeros, mi gerente me llamó la mañana siguiente. Al sentir que esta vez había excedido los límites de la decencia, pensé en actualizar mi hoja de vida. Fue una sorpresa grande y agradable cuando me dijeron que mi comportamiento del día anterior había sido admirable."[37]

Culturas de conflicto colaborativas

Las culturas de conflicto colaborativas son activas y acordadas. Los empleados manejan y resuelven de forma activa y colaborativa los conflictos hasta encontrar la mejor solución para todas las partes involucradas.[38] Southwest Airlines tiene una cultura de conflicto colaborativa, como describe un jefe de pilotos:

"En ocasiones, la interacción entre pilotos y asistentes de vuelo no es tan buena. [Si] están molestos, se reúnen y lo resuelven con un enfoque de trabajo en equipo. Si usted tiene un problema, lo mejor es manejarlo usted mismo. Si no puede, entonces se lleva al paso siguiente, que consiste en convocar una junta con todas las partes."[39]

Cultura de conflicto evasora

Las culturas de conflicto evasoras son pasivas y acordadas. Este tipo de cultura se esfuerza por mantener el orden y el control y/o por mantener la armonía y las relaciones interpersonales.[40] Las conductas comunes incluyen complacer o ceder al punto de vista de la otra persona, cambiar de tema o evitar el debate abierto sobre el conflicto.

Con frecuencia, las normas de evasión de conflictos comienzan en la parte superior. En Wang Laboratories, una empresa de computadoras que alguna vez fue exitosa y con el tiempo quebró, el fundador y director desarrolló y mantuvo una cultura de evasión de conflictos por medio del envío de un mensaje en el que informó que no deseaba escuchar ningún conflicto o desacuerdo con sus políticas y prácticas. A pesar de que actuó de una manera que consideró que beneficiaría a toda la organización, y que funcionó durante un tiempo, todos prosperaron sólo mientras sus instintos y acciones fueron correctas.[41]

Culturas de conflicto pasivo-agresivas

Las culturas de conflicto pasivo-agresivas son a la vez pasivas y discrepantes. En lugar de abordar de forma abierta los conflictos, esta cultura desarrolla normas para manejarlos mediante la resistencia pasiva, como negarse a participar en las discusiones relacionadas con ellas, guardar silencio, retener la información, o retraerse del trabajo y de las interacciones con los compañeros.[42] Con frecuencia, los hospitales tienen culturas de conflicto pasivo-agresivas, debido a que cuentan con muchas capas de autoridad y una burocracia sólida.[43]

Las culturas nacionales y regionales pueden influir en el tipo de cultura de conflicto que desarrolla una organización. La sección *Temas globales* de este capítulo describe algunas de las influencias transculturales en las culturas de conflicto.

TEMAS ⬥ GLOBALES

INFLUENCIAS TRANSCULTURALES EN LOS CONFLICTOS CULTURALES

La cultura social influye en muchos aspectos de la cultura de una organización, entre ellos, su forma de afrontar los conflictos. Las culturas de conflicto dominantes pueden presentarse con más frecuencia en los países que se centran en el individualismo, como Estados Unidos. Por ejemplo, es frecuente que los medios de comunicación y las instituciones estadounidenses se refieran a un conflicto como "una guerra" o algo que debe "ganarse".[44]

Las culturas de conflicto colaborativas pueden ser más comunes en las sociedades igualitarias y colectivistas y que valoran la cooperación por encima de la competencia, como Holanda.[45]

Las culturas de conflicto de evasión pueden presentarse con más frecuencia en sociedades con un alto nivel de incertidumbre y colectivismo, donde las personas son motivadas a someterse a las autoridades y mantener la armonía del grupo, como es el caso de muchas culturas asiáticas.[46]

Es más probable que las culturas de conflicto pasivo-agresivas se presenten en países con mayor distancia al poder o donde los miembros menos poderosos de la sociedad y las organizaciones esperan y aceptan la desigualdad de su distribución.[47] Estas culturas también pueden prevalecer en sociedades en donde existen líderes abusivos.[48]

Culturas de inclusión

La cultura organizacional es una parte importante de la administración efectiva de la diversidad. Los valores y la cultura de una organización interaccionan con su composición demográfica para influir en la interacción social, el conflicto, la productividad y la creatividad.[49] Las organizaciones que se centran en los intereses colectivos aprovechan mejor los beneficios potenciales de la diversidad demográfica. Numerosas investigaciones apoyan la idea de que las culturas que favorecen la diversidad tienen niveles inferiores de rotación entre personas negras, blancas e hispanas.[50] La percepción de que la empresa valora la diversidad también se relaciona con la reducción del ausentismo entre los empleados negros.[51]

cultura de inclusión
Grado al que la mayoría de los miembros valoran los esfuerzos para incrementar la representación de las minorías y al que las calificaciones y capacidades de las minorías son puestas en duda

La *cultura de inclusión* de una organización refleja el grado al que la mayoría de los miembros valora los esfuerzos para incrementar la representación de las minorías y hasta el cual las calificaciones y capacidades de los miembros de las minorías son puestas en duda.[52] Estas percepciones pueden verse afectadas por las acciones de diversidad de la empresa, así como por el grado al que la diversidad es relevante para una persona determinada.[53]

Cuando la financiera hipotecaria Fannie Mae quiso fomentar una cultura corporativa que valorara y retuviera a los empleados, les preguntó: "¿Qué podemos hacer para mejorar nuestra cultura desde su propio punto de vista?" Con esta pregunta, la empresa descubrió que los grupos judíos, musulmanes e indios sentían que la empresa siempre celebraba la Navidad, pero nunca el Rosh Hashaná, el Ramadán o el Diwali (festival de las luces). El tema surgió de nuevo cuando Fannie Mae se apresuraba a completar una actualización financiera. Los turnos de doce horas al día, seis días a la semana dificultaban las prácticas religiosas de algunas personas. Como resultado, la empresa estableció un calendario multicultural que considera las celebraciones religiosas de todo el año. Cuando se aproxima alguna festividad, los empleados redactan un artículo sobre su significado e historia que después se publica en la intranet de la empresa. Una nota en la parte inferior orienta a los gerentes para que apoyen a los empleados que participan en esta celebración.[54] La sección *Caso de estudio* de este capítulo describe la forma en que Whirlpool construyó una cultura de inclusión. La sección *Mejore sus habilidades* ofrece algunos consejos para evaluar mejor la cultura de una organización.

CASO DE ESTUDIO — Construcción de una cultura de inclusión en Whirlpool

Cerca de 60% del personal de Whirlpool Corporation, el mayor fabricante de electrodomésticos del mundo, con sede en Michigan, se encuentra fuera de Estados Unidos. Incluso dentro del país, la empresa tiene una rica mezcla multicultural de empleados.[55] La diversidad y la inclusión son esenciales para la meta de Whirlpool de colocar sus aparatos en "todos los hogares, en todas partes", una visión que guía a sus empleados en todo el mundo.[56] La empresa considera que reconocer la diversidad y practicar la inclusión le permite aprovechar las fortalezas únicas de todos los empleados para incrementar su productividad, sus utilidades y su desempeño.

"En Whirlpool atendemos mejor las necesidades específicas de nuestros clientes con empleados diversos, incluyentes y dedicados que reflejan nuestra base global de clientes", dice Jeff Fettig, presidente y CEO.[57] La diversidad y la inclusión se alientan en toda la empresa debido a que los empleados diversos ayudan a proporcionar un profundo conocimiento de las necesidades de los clientes globales y diversos. Whirlpool considera la diversidad como el hecho de ser diferente y la inclusión como la participación respetuosa de todas las personas y el uso de los talentos de todos. La empresa cree que las diferencias crean valor y practica la inclusión porque le permite responder mejor a las necesidades de sus clientes diversos.[58]

Los altos directivos hacen de la inclusión una prioridad. Un consejo de diversidad supervisa los esfuerzos de la red corporativa de diversidad y un programa de mentoring en la red de diversidad responde a las necesidades de los nuevos empleados. La empresa también realizó una cumbre sobre el tema para analizar la construcción de una cultura de inclusión.[59]

Whirlpool entiende que, primero, sus directivos deben demostrar comprensión e interés por la diversidad antes de que puedan convertirse en parte de la cultura de la empresa. Para involucrar a los ocupados altos directivos y los mandos intermedios en los esfuerzos de diversidad, creó cinco podcasts cortos de diez minutos que informan sobre las iniciativas de diversidad de la empresa y les ofreció iPod Shuffles para que pudiesen escuchar estos programas cuando no están en la empresa. Los ejecutivos pueden imprimirlos como documentos cortos de dos páginas. Las series de diversidad e inclusión "almuerce y aprenda", organizadas por las redes de diversidad de los empleados, ofrece un ambiente confortable para alentar la discusión entre compañeros. El compromiso de los líderes de Whirlpool ha estimulado un cambio positivo en toda la organización.[60]

Whirlpool integró la diversidad y la inclusión en sus negocios en tres fases:[61]

1. *Sensibilización*: La empresa comenzó a construir el modelo de negocio para la diversidad en un mercado de consumo inestable y luego lo comunicó y ofreció una capacitación en diversidad a sus aproximadamente 18,000 empleados.

2. *Desarrollo de competencias y capacidades*: A continuación, desarrolló herramientas para que los altos directivos administraran de forma efectiva una fuerza laboral global y fomentaran el compromiso del empleado.

3. *Integración de las mejores prácticas*: Después de la capacitación de directivos y empleados, Whirlpool entretejió las mejores prácticas en la estructura de la organización. Comenzó con la visualización de la estrategia de diversidad de la empresa para los nuevos empleados y continuó con el desarrollo de un programa educativo para preparar a los altos directivos para administrar de forma efectiva una fuerza laboral multicultural.

El eslogan de la empresa refleja también su cultura de diversidad: "Lo único más diverso que nuestros productos... son las personas que los crean".[62] Whirlpool fue clasificada entre las 50 mejores empresas en *Diversity Inc* en el año 2011. Además, ha recibido una calificación de 100% en el índice de equidad corporativa de la *Human Rights Campaign*.[63]

Preguntas:

1. ¿Está de acuerdo en que Whirlpool puede lograr una ventaja competitiva por medio de sus empleados diversos?

2. ¿De qué otra manera se puede aplicar la tecnología para mejorar la cultura de inclusión de Whirlpool?

3. ¿Considera que los esfuerzos de Whirlpool para crear una cultura de inclusión valen la pena? Explique su respuesta.

MEJORE SUS HABILIDADES
EVALUACIÓN DE LA CULTURA

Para ser un empleado exitoso y feliz es importante que sus valores, preferencias y metas coincidan con la cultura corporativa. Pero, ¿cómo se puede identificar la cultura de una empresa antes de ser empleado de ella? A continuación se presentan algunas sugerencias de los expertos:[64]

1. *Observe el ambiente físico.* Preste atención a la forma en que se visten los empleados, el grado de apertura de las oficinas, el tipo de muebles que se usan y lo que se muestra en las paredes. Las señales de advertencia de las actividades prohibidas también pueden proporcionar información.

2. *Formule preguntas abiertas sobre la cultura.* Pregunte a varios empleados "cómo describirían la cultura de su organización" y escuche con atención sus respuestas. ¿Están de acuerdo? ¿Parecen positivos y entusiastas?

3. *Visite el sitio web.* ¿Cómo elige la empresa presentarse a sí misma? ¿Los testimonios de los empleados parecen dictados o auténticos?

4. *Escuche el lenguaje.* ¿Escucha hablar mucho del "servicio al cliente" y la "ética" o se le otorga más importancia a "alcanzar las cifras"?

5. *Observe a quién se le presenta y cómo actúa.* ¿Estas personas son formales o informales, serias o relajadas? ¿Considera que se le está presentando a todos los miembros de la unidad o sólo a algunos empleados selectos?

6. *Recabe puntos de vista de personas externas como proveedores, clientes y exempleados.* ¿Estas fuentes de información describen de forma consistente a la empresa en términos como "burocrática", "su trato es frustrante", "abierta y flexible" o "un lugar positivo y atractivo para trabajar"?

EFECTOS DE LA TECNOLOGÍA Y LA INNOVACIÓN EN LA CULTURA

La tecnología puede facilitar la creación y el mantenimiento de la cultura deseada pero, al mismo tiempo, puede dificultarla debido a las consecuencias de utilizarla para el trabajo a distancia o remoto. La innovación y la cultura también influyen entre sí de forma importante.

Cómo usar las intranets para construir y mantener una cultura

Las intranets pueden ayudar a reforzar la cultura organizacional si construyen y mejoran el sentido de comunidad entre los empleados. La cultura organizacional puede variar entre divisiones e incluso entre gerentes. Se pueden obtener diferentes respuestas cuando se les solicita a las personas que trabajan en diferentes áreas de una empresa grande que describan su cultura. Como los grupos de trabajo desarrollan sus propias subculturas, se pueden usar las intranets para construir una base cultural común que reúna a los empleados de unidades y lugares diferentes en torno a

Las intranets construyen una base cultural común que ayuda a reunir a los empleados que trabajan en unidades y ubicaciones diferentes. Además, ayudan al personal a mantener la conectividad de la organización como un todo.

los valores comunes de la empresa. Esta conectividad permite que las personas se mantengan vinculadas con la organización a la vez que promueve la coherencia en la forma en que los empleados se comportan y toman decisiones.

El problema central de las organizaciones no es el uso de las modernas tecnologías de información, sino el aprovechamiento de las tecnologías adecuadas para crear y mantener una cultura de confianza, apertura, establecimiento de relaciones e intercambio de información. Cada diseño intranet refleja un tipo diferente de cultura organizacional y a su vez refuerza la cultura por medio del control del flujo de información y el establecimiento de normas de comportamiento. Las siguientes son algunas de las formas en que las intranets pueden reflejar e influir en la cultura organizacional:

1. *Su alcance*. Las intranets con alcance limitado pueden reforzar la cultura del secreto y del acaparamiento de información. Aquellas que contienen información sobre diversos temas y enlaces a otros sitios útiles, como recursos humanos, la empresa y noticias del sector, blogs, wikis, entrevistas con líderes de la empresa y los indicadores de desempeño, reflejan una cultura de apertura y trabajo en equipo.
2. *Su apertura a la retroalimentación y las contribuciones de los empleados*. Las intranets que contienen herramientas de retroalimentación para señalar si un contenido gusta o no y elementos que permiten que los empleados colaboren reflejan una cultura participativa que valora sus contribuciones. Un sitio más centralizado, muy editado y filtrado refleja una cultura en la que la información fluye con menos libertad y las contribuciones de los empleados son menos valoradas.
3. *La frecuencia con la que se actualizan*. Las intranets que rara vez se actualizan no suelen influir en la cultura de la organización y pueden reflejar una visión que no valora las contribuciones del empleado, tiene una comunicación interna pobre y deficiente atención al detalle. Si es necesario, Lucent actualiza su intranet varias veces al día. También publica dos artículos semanales que refuerzan la visión estratégica y el posicionamiento de la empresa para atraer a los empleados a visitarla varias veces cada semana.
4. *El número de intranets*. En este caso, se debe considerar si hay sólo una intranet en la empresa, o varias para grupos diferentes de empleados. Por ejemplo, algunas organizaciones tienen una para la fuerza de ventas y otra completamente diferente para el grupo de investigación y desarrollo.
5. *El uso de símbolos, historias y ceremonias*. Debido a que estos elementos expresan la cultura de una organización, las intranets pueden transmitir dicha información a través de las noticias de los acontecimientos importantes que afectan a la organización, los mensajes de los directores generales y anuncios de programas de reconocimientos a los empleados.

Cómo construir y mantener una cultura con empleados remotos

Ser una organización virtual es un desafío para la identidad y cultura de cualquier empresa, en particular cuando ésta depende de agentes libres o alianzas con otras empresas que tienen sus propias culturas. Es más difícil para los empleados virtuales familiarizarse con la cultura de una organización, debido a que pasan poco tiempo frente a sus compañeros de trabajo. También es más complicado reforzar sus valores culturales entre los empleados remotos. Estos escollos tienen implicaciones importantes para la identificación de los empleados con la organización y para la administración de las conductas del personal.[65]

Las organizaciones afrontan retos especiales para construir y mantener una cultura que incluya de forma efectiva a los empleados que trabajan de manera remota. Por ejemplo, es probable que esta gerente trabaje muy bien desde su oficina en casa. Al mismo tiempo, puede no sentirse tan integrada como le gustaría a la cultura de la organización.

La adaptación de los empleados remotos a la cultura de la organización puede ser un desafío, debido a que no pueden percibir y experimentar de forma directa la cultura. El programa de teletrabajo formal de la firma de investigación Dun & Bradstreet exige a los empleados trabajar por lo menos tres meses en una oficina antes de hacerlo de forma remota. Este periodo permite que los gerentes evalúen de manera personal las fortalezas, debilidades y hábitos laborales de cada uno de ellos. Los empleados también experimentan de forma directa la cultura corporativa y la ética laboral de la empresa. Trabajar en la misma ubicación también permite que los miembros del equipo se conozcan antes de embarcarse en una relación basada en el teléfono y el correo electrónico.[66]

Innovación y cultura

innovación

Proceso de crear y hacer cosas nuevas que son introducidas en el mercado como productos, procesos o servicios

La *innovación* es el proceso de crear y hacer cosas nuevas que se introducen en el mercado como productos, procesos o servicios. La innovación implica todos los aspectos de la organización, desde la investigación hasta el desarrollo, fabricación y comercialización. Uno de los mayores desafíos de la empresa es llevar tecnologías innovadoras a las necesidades del mercado de la manera más rentable posible.[67] Considere que la innovación organizacional no sólo implica la tecnología para crear los productos nuevos, sino que, cuando es auténtica, es un fenómeno generalizado en toda la organización. Según la revista *Fortune*, las organizaciones más admiradas son las más innovadoras.[68] Estas empresas innovan los procesos cotidianos, como contratación, estrategia, investigación y servicios de oficina. 3M ha sido durante mucho tiempo una empresa reconocida por su creatividad e innovación.

Existen muchos riesgos asociados con ser una empresa innovadora. El más básico es el peligro de que las decisiones acerca de las nuevas tecnologías o la innovación sean contraproducentes. A medida que avanza la investigación y los ingenieros y científicos desarrollan ideas o soluciones nuevas de los problemas, siempre existe la posibilidad de que las innovaciones no funcionen como se espera. Por esta razón, las organizaciones invierten una cantidad considerable de recursos para probarlas.[69] Un segundo riesgo es la posibilidad de que un competidor tome las decisiones pertinentes que le permitan lanzar primero la innovación al mercado. En la actualidad el mercado es un caldo de cultivo para la innovación continua.

Para ser justos, algunos autores han sugerido que el término "innovación" se ha convertido en un cliché por su uso excesivo por parte de empresas y consultores. Dado que las empresas crean puestos, como jefe de innovación y los consultores venden sus servicios en cientos de miles de dólares, hay quienes sostienen que crear nuevos productos que apenas difieren de los anteriores o

En 2015, Research in Motion (RIM) lanzó su Smartphone BlackBerry Leap. Aunque alguna vez fue líder en el mercado de los celulares y los dispositivos de correo electrónico, en la actualidad se encuentra en la parte más baja del sector. Su fracaso en la innovación lo llevó a ser olvidado de forma gradual.

SVETLANA DIKHTYAREVA/SHUTTERSTOCK.COM

incrementar la producción en porcentajes pequeños no merecen ser llamadas innovaciones, y sugieren que el término sea reservado para los grandes cambios disruptivos o radicales en productos, servicios o procesos.[70]

Aunque estas críticas pueden tener algún mérito, las organizaciones todavía tienen que considerar con cuidado que si mantienen el *statu quo* se arriesgan a ser superadas por las prácticas más innovadora de la competencia o por los nuevos avances tecnológicos. Como prueba, sólo se necesita analizar la desaparición de la BlackBerry de Research in Motion (RIM), que dominó el mercado de dispositivos de telefonía celular y correo electrónico de 2003 a 2009. El iPhone de Apple y los dispositivos Android de Google, introducidos inicialmente en 2007 y 2008 y perfeccionados varias veces desde entonces, junto con miles de aplicaciones (apps), han empujado a RIM al borde del colapso.[71]

Tipos de innovación

La innovación puede ser radical, de sistemas o incremental. Una ***innovación radical*** (también llamada innovación disruptiva) es un gran avance que transforma o crea industrias completas. Los ejemplos incluyen la xerografía (que fue inventada por Chester Carlson en 1935 y se convirtió en el sello distintivo de Xerox Corporation), las máquinas de vapor y el motor de combustión interna (que abrió el camino para la industria automotriz actual). La ***innovación de sistemas*** crea una funcionalidad nueva mediante nuevas formas de ensamblaje de las piezas. Por ejemplo, el motor de gasolina comenzó como una innovación radical y se convirtió en una innovación de sistemas cuando se combinó con la tecnología de la bicicleta y el transporte para crear automóviles. La ***innovación incremental*** continúa la mejora técnica y amplía las aplicaciones de las innovaciones radicales y de sistemas. Existen más innovaciones incrementales que radicales y de sistemas. En realidad, con frecuencia se requieren varias innovaciones incrementales para que las radicales y de sistemas funcionen correctamente. Las innovaciones incrementales obligan a las organizaciones a mejorar de manera continua sus productos y mantenerse al corriente o delante de la competencia.

innovación radical (o innovación disruptiva)
Acontecimiento importante que transforma o crea industrias completas

innovación de sistemas
Crea una funcionalidad nueva mediante el ensamblaje de las partes en formas nuevas

innovación incremental
Continúa la mejora técnica y amplía las aplicaciones de las innovaciones radicales y de sistemas

Nuevas iniciativas de negocios

Las nuevas iniciativas de negocios basadas en innovaciones requieren del emprendimiento y de una administración efectiva para trabajar. Por lo general, el perfil del emprendedor incluye la necesidad de logro, el deseo de asumir la responsabilidad, la voluntad para tomar riesgos y un enfoque en resultados concretos. El emprendimiento puede ocurrir dentro o fuera de las grandes organizaciones. El emprendimiento externo involucra todos los aspectos complejos del proceso de innovación. Si es interno se produce dentro de un sistema que por lo general desalienta la actividad caótica.

A menudo, las organizaciones grandes no aceptan actividades de emprendimiento. Por lo tanto, para que una organización grande sea innovadora y desarrolle nuevas iniciativas de negocios debe estimular de manera afanosa la actividad emprendedora dentro de la organización. Esta forma de actividad, a menudo llamada *emprendimiento interno*, por lo general es más efectiva cuando se trata de una parte de la vida cotidiana de la organización y se produce en toda ella en lugar de afectar sólo el departamento de investigación y desarrollo.

Investigación corporativa

La investigación corporativa, o investigación y desarrollo, es el medio más común para desarrollar la innovación en las organizaciones tradicionales. Por lo general, se configura para apoyar las áreas de negocios existentes, proporcionar innovaciones incrementales y explorar alternativas de bases tecnológicas nuevas. Con frecuencia, se lleva a cabo en un laboratorio, ya sea en las instalaciones corporativas principales u otra ubicación diferente de las operaciones normales.

Los investigadores corporativos son responsables de hacer avanzar de manera permanente los productos y procesos de la empresa en términos tecnológicos. Los ciclos de vida de los productos varían mucho y dependen de la rapidez con la que caen en la obsolescencia y de que existan sustitutos.

De forma evidente, si un producto se vuelve obsoleto o algún otro puede sustituirlo, disminuirán las utilidades derivadas de sus ventas. El trabajo de investigación corporativa es evitar que esto suceda manteniendo actualizados los productos de la empresa.

La cultura corporativa puede ser determinante para promover un ambiente para la creatividad y la innovación. Por ejemplo, 3M es una empresa reconocida por su innovación. Sus científicos desarrollaron la cinta de enmascarar, la cinta adhesiva, el protector de tejidos Scotchguard, las notas Post-it, el material Thinsulate y miles de otros productos innovadores. En algún momento, la empresa permitió que los empleados utilizaran hasta 15% de su jornada laboral en algún proyecto de su elección. Sin embargo, la innovación de 3M se redujo hace tiempo hasta el punto de requerir años para que los nuevos productos llegaran al mercado, la fabricación no era eficiente y las utilidades eran casi nulas. En esas circunstancias, un nuevo CEO, Jim McNerney, tomó las riendas; sus iniciativas incluyeron la capacitación en calidad Six Sigma, las clasificaciones forzadas de desempeño y las medidas de eficiencia en costos en toda la empresa. Pronto surgieron los problemas: el nuevo enfoque no sólo redujo los costos sino también la innovación, así como el número de nuevos productos en el mercado. McNerney dejó la empresa y fue reemplazado por George Buckley, quien rápidamente incrementó 20% el presupuesto de investigación y desarrollo y cuya tarea más importante fue restaurar la cultura innovadora herencia de la empresa.[72] Por fortuna, tuvo éxito y 3M volvió a ser reconocida como empresa muy innovadora.

ADMINISTRACIÓN DE LA CULTURA ORGANIZACIONAL

Con anterioridad se habló de la manera en que los líderes crean la cultura de la organización. En esta sección se observa más de cerca la forma en que se administran las culturas existentes. Los tres elementos de la administración de la cultura organizacional son: 1) aprovechar la cultura existente, 2) enseñar la cultura organizacional y 3) transformar la cultura de la organización.

Aprovechamiento de la cultura existente

La mayoría de los gerentes no está en condiciones de crear una cultura organizacional; más bien, trabajan en organizaciones que ya tienen valores culturales. Para ellos el tema central en la administración de la cultura es cómo utilizar de la mejor manera posible el sistema cultural existente. Puede ser más fácil y rápido modificar las conductas de los empleados dentro de la cultura existente que cambiar su historia, tradiciones y valores.[73]

Para aprovechar las ventajas de un sistema cultural existente, en primer lugar los gerentes deben tener conciencia plena de los valores de la cultura y las conductas o acciones que apoyan. Por lo general, lograr la conciencia plena de los valores de una organización no es fácil. Se trata de algo más que leer un folleto sobre lo que la empresa cree. Los gerentes deben desarrollar una comprensión profunda de cómo operan los valores de la organización en la empresa, entendimiento que se alcanza sólo con la experiencia.

Una vez alcanzada esta comprensión, puede utilizarse para evaluar el desempeño de otros en la empresa. La articulación de los valores de la organización puede ser útil en el manejo de las conductas de los demás. Por ejemplo, suponga que un subordinado en una empresa con un fuerte valor cultural de "zapatero a tus zapatos" desarrolla una estrategia de negocio que consiste en incursionar en una nueva industria. En lugar de argumentar que la estrategia de negocios es débil conceptualmente o deficiente en términos económicos, el gerente que comprende la cultura corporativa puede señalar al valor organizacional de la empresa: "En esta empresa creemos que el zapatero debe dedicarse a sus zapatos".

Los altos directivos que entienden la cultura de su organización pueden comunicar su comprensión al personal de los niveles inferiores. Con el tiempo, a medida en que la gerencia media comienza a comprender y aceptar la cultura de la empresa, requerirá menos supervisión directa, pues la comprensión de los valores corporativos guiará su toma de decisiones.

Cómo enseñar la cultura organizacional: la socialización

La *socialización* es el proceso por medio del cual los individuos se convierten en seres sociales.[74] Con base en estudios de reconocidos psicólogos, es el proceso a través del cual los niños aprenden a ser adultos en una sociedad, la forma en que aprenden lo que es un comportamiento aceptable y educado, cómo comunicarse e interaccionar con los demás, y así sucesivamente. En las sociedades complejas, el proceso de socialización requiere muchos años.

La *socialización organizacional* es el proceso mediante el cual los empleados aprenden acerca de la cultura de su organización y transmiten su conocimiento y comprensión a los demás. Los empleados socializan en las organizaciones, así como en las sociedades; es decir, que con el tiempo llegan a conocer lo que es o no aceptable en ellas, cómo comunicar sus sentimientos y cómo interaccionar con los demás. Aprenden mediante la observación y los esfuerzos de los gerentes para comunicarles esta información.

socialización
Proceso por medio del cual los individuos se convierten en seres sociales

socialización organizacional
Proceso por medio del cual los empleados aprenden la cultura de la organización y transmiten su conocimiento y comprensión a los demás

Las organizaciones emplean varios métodos para socializar a los nuevos empleados y enseñarles la cultura en la que trabajarán. En primer lugar se les incorpora en un proceso de inducción y aprenden sobre su nuevo empleador.

La investigación sobre el proceso de socialización señala que, para muchos empleados, los programas de socialización no cambian sus valores, sino que los hacen más conscientes de las diferencias entre sus valores personales y los de la organización, y les ayudan a desarrollar formas para manejar tales diferencias.[75]

Existen varios mecanismos que pueden afectar la socialización de los trabajadores en las organizaciones. Es probable que los más importantes sean los ejemplos que los nuevos empleados ven en el comportamiento de las personas con más experiencia. Los empleados de nuevo ingreso desarrollan un repertorio de historias que pueden utilizar para guiar sus acciones a partir de la observación del ejemplo de los demás. Es probable que cuando tienen que tomar una decisión, se pregunten "qué haría mi jefe en esta situación". Esto no significa que la capacitación formal, los folletos y las declaraciones corporativas sobre la cultura de la organización no sean importantes en el proceso de socialización. Sin embargo, estos factores tienden a apoyar dicho proceso con base en observaciones minuciosas de las acciones de los demás.

En algunas organizaciones, la cultura que se describe en los folletos y se presenta en las sesiones de capacitación es opuesta a los valores de la organización que se expresan por medio de las acciones de las personas. Por ejemplo, una empresa puede declarar que los empleados son su activo más importante, pero tratarlos mal. En este contexto, los nuevos miembros del personal aprenden con rapidez que la retórica de los folletos y las sesiones de capacitación tiene poco que ver con la cultura real de la organización. Por lo general, los empleados socializados en este sistema llegan a aceptar los valores culturales reales en lugar de los que se exponen de manera formal.

Cómo transformar la cultura organizacional

Hasta este punto, gran parte del análisis asume que la cultura de una organización mejora su desempeño. Cuando este es el caso, el aprendizaje y el uso de los valores culturales de una organización para socializar a los trabajadores y gerentes nuevos es muy importante, puesto que este tipo de acciones les ayudan a alcanzar el éxito. Sin embargo, no todas las empresas tienen valores culturales consistentes con un alto nivel de desempeño. La investigación sugiere que, si bien algunas empresas tienen valores que mejoran su desempeño, los de otras lo deterioran. ¿Qué debe hacer un gerente que trabaja en una empresa con valores reductores del desempeño?

La respuesta evidente a esta pregunta es que los altos directivos de la empresa deben tratar de transformar la cultura que impera en ella. Sin embargo, esta es una tarea difícil.[76] La cultura organizacional se resiste al cambio porque es una influencia poderosa en el comportamiento que se da por sentada, encarna los valores básicos de la organización y se comunica con mayor efectividad por medio de historias u otros símbolos. Cuando los gerentes intentan modificar la cultura organizacional, intentan cambiar los supuestos básicos de las personas acerca de lo que es un comportamiento adecuado en la organización. El cambio de una organización tradicional a una basada en equipos es un ejemplo de un cambio de cultura organizacional. Otro es el intento de 3M de cambiar su cultura de eficiencia y costos bajos para volver a sus raíces como una cultura innovadora.[77]

A pesar de estas dificultades, algunas organizaciones han cambiado sus culturas de reductoras a mejoradoras del desempeño.[78] Este proceso de cambio se describe con más detalle en el capítulo 16. La sección anterior sobre la creación de la cultura organizacional describe la importancia de vincular los valores estratégicos y los culturales para crear una nueva cultura organizacional. En las siguientes secciones se analizan de forma breve otros elementos importantes del proceso de cambio cultural.

Administración de símbolos

La investigación sugiere que la cultura de la organización se entiende y comunica por medio de historias y otros medios simbólicos. Si esto es correcto, los gerentes interesados en cambiar la cultura deben tratar de sustituir las historias y mitos para apoyar los valores culturales nuevos. Pueden hacerlo mediante la creación de situaciones que den lugar a nuevas historias.

Suponga que una organización muestra de forma invariable el valor de que "las opiniones de los empleados no son importantes". Cuando los directivos se reúnen, las ideas y opiniones de las personas de nivel jerárquico inferior, si se llegan a plantear, por lo general son rechazadas porque se les considera absurdas e irrelevantes. Las historias que apoyan este valor cultural hablan de gerentes que intentaron hacer una contribución constructiva y a cambio recibieron ataques personales de sus superiores.

Un alto directivo interesado en la creación de una nueva historia, que demuestre a los gerentes de nivel jerárquico inferior que sus ideas son valiosas, podría pedirle a un subordinado que se prepare para dirigir una discusión en una junta y le solicite asumir el liderazgo cuando surja el tema. El éxito del subordinado en la junta se convertirá en una nueva historia, que puede desplazar a aquellas que sugieren que las opiniones de los gerentes de nivel jerárquico inferior no son importantes.

Dificultad del cambio

Cambiar la cultura de una empresa es un proceso largo y difícil. Uno de los problemas principales es que los altos directivos, no importa cuán dedicados estén a la implementación de un valor cultural nuevo, puede volver de forma inconsciente a los viejos patrones de comportamiento. Esto sucede, por ejemplo, cuando un gerente dedicado a implementar el valor de la importancia de las ideas de los empleados de nivel jerárquico inferior ataca con vehemencia las ideas de un subordinado.

Este error genera una historia que es compatible con los viejos valores y creencias. Después de un incidente de este tipo, los gerentes de nivel jerárquico inferior pueden creer que, si bien el jefe aparenta desear aportaciones e ideas de los empleados, en realidad nada podría estar más lejos de la verdad. No importa lo que diga el jefe o la consistencia de su comportamiento en el futuro, porque parte de su credibilidad se ha perdido con esa conducta, lo que dificulta el cambio cultural.

Estabilidad del cambio

Los procesos para modificar la cultura comienzan con identificar la necesidad del cambio y pasar por un periodo de transición en el que se realizan esfuerzos para adoptar valores y creencias nuevos. A largo plazo, una empresa que cambia con éxito su cultura se dará cuenta de que los valores y creencias nuevos son tan estables e influyentes como los antiguos. Los sistemas de valores tienden a reforzarse a sí mismos. Una vez que están en su lugar, cambiarlos requiere un esfuerzo enorme. Por lo tanto, si una empresa puede cambiar de una cultura reductora del desempeño a otra que lo mejora, los valores nuevos tenderán a permanecer durante mucho tiempo. Estos temas se estudian en el análisis sobre el cambio organizacional y la administración del cambio en el capítulo 16.

RESUMEN Y APLICACIÓN

La cultura organizacional es un sistema de valores, normas y supuestos compartidos que guían las conductas y actitudes de los miembros de una organización e influye en la forma en que perciben y reaccionan ante el ambiente o entorno. Las culturas están constituidas por prácticas formales e informales, artefactos, valores defendidos y proclamados y supuestos. Los artefactos son las manifestaciones físicas de la cultura. Los valores y normas defendidos son aquellos que son declarados de manera formal por la organización. Los valores y normas declarados son aquellos que exhiben los empleados con base en sus observaciones de lo que ocurre en la organización. Los supuestos son valores organizacionales que se dan por sentados y con el tiempo se convierten en el núcleo de la cultura de la empresa.

La tecnología puede facilitar la creación y el mantenimiento de la cultura deseada, pero al mismo tiempo puede dificultarla debido a las consecuencias de su uso para el trabajo remoto. La innovación y la cultura también pueden influirse de forma importante entre sí. Las intranets pueden reforzar la cultura de una organización si construyen y fomentan un sentido de comunidad entre los empleados. Los temas cruciales de las organizaciones no consisten en usar las tecnologías de información más recientes, sino en el apalancamiento de las tecnologías correctas para crear y mantener una cultura de confianza, apertura, establecimiento de relaciones e información compartida.

RESPUESTAS PARA EL MUNDO REAL

CAMBIO CULTURAL EN AVAYA

Avaya emprendió su iniciativa de cambio cultural mediante la definición de una cultura deseada a la que luego comparó con su cultura actual. La empresa identificó por medio de *focus groups* tipo marketing, entrevistas de salida y conversaciones con el equipo directivo lo que debía cambiar y en lo que se debía convertir.[79] Así descubrió que la lealtad, la integridad y la confianza eran componentes sólidos de su cultura y que la innovación era valorada por los empleados. También descubrió que el personal mostraba aversión a asumir riesgos, sentía que era necesario pedir permiso antes de tomar una decisión y que los numerosos cambios y restructuraciones del pasado habían creado una mentalidad en la que los trabajadores debían "bajar la cabeza" para poder sobrevivir. Los líderes del cambio notaron que nadie "era propietario" de la cultura ni había tomado la iniciativa de administrarla en los años de formación de la empresa.[80]

Se identificaron las creencias y valores centrales que se debían reforzar en toda la organización, así como los "perfiles de éxito" que describen y comunican lo que los empleados de cada nivel deben conocer y hacer para apoyar la estrategia de negocios y la cultura deseada. Se implementaron planes de administración del desempeño, desarrollo de los empleados y pago por desempeño para apoyar las conductas deseadas de los empleados.[81]

Avaya da grandes pasos para cambiar su cultura[82] a pesar de los numerosos desafíos que afronta, como la recesión económica global.

La innovación es el proceso de crear y hacer cosas nuevas que son introducidas en el mercado como productos, procesos o servicios. Implica cada aspecto de la organización, desde la investigación hasta el desarrollo, fabricación y comercialización. La innovación puede ser radical, de sistemas o incremental. La innovación radical (también conocida como innovación disruptiva) es un evento importante que modifica o crea industrias completas. La innovación de sistemas crea una funcionalidad nueva cuando ensambla las partes de formas novedosas. La innovación incremental continúa la mejora técnica y amplía las aplicaciones de las innovaciones radicales y de sistemas.

Los tres elementos para administrar la cultura organizacional son: 1) aprovechar la cultura existente, 2) enseñar la cultura organizacional y 3) cambiar la cultura de la organización. Para aprovechar el sistema cultural existente, los gerentes deben tener conciencia plena de los valores de la cultura y las conductas o acciones que apoyan dichos valores. La socialización organizacional es el proceso por medio del cual los empleados aprenden sobre la cultura de la organización y transmiten a otros su conocimiento y comprensión. La investigación sugiere que aunque algunas empresas tienen valores que mejoran el desempeño, hay otros que lo deterioran. En este caso los gerentes deben tratar de transformar la cultura, lo que es una tarea muy difícil.

PREGUNTAS PARA ANÁLISIS

1. Describa tres tipos diferentes de cultura organizacional y señale cuándo cada uno de ellos sería más o menos efectivo para una empresa de investigación y desarrollo que depende de la innovación de los empleados.
2. ¿Considera que la cultura es importante para el desempeño de una organización? ¿Por qué?
3. ¿Cómo conoce las culturas de un posible empleador o empresa? ¿Qué nivel de importancia debe atribuirle a la cultura de la empresa para que usted se decida a solicitar o aceptar una oferta de empleo?
4. ¿Cuál de las cuatro culturas de manejo de conflictos sería mejor para usted? ¿Por qué?
5. ¿Qué pueden hacer las empresas para crear y reforzar una cultura de inclusión?
6. ¿De qué forma se puede evaluar la influencia del fundador de la organización cuando ya no forma parte de ella?
7. ¿Cómo se relaciona la tecnología con la innovación?
8. ¿Cuáles ejemplos de innovación radical, de sistemas e incremental puede identificar?
9. Describa la forma en que se puede aprovechar la cultura organizacional existente.

EJERCICIO PARA DESARROLLAR SUS HABILIDADES

Mejoramiento del desempeño por medio de un cambio cultural

Suponga que acaba de aceptar un puesto directivo en Pirate Cove, un minorista de electrónica que ofrece una amplia variedad de productos temáticos de piratas.

El desempeño financiero de la empresa se ha deteriorado, lo mismo que su participación de mercado, razones por las que lo han contratado a usted para implementar algunos cambios. Cuenta con la autoridad para hacer lo necesario a fin de mejorar el desempeño organizacional.

Después de recabar mucha información y de hablar con varios empleados, descubre que la principal causa del bajo nivel de desempeño es que la cultura es demasiado compleja y orientada al consenso, lo que retarda la toma de decisiones. Lo primero que decide hacer es cambiar la cultura. ¿Qué tipo de cultura debería adoptar?, ¿cómo cambiaría la cultura?, ¿qué haría para reforzar los cambios sugeridos (por ejemplo, contratación, recompensas, retroalimentación del desempeño)? Contará con veinte minutos para trabajar de forma individual o en equipo. Prepárese para compartir sus propuestas con el resto del grupo.

EJERCICIO EN EQUIPO

La cultura del aula

El grupo se dividirá en equipos de cuatro a seis integrantes. Cada equipo analizará la cultura organizacional de un grupo universitario. La mayoría de los estudiantes que utilizan este libro en sus clases tomarán muchos cursos y tendrán varias clases en común. Formen los equipos con base en las clases que tengan en común.

1. En primer lugar, cada equipo debe decidir la clase que analizará. Todos los integrantes del equipo deben asistir o haber asistido a esa clase.
2. Cada equipo elaborará una lista con los factores culturales que se analizarán, entre los que se deben incluir:
   a) Historias sobre el profesor
   b) Historias sobre los exámenes
   c) Historias sobre el sistema de evaluación
   d) Historias sobre otros estudiantes
   e) Uso de símbolos que indican los valores de los estudiantes
   f) Uso de símbolos que indican los valores del profesor
3. Los estudiantes deben analizar con cuidado las historias y los símbolos para describir sus significados. Deben buscar historias de otros integrantes del equipo para asegurarse de que cubran todos los aspectos de la cultura del grupo. Se tomarán notas mientras se analizan los temas.
4. Después de un periodo de veinte a treinta minutos de trabajo en equipo, el profesor convocará al grupo y le solicitará a cada equipo que comparta su análisis con sus compañeros.

PREGUNTAS DE SEGUIMIENTO

1. ¿Cuál fue la parte más difícil de este ejercicio? ¿Otros equipos experimentaron las mismas dificultades?
2. ¿Cómo superó su equipo esta dificultad? ¿Cómo lo hicieron los demás equipos?
3. ¿Considera que el análisis del equipo describe con exactitud la cultura del grupo que seleccionaron? ¿Es posible que si otros estudiantes analizaran

la cultura del mismo grupo obtendrían resultados diferentes? ¿A qué se debería ello?

4. ¿Qué acciones le recomendaría al profesor si quisiera modificar la cultura del grupo analizado?

EJERCICIO EN VIDEO

El entorno y la cultura corporativa de Recycline

Desde que el verde se convirtió en el nuevo negro, las empresas estadounidenses han batallado por cambiar sus productos, empaques y consumo de energía para mantenerse en el juego. Gracias a la exploración del entorno que realizó Eric Hudson a mediados de la década de 1990, los productos reciclados de la empresa Recycline identificaron una oportunidad que otros dejaron pasar.

Hudson irrumpió en el área de los productos naturales con un cepillo dental innovador fabricado con materiales reciclados, una decisión audaz que tomó en 1996. Nombró a su primer producto el cepillo Preserve y con ello nació Recycline. El cepillo dental ergonómico con cerdas de nylon estaba fabricado con materiales 100% reciclados, lo que fue un éxito entre los consumidores con conciencia ecológica. Nuevos conversos se unieron y Hudson agregó de forma gradual productos de cuidado personal y cocina a su línea de productos reciclados. En la actualidad los productos Preserve pueden encontrarse en las principales cadenas, como Target, Whole Foods y Walmart.

Para los consumidores sensibles a los temas ambientales, la integridad lo es todo. Recycline considera que los consumidores son prudentes sobre el "efecto de lavado verde" en el que las empresas cultivan una imagen verde superficial sin fundamentos que la respalden. Una revisión meticulosa de la cultura interna de Recycline confirma que la empresa de Hudson es auténticamente ecológica. Primero, como líder cultural de Preserve, Hudson pone en práctica lo que predica, cuando no está pedaleando 35 kilómetros hacia el trabajo o de regreso, conduce un Volkswagen convertido que funciona con el aceite residual de las papas a la francesa, un símbolo emergente del héroe ecológico moderno. Además, todo el personal de Preserve trata de hacer lo correcto para el ambiente con composta, la conservación de la energía y el uso de productos ecológicos.

Pero la cultura de Recycline no sólo es verde, también es efectiva. Como la empresa es pequeña, todos se interesan y son alentados a participar en las nuevas iniciativas sin que importe su puesto. El vicepresidente de ventas, John Turcott, considera que el tamaño de Preserve es crucial para responder con rapidez: "Nuestro proceso de toma de decisiones es más ágil, obtenemos juntos los recursos que necesitamos para resolver un problema, lo hacemos y continuamos con lo que sigue". Como las cosas en Preserve ocurren con velocidad, todos deben tener impulso, creatividad y flexibilidad.

Preguntas para análisis

1. ¿Cuáles son algunos aspectos visibles de la cultura de Recycline que reflejan los valores y el compromiso de la empresa con los temas ambientales?
2. ¿Qué papel juegan los líderes en la conformación de la cultura organizacional de Recycline? Explique su respuesta.
3. ¿Sería fácil para Recycline cambiar su cultura organizacional si el mercado de productos ecológicos sufriera un retroceso? ¿Cómo podría la gerencia identificar si ha ocurrido un cambio permanente en la cultura?

CASO EN VIDEO

¿Y ahora qué?

Suponga que asiste a una junta con su jefe y dos compañeros para analizar una reducción en las ventas de un producto que antes era muy popular. Uno de los competidores introdujo un producto similar y mejor que le ha arrebatado su participación de mercado. La empresa sabía del producto del competidor, pero subestimó la amenaza. Happy Time Toys quiere asegurarse de que podrá reconocer con mayor rapidez las amenazas potenciales futuras. ¿Qué haría o diría? Vea el video "¿Y ahora qué?" de este capítulo, revise el video de desafío y elija una respuesta. Asegúrese de revisar también los resultados de las respuestas que no eligió. Unas de las soluciones propuestas es llevar a cabo un análisis de la competencia y una revisión posterior a las acciones (analysis and an after action review, AAR). Ésta consiste en un análisis estructurado o un proceso de cuestionamiento que se emplea para estudiar los resultados positivos y negativos de una acción. Los pasos incluyen el análisis de a) lo que debería suceder, b) lo que sucedió en realidad y c) cómo se pueden mejorar los sistemas o procesos. El análisis de la competencia es similar, pero se centra en la evaluación de las fortalezas y debilidades de los competidores actuales y potenciales.

Preguntas para análisis

1. ¿De qué manera influye la cultura en la capacidad de respuesta de Happy Time Toys ante las amenazas de los competidores?
2. ¿Cómo se ilustra la ética en estos videos? ¿Cuál es la mejor manera de garantizar que se tomen decisiones éticas?
3. Con base en el contenido de este capítulo, ¿qué otras sugerencias tiene para transformar la cultura y mejorar la capacidad de respuesta al entorno y por qué las sugeriría?

NOTAS FINALES

[1]Gaston, R. y Fitzgerald, S. (2010). Culture Change at Avaya. Denison Consulting. Disponible en línea en: http://www.denisonconsulting.com/docs/Culture%20Change%20At%20Avaya.pdf.

[2]Denison Consulting (2011). Avaya: Culture Transformation through Alignment, en *Denison*, 6(2), pp. 1–4.

[3]O'Reilly, C. A. y Chatman, J. A. (1996). Cultures as Social Control: Corporations, Cults, and Commitment, en *Research in Organizational Behavior*, eds. L. Cummings y B. M. Staw (vol. 18, pp. 157–200, p. 166). Greenwich, CT: JAI Press.

[4]Chatman, J. A. y Jehn, K. A. (1994). Assessing the Relationship Between Industry Characteristics and Organizational Culture: How Different Can You Be?, en *Academy of Management Journal*, 37, pp. 522–553.

[5]Gerstner, L. V., II (2002). *Who Says Elephants Can't Dance? Inside IBM's Historic Turnaround*. Nueva York: HarperCollins.

[6]Byrnes, N. (1 de mayo de 2006). The Art of Motivation, en *BusinessWeek*, pp. 56–62.

[7]Our Culture and Values (2015), en *Nokia.com*. Disponible en línea en: http://networks. nokia.com/about-us/sustainability/employees/our-culture-and-values.

[8]Para revisar un ejemplo, vea Clarke, S. (Marzo de 1999). Perceptions of Organizational Safety: Implications for the Development of Safety Culture, en *Journal of Organizational Behavior*, pp. 185–198.

[9]Schein, E. (1985). *Organizational Culture and Leadership*. (2a. ed.) San Francisco, CA: Jossey-Bass.

[10]Gardiner, L. (2010). From Synchilla to School Support, en *Markkula Center for Applied Ethics*. Disponible en línea en: http://www. scu.edu/ethics/publications/iie/v8n1/synchilla.html.

[11] Nota: Los tres niveles que combinan los valores defendidos y los proclamados, se refieren a los que se presentan en Schein, E. (1992). *Organizational Culture and Leadership* (2a. ed.). San Francisco, CA: Jossey-Bass.

[12]Schein, E. (1992). *Organizational Culture and Leadership*. (2a. ed.). San Francisco, CA: Jossey-Bass.

[13]Chatman, J. A. y Cha, S. E. (2003). Leading by Leveraging Culture, en *California Management Review*, 45, pp. 20–34.

[14]Gregory, B. T., Harris, S. G., Armenakis, A. A. y Shook, C. L. (2009). Organizational Culture and Effectiveness: A Study of Values, Attitudes, and Organizational Outcomes, en *Journal of Business Research*, 62, pp. 673–679.

[15]Neuhauser, P. C., Bender, R. y Stromberg, K. L. (2000). *Culture. com: Building Corporate Culture in the Connected Workplace*. Nueva York: John Wiley and Sons.

[16]Ambrozek, J. y Ambrozek, L. B. (28 de noviembre de 2002). Building Business Values Through Online Knowledge, en *Workforce.com*. Disponible en línea en: http://www.workforce.com/articles/ building-business-values-through-online-knowledge.

[17]Walton, R. E. (1980). Establishing and Maintaining High Commitment Work Systems, en *In The Organizational Life Cycle: Issues in the Creation, Transformation and Decline of Organizations*, eds. J. R. Kimberly y R. H. Miles y Associates (pp. 208–290). San Francisco, CA: Jossey-Bass.

[18]Quicken Loans Named to Fortune's "100 Best Companies to Work For" List for Third Consecutive Year (2006), en *Quicken Loans press release*. Disponible en línea en: http:// www.quicken-loans.com/press-room/2006/01/09/quicken-loans-named-fortune-100-companies-work-list-consecutiveyear/

[19]Tushman, M. L. y O'Reilly, C. A. (1997). *Winning Through Innovation: A Practical Guide to Leading Organizational Change and Renewal*. Boston: Harvard Business School Press.

[20]Kotter, J. P. y Heskett, J. L. (1992). *Corporate Culture and Performance*. Nueva York: Free Press.

[21]Treviño, L. K., Weaver, G. R. y Reynolds, S. J. (2006). Behavioral Ethics in Organizations: A Review, en *Journal of Management*, 32, pp. 951–990.

[22]Treviño, L. K. (1990). A Cultural Perspective on Changing and Developing Organizational Ethics, en *Research in Organizational Change and Development*, eds. R. Woodman y W. Passmore (vol. 4, pp. 195–230). Greenwich, CT: JAI Press.

[23]Byrne, J. A., France, M. y Zellner, W. (24 de febrero de 2002). At Enron, the Environment Was Ripe for Abuse, en *BusinessWeek*. Disponible en línea en:http://www.bloomberg.com/bw/stories/2002-02-24/at-enron-the-environment-was-ripe-for-abuse.

[24]FBI: Beware of Mortgage Fraud. (13 de mayo de 2008), en *Money. CNN.com*. Disponible en línea en: http://money.cnn.com/2008/05/13/ real_estate/mortgage_fraud/.

[25]Robyn, K. (1 de diciembre de 2005). Acadian Ambulance Got It Done, en *Emergency Medical Services*. Disponible en línea en: http://www. emsmagazine.com/publication/article.jsp?pubId=1&id=2613.

[26]MacMillan, D. (1 de marzo de 2010). Survivor: CEO Edition, Bloomberg, en *BusinessWeek*, pp. 32–38.

[27]MacMillan, D. (1 de marzo de 2010). Survivor: CEO Edition, Bloomberg, en *BusinessWeek*, p. 38.

[28]Brief, A. P., Schneider, B. y Guzzo, R. A. (1996). Creating a Climate and Culture for Sustainable Organizational Change, en *Organizational Dynamics*, 24(4), pp. 7–19; Schein, E. (1985). *Organizational Culture and Leadership* (pp. 224–237). San Francisco, CA: Jossey-Bass; Deal, T. E. y Peterson, K. D. (1998). *Shaping School Culture: The Heart of Leadership*. San Francisco, CA: Jossey-Bass.

[29]Byrnes, N. (1 de mayo de 2006). The Art of Motivation, en *BusinessWeek*, pp. 56–62.

[30]Fishman, C. (Enero de 2006). The Man Who Said No to WalMart, en *Fast Company*, 102, p. 66.

[31]Faber, D. (2004). The Age of Wal-Mart: Inside America's Most Powerful Company, en *Digital Films*. Disponible en línea en: http://digital. films.com/play/UPAK6H#.

[32]Marquez, J. (13 de marzo de 2006). Randstad North America: Optimas Award Winner for Competitive Advantage, en *Workforce Management*, p. 18.

[33]Lundquist, K. K. (2008). Coca-Cola Measures Progress on Diversity Journey, en *Talent Management*, enero, p. 21.

[34]Gelfand, M. J., Leslie, L. M. y Keller, K. M. (2008). On the Etiology of Conflict Cultures, en *Research in Organizational Behavior*, 28, pp. 137–166.

[35]Gelfand, M. J., Leslie, L. M. y Keller, K. M. (2008). On the Etiology of Conflict Cultures, en *Research in Organizational Behavior*, 28, pp. 137–166.

[36]Gelfand, M. J., Leslie, L. M. y Keller, K. M. (2008). On the Etiology of Conflict Cultures, en *Research in Organizational Behavior*, 28, pp. 137–166.

[37]DeLisi, P. S. (1998). A Modern-Day Tragedy, en *Journal of Management Inquiry*, 7, p. 120.

[38]Gelfand, M. J., Leslie, L. M. y Keller, K. M. (2008). On the Etiology of Conflict Cultures, en *Research in Organizational Behavior*, 28, pp. 137–166.

[39]Gittell, J. H. (2003). *The Southwest Airlines Way: Using the Power of Relationships to Achieve High Performance*. Nueva York: McGraw-Hill.

[40]Gelfand, M. J., Leslie, L. M. y Keller, K. M. (2008). On the Etiology of Conflict Cultures, en *Research in Organizational Behavior*, 28, pp. 137–166.

[41]Finkelstein, S. (2005). When Bad Things Happen to Good Companies: Strategy Failure and Flawed Executives, en *Journal of Business Strategy*, 26, pp. 19–28.

[42]Baron, R. y Neuman, J. (1996). Workplace Violence and Workplace Aggression: Evidence on Their Relative Frequency and Potential Causes, en *Aggressive Behavior*, 22, pp. 161–173; Geddes, D. y Baron, R. A. (1997). Workplace Aggression as a Consequence of Negative Performance Feedback, en *Management Communication Quarterly*, 10, pp. 433–454.

[43]Musiker, H. R. y Norton, R. G. (1983). The Medical System: A Complex Arena for the Exhibition of Passive- Aggressiveness, en *Passive-Aggressiveness: Theory and Practice*, eds. R. D. Parsons y R. J. Wicks (pp. 194–212). Nueva York: Brunner/Mazel.

[44]Gelfand, M. J., Nishii, L. H. y Raver, J. L. (2006). On the Nature and Importance of Cultural Tightness-Looseness, en *Journal of Applied Psychology*, 91, pp. 1225–1244.

[45]Sigler, T. y Pearson, C. (2000). Creating and Empowering Culture: Examining the Relationship Between Organizational Culture and Perceptions of Empowerment, en *Journal of Quality Management*, 5, pp. 27–52; Leung, K., Bond, M. H., Carment, D. W. y Krishnan, L. (1990). Effects of Cultural Femininity on Preferences for Methods of Conflict Processing: A Cross Cultural Study, en *Journal of Experimental Social Psychology*, 26, pp. 373–388.

[46]Triandis, H. C. y Gelfand, M. J. (1998). Converging Measurement of Horizontal and Vertical Individualism and Collectivism, en *Journal of Personality and Social Psychology*, 74, pp. 118–128.

[47]Gelfand, M. J., Nishii, L. H. y Raver, J. L. (2006). On the Nature and Importance of Cultural Tightness-Looseness, en *Journal of Applied Psychology*, 91, pp. 1225–1244.

[48]Gelfand, M. J., Leslie, L. M. y Keller, K. M. (2008). On the Etiology of Conflict Cultures, en *Research in Organizational Behavior*, 28, pp. 137–166.

[49]Chatman, J. A., Polzer, J. T., Barsade, S. G. y Neale, M. A. (1998). Being Different Yet Feeling Similar: The Influence of Demographic Composition and Organizational Culture on Work Processes and Outcomes, en *Administrative Science Quarterly*, 43, pp. 749–780.

[50]McKay, P. F., Avery, D. R., Tonidandel, S., Morris, M. A., Hernandez, M. y Hebl, M. R. (2007). Racial Differences in Employee Retention: Are Diversity Climate Perceptions the Key?, en *Personnel Psychology*, 60, pp. 35–62.

[51]Avery, D. R., McKay, P. F. Wilson, D. C. y Tonidandel, S. (2007). Unequal Attendance: The Relationships Between Race, Organizational Diversity Cues, and Absenteeism, en *Personnel Psychology*, 60, pp. 875–902.

[52]Kossek, E. E. y Zonia, S. C. (1993). Assessing Diversity Climate: A Field Study of Reactions to Employer Efforts to Promote Diversity, en *Journal of Organizational Behavior*, 14, pp. 61–81.

[53]Mor Barak, M. E., Cherin, D. A. y Berkman, S. (1998). Organizational and Personal Dimensions in Diversity Climate: Ethnic and Gender Differences in Employee Perceptions, en *Journal of Applied Behavioral Science*, 34, pp. 82–104.

[54]Toppling a Taboo: Businesses Go "Faith-Friendly." (24 de enero de 2007), en *Knowledge @ Wharton*. Disponible en línea en: http:// knowledge.wharton.upenn.edu/article.cfm?articleid=1644&C FID=15563496&CFTOKEN=55015521&jsessionid=a8307d84 d98967424b15.

[55]Whirlpool. (2015). *Employees*. Disponible en línea en: http:// www.whirlpoolcorp.com/diversity-inclusion/.

[56]Whirlpool (2015). *About Whirlpool*. Disponible en línea en: http://www.whirlpoolcorp.com/about/.

[57]Diversity and Inclusion at Whirlpool. (Marzo de 2008), en *Diversityinc.com*. Disponible en línea en: http://www.diversityinc.com/pdf/specialsections/michigan-sect-march2008.pdfl

[58]Whirlpool (2015). *Employees*. Disponible en línea en: http:// www.whirlpoolcorp.com/diversity-inclusion/.

[59]Henneman, T. (29 de mayo de 2004). Diversity Training Addresses Sexual Orientation, en *Workforce Management Online*. Disponible en línea en: http://www.workforce.com/ articles/diversity-training-addresses-sexual-orientation.

[60]Diversity Best Practices. (Abril de 2007). White Male Engagement: Inclusion Is Key, en *CDO Insights 1*, pp. 21–24.

[61]Diversity and Inclusion at Whirlpool. (Marzo de 2008), en *Diversityinc.com*, p. 60.

[62] http://www.whirlpoolcorp.com.

[63]Whirlpool (2015). *Awards and Recognition*. Disponible en línea en: http://www.whirlpoolcorp.com/awards-and-recognition/.

[64]Basado en Hunsaker, P. (2001). *Training in Management Skills* (p. 323). Upper Saddle River, NJ: Prentice Hall; Seidel, H. (2005). Assessing an Organization's Culture—Before You Join, en *Jobfind.com*; Paulson, C. (14 de septiembre de 2009). How to Spot the Corporate Culture, en *Boston.com*. Disponible en línea en: http://www.boston.com/jobs/bighelp2009/september/articles/ how_to_evaluate_corporate_culture/.

[65]Rousseau, D. M. (1998). Why Workers Still Identify with Organizations, en *Journal of Organizational Behavior*, 19, pp. 217–233; Pratt, M. G. y Foreman, P. O. (2000). Classifying Managerial Responses to Multiple Organizational Identities, en *Academy of Management Review*, 25, pp. 18–42.

[66]Mayor, T. (1 de abril de 2001). Remote (Worker) Control, en *CIO Magazine*. Disponible en línea en: http://www.cio.com/ article/30100/Management_Remote_Worker_Control.

[67]Humphrey, W. S. (1987). *Managing for Innovation: Leading Technical People*. Englewood Cliffs, NJ: Prentice Hall, 1987.

[68]O'Reilly, B. (3 de marzo de 1997). Secrets of the Most Admired Corporations: New Ideas and New Products, en *Fortune*, pp. 60–64.

[69]Lewis, L. K. y Seibold, D. R. (Abril de 1993). Innovation Modification During Intraorganizational Adoption, en *Academy of Management Review*, 10(2), pp. 322–354.

[70]Kwoh, L. (23 de mayo de 2012). You Call That Innovation?, en *Wall Street Journal*, B1.

[71]Tobak, S. (2 de abril de 2012). Leadership Lessons from BlackBerry's Demise, en *CBS MoneyWatch*. Disponible en línea en: http://www.cbsnews.com/8301-505125_162-57407782/ leadership-lessons-from-blackberrysdemise/.

[72]Hindo, B. (11 de junio de 2007). 3M's Culture of Innovation, en *Business Week*. Disponible en línea en: http://www.bloomberg.com/ss/07/05/0530_3m_products/source/1.htm; Hindo, B. (10 de junio de 2007). At 3M, a Struggle Between Efficiency and Creativity, en *Business Week*. Disponible en línea en: http:// www. bloomberg.com/bw/stories/2007-06-10/at-3m-a-strugglebetween-efficiency-and-creativity; Hindo, B. (10 de junio de 2007). 3M Chief Plants a Money Tree, en *Business Week*. Disponible en línea en: http://www.bloomberg.com/bw/stories/2007-06-10/ online-extra-3m-chief-plants-a-money-tree.

[73]Wilhelm, W. (Noviembre de 1992). Changing Corporate Culture—Or Corporate Behavior? How to Change Your Company, en *Academy of Management Executive*, pp. 72–77.

[74]"Socialización" también se define como "el proceso por medio del que se transmite la cultura de una generación a la siguiente". Vea Whiting, J. W. M. (1968). Socialization: Anthropological Aspects, en *International Encyclopedia of the Social Sciences*, ed. D. Sils (vol. 14, p. 545). Nueva York: Free Press.

[75]Hebden, J. E. (Verano de 1986). Adopting an Organization's Culture: The Socialization of Graduate Trainees, en *Organizational Dynamics*, pp. 54–72.

[76]Barney, J. B. (Julio de 1986). Organizational Culture: Can It Be a Source of Sustained Competitive Advantage?, en *Academy of Management Review*, pp. 656–665.

[77]Hindo, B. (11 de junio de 2007). 3M's Culture of Innovation, en *Business Week*. Disponible en línea en: http://www.bloomberg. com/ ss/07/05/0530_3m_products/source/1.htm.

[78]Norman, J. R. (27 de septiembre de 1993). A New Teledyne, en *Forbes*, pp. 44–45.

[79]Denison (2011). Avaya: Culture Transformation through Alignment, en *Denison*, 6(2), p. 14.

[80]Gaston, R. y Fitzgerald, S. (2010). Culture Change at Avaya, en *Denison Consulting*. Disponible en línea en: http://www.denisonconsulting.com/docs/Culture%20Change%20At%20Avaya.pdf.

[81]Denison Consulting (2011). Avaya: Culture Transformation through Alignment, en *Denison*, 6(2), pp. 1–4.

[82]Avaya (2015). *Our Culture*. Disponible en línea en: http:// www.avaya.com/usa/about-avaya/our-company/our-culture/ our-culture.

CAPÍTULO 16

CAMBIO ORGANIZACIONAL Y ADMINISTRACIÓN DEL CAMBIO

OBJETIVOS DE APRENDIZAJE

Al concluir el estudio de este capítulo, usted podrá:

1 Sintetizar las fuerzas dominantes del cambio en las organizaciones y describir el proceso del cambio organizacional planeado.

2 Analizar diferentes enfoques de desarrollo organizacional.

3 Explicar la resistencia al cambio.

4 Identificar las claves para administrar con éxito el cambio y el desarrollo organizacionales y describir el aprendizaje organizacional.

—DESAFÍOS DEL MUNDO REAL—

ERRORES EN LA ADMINISTRACIÓN DEL CAMBIO EN KODAK[1]

En 1994 Eastman Kodak se encontraba entre las 20 empresas principales de *Fortune 500*. En 1996 el renombrado fabricante de equipos y películas fotográficas contaba con 145,000 empleados e ingresos por 13,000 millones de dólares. En 2005, la fuerza laboral había disminuido a 51,000 empleados, pero los ingresos alcanzaron 14,000 millones de dólares. En 2015 reportó ingresos por 2,500 millones de dólares y una fuerza laboral de 13,000 empleados.

¿Qué ocurrió con este gigante corporativo? O, con mayor precisión, ¿qué cambió y redujo a una corporación de clase mundial a sólo una sombra en únicamente dos décadas? La mayoría de los análisis apuntan al surgimiento de la tecnología digital, la capacidad depara almacenar y procesar datos como bits y bytes informáticos en vez de corrientes de señales electrónicas cargadas en materiales físicos, como cintas magnéticas o películas de haluro de plata, lo que se conoce como tecnología analógica. La llamada revolución digital, que consiste en la transición mundial de la tecnología analógica a la digital, comenzó en las décadas de 1980 y 1990 con la disponibilidad de teléfonos celulares en todas partes e internet como piezas clave de las operaciones de negocios. Un exdirectivo de Kodak que trabaja en otra empresa le pide a usted su opinión acerca de las razones por las que la empresa fracasó en su proceso de adaptación. Después de leer este capítulo, usted tendrá buenas ideas que compartir con su colega.

Las empresas que cambian de forma adecuada son capaces de mantenerse como negocios viables. Aquellas que no implementan los cambios correctos, como Kodak, pierden su capacidad para competir, dejan de existir y abandonan el negocio o son absorbidas por organizaciones más exitosas. Este capítulo aborda la forma en que las empresas deben afrontar las posibilidades de cambio y desarrollar procesos para asegurar su viabilidad en un entorno global complejo e inestable. El capítulo comienza con un análisis sobre algunas de las fuerzas que crean presiones para el cambio, seguido de una explicación detallada del complejo proceso que esto implica. Después, se describe el desarrollo organizacional y las fuerzas de resistencia al cambio, para concluir con un resumen sobre la forma en que se debe administrar el cambio en las organizaciones.

LAS FUERZAS DEL CAMBIO

Una organización se encuentra sujeta a presiones para cambiar de muchas más fuentes de las que se pueden abordar en este capítulo. Además, es difícil predecir cuál tipo de estas presiones será más significativo en la siguiente década, debido a que la complejidad de los acontecimientos y la velocidad del cambio se incrementan cada día. Sin embargo, es posible e importante analizar categorías generales de presiones que tienen mayores probabilidades de afectar de forma importante a las organizaciones. Las cuatro áreas en las que las presiones para cambiar son más poderosas son las personas, la tecnología, el procesamiento de la información y la comunicación y la competencia. La tabla 16.1 ofrece ejemplos de cada una de estas categorías.

Las personas

Cerca de 76 millones de personas nacieron en Estados Unidos entre 1946 y 1964. Como se analiza en el capítulo 2, estos *baby boomers* difieren de forma significativa de las generaciones que les preceden en escolaridad, expectativas y sistema de valores. En la medida en que este grupo ha envejecido, la edad promedio de la población estadounidense se incrementó de forma gradual a 32 años en 1988 y a 37.3 años en 2011. Las características especiales de los *baby boomers* muestran patrones de compra diferentes que influyen en la innovación de productos y servicios, el cambio tecnológico y las actividades promocionales y de marketing. Las prácticas de empleo, los sistemas de compensación, promoción y sucesión, así como el concepto completo de administración de recursos humanos, también han sido afectados.

Otras presiones para el cambio relacionadas con la población se refieren a las generaciones previas y posteriores a los *baby boomers*: el creciente número de jubilados y aquellos

RAWPIXEL/SHUTTERSTOCK.COM

Existen numerosas fuerzas del cambio que afectan a las organizaciones. Una de las principales son las personas. Como se muestra en esta imagen, la diversidad de la fuerza laboral se ha incrementado de manera importante al igual que en las organizaciones, las cuales pueden aprovechar la diversidad para mejorar el desempeño y la creatividad, pero también deben cambiar para ajustarse a necesidades, preferencias y expectativas diversas.

Tabla 16.1

Presiones para el cambio organizacional

Categoría	Ejemplos	Tipo de presión para el cambio
Personas	Generación X, Y, *millennials* Suministro de mano de obra global Jubilados Diversidad de la fuerza laboral	Solicitudes de capacitación, beneficios, acuerdos laborales y sistemas de compensación diferentes.
Tecnología	Fabricación en el espacio Internet Equipos globales de diseño	Mayor escolaridad y capacitación para los empleados en todos los niveles, productos nuevos que se muevan con mayor rapidez en el mercado.
Procesamiento de la información y comunicación	Comunicaciones satelitales y por computadora Abastecimiento global Videoconferencias Redes sociales	Tiempos de reacción más cortos, respuestas inmediatas a las preguntas, nuevos productos, diferentes arreglos de oficinas, telecomunicaciones, marketing, publicidad, reclutamiento en sitios de redes sociales.
Competencia	Mercados globales Tratados comerciales internacionales Nuevos países	Competencia global, un número mayor de productos que compiten con más opciones y características, menores costos y mayor calidad.

nacidos después de 1960. Los padres de los *baby boomers* tienen vidas más largas y saludables que los de las generaciones anteriores y esperan vivir "la buena vida" que se perdieron cuando criaron a sus hijos. El efecto de contar con un número mayor de jubilados se evidencia en las prácticas de empleo de medio tiempo y el marketing de cualquier producto, desde hamburguesas y paquetes turísticos a Asia hasta servicios financieros, recreativos y médicos. La generación posterior a 1960, conocida como generación X, ingresó al mercado laboral en la década de 1980 y se comporta de modo diferente. Los sociólogos y los psicólogos identificaron a otro grupo, conocido como los *millennials*, nacidos entre 1980 y 2000 (los expertos difieren en las fechas de inicio y término desde 1997 hasta 2002), quienes parecen experimentar una etapa diferente de vida entre la adolescencia y la adultez en la que los jóvenes cambian de un empleo a otro y de una relación a otra, viven en casa con pocas responsabilidades y abiertos a experimentar cosas en sus vidas. Los *millennials* postergan el matrimonio, la crianza de los hijos, la adquisición de una vivienda y la mayoría de las responsabilidades de la vida adulta.[2] Sin embargo, parecen tener una mayor orientación al grupo, aceptan la diversidad, son optimistas y asimilan la tecnología con mucha rapidez.[3] En el trabajo, prefieren el reforzamiento positivo (como la claridad en las asignaciones laborales), desean mayor flexibilidad para ejercer sus puestos y buscan ser tratados de forma individual y no de la misma manera que todos.[4] Estos cambios en la demografía se extienden a la composición de la fuerza laboral, el estilo de vida familiar y los patrones de compra en todo el mundo.

La creciente diversidad de la fuerza laboral en los siguientes años representará cambios significativos para las organizaciones. La diversidad se estudia con detalle en el capítulo 2. Además, en el siglo XXI los empleados afrontan un ambiente laboral diferente. La palabra más representativa para este nuevo entorno es "cambio". Los empleados deben estar preparados para el cambio constante, ya que éste se presenta en las culturas, estructuras, relaciones laborales y relaciones con los clientes, así como en los puestos de trabajo. Las personas deben ser completamente adaptables a las situaciones nuevas y mantener al mismo tiempo su productividad bajo el sistema existente.[5] La sección *Cómo entenderse a sí mismo* le ofrece información sobre su disposición para el cambio.

CÓMO ENTENDERSE A SÍ MISMO

¿CUÁL ES SU NIVEL DE TOLERANCIA A LA AMBIGÜEDAD?

Esta sección le ofrece la oportunidad de comprender mejor su nivel de tolerancia a la ambigüedad. Responda con honestidad las siguientes declaraciones con esta escala:

Totalmente en desacuerdo	En desacuerdo	Neutral	De acuerdo	Totalmente de acuerdo
1	2	3	4	5

___ 1. No participo en proyectos de grupo a menos de que me sienta seguro de que el proyecto será exitoso.

___ 2. Me siento muy incómodo al tomar una decisión cuando no cuento con suficiente información para analizar el problema.

___ 3. No me gusta trabajar sobre un problema a menos que exista la posibilidad de obtener una solución clara y sin ambigüedades.

___ 4. Mi desempeño es deficiente cuando existe una carencia importante de comunicación en una situación laboral.

___ 5. Cuando otras personas me evalúan, siento una necesidad grande de contar con evaluaciones claras y explícitas.

___ 6. Siento mucha ansiedad si no tengo certeza sobre mis responsabilidades en un puesto.

___ 7. Si creo que un problema no tiene solución, no me resulta atractivo.

___ 8. Me gusta saber lo que sucederá cada día en el trabajo.

___ 9. La vida más interesante es aquella que se vive bajo condiciones que cambian con rapidez.

___ 10. Cuando se planean las vacaciones, se debe establecer un horario para que realmente se puedan disfrutar.

___ 11. Las personas aventureras y exploradoras llegan más lejos que las sistemáticas y ordenadas.

___ 12. Una vida feliz se construye haciendo lo mismo, en los mismos lugares y durante largos periodos.

___ 13. No tolero bien las situaciones ambiguas.

___ 14. Se me dificulta dar una respuesta ante un acontecimiento inesperado.

___ 15. Soy bueno para manejar las situaciones no predecibles.

___ 16. Prefiero las situaciones familiares a las nuevas.

___ 17. Me gusta abordar problemas que son lo suficientemente complejos para ser ambiguos.

___ 18. Prefiero las situaciones en las que existe cierto grado de ambigüedad.

Puntuación: En las declaraciones 1 a 8, 10, 12, 13, 14 y 16 reste su puntaje de 6 y remplace su puntuación inicial con este número (los puntajes altos deben ser bajos y los bajos, altos). Después, sume los puntajes de las 18 declaraciones para estimar su puntuación de tolerancia a la ambigüedad.

Interpretación: Las puntuaciones posibles oscilan entre 18 y 90. Entre mayor sea su puntuación, mayor es su tolerancia a la ambigüedad. Los puntajes altos significan que usted se siente cómodo con el cambio y es menos propenso a interferir en los esfuerzos por cambiar. Los puntajes superiores a 72 reflejan un alto nivel de tolerancia a la ambigüedad. Si usted obtuvo un puntaje menor, se siente menos cómodo con la incertidumbre y el cambio. Para incrementar su tolerancia a la ambigüedad, trate de reconocer las razones que lo hacen sentir incómodo con ella y trabaje para desarrollar la confianza para manejar situaciones ambiguas.

Fuentes: Gupta, A. K. y Govindarajan, V. (1984). Business Unit Strategy, Managerial Characteristics, and Business Unit Effectiveness at Strategy Implementation, en *Academy of Management Journal*, 27, pp. 25–41; Lorsch, J. W. y Morse, J. J. (1974). *Organizations and Their Members: A Contingency Approach.* Nueva York: Harper y Row; Norton, R. W. (1975). Measurement of Ambiguity Tolerance, en *Journal of Personality Assessment*, 39, pp. 607–619.

TUULIJUMALA/SHUTTERSTOCK.COM

La tecnología es uno de los principales impulsores del cambio en las organizaciones. Como ejemplo, los negocios antiguos empleaban métodos manuales para calcular sus utilidades y gastos. Más adelante, las calculadoras mecánicas reemplazaron los métodos manuales y posteriormente se emplearon las computadoras. En la actualidad existen diferentes dispositivos digitales que ejecutan estas funciones.

Tecnología

No sólo cambia la tecnología, también se incrementa la tasa de cambio tecnológico. Por ejemplo, en 1970 todos los estudiantes de ingeniería tenían dispositivos computacionales conocidos como "reglas de cálculo" que empleaban en casi todas sus clases. En 1976 dichas reglas dieron paso a las computadoras electrónicas portátiles. En 1993, el SAT (Scholastic Aptitude Test), examen que toman los estudiantes para ingresar a muchas universidades, permitió el uso de calculadoras. En la actualidad los estudiantes no pueden tener éxito en la universidad si no tienen acceso al menos a algún dispositivo digital, como laptop, computadora notebook o tablet. La mayoría de los campus de las universidades tienen redes que permiten ingresar directamente al correo electrónico y a las tareas escolares por medio de conexiones a internet.

Numerosas instituciones de enseñanza, desde preescolar hasta escuelas de graduados, se han convertido en *"bring your own tecnology"* (BYOT), y emplean herramientas educativas en línea a lo largo de los programas académicos.[6] Se puede acceder a internet en cualquier momento y lugar con las tecnologías 3G y 4G. El desarrollo tecnológico se incrementa con tal rapidez en todos los campos que es difícil predecir cuál será el producto que dominará la década siguiente. DuPont es un ejemplo de una empresa que implementa cambios importantes para los nuevos desarrollos tecnológicos. Aunque desde finales del siglo XIX su negocio se ha basado en los petroquímicos, DuPont ha cambiado su estrategia de negocios debido al desarrollo tecnológico de las ciencias de la vida. Reorganizó en tres grupos sus 81 unidades de negocio e invirtió mucho dinero en agroquímicos y ciencias de la vida. También se percató de que los negocios biotecnológicos cambian con mayor rapidez que los petroquímicos e implementó cambios culturales adicionales a los estructurales para impulsar el funcionamiento de su estrategia.[7]

Es interesante reconocer que el cambio organizacional se perpetúa a sí mismo. Debido a los avances de las tecnologías de información, las organizaciones generan más información que circula con mayor velocidad. En consecuencia, los empleados pueden responder con mayor rapidez a los problemas para que las organizaciones respondan del mismo modo a las demandas de otras organizaciones, clientes y competidores. Honda, líder reconocido por el desarrollo y uso de nuevas tecnologías en sus plantas, introdujo robots hipereficientes para mejorar su productividad, reducir costos y probar nuevas tecnologías de manufactura.[8]

Las nuevas tecnologías afectarán a las organizaciones en formas que no se pueden predecir. Es posible que la tecnología gestual elimine todos los controles en su casa, desde el control remoto de su sistema de audio y video hasta el de su termostato, que serán reemplazados por gestos que realizará con sus manos y dedos. La tecnología TouchSmart, de HP, permite que las personas toquen cosas sin siquiera rozarlas, y es posible que en una década genere innovaciones en medicina y educación. La tecnología sensorial permitirá que las personas controlen dispositivos, como teléfonos inteligentes y cajeros automáticos, empleando para ello su aliento, lo que puede incrementar la movilidad y el control de las personas discapacitadas.[9]

Algunas empresas desarrollan sistemas para fabricar químicos y componentes electrónicos exóticos en el espacio. Internet, la red y la nube han modificado la forma en que las empresas y las personas se comunican, comercializan, compran y distribuyen con mayor rapidez de la que las organizaciones pueden responder. Por ello, entre más rápido reaccione una organización a los cambios, éstos se producen a mayor velocidad y requieren respuestas más rápidas.

Procesamiento de información y comunicación

Los avances en el procesamiento de la información y las comunicaciones son paralelos entre sí. Una nueva generación de computadoras está en desarrollo, lo que incrementará su poder de procesamiento. En la actualidad existen sistemas satelitales para transmitir datos e infinidad de personas llevan consigo un dispositivo que sirve como computadora portátil, lector electrónico, televisión, cámara fotográfica, videocámara, reproductor de música y servicio de comunicación personal (teléfono), todo en uno, y que funciona en todo el mundo.

Es posible que, hasta el momento, establecer redes sociales sea el aspecto más radical y de mayor crecimiento de las ventajas del procesamiento de información y las comunicaciones. Las personas se conectan con otras que comparten sus intereses por medio de sitios como Facebook, Twitter, LinkedIn, Ning, Yammer, Bebo, Viadeo, Skype, FaceTime y varios más, e invierten horas en leer sobre otros y actualizar sus propios sitios. Las empresas utilizan estos fenómenos para publicidad, marketing, investigación, pruebas de mercado y reclutamiento, además de que quienes buscan empleo utilizan sitios como Monster.com o Jobing.com.[10]

Los empleados no necesitan oficinas porque trabajan con computadoras y se comunican por medio de dispositivos de transmisión de datos. Cada vez es más frecuente que trabajen desde sus hogares en lugar de ir a la oficina todos los días. Algunos de ellos acuden a sus oficinas sólo ciertos días del mes, con base en la organización y el tipo de trabajo. Para aprovechar esta tendencia, algunas empresas han reconfigurado sus espacios tradicionales y minimizado las oficinas individuales, crean espacios comunes, cubículos no asignados y áreas compartidas. Además de ahorrar los costos que implican los espacios de oficinas, las áreas compartidas crean nuevas formas de colaboración y trabajo. American Express estima que 20% de su fuerza laboral compuesta por 5,000 personas asisten a sus oficinas corporativas en Nueva York sólo algunos días al mes. GlaxoSmithKline estima que ahorra cerca de 10 millones de dólares al año en costos inmobiliarios con el empleo de espacios no asignados que posibilitan que los empleados trabajen en lugares distintos de las oficinas tradicionales.[11]

Las estaciones de trabajo flexible, dentro y fuera de las oficinas, utilizan más recursos electrónicos que el lápiz y el papel. Durante años ha existido la capacidad de generar, manipular, almacenar y transmitir más datos de los que los gerentes pueden utilizar, pero sus beneficios no habían sido reconocidos. Ha llegado el momento de emplear todo el potencial de procesamiento de información, y son las organizaciones quienes hoy en día lo hacen. Por lo general, las empresas recibían órdenes por correo en la década de 1970, por teléfono en la década de 1980 y por fax a finales de esta y a mediados de la de 1990 mediante el intercambio electrónico de datos. Las órdenes o pedidos que solían tardar una semana ahora pueden colocarse al instante, y las empresas pueden responder de igual manera gracias a los cambios en el procesamiento de la información y las comunicaciones.[12]

Zappos.com puede enviar un par de zapatos en tan sólo ocho minutos después de haber recibido una orden.[13] Los distribuidores y usuarios finales de algunas industrias cuentan con sistemas de partes integrados de forma tan precisa que los envíos ni siquiera son ordenados, es decir, se reciben cuando son necesarios.

Competencia

Aunque la competencia no es una fuerza nueva para cambiar, tiene algunas características novedosas significativas. En primer lugar, la mayoría de los mercados se han globalizado debido a la reducción de los costos de comunicación y transportación y al incremento de la orientación de los negocios hacia la exportación.[14] La firma de acuerdos comerciales, como el Tratado de Libre Comercio de América del Norte (TLCAN) y la presencia de la Organización Mundial del Comercio (OMC), han cambiado la forma en que operan los negocios. En el futuro, la competencia entre los países industrializados, como Japón y Alemania, se ubicará en la segunda fila ante las industrias crecientes de los países en desarrollo, como China e India. Internet crea nuevos competidores de la noche a la mañana en formas que no podían imaginarse hace cinco años. Pronto, las empresas de los países en desarrollo ofrecerán productos más novedosos, económicos o de mayor calidad, pero además contarán con los beneficios de la mano de obra barata, abundancia de materia prima, *expertise* en algunas áreas de producción y la protección financiera de sus gobiernos, factores de los cuales carecen las empresas de las naciones más industrializadas.

Por ejemplo, considere el mercado de los teléfonos celulares o inteligentes. En algún momento, los consumidores sólo consideraban los planes y costos por llamada para elegir el teléfono del proveedor con la mejor oferta y cobertura en su área principal de uso. En la actualidad, las opciones son mucho más complejas: existen plataformas además de fabricantes, portadores y proveedores de servicios. Los fabricantes son Apple, Blackberry, Motorola, Samsung, Sony, HTC, LG, Nokia y Toshiba, entre otros. Los portadores incluyen Verizon, T-Mobile, AT&T, Sprint, Virgin Mobile, China Telecom, Bell, Orange, O2 y Vodafone. Las plataformas son Android, iOS, Windows Phone, BlackBerry, Firefox OS, Sailfish OS, Tizen, Ubuntu Touch y varias más. Las opciones para los consumidores parecen interminables y confusas en extremo. Los fabricantes deben desarrollar nuevos equipos y composiciones de software para trabajar con las combinaciones de plataformas que ofrecen a sus suscriptores. Los desarrolladores de plataformas tienen que demostrar que su plataforma es más fácil de usar, que puede hacer más cosas, con menos errores y flexibilidad máxima. Cada mes salen al mercado nuevas combinaciones de los tres elementos que confunden aún más a los consumidores y expertos de la industria. El entorno o ambiente global de los negocios también presenta desafíos igual de complejos para los gerentes. La sección *Temas globales* ofrece más detalles sobre el cambio en las organizaciones internacionales.

La competencia obliga a las organizaciones a cambiar de diferentes formas. Considere el ejemplo del mercado de los teléfonos celulares. Cada fabricante ha cambiado la forma en que realiza la investigación, evalúa las demandas de los consumidores, fabrica y distribuye sus productos, selecciona y compensa a los empleados, todo ello derivado de los cambios tecnológicos.

TEMAS GLOBALES

COMPLEJIDAD INCREMENTAL DEL CAMBIO GLOBAL

Imagine los desafíos que debe afrontar un gerente que planea e implementa un cambio organizacional en instalaciones ubicadas en Fresno, Dallas y Miami. A continuación considere los desafíos y multiplíquelos por 100. El resultado podría acercarse a la evaluación de la complejidad incremental del cambio en una corporación multinacional. Por ejemplo, concéntrese sólo en algunos puntos del cambio que se relacionan con el diseño organizacional, liderazgo y motivación y control organizacionales.

Los gerentes de negocios internacionales deben atender una gran variedad de temas organizacionales. Por ejemplo, General Electric tiene plantas en todo el mundo. La corporación tomó la decisión de ofrecer a sus gerentes locales una gran cantidad de responsabilidad para decidir la forma en que manejan sus negocios. En contraste, numerosas empresas japonesas descargan pocas responsabilidades en sus gerentes sobre las operaciones en el extranjero, como resultado de lo cual estos deben viajar con mayor frecuencia a Japón para presentar los problemas o pedir que se aprueben las decisiones. Los gerentes de negocios internacionales deben afrontar temas básicos como estructura, diseño organizacional y administración de recursos humanos. Además, por cuestiones estratégicas, las decisiones organizacionales pueden utilizarse para promover cualquier cosa, desde flexibilidad hasta el desarrollo de los gerentes expatriados. Es por ello que es evidente que el cambio en cualquiera de estas áreas presentará desafíos.

Los gerentes deben estar preparados para manejar factores culturales durante la administración del cambio con personas con antecedentes culturales distintos. Además, deben entender la forma en que los factores culturales afectan a las personas, los procesos motivacionales varían entre las culturas, y los procesos interpersonales y grupales dependen de los antecedentes culturales.

Los gerentes de las organizaciones internacionales también deben hacerse cargo del control. Las distancias, las diferencias entre las zonas horarias y los factores culturales también juegan un papel importante que debe ser considerado en el ejercicio de esta función. Por ejemplo, en algunas culturas es apropiado ejercer un nivel estrecho de supervisión, mientras que en otras no es así. De igual manera, en Estados Unidos y China los ejecutivos pueden encontrar dificultades para comunicar información crucial entre sí debido a las diferencias horarias. Los temas básicos del control de un gerente internacional radican en la administración de las operaciones, productividad, calidad, tecnología y sistemas de información. ¡Es claro que administrar el cambio en las organizaciones multinacionales no es una tarea pequeña!

PROCESOS DEL CAMBIO ORGANIZACIONAL PLANEADO

Las fuerzas externas pueden imponer un cambio en la organización. Sin embargo, lo ideal es que la empresa no sólo responda ante el cambio sino que también lo anticipe, se prepare para implementarlo de forma planeada y lo incorpore en la estrategia de la organización. El cambio organizacional puede ser visto desde una perspectiva estática, como la de Lewin (que se describe a continuación) o dinámica.

Modelo de procesos de Lewin

El cambio organizacional planeado requiere de un proceso sistemático para transitar de una condición a otra. Kurt Lewin sugirió que los esfuerzos para el cambio planeado en las organizaciones deben visualizar el cambio como un proceso de varias etapas.[15] Como se ilustra en la figura 16.1, su modelo comprende tres etapas: descongelamiento, cambio y recongelamiento.

El *descongelamiento* es el proceso en el que las personas son conscientes de la necesidad de cambiar. Si ellas están satisfechas con sus prácticas y procedimientos actuales, pueden mostrar poco o ningún interés para implementar

descongelamiento
Proceso en el que las personas son conscientes de la necesidad de cambiar

Figura 16.1

Proceso de cambio organizacional de Lewin

Según el modelo de tres etapas de Lewin, el cambio es un proceso sistemático de transición de una forma antigua a una nueva de hacer las cosas. La inclusión de una etapa de "descongelamiento" señala la importancia de prepararse para el cambio. La etapa de "recongelamiento" refleja la importancia de hacer seguimiento del cambio para hacerlo permanente.

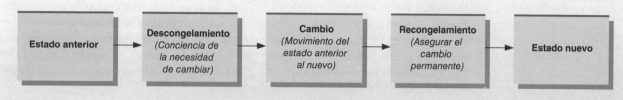

| Estado anterior | → | Descongelamiento *(Conciencia de la necesidad de cambiar)* | → | Cambio *(Movimiento del estado anterior al nuevo)* | → | Recongelamiento *(Asegurar el cambio permanente)* | → | Estado nuevo |

los cambios. El factor clave para el descongelamiento es hacer que el personal comprenda la importancia del cambio y la forma en que sus puestos se verán afectados por él. Los empleados más afectados deben comprender las razones por las que se requiere el cambio, de forma que se sientan lo suficientemente insatisfechos con las operaciones actuales para motivarse y apoyarlo. Hacer que los empleados sean conscientes de la necesidad de cambiar es responsabilidad de la alta dirección de la organización.[16]

Después de la reciente recesión que provocó numerosos procesos de downsizing, despidos, restructuraciones y adquisiciones, los empleados pueden sentirse aturdidos ante las presiones e incertidumbres constantes que afectan sus trabajos y a la organización. La alta dirección y los gerentes del cambio deben esforzarse por empatizar con los empleados, reconocer las dificultades del pasado y las incertidumbres del presente y organizar foros donde se puedan comunicar, seguidos de talleres para compartir información y capacitación. Después de establecer una conexión emocional con el personal, la alta dirección debe crear una conexión intelectual, plantear la situación de la empresa, compartir los datos económicos y de mercado, así como las visiones a corto y largo plazos de la organización y hacer que los empleados participen para traducir las metas organizacionales en metas de trabajo de las divisiones, departamentos y demás unidades.[17]

En sí mismo, el cambio se enfoca en la transición de la forma anterior de hacer las cosas hacia una nueva. Además, puede incluir la instalación de un equipo nuevo, la restructuración de la organización o la implementación de un sistema de evaluación del desempeño, es decir, cualquier cosa que altere las relaciones o actividades existentes.

El *recongelamiento* consiste en hacer que las conductas nuevas sean relativamente permanentes y resistentes a los cambios subsecuentes. Los ejemplos de técnicas

recongelamiento
Proceso de hacer que las conductas nuevas sean relativamente permanentes y resistentes a los cambios subsecuentes

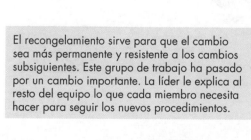

El recongelamiento sirve para que el cambio sea más permanente y resistente a los cambios subsiguientes. Este grupo de trabajo ha pasado por un cambio importante. La líder le explica al resto del equipo lo que cada miembro necesita hacer para seguir los nuevos procedimientos.

PRESSMASTER/SHUTTERSTOCK.COM

de recongelamiento incluyen la repetición de las habilidades recién adquiridas en una sesión de capacitación y un juego de roles para aprender la forma en que se puede aplicar la nueva habilidad en una situación de trabajo real. El recongelamiento es necesario porque, sin él, las formas anteriores de hacer las cosas resurgen pronto mientras se olvidan las nuevas. Por ejemplo, muchos empleados que asisten a sesiones especiales de capacitación participan de forma diligente y deciden cambiar las cosas en sus organizaciones, pero cuando regresan a sus trabajos, encuentran que es más fácil conformarse con las formas antiguas que hacer olas. Pueden existir algunas recompensas por tratar de cambiar el *statu quo* de la organización. En realidad, las sanciones personales por hacerlo pueden ser difíciles de tolerar. La teoría del aprendizaje y del reforzamiento (que se estudia en el capítulo 3) puede desempeñar un papel importante en la etapa de recongelamiento.

Modelo del proceso de cambio continuo

Aunque el enfoque de Lewin es muy sencillo y directo, casi todos los modelos de cambio organizacional se basan en él. Sin embargo, no considera muchos temas importantes. En la figura 16.2 se ilustra un enfoque más complejo y útil que aborda el cambio planeado desde la perspectiva de la alta dirección y señala que el cambio es continuo. Aunque se estudia por separado cada paso como si fuera independiente de los demás, es importante observar que cuando el cambio adquiere un carácter continuo es posible que se presenten varios pasos de forma simultánea. El modelo incorpora el concepto de Lewin en la fase de implementación.

Según este enfoque, la alta dirección percibe que existen ciertas fuerzas o tendencias para el cambio y el tema se somete a los procesos usuales de solución de problemas y toma de decisiones de la organización. Por lo general, la alta dirección define las metas en términos de lo que la organización, sus procesos o resultados deben ser después del cambio. Se evalúan las alternativas y se elige aquella que sea aceptable.

Figura 16.2

El modelo del proceso de cambio continuo incorpora las fuerzas del cambio, un proceso de solución de problemas, un agente de cambio y la administración de la transición. Esta perspectiva requiere de una perspectiva de la alta dirección y resalta el hecho de que, en las organizaciones modernas, el cambio es un proceso continuo.

Modelo del proceso de cambio continuo para el cambio organizacional

Es posible que al principio del proceso la organización busque la ayuda de un ***agente de cambio***, persona responsable de manejar el esfuerzo que implica el cambio. Este agente también puede ayudar a la gerencia a reconocer y definir el problema o la necesidad de cambio y participar en la generación y evaluación de posibles planes de acción. Puede ser un miembro de la organización, una persona externa, como un consultor, o incluso alguien proveniente de la sede central que los empleados perciban como externo. Es probable que un agente de cambio interno conozca las personas, tareas y situaciones políticas de la organización, lo que es útil para interpretar los datos y comprender el sistema, pero también puede estar demasiado cerca de la situación para abordarla de forma objetiva. Además, un empleado debe ser removido de sus tareas cotidianas para que pueda concentrarse en la transición. Es por ello que una persona externa suele tener una mejor acogida por todas las partes porque se supone que es imparcial. Bajo la dirección y administración del agente de cambio, la organización implementa el cambio mediante el proceso de Lewin de descongelamiento, cambio y recongelamiento.

El paso final es la medición, la evaluación y el control. El agente de cambio y la alta dirección evalúan el grado al que el cambio tiene el efecto deseado, es decir, miden el progreso hacia las metas previamente establecidas y realizan las modificaciones necesarias. Entre más participe el agente en el proceso, menor será la diferencia entre los pasos. De esta forma se convierte en un "colaborador" o "ayudante" de la organización y participa en la definición y solución de problemas junto con los miembros de ésta. Cuando se logra este acoplamiento, puede trabajar con muchas personas, grupos y departamentos en las diferentes etapas del proceso de cambio. Cuando el proceso transita de una etapa a otra, el agente puede perder visibilidad porque participa en cada fase del proyecto. Sin embargo, a lo largo del proceso, el agente genera ideas y perspectivas nuevas que ayudan a los miembros a ver los problemas viejos de manera diferente. Con frecuencia, el cambio surge del conflicto derivado del desafío del agente a los supuestos y patrones de operación aceptados por la empresa.

A lo largo de la fase de medición, evaluación y control, la alta dirección determina la efectividad del proceso de cambio mediante la evaluación de diferentes indicadores de la productividad y efectividad de la organización y la moral de los empleados. Se espera que la organización sea mejor después del cambio, pero la incertidumbre y los cambios rápidos que ocurren en todos los sectores del entorno hacen que el cambio sea una constante en casi todas las organizaciones.

La ***administración de la transición*** es el proceso que consiste en planear, organizar e implementar de manera sistemática el cambio, desde desarticular el estado actual hasta alcanzar un estado futuro completamente funcional dentro de la organización.[18] Sin que importe cuál sea el nivel de planeación que precede al cambio ni qué tan bien sea implementado, las personas que participan en él siempre afrontarán acontecimientos impredecibles y no anticipados en el camino.[19] Una de las funciones principales de la administración de la transición es el manejo de las consecuencias no deseadas. Una vez que comienza el cambio, la organización no se encuentra ni en su estado inicial ni en el nuevo, y aun así debe continuar con sus operaciones. Tiene que garantizar que éstas continúen mientras ocurre el cambio y, por lo tanto, debe comenzar antes de que éste inicie. Los miembros del equipo directivo deben asumir el papel de gerentes de transición y coordinar las actividades organizacionales con el agente de cambio. Es posible que sea necesario generar una estructura gerencial o puestos interinos para garantizar la continuidad y el control de las operaciones durante la transición. Comunicar los cambios a

agente de cambio
Persona responsable de administrar el esfuerzo del cambio

administración de la transición
Proceso de planear, organizar e implementar el cambio de forma sistemática

CASO DE ESTUDIO Flexibilidad en KPMG

Los directores de la firma contable inglesa KPMG deseaban reducir los costos de la nómina y mantener el compromiso de sus empleados con la empresa. Por ello, les ofreció la opción de una semana laboral de cuatro días con 90% de su salario (80% si menos de 75% de los empleados aceptaban), un periodo sabático de cuatro a doce semanas con 30% del salario base, ambas opciones o ninguna. La participación voluntaria en el programa llamado Futuros Flexibles impulsó un cambio de dieciocho meses en el contrato de los empleados que dio a KMPG el derecho de implementar la opción elegida cuando fuera necesario. Este arreglo le permitió reducir con poca anticipación las horas de trabajo y el pago a los empleados y aminorar la necesidad de realizar reducciones de personal a gran escala ante los desafíos económicos.

Para informar a los empleados sobre las opciones, KPMG realizó conferencias, capacitó a los gerentes para responder dudas y publicó una larga lista de preguntas y respuestas sobre Futuros Flexibles en una página en su intranet. El sitio web también incluye una calculadora que permite que los empleados estimen el salario que obtendrían bajo cualquiera de las opciones. Un vínculo al sitio de responsabilidad corporativa de la empresa que ayudaba a conectar a los empleados interesados en los periodos sabáticos con organizaciones sin fines de lucro que requerían conocimiento experto o un *expertise* contable.

El programa un Futuros Flexibles ofrece mayor seguridad laboral y control a los empleados sobre su propio destino. Además, permite que se preocupen menos por su trabajo y se enfoquen más en sus clientes. Más de 85% de los empleados eligieron alguna de las alternativas y la empresa espera ahorrar cerca de 15% del costo de su nómina y mejorar la moral de los empleados.

Preguntas

1. ¿Cómo ayuda este programa a KPMG?
2. ¿Cómo ayuda el programa a los empleados de KPMG?
3. ¿Le parecería atractivo este programa si trabajara para KPMG? ¿Por qué?

Fuentes: Campbell, R. y Payne, T. (Febrero, 2012). The Future is Flexible. KPMG; KPMG Asks Staff to Accept Temporary Flexible Contracts if the Need Arises (29 de enero de 2009). *People Management Magazine*, 8; Hewlett, S. A. (Enero de 2010); KPMG's Flexible Futures. *Talent Management*, 22; Huber, N. (12 de febrero de 2009). Huge Demand for Flexible Working at KPMG. *Accountancy Age*. Disponible en: http://www.accountancyage.com/accountancyage/news/2236299/huge-demand-flexible-working-4476838

todas las personas involucradas, desde empleados hasta clientes y proveedores juega un papel clave para administrar la transición.[20] El *Caso de estudio* de este capítulo describe un cambio muy efectivo que fue implementado con el modelo del cambio continuo.

DESARROLLO ORGANIZACIONAL

En cierto sentido, el desarrollo organizacional es simplemente la forma en que las organizaciones cambian y evolucionan. El cambio puede implicar al personal, la tecnología, la competencia y otras áreas. El aprendizaje de los empleados y la capacitación formal, las transferencias, promociones, terminaciones y retiros son todos ejemplos de cambios relacionados con el personal. En un sentido más amplio, desarrollo organizacional significa cambio organizacional.[21] Sin embargo, la forma en que se emplea el término en este capítulo significa algo más específico. Durante los últimos 40 años el desarrollo organizacional ha surgido como un campo de estudio y práctica diferentes. En la actualidad, los expertos están de acuerdo en qué consiste el desarrollo organizacional en general, aunque existen discusiones sobre los detalles.[22] La definición de desarrollo organizacional que ofrece este libro es un intento por describir de forma simple un proceso muy complejo. También pretende capturar los puntos sobresalientes de diferentes definiciones ofrecidas por los autores en el campo.

Definición de desarrollo organizacional

"El *desarrollo organizacional (DO)* es una aplicación sistemática del conocimiento de las ciencias del comportamiento para desarrollar y reforzar de manera planeada las estrategias, estructuras y procesos de la organización para mejorar su efectividad."[23] En esta definición destacan tres puntos que facilitan recordarla y utilizarla. Primero, el desarrollo organizacional implica esfuerzos para implementar cambios organizacionales planeados, lo que excluye las iniciativas espontáneas y riesgosas. En segundo lugar, la intención específica del desarrollo organizacional es mejorar la efectividad de la organización. En este punto se excluyen los cambios que imitan a otras organizaciones y se imponen en la empresa por presiones externas o por el simple hecho de cambiar. En tercer lugar, la mejora planeada debe basarse en el conocimiento de las ciencias de la conducta, psicología, sociología, antropología cultural y áreas de estudio relacionadas, en vez de fundarse en consideraciones financieras o tecnológicas.

Bajo esta definición, el reemplazo de los registros manuales de personal por sistemas computarizados no se debería considerar como parte del desarrollo organizacional. Aunque este cambio tiene efectos conductuales, es una reforma tecnológica y no conductual. De igual forma, las alteraciones necesarias en los registros para cumplir con mandatos gubernamentales no forman parte del desarrollo organizacional porque el cambio es obligatorio y es resultado de una fuerza externa. Los tres tipos básicos de técnicas para implementar el desarrollo organizacional son sistémicas, tecnológicas y de tareas, y grupales e individuales.

Al principio el desarrollo organizacional fue considerado como un área de estudio ejercido por profesionales capacitados en DO. Sin embargo, en la medida en que se convirtió en un elemento cotidiano en las organizaciones del mundo, se hizo evidente que todos los líderes deben convertirse en líderes e instructores del cambio en sus organizaciones para que puedan sobrevivir. Algunos ejemplos de organizaciones que han adoptado el DO son la Armada de Estados Unidos, General Electric y Royal Dutch Shell.[24]

Desarrollo organizacional sistémico

El tipo más completo de cambio organizacional implica la reorientación y reorganización general de la empresa, lo que se conoce como *cambio estructural* o reacomodo sistémico de la división de tareas, autoridad y relaciones jerárquicas. Un cambio estructural influye en las evaluaciones del desempeño, la compensación, la toma de decisiones, así como en los sistemas de procesamiento de información y comunicación. La reingeniería puede ser un proceso difícil, pero tiene un gran potencial para mejorar a la organización. Requiere que los gerentes desafíen los supuestos arraigados sobre todo lo que se hace y establezcan metas ambiciosas que se puedan alcanzar. Una organización puede cambiar la forma en que divide las tareas en los puestos, combina los puestos en departamentos y divisiones y organiza la autoridad y las relaciones jerárquicas entre los puestos. Por ejemplo, puede pasar de una departamentalización funcional a un sistema basado en productos o regiones geográficas, o de un diseño lineal convencional a uno matricial o basado en equipos. Otros cambios pueden incluir la división de grupos grandes en pequeños o en fusionar

desarrollo organizacional
Aplicación sistemática del conocimiento de las ciencias del comportamiento al desarrollo planeado y reforzamiento de las estrategias, estructuras y procesos de la organización para mejorar su efectividad

cambio estructural
Desarrollo organizacional sistémico que implica una gran restructuración de la organización o la implementación de programas, como calidad de la vida laboral

La mayoría de las formas de cambio organizacional que se implementan por medio del desarrollo organizacional requieren de un coach o facilitador. Este gerente desempeña este rol cuando explica que su unidad se convertirá en un equipo integrado en lugar de un agregado de empleados independientes.

RAWPIXEL/SHUTTERSTOCK.COM

grupos pequeños en unidades más grandes. Además, pueden cambiar el grado al que las reglas y procedimientos son establecidos y se cumplen, así como el locus de autoridad para la toma de decisiones. Los supervisores pueden convertirse en "coaches" o "facilitadores" en una organización basada en equipos. Si estos cambios se realizan, se transformarán tanto la configuración como los aspectos operativos de la estructura de la organización.

No existen cambios estructurales sistémicos simples.[25] El presidente de la empresa no puede sólo enviar un memorando que le informe al personal que a partir de una fecha determinada reportará a un supervisor diferente o que será responsable de nuevas funciones y esperar que todo cambie de la noche a la mañana. Los empleados requieren meses, años e incluso décadas de experiencia para manejar de formas específicas las actividades y las personas. Cuando estos patrones se modifican, los empleados requieren tiempo para aprender las nuevas tareas y establecer las nuevas relaciones. Además se pueden resistir al cambio por numerosas razones, concepto que se analizará más adelante. Por lo tanto, las organizaciones deben administrar el proceso de cambio.

Ford Motor Company es un ejemplo de empresa que ha experimentado cambios importantes a nivel organizacional y mundial. Al paso de los años, Ford desarrolló feudos regionales con operaciones relativamente independientes como Ford Europa, Ford Estados Unidos y Ford Australia. Cuando Jacques Nasser fue nombrado CEO, se propuso romper estas organizaciones regionales para crear una fábrica globalmente integrada. Sin embargo, al desarrollar su plan, Ford continuó con su pérdida de participación de mercado y Nasser fue reemplazado por William Clay (Bill) Ford, Jr., miembro de la familia que le dio nombre a la empresa. Con el tiempo, la empresa cedió el mando a Alan Mulally, quien supervisó e implementó una transformación sorprendente.[26] En la actualidad, Mulally se retiró y el exCOO Mark Fields dirige la empresa. Cada uno de estos líderes realizó cambios importantes a nivel organizacional y mundial.

calidad de la vida laboral
Grado al que los trabajadores pueden satisfacer necesidades personales importantes por medio de sus experiencias en la organización

Otro cambio sistémico consiste en la introducción de programas de ***calidad de la vida laboral***, que se definen como el grado al que los miembros de una organización laboral pueden satisfacer necesidades personales importantes por medio de sus experiencias en la organización.[27] Estos programas se centran en construir un ambiente laboral que favorezca la satisfacción de las necesidades individuales. El enfoque en mejorar la vida laboral se desarrolló durante la década de 1970, periodo de gran inflación y una profunda recesión. El desarrollo fue sorpresivo debido a que la expansión económica y el incremento de los recursos son las condiciones usuales que obligan a la alta dirección a iniciar programas enfocados en el desarrollo personal. Sin embargo, la alta dirección percibió que las mejoras en la calidad de la vida laboral eran formas para mejorar la productividad.

Cualquier movimiento que cuente con metas amplias o ambiguas tiende a generar programas diversos que claman basarse en estas metas, y el movimiento de la calidad de vida laboral no es la excepción. Aunque los programas varían mucho, todos deben abrazar la meta de "humanizar el trabajo". Richard Walton dividió estos programas en las ocho categorías que se ilustran en la figura 16.3.[28] Es evidente que muchos tipos de programas pueden clasificarse en ellas, desde modificar los sistemas de remuneración hasta elaborar una declaración de derechos de los empleados para garantizar sus derechos y privacidad, libertad de expresión, un debido proceso y el trato equitativo y justo. La Defense Information Systems Agency (DISA) tiene un programa de calidad de la vida laboral que incluye alternativas, como horarios de trabajo comprimidos según los cuales los empleados pueden trabajar ocho horas durante nueve días laborales en dos semanas, "teletrabajo" que permite que los empleados elegibles puedan trabajar desde otro lugar, como un centro laboral, una oficina satelital o desde sus hogares en un horario regular, máximo tres días a la semana. El programa fue diseñado para promover un estilo de vida más sano entre los empleados, tanto a nivel personal como profesional.[29]

La administración de la calidad total, que se estudia en algunos de los capítulos anteriores, también puede verse como un programa de desarrollo organizacional sistémico. En realidad, algunos pueden considerarla como un programa amplio que incluye tanto cambios estructurales como programas de

Figura 16.3

Clasificación de los programas de calidad de vida laboral de Walton

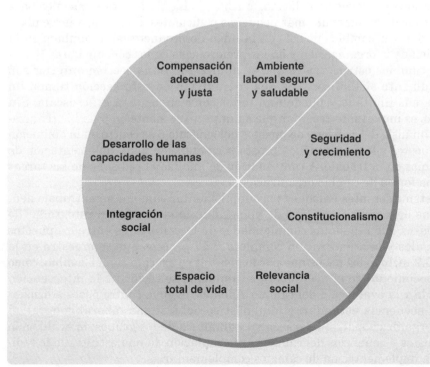

Los gerentes aplican las cuatro funciones básicas de planeación, organización, dirección y control a los recursos humanos, financieros, físicos y de información con el propósito de alcanzar las metas organizacionales de forma eficiente y eficaz.

Fuente: Adaptado de Walton, R. E. (Otoño de 1973). Quality of Work Life: What Is It?, en *Sloan Management Review*, pp. 11–21.

calidad de la vida laboral. Difiere de estos últimos en que hace hincapié en la satisfacción de las necesidades de los clientes al hacer cambios orientados más hacia la calidad que hacia la satisfacción de las necesidades de los empleados en el trabajo. Sin embargo, con frecuencia los programas son muy similares.

Los beneficios que se obtienen de los programas de calidad de la vida laboral difieren de forma significativa, aunque en general pueden clasificarse en tres tipos. Es probable que el beneficio más directo sea contar con una actitud más positiva hacia el trabajo y la organización o un incremento de la satisfacción laboral.[30] Otro beneficio consiste en el incremento de la productividad, aunque con frecuencia es difícil medir y separar los efectos del programa de los que provocan otros factores organizacionales. Un tercer beneficio consiste en mejorar la efectividad de la organización medida en términos de su rentabilidad, logro de metas, riqueza para los grupos de interés o intercambio de recursos. Este último beneficio se deriva de los dos anteriores: si lo empleados tienen actitudes más positivas hacia la organización y mejoran su productividad, ésta será más efectiva si todo lo demás se mantiene sin cambio.

Cambio tecnológico y de tareas

Otra forma de desarrollo organizacional sistémico es el cambio de tareas para desempeñar el trabajo, la tecnología o ambos. La alteración directa de los puestos se llama "rediseño de tareas". El cambio en la forma en que los insumos se transforman en resultados se llama "cambio tecnológico" y, por lo general, trae consigo cambios de tareas. En un sentido estricto, el cambio tecnológico no forma parte del desarrollo organizacional, pero el rediseño de tareas sí. Sin embargo, incluso cuando se intenta implementar un cambio tecnológico tradicional, se emplean técnicas de DO para facilitar los cambios. Por ejemplo, en "Nueva Chrysler", Fiat intentó mejorar su línea de productos mediante la introducción de nuevas tecnologías, muchas de las cuales eran cruciales para el desarrollo de automóviles más pequeños y eficientes. Este plan a largo plazo implicó realizar cambios no sólo en la línea de productos sino también en la percepción de la organización y en las preferencias de los consumidores.[31]

Los cambios estructurales que se analizaron en la sección anterior son explícitamente sistémicos. Los que se analizan en esta sección tienen un alcance más limitado y pueden no tener consecuencias a gran escala. Sin embargo, es importante recordar que su impacto se siente en toda la organización. El análisis del rediseño de puestos del capítulo 6 se centró en la definición de los puestos y la motivación, y prestó poca atención a la implementación de los cambios en el trabajo. A continuación se analiza el rediseño de las tareas como una forma de cambio organizacional.

Existen diferentes enfoques para implementar cambios en el trabajo dentro de las organizaciones. Uno de ellos es un modelo laboral integrador de nueve pasos que refleja las complejidades de las interfaces entre los puestos individuales y la organización completa.[32] El proceso que se muestra en la tabla 16.2 incluye los pasos que por lo general se asocian con el cambio, como el reconocimiento de la necesidad de cambio, la selección de la intervención apropiada y la evaluación del cambio. Además, incluye cuatro pasos adicionales a la secuencia estándar: el diagnóstico del sistema laboral general, el diseño organizacional, el liderazgo y la dinámica de los grupos; la evaluación de los costos y beneficios del cambio; la formulación de una estrategia de rediseño y la implementación de cambios complementarios.

El diagnóstico incluye un análisis completo del ambiente laboral en el que se desarrolla el puesto. Cuando se considera implementar un cambio en los

Tabla 16.2

Modelo integrado para implementar el rediseño de actividades en las organizaciones

Paso 1: Reconocimiento de la necesidad del cambio
Paso 2: Selección del rediseño de tareas como una intervención potencial
Paso 3: Diagnóstico del contexto y del sistema laboral general
      a. Diagnóstico de los puestos existentes
      b. Diagnóstico de la fuerza laboral existente
      c. Diagnóstico de la tecnología
      d. Diagnóstico del diseño organizacional
      e. Diagnóstico del comportamiento del líder
      f. Diagnóstico de los procesos grupales y sociales
Paso 4: Análisis de costos y beneficios de los cambios propuestos
Paso 5: Tomar la decisión de implementar o no el cambio
Paso 6: Formular una estrategia de rediseño
Paso 7: Implementar los cambios en las actividades
Paso 8: Implementar cualquier cambio complementario
Paso 9: Evaluar la actividad de rediseño de tareas

Fuente: Griffin, R. W. (1982) *Task Design: An Integrative Framework* (p. 208). Glenview, IL: Scott, Foresman. Utilizado con autorización.

puestos es importante evaluar la estructura organizacional, en especial las reglas y la autoridad para tomar decisiones dentro de los departamentos.[33] Por ejemplo, si se desea rediseñar los puestos para otorgar mayor libertad a los empleados para elegir sus métodos de trabajo o el horario de sus actividades laborales, el diagnóstico del sistema actual debe determinar si las reglas permitirán estos cambios. También se debe incluir la evaluación de los grupos y equipos de trabajo, así como la dinámica intergrupal. Además, se debe determinar si los empleados poseen o pueden adquirir con facilidad las habilidades nuevas que se requieren para desempeñar las tareas rediseñadas.

Es muy importante reconocer el rango completo de costos y beneficios potenciales asociados con el rediseño del puesto. Algunos son directos y medibles y otros son indirectos y no medibles. El rediseño puede involucrar costos inesperados que, aunque no pueden predecirse con certidumbre, pueden ponderarse dentro de ciertas posibilidades. A corto plazo, algunos factores, como la ambigüedad o el conflicto de roles, o la sobrecarga del rol pueden representar obstáculos importantes para el rediseño del puesto.

Implementar un esquema de rediseño exige una planeación cuidadosa cuyo paso final es el desarrollo de una estrategia de implementación. La formulación de la estrategia es un proceso de cuatro pasos. Primero, la organización debe decidir quién diseñará los cambios. Con base en las circunstancias, el equipo de planeación puede estar constituido sólo por la alta dirección o incluir a trabajadores y supervisores de línea. Después, el equipo debe emprender el diseño de los cambios con base en la teoría del rediseño de puestos y las necesidades, metas y circunstancias de la organización. En tercer lugar, el equipo debe decidir los tiempos para implementar el proyecto, lo que puede incluir considerar un periodo formal de transición en el que se adquiere e instala equipamiento nuevo, se capacita a los empleados sobre los puestos nuevos, se lleva a cabo el acomodo físico y se resuelven los detalles del sistema. El cuarto paso consiste en que quienes planean la estrategia deben considerar si los cambios en los puestos requieren de ajustes y cambios complementarios en otros componentes organizacionales, como las relaciones jerárquicas y el sistema de compensación.

Cambios grupales e individuales

Los grupos e individuos pueden participar de numerosas maneras en el cambio. La recapacitación de un empleado puede considerarse como un cambio organizacional si afecta la forma en que realiza su trabajo. Cuando los gerentes estudian a profundidad el Grid del liderazgo o el árbol de decisiones de Vroom (que se analizan en los capítulos 11 y 12) para mejorar su liderazgo y la participación de los empleados en la toma de decisiones, también es un esfuerzo de cambio. En el primer caso, la meta es equilibrar las preocupaciones de la dirección por la producción y por las personas y, en el segundo, la meta es incrementar la participación de todos los empleados en la toma de decisiones de la organización. En esta sección se presenta una descripción general de cuatro tipos de técnicas orientadas a las personas: la capacitación, el desarrollo gerencial, el *team building* y los estudios de retroalimentación.

Capacitación

Por lo general, la capacitación se diseña para mejorar las habilidades de los empleados en sus puestos. El personal puede ser capacitado para manejar una maquinaria, aprender nuevas habilidades matemáticas o familiarizarse con métodos de desarrollo y crecimiento personales. Los programas de manejo del estrés se aplican cada vez con mayor frecuencia para ayudar a los empleados, en especial a los ejecutivos, a comprender el estrés organizacional y desarrollar estrategias para afrontarlo.[34] La capacitación puede utilizarse en otros cambios organizacionales más extensos. Por ejemplo, si una organización implementa un programa de administración por objetivos, es probable que deba impartir capacitación en dos áreas: establecer metas y evaluar el desempeño orientado a ellas. Un tipo importante de capacitación que adquiere cada vez más relevancia es la capacitación para trabajar en otros países. Ciertas empresas, como Motorola, ofrecen programas completos de capacitación a los empleados de todos los niveles antes de iniciar una asignación internacional. Esta capacitación incluye cursos intensivos de idiomas, cultura y cursos para los familiares.

Entre los métodos de capacitación disponibles, los más comunes son la presentación, discusión, una combinación de ellas, métodos vivenciales, casos de estudio, películas o videos y módulos de capacitación en línea. La capacitación puede llevarse a cabo en un aula dentro de la empresa o en un hotel, un complejo, centro de conferencias o en línea desde cualquier ubicación. La capacitación en el puesto ofrece un tipo distinto de experiencia en el que el capacitando aprende de un trabajador de mayor experiencia. La mayoría de estos programas emplean una combinación de métodos que dependen del tema, los participantes, el instructor y la organización.

La capacitación es un método común y ampliamente utilizado para el cambio grupal y el individual. Este instructor presenta a los gerentes un nuevo sistema de desempeño gerencial para que comprendan cómo utilizarlo para evaluar a las personas que trabajan con ellos.

Un problema importante que merma la eficacia de los programas de capacitación es la transferencia del aprendizaje del empleado al trabajo. Con frecuencia, los empleados desarrollan una habilidad nueva o el gerente aprende una técnica gerencial, pero al volver a su situación laboral cotidiana, encuentran más fácil realizar las cosas que como siempre lo hicieron. Como ya se analizó, el proceso de recongelamiento es una parte crucial del proceso de cambio y se debe encontrar la forma de hacer que los logros de la capacitación adquieran carácter permanente.

Desarrollo gerencial

Los programas de desarrollo gerencial, al igual que la capacitación de los empleados, tienen como objetivo mejorar habilidades, capacidades y perspectivas específicas. Con frecuencia, cuando un técnico calificado es promovido a la gerencia de un grupo, debe ser capacitado para saber cómo administrar a las personas que están a su cargo. En estos casos, los programas de desarrollo gerencial son herramientas importantes tanto para el nuevo gerente como para los subordinados.

Por lo general, los programas de desarrollo gerencial emplean los métodos de presentación y discusión, pero también deben aplicar métodos participativos, como casos de estudio y juegos de roles. Los métodos participativos y vivenciales permiten que los gerentes experimenten las dificultades de la gerencia y los sentimientos de frustración, duda y éxito que forman parte de su puesto. El problema de este tipo de programa de capacitación es que las habilidades gerenciales, como la comunicación, el diagnóstico de problemas, la solución de problemas y la evaluación del desempeño, no son fáciles de identificar o de transferir de un aula al trabajo, como lo son las habilidades para operar una máquina. Además, los cambios rápidos en el entorno provocan que algunas habilidades gerenciales caigan en la obsolescencia en poco tiempo. Como resultado, algunas empresas desarrollan a su equipo directivo mediante un proceso continuo de desarrollo profesional que requiere que los gerentes y directores tomen con frecuencia cursos de actualización.

Jack Welch estaba tan comprometido con hacer cambios culturales en GE que creó las ahora famosas instalaciones en Crotonville, Nueva York, para desarrollar un ejército de líderes del cambio. GE ha establecido que más de diez mil gerentes deben participar cada año en una serie de talleres de tres pasos llamados Programas de Aceleración del Cambio. El liderazgo se redefinió como una actividad de enseñanza en la que los líderes enseñan a sus subordinados directos cómo cambiar la forma en que realizan su trabajo. Para implementar los cambios sistémicos que se requerían, Welch aplicó el desarrollo organizacional a nivel individual.[35]

Algunos principios rectores han surgido luego de la inversión de cientos de millones de dólares en programas de desarrollo gerencial por parte de los corporativos estadounidenses: 1) el desarrollo gerencial es un proceso largo, complejo y multifacético para el que no existe un enfoque rápido o simple; 2) las organizaciones deben identificar de forma cuidadosa y sistemática sus necesidades únicas de desarrollo y evaluar los programas en función de ellas; 3) los objetivos del desarrollo gerencial deben ser compatibles con los de la organización, y 4) la utilidad y el valor del desarrollo gerencial son más un acto de fe que un hecho consumado.[36]

Construcción o formación de equipos (team building)

Cuando las interacciones entre los miembros de los grupos son cruciales para su éxito y efectividad, la formación de equipos, o team building, puede ser útil. Este enfoque hace hincapié en el trabajo conjunto con un espíritu de cooperación que por lo general tiene una o más de las siguientes metas:

1. Establecer metas y prioridades de equipo.
2. Analizar o asignar la forma en que se desempeña el trabajo.
3. Analizar la forma en que trabaja un grupo, es decir, examinar los procesos como normas, toma de decisiones y comunicación.
4. Examinar las relaciones entre las personas que realizan el trabajo.[37]

Por lo general, los esfuerzos de la administración de la calidad total se centran en los equipos y se deben aplicar los principios del *team building* para que funcionen. La participación del equipo es importante en las fases de recolección de datos y la evaluación de su desarrollo. En la recolección de datos, los integrantes comparten información acerca del funcionamiento del grupo, y las opiniones grupales sientan las bases para el proceso de desarrollo. En la fase de evaluación, los integrantes son la fuente de información sobre la efectividad del esfuerzo de desarrollo.[38]

Al igual que la administración de la calidad total y otras técnicas gerenciales, en vez de considerar al *team building* como una experiencia única o alguna forma de retrato del trabajo, debe definirse como un proceso continuo que puede llevar semanas, meses o años para que el grupo aprenda a reunirse y funcionar como equipo. El desarrollo del equipo puede ser una forma de capacitar al grupo para resolver los problemas que pueden surgir en el futuro. La investigación sobre la efectividad del *team building* como herramienta del desarrollo organizacional muestra resultados diversos y no concluyentes.

Estudios de retroalimentación

Las técnicas de estudios o encuestas de retroalimentación pueden sentar las bases para el proceso de cambio. Mediante este proceso se recaban, analizan y sintetizan datos que se presentan a quienes los generaron para identificar, analizar y resolver problemas. Con frecuencia, los altos directivos o un consultor ponen en marcha el proceso de estudios de retroalimentación. Debido a que genera información sobre las creencias y actitudes de los empleados, el estudio puede ayudar a los gerentes a identificar y resolver los problemas de la organización. Por lo general, un consultor o agente de cambio es quien coordina el proceso y se hace responsable de la recolección, análisis y síntesis de los datos. Este proceso se ilustra en la figura 16.4.[39]

El empleo de las técnicas de encuestas de retroalimentación en el proceso de desarrollo organizacional difiere del uso tradicional de las encuestas de actitud. En un proceso de desarrollo organizacional los datos son 1) compartidos entre los grupos de empleados en todos los niveles de la organización y

---

Figura 16.4

El proceso de estudios de retroalimentación consta de tres etapas que deben completarse para que el proceso sea más efectivo. Como proceso de desarrollo organizacional, su propósito es involucrar totalmente a los empleados en el análisis de datos, la identificación de problemas y el desarrollo de soluciones.

El proceso de estudios de retroalimentación

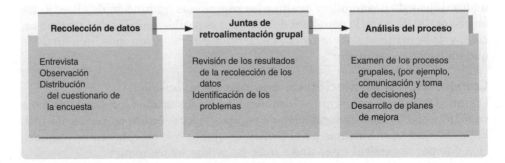

2) utilizados por los empleados que trabajan juntos en grupos para identificar y resolver problemas. En las encuestas tradicionales de medición de la actitud, los altos directivos revisan los datos y pueden o no iniciar un programa nuevo para resolver los problemas identificados.

En la etapa de recolección de datos, el agente de cambio entrevista a algunos miembros del personal de los niveles apropiados para determinar los temas cruciales que se deben analizar. La información de estas entrevistas se utiliza para desarrollar el cuestionario que se distribuye entre una muestra más grande de empleados. El cuestionario puede ser un instrumento estandarizado o desarrollado de forma específica para la organización, o una combinación de ambos. Los datos son analizados y clasificados por grupos o departamento para garantizar el anonimato de quienes responden las preguntas.[40] Después, el agente de cambio prepara una síntesis de los resultados que presenta en las sesiones de retroalimentación grupal. A partir de este punto el consultor participa en el proceso como experto y referente.

Por lo general, sólo dos o tres niveles directivos participan en las juntas de retroalimentación, las cuales se llevan a cabo como una serie que comienza con una junta de la alta dirección del grupo seguida por juntas con los empleados de toda la organización. El líder de estas sesiones es el gerente, no el agente de cambio, con la finalidad de transferir la "propiedad" de los datos que éste posee al grupo de trabajo. La retroalimentación consiste en el conjunto de perfiles de las actitudes del grupo hacia la organización, el trabajo, el liderazgo y otros temas que se abordan en el cuestionario. Durante las sesiones de retroalimentación, los participantes analizan las razones de los resultados y los problemas que revelan los datos.

Por lo general, en la etapa del análisis del proceso el grupo estudia los procesos de toma de decisiones, comunicación y cumplimiento del trabajo con la ayuda de un consultor. Desafortunadamente, es frecuente que los grupos pasen por alto esta fase, pues quedan absortos en los datos de la encuesta y los problemas que se revelan en las sesiones de retroalimentación. En ocasiones, los gerentes no realizan estas sesiones ni el análisis del proceso. Por ello, los agentes de cambio deben asegurar que los gerentes realicen las sesiones y se les recompense por ello. Esta etapa es importante, debido a que su propósito es desarrollar planes de acción para realizar mejoras. Se requieren varias sesiones para analizar todos los temas del proceso y diseñar estrategias para mejorar. Con frecuencia, los grupos encuentran que es útil documentar los planes durante su discusión y nombrar a un integrante que haga el seguimiento de su implementación. En general, la fase de seguimiento evalúa si la comunicación y los procesos de comunicación han mejorado. Se puede aplicar una encuesta de seguimiento después de unos meses o un año para evaluar cuánto han cambiado los procesos desde que fueron reportados.

El método de los estudios o encuestas de retroalimentación es quizás uno de los que más se emplean en las intervenciones de cambio y desarrollo organizacionales. Sin embargo, si se omite o se le resta importancia a alguna de sus etapas, la técnica pierde utilidad. Una de las principales responsabilidades del consultor o agente de cambio es asegurarse de que el método se aplique de forma completa y correcta.

RESISTENCIA AL CAMBIO

El cambio es inevitable, al igual que las fuerzas que le oponen resistencia. De forma paradójica, al mismo tiempo las organizaciones promueven y se resisten al cambio. Como agente de cambio, la organización solicita a sus clientes actuales y potenciales que modifiquen sus hábitos de compra para adquirir los productos y servicios que ella produce o proporciona, les pide cambiar e incrementar sus compras y a los proveedores reducir los costos de materia prima. Por otro lado, se resiste al cambio debido a que su estructura y sistemas de control protegen las actividades cotidianas necesarias para fabricar un producto o brindar un servicio de las incertidumbres del entorno. La organización debe contar con elementos de permanencia que le impidan reflejar la inestabilidad del entorno y reaccionar ante las modificaciones que éste sufre con cambios internos que mantengan su permanencia y relevancia en el mercado.

Una idea común es que se debe superar toda resistencia al cambio, pero no siempre es así. Dicha resistencia puede emplearse en beneficio de la organización y no debe eliminarse por completo, debido a que puede revelar una preocupación legítima de que el cambio puede dañar a la organización o que otras alternativas pueden ser mejores y alentar la reevaluación del cambio.[41] Por ejemplo, es posible que una organización considere adquirir a una empresa en una industria diferente. La resistencia a esta propuesta puede hacer que la alta dirección reexamine de forma más cuidadosa sus ventajas y desventajas. Si no existiera resistencia, la decisión podría tomarse antes de que las ventajas y desventajas se analicen con suficiente detalle. Algunas personas sugieren que los agentes de cambio contribuyen a la resistencia cuando administran o se comunican de forma defectuosa durante el proceso.[42]

La resistencia puede provenir de la organización, del individuo o de ambos. Sin embargo, con frecuencia es difícil determinar la fuente original, debido a que las organizaciones las integran personas. La tabla 16.3 resume algunos tipos de fuentes de resistencia a nivel individual y organizacional. La sección *Mejore sus habilidades* le ayudará a evaluar sus aptitudes para el cambio, en especial aquellas relacionadas con la innovación.

Tabla 16.3

Fuentes de resistencia a nivel individual y organizacional

Fuentes organizacionales	Ejemplos
Sobredeterminación	Sistemas de empleo, descripciones de puestos, sistemas de evaluación y compensación, cultura organizacional
Limitación del enfoque del cambio	Cambios estructurales sin considerar otros temas, como puestos o personas
Inercia del grupo	Normas del grupo
Expertise amenazado	Las personas abandonan sus áreas de *expertise*
Poder amenazado	Toma de decisiones descentralizada
Asignación de recursos	Uso creciente de apoyo de tiempo parcial

Fuentes individuales	Ejemplos
Hábitos	Modificación de las actividades
Seguridad	Modificación de las actividades o las relaciones jerárquicas
Factores económicos	Cambios en salarios y beneficios
Temor a lo desconocido	Nuevos puestos, nuevos jefes
Falta de conciencia	Grupos aislados que no reciben la información
Factores sociales	Normas del grupo

MEJORE SUS HABILIDADES
ESCALA DE ACTITUD INNOVADORA

El cambio y la innovación son importantes en las organizaciones. Esta encuesta evalúa su disposición para aceptar y participar en las innovaciones. Señale el grado al que considera que las siguientes declaraciones son verdaderas o si describen su comportamiento *real* o sus intenciones en el trabajo; es decir, si describen la forma en que usted se comporta o intenta comportarse en el trabajo. Para responder utilice la siguiente escala:

Escala de evaluación
5- *Casi siempre verdadero*
4- *Con frecuencia verdadero*
3- *No aplica*
2- *En ocasiones verdadero*
1- *Casi nunca verdadero*

___ 1. Discuto de forma abierta con mi jefe la forma de salir adelante.

___ 2. Intento aplicar ideas y enfoques nuevos para afrontar los problemas.

___ 3. Desarticulo los objetos o situaciones para descubrir cómo funcionan.

___ 4. Doy la bienvenida a la incertidumbre y las circunstancias inusuales en mi trabajo.

___ 5. Negocio de forma abierta mi salario con mi supervisor.

___ 6. Las personas confían en que puedo encontrar usos nuevos para métodos o equipos existentes.

___ 7. Entre mis colegas y compañeros, yo sería el primero en intentar una idea o método nuevos.

___ 8. Aprovecho las oportunidades de traducir las comunicaciones de otros departamentos a mi grupo.

___ 9. Demuestro originalidad.

___ 10. Trabajaré en un problema que ha provocado muchas dificultades a otras personas.

___ 11. Ofrezco información crítica para obtener una solución nueva.

___ 12. Ofrezco evaluaciones escritas de las ideas propuestas.

___ 13. Establezco contacto con expertos fuera de la organización.

___ 14. Utilizo mis contactos personales para conducirme en las elecciones de las asignaciones de trabajo.

___ 15. Destino tiempo para proseguir con las ideas o proyectos que me interesan.

___ 16. Reservo recursos para trabajar en proyectos riesgosos.

___ 17. Tolero a las personas que se apartan de la rutina organizacional.

___ 18. Hablo con franqueza en las juntas con el personal.

___ 19. Trabajo en equipo para resolver problemas complejos.

___ 20. Si le pregunta a mis compañeros, le dirán que soy ingenioso.

Puntuación: Cuente el número de veces que encerró en un círculo cada una de las cinco opciones de respuesta y utilice la siguiente tabla para calcular su puntuación:

Respuesta de la escala	Número de veces que se encerró en un círculo la respuesta	×	Número de puntos	=	Totales
5- Casi siempre verdadero	_____	×	5	=	_____
4- Con frecuencia verdadero	_____	×	4	=	_____
3- No aplica	_____	×	3	=	_____
2- En ocasiones verdadero	_____	×	2	=	_____
1- Casi nunca verdadero	_____	×	1	=	_____
TOTAL					_____

Interpretación: Entre mayor sea su puntaje, usted tiene mayor disposición para innovar. Su actitud hacia la innovación es más positiva que la de las personas con puntajes bajos. Una puntuación de 72 o más es relativamente alta y una de 45 o menos es relativamente baja. Las personas que no son innovadoras tienden a mantener el *statu quo*.

Fuente: Adaptado de Ettlie, J. E. y O'Keefe, R. D. (1982). Innovative Attitudes, Values, and Intentions in Organizations, en *Journal of Management Studies, 19*, p. 176. ©1982 por Blackwell Publishers Ltd. Reimpreso con autorización de Blackwell Publishing Ltd.

Fuentes de resistencia organizacional

Daniel Katz y Roberth Kahn identificaron seis fuentes importantes de resistencia organizacional: sobredeterminación, limitación del enfoque del cambio, inercia del grupo, *expertise* amenazado, poder amenazado y cambios en la asignación de los recursos.[43] Por supuesto, no todas las organizaciones ni todas las situaciones de cambio presentan las seis fuentes.

Sobredeterminación

Las organizaciones tienen varios sistemas diseñados para mantener la estabilidad. Por ejemplo, considere la forma en que controlan el desempeño de los empleados. Los candidatos a un puesto deben contar con habilidades específicas para que puedan realizar el trabajo que necesita la organización. El empleado nuevo recibe una descripción de puestos y el supervisor lo capacita, le brinda coaching y aconseja en las tareas de su puesto. Por lo general, el recién ingresado tiene un periodo de prueba que termina con la revisión del desempeño y después se le evalúa de forma periódica. Por último, se administran las recompensas, castigos y medidas disciplinarias, con base en el nivel de desempeño. Este sistema se caracteriza por ser **sobredeterminado** o padecer **inercia estructural**,[44] debido a que se podría tener el mismo efecto en el desempeño de los empleados con menos procesos y salvaguardas. En otras palabras, la estructura de la organización produce una resistencia al cambio debido a que fue diseñada para mantener la estabilidad. Otra fuente importante de sobredeterminación es la cultura de la organización. Como se estudia en el capítulo 15, la cultura de la organización puede tener efectos poderosos y duraderos en el desempeño de los empleados.

sobredeterminación (inercia estructural)

Situación que ocurre cuando se implementan numerosos sistemas organizacionales para asegurar que empleados y sistemas se comporten conforme a lo esperado para mantener la estabilidad

Limitación en el enfoque del cambio

Numerosos esfuerzos por generar cambios en las organizaciones adoptan un enfoque muy limitado. Cualquier intento de forzar el cambio en las tareas de los individuos o grupos debe considerar la interdependencia que existe entre los elementos organizacionales, es decir, las personas, estructura, tareas y sistemas de información. Por ejemplo, algunos intentos de rediseñar los puestos fracasan debido a que la estructura de la organización sobre la que deben funcionar es inapropiada para los puestos rediseñados.[45]

Inercia del grupo

Cuando un empleado intenta modificar su comportamiento en el trabajo, el grupo se puede resistir y negarse a cambiar otras conductas que son complementos necesarios para el nuevo comportamiento del individuo. En otras palabras, las normas del grupo pueden servir como freno ante los intentos individuales por modificar su comportamiento.

Expertise amenazado

Un cambio en la organización puede amenazar el conocimiento experto o *expertise* especializado que las personas y grupos han desarrollado con el transcurso del tiempo. El rediseño de un puesto o un cambio estructural pueden transferir la responsabilidad de una tarea especializada del experto actual a otra persona, lo que amenaza su *expertise* especializado y genera resistencia al cambio.

Poder amenazado

Cualquier redistribución de la autoridad para tomar decisiones, como la que ocurre en los procesos de reingeniería o en la administración basada en equipos, puede amenazar las relaciones de poder de una persona con los demás. Si la organización descentraliza la toma de decisiones, los gerentes que ejercían su poder a cambio de favores especiales pueden resistirse al cambio porque no quieren perder la base de su autoridad.

Asignación de recursos

Es probable que los grupos que se encuentran satisfechos con los métodos actuales para asignar los recursos se resistan a cualquier cambio que consideren que amenaza la distribución de éstos en el futuro. En este contexto, los recursos significan cualquier cosa, desde recompensas económicas y equipo hasta ayuda adicional por temporada y mayor tiempo de computadora.

Estas seis fuentes explican la mayoría de las resistencias organizacionales al cambio. Todas se basan en las personas y las relaciones sociales, y muchas de ellas se pueden encontrar en grupos o individuos que sienten temor a perder algo, como recursos, poder o comodidad con la rutina.

Fuentes de resistencia individual

Las fuentes de resistencia individual surgen de las características humanas básicas como sus necesidades y percepciones. Los investigadores identificaron seis razones que pueden hacer surgir la resistencia individual al cambio: hábitos, seguridad, factores económicos, temor a lo desconocido, falta de conciencia y factores sociales (vea la tabla 16.3).[46]

Hábitos

Es más sencillo realizar un trabajo de la misma manera cada día si los pasos se repiten una y otra vez. Aprender un conjunto de nuevas rutinas dificulta hacer el trabajo. La mayoría de las personas prefiere realizar el trabajo fácil que el difícil por la misma cantidad de remuneración (pago).

Seguridad

Algunos empleados prefieren la comodidad y la seguridad de hacer las cosas de la misma manera. Adquieren un sentimiento de constancia y seguridad al saber que las cosas permanecen iguales a pesar de los cambios que ocurren en su entorno. Es probable que las personas se resistan a los cambios que sienten que amenazan su seguridad.

Factores económicos

El cambio puede amenazar la remuneración estable de los empleados. Los trabajadores pueden temer que el cambio hará que sus puestos caigan en la obsolescencia o reduzca sus oportunidades para obtener incrementos salariales en el futuro.

Temor a lo desconocido

Algunas personas temen a cualquier cosa desconocida. Los cambios en las relaciones jerárquicas y en las tareas en el trabajo les generan ansiedad. Los trabajadores se familiarizan con sus jefes y sus puestos y desarrollan relaciones

CATALIN PETOLEA/SHUTTERSTOCK.COM

Las personas tienden a resistirse a los cambios por diversas razones. Es probable que las organizaciones y los gerentes que superan de forma eficaz estas resistencias continúen al frente de sus competidores y sean organizaciones viables. Pero aquellas empresas y gerentes que no manejen la resistencia pueden contribuir a una posible desaparición de la empresa.

con sus compañeros dentro de la organización, como el contacto con otros empleados para enfrentar diversas situaciones. Estas relaciones y contactos facilitan su trabajo y cualquier alteración a los patrones conocidos puede generar temor porque causa demoras y favorece la creencia de que no se está logrando nada.

Falta de conciencia

Es posible que las personas no reconozcan el cambio en una regla o procedimiento, debido a limitaciones perceptuales como la falta de atención o la atención selectiva, razón por la cual no modifican su comportamiento. Las personas pueden poner atención sólo a aquellas cosas congruentes con sus puntos de vista. Por ejemplo, los empleados en una oficina regional de ventas aislada pueden no observar, o ignorar, las instrucciones de la sede central en relación con un cambio en los procedimientos para reportar las cuentas de gastos, lo que prolonga la práctica actual tanto como sea posible.

Factores sociales

Es posible que las personas se resistan al cambio por temor a lo que otros piensen. Como ya se explicó, el grupo puede ser un poderoso motivador del comportamiento. Los empleados pueden considerar que el cambio dañará su imagen, que el grupo los aislará o los hará "diferentes". Por ejemplo, un empleado que está de acuerdo en seguir las reglas establecidas por la gerencia puede ser ridiculizado por los demás que las desobedecen de forma abierta.

ADMINISTRACIÓN EXITOSA DEL CAMBIO Y EL DESARROLLO ORGANIZACIONALES

Es útil considerar las siete claves para administrar el cambio en las organizaciones, ya que éstas permiten incrementar la posibilidad de que el cambio y el desarrollo organizacionales tengan éxito. Estas claves se relacionan de forma directa con los problemas identificados con anterioridad y con la percepción de la organización como un sistema social integral. Cada parte puede influir en los elementos del sistema social y ayudar a la organización a evitar algunos problemas importantes cuando ésta debe administrar el cambio. La tabla 16.4 lista los puntos y su efecto potencial.

Consideración de los temas globales

Un factor que se debe considerar es la forma en que los temas globales determinan los cambios en la organización. Como se ha señalado, el entorno es un factor significativo que genera cambios organizacionales. Dadas las complejidades adicionales del entorno que enfrentan las organizaciones multinacionales, es posible que el cambio sea más crucial para ellos que para las organizaciones locales. Por ejemplo, Dell Computer debe gran parte de su éxito a su estrategia original de vender de forma directa a los consumidores. Sin embargo, desde 2006 ha ampliado sus actividades de distribución para incluir ventas al detalle (o al menudeo), cambio sistémico que ha facilitado la entrada de la empresa en algunos mercados del exterior.[47]

Un segundo punto que se debe recordar es que la aceptación del cambio varía en todo el mundo. El cambio es normal y aceptado como parte de la vida organizacional en algunas culturas, mientras que en otras provoca muchos más problemas. Los gerentes deben recordar que las técnicas para administrar el cambio pueden disparar respuestas negativas si se utilizan de manera indiscriminada en otras culturas.[48]

Tabla 16.4

Claves para administrar con éxito el cambio y el desarrollo organizacionales

Clave	Impacto
Considerar los temas globales	Mantiene el contacto con los desarrollos globales recientes y con la forma en que se maneja el cambio en diferentes culturas
Adoptar una visión holística de la organización	Ayuda a anticipar los efectos del cambio en la cultura y los sistemas sociales
Comenzar poco a poco	Trabaja en los detalles y muestra los beneficios del cambio a quienes pueden resistirse
Apoyo seguro de la alta dirección	Genera alianzas dominantes a favor del cambio, salvaguarda el cambio estructural, evita problemas de control y poder
Fomentar la participación de quienes se ven afectados por el cambio	Minimiza los problemas de transición del control, resistencia y redefinición de las tareas
Estimular la comunicación abierta	Minimiza los problemas de transición de la resistencia y los sistemas de información y control
Recompensar a quienes contribuyen al cambio	Minimiza los problemas de transición de resistencia y sistemas de control

Adoptar una visión holística o del todo

Los gerentes deben adoptar una visión holística de la organización y del proyecto de cambio. Una visión limitada puede poner en peligro el esfuerzo de cambio, debido a que los subsistemas de la organización son interdependientes. Una visión holística comprende la cultura y las alianzas dominantes, así como las personas, tareas, estructuras y subsistemas de información.

Comenzar poco a poco

Peter Senge sostiene que para que un cambio sistémico tenga éxito en las organizaciones grandes debe comenzar poco a poco.[49] Recomienda que el cambio se inicie en un equipo, por lo general ejecutivo. Un equipo puede evaluar el cambio, realizar los ajustes adecuados y, lo más importante, puede demostrar que el sistema nuevo funciona y ofrece los resultados deseados. Si es así, comienza a extenderse hacia otros equipos, grupos y divisiones a lo largo del sistema. Senge describió la forma en que los cambios significativos en Shell y Ford comenzaron poco a poco, con uno o dos equipos paralelos, y después se extendieron en la medida en que otros reconocieron los beneficios del cambio. Cuando otras personas ven los beneficios desisten en automático de su resistencia y se unen a él. Es posible que lo hagan de manera voluntaria y se comprometan con el éxito del esfuerzo de cambio.

Apoyo seguro de la alta dirección

El apoyo de la alta dirección es crucial para que cualquier esfuerzo de cambio tenga éxito. Como unión dominante de la organización, la alta dirección representa un elemento poderoso en el sistema social y su apoyo es necesario para manejar los problemas de poder y control. Por ejemplo, un gerente que planea un cambio en la forma en que las tareas y responsabilidades son asignadas en su departamento debe notificar a la alta dirección y obtener su apoyo. De no ser así, es posible los empleados descontentos acudan ante dicha instancia para quejarse y surjan complicaciones porque no está enterada del cambio y no lo apoyan. Las quejas de los empleados pueden poner en riesgo el plan del gerente, e incluso su trabajo.

Fomentar la participación

Es posible superar los problemas de resistencia, control y poder por medio de la participación activa en el cambio planeado. Dar voz a las personas para diseñar el cambio les otorga un sentido de control y poder sobre sus destinos que ayuda a que lo apoyen durante su implementación.

Estimular la comunicación abierta

La comunicación abierta es un factor importante para manejar la resistencia al cambio y superar los problemas de información y control durante las transiciones. Por lo general, los empleados reconocen las incertidumbres y ambigüedades que surgen durante la transición y buscan información sobre el cambio y el papel que ellos desempeñarán en el nuevo sistema. En ausencia de información, es posible que la carencia se supla con información falsa o inadecuada que puede poner en riesgo el proceso de cambio. Los rumores tienden a esparcirse con mayor rapidez que la información real que se disemina por medio de los canales oficiales. Los gerentes deben ser sensibles a los efectos de la incertidumbre en los empleados, en especial durante los periodos de cambio; cualquier noticia, incluso si es mala, es mejor que su ausencia.

Recompensar las contribuciones

Aunque este último punto parece sencillo, se descuida con facilidad. Es necesario recompensar a los empleados que, de alguna forma, contribuyen al cambio. Con mucha frecuencia, las únicas personas que reciben un reconocimiento después del esfuerzo de cambio son aquellas que trataron de detenerlo, mientras que quienes comprenden con rapidez las asignaciones nuevas, trabajan más para cubrir el trabajo que otros no pueden terminar durante la transición o ayudan a sus compañeros a adaptarse a los cambios, son los que merecen un reconocimiento especial, como mencionarlos en un comunicado de prensa o en el periódico de la empresa, consideraciones especiales en la evaluación del desempeño, un incremento por mérito o una promoción. Desde una perspectiva conductual, las personas deben obtener algún beneficio si están dispuestas a ayudar a cambiar cualquier cosa que elimine la forma anterior y cómoda de realizar el trabajo.

En el entorno dinámico actual, los gerentes deben anticipar la necesidad de cambio y satisfacerla con sistemas organizacionales más competitivos y sensibles. Estas siete claves para administrar el cambio organizacional también sirven como lineamientos generales para administrar el comportamiento organizacional, debido a que las empresas deben cambiar o afrontar su desaparición.

APRENDIZAJE ORGANIZACIONAL

En palabras de Andrew Carnegie, icono del capitalismo estadounidense y filántropo, "el único capital irremplazable que posee una organización es el conocimiento y las capacidades de las personas que la integran. La productividad del capital depende de la efectividad con que las personas comparten sus competencias con aquellos que pueden emplearlas". Como dijo Ray Stata, presidente y CEO de Analog Devices, "el ritmo al que las organizaciones aprenden puede ser su única fuente sostenible de ventaja competitiva".[50]

Una ***organización que aprende*** es aquella que facilita el aprendizaje de todos sus integrantes y se transforma de forma continua.[51] En estas organizaciones, el cambio y el aprendizaje permanentes forman parte de la cultura y emplean wikis, blogs y bases de datos de búsqueda para recabar el conocimiento de los empleados y ponerlo a disposición de los demás.

organización que aprende
Organización que facilita el aprendizaje de todos sus integrantes y se transforma de forma continua

Para facilitar el aprendizaje organizacional, es importante que el aprendizaje esté presente durante un proyecto y continúe después de que termine. En palabras de un experto, "se necesita tener algo de coaching y de cuestionamiento después para asegurarse de que las personas aprenden lo que se desea que aprendan. Es necesario que piensen a lo largo de la experiencia. Cuando las cosas funcionan ¿por qué lo hacen? y si fracasan ¿cuáles fueron las razones de ello?" Sin la reflexión, es posible que se ejecuten las tareas pero no se aprenda.[52]

Una de las mejores formas de fomentar el aprendizaje continuo es por medio de una *revisión después de la acción*, o un análisis profesional de un evento que permite descubrir qué ocurrió, las razones y la forma de mantener sus fortalezas y robustecer sus debilidades.[53] Este tipo de revisiones se deben llevar a cabo tanto en el caso de los éxitos como de los fracasos de cualquier evento identificable o acontecimiento sobresaliente que se presente durante un proyecto o después de terminarlo. El propósito no consiste en asignar créditos o culpas, sino en identificar con cuidado cuáles son las circunstancias que condujeron a los resultados exitosos y no tan exitosos para aprender de ellos.

Por lo general, el aprendizaje que se obtiene en una revisión después de la acción es generado por un grupo y para el grupo, aunque las personas también pueden hacer esta revisión de forma individual. La revisión se lleva a cabo mediante un proceso sencillo y rápido, en una junta abierta y honesta que dura veinte o menos minutos en la que todos aquellos que participaron en el evento o proyecto analizan cuatro preguntas simples:

1. ¿Qué se suponía que debía suceder?
2. ¿Qué sucedió en realidad?
3. ¿Cuál fue la diferencia?
4. ¿Qué aprendimos?

Generar confianza e integridad en los equipos son resultados complementarios que se obtienen de las revisiones después de la acción.

Otro factor que influye en la capacidad de aprendizaje de una organización es la forma en que aborda el fracaso. Numerosas empresas castigan los fracasos por medio de evaluaciones del desempeño bajas, bonos inferiores o incluso despidos. Sin embargo, aquellas que tienen una mayor orientación al aprendizaje reconocen que las oportunidades de aprender pueden generar "fracasos inteligentes", es decir, que es posible que los descalabros en los eventos y proyectos que tenían buenas probabilidades de tener éxito, pero no funcionaron, ofrezcan buenas oportunidades de aprendizaje. En la fábrica de chips Intel, un gerente ofreció una gran cena cada mes, no para el grupo más exitoso sino para el "fracaso del mes", con la finalidad de honrar al grupo que había realizado un esfuerzo valiente que no funcionó. El gerente comunicó a las personas que los fracasos son componentes inevitables de la asunción de riesgos que deben afrontarse de manera abierta y no esconderse, archivarse o culpar a los demás.[54] Las relaciones de alta calidad en las que los empleados sienten seguridad psicológica, permiten que los integrantes de las organizaciones aprendan de los fracasos.[55]

RESUMEN Y APLICACIÓN

El cambio puede ser impuesto en una organización, o ésta puede cambiar en respuesta al entorno o a una necesidad interna. Las fuerzas para el cambio son interdependientes e influyen en la organización de diferentes maneras. Las áreas en las que las presiones son más poderosas son las personas, la tecnología, el procesamiento de la información y las comunicaciones, la competencia y las tendencias sociales.

El cambio planeado en la organización implica su anticipación y preparación. Lewin describió el cambio organizacional en términos del descongelamiento, el cambio en sí y el recongelamiento. Según el modelo del proceso de cambio continuo, la alta dirección reconoce las fuerzas que fomentan el cambio, participa en un proceso de solución de problemas para diseñarlo, y lo implementa y evalúa.

El desarrollo organizacional es el proceso de cambio planeado y mejora de las organizaciones por medio de la aplicación del conocimiento de las ciencias de la conducta. Se basa en el proceso de cambio sistémico y se centra en la administración de la cultura de la organización. El cambio más completo implica la modificación de la estructura de la empresa por medio de la reorganización de departamentos, relaciones jerárquicas y sistemas de autoridad.

Los programas de calidad de vida laboral se centran en ofrecer un ambiente laboral en el que las personas puedan satisfacer sus necesidades individuales. Los cambios tecnológicos y de tareas modifican la forma en que la organización realiza sus principales actividades. Además de los pasos asociados con el cambio, el rediseño de tareas comprende una fase de diagnóstico, análisis de costos y beneficios, la formulación de una estrategia de rediseño y la implementación de cambios complementarios.

Existen enfoques individuales y grupales que se utilizan con frecuencia para instituir cambios en las organizaciones, como capacitación y programas de desarrollo gerencial, formación de equipos o *team building* y técnicas de estudios o encuestas de retroalimentación. Por lo general, los programas de capacitación se diseñan para mejorar las habilidades de los empleados en sus puestos y ayudarles a adaptarse a otros cambios en la organización, como la implementación de un programa de administración por objetivos, o desarrollar su conciencia y comprensión sobre problemas como la seguridad en el trabajo o el estrés. Los programas de desarrollo gerencial tienen por objetivo estimular las habilidades, capacidades y perspectivas importantes para lograr una buena administración por parte de los gerentes actuales y potenciales. Los programas de *team building* se diseñan para ayudar a un equipo o grupo de trabajo a evolucionar como un equipo funcional y maduro por medio de la definición de metas y prioridades, análisis de sus tareas, la forma en que las realizan y las relaciones entre las personas que trabajan. Las técnicas de estudios o encuestas de retroalimentación que se emplean en el proceso de desarrollo organizacional comprenden la recolección de datos, su análisis, síntesis y comunicación a los empleados y grupos para que los analicen e identifiquen y resuelvan problemas.

La resistencia al cambio, que puede surgir de diferentes fuentes individuales y organizacionales, puede expresar la legítima preocupación de que el cambio no es apropiado para la organización y garantizar una reevaluación de los planes. Para administrar el cambio en la organización se deben considerar los temas internacionales y los gerentes deben adoptar una visión holística de la organización e iniciar poco a poco. Se requiere del apoyo de la alta dirección y la participación de quienes se verán más afectados por el cambio. La comunicación abierta es importante y se debe recompensar a las personas que contribuyen al cambio.

Una organización que aprende es aquella que facilita el aprendizaje de todos sus integrantes y se transforma de forma continua. En estas organizaciones, el cambio y el aprendizaje continuos forman parte de la cultura. Para facilitar el aprendizaje organizacional es importante que el aprendizaje se lleve a cabo durante los proyectos y después de que éstos terminan.

——— RESPUESTAS PARA EL MUNDO REAL ———
ERRORES EN LA ADMINISTRACIÓN DEL CAMBIO EN KODAK

De acuerdo con John Kotter, de la Universidad de Harvard, autor reconocido como una autoridad en el cambio organizacional, "el problema de Kodak... es que no avanzó de forma adecuada ni con suficiente rapidez hacia el mundo digital". Esta es una opinión consensuada, pero Kotter añade el calificativo "en apariencia". Además, sugiere que detrás de las apariencias, Kodak tomó decisiones de negocios que la llevaron a la quiebra, opinión que requiere de mayor investigación. La empresa fue pionera en la aplicación de las tecnologías digitales durante las décadas de 1970 y 1980 y desarrolló cámaras digitales a color, quioscos de impresión digital y compresión de imágenes digitales.

Sin embargo, de acuerdo con Bill Fischer, CEO de Manzanita Capital, "Kodak fracasó, pues no aprovechó su perspectiva única... Podemos pensar que reconoció la tendencia inminente de un 'algo' digital, pero no imaginó que un 'teléfono' se convertiría en el agente más dañino que trastornaría las películas y el negocio de las cámaras fotográficas".

Algunos críticos señalan que, incluso en el borde de la bancarrota, los gerentes de Kodak fracasaron, o se rehusaron a reconocer que muchos de los productos de la empresa habían sido marginados por sustitutos digitales. Por ejemplo, durante el proceso de bancarrota, la empresa esperaba vender uno de sus activos más apreciados, un paquete de 1,100 patentes de imagen digitales en 2,600 millones de dólares, portafolio que en realidad fue vendido por 527 millones.

Kotter está de acuerdo con la opinión unánime de que su caída fue el resultado de "decisiones estratégicas deficientes o que se evitaron". Sin embargo, recuerda que existe una pregunta sin responder: "¿Por qué los directivos de Kodak tomaron estas decisiones deficientes?" Su respuesta parece simple, en apariencia: "la organización desbordó de complacencia". En particular, fracasó en reconocer que el mundo digital representaba una "enorme oportunidad" sólo si la empresa actuaba con un "enorme sentido de urgencia".

Kodak desarrolló en 1975 la primera cámara fotográfica electrónica y en 2005 era el principal vendedor de cámaras digitales en Estados Unidos. Sin embargo, en un periodo de dos años, descendió al cuarto puesto y en 2010 se desplomó hasta el séptimo.

PREGUNTAS PARA ANÁLISIS

1. ¿La mayoría de los cambios organizacionales son forzados por factores externos o internos? Explique su respuesta.

2. ¿En qué otra categoría de presiones para el cambio organizacional puede pensar además de las cuatro que se analizaron en el capítulo? Descríbala brevemente.

3. ¿Qué fuentes de resistencia al cambio representan mayores problemas para un agente de cambio interno? ¿Y para un agente de cambio externo?

4. ¿Qué etapa del modelo de cambio de Lewin considera que se pasa por alto con más frecuencia? ¿Por qué?

5. ¿Qué ventajas y desventajas tiene un agente de cambio interno sobre uno externo?

6. ¿En qué se diferencia el desarrollo organizacional del cambio organizacional?

7. ¿Cómo y por qué sería diferente el desarrollo organizacional si los elementos del sistema social no fueran interdependientes?

8. Los programas de calidad de vida laboral, ¿dependen más de factores conductuales individuales u organizacionales? ¿Por qué?

9. Describa la forma en que se puede rediseñar el puesto de su profesor. Incluya un análisis sobre otros subsistemas que también deberían cambiar.

10. ¿Cuál de las siete claves para administrar el cambio parece más difícil de manejar? ¿Por qué?

DESARROLLE SUS HABILIDADES

Usted es el gerente general de un hotel que se encuentra en un tramo hermoso de una playa en una isla tropical. Su hotel es propiedad de un grupo de inversionistas extranjeros y es uno de los seis complejos más grandes en el área. Durante muchos años fue operado como una franquicia de una cadena hotelera internacional al igual que el resto de los hoteles de la isla.

En los últimos años, los propietarios de la franquicia han tomado para sí mismos la mayor parte de las utilidades y han invertido poco en el hotel. Le comunican que sus negocios no cuentan con salud financiera y que los ingresos del hotel se emplean para compensar las pérdidas en otras áreas. Por el contrario, la mayoría de los hoteles de la isla han sido remodelados y dos nuevas marcas tienen planes para establecerse en el futuro cercano.

Un equipo directivo de la sede de la franquicia visita su hotel y se decepciona en particular porque el hotel no se ha mantenido al nivel del resto de los complejos de la isla. Le informan que si el hotel no cumple con los estándares en un periodo de un año, el contrato de franquicia será revocado. Usted comprende que esta acción puede ser un desastre potencial porque no puede permitirse perder el nombre de la marca de la franquicia ni el acceso a su sistema de reservaciones.

Sentado solo en su oficina, identifica los siguientes cursos de acción viables:

1. Convencer a los dueños de la franquicia de remodelar el hotel. Estima que esta opción costaría 5 millones para cumplir con sus estándares y otros 5 para convertirlo en el mejor complejo de la isla.

2. Convencer a los franquiciadores de darle más tiempo y alternativas para actualizar las instalaciones.

3. Permitir que termine el contrato con la franquicia y tratar de tener éxito como hotel independiente.

4. Suponer que el hotel fracasará y buscar otro empleo. Usted cuenta con una buena reputación pero no se siente feliz con la posibilidad de aceptar un puesto de menor jerarquía en otra empresa (como asistente directivo).

Después de reflexionar sobre las opciones, haga lo siguiente:

1. Clasifique en orden las cuatro alternativas en términos de su probabilidad de éxito. Suponga lo necesario.

2. Identifique otras alternativas a las identificadas con anterioridad.

3. Plantee si es posible implementar de forma simultánea más de una alternativa. ¿Cuáles serían?

Desarrolle una estrategia general para tratar de salvar el hotel y proteger sus intereses personales.

EJERCICIO EN EQUIPO

Planeación de un cambio en la universidad

Este ejercicio le servirá para comprender las complejidades del cambio en las organizaciones.

Formato: Su tarea es planear la implementación de un cambio importante en una organización.

Parte 1

El grupo se dividirá en cinco equipos de tamaño similar. El profesor le asignará a cada equipo uno de los siguientes cambios:

1. Cambiar de un sistema semestral a uno trimestral (o lo opuesto con base en el sistema actual de la escuela).

2. Requerir que todo el trabajo, tareas, exámenes, proyectos y problemas se elaboren de forma digital en computadoras y se envíen en línea.

3. Exigir que todos los estudiantes vivan en el campus.

4. Demandar que todos los estudiantes lean, escriban y hablen por lo menos tres idiomas para poder graduarse, incluidos el inglés y el japonés.

5. Solicitar que los estudiantes vivan con compañeros que cursen la misma carrera.

Primero, decida quiénes son las personas y grupos que deben participar en el cambio; después decida la forma en la que lo implementará, utilizando como referencia el proceso de cambio organizacional de Lewin (figura 16.1). Considere la forma en que manejará la resistencia al cambio, empleando como guía las tablas 16.3 y 16.4. Decida si debe emplear un agente de cambio interno o externo. Elabore un cronograma realista de la implementación completa del cambio. ¿Es adecuada la administración de la transición?

Parte 2

Con los mismos equipos de la parte 1, su siguiente tarea será describir las técnicas que empleará para implementar el cambio sugerido en la primera parte. Puede utilizar cambios estructurales, métodos de tareas y tecnología, programas individuales o grupales y cualquier combinación entre estos. Es posible que deba acudir a la biblioteca para obtener más información sobre algunas técnicas. Analice también la forma en que utilizará las siete claves para la administración exitosa del cambio que se analizaron al final del capítulo.

El profesor puede llevar a cabo esta actividad en clase o como proyecto final que se debe desarrollar fuera de ella. En cualquiera de los dos casos, el ejercicio tendrá un mejor resultado si los equipos presentan sus propuestas de implementación en clase. Cada equipo debe informar las técnicas que utilizará, las razones por las que las eligieron y la forma en que las implementará, así como la manera en que evitará los problemas.

Preguntas de seguimiento de la parte 1

1. ¿Qué grado de similitud tienen los pasos de implementación de cada cambio?
2. ¿Son realistas los planes para manejar la resistencia al cambio?
3. ¿Considera que los cambios podrían implementarse con éxito en su escuela? ¿Por qué?

Parte 2

1. ¿Diferentes equipos emplearon las mismas técnicas de manera distinta o para alcanzar diferentes metas?
2. Si llevó a cabo una investigación externa sobre las técnicas de desarrollo organizacional para el proyecto, ¿encontró algunas más aplicables que las descritas en el capítulo? De ser así, describa una de ellas.

EJERCICIO EN VIDEO

Mitchell Gold + Bob Williams: Cambio y desarrollo organizacionales

Cuando Kim Clay comenzó a contestar las llamadas telefónicas como representante de atención al consumidor de Mitchell Gold + Bob Williams, nunca sintió autoconfianza o certeza sobre su desarrollo profesional. Sin embargo, sus compañeros notaron de inmediato sus actitudes positivas en el trabajo y, con el tiempo, pasó al departamento de atención al cliente, donde su personalidad natural fue muy estimada no sólo por los clientes, también por los compañeros que con frecuencia solicitaban su ayuda en temas computacionales.

En muchas organizaciones, los talentos ocultos permanecen ocultos, pero en Mitchell Gold + Bob Williams, los gerentes alientan a los empleados a descubrir sus talentos y aprovechar las oportunidades. Cuando los gerentes descubrieron las habilidades de Kim para manejar los temas computacionales decidieron crear un puesto nuevo para ella: especialista en apoyo computacional. A pesar de que carecía de capacitación formal en el área, ella aceptó la oportunidad y en la actualidad se desempeña como directora de tecnología de MG + BW. Los gerentes y colegas que fueron testigos de las actitudes positivas de Clay no se sorprendieron con sus ascensos. Aun así, ninguno de ellos pudo predecir la ruta de carrera única que Clay construyó para sí misma.

Preguntas para análisis

1. ¿Qué fuerzas para el cambio organizacional se ilustran en Mitchell Gold + Bob Williams?
2. Suponga que fuera necesario cambiar a Kim Clay a un nuevo puesto. ¿Cómo podría manejar este cambio de forma efectiva?
3. ¿De qué forma Mitchell Gold + Bob Williams utiliza el desarrollo organizacional?

¿Y ahora qué?

Suponga que Happy Time Toys ha implementado cambios en su línea de juguetes y en sus metas de calidad. Usted descubre a una compañera que muestra resistencia ante las metas de la empresa sobre calidad y fabricación de una nueva línea de productos. Ella se queja de los cambios y afirma que el producto es difícil de ensamblar y las metas, poco realistas. Además, debido a los cambios recientes, considera que la empresa se preocupa demasiado por la calidad a expensas de la productividad. Ella siente que la empresa podría ganar mucho más dinero si retomara algunos productos marginales de los equipos. Además, exhorta al equipo para que adelante los productos marginales para así cumplir las metas de producción del grupo y este reciba un bono. Esta opción reduciría el nivel de estrés de los empleados y, en realidad, los productos no son tan malos. *¿Qué haría o qué diría?* Vea el video "¿Y ahora qué?" de este capítulo, revise el video de desafío y elija una respuesta. Asegúrese de ver también los resultados de las dos respuestas que no eligió.

Preguntas para análisis

1. ¿Qué tipos de resistencia observó en las diferentes situaciones?
2. ¿De qué manera Alex descongeló la perspectiva de Allison y qué efecto tuvo?
3. Emplee los conceptos de este capítulo. ¿Qué más podría haber hecho para facilitar la transición a la nueva línea de productos?

NOTAS FINALES

[1]Kotter, J. (2 de mayo de 2012). Barriers to Change: The Real Reason behind the Kodak Downfall, en *Forbes*. Disponible en línea en: http://www.forbes.com/sites/johnkotter/2012/05/02/barriersto-change-the-real-reason-behind-the-kodak-downfall/; DiSalvo, D. (2 de octubre de 2011). The Fall of Kodak: A Tale of Disruptive Technology and Bad Business, en *Forbes*. Disponible en línea en: http://www.forbes.com/sites/daviddisalvo/2011/10/02/what-i-saw-as-kodak-crumbled/; Fischer, B. (4 de julio de 2014). There Are No "Kodak Moments", en *Forbes*. Disponible en línea en: http://www.forbes.com/sites/billfischer/2014/07/04/there-are-no-kodak-moments/; Julie Creswell, J. (3 de mayo de 2013). Kodak's Fuzzy Future, en *New York Times*. Disponible en línea en: http://dealbook. nytimes.com/2013/05/03/after-bankruptcy-a-leaner-kodakfaces-an-uphill-battle/; Hill, A. (5 de abril de 2012). Kodak — A Victim of Its Own Success, en *Financial Times*. Disponible en línea en: http://www.ft.com/cms/s/0/b2076888-7a52-11e1-839f-00144 feab49a.html#axzz3e052KBe0.

[2]Grossman, L. (24 de enero de 2005). Grow Up? Not So Fast, en *Time*, 42.

[3]Thielfoldt, D. y Scheef, D. (Agosto de 2004). Generation X and the Millennials: What You Need to Know About Mentoring the New Generations, en *Law Practice Today*. Disponible en línea en: http://apps.americanbar.org/lpm/lpt/articles/mgt08044.html

[4]Olguin, M. A. (13 de abril de 2012). 5 Tips for Managing Millennial Employees, en *Inc.com*. Disponible en línea en: http://www.inc.com/ michael-olguin/5-tips-for-managing-millennial-employees.html.

[5]Huey, J. (5 de abril de 1993). Managing in the Midst of Chaos, en *Fortune*, pp. 38–48.

[6]Stanley, C. (6 de mayo de 2012). At one school district, the motto is BYOT—Bring Your Own Technology, en *NBC News*. Disponible en línea en: http://dailynightly.msnbc.msn.com/

_news/2012/05/06/11567170-at-one-school-district-the-mottois-byot-bring-your-own-technology?lite.

[7]DuPont Adopts New Direction in China. Agencia de noticias Xinhua. 7 de septiembre de 1999, p.100250h0104; Taylor, A., III (26 de abril de 1999). Why DuPont Is Trading Oil for Corn, en *Fortune*, pp. 154–160; Palmer, J. (11 de mayo de 1998). New DuPont: For Rapid Growth, an Old-Line Company Looks to Drugs, Biotechnology, en *Barron's*, p. 31.

[8]Greimel, H. (1 de diciembre 2013). Honda's new plant takes manufacturing to the next level. http://www.autonews.com/article/20131201/OEM01/312029986/hondas-new-planttakes-manufacturing-to-the-next-level. Chappell, L. (17 de agosto de 2015). Honda's factory fix: Robots. http://www. autonews.com/article/20150817/OEM01/308179970/hondasfactory-fix:-robots. Honda in Canada (29 de agosto de 2015). HCM Operations. https://www.honda.ca/honda-in-canada/manufacturing/opera-tions (acceso el 29 de Agosto de 2015).

[9]Schomer, S. (Mayo de 2010). Body Language, en *Fast Company*, pp. 61–66.

[10]Tsai, E. (20 de mayo de 2010). How to Integrate Email Marketing, SEO, and Social Media, en *bx.businessweek. com*. Disponible en línea en: http://www.designdamage.com/how-to-integrate-email- marketing-seo-and-social-me-dia/#axzz3e0UD0VG1.

[11]Silverman, R. E. y Sidel, R. (18 de abril de 2012). Warming Up to the Officeless Office, en *Wall Street Journal*, B1.

[12]Stewart, T. A. (13 de diciembre de 1993). Welcome to the Revolution, en *Fortune*, pp. 66–80.

[13]Chafkin, M. (1 de mayo de 2009). The Zappos Way of Managing, en *Inc.com*. Disponible en línea en: http://www.inc.com/maga-zine/20090501/ the-zappos-way-of-managing_pagen_6.html.

[14]Para un análisis sobresaliente sobre el impacto de la globaliza-ción y la tecnología vea Friedman, T. L. (2007). *The World Is Flat 3.0: A Brief History of the Twenty-First Century*. Nueva York: Farrar, Straus & Giroux.

[15]Lewin, K. (1951). *Field Theory in Social Science*. Nueva York: Harper & Row.

[16]Burke, W. W. (2003). Leading Organizational Change, en *Organi-zation 21C: Someday All Organizations Will Lead This Way*, ed. S. Chowdhury (pp. 291–310). Upper Saddle River, NJ: Finan-cial Times Prentice Hall.

[17]Marks, M. L. (24 de mayo de 2010). In With the New, en *Wall Street Journal*, B1.

[18]Ackerman, L. S. (Verano de 1982). Transition Management: An In-Depth Look at Managing Complex Change, en *Organiza-tional Dynamics*, pp. 46–66; Nadler, D. A. (Verano de 1982). Man-aging Transitions to Uncertain Future States, en *Organizational Dynamics*, pp. 37–45.

[19]Burke, W. W. (2003). Leading Organizational Change, en *Organi-zation 21C: Someday All Organizations Will Lead This Way*, ed. S. Chowdhury (pp. 291–310). Upper Saddle River, NJ: Finan-cial Times Prentice Hall.

[20]Tichy, N. M. y Ulrich, D. O. (Otoño de 1984). The Leadership Challenge—A Call for the Transformational Leader, en *Sloan Management Review*, pp. 59–68.

[21]Burke, W. W. (1982). *Organization Development: Principles and Practices*. Boston: Little, Brown.

[22]Beer, M. (1980). *Organization Change and Development*. Santa Monica, CA: Goodyear; Burke, W. W. (1982). *Organization Devel-opment: Principles and Practices*. Boston: Little, Brown.

[23]Cummings, T. G. y Worley, C. G. (1997). *Organization Develop-ment and Change* (6a. ed., p. 2). Cincinnati, OH: South-Western Publishing.

[24]Tichy, N. M. y DeRose, C. (2003). The Death and Rebirth of Organizational Development, en *Organization 21C: Someday All Organizations Will Lead This Way*, ed. S. Chowdhury (p. 155–177). Upper Saddle River, NJ: Financial Times Prentice Hall.

[25]Miller, D. y Friesen, P. H. (Diciembre de 1982). Structural Change and Performance: Quantum Versus Piecemeal-Incre-mental Approaches, en *Academy of Management Journal*, pp. 867–892.

[26]Carty, S. S. (27 de febrero de 2005). Bill Ford Carries on Family Name with Grace, en *USA Today*. Disponible en línea en: http://www.usatoday.com/ money/autos/2005-02-27-ford-ceo-usat_x. htm; Ford Enters New Era of E-Communication: New Web Sites Connect Dealers, Consumer, Suppliers, en *PR Newswire*, 24 de enero de 2000, p. 7433; Wetlaufer, S. (Marzo-abril de 1999). Driv-ing Change, en *Harvard Business Review*, pp. 77–85; Ford's Pass-ing Fancy, en *Business Week*, 15 de marzo de 1999, *42*; Saporito, B. (9 de agosto de 2010). Can Alan Mulally Keep Ford in the Fast Lane?, en *Time*. Disponible en línea en: http://content.time.com/time/magazine/article/0,9171,2007401,00.html.

[27]Suttle, J. L. (1977). Improving Life at Work— Problems and Prospects, en *In Improving Life at Work: Behavioral Science Approaches to Organizational Change*, eds. J. R. Hackman y J. L. Suttle (p. 4). Santa Mónica, CA: Goodyear.

[28]Walton, R. E. (Otoño de 1983). Quality of Work Life: What Is It?, en *Sloan Management Review*, pp. 11–21.

[29]Vea el sitio web de DISA. Disponible en línea en: http://www.disa.mil/Careers/Quality-of-Work-Life.

[30]Ondrack, D. A. y Evans, M. G. (Marzo de 1987). Job Enrichment and Job Satisfaction in Greenfield and Redesign QWL Sites, en *Group & Organization Studies*, pp. 5–22.

[31]Farmer, B. (5 de septiembre de 2008). Fiat 500 Is Britain's Sexiest Car. Telegraph, http://www.telegraph.co.uk/ motor-ing/ news/2754447/Fiat-500-is-Britains-sexiest-car.html; Gumbel, P. Chrysler's Sergio Marchionne: The Turnaround Artista, en *Time*, http://content.time.com/time/magazine/arti-cle/0,9171,1905416,00.html; Online Extra: Fiat's Sexy Designs on Success, en *BusinessWeek*, 16 de enero de 2006. Disponible en línea en: http://www.bloomberg.com/bw/s tories/2006-01-15/online-extra-fiats-sexy-designs-on-success; Langlois, S. (3 de diciembre de 2009). Style and Substance, en *Market-Watch*. Disponible en línea en: http://www.marketwatch.com/story/fiats-marchionne-drives-change-2009-12-03.

[32]Griffin, R. W. (1982). *Task Design: An Integrative Framework*. Glenview, IL: Scott, Foresman.

[33]Moorhead, G. (Abril de 1981). Organizational Analysis: An Integration of the Macro and Micro Approaches, en *Journal of Management Studies*, pp. 161–218.

[34]Quick, J. C. y Quick, J. D. (1984). *Organizational Stress and Preventive Management*. Nueva York: McGraw-Hill.

[35]Tichy, N. M. y DeRose, C. (2003). The Death and Rebirth of Organizational Development, en *Organization 21C: Someday All Organizations Will Lead This Way*, ed. S. Chowdhury (pp. 155–177). Upper Saddle River, NJ: Financial Times Prentice Hall.

[36]Wexley, K. N. y Baldwin, T. T. (Verano de 1986). Management Development. 1986 Yearly Review of Management of the Journal of Management, en *Journal of Management*, pp. 277–294.

[37]Beckhard, R. (Verano de 1972). Optimizing Team-Building Efforts, en *Journal of Contemporary Business*, pp. 23–27, 30–32.

[38]Bass, B. M. (Febrero de 1983). Issues Involved in Relations Between Methodological Rigor and Reported Outcomes in Eval-uations of Organizational Development, en *Journal of Applied Psychology*, pp. 167–201; Vicars, W. M. y Hartke, D. D. (Junio de 1984). Evaluating OD Evaluations: A Status Report, en *Group & Organization Studies*, pp. 177–188.

[39]Beer, M. (1980). *Organization Change and Development*. Santa Monica, CA: Goodyear.

[40]Franklin, J. L. (Mayo-junio de 1978). Improving the Effectiveness of Survey Feedback, en *Personnel*, pp. 11–17.

[41]Lawrence, P. R. (Mayo-junio de 1954). How to Deal with Resistance to Change, en *Harvard Business Review*. Reimpreso en *Organizational Change and Development*, eds. G. W. Dalton, P. R. Lawrence y L. E. Greiner (pp. 181–167). Homewood, IL: Irwin.

[42]Ford, J. D., Ford, L. W. y D'Amelio, A. (Abril de 2008). Resistance to Change: The Rest of the Story, en *Academy of Management Review*, pp. 362–377.

[43]Katz, D. y Kahn, R. L. (1978). *The Social Psychology of Organizations* (2a. ed., pp. 36–68). Nueva York: John Wiley and Sons.

[44]Para un análisis detallado sobre inercia estructural, vea Hannah, M. T. y Freeman, J. (Abril de 1984). Structural Inertia and Organizational Change, en *American Sociological Review*, pp. 149–164.

[45]Moorhead, G. (Abril de 1981). Organizational Analysis: An Integration of the Macro and Micro Approaches, en *Journal of Management Studies*, pp. 161–218.

[46]Zaltman, G. y Duncan, R. (1977). *Strategies for Planned Change*. Nueva York: John Wiley and Sons; Nadler, D. A. (1983). Concepts for the Management of Organizational Change, en *Perspectives on Behavior in Organizations*, eds. J. R. Hackman, E. E. Lawler III y L. W. Porter (2a. ed., pp. 551–561). Nueva York: McGraw-Hill.

[47]Dell Sees Unrivalled Opportunity in Connected Era and Fast Growing Economies, en *Dell Inc.* Comunicado de prensa del 10 de abril de 2008. Disponible en línea en: http://cityskywallpaper.blogspot.com/2008/09/dell-sees-unrivalled-opportunity-in.html; Ewing, J. (27 de septiembre de 2007). Where Dell Sells with Brick and Mortar, en *BusinessWeek*, Disponible en línea en: http://www.bloomberg.com/bw/stories/2007-09-27/where-dell-sells-with-brick-and-mortarbusinessweek-business-news-stockmarket-and-financial-advice; Dell Says Sales in India Grew to $700 Million, en *Wall Street Journal*, 25 de marzo de 2008, B1; Einhorn, B. (24 de septiembre de 2007). Dell Goes Retail in China with Gome, en *BusinessWeek*. Disponible en línea en: http://www.bloomberg.com/bw/stories/2007-09-24/dell-goesretail-in-china-with-gomebusinessweek-business-news-stockmarket-and-financial-advice; Microsoft Sees China PC Sales Growing 20% in 2011, en *MarketWatch*, 18 de marzo de 2010.

[48]Jaeger, A. M. (Enero de 1986). Organization Development and National Culture: Where's the Fit?, en *Academy of Management Review*, pp. 178–160.

[49]Webber, A. M. (Mayo de 1999). Learning for a Change, en *Fast Company*, pp. 178–188.

[50]Senge, P. (2006). *The Fifth Discipline: The Art and Practice of the Learning Organization* (p. 349). Nueva York: Broadway Business.

[51]Pedler, M., Burgogyne, J. y Boydell, T. (1997). *The Learning Company: A Strategy for Sustainable Development* (2a. ed., p. 1). Londres: McGraw-Hill.

[52]Kiger, P. J. (Mayo de 2007). Task Force Training Develops New Leaders, Solves Real Business Issues, and Helps Cut Costs, en *Workforce Management Online*. Disponible en línea en: http://www.work force.com/articles/task-force-training-develops-new-leaders- solves-real-business-issues-and-helps-cut-costs.

[53]Ellis, S., Ganzach, Y., Castle, E. y Sekely, G. (2010). The Effect of Filmed Versus Personal After-Event Reviews on Task Performance: The Mediating and Moderating Role of Self-Efficacy, en *Journal of Applied Psychology*, 95, pp. 122–131.

[54]Simons, R. (2005). *Levers of Organization Design: How Managers Use Accountability Systems for Greater Performance and Commitment* (p. 184). Boston: Harvard Business School Press.

[55]Carmeli, A. y Gittell, J. H. (2008). High-Quality Relationships, Psychological Safety, and Learning from Failures in Work Organizations, en *Journal of Organizational Behavior*, *30*, pp. 709–729.

ÍNDICE ONOMÁSTICO

ÍNDICE DE EMPRESAS

ÍNDICE ANALÍTICO

NOTAS